THE COLLECTION OF THE SUPREME PEOPLE'S COURT'S
JUDICIAL RULES (4rd)

最高人民法院
司法观点集成

〔第四版〕

民 事 卷

②

人民法院出版社 编

人 民 法 院 出 版 社

总 目 录

第二册目录

第四章　合同通则

一、一般规定

二、合同的订立

三、合同的效力

四、合同的履行和变更

五、合同的保全

六、合同的变更和转让

七、合同的权利义务终止

八、违约责任

第五章 典型合同与准合同

一、买卖合同

二、房屋买卖合同

三、赠与合同

四、借款合同

（一）案件受理

（二）法律关系成立与生效

（三）利　息

（四）网络平台借贷

（五）责任主体

（六）借款合同中的担保

（七）金融及其他借款合同纠纷

（八）借款合同中的民刑交叉

第四章　合同通则

一、一般规定

353. 处理民商事合同案件应尊重民事主体的意思自治

关键词

意思自治原则　自由权利　自愿原则

《中华人民共和国民法典》条文

第五条　民事主体从事民事活动，应当遵循自愿原则，按照自己的意思设立、变更、终止民事法律关系。

最高人民法院司法政策精神

意思自治是民事主体依法享有的基本权利，也是从事民事活动必须遵循的基本原则。意思自治是民事主体行使自由权利的集中体现，对意思自治的尊重就是对民事主体享有的自由权利的尊重。人民法院要通过审判执行活动，引领、指导、支持、保护自然人和各类社会组织在市场经济活动和社会生活中正确行使意思自治权利，严格要求各类民事主体对意思自治支配下的行为及其后果负责，严肃惩治各种非法干预他人行使意思自治权利的行为。在处理相关案件中，要按照意思自治、法律规定、交易习惯和公序良俗等不同效力和习惯顺序进行裁判，保障当事人在意思自治下作出的对实体权益的合法处分权和对程序权利的合法选择权，在坚持严格司法和保障程序公正的范围内，积极引导、鼓励当事人在诉讼程序和执行程序中自愿选择调解、和解等体现当事人自主解决纠纷的方式。

——《最高人民法院关于在人民法院工作中培育和践行社会主义核心价值观的若干意见》(2015年10月12日，法发〔2015〕14号)。

12. 尊重合同自愿和契约精神。以要素市场化配置改革为重点，坚持诚实信用、意思自治、公平竞争，充分发挥各类合同在市场配置资源中的基础性作用。准确把握自然垄断行业、服务业等市场准入的放宽对合同效力的影响，落实"非禁即入"政策，妥善审理建设工程、房地产、矿产资源以及水、电、气、热力等关系要素配置和市场准入的合同纠纷案件，正确处理合同自愿与行政审批、自然资源开发利用与生态环境保护的关系。适应土地供给的政策调整，统一国有土地使用权出让、转让合同纠纷案件的裁判尺度。合理判断股权融资、双向对赌等交易模式和交易结构创新的合同效力，鼓励市场主体创新创业。及时出台不良资产处置司法解释，优化资本与生产要素配置。

——《最高人民法院、国家发展和改革委员会关于为新时代加快完善社会主义市场经济体制提供司法服务和保障的意见》（2020 年 7 月 20 日，法发〔2020〕25 号）。

354. 在审理合同案件中，充分运用诚信原则，营造诚信经营的市场环境，助力诚信中国建设

关键词

诚信原则　诉讼诚信　公平原则　合同解释　合同漏洞

《中华人民共和国民法典》条文

第六条　民事主体从事民事活动，应当遵循公平原则，合理确定各方的权利和义务。

第七条　民事主体从事民事活动，应当遵循诚信原则，秉持诚实，恪守承诺。

第一百四十二条　有相对人的意思表示的解释，应当按照所使用的词句，结合相关条款、行为的性质和目的、习惯以及诚信原则，确定意思表示的含义。

无相对人的意思表示的解释，不能完全拘泥于所使用的词句，而应当结合相关条款、行为的性质和目的、习惯以及诚信原则，确定行为人的真实意思。

最高人民法院司法政策精神

诚实守信是人类社会普遍崇尚的基本价值，诚实信用原则被公认为民商事活动的根本原则，要通过倡导诉讼诚信促进诚信社会建设。在审判、执行活动中，司法人员除了要查明案件的实体争议和纠纷的是非曲直外，还要对

当事人在纠纷发生和诉讼过程中的诚实守信情况进行审查并作为裁判的重要依据。要依法保护、鼓励诚实守信的当事人，不让讲诚信的当事人在诉讼中吃亏；要依法制裁、谴责不讲诚信的当事人，决不让奸猾失信之人通过诉讼占便宜。要坚决防止、依法惩处各种出于非法目的，虚构事实提起诉讼或滥用诉讼权利，故意逃避法律义务，损害国家利益、公共利益或他人合法权益的恶意诉讼和虚假诉讼等行为，严肃处理伪造证据、当庭撒谎和滥诉、缠诉等行为。要通过维护和奖掖诚信诉讼，树立国家司法的权威，提高司法的公信力。

——《最高人民法院关于在人民法院工作中培育和践行社会主义核心价值观的若干意见》（2015年10月12日，法发〔2015〕14号）。

11.民法典第五百八十五条第二款规定的损失范围应当按照民法典第五百八十四条规定确定，包括合同履行后可以获得的利益，但不得超过违约一方订立合同时预见到或者应当预见到的因违约可能造成的损失。

当事人请求人民法院增加违约金的，增加后的违约金数额以不超过民法典第五百八十四条规定的损失为限。增加违约金以后，当事人又请求对方赔偿损失的，人民法院不予支持。

当事人请求人民法院减少违约金的，人民法院应当以民法典第五百八十四条规定的损失为基础，兼顾合同的履行情况、当事人的过错程度等综合因素，根据公平原则和诚信原则予以衡量，并作出裁判。约定的违约金超过根据民法典第五百八十四条规定确定的损失的百分之三十的，一般可以认定为民法典第五百八十五条第二款规定的"过分高于造成的损失"。当事人主张约定的违约金过高请求予以适当减少的，应当承担举证责任；相对人主张违约金约定合理的，也应提供相应的证据。

——《最高人民法院关于印发〈全国法院贯彻实施民法典工作会议纪要〉的通知》（2021年4月6日，法〔2021〕94号）。

一、提高思想认识，强化责任担当。整治虚假诉讼工作，是党的十八届四中全会部署的重大任务，是人民法院肩负的政治责任、法律责任和社会责任，对于建设诚信社会、保护群众权利、保障经济发展、维护司法权威、建设法治国家具有重要意义。各级人民法院要坚持以习近平新时代中国特色社会主义思想为指导，深入学习贯彻习近平法治思想，依法贯彻民事诉讼诚实信用原则，坚持制度的刚性，扎紧制度的笼子，压缩虚假诉讼存在的空间，铲除虚假诉讼滋生的土壤，积极引导人民群众依法诚信诉讼，让法安天下、德润人心，大力弘扬诚实守信的社会主义核心价值观。

二十二、探索信用惩戒，助力诚信建设。各级人民法院要积极探索建立虚假诉讼“黑名单”制度。建立虚假诉讼失信人名单信息库，在“立、审、执”环节自动识别虚假诉讼人员信息，对办案人员进行自动提示、自动预警，提醒办案人员对相关案件进行重点审查。积极探索虚假诉讼人员名单向社会公开和信用惩戒机制，争取与征信机构的信息数据库对接，推动社会信用体系建设。通过信用惩戒增加虚假诉讼人员违法成本，积极在全社会营造不敢、不能、不愿虚假诉讼的法治环境，助力诚信社会建设，保障市场经济平稳、有序、高效发展。

——《最高人民法院关于深入开展虚假诉讼整治工作的意见》（2021 年 11 月 4 日，法〔2021〕281 号）。

最高人民法院指导性案例

北京隆昌伟业贸易有限公司诉北京城建重工有限公司合同纠纷案［最高人民法院指导案例 166 号］

裁判要点：当事人双方就债务清偿达成和解协议，约定解除财产保全措施及违约责任。一方当事人依约申请人民法院解除了保全措施后，另一方当事人违反诚实信用原则不履行和解协议，并在和解协议违约金诉讼中请求减少违约金的，人民法院不予支持。

法院生效裁判认为：隆昌贸易公司与城建重工公司在诉讼期间签订了协议书，该协议书均系双方的真实意思表示，不违反法律法规强制性规定，合法有效，双方应诚信履行。本案涉及诉讼中和解协议的违约金调整问题。本案中，隆昌贸易公司与城建重工公司签订协议书约定城建重工公司如未能于 2016 年 10 月 14 日前向隆昌贸易公司支付人民币 300 万元，或未能于 2016 年 12 月 31 日前支付剩余的本金 2284648.68 元、利息 462406.72 元及诉讼费 25802 元（共计 2772857.4 元），则隆昌贸易公司有权申请执行原一审判决并要求城建重工公司承担 80 万元违约金。现城建重工公司于 2016 年 12 月 31 日前未依约向隆昌贸易公司支付剩余的 2772857.4 元，隆昌贸易公司的损失主要为尚未得到清偿的 2772857.4 元。城建重工公司在诉讼期间与隆昌贸易公司达成和解协议并撤回上诉，隆昌贸易公司按协议约定申请解除了对城建重工公司账户的冻结。而城建重工公司作为商事主体自愿给隆昌贸易公司出具和解协议并承诺高额违约金，但在账户解除冻结后城建重工公司并未依约履行后续给付义务，具有主观恶意，有悖诚实信用。一审法院判令城建重工公司依约支付 80 万元违约金，并无不当。

——《最高人民法院关于发布第 30 批指导性案例的通知》（2021 年 11 月 9 日，法〔2021〕272 号）。

说明

本指导案例旨在明确当事人双方就债务清偿达成和解协议，并约定了解除财产保全措施及违约责任的情形下，违约方主观恶意明显、严重违反诚实信用原则不履行和解协议，人民法院对和解协议违约金诉讼中请求减少违约金的请求是否支持的问题。本案例根据公平原则和诚实信用原则明确了人民法院可不调整违约金的情形，对于有效防范当事人规避执行、“假和解、真逃债”等行为，保护遵守协议方受损害的合法利益，引导当事人诚实守信具有积极意义。

最高人民法院公布的典型案例

重庆重铁物流有限公司诉巫山县龙翔商贸有限责任公司、合江县杉杉贸易有限公司买卖合同纠纷案

裁判要旨：两被告实为同一人控制的公司，但在与原告签订合同时故意隐瞒了这一真实情况，使原告与两公司签订了合同和协议，并且通过伪造货物运单、收货证明，虚开增值税发票等手段，虚构了本不存在的煤炭交易事实。两被告不讲诚实信用，其行为完全符合合同欺诈的认定。

［基本案情］

2013年12月1日，原告重庆重铁物流有限公司（以下简称重铁物流公司）分别与被告巫山县龙翔商贸有限责任公司（以下简称龙翔公司）、被告合江县杉杉贸易有限公司（以下简称杉杉公司）签订《煤炭购销合同》《煤炭买卖合同》，同时三方还签订了《补充协议》。前述三份合同、协议约定：由龙翔公司销售煤炭给重铁物流公司，重铁物流公司销售给杉杉公司，合同有效期为2013年12月1日起至2014年12月31日止。交货方式为水路运输，龙翔公司销售给重铁物流公司的煤炭到港后直接销售给杉杉公司，重庆物流公司委托杉杉公司对煤炭进行质量、数量验收。重铁物流公司、龙翔公司及杉杉公司三方还约定，在重铁物流公司未收到杉杉公司货款前，龙翔公司不向重铁物流催收货款，如杉杉公司拒付或拖延支付货款，则龙翔公司放弃要求重铁物流公司支付部分或全部货款。合同签订后，被告龙翔公司向原告重铁物流公司出具了9份《水路货物运单》和32份增值税发票（总额为30942450元），被告杉杉公司亦向原告重铁物流公司出具《收货证明》5份。按照上述货物运单、发票和收条的记载，原告与两被告之间共计有48414.1吨煤炭交易发生，依据合同的约定，被告杉杉公司应向原告重铁物流公司支付相应货款，重铁物流公司也应向被告龙翔公司支付约定价款。而事实上，原、被告三方签订的煤炭买卖合同及补充协议并未实际履行，相关各方并无真实煤炭交易发生，也无相关货款的给付。在案证据证实，签订合同时，被告龙翔公司和被告杉杉公司的法定代表人均系邱翔一人，而杉杉公司提交了法定代表人为陈祝增的营业执照，隐瞒了其公司和龙翔公司的法定代表人均为邱翔的事实，尔后，邱翔伪造了9份货物运单，并授意其工作人员虚开32份增值税发票和5份收货证明并交予重铁物流公司，虚构了整个煤炭交易的事实。被告龙翔公司基于上述合同虚构煤炭交易，形成对原告30942450元的债权。原告以两被告恶意串通，以欺诈手段使原告在违背真实意思的情况下与其签订相关合同为由，诉至成铁中院，请求判决撤销2013年12月1日原告与被告龙翔公司签订的《煤炭购销合同》、与被告杉杉公司签订的《煤炭买卖合同》以及与两被告签订的《补充协议》。

［裁判结果］

成铁中院认为，被告龙翔公司、杉杉公司故意隐瞒其法定代表人均为邱翔的真实情况，使重铁物流公司签订了前述合同和协议，并且通过伪造货物运单、收货证明，虚开增值税发票等手段，虚构了本不存在的煤炭交易事实。《最高人民法院关于贯彻执行〈中华人民共和国民法通则〉若干问题的意见》第六十八条规定“一方当事人故意告知对方虚假情况，或者故意隐瞒真实情况，诱使对方当事人作出错误意思表示的，可以认定为欺诈行为”，龙翔公司、杉杉公司的行为与该项规定相吻合，应认定为欺诈行为。依照《中华人民共和国合同法》第五十四条的规定，一方以欺诈手段，使对方在违背真实意思的情况下订立的合同，受损害方有权请求撤销，重铁物流公司关于撤销其于2013年12月1日与龙翔公司签订的《煤炭购销合同》、与杉杉公司签订的《煤炭买卖合同》以及三方签订的《补充协议》的诉请符合法律规定，予以支持。法院依照《中华人民共和国合同法》第五十四条、《最高人民法院关于贯彻执行〈中华人民共和国民法通则〉若干问题的意见》第六十八条的规定，判决：撤销重庆重铁物流有限公司2013年12月1日与巫山县龙翔商贸有限责任公司签订的《煤炭购销合同》、与合江县杉杉贸易有限公司签订的《煤炭买卖合同》以及三方签订的《补充协议》。

［典型意义］

诚实信用原则不仅仅是合同法的基本原则，也是整个民事活动的基本原则。在市场经济活动中，市场主体在行为时不欺不诈，尊重他人利益，保证合同关系的各方当事人都能得到自己的利益，并不得损害社会和第三人的利益，才能更好的促进市场经济健康发展。市场主体的诚实、恪守信用，为市场主体提供了一种普遍的信赖，这种信赖是市场交易所必需的资源之一。如果合同一方当事人不守诚信，违反合同约定，甚至采取欺诈手段，损害对方利益或对社会、第三人造成损害，最终会扰乱市场交易秩序，影响整个市场经济活动的健康发展。

本案中，被告龙翔公司、杉杉公司实为同一人控制的公司，但在与原告签订合同时故意隐瞒了这一真实情况，使原告与两公司签订了合同和协议，并且通过伪造货物运单、收货证明，虚开增值税发票等手段，虚构了本不存在的煤炭交易事实。被告龙翔公司基于上述合同虚构煤炭交易，形成了对原告3000余万元的债权，从而到银行办理了保理业务，将此笔应收账款向银行转让进行融资，使得原告可能陷于被银行追索的风险，银行也可能陷于保理业务坏账的风险。两被告不讲诚实信用，其行为完全符合合同欺诈的认定。根据合同法第五十四条的规定，原告撤销合同的诉请，得到了法院的支持。本案的裁判结果体现了良好的社会效果，彰显了法院在制裁违约、打击欺诈、维护社会诚信的重要作用。

——《“用公开促公正，建设核心价值”主题教育活动合同纠纷典型案例——最高人民法院发布19起合同纠纷典型案例》（2015年12月4日）。

最高人民法院裁判文书

曾艺与吴皓附义务赠与合同纠纷案［最高人民法院（2021）最高法知民终443号民事判决书］

裁判要旨：诚信原则是法定的霸王条款，当事人不履行合同衍生的附随义务，违反诚信原则，应当认定存在过错。一方当事人未履行附随义务给对方当事人造成损失的，应当赔偿责任。双方当事人均未履行附随义务的，应当根据各自的过错程度承担相应的赔偿责任。

最高人民法院认为：首先，合同法第一百九十条[①]规定：“赠与可以附义务。赠与附义务的，受赠人应当按照约定履行义务。”根据涉案合同第三条的约定，吴皓作为受赠人应当履行的义务包括：1.受赠人具有璧山户籍，允许赠与人以受赠人作为第一申请人全权申报专利；2.受赠人代表赠与人前往市知识产权局、区政府领取有关的专利申请资助金和授权资助金；3.力所能及的相关工作。从上述约定采用的措辞来看，吴皓应当履行的主合同义务是代表曾艺前往重庆市知识产权局、区政府领取涉案专利申请资助金和授权资助金，故根据该条约定不能明确得出吴皓作为受赠人应当履行的主合同义务还包括“在资助金申报期内及时向重庆市知识产权局、区政府申报专利申请资

① 对应《民法典》第六百六十一条。

助金和专利授权资助金”，至于该条第3项所约定的“力所能及的相关工作”在表述上指代不明，同样无法基于该语义不明的措辞而直接、无疑义地得出“在资助金申报期内及时向重庆市知识产权局、区政府申报专利申请资助金和专利授权资助金”是吴皓应当履行的主合同义务。

其次，合同法第六十条第二款[①]规定：“当事人应当遵循诚实信用原则，根据合同的性质、目的和交易习惯履行通知、协助、保密等义务。”涉案合同约定吴皓作为受赠人应当履行的主合同义务是代表曾艺前往重庆市知识产权局、区政府领取专利申请资助金和授权资助金，虽然合同未明确约定在资助金申报期内及时提出申报是吴皓应当履行的主合同义务，但其理应知晓只有遵循重庆市、区政府关于专利资助金的申报流程及时提交申报材料，才有可能获得重庆市、区政府发放的专利资助金。吴皓作为附义务的受赠人，及时关注重庆市、区两级政府向社会发布的有关专利资助金申请流程、受理期限、所需材料等事项的通知，系其应当履行的合理注意义务。前述注意义务是基于涉案合同所衍生并应当由吴皓履行的附随义务，符合诚实信用原则的要求，亦不违背双方当事人订立合同时的真实意思。基于原审法院查明的吴皓在签订涉案赠与合同后数次从曾艺处领取申报专利资助金所需之专利证书、《费用减缓审批通知书》《国家知识产权局专利收费收据》，以及重庆市知识产权局确曾将涉案部分专利资助金汇入吴皓个人账户等事实，可以确定吴皓曾以专利权人的名义向重庆市知识产权局递交了申报专利资助金的材料并准确完成了相关申报流程，进而说明吴皓履行了与申报重庆市级专利资助金相关的附随义务。同时，根据涉案合同的约定，涉案专利资助金的发放单位包括重庆市和璧山区的相关职能部门，故吴皓理应在处理向重庆市有关职能部门申报专利资助金的同时，兼顾关注和及时跟进处理璧山区有关职能部门每年定期发布的专利资助金申报事项通知。但根据原审法院向璧山区科委调查了解的情况，吴皓并未向该部门递交涉案相关专利的资助金申报资料，吴皓在本案中亦未举证证明其在璧山区科委指定的受理期限内递交了申报材料。可见，吴皓没有全面履行基于涉案合同衍生的附随义务。因此，对于因未及时向璧山区科委申报专利资助金而导致未能获得璧山区政府发放的专利资助金这一结果，吴皓存在一定的过错。

最后，根据涉案合同的约定，曾艺作为赠与人应履行的合同义务包括准备市局、区县有关专利资助的材料。而且，根据涉案合同的约定，如能成功获得相关专利申请资助金和授权资助金，主要受益人为曾艺。特别是考虑到涉案合同明确载明“赠与目的是帮助学生学习及工作，促进专利申请工作”，而吴皓与曾艺在签订涉案合同时彼此是师生关系，存在一定的互信基础，且

---

① 对应《民法典》第五百零九条。

吴皓当时尚在重庆工商大学念书，社会活动经验相较于老师曾艺本人而言明显有限，故基于合同订立的目的、专利资助金主要受益人、双方订立合同时的特殊信任关系、双方的社会活动经验以及赠与人应履行的相关义务事项等考量因素，曾艺亦负有基于诚信原则所应履行的催告和指导吴皓向相关职能部门及时申报专利资助金的附随义务。需要指出的是，此处所关切的待证事实是：有无证据表明曾艺在璧山区相关职能部门受理 2014 年度专利资助金申报的窗口期内，履行了催告和指导吴皓及时申报专利资助金的附随义务。本案中，曾艺提交了重庆市政府、南岸区政府和璧山县政府历年发布的申报专利资助金的公开指导文件，由此说明其本人熟悉了解重庆市、区政府针对申报专利资助金所制定的相关文件的内容，但本案没有证据表明曾艺将这些文件的相关细节（如申报受理期限、需准备的材料等）详细告知吴皓。曾艺在原审阶段作为证据提交的领用条，仅能证明吴皓从其本人处领取了与申报专利资助金所需的相关证明材料，但不能以此证明曾艺履行了上述附随义务。至于曾艺在原审阶段作为证据提交的国内挂号信函收据，因无法查明该份证据的具体内容，亦不能以此证明曾艺履行了上述附随义务。鉴此，对于因未及时向璧山区科委申报专利资助金而导致未能获得璧山区政府发放的专利资助金这一结果，曾艺亦存在一定的过错。

——中国裁判文书网。

附录：最高人民法院主流观点

诚信原则虽然重要，但该原则一般是在其他原则难以适用的情况下才采用的。主要原因在于：一方面，诚信原则比较抽象，它主要依据某种道德的、公平的观念来解释意思表示，从而在一定程度上给予法官或者仲裁员一定的自由裁量权，而不如其他原则那样在适用的过程中必须要考虑到各种客观的因素，如缔约目的、交易习惯等来作出判断。所以，如果能够依据其他原则来解释意思表示，探求当事人的真实意图，就不宜由法官或者仲裁员直接依据诚信原则来解释意思表示或者填补漏洞。另一方面，从适用的范围来看，诚信原则主要适用于合同存在漏洞的情况，依据其他原则难以确定合同内容和合同条款的含义，需要依据诚信原则来填补合同漏洞。如果当事人在订立合同时所使用的文字词句有所不当，未能将其真实意思表达清楚，或合同未能明确各自的权利义务关系，使合同难以正确履行，从而发生纠纷，此时，法官或者仲裁员主要应当依据除诚信原则以外的其他规则，考虑各种因素以探求当事人的真实意思，并正确地解释意思表示。尤其应当看到，依据诚信原则来解释意思表示过于抽象，有可能被极个别法官或者仲裁员滥用。所以，本条在确立合同解释的规则时，将诚信原则放在最后，也表明了立法者的意图在于诚信原则只能是在其他规则不能适用时，才能加以运用。

——最高人民法院民法典贯彻实施工作领导小组主编：《中华人民共和国民法典总则编理解与适用》，人民法院出版社2020年版，第719页。

诚信原则作为一个高度抽象化的基本原则，通过在每一个制度中法律规则的具体化，为民事主体设定较高的行为标准。为此，《民法典》不仅在总则编中确立了诚信原则，还在合同编中进一步具体化，形成了一个合同义务群。可以说诚信原则贯穿了《民法典》合同编的始终，起到了保障交易安全、衡平当事人利益、降低交易费用的重要作用，具体体现在：

（一）先合同义务与缔约过失责任

先合同义务是当事人在缔约阶段，按照诚信原则应承担的协助、通知、保护、忠实等义务。《民法典》第五百条具体列明了违反先合同义务的两种情形，并认定违反该义务造成对方损失的应承担缔约过失责任：一是假借订立合同，恶意进行磋商，二是故意隐瞒与订立合同有关的重要事实或者提供虚假情况。其中“与订立合同有关的重要事实或情况”应指对相对人订约意愿、如何约定条款有重大影响的事实和情况，个案中应根据具体的合同加以判断。先合同义务的内涵是不断发展并日益丰富的，应当与具体的时空和事件相结合，抽象地研讨先合同义务并无实益，一般来说先合同义务可以归纳为四种类型：诚信缔约义务、告知义务、保密义务和其他先合同义务。《民法典》第500条第3项兜底条款为先合同义务在中国法实践中的发展预留了充分空间。缔约过程中诚信义务违反与否的认定，其核心即在于诚信原则的解释。该解释不可避免地会具有因须契合个案和情境而生的弹性。审判实践中需要根据具体的案件情形把握先合同义务。

（二）合同生效至履行前的义务与预期违约责任

预期违约系英美法系的概念，发端于英国普通法“1853年霍切斯特诉陶尔案”，大陆法系并无独立的预期违约制度。我国原《合同法》吸纳了该制度，《民法典》第五百七十八条予以承袭，即“当事人一方明确表示或者以自己的行为表明不履行合同义务的，对方可以在履行期限届满前请求其承担违约责任”。预期违约包括明示违约和默示违约两种。所谓明示违约，是指合同履行期限届满前，一方当事人无正当理由明确向对方当事人表示其将不履行合同。所谓默示违约，是指合同履行期限届满前，一方当事人有确凿的证据证明对方当事人在履行期限届满前，将违约或不能履行合同，而对方又不愿提供必要的履行担保的情形。预期违约的救济手段在功能上可以区分为两种：一是防御性、一时性救济手段，即当事人中止或拒绝履行自己所负合同义务的权利，不安抗辩权属于此种救济；二是进攻性救济手段，包括履约担保请求权、期前合同解除权、期前损害赔偿请求权等，其中合同解除和损害赔偿为终局性救济手段。但当事人行使合同解除和损害赔偿请求权时，应严格遵守诚信原则和法律的有关规定，不得因对方支付能力上出现暂时的或者并不严重的困难，便借故终止合同的履行。如因违反诚信原则而行使终止权，给对方造成损失，应负损害赔偿责任。

（三）合同义务与违约责任

1. 在当事人对合同条款的理解有争议时，诚信原则作为民法的“帝王条款”，在合同解释上具有两方面的功能：第一，兜底功能。在其他解释方法难以探明当事人真意之时，有权解释主体可以依据诚信原则，从平衡当事人利益的角度出发，依据交易活动所需遵循的诚信标准，来解释合同的内容。第二，价值尺度功能。诚信原则作为民法的一项基本原则，除了能够弥补具体规范的漏洞，还能为司法裁判提供价值方面的指引。如若依据其他解释方法所得出的结论有违一般公平正义之理念，则应依据诚信原则对其进行矫正，以保证合同解释结论的合理性和公正性。但要注意的是，诚信解释方法的使用需以其他解释方法无法探明当事人真意或依据其他解释所得出的结论有悖于一般公平正义的观念为前提。诚信原则作为民法的基本原则之一，具有价值指导性和内容抽象性的特征。为了避免“向一般条款逃避”的现象出现，应尽量避免诚信解释方法的直接使用，唯有在穷尽其他解释方法仍不能探明当事人真意，或其他解释方法得出的结论有悖于一般公平正义观念时，方可运用诚信的解释方法。

2. 在确定违约责任，区分当事人责任时，对于如何判断当事人双方的过错大小、程度的问题，应依照公平原则和诚信原则来确定。

3. 对合同附随义务的认定。《民法典》第五百零九条第二款规定了当事人的“通知、协助、保密等义务”，法律上称为“附随义务”。所谓“附随”，是相对于合同中约定的当事人的“给付”义务而言的，附随义务是为了辅助实现债权人的给付利益。附随义务并非源于合同当事人的约定，而是诚信原则在合同履行过程中的具体体现，由法律对当事人的相关履行行为细节进行规范。附随义务本质上是附加的行为义务，已经脱离了给付的范畴，属于债务的范畴，即更加强调履行行为本身，而并不要求特定结果的出现，所以附随义务本身并无独立的可诉性，相对人不能单独主张实际履行。附随义务的具体形态包括但不限于通知义务、协助义务、保密义务、保护义务、照顾义务等。

（四）后合同义务

《民法典》第五百五十八条对合同权利义务关系终止后，当事人应当遵循诚信等原则，根据交易习惯履行的后合同义务进行了规定。亦即诚信原则不仅要求当事人在债权债务产生、履行、变更过程中要讲诚信，在债权债务终止后，当事人也应当遵守诚信原则，根据交易习惯履行通知、协助、保密、旧物回收等义务，维护已经完成的合同给付成果。《民法典》没有对违反后合同的责任作具体规定，结合司法实践及参考《合同法解释（二）》第二十二条关于“当事人一方违反合同法第九十二条规定的义务，给对方当事人造成损失，对方当事人请求赔偿实际损失的，人民法院应当支持”的规定，应认为违反后合同义务的责任是根据法律规定产生的责任，不属于违约责任。

——最高人民法院民法典贯彻实施工作领导小组编著：《中国民法典适用大全（总则卷）》，人民法院出版社 2022 年版，第 78~81 页。

355. 注意利用缔约过失责任规则使违法且不诚信的当事人付出代价

关键词

缔约过失责任　诚信原则　违法合同

最高人民法院司法政策精神

九、切实发挥司法裁判的引导作用，依法促进社会诚信建设，弘扬良好道德风尚。在审理合同、物权等民事纠纷过程中，要注重通过适用缔约过失责任、违约责任等制度，加大对违背诚信行为制裁力度，保护诚实守信者合法权益，促进社会诚信文化建设。要严格遵守民事诉讼法的相关程序规定，认真分析双方当事人的诉讼意愿，依法制裁虚假诉讼、商业欺诈等不诚信行为。在审理婚姻家庭、侵权以及相邻关系等民事纠纷时，要注重倡导相互忠诚、尊老爱幼、互帮互助、互谅互让等善良风俗。要把裁判说理作为裁判的重要组成部分，把裁判理念思路、法律适用过程清晰、充分地反映出来，既要体现出高超的法律、法理智慧，更要体现出符合社会主义良好风尚和核心价值观的文化内涵和道德光辉。

——《最高人民法院关于当前形势下加强民事审判切实保障民生若干问题的通知》（2012 年 2 月 15 日，法〔2012〕40 号）。

4. 支持引导市场主体依法诚信经营。在审理合同纠纷案件中，对当事人违反预约合同约定的义务，或者假借订立合同恶意进行磋商等违背诚信原则的行为，强化预约合同违约责任、缔约过失责任等制度运用，提升市场主体的诚信意识、规则意识和责任意识。在依法认定合同不成立、无效或者予以撤销后，应当根据具体情况合理确定双方当事人的法律责任，防止不诚信当事人因合同不成立、无效或者被撤销而获益。推动诉讼诚信建设，严厉惩处通过虚假诉讼、恶意诉讼阻碍中小微企业正常经营发展的违法行为。加大执行力度，严厉打击失信企业通过多头开户、关联交易、变更法定代表人等方式规避执行的逃废债行为。

——《最高人民法院关于充分发挥司法职能作用 助力中小微企业发展的指导意见》（2022 年 1 月 13 日，法发〔2022〕2 号）。

在案件审理中，要遵循司法规律，坚持实体公正与程序公正相统一，特别注意个案处理的公平性、合理性。比如，在对违法合同作出否定性评价的同时，注意利用缔约过失责任规则使违法且不诚信的当事人付出代价。

——刘贵祥：《关于金融民商事审判工作中的理念、机制和法律适用问题》，载《法律适用》2023 年第 1 期。

356. 综合运用多种合同解释方法明确当事人权利义务的目的，不完全拘泥于条款词语含义

关键词

文义解释　目的解释　体系解释　交易习惯　合同解释

最高人民法院公报案例、最高人民法院裁判文书

厦门东方设计装修工程有限公司与福建省实华房地产开发有限公司商品房包销合同纠纷案［最高人民法院（2005）民一终字第 51 号民事判决书］

裁判摘要：当事人签订的合同中，对某一具体事项使用了不同的词语进行表述，在发生纠纷后双方当事人对这些词语的理解产生分歧的，人民法院在审判案件时应当结合合同全文、双方当事人经济往来的全过程，对当事人订立合同时的真实意思表示作出判断，在此基础上根据诚实信用的原则，对这些词语加以解释。不能简单、片面地强调词语文义上存在的差别。

最高人民法院认为：关于实华公司终止合同的条件是否已经成就。东方公司认为，由于实华公司直至“违约终止合同履行时”尚未能取得全部楼盘的预售许可证，故东方公司支付第二笔包销保证金的条件一直未成就。实华公司认为，根据《房产包销合同》第 4 条的约定：“……余下 100 万元人民币待《商品房预售许可证》颁发之日起一个月内付清。逾期三个工作日内未交足第二笔保证金，甲方（实华公司）有权没收第一笔保证金，并终止本合同。”而第一期《商品房预售许可证》于 2004 年 2 月 12 日颁发，东方公司也于 2004 年 2 月 19 日知道了颁发的事实，故东方公司应当在 2004 年 3 月

19 日之前支付第二笔保证金。

东方公司与实华公司关于合同终止条件是否已经成就的争议，缘起于双方对"《商品房预售许可证》颁发之日"的不同理解。根据《房产包销合同》第 4 条的约定，东方公司应当在《商品房预售许可证》颁发之日起的一个月内支付第二笔包销保证金，逾期三个工作日内未交足第二笔保证金，实华公司有权没收第一笔保证金，并终止该合同。这里强调"颁发之日"的《商品房预售许可证》是指整个楼盘的《商品房预售许可证》，还是指单个楼体的《商品房预售许可证》，仅凭该条款中的文字表述尚难以准确判定。在《房产包销合同》中，当事人双方曾多次使用"签发""颁发""下达"和"办妥"来表述《商品房预售许可证》的办理情况，双方除对"办妥"是指"整个楼盘"的《商品房预售许可证》不存异议外，对其他"签发""颁发"和"下达"因约定不明而存在分歧。从《房产包销合同》第 9 条、第 10 条关于"包销进度"和"违约事项"的约定来看，合同约定本身存在一定的矛盾。因此，如何理解"颁发之日"的真实意思表示，即成为判断实华公司终止合同的条件是否已经成就的重要标准。

本院认为，对《房产包销合同》第 4 条关于"《商品房预售许可证》颁发之日"的约定应当结合该合同的全文、尊重当事人在订立合同时的意思表示以及诚实信用的原则予以解释。首先，从《房产包销合同》第 3 条关于包销期限的约定来看，双方一致确认包销期限自《商品房预售许可证》签发之日起 30 个月内，其中车位包销期限延长一年即车位包销期限为 42 个月。因此，《商品房预售许可证》签发之日也就是开始计算东方公司包销期限之日，办妥整个楼盘的《商品房预售许可证》是东方公司在包销期限内履行全部包销义务的必要条件。其次，从《房产包销合同》中关于违约事项的约定来看，双方一致确认"甲方（实华公司）应在 2003 年 11 月 30 日前办妥该楼盘的《商品房预售许可证》"，这一条明确约定了实华公司办妥整个楼盘的《商品房预售许可证》的具体期限，而这一期限应当成为解释合同中关于《商品房预售许可证》"签发""颁发""下达"等不同用语的逻辑基础，也是当事人双方计算包销期限、确定包销保证金支付条件以及判断一方是否违约的时间界限。由于实华公司在 2003 年 11 月 30 日之前不仅未能办妥整个楼盘的《商品房预售许可证》，而且在此之前也未能办妥该楼盘中任何一份单个楼体的《商品房预售许可证》，故实华公司率先违约已成为本案中不争的事实，在此基础上探究"颁发之日"的真实意思表示已失去意义。再次，从东方公司于 2004 年 2 月 19 日给实华公司的回函中可以看出，东方公司对双方在《房产包销合同》第 4 条中所约定的"颁发之日"，一直主张是指整个楼盘《商品房预售许可证》的办妥之日。东方公司于 2004 年 2 月 19 日接到实华公司"关于'实华 · 蓝湾雅境'《商品房预售许可证》已批准发出的通知"后当日即提出了异议，明确表示了该《商品房预售许可证》仅为部分而非全部，由于该异议的提出是在双方诉讼发生之前，所以应当成为判断当事人真实意思表示的重要证据。一审认定东方公司对实华公司未按合同约定在 2003 年 11 月 30 日前办妥“实华公寓”楼盘的《商品房预售许可证》的事实未曾提出异议，属于认定事实错误。故此，一审判决仅凭《房产包销合同》中个别用语的不同，将“签发”“颁发”解释为“单份”《商品房预售许可证》的签发或颁发，而将“办妥”解释为整个楼盘《商品房预售许可证》的办妥，无充分的证据支持。

实华公司与东方公司关于《商品房预售许可证》“颁发之日”的争议源于《房产包销合同》的约定不明。2004 年 2 月 23 日，实华公司与东方公司就“实华·蓝湾雅境”楼盘包销所出现的问题及“商品房买卖合同”补充条款进行协商后达成了共识，并形成了“关于‘实华·蓝湾雅境’楼盘包销等相关事宜协调会会议纪要”。在该纪要中，双方对实华公司分批向东方公司提供《商品房预售许可证》的事项达成了共识，但对实华公司“分批提供”的具体时间、最后期限以及东方公司支付第二笔包销保证金的条件未明确约定。如前所述，实华公司向东方公司提供《商品房预售许可证》是东方公司完成包销义务和支付第二笔包销保证金的必要条件，而“一次性提供”和“分批提供”又直接决定东方公司支付第二笔包销保证金的条件是否已经成就。由于双方对东方公司支付第二笔包销保证金的条件约定不明，故根据《房产包销合同》第 4 条的约定，尚不能认定东方公司支付第二笔包销保证金的条件已经成就。据上所述，实华公司在双方对支付第二笔包销保证金的条件存在分歧且争议未解决的前提下，即以东方公司未支付第二笔包销保证金为由单方宣布终止合同，显属不当。因此，实华公司应当对其因未能在合同约定的最后期限内办妥该楼盘的《商品房预售许可证》的违约行为以及单方宣布终止合同给东方公司造成的损失承担赔偿责任。

——《最高人民法院公报》2006 年第 4 期。

最高人民法院裁判文书

天津市天意君泰商贸有限公司与天津中油滨海石油销售有限公司、天津海滨大道建设发展有限公司合同纠纷案［最高人民法院（2018）最高法民申 3823 号民事裁定书］

裁判要旨：由于语言文字表达的局限性以及当事人都为自身利益考虑的冲突性，合同条款的解释是司法裁判中不可回避的问题。当事人从自身利益角度出发，必然作出对于自己有利，而对于相对方不利的解释。还原当事人在合同条款约定中的真实意思，最大限度保证合同当事人利益的平衡，真正实现司法裁判查明真相、定分

止争，是人民法院依法行使审判权公正司法的价值追求。法官在裁判过程中对于合同条款的判定和解释，必须结合合同性质、合同条款的语词含义、合同的履行情况、当事人的内心动机以及诚实信用原则等多方面因素进行判断，以达到明确当事人权利义务的目的，而不能完全拘泥于合同条款的语词含义。

最高人民法院认为：本案的争议焦点为，中油滨海公司就规划减少的4个加油站请求天意君泰公司和海滨大道公司返还2400万元是否应得到支持。

首先，根据2005年11月25日中石油公司与天意君泰公司（原欣康泰公司）签订的《合资经营合同》第二条约定："合同目的及合作方式。双方股东合作目的是发挥各自优势、按照互惠互利、共同发展的原则，成立中石油公司控股的合资公司共同合作经营天津海滨大道公司高速公路上的12座加油站项目，其中6座服务区及加油站；6座城市与高速连线加油站。基于合作目的，双方的合作方式为共同投资设立一家加油站经营管理公司（中油滨海公司）……"在上述约定中，中石油公司与天意君泰公司共同合资成立的中油滨海公司所获得的经营权范围是特定的，即12座加油站项目。根据本案查明的事实，2005年1月，天津市规划和国土资源局、天津市滨海新区管理委员会审查通过的《海滨大道服务区及加油站规划》，已经明确海滨大道沿线新建服务区及加油站为12座。此外中石油华北分公司，2005年8月8日《关于天津海滨大道高速公路加油站项目重新调整的情况报告》、中石油华北分公司2005年11月1日《关于租赁天津市海滨大道高速公路十二座加油站的立项请示》以及中石油公司2005年11月4日《关于天津销售分公司天津滨海新区12座加油站项目可行性研究报告的批复》等文件中亦明确载明双方合资建设经营的加油站为12座。上述事实表明，在双方签订《合资经营合同》之前，海滨大道沿线加油站规划数量已经调整为12座，双方合作加油站的范围也是12座。中石油公司、中油滨海公司作为从事加油站经营的专业公司，在进行加油站合作、建设过程中应事先进行详细、审慎的调查研究，其内部的相关请示、报批文件以及最后的《合资经营合同》表明其与天意君泰公司合作经营的加油站范围是明确的、特定的。因此，结合上述证据来看，中油滨海公司所获得的经营权范围即合同约定的12座加油站。

其次，关于2005年12月22日《再次补充协议》约定天意君泰公司的一切权利义务由中油滨海公司继承如何理解的问题。根据天意君泰公司与中油滨海公司《合资经营合同》约定，合作的加油站范围为特定的12座加油站。合同法第一百二十五条规定："当事人对合同条款的理解有争议的，应当按照合同所使用的词句、合同的有关条款、合同的目的、交易习惯以及诚实信用原则，确定该条款的真实意思。"综合本案证据，从双方合作的目的来看，因中油滨海公司获得经营权的范围仅限于12座加油站，故《再次补充协议》中的约定应理解为中油滨海公司在合作经营加油站范围内享有天意君泰公司在《租赁协议》中各加油站、服务区的自主经营权和地上设施的使用权，而非取代天意君泰公司成为《租赁协议》当事人。由2006年2月10日海滨大道公司与天意君泰公司签订《关于海滨大道公司全线加油站、服务区建设经营权和土地租赁的补充协议》来看，海滨大道公司仍然认可天意君泰公司为《租赁协议》当事人，将租赁期限变更为25年，并将多收的2400万元租赁费退回天意君泰公司，这说明中油滨公司并未取代天意君泰公司。而且，2007年12月10日，在中油滨海公司已经获得12座加油站的经营权及地上设施使用权后，海滨大道公司与天意君泰公司再次签订《关于海滨大道公司沿线加油站、服务区建设经营权和土地租赁的补充协议》确认天意君泰公司的租赁主体地位，亦可证明中油滨海公司并未取代天意君泰公司。故中油滨海公司、海滨大道公司关于中油滨海公司已经取代天意君泰公司成为《租赁协议》当事人的理由不能成立。

再次，天津市第二中级人民法院0064号判决已经认定："根据文意可知，中油滨海公司仅对海滨大道高速公路上的12座加油站项目享有权益。9600万元系为合作建设海滨大道高速公路上的12座加油站、服务区项目而产生的土地租赁费，即使中油滨海公司实际支付该款项，该情节并不能导致中油滨海公司对于前述12座加油站以外的服务区、加油站亦享有权益的结果。"天津市高级人民法院136号判决对上述判决予以维持，同时认定"本案诉争合同列明的12座加油站、服务区具有特定性"。0064号判决和136号判决属于人民法院的生效判决，判决的认定依法对各方当事人产生约束力，可以作为认定本案事实的依据，本院予以采信。根据上述判决的认定，中油滨海公司享有的权益范围仅限于《合资经营合同》约定的12座加油站，9600万元系为合作的12座加油站项目支付的租赁费。

根据上述当事人合同约定及生效判决的认定，本案中中油滨海公司的义务是支付9600万元土地租赁费，其所享有的权益限于特定的12座加油站的自主经营权及地上设施的使用权，其并未取代天意君泰公司成为《租赁协议》当事人。对于另外4座加油站，中油滨海公司不享有权益，无权取得该4座加油站规划取消的退款。一审判决认定天意君泰公司并未将《租赁协议》的权利义务全部转让给中油滨海公司并驳回其诉讼请求并无不当，二审判决认定海滨大道公司应退还中油滨海公司2400万元存在错误，应予纠正。

——中国裁判文书网。

附录：本案解析

《租赁协议》中约定天意君泰公司取得16个加油站20年经营权，每站每年30万元，共计9600万元，各方没有异议。2005年12月8日《补充协议》中约定："丙方（即中油滨海公司）承认租赁协议及补充协议，承担乙方的权利和责任，向甲方支付买断海滨大道全线加油站、服务区建设经营权和租赁使用加油站、服务区的建设经营用地的相关费用。"从该协议内容来看，中油滨海公司承担天意君泰公司的权利义务，支付买断费用，中油滨海公司作为合作方加入天意君泰公司与海滨大道公司的租赁协议中来这一事实可以确认。2005年12月22日，三方又签订《再次补充协议》，如果认定天意君泰公司出局，三方也不可能签订本次协议，在本次协议中，海滨大道公司仍然在鉴于条款中确认"同意乙方（即天意君泰公司）独家买断海滨大道全线加油站、服务区20年的建设经营权，并同期租赁使用加油站、服务区的建设经营用地"，也即海滨大道公司仍然认可天意君泰公司是租赁协议的一方当事人。在鉴于条款的第二段，天意君泰公司与中石油公司签署的《合资经营合同》也是《再次补充协议》的前提之一，即各方签订《再次补充协议》的目的是基于《合资经营合同》，是为了实现《合资经营合同》的目的。《再次补充协议》第一条内容为：海滨大道公司同意天意君泰公司、中油滨海公司合作开发海滨大道沿线加油站及服务区项目，同意中油滨海公司租赁加油站经营用地。从该条内容来看，海滨大道公司同意中油滨海公司租赁加油站经营用地，那么中油滨海公司是从哪一方租赁加油站经营用地，是海滨大道公司还是天意君泰公司？从该条鉴于条款以及本案基本事实看，天意君泰公司是从海滨大道公司处取得租赁经营用地，再与中油滨海公司合作，那么中油滨海公司租赁加油站经营用地的权利来源应该是其与天意君泰公司的合作关系，即中油滨海公司实际是从天意君泰公司处得到加油站经营权。《再次补充协议》中争议最大的就是第二条的内容，第二条规定，《租赁协议》中天意君泰公司享有的一切权利、义务和责任由中油滨海公司继承，由中油滨海公司支付买断费用。对于该条文，能否理解中油滨海公司此时已概括继受了天意君泰公司在《租赁协议》中的权利义务，构成合同权利义务的转让？合同法第八十八条规定："当事人一方经对方同意，可以将自己在合同中的权利和义务一并转让给第三人。"该条规定的概括转让，是指当事人将自己的权利义务一并转让给第三人，概括转让后，转让方在合同中不再享有权利义务。由前述分析，天意君泰公司作为合作方，其与海滨大道公司的租赁协议是其与中油滨海公司合作的权利来源，该条文虽然约定天意君泰公司一切权利义务和责任由中油滨海公司继承，表面上看是概括转让，但如果是概括转让，那么天意君泰公司转让的对价是什么？是否就是9600万元？但如果9600万元就是对价，意味着天意君泰公司9600万元受让16个加油站，又9600万元转给中油滨海公司，负责办理手续，还要承担违约责任。当事人可以依法处分自己的权利义务，但应明确各自的意思表示，谨慎确定各自的权利义务。《再次补充协议》中各方约定天意君泰公司的一切权利义务由中油滨海公司“继承”，但并未明确天意君泰公司将一切权利义务“转让”或“转移”给中油滨海公司，故不能直接产生天意君泰公司将合同权利和义务概括转让给中油滨海公司的法律效果。结合本案的其他证据分析，《再次补充协议》第一条载明“甲方同意乙方、丙方合作开发海滨大道公司沿线加油站及服务区项目”，第四条载明“甲方、乙方保证丙方在合作开发期内拥有完整的加油站服务区经营权及土地的合法使用权”，根据上述约定，《再次补充协议》将天意君泰公司、中油滨海公司之间的关系确立为“合作开发关系”，而非权利义务的转让关系。2006年2月10日海滨大道公司与中油滨海公司签订的《关于海滨大道公司全线加油站、服务区建设经营权和土地租赁的补充协议》仍然承认天意君泰公司为《租赁协议》的主体地位，并将租赁期限变更为25年以及约定多收2400万元租赁费退回天意君泰公司。2007年12月10日，海滨大道公司与天意君泰公司签订的《关于海滨大道公司沿线加油站、服务区建设经营权和土地租赁的补充协议》再次确认天意君泰公司的租赁主体地位，说明海滨大道公司依然将天意君泰公司作为《租赁协议》的当事人之一。从权利义务一致性角度以及商业主体追求利益的目的考虑，上述条文不宜认定为是概括转让，否则有违公平原则。合同条文的理解应结合上下文所用文字，当事人在磋商、谈判过程中的真实意思来判断。《再次补充协议》的前提是天意君泰公司与中油滨海公司的合作，对于条文的理解不能脱离该合作关系。

需要强调的是，对于合作的加油站数量，在中油滨海公司诉请天意君泰公司交还涧河2号加油站的另一案件中，一审判决认定中油滨海公司仅对12座加油站享有权益，9600万系为合作建设12座加油站而产生的租赁费，中油滨海公司实际支付该款项不能导致其对12座加油站以外的加油站享有权益。二审判决即136号判决维持原判决，并确认天意君泰公司与中油滨海公司合同中列明的12座加油站具有特定性。136号判决认定的事实，对于本案的判断具有较大的影响。如果按照136号判决认定的天意君泰公司与中油滨海公司的合作标的就是12座加油站，那么中油滨海公司支付9600万元就是其获得该12座加油站权益所支付的对价，《再次补充协议》中约定其享有天意君泰公司的一切权利、义务和责任也仅能及于该12座加油站。如果认定中油滨海公司享有权益的是12座加油站，其支付的对价是12座加油站的对价，最后判决将12座加油站之外产生的退款给付中油滨海公司，是缺乏法律依据的。现在二审判决的逻辑是，按三方协议中油滨海公司也有付款义务，9600万元都是中油滨海公司支付的，那么产生退款就应退给中油滨海公司。笔者认为，这在逻辑上和适用法律上是存在问题的，从资金的来源看，可以认为9600万元实是中油滨海公司支付，但其支付该9600万是为了完成其与天意君泰公司合作取得12座加油站所应支付的对价，同时也实现了天意君泰公司应向海滨大道公司取得16座加油站应支付9600万对价的目的。海滨大道公司在退款时，其所退款项针对的是12座加油站之外的另外4座加油站的租赁费，而非针对中油滨海公司实际享有权益的加油站，故海滨大道公司向天意君泰公司退款是具有事实及法律依据的。海滨大道公司在一审、二审中都认可自己向天意君泰公司退款的合理性，但在二审判决后又认为自己退款错误，应向中油滨海公司退款，既缺乏事实依据，亦有违诚信原则。

从以上分析来看，再审判决实际上融合了合同的文义解释、目的解释、体系解释等多种解释方法，其中既有对于合同条款的文字理解，同时存在着法官对于商业理性、交易习惯、诚实信用等因素的考量。人民法院在办理案件过程中，对于合同条款的解释必须综合运用多种解释方法，结合合同条款语句、交易习惯、合同目的以及诚实信用原则来确定当事人的权利义务关系。

——王永明：《对合同条款权利义务的认定不能完全拘泥于合同语句含义》，载最高人民法院民事审判第一庭编：《民事审判指导与参考》2020年第1辑（总第81辑），人民法院出版社2021年版，第154~158页。

357. 对争议条款的合同解释，应以文义解释为基础，通过整体解释明确条款的真实含义，公平合理地认定合同内容

关键词

合同解释　整体解释　文义解释　交易习惯

最高人民法院公报案例、最高人民法院裁判文书

淄博万杰医院与中国银行股份有限公司淄博博山支行、淄博博易纤维有限公司、万杰集团有限责任公司借款担保合同纠纷管辖权异议案［最高人民法院（2007）民二终字第99号民事裁定书］

裁判摘要：对于合同条文的解释，必须探究合同当事人内在的、真实的意思表示，而判断合同当事人真实意思表示的首要方法，是判断合同条文的字面意思表示，即文义解释的方法。只有在文义解释不能确定合同条文的准确含义时，才能运用其他的解释方法。

最高人民法院认为：关于本案当事人之间所签订的九份外币借款合同关

系，首先，当事人在有关合同中并没有明确约定或者表示本案所涉九份合同之间的相互关系；其次，从各个借款合同内容及特征来看，借款金额及履行行为也都是分别独立的，并不能看出各个合同之间的关联性；再次，从合同解释角度来看，当事人对合同条文发生争议时，必须探究当事人内在的真实意思表示，判断当事人真实的意思表示首要方法是判断当事人字面的意思表示。这正所谓合同解释中的文义解释方法，只有在文义解释不能确定该条款的准确含义时，再运用其他解释方法去确定合同条款的含义以及填补合同的漏洞。本案除第一份借款合同之外，其余借款合同条款中均明确写明：当发生纠纷时，交由当地人民法院审理，应该认定该约定就是当事人真实意思。本案有关借款合同所涉的诉讼条款虽属格式合同中的条款，但按照通常的理解并不能对此条款引起不同的理解，因此不应该适用我国《合同法》有关格式条款解释规则。万杰医院关于原审法院对本案所涉的后八份借款合同纠纷案件不具有管辖权的上诉理由，不能成立，本院不予支持。

——《最高人民法院公报》2007 年第 12 期。

最高人民法院裁判文书

南京供销房地产开发有限责任公司与中国银行股份有限公司江苏省分行、江苏广全集团有限公司合同纠纷案［最高人民法院（2010）民二终字第 33 号民事判决书］

裁判要旨：当事人对合同条款的理解有争议的，应当按照合同所使用的词句、合同的有关条款、合同的目的、交易习惯以及诚实信用原则，确定该条款的真实意思。当事人对部分合同条款变更的，不影响合同其他条款的效力。

最高人民法院认为：《一标段封闭管理协议》中所涉“其他合同项下的债务”如何理解？

依照《一标段封闭管理协议》，供销公司应在 4480 万元贷款本息偿还之后，继续将第一标段售房款的 75% 的剩余部分转入广全公司的封闭结算账户，用于归还广全公司在江苏中行的其他合同项下的债务。对于如何理解该“其他合同项下的债务”，双方产生了争议。

供销公司认为除 4480 万元贷款本息外，供销公司在江苏中行“其他合同项下的债务”并不仅指江苏省高级人民法院（2006）苏民二初字第 0028 号民事判决的担保之债，还应包括供销公司在江苏中行的 5300 万元和 3520 万元两笔到期贷款债务（即 EXSM – 2005041903 号和 EXSM – 2005041902 号《授信额度协议》项下债务）。供销公司已通过偿还该两笔贷款本息，履行了《一标段封闭管理协议》。江苏中行则认为，其他合同债务包括 4480 万元债务本息债务以外的其他债务，但三方签订了《二标段销售监管协议》，约定以二标段房屋销售款的 38% 偿还 5300 万和 3520 万元贷款本息债务，因此，应将此两笔债务排除在《一标段封闭管理协议》约定的供销公司在江苏中行的“其他合同项下的债务”之外。

最高人民法院认为，该“其他合同项下的债务”应为 4480 万元贷款本息、5300 万元贷款本息和 3520 万贷款本息之外的确定债务。

首先，《一标段封闭管理协议》对于供销公司在江苏中行“其他合同项下的债务”并未明确为哪一笔或哪几笔债务，对此，应当理解为除 4480 万元贷款本息之外的其他合同项下已确定的债务，其中包括 5300 万元贷款本息、3520 万元贷款本息、江苏省高级人民法院（2006）苏民二初字第 0028 号民事判决的担保之债以及其他债务。但由于江苏中行与供销公司另行签订了《二标段销售监管协议》，约定以第二标段房屋销售款的 38% 偿还 5300 万元贷款本息和 3520 万元贷款本息。因此，偿还该两笔债务的资金来源确定，即第二标段房屋销售款。该两笔债务的偿还由《二标段销售监管协议》为保证，并不包含在《一标段封闭管理协议》中约定的应以第一标段售房款 75% 归还的范围。

其次，根据《二标段销售监管协议》，供销公司应将二标段售房款的 38% 汇入约定账户，用以偿还广全公司所欠 5300 万元贷款本息和 3520 万元贷款本息债务。根据江苏中行提供的并经供销公司认可其真实性的《二标段抵押房产售房款统计表》，二标段房屋销售款的 38% 足以偿付上述两笔债务。

再次，供销公司虽提出其以一标段售房款偿还了 5300 万元和 3520 万元贷款本息债务，但并未提供充分证据证明。货币虽系种类物，但供销公司承担的合同义务是确定的。根据《一标段账户封闭管理协议》和《二标段销售监管协议》，供销公司负有两项独立的义务，即将一标段售房款的 75% 存入约定账户的义务和第二标段售房款的 38% 存入约定账户的义务。该两项义务同时存在，供销公司均应依约履行。

因此，《一标段封闭管理协议》约定的“其他合同项下的债务”应为 4480 万元、5300 万元和 3520 万元贷款本息之外的确定债务。供销公司主张以一标段房屋销售款偿还 5300 万元贷款本息和 3520 万元贷款本息债务的方式履行了《一标段封闭管理协议》的上诉理由，本院不予采纳。

——法信网。

深圳乐新恩玛电子有限公司与日隆投资有限公司及深圳乐新精密工业有限公司中外合资经营企业合同纠纷案［最高人民法院（2017）最高法民再 370 号民事判决书］

裁判要旨：对争议条款的合同解释，应以文义解释为基础，通过体系解释确定当事人的真实意思，并借助合同目的解释进行判断印证，同时还要以交易习惯、诚信原则、公平原则等认定争议条款或者发生歧义的词句的准确含义，平衡当事人之间的利益冲突，确保公平合理地确定合同内容。

最高人民法院认为：对争议条款的合同解释，应以合同所使用词句所表达的文义解释为基础，重点结合合同文本的相关条款，通过体系解释确定当事人的真实意思，并借助合同目的解释进行判断印证，同时还要以交易习惯、诚实信用原则、公平原则等认定争议条款或者发生歧义的词句的准确含义，平衡当事人之间的利益冲突，确保公平合理地确定合同内容。

首先，以合同争议条款本身文义解释为基础。文义解释是以合同当事人的内在意愿为解释的原则，它关注的是合同条款所表达的当事人的内心想法。合同的条款由语言文字构成，解释合同必须先由词句的含义入手。本案中，《LE 重组框架协议》第 5 条约定：“LE 将通过销售佣金（或其他适当方式）的方式支付日隆公司总额 1150 万美元的转让费。LE 每年偿还转让费总金额比例原则上不超过 LE 每年盈利总额的 40%，日隆公司在每年回收的外债中拿出 35% 用来偿还赖海民先生借款，65% 用来偿还日隆公司股东借款，中外管理团队借款根据《乐新管理团队激励和约束机制》中相关条款约定逐年偿还。”从该条款文义出发，可以明确乐新恩玛公司需对日隆公司偿付 1150 万美元的转让费，支付方式为销售佣金（或其他适当方式），每年偿还总金额受限于乐新恩玛公司的盈利总额，即不超过盈利总额的 40%。因此仅从该条款本身文义理解，难以确定 1150 万美元转让费的支付需以乐新恩玛公司盈利为前提条件。

其次，结合合同文本通过体系解释确定合同真意。合同条款是合同整体的一部分，条款的各自含义以及相互之间的关联共同塑造着合同的整体意义。因此，合同解释不能仅仅依赖词句含义，还要与合同中相关条款联系起来分析判断，才能较为准确地把握该条款的真实意思。本案中，除了第 5 条争议条款，《LE 重组框架协议》其他条款还约定了各方在公司重组时的股权安排，日隆公司通过借款方式进行重组出资，以及双方部分资产转移使用。特别是第 6 条约定：“根据第五条约定，原日隆公司同意转让后，则原日隆公司股东拥有的 Enmar 外销业务（包括全部的客户资源），原 Enmar 的检测设备、装配生产线、开发模具、购买的专利技术以及其他与 TV 业务有关的无形资产全部无偿转让给 LE 使用。”该条款明确了日隆公司相关的设备、技术、客户资源等有形及无形资产无偿转让给乐新恩玛公司，并且在逻辑顺序上是依据第 5 条约定之后的结果，则日隆公司主张 1150 万美元属于技术转让费与此相冲突，并且在合同条款理解上产生歧义，同时也无其他证据证明其主张，本院对此不予支持。乐新恩玛公司主张，双方约定的 1150 万美元实际上是对于马来西亚恩玛公司前期投入和相关业务损失的一种补偿，并约定采用“转让费”的名义支付给日隆公司，还通过约定销售佣金以及其他适当支付方式来规避外汇管制。根据已经查明的事实，日隆公司与中方股东正是基于盈利预期才签订重组协议，约定上述补偿款项，并且决定从盈利总额中进行分配，之后才约定对相关有形和无形资产无偿转让。因此，结合合同整体和相关条款约定来看，乐新恩玛公司主张 1150 万美元补偿款需以盈利为支付条件具有一定合理性。

再次，借助双方在交易洽谈、履行中所体现的合同目的进行判断印证。当事人签订合同都是为达到一定的目的，合同中的各条款都是为达到合同目的而制定的。因此，对条款的解释还应当从符合合同目的的角度进行剖析，当条款表达意见含混不清或相互矛盾时，作出与合同目的协调一致的解释。本案中，乐新恩玛公司再审提交的第一、二、三组证据表明，日隆公司股东和马来西亚恩玛公司股东李文昌的妻子陈 ××、父亲 LeePeter 在李文昌知情并授意下与乐新恩玛公司法定代表人李代伟进行了多次邮件沟通，这些证据涉及对《LE 重组框架协议》第 5 条争议条款的理解，与本案具有紧密联系。LeePeter 认为以银行贷款的方式融资导致“银行的利息费用也会算在 LE 的损益表内，这样对于 LE 的利润会有影响”，会“明显降低了 ENMAR 的利润并且导致以利润计算的转让费显得不公平”；陈 ×× 也提到“当初合作的时候，我方分文未取，同意技术转让金以利润分割的方式来分配”，选择这种分配方式是因为“我方对 TV 经营的利润非常有信心，所以才没有一开始就索取任何费用”。上述证据表明，合作之初双方对于发展前景非常乐观，认为乐新恩玛公司能够产生较高的利润，日隆公司才同意转让费以利润分割的方式进行，也即 1150 万美元转让费需以乐新恩玛公司的盈利为基础进行计算。通过对双方当事人在合同洽谈、履行期间的表现和反馈等行为进行合同目的解释，进一步印证了《LE 重组框架协议》第 5 条约定 1150 万美元的真实含义，实则是基于良好盈利预期下对于盈利分配的一种补偿安排，应以乐新恩玛公司盈利为前提条件。

最后，通过交易习惯、诚实信用原则等进行价值衡量和利益平衡。诚实信用原则（包括公平原则）是合同法的基本原则之一，贯穿合同从订立到终止的整个过程。诚实信用原则要求实事求是地考虑各种因素，认定争议条款或者发生歧义的词句的准确含义，并以公平原则平衡当事人之间的利益冲突。商业合作的本质是共担风险、共负盈亏，这是市场经济活动中的一项基本原则和商业惯例。日隆公司与中方基于良好的合作背景和盈利预期，依法合资设立乐新恩玛公司，是出于双方优势互补、共同发展的成熟考虑。在合作过程中，中方主要提供资金和平台，日隆公司主要提供外方客户、销售渠道以及有关设备技术等资源。在以日隆公司为代表的外方管理团队经营下，乐新恩玛公司出现了巨额亏损，中方也遭受了严重损失，双方理应友好协商、共同承担。在此情形下，如果日隆公司还向乐新恩玛公司主张 1150 万美元的巨额转让费，对乐新恩玛公司明显不公，也与商业合作共担风险、共负盈亏的本质相悖，有违诚信原则和公平原则。因此，日隆公司主张 1150 万美元转让费应无条件支付的诉求于法无据，于理不合，本院不予支持。

——法信网。

附录：本案解析

最高人民法院提审后认为，合同解释的不同方法与规则运用，对探究当事人真实意思影响较大，这就需要法官对上述解释方法进行分析，了解其不同功能和价值，确定相互之间的逻辑运用关系，在实践中结合案情具体适用。只有将争议事实置于较为完整的合同情境，在获取较为全面的意义基础上，综合价值判断进行考量和权衡，合同解释才能达到合情、合理、合法的效果。

（一）以合同争议条款本身文义解释为基础

文义解释是以合同当事人的内在意愿为解释的原则，它关注的是合同条款所表达的当事人的内心想法。合同的条款由语言文字构成，解释合同必须先由词句的含义入手，依据合同条款用语的通常含义进行解释，即文义解释是合同解释的基础和起点。只有在适用文义解释方法无法确定表意人的真实意思，在解释目的无法实现的前提下才能选择、适用其他解释方法。

本案中，《LE 重组框架协议》第五条约定："LE 将通过销售佣金（或其他适当方式）的方式支付日隆公司总额 1150 万美元的转让费。LE 每年偿还转让费总金额比例原则上不超过 LE 每年盈利总额的 40%，日隆公司在每年回收的外债中拿出 35% 用来偿还赖海民先生借款，65% 用来偿还日隆公司股东借款，中外管理团队借款根据《乐新管理团队激励和约束机制》中相关条款约定逐年偿还。"从该条款文义出发，可以明确乐新恩玛公司需对日隆公司偿付 1150 万美元的转让费，支付方式为销售佣金（或其他适当方式），每年偿还总金额受限于乐新恩玛公司的盈利总额，即不超过盈利总额的 40%。但仅从该条款本身文义理解，难以确定 1150 万美元转让费的支付需以乐新恩玛公司盈利为前提条件。

（二）结合合同文本通过整体解释确定合同真意

合同条款是合同整体的一部分，条款的各自含义以及相互之间的关联共同塑造着合同的整体意义，在进行文义解释时，往往离不开对于合同整体的依赖与把握。因此，合同解释不能仅仅依赖词句含义，还要与合同中相关条款联系起来分析判断，才能较为准确地把握该条款的真实意思。采用整体解释方法不仅在于理解各个部分的正确意思，更为关键的是不使各个部分的意思表示形成矛盾或冲突而影响当事人实现为意思表示的目的。

本案中，除了第五条争议条款，《LE 重组框架协议》其他条款还约定了各方在公司重组时的股权安排，包括日隆公司通过借款方式进行重组出资以及双方部分资产的转移使用。特别是第六条约定："根据第五条约定，原日隆公司同意转让后，则原日隆公司股东拥有的 Enmar 外销业务（包括全部的客户资源），原 Enmar 的检测设备、装配生产线、开发模具、购买的专利技术以及其他与 TV 业务有关的无形资产全部无偿转让给 LE 使用。"该条款明确了日隆公司相关的设备、技术、客户资源等有形及无形资产无偿转让给乐新恩玛公司，并且在逻辑顺序上是依据第五条约定之后的结果，则日隆公司主张 1150 万美元属于技术转让费与此相冲突，并且在合同条款理解上产生歧义，同时也无其他证据证明其主张。乐新恩玛公司则认为，双方约定的 1150 万美元实际上是对于马来西亚恩玛公司前期投入和相关业务损失的一种补偿，并约定采用"转让费"的名义支付给日隆公司，还通过约定销售佣金以及其他适当支付方式来规避外汇管制。根据已经查明的事实，日隆公司与中方股东正是基于盈利预期才签订重组框架协议，约定上述补偿款项，并且决定从盈利总额中进行分配，之后才约定对相关有形和无形资产无偿转让。因此，结合合同整体和相关条款约定来看，乐新恩玛公司主张 1150 万美元转让费实属补偿款，并需以盈利为支付条件，具有一定合理性。

（三）借助双方在交易洽谈、履行中所体现的合同目的进行判断印证

合同目的是指合同双方当事人通过合同的订立和履行，期望最终得到的东西、结果或者达到的状态，合同目的通常表现为一种经济利益。当事人签订合同都是为达到一定的目的，合同中的各条款都是为达到合同目的而订立的。因此，对条款的解释还应当从符合合同目的的角度进行剖析，特别是当条款表达意见含混不清或相互矛盾时，应作出与合同目的协调一致的解释。

本案中，乐新恩玛公司再审提交的第一、二、三组证据表明，日隆公司股东和马来西亚恩玛公司股东李文昌的妻子陈颍贞、父亲 LeePeter 在李文昌知情并授意下与乐新恩玛公司法定代表人李代伟进行了多次邮件沟通，这些证据涉及对《LE 重组框架协议》第五条争议条款的理解，与本案具有紧密联系。Lee Peter 认为以银行贷款的方式融资导致"银行的利息费用也会算在 LE 的损益表内，这样对于 LE 的利润会有影响"，会"明显地降低了 ENMAR 的利润并且导致以利润计算的转让费显得不公平"；陈颍贞也提到"当初合作的时候，我方分文未取，同意技术转让金以利润分割的方式来分配"，选择这种分配方式是因为"我方对 TV 经营的利润非常有信心，所以才没有一开始就索取任何费用"。上述证据表明，合作之初双方对于发展前景非常乐观，认为乐新恩玛公司能够产生较高的利润，日隆公司才同意转让费以利润分割的方式

进行，也即1150万美元转让费需以乐新恩玛公司的盈利为基础进行计算。通过对双方当事人在合同洽谈、履行期间的表现和反馈等行为进行合同目的解释，进一步印证了《LE重组框架协议》第五条约定1150万美元的真实含义，实则是基于良好盈利预期下对于盈利分配的一种补偿安排，应以乐新恩玛公司盈利为前提条件。

四、通过交易习惯、诚实信用、公平原则等进行价值衡量和利益平衡

文义解释、整体解释和目的解释往往基于合同本身，从理性逻辑层面探究合同真意，而习惯解释和诚信解释则是从社会公理出发，从商业惯例、公共利益、善良风俗、诚实信用、公平合理等方面确认双方主张。因此，合同法第五条、第六条分别规定了“当事人应当遵循公平原则确定各方的权利和义务”“当事人行使权利、履行义务应当遵循诚实信用原则”。由此可见，诚信原则、公平原则是合同法的基本原则，贯穿合同订立到终止的整个过程。习惯解释、诚信解释要求实事求是地考虑各种因素，认定争议条款或者发生歧义的词句的准确含义，并以公平原则平衡当事人之间的利益冲突。

本案中，日隆公司与中方基于良好的合作背景和盈利预期，依法合资设立乐新恩玛公司，是出于双方优势互补、共同发展的成熟考虑。商业合作的本质是共担风险、共负盈亏，这是市场经济活动中的一项基本原则和商业惯例。在合作过程中，中方主要提供资金和平台，日隆公司主要提供外方客户、销售渠道以及有关设备技术等资源。在以日隆公司为代表的外方管理团队经营下，乐新恩玛公司出现了巨额亏损，中方也遭受了重大损失，双方理应友好协商、共同承担。在此情形下，如果日隆公司还向乐新恩玛公司主张1150万美元的巨额转让费，对乐新恩玛公司明显不公，也与商业合作共担风险、共负盈亏的本质相悖，有违诚信原则和公平原则。因此，日隆公司主张1150万美元转让费应无条件支付的诉求于法无据、于理不合。

——钱小红、周恒宇:《合同解释方法的适用标准与裁判规则——再审申请人深圳乐新恩玛电子有限公司与被申请人日隆投资有限公司及二审被上诉人深圳乐新精密工业有限公司中外合资经营企业合同纠纷案》，载最高人民法院民事审判第二庭编:《商事审判指导》2018年第2辑（总第47辑），人民法院出版社2019年版，第107~111页。

358. 合同约定不明的情况下，可以运用目的解释的原理判断当事人是否构成违约

关键词

合同约定　认定标准

最高人民法院公报案例、最高人民法院裁判文书

枣庄矿业（集团）有限公司柴里煤矿与华夏银行股份有限公司青岛分行、青岛保税区华东国际贸易有限公司联营合同纠纷案［最高人民法院（2009）民提字第137号民事判决书］

裁判摘要：对合同约定不明而当事人有争议的合同条款，可以根据订立合同的目的等多种解释方法，综合探究当事人的缔约真意。但就目的解释而言，并非只按一方当事人期待实现的合同目的进行解释，而应按照与合同无利害关系的理性第三人通常理解的当事人共同的合同目的进行解释，且目的解释不应导致对他人合法权益的侵犯或与法律法规相冲突。

最高人民法院认为：本案争议的焦点为，华夏银行应否对柴里煤矿1000万元出资损失承担补充赔偿责任。

解决这一争议焦点，关键在于认定华夏银行是否对本案1000万元资金具有监管义务。如果其负有监管义务且能够监管，但却怠于履行义务，则应当承担由此产生的法律后果；如其并无监管义务，则不应承担责任。

银行对储户资金的监管义务主要来源于两方面，一是法律、法规以及规章制度的规定，二是储户与银行的特殊约定。本案诉争的1000万元性质上为开证保证金的备付金，由柴里煤矿交华东公司存于华东公司的一般结算账户上。根据《商业银行法》第三十条、《中国人民银行银行账户管理办法》第十一条等规定，开户人对一般结算账户内的资金有自主支配权，任何单位包括银行不得任意限制、冻结和扣划，否则即构成对开户人的侵权。因此，华夏银行对涉讼1000万元并无法定的监管职权或义务。《合作经营印尼木材协议》第三条约定："乙方（即柴里煤矿）负责为本次合作提供资金（人民币1000万元），于2004年3月18日前按甲方（即华东公司）的要求将该笔资金汇往丙方（即华夏银行），由甲方办理国际贸易开证申请。但在办理国际贸易开证申请时须同时有柴里煤矿负责人温忠诚的书面同意意见，丙方见到温忠诚的书面同意意见后，按照甲乙申请的条款办理信用证开证事宜。"据此可以认定，当华夏银行为华东公司办理开具信用证的相关事宜时，应审查是否有柴里煤矿负责人温忠诚的书面同意意见。只有经温忠诚书面同意后，华夏银行才能为华东公司办理开证的相关事宜，包括办理以开证为目的的款项支取事宜。如未经温忠诚的书面同意，华夏银行即准许华东公司以开证用途而支出该笔款项，则属于没有履行协议约定的监管义务，应承担违约责任。

上述协议没有明确约定华东公司以申请开证以外的其他用途支取该笔资

金时，华夏银行是否具有监管义务，属于合同约定不明。对该约定不明事项，当事人存在争议。柴里煤矿主张其签订三方协议的目的在于保障专款专用和出资安全，按照目的解释，应认定《合作经营印尼木材协议》第三条已使华夏银行对该 1000 万元资金负有了不可推卸的监管责任和使用审查义务，无论华东公司是否用于开证，华夏银行均应负责监管。本院认为，对合同约定不明而当事人有争议的合同条款，可以根据合同目的等多种解释方法，综合探究当事人的缔约真意。但就目的解释而言，并非只按一方当事人期待实现的合同目的进行解释，而应按照与合同无利害关系的理性第三人通常理解的当事人共同的合同目的进行解释，且目的解释不应导致对他人合法权益的侵犯或与法律法规相冲突。本案中，柴里煤矿确曾对其出资的安全存有隐忧，而且还专门为此与华东公司、华夏银行订立合同条款。但在三方对柴里煤矿出资何时监管、如何监管已有明确约定和安排的情况下，仅根据柴里煤矿一方的效果意思和缔约目的，即推定合同相对人华夏银行和华东公司须另行承担约定义务之外的义务，则难谓符合当事人共同的合同目的。从实践上分析，该 1000 万元存在华东公司一般结算账户上，与账户上的其他资金相混同，华夏银行事实上也无法将其区分出来单独实施全面监管。如果根据目的解释推定华夏银行负有此项义务，只能导致华夏银行对华东公司一般结算账户内所有混同资金均予限制使用，这无疑会侵犯华东公司对其一般结算账户上所存资金的自主支配权。这是与法律法规相违背的。因此，本院认为，华夏银行对华东公司非以开证用途而从其一般结算账户上支取该笔资金并无监管义务。

——《最高人民法院公报》2010 年第 6 期。

最高人民法院审判业务意见（民事审判第一庭意见）

最高人民法院民一庭意见：案涉《担保借款合同》第四条第一款约定的目的，是为了保证款项的出借方对款项使用情况的知情权、监督权，以便在发现借款人擅自改变款项用途或发生其他可能影响出借人权利的情况时，及时采取措施、收回款项及利息。用目的解释的原理可以得知，提供不真实的材料和报表固然会影响出借方对借款方使用款项的监督，而不提供相关材料和报表却会使得出借方无从了解案涉款项的使用情况，不利于其及时行使自己的权利。因此，借款方在借款的两年多的时间里，从未向出借方提供相关材料和报表，构成违约。

附：案情简介

2009 年 12 月，李欣、朱黎敏、贝柠及东昊公司签订《担保借款合同》约定：李欣、朱黎敏借给贝柠 7000 万元，借款用途为经营东昊公司开发的房地产项目，借款期限从 2009 年 12 月 15 日至 2010 年 9 月 30 日。东昊公司以全部自有财产及在建项目为贝柠提供连带责任担保。该合同第三条第二款约定，“出借方有权检查、监督款项的使用情况，借款方应当向出借方提供有关报表和资料等。”该合同第四条第一款约定，“发生下列情况之一时，出借方有权停止发放借款并立即收回已经发放的借款本息，直至解除本合同。（1）借款方、担保方提供情况包括但不限于报表和各项材料等不真实。（2）借款方、担保方与第三者发生诉讼，有可能无力向出借方偿付本息……。”该条第二款约定，“出借方有权检查、监督款项的使用情况，借款方应当向出借方提供有关报表和资料等。”合同签订当日，李欣向贝柠汇款2000万元，朱黎敏通过案外人向东昊公司汇款2000万元。贝柠给李欣、朱黎敏出具了一份收条及一份借条。收条记载：“收到李欣、朱黎敏各1500万元。”贝柠在落款处签名。借条记载：“借李欣、朱黎敏7000万元（见借款协议），借款人贝柠。”

同日，东昊公司就其为贝柠从李欣、朱黎敏借款事宜召开股东会，并作出决议：同意东昊公司为贝柠向李欣、朱黎敏借款7000万元提供连带责任担保；同意《担保借款合同》的全部内容。贝柠依照《中华人民共和国公司法》的有关规定，回避了本次股东会。

在合同履行过程中，贝柠未按《担保借款合同》的约定向李欣、朱黎敏提供有关报表及相关资料。李欣、朱黎敏几次交涉未果，遂提起诉讼，请求请判令：（1）贝柠立即偿还借款7000万元；（2）贝柠立即支付借款利息；（3）东昊公司对前述债务承担连带清偿责任；（4）贝柠及东昊公司承担本案诉讼费用。

——最高人民法院民一庭：《合同约定不明的情况下，可以运用目的解释的原理判断当事人是否构成违约》，载杜万华主编、最高人民法院民事审判第一庭编：《民事审判指导与参考》2014年第4辑（总第60辑），人民法院出版社2015年版，第150~153页。

359. 对合同词语含义理解有分歧的，可按照交易习惯或者行业惯例确定其含义

关键词

合同解释　行业惯例

最高人民法院审判业务意见（第四巡回法庭意见）

合同条款文义存在歧义，是契约不完全的表现。由于存在交易成本，契约不完全是实践中的常见现象。当事人经常遇到的一个交易成本问题，是即使在缔约时能够预见到影响契约的因素，但如果将所有的因素都写进合同，

会导致缔约成本增高。交易习惯就属于这类事实。交易习惯构成当事人缔约的基础事实。当事人在缔约时，合同条款的拟定是以特定的交易习惯为基础的。为了减少缔约成本，当事人通常不会将全部交易习惯都写入合同。因此，在当事人对合同文义存在争议时，应当首先依照文义进行解释，如果合同文义存在歧义，应当依据整体解释、目的解释、依交易习惯解释等原则进行解释，以确定当事人的真实意思表示。该案中，双方当事人对《建设工程施工合同》条款存在不同的理解，应结合《建设工程施工合同》的相关条款、交易习惯和诚实信用原则进行解释。从合同相关条款看，合同其他条款并未约定建设工程价款或者部分建设工程价款按 30% 计算；从交易习惯看，建筑行业为薄利行业，如果发包人只支付全部或者部分建设工程价款的 30% 给承包人，不仅承包人无法就相应的工程获利，而且往往会低于建筑成本，不符合建筑市场的交易习惯；从合同目的和诚实信用原则看，建设工程施工合同中承包人的主要义务是按约定工期和质量标准完成建设工程施工并交付建设工程，发包人的主要义务是依约支付建设工程价款，发包人支付的建设工程价款作为承包人进行建设工程施工的对价，原则上应当能够覆盖承包人的建设成本，并且承包人在正常施工、经营的情况下能够获利，但如果按建设工程合同约定的取费率计算出建设工程价款后再打三折，将导致发包人与承包人的利益严重失衡，有违诚实信用原则。

——《合同文义存在歧义的可依据交易习惯进行解释》，载最高人民法院第四巡回法庭编著：《最高人民法院第四巡回法庭疑难案件裁判要点与观点》，人民法院出版社 2020 年版，第 106~107 页。

最高人民法院裁判文书

浙江中成建工集团有限公司与元太置业（合肥）有限公司建设工程施工合同纠纷案［最高人民法院（2008）民一终字第 117 号民事判决书］

最高人民法院认为：双方当事人对合同约定的“合同总价”有不同理解。此时，可以按照交易习惯或者行业惯例确定上述名词含义。原建设部和国家工商行政管理局颁发《建设工程施工合同》（示范文本）是对建筑施工市场规范经营的引导，文本中的通用条款是对工程施工合同相关词语的专业性定义及解释。示范文本成为建筑市场普遍采用的合同文本，其中通用条款中有关专业术语的定义已经得到行业的普遍认可，成为行业惯例。因此，不论示范文本中的通用条款是否为本案所涉《建设工程施工合同》的组成部分，在双方当事人对合同词语含义发生分歧理解情形下，均可按照通用条款中对专业词语的解释确定合同中“合同总价”的含义。通用条款将合同价款定义为“发包人承包人在协议书中约定，发包人用以支付承包人按照合同约定完成承包范围内全部工程并承担质量保修责任的款项”。该含义表明合同约定的价款应当为工程结算造价。

——最高人民法院网。

360. 司法实践中支持违约精神损害赔偿的一般为涉及精神利益实现的合同

关键词

精神损害赔偿　服务合同　保管合同　精神利益

《中华人民共和国民法典》条文

第九百九十六条　因当事人一方的违约行为，损害对方人格权并造成严重精神损害，受损害方选择请求其承担违约责任的，不影响受损害方请求精神损害赔偿。

附录：最高人民法院主流观点

《民法典》颁行前，虽然没有违约精神损害赔偿的规定，但是司法实践中，许多法院在一些特殊案件中也支持了非违约方的精神损害赔偿请求。从实践来看，支持违约精神损害赔偿的一般为涉及精神利益实现的合同，主要包括以下几种类型：

一、遗体、骨灰等人格物保管合同

人格物，是指具有有形的实体，但附着一定的精神利益或者寄托了个人特殊感情的物。遗体、骨灰等属于寄托死者亲属精神利益的物，以对此类物的保管订立的保管合同，一方违反合同约定，造成保管物毁损、灭失给对方造成精神损害的，应当承担精神损害赔偿责任。

二、医疗服务合同

医疗服务合同，是指医疗机构与患者之间订立的，以提供医学诊疗服务为内容的合同。医疗机构违反合同义务的，不仅可能造成患者生命、身体遭受损害，还可能造成患者的精神损害。医疗机构的过失造成患者精神损害的，患者要求医疗机构承担违约责任的，可以同时主张精神损害赔偿。实践中，出现越来越多的医学美容整形合同，此类合同中，若医疗机构违反合同义务，未达到订立合同的目的，造成患者精神损害的，也应当承担违约精神损害赔偿。

三、旅游服务合同

旅游服务合同，是指旅行社等旅游服务提供者与旅游者之间订立的，以提供旅游服务为目的合同。旅游服务合同为服务类合同，合同标的为游览、餐饮、住宿、交通等服务，此类合同的缔约目的通常为获得精神上的享受等精神利益。旅游服务提供者违反合同义务的，旅游者的精神利益会遭受一定损害，此时，旅游者可以主张违约精神损害赔偿，请求违约方承担责任。

四、婚礼服务合同

婚礼服务合同，是指婚庆服务公司等婚礼服务提供者与另一方订立的，以提供婚礼策划、婚礼现场布置、婚礼主持、婚礼录音录像等服务为内容的合同。由于婚礼过程具有唯一性、专属性、纪念性等特殊性质，婚礼服务提供者违反婚礼服务合同约定的，可能使对方遭受严重的精神损害，非违约方有权主张精神损害赔偿责任。

五、其他可能造成严重精神损害的合同

当事人之间订立的合同虽不以实现精神利益为目的，但在合同履行过程中，一方的违约行为实际造成对方严重精神损害的，也应当承担精神损害赔偿。"朱某诉长阔出租汽车公司、付某赔偿纠纷案"中，被告付某在履行运输职责时，对突发癫痫病的原告朱某不仅不尽救助的法定义务，反而中途停车，将昏睡中的朱某弃于路旁，使朱某处于危险状态下。付某的行为虽未危及朱某的生命、健康，但对朱某的精神造成了一定刺激，侵犯了朱某作为旅客应当享有的合法权利。法院认为，原告应享有精神损害赔偿请求权。

——最高人民法院民法典贯彻实施工作领导小组主编：《中华人民共和国民法典人格权编理解与适用》，人民法院出版社2020年版，第86~87页。

二、合同的订立

361. 区分合同成立与合同生效

关键词

合同成立　合同生效　生效要件

《中华人民共和国民法典》条文

第一百三十六条　民事法律行为自成立时生效，但是法律另有规定或者当事人另有约定的除外。

行为人非依法律规定或者未经对方同意，不得擅自变更或者解除民事法律行为。

第一百四十三条 具备下列条件的民事法律行为有效：

（一）行为人具有相应的民事行为能力；

（二）意思表示真实；

（三）不违反法律、行政法规的强制性规定，不违背公序良俗。

第四百六十五条 依法成立的合同，受法律保护。

依法成立的合同，仅对当事人具有法律约束力，但是法律另有规定的除外。

第五百零二条 依法成立的合同，自成立时生效，但是法律另有规定或者当事人另有约定的除外。

依照法律、行政法规的规定，合同应当办理批准等手续的，依照其规定。未办理批准等手续影响合同生效的，不影响合同中履行报批等义务条款以及相关条款的效力。应当办理申请批准等手续的当事人未履行义务的，对方可以请求其承担违反该义务的责任。

依照法律、行政法规的规定，合同的变更、转让、解除等情形应当办理批准等手续的，适用前款规定。

最高人民法院大法官著述

《民法典》第五百零二条规定："依法成立的合同，自成立时生效，但是法律另有规定或者当事人另有约定的除外。依照法律、行政法规的规定，合同应当办理批准等手续的，依照其规定……"可见，在我国民法上，合同成立与合同生效是两个既有联系又有区别的概念：一方面，合同生效须以合同成立为前提，如果合同不成立，自然也就谈不上生效；另一方面，合同成立却不一定生效，合同发生效力，不仅要"依法"成立，而且须不存在"法律另有规定或者当事人另有约定"的情形，包括不存在法律、行政法规规定合同须经批准这一情形。显然，《民法典》第五百零二条所称"依法"成立，系指合同具备《民法典》第一百四十三条规定的有效条件，而该条所称"法律另有规定或者当事人另有特别规定"，则应指法律为合同生效另外规定了条件或者当事人为合同生效另外约定了条件，当然也包括法律、行政法规规定合同需经批准才能生效。考虑到"依法"是所有合同生效都必须具备的条件，《民法典》第一百四十三条规定的法律行为必须具备的有效条件（有效要件）也被称为一般生效要件，而在法律另外规定的生效条件或者当事人另外约定的条件，因仅仅在特殊情形下存在，可以称之为特别生效要件。二者的区别在于，合同欠缺有效要件（一般生效要件），将导致合同无效、可撤销或者效力待定，而合同欠缺特别生效要件，则将导致合同不生效。就此而言，合同无效、可撤销或者效力待定，都是与合同有效相对应的概念，但合同不生效，则是指合同有效但却未生效的状态。以须经批准的合同为例，在合同得到批准前，可能已经“依法”成立，因而对当事人产生了“法律约束力”（《民法典》第四百六十五条第二款），当事人不仅不能擅自变更或者解除合同（《民法典》第一百三十六条第二款），且还须履行报批义务（《民法典》第五百零二条），但却不能发生当事人追求的法律效力，即任何一方当事人不能请求对方履行合同约定的主要义务。可见，我国民法不仅区分合同的成立要件和合同的生效要件，并且将合同的生效要件进一步区分为有效要件（一般生效要件）和特殊生效要件，从而为准确认定须经批准合同的效力以及附生效条件、期限的合同的效力等提供了法律基础。

——刘贵祥：《关于合同成立的几个问题》，载《法律适用》2022 年第 4 期。

附录：最高人民法院主流观点

合同的成立，是指当事人经由要约、承诺，就合同的主要条款达成合意，即合同当事人意思表示一致而建立合同关系，表明合同订立过程的完结。根据《民法典》第四百八十三条规定，承诺生效时合同成立。合同成立要件有二：一是要有两个或两个以上的当事人；二是当事人的意思表示一致。在实践性合同中，仅有当事人的意思表示尚不能成立合同，还须有物的交付。应当说，意思表示一致是合同成立的法律要件。

合同的生效，是指已经成立的合同在当事人之间产生一定的法律约束力，并产生预期的法律后果。合同成立后，能否发生法律效力，能否产生当事人所预期的法律后果，非合同当事人意思所能完全决定，只有符合生效条件的合同，才能受到法律的保护。合同生效有着与合同成立完全不同的法律要件，包括适用于一般合同生效的普通要件和适用于某些特殊合同生效的特别要件。普通要件有：当事人具有相应的民事行为能力、意思表示真实、合同内容合法且不违背公序良俗。特别要件除具备普通要件的内容外，还须具有：附生效条件或期限的合同，条件的成就或期限的到来；法律、法规规定应办理批准、登记等手续的合同，手续的完成等，在上述情况下，合同虽已成立，但却可能因各种原因而未能生效或自始无效。因此，合同成立与生效的区别是一个不争的事实。

合同成立时间的规定是合同成立与合同生效这两个概念区分的表现之一。而关于合同成立与合同生效是在原《合同法》中进行的明确区分，在原《合同法》颁布之前，我国法律并不区分合同的成立和生效。合同成立与合同生效，是两个既有联系又有区别的概念。两者之间存在明显区别：一是解决的问题不同。合同成立主要解决合同是否存在、合同何时成立的事实问题；合同生效主要解决合同是否合法、是否受法律保护的法律问题。合同成立与否属于事实判断问题，合同是否生效属于法律评价问题。从法律性质上，法律行为的成立只涉及当事人个人的意思问题，成立与否完全看当事人是否完成了相应的意思，与国家意志无关。而法律行为的生效与否则取决于当事人的意思是否符合法定的标准。法律行为的生效制度集中体现了国家对当事人已成立的法律行为进行的法律评价。合同无效并不等同于效力待定或可撤销。合同无效是指法律按照一定的标准对于已经成立的合同进行评价后所得的否定性结论；效力待定是指待定的条件出现或者经同意或追认后可以生效的合同；而可撤销则是反映了法律将合同效力交给有撤销权的一方当事人来决定。二是体现的时段、内容不同。合同成立属于合同订立阶段，反映和体现当事人之间订立合同的过程是否已经终结；合同生效属于合同履行阶段，反映和体现当事人之间订立合同的目的能否实现。三是判断的主体不同。合同是否已经成立，通常情况下由当事人自己来作出判断，并据此实施相应的行为；合同是否生效，即判断、确认合同是否合法有效，属于法院或者仲裁机构的职责。两者之间存在密切联系，合同成立是合同生效的前提，没有合同的成立，也就谈不上合同的生效。

1. 合同的成立与生效的区别

合同成立，是指订约当事人就合同的主要条款意思表示达成一致。合同成立属于当事人意思自治的范畴，因此，大多数情况下，只要当事人对合同的主要内容达成意思一致，足以认定当事人之间成立了某种合同法律关系，就应当认定合同成立，当然，实践合同在意思表示一致的基础上，还需要标的物的交付。但是，无论是诺成合同，还是实践合同，合同是否成立的确认权属于当事人，故在法律和行政法规规定或者当事人约定应采用书面形式的情形下，如果法律、行政法规的规定系倡导性规范，则尽管当事人未采用书面形式但其也可以一方履行合同主要义务、对方予以接受的方式认可合同成立。

合同生效，是指依法成立的合同具备生效要件，完全发生法律效力。合同生效与合同成立不同，合同生效属于国家对合同的效力进行价值判断和效力评价的范畴，体现了国家干预原则。对于不具备法定生效要件的合同，由于当事人的意志不符合国家意志，故其不能发生订立合同当事人预期的法律效果，当事人不能依据自由意志对法定生效要件加以变更和排除。当然，尽管合同生效体现了国家干预原则，但由于合同自由是合同法的基本原则，因此，在合同生效领域，仍允许当事人对生效要件进行约定，但其前提是不能违反法律和行政法规的效力性强制性规定，不能违背公序良俗，不能损害他人合法权益。合同生效系以合同成立为前提，如果合同未成立，当然也不可能发生效力。依法成立的合同，对当事人具有法律约束力。当事人应当按照约定完备合同的生效要件，在其尚未具备生效要件时，其未完全发生法律效力，不存在违约责任的承担问题；而合同生效以后，当事人必须按照合同的约定履行，否则应承担违约责任。

合同成立与合同生效是各自独立又相互联系的两个概念。一方面，两者之间存在密切的联系，因为当事人订立合同旨在实现合同所能产生的权利和利益，这就要求合同应当对当事人具有约束力，以满足当事人的利益需求。特别是对那些依法成立且符合法定生效条件的合同而言，一旦成立就已产生法律效力。两者之间这种密切的联系，常使人认为合同成立即为合同生效。但另一方面，两者又是不同的。合同的成立是合同订立的完结，旨在说明合同的形式，而合同生效是指合同的效力，旨在说明业已形成的合同是否具有适法性。具体而言，合同成立与合同生效的区别在于：

（1）合同关系所属的阶段不同。合同成立属于合同订立阶段，是要约和承诺阶段的终结，不存在合同义务和合同责任的问题；而合同生效是在合同订立终结后，开始实现合同目的，开始履行合同义务，处于履行阶段，因而存在必须履行义务及违约责任等问题。

（2）反映的内容不同。合同成立与生效是两个不同性质、不同范畴的问题。合同成立属于合同的订立范畴，解决的是合同是否存在的事实问题，是对合同的事实上的判断。而合同生效属于合同的效力范畴，解决的是已经存在的合同是否符合法律规定，是否条件成就或期限届至而具有法律效力的问题，是对合同法律价值的判断。

（3）体现的原则不同。合同成立要件体现合同自由原则，赋予当事人广泛的自主权，合同是否成立，只能从当事人的意思表示判断，不应夹杂着国家对合同的态度。法律的任务是为判断合同是否存在提供一些标准，这些标准是客观的，任何人依据这些标准，对合同是否成立都能作出同一的评判，这是合同成立制度的价值所在。合同生效要件体现的则是国家干预原则，由国家对合同的约束力予以干预。如果合同的内容不符合法律规定的生效要件，那就意味着合同当事人的意志不符合国家意志，自然不能取得当事人预期的法律效果。合同成立强调当事人合意，体现意思自治原则，只要具备意思表示一致这一基本事实，合同即告成立。合同生效强调立法者对合同关系的评价，体现国家对合同的干预，不仅要求意思表示一致，而且要求意思表示的真实性、自主性和合法性。

（4）作用不同。合同成立制度的主要作用在于判定合同是否存在；合同效力制度则在于规定已经存在的合同是否被赋予国家强制力为后盾的拘束力。

（5）解释的适用不同。合同成立与否在某些情况下可以适用合同的解释方法使之成立，鼓励当事人积极从事交易，减少交易成本。而对合同的效力而言，则不存在适用合同解释方法使无效合同转化为有效的可能性。

（6）时间上有差异。合同成立是合同生效的逻辑前提，合同只有在成立之后才谈得上进一步衡量其是否生效的问题。考察合同的生效，首先必须考察合同是否成立。合同虽已成立，但是否生效有待于进一步的判断。

总之，合同经过要约与承诺阶段即成立，但只有在法律规定的生效要件具备时，才得以生效。合同生效的起始时间依赖于合同的成立，合同成立是合同生效的前提。

2. 合同生效与未生效

关于合同生效，《民法典》第五百零二条规定："依法成立的合同，自成立时生效，但是法律另有规定或者当事人另有约定的除外。依照法律、行政法规的规定，合同应当办理批准等手续的，依照其规定。未办理批准等手续影响合同生效的，不影响合同中履行报批等义务条款以及相关条款的效力。应当办理申请批准等手续的当事人未履行义务的，对方可以请求其承担违反该义务的责任。依照法律、行政法规的规定，合同的变更、转让、解除等情形应当办理批准等手续的，适用前款规定。"此外，《民法典》第一百五十八条、第一百五十九条、第一百六十条还分别规定了附条件的合同、附期限的合同，对合同生效的时间作出了其他规定。

合同未生效，是指已经成立的合同尚未具备生效要件，不具有完全的法律拘束力。合同未生效与合同无效不同。合同未生效只是合同尚不具备法定或者约定的生效要件，尚没有完全发生法律效力，并非表明其一定具有无效事由应作出否定性的价值评断。在其不存在无效事由且具有可以完成生效要件的可能性的情形下，可以通过促使法定或者约定和生效要件完备的方式使其生效。而绝对无效合同是"当然、自始、绝对、确定、永久"无效的合同，即使当事人有使其生效的意愿，但由于其存在无效的法定事由，故不能由当事人的自主意志和行为去变更、补正合同的效力。

有学者对于未生效合同的法律后果区分情形进行了分析：合同未生效不是终局的状态，而是中间的、过渡的形式，会继续发展变化。演变的结果可能有：(1) 未生效的合同具备有效要件，但不具备生效要件。此类合同已经具有当事人必须遵守的拘束力，只是尚无履行的效力。附停止条件的合同在条件尚未成就的场合，附始期的合同在始期尚未届至的场合，均属此类。(2) 未生效的合同在某个阶段具备了生效要件，转化为合同生效，发生了当事人所期望的法律效果，进入履行的过程。(3) 未生效的合同在某个阶段出现并存在无效的原因，成为确定无效的合同。(4) 未生效的合同一直没有具备生效要件，也没有出现无效的原因。第二种情形由履行和违约责任制度解决，第三种情形由无效和缔约过失责任甚至罚没制度管辖，第一种情形可能发展为第二种情形，也可能演变为第三种情形。第四种情形的后果最为复杂，需要较为详细讨论。如果当事人各方都不积极促成合同生效，也不撕毁合同，那么，合同既不生效履行，当事人也不负缔约过失责任，更无违约责任的产生。如果当事人任何一方明确告知对方不再遵守合同，或者以自己的行为表明，即使合同届时具备生效要件，也不履行合同，那么，在对方当事人没有依法促成合同生效的情况下，缔约过失责任成立，有过错的一方向对方赔偿信赖利益的损失。该观点详细分析了未生效合同的不同发展方向，对合同效力以及责任形式进行了规定，较为详尽。关于不具备生效要件合同的处理，学理通说认为，过错方应承担缔约过失责任，缔约过失责任的责任方式为赔偿损失。但在存在着可以办理有关手续、完成生效要件且当事人有此诉求的情形下，如果只判令过错方承担赔偿损失的责任，而不能判令当事人办理生效手续使合同生效，则有违合同未生效的基本法理，也纵容了不诚信一方拒不办理生效手续的不诚信行为，有损相对人的合法权益。尽管合同生效制度体现了国家对合同自由的干预，但该干预不能否定合同自由，因此，在可以促使合同生效成就的情形下，我们应遵循依据当事人的自由意志、尽量促使当事人完成生效条件的原则去处理未生效合同，以最大限度实现当事人订立合同的目的，促进社会财富的增加。但在无法完成生效要件的情形下，则只能判令有过错的当事人承担赔偿损失和相关费用的赔偿责任。正是基于这样的思路，我们认为，因尚不具备法定生效要件而未生效的合同，当事人应承担缔约过失责任，该责任方式有两种：一是人民法院可以根据案件的具体情况和当事人的请求，依据《民法典》第五百零二条规定，判决相对人办理有关手续；二是赔偿该当事人的信赖利益损失并承担相关费用。

司法实践中，严格区分合同的成立与生效，具有重要意义，只有区分了合同成立与合同生效，才能进一步区分合同的不成立、可撤销及无效。如果合同尚未成立，则不存在效力的判断问题；如果合同已成立，但不符合或不完全符合法定生效要件，则可能会出现未生效、无效、可撤销或效力待定的法律行为。对于合同效力的判断，需要结合民事法律行为的效力加以准确认定，包括合同生效的条件、效力待定合同、可撤销合同、无效合同，均为民事法律行为效力理论的具体化。

——最高人民法院民法典贯彻实施工作领导小组编著：《中国民法典适用大全（合同卷）》，人民法院出版社 2022 年版，第 195~200 页。

附录：民事审判信箱

问：合同成立与合同生效有什么区别？

答：合同的成立是合同订立的完结，旨在说明合同的形式，而合同生效是指合同的效力，旨在说明业已形成的合同是否具有法律约束力。具体而言，合同成立与合同生效的区别在于：

1. 合同关系所属的阶段不同。合同成立属于合同订立阶段，是要约和承诺阶段的终结，不存在合同义务和合同责任问题；而合同生效是在合同订立终结后，开始实现合同目的，开始履行合同义务，处于履行阶段，因而存在必须履行义务及违约责任等问题。

2. 反映的内容不同。合同成立与生效是两个不同性质、不同范畴的问题。合同成立属于合同的订立范畴，解决的是合同是否存在的事实问题，是对合同的事实上的判断。而合同生效属于合同的效力范畴，解决的是已经存在的合同是否符合法律规定，是否条件成就或期限届至而具有法律效力的问题，是对合同的法律价值判断。

3. 体现的原则不同。合同成立要件体现合同自由原则，赋予当事人广泛的自主权，合同是否成立，只能从当事人的意思表示判断，不应夹杂着国家对合同的态度。法律的任务是为判断合同是否存在提供一些标准，这些标准是客观的，任何人依据这些标准，对合同是否成立都能作出同一的评判，这是合同成立制度的价值所在。合同生效要件体现的则是国家干预原则，由国家对合同的约束力予以干预。如果合同的内容不符合法律规定的生效要件，那就意味着合同当事人的意志不符合国家意志，自然不能取得当事人预期的法律效果。合同成立强调当事人合意，体现意思自治原则，只要具备意思表示一致这一基本事实，合同即告成立。合同生效强调立法者对合同关系的评价，体现国家对合同的干预，不仅要求意思表示一致，而且要求意思表示的真实性和合法性。

4. 解释的适用不同。合同成立与否在某些情况下可以适用合同的解释方法使之成立，鼓励当事人积极从事交易，减少交易成本。而对合同的效力而言，则不存在适用合同解释方法使无效合同转化为有效的可能性。

5. 时间上有差异。合同成立是合同生效的逻辑前提，合同只有在成立之后才谈得上进一步衡量其是否生效的问题。考察合同的生效，首先必须考察合同是否成立。合同虽已成立，但是否生效有待于进一步的判断。

总之，合同经过要约与承诺阶段即成立，但只有在法律规定的生效要件具备时，合同才得以生效。合同生效的起始时间依赖于合同的成立，合同成立是合同生效的前提。

——本书研究组:《合同成立与合同生效有何区别》，载最高人民法院民事审判第一庭编:《民事审判指导与参考》2015 年第 2 辑（总第 62 辑），人民法院出版社 2015 年版，第 291~292 页。

362. 区分合同不成立与合同无效

关键词

合同不成立　合同无效　生效要件

最高人民法院大法官著述

值得注意的是，尽管合同成立与合同生效有所区别，但合同不成立与合同因欠缺有效要件（一般生效要件）而无效在后果上却并无区别，因为合同虽成立但却无效，同样不能产生任何法律约束力。在实践中，存在当事人未区分合同的成立要件和有效要件（一般生效要件）而以合同欠缺法定书面形式为由请求人民法院确认合同无效的情形，有人主张对此应以法定书面形式系合同的成立要件而非有效要件（一般生效要件）为由驳回当事人的诉讼请求，理由是：如果确认合同无效，没有法律依据，而确认合同不成立，又将会导致判非所请。笔者认为，尽管依据我国民法的规定，法定书面形式确系合同的成立要件而非有效要件（一般生效要件），但合同因欠缺法定书面形式而被认定不成立与合同虽成立但因欠缺有效要件（一般生效要件）而无效在后果上并无区别，因此，即使当事人的诉讼请求并不包括请求认定合同不成立，也应在全面审查合同是否已经成立的基础上再认定合同效力，且一旦认定合同不成立，即应据此作出判决，不应因担心超裁而直接驳回当事人的诉讼请求。否则，不仅会带来诉累，严重浪费司法资源，也不利于当事人合法权益的保护。在解释路径上，可有两种方法：其一，因合同成立是判断合同效力的前提，且合同不成立与合同无效在后果上并无不同，根据“举轻以明重”的解释规则，应将当事人关于确认合同无效的诉讼请求理解为包含在人民法院认定合同不成立时，亦请求确认合同不成立；其二，根据《最高人民法院关于民事诉讼证据的若干规定》第五十三条关于“诉讼过程中，当事人主张的法律关系性质或者民事行为效力与人民法院根据案件事实作出的认定不一致的，人民法院应当将法律关系性质或者民事行为效力作为焦点问题进行审理”的规定，如果当事人主张合同无效而人民法院认定合同不成立，即应将此作为焦点问题进行审理，并根据审理情况作出判决。

问题是，既然合同不成立与合同无效并无区别，那么区分合同成立与合同生效的意义究竟何在？如前所述，区分合同成立与合同生效有利于准确界定须经批准的合同以及附生效条件、期限的合同的效力状态。问题是，如果仅仅是要实现这一目的，仅需区分有效要件（一般生效要件）与特殊生效要件即可，而没有区分成立要件与有效要件（一般生效要件）的必要。为此，有人提出，之所以要区分合同的成立要件和有效要件（一般生效要件），是因为合同成立是一个事实判断问题，而合同生效是价值判断问题。笔者认为，这一观点值得商榷。合同成立与否，关系当事人利益甚巨，不能简单地认为只是一个事实判断问题，而必然涉及价值判断（且不说立法者必须就合同成立的时间所采取的立法体例上作出选择，即使就个案的审理而言，裁判者对合同是否成立作出判断，也因大量涉及法律的适用而不可避免地会涉及价值判断），而合同是否生效，也会涉及事实判断（如是否存在欺诈的事实）。关于这一点，后文还将详细进行讨论，此处不赘。这里需要指出的是，尽管合同不成立与合同无效在后果上并无区别，区分合同成立与合同有效仍有其一定的意义，因为合同的成立要件主要涉及用于判断当事人是否已经达成合意的积极事实（例如是否存在要约、承诺等意思表示）并与人民法院对合同内容的认定密切相关，而合同的有效要件（一般生效要件）则旨在归纳影响合同效力的消极事实（如合同须不存在违反法律、行政法规强制性规定或公序良俗的情形，也须不存在欺诈、胁迫等事实）并与人民法院对已经确定的合同内容进行司法审查密切相关。

——刘贵祥：《关于合同成立的几个问题》，载《法律适用》2022 年第 4 期。

363. 如何判断承诺内容与要约内容是否一致

关键词

承诺　要约　合同成立　实质性变更

《中华人民共和国民法典》条文

第四百七十九条　承诺是受要约人同意要约的意思表示。

附录：最高人民法院主流观点

合同是民事主体之间设立、变更、终止民事法律关系的协议。确立合同是否成立，关键在于衡量当事人双方是否具有缔结合同的内在意思，并且最终意思表示达成一致。这种相互交换意思表示的过程，法律上称为要约和承诺的过程。根据我国法律规定及司法实践，承诺人在规定的期限内以规定方式向要约人作出完全同意要约条件的意思表示，则承诺生效，合同成立。

正确判断承诺的内容是否与要约的内容一致是司法实践中的一项难点。交易实践中，受要约人对要约的回答往往并非简单地表示接受或者不接受，可能会有多种表述。越是复杂的交易，当事人之间越可能会进行多次的接触和讨价还价，要约人与受要约人都有可能对自己的条件不断进行调整。因此，受要约人的答复是否构成一项有效的承诺，必须根据具体情况进行分析。

受要约人的答复如果仅仅是表述形式不同，而内容相同，则应当认为这一答复内容与要约内容一致，构成一项有效承诺，该承诺到达要约人则合同成立。如果答复不仅是表述形式的差异，而是确实在要约内容之外增加、减少或改变了某些内容，构成了新的条件，则需要具体分析这些新的条件是否实质上改变了要约的内容。根据《民法典》第四百八十八条关于“有关合同标的、数量、质量、价款或者报酬、履行期限、履行地点和方式、违约责任和解决争议方法等的变更，是对要约内容的实质性变更”之规定，新的条件不得涉及要约中有关合同标的、数量、质量、价款或者报酬、履行期限、履行地点和方式、违约责任和解决争议方法等的变更。如果涉及上述内容的变更，则视为实质性变更了要约的内容。如果新条件没有实质上改变要约内容，则应当认为该答复构成了有效承诺，承诺到达要约人后，合同成立；如果新的条件实质上改变了要约的内容，则不应认为是一项承诺，而应视为是对要约的拒绝，被拒绝后，原要约失效。不过基于提升交易效率考虑，我国立法及司法实践中同时将该变更了原要约实质内容的答复视为受要约人向要约人发出的一项反要约，如果要约人予以承诺，则合同成立，兼顾了要约人与受要约人双方的利益。

——最高人民法院民法典贯彻实施工作领导小组编著：《中国民法典适用大全（合同卷）》，人民法院出版社 2022 年版，第 166 页。

364. 当事人之间的合意与不合意的判断标准

关键词

合意　合同成立　重大误解　承诺　要约

《中华人民共和国民法典》条文

第四百七十二条　要约是希望与他人订立合同的意思表示，该意思表示应当符合下列条件：

（一）内容具体确定；

（二）表明经受要约人承诺，要约人即受该意思表示约束。

第四百七十九条　承诺是受要约人同意要约的意思表示。

第四百八十八条　承诺的内容应当与要约的内容一致。受要约人对要约的内容作出实质性变更的，为新要约。有关合同标的、数量、质量、价款或者报酬、履行期限、履行地点和方式、违约责任和解决争议方法等的变更，是对要约内容的实质性变更。

最高人民法院大法官著述

（一）合意的判断标准

根据《民法典》的规定，当事人之间具有法律约束力的合意是通过要约与承诺来达成的。《民法典》一方面要求要约不仅在内容上具体确定，而且要表明经受要约人承诺，要约人即受该意思表示约束（《民法典》第四百七十二条）；另一方面则要求承诺的内容应当与要约的内容一致，且如果受要约人对要约的内容作出实质性变更，则应理解为新要约（《民法典》第四百八十八条）。可见，《民法典》对于合意的达成在采取所谓“镜像规则”，但在明确指出“承诺是受要约人同意要约的意思表示”（《民法典》第四百七十九条）的同时，也对“镜像规则”进行了适当缓和，仅要求承诺不能对要约进行实质性变更，而对于非实质性变更，则明确规定“除要约人及时表示反对或者要约表明承诺不得对要约的内容作出任何变更外，该承诺有效，合同的内容以承诺的内容为准”（《民法典》第四百八十九条）。至于何谓实质性变更，《民法典》指出“有关合同标的、数量、质量、价款或者报酬、履行期限、履行地点和方式、违约责任和解决争议方法等的变更，是对要约内容的实质性变更”（《民法典》第四百八十八条）。此外，为保障当事人之间达成的合意具有法律约束力，《民法典》还对要约的生效、撤回、撤销、失效以及承诺的方式、期限、生效等问题作出了明确的规定。

尽管用于判断当事人是否达成具有法律约束力的合意的法律规则看似已足够明确，但实践是复杂的，大量问题仍有赖于司法者依据已有规则进行解释论的操作。例如，《民法典》第四百七十二条第二项规定要约的内容必须具体明确，但如何判断当事人的意思表示是否“具体明确”呢？实践中，一种观点认为，既然承诺不能对要约进行实质性变更，那么要约就要具备全部实质性的内容，即当事人的意思表示必须包含《民法典》第四百八十八条所列举的全部条款（如有关合同标的、数量、质量、价款或者报酬、履行期限、履行地点和方式、违约责任和解决争议方法等），才能认定该意思表示是要约。显然，这一理解既不符合交易的实际，也不符合《民法典》的规定。从交易的实际情况看，大量合同并不具备《民法典》第四百八十八条所列举的全部实质性内容，且根据《民法典》第五百一十条的规定，合同生效后，当事人就质量、价款或者报酬、履行地点等内容没有约定或者约定不明确的，可以协议补充；不能达成补充协议的，按照合同相关条款或者交易习惯确定。此外，即使当事人无法根据《民法典》第五百一十条来解决合同内容的确定问题，还可以根据《民法典》第五百一十一条的规定来确定合同的内容。可见，《民法典》第四百八十八条规定的实质性内容，并非都是要约所必须具备的条款。在笔者看来，虽然依据《民法典》第四百八十八条的规定，如果要约已经包含了某一实质性内容，那么受要约人对这一内容的变更将构成实质性变更，或者要约虽然不包含某一实质性内容，但受要约人的意思表示包含该实质性内容，也应认为构成新要约，但是我们不能据此将《民法典》第四百八十八条规定的实质性内容作为判断某一意思表示是否构成要约的标准。

（二）合同的成立要件与合意的认定

问题是，要约究竟须具备哪些条款，才能认为内容具体明确呢？理论上将法律行为的构成部分区分为“要素”“常素”“偶素”三种元素。“要素”是指法律行为的本质部分，欠缺该元素将导致法律行为不成立。“要素”又可进一步分为一般性的要素和个别性的要素：前者是所有法律行为都必须具备的要素（如标的物），后者则是某类法律行为区别于其他法律行为的要素（如买卖合同的价金）。“常素”是指法律行为因具备“要素”而成立时，依其性质必然具备的内容（如买卖合同的瑕疵担保责任），即使当事人对此没有约定，也可根据合同的性质或者法律的规定进行认定，除非当事人通过特别约定予以废弃或者变更。“偶素”则是指当事人在法律行为的性质之外偶然附加于合同的内容（如付款条件、期限或者违约金等）。可见，影响合同成立的元素仅指“要素”，合同即使欠缺“常素”或者“偶素”，也不影响合同的成立。据此，原《最高人民法院关于适用〈中华人民共和国合同法〉若干问题的解释（二）》（以下简称“原《合同法解释二》”）第一条规定：“当事人对合同是否成立存在争议，人民法院能够确定当事人名称或者姓名、标的和数量的，一般应当认定合同成立。但法律另有规定或者当事人另有约定的除外。对合同欠缺的前款规定以外的其他内容，当事人达不成协议的，人民法院依照合同法第六十一条、第六十二条、第一百二十五条等有关规定予以确定。”笔者认为，这一规定既尊重了交易的实际，也实现了与原《合同法》其他规定的相互协调，从而为合同成立的认定提供了裁判规则。值得注意的是，上述司法解释采用的是“一般应当认定”的表述，这表明当事人名称或者姓名、标的和数量仅仅是合同的一般性要素，不包括某一合同类型区别其他合同类型的个别性要素。此外，“但法律另有规定或者当事人另有约定的除外”也足以表明上述规则存在例外。就此而言，即使合同具备当事人名称或者姓名、标的和数量，合同也并非当然成立，还要考察决定合同类型的个别性要素是否存在，因为实践中可能会出现针对某一合同内容，既没有当事人之间的约定，也无法依照原《合同法》第六十一条、第六十二条、第一百二十五条等有关规定予以确定的情形。例如，当事人对于价款或者报酬没有进行约定，又无法达成补充协议，按照合同相关条款或者交易习惯也无法确定，且不存在订立合同时履行地的市场价格以及政府定价或者政府指导价，亦无法依据原《合同法》一百二十五条予以确定，如何处理？对此，笔者的意见是，价格或者报酬作为合同的个别性要素，通常会影响到合同的成立，尤其是人们将磋商过程通俗地称为“讨价还价”，也足以表明价格或者报酬在交易中的重要性。如果当事人之间关于价款或者报酬存在争议且无法通过上述途径予以解决，则只能认为当事人未能达成合意，因而合同不成立。

另外，值得注意的是，尽管只有在要约欠缺“要素”时才会导致合同不成立，但在要约包含“常素”或者“偶素”的情况下，因承诺不能就要约的实质性内容进行变更，故要约所包含的“常素”或者“偶素”如果构成《民法典》第四百八十八条规定的实质性内容，则当事人是否就“常素”或者“偶素”达成一致，也将成为判断合同是否成立的因素。也就是说，“要素”仅仅是用来判断意思表示的内容是否具体明确的标准，意思表示欠缺“要素”，自然会导致合同不成立，但这并不意味着当事人只要就“要素”达成一致，合同就必然成立。在要约包含除“要素”外的其他实质性内容时，只有当事人就要约所包含的全部实质性内容达成一致，才能认定合同成立。就此而言，笔者认为，如果当事人就“要素”之外的其他实质性内容进行了协商，但未达成一致，则人民法院仍然应当认定合同不成立。

（三）不合意与重大误解的区别

理论上将当事人经过协商但未就全部实质性内容上达成一致的情形称为不合意，并认为不合意可以分为公然的不合意和隐存的不合意：前者也被称为有意识的不合意，即当事人明知双方的意思表示不一致，例如甲向乙购买奥迪车一辆，但乙只愿出售捷达车一辆；后者则又被称为无意识的不合意，即当事人不知道双方的意思表示不一致，且大多发生于当事人的意思表示在客观上有歧义，又不能通过合同解释加以排除的场合，例如当事人签订了货物买卖合同并约定由 Peerles 号船舶将货物从孟买运至买方所在地，但巧合的是，有两艘船舶都叫 Peerles 号，一艘是 10 月份离港，另一艘是 12 月份离港。

值得注意的是，隐藏的不合意与重大误解存在重大区别：前者是意思表示不一致导致合同不成立，自不发生意思表示错误的问题，而后者则属于意思表示错误，法律在认定合同成立的基础上赋予意思表示错误的一方以撤销权，以保护其交易安全。以对行为的性质存在误解为例，重大误解是指行为性质是确定的，但一方当事人对行为的性质有误解，故法律赋予该当事人以撤销权，而隐存的不合意往往发生于当事人双方对行为的性质存在不同理解且各有其正当理由的场合。例如张三自国外回来，带来一部摄像机，看到好友李四在问询完价格后对摄像机爱不释手，于是对李四说：“你拿走吧”。李四拿走摄像机后不久，张三便向李四索要价款，认为自己是将摄像机卖给了李四，李四则提出张三是赠与而非买卖。笔者认为，此时张三与李四之间既不成立买卖合同关系，也不存在赠与合同关系，因为二者虽各有意思表示，但意思表示并不一致：张三作出的是买卖的意思表示，而李四作出的则是接受赠与的意思表示。由于当事人对“你拿走吧”这句话的理解不同且各有其正当理由，不能认为哪个理解就是正确的，故不能认为当事人已经达成合意。

——刘贵祥：《关于合同成立的几个问题》，载《法律适用》2022 年第 4 期。

365. 部分当事人签名的合同是否成立

关键词

部分当事人　签名　合同成立

《中华人民共和国民法典》条文

第四百九十条　当事人采用合同书形式订立合同的，自当事人均签名、盖章或者按指印时合同成立。在签名、盖章或者按指印之前，当事人一方已经履行主要义务，对方接受时，该合同成立。

法律、行政法规规定或者当事人约定合同应当采用书面形式订立，当事人未采用书面形式但是一方已经履行主要义务，对方接受时，该合同成立。

最高人民法院司法政策精神

41.【盖章行为的法律效力】司法实践中，有些公司有意刻制两套甚至多套公章，有的法定代表人或者代理人甚至私刻公章，订立合同时恶意加盖非备案的公章或者假公章，发生纠纷后法人以加盖的是假公章为由否定合同效力的情形并不鲜见。人民法院在审理案件时，应当主要审查签约人于盖章之时有无代表权或者代理权，从而根据代表或者代理的相关规则来确定合同的效力。

法定代表人或者其授权之人在合同上加盖法人公章的行为，表明其是以法人名义签订合同，除《公司法》第 16 条等法律对其职权有特别规定的情形外，应当由法人承担相应的法律后果。法人以法定代表人事后已无代表权、加盖的是假章、所盖之章与备案公章不一致等为由否定合同效力的，人民法院不予支持。

代理人以被代理人名义签订合同，要取得合法授权。代理人取得合法授权后，以被代理人名义签订的合同，应当由被代理人承担责任。被代理人以代理人事后已无代理权、加盖的是假章、所盖之章与备案公章不一致等为由否定合同效力的，人民法院不予支持。

——《最高人民法院关于印发〈全国法院民商事审判工作会议纪要〉的通知》（2019 年 11 月 8 日，法〔2019〕254 号）。

最高人民法院公报案例、最高人民法院裁判文书

彭丽静与梁喜平、王保山、河北金海岸房地产开发有限公司股权转让侵权纠纷案［最高人民法院（2007）民二终字第 219 号民事判决书］

裁判摘要：夫妻双方共同共有公司股权的，夫或妻一方与他人订立股权转让协议的效力问题，应当根据案件事实，结合另一方对股权转让是否明知、受让人是否为善意等因素进行综合分析。如果能够认定另一方明知股权转让，且受让人是基于善意，则股权转让协议对于另一方具有约束力。

最高人民法院认为：关于梁喜平代彭丽静订立股权转让合同、签署股东会决议、公司章程修正案的效力问题。本案的上诉人彭丽静与被上诉人梁喜平系夫妻关系，金海岸公司是其夫妻二人共同开办的，丈夫梁喜平占 80% 的股份，妻子彭丽静占 20% 的股份。夫妻二人共同出资设立公司，应当以各自所有的财产作为注册资本，并各自承担相应的责任。因此，夫妻二人登记注册公司时应当提交财产分割证明。但是，本案当事人夫妻二人在设立公司时并未进行财产分割，应当认定是以夫妻共同共有财产出资设立公司。彭丽静和梁喜平用夫妻共同共有财产出资成立公司，在夫妻关系存续期间，丈夫或者妻子的公司股份是双方共同共有的财产，夫妻作为共同共有人，对共有财产享有平等的占有、使用、收益和处分的权利。根据本院《关于适用〈中华人民共和国婚姻法〉若干问题的解释（一）》第十七条第二款规定："夫或妻非因日常生活需要对夫妻共同财产做重要处理决定，夫妻双方应当平等协商，取得一致意见。他人有理由相信其为夫妻双方共同意思表示的，另一方不得以不同意或不知道为由对抗善意第三人。"彭丽静与梁喜平转让金海岸公司股权的行为属于对夫妻共同财产做重要处理，二人均应在股权转让合同、股东会决议、公司章程修正案上签名。但是，对于梁喜平代彭丽静订约、签名的效力问题应当综合本案事实，根据彭丽静对于股权转让是否明知、王保山是否为善意等因素予以分析认定。本案查明的事实是，彭丽静与梁喜平夫妻二人由中间人尹广宗介绍认识了王保山，共同协商股权转让事宜；王保山在签订股权转让协议前，通过上诉人夫妇提供的部队账户，以金海岸公司的名义向预备役师支付土地出让金 200 万元；在签订股权转让协议时，夫妇共同开办的石家庄市远大市政工程有限公司（以下简称远大公司）提供保证；在股权转让协议签订后，向夫妇共同开办的远大公司和河北海岸房地产开发有限公司（以下简称海岸公司）交付股权转让款；王保山持有彭丽静的身份证复印件，办理股权变更的工商登记；王保山持有金海岸公司的全部证照、印章、资料原件，金海岸公司的住所地进行变更；王保山已经支付了 4944 万元的股权转让款，变更了金海岸公司的股东手续，股权转让合同履行后实际控制了金海岸公司。上述事实证明上诉人彭丽静参与股权转让的签订和履行，转让股权是夫妻二人的真实意思表示。王保山有理由相信梁喜平能够代表妻子彭丽静签订股权转让合同、股东会决议、公司章程修正案。梁喜平陈述彭丽静曾中途停止谈判，股权不再转让。但是，彭丽静不能举证证明其是否通知王保山终止股权转让。彭丽静知道股权转让的事实，并未提出异议和阻止其丈夫梁喜平转让其股份，应当视为同意转让，梁喜平代彭丽静订约、签名转让股权，对于彭丽静有约束力。彭丽静上诉主张股权转让合同的当事人梁喜平和王保山恶意串通，侵犯了其优先购买权，但是，彭丽静并没有提供证据证明王保山与梁喜平恶意串通构成侵权的事实。因此，上诉人彭丽静以其没有在股权转让合同、股东会决议上签名，请求确认转让合同无效，被上诉人梁喜平和王保山恶意串通侵犯其优先购买权，没有事实和法律依据，其上诉理由不能成立，本院不予支持。

——《最高人民法院公报》2009 年第 5 期。

附录：最高人民法院主流观点

合同当事人一般是两方，但是多方当事人的情形大量存在，例如合伙协议、借款担保合同等。原《合同法》条文的规定是自“双方当事人”签名或者盖章时合同成立，“双方当事人”显然不能涵盖多方当事人的情形下合同成立的问题。《民法典》将“双方当事人”改为“当事人均”，更符合现实情况，更为准确。但如果只有部分当事人签名，而非当事人均签名，合同是否成立？

所谓只有部分当事人签名，可以分为两种情形：一种情形是合同本身有多方当事人，例如合伙协议有多方合伙人，保兑仓合同有卖方、买方（借款方）、贷款方等三方甚至是四方当事人；另一种情形是某一方合同当事人由多个民事主体组成，例如买卖合同的买方或者是卖方由两个独立的民事主体组成，最为常见的是夫、妻。

第一种情形下，只有部分当事人签名的合同，对未签名的当事人而言，该合同不成立，但是对于其他已经签名的当事人而言，合同是否成立，不能一概而论。(1) 如果因为部分当事人未签名影响了其他合同当事人的权利义务安排，那么该合同原则上不成立。例如保兑仓合同中的卖方不签名，则买卖双方之间的法律关系无法成立，必然影响贷款方的担保权，借贷双方的一方不签名，则对卖方的货款产生影响，即对其他合同当事人的权利义务关系产生影响，此时合同不成立。(2) 如果部分当事人未签名并不影响其他合同当事人的权利义务，而且当事人也未把全体当事人签名作为合同成立的条件，则不影响合同的成立，只是未签名的人不再作为合同当事人。例如甲、乙、丙、丁四方协商签订合伙协议，协议拟定后，乙方却不同意签名，在这种情形下，其他三方签名，则该合伙协议成为签名三人之间的合伙协议。

第二种情形下，如果没有特别约定，其中的部分当事人不签名一般不影响合同的成立。例如赵某诉柳林县振富煤焦有限责任公司、山西振富能源集团有限公司、山西紫鑫矿业集团有限公司、王某锁民间借贷纠纷案，[①]部分担保人既未签名，也未盖章，但是判决认定担保合同在已经签名的当事人之间成立。

再如夫妻共同财产买卖合同。在夫妻一方尚未签名的情况下，对于签名一方合同成立，对于未签名一方，合同是否成立，需要结合合同的实际履行情况加以判断。例如转让标的系夫妻共有房屋或夫妻共有股权，转让合同上只有夫妻一方签名，但是另一方对此明知并未提出异议，甚至已经配合办理了过户，实际履行了合同，应当认定该合同已经成立。例如最高人民法院审理的彭某静与梁某平、王某山、河北金海岸房地产开发有限公司股权转让合同纠纷案，[②]但是如果未签名一方不知情，也不存在实际履行合同的情形，那么合同对于未签名一方不成立。

借款担保合同中有借款方、贷款方、担保方，实际上是两个合同：一个是借款合同，另一个是担保合同。一般来说，主合同是否成立不受从合同的影响，但是如果从合同的成立构成主合同成立的条件，那么从合同当事人如果不签名盖章按指印，则主合同亦不成立。例如借款合同约定以担保合同的成立为条件，若担保人不签名盖章，则亦影响借款合同的成立。

——最高人民法院民法典贯彻实施工作领导小组编著：《中国民法典适用大全（合同卷）》，人民法院出版社 2022 年版，第 259~261 页。

366. 合同成立与意思表示的解释

关键词

合同成立　意思表示　价值判断

《中华人民共和国民法典》条文

第四百九十条　当事人采用合同书形式订立合同的，自当事人均签名、盖章或者按指印时合同成立。在签名、盖章或者按指印之前，当事人一方已经履行主要义务，对方接受时，该合同成立。

法律、行政法规规定或者当事人约定合同应当采用书面形式订立，当事人未采用书面形式但是一方已经履行主要义务，对方接受时，该合同成立。

第四百九十二条　承诺生效的地点为合同成立的地点。

采用数据电文形式订立合同的，收件人的主营业地为合同成立的地点；

---

① 最高人民法院（2016）最高法民终 579 号民事判决书。

② 最高人民法院（2007）民二终字第 219 号民事判决书，载《最高人民法院公报》2009 年第 5 期。

没有主营业地的，其住所地为合同成立的地点。当事人另有约定的，按照其约定。

第四百九十三条 当事人采用合同书形式订立合同的，最后签名、盖章或者按指印的地点为合同成立的地点，但是当事人另有约定的除外。

第五百一十一条 当事人就有关合同内容约定不明确，依据前条规定仍不能确定的，适用下列规定：

（一）质量要求不明确的，按照强制性国家标准履行；没有强制性国家标准的，按照推荐性国家标准履行；没有推荐性国家标准的，按照行业标准履行；没有国家标准、行业标准的，按照通常标准或者符合合同目的的特定标准履行。

（二）价款或者报酬不明确的，按照订立合同时履行地的市场价格履行；依法应当执行政府定价或者政府指导价的，依照规定履行。

（三）履行地点不明确，给付货币的，在接受货币一方所在地履行；交付不动产的，在不动产所在地履行；其他标的，在履行义务一方所在地履行。

（四）履行期限不明确的，债务人可以随时履行，债权人也可以随时请求履行，但是应当给对方必要的准备时间。

（五）履行方式不明确的，按照有利于实现合同目的的方式履行。

（六）履行费用的负担不明确的，由履行义务一方负担；因债权人原因增加的履行费用，由债权人负担。

最高人民法院大法官著述

（一）合同成立的时间与地点

《民法典》第四百八十三条规定："承诺生效时合同成立，但是法律另有规定或者当事人另有约定的除外。"此外，《民法典》第492条规定："承诺生效的地点为合同成立的地点。采用数据电文形式订立合同的，收件人的主营业地为合同成立的地点；没有主营业地的，其住所地为合同成立的地点。当事人另有约定的，按照其约定。"从上述规定可以看出，承诺生效的时间和地点原则上就是合同成立的时间和地点，因此，区别要约和承诺，进而先确定要约的存在，再判断是否存在有效的承诺就显得相当重要。

不过，关于通过要约和承诺订立合同的法律规定，是直到18世纪才发展出来的，且在现物交易中，当事人极少会因合同成立发生争议，此时判断何为要约、何为承诺，并无必要，而在较为复杂的交易中，经常是由双方的谈判代表就合同的主要条款进行反复交涉磋商，就合同书的内容达成共识，最后通过签订合同书将其愿意受合同约束的意思表达出来，因而也很难精准划定某人的行为是要约，某人的行为是承诺。也正因如此，关于合同成立的时间，《民法典》第四百九十条第一款规定："当事人采用合同书形式订立合同的，自当事人均签名、盖章或者按指印时合同成立。在签名、盖章或者按指印之前，当事人一方已经履行主要义务，对方接受时，该合同成立”；至于合同成立的地点，《民法典》第四百九十三条规定：“当事人采用合同书形式订立合同的，最后签名、盖章或者按指印的地点为合同成立的地点，但是当事人另有约定的除外”。可见，在合同是否成立的判断上，最为重要的，是双方当事人是否都愿意受到合同拘束的意思，且该意思是否在合同成立的过程中清楚地表示出来；必要时，应通过意思表示的解释来确定。

例如，当事人在商品房买卖合同中既约定了每平米的单价，但同时又约定最终价格须在交房时经双方审议并根据测量的实际面积确定，而双方因价格无法达成一致发生纠纷。在讨论中，有不同的观点：第一种观点认为，因价格约定不清楚，合同不成立；第二种观点认为，合同已经成立，价格可根据原《合同法》第六十二条（《民法典》第五百一十一条，下同）确定；第三种观点认为，本约不成立，但成立预约。笔者认为，在适用原《合同法》第六十二条对合同漏洞进行填补前，须先对意思表示进行解释，因此，关于合同是否成立以及成立的究竟是预约还是本约，首先取决于对“最终价格须在交房时经双方审议并根据测量的实际面积确定”这一约定的理解：如果认为当事人关于最终价格须双方审议的约定不仅否定了当事人关于单价的约定，且应理解为当事人意图排除原《合同法》第六十二条（《民法典》第五百一十一条）的适用，则在当事人就最终价格无法达成一致时，应认为合同不成立；如果当事人关于最终价格须经双方审议的约定仅在于否定当事人关于单价的约定，但不应理解为当事人意在排除原《合同法》第六十二条（《民法典》第五百一十一条）的适用，则应认为合同已经成立，在无法通过原《合同法》第六十一条（《民法典》第五百一十条）确定价格时，可依原《合同法》第六十二条（《民法典》第五百一十一条）确定价格；如果认为当事人关于最终价格的审议无意否定当事人关于单价的约定，但应理解为当事人关于单价的约定仅仅是暂定价格，则应理解为本约未成立，但成立预约。

（二）合同成立与价值判断

合同成立涉及意思表示的解释，也就是涉及裁判者对案件事实进行法律上的评价，因而也与裁判者对法律的解释密切相关。这就要求裁判者的目光必须往返于事实与规范之间。例如，在某一再保险合同纠纷案中，原告甲保险公司向被告乙保险公司发出订立再保险合同的要约，乙保险公司在对该要约进行了实质性修改后，要求甲保险公司于 30 天内进行反确认，但在甲保险公司进行反确认前，乙保险公司又将一份财务核对表发给甲保险公司，请求核对保费并限期付款，而该财务核对表不仅包含案涉再保险项目，且保费系根据甲保险公司的要约进行计算。保险事故发生后，虽然双方就保险单的出具进行了沟通，但直至案件审理时，乙保险公司未向甲保险公司出具保险单。

一审法院认为，结合当事人之间的邮件往来以及乙保险公司未出具保单等事实，应认定再保险合同不成立，且乙保险公司向甲保险公司发送财务核对表属于双方之间的日常账款核对，不能视为乙保险公司对于再保险合同的履行。二审法院则认为，乙保险公司在甲保险公司没有进行反确认的情况下，于新要约有效期届满前向甲保险公司发出邮件，请求核对约定的再保险项目并要求甲保险公司限期支付，系实际履行合同的行为，是实质性地接受了甲保险公司的要约，同时亦使乙保险公司的新要约有效期及要求甲保险公司反确认的条件失效，故再保险合同已成立；此外，保险合同经当事人的意思表示一致即可成立，而保险合同成立后，尽管保险人应当及时向投保人签发保险单或保险凭证，但保险单或保险凭证的签发，仅为保险人的法定义务，而非合同的成立要件。据此，二审法院撤销一审判决，改判支持甲保险公司的诉讼请求。

显然，从本案的审理情况看，当事人对于乙保险公司向甲保险公司发出的邮件构成新要约并无争议，有争议的是乙保险公司向甲保险公司发出财务核对表的行为是否构成对甲保险公司原要约的有效承诺；此外，对于保险事故发生后当事人之间的邮件往来如何在法律上进行评价，在当事人之间也存在一定的争议。当然，对前一问题的回答也必然会影响到对后一问题的回答。笔者认为，当事人之所以就前一个问题发生争议，与我国民法的规定密切相关。例如，《民法典》继受《合同法》的规定，将“受要约人对要约的内容作出实质性变更”作为要约失效的情形之一（《民法典》第四百七十八条第四项）。如此一来，甲保险公司发出的原要约就会因乙保险公司对要约的内容作出实质性变更而失效。既然原要约已经失效，则乙保险公司向甲保险公司发出财务核对表的行为能否构成有效承诺，将不无疑问。但另一方面，既然乙保险公司对要约的内容作出实质性变更的行为构成新要约，则新要约在甲保险公司作出承诺前也可以被撤销，因此乙保险公司向甲保险公司发出财务核对表的行为是否理解为对新要约的撤销，不无疑问；此外，即使认为该新要约已被撤销，是否意味着甲保险公司发出的原要约并不因此失效而仍可成为承诺的对象，亦不无疑问。一审法院没有对上述问题作出回答，而是认为乙保险公司向甲保险公司发出的财务核对表仅仅是日常性核算，不能由此推定出双方已就案涉再保险项目的主要条款达成一致，且甲保险公司在承诺期限内未作出有效承诺，故合同未成立。二审法院则间接对上述问题作出了回答，因为二审判决认为乙保险公司向甲保险公司发出财务核对表的行为不仅撤销了乙保险公司发出的新要约，且构成对甲保险公司原要约的承诺，这就意味着原要约没有失效，仍可成为承诺的对象。可见，在此过程中不仅包含大量事实判断，而且也包含法官对事实作出的价值判断。例如，乙保险公司向甲保险公司发出财务核对表的行为如何在法律上进行定性，就是一个包含价值判断的问题。在一审法院看来，该行为并不包含撤销新要约的意思表示，也不包含对原要约进行承诺的意思表示，仅仅是日常性的核算行为。但是，二审法院则认为该行为不仅包含撤销新要约的意思表示，也包含对原要约进行承诺的意思表示。

本文无意对一、二审法院所作的价值判断进行评价，而是想借此机会指出，合同的成立并非仅仅是一个事实判断问题，也是价值判断问题。在此过程中，法官不仅要解释现行法，而且要对大量事实进行法律上的评价，因此目光必须往返于规范与事实之间。例如，二审法院将保险单的出具理解为保险合同成立后的法定义务，而非保险合同的成立要件，足以说明区分某一事项究竟是合同的成立要件还是合同成立后的法定义务，对于认定当事人之间的合同关系是否成立，亦具有极为重要的意义。此外，一审法院将保险事故发生后当事人之间的邮件往来理解为当事人没有达成合意的证明，而二审法院则将当事人之间的行为理解为履行合同的行为，也足以证明法官在对事实进行评价时可能出现不同的结果。

——刘贵祥：《关于合同成立的几个问题》，载《法律适用》2022年第4期。

367. 当事人未采用书面形式签订合同，但能够推定已形成合同法律关系的，则合同成立

关键词

合同成立　民事法律行为　合同形式　事实合同

《中华人民共和国民法典》条文

第四百九十条第二款　法律、行政法规规定或者当事人约定合同应当采用书面形式订立，当事人未采用书面形式但是一方已经履行主要义务，对方接受时，该合同成立。

最高人民法院公报案例、最高人民法院裁判文书

广西嘉美房地产开发有限责任公司与杨伟鹏商品房买卖合同纠纷案［最高人民法院（2013）民提字第135号民事判决书］

最高人民法院认为：认定当事人之间是否存在债权债务关系，书面合同并非不可缺少的要件。只要确认双方当事人就借贷问题达成了合意且出借方已经实际将款项交付给借款方，即可认定债权债务关系成立。杨伟鹏向嘉美

公司支付340万元并收取利息的行为，足以认定双方之间成立了债权债务关系。

——《最高人民法院公报》2014年第12期。

最高人民法院裁判文书

中国银行股份有限公司十堰分行、中国银行股份有限公司湖北省分行与十堰荣华东风汽车专营有限公司金融借款合同纠纷案［最高人民法院（2013）民二终字第4号民事判决书］

裁判要旨：是否签订书面合同并非判断当事人之间是否形成合同法律关系的绝对标准，从当事人已经作出的民事行为能够推定双方有形成合同关系意愿的，也应当认定合同成立。

最高人民法院认为：本案二审争议的焦点是，荣华公司与中行十堰分行、中行湖北分行是否形成借款法律关系。

《合同法》第十条[①]规定："当事人订立合同，有书面形式、口头形式和其他形式。法律、行政法规规定采用书面形式的，应当采用书面形式。当事人约定采用书面形式的，应当采用书面形式。"第一百九十七条[②]规定："借款合同采用书面形式，但自然人之间借款另有约定的除外。"上述规定表明，我国合同法要求除自然人之外的当事人之间订立借款合同应当采用书面形式。但同时《合同法》第三十六条[③]还规定："法律、行政法规规定或者当事人约定采用书面形式订立合同，当事人未采用书面形式但一方已经履行主要义务，对方接受的，该合同成立。"这又表明，是否签订书面合同并非判断当事人之间是否形成借款法律关系的绝对标准，如果从当事人已经作出的民事行为能够推定双方有形成借款法律关系意愿的，也应当认定借款合同成立。本案中，荣华公司主张与中行十堰分行、中行湖北分行形成借款法律关系，但当事人之间并无签订书面借款合同，亦没有明确的约定借款金额、期限、还款方式等内容的口头借款协议。因此本案当事人之间是否形成借款法律关系，需要对全案事实和证据进行综合分析判断。

一、荣华公司与中行十堰分行是否形成借款法律关系

根据原审法院查明的事实，本案的发生有特殊背景。2005年至2006年，湖北省十堰市金融机构发生票据违规事件，中行十堰分行下属东风支行、张

① 对应《民法典》第四百六十九条。

② 对应《民法典》第六百六十八条。

③ 对应《民法典》第四百九十条。

湾支行、茅箭支行的工作人员违规将质押在三家支行的银行承兑汇票借给汇启等公司使用，导致中行十堰分行大量到期债权不能收回，中行十堰分行及其分支机构面临被银行监管部门停止银行承兑汇票业务的风险。为解决该事件，防范金融风险，中行十堰分行急需寻求第三方填补债务，十堰市人民政府也介入进行了组织协调。2006 年 7 月 30 日，十堰市人民政府主持召开由湖北省银监局、中行湖北分行、十堰市银监分局、中行十堰分行、荣华公司等有关人员参加的会议，会议议题为《关于中国银行十堰市分行票据质押风险化解问题》，并于 2007 年 5 月 16 日作出 20 号会议纪要。会议之后，荣华公司于 2006 年 8 月 2 日至 2007 年 4 月 17 日先后以两种方式多次向中行十堰分行、东风支行、张湾支行、茅箭支行付款，一种方式是荣华公司直接或者委托他人向汇启等公司在中行的账户付款或者开立以汇启等公司为收款人的转账支票，转账支票由中行工作人员签字取走；另一种方式是荣华公司直接向中行十堰分行、东风支行付款。原审法院认定荣华公司支付款项共计 5858 万元。2007 年 4 月 6 日，十堰市人民政府主持召开由十堰市人民检察院、十堰市公安局、十堰市银监分局、中行十堰分行、荣华公司等有关人员参加的会议，会议议题为《关于支持十堰市荣华东风汽车专营有限公司发展有关问题》，并于同年 4 月 12 日作出 11 号会议纪要。2010 年，中行十堰分行分别向十堰市人民政府、十堰市金融办书面报告请求协助处理荣华公司欠中行十堰分行贷款事宜，报告同时显示，对于荣华公司的垫资问题，双方处于协商处理中。2010 年 11 月，中行湖北分行起诉荣华公司，要求偿还所欠贷款。2011 年 6 月，荣华公司起诉中行十堰分行、中行湖北分行，要求偿还本案垫资款项。

对于上述 11 号会议纪要，中行十堰分行确认其真实性、合法性，但对关联性提出异议，认为会议纪要不同于当事人设立法律关系的协议书，不能代表中行十堰分行的意思表示，不能证明荣华公司是应中行要求垫资，中行十堰分行不应承担向荣华公司偿还垫付资金的义务；对于 20 号会议纪要，中行十堰分行称该纪要形成于会议之后十个月，内容是虚假的。对于中行十堰分行的质证意见，本院认为，政府会议纪要作为政府记载、传达会议情况的公文，确如中行十堰分行所称，不同于当事人之间设立法律关系的协议书，但会议纪要作为对会议所议定事项的概要纪实，能够反映出参会各方对于议定事项的主观态度和意见，该主观态度和意见是判断当事人在诉争问题上是否达成一致的重要考证。从中行十堰分行的质证意见看，中行十堰分行并未对会议纪要关于荣华公司为解决票据违规事件、维护十堰信用环境作出巨大贡献的记载提出异议，亦未否认荣华公司筹集资金先行垫交中行十堰分行用于解决票据违规事件的事实。同时，上述事实亦能够从 2010 年 12 月 20 日十堰市金融办在中行十堰分行《关于我行近期化解荣华公司不良债务有关情况报告》上关于“荣华公司在当年的风险化解上作出了实质性贡献”的批示得到印证。因此，从上述事实和证据之间的关联性分析，原审法院关于荣华公司垫付资金5858万元用于帮助中行十堰分行解决票据违规事件的认定有事实依据，并无不当。而本案当事人争议的焦点是，荣华公司主张上述款项是为中行十堰分行垫资，其与中行十堰分行形成借款法律关系；中行十堰分行抗辩主张荣华公司不是为其垫资，而是为汇启公司等案外人垫资，荣华公司与汇启公司等案外人形成借款法律关系。

如前所述，本案票据违规事件由中行十堰分行及其支行工作人员与汇启等公司串通、违规操作引发，中行十堰分行为此受到的债权损失理应向汇启等公司追偿。在此情况下，荣华公司虽出于其经营活动依赖于中行十堰分行的授信、贷款、银行承兑汇票等业务支持的考虑，但其在无任何约定或者法定义务的情况下，在中行十堰分行面临行业监管部门处罚的紧急情况下，先行垫资帮助中行十堰分行解决了票据违规事件。不可否认，荣华公司的垫资行为符合中行十堰分行的利益需要。因此在荣华公司与中行十堰分行之间，中行十堰分行成为垫资行为的受益人。对于荣华公司如何收回垫资款的问题，根据本案查明的事实，十堰市人民政府曾经召开专题会议予以研究。11号会议纪要明确记载，“荣华公司因借支十堰分行所造成的损失，由十堰分行承担挽回责任”，该内容与20号会议纪要记载的“之后中行湖北分行、十堰分行会同荣华公司采取措施，尽快归还荣华公司的垫款”的内容相比较，二者并无本质矛盾，能反映出双方当事人达成基本一致的意思表示，即对于荣华公司的损失，应当由中行十堰分行承担责任。至于11号会议纪要关于“由检察、公安等部门加大案件查办力度，尽可能追回中行十堰分行的承兑信用欠贷，并及时将追回的款物移交荣华公司”的记载，实际上应为中行十堰分行挽回其因票据违规事件所受损失的方式，而不应成为荣华公司挽回其垫资损失的必要、唯一方式。荣华公司已经接收中行十堰分行通过有关机关追缴的部分财产权利，同意在垫资款中予以扣抵，原审法院对此亦予以认定。

综合分析上述事实和证据之间的关联性，本院认为，荣华公司为中行十堰分行的垫资行为，使得双方形成事实上的借款法律关系，荣华公司由此受到的损失应当由中行十堰分行承担返还垫资款本金和利息的责任。原审法院对此认定正确，应予维持。中行十堰分行上诉所称其未与荣华公司形成借款法律关系，不应承担案涉款项归还责任的理由，与本案查明的事实不符，本院不予支持。

二、荣华公司与中行湖北分行是否形成借款法律关系

根据原审法院查明的事实，本案能够确认荣华公司为协助中行湖北分行处理长江公司贷款事宜垫资300万元的事实。对于上述款项，荣华公司与中行湖北分行虽未签订书面借款合同，但一方已实际垫付，另一方已实际使用，

双方已形成事实上的借款法律关系。原审法院关于荣华公司与中行湖北分行形成事实上借款法律关系，中行湖北分行对案涉 300 万元负有偿还本息义务的认定，有事实依据，应予维持。中行湖北分行上诉所称原审法院认定荣华公司与之形成借款关系并判令其归还证据不足、适用法律不当的理由，与本案查明的事实不符，本院不予支持。

——中国裁判文书网。

368. 当事人未签字盖章但合同已实际履行的，不影响合同的成立

关键词

确认合同无效纠纷　合同成立　已履行

《中华人民共和国民法典》条文

第四百九十条第一款　当事人采用合同书形式订立合同的，自当事人均签名、盖章或者按指印时合同成立。在签名、盖章或者按指印之前，当事人一方已经履行主要义务，对方接受时，该合同成立。

最高人民法院裁判文书

梁潮、梁欢、伍水泉与张日鉴及莫天带确认合同无效纠纷案［最高人民法院（2021）最高法民申 1712 号民事裁定书］

裁判要旨：当事人没有在合同上签字盖章，但已经履行合同主要义务且对方接受的，合同依法成立。

最高人民法院经审查认为，关于案涉《解除租赁合同协议书》《支付款项协议书》是否生效的问题。梁潮、梁欢、伍水泉主张由于梁欢本人没有在案涉《解除租赁合同协议书》《支付款项协议书》上签字，故案涉《解除租赁合同协议书》《支付款项协议书》未生效。经查，梁潮、梁欢、伍水泉作为共同甲方与张日鉴、李翟作为共同乙方签订《解除租赁合同协议书》，梁潮、梁欢、伍水泉作为共同甲方与莫天带作为乙方签订《支付款项协议书》，且明确约定协议“经双方签名即发生法律效力”或“经双方签字后生效”。原《合同法》第三十二条[①]规定：“当事人采用合同书形式订立合同的，自双方当事人

① 对应《民法典》第四百九十条。

签字或者盖章时合同成立。”本案中，梁潮与梁欢系同胞兄弟关系，何瑞兰与梁潮、梁欢分别系母子关系，梁欢本人虽未签字，系其母亲何瑞兰以代理人名义在案涉《解除租赁合同协议书》《支付款项协议书》上签字，且从 2013 年 12 月至 2015 年 6 月，在长达一年半的时间里，梁潮、梁欢、伍水泉作为甲方一直按每月 27500 元支付，实际履行合同义务。基于何瑞兰与梁潮、梁欢的直系亲属关系，在梁欢之弟梁潮、之母何瑞兰签约并实际履行一年多的情况下，梁潮、梁欢、伍水泉又以梁欢对签约不知情为由主张合同不生效，不合常理。二审判决基于案涉《解除租赁合同协议书》《支付款项协议书》签订及履行情况、签约一方之间的直系亲属关系等，认定梁欢对此是知晓并认可的，有相应的事实依据。且根据原《合同法》第三十七条[①]关于“采用合同书形式订立合同，在签字或者盖章之前，当事人一方已经履行主要义务，对方接受的，该合同成立”的规定，即便当事人没有签字盖章，但若已经履行主要义务且对方接受的，合同亦依法成立。故，即便梁欢本人没有在协议上没有签字，基于作为甲方的梁潮、梁欢、伍水泉已经较长时间实际履行了合同主要义务，合同相对人也已经接受，之后梁潮、梁欢、伍水泉再以梁欢未亲自签字为由抗辩案涉协议未生效，亦有违诚实信用原则，该项申请再审事由不能成立。

369. 醉酒不能成为行为人免除民事责任或否定真实意思表示的理由

关键词

醉酒　民事责任　意思表示

最高人民法院裁判文书

艾巧玲与张长有、天津市辰龙实业有限公司民间借贷纠纷案［最高人民法院（2015）民提字第 68 号民事裁定书］

裁判要旨：借款人对借条的真实性和内容没有异议，只是辩解称是其在醉酒状态下所写，该理由没有法律上的意义。醉酒不能成为行为人免除民事责任或否定真实意思表示的理由，借条载明的债权债务关系合法有效。

---

① 对应《民法典》第四百九十条。

最高人民法院认为：本案为民间借贷纠纷，艾巧玲为债权人，张长有为债务人，辰龙公司为担保人。艾巧玲起诉要求张长有返还借款，有借条、辰龙公司的担保书、汇票、支票、当事人陈述为证。生效的天津市第一中级人民法院（2011）一中刑终字第 223 号刑事裁定书亦认定，艾巧玲与张长有在交往中有经济往来。从文字内容看，本案借条上的文字记载是对一段时间内借款的累计确认。借据本身的意义就在于确认债权债务关系，避免将来可能发生的争议，也有防止反悔、避免长时间后举证困难的意义。艾巧玲与张长有在交往中有经济往来，张长有对借条的真实性和内容没有异议，只是辩解称是其在醉酒状态下所写。这个理由没有法律上的意义。

醉酒不能成为行为人免除民事责任或否定真实意思表示的理由，亦不能导致举证责任之再转移于艾巧玲。在当事人对债权债务通过借条明白无误地加以确认且有其他证据佐证的情况下，债务人一方要求债权人再次证明其债权的存在，不符合民法的诚实信用原则。原两审法院认定借条载明的债权不成立是错误的。

——中国裁判文书网。

370. 特殊的要约、承诺形式

关键词

要约　承诺　交叉要约　同时表示　意思实现

《中华人民共和国民法典》条文

第四百七十九条　承诺是受要约人同意要约的意思表示。

附录：最高人民法院主流观点

司法实践中，除典型的要约、承诺外，还存在一些特殊的要约承诺形式，如交叉要约、同时表示或者意思实现等。

所谓交叉要约是指合同当事人采取非直接对话的方式，作出了为订立同一内容合同的要约。例如买方向卖方发出欲以某条件购买某一数量、种类货物的要约，而卖方恰巧也同时向买方发出欲以某条件销售某一数量、种类货物的要约，双方的意思表示内容完全一致，而且双方均有订立合同的意思表示。既然双方有相同的意思表示，法律即可推定其必互有承诺的结果，所以认定合同成立。合同成立的时间以后一个要约到达对方当事人时为准。由于此种情况下难以认定谁是要约人谁是承诺人，因此将此种特别方式作为合同成立的方式之一。

所谓同时表示与交叉要约本质上相同，交叉要约是在非直接对话方式的情况下发生的，而同时表示是在对话方式的情况下发生的，是指对话的当事人双方毫无先后之别，同时向对方为同一内容的要约的意思表示。同时表示亦应作为合同成立的特别方式之一。

所谓意思实现是指按照习惯或事件的性质，不需要承诺通知，或者要约人预先声明承诺无须通知，要约人在相当时间内如有可以推断受要约人有承诺意思的客观事实，则可以据此成立合同。按照习惯或事件的性质不需要承诺通知的，比如订旅馆房间、订饭店座位等情形，不需要表明承诺，如不承诺却需要告知。推断受要约人有承诺的客观事实，一般是指受要约人不进行口头或书面承诺但按照要约人的要求履行合同义务，如受委托开始处理委托事务、发运要约人要求购买的货物等。

——最高人民法院民法典贯彻实施工作领导小组编著：《中国民法典适用大全（合同卷）》，人民法院出版社 2022 年版，第 167 页。

371. 关于特定沉默能否构成承诺的问题

关键词

意思实现　特定沉默　默示承诺　单纯不作为

《中华人民共和国民法典》条文

第一百四十条　行为人可以明示或者默示作出意思表示。

沉默只有在有法律规定、当事人约定或者符合当事人之间的交易习惯时，才可以视为意思表示。

第四百八十条　承诺应当以通知的方式作出；但是，根据交易习惯或者要约表明可以通过行为作出承诺的除外。

附录：最高人民法院主流观点

学理上，意思表示的默示方式可以分为意思实现与特定沉默两种。其中意思实现，即行为人以某种表明法律意图的行为间接表示其内在意思的默示，根据本条规定，在符合交易习惯或者要约表明的前提下可以以行为进行承诺。需要讨论的是，我国法律中是否允许特定沉默作为承诺方式。

沉默又称缄默，指单纯不作为，行为人既未明示，也不能从其行为推知其意思。就承诺而言，沉默就是指受要约人没有进行任何的言辞或者行为表达自己订立合同的意思。沉默通常情况下不能构成承诺。在这一方面，沉默与默示不同。默示虽然没有明确表达内在意思，但仍然是表示的一种方式，而沉默是没有任何表示，所以默示可以构成承诺，而沉默原则上不构成承诺。但是在特定条件下，沉默也可能构成承诺，此时被称为特定沉默，从分类上而言，也是默示的一种方式。具体来说，所谓特定沉默是指行为人以不作为或有特定意义的沉默间接表示其内在意思的默示。

各国或地区的规定多承认特定沉默可以作为默示承诺方式之一。例如，《德国民法典》规定，依交易上的习惯，承诺人无须向要约人表示，或要约人预先声明承诺无须表示者，虽未向要约人表示承诺，可认为有承诺的事实时，契约也可认为成立。再如，《联合国国际货物销售合同公约》第十八条首先规定了“缄默或不行为本身不等于承诺”，其后又规定：“但是，在特殊情况下，可以将沉默视为承诺：（1）受要约人先前向要约人发出过要约邀请，其中明确表示，要约人向自己发来要约后，在该要约指定的期限内，自己未作答复的，视为已经承诺。（2）当事人双方在经过了反复磋商后，已经达成了初步协议，一方当事人事后更改了某些条款，并要求相对人就此修改于合理期间内答复，否则，视为接受。在所修改的条款不太重要的情况下，沉默可以视为承诺。（3）双方当事人之间已经形成如下交易惯例，或当地业已存在着如下交易习惯：一方当事人向相对人发出要约，相对人未在要约指定的期间内答复也视为接受。在这种背景下，受要约人在收到要约后沉默，视为已经承诺。”在原《民法通则意见》第六十六条规定中也体现出类似观点。该条规定：“不作为的默示只有在法律有规定或者当事人双方有约定的情况下，才可以视为意思表示。”这一规定后来经过继承和完善后，被吸收在原《民法总则》以及现在的《民法典》中。《民法典》第一百四十条第二款明确规定：“沉默只有在有法律规定、当事人约定或者符合当事人之间的交易习惯时，才可以视为意思表示。”而承诺是一种特定的意思表示，故虽然本条没有明确规定特定沉默可以作为承诺方式，但是在《民法典》中已经承认沉默在有法律规定、当事人约定或者符合当事人之间的交易习惯时，可以视为意思表示，故特殊情况下，特定沉默也可以作为承诺方式之一。例如，《民法典》中关于租赁期限届满，承租人继续使用租赁物，出租人没有提出异议的，原租赁合同继续有效，但是租赁期限为不定期之规定，就体现了有法律规定的情形下，行为人以特定情形下的沉默进行的承诺。承租人继续使用租赁物，可以推知其欲延长租赁期限，出租人未提出异议，此时出租人的沉默被视为同意。又如，《民法典》第六百三十八条第一款规定“试用买卖的买受人在试用期内可以购买标的物，也可以拒绝购买。试用期限届满，买受人对是否购买标的物未作表示的，视为购买”，也是如此。试用买卖是一种特殊的买卖，双方虽然已经就买卖合同的基本内容达成合意，但最终可否发生买卖合同的效力，取决于买受人在试用期届满前是否对购买标的物表示认可。买受人在试用期限届满时未作表示，被视为购买，此时买受人的沉默被视为承诺，买卖合同成立。与第一款相对应的，《民法典》第六百三十八条第二款关于“试用买卖的买受人在试用期内已经支付部分价款或者对标的物实施出卖、出租、设立担保物权等行为的，视为同意购买”之规定，则属于以行为方式作出承诺。

需要注意的是，受要约人收到要约后，可以不作任何表示，不作任何行为，保持沉默。受要约人并无义务表示对于要约是否进行承诺。此时，不能把受要约人的缄默认为是承诺。特定沉默构成承诺，必须是法律有明确规定，或者当事人之间明确约定，或者当事人在长期的合作过程中的习惯做法是采用沉默方式表达承诺，则此时沉默为特定沉默，成为一种表达承诺意思的方式，才可构成承诺。基于私法自治原则，当事人可自行约定赋予沉默以意思表示的效力。如果没有当事人之间事先明确约定，也没有习惯做法，而仅仅由要约人在要约中规定如果不答复就视为承诺，则受要约人接到要约后的缄默不能构成承诺。《国际商事合同通则》在对这个问题的解释上举了两个例子：其一，甲和乙之间的供酒合同 12 月 31 日到期，甲要求乙提出续展合同的条件。乙在其要约中规定：“最晚在 11 月底以前，如果我方未收到你方的答复，我方将推定你方同意按上述条件续展合同。”甲发现乙所建议的条件均不可接受，因此未予答复。这样，当事人间未能达成新的合同，先前的合同到期失效。其二，在一项长期供酒协议中，乙惯常接受甲的订单不需要明确表示承诺。11 月 15 日，为准备新年庆贺，甲向乙订一大批货物。乙既没有答复，也没有按要求的时间供货。此时乙违约了，因为根据当事人间业已建立的习惯做法，乙的缄默视同对甲订单的承诺。

关于沉默构成意思表示的情形，原《民法通则意见》仅规定了两种，即法律有规定或当事人双方有约定。《民法典》较原《民法通则意见》增加了一种情形，即存在交易习惯时，沉默也可构成意思表示，应予注意。在目前司法实践中，法院对沉默的认定并没有局限于这三种例外情形，任意性和自由空间比较大。鉴于沉默原则上不具有意思表示的意义，其既不表示同意，也不表示拒绝，应严格限制其构成意思表示的情形。因此，在审理具体案件时，对将沉默认定为意思表示应当谨慎。

——最高人民法院民法典贯彻实施工作领导小组编著：《中国民法典适用大全（合同卷）》，人民法院出版社 2022 年版，第 173~175 页。

372. 在无明确约定或者法律无特别规定的情况下，不能推定当事人对权利进行放弃

关键词

明示　默示　民事权利放弃

最高人民法院裁判文书

青岛圣莺生物工程有限公司与中国信达资产管理股份有限公司福建省分公司及一审第三人兴业银行股份有限公司青岛分行抵押合同纠纷案［最高人民法院（2021）最高法民申 214 号民事裁定书］

裁判要旨：民事权利的放弃必须采取明示的意思表示才能发生法律效力，默示的意思表示只有在法律有明确规定及当事人有特别约定的情况下才能发生法律效力；在无明确约定或者法律无特别规定的情况下，不能推定当事人对权利进行放弃。

最高人民法院认为：民事权利的放弃必须采取明示的意思表示才能发生法律效力，默示的意思表示只有在法律有明确规定及当事人有特别约定的情况下才能发生法律效力；在无明确约定或者法律无特别规定的情况下，不能推定当事人对权利进行放弃。兴业银行就在兴银青借字 2013–356 号《流动资金借款合同》、兴银青承字 2014–0405 号《商业汇票银行承兑合同》债权在（2015）青民四商初字第 19 号、（2016）鲁民终字第 1239 号案中虽仅就主债务人和相关担保人提起诉讼，而未向圣莺公司诉讼主张权利，但不能以此推定放弃对圣莺公司的担保物权。此后，在案涉主债权两次转让中，虽均未列明本案争议的担保物权，但兴业银行及相关债权受让方均未以明示方式放弃圣莺公司提供的最高额抵押，圣莺公司仍是案涉主债权合同的最高额抵押人。圣莺公司关于债权人已放弃兴银青借高抵字 2012–131 号《最高额抵押合同》合同权利的主张缺乏合同依据和法律依据。

——中国裁判文书网。

373. 要约中表明了承诺方式的情形

关键词

要约　承诺　交易习惯

《中华人民共和国民法典》条文

第一百四十条　行为人可以明示或者默示作出意思表示。

沉默只有在有法律规定、当事人约定或者符合当事人之间的交易习惯时，才可以视为意思表示。

第四百八十条　承诺应当以通知的方式作出；但是，根据交易习惯或者要约表明可以通过行为作出承诺的除外。

附录：最高人民法院主流观点

如果要约人在要约中规定承诺需用特定方式的，只要该方式不是法律禁止或者属于客观上不可能实现的方式，受要约人作出承诺时，必须符合要约人规定的方式，才能构成一项有效的承诺。事实上，在一项具体的交易中，承诺所采取的方式往往取决于要约的要求。如果要约中没有对承诺的方式作出特别的说明，则承诺可以是法律允许的任何方式；如果要约中对承诺的方式提出了明确的要求，则受要约人必须采用要约所要求的方式进行承诺，否则该项答复就可能不构成有效承诺，从而导致合同不能成立。例如，要约人在要约中明确限定了如果承诺必须以电报形式答复才有效，则受要约人如果以书信方式进行答复，则不产生承诺的效力。对于要约中确定了承诺特定方式的效力问题，有的国家立法中作了明确规定，如《意大利民法典》规定："当要约人对承诺要求特定形式时，如果承诺以不同于要求的形式发出，则该承诺无效。"

需要注意的是，如果要约中规定了承诺的某种具体形式，同时也没有完全排斥其他的方式，则一般来说，受要约人采用其他更为快捷或对要约人更有利的方式进行了完全同意要约的答复，也应当构成一项有效的承诺。因为承认承诺有效完全实现了要约人的目的，且对其利益不构成任何损害。例如，如果要约人希望受要约人如果同意的话，以书信形式回复，则受要约人不必一定用书信形式回复，其可以采取比普通信件更快捷的电报形式回复，也可以构成一项有效的承诺。反之，如果上述情形下受要约人使用比要约规定的方式更为迟缓的方式，则一般为无效。

还需要注意的是，如果某些交易习惯上对承诺的方法有限定，则一般遵守交易习惯的要求。但如果要约人明确反对或者规定特定方式的，受要约人应当尊重要约人的意思，并按照要约人要求的方式作出承诺。

——最高人民法院民法典贯彻实施工作领导小组编著：《中国民法典适用大全（合同卷）》，人民法院出版社 2022 年版，第 175~176 页。

374. 审判实践中如何确定承诺的合理期限

关键词

合理期限　要约　承诺

《中华人民共和国民法典》条文

第四百八十一条 承诺应当在要约确定的期限内到达要约人。

要约没有确定承诺期限的，承诺应当依照下列规定到达：

（一）要约以对话方式作出的，应当即时作出承诺；

（二）要约以非对话方式作出的，承诺应当在合理期限内到达。

附录：最高人民法院主流观点

要约以非对话方式作出的且没有确定承诺期限的，承诺应当在合理期限内到达。合理期限，是指承诺到达要约人的期限应当符合正常情况下当事人作出判断以及传递信息所需的时间。合理期限的确定，一般应根据要约发出的具体情况和交易习惯确定。有学者将“依通常情形可期待承诺到达时期”分为三段：一是要约到达于受要约人的期限；二是为承诺所必要的期限；三是承诺的通知达到要约人所必要的期限。第一段与第三段的期限，依通讯方式确定，如依邮寄或电报为要约或回答通常所必要的期限。如果要约及承诺的通知，途中有非常事变（火车障碍、暴风雨等）的迟延，要约人如果知道该情况的发生，应当斟酌以定其达到所必要的期限。此承诺达到所必要的期限，依其通知的方法而有所不同。要约人如特别限定其承诺通知的方法，须以其方法为承诺。否则得依通常交易上所用的方法。以电报为要约时，是否必须以电报作为回答，应依要约的性质及特别的情势确定。第二段的期间，是自要约达到时以至发送承诺通知的期限，是受要约人审查考虑是否承诺所必要的时间。这个时间可以通常人为标准确定，但依要约的内容不同有所差异，内容复杂，审查考虑的时间就长，如果还要经过法定代表人或者董事会的批准，可能时间还会更长。此三段期限为“依通常情形可期待承诺到达时期”，也就是“合理期限”。在审判实践中，应当根据具体案件情况综合考虑要约到达于受要约人的期限、作出承诺所必要的期限（根据要约内容的复杂程度、要约措辞的缓急程度等确定）和承诺的通知到达要约人所必要的期限，以保证当事人双方的合法权益。因信息传递方式不同，所需时间也不尽相同，如通过邮局寄送挂号信，与通过互联网发送电子邮件，所需时间就不一样，确定“合理期限”的时间长短也就不同。

——最高人民法院民法典贯彻实施工作领导小组编著：《中国民法典适用大全（合同卷）》，人民法院出版社 2022 年版，第 183 页。

375. 区分承诺迟到与逾期承诺

关键词

承诺迟到　逾期承诺　合理预期　新要约　合同成立

《中华人民共和国民法典》条文

第四百八十七条　受要约人在承诺期限内发出承诺，按照通常情形能够及时到达要约人，但是因其他原因致使承诺到达要约人时超过承诺期限的，除要约人及时通知受要约人因承诺超过期限不接受该承诺外，该承诺有效。

附录：最高人民法院主流观点

审判实践中，正确理解与适用本条，还应当注意区分承诺迟到与逾期承诺的关系。如果承诺是在要约存续期限之后作出的，或者依照通常情形不能在要约期限内到达要约人的，则构成《民法典》第四百八十六条所规定的逾期承诺，并非本条所指的承诺迟到。商事实践中，承诺迟到与逾期承诺在客观上都表现为承诺在承诺期限之后才到达要约人，但承诺迟到不同于逾期承诺，两者存在本质区别。

首先，两者发生的原因不同。逾期承诺中承诺超期到达的根本原因在于受要约人本人能够控制的原因，是受要约人在超过承诺期限后才作出承诺，或者虽然承诺在期限内作出，但没有选择适当的作出方式，留出合理在途时间，按照通常情形就不能及时到达要约人；承诺迟到中承诺超期的原因不在于受要约人，受要约人是在承诺期限内作出了承诺，选择了恰当的方式并且为承诺到达要约人预留了合理的在途时间，按照通常情形该承诺能够及时到达要约人，导致承诺迟到的原因是因其他原因，如电报故障、信函误投或延迟，甚至网络传输中断等传达故障致使承诺迟到的。

其次，受要约人的合理预期不同。对于逾期承诺而言，受要约人在承诺期限届满后才作出承诺或者虽然在期限内作出了承诺，但是按照通常情形就不能及时到达要约人，因此受要约人知道或者应当知道其承诺到达要约人超过期限，承诺不生效，合同不能成立；而承诺迟到中，按照通常情形承诺能够及时到达要约人，故受要约人能够合理预期承诺于期限内到达要约人，承诺生效，合同成立，甚至有可能为合同履行而预做准备。

最后，两者法律后果有重大区别。逾期承诺原则上不发生承诺的法律效力，一般视为一项新要约，经要约人承诺后才能成立合同。逾期承诺仅在要约人认可的情况下，及时通知承诺人该承诺有效，才例外地具有承诺的法律效力，否则不产生承诺的效力。因受要约人知道或者应当知道其承诺超过期限，其应当合理预期到合同不能成立。因此要约人不想接受该承诺时，没有义务通知受要约人其不接受承诺的决定。只有当要约人愿意接受该承诺时，才需要及时通知受要约人承诺有效，合同成立。否则，合同就不成立。与之相反，迟到的承诺原则上发生承诺的效力，合同成立，只有在要约人及时通知受要约人因承诺超过期限而不接受该承诺的情形下，才不发生承诺的效力。因受要约人不知其按时发出的要约迟到，因此，要约人负有义务及时通知受要约人承诺迟延，否则，该承诺视为未迟延，仍然具有法律效力，合同仍然成立。如果要约人不愿意接受迟到的承诺，则应及时通知受要约人因承诺超过期限不接受该承诺，要约人及时发出此项通知后，该迟到的承诺不发生法律效力，合同不成立。

审判实践中，应当根据案件审理的具体情况，准确辨别承诺迟到与逾期承诺，适用不同的法律规范。

——最高人民法院民法典贯彻实施工作领导小组编著：《中国民法典适用大全（合同卷）》，人民法院出版社 2022 年版，第 233~234 页。

376. 以物抵债协议为诺成合同，不以债权人受领抵债物作为其成立要件

关键词

以物抵债　以房抵债　诺成合同

最高人民法院审判业务意见（民事审判第二庭法官会议纪要）

《合同法》第二十五条[①]规定："承诺生效时合同成立。"该条确立了以诺成合同为原则、以实践合同为例外的合同成立规则。就以物抵债协议而言，在我国法律没有规定代物清偿制度，而当事人对合同成立又无特别约定的情况下，应当认为其系诺成合同，自双方意思表示一致时成立，不以债权人受领抵债物为合同成立要件。

——麻锦亮、贺小荣：《以物抵债协议的性质与效力》，载贺小荣主编：《最高人民法院民事审判第二庭法官会议纪要：追寻裁判背后的法理》，人民法院出版社 2018 年版，第 13~14 页。

① 对应《民法典》第四百八十三条。

最高人民法院裁判文书

张某与甲公司房屋买卖合同纠纷案［最高人民法院（2017）最高法民申128号民事裁定书］

裁判要旨：当事人双方签订以物抵债协议，如果协议中未明确约定以债权人受领抵债物作为成立要件，该以物抵债协议应为诺成合同，只要双方就以物抵债达成合意，该协议即成立。

最高人民法院认为：甲公司因债务清偿期限届满无力偿还借款，经与张某协商出具案涉《承诺书》，约定以甲公司开发的商品房抵顶1250万元债务，同时约定了抵债房屋的移转和过户程序，及双方在此过程中的权利义务和违约责任，并由黄某对违约赔偿责任承担连带保证责任。该《承诺书》系各方当事人真实一致的意思表示，且不违反法律、行政法规的强制性规定，对当事人具有约束力。二审法院关于"从抵债的目的来看，以物抵债具有实践性。若仅有合意，未转移物权，则债务未消灭，抵债的目的未达成，债务人仍可另行选择偿债方式，即'以物抵债'协议并不产生强制履行的效力"的认定，缺乏法律依据。且在本案中，张某在起诉时明确提出了返还其已代付的200万元款项的诉讼请求，但原审法院未进行审理便作出裁判，遗漏了当事人诉讼请求，剥夺了其相应的辩论权利。故本案应由二审法院再审；再审期间，中止二审判决的执行。

——法信网。

377. 区分意思表示的撤回与意思表示的撤销

关键词

意思表示撤回　意思表示撤销　要约撤回　要约撤销

《中华人民共和国民法典》条文

第一百四十一条　行为人可以撤回意思表示。撤回意思表示的通知应当在意思表示到达相对人前或者与意思表示同时到达相对人。

第四百八十五条　承诺可以撤回。承诺的撤回适用本法第一百四十一条的规定。

附录：最高人民法院主流观点

实践中应将意思表示撤回与撤销相区别。意思表示的撤回与意思表示的撤销不同，撤回针对的是未生效的意思表示，而撤销针对的是已生效的意思表示。意思表示的撤回是在意思表示生效前使其不发生效力，意思表示的撤销是在意思表示生效之后，行为人又作出取消该意思表示的表示。两者区别如下：

第一，意思表示的撤回在意思表示生效之前，因此不会对相对人产生任何影响，也不会对交易秩序产生任何影响。允许表意人使未发生法律效力的承诺意思表示不发生预期的效力，在意思表示撤回中仅需要考虑保护意思表示行为人对其意思表示的自由处分权利，这也是对意思表示自由的充分尊重。意思表示的撤销则是在意思表示生效之后，已经对表意人产生了法律约束力，而相对人已经知悉了意思表示的内容，甚至可能已经对该意思表示产生了合理信赖，更要考虑保障相对人的合理信赖。因此，表意人能否在意思表示生效后取消其意思表示，要平衡表意人和相对人的利益。

第二，意思表示的撤销是在意思表示生效后，当事人再取消该意思表示的效力。此时是否允许意思表示撤销，还需要看该意思表示是否已经作为法律行为而发生法律效力。若已经作为法律行为发生了法律效力，那么除非表意人有撤销权之外，即不得再行撤销，而若尚未成为法律行为的是否能够撤销，则取决于不同的立法例和具体之情形。例如，合同订立过程中的要约与承诺均属于意思表示，但要约只是愿与对方订立合同的意思表示，在相对人作出承诺前，合同并未成立，法律关系仍未改变，因此法律既允许要约在生效之前撤回，又允许要约在生效之后符合一定条件情况下撤销。而承诺生效则合同成立，法律关系发生改变，因此法律仅允许承诺撤回，不允许承诺撤销。

意思表示的撤回与撤销的区别通过要约的撤回与要约的撤销对比极为典型。《民法典》第四百七十五条规定："要约可以撤回。要约的撤回适用本法第一百四十一条的规定。"第四百七十六条规定："要约可以撤销，但是有下列情形之一的除外：（一）要约人以确定承诺期限或者其他形式明示要约不可撤销；（二）受要约人有理由认为要约是不可撤销的，并已经为履行合同做了合理准备工作。"第四百七十七条规定："撤销要约的意思表示以对话方式作出的，该意思表示的内容应当在受要约人作出承诺之前为受要约人所知道；撤销要约的意思表示以非对话方式作出的，应当在受要约人作出承诺之前到达受要约人。"一般而言，意思表示生效后，行为人便受其约束，不得撤销，以免损害相对人的信赖利益，这特别表现在意思表示一经作出便可改变法律关系的行为中，如承诺便不可撤销。在《民法典》总则编，也只规定了意思表示的撤回，没有规定意思表示的撤销。但我国法律允许要约撤销，这是因为在双方行为中，要约只是代表愿与对方签订合同，在对方作出承诺前，法律关系仍未改变。此时允许撤回要约，能够最大限度尊重行为人的形成自由。不过并非所有要约均可撤销，《民法典》明确规定了要约不得撤销的情形，主要是为了保护相对人的信赖利益，如果因为撤销要约而给受要约人造成损害，要约人应负赔偿责任。

——最高人民法院民法典贯彻实施工作领导小组编著：《中国民法典适用大全（合同卷）》，人民法院出版社 2022 年版，第 222~223 页。

378. 区分要约的撤回和要约的撤销

关键词

要约撤回　要约撤销　意思表示

《中华人民共和国民法典》条文

第一百四十一条　行为人可以撤回意思表示。撤回意思表示的通知应当在意思表示到达相对人前或者与意思表示同时到达相对人。

第四百七十五条　要约可以撤回。要约的撤回适用本法第一百四十一条的规定。

第四百七十六条　要约可以撤销，但是有下列情形之一的除外：

（一）要约人以确定承诺期限或者其他形式明示要约不可撤销；

（二）受要约人有理由认为要约是不可撤销的，并已经为履行合同做了合理准备工作。

第四百七十七条　撤销要约的意思表示以对话方式作出的，该意思表示的内容应当在受要约人作出承诺之前为受要约人所知道；撤销要约的意思表示以非对话方式作出的，应当在受要约人作出承诺之前到达受要约人。

附录：最高人民法院主流观点

审判实践中，要正确区分要约的撤回和要约的撤销。具体如下：

要约的撤回，要求撤回要约而作出的意思表示在要约生效之前到达受要约人或在要约生效的同时到达受要约人；要约的撤销则是指在要约生效之后使要约失去效力。要约的撤回适用《民法典》第一百四十一条的规定；要约的撤销则适用《民法典》第四百七十六条。只要在要约完成和要约生效之间存在时间差，要约人就有撤回要约的机会；与之不同，在某些情形下，要约不得撤销。不过，要约的“撤回”或“撤销”，都是民法对要约人所作出的意欲使要约不发生效力或消灭效力的意思表示，都是民法以专业术语对当事人所作出的意思表示进行的解释、表达、描述和想象。在现实生活中不要求要约人使用“撤回”或“撤销”这类民法术语，更不要求要约人准确地使用这些民法术语。换言之，只需要要约人表达出其意欲使要约不发生效力或消灭效力的意思即可。如果这一意思表示发生于要约可撤回的阶段，民法即将之描述为试图撤回要约的意思表示；如果这一意思表示发生于要约生效之后、承诺作出之前的阶段，民法即将之描述为试图撤销要约的意思表示。若要约人在要约生效之前作出撤回要约的意思表示，但该意思表示在要约生效之后才到达受要约人，则该意思表示可适用有关要约撤销的规则，在符合要约撤销规则时发生撤销要约的法律后果。若要约是以公告方式作出，则要约于公告发布时生效（《民法典》第一百三十九条）。因而，对于以公告方式作出的要约，不存在撤回的可能。

意思表示的撤销，是指在意思表示作出并生效后，行为人又作出取消该意思表示的表示。二者的区别在于：（1）意思表示是否已经生效不同。意思表示可以撤回的场合，行为人的意思表示还没有生效。而意思表示的撤销，表明行为人的意思表示已经生效。（2）法律后果不同。在意思表示撤回的场合，由于意思表示还没有生效，对相对人没有任何影响，也不影响交易秩序，所以意思表示的撤回不受法律限制。而在意思表示撤销的场合，由于意思表示已经生效，已经对相对人产生了影响，为了保护相对人的利益，保护正常的市场交易秩序，法律规定要约是否可以撤销，要看是否影响了相对人的利益。已经影响的，不允许撤销；没有影响的，自无不允许撤销的道理。据此，《民法典》合同编中的第四百七十六条规定：“要约可以撤销，但是有下列情形之一的除外：（一）要约人以确定承诺期限或者其他形式明示要约不可撤销；（二）受要约人有理由认为要约是不可撤销的，并已经为履行合同做了合理准备工作。”第四百七十七条规定：“撤销要约的意思表示以对话方式作出的，该意思表示的内容应当在受要约人作出承诺之前为受要约人所知道；撤销要约的意思表示以非对话方式作出的，应当在受要约人作出承诺之前到达受要约人。”

《民法典》总则编没有规定意思表示的撤销问题，但《民法典》合同编对此有规定，因此，审判实践中除要约之外的意思表示的撤销，可以参照《民法典》合同编中的第476条和第477条的规定处理。

——最高人民法院民法典贯彻实施工作领导小组编著：《中国民法典适用大全（合同卷）》，人民法院出版社2022年版，第138~139页。

意思表示的撤销，是指在意思表示作出并生效后，行为人又作出取消该意思表示的表示。二者的区别在于：（1）意思表示是否已经生效不同。意思表示可以撤回的场合，行为人的意思表示还没有生效。而意思表示的撤销，表明行为人的意思表示已经生效。（2）法律后果不同。在意思表示撤回的场合，由于意思表示还没有生效，对相对人没有任何影响，也不影响交易秩序，所以意思表示的撤回不受法律限制。而在意思表示撤销的场合，由于意思表示已经生效，已经对相对人产生了影响，为了保护相对人的利益，保护正常的市场交易秩序，法律规定要约是否可以撤销，要看是否影响了相对人的利益。已经影响的，不允许撤销。没有影响的，自无不允许撤销的道理。据此，《民法典》合同编中的第四百七十六条规定："要约可以撤销，但是有下列情形之一的除外：（一）要约人以确定承诺期限或者其他形式明示要约不可撤销；（二）受要约人有理由认为要约是不可撤销的，并已经为履行合同做了合理准备工作。"第四百七十七条规定："撤销要约的意思表示以对话方式作出的，该意思表示的内容应当在受要约人作出承诺之前为受要约人知道；撤销要约的意思表示以非对话方式作出的，应当在受要约人作出承诺之前到达受要约人。"

——最高人民法院民法典贯彻实施工作领导小组主编：《中华人民共和国民法典总则编理解与适用》，人民法院出版社 2020 年版，第 711~712 页。

379. 如何认定撤回承诺的通知到达要约人的时间，与承诺的通知到达要约人的时间

关键词

通知　撤回承诺　意思表示　电子合同

《中华人民共和国民法典》条文

第一百四十一条　行为人可以撤回意思表示。撤回意思表示的通知应当在意思表示到达相对人前或者与意思表示同时到达相对人。

第四百八十五条　承诺可以撤回。承诺的撤回适用本法第一百四十一条的规定。

附录：最高人民法院主流观点

受要约人若要撤回承诺，必须选择以快于意思表示作出的方式发出撤回通知，按照通常情况，撤回的通知应当先于或者最迟会与意思表示同时到达相对人，但因为其他原因耽误了，撤回的通知在意思表示到达相对人之后才到达。在这种情况下，相对人应当根据诚信原则及时通知意思表示的行为人，告知其撤回的通知已经迟到，意思表示已经生效；如果相对人怠于通知行为

人，行为人撤回意思表示的通知视为未迟到，仍发生撤回表示的效力。

在当前信息时代，越来越多的意思表示基于互联网进行，例如出现了大量电子合同。由于互联网的迅捷性，行为人的意思表示无论是通过电子数据交换（EDI）系统传送还是通过电子邮件传送，理论上都可以即时送达给相对人系统。意思表示的发送和到达基本无时间差，撤回制度一般无适用余地。只有在出现网络故障、信箱拥挤、停电断电等情况下，行为人才有可能利用时间差用电话或再用一封电子邮件撤回原来的意思，这时撤回通知与前项意思表示有同时到达相对人的可能性，因而意思表示可得撤回。

——最高人民法院民法典贯彻实施工作领导小组编著：《中国民法典适用大全（合同卷）》，人民法院出版社 2022 年版，第 222 页。

380. 格式条款提供方应以“合理的方式”履行提示说明告知义务

关键词

说明告知义务　合理方式　格式条款

《中华人民共和国民法典》条文

第四百九十六条　格式条款是当事人为了重复使用而预先拟定，并在订立合同时未与对方协商的条款。

采用格式条款订立合同的，提供格式条款的一方应当遵循公平原则确定当事人之间的权利和义务，并采取合理的方式提示对方注意免除或者减轻其责任等与对方有重大利害关系的条款，按照对方的要求，对该条款予以说明。提供格式条款的一方未履行提示或者说明义务，致使对方没有注意或者理解与其有重大利害关系的条款的，对方可以主张该条款不成为合同的内容。

第四百九十七条　有下列情形之一的，该格式条款无效：

（一）具有本法第一编第六章第三节和本法第五百零六条规定的无效情形；

（二）提供格式条款一方不合理地免除或者减轻其责任、加重对方责任、限制对方主要权利；

（三）提供格式条款一方排除对方主要权利。

最高人民法院司法政策精神

7. 提供格式条款的一方对格式条款中免除或者减轻其责任等与对方有重大利害关系的内容，在合同订立时采用足以引起对方注意的文字、符号、字体等特别标识，并按照对方的要求以常人能够理解的方式对该格式条款予以说明的，人民法院应当认定符合民法典第四百九十六条所称“采取合理的方式”。提供格式条款一方对已尽合理提示及说明义务承担举证责任。

——《最高人民法院关于印发〈全国法院贯彻实施民法典工作会议纪要〉的通知》(2021 年 4 月 6 日，法〔2021〕94 号)。

附录：最高人民法院主流观点

《最高人民法院关于印发〈全国法院贯彻实施民法典工作会议纪要〉的通知》第七条在具体适用时要注意以下几个问题：第一，格式条款中需要作出特别提示或者说明的，是指其中免除或者减轻格式条款提供方责任等与对方有重大利害关系的内容。第二，提示或者说明义务必须在合同订立时履行。因此，合同订立后再进行提示说明的，不构成履行本条规定的提示说明义务。第三，履行提示或者说明义务的具体方式包括文字、符号、字体等特别标识，以及根据合同相对人的要求以常人能够理解的方式进行特别说明。第四，所采取的特别标识必须足以引起对方注意。第五，格式条款提供方应当就自己已经履行合理的提示及说明义务承担举证责任。

——最高人民法院研究室编著：《〈全国法院贯彻实施民法典工作会议纪要〉条文及适用说明》，人民法院出版社 2021 年版，第 27 页。

最高人民法院指导性案例

刘超捷诉中国移动通信集团江苏有限公司徐州分公司电信服务合同纠纷案［最高人民法院指导性案例 64 号］

裁判要点：1. 经营者在格式合同中未明确规定对某项商品或服务的限制条件，且未能证明在订立合同时已将该限制条件明确告知消费者并获得消费者同意的，该限制条件对消费者不产生效力。

2. 电信服务企业在订立合同时未向消费者告知某项服务设定了有效期限限制，在合同履行中又以该项服务超过有效期限为由限制或停止对消费者服务的，构成违约，应当承担违约责任。

法院生效裁判认为：电信用户的知情权是电信用户在接受电信服务时的一项基本权利，用户在办理电信业务时，电信业务的经营者必须向其明确说明该电信业务的内容，包括业务功能、费用收取办法及交费时间、障碍申告等。如果用户在不知悉该电信业务的真实情况下进行消费，就会剥夺用户对电信业务的选择权，达不到真正追求的电信消费目的。

依据《中华人民共和国合同法》第三十九条[①]的规定，采用格式条款订立合同的，提供格式条款的一方应当遵循公平原则确定当事人之间的权利和义务，并采取合理的方式提请对方注意免除或者限制其责任的条款，按照对方的要求，对该条款予以说明。电信业务的经营者作为提供电信服务合同格式条款的一方，应当遵循公平原则确定与电信用户的权利义务内容，权利义务的内容必须符合维护电信用户和电信业务经营者的合法权益、促进电信业的健康发展的立法目的，并有效告知对方注意免除或者限制其责任的条款并向其释明。业务受理单、入网服务协议是电信服务合同的主要内容，确定了原被告双方的权利义务内容，入网服务协议第四项约定有权暂停或限制移动通信服务的情形，第五项约定有权解除协议、收回号码、终止提供服务的情形，均没有因有效期到期而中止、解除、终止合同的约定。而话费有效期限制直接影响到原告手机号码的正常使用，一旦有效期到期，将导致停机、号码被收回的后果，因此被告对此负有明确如实告知的义务，且在订立电信服务合同之前就应如实告知原告。如果在订立合同之前未告知，即使在缴费阶段告知，亦剥夺了当事人的选择权，有违公平和诚实信用原则。被告主张"通过单联发票、宣传册和短信的方式向原告告知了有效期"，但未能提供有效的证据予以证明。综上，本案被告既未在电信服务合同中约定有效期内容，亦未提供有效证据证实已将有效期限制明确告知原告，被告暂停服务、收回号码的行为构成违约，应当承担继续履行等违约责任，故对原告主张"取消被告对原告的话费有效期的限制，继续履行合同"的诉讼请求依法予以支持。

——《最高人民法院关于发布第十三批指导性案例的通知》（2016年6月30日，法〔2016〕214号）。

说明

本指导案例旨在明确格式合同的法律适用规则。该案例指出，电信服务企业在订立合同时未向消费者告知某项服务设定有使用期限，在合同履行中又以该项服务已过期为由限制或停止对消费者服务的，构成违约，应当承担违约责任。发布该案例，对于依法规范电信服务等行业的经营秩序，保护消费者合法权益，具有指导意义。

附录：最高人民法院法官著述

格式条款提供方未依法履行提示或者说明义务，致使对方没有注意或者正确理解与其有重大利害关系的条款的，相关格式条款属于可撤销条款、无效条款还是不成为合同的内容，在编纂民法典的过程中存在不认识。对于

① 对应《民法典》第四百九十六条。

《民法典》第四百九十六条第二款中的规定：“提供格式条款的一方未履行提示或者说明义务，致使对方没有注意或者理解与其有重大利害关系的条款的，对方可以主张该条款不成为合同的内容。”对于本款规定，应从以下几个角度理解：

一是提供格式条款的一方未履行提示或者说明义务，致使对方没有注意或者理解与其有重大利害关系的条款的问题属于合同是否成立的问题，而非合同成立后是否生效的问题。《民法典》第四百九十六条的规定在法律逻辑上更为准确。在对方没有注意或者理解与其有重大利害关系的条款的情况下，其在合同上签字、盖章等缔约行为并不代表其同意合同条款、双方当事人就格式条款所涉内容形成了合意。既然没有形成合意，双方当事人之间的合同就尚未成立。民法典对格式条款提供方课以提示和说明义务，初衷是为了解决格式条款“预先制定”和“未与对方协商”导致双方对合同条款缺乏磋商的问题，只有让对方知晓并理解要约内容后作出承诺，才能真正就合同内容形成合意。如果提供格式条款一方没有履行提示和说明义务，不能让对方对条款达到知晓、理解的程度，那么相当于当事人对合同没有形成合意，所发生的法律后果是该格式条款未订入合同。这也是《民法典》第四百九十六条第二款与《民法典》第四百九十七条相区别之处。《民法典》第四百九十七条规定的格式条款无效情形，属于合同成立后的效力评价，是合同效力制度的范畴。

二是提供格式条款的一方未履行提示或者说明义务，致使对方没有注意或者理解与其有重大利害关系的条款并不当然不成为合同内容。对于格式条款提供方而言，格式条款是其真实意思表示；对于对方而言，其没有注意或者理解的条款可能代表其真实意思，也可能不代表其真实意思。《民法典》第四百九十六条第二款并未直接否定对方没有注意或者理解的条款为其真实意思表示，而是赋予其选择权，其可以主张此类条款不成为合同的内容。如果对方未主张此类条款不成为合同的内容，其仍受格式条款的约束。

三是只有对方有权主张相关条款“不成为合同的内容”。如上文所述，格式条款是条款提供方的真实意思表示，其不能以对方不知其内容而主张不成为合同内容。对方即使在订立合同时不熟悉格式条款的内容，但在事后了解其内容后认可格式条款的，格式条款仍是双方当事人的真实意思表示，对双方当事人具有约束力。

四是要处理好《民法典》关于格式条款的规定与消费者权益保护法等法律关于格式条款的规定之间的关系，既要处理好新法与旧法的关系，也要处理好一般法与特别法的关系。相对于消费者权益保护法，《民法典》是新法、一般法。《民法典》对格式条款所作的规定，也适用于经营者与消费者之间的合同，但是消费者权益保护法有特别规定的，要先适用消费者权益保护法的规定。同时，也要考虑到《民法典》是新法，对格式条款的规范有新的立法精神和规则。例如，消费者权益保护法只是规定经营者对与消费者具有重大利害关系的内容负有提示和说明义务，但是没有规定经营者未尽到提示和说明义务的法律后果。这就要适用民法典的规定，消费者可以主张这些与消费者具有重大利害关系的条款不成为合同的内容。

五是格式条款提供方应当对于已经尽到提示和说明义务、格式条款应当成为合同内容承担举证责任。在最高人民法院发布的指导案例 64 号刘超捷诉中国移动通信集团江苏有限公司徐州分公司电信服务合同纠纷案中，人民法院认为，电信用户的知情权是电信用户在接受电信服务时的一项基本权利，用户在办理电信业务时，电信业务的经营者必须向其明确说明该电信业务的内容，包括业务功能、费用收取办法及交费时间、障碍申告等。如果用户在不知悉该电信业务的真实情况下进行消费，就会剥夺用户对电信业务的选择权，达不到真正追求的电信消费目的。电信业务的经营者作为提供电信服务合同格式条款的一方，应当有效告知对方注意免除或者限制其责任的条款并向其释明，其主张“通过单联发票、宣传册和短信的方式向原告告知了有效期”，但未能提供有效的证据予以证明。电信服务企业在订立合同时未向消费者告知某项服务设定了有效期限限制，在合同履行中又以该项服务超过有效期限为由限制或停止对消费者服务的，构成违约，应当承担违约责任。该指导案例合理分配了双方当事人的举证责任，保护了消费者合法权益。

——郑学林、谢勇:《民法典关于格式条款规定的理解与适用》，载最高人民法院民事审判第一庭编:《民事审判指导与参考》2022 年第 1 辑（总第 89 辑），人民法院出版社 2022 年版，第 93~98 页。

381. 按一般规则对格式条款进行解释不能得出合理解释的，应作出有利于对方的解释

关键词

格式条款　合同解释　非格式条款

《中华人民共和国民法典》条文

第四百九十八条　对格式条款的理解发生争议的，应当按照通常理解予以解释。对格式条款有两种以上解释的，应当作出不利于提供格式条款一方的解释。格式条款和非格式条款不一致的，应当采用非格式条款。

附录：最高人民法院法官著述

格式条款往往是提供方深思熟虑的结果。格式条款提供方有机会反复斟酌、设计格式条款。对方只是被动接受方，并不参与条款拟定。因此，如果格式条款有歧义，会引起不同理解，提供方更具可归责性。格式条款属于合同条款，首先应当依照合同解释的一般规则进行解释，在按一般规则进行解释仍不能得出合理解释的情况下，应当作有利于对方的解释。这一方面是格式条款提供方对其拟定条款的行为负责；另一方面也有利于遏制格式条款提供方的道德风险，防止利用格式条款为对方"挖坑""埋雷"等不诚信行为。对于格式条款的解释规则，《民法典》第四百九十八条规定："对格式条款的理解发生争议的，应当按照通常理解予以解释。对格式条款有两种以上解释的，应当作出不利于提供格式条款一方的解释。格式条款和非格式条款不一致的，应当采用非格式条款。"对该条规定，应从以下三个方面进行理解。

（一）按照"通常理解"解释格式条款

格式条款是为了重复使用而拟定，属于合同条款类型之一。因此，对格式条款应当首先按照通常理解予以解释。这里的关键是如何理解"通常理解"。这一问题可参照民法典关于意思表示的解释规则处理。《民法典》第一百四十二条第一款规定："有相对人的意思表示的解释，应当按照所使用的词句，结合相关条款、行为的性质和目的、习惯以及诚信原则，确定意思表示的含义。"因此，对格式条款的理解应当以文义解释为基础，结合上下条款、交易目的、交易习惯和诚信原则作出"通常理解"。此外，"通常理解"一般采用客观标准，即常人、普通人、一般理性人对格式条款的理解。

（二）按照不利于提供格式条款一方的规则解释格式条款

如果依据"通常理解"，格式条款有两种以上的解释，说明格式条款提供方要么在拟定格式条款时未尽到应尽的注意义务，要么存在通过歧义条款吸引消费者、谋取不正当竞争优势或者不当利益之故意。在这种情况下，人民法院应当以不利于提供格式条款一方的规则进行解释，作出有利于对方的认定。实践中需要注意的是，部分经营者在其提供的格式条款中，通常会约定其对合同条款拥有最终解释权。如果这一约定与《民法典》第四百九十八条规定的格式条款解释规则相违背，仍应当按《民法典》第四百九十八条规定对格式条款进行解释。

（三）按照非格式条款优先的规则进行解释

合同既有格式条款，也有非格式条款的，如果格式条款和非格式条款对同一事项的约定不一致，非格式条款优先的规则已经成为国际上普遍采用的规则。格式条款由单方拟定并提供给对方使用、对方未实际参与磋商的条款，不能充分体现对方的真实意思。而非格式条款是双方当事人平等协商的结果，与格式条款相比，更能体现双方当事人的真实意思。优先采用非格式条款更符合民法上的自愿原则，对当事人也更为公平。根据《民法典》第四百九十八条规定，格式条款和非格式条款不一致的，应当以非格式条款为认定双方当事人权利、义务的依据。

——郑学林、谢勇：《民法典关于格式条款规定的理解与适用》，载最高人民法院民事审判第一庭编：《民事审判指导与参考》2022 年第 1 辑（总第 89 辑），人民法院出版社 2022 年版，第 102~103 页。

382. 如何判断缔约过失责任的赔偿范围

关键词

损害赔偿责任　信赖利益　缔约过失责任　可得利益　因果关系

《中华人民共和国民法典》条文

第五百条　当事人在订立合同过程中有下列情形之一，造成对方损失的，应当承担赔偿责任：

（一）假借订立合同，恶意进行磋商；

（二）故意隐瞒与订立合同有关的重要事实或者提供虚假情况；

（三）有其他违背诚信原则的行为。

最高人民法院大法官著述

缔约过失责任是介于违约责任与侵权责任之间的民事责任，那么缔约过失责任的赔偿范围自不应超过履行利益或可得利益损失，但也不能低于固有利益损失。关于前者，2019 年《全国法院民商事审判工作会议纪要》第三十二条第二款规定："合同不成立、无效或者被撤销情况下，当事人所承担的缔约过失责任不应超过合同履行利益。比如，依据《最高人民法院关于审理建设工程施工合同纠纷案件适用法律问题的解释》第二条规定，建设工程施工合同无效，在建设工程经竣工验收合格情况下，可以参照合同约定支付工程款，但除非增加了合同约定之外新的工程项目，一般不应超出合同约定支付工程款。"一般而言，信赖利益的赔偿旨在使当事人恢复到缔约前的利益状态，而履行利益或可得利益的赔偿旨在使当事人到达合同履行后的利益状态。由于当事人订立合同的目的是获得更好的利益状态，因此，履行利益或可得利益原则上应高于信赖利益。但问题是，要使信赖利益损失区别于固有利益损失，就必须使信赖利益损失包含机会利益损失，但如果信赖利益损失包含机会利益损失，又如何将信赖利益损失与履行利益或可得利益损失区别开来呢？笔者认为，尽管信赖利益损失与履行利益或可得利益损失都要考虑机会利益损失，但考虑的时间节点并不相同：信赖利益损失中的机会利益损失，是指缔约时的机会利益损失，而履行利益或可得利益损失中的机会利益损失，则是指履行时的机会利益损失。

——刘贵祥：《关于合同成立的几个问题》，载《法律适用》2022 年第 4 期。

最高人民法院裁判文书

沈阳富临房地产开发有限公司、徐建与沈阳富临房地产开发有限公司、徐建房屋买卖合同纠纷［最高人民法院（2016）最高法民再 3 号民事判决书］

裁判要旨：合同无效后，若一方当事人对合同无效存在过错，且对方当事人因此遭受损失的，过错方应基于缔约过失责任向对方当事人进行损失赔偿，所赔偿的损失限于信赖利益，包括直接损失和间接损失，但不包括在合同有效情形下通过履行可以获得的利益。在房屋买卖合同被法院确认无效的情况下，买受人因未按期取得房屋，其营业性租房的损失属于买受人在正常经营过程中的合理支出，系基于房屋买卖合同有效情形下通过履行获得的可期待利益，不应认定为合同无效的损失范畴。

最高人民法院认为：富临公司作为一家专门从事房地产开发的企业，明知其没有预售许可证，仍与徐建签订具有商品房买卖合同性质的《商业网店定向建设合同》，签订合同后也一直未取得商品房预售许可证明，最终导致本案的《商业网点定向建设合同》被认定为无效，富临公司应负主要责任。对于富临公司依法应当返还徐建支付的 453 万元购房款，双方当事人均无异议。本案争议的主要问题是，徐建因为合同无效遭受损失的范围和数额，即富临公司是否应当赔偿徐建购房款利息及房屋租金损失。

徐建支付的 453 万元购房款长期被富临公司占用，由此产生的利息损失属于直接损失的范畴，理应由富临公司予以赔偿。关于房屋租金损失问题，最高人民法院认为，合同被确认为无效，即不存在继续履行问题，故基于合同有效可以获得的利益不属于赔偿损失的范围。本案中，徐建主张的房屋租金损失，系其经营期间向案外人租赁经营场所发生的费用，徐建认为如果富临公司按照合同约定时间交付房屋，其就可以避免对外支付上述租金。最高人民法院认为，因本案中的房屋买卖合同无效，徐建就不能再期待依据该无效合同取得合同中约定的房屋。因此，该房屋租金不是合同无效必然造成的损失，属于徐建开办公司和批发中心的经营成本，徐建诉请富临公司赔偿其房屋租金损失，没有法律依据。二审判决将房屋租金损失认定为合同无效后徐建的经济损失范围并判决富临公司支付徐建房屋租金损失，属于适用法律错误。据此，再审改判富临公司返还徐建的购房款及利息，对于徐建主张的房屋租金损失不予支持。

——法信网。

附录：本案解析

我们认为，合同已经被人民法院确定为无效，就不存在继续履行的问题，应当尽可能地恢复到合同订立前的状态。徐建主张，如果富临公司按照合同约定时间交付房屋，其就可以避免对外支付案涉租金，其主张的房屋租金损失是基于富临公司未能在《商业网点定向建设合同》合同约定的期限内履行合同义务导致的房屋租金损失，属于基于合同有效能够履行为前提而产生的可得利益损失的违约责任损失赔偿范畴。本案中的《商业网点定向建设合同》被确认无效，因合同无效产生的责任为缔约过失赔偿责任，缔约过失责任的赔偿范围应当是一审判决富临公司返还徐建购房款和赔偿利息损失，已经充分保护了徐建因合同无效而造成的损失。租金损失属于徐建经营行为的合理支出，不应认定为合同无效的损失。综上，在购房合同被确认无效的基础上，房屋租金损失不属于合同无效所导致的损失赔偿范围。

——《无效合同损失赔偿范围的界定》，载郑学林主编、最高人民法院第二巡回法庭编著:《民商事再审典型案例及审判经验》，人民法院出版社 2019 年版，第 94 页。

附录：最高人民法院主流观点

缔约过失责任人赔偿的范围应受违反先合同义务与损失间因果关系的限制。因果关系有一因一果、一因多果、多因一果和多因多果等不同的形态，在多因一果和多因多果的情形下，应根据具体案情，区分原因力的大小来确定行为人的相应民事责任，认定缔约过失责任也要与其原因力的大小相适应。以王某与公交公司缔约过失责任纠纷案为例。王某在上公交车的过程中摔倒，公交司机驾车离开，后王某死亡，双方因责任承担问题发生纠纷。法院审理查明，王某已年满 77 周岁，并患有较严重的肾病，其身体虚弱，其上车时公交车已经停稳。在此基础上，认定导致其仰面垂直倒地系其自身原因所致，故王某对其自身的死亡应承担主要责任，即 85% 的责任。负有法定的保护和救助先合同义务的公交司机在王某倒地后，驾车离开现场，使王某失去获救的可能性和最佳时机，违反了先合同义务，存在缔约过失，对王某的死亡存在一定的过错，应承担 15% 的责任。此案中，王某死亡系双方原因所致，属于多因一果，法院合理确定了双方责任比例，值得肯定。除赔偿范围限制外，缔约过失责任人的赔偿数额也应受到合理预见规则的限制。

——最高人民法院民法典贯彻实施工作领导小组主编：《中华人民共和国民法典合同编理解与适用》，人民法院出版社 2020 年版，第 276~277 页。

383. 正确区分预约合同和本约合同

关键词

预约合同　本约合同　意思表示　合同义务　违约责任条款

《中华人民共和国民法典》条文

第四百九十五条　当事人约定在将来一定期限内订立合同的认购书、订购书、预订书等，构成预约合同。

当事人一方不履行预约合同约定的订立合同义务的，对方可以请求其承担预约合同的违约责任。

最高人民法院公报案例、最高人民法院裁判文书

成都迅捷通讯连锁有限公司与四川蜀都实业有限责任公司、四川友利投资股份有限公司房屋买卖合同纠纷案［最高人民法院（2013）民提字第 90 号民事判决书］

裁判摘要：判断当事人之间订立的合同系本约还是预约的根本标准应当是当事人的意思表示，也就是说，当事人是否有意在将来订立一个新的合同，以最终明确在双方之间形成某种法律关系的具体内容。对于当事人之间存在预约还是本约关系，不能仅孤立地以当事人之间签订的协议之约定为依据，而是应当综合审查相关协议的内容以及当事人嗣后为达成交易进行的磋商和有关的履行行为等事实，从中探寻当事人真实意思，并据此对当事人之间法律关系的性质作出准确界定。

最高人民法院认为：首先，仅就案涉《购房协议书》而言，其性质应为预约。预约是指将来订立一定契约的契约。预约的形态多种多样，有的预约条款非常简略，仅表达了当事人之间有将来订立本约的意思，至于本约规定什么内容留待以后磋商决定；有的预约条款则非常详尽，将未来本约应该规定的内容几乎都在预约中作了明确约定。而若仅从内容上看，后者在合同内容的确定性上几乎与本约无异，即使欠缺某些条款，往往也可以通过合同解释的方式加以补全。因此，仅根据当事人合意内容上是否全面，并不足以界分预约和本约。判断当事人之间订立的合同系本约还是预约的根本标准应当是当事人的意思表示，也就是说，当事人是否有意在将来订立一个新的合同，以最终明确在双方之间形成某种法律关系的具体内容。如果当事人存在明确的将来订立本约的意思，那么，即使预约的内容与本约已经十分接近，即便通过合同解释，从预约中可以推导出本约的全部内容，也应当尊重当事人的意思表示，排除这种客观解释的可能性。本案中，蜀都实业公司与讯捷公司在 2006 年 9 月 20 日签订的《购房协议书》中明确约定了双方拟进行买卖的房屋的位置、面积和价款，应当说具备了一份正式的房屋买卖合同的主要内容，可直接据此履行而无须另订本约。但是，双方当事人同时在该协议中约定："……3. 甲、乙双方应就购房合同及付款方式等问题在本协议原则下进行具体磋商。……5. 甲乙双方就该宗房屋买卖合同签订时，本协议自动失效。"可见，双方当事人虽然约定了房屋的位置、面积及总价款，但仍一致认为在付款方式等问题上需要日后进一步磋商，双方的这一意思表示是明确的，而且，当事人在该协议第 5 条进一步明确要在将来订立一个新的合同，以最终明确双方之间的房屋买卖法律关系的具体内容。因此，本院认为，案涉《购房协议书》的性质为预约合同，一审、二审判决认定该《购房协议书》的性质为本约是错误的，应予纠正。

其次，结合双方当事人在订立《购房协议书》之后的履行事实，蜀都实业公司与讯捷公司之间已经成立了房屋买卖法律关系。本院认为，对于当事人之间存在预约还是本约关系，不能仅凭一份孤立的协议就简单地加以认定，而是应当综合审查相关协议的内容以及当事人嗣后为达成交易进行的磋商甚至具体的履行行为等事实，从中探寻当事人的真实意思，并据此对当事人之间法律关系的性质作出准确的界定。本案中，双方当事人在签订《购房协议书》时，作为买受人的迅捷公司已经实际交付了定金并约定在一定条件下自动转为购房款，作为出卖人的蜀都实业公司也接受了讯捷公司的交付。在签订《购房协议书》的三个多月后，蜀都实业公司将合同项下的房屋交付给了讯捷公司，讯捷公司接受了该交付。而根据《购房协议书》的预约性质，蜀都实业公司交付房屋的行为不应视为对该合同的履行，在当事人之间不存在租赁等其他有偿使用房屋的法律关系的情形下，蜀都实业公司的该行为应认定为系基于与讯捷公司之间的房屋买卖关系而为的交付。据此，由于蜀都实业公司在该房屋买卖法律关系中的主要义务就是交付案涉房屋，根据《合同法》第三十六条、第三十七条的规定，可以认定当事人之间达成了买卖房屋的合意，成立了房屋买卖法律关系。

综上所述，蜀都实业公司与讯捷公司之间的房屋买卖法律关系成立，且系当事人真实意思表示，内容不违反法律、行政法规的强制性规定，合法有效。一审、二审判决认定《购房协议书》即构成本约的理由不当，但其关于蜀都实业公司和讯捷公司之间成立房屋买卖法律关系的结论是正确的。

——《最高人民法院公报》2015 年第 1 期。

最高人民法院裁判文书

陈欢与浙江佐力药业股份有限公司合同纠纷案［最高人民法院（2021）最高法民申 5329 号民事裁定书］

裁判要旨：判断双方当事人订立的合同系本约还是预约的根本标准为双方是否有意在将来订立一个新的合同，如果当事人存在明确的将来订立本约的意思表示，即使预约的内容与本约接近，通过合同解释从预约中可推导出本约的全部内容，也应当将合同认定为预约合同。

最高人民法院认为：本案焦点为是否可以依据案涉协议第 10.4 条的约定直接进行股权收购。就此首先应审查 10.4 条的约定是本约还是预约。判断双方当事人订立的合同系本约还是预约的根本标准为双方是否有意在将来订立一个新的合同，如果当事人存在明确的将来订立本约的意思表示，即使预约的内容与本约接近，通过合同解释从预约中可推导出本约的全部内容，也应当将合同认定为预约合同。第 10.4 条关于股权转让的收购时间、收购方式、支付方式、股权交割等，只做了概括性描述，并不明确具体。且该条明确约定双方对收购方式需要通过进一步协商明确，故包含了双方有意在将来订立剩余股权收购本约的意思表示。结合案涉协议约定的主要内容、佐力公司 2015 年 9 月 11 日发布的公告以及百草饮片公司在 2015 年 9 月 1 日、9 月 17 日作出的股东会决议可知，案涉协议签订的目的在于明确增资及 27.46% 股权转让事项中各方的权利、义务、责任，而非针对陈欢及案外人陈照荣所持的剩余 48.99% 股权的收购事项。因此，原审法院认定案涉协议第 10.4 条为预约合同并无不当。本案中，陈欢虽然同意以第 10.4 条约定的最低收购价格转让股权，但考虑到不同的收购方式对应的股权交易模式和具体的权利义务及责任等合同主要条款存在较大差异，双方在合同中亦明确收购方式另行协商确定，故案涉协议第 10.4 条不能按照陈欢的单方意愿来履行。原审法院对陈欢要求佐力公司支付股权转让款及在此基础上承担违约责任的诉请不予支持，并无不当。

——中国裁判文书网。

附录：最高人民法院主流观点

预约合同的灵活性、多样性，使得某些约定较为详尽全面的预约合同与本约合同难以区分，这也是困扰司法实践很久的问题。审判实践中可以参考如下标准：

（一）意思表示标准

这是区分的根本标准。当事人所订立的合同，究竟是本约合同还是预约合同，应依照当事人的意思表示判断，如果明确约定合同性质为预约合同，即使合同的内容符合本约合同的内容，内容完备，也应当认定为预约合同。如《最高人民法院公报》刊登的成都讯捷通讯连锁有限公司与四川蜀都实业有限责任公司、四川友利投资控股股份有限公司房屋买卖合同纠纷一案中，即采取此标准。该案中，当事人签订的协议名称为《购房协议书》，协议中明确了拟买卖房屋的位置、面积和价款，并约定了定金条款以及违约金条款，具备了正式房屋买卖合同的主要内容，可直接据此履行而无须另订本约。但是，当事人同时约定："甲、乙双方应就购房合同及付款方式等问题在本协议原则下进行具体磋商。""甲乙双方就该宗房屋买卖合同签订时，本协议自动失效。"由于付款方式等问题上需要日后进一步磋商，且约定将来订立一个新的合同，故二审法院认为一审认定《购房协议书》的性质为本约有误，纠正为预约。在该案中，二审法院指出，"仅根据当事人合意内容上是否全面，并不足以界分预约和本约。判断当事人之间订立的合同系本约还是预约的根本标准应当是当事人的意思表示，也就是说，当事人是否有意在将来订立一个新的合同，以最终明确在双方之间形成某种法律关系的具体内容。如果当事人存在明确的将来订立本约的意思，那么，即使预约的内容与本约已经十分接近，即便通过合同解释，从预约中可以推导出本约的全部内容，也应当尊重当事人的意思表示，排除这种客观解释的可能性。"可见，意思表示是区分预约与本约的首要标准。

（二）名称加内容标准

预约合同内容无须包括本约合同的主要条款，预约合同的内容一般较为简略，并不直接指向具体的权利变动内容。本约合同的条款则较完备。如果合同约定有"意向""预定""诚意金""另行签订正式合同后终止"等字样，一般情况下此类合同为预约合同。司法实践中大量的预约合同存在于商品房买卖领域。是否将《商品房销售管理办法》第16条规定的全部内容作为识别本约与预约合同标准，还存在分歧。

《商品房销售管理办法》第16条规定的主要内容包括当事人名称或者姓名和住所、商品房基本状况、销售方式、价款的确定方式及总价款、付款方式、付款时间等共计13项内容。为了确保对当事人双方的约束力，当事人一般在预约中仅约定如房屋坐落位置、总价款、付款方式等，通常不会包含全部13项内容。如果以全部内容作为识别标准，不仅门槛太高，不符合实际情况，导致预约与本约无异，也容易引发故意规避的道德风险。如预约合同对面积、位置、转让价款、支付方式等有明确约定，具备了合同的主要条款，此类预约的履行无须另行签订本约，则可认定为本约合同。当然，其他类似合同也可按照此标准进行识别。

（三）履行标准

如果一项预约的主要内容比较完备，且一方当事人履行了主要合同义务，如在房屋订购书中，合同约定了房屋坐落位置、面积、总价款、付款方式等内容，而买方也支付了绝大部分房款，此类合同应该被倾向于认定为本约合同；如果合同内容不够完备，如虽然约定了面积、总价款、付款方式等，但是无法确定房屋的具体坐落位置，此时即使购房者支付了绝大部分房款，但由于缺乏本约合同的主要条款，法院不能通过漏洞条款，根据法律规定进行解释确定，此类合同不能认定为预约合同。

（四）违约责任条款标准

预约合同一般不会约定违反本约合同的责任，当事人通常约定在一定期限内订立本约合同，而本约合同通常需要约定违反合同所要承担的责任。

——最高人民法院民法典贯彻实施工作领导小组编著：《中国民法典适用大全（合同卷）》，人民法院出版社2022年版，第300~302页。

附录：最高人民法院法官著述

实践中还有一种情形，就是当我们认定为预约之后，随着情况的发展可能会出现后续没有另行签订合同，但是预约向本约转化了的情况，这就是2015年第1期《最高人民法院公报》案例中裁判摘要里的第二句话："对于当事人之间存在预约还是本约关系，不能仅孤立地以当事人之间签订的协议之约定为依据，而是应当综合审查相关协议的内容以及当事人嗣后为达成交易进行的磋商和有关的履行行为等事实，从中探寻当事人的真实意思，并据此对当事人之间法律关系的性质作出准确界定。"在这个案件里，双方当事人基于刚才这个论述，实际上签订的是购房协议，购房协议中约定的条款，其性质为预约。但是在合同履行的过程中，一方支付了定金，另一方实际上也已经占有了这个房子，也就是说预约合同签订之后，尽管没有签订本约，但因为预约合同条款比较齐备，当事人就都把它当成本约来履行，也就是基于合同已经作出了相应的履行。该案中法官认为，根据交易的针对性解释规则，尽管订立的购房协议是预约合同，但后来也没有另行签订新的合同，结合双方当事人履行的实际情况来看，可以认为当事人对合同进行了变更：即将本应通过另行签订一个新的合同来落实双方权利义务关系的安排变更为无须通过另行签订合同的方式来落实权利义务关系。即把预约改成了本约，尽管没有签订本约，但通过履行行为，实际上相当于已经签订了本约并进行了履行，在这种情况下就不能简单机械地认为购房协议是预约性质，仍然根据预约合同来确定双方当事人权利义务关系。

——麻锦亮：《民法典关系合同与多数人之债——民法典的变化与实务中的问题》，载马世忠主编、最高人民法院政治部编：《人民法院大讲堂：民法典重点问题解读》，人民法院出版社 2021 年版，第 692~693 页。

384. 根据当事人的真实意思表示，判断合同是预约还是本约

关键词

真实意思表示　预约　本约

最高人民法院裁判文书

恒大地产集团上海盛建置业有限公司、湖州诺德置业有限公司与融创鑫恒投资集团有限公司、原审第三人湖州天泰地产有限公司股权转让合同纠纷案［最高人民法院（2018）最高法民终 813 号民事判决书］

裁判要旨：根据民法基本原理和司法实践中的一贯认识，预约和本约的区分标准，应当根据当事人在合同中的意思表示加以确定。当事人的意思表示不明确或有争议时，应当通过考察合同内容是否包含合同成立的要素，以及合同内容是否确定到无须另行订立本约即可强制履行等因素加以确定。

最高人民法院认为：关于案涉《股权转让合同》性质是预约合同还是本约合同的问题。

案涉《股权转让合同》系诺德公司和恒大公司的真实意思表示，其内容不违反法律、行政法规的强制性规定，故一审法院关于案涉《股权转让合同》合法有效的认定正确，本院予以维持。关于案涉《股权转让合同》的性质，诺德公司在二审中主张，该合同系附本约主要条款的预约合同，须双方另行、再次同意才可进行股权转让，双方另行、再次同意的行为必须通过另行订立本约才能完成。恒大公司认为，案涉《股权转让合同》已经包含了合同全部必备条款，是本约合同，不需要订立新的合同。对此，本院认为，尽管《合同法》对预约合同未作明文规定，但在一些复杂交易的商业实践中，当事人之间契约缔结过程客观上存在着从不具有拘束力的磋商行为、缔结具有拘束

力的预约、最终订立本约这三个不同阶段。与缔约磋商阶段仅受诚实信用原则约束不同，预约和本约在当事人之间均成立合同关系。根据民法基本原理和司法实践中的一贯认识，预约和本约的区分标准，应当根据当事人在合同中的意思表示加以确定。当事人的意思表示不明确或有争议时，应当通过考察合同内容是否包含合同成立的要素，以及合同内容是否确定到无须另行订立本约即可强制履行等因素加以确定。因案涉《股权转让合同》对于项目公司 A、B 的股权转让的交易完成是否需要另行订立合同并未明确约定，而是使用了“按照本协议约定事宜开展实际操作”“以书面形式确认继续履行本协议”等容易滋生歧义的语言，需要综合考虑交易的合同标的及合同内容所体现的当事人的真实意思表示来加以判断。首先，从当事人合同约定的内容来看，案涉《股权转让合同》以项目公司股权为转让标的，在合同签订之时，项目公司 A、B 均尚未设立，拟转让股权的项目公司是以案涉项目地块 HD49-1、HD49-2 为主要财产，而项目地块 HD49-1、HD49-2 尚属诺德公司与天朗公司相关转让协议书的标的，诺德公司为解除项目地块 HD49-1、HD49-2 转让协议与天朗公司形成诉讼，正处于一审阶段。此时，诉讼结果如何，将持续多长时间，诺德公司能否解除与天朗公司相关转让协议且收回讼争的项目地块，均非诺德公司或恒大公司所能掌控。由此可以认定，在当事人缔结合同之时，案涉《股权转让合同》所约定的交易是否能够实际完成，双方均无非常确定的把握，这也是双方当事人约定先决条件的原因所在。其次，从合同中关于交易操作程序的约定来看，即便诺德公司完成了协议约定的先决条件，交易是否能够完成也存在不确定性，而是取决于恒大公司在尽职调查完成后是否以书面形式确认继续履行。由此可见，案涉《股权转让合同》并未为双方创设可强制履行的合同义务，若恒大公司决定不再继续履行，诺德公司并无要求恒大公司继续履行合同的约定权利。第三，案涉《股权转让合同》虽然约定了恒大公司单方决定是否继续履行的权利，且不论这一单方决定的权利是否有违权利义务平等原则，这一单方决定的权利亦仅能归结为系债权请求权的约定，并不能设定有选择权契约中的形成权。根据民法基本原理，有选择权契约是指由当事人一方行使选择权，通过单方意思表示即可成立契约。有选择权契约对合同内容的确定性要求更高，要求要约内容明确，相对人只需要作出单纯肯定的意思表示，即可成立合同。按照这一规格衡量，案涉《股权转让合同》因价款等并未确定，即便恒大公司在尽职调查完成后同意继续交易，双方对价款仍然存在继续磋商的空间。最后，从商业交易的实践来看，即便双方的交易最终能够完成，就项目公司 A、B 的股权转让，双方仍然存在另行签订合同的实际需要。综合考虑上述因素，本院认为，案涉《股权转让合同》的性质应当认定为预约合同。诺德公司关于系争合同系附本约主要条款的预约合同的诉讼理由成立，本院予以支持。恒大公司关于系争合同系完整的本约合同的诉讼理由，并无相应的合同依据，本院不予支持。

——中国裁判文书网。

385. 违反预约的违约责任是否相当于违反本约的缔约过失责任

关键词

预约 本约 损害赔偿责任 定金 缔约过失责任

附录：最高人民法院主流观点

由于预约与缔约过失制度均有保证“本约”有效签订之价值，因此，两者的确有颇多相似之处。根据缔约过失理论之通说，“对于当事人而言，开始合同磋商即已经设立增强的注意义务，即已经设定特别结合关系，在因过失而违反这种义务时，当事人负损害赔偿责任。”即进行缔约接触的当事人，彼此对相对方负有在其领域内保护相对方身体或者所有权不遭受侵害的义务；对合同标的物或合同产生的特别风险作出说明，保护相对方免受“不当”合同损害的义务；以及在一定前提下不得无故中断磋商的继续协商义务。但是，缔约过失制度与预约也存在一定区别，重要区别之一就是：预约是当事人对本约签订的预先安排，其可能包含违约责任的具体化等条款，固化当事人的违约责任，对其约束刚性更大；而缔约过失则是法定的一种制度设计，适用于本约签订的整个过程，法律也明确规定缔约过失方应承担的责任范围，其更多是对当事人在签约谈判过程中过失的一种事后评价。

我们认为，虽然预约明显是处于本约的缔约阶段，但违反预约的行为与缔约过失行为承担的责任应是不同的，预约不产生缔约过失责任，违反预约承担的是违约责任，该违约责任可以事先约定；若未约定，则应以预约合同的情况由法官自由裁量。可见，违约方应承担的赔偿责任应较缔约过失责任更为严重。究其实质，违反预约和缔约过失，违约方承担都是守约方信赖利益的损失，只是缔约过失情况下，一般限定在守约方实际损失的范围内（即其为缔约付出的成本）。而预约合同可能已经对本约标的物、对价等作出明确的约定，当事人对本约的期待利益已经固化，违约方一旦违约，守约方的期待利益也随之丧失，而由于时间的关系，守约方亦丧失了与他人订立同类本约合同的机会，从而导致机会损失可能变为现实损失。当然，机会损失如何界定以及是否赔偿，学界和实务界始终存在争论，目前尚未形成共识。

——最高人民法院民事审判第二庭编：《最高人民法院关于买卖合同司法解释理解与适用》，人民法院出版社 2012 年版，第 67~68 页。

附录：最高人民法院法官著述

定金分为立约定金、成约定金、证约定金、违约定金、解约定金，笔者认为，违反预约的违约责任相当于是违反本约的缔约过失责任，责任范围包括：（1）缔约费用如交通费、通讯费。（2）为缔约准备而支出的费用。比如考察费、住宿费、尽职调查的费用。（3）已付款的法定孳息。（4）机会损失。最难把握的是机会损失，迄今为止还需要进行进一步的研究。法工委的观点是违反预约的责任在一定条件下可以无限接近违反本约的责任。如果预约合同阶段在整个交易环节中的位置非常重要，预约合同的订立及预约合同的履行完成了整个交易的绝大部分，使整个交易达到比较高的成熟度，而本约合同义务的履行在整个交易环节中只占非常小的分量，那么对预约合同的违约责任就可以很接近于本约合同的违约损害赔偿范围。

——麻锦亮：《民法典关系合同与多数人之债——民法典的变化与实务中的问题》，载马世忠主编、最高人民法院政治部编：《人民法院大讲堂：民法典重点问题解读》，人民法院出版社2021年版，第693页。

386. 意向书缺少当事人受其约束的意思表示，一般应认定为磋商性文件

关键词

意向书　磋商性文件　预约　本约

《中华人民共和国民法典》条文

第四百九十五条　当事人约定在将来一定期限内订立合同的认购书、订购书、预订书等，构成预约合同。

当事人一方不履行预约合同约定的订立合同义务的，对方可以请求其承担预约合同的违约责任。

附录：最高人民法院主流观点

意向书在房地产交易、公司并购、股权转让等大宗交易、复杂交易领域广泛存在。意向书的含义有广义和狭义之分，广义的意向书是指合同磋商过程中形成的冠以意向性或者类似名称的文件，狭义的意向书指合同中有关程序性和实体性事项达成的不具有合同效力的文件。2012年公布的《买卖合同解释》第二条将意向书、备忘录认定为预约合同，对意向书采用了广义的概念，《民法典（草案）》曾一度将意向书也规定在本条之中，后审议时进行了

删除。究其原因，可能是意向书的性质不能一概而论，会被认定为磋商性文件、预约、本约三种不同的性质。认定意向书为磋商性文件，实际上为狭义的意向书，此类意向书是对磋商结果的阶段性描述，载明主要商谈事项以及有关权利义务，但没有限定未来一定期限内签订正式合同，是一种松散型的文件。磋商性的意向书与预约存在一定的相似之处，都表明就将来订立正式合同进行进一步的磋商，正因为如此，实践中很容易将二者混淆，需要引起我们的注意。

虽然从预约合同的概念和特征来看，预约与意向书等磋商性文件、本约在理论上来看是明晰的，存在缔约磋商阶段—预约—本约三个不同的阶段，效力也呈无—较弱—更强的递进过程，但是实践中情况是复杂的，存在模糊地带，许多约定内容似是而非，给法院识别到底属于何种类型性质的文件增加了难度，也是困扰司法实务中的问题。应当结合文件名称、约定内容、法律规定、履行情况等综合分析，综合运用文义解释、体系解释、目的解释、诚信解释等合同解释方法，努力探究当事人的真实意思，最终确定性质。

可从如下方面判断：（1）从名称来看。如果文件名称为意向书、合作或者谅解备忘录、草约、会议纪要，甚至是原则性协议、框架性协议等，而内容又比较简陋的，可初步判断为磋商性文件，但不可拘泥于文件名称，简单、机械地将意向书类文件认定为磋商性文件。（2）从是否具备订立本约合同的意思表示来看。对于意向书，当事人之间的订约意图不具有确定性，意思表示不够具体，仅表达一种签约的初步意向。而预约则具有订立本约合同的意图。（3）从约定的内容来看。意向书的标的、数量等主要条款不明，交易条件亦不明确，当事人的权利义务以及法律责任约定不明，权利义务存在不确定性或者多变性，而“预约合同的成立需要具备当事人、标的以及未来订立本约合同的意思表示这三个必备要素”。因此，预约的内容具有一定确定性，一般具备本约合同的大部分或者全部条款，未能确定的，则在订立本约时进一步协商确定。此外，如果意向书约定在一定期限内订立合同，则具有预约属性。（4）从当事人是否约定文件具有约束力来看。对于意向性文件，当事人往往表明不受意向书的约束，或者使用“原则上可以签约”“考虑签约”等词语，往往表明当事人不受拘束的意思表示。（5）从是否交付定金来看。如果当事人交付定金，则表明当事人具有缔约意图。也即，在对意向书的性质进行认定时，应当综合考虑当事人约定文件的名称、合同约定内容尤其是约束力条款、标的、数量条款、定金条款以及履行情况等进行综合审查，并作出相应认定。

磋商性的意向书虽不具有法律约束力，但并不意味着没有任何意义，更不意味着违反该意向书不用承担任何法律责任。当事人为缔约而进行磋商，在订立合同上已进入实质性阶段，由一般关系进入特殊关系，相互之间存在合理信赖关系。因此，一方负有先合同义务，如果违反导致对方信赖利益受损，应当承担缔约过失责任，赔偿他方因信赖意向书而支出的合理成本和费用。

——最高人民法院民法典贯彻实施工作领导小组编著：《中国民法典适用大全（合同卷）》，人民法院出版社 2022 年版，第 298~300 页。

最高人民法院裁判文书

澳华资产管理有限公司与洋浦经济开发区管理委员会建设用地使用权纠纷案［最高人民法院（2014）民申字第 263 号民事裁定书］

裁判要旨："意向书"的法律含义并不非常明确，法律性质也呈多样化，可能是磋商性文件、预约合同或者本约合同。如果只是磋商性文件，则一般无法律约束力；如果构成预约合同，若违反则应承担预约合同违约责任或者损害赔偿责任；如果构成本约合同，则应按合同法等有关规定承担违约责任。对于"意向书"法律性质和效力的认定，应从约定形式是否典型、内容是否确定以及是否有受约束的意思表示等方面考察，根据有关法律和司法解释的规定具体审查认定。如果意向书的"标的、数量"不确定，缺少当事人受其约束的意思表示，一般应认定为磋商性文件。

最高人民法院认为：本案关键在于对《投资意向书》的法律定性。一般而言，从一方发出愿意签订合同的意思表示（要约或要约邀请）到合同的正式成立，期间会经历一个协商过程，并对合同的主要内容达成初步合意，最终以口头或书面方式成立合同。《最高人民法院关于适用〈中华人民共和国合同法〉若干问题的解释（二）》第一条规定："人民法院能够认定当事人名称或者姓名、标的和数量的，一般应当认定合同成立。"本案《投资意向书》并不具备合同的基本要素。从标题看，该文件明确为"意向书"，并非常用的"合同""协议"等名称；从内容看，该文件对于双方的权利义务以及法律责任约定并不明确，只是表明为了澳华公司能够在相应的地块进行商业投资开发，洋浦管委会有为其协调置换土地的意愿，但并未约定置换土地的具体位置和面积及履行期限等；从具体措辞看，双方明确约定洋浦管委会"协调置换土地"，表明从"协调"到真正"置换"还是需要经过再协商、再约定。因此，最高人民法院生效判决认定《投资意向书》的性质为磋商性、谈判性文件，符合法律规定和当事人真实意思表示。另外，澳华公司并不能以其取得光大公司资产包为由，主张其应当取得相应的土地使用权。洋浦管委会于 2006 年 8 月收回土地，并向光大公司清算组送达了告知书，澳华公司与光大公司清算组于 2007 年 3 月签订《资产包整体转让协议》，晚于洋浦管委会收回土地时间，澳华公司应当自行承担相应后果。

——中国裁判文书网。

附录：本案解析

（四）意向书法律性质和效力的审查方法

在司法实践中，对意向书法律性质和效力的审查，应遵循一定的规则，设定一定的审查程序，明确主要的审查环节，统一重要节点的认定标准，以更加便捷高效地作出判断。笔者认为，可以按照以下程序进行审查。

1. 当事人和标题审查。当事人是否明确是确定各自权利义务的前提和基础，如果双方当事人都尚不明确，肯定不构成本约或预约，一般也不构成规范意义上的意向书，可能只是一方的要约或要约邀请。标题对文件起到总领作用，通常鲜明地反映了文件的性质，这是辨识文件性质的第一个节点。如果标题是"意向书""备忘录""草案""初步协议"等表述，应首先考虑其是否属于磋商性文件；如果标题是"合同书""协议书""约定书"等表述，宜首先考虑其是否符合合同的构成要件。

2. 标的、数量确定性审查。这是确定意向书法律性质的关键点之一。意向书多存在于要物、要式合同缔约过程中，"标的"一般对应一定的"标的物"，对"标的物"进行审查更为直观。对有体物而言，认定标的、数量是否确定，宜以是否有明确的标的物为标准。如果标的物是特定物，那么其标的本身就是确定的。如果标的物是种类物，那么主要看双方是否通过"合意"将其变为"特定物"，比如标的物为 100 台 IBM — T400 笔记本电脑，明确了四至的某一宗土地，指明了具体楼号、房号的一套住房，可以说标的物是确定的。对于无体物而言，比如股权转让，可以准确指向股权的主体、金额、价值、期限等，可以说标的、数量是确定的。标的、数量确定是意向书构成合同的必要条件。如果标的、数量含糊不清，则难以准确识别当事人对主要条款的合意，因而无法认定合同要约、承诺过程已经完成。

3. 程序性条款审查。主要审查当事人有无对谈判步骤、排他性磋商、诚信磋商、保密事项等作出约定，如果有程序性事项约定，各方应当遵守。需要注意的是，对于"双方应当尽力促成合同的达成"等诚信协商条款，其履行标准应当是为达成合同的目的作了努力，而非一定要达成最终合同。

4. 约束力条款审查。这是确定意向书法律性质的另一个核心节点。主要审查有无效力确定条款、效力排除条款，以及在无明确约定的情况下，如何认定当事人有无受约束的意思表示。如果有明确的效力排除条款，则可认定该意向书无约束力。如果明确约定"本意向书与正式合同具有同等法律效力"或类似表述，那么其对各方有合同约束力。如果没有明确约定，对其约束力的审查应当从严把握，因为“除非当事人有特别的声明，意向书这种形式本身就是对实体性条款约束力的保留”。

5. 履行情况和效力补充条款审查。意向书的履行情况及有无补充约定，直接影响意向书的法律性质。如果意向书中包含合同主要条款，且双方当事人签字，并开始履行，那么该种意向书就应认定为合同，具有相当于合同的效力。如果双方补充约定意向书内容具有法律约束力，那么其产生了合同效力。可见，前者是通过履行行为对意向书的法律效力作了宣誓，后者是通过补充约定的方式赋予了意向书以合同的效力。

6. 违约条款审查。主要审查双方有无约定违约责任及承担方式，如果约定了，并且不违反法律的强制性规定，在产生纠纷时，应当首先以双方约定的违约方式承担责任。

综上，意向书法律性质和效力的审查，应是一个综合性、类型化、有步骤的审查。对争议条款的解释，应运用文义解释、体系解释、目的解释等合同解释的一般方法，努力探究当事人的真实意思表示，最终根据法律法规的规定，确定其性质和效力。

（五）涉案意向书的性质和效力

运用以上归纳的方法，对涉案意向书作一个审查，并试认定其法律性质和效力。

首先，关于当事人和标题。涉案意向书主体为澳华公司与洋浦经济开发区管理局，一方为商业公司，一方为行政机关，商业公司对自己的行为具有谨慎注意义务，行政机关的缔约行为应受法律法规的严格约束。涉案文件名称定位于“意向书”，应首先考虑其可能是一份磋商性文件。完整标题是“关于建设高档酒店的投资意向书”，接近于常见的招商引资类文件，一般是对双方大致的权利义务进行初步约定。需要注意的是，标题中并未出现有关“土地置换”的表述，因此“土地置换”在该意向书中处于从属的地位。

其次，关于标的、数量的确定性。双方协商的主要内容是“建设高档酒店”，涉及土地和洋浦管委会的条款表述为“洋浦管理局支持澳华公司在洋浦投资建设高档酒店，同意协调置换土地”，此外无其他关于“洋浦管委会”对于“置换土地”的“义务性”约定。如果将“土地”作为意向书的标的物之一，所述“土地”并无四至、面积等必备要素，不宜认定为达到了“标的、数量确定”的标准，即使将“澳华公司拟将原地置换至东部生活区及新英湾沿海一带建设酒店”这一更似单方意愿的表述理解为双方合意，“东部生活区及新英湾沿海一带”也并非明确的空间位置，明显达不到“标的、数量确定”的认定标准，不具备直接履行的可能性。

第三，关于程序性条款。从意向书关于“土地”的约定来看，除洋浦管委会“同意协调置换土地”外，未见关于如何“协调置换”的具体约定。从

“同意协调置换土地”的表述理解，洋浦管委会应尽量促成意向书目的之一“协调置换土地”的实现，履行“诚信磋商”的一般程序性义务。

第四，关于约束力条款。从法院查明的事实看，该意向书未见明确的效力确定条款或者效力排除条款。意向书尾部约定“本协议自签署之日起生效”，这里更宜理解为是对“意向书”本身所载条款确定性的约定，并非赋予“意向书”以“合同”的法律效力。虽然涉案意向书并无“合同”效力，双方当事人对已达成一致的程序或实体性事项应予遵守，一般的附随义务应当履行。

第五，关于履行情况和效力补充条款。如前所述，待“置换”的标的物“土地”并不“确定”，更不具备“一方开始履行其义务，对方也接受”的条件。从法院查明的情况看，双方亦未作出“补充约定”，以使意向书具有合同约束力。对于是否履行了“协调”置换土地的义务，洋浦管委会举证主张“为澳华公司投资一事做了大量协调工作”，澳华公司认为相关证据“只是说明双方就投资事宜还有来往”，法院对相关证据的真实性予以认定。

第六，关于违约条款。从法院查明的事实看，双方并未对“协调置换土地”这一节的“违约责任及承担方式”作出明确约定。

另外，原有土地使用权出让及被政府通过行政处罚收回、澳华公司购买光大公司资产包等情况，虽在时间上与本案有一定联系，但因合同主体、内容不同等原因，不能认定相互之间系承继关系，各自应属于独立的法律关系。同时，我国对“建设用地使用权”流转程序要求严格，尤其是由政府直接出让的，一般应履行法定的出让程序，签订内容详细的合同书。涉案“意向书”关于“协调置换土地”的约定，较通常的“土地出让合同”应有的规范程度相去甚远。综上，就双方争议的“协调置换土地”这一焦点问题而言，涉案意向书并不具有本约或者预约的法律性质，认定其为磋商性文件。

——郭魏：《“意向书”的法律性质和效力问题——澳华资产管理有限公司与洋浦经济开发区管理委员会建设用地使用权纠纷案》，载景汉朝、孙华璞主编、最高人民法院审判监督庭编：《审判监督指导》2015年第2辑（总第52辑），人民法院出版社2016年版，第122~131页。

387. 备忘录中无创设权利义务的意思表示，仅认定为磋商性文件

关键词

备忘录　磋商性文件　合同解释

最高人民法院裁判文书

孙家凤与科华数据公司合同纠纷案［最高人民法院（2021）最高法民申5839号民事裁定书］

裁判要旨：对于备忘录法律性质的认定，应结合备忘录约定内容、履行情况，并运用文义解释、体系解释、目的解释、诚信解释等合同解释方法综合分析。若当事人无意创设权利义务关系的意思表示，备忘录仅应作为当事人缔约过程中形成的磋商性文件，无法律约束力，不得强制要求当事人履行。

最高人民法院认为：本案中，孙家凤依据《备忘录》第五条之约定请求科华数据公司履行相应的义务，并主张该条系依法成立并生效的股权转让合同，科华数据公司应按约履行收购义务。案涉《备忘录》开篇约定："2015年4月9日，甲、乙双方于厦门就深度合作事项达成初步意向"；第八条约定："上述为双方的合作基本思路，具体操作方式根据财务顾问提出的符合法律规范的方案执行"。本院认为，从上述"初步意向""基本思路""具体操作方式根据财务顾问提出的符合法律规范的方案执行"等措辞可以看出，《备忘录》仅体现了双方合作的初步意向。虽然《备忘录》的部分条款体现了"甲乙双方同意"的字样，但其中涉及股权收购的《备忘录》第五条，仅约定科华数据公司在2017年年底前以"公允价格"收购案涉股权，并未明确案涉股权的收购对价或价格确定方式，以及支付方式、收购支付时间等内容。此外，2015年5月12日，科华数据公司依照上市公司的相关规定，披露案涉《备忘录》的签署情况时，以"风险提示"的方式明确："上述备忘录是双方合作的初步意向，不在双方之间设定实施任何行为的义务，无论备忘录中是否明确规定应实施或拟实施行为，都不对双方具有约束力或强制履行力，备忘录约定的合作事项能否顺利执行有一定的不确定性，正式实施尚需进一步协商后签署相关正式合作协议。"综上，应认定《备忘录》属于孙家凤与科华数据公司就相关合作事宜磋商过程中形成的框架性文件，孙家凤关于《备忘录》第五条已经构成明确的股权转让合同，并据此要求科华数据公司以1.668亿元价格收购案涉股权的主张，不能成立，原审对其相关诉请未予支持，并无不当。

——中国裁判文书网。

388. 违反预约的损害赔偿范围应介于订立本约的信赖利益与履行本约的可得利益之间

关键词

预约　本约　信赖利益　可得利益　损害赔偿范围

最高人民法院大法官著述

为了使预约和本约区别开来，违反预约的损害赔偿范围必然不同于违反本约的损害赔偿范围。也就是说，不能将本约的履行利益或者可得利益作为违反预约的损害赔偿范围，否则预约与本约之间的区别就会变得没有意义。正因如此，一种较为流行的观点认为，违反预约的损害赔偿范围应与当事人订立本约时的信赖利益相当，这既是由预约合同的目的决定的，也是由区分预约和本约的必要性决定的。笔者认为，将违反预约的损害赔偿范围界定为订立本约时的信赖利益，虽然可以将预约与本约区分开来，但却可能导致订立预约的意义大打折扣，因为即使当事人之间不订立预约合同，在订立本约时有过错的当事人就对方的信赖利益损失也须承担缔约过失责任。也正是因为实践中存在上述观点，不少人担心如果违反预约的违约责任不包括请求继续履行预约合同，就会严重降低预约合同的功能和价值，进而主张通过继续履行的救济方式来实现预约合同的规范目的。在笔者看来，如果不宜通过赋予当事人继续履行合同的请求权来实现预约合同的价值和功能，就应通过损害赔偿的范围来落实预约合同的规范目的。显然，如果将违反预约的损害赔偿范围界定为当事人订立本约时的信赖利益，不足以体现预约合同的意义，而将违反预约的损害赔偿范围界定为本约的履行利益或者可得利益，又可能导致预约与本约之间的区分变得没有必要。因此，笔者认为，违反预约的损害赔偿范围应介于订立本约的信赖利益与履行本约的可得利益之间，具体数额多少，应由法官根据个案具体情况进行酌定。

——刘贵祥：《关于合同成立的几个问题》，载《法律适用》2022 年第 4 期。

389. 招投标过程中，发出中标通知书时合同成立

关键词

中标通知书　合同成立　承诺　招标投标

《中华人民共和国民法典》条文

第四百七十一条 当事人订立合同，可以采取要约、承诺方式或者其他方式。

附录：最高人民法院主流观点

大部分观点认为，发出中标通知书应为承诺。在整个招投标过程中，招标是要约邀请，投标是要约，发出中标通知书为承诺。根据《招标投标法》第四十六条第一款规定，招标人和中标人应当自中标通知书发出之日期30日内，按照招标文件和中标人的投标文件订立书面合同。招标人和中标人不得再行订立背离合同实质性内容的其他协议。由此可知，当事人发出中标通知书后，不能再实质性地修改，书面合同文本只是一种进一步的确认形式。故，发出中标通知书应认定合同成立。

——最高人民法院民法典贯彻实施工作领导小组主编：《中华人民共和国民法典合同编理解与适用》，人民法院出版社2020年版，第62页。

390. 以挂牌方式订立合同的特殊性

关键词

合同成立 拍卖合同

附录：最高人民法院法官著述

实践中，在出让国有土地使用权等权利时，通常通过挂牌的方式订立合同。挂牌出让国有土地使用权，是指出让人发布挂牌公告，按公告规定的期限将拟出让宗地的交易条件在指定的土地交易场所挂牌公布，接受竞买人的报价申请并更新挂牌价格，根据挂牌期限截止时的出价结果确定土地使用者的行为。通过挂牌方式订立合同主要经过以下程序：一是挂牌公布交易标的情况及起始价、增价规则及增价幅度等内容；二是符合条件的竞买人填写报价单报价；三是出让人确认报价后，更新显示挂牌价格，并继续接受新的报价；四是出让人在挂牌公告规定的挂牌截止时间确定竞得人。挂牌期限届满后，在以下情况下挂牌成立：一是在挂牌期限内只有一个竞买人报价，且报价高于底价，并符合其他条件的；二是在挂牌期限内有两个或者两个以上的竞买人报价的，出价最高者为竞得人；报价相同的，先提交报价单者为竞得人，但报价低于底价者除外。在挂牌期限截止时仍有两个或者两个以上的竞买人要求报价的，出让人应当对挂牌宗地进行现场竞价，出价最高者为竞得人。在挂牌期限内无应价者或者竞买人的报价均低于底价或均不符合其他条件的，挂牌不成交。挂牌成交后，合同成立。挂牌成交后，出让人与竞得人是否签订成交确认书不影响合同成立。

——刘敏:《合同成立的认定及法律效力》，载最高人民法院民事审判第一庭编:《民事审判指导与参考》2022 年第 1 辑（总第 89 辑），人民法院出版社 2022 年版，第 106~112 页。

391. 当事人对电子合同的成立可以另行约定

关键词

电子合同　要约邀请　承诺　合同成立

《中华人民共和国民法典》条文

第四百九十一条　当事人采用信件、数据电文等形式订立合同要求签订确认书的，签订确认书时合同成立。

当事人一方通过互联网等信息网络发布的商品或者服务信息符合要约条件的，对方选择该商品或者服务并提交订单成功时合同成立，但是当事人另有约定的除外。

附录：最高人民法院主流观点

《民法典》第四百九十一条允许当事人对电子合同的成立另行约定。例如，有些网站明确约定商品展示的性质为要约邀请，对方下单为要约，只有网站发出送货确认才构成承诺。如果网站向对方履行了这些格式条款的提示和明确说明义务，对方同意该使用条件，则双方就此达成了合意。所以，对方下单付款后，在网站确认发货前合同并未成立。但根据特别法优于一般法的法律适用原则，电子商务经营者与消费者签订的电子合同的成立问题应优先适用《电子商务法》第四十九条第二款规定，含有消费者支付价款后合同不成立内容的格式条款无效，而且是绝对无效条款，即使电子合同经营者对此格式条款履行了《民法典》第四百九十六条规定的提示和说明义务，这类条款也不产生效力。电子商务经营者不能以含有这类约定的格式条款为依据主张企业与消费者之间的合同尚未成立，而企业与企业之间的合同、消费者与消费者之间的合同不适用《电子商务法》第四十九条第二款的规定。

——最高人民法院民法典贯彻实施工作领导小组主编:《中华人民共和国民法典合同编理解与适用》，人民法院出版社 2020 年版，第 208 页。

392. 交叉要约的合同成立地点为后到达相对人的要约的到达地点

关键词

交叉要约　合同成立地点　要约　承诺

《中华人民共和国民法典》条文

第四百九十二条　承诺生效的地点为合同成立的地点。

采用数据电文形式订立合同的，收件人的主营业地为合同成立的地点；没有主营业地的，其住所地为合同成立的地点。当事人另有约定的，按照其约定。

附录：最高人民法院主流观点

交叉要约，是指当事人一方向对方为要约，而同时对方亦为同一内容的要约，且双方当事人彼此均不知有要约的现象。交叉要约能否成立合同，法学理论和司法实践上存在争议，但一般认为交叉要约可以成立合同。因为当事人的意思表示内容实质上一致，不能拘泥于要约与承诺的形式限制，应当推定当事人已经达成合意，如此更符合合同的本质。从鼓励交易原则和效率价值的角度出发，应承认交叉要约可成立合同，这是合同成立的特殊方式。对于交叉要约的合同成立地点，以后到达相对人的要约的到达地点为合同成立地点。

——最高人民法院民法典贯彻实施工作领导小组主编：《中华人民共和国民法典合同编理解与适用》，人民法院出版社 2020 年版，第 216 页。

393. 判断文件是否为合同书不应拘泥于名称，而应采取实质性标准综合认定

关键词

合同书　必要条款　意思表示　会议纪要　意向书

《中华人民共和国民法典》条文

第四百九十三条　当事人采用合同书形式订立合同的，最后签名、盖章或者按指印的地点为合同成立的地点，但是当事人另有约定的除外。

附录：最高人民法院主流观点

虽然文件名称不是合同书或者协议，但内容涉及当事人之间设立、变更或终止民事权利义务，包括了构成某种合同的必要条款，应当认定为合同书。反之，文件虽然具有合同书或协议书之名，但缺乏记载合同内容的条款或者内容，则不能认定为合同书。例如，会议纪要（座谈会纪要）是记录会议或磋商谈判的过程和所达成的原则性意见，通常不能认定为合同，但如果内容涉及当事人之间设立、变更或终止民事权利义务关系，是各方当事人的一致意思表示，该意思表示的内容具体明确，具有可执行性，当事人并无排除受其约束的意思，则具备了民事合同的要件，可以构成合同书。[①] 实践中，当事人在缔约过程中形成的各种文件，如意向书、议事录、备忘录等，如果其内容足以构成合同，应认定为合同书。

——最高人民法院民法典贯彻实施工作领导小组主编:《中华人民共和国民法典合同编理解与适用》，人民法院出版社 2020 年版，第 221 页。

394. 政府会议纪要是否属于民事合同

关键词

会议纪要　民事合同

《中华人民共和国民法典》条文

第九十七条　有独立经费的机关和承担行政职能的法定机构从成立之日起，具有机关法人资格，可以从事为履行职能所需要的民事活动。

最高人民法院审判业务意见（第二巡回法庭法官会议纪要）

本案的核心争议点是该会议纪要的性质，即其是否可以作为民事合同据以确定当事人之间的权利义务关系。该会议由政府组织相关职能部门参与，并与甲公司就前期的收取费用的协议进行善后处理，对如何给予甲公司补偿达成意见，并形成会议纪要。该会议纪要具备民事合同的基本构成要素。首先，市政府属于《民法典》中的机关法人，其完全可以作为民事合同一方主体从事民事活动。其次，本案的会议纪要内容，不涉及行政管理或公共服务，而是双方约定的民事权利义务。最后，本次会议纪要由甲公司与市政府作为平等主体进行磋商，具备作为合同基本内容的主体、标的、履行方式等三要

① 参见最高人民法院（2016）最高法民终 470 号。

素，并未体现行政法上的权利义务关系，故可以认定该会议纪要系民事合同，甲公司可依据该民事合同主张权利。

附：案情简介

甲公司与某市政府签订协议，约定为该市全部加油站建立某种控制系统，避免加油时加油站以次充好、跑冒滴漏。系统建好后，由市政府通过颁发文件收取行政事业费方式给予甲公司回报。因为政策调整，国家不允许收取此类费用，甲公司难以收回预期回报，多次与政府协商。后政府召集相关职能部门讨论，就如何弥补甲公司的付出并给予适当利润问题进行了决议，并明确具体承担支付款项的相关部门，会后出具了会议纪要，甲公司参与了该次会议的磋商并同意纪要内容。

——《政府会议纪要是否属于民事合同（最高人民法院第二巡回法庭2021年第17次法官会议纪要）》，载贺小荣主编：《最高人民法院第二巡回法庭法官会议纪要（第三辑）》，人民法院出版社2022年版，第121页。

最高人民法院裁判文书

兴义市威鲁公路投资建设有限责任公司与兴义市人民政府合同纠纷案

［最高人民法院（2019）最高法民终789号民事判决书］

裁判要旨：会议纪要在不涉及行政管理或公共服务等行政管理职能，仅为作为平等主体的争议双方解决民事纠纷作出，并具备民事合同主体、标的、履行方式等基本构成要素时，应被认定为民事合同。

最高人民法院认为：本案属于民事诉讼受案范围。本案系因案涉BOT协议履行及清算所引发的纠纷，虽然合同一方当事人为兴义市政府，但合同相对人威鲁公司、川建公司在合同订立、履行、清算过程中仍享有充分的意思自治，并不受行政行为的单方强制。案涉合同内容体现了缔约当事人作为平等民事主体对双方之间权利义务的约定，具有明显的民商事法律关系特征。且合同并非仅就行政审批或行政许可事项本身进行约定，所涉相关行政审批和行政许可等内容为合同履行行为之一，不因此影响合同性质的认定，本案应作为民事案件进行审理。

——中国裁判文书网。

395. 区分法定后合同义务与通知、协助、保密等义务

关键词

后合同义务　协助义务　附随义务　保密义务

《中华人民共和国民法典》条文

第五百零一条　当事人在订立合同过程中知悉的商业秘密或者其他应当保密的信息，无论合同是否成立，不得泄露或者不正当地使用；泄露、不正当地使用该商业秘密或者信息，造成对方损失的，应当承担赔偿责任。

第五百零九条　当事人应当按照约定全面履行自己的义务。

当事人应当遵循诚信原则，根据合同的性质、目的和交易习惯履行通知、协助、保密等义务。

当事人在履行合同过程中，应当避免浪费资源、污染环境和破坏生态。

第五百五十八条　债权债务终止后，当事人应当遵循诚信等原则，根据交易习惯履行通知、协助、保密、旧物回收等义务。

第六百二十五条　依照法律、行政法规的规定或者按照当事人的约定，标的物在有效使用年限届满后应予回收的，出卖人负有自行或者委托第三人对标的物予以回收的义务。

最高人民法院司法政策精神

10. 当事人一方违反民法典第五百五十八条规定的通知、协助、保密、旧物回收等义务，给对方当事人造成损失，对方当事人请求赔偿实际损失的，人民法院应当支持。

——《最高人民法院关于印发〈全国法院贯彻实施民法典工作会议纪要〉的通知》(2021 年 4 月 6 日，法〔2021〕94 号)。

附录：最高人民法院主流观点

一、法定的后合同义务与当事人约定的通知、协助、保密等义务的区分

实践中，当事人经常会在合同中约定合同终止后当事人负有的义务，例如竞业禁止义务、保密义务等。如果已经在合同中加以明确约定的义务，例如在售后维修义务场合，即使合同主给付义务履行完毕后，该义务的性质仍为合同义务，具体性质为从给付义务。因此，虽然产品交付和货款支付的合同主给付义务已经履行完毕，但是鉴于出售方对产品的售后维修之从给付义务尚未履行完毕，此时出售方的债务并未清偿完毕，出售方违反售后维修义

务的，应当承担违约责任，而不能适用本条关于债权债务终止后的后合同义务的规定。

二、注意后合同义务与附随义务的区分

《民法典》第五百五十八条规定的后合同义务是一种独立的法定义务形态，不同于《民法典》第五百零九条第二款规定的附随义务。尽管两者都因诚信原则而产生，具有相同的理论基础，但两者也存在明显区别。第一，产生的阶段不同。附随义务产生于合同履行过程中，后合同义务产生于合同权利义务履行完毕后，由于当事人之间存在延伸的信赖关系，要求相对方履行一定的后合同义务。第二，发挥的功能不同。附随义务的主要功能是促进实现主给付义务，使债权人的给付利益得到最大可能的满足，维护他方当事人人身或财产之利益。后合同义务的主要功能是维护、保全已经完成的合同履行效果，协助当事人妥善处理善后事务。第三，违反义务的法律后果不同。违反附随义务，会产生不完全履行合同的法律效果，属于违约责任范畴。如果商家出售产品没有告知安全使用注意事项，导致合同相对人的人身或财产权益受到损害的，还会产生违约责任和侵权责任的竞合。违反后合同义务的责任也是法定责任，而不是违约责任。

——最高人民法院民法典贯彻实施工作领导小组编著：《中国民法典适用大全（合同卷）》，人民法院出版社 2022 年版，第 848~849 页。

396. 告知缔约相对人相关商业秘密并非放弃保密措施

关键词

商业秘密　保密措施　独占权　合同订立

《中华人民共和国民法典》条文

第五百零一条　当事人在订立合同过程中知悉的商业秘密或者其他应当保密的信息，无论合同是否成立，不得泄露或者不正当地使用；泄露、不正当地使用该商业秘密或者信息，造成对方损失的，应当承担赔偿责任。

附录：最高人民法院主流观点

商业秘密是通过权利人自己保护的方式而存在的权利，权利人并不具有排他的独占权。基于这种特性，不同的权利主体可以同时拥有相同或者近似的商业秘密；在没有法定的、约定的保密义务或者未提出保密要求的情况下将商业秘密告知他人时，倘若他人仍将商业秘密保持在秘密状态，该商业秘密仍然不丧失；不论什么原因，一旦商业秘密公开，其权利即告终结。按照

《反不正当竞争法》第九条的规定，经权利人采取相应保密措施系认定商业秘密的条件之一。《不正当竞争解释》第十一条对如何认定采取相应的保密措施作了规定。当事人在缔约过程中将商业秘密告知缔约相对人其目的是促成合同的订立，并不等于放弃了保密措施。将商业秘密告知他人，并不等于将商业秘密公开。

——最高人民法院民法典贯彻实施工作领导小组主编：《中华人民共和国民法典合同编理解与适用》，人民法院出版社 2020 年版，第 283~284 页。

三、合同的效力

397. 合同效力认定的综合法律适用

关键词

合同效力　体系化思维

《中华人民共和国民法典》条文

第一百四十四条　无民事行为能力人实施的民事法律行为无效。

第一百四十六条　行为人与相对人以虚假的意思表示实施的民事法律行为无效。

以虚假的意思表示隐藏的民事法律行为的效力，依照有关法律规定处理。

第一百五十三条　违反法律、行政法规的强制性规定的民事法律行为无效。但是，该强制性规定不导致该民事法律行为无效的除外。

违背公序良俗的民事法律行为无效。

第一百五十四条　行为人与相对人恶意串通，损害他人合法权益的民事法律行为无效。

第一百七十二条　行为人没有代理权、超越代理权或者代理权终止后，仍然实施代理行为，相对人有理由相信行为人有代理权的，代理行为有效。

第五百零四条　法人的法定代表人或者非法人组织的负责人超越权限订立的合同，除相对人知道或者应当知道其超越权限外，该代表行为有效，订立的合同对法人或者非法人组织发生效力。

第五百零八条　本编对合同的效力没有规定的，适用本法第一编第六章的有关规定。

最高人民法院大法官著述

原《合同法》第3章用16个条文对合同效力作出详细规定，但在《民法典》编纂过程中，基于体系化考虑，其中的多数条文被纳入总则编有关“民事法律行为的效力”之中，导致合同通则部分有关合同效力的规定在篇幅上大幅削减。为便于找法并兼顾合同效力体系，《民法典》第五百零八条规定：“本编对合同的效力没有规定的，适用本法第一编第六章的有关规定。”该条属于指引性规定，即指引法官依据总则编有关民事法律行为效力的规定来认定合同效力。因此，从民事裁判的逻辑要求来看，因民事法律行为并不完全等同于合同，人民法院依据《民法典》第一百四十四条、第一百四十六条、第一百五十三条、第一百五十四条认定合同无效时，可以加引第五百零八条的规定，从而使裁判的逻辑更加缜密。

在此需要特别指出的是，司法实践中有关合同效力的认定，应当特别注意区别合同效力与效力归属问题。《民法典》主要从私法自治和国家管制的关系角度，对民事法律行为的效力作出规定：意思表示有瑕疵的，原则上属于可撤销；违反法律、行政法规的强制性规定或违背公序良俗的，原则上无效。此类规定以行为人同是当事人为前提，在行为人与当事人相分离场合，则适用代理等有关规定。换言之，在涉及代理场合，在认定合同效力时，除了要兼顾适用合同编通则、总则编有关民事法律行为效力的规定外，还要与总则编有关代理的规定甚至合同编有关委托的规定结合起来，在确定合同效力的同时就确定权利义务的归属。司法实践中，相对某一特定当事人不生效，具有某种程度的普遍性，在无权代理、侵害优先购买权、公司非法减资等场合，都可能存在着相对不生效问题。如在公司非法减资场合，该减资行为对债权人就不发生效力，债权人仍可以减资前的出资额请求股东承担责任。另外值得探讨的是，在法定代表人越权提供担保场合，是由公司承担缔约过失责任，还是类推适用《民法典》有关无权代理的规定，由法定代表人承担责任？实践中存在不少争议。我们认为，法定代表人是公司的法定机关，法定代表人的行为就是公司本身的行为，二者是一个行为，而不是两个行为，法定代表人无须另行授权，就可以一般性地代表公司从事民事活动。即便超越权限对外从事行为，也仅是越权代表。而代理则不同，被代理人和代理人是两个民事主体。在无权代理的情况下，代理人根本就没有代理权，其与所谓的被代理人间并无关系。正因如此，《民法典》第五百零四条仅有越权代表的规定，而没有无权代表的规定。而《民法典》第一百七十二条有关表见代理的规定，除了越权代理外，对没有代理权以及代理权终止后构成表见代理的情形也做了规定，此点与代表有别。可见，法定代表人以公司名义对外从事民事活动，本质上属于公司行为，由其个人对外直接承担责任缺乏依据。而无权代理人在根本没有代理权的情况下对外以被代理人名义从事行为，其行为与被代理人没有任何关系，自不应由被代理人承担责任，因此法律才规定由代理人承担责任。总之，代表和代理尽管极为相似，但仍有所不同，故不能简单地将无权代理规则适用于越权代表。

——贺小荣：《体系化思维对民事裁判统一性的内在约束——以〈民法典〉适用为视角》，载《中国应用法学》2022 年第 4 期。

398. 未经批准的合同的效力

关键词

未生效合同　无效合同　批准生效合同

《中华人民共和国民法典》条文

第五百零二条　依法成立的合同，自成立时生效，但是法律另有规定或者当事人另有约定的除外。

依照法律、行政法规的规定，合同应当办理批准等手续的，依照其规定。未办理批准等手续影响合同生效的，不影响合同中履行报批等义务条款以及相关条款的效力。应当办理申请批准等手续的当事人未履行义务的，对方可以请求其承担违反该义务的责任。

依照法律、行政法规的规定，合同的变更、转让、解除等情形应当办理批准等手续的，适用前款规定。

最高人民法院司法政策精神

38.【报批义务及相关违约条款独立生效】须经行政机关批准生效的合同，对报批义务及未履行报批义务的违约责任等相关内容作出专门约定的，该约定独立生效。一方因另一方不履行报批义务，请求解除合同并请求其承担合同约定的相应违约责任的，人民法院依法予以支持。

39.【报批义务的释明】须经行政机关批准生效的合同，一方请求另一方履行合同主要权利义务的，人民法院应当向其释明，将诉讼请求变更为请求履行报批义务。一方变更诉讼请求的，人民法院依法予以支持；经释明后当事人拒绝变更的，应当驳回其诉讼请求，但不影响其另行提起诉讼。

40.【判决履行报批义务后的处理】人民法院判决一方履行报批义务后，该当事人拒绝履行，经人民法院强制执行仍未履行，对方请求其承担合同违约责任的，人民法院依法予以支持。一方依据判决履行报批义务，行政机关予以批准，合同发生完全的法律效力，其请求对方履行合同的，人民法院依法予以支持；行政机关没有批准，合同不具有法律上的可履行性，一方请求解除合同的，人民法院依法予以支持。

——《最高人民法院关于印发〈全国法院民商事审判工作会议纪要〉的通知》（2019 年 11 月 8 日，法〔2019〕254 号）。

附录：最高人民法院主流观点

法律、行政法规规定某类合同应当办理批准手续生效的，如《商业银行法》《证券法》《保险法》等法律规定购买商业银行、证券公司、保险公司 5% 以上股权须经相关主管部门批准，依据《民法典》第五百零二条第二款的规定，批准是合同的法定生效条件，未经批准的合同因欠缺法律规定的特别生效条件而未生效。实践中的一个突出问题是，把未生效合同认定为无效合同，或者虽认定为未生效，却按无效合同处理。无效合同从本质上来说是欠缺合同的有效要件，或者具有合同无效的法定事由，自始不发生法律效力。未生效合同已具备合同的有效要件，对双方具有一定的拘束力，任何一方不得擅自撤回、解除、变更，但因欠缺法律、行政法规规定或当事人约定的特别生效条件，在该生效条件成就前，不能产生请求对方履行合同主要权利义务的法律效力。

关于未经批准的合同的效力，存在以下不同观点：

一是无效说。《商业银行法》《证券法》《保险法》等法律都有购买商业银行、证券公司、保险公司 5% 以上股权须经相关主管部门批准的规定，属于法律的强制性规定，违反的后果是导致合同无效。

二是有效说。该说内部又有几种不同的论证路径。有观点着眼于规范性质，认为前述规定属于管理性规定而非效力性规定，违反该类规定并不导致合同无效，仅是招致行政法上的不利后果；有观点着眼于审批对象，认为审批的对象是权利的变动而非作为其原因的合同，进而认为审批不影响合同效力，影响的是权利的变动；还有观点着眼于规范性质，认为所谓的审批实质上是有关市场准入的规定，而非合同效力的规定，除非对市场准入有特殊限制，否则，未经批准一般不影响合同效力。

三是未生效说。前述法律有关股权转让行为须经批准的规定，属于法律规定的应当办理批准生效的情形。在法律规定批准生效的情况下，批准是合同的法定生效条件，未经批准的合同，属于生效条件未成就的合同，属于未生效的合同。

《民法典》本条采未生效说。

（一）关于批准生效合同的适用范围

根据本条的规定，只有法律、行政法规规定应当办理批准等手续的合同，批准才影响合同效力。部门规章、地方性法规有关批准的规定，不影响合同效力。从司法实践看，法律、行政法规规定应当办理批准手续的，主要出现在以下一些领域：

一是金融商事领域。如《商业银行法》第二十八条规定：“任何单位和个人购买商业银行股份总额百分之五以上的，应当事先经国务院银行业监督管理机构批准。”《保险法》第八十四条规定，a 变更出资额占有限责任公司资本总额 5% 以上的股东，或者变更持有股份有限公司股份 5% 以上的股东，应当经保险监督管理机构批准。

二是国有资产转让。如《企业国有资产监督管理暂行条例》第二十四条规定：“所出资企业投资设立的重要子企业的重大事项，需由所出资企业报国有资产监督管理机构批准的，管理办法由国务院国有资产监督管理机构另行制定，报国务院批准。”但该条所谓的“重大事项”是指哪些事项，存在一定的模糊性。

三是外商投资领域。如原《中外合资经营企业法》《中外合作经营企业法》均有外商投资企业的章程、协议、合同应予报批的规定，b 以及外商投资企业对外转让股权须经报批的规定。当然，随着新的《外商投资法》的出台，外商投资企业的合同审批将逐渐退出历史舞台。

四是探矿权采矿权转让。如根据《矿产资源法》第六条之规定，探矿权、采矿权可在以下两种情形下转让：一是探矿权人在完成规定的最低勘查投入后，经依法批准，可以将探矿权转让他人。二是已取得采矿权的矿山企业，因企业合并、分立，与他人合资、合作经营，或者因企业资产出售以及有其他变更企业资产产权的情形而需要变更采矿权主体的，经依法批准可以将采矿权转让他人采矿。

总之，前述法律、行政法规有关批准手续的规定，批准的对象都是合同，而不是项目。另外，此种审批性质上属于事后审批，而非事前审批。即便是《商业银行法》第二十八条所谓的事前审批，本质上还是对合同的事后审批。

（二）立法演进

关于未经批准的合同的效力问题，司法实践经历了一个认识不断深化的过程。原《合同法解释（一）》第九条规定，依法应当办理批准手续的合同，当事人在一审法庭辩论终结前仍未办理批准手续的，人民法院应当认定该合

---

① 《保险法》第八十四条规定：“保险公司有下列情形之一的，应当经保险监督管理机构批准：（一）变更名称；（二）变更注册资本；（三）变更公司或者分支机构的营业场所；（四）撤销分支机构；（五）公司分立或者合并；（六）修改公司章程；（七）变更出资额占有限责任公司资本总额百分之五以上的股东，或者变更持有股份有限公司股份百分之五以上的股东；（八）国务院保险监督管理机构规定的其他情形。”

② 参见原《中外合资经营企业法》第三条、原《中外合资经营企业法实施条例》第十四条、原《中外合作经营企业法》第五条、原《中外合作经营企业法实施细则》第十一条。

同未生效。该司法解释第一次从规范层面规定了未生效合同，但鉴于其对如何促成未生效合同向有效合同转化缺乏具体规定，而司法的解决纠纷职能决定了必须要对合同效力作出明确判断。在未生效合同难以被认定有效的情况下，实践中往往是认定未生效，却按照无效处理，从而没有达到预期效果。有鉴于此，原《合同法解释（二）》第八条规定，经批准才能生效的合同，办理批准手续属于原《合同法》第四十二条第三项规定的"其他违背诚实信用原则的行为"，人民法院可以根据案件的具体情况和相对人的请求，判决相对人自行办理报批手续，由怠于履行报批义务的当事人承担相关费用及损失。但相对人自行报批很难获得主管部门的批准，该条规定的实际效果并不理想。正是看到了前述司法解释的不足，2010 年出台的《外商投资企业规定（一）》第一次规定报批条款及相关条款独立生效，完善了使未生效合同向有效合同转化的机制。该司法解释的相关规定被后续出台的《最高人民法院关于审理矿业权纠纷案件适用法律若干问题的解释》所采纳。《民商审判会议纪要》关于未经批准的合同效力问题，借鉴了前述司法解释的相关规定。《民法典》本条的规定，实际上借鉴了《外商投资企业规定（一）》的规定。

（三）关于未经批准的合同效力

学理认为，合同效力有形式拘束力与实质效力之分，形式拘束力意指当事人不能任意撤销、变更甚至解除合同的效力，实质效力则是指基于合同本身而在当事人间发生的权利义务关系。合同的形式拘束力源于合同的成立，而实质效力则源于合同的生效。我国《民法典》第四百六十五条就是关于形式拘束力的规定。在一般情况下，合同或者有效成立，或者无效不成立，区别形式拘束力与实质拘束力并无太多实益。但在合同已经成立，但因约定生效条件未成就、约定期限未届满，或者因未办理审批手续等原因未生效的情况下，区别形式拘束力与实质效力就有其积极意义。只有着眼于前述区分，才能准确理解未经批准的合同的效力。具体来说：

一是具有形式拘束力。未生效合同已经依法成立，双方当事人非经协商或具有法定事由，不得任意撤销、变更或解除合同。换言之，如果具有法定事由，另一方可以请求人民法院撤销或变更合同。

二是不具有实质效力。合同未生效属于欠缺生效要件的合同，有别于有效合同，一方直接请求另一方履行合同或者承担合同约定的违约责任，不应予以支持。

三是可以通过办理批准手续促成合同生效。未生效合同仍有通过办理批准手续而生效的可能，故也不同于无效合同。当事人直接请求确认合同无效的，亦不应予以支持。

（四）未生效不同于无效

关于未经批准的合同效力，实践中的一个突出问题是，将其等同于无效。

为此，有必要明确二者的区别：其一，从违反的规范类型看，合同无效是因为合同违反了法律、行政法规的效力性强制性规定或者违背善良风俗。未生效合同违反的则是法律、行政法规有关审批的规定，此种规范属于管理性强制性规定。其二，从法律依据看，认定合同无效的依据是《民法典》第一百五十三条，本质是意思表示超越了国家管制的界限。认定合同未生效的依据则是《民法典》第五百零二条，本质是合同不具备法定的生效条件。其三，在是否允许补正上，合同无效原则上是自始无效、绝对无效、当然无效、全部无效，不存在补正的可能。未生效合同在获得批准前效力处于不确定状态，可能有效，也可能无效。当事人可以通过履行报批手续促成生效，此点有别于无效合同的确定无效。实务中，能否在判项中认定合同未生效?

人民法院受理合同纠纷后，只有在对合同是有效还是无效作出明确判断后，才能解决当事人之间的纠纷，而认定合同未生效，并没有达到解决纠纷的目的。考虑到未生效合同属于合同效力的中间状态，有必要规定合同效力的确定机制以及人民法院的释明义务。为此，一方面，本条既对当事人的诉讼请求提出要求，即当事人既不能基于有效合同提出继续履行合同或者承担违约责任的诉讼请求，也不能直接请求确认合同无效并请求另一方承担损害赔偿责任，而只能基于未生效合同提出相应诉讼请求。同时也要求人民法院要做好相应的释明工作，确保未生效合同得以通过诉讼程序得到实现。另一方面，又规定了未生效合同的效力推进或者消灭机制：如果当事人希望另一方继续履行合同，则应当请求另一方履行报批义务，进而通过报批义务的履行促进合同生效。反之，如果当事人不想继续履行合同，则应当请求解除合同，从而使当事人摆脱合同的约束。但不论如何，当事人都不能仅诉请确认合同未生效，人民法院也不能在判项中认定合同未生效。

实务中，能否类推适用《民法典》第一百五十九条的规定?

《民法典》第一百五十九条规定："附条件的民事法律行为，当事人为自己的利益不正当地阻止条件成就的，视为条件已经成就；不正当地促成条件成就的，视为条件不成就。"该条规范的是附约定条件的合同。在约定条件中，是否约定条件、约定何种条件以及条件何时成就均属当事人意思自治的范畴。在约定条件下，出于对恶意当事人的惩戒、维护诚实守信的交易秩序的考虑，《民法典》作出了前述规定。法律、行政法规规定的批准属于合同的法定生效条件，而批准本质上是行政机关的监管行为，是否批准属于行政裁量权行使的范畴，不属于当事人意思自治的范畴。因此，一方拒不履行报批义务的，原则上不能类推适用《民法典》第一百五十九条的规定，视为已经获得批准，进而认定合同有效。否则，就会使报批的规定沦为一纸空文。但在特定情况下，如生效判决已经判令当事人履行报批义务，当事人仍拒不履行的，可以类推适用该条规定，从而让当事人承担违约责任。

——最高人民法院民法典贯彻实施工作领导小组编著:《中国民法典适用大全（合同卷）》，人民法院出版社 2022 年版，第 366~370 页。

399. 登记、备案、鉴证、公证、审批与合同效力的关系

关键词

登记　备案　公证　合同效力

《中华人民共和国民法典》条文

第五百零二条　依法成立的合同，自成立时生效，但是法律另有规定或者当事人另有约定的除外。

依照法律、行政法规的规定，合同应当办理批准等手续的，依照其规定。未办理批准等手续影响合同生效的，不影响合同中履行报批等义务条款以及相关条款的效力。应当办理申请批准等手续的当事人未履行义务的，对方可以请求其承担违反该义务的责任。

依照法律、行政法规的规定，合同的变更、转让、解除等情形应当办理批准等手续的，适用前款规定。

附录：最高人民法院主流观点

登记、备案与鉴证、公证、审批，皆可归于属于广义的合同管理。只不过公证与鉴证在性质上更接近于中介组织提供的服务，其目的在于强化合同的证据效力。登记、备案与审批在形式上有相似之处，都由行政主管机关或者特定组织进行，都能够体现出某种行政管理职能。依照《民法典》第五百零二条的规定，除法律、行政法规另有规定外，未经批准的合同属于未生效合同。不过，应当注意的是，已获批准的合同也不一定就必然有效，但确定不能获得批准的合同属于确定不生效，其后果类似于无效。总之，登记备案与公证、鉴定并不影响合同的效力，而须审批的合同在获得批准前属于未生效，不宜简单地将未审批的合同等同于无效。

——最高人民法院民法典贯彻实施工作领导小组编著:《中国民法典适用大全（合同卷）》，人民法院出版社 2022 年版，第 2019 页。

400. 人民法院审理因不履行报批义务引发的合同纠纷时的具体参考思路

关键词

合同效力　强制性规定　报批义务　违约责任　独立条款

《中华人民共和国民法典》条文

第四百九十四条　国家根据抢险救灾、疫情防控或者其他需要下达国家订货任务、指令性任务的，有关民事主体之间应当依照有关法律、行政法规规定的权利和义务订立合同。

依照法律、行政法规的规定负有发出要约义务的当事人，应当及时发出合理的要约。

依照法律、行政法规的规定负有作出承诺义务的当事人，不得拒绝对方合理的订立合同要求。

第五百零二条　依法成立的合同，自成立时生效，但是法律另有规定或者当事人另有约定的除外。

依照法律、行政法规的规定，合同应当办理批准等手续的，依照其规定。未办理批准等手续影响合同生效的，不影响合同中履行报批等义务条款以及相关条款的效力。应当办理申请批准等手续的当事人未履行义务的，对方可以请求其承担违反该义务的责任。

依照法律、行政法规的规定，合同的变更、转让、解除等情形应当办理批准等手续的，适用前款规定。

最高人民法院司法政策精神

38.【报批义务及相关违约条款独立生效】须经行政机关批准生效的合同，对报批义务及未履行报批义务的违约责任等相关内容作出专门约定的，该约定独立生效。一方因另一方不履行报批义务，请求解除合同并请求其承担合同约定的相应违约责任的，人民法院依法予以支持。

——最高人民法院民事审判第二庭编著：《〈全国法院民商事审判工作会议纪要〉理解与适用》（2019 年 11 月 8 日，法〔2019〕254 号）。

附录：最高人民法院主流观点

须经行政机关批准的合同，对报批义务及未履行报批义务的违约责任等相关条款作出专门约定的，该约定独立生效。一方因另一方不履行报批义务，请求解除合同并请求其承担合同约定的相应违约责任的，人民法院依法予以支持。

关于报批义务及相关条款应否独立生效，存在不同观点：一种观点认为，在整个合同未生效的情况下，报批义务及相关条款独立生效既缺乏法律依据，也缺乏法理依据。另一种观点则认为，正因为整个合同未生效，才有必要课予当事人报批义务，并通过促使其履行报批义务，促进未生效合同向有效合同转化。《民法典》采后一种观点，即独立生效说。

——最高人民法院民法典贯彻实施工作领导小组主编：《中华人民共和国民法典合同编理解与适用》，人民法院出版社2020年版，第298页。

合同法解释一第四条规定，合同法实施以后，人民法院确认合同无效，应当以全国人大及其常委会制定的法律和国务院制定的行政法规为依据，不得以地方性法规、行政规章为依据。合同法解释二第十四条规定，合同法第五十二条第五项规定的“强制性规定”，是指效力性强制性规定。人民法院在认定合同效力时可以整合这两条规定的基本精神。合同法解释一第九条规定了未办理批准、登记手续的合同效力认定问题，合同法解释二第八条规定了未履行报批义务的法律责任，人民法院在审理因不履行报批义务引发的纠纷时，可以参考这两条规定和《民商审判会议纪要》第三十八条的规定。具体参考适用思路为：

①人民法院根据民法典第一百五十三条第一款的规定确认合同无效，应当以法律、行政法规的效力性强制性规定为依据，不得以法律、行政法规的其他规定或地方性法规、行政规章为依据。理解与适用的难点在于强制性规范的识别。对此，首先要识别出民法典的哪些规范属于强制性规范。一般而言，凡带有“必须”“禁止”字样的规范，均为强制性规范；带有“应当”“不得”字样的规范通常为强制性规范，但要排除属于裁判规范、倡导性规范或半强制性规范的情形。例如，民法典第七百零七条规定，“租赁期限六个月以上的，应当采用书面形式”。这里的“应当”表征的是倡导性规范。因为根据第七百零七条下一句“当事人未采用书面形式，无法确定租赁期限的，视为不定期租赁”可知，第七百零七条的目的在于倡导当事人在订立六个月以上的长期租赁合同时最好采取书面形式，否则将被视为不定期租赁，承租人的利益将不能像定期租赁那样得到保障。再如，民法典第七百八十五条规定，“承揽人应当按照定作人的要求保守秘密，未经定作人许可，不得留存复制品或者技术资料”。这里的“不得”强调的是一方不能，但经另一方同意或许可的除外，性质上属于半强制性规定。在识别强制性规范的基础上，再根据该规范的违反是否影响合同效力认定是否属于效力性强制性规范。例如，民法典第四百九十四条第一款、第二款规定的“应当”和第三款规定的“不得”

是对当事人强制缔约义务的规定，性质上属于强制性规定，但该规定显然与合同效力的判断无关。参考《民商审判会议纪要》第三十条的规定，下列强制性规定属于效力性强制性规定：强制性规定涉及金融安全、市场秩序、国家宏观政策等公序良俗的；交易标的禁止买卖的，如禁止人体器官、毒品、枪支等买卖；违反特许经营规定的，如场外配资合同；交易方式严重违法的，如违反招投标等竞争性缔约方式订立的合同；交易场所违法的，如在批准的交易场所之外进行期货交易。关于经营范围、交易时间、交易数量等行政管理性质的强制性规定，一般应认定为“管理性强制性规定”。

②依照法律、行政法规的规定应当办理批准等手续才能生效的合同，合同成立后在一审法庭辩论终结前仍未办理批准等手续的，人民法院应当认定该合同未生效，但不影响合同中关于履行报批等义务、未履行报批等义务的违约责任等相关条款的独立生效。理解适用时应当注意，一方不履行报批等义务的，合同的主要权利义务关系未生效。如果权利人诉请履行合同的主要权利义务，义务人在一审法庭辩论终结前仍未办理批准等手续的，人民法院应当认定该合同未生效。但是，根据民法典第五百零二条第二款的规定，合同中关于履行报批等义务、未履行报批等义务的违约责任等相关条款独立生效，因此权利人虽然不能诉请履行主要权利义务，但可以请求义务人承担不履行报批等义务的违约责任。

③依照法律、行政法规的规定，合同应当办理批准等手续才能生效的，应当履行报批等义务的当事人未履行该义务，相对人请求其履行报批等义务的，人民法院依法予以支持。相对人请求自己办理有关手续的，人民法院可以根据案件的具体情况予以支持；应当履行报批等义务的当事人对由此产生的费用和给相对人造成的实际损失，应当承担损害赔偿责任。一方当事人未履行报批等义务，相对人请求解除合同并由应当履行报批等义务的当事人承担违反报批等义务的违约责任的，人民法院依法予以支持。参考适用时要准确掌握违反报批等义务的救济方法的内在逻辑联系。具体而言，一方当事人不履行报批等义务的，对方当事人可以请求其承担继续履行的违约责任；作为继续履行的替代措施，相对人也可以主张由自己办理有关手续，报批义务人承担有关费用和赔偿损失，是否支持相对人自己办理由人民法院根据案件具体情况决定。一方当事人不履行报批等义务，相对人也可以请求解除合同，并由对方当事人承担其他违约责任。这里的其他违约责任包括合同针对报批义务专门约定的违约金、不履行报批义务所造成的损失等。

——最高人民法院研究室编著：《〈全国法院贯彻实施民法典工作会议纪要〉条文及适用说明》，人民法院出版社 2021 年版，第 42~44 页。

401. 判决履行报批义务后如何处理

关键词

报批义务　拒绝履行　违约责任　缔约过失责任

《中华人民共和国民法典》条文

第五百零二条　依法成立的合同，自成立时生效，但是法律另有规定或者当事人另有约定的除外。

依照法律、行政法规的规定，合同应当办理批准等手续的，依照其规定。未办理批准等手续影响合同生效的，不影响合同中履行报批等义务条款以及相关条款的效力。应当办理申请批准等手续的当事人未履行义务的，对方可以请求其承担违反该义务的责任。

依照法律、行政法规的规定，合同的变更、转让、解除等情形应当办理批准等手续的，适用前款规定。

附录：最高人民法院主流观点

我们认为，人民法院判决一方履行报批义务后，该当事人拒绝履行，经人民法院强制执行仍未履行，对方请求其承担合同违约责任的，人民法院依法予以支持。一方依据判决履行报批义务，行政机关予以批准，合同发生完全的法律效力，其请求对方履行合同的，人民法院依法予以支持；行政机关没有批准，合同不具有法律上的可履行性，一方请求解除合同的，人民法院依法予以支持。

报批义务人拒不履行生效判决确定的报批义务，所应承担的责任是缔约过失责任还是违约责任，对此存在不同认识。为加重报批义务人的责任，《民法典》采违约责任说。

（一）审批机关未予批准的

一方不履行报批义务时，另一方可以请求其履行报批义务，人民法院也可以根据当事人的诉讼请求判令该方当事人履行报批义务。当事人根据生效判决履行了报批义务，但有关部门未批准的，此时合同不具有可履行性，合同因嗣后履行不能而解除。至于报批义务人应否承担责任，则要视其对不能取得批准有无过错来具体判断。如果不能取得批准是因为报批义务怠于履行报批义务所导致，如本可以取得批准，但因政策变化导致不能取得批准的，报批义务人应当承担责任。反之，纯粹是因为批准机关不批准所导致的，则其无须承担责任。

（二）报批义务人拒不履行报批义务的

还有一种情形是，人民法院判令报批义务人履行报批义务，报批义务人拒绝履行，经人民法院强制执行仍未履行的，当事人可以另行起诉，请求解除合同，同时要求报批义务人赔偿包括差价损失、合理收益以及其他损失在内的预期利益损失，其中损害性质上属于违约责任。有观点认为，在合同未生效的情况下，判令当事人承担违约责任既缺乏法律依据，法理上也说不通。我们认为，此时可以参照适用《民法典》第一百五十九条“当事人为自己的利益不正当地阻止条件成就的，视为条件已经成就”的规定，认为合同所附的法定条件因报批义务人不正当地阻止条件成就而拟制成就，从而使另一方享有违约损害赔偿请求权。

实务中，关于审批机关未予批准的法律效果，存在两种不同观点：一种观点认为，既然批准是合同的法定生效条件，则未予批准意味着法定生效条件确定不成就，合同不生效，效果等同于无效。另一种观点则认为，审批机构未予批准，意味着合同嗣后履行不能，当事人可以解除合同。《民法典》采取了后一观点。

——最高人民法院民法典贯彻实施工作领导小组编著：《中国民法典适用大全（合同卷）》，人民法院出版社 2022 年版，第 377~378 页。

402. 当事人签订合同约定一方当事人承担的公法义务，由另一方当事人实际承担，在该合同不存在法定无效情形时，应当依约确定当事人的权利义务

关键词

合同效力　公法义务

最高人民法院审判业务意见（民事审判第一庭意见）

最高人民法院民一庭意见：当事人签订合同将一方当事人依公法规定承担的义务，约定由另一方当事人实际承担，该合同并不当然无效。在该合同不存在《中华人民共和国合同法》第五十二条规定情形的情况下，应当按照合同约定确定当事人的民事权利义务。

附：案情简介

甲公司欲将其原有的商场拆除后重新修建，重建后的商场大厦按照设计将与乙公司建设的大厦外墙直接相连。而按照政府相关部门审批的建设规划，商场与大厦之间应当保留通道，该通道规划于甲公司的商场范围内。甲公司

为避免改变其建筑设计方案，与乙公司签订协议约定，由乙公司在毗邻甲公司商场的大厦范围内设计建设通道，甲公司按照建成后的通道实际占地面积，对乙公司予以货币补偿。后乙公司按照规划的通道建设标准，实际完成了通道建设，甲公司未按约定给予乙公司相应补偿，乙公司诉至法院，要求甲公司按照双方约定支付通道建设补偿款。甲公司认为，双方约定因违反规划而无效，故当事人约定的补偿数额不具有约束力，应按照乙公司的实际损失确定补偿数额。

——最高人民法院民一庭：《当事人签订合同约定一方当事人承担的公法义务，由另一方当事人实际承担，在该合同不存在无效法定情形时，应当依约定确定当事人的民事权利义务》，载最高人民法院民事审判第一庭编：《民事审判指导与参考》2015 年第 2 辑（总第 62 辑），人民法院出版社 2015 年版，第 145、148 页。

403. 如何判断违反规章的合同效力

关键词

强制性规定　合同效力　规章　公序良俗

《中华人民共和国民法典》条文

第一百五十三条　违反法律、行政法规的强制性规定的民事法律行为无效。但是，该强制性规定不导致该民事法律行为无效的除外。

违背公序良俗的民事法律行为无效。

最高人民法院审判业务意见（第六巡回法庭疑难问题解答）

关于违反行政规章对合同效力的影响，因规章不属于法律、行政法规，故违反规章原则上不影响合同效力。但违反规章同时构成违背公序良俗的，如破坏金融安全、市场秩序、国家宏观政策等，应认定合同无效。考察违反规章的合同是否构成违背公序良俗，可重点考量规章规范的目的、对象、行为以及规章的监管强度、违反规章的社会影响等因素。法院因此作出否定合同效力的认定的，不得援引规章条文作为裁判的依据，应以《民法典》第 153 条第 2 款作为认定合同无效的法律依据，并在裁判文书中进行充分说理，充分论证案涉合同违反了公序良俗，在说理时可以援引该规章条文进行论理。

——杨临萍主编、最高人民法院第六巡回法庭编：《最高人民法院第六巡回法庭裁判规则》，人民法院出版社 2022 年版，第 13~14 页。

404. 当事人对欺诈事实的证明不能够排除合理怀疑的，不足以认定该事实存在

关键词

股权转让　欺诈　证明责任

最高人民法院裁判文书

乌江公司与中天公司、海风公司股权转让纠纷案［最高人民法院（2021）最高法民终 337 号民事判决书］

裁判要旨：判断当事人是否以欺诈手段，使对方在违背真实意思的情况下实施民事行为，须具备以下要件：一是须有欺诈行为，包括虚构事实或隐瞒事实；二是欺诈方主观上须有欺诈的故意；三是被欺诈方须因欺诈行为而陷于错误认知，并基于错误认知作出意思表示；四是被欺诈方的意思表示违背其真实意思。当事人提供的证据对构成欺诈事实的证明不能够排除合理怀疑的，不足以认定该事实的存在。

最高人民法院认为，本案争议焦点为：乌江公司是否构成欺诈，案涉《产权交易合同》是否应予撤销。

《中华人民共和国民法总则》第一百四十八条规定："一方以欺诈手段，使对方在违背真实意思的情况下实施的民事法律行为，受欺诈方有权请求人民法院或者仲裁机构予以撤销"。据此规定，判断当事人是否以欺诈手段，使对方在违背真实意思的情况下实施民事行为，须具备以下要件：一是须有欺诈行为，包括虚构事实或隐瞒事实；二是欺诈方主观上须有欺诈的故意；三是被欺诈方须因欺诈行为而陷于错误认知，并基于错误认知作出意思表示；四是被欺诈方的意思表示违背其真实意思。

本案中，关于乌江公司就案涉地块使用面积是否构成欺诈问题。案涉《产权交易合同》第 11.1 条载明，标的企业在股权评估基准日前，已存在以下重大负债、或有负债及风险，中天公司确认对此完全知晓并自愿接受：标的企业与遵义市保障性住房建设投资开发有限责任公司 2015 年签订的《原遵义电厂棚户区改造项目房屋征收安置补偿合作协议》13.4 条载明，中天公司确认，本合同签署后，中天公司认可股权转让前标的企业披露的已签署的全部合同文件，包括但不限于与标的企业与遵义住投公司签署的《棚户区征

收与安置补偿合作协议》等，确认中天公司受让标的企业本合同项下股权后，标的企业将按照已签署的全部合同文件的约定承担相关的权利和义务。且乌江公司在挂牌交易前已将该《棚户区征收与安置补偿合作协议》提交北交所备查。上述事实足以认定乌江公司在双方签订的《产权交易合同》中已向中天公司告知标的公司海风公司与遵义住投公司签署了《棚户区征收与安置补偿合作协议》。海风公司与遵义住投公司签订的《棚户区征收与安置补偿合作协议》明确约定，海风公司将提供 C 地块中的 52348.25 平方米用于还房建设，贵州省遵义市人民政府将无偿回收海风公司提供的还房用地，贵州省遵义市国土资源局按照相关程序进行土地挂牌，遵义住投公司摘牌用于遵义电厂红线范围内棚户区改造。根据上述约定，遵义住投公司对还房用地实际享有权益。同时，中联资产评估集团有限公司出具的《贵州乌江房地产开发有限公司拟挂牌转让遵义海风房地产开发有限公司股权项目资产评估报告》中也明确载明，评估基础为案涉三地块面积共 258557.45 平方米，不包含提供海风公司提供给遵义住投公司的 52348.25 平方米还建房建设用地。因此，乌江公司客观上不存在隐瞒案涉地块存在还房用地且遵义住投公司实际对还房用地享有权益的行为，案涉证据亦不能证明乌江公司存在向中天公司隐瞒真实情况或告知虚假情况的主观故意。中天公司称对案涉土地是否存在还房用地陷于错误判断，并违背自己真实意思而签订案涉《产权交易合同》，没有事实依据，对其主张不予支持。

此外，遵义住投公司仅取得了案涉 52348.25 平方米土地的《建设用地规划许可证》和《建设工程规划许可证》，并未取得该部分土地的建设用地使用权证，贵州省遵义市人民政府也尚未作出无偿收回该部分土地的行政行为，海风公司亦未与遵义住投公司签订无偿转让该部分土地的土地使用权转让合同，海风公司是否能够取得该部分土地的相应对价尚不确定。中天公司未提供证据证明其受让海风公司全部股权后，将不能取得该 52348.25 平方米土地的相应收益。原审判决认定该部分土地“已为遵义住投公司以建设单位名义实际控制开发并享有权益，即海风公司实际完整享有土地使用权的建设用地面积仅为 246601.84 平方米”，系认定事实错误，最高人民法院予以纠正。

关于乌江公司对案涉地块容积率是否构成欺诈问题。首先，据原审查明，2018 年 5 月 3 日，乌江公司通过北交所公开挂牌转让海风公司 100% 股权，转让底价为 33900 万元，转让底价确定的依据为中联资产评估集团有限公司于 2018 年 3 月 20 日出具的《贵州乌江房地产开发有限公司拟挂牌转让遵义海风房地产开发有限公司股权项目资产评估报告》（中联评报字〔2018〕第 112 号），该评估报告基准日为 2017 年 11 月 30 日，开发容积率为：A 地块 ≤ 3.86，B 地块 ≤ 5.27，C 地块 ≤ 4.63。2018 年 3 月 2 日，贵州省遵义市人民政府发布 4 号令规定，遵义市城市规划区、辖区内各县（市）人民政府所在地城市规划区内建筑容积率居住建筑：27 米以下（含 27 米）≤ 2.0；27 米以上≤ 2.5。商业、商务建筑：24 米以下（含 24 米）≤ 2.0；24 米以上 100 米以下（含 100 米）≤ 3.5。2018 年 6 月 26 日，中天公司与乌江公司签订《产权交易合同》约定，乌江公司将其持有的 100% 海风公司股权以 33900 万元转让给中天公司。根据上述事实，案涉资产评估报告的基准日为 2017 年 11 月 30 日，系在贵州省遵义市人民政府发布 4 号令之前。乌江公司委托中联资产评估集团有限公司以原《国有建设用地使用权出让合同》上载明的容积率作为评估基础，于 2018 年 3 月 20 日作出的资产评估报告，未隐瞒目标公司海风公司真实的资产状况，案涉证据也不能证明乌江公司具有使中天公司陷于错误判断的欺诈故意，中天公司亦未提供证据证明乌江公司主观上就案涉《产权交易合同》存在欺诈的故意。其次，北交所网站登载的海风公司 100% 股权交易项目网络公示信息显示，就“与转让相关的其他条件”第 2 条，明确提示受让方进行尽职调查的重要性。据中天公司二审庭审中自述，其在北交所摘牌前几天才作出收购海风公司股权的决定。中天公司作为当地行业内专业从事房地产开发的企业，有足够的能力和手段对标的公司资产状况进行调查，特别是对房地产经营有重大影响的地方政府规章应及时知悉和掌握，但其在 2018 年 3 月 2 日 4 号令公开发布 3 个月后，仍与乌江公司通过北交所交易平台经协商签订《产权交易合同》，就案涉重大交易项目，中天公司未提供证据证明其在签订合同前已作了充分的尽职调查，主观上存在明显过失。第三，4 号令系贵州省遵义市人民政府向社会公开发布的地方规章，根据立法原则，法律、行政法规及政府规章一经公布，即推定社会公众知晓，特别是作为当地行业内专业房地产开发公司，中天公司理应知道 4 号令的内容并预见到 4 号令对案涉土地开发经营可能产生的风险和影响。4 号令于 2018 年 3 月 2 日发布，双方于 2018 年 6 月 26 日签订《产权交易合同》。在此期间，中天公司可以要求乌江公司就目标公司股权价值按照 4 号令规定的容积率重新进行评估。但中天公司未向乌江公司提出相关要求。乌江公司向北交所提交的基准日为 2017 年 11 月 30 日资产评估报告的行为，并未隐瞒 4 号令对案涉土地容积率的影响。故乌江公司不存在隐瞒 4 号令对案涉土地容积率影响的行为，亦不足以认定其存在欺诈的故意。此外，根据最高人民法院向贵州省遵义市自然资源局所做的调查笔录及该局的复函，案涉土地仍可按原《国有建设用地使用权出让合同》载明的容积率进行开发建设。因此，若案涉地块容积率不存在变化，中天公司主张乌江公司未如实披露转让地块真实容积率而构成欺诈的前提事实亦不存在。

——中国裁判文书网。

405. 人民法院确信恶意串通的事实存在并能排除合理怀疑的，应当认定存在恶意串通行为

关键词

恶意串通　合理怀疑　利益受损　证明标准

《中华人民共和国民法典》条文

第一百五十四条　行为人与相对人恶意串通，损害他人合法权益的民事法律行为无效。

最高人民法院裁判文书

重庆拓洋投资有限公司、深圳五岳乾坤投资有限公司确认合同无效纠纷案［最高人民法院（2018）最高法民终 487 号民事判决书］

裁判要旨：债务人将原本计划质押给债权人的股票，在债权人起诉前另外质押给了关联第三方并先行办理了登记，使债务人客观上达到了转移财产的目的，且债务人与第三方之间存在关联关系，具有恶意串通的利益基础，故法院确信债务人和关联第三人之间恶意串通的事实存在，并能排除其他合理怀疑。

最高人民法院认为：重庆拓洋请求确认《质押合同》因当事人恶意串通而无效，本院认为其已完成了相应的举证证明义务，可以确信合同当事人恶意串通和第三人损害事实的存在。

首先，本案证据足以让人相信，《质押合同》系李涛和五岳公司之间恶意串通而订立。具体表现在：

第一，从合同的交易背景看，五岳公司和重庆拓洋签订《借款合同》后，约定由五岳公司将深华新公司股票作为担保但未办理登记，后五岳公司将仅剩的没有权利约束的深华新公司 3963 万股股票先行质押登记给李涛。原审查明，《质押合同》是为了担保李涛和盛世泰富之间的《借款合同》而订立的。五岳公司的财务报表证明，该公司 2014 年度至 2017 年度营业收入均为 0 元且每年亏损，而五岳公司将深华新公司 3963 万股股票质押登记给盛世泰富的债权人李涛时，该部分股票已经是五岳公司仅剩的没有权利约束的财产。质押登记当日，深华新公司 3963 万股股票价值 63764.67 万元，与《借款合同》约定的预计总借款 8 亿元相近。至 2017 年 12 月由北京市第二中级人民

法院对五岳公司强制执行时，该院认定五岳公司已无可供执行的财产。可见，当五岳公司将深华新公司 3963 万股股票质押给李涛后，五岳公司实际已没有任何有效的责任财产和偿债能力。同时，虽然一审认定重庆拓洋提交的《股份质押借款合同》存在诸多瑕疵，但五岳公司已经确认，其和重庆拓洋在签订《借款合同》后又签订了《质押合同》，约定由五岳公司提供深华新公司股票作为担保，但双方未及时办理质押登记。这说明，五岳公司是将原本计划质押给重庆拓洋的深华新公司股票，另外质押给了李涛并先行办理了登记。

第二，从合同的签订时间看，重庆拓洋在北京高院向五岳公司提起诉讼的前 20 天左右，五岳公司和李涛签订《质押合同》并于次日即办理了质押登记。现已查明，重庆拓洋在 2013 年不仅给五岳公司借款 55680 万元，还向五岳公司支付了拟收购深华新公司 5800 万股股票的首付款 13920 万元，说明双方当时合作关系良好。重庆拓洋分别于 2015 年 6 月 29 日和 2016 年 7 月 18 日对五岳公司提起诉讼和仲裁，证明双方合作关系破裂。五岳公司在重庆拓洋提起诉讼的前 20 天将深华新公司的股票质押登记给李涛，导致重庆拓洋在诉讼中未能有效保全到五岳公司的财产，使五岳公司客观上达到了转移财产的目的。

第三，从合同的订立主体看，李涛、盛世泰富和五岳公司之间具有关联关系，李涛和五岳公司存在恶意串通的利益基础。现已查明，李涛是盛世泰富的控股股东。同时，鉴于嘉诚中泰和中建投已于 2013 年 7 月将五岳公司 50.98% 的股权转让给盛世泰富，北京仲裁委员会作出的（2017）京仲裁字第 0729 号裁决认定，盛世泰富为五岳公司股东，持有该公司 50.98% 的股权，该确认效力仅限于盛世泰富和嘉诚中泰、中建投之间。由此可见，《借款合同》和《质押合同》订立时，盛世泰富已经受让了五岳公司超过半数的股权，盛世泰富已经享有了受让股权代表的公司利益，只是其尚未获得登记而已。至于盛世泰富是否实际控制了五岳公司，并不影响盛世泰富所能获得的受让股权所代表的收益。况且，盛世泰富在北京仲裁委员会（2015）京仲案字第 1391 号案的庭审笔录中，已经确认其实际经营管理五岳公司。因此，李涛是盛世泰富的控股股东，而盛世泰富又是受让五岳公司超半数股权的股东，由此可以认定李涛、盛世泰富和五岳公司之间存在利益关联，且李涛对五岳公司的经营情况、财产状况和负债情况应该是清楚的，这是李涛和五岳公司之间恶意串通的利益基础。

第四，从合同的约定内容看，《质押合同》关于合同独立性条款的约定明显不符合常理。该合同第九条约定，本合同的效力独立于盛世泰富和李涛签订的《借款合同》，即便《借款合同》无效，本合同仍独立有效，在盛世泰富对李涛所负之给付义务的范围内，五岳公司仍以标的股权为质押，保证李涛的优先受偿权。从法律上看，主合同无效，从合同亦无效，且主债务人和担保人通常属于利益共同体，担保人不顾主合同的情况，无限放大自身的担保责任，显然违背常理。

第五，从合同的履行情况看，李涛和五岳公司之间借款关系的真实性难以认定。1. 关于借款金额方面，《借款合同》约定的拟借款金额是 8 亿元，但李涛主张最后实际只出借 24860.2 万元。对于实际借款金额远低于合同约定金额的原因，李涛未作出合理解释。从质押的深华新公司 3963 万股股票在不同时期的价值看，《借款合同》订立时股票价值 63764.67 万元，李涛在一审庭前会议提交答辩意见时的股票价值跌至 24372.45 万元。不难看出，李涛主张的拟借款金额和实际借款金额是为了与同期质押股票价值相对应的。2. 关于出借方式方面，李涛主张的实际借款情况与通常的交易惯例不符。《借款合同》约定的借款期限是两年，从 2015 年 6 月 1 日至 2017 年 5 月 31 日止，但从李涛提交的转款凭证看，所谓的 9 笔借款从 2015 年 6 月 30 日至 2016 年 8 月 17 日之间陆陆续续发生，甚至部分转款是在约定的借款期限开始 1 年后才发生。而且，李涛主张的 9 笔出借金额转款凭证摘要部分并未注明借款，而是只注明往来或业务往来，其金额也比较零散，这都与通常借款的交易模式不符。3. 关于资金来源方面，李涛主张的出借资金中，仅有 1000 万元是其本人支付，其他资金均由案外主体支付。李涛解释，案外主体都是与其关联的公司，是其资金渠道，但在没有任何书面合同，也没有约定利息的情况下，李涛仅通过口头指令就调动数亿元其他公司法人的资金，不仅不符合公司财务管理制度，也不符合情理。案外公司出具的代收代付的书面证明，由于李涛已经承认这些公司均与其存在关联，故在没有其他证据佐证的情况下，仅有书面证明，不足为信。4. 关于资金流向方面，李涛主张，盛世泰富的借款实际均为五岳公司所用。但从李涛提供的付款凭证看，有两笔转款共计 6507.2 万元，不仅未支付到盛世泰富的账户，之后也未转付至五岳公司的账户。此外，盛世泰富收到的资金总额和五岳公司收到的资金总额并不一致，且无论是盛世泰富还是五岳公司，至今未有向李涛偿还任何借款本息，李涛也未举证证明其曾向盛世泰富或五岳公司主张过权利，故李涛仅提供转款凭证不足以证明支付的款项属于借款。

综上五个方面的分析，本院确信李涛和五岳公司之间恶意串通的事实存在，并能排除其他合理怀疑。

——法信网。

406. 如何举证证明双方的签约行为对第三人构成恶意

关键词

恶意串通　第三人利益　间接证据　直接证据　自由心证

《中华人民共和国民法典》条文

第一百五十四条　行为人与相对人恶意串通，损害他人合法权益的民事法律行为无效。

最高人民法院裁判文书

日照国晖电子科技有限公司与山东国恒能源有限公司、山东日照高新技术开发区管理委员会招商合同纠纷案［最高人民法院（2011）民提字第45号民事判决书］

裁判要旨：实务中，认定合同"双方当事人恶意串通、损害第三人利益"通常要依据相关证据证明双方从事了"恶意串通行为"。本案虽没有证明双方串通的直接证据，但从双方签约时的交易背景、主观认识状态，特别是关键人员的任职履历、管理经历及其在签约中的作用，足以证明双方的签约行为对第三人构成了恶意，并损害了第三人的利益。

最高人民法院认为：本案再审争议的焦点问题是，开发区管委会与国晖公司于2006年4月30日签订的《补充协议》是否有效。开发区管委会与中恒公司签订的《招商、投资协议书》，约定了日照市高科技工业园区引进中恒公司"高性能锂离子电池及材料生产项目"的相关事宜，其内容系双方的真实意思表示，且不违反法律法规的禁止性规定，应为有效协议。其中，该协议所涉及的开发区管委会分二期提供294.89亩建设用地的约定内容，后经日照市国土资源局（高科技工业园办事处）批准，且经日照市东港区发展计划局登记备案，亦应为有效。

本案《招商、投资协议书》系由曾担任中恒公司法定代表人的梅在森出面联系并签订。该协议签订后，双方依约履行相关义务，梅在森等代表中恒公司联系日照市国泰燃料有限公司、北京华本投资有限公司、山东力恒能源有限公司作为投资方，三方共同出资2000万元，成立国恒公司。在开发区管委会协助下，国恒公司于2006年2月14日设立并取得企业法人营业执照。

梅在森担任国恒公司的董事，具体负责其项目建设事宜。国恒公司成立后，依《招商、投资协议书》约定，以项目公司的身份独立开展项目申请、建设等经营活动。开发区管委会依约对国恒公司的上述行为予以协助、配合，其对国恒公司之项目公司的地位予以认可。同年 2 月 17 日，国恒公司向东港区发展计划局提交了《山东国恒能源有限公司（一期工程）企业立项的申请》，其载明“建设用地 290 亩”。日照市高科园规划建设管理办公室、日照市国土资源局高科技工业园办事处在该申请上加盖了公章。同年 2 月 19 日，日照市东港区发展计划局向国恒公司核发《山东省建设项目登记备案证明》，注明“用地控制在 290 亩以内”。同年 2 月 24 日国恒公司支付第一笔土地出让金 526 万元。

上述事实表明，依照《招商、投资协议书》“一、招商、投资项目”中第 7 条关于“甲（开发区管委会）、乙（中恒公司）双方同意，待乙方在日照成立项目公司之后，知会甲方，乙方将本协议中的乙方权利及义务一并交由该公司承接”的约定，双方已经确认国恒公司依约承继了中恒公司在《招商、投资协议书》的权利、义务，国恒公司成为了《招商、投资协议书》中的一方当事人，开发区管委会应当明知国恒公司依约享有全部 290 亩建设用地的权利。

然而，开发区管委会于同年 4 月 30 日与国晖公司签订了《补充协议》，仍依据《招商、投资协议书》“一、招商、投资项目”中第 7 条规定，将原中恒公司在《招商、投资协议书》中的权利及义务及 290 亩建设用地中的 92.79 亩提供给国晖公司。中恒公司并非该《补充协议》的缔约方，且开发区管委会知道国恒公司已经承继了中恒公司在《招商、投资协议书》中的权利、义务，中恒公司已无权再处分该合同中的权利。因此，开发区管委会与国晖公司在《补充协议》中约定由国晖公司承继原中恒公司的合同权利、义务，其权利依据不足。开发区管委会应当知道《补充协议》的内容侵害了国恒公司依《招商、投资协议书》所享有的权益，未经国恒公司参与并同意，其与梅在森代表的国晖公司签订《补充协议》，在主观上具有明显的恶意，对国恒公司构成恶意交易。开发区管委会关于其在签订《补充协议》时“相信梅在森得到了国恒公司的授权，不存在恶意”的抗辩理由，不符合我国相关民事法律关于法人作为民事主体从事民事行为的基本要求及交易惯例，不予采纳。

关于国晖公司是否为善意交易方的问题。梅在森在国恒公司成立前后具体负责其设立及项目申报、建设等事宜，其于 2006 年 2 月 8 日、3 月 2 日所撰写的工作记录及其本人庭审时的陈述，均能证明国恒公司承继《招商、投资协议书》和对 290 亩建设用地进行项目开发、规划、建设的事实。同时，除梅在森本人陈述外，没有其他有效证据能够证明其在代表国晖公司与开发区管委会签订《补充协议》时征得了国恒公司的同意。综合本案中的相关事实，最高人民法院认为，梅在森利用其特殊的身份，筹划并设立国晖公司，其目的就是让国晖公司从国恒公司规划建设的290亩土地中获得92.79亩用地（即《招商、投资协议书》中约定的第二期用地，因周边市政道路拓宽而使实际用地面积略减），并作为另一个项目公司。因此，尽管代表国晖公司在《补充协议》上签字的是其法定代表人王海卫，但梅在森代表国晖公司从事协商、签约的行为，足以证明其代表了国晖公司的真实交易目的和动机，亦反映了国晖公司在其设立及其签订《补充协议》时的真实的主观状态，而国晖公司亦从未主张过梅在森对其实施了签约欺诈行为。因此，本案二审判决认定"国晖公司明知《补充协议》的内容损害国恒公司的合同利益"并无不当。国晖公司在签订《补充协议》时并不属于善意交易方。

——法信网。

附录：最高人民法院主流观点

关于恶意串通类案件如何举证证明的问题。审判实践中，受害人要以本条的规定主张无效，常常会在举证方面遇到困难。因为受害人不仅要证明当事人之间主观上具有损害自己利益的意图，而且要证明双方必须有相互串通的行为，这对原告举证来说非常不利。我们认为，这类案件主要还是应该通过当事人实施的行为本身来认定该行为是恶意串通所为，其判断标准就是社会一般观念。这就要求法官在论证其心证时，要在判决书中充分说明理由，公开其心证过程。法官应当充分发挥法庭在举证、质证、辩论方面的功能，要求受害人对此充分举证，充分论证此案为什么构成恶意串通，在此基础上，才能形成法官的自由心证。当然，除了恶意串通的合同文本以外，如果有双方之间相互沟通损害受害人利益的函件，那是证明力最强的直接证据。但这种证据往往不在受害人手里，所以受害人很难举出这方面的证据。

——最高人民法院民法典贯彻实施工作领导小组主编：《中华人民共和国民法典总则编理解与适用》，人民法院出版社2020年版，第776页。

407. 债务人与他人恶意串通签订损害债权人利益的合同，债权人可以行使撤销权，或请求确认合同无效

关键词

合同效力　恶意串通　撤销权

最高人民法院公报案例、最高人民法院裁判文书

嘉吉国际公司与福建金石制油有限公司等买卖合同纠纷案［最高人民法

院（2012）民四终字第1号民事判决书]

裁判摘要：在债务人的行为危害债权人行使债权的情况下，债权人保护债权的方法，一是根据《合同法》第七十四条第一款[①]的规定，行使债权人的撤销权，请求人民法院撤销债务人订立的相关合同；二是根据《合同法》第五十二条第（二）项[②]的规定，请求人民法院确认债务人签订的相关合同无效。

最高人民法院认为：本案源于债权人嘉吉公司认为债务人福建金石公司与关联企业田源公司、田源公司与汇丰源公司之间关于土地使用权以及地上建筑物、设备等资产的买卖合同因构成《合同法》第五十二条第（二）项“恶意串通，损害国家、集体或者第三人利益”的情形而应当被认定无效，并要求返还原物。一审判决认为，田源公司与福建金石公司是关联企业，田源公司对福建金石公司欠嘉吉公司的债务明知，双方约定的土地使用权、地上建筑物和设备转让价款明显偏低，且无充分证据证明田源公司已支付该对价，汇丰源公司与田源公司的关联关系可以证明他们之间达成《买卖合同》的目的就是为了转移田源公司从福建金石公司受让的资产，这些合同的履行导致福建金石公司实际上成为一个空壳公司，直接导致嘉吉公司的债权无法实现，因此，福建金石公司与田源公司之间转让资产的行为以及田源公司与汇丰源公司之间转让资产的行为均应认定为恶意串通、损害嘉吉公司利益的行为。一审判决据此认定福建金石公司与田源公司于2006年5月8日签订的《国有土地使用权及资产买卖合同》、田源公司与汇丰源公司于2008年2月21日签订的《买卖合同》无效；汇丰源公司因上述合同取得的国有土地使用权返还福建金石公司，田源公司因上述合同取得的房屋、设备返还福建金石公司。本案争议的焦点问题是：福建金石公司、田源公司、汇丰源公司相互之间订立的合同是否构成恶意串通、损害嘉吉公司利益的合同？本案所涉合同被认定无效后的法律后果如何？

（一）关于本案中福建金石公司、田源公司、汇丰源公司相互之间订立的合同是否构成恶意串通、损害嘉吉公司利益的合同。

首先，福建金石公司、田源公司在签订和履行《国有土地使用权及资产买卖合同》的过程中，其实际控制人之间系亲属关系，且王晓琪和柳锋分别作为福建金石公司与田源公司的法定代表人在《国有土地使用权及资产买卖合同》上签署，王晓琪和柳锋系夫妻关系，因此，可以认定福建金石公司与

① 对应《民法典》第五百三十八条、第五百三十九条。

② 对应《民法典》第一百五十四条。

田源公司在签署以及履行转让福建金石公司国有土地使用权、房屋、设备的合同过程中，田源公司对福建金石公司的状况是非常清楚的，对包括福建金石公司在内的金石集团因“红豆事件”被仲裁裁决确认对嘉吉公司形成 1337 万美元债务的事实是清楚的。

其次，《国有土地使用权及资产买卖合同》订立于 2006 年 5 月 8 日，其中约定田源公司购买福建金石公司资产的价款为 2569 万元，其中国有土地使用权作价 464 万元、房屋及设备作价 2105 万元。大连达信会计师事务所有限公司于 2006 年 5 月 5 日出具《资产评估报告书》，载明福建金石公司所提供的机器设备资产在评估基准日 2006 年 4 月 30 日的评估值为 1568.54 万元；漳州天正资产评估有限公司于 2006 年 11 月 20 日出具《评估报告书》，就福建金石公司委托对其拥有的国有土地使用权、厂房、办公楼等建筑物进行评估，认定截至评估基准日 2006 年 5 月 8 日委托资产估值为 10004607 元。大连达信会计师事务所有限公司出具的评估报告仅就机器设备进行了评估；漳州天正资产评估有限公司出具的评估报告时间晚于《国有土地使用权及资产买卖合同》签订的时间。显然，福建金石公司与田源公司签订《国有土地使用权及资产买卖合同》时并未根据会计师事务所的评估报告作价，因此，福建金石公司、中纺福建公司关于《国有土地使用权及资产买卖合同》是根据两家会计师事务所的评估报告作价的上诉理由，不能成立。一审法院根据福建金石公司一审过程中出具的 2006 年 5 月 31 日的资产负债表，以其中载明固定资产原价 44042705.75 元、扣除折旧后固定资产净值为 32354833.70 元，而《国有土地使用权及资产买卖合同》中对房屋及设备作价仅 2105 万元，认定《国有土地使用权及资产买卖合同》中约定的田源公司购买福建金石公司资产的价格为不合理低价是正确的。在受让人田源公司明知债务人福建金石公司欠债权人嘉吉公司巨额债务的情况下，其以不合理低价购买福建金石公司的主要资产，足以证明田源公司与福建金石公司在签订《国有土地使用权及资产买卖合同》时具有主观恶意，属恶意串通，该合同的履行足以损害债权人嘉吉公司的利益。

第三，《国有土地使用权及资产买卖合同》签订后，田源公司虽然于 2006 年 6 月 15 日通过中国农业银行漳州支行向福建金石公司在同一银行的账户转账 2500 万元，该转账并未注明款项用途，且福建金石公司于当日将 2500 万元分两笔汇入其关联企业大连金石制油有限公司账户，又根据福建金石公司和田源公司当年的财务报表，并未体现该笔 2500 万元的入账或支出，而是体现出田源公司尚欠福建金石公司“其他应付款”121224155.87 元。一审法院据此认定田源公司并未根据《国有土地使用权及资产买卖合同》向福建金石公司实际支付价款是合理的。上诉人福建金石公司、中纺福建公司关于已实际支付合同价款的上诉理由，没有事实依据，不能成立。

第四，从公司注册登记资料看，汇丰源公司成立时股东构成似与福建金石公司无关，但在汇丰源公司股权变化的过程中，可以看出，汇丰源公司在与田源公司签订《买卖合同》时对田源公司转让的资产来源以及福建金石公司对嘉吉公司的债务是明知的。《买卖合同》约定的价款为2669万元，与田源公司从福建金石公司购入该资产的价格相差不大。汇丰源公司除已向田源公司支付569万元外，其余款项未付。一审法院据此认定汇丰源公司与田源公司签订《买卖合同》时恶意串通并足以损害债权人嘉吉公司的利益，并无不当。汇丰源公司是否实际开展经营活动，以及高文天、张洪毅的证人证言，对一审法院作出上述合理结论并无实质影响。因此，上诉人福建金石公司、中纺福建公司、汇丰源公司关于一审法院对汇丰源公司状况描述错误、汇丰源公司与田源公司之间不构成恶意串通的上诉理由，不能成立，本院不予支持。

综上，福建金石公司与田源公司于2006年5月8日签订的《国有土地使用权及资产买卖合同》、田源公司与汇丰源公司于2008年2月21日签订的《买卖合同》属于恶意串通、损害嘉吉公司利益的合同。根据《合同法》第五十二条第（二）项的规定，均应当认定无效。一审判决对此认定正确，上诉人福建金石公司、中纺福建公司、汇丰源公司关于其不存在恶意串通的情形、也没有因此损害嘉吉公司利益的上诉理由，不能成立，本院不予支持。

——《最高人民法院公报》2014年第3期。

408. 恶意串通逃债的行为无效

关键词

合同效力　恶意串通　财产返还

《中华人民共和国民法典》条文

第一百五十四条　行为人与相对人恶意串通，损害他人合法权益的民事法律行为无效。

第五百零八条　本编对合同的效力没有规定的，适用本法第一编第六章的有关规定。

最高人民法院指导性案例

瑞士嘉吉国际公司诉福建金石制油有限公司等确认合同无效纠纷案［最高人民法院指导性案例33号］

裁判要点：1. 债务人将主要财产以明显不合理低价转让给其关联公司，关联公司在明知债务人欠债的情况下，未实际支付对价的，可以认定债务人与其关联公司恶意串通、损害债权人利益，与此相关的财产转让合同应当认定为无效。

2.《合同法》第五十九条规定适用于第三人为财产所有权人的情形，在债权人对债务人享有普通债权的情况下，应当根据《合同法》第五十八条的规定，判令因无效合同取得的财产返还给原财产所有人，而不能根据第五十九条规定直接判令债务人的关联公司因“恶意串通，损害第三人利益”的合同而取得的债务人的财产返还给债权人。

最高人民法院认为：因嘉吉公司注册登记地在瑞士，本案系涉外案件，各方当事人对适用中华人民共和国法律审理本案没有异议。本案源于债权人嘉吉公司认为债务人福建金石公司与关联企业田源公司、田源公司与汇丰源公司之间关于土地使用权以及地上建筑物、设备等资产的买卖合同，因属于《合同法》第五十二条第二项“恶意串通，损害国家、集体或者第三人利益”的情形而应当被认定无效，并要求返还原物。本案争议的焦点问题是：福建金石公司、田源公司（后更名为中纺福建公司）、汇丰源公司相互之间订立的合同是否构成恶意串通、损害嘉吉公司利益的合同？本案所涉合同被认定无效后的法律后果如何？

一、关于福建金石公司、田源公司、汇丰源公司相互之间订立的合同是否构成“恶意串通，损害第三人利益”的合同

首先，福建金石公司、田源公司在签订和履行《国有土地使用权及资产买卖合同》的过程中，其实际控制人之间系亲属关系，且柳锋、王晓琪夫妇分别作为两公司的法定代表人在合同上签署。因此，可以认定在签署以及履行转让福建金石公司国有土地使用权、房屋、设备的合同过程中，田源公司对福建金石公司的状况是非常清楚的，对包括福建金石公司在内的金石集团因“红豆事件”被仲裁裁决确认对嘉吉公司形成1337万美元债务的事实是清楚的。

其次，《国有土地使用权及资产买卖合同》订立于2006年5月8日，其中约定田源公司购买福建金石公司资产的价款为2569万元，国有土地使用权作价464万元、房屋及设备作价2105万元，并未根据相关会计师事务所的评估报告作价。一审法院根据福建金石公司2006年5月31日资产负债表，以其中载明固定资产原价44042705.75元、扣除折旧后固定资产净值为32354833.70元，而《国有土地使用权及资产买卖合同》中对房屋及设备作价仅2105万元，认定《国有土地使用权及资产买卖合同》中约定的购买福建

金石公司资产价格为不合理低价是正确的。在明知债务人福建金石公司欠债权人嘉吉公司巨额债务的情况下，田源公司以明显不合理低价购买福建金石公司的主要资产，足以证明其与福建金石公司在签订《国有土地使用权及资产买卖合同》时具有主观恶意，属恶意串通，且该合同的履行足以损害债权人嘉吉公司的利益。

第三，《国有土地使用权及资产买卖合同》签订后，田源公司虽然向福建金石公司在同一银行的账户转账 2500 万元，但该转账并未注明款项用途，且福建金石公司于当日将 2500 万元分两笔汇入其关联企业大连金石制油有限公司账户；又根据福建金石公司和田源公司当年的财务报表，并未体现该笔 2500 万元的入账或支出，而是体现出田源公司尚欠福建金石公司“其他应付款”121224155.87 元。一审法院据此认定田源公司并未根据《国有土地使用权及资产买卖合同》向福建金石公司实际支付价款是合理的。

第四，从公司注册登记资料看，汇丰源公司成立时股东构成似与福建金石公司无关，但在汇丰源公司股权变化的过程中可以看出，汇丰源公司在与田源公司签订《买卖合同》时对转让的资产来源以及福建金石公司对嘉吉公司的债务是明知的。《买卖合同》约定的价款为 2669 万元，与田源公司从福建金石公司购入该资产的约定价格相差不大。汇丰源公司除已向田源公司支付 569 万元外，其余款项未付。一审法院据此认定汇丰源公司与田源公司签订《买卖合同》时恶意串通并足以损害债权人嘉吉公司的利益，并无不当。

综上，福建金石公司与田源公司签订的《国有土地使用权及资产买卖合同》、田源公司与汇丰源公司签订的《买卖合同》，属于恶意串通、损害嘉吉公司利益的合同。根据《合同法》第五十二条第二项的规定，均应当认定无效。

二、关于本案所涉合同被认定无效后的法律后果

对于无效合同的处理，人民法院一般应当根据合同法第五十八条“合同无效或者被撤销后，因该合同取得的财产，应当予以返还；不能返还或者没有必要返还的，应当折价补偿。有过错的一方应当赔偿对方因此所受到的损失，双方都有过错的，应当各自承担相应的责任”的规定，判令取得财产的一方返还财产。本案涉及的两份合同均被认定无效，两份合同涉及的财产相同，其中国有土地使用权已经从福建金石公司经田源公司变更至汇丰源公司名下，在没有证据证明本案所涉房屋已经由田源公司过户至汇丰源公司名下、所涉设备已经由田源公司交付汇丰源公司的情况下，一审法院直接判令取得国有土地使用权的汇丰源公司、取得房屋和设备的田源公司分别就各自取得的财产返还给福建金石公司并无不妥。

《合同法》第五十九条规定：“当事人恶意串通，损害国家、集体或者第三人利益的，因此取得的财产收归国家所有或者返还集体、第三人。”该条规

定应当适用于能够确定第三人为财产所有权人的情况。本案中，嘉吉公司对福建金石公司享有普通债权，本案所涉财产系福建金石公司的财产，并非嘉吉公司的财产，因此只能判令将系争财产返还给福建金石公司，而不能直接判令返还给嘉吉公司。

——《最高人民法院关于发布第八批指导性案例的通知》（2014 年 12 月 18 日，法〔2014〕327 号）。

说明

本指导案例旨在明确债务人与其关联公司恶意串通逃债的，债权人可以请求法院确认债务人转让财产的合同无效；同时划分了合同无效后返还财产适用《合同法》第五十八条与第五十九条的界限。这不仅明确了“恶意串通”的具体认定标准，解决了合同无效后如何返还财产问题，而且有利于有效惩治违背诚信、恶意逃债行为，维护债权人合法权益和公平安全的市场经济秩序。

附录：最高人民法院主流观点

指导案例 33 号裁判要点确认：1. 债务人将主要财产以明显不合理低价转让给其关联公司，关联公司在明知债务人欠债的情况下，未实际支付对价的，可以认定债务人与其关联公司恶意串通，损害债权人利益，与此相关的财产转让合同应当认定为无效。2.《合同法》第五十九条规定适用于第三人为财产所有权人的情形，在债权人对债务人享有普通债权的情况下，应当根据《合同法》第五十八条的规定，判令因无效合同取得的财产返还给原财产所有人，而不能根据第五十九条规定直接判令债务人的关联公司将因“恶意串通，损害第三人利益”的合同而取得的债务人的财产返还给债权人。下面结合有关法律和司法解释规定，围绕裁判要点中有关问题予以论证和说明。

（一）如何认定恶意串通、损害他人利益的无效合同。无效合同是指当事人虽然取得合意，但是因为违反法律规定而自始不具有法律约束力的合同。我国《合同法》第五十二条规定：“有下列情形之一的，合同无效：（一）一方以欺诈、胁迫的手段订立合同，损害国家利益；（二）恶意串通，损害国家、集体或者第三人利益；（三）以合法形式掩盖非法目的；（四）损害社会公共利益；（五）违反法律、行政法规的强制性规定。”可见，当事人恶意串通损害他人利益的合同是无效合同的一种情形。所谓恶意串通，就是当事人为了谋取私利，相互勾结，采取不正当方式，共同实施损害他人的行为。当事人恶意串通订立损害国家、集体或者第三人利益的合同，违反了订立合同应当遵守法律、尊重公德、诚实信用的基本原则，内容严重违法，因而应当被确认为合同全部无效。

本案例源于债权人瑞士嘉吉国际公司（以下简称嘉吉公司）认为，债务人福建金石制油有限公司（以下简称福建金石公司）与关联公司中纺粮油（福建）有限公司（以下简称中纺福建公司，曾用名福建田源生物蛋白科技有限公司）、中纺福建公司与漳州开发区汇丰源贸易有限公司（以下简称汇丰源公司）之间，有关土地使用权以及地上建筑物、设备等资产的买卖合同因构成合同法第五十二条第（二）项“恶意串通，损害国家、集体或者第三人利益”的情形而应当被认定无效，并要求返还原物。下面，结合具体案情分析福建金石公司、中纺福建公司、汇丰源公司相互之间订立的合同是否构成“恶意串通损害第三人利益”的合同。

第一，债务人与其关联公司明知债务人欠他人债务。福建金石公司、中纺福建公司在签订和履行国有土地使用权及资产买卖合同的过程中，其实际控制人之间系亲属关系，且柳锋、王晓琪夫妇分别作为两公司的法定代表人在合同上签署。因此，可以认定在签署以及履行转让福建金石公司国有土地使用权、房屋、设备的合同过程中，中纺福建公司对福建金石公司的状况是非常清楚的，对包括福建金石公司在内的金石集团因“红豆事件”被仲裁裁决确认对嘉吉公司形成 1337 万美元债务的事实是清楚的。

第二，债务人以明显不合理低价转让财产。最高人民法院《关于适用合同法若干问题的解释（二）》[以下简称《合同法解释（二）》]第十九条第一款规定：“对于合同法第七十四条规定的‘明显不合理的低价’，人民法院应当以交易当地一般经营者的判断，并参考交易当时交易地的物价部门指导价或者市场交易价，结合其他相关因素综合考虑予以确认。”第二款规定：“转让价格达不到交易时交易地的指导价或者市场交易价 70% 的，一般可以视为明显不合理的低价；对转让价格高于当地指导价或者市场交易价 30% 的，一般可以视为明显不合理的高价。”《合同法解释（二）》规定转让价格达不到交易时交易地的指导价或者市场交易价 70% 的，“一般可以视为明显不合理的低价”，“一般”意味着排除特殊情形，如季节性产品和易腐烂变质的时令果蔬在临近换季或者保质期前回笼资金的甩卖；“可以”意味着应视具体情形而定，不作刚性约束；“视为”是立法和解释上使用的法律拟制用语，债务人、受让人可以提出相反事实和证据予以推翻。审判实务中，对以明显不合理的低价转让财产，原则上应当按照该司法解释第十九条规定的判断基准和基本方法综合进行分析，并予以个案确认。本案例中，国有土地使用权及资产买卖合同订立于 2006 年 5 月 8 日，其中约定中纺福建公司购买福建金石公司资产的价款为 2569 万元，国有土地使用权作价 464 万元、房屋及设备作价 2105 万元，并未根据相关会计师事务所的评估报告作价。一审法院根据福建金石公司 2006 年 5 月 31 日资产负债表，以其中载明固定资产原价 44042705.75 元、扣除折旧后固定资产净值为 32354833.70 元，而国有土地使用权及资产买卖合同中对房屋及设备作价仅2105万元，认定国有土地使用权及资产买卖合同中约定的购买福建金石公司资产价格为不合理低价是正确的。在明知债务人福建金石公司欠债权人嘉吉公司巨额债务的情况下，中纺福建公司以不合理低价购买福建金石公司的主要资产，足以证明其与福建金石公司在签订国有土地使用权及资产买卖合同时具有主观恶意，属恶意串通，该合同的履行足以损害债权人嘉吉公司的利益。

第三，关联公司未实际支付对价。签订国有土地使用权及资产买卖合同后，中纺福建公司虽然通过中国农业银行漳州支行向福建金石公司在同一银行的账户转账2500万元，但该转账并未注明款项用途，且福建金石公司于当日将2500万元分两笔汇入其关联企业大连金石制油有限公司账户，又根据福建金石公司和中纺福建公司当年的财务报表，并未体现该笔2500万元的入账或支出，而是体现出中纺福建公司尚欠福建金石公司"其他应付款"121224155.87元。一审法院据此认定中纺福建公司并未根据国有土地使用权及资产买卖合同向福建金石公司实际支付价款是合理的。

第四，关联公司明知转让的资产来源和债务人欠债情况。从公司注册登记资料看，汇丰源公司成立时股东构成似与福建金石公司无关，但在汇丰源公司股权变化的过程中可以看出，汇丰源公司在与中纺福建公司签订买卖合同时对转让的资产来源以及福建金石公司对嘉吉公司的债务是明知的。买卖合同约定的价款为2669万元，与中纺福建公司从福建金石公司购入该资产的约定价格相差不大。汇丰源公司除已向中纺福建公司支付569万元外，其余款项未付。一审法院据此认定汇丰源公司与中纺福建公司签订买卖合同时恶意串通并足以损害债权人嘉吉公司的利益，并无不当。

综上，通过综合分析，可以认定福建金石公司与中纺福建公司之间的国有土地使用权及资产买卖合同、中纺福建公司与汇丰源公司之间的买卖合同，属于恶意串通损害嘉吉公司利益的合同。根据《合同法》第五十二条第（二）项的规定，均应当认定为无效。

（二）关于合同被认定无效后的法律后果合同无效，意味着合同自始没有法律约束力，应将合同的财产后果恢复到合同订立以前的状态。对于无效合同的处理，人民法院应当首先根据《合同法》第五十八条的规定，合同无效后，因该合同取得的财产，应当予以返还；不能返还或者没有必要返还的，应当折价补偿。有过错的一方应当赔偿对方因此所受到的损失，双方都有过错的，应当各自承担相应的责任，判令取得财产的一方返还财产。

本案例涉及的两份合同均被认定无效，两份合同涉及的财产相同，其中国有土地使用权已经从福建金石公司经中纺福建公司变更丰源公司名下，在没有证据证明本案所涉房屋已经由中纺福建公司过户至汇丰源公司名下、所涉设备已经由中纺福建公司交付汇丰源公司的情况下，一审法院直接判令取得国有土地使用权的汇丰源公司、取得房屋和设备的中纺福建公司分别就各自取得的财产返还给福建金石公司并无不妥。

《合同法》第五十九条规定："当事人恶意串通，损害国家、集体或者第三人利益的，因此取得的财产收归国家所有或者返还集体、第三人。"该条应当适用于能够确定第三人为财产所有权人的情况。本案例中，嘉吉公司对福建金石公司享有普通债权，案涉财产系福建金石公司的财产，并非嘉吉公司的财产，因此，应当判令将系争财产返还给福建金石公司，不能直接判令返还给嘉吉公司。

——最高人民法院案例指导工作办公室、民四庭：《指导案例 33 号〈瑞士嘉吉国际公司诉福建金石制油有限公司等确认合同无效纠纷案〉的理解与参照——恶意串通逃债的行为无效》。

409. 比特币"挖矿"行为违反公序良俗，合同无效

关键词

比特币"挖矿"　公序良俗　合同无效

最高人民法院公布的典型案例

上海某实业公司诉北京某计算科技公司委托合同纠纷案

裁判要旨：比特币"挖矿"行为电力能源消耗巨大，不利于高质量发展、节能减排和碳达峰碳中和目标实现，与《民法典》第九条"绿色原则"相悖，亦不符合产业结构调整相关政策法规和监管要求，违反公序良俗，案涉委托维护比特币"矿机"及"挖矿"的合同应属无效。双方当事人对合同无效均有过错，相关损失后果亦应由各自承担。

【基本案情】

2020 年 5 月，北京某计算科技公司与案外人上海某甲公司签订《服务器设备采购协议》约定，北京某计算科技公司购买上海某甲公司采购的型号为 M20S 的服务器（即比特币"挖矿机"），货款未付清之前，服务器仍然由上海某甲公司所有。双方协商将服务器托管在北京某计算科技公司运营的云计算中心。2020 年 6 月 1 日，上海某甲公司与上海某实业公司签订《项目合作合同》约定，由上海某实业公司代表上海某甲公司和第三方签署技术服务协议直接结算，支付电费、服务费并接收比特币。2020 年 6 月 5 日，上海某实

业公司与北京某计算科技公司签订《云计算机房专用运算设备服务协议》约定，上海某实业公司委托北京某计算科技公司对案涉服务器提供机房技术服务，北京某计算科技公司应保证供电并确保设备正常持续运营。因案涉服务期间机房多次断电，上海某实业公司以北京某计算科技公司违约为由，诉请人民法院判令北京某计算科技公司赔偿比特币收益损失 530 余万元。

【裁判结果】

北京市东城区人民法院一审认为，比特币“挖矿”行为本质上属于追求虚拟商品收益的风险投资活动。2021 年 9 月 3 日，国家发改委等部门发布《关于整治虚拟货币“挖矿”活动的通知》，将虚拟货币“挖矿”活动列为淘汰类产业，按照相关规定禁止投资。国务院《促进产业结构调整暂行规定》第十九条规定，对淘汰类项目禁止投资。比特币“挖矿”行为电力能源消耗巨大，不利于高质量发展、节能减排和碳达峰碳中和目标实现，与《中华人民共和国民法典》（以下简称民法典）第九条“绿色原则”相悖，亦不符合产业结构调整相关政策法规和监管要求，违反公序良俗，案涉委托维护比特币“矿机”及“挖矿”的合同应属无效。双方当事人对合同无效均有过错，相关损失后果亦应由各自承担。判决驳回上海某实业公司的诉讼请求。宣判后，各方均未上诉。

【典型意义】

比特币是一种通过特定计算机程序计算出来的虚拟电子货币。比特币“挖矿”系通过一定设备及行为获取虚拟商品比特币的相关投资活动。本案融合了“矿机”买卖、合作分成和托管服务等多重合同关系。民法典第九条规定：“民事主体从事民事活动，应当有利于节约资源、保护生态环境。”该条被称为民法典的“绿色原则”。民法典将环境资源保护上升至民法基本原则的地位，具有鲜明的时代特征。本案中，人民法院贯彻民法典第九条立法精神，结合国家产业政策规定，依法认定比特币“挖矿”行为资源消耗巨大，符合民法典第一百五十三条第二款关于违背公序良俗民事法律行为无效的规定，给予相关合同效力否定性评价，彰显了人民法院积极稳妥推动碳达峰碳中和的鲜明态度，对引导企业增强环保意识，走绿色低碳发展道路，具有较强的示范意义。

——《最高人民法院公布司法积极稳妥推进碳达峰碳中和典型案例》（2023 年 2 月 17 日）。

410. 非法获取公民个人信息的产品损害社会公共利益，分销该产品的合同无效

关键词

公民个人信息　公共利益　合同无效　买卖合同

最高人民法院公布的典型案例

成都九正科技实业有限公司与璧合科技股份有限公司、天津和合科技有限公司买卖合同纠纷案

【案情简介】

2017 年 12 月，天津和合科技有限公司（简称天津和合公司）与成都九正科技实业有限公司（简称成都九正公司）签订《招财宝产品分销协议》，约定天津和合公司授权成都九正公司在特定区域内销售招财宝产品。后成都九正公司又分别与天津和合公司及其母公司璧合科技股份有限公司（简称璧合公司）签订补充协议，约定若产品与国家法律法规冲突导致不能销售，成都九正公司可要求对方回购产品并退还保证金。2019 年，经央视“3·15”晚会报道涉案产品获取用户手机 MAC 地址后，成都九正公司以产品违法已停止销售为由，向天津市武清区人民法院提起诉讼，要求天津和合公司回购剩余产品并退还保证金。

【裁判结果】

武清区法院一审判决驳回成都九正公司的诉讼请求。成都九正公司上诉至天津市第一中级人民法院。天津一中院二审认为，涉案产品非法获取公民个人信息，为违法产品，双方签订的协议违反法律强制性规定且损害社会公共利益，为无效合同，遂判决维持一审关于驳回成都九正公司诉讼请求的判项，并加判对相关产品及违法所得予以收缴。

【典型意义】

案涉招财宝产品为央视“3·15”晚会曝光的“探针盒子”，该产品具有未经同意收集不特定人手机 MAC 地址的功能，与其他信息结合可以获取手机用户电话号码，经第三方平台匹配后可进行广告精准投放。因双方合同标的

“探针盒子”非法获取用户个人信息，违反了《网络安全法》的规定，法院依法认定双方签订的合同无效，并收缴了案涉产品及双方当事人的违法所得。该判决充分发挥了司法审判的引导示范作用，既否定了侵犯公民个人信息的行为，又明示了交易各方均不得从违法行为中获利，表明国家依法打击

非法搜集个人信息行为的鲜明态度，为大数据时代下作为新型人格权利益的个人信息保护作出了生动的诠释。

——《最高人民法院公布的2021年全国法院十大商事案例》（2022年1月29日）。

411. 如何识别强制性规定

关键词

效力性强制性规定　管理性强制性规定　合同无效

《中华人民共和国民法典》条文

第一百五十三条　违反法律、行政法规的强制性规定的民事法律行为无效。但是，该强制性规定不导致该民事法律行为无效的除外。

违背公序良俗的民事法律行为无效。

第五百零八条　本编对合同的效力没有规定的，适用本法第一编第六章的有关规定。

最高人民法院司法解释

第三条　人民法院在审理案件中，发现经外商投资企业审批机关批准的外商投资企业合同具有法律、行政法规规定的无效情形的，应当认定合同无效；该合同具有法律、行政法规规定的可撤销情形，当事人请求撤销的，人民法院应予支持。

——《最高人民法院关于审理外商投资企业纠纷案件若干问题的规（一）》（2020年12月29日修正）。

第一条　建设工程施工合同具有下列情形之一的，应当依据民法典第一百五十三条第一款的规定，认定无效：

（一）承包人未取得建筑业企业资质或者超越资质等级的；

（二）没有资质的实际施工人借用有资质的建筑施工企业名义的；

（三）建设工程必须进行招标而未招标或者中标无效的。

承包人因转包、违法分包建设工程与他人签订的建设工程施工合同，应当依据民法典第一百五十三条第一款及第七百九十一条第二款、第三款的规定，认定无效。

——《最高人民法院关于审理建设工程施工合同纠纷案件适用法律问题的解释（一）》（2020年12月29日修正）。

第九条　一方当事人故意制造涉外民事关系的连结点，规避中华人民共和国法律、行政法规的强制性规定的，人民法院应认定为不发生适用外国法律的效力。

——《最高人民法院关于适用〈中华人民共和国涉外民事关系法律适用法〉若干问题的解释（一）》（2020 年 12 月 29 日修正）。

最高人民法院司法政策精神

15. 正确理解、识别和适用《合同法》第 52 条第 5 项中的“违反法律、行政法规的强制性规定”，关系到民商事合同的效力维护以及市场交易的安全和稳定。人民法院应当注意根据《合同法解释（二）》第 14 条之规定，注意区分效力性强制规定和管理性强制规定。违反效力性强制规定的，人民法院应当认定合同无效；违反管理性强制规定的，人民法院应当根据具体情形认定其效力。

16. 人民法院应当综合法律法规的意旨，权衡相互冲突的权益，诸如权益的种类、交易安全以及其所规制的对象等，综合认定强制性规定的类型。如果强制性规范规制的是合同行为本身即只要该合同行为发生即绝对地损害国家利益或者社会公共利益的，人民法院应当认定合同无效。如果强制性规定规制的是当事人的“市场准入”资格而非某种类型的合同行为，或者规制的是某种合同的履行行为而非某类合同行为，人民法院对于此类合同效力的认定，应当慎重把握，必要时应当征求相关立法部门的意见或者请示上级人民法院。

——《最高人民法院印发〈关于当前形势下审理民商事合同纠纷案件若干问题的指导意见〉的通知》（2009 年 7 月 7 日，法发〔2009〕40 号）。

13. 城市房地产管理法第三十九条第一款第二项规定并非效力性强制性规定，当事人仅以转让国有土地使用权未达到该项规定条件为由，请求确认转让合同无效的，不予支持。

——《最高人民法院关于印发〈第八次全国法院民事商事审判工作会议（民事部分）纪要〉的通知》（2016 年 11 月 21 日，法〔2016〕399 号）。

30.【强制性规定的识别】合同法施行后，针对一些人民法院动辄以违反法律、行政法规的强制性规定为由认定合同无效，不当扩大无效合同范围的情形，合同法司法解释（二）第十四条将《合同法》第五十二条第五项规定的“强制性规定”明确限于“效力性强制性规定”。此后，《最高人民法院关于当前形势下审理民商事合同纠纷案件若干问题的指导意见》进一步提出了

"管理性强制性规定"的概念，指出违反管理性强制性规定的，人民法院应当根据具体情形认定合同效力。随着这一概念的提出，审判实践中又出现了另一种倾向，有的人民法院认为凡是行政管理性质的强制性规定都属于"管理性强制性规定"，不影响合同效力。这种望文生义的认定方法，应予纠正。

人民法院在审理合同纠纷案件时，要依据《民法总则》第一百五十三条第1款和合同法司法解释（二）第十四条的规定慎重判断"强制性规定"的性质，特别是要在考量强制性规定所保护的法益类型、违法行为的法律后果以及交易安全保护等因素的基础上认定其性质，并在裁判文书中充分说明理由。下列强制性规定，应当认定为"效力性强制性规定"：强制性规定涉及金融安全、市场秩序、国家宏观政策等公序良俗的；交易标的禁止买卖的，如禁止人体器官、毒品、枪支等买卖；违反特许经营规定的，如场外配资合同；交易方式严重违法的，如违反招投标等竞争性缔约方式订立的合同；交易场所违法的，如在批准的交易场所之外进行期货交易。关于经营范围、交易时间、交易数量等行政管理性质的强制性规定，一般应当认定为"管理性强制性规定"。

——《最高人民法院关于印发〈全国法院民商事审判工作会议纪要〉的通知》（2019年11月8日，法〔2019〕254号）。

附录：最高人民法院主流观点

《民法典》第一百五十三条规定的"强制性规定"，是相对于任意性规定而言的，是不允许人们依自己的意思加以变更或排除适用的规定。强制性规定要求当事人必须从事或者不从事某一种行为，属于行为规范的范畴，有别于纯粹约束法院的裁判规范。如《民法典》第四百九十八条有关"对格式条款的理解发生争议的，应当按照通常理解予以解释"的规定，其规范对象是法院而非当事人，属于纯粹的裁判规范，而非强制性规定。认定某一规定是否为强制性规定，可首先采取形式标准，看某一规范是否包含诸如"应当""必须""不得""禁止"等字样来认定其是否为强制性规定。具体来说：

1. 关于"应当"。带"应当"字样的规范通常为强制性规定，但例外情况下也包括裁判规范与倡导性规范，因此，不可简单根据形式标准来认定某一规定就是强制性规定。如《民法典》第四百九十八条的规定，尽管用了"应当"的表述，但其属于纯粹的裁判规范，而非强制性规定。再如，《民法典》第七百零七条规定："租赁期限六个月以上的，应当采用书面形式。当事人未采用书面形式，无法确定租赁期限的，视为不定期租赁。"该条的意思是6个月以上的长期租赁"最好"采取书面形式，如果没有采取书面形式，无法确定租赁期限的，将被视为不定期租赁，承租人的利益将不能像定期租赁那样得到保障。就此而言，该条性质上属于倡导性规范。

2. 是关于“必须”。“必须”作为强化版的“应当”，其表征的就是强制性规定。但有的法律条文中的“必须”并不具有表征规范性质的意义，如《民法典》第二百九十一条规定：“不动产权利人对相邻权利人因通行等必须利用其土地的，应当提供必要的便利。”这里的“必须”，是“不得不”的意思，不能作为认定规范形态的依据。

3. 关于“不得”。带有“不得”字样的规定通常是强制性规定，但也包括裁判规范与半强制性规定，因而不能简单地凭语义加以识别。如《合同法》第五十四条第三款规定：“当事人请求变更的，人民法院或者仲裁机构不得撤销。”该条就是纯粹的裁判规范。再如，《民法典》第五百四十六条第二款规定：“债权转让的通知不得撤销，但是经受让人同意的除外。”该条为债权人设定了不得撤销通知的强制性义务，但有例外情况，即受让人同意。可以看出，该规定性质上属于半强制性规定。可见，带“不得”字样的规范与违法无效规则还存在一定的区别。

4. 关于“禁止”。“禁止”在民商法中用得较少，意思是当事人“不得”为某一行为，是强化版的“不得”，表征的都是强制性规定。

总之，凡带有“必须”“禁止”这样的规范，均为强制性规定。带有“应当”“不得”字样的规范通常为强制性规定，但要排除属于裁判规范、倡导性规范或半强制规范的情形。没有形式标准可供识别的，再根据实质标准来判断。鉴于《民法典》合同编考察强制性规定的主要目的在于确定其是否影响合同效力，因此在难以确定某一规范是强制性规定还是任意性规范的情况下，不妨先将其纳入《民法典》第一百五十三条的考察范围，再根据相应的规则认定其是否为强制性规定，以及如果属于强制性规定的，是否属于效力性强制性规定，来具体认定合同效力。

——最高人民法院民法典贯彻实施工作领导小组主编：《中华人民共和国民法典总则编理解与适用》，人民法院出版社 2020 年版，第 771~773 页。

附录：最高人民法院法官著述

不违反法律、行政法规强制性规定以及不违背公序良俗，是合同有效的三项要件中非常重要的一项条件，民事法律行为虽然是彰显意思自治和保障权利实现的主要制度，但这种自由必须限定在不损害国家利益和社会公共利益的范围之内，民事主体的民事法律行为一旦超越法律和道德所容许的限度，则构成对国家利益和社会公共利益的侵害，其效力就必须被否定。“强制性规定”则体现的是法律对国家利益和社会公共利益的维护，是对私人意思自治领域施加的限制，当事人的意思自治必须限定在不损害国家利益和社会公共利益范围内，否则将会通过公权力对私权利的当然干预，强行认定合同无效。故违反了哪些规定将会被认定无效，直接反映的是国家公权力对当事人私权利的干预程度。这个干预程度，随着近几十年来我国的改革开放，相关法律制度也在不断调整变化中。民法通则第五十八条规定“违反法律的民事法律行为无效”，合同法第五十二条规定“违反法律、行政法规强制性规定的合同无效”，《最高人民法院关于适用〈中华人民共和国合同法〉若干问题的解释（一）》（以下简称《合同法解释一》）第四条规定“人民法院确认合同无效，应当以全国人大及其常委会制定的法律和国务院制定的行政法规为依据，不得以地方性法规、行政规章为依据”。《最高人民法院关于适用〈中华人民共和国合同法〉若干问题的解释（二）》（以下简称《合同法解释二》）第十四条，将合同法第五十二条的“强制性规定”限缩解释为“效力性强制性规定”，此次《民法典》第一百五十三条对此则规定为“违反法律、行政法规的强制性规定的民事法律行为无效。但是，该强制性规定不导致该民事法律行为无效的除外”。上述条文表述上的变化，反映出不同时期对于违反相关法律规定效力上的观点的变化，这种变化与我国市场经济不断深化过程中国家意志对私权利的干预程度有直接的关系，从总体趋势看是在向更多地尊重当事人意思自治，尽可能减少公权力对私权利的干预上变化，这种变化是符合经济社会发展的要求的。但是在具体适用过程中，还存在一些不当做法，对此，2019 年《全国法院民商事审判工作会议纪要》第三十条明确指出：合同法施行后，针对一些人民法院动辄以违反法律、行政法规的强制性规定为由认定合同无效，不当扩大无效合同范围的情形。《合同法解释二》第十四条将合同法第五十二条第五项规定的“强制性规定”明确限于“效力性强制性规定”。此后，《最高人民法院关于当前形势下审理民商事合同纠纷案件若干问题的指导意见》进一步提出了“管理性强制性规定”的概念，指出违反管理性强制性规定的，人民法院应当根据具体情形认定合同效力。随着这一概念的提出，审判实践中又出现了另一种倾向，有的人民法院认为凡是行政管理性质的强制性规定都属于“管理性强制性规定”，不影响合同效力。这种望文生义的认定方法，应予纠正。人民法院在审理合同纠纷案件时，要依据民法总则第一百五十三条第一款和《合同法解释二》第十四条的规定慎重判断“强制性规定”的性质，特别是要在考量强制性规定所保护的法益类型、违法行为的法律后果以及交易安全保护等因素的基础上认定其性质，并在裁判文书中充分说明理由。下列强制性规定，应当认定为“效力性强制性规定”：强制性规定涉及金融安全、市场秩序、国家宏观政策等公序良俗的；交易标的禁止买卖的，如禁止人体器官、毒品、枪支等买卖；违反特许经营规定的，如场外配资合同；交易方式严重违法的，如违反招投标等竞争性缔约方式订立的合同；交易场所违法的，如在批准的交易场所之外进行期货交易。关于经营范围、交易时间、交易数量等行政管理性质的强制性规定，一般应当认定为“管理性强制性规定”。这次民法典编纂中，之所以没有采纳《合同法解释二》中"效力性强制性规定"的提法，也是基于上述考虑，在"效力性强制性规定"和"管理性强制性规定"界限模糊的情况下，简单通过上述概念的认定来判断合同效力，不利于准确判断违反强制性规定是否损害国家利益和社会公共利益，是否违背公序良俗，故用"但是，该强制性规定不导致该民事法律行为无效的除外"这种模糊化的表述给司法实践留出了进一步探索的空间。这里还要特别强调，法律、行政法规的强制性规定和公序良俗背后所体现的都是对国家利益和社会公共利益的维护，都是公权力对私权利的干预，故在二者的适用时可以衔接起来适用，一般情况下在法律、行政法规作出强制性规定的情况下，可以通过"是否违反法律、行政法规的强制性规定"来判断合同是否无效；在法律、行政法规没有作出强制性规定的情况下，通过"是否违背公序良俗"来判断合同是否有效。但是，在法律、行政法规作出了强制性规定，但在"该强制性规定是否属于效力性强制性规定、是否应当无效""该强制性规定是否导致合同无效"等存在争议的情况下，很多场合是可以从违背公序良俗的角度得出合同无效的结论的，这种衔接，大家从《全国法院民商事审判工作会议纪要》中关于"强制性规定涉及金融安全、市场秩序、国家宏观政策等公序良俗的，应当认定为效力性强制性规定"等表述中可以看到。从国家治理的角度而言，因站在不同角度，对于强制性规定和公序良俗的理解也会产生不同的认识，再加上社会本身也在不断发展改革中，故这种争议应该说是长期的、动态的，但总的方向应该是可以把握的，需要实践的不断摸索、磨合、趋同。

——刘敏：《民法典总则编、合同编重点问题解读》，载最高人民法院民事审判第一庭编：《民事审判指导与参考》2021 年第 1 辑（总第 85 辑），人民法院出版社 2021 年版，第 65~68 页。

412. 转让部分国有资产致使国家对该企业不再具有控股地位的，应当报请本级人民政府批准，未经批准的，应当认定该合同未生效

关键词

转让部分国有资产　报请政府批准　合同未生效

最高人民法院裁判文书

海南东方风力发电有限公司与上海国信捷报实业有限公司、原审第三人海南东方风力发电厂确认合同无效纠纷案［最高人民法院（2020）最高法民申 555 号民事裁定书］

裁判要旨：《企业国有资产法》第五十三条规定，国有资产转让由履行出资人职责的机构决定。履行出资人职责的机构决定转让全部国有资产的，或者转让部分国有资产致使国家对该企业不再具有控股地位的，应当报请本级人民政府批准。《合同法》第四十四条[①]规定，依法成立的合同，自成立时生效。法律、行政法规规定应当办理批准、登记等手续生效的，依照其规定。由此可见，转让部分国有资产致使国家对该企业不再具有控股地位的，应当报请本级人民政府批准，未经批准的，应当认定该合同未生效。本案中，2014年12月25日，发电公司与捷报公司签订《合资协议》《增资扩股协议》，约定发电公司将其拥有的发电厂60%股权转让给捷报公司，发电公司与捷报公司对发电厂进行增资扩股。《合资协议》《增资扩股协议》内容涉及转让发电厂股权及国家对该企业控股地位的改变，应当经人民政府批准方能生效，未经批准应当认定未生效。

最高人民法院认为：《企业国有资产法》第五十三条规定，国有资产转让由履行出资人职责的机构决定。履行出资人职责的机构决定转让全部国有资产的，或者转让部分国有资产致使国家对该企业不再具有控股地位的，应当报请本级人民政府批准。《合同法》第四十四条规定，依法成立的合同，自成立时生效。法律、行政法规规定应当办理批准、登记等手续生效的，依照其规定。《最高人民法院关于适用〈中华人民共和国合同法〉若干问题的解释（一）》第九条第一款规定，依照合同法第四十四条第二款的规定，法律、行政法规规定合同应当办理批准手续，或者办理批准、登记等手续才生效，在一审法庭辩论终结前当事人仍未办理批准手续的，或者仍未办理批准、登记等手续的，人民法院应当认定该合同未生效。由此可见，转让部分国有资产致使国家对该企业不再具有控股地位的，应当报请本级人民政府批准，未经批准的，应当认定该合同未生效。本案中，2014年12月25日，发电公司与捷报公司签订《合资协议》《增资扩股协议》，约定发电公司将其拥有的发电厂60%股权转让给捷报公司，发电公司与捷报公司对发电厂进行增资扩股。《合资协议》《增资扩股协议》内容涉及转让发电厂股权及国家对该企业控股地位的改变，应当经人民政府批准方能生效，未经批准应当认定未生效。合同无效与合同未生效属于不同的法律概念，其法律后果和处理方式也不相同。无效合同从本质上来说是欠缺合同的有效要件，或者具有合同无效的法定事由，自始不发生法律效力。未生效合同已具备合同的有效要求，对双方具有一定约束力，任何一方不得擅自撤回、解除、变更。本案中，案涉合同未生

① 对应《民法典》第五百零二条。

效，并不等于案涉合同无效。发电公司主张案涉合同无效，或主张未生效合同按照无效合同处理，并以此为由要求恢复原状，均无事实和法律依据。

——中国裁判文书网。

413. 合同条款显失公平的认定标准

关键词

合同条款 显失公平 利益显著失衡 危困状态

《中华人民共和国民法典》条文

第一百五十一条 一方利用对方处于危困状态、缺乏判断能力等情形，致使民事法律行为成立时显失公平的，受损害方有权请求人民法院或者仲裁机构予以撤销。

最高人民法院裁判文书

青海昆玉实业投资集团有限公司与青海福果典当有限公司合同纠纷案
［最高人民法院（2016）最高法民终234号民事判决书］

裁判要旨：当事人不缺乏经验且不存在危难急迫的客观事实，所签订的合同不构成显失公平，不能请求撤销合同。此外，民间借款利率约定高于法定保护上限亦不构成显失公平，当事人不可请求撤销合同，但可请求法院对利息及违约金过高部分进行调整。

最高人民法院认为：根据查明的事实，本案《借款合同》于2014年11月27日到期，因昆玉公司不能如期归还福果公司借款本金及利息，为了能够延长借款期限，双方合议签订《玉石冲抵借款费用协议书》，约定将质押物1.43104亿元玉石，以总标价3%计4541695元冲抵昆玉公司所欠福果公司借款违约金、逾期滞纳金及其他费用。上述玉石折价约定与双方在2014年9月28日《玉石质押合同》中协商约定的玉石评估价值相同，没有超出昆玉公司的预期，应为双方当事人真实的意思表示。昆玉公司二审答辩称，该《玉石冲抵借款费用协议书》是在该公司危难急迫之际，福果公司利用其债权人的优势地位而形成的，冲抵协议对以上全部产品和原料仅冲抵了4541695元，该价格远低于产品的市场价值。对此主张，昆玉公司未能提交充分证据证明其存在“不得已而选择”的情况，亦未能证明福果公司存在欺诈、胁迫或者乘人之危的事实。本案双方当事人自行约定玉石价格，符合玉石交易的惯例。昆玉公司作为开采、加工、销售玉石的专业企业，未经评估机构评估，即对其所有的玉石进行折价，不属于缺乏经验的情形，亦不违反法律、行政法规的效力性规定。昆玉公司基于生产经营需要而进行借贷并展期，与紧急情况下的生活消费型借贷不同，不存在危难急迫的客观事实。综上，福果公司关于本案《玉石冲抵借款费用协议书》不存在乘人之危、违背昆玉公司真实意思表示以及玉石抵债价格不存在显失公平的上诉理由成立，本院予以支持。

本案《借款协议》中约定的利息为本金的月 3.5%，年化利率为 42%；约定的滞纳金为借款本金的日 1%，年化利率为 365%，同时还约定了本金部分 20% 的违约金。上述利息、逾期付款滞纳金及违约金的约定超过了《最高人民法院关于审理民间借贷案件适用法律若干问题的规定》中关于民间借贷利率上限的规定，超出部分，应认定无效，人民法院不予保护，其余部分，应认定有效，债务人昆玉公司应当依约履行还本付息的合同义务。因债权人福果公司在上述债务履行期限届满之后未受清偿，双方当事人又签订了《玉石冲抵借款费用协议书》，约定以案涉玉石折价冲抵《借款协议》约定的借款违约金、逾期滞纳金及其他费用。对于上述折价冲抵的债务范围及数额，昆玉公司可以行使抗辩权，请求人民法院对利息及违约金过高部分进行调整。法院依法作出调整后，按照《玉石冲抵借款费用协议书》约定的清偿顺序以及先息后本的基本原则，以玉石折价款 4541695 元冲抵《借款合同》项下的法定之债。因福果公司、昆玉公司在《玉石冲抵借款费用协议书》中约定的权利义务不存在其他显著不对等、不公平的情况，不存在显失公平的法定事由，故福果公司关于《玉石冲抵借款费用协议书》不应被撤销的上诉理由成立，本院予以支持。原审判决以本案《借款合同》约定的利率过高、抵债范围和数额不具合理的等价性和合法性为由，认定《玉石冲抵借款费用协议书》构成显失公平而予以撤销，属于适用法律有误，本院予以纠正。

——中国裁判文书网。

西藏中太恒源实业有限公司、拉萨市柳梧新区城市投资建设发展集团有限公司合同纠纷案［最高人民法院（2019）最高法民终 760 号民事判决书］

裁判要旨：合同撤销权中的显失公平是否成立应当从主、客观两方面的构成要件进行考察和认定：一是主观上，是否存在一方当事人利用了对方处于危困状态、缺乏判断能力等情形，使对方在违背真实意思的情况下订立合同；二是客观上，是否造成当事人之间在给付与对待给付之间严重失衡或利益严重不平衡。

最高人民法院认为：西藏中太公司主张《收购协议》的签订系乘人之危，且结果显失公平，要求撤销。故西藏中太公司的合同撤销权是否成立应当从主、客观两方面的构成要件进行考察和认定：一是主观上，是否存在一方当事人利用了对方处于危困状态、缺乏判断能力等情形，使对方在违背真实意思的情况下订立合同；二是客观上，是否造成当事人之间在给付与对待给付之间严重失衡或利益严重不平衡。就主观要件而言，首先，西藏中太公司由于自身资金链断裂，无力清偿高额债务，拖欠工程款和民工工资引发多次集体上访，影响社会稳定，危及债权人利益，是产生本案《收购协议》的直接原因。西藏中太公司称彼时资产雄厚，2015 年底通过政府借款已化解民工集访的问题，能够推动项目建设缺乏事实依据，且与《2016 年度财务尽职调查专项审计报告》和《收购意向书》中载明的情况相反，本院不予采信；其次，《2015 年度第八次党工委会议纪要》《拉萨市第九次信访专题会议纪要》表明，若西藏中太公司能自行解决债务危机则无须进行收购，当无法自行解决问题时才由柳梧城投公司进行收购。在此过程中并没有证据表明柳梧城投公司利用了所谓“优势地位”强行收购。且收购价格虽然定义于“成本价”，但其出发点仍然是“商讨”，表明西藏中太公司与柳梧城投公司签订《收购协议》是在平等协商的基础上进行；再次，《拉萨城市广场证件交接单》显示，西藏中太公司于 2015 年 12 月 30 日将相关证照交给了柳梧城投公司保管，交接单本身没有载明原因，不能证明柳梧城投公司收取西藏中太公司证照的行为是为了强行收购项目而故意为之。西藏中太公司虽然主张公章也同时被收缴，但没有提供充分的证据证明，且其并不否认股东会决议、董事会决议、《收购意向书》及《收购协议》上的公章系自行加盖，现已查明的事实无法得出柳梧城投公司存在为谋取不正当利益，乘人之危，使对方在违背真实意思的情况下订立合同的结论。就客观要件而言，当事人在交易中的利益失衡经常发生，而且此种失衡往往是当事人所应当承担的正常的交易风险。只有在利益失衡超出了社会公平观念所能容忍的界限和破坏了正常人所具有的道德标准时，法律才应当对其进行干预。合同撤销权中的显失公平，是指一方当事人不是出于自己的真实意愿签约，对方当事人因此获得不正当利益而导致的利益失衡，而不是仅指价格与价值之差。本案并不存在乘人之危，违背真实意思签订《收购协议》的情况，显失公平的前提条件不存在，前面已作认定，不再赘述。单从收购价格上看，双方在第三方评估鉴定结果的基础上，商定最终收购价符合双方合同约定，亦不违反公平合理原则。首先，《收购意向书》载明“收购前由甲方聘用专业机构进行审计、资产评估和造价鉴定，以报告结果为参考，双方商定收购价”。西藏中太公司与柳梧城投公司共同作为委托方，分别与河南金鼎工程咨询有限公司、成都惯城房地产评估有限公司签订了委托评估协议，即便如西藏中太公司所称评估机构由柳梧城投公司选取，无论是《收购意向书》中关于单方委托的约定、还是共同委托的事实行为，均表明西藏中太公司对评估机构的认可。现西藏中太公司又以评估报告系单方委托，未体现资产真实价值为由申请司法鉴定，本院不予准许。其次，成都惯城房地产评估有限公司出具的《房地产估价咨询报告》，虽然资产评估总价为6.08亿元，但也同时载明，中太·城市广场在建工程部分已设定抵押，欠大部分工程款，本次评估结果未考虑应付工程款和抵押对其价值的影响。而河南金鼎工程咨询有限公司出具的《拉萨中太城市广场工程中期结算审核报告》载明案涉项目工程款结算审核金额为4.65亿余元。双方在此基础之上，通过谈判协商，扣除西藏中太公司已将320套房屋售出收取的购房款8917万元以及应向320户购房人支付的逾期交房违约金348万元，最终确定收购价为4.725亿元。该收购价是双方基于当时项目的实际情况进行谈判协商的结果，不能得出收购价严重偏离市场价，造成双方利益严重失衡的结论。因《收购协议》不符合法律规定可予撤销的构成要件，西藏中太公司关于撤销《收购协议》的上诉请求本院不予支持；至于西藏中太公司相互返还财产的上诉请求，由于案涉《收购协议》没有被撤销，故不存在返还的前提，对于该上诉请求本院亦不予支持。

——法信网。

附录：最高人民法院主流观点

显失公平的构成要件如下：

（一）客观要件

双方当事人的利益显著失衡。在判断是否构成显著失衡时，应根据各种交易关系的具体情况加以认定，特别要通过考虑供求关系、价格的涨落等各种因素，判断利益的失衡是否达到“显著”的程度。如果没有到达“显著”失衡的程度，就不能运用显失公平规则而撤销该交易。这是因为，在市场经济条件下，要求交易绝对的公平是不可能的，有赔有赚很正常。因此，在判断交易是否“显著”失衡时，标准要严格，避免动辄以显失公平为由要求撤销合同。只有在双方利益“显著”失衡极不公平时，法律才有必要进行干预，否则会影响交易的正常秩序。显失公平制度并不是为了消除当事人应承担的商业风险，而是禁止或者限制一方当事人获得不符合交易规则而获取的“暴利”。判断是否构成显失公平，要注意交易规则。如从事期货交易时，只要参与交易者遵守交易规则，那么其获取再多的“暴利”，也是受法律保护的。参与者赔再多，哪怕是倾家荡产，法律也不支持其请求撤销交易。此外，评价是否构成显失公平时，要置身交易内，要把自己作为交易的双方考虑。也就是说，要以双方当事人的交易场景为标准，而不能以法官或者仲裁员自己想象的场景为标准。

必须是民事法律行为成立时显失公平。也就是说，必须以交易的时点为基准点，来判断双方的利益是否“显著”失衡，一方是否获得“暴利”，而不能“事后诸葛亮”，认为事后“暴利”，受损一方就可以请求撤销。事后的事情属于商业判断的问题，不在法律干预范围之内。

（二）主观要件

主观要件是指在订立合同时一方具有利用优势或利用对方轻率、无经验等而与对方订立显失公平合同的故意。此种主观状态已表明行为人背离了诚信原则的要求。在法律上之所以要求考虑主观要件，其目的在于保障交易的公平和秩序，维护商业道德。主观要件的几种典型情况如下：

利用对方处于危困状态。这种情形一般是指利用某人因陷入某种暂时性的急迫困境，从而急需金钱或有其他急需的状态。例如，某人家人突然患重病，急需筹集治疗费用，如果有人利用这种急需要求其以明显的低价出售房屋，则有可能构成显失公平。

利用对方缺乏判断能力。所谓缺乏判断能力，主要是指欠缺一般的生活经验或者交易经验，如金融机构的从业人员向城市里文化水平较低的老年人兜售风险较高的理财产品，由于缺乏判断能力，其购买风险较高理财产品的行为，就可能构成显失公平。通说认为，显失公平中的缺乏判断能力，主要是指欠缺一般的生活经验或者交易经验，而不包括欠缺特殊的判断能力。

——最高人民法院民法典贯彻实施工作领导小组主编：《中华人民共和国民法典总则编理解与适用》，人民法院出版社 2020 年版，第 746-747 页。

414. 债务免除是否成立及其法律效力的认定标准

关键词

债务免除　认定标准

最高人民法院审判业务意见（民事审判第一庭倾向性意见）

最高人民法院民一庭倾向性意见：债权人作出债务免除的意思表示应当明确。债权人在作出债务免除的意思表示后不得撤回，自身应受其约束。债务免除成立后，合同的权利义务部分或者全部终止，其无偿性不影响该法律效力。债权人在作出债务免除的意思表示时，应当预想到其法律后果，并谨慎作出。

附：案情简介

2011 年 4 月 1 日，王某与刘某某签订《协议书》，约定：因投资需要，此前刘某某向王某借款100万元，已还40万，尚有60万未还。鉴于双方长期合作关系和刘某某当前较为困难的经济状况，王某自愿减让5万元，刘某某应在5月30日前还清剩余55万元。若刘某某未按时如数支付，则自6月1日起按同期同类银行贷款利率四倍向王某支付利息。《协议书》签订后，刘某某于2011年4月30日向王某支付了30万元，此后未再付款。

2011年6月5日，王某向刘某某发《催告函》，主要内容：根据《协议书》，刘某某应支付款项共计95万元。截至2011年5月30日，刘某某已支付70万元，尚有余款25万元及利息至今未付。特此催告。

2011年8月1日，王某向一审法院起诉，请求刘某某偿还欠款30万元及相应的利息。刘某某辩称：依据双方《协议书》的约定，王某已自愿减让5万元，刘某某欠王某的款项应为25万元，而非30万元。

——最高人民法院民一庭：《如何认定债务免除是否成立及其法律效力》，载最高人民法院民事审判第一庭编：《民事审判指导与参考》2014年第3辑（总第59辑），人民法院出版社2014年版，第140~143页。

415. 成立未生效合同的效力

关键词

成立未生效合同　合同解除　附生效条件　附生效期限

《中华人民共和国民法典》条文

第一百五十八条　民事法律行为可以附条件，但是根据其性质不得附条件的除外。附生效条件的民事法律行为，自条件成就时生效。附解除条件的民事法律行为，自条件成就时失效。

最高人民法院裁判文书

中珠医疗控股股份有限公司与杭州忆上投资管理合伙企业（普通合伙）、杭州上枫投资合伙企业（普通合伙）、江上和原审第三人浙江康静医院有限公司、杭州爱德医院有限公司股权转让纠纷案［最高人民法院（2020）最高法民终137号民事判决书］

裁判要旨：已经成立但未生效的合同具有形式拘束力，受到双方合意的拘束，除当事人同意或有解除、撤销事由外，不允许任何一方随意解除或撤销，但当事人不得请求履行合同约定的义务。而成立生效后的合同产生效力则表现为当事人应当按照合同约定履行

义务，否则将承担债务不履行的法律责任。因此，从当事人解除合同的目的看，固然主要是为了通过解除成立且有效的合同，让自己不再需要履行合同义务，但由于合同成立未生效时也对当事人有形式上的拘束力，故也不排除当事人通过解除成立但未生效合同以摆脱合同形式拘束力的需要和可能。

最高人民法院认为：关于案涉《资产协议》的解除问题。虽然《资产协议》因生效条件未成就而处于成立未生效状态，但并不意味着绝对不能解除。事实上，已经成立的合同具有形式拘束力，受到双方合意的拘束，除当事人同意或有解除、撤销原因外，不允许任何一方随意解除或撤销，但当事人不得请求履行合同约定的义务。而成立后的合同产生效力则表现为当事人应当按照合同约定履行义务，否则将承担债务不履行的法律责任。因此，从当事人解除合同的目的看，固然主要是通过解除成立且有效的合同，让自己不再需要履行合同义务，但由于合同成立未生效时也对当事人有形式上的拘束力，故也不排除当事人通过解除成立但未生效合同以摆脱合同形式拘束力的需要和可能。对此，《最高人民法院关于审理矿业权纠纷案件适用法律若干问题的解释》第八条规定："矿业权转让合同依法成立后，转让人无正当理由拒不履行报批义务，受让人请求解除合同、返还已付转让款及利息，并由转让人承担违约责任的，人民法院应予支持。"《最高人民法院关于审理外商投资企业纠纷案件若干问题的规定（一）》第五条规定："外商投资企业股权转让合同成立后，转让方和外商投资企业不履行报批义务，经受让方催告后在合理的期限内仍未履行，受让方请求解除合同并由转让方返还其已支付的转让款、赔偿因未履行报批义务而造成的实际损失的，人民法院应予支持。"故成立尚未生效的合同，合同当事人有权请求解除合同。综上，对中珠医疗关于《资产协议》成立未生效，不属于可解除对象的上诉主张，不予支持。

——中国裁判文书网。

附录：最高人民法院法官著述

对于合同应当从动态发展的角度上理解，从当事人开始缔约之时起，双方之间就形成特定关系，需要遵守先合同义务，例如，安全保障义务、诚信缔约义务等；当事人订立合同后，成为合同当事人，即使合同未生效，相互之间仍然互有一定义务，例如，积极促成合同生效的义务，不得有意阻止合同生效条件成就的义务，以及积极办理审批手续的义务等；合同生效后，当事人应当依照合同约定和诚信原则履行义务，既包括合同约定的给付义务，也包括依据交易习惯和诚信原则而产生的附随义务；合同终止后，当事人还应当依据交易习惯和诚信原则履行后合同义务。因此，合同法上的义务，体现为合同订立、成立、生效、履行、终止不同阶段中的义务群。

当事人可以约定合同成立后不立即生效，需特定条件成就时才生效或者自特定期限届至时才生效。基于行政管理需要或者为保护公共利益、国家利益，法律会规定特定类型的合同必须经过审批才生效。无论是基于当事人约定还是法律规定，成立未生效的合同，原则上对当事人无约束力，当事人无须履行合同义务。因合同未生效，尚不能按当事人之意思产生法律后果，即不能按当事人意思产生合同权利和合同义务。但是，成立尚未生效的合同仍然受法律保护。《民法典》第四百六十五条第一款规定："依法成立的合同，受法律保护。"学理上认为，合同成立尚未生效的，对当事人仍具有一定拘束力，当事人有义务积极促成合同生效，而不能有意地促使合同无效。合同成立未生效的状态与合同未成立的状态不同。合同成立未生效的状态下，订约双方形成合同当事人关系。合同当事人对于合同之生效以及合同相对人的行为具有合理期待。双方当事人对于相对人的合理期待应予保护，积极促成合同生效，而非为合同生效设置障碍或者消极放任合同未生效的状态长期持续。

1. 附生效条件的合同

条件，是指使合同效力发生或消灭的特定事实，可分为生效条件和解除条件。《民法典》第一百五十八条规定："民事法律行为可以附条件，但是根据其性质不得附条件的除外。附生效条件的民事法律行为，自条件成就时生效。附解除条件的民事法律行为，自条件成就时失效。"生效条件可限制合同生效。附生效条件的合同，合同成立时不生效，只有当条件成就时，合同才发生效力。解除条件可终止合同效力。附解除条件的合同，成立时即发生效力，当解除条件成就时，合同不再有效。无论是生效条件还是解除条件，均须满足以下四项要求：第一，须是将来可能发生的事情；将来不可能发生的事实，不可作为条件。例如，甲乙双方约定，如果时光倒流甲就把财产赠与乙，而时光倒流不可能发生，不能作为条件。第二，条件须为将来可能发生也可能不发生的事实，如果是将来必然发生的事实，则为期限，不是条件。第三，条件须由当事人约定。第四，条件不得违反法律强制性规定和公序良俗。附生效条件的合同，成立后虽不生效，但对当事人产生拘束力。双方当事人都不应恶意阻止合同生效。《民法典》第一百五十九条规定："附条件的民事法律行为，当事人为自己的利益不正当地阻止条件成就的，视为条件已经成就；不正当地促成条件成就的，视为条件不成就。"该条规定包括不正当地促成合同生效和不正当地阻止合同生效两种情形。

2. 附生效期限的合同

《民法典》第一百六十条规定："民事法律行为可以附期限，但是根据其性质不得附期限的除外。附生效期限的民事法律行为，自期限届至时生效。附终止期限的民事法律行为，自期限届满时失效。"期限是使合同效力发生或效力存续终止的时间，可分为生效期限和终止期限。生效期限是指合同发生效力的时间，在期限未至之前，合同不产生效力。终止期限是指终止合同效力存续的时间，在期限未至之前，合同生效，在期限届至之后，合同不再有效。无论是生效期限还是终止期限都应当符合以下条件：一是期限不能是已经经过的时间；二是期限应当是必成事实的对应时间，如果用以确定期限之事实是将来可能发生的事实，则为条件。附生效期限的合同成立时不生效，待期限届至时生效。附终止期限的合同自成立时生效，待期限届至时失效。

3. 待批准的合同

法律、行政法规规定某类合同应当办理批准手续才生效，合同成立后批准前其效力处于何种状态，存在不同认识。第一种观点认为合同无效，因关于合同需要办理批准手续的规定属于法律的强制性规定，违反强制性规定的后果是合同无效。第二种观点认为合同有效。因行政审批本质上是行政管理行为，未经批准之合同只需承担行政管理上之不利后果，一般不导致合同无效。第三种观点认为合同未生效。因法律、行政法规规定批准才生效的情况下，批准是合同法定生效条件，合同已经成立但未经批准之前，合同既不是已经生效，也不应认定为无效，而是处于未生效的状态。对该问题，司法实践经历了一个认识不断深化的过程。《最高人民法院关于适用〈中华人民共和国合同法〉若干问题的解释（一）》（已失效）第九条首次确立了未生效合同的规则，规定依法应当办理批准手续的合同，当事人在一审法庭辩论终结前仍未办理批准手续的，人民法院应当认定该合同未生效。《最高人民法院关于适用〈中华人民共和国合同法〉若干问题的解释（二）》（已失效）第八条明确了违反报批义务的违约责任，规定经批准才能生效的合同，未办理批准手续属于合同法第四十二条第三项规定的“其他违背诚实信用原则的行为”，人民法院可以根据案件的具体情况和相对人的请求，判决相对人自行办理报批手续，由怠于履行报批义务的当事人承担相关费用及损失。2010年《最高人民法院关于审理外商投资企业纠纷案件若干问题的规定（一）》第一条第二款规定：“前款所述合同因未经批准而被认定未生效的，不影响合同中当事人履行报批义务条款及因该报批义务而设定的相关条款的效力。”（2020年该司法解释修正后该条未修改）报批义务条款自合同成立时生效的规则得以确立。这一规则在《最高人民法院关于审理矿业权纠纷案件适用法律若干问题的解释》《全国法院民商事审判工作会议纪要》等司法解释和司法政策中也得到体现。民法典吸收了这一司法实践经验，第五百零二条第二款规定：“依照法律、行政法规的规定，合同应当办理批准等手续的，依照其规定。未办理批准等手续影响合同生效的，不影响合同中履行报批等义务条款以及相关条款的效力。应当办理申请批准等手续的当事人未履行义务的，对方可以请求其承担违反该义务的责任。”因此，待批准的合同中关于报批等义务的条款不因未经批准而不发生效力。

——刘敏：《合同成立的认定及法律效力》，载最高人民法院民事审判第一庭编：《民事审判指导与参考》2022 年第 1 辑（总第 89 辑），人民法院出版社 2022 年版，第 112~115 页。

416. 应收账款出质后不得转让，但债权转让合同并不因此无效

关键词

应收账款　债权转让　合同效力

最高人民法院裁判文书

大唐热电厂与三丰锅炉厂等确认合同效力纠纷案［最高人民法院（2017）最高法民再 5 号民事判决书］

裁判要旨：《物权法》第二百二十八条第二款[①] 规定："应收账款出质后，不得转让，但经出质人与质权人协商同意的除外。出质人转让应收账款所得的价款，应当向质权人提前清偿或者提存。"该条规定并非效力性强制性规定，"不得"二字不是识别效力性强制性规定的标准，将其解释为转让设立质押的应收账款债权无效，亦不利于应收账款债权效益最大化的发挥。因此，上述规定不影响债权转让合同的效力。

最高人民法院认为：《物权法》第二百二十八条第二款规定，应收账款出质后，不得转让，但经出质人与质权人协商同意的除外。出质人转让应收账款所得的价款，应当向质权人提前清偿或者提存。上述规定不影响债权转让合同的效力。主要理由是：

第一，现行民法规范中的"不得"二字不是识别效力性强制性规定的标准，它有多种解释可能性，有的是指不发生物权变动的效果，有的是指转让合同、设立物权的合同不发生效力或者无效。例如，《城市房地产管理法》第三十八条规定的不得转让的房地产，目前的司法实践均认为，违反该条规定，转让合同并不无效，但是否发生物权变动或者受让人能否请求转让人继续履行，则需要根据该条规定的各项分别判断。

第二，将《物权法》第二百二十八条第二款解释为转让设立质押的应收

① 对应《民法典》第四百四十五条第二款。

账款债权无效，在强调债权的流通性及价值的背景下，不利于应收账款债权效益最大化的发挥。这是因为，应收账款债权设定质押与应收账款债权转让具有不同的功能和特征，前者旨在为主债权担保，质权是否行使，取决于债务人是否履行债务，具有不确定性。在质权成立至行使质权这一段期间内，被担保的主债务人与应收账款债权人均有期限利益，这种期限利益有时对当事人利益巨大，涉及市场波动、商业交易等各种因素。同时，根据应收账款债权实现可能性的不同，应收账款债权具有不同的价值，在应收账款受让人认可该价值的前提下，限制该债权转让，将阻碍应收账款债权人变现其债权并进而损害其利益。另外，在应收账款债权受让人认可该债权价值大于其上设定的质权所担保的主债权并愿意受让该债权的场合，限制该债权流通，就更不具有合理性。

第三，将已出质的应收账款债权转让合同认定为无效，有时并不利于质权人的利益。根据《物权法》第二百二十八条第二款的规定，出质人转让应收账款所得的价款，应当向质权人提前清偿或者提存。如果认定合同无效，则意味着质押人已经取得的转让价款的返还。对于质权人而言，已经实现的债权（转让价款）与尚未实现的债权（应收账款债权）相比，显然前者对于质权人更为有利。

第四，从登记制度上看，在登记生效主义的物权变动模式下，应当尽量贯彻登记的公信力，如此，不将应收账款债权转让合同归于无效，同时依照物权变动的规则确定质权的归属与效力，在逻辑上更加清晰。

综上，认定已出质的应收账款债权转让合同有效，并不会对质权人的利益造成不利影响，符合《物权法》第二百二十八条第二款的立法目的，原审判决认为该条规定并非效力性强制性规定，适用法律正确，应予维持。

——法信网。

417. 当事人构成刑事犯罪的，民事合同是否无效

关键词

合同无效　刑事犯罪　合同诈骗

《中华人民共和国民法典》条文

第一百五十三条　违反法律、行政法规的强制性规定的民事法律行为无效。但是，该强制性规定不导致该民事法律行为无效的除外。

违背公序良俗的民事法律行为无效。

最高人民法院公报案例、最高人民法院裁判文书

上海闽路润贸易有限公司与上海钢翼贸易有限公司买卖合同纠纷案［最高人民法院（2015）民申字第956号民事判决书］

裁判摘要：在判定合同的效力时，不能仅因合同当事人一方实施了涉嫌犯罪的行为，而当然认定合同无效。此时，仍应根据法律规定对合同的效力进行审查判断，以保护合同中无过错一方当事人的合法权益，维护交易安全和交易秩序。

最高人民法院认为：在判定合同的效力时，不能仅因合同当事人一方实施了涉嫌犯罪的行为，而当然认定合同无效。此时，仍应根据《合同法》等法律、行政法规的规定对合同的效力进行审查判断，以保护合同中无过错一方当事人的合法权益，维护交易安全和交易秩序。在合同约定本身不属于无效事由的情况下，合同中一方当事人实施的涉嫌犯罪的行为并不影响合同的有效性。

钢翼公司主张，李强利用兴盟公司委托闽路润公司向钢翼公司采购钢材，又通过钢翼公司再向其实际控制的铁申公司采购钢材，最终达到骗取货款的目的，闽路润公司与钢翼公司之间的《购销合同》是一种犯罪手段，并无真实的商业交易动机和目的，应认定无效。

根据上海市第二中级人民法院关于李强合同诈骗案的（2012）沪二中初字第120号刑事判决书，李强以兴盟公司的名义委托闽路润公司采购钢材，闽路润公司根据李强的指定向钢翼公司购买钢材，李强行贿钢翼公司业务经理，使得钢翼公司向其控制的铁申公司购货，并伪造闽路润公司公章签订担保合同，闽路润公司、钢翼公司均已支付相应货款，李强通过铁申公司收取钢翼公司支付的购货款后未交付货物。以上事实只是认定李强利用其控制的公司实施犯罪行为，但并没有证据表明闽路润公司明知或参与李强的犯罪行为。钢翼公司在一二审中曾主张，钢翼公司是根据闽路润公司的指定向铁申公司购货，但其所提交的关于闽路润公司指定铁申公司的《补充协议》上的闽路润公司的印文与闽路润公司的印章经鉴定并不一致。而据（2012）沪二中初字第120号刑事判决书认定的事实，钢翼公司之所以向李强控制的铁申公司购买钢材，是因李强贿赂了钢翼公司的工作人员。在没有证据证明闽路润公司明知或者参与李强实施的犯罪行为的情况下，闽路润公司与钢翼公司所订立的《购销合同》效力不受李强犯罪行为的影响。钢翼公司关于《购销合同》因李强构成犯罪而无效的主张缺乏法律依据，不予支持。

——《最高人民法院公报》2016年第1期。

附录：最高人民法院主流观点

民事合同构成刑事犯罪的，合同是否无效？对此，存在不同观点。一种观点认为，为保持法秩序的一致性，应当认定构成刑事犯罪的民事合同无效。另一种观点则认为，违法性程度考察仅是法益衡量的一个因素，但不是全部因素，在确定违法合同的效力时，还要兼顾考察交易安全保护、善意相对人保护等其他因素，如合同诈骗在《民法典》合同编中规定的效力是可撤销，为充分保护受害人的合法权益，应赋予受害人以撤销权，并由其决定合同是否无效。我们赞同后一观点。

——最高人民法院民法典贯彻实施工作领导小组主编：《中华人民共和国民法典总则编理解与适用》，人民法院出版社2020年版，第773页。

418.采矿权转让的《意向协议》不属于经地质矿产主管部门批准才生效的合同

关键词

意向合同　合同效力

最高人民法院裁判文书

内蒙古青阳矿业有限责任公司与突泉泰银矿业有限责任公司合同纠纷案

［最高人民法院（2016）民申第930号民事裁定书］

裁判要旨：意向合同对未来的采矿权转让作出事前安排，该约定并不属于必须经地质矿产主管部门批准才生效的内容，不违反法律、行政法规的强制性规定，合同合法有效。

最高人民法院认为：关于二审判决认定《收购意向书》《收购意向补充协议》合法有效是否有误的问题

1.关于转让标的及合同性质问题。根据双方签订的《收购意向书》和《收购意向补充协议》的约定内容，双方在合同中涉及了突泉泰银公司的物权、突泉泰银公司的股权及未来由沈阳泰银公司变更到突泉泰银公司名下的采矿权等多个标的，收购价为11180万元，双方的最终目的是青阳公司通过对突泉泰银公司的实物资产、全部股权及未来过户到突泉泰银公司名下采矿权的取得和控制，成为突泉泰银公司的唯一股东，独立经营突泉泰银公司。故二审判决认定案涉合同转让的标的涉及突泉泰银公司的多种财产权益，而不仅仅是股权或采矿权，合同为企业资产的整体转让合同，并无不当。

2. 关于合同效力问题。根据本案已查明的事实，邓忠利既是突泉泰银公司的股东、法定代表人，又是沈阳泰银公司的股东、法定代表人。对于本案中所涉转让采矿权、股权及物权，2013 年 12 月 10 日，沈阳泰银公司和突泉泰银公司均召开股东会议，全体股东一致同意案涉合同标的的对外转让。邓忠利作为突泉泰银公司和沈阳泰银公司的法定代表人、股东，在各股东形成股东会决议同意转让的情况下，其在《收购意向书》和《收购意向补充协议》上的签字行为可理解代表了突泉泰银公司和沈阳泰银公司全体股东的意志，且至本案诉讼，突泉泰银公司和沈阳泰银公司的股东均未对转让事宜提出异议。故二审判决认定案涉合同内容不违反法律、行政法规的强制性规定，应为有效，并无不当。

至于案涉合同中所涉采矿权转让的内容。按照合同约定，本案所涉采矿权转让是在青阳公司取得突泉泰银公司的物权、股权，支付第一笔 3000 万元，将被抵押的采矿权解除抵押后，采矿权人由沈阳泰银公司变更为突泉泰银公司，即在青阳公司实际成为突泉泰银公司的唯一股东，完全控制突泉泰银公司的情况下，沈阳泰银公司将其采矿权转让给突泉泰银公司，从而实现青阳公司合同目的。届时，就该采矿权的转让应系发生在沈阳泰银公司与突泉泰银公司之间，二者仍需签订相应的采矿权转让合同，并须经地质矿产主管部门依法批准生效。因此，《收购意向书》和《收购意向补充协议》只是对未来涉及的沈阳泰银公司与突泉泰银公司之间的采矿权转让作出事前安排或约定，该部分约定并不属于必须经地质矿产主管部门批准才生效的内容。二审判决认定该约定系双方真实意思表示，不违反法律、行政法规的强制性规定，合同一经成立，即对双方均有拘束力，并无不当。

——中国裁判文书网。

419. 国有资产挂牌转让前签署的《意向协议》是否有效

关键词

意向协议　国有资产　挂牌转让　合同效力

最高人民法院裁判文书

防城港务集团有限公司与广西秉泰投资有限公司再审案［最高人民法院（2021）最高法民申 89 号民事裁定书］

裁判要旨：当事人在国有股权转让之前，已经私下与意向方签

订《备忘录》和《意向协议》，没有通过产权交易机构对外披露产权转让信息，公开征集受让方，并在与意向方签订《备忘录》和《意向协议》后，按照双方协议约定启动评估、审批、进场挂牌公开交易等国有资产转让程序，实际上是以公开挂牌交易的形式掩盖了私下直接交易的目的，侵害了不特定主体同等条件下参与竞买的权利，损害了社会公共利益。因此，《意向协议》应属无效。

最高人民法院认为：本案系案外人执行异议之诉。本案需要审查的问题是防港集团对涉案 5000 万元款项是否享有足以排除强制执行的民事权益。

一、关于防港集团与秉泰公司签订的《备忘录》《意向协议》的效力问题

《企业国有资产法》第五十四条规定："国有资产转让应当遵循等价有偿和公开、公平、公正的原则。除按照国家规定可以直接协议转让的以外，国有资产转让应当在依法设立的产权交易场所公开进行。转让方应当如实披露有关信息，征集受让方；征集产生的受让方为两个以上的，转让应当采用公开竞价的交易方式。"本案中，防港集团在转让所持有的防港晶源 75.273% 股权之前，已经私下与秉泰公司签订《备忘录》和《意向协议》，没有通过产权交易机构对外披露产权转让信息，公开征集受让方，并在与秉泰公司签订《备忘录》和《意向协议》后，按照双方协议约定启动评估、审批、进场挂牌公开交易等国有资产转让程序，实际上是以公开挂牌交易的形式掩盖了私下直接交易的目的，侵害了不特定主体同等条件下参与竞买的权利，损害了社会公共利益。因此，防港集团与秉泰公司签订的《备忘录》《意向协议》符合《合同法》第五十二条第四项、第五项规定的情形，一、二审判决认定《备忘录》和《意向协议》无效，并无不当。

二、关于秉泰公司与各被执行人之间是否具有合法有效的债权债务关系的问题

本案中，秉泰公司与各被执行人均未提交秉泰公司与各被执行人之间存在合法有效的债权债务或者交易关系的证据。在无合法有效的债权债务或者交易关系的前提下，涉案 5000 万元由联壮公司等公司股东、员工通过多次转账方式转入秉泰公司账户（特别是在执行程序中，覃炳权以放弃柳江某腾房地产开发有限公司股权转让款 4000 万元，由广西金投物业服务有限公司直接转给秉泰公司），再由秉泰公司转入防港集团。二审法院根据上述事实，结合公安机关对覃炳权等人的《讯问笔录》认定秉泰公司与各被执行人之间不具有合法有效的债权债务关系，并无不当。公安机关对覃炳权等人的《讯问笔录》在二审中已经质证，覃炳权等人是否出庭接受质询不影响二审判决对事实的认定。

虽然在刑事上，覃炳权等涉嫌拒不执行判决、裁定罪未被起诉，但检察

机关不起诉的理由是“在未对查封财产进行价值核实、评估，也未实际执行的情况下，难以确定其实际价值，据此认定犯罪嫌疑人的行为达到‘致使判决、裁定无法执行’的‘情节严重’的后果，属证据不足。”并未否认覃炳权等有转移财产的行为。二审法院综合涉案5000万元流转发生在本案执行过程中、防港集团没收该款项缺乏合法依据以及秉泰公司与各被执行人之间不存在合法有效的债权债务关系等案件事实，认定涉案5000万元的资金流转应为转移财产、规避执行的行为，防港集团对涉案5000万元不享有足以排除强制执行的民事权益，并无不当。

——中国裁判文书网。

420. 主合同无效，不影响结算补充协议的效力；将合同主要义务约定为合同生效条件，视为未附条件

关键词

附条件合同　主合同　合同效力　补充协议　主要义务

最高人民法院裁判文书

中国长城资产管理股份有限公司江西省分公司、江西永生现代连锁宾馆有限责任公司借款合同纠纷案［最高人民法院（2021）最高法民申1090号民事裁定书］

裁判要旨：案涉《解除及支付协议》约定的主要内容为工程的结算金额、支付义务主体及支付时间及未按时支付的违约责任。双方签字盖章付款并不符合附生效条件合同所指生效条件为对将来发生或不发生某种事实的不确定性，而是双方当事人约定的权利义务内容。

最高人民法院认为：关于《解除及支付协议》《补充协议》《消防工程补充协议》是否有效。《合同法》第九十八条规定：“合同的权利义务终止，不影响合同中结算和清理条款的效力。”①合同的权利义务终止，合同中结算和清理条款并不随合同权利义务的终止而失效，这些条款在合同的权利义务终止后仍然有效。据此规定，本案中，《解除及支付协议》《补充协议》《消防工程补充协议》是双方对终止《建设工程施工合同（装饰装修）》协商一致后，就案

① 对应《民法典》第五百六十七条。

涉工程的工程款结算、停工损失及现场剩余材料、临时设施费的金额及支付达成的结算协议。《建设工程施工合同（装饰装修）》的效力不影响上述结算协议的效力。中润医疗公司、中润实业公司主张《建设工程施工合同（装饰装修）》无效，故《解除及支付协议》《补充协议》《消防工程补充协议》也应认定无效的理由不能成立，不予支持。

中润医疗公司、中润实业公司称，《解除及支付协议》第八条载明："本协议经双方签字盖章付款后生效"，表明该协议为附生效条件的协议，因中润医疗公司、中润实业公司并未实际付款，故该协议虽成立，但是未生效。对此本院认为，附条件合同中所附条件，是指合同的双方当事人在合同中约定某种事实状态，并以其将来发生或者不发生作为合同生效或者不生效的限制条件。案涉《解除及支付协议》约定的主要内容为工程的结算金额、支付义务主体及支付时间及未按时支付的违约责任。中润医疗公司、中润实业公司支付工程款为该协议履行的主要合同内容。协议第八条附则中约定的"本协议经双方签字盖章付款后生效"，申请人将协议的主要合同义务支付工程款理解为合同所附生效条件不符合双方当事人协议签订时的常理，否则双方当事人并无订立支付协议之必要。双方签字盖章付款并不符合附生效条件合同所指生效条件为对将来发生或不发生某种事实的不确定性，而是双方当事人约定的权利义务内容，故中润医疗公司、中润实业公司主张《解除及支付协议》应在中润医疗公司、中润实业公司实际付款后生效的申请理由不成立，不予支持。

——中国裁判文书网。

421. 合同未生效不等于合同无效，当事人不能主张未生效合同不能按照无效合同处理

关键词

合同未生效　合同无效　未生效合同　无效合同

最高人民法院裁判文书

海南东方风力发电有限公司与上海国信捷报实业有限公司、原审第三人海南东方风力发电厂确认合同无效纠纷案［最高人民法院（2020）最高法民申555号民事裁定书］

裁判要旨：合同无效与合同未生效属于不同的法律概念，其法律后果和处理方式也不相同。无效合同从本质上来说是欠缺合同的

有效要件，或者具有合同无效的法定事由，自始不发生法律效力。未生效合同已具备合同的有效要求，对双方具有一定约束力，任何一方不得擅自撤回、解除、变更。案涉合同未生效，并不等于案涉合同无效。当事人主张案涉合同无效，或主张未生效合同按照无效合同处理，并以此为由要求恢复原状，均无事实和法律依据。

最高人民法院认为：《企业国有资产法》第五十三条规定，国有资产转让由履行出资人职责的机构决定。履行出资人职责的机构决定转让全部国有资产的，或者转让部分国有资产致使国家对该企业不再具有控股地位的，应当报请本级人民政府批准。《合同法》第四十四条[①]规定，依法成立的合同，自成立时生效。法律、行政法规规定应当办理批准、登记等手续生效的，依照其规定。《最高人民法院关于适用〈中华人民共和国合同法〉若干问题的解释（一）》第九条第一款规定，依照合同法第四十四条第二款的规定，法律、行政法规规定合同应当办理批准手续，或者办理批准、登记等手续才生效，在一审法庭辩论终结前当事人仍未办理批准手续的，或者仍未办理批准、登记等手续的，人民法院应当认定该合同未生效。由此可见，转让部分国有资产致使国家对该企业不再具有控股地位的，应当报请本级人民政府批准，未经批准的，应当认定该合同未生效。本案中，2014 年 12 月 25 日，发电公司与捷报公司签订《合资协议》《增资扩股协议》，约定发电公司将其拥有的发电厂 60% 股权转让给捷报公司，发电公司与捷报公司对发电厂进行增资扩股。《合资协议》《增资扩股协议》内容涉及转让发电厂股权及国家对该企业控股地位的改变，应当经人民政府批准方能生效，未经批准应当认定未生效。合同无效与合同未生效属于不同的法律概念，其法律后果和处理方式也不相同。无效合同从本质上来说是欠缺合同的有效要件，或者具有合同无效的法定事由，自始不发生法律效力。未生效合同已具备合同的有效要求，对双方具有一定约束力，任何一方不得擅自撤回、解除、变更。本案中，案涉合同未生效，并不等于案涉合同无效。发电公司主张案涉合同无效，或主张未生效合同按照无效合同处理，并以此为由要求恢复原状，均无事实和法律依据。

——中国裁判文书网。

① 对应《民法典》第五百零二条。

422. 连环交易中约定后手的履行需在前手履行后进行，应认定为合同附条件还是附期限

关键词

连环交易　附条件　附期限　合同履行

最高人民法院裁判文书

先进油库公司与中石化公司、盈昌公司合同纠纷案［最高人民法院（2021）最高法民申5750号民事裁定书］

裁判要旨：如果连环交易中的某一合同约定，一方合同义务的履行须在其他连环交易主体的履行行为完成后进行，当对这一条款的理解存在分歧时，法律适用的一般原则是，应将该条款理解为关于履行期间的具体约定，而非关于履行条件的约定。但如果双方经过充分磋商明确约定将合同的履行以合同外其他连环交易主体向其履行的行为成就作为前置条件，且在合同中明确表述为条件，才宜将该条款理解为附条件条款。

最高人民法院认为：从原审已经查明的基本事实看，本案双方所签订的《燃料油采购合同》系有关各方就同一合同标的物进行连环购销的一环。通常而言，即使在连环购销的安排下，各个买卖合同仍不失其独立性和相对性，任何一个合同的当事人均应依约向其相对方履行合同义务，因未能完全履行合同义务亦应向其相对方承担相应违约责任。就同一标的物在不同民事主体之间所签订的连环交易，最终能否实现各个合同目的，取决于每一个交易主体的履行行为。如果连环交易中的某一合同约定，一方合同义务（包括支付价款在内）的履行须在其他连环交易主体的履行行为完成后进行，当对这一条款的理解存在分歧时，法律适用的一般原则是，应将该条款理解为关于履行期间的具体约定，而非关于履行条件的约定。因为在一般情况下，合同签订以后，合同一方期待合同对方在合理期间内向其履行是合同应有之义，而不会去考虑对方是否能够向自己履行还要取决于一定的前置条件是否成就。换言之，合同任何一方的履行，都不应该总是建立于一定条件是否成就的基础上，否则，连合同应当履行这样理所当然的事情，都将处于一种变动不居的状态，显然不符合社会生活常识。如果对这类条款作相反的理解和适用，将会诱使居于合同有利地位的一方怠于行使相关合同权利和怠于做好必要的

履行准备，势将在多个连环交易合同中产生大面积的违约，显然不符合合同严守的法律适用原则。对于该类条款所约定的履行期间的确定，应当考虑其他连环交易主体的合理的履行期间，如果其他连环交易主体在约定的或法定的履行期间内没有向本合同的义务人履行，经过一定合理宽限期后，合同权利人有权要求合同义务人向其履行。

但是，如果某一连环交易合同的双方当事人经过充分磋商，明确约定一方合同义务的履行以合同以外的其他连环交易主体向其履行的行为成就作为前置条件，在合同中采取了类似“只有在第三人向被告作出相应履行后，被告才向原告履行”表述的条款，那么应将此类合同条款理解为附条件条款。因为在这里，合同双方已经明白无误地表明了一方履行行为需待他人向其履行完毕作为前置条件的一致意思表示。该类条款不应再被理解为关于履行期间的条款。具体到本案，先进油库公司与中石化福建分公司以及第三人盈昌公司之间，存在就案涉3000吨重交通道路石油沥青的连环购销关系。该连环采购合同的签订，系在盈昌公司与先进油库公司之间已达成购销案涉合同标的物的基本意向前提下，因第三人盈昌公司自有资金不足，需由先进油库公司先行向案外人支付货款，先进油库公司出于保证货款安全的考量与中石化福建分公司而非盈昌公司签订案涉采购合同。判断先进油库公司与中石化福建分公司之间采购合同第九条第二款“乙方（中石化福建分公司）按照结算数量在收到最终用户货款和甲方（先进油库公司）开具的增值税发票后的2个工作日内支付全部货款”的约定，属于履行期间条款还是履行条件条款，需结合合同的签订目的和动机来分析和认定。就先进油库公司一方而言，其签订合同的动机和目的在于确保其已支付给他人的采购资金能安全回款；就中石化福建分公司而言，其已充分认识到先进油库公司的交易动机，为避免自己处于不利的合同地位而在合同中作出上述约定。有关合同签订的动机，除非在合同中有明确约定，否则不能视为合同内容，对合同当事人不产生约束力。因此，将该合同条款理解为关于货款支付条件的约定，更符合本案合同签订的实际背景。

至于该款约定是否存在不合理地加重出卖人的合同责任与交易风险，并将第三人的违约风险转嫁给出卖人，造成双方利益严重失衡的问题。不应仅从合同约定的内容来进行分析和判断，而应考察该合同约定的内容在合同双方磋商、订立以及履行过程中，是否存在一方利用优势地位或者合同对方的不利形势和地位，进而违背合同对方的真实意思，构成了合同权利的滥用。如果该有关付款条件的约定是基于合同各方对交易现状的客观认识，充分考虑到了各方的权利义务情况下所签，则难谓造成双方利益失衡，违背公平原则与诚实信用原则。考察中石化福建分公司通过分别与先进油库公司以及盈昌公司之间所签的购销合同，即使在合同正常履行的情况下，中石化福建分公司也仅获利 9 万元，即（4601 元 / 吨 −4571 元 / 吨）×3000 吨，如果因此由中石化福建分公司承担类似于对合同总价款保证责任的货款赔偿责任，显然并非中石化福建分公司的真实意思表示。与此相反，基于仅仅获利 9 万元的客观情形，中石化福建分公司与先进油库公司在合同中约定交付货款的前置要件，以保证合同双方权利与义务的均衡和对等，并未造成双方利益严重失衡。

原审判决依据该合同所约定的支付条件尚未成就的客观事实，判决驳回先进油库公司的诉讼请求并无不当。但中石化福建分公司在签订案涉采购合同后，应积极催促第三人盈昌公司向其支付货款。如果存在中石化福建分公司怠于行使其对第三人盈昌公司的合同权利，对先进油库公司造成损害的情形，先进油库公司可依法向人民法院请求以自己的名义代位行使中石化福建分公司对第三人盈昌公司的债权。

——中国裁判文书网。

423. 如何认定合同约定的股权补偿条件已经成就

关键词

股权补偿条件　条件成就

最高人民法院裁判文书

唐鸣镝与量子控股公司、量子信息公司其他合同纠纷案［最高人民法院（2021）最高法民申 2464 号民事裁定书］

裁判要旨：合同约定公司利润和市值两方面因素均满足合同约定的特定条件，相应股权补偿条件才得以成就。因当事人在签署合同时未针对可能发生停牌事宜约定具体计算方式或责任承担，除非当事人能够证明合同相对方为自己利益不正当地阻止合同条件成就，否则难以认定股权补偿条件已经成就。

最高人民法院认为：本案的争议焦点在于量子控股公司对唐鸣镝的股权补偿条件是否成就。关于唐鸣镝所主张的量子信息公司因其原法定代表人、董事长及实际控制人郑韶辉涉嫌犯罪而主动停牌导致市值指标无法计算问题，根据案涉《补充合同》可知，唐鸣镝获得股权补偿取决于合同约定的公司利润和市值符合合同约定的条件，只有公司利润和市值两方面因素均满足合同约定的特定条件，案涉股权补偿条件才得以成就。由于各方在签署协议时未针对可能发生的停牌事宜约定具体的计算方式或责任承担，除非申请人能够证明合同相对方为自己利益不正当地阻止合同条件成就，否则难以认定股权补偿条件已经成就。根据本案查明的相关事实，量子信息公司申请停牌前发生突发的微博事件，该微博事件本身不可控。鉴于该事件对股份转让价格造成较大影响，量子信息公司依据《全国中小企业股份转让系统业务规则（试行）》的有关规定申请停牌，规范合理、依法有据，不能体现量子控股公司或量子信息公司在郑韶辉的控制下为了规避案涉股权转让条件成就而恶意串通他人损害合同相对方之利益。唐鸣镝认购股份系其个人投资行为，该认购行为本身具有一定的商业风险，而作为投资者，其应当对投资失败有一定心理预期，不得仅凭非归因于己方之过错而要求投资补偿或者损失赔偿。因此，唐鸣镝主张一、二审判决背离合同目的、违背常理常情，本院不予支持。

关于唐鸣镝以量子信息公司在中小企业股权转让系统中的交易价值为标准而主张 2017 年 10 月 9 日至 2018 年 4 月 4 日停牌期间量子信息公司的市值为 0，本院认为，案涉《补充合同》当中明确约定市值的计算方式，也即 2017 年末甲方市值 =2017 年末甲方股本 ×（2017 年 12 月 31 日前 20 个交易日股票成交总金额 /2017 年 12 月 31 日前 20 个交易日股票成交总数量），而停牌使得 2017 年 12 月 31 日前 20 个交易日的股票成交总金额以及成交总数量并不存在，进而导致相关市值无法计算，无法计算并不能当然地推定为公司市值为 0。故而，对于唐鸣镝提出的停牌期间公司市值为 0 之主张，本院不予支持。

——中国裁判文书网。

424. 合同义务不能成为附条件合同中的条件

关键词

合同义务　附条件合同

最高人民法院裁判文书

乔连生与蚌埠日报社股权转让合同纠纷案［最高人民法院（2014）民申字第 175 号民事裁定书］

裁判要旨：附条件合同中的条件，与合同义务是不同的。条件的实质是当事人对民事法律行为所添加的限制，由于这个限制，使法律效果的发生、变更、消灭系于将来不确定的事实，法律行为经附条件后就处在一种不确定状态。合同义务是依法成立并生效的合

同的内容，合同义务确定且明确，当事人未全面、适当履行义务应承担违约责任。当事人依约履行合同义务的结果具有不确定性，不同于条件成就与否的不确定性，不应将合同义务认定为限制合同生效的条件。

最高人民法院认为：关于诉争股权转让合同的效力以及法律后果的认定问题。乔连生与蚌埠日报社虽未签订正式的股权转让合同，但从乔连生出具的承诺书、蚌埠日报社会议纪要的内容以及该社收取保证金的行为来看，双方当事人就转让兴文公司全部股权达成了合意，双方成立股权转让合同关系。双方约定按国有资产处置的相关规定进行股权转让，即由蚌埠日报社将兴文公司股权提交交易所进行挂牌交易，乔连生承诺按挂牌转让方式竞买。本案二审判决依据上述约定，认为双方当事人以将来客观上不确定事实的发生与否为条件控制合同效力发生，诉争股权转让合同为附生效条件的合同，因蚌埠日报社未将兴文公司股权提交交易所进行挂牌交易，所附条件未成就，且客观上无法成就，故诉争股权转让合同不生效。乔连生申请再审主张诉争股权转让合同为有效合同。

所谓附条件的合同，是指当事人在合同中特别约定一定的条件，以条件的是否成就来决定合同效力的发生或消灭的合同。条件应当是将来不确定发生的事实，条件必须合法且由当事人协议确定，并且不得与合同的主要内容相矛盾。条件的实质是当事人对民事法律行为所添加的限制，由于这个限制，使得法律效果的发生、变更、消灭系于将来不确定的事实，法律行为经附条件后就处在一种不确定状态。亦即，条件的本质特征在于成就与否的不确定性。据此，合同义务不能成为条件，理由在于：

首先，合同义务具有约束力，当事人应当按照约定履行其义务，而条件是否能够成就是不确定的，当事人不负有使条件成就的义务。其次，合同义务没有完成，当事人要承担违约责任，而条件没有成就，当事人不承担违约责任。再次，合同义务没有完成，原则上不能拟制其已经完成，而拟制成就是条件制度的重要内容。第四，依法成立的合同具有约束力和确定性，所谓附条件法律行为的不确定性是合同确定性的例外。如果将条件的范围扩大到合同义务，那么条件天然的不确定性将毁灭合同的确定性本身。第五，条件的作用是限制合同效力，如果合同义务可以作为条件，那么合同效力将完全取决于当事人的履行意愿。

本案中，"按国有资产处置的相关规定进行股权转让"这一约定，是双方当事人对股权转让方式作出的约定，该内容明确且确定。依据该约定，蚌埠日报社负有将兴文公司股权提交交易所进行挂牌交易的合同义务，乔连生参与竞买，至于挂牌交易后乔连生能否摘得股权，是合同履行的结果问题，合同履行结果的不确定不是条件的不确定，不应将上述约定视为限制合同生效的条件，诉争股权转让合同不构成附生效条件的合同。因双方当事人转让股权的意思表示真实，不违反法律、行政法规的强制性规定，且蚌埠日报社转让兴文公司股权经过了蚌埠市财政局批准，故诉争合同应为依法成立的有效合同，本案二审判决对合同效力定性不当。

——杜万华主编、最高人民法院民事审判第一庭编：《民事审判指导与参考》2015 年第 2 辑（总第 62 辑），人民法院出版社 2015 年版。

425. 当事人约定以债权受让人能否在期限内完成抵押权变更登记作为债权转让条件的，该约定是否属于附条件的民事法律行为

关键词

第三人撤销之诉　附条件行为　抵押权

最高人民法院裁判文书

华融公司与民生银行杭州分行、紫荆公司等第三人撤销之诉案［最高人民法院（2021）最高法民终 861 号民事判决书］

裁判要旨：民事法律行为所附条件，必须是将来不确定的事实，该不确定性应当客观存在，不以当事人的认识或者主观判断为认定依据；而且条件必须决定整个民事法律行为的效力，如果只是决定其他内容，则不属于附条件的民事法律行为。抵押权具有从属性，债权人转让主债权的，抵押权一般应一并转让，故抵押权是否变更登记并不构成债权转让行为所附之条件，主合同效力不受该约定的影响。

最高人民法院认为，关于《债权转让合同》的解除时间的问题。本案中，农行宜兴支行与紫荆公司、凌特公司于 2013 年 12 月签订《债权转让合同》，约定将农行宜兴支行对凌特公司的 7000 万元债权转让至紫荆公司，合同项下转让的债权自合同生效之时发生转移，且合同经各方签署后即发生法律效力。同时第四条约定："如果甲方（即农行宜兴支行）无法在二〇一三年十二月十五日前将资产抵押权转移至乙方（即紫荆公司）名下，本合同规定的债权和相关权利的转让即取消，债权和相关权利均回复至甲方所有，共管账户随即解除共管，其中的所有款项（含利息）归乙方所有并可自由处置。"华融公司主张，根据一审法院对该约定属于附解除条件之条款的认定，由于案涉资产

抵押权在2013年12月15日前未转移至紫荆公司名下，故案涉债权及相关权利转让已于2013年12月15日取消并回复至农行宜兴支行名下。本院认为，根据《民法总则》第一百五十八条[①]、《合同法》第四十五条的规定，所谓附条件的民事法律行为，是指当事人以未来客观上不确定发生的事实，作为民事法律行为效力的附款。民事法律行为所附条件，必须是将来不确定的事实，该不确定性应当客观存在，不以当事人的认识或者主观判断为认定依据；而且条件必须决定整个民事法律行为的效力，如果只是决定其他内容，则不属于附条件的民事法律行为。从案涉《债权转让合同》第四条的字面含义看，当事人意欲将拟转让债权所附抵押权能否在约定期限内办理变更登记至受让人名下作为转让债权的条件，如果该条件未成就，则取消债权转让，转让的债权仍回复至出让人。换言之，该约定将紫荆公司能否取得转让债权所附抵押权作为案涉债权转让是否解除的条件。《物权法》第一百九十二条[②]规定："抵押权不得与债权分离而单独转让或者作为其他债权的担保。债权转让的，担保该债权的抵押权一并转让，但法律另有规定或者当事人另有约定的除外。"据此，抵押权具有从属性，债权人转让主债权的，抵押权一般应一并转让，其目的在于保障受让人债权得以实现。本案中，在当事人并未就抵押权与债权一并转让作出其他约定的情况下，案涉抵押权应随主债权于《债权转让合同》生效之日起一并转让至受让人紫荆公司，上述法律效果并不因当事人的认识或者意志而处于不确定的状态，即便抵押权未变更登记至紫荆公司名下，亦不影响其成为案涉债权的实际抵押权人并行使抵押权。由于该从权利的转让与否不足以影响主债权转让行为的效力，故案涉抵押权是否变更登记至紫荆公司名下并不构成债权转让行为所附之条件，《债权转让合同》的效力不受该条约定的影响。结合案涉《债权转让合同》第三条第2项关于"在乙方存入共管账户7000万元之日起，甲方必须立即配合乙方、丙方将抵押的资产转移抵押登记至乙方名下"的内容，第四条实际约定的是农行宜兴支行协助办理变更抵押登记之义务的履行期限以及不能履行的后果。故一审法院认定案涉《债权转让合同》第四条属于附解除条件的条款，适用法律错误，应予纠正。

根据一审法院查明的事实，紫荆公司于2013年12月31日才将7000万元款项转入其名下的农行账户，双方于2014年4月4日签订的《〈债权转让合同〉解除协议》亦显示，双方于2014年1月还签订了《关于债权转让合同的补充协议》，对《债权转让合同》进行修改补充。据此可以认定，双方以实际行为对《债权转让合同》中约定的相关义务履行期限进行了变更，双

① 对应《民法典》第一百五十八条。

② 对应《民法典》第四百零七条。

方在2013年12月15日之后仍在积极履行合同，直至2014年4月4日签订《〈债权转让合同〉解除协议》一致明确，由于暂时无法对担保资产所涉及的土地等标的物进行抵押登记及出具《土地他项权证》，客观存在的问题无法解决，甲乙双方协商同意自本协议签订之日起解除原于2013年12月签订的《债权转让合同》。1800万元的部分权利义务双方均已履行完毕，因而不在本协议解除范围之内。因此，应认定农行宜兴支行与紫荆公司于2014年4月4日协商一致解除转让债权中5200万元的部分，故一审法院虽然关于《债权转让合同》第四条属于附解除条件条款的认定错误，但其关于5200万元债权转让解除时间为2014年4月4日的结论并无不当，本院予以维持。华融公司关于《债权转让合同》应自2013年12月15日予以解除的主张，本院不予支持。

426. 人章关系的效力认定

关键词

人章关系　公章　法定代表人　代理

《中华人民共和国民法典》条文

第一百六十八条　代理人不得以被代理人的名义与自己实施民事法律行为，但是被代理人同意或者追认的除外。

代理人不得以被代理人的名义与自己同时代理的其他人实施民事法律行为，但是被代理的双方同意或者追认的除外。

第一百七十条　执行法人或者非法人组织工作任务的人员，就其职权范围内的事项，以法人或者非法人组织的名义实施的民事法律行为，对法人或者非法人组织发生效力。

法人或者非法人组织对执行其工作任务的人员职权范围的限制，不得对抗善意相对人。

第一百七十一条　行为人没有代理权、超越代理权或者代理权终止后，仍然实施代理行为，未经被代理人追认的，对被代理人不发生效力。

相对人可以催告被代理人自收到通知之日起三十日内予以追认。被代理人未作表示的，视为拒绝追认。行为人实施的行为被追认前，善意相对人有撤销的权利。撤销应当以通知的方式作出。

行为人实施的行为未被追认的，善意相对人有权请求行为人履行债务或者就其受到的损害请求行为人赔偿。但是，赔偿的范围不得超过被代理人追认时相对人所能获得的利益。

相对人知道或者应当知道行为人无权代理的，相对人和行为人按照各自的过错承担责任。

第一百七十二条　行为人没有代理权、超越代理权或者代理权终止后，仍然实施代理行为，相对人有理由相信行为人有代理权的，代理行为有效。

第四百九十条　当事人采用合同书形式订立合同的，自当事人均签名、盖章或者按指印时合同成立。在签名、盖章或者按指印之前，当事人一方已经履行主要义务，对方接受时，该合同成立。

法律、行政法规规定或者当事人约定合同应当采用书面形式订立，当事人未采用书面形式但是一方已经履行主要义务，对方接受时，该合同成立。

第四百九十三条　当事人采用合同书形式订立合同的，最后签名、盖章或者按指印的地点为合同成立的地点，但是当事人另有约定的除外。

最高人民法院司法政策精神

41.【盖章行为的法律效力】司法实践中，有些公司有意刻制两套甚至多套公章，有的法定代表人或者代理人甚至私刻公章，订立合同时恶意加盖非备案的公章或者假公章，发生纠纷后法人以加盖的是假公章为由否定合同效力的情形并不鲜见。人民法院在审理案件时，应当主要审查签约人于盖章之时有无代表权或者代理权，从而根据代表或者代理的相关规则来确定合同的效力。

法定代表人或者其授权之人在合同上加盖法人公章的行为，表明其是以法人名义签订合同，除《公司法》第16条等法律对其职权有特别规定的情形外，应当由法人承担相应的法律后果。法人以法定代表人事后已无代表权、加盖的是假章、所盖之章与备案公章不一致等为由否定合同效力的，人民法院不予支持。

代理人以被代理人名义签订合同，要取得合法授权。代理人取得合法授权后，以被代理人名义签订的合同，应当由被代理人承担责任。被代理人以代理人事后已无代理权、加盖的是假章、所盖之章与备案公章不一致等为由否定合同效力的，人民法院不予支持。

——《最高人民法院关于印发〈全国法院民商事审判工作会议纪要〉的通知》(2019年11月8日，法〔2019〕254号)。

最高人民法院审判业务意见（第二巡回法庭法官会议纪要）

公司主要通过代表与代理两种方式对外从事交易活动，除法定代表人以外的任何人以公司名义对外从事的行为（包括冒充法定代表人名义对外进行的所谓代表行为）均属代理行为，要综合考虑行为人有无代理权或者在无权代理时相对人是否善意、有无过失等情形确定公司应否及如何承担责任。考察行为人有无代理权时要区别职务代理与委托代理进行具体判断，不可一概而论，但不论何种情形，都不会因为所盖公章的真实性而使无权代理转化为有权代理。当然，考察公章真实性并非全无意义，其是认定相对人是否善意的重要考量因素，但绝非全部因素。在认定相对人是否“有理由相信”行为人有无代理权时，还需要考察行为人的身份及职责、盖章场所、公章类型等因素。就此而言，“认章不认人”“认人不认章”等表述均不够全面准确，只有在特定语境下才有其合理性。

附：案情简介

A公司的法定代表人是甲，乙以甲的名义代表A公司与丙签订买卖合同，并加盖了A公司公章。后丙请求A公司履行付款义务，A公司抗辩其并非合同当事人，不应承担责任。问：A公司应否承担责任？

——《人章关系的类型化分析》（最高人民法院第二巡回法庭2021年第17次法官会议纪要），载贺小荣主编：《最高人民法院第二巡回法庭法官会议纪要（第三辑）》，人民法院出版社2022年版，第146页。

附录：最高人民法院主流观点

一、《民商审判会议纪要》关于人章关系的规定

《民商审判会议纪要》第四十一条规定：“司法实践中，有些公司有意刻制两套甚至多套公章，有的法定代表人或者代理人甚至私刻公章，订立合同时恶意加盖非备案的公章或者假公章，发生纠纷后法人以加盖的是假公章为由否定合同效力的情形并不鲜见。人民法院在审理案件时，应当主要审查签约人于盖章之时有无代表权或者代理权，从而根据代表或者代理的相关规则来确定合同的效力。法定代表人或者其授权之人在合同上加盖法人公章的行为，表明其是以法人名义签订合同，除《公司法》第十六条等法律对其职权有特别规定的情形外，应当由法人承担相应的法律后果。法人以法定代表人事后已无代表权、加盖的是假章、所盖之章与备案公章不一致等为由否定合同效力的，人民法院不予支持。代理人以被代理人名义签订合同，要取得合法授权。代理人取得合法授权后，以被代理人名义签订的合同，应当由被代理人承担责任。被代理人以代理人事后已无代理权、加盖的是假章、所盖之章与备案公章不一致等为由否定合同效力的，人民法院不予支持。”

上述规定着重解决“真人假章”问题，被坊间形象地概括为确立了“认人不认章”的规则。应当说，《民商审判会议纪要》针对实践中非常突出的“真人假章”问题，提出了“认人不认章”的裁判思路，回归了盖章问题的理论本源，对民商事审判具有重要意义。《民商审判会议纪要》的规定涵盖人章关系的主要类型，但并未涉及“假人真章”“有章无人”等情形，而且对公章

本身、对盖章过程的复杂性关注也不够。

二、盖章行为的本质

公司印章，包括公章以及各种专用章。财务专用章、合同专用章、发票专用章等各种专用章，只能用于特定用途，超出特定用途就很难代表公司的意志。鉴于本部分主要针对公司在缔约时的盖章行为，故所指的公司印章主要是指公章，当然也包括合同专用章等能够用以订立合同的各种专用章，但不包括财务专用章、发票专用章等不以缔约为目的的专用章。

自然人签订合同，除作为受托人签订合同外，本身既是行为人又是合同当事人。而公司作为组织体，需要通过特定自然人的行为才能实现其意志，从而出现行为人和合同当事人相分离的特点，导致需要考察行为人有无代表权或者代理权，以及在行为人越权代表或者无权代理时，还要考察相对人是否善意、有无过失等因素来确定公司应否以及承担何种责任。此处的“行为人”，主要是指在合同书上以法定代表人或者代理人身份签字的人；未在合同书上签字的人，是指盖章之人或者与相对人进行缔约磋商之人。至于其身份，既可能是公司的法定代表人，也可能是公司的代理人，甚至是没有任何授权的人。此外，行为人与相对人进行磋商后，通常还需要公司以盖章方式予以确认。可见，盖章行为以有代表权或者代理权的行为人签订的合同符合公司利益为前提，其性质与自然人在合同书上签字相同，即是公司表达意思或者说将其意思表示外化的主要方式。因此，公司在合同书上盖章会产生以下法律效果：一是公司作出要约或者承诺等意思表示的方式。《民法典》第四百九十条规定：“当事人采用合同书形式订立合同的，自当事人均签名、盖章或者按指印时合同成立。在签名、盖章或者按指印之前，当事人一方已经履行主要义务，对方接受时，该合同成立。法律、行政法规规定或者当事人约定合同应当采用书面形式订立，当事人未采用书面形式但是一方已经履行主要义务，对方接受时，该合同成立。”第四百九十三条规定：“当事人采用合同书形式订立合同的，最后签名、盖章或者按指印的地点为合同成立的地点，但是当事人另有约定的除外。”根据上述规定，公司以签章方式作出承诺之时视为合同订立之时，盖章的地点视为合同成立的地点。二是作为确定合同当事人的依据。加盖公章表明公司是合同当事人，而不是代表或代理公司订立合同的行为人是合同当事人。三是作为确定合同内容的依据。盖章行为同时还表明，公司对行为人经磋商确定的合同内容表示确认，进而作为自身享受权利承担义务的依据。

三、异常人章关系及其效力

正常情况下，行为人通过与相对人进行磋商，确定合同条款后，再由公司进行盖章确认，即公司通过盖章方式对行为人与相对人磋商后确定的合同条款予以确认。该交易流程包括以下几方面内容：一是先有合同条款再盖章确认；二是盖章确认的是有权代表或者有权代理的行为人签署的合同，即代表或代理行为与盖章行为具有一致性；三是公司加盖的是真章而非假章。相应地，异常人章关系包括五种情形。

（一）先盖章后签约

具体又包括两种情形：一是公司将加盖了公章的空白合同书交给行为人，由行为人与相对人通过磋商确定合同内容。此时，应当视行为人与公司之间是否存在代理权而确定法律后果：行为人有代理权的，视为公司给予了行为人概括授权，所签订的合同对公司生效；行为人无代理权的，则属于无权代理。在无权代理的情况下，考虑到此种情形实在有悖交易习惯，一般不宜认定相对人为善意无过失，即原则上不能适用表见代理规则。二是公司将加盖了公章的空白合同书直接交给相对人，由相对人确定合同内容。此时相对人既是合同当事人，又是公司的代理人，属于自己代理行为。依照《民法典》第一百六十八条有关“代理人不得以被代理人的名义与自己实施民事法律行为，但是被代理人同意或者追认的除外”之规定，该行为原则上无效，除非公司事后表示同意或者予以追认。

（二）“假人真章”

“假人真章”即章尽管是真的，但行为人却没有代表权或者代理权。有一种观点认为，只要章是真的，即便行为人没有代表权或者代理权，也应由公司承担合同责任。我们认为，即使章是真的，也不排除他人通过偷盗甚至抢夺等方式取得的可能，因而一概由公司承担合同责任，显然是将复杂问题简单化了，也对公司不公。况且，公司盖章确认的事实基础是行为人有代表权或者代理权，在行为人没有代表权或代理权的情况下，公司盖章确认就缺少事实基础，故不宜简单地以公章是真的为由就认定公司是合同当事人，进而判令其承担责任。“假人真章”在实践中主要包括以下情形：一是法定代表人的签字是他人假冒的，但发生纠纷时难以认定系由何人所假冒。在法定代表人主张被假冒签字的情况下，考虑到相对人有义务核实代表人或者代理人的身份，因而相对人要举证证明何时何地与何人进行缔约接触、何时签字盖章等事实；未能举证的，要承担相应的不利后果。二是他人以法定代表人名义代表公司缔约，纠纷发生时可以认定该他人系何人，即本案所涉情形。《公司法》第十三条规定：“公司法定代表人依照公司章程的规定，由董事长、执行董事或者经理担任，并依法登记。公司法定代表人变更，应当办理变更登记。”在法定代表人依法登记的情况下，相对人很容易核实缔约人是否为法定代表人。故他人以法定代表人名义代表公司缔约的行为并非代表行为，自然也谈不上越权代表的问题。但其确有代理权的，如公司的实际控制人以法定代表人的身份缔约，不妨碍构成有权代理；反之，构成无权代理。在无权代理的情况下，相对人明知缔约人并非法定代表人且未取得代理权就与其订立合同，往往表明其并非善意相对人，一般可以排除表见代理规则的适用。三是行为人没有代理权、超越代理权或者在代理权终止后仍以公司名义对外签订合同，此时应当根据《民法典》第一百七十一条、第一百七十二条有关无权代理、表见代理的规则来认定公司应否以及如何承担责任。

（三）“真人假章”

《民商审判会议纪要》第四十一条规定的即属此种情形，即尽管章是假的，但行为人却是有代表权或者代理权的，主要包括：一是法定代表人在合同书上签字；二是代理人以代理人身份签字；三是代理人尽管并未在合同书上签字，但能够证明其以代理人身份参与了缔约磋商。此时，行为人有代表权或代理权，且签订的合同也体现了公司的意思，公司本应通过盖章行为予以确认。但其为逃避未来可能面临的责任，故意加盖假章，自然不应让其得逞。故即便盖的是假章，也不影响公司承担责任。

（四）“有章无人”

此种情形指的是合同书上仅有盖章并无行为人的签字，且不能确定章系何人所盖，或者系与何人进行缔约接触。如果最终确定是假章，当然不能对公司发生效力。即便认定盖的是真章，因为不能确定行为人，自然也谈不上适用代表或者代理制度的问题，故应当认定合同不成立。

（五）“有人无章”

此种情形指的是合同书上固然有签字，但并未加盖公章。此时要综合考虑合同内容、行为人的身份及职权等因素，来确定行为人究竟是以个人名义签订合同，还是以法定代表人或代理人的身份签订合同，不能简单地以未加盖公章为由就认定属于个人行为。在确定是以法定代表人或代理人的身份签订合同后，再根据其有无代表权或代理权、是否超越代表权或者代理权以及相对人是否善意等因素确定公司应否承担责任。

四、代结语：盖章问题的裁判思路

综合前述分析，人民法院在处理涉及盖章问题的案件时，应当坚持以下裁判思路。

（一）人章关系的核心要看有无代表权或代理权

通过对异常人章关系的类型化分析可以发现，考察人章关系的核心在于确定行为人有无代表权或代理权：只要行为人有代表权或者代理权，即便未加盖公章甚至加盖的是假章，都要对公司发生效力；反之，行为人没有代表权或者代理权，也不会因为加盖了公章就使越权代表或无权代理转化为有权代表或有权代理。

（二）要区别委托代理和职务代理

就代表权来说，鉴于相对人很容易核实行为人是否为法定代表人，因而认定其是否为有权代表行为相对比较简单，本部分对此不再详细展开，此处主要讨论如何判断是否构成无权代理问题，这就有必要区分委托代理和职务代理而进行具体判断。

1. 关于委托代理。委托代理，是指基于被代理人的委托授权而发生代理权的代理。委托代理中，代理权来自委托人的单方授权，授权的形式主要是授权委托书。授权委托书应当载明代理人的姓名或者名称、代理事项、代理权限和期间，并由作为被代理人的公司签章。授权委托书不同于委托合同。授权委托书是单方行为，一经颁发就产生授权的效力，无须征得被授权人的同意；而委托合同作为双方行为，只有在双方当事人意思表示一致后才能成立。通常情况下，委托人基于与受托人之间存在委托合同而向受托人颁发委托授权书。

2. 关于职务代理。职务代理，顾名思义，即根据其所担任的职务而产生的代理。职务代理确有不同于委托代理的某些特征，如职务代理的代理人是被代理人的工作人员，代理人与被代理人之间与其说是受民事法律关系的约束，不如说更多地受劳动法律关系或行政法律关系的约束，职务代理相对稳定，除非代理人职务变动，其代理权一般不能被剥夺等。但职务代理又具有委托代理的本质特点，即都是被代理人单方授权行为的结果，尽管其授权形式各有特点，代理人都只能在授权范围内以被代理人的名义对外进行民事活动等。因此，职务代理实质上是委托代理的特殊形式。

总之，在委托代理中，要着眼于客观事实来审查代理人有无代理权，不考虑相对人是否有合理信赖等因素。但在职务代理中，鉴于本身并未明示的授权，且职权范围又有一定程度的不确定性，在确定有无代理权时要充分考虑相对人是否有合理信赖的因素，这也是《民法典》第一百七十条第二款规定“法人或者非法人组织对执行其工作任务的人员职权范围的限制，不得对抗善意相对人”的原因。

（三）相对人负有核实行为人身份及权限的义务

相对人应当核实与其交易的对象究竟是自然人本人还是其所代表或代理的公司，也就是说，相对人有核实缔约当事人身份的义务。一旦认定缔约当事人是法定代表人或者代理人，还应当进一步核实其有无代表权或者代理权。具体来说：一是要核实行为人的身份，如核实行为人是否为委托代理人或者职务代理人。前者主要审查有无授权委托书，该项审查主要是形式审查；后者主要审查行为人是否为法人或者非法人组织的工作人员及是否享有法定职权，行为人的工作场所、工作时间乃至着装等可能给相对人行使职权外观的因素，也是需要考虑的因素。二是核实行为人的代理权限，确定是否为无权代理。在委托代理中，主要考察授权委托书载明的授权范围、授权时间；在职务代理中，需要考察工作人员的职权，重大交易还需要了解作为被代理人的公司章程、机构设置、合同审批流程等。

总之，相对人审核的对象既包括人，如核实行为人的身份以及是否具有代表或代理权限；也包括章，如所盖公章的类型及真伪；还包括二者人章的结合，如在什么地方以何种方式盖章；等等。就此而言，笼统地说“认人不认章”是有失偏颇的。

（四）盖章行为给人以行为人有代理权的外观

为保障交易便捷和交易安全，相对人审核行为人的身份及代理权限是有限度的，在相对人已尽合理审查义务但仍未核实行为人的身份及权限的情况下，此时公司的盖章行为往往给人以行为人有代理权的外观，使相对人成为“善意”相对人，很大程度上可能构成表见代理。当然，能否构成表见代理，还需要考察相对人是否无过失，篇幅所限，本部分对此不再展开。

——《人章关系的类型化分析》（最高人民法院第二巡回法庭2021年第17次法官会议纪要），载贺小荣主编：《最高人民法院第二巡回法庭法官会议纪要（第三辑）》，人民法院出版社2022年版，第148~155页。

427. 如何认定不同种类印章的法律效力

关键词

印章　表见代理　合同效力　意思表示

最高人民法院裁判文书

康在永、康在国与海博建设公司民间借贷纠纷案［最高人民法院（2020）最高法民申1735号民事裁定书］

裁判要旨：项目部公章的使用范围一般限于工程报告、计量、变更及决算资料方面，不包括对外借款用途。但从建筑行业现实情况来看，部分建设施工单位不规范，使用项目部公章确认原材料供货、工人劳动报酬数额等债权债务关系的情形也不鲜见，故对在借条上加盖项目部印章的行为，应结合出具人的职务及其日常管理行为、出借款项的流向等因素综合认定。

最高人民法院经审查认为，本案的争议焦点为：如何确定案涉借款的主体及具体数额。

项目部公章的使用范围一般限于工程报告、计量、变更及决算资料方面，不包括对外借款用途。但从建筑行业现实情况来看，部分建设施工单位不规范，使用项目部公章确认原材料供货、工人劳动报酬数额等债权债务关系的情形也不鲜见，故对在借条上加盖项目部印章的行为，应结合出具人的职务及其日常管理行为、出借款项的流向等因素综合认定。本案中，2014 年 7 月 28 日，海博建设公司《海博建司〔2014〕010 号文件》任命康在国为文帝西路项目部现场负责人；随后，海博建设公司同意文帝西路项目部启用“安徽海博建设工程有限公司文帝西路（汤王大道 – 希夷大道）道排工程项目部”印章，虽然海博建设公司与康在国签订《项目部印章使用合同》对项目部印章使用范围进行了专门的约定，但该约定对第三方不具有直接约束力。就康在国以海博建设公司名义向康在永借款，并在有关协议、欠条上加盖“安徽海博建设工程有限公司文帝西路（汤王大道 – 希夷大道）道排工程项目部”印章（事后补盖）的行为，对其中与工程建设相关的垫付款项 2937505 元部分，鉴于海博建设公司在未与康在国结算工程量就接管案涉工程，系上述垫资借款的受益人，原审判决判令海博建设公司承担相应的还款责任，符合本案实际情况。海博建设公司主张康在国、康在永系亲戚，并在本案中恶意串通损害其利益，但根据海博建设公司所举的现有证据，不足以认定其主张。

——中国裁判文书网。

附录：最高人民法院法官著述

现今“印章”泛指刻制了某人姓名或某机构名称以供反复使用的小块固体物，或者这种小块固体物被使用后留在纸张等载体上的痕迹。现实生活中，法人、其他组织的印章种类很多，有合同专用章、财务专用章、行政章及各部门的公章等。《合同法》虽然规定了当事人在合同书上签字或者盖章，但具体盖什么章并没有规定，事实上，每种印章的具体作用如何，及对合同成立与否、是否生效的影响也不相同，一般认为行政公章代表企业单位，使用范围最广、效力最高，在合同书上加盖行政公章合同成立。行政公章应是印文与其代表的法人或者其他组织名称相一致的公章，其作为法人或者其他组织的代表，当然代表法人或者其他组织的意思表示，如无特殊情况，当事人使用行政公章订立合同时，合同成立。合同专用章，顾名思义，是指专门在合同中使用的印章，在订立合同时加盖合同专用章，也应可以证明法人或其他组织同意签订合同，并认可合同条款。而在合同书上加盖其他专用章则不能当然视为法人或者其他组织同意订立合同及认可合同内容的意思表示，如财务专用章只能在特定的范围内代表法人或者其他组织的意思，如出具加盖财务专用章的收款收据，可以认为是法人或者其他组织的意思表示，但在供货合同上加盖财务专用章，则不能当然认定为法人或者其他组织的意思表示。部门公章则是法人或者其他组织内部职能部门印章，只能代表该职能部门的意思表示，不能代表法人或者其他组织的意志，且由于法人的职能部门一般情形下不能独立从事民事行为，如我国《担保法》第十条规定：“企业法人的分支机构、职能部门不得为保证人……”故仅加盖职能部门的公章不能直接确认该职能部门所在的法人或其他组织同意合同所设定的内容，或为合同的当事人。

综上，原则上，在订立合同时加盖行政公章、合同专用章可以证明该合同为法人或其他组织的真实意思表示，而加盖其他印章则不能证明该合同为法人或者其他组织的意志，但是，如果盖印的行为得到法人或者其他组织的授权，或者符合表见代理的规定，则合同仍然成立。并且，应当根据其盖印行为的具体情况，结合其他证据，对合同的效力、内容作出综合判决。

——江必新、何东宁：《最高人民法院指导性案例裁判规则理解与适用 · 合同卷2》，中国法制出版社2018年版，第92~93页。

428. 除非有特别规定，加盖印章通常不是公司文件生效的必要条件

关键词

签章　法定代表人　强制性规定　合同生效　职务行为

《中华人民共和国民法典》条文

第四百九十条　当事人采用合同书形式订立合同的，自当事人均签名、盖章或者按指印时合同成立。在签名、盖章或者按指印之前，当事人一方已经履行主要义务，对方接受时，该合同成立。

法律、行政法规规定或者当事人约定合同应当采用书面形式订立，当事人未采用书面形式但是一方已经履行主要义务，对方接受时，该合同成立。

第五百零四条　法人的法定代表人或者非法人组织的负责人超越权限订立的合同，除相对人知道或者应当知道其超越权限外，该代表行为有效，订立的合同对法人或者非法人组织发生效力。

最高人民法院司法解释

第二十二条　法人的法定代表人或者非法人组织的负责人以单位名义与出借人签订民间借贷合同，有证据证明所借款项系法定代表人或者负责人个人使用，出借人请求将法定代表人或者负责人列为共同被告或者第三人的，人民法院应予准许。

法人的法定代表人或者非法人组织的负责人以个人名义与出借人订立民间借贷合同，所借款项用于单位生产经营，出借人请求单位与个人共同承担责任的，人民法院应予支持。

——《最高人民法院关于审理民间借贷案件适用法律若干问题的规定》（2020年12月29日修正）。

最高人民法院裁判文书

松桃汉丰房地产开发有限责任公司与重庆市辰河建筑工程有限公司建设工程施工合同纠纷案［最高人民法院（2021）最高法民申2554号民事裁定书］

裁判要旨：关于案涉《补充合同》和《承诺书》的效力问题。《补充合同》虽然约定“双方签字盖章生效”，但未明确必须由公司加盖公章并经法定代表人签字后方可生效，故合同当事人盖章行为即可视为双方就合同内容达成合意。另外《承诺书》中写明“由承诺单位签字或者盖章后生效”，当事人作为承诺单位在《承诺书》上盖章后《承诺书》即已生效。

最高人民法院认为：关于案涉《补充合同》和《承诺书》的效力问题。一方面，《补充合同》和《承诺书》均加盖有汉丰公司印章。原审判决综合证据认定，汉丰公司在本案中提交的因案涉项目对外出具的收据及与案外人签订的合同均使用了编号相同的该枚印章，且汉丰公司在再审申请中未对印章的真实性提出异议，故应认定汉丰公司在《补充合同》及《承诺书》中盖章属实。另一方面，汉丰公司在《补充合同》和《承诺书》中盖章行为，符合合同约定的生效条件。《补充合同》虽然约定“双方签字盖章生效”，但未明确必须由公司加盖公章并经法定代表人签字后方可生效，故合同当事人盖章行为即可视为双方就合同内容达成合意。另外《承诺书》中写明“由承诺单位签字或者盖章后生效”，汉丰公司作为承诺单位在《承诺书》上盖章后《承诺书》即已生效。故汉丰公司提出《补充合同》《承诺书》不是汉丰公司真实意思表示，不能作为裁判依据的理由不能成立。

——中国裁判文书网。

附录：最高人民法院主流观点

公司印章在我国经济生活中的使用非常普遍，但对公司印章法律地位，学界存在不同认识。有观点认为，在现代社会中，公司的印章比法定代表人的签名更容易伪造，而且我国独特的印章商业文化和国际惯例不符，容易在国际商业往来中造成不便。也有观点认为，公司印章与物权的公示制度异曲同工，可以免去交易相对人的调查成本，有利于促进交易发生，并且与法定代表人同时作用于公司意思表示，可以产生相互制约的效果，防止法定代表人滥用其法律地位进行有损于公司的意思表示。

我们认为，从法律的基本原理和我国法律体系看，公司印章基本上是公司法定代表人表达意思的一种方式，与公司法定代表人的签名并无二致。但是，我国有的法律规范对公司印章做了强制规定，此时公司印章就不再是公司法定代表人表达意思的一种选择方式，而是公司表达意思的必备形式和必备条件。因此，加盖公司印章虽通常不是公司文件生效的必要条件，除非法律作出了特别规定，未加盖公司印章并不影响公司文件发生法律效力。

——最高人民法院民事审判第一庭编著:《最高人民法院新民间借贷司法解释理解与适用》，人民法院出版社 2021 年版，第 341 页。

附录：最高人民法院法官著述

问：甲公司与乙公司签订房屋租赁合同，甲公司是出租方，乙公司是承租方。甲公司在合同上加盖公司印章，并有法定代表人签字，乙公司未加盖公章，仅有法定代表人丙的签字。后因乙公司未支付租金，甲公司将乙公司和丙诉至法院，乙公司答辩称丙未经公司授权签订租赁合同，乙公司未加盖公章，不应承担付款责任。丙答辩称其是职务行为，个人不应承担付款责任，该案应如何认定责任主体?

答：该案应由乙公司承担责任。《民法典》第四百九十条第一款第一句规定:“当事人采用合同书形式订立合同的，自当事人均签名、盖章或者按指印时合同成立。”根据该规定，当事人在合同上签字或者盖章均具有法律效力。《民法典》第六十一条规定:“依照法律或者法人章程的规定，代表法人从事民事活动的负责人，为法人的法定代表人。法定代表人以法人名义从事的民事活动，其法律后果由法人承受。法人章程或者法人权力机构对法定代表人代表权的限制，不得对抗善意相对人。”因此，法定代表人代表法人行使职权，其对外以法人名义从事的民事活动应由法人承担责任，而盖具公章并非合同有效的必备条件。例外情况是，《民法典》第五百零四条规定:“法人的法定代表人或者非法人组织的负责人超越权限订立的合同，除相对人知道或者应当知道其超越权限外，该代表行为有效，订立的合同对法人或者非法人组织发生效力。”换言之，有在合同一方当事人知道或应当知道对方的法定代表人超越其权限而仍与其签订合同的情况下，只有法定代表人签名而没有加盖公章的合同对该法定代表人代表的法人没有约束力。综上所述，在甲公司是善意相对人的情况下，丙以乙公司的名义签订租赁合同，其行为即是乙公司的行为，该租赁合同对乙公司有约束力。

——最高人民法院民事审判第一庭编著:《民事审判实务问答》，法律出版社 2021 年版，第 20~21 页。

429. 不可简单根据加盖公章这一事实认定公司行为，关键要看盖章之人有无代表权或代理权

关键词

代理权　代表权　签章

最高人民法院司法政策精神

实践中，法定代表人或者代理人在从事了某一行为后，公司经常以其加盖的是假章、所盖之章与备案公章不一致等为由否定合同效力，进而要求对公章申请鉴定，有的甚至还以伪造公章涉嫌刑事犯罪为由请求驳回起诉或者中止审理，人为造成诉讼拖延的同时，也使故意使用假章的不诚信当事人从中获益，导致不公平的结果。为此，有必要明确裁判思路，那就是盖章问题的本质是代表权或者代理权问题，关键要看盖章之人在盖章之时是否有代表权或者代理权，从而根据代表或代理的相关规则来确定合同的效力，而不能将重点放在公章的真伪问题上。法定代表人或者代理人在合同上加盖法人公章的行为，表明其是以法人名义从事行为，除公司法第十六条等法律对其职权有特别规定的情形外，应当由法人承担相应的法律后果。法人以法定代表人或者代理人事后丧失代表权或者代理权、加盖的是假章、所盖之章与备案公章不一致等为由否定合同效力的，人民法院不应支持。

——刘贵祥：《在全国法院民商事审判工作会议上的讲话》（2019 年 7 月 3 日），载最高人民法院民事审判第二庭编：《商事审判指导》2019 年第 1 辑（总第 48 辑），人民法院出版社 2019 年版，第 21~24 页。

最高人民法院审判业务意见（民事审判第二庭法官会议纪要）

在合同书上加盖公司公章的法律意义在于，盖章之人所为的是职务行为，即其是代表或代理公司作出意思表示。但章有真假之分，人也有有权无权之别，不可简单根据加盖公章这一事实就认定公章显示的公司就是合同当事人，关键要看盖章之人有无代表权或代理权。盖章之人为法定代表人或有权代理人的，即便其未在合同上盖章甚至盖的是假章，只要其在合同书上的签字是真实的，或能够证明该假章是其自己加盖或同意他人加盖的，仍应作为公司行为，由公司承担法律后果。反之，盖章之人如无代表权或超越代理权的，则即便加盖的是真公章，该合同仍然可能会因为无权代表或无权代理而最终归于无效。

附：案情简介

甲公司与乙银行签订保理合同，将其对丙公司享有的1000万元应收账款以900万元的价格转让给乙银行，丙公司先后向乙银行出具加盖丙公司公章及总经理个人名章的《应收账款确认函》《保证书》，对应收账款及其与甲公司间交易的真实性予以确认，并保证承担因交易不真实而产生的一切后果。后甲公司向法院起诉，请求丙公司承担付款责任。丙公司抗辩称，其对甲公司负有的债务已经履行完毕，而加盖在《应收账款确认函》《保证书》上的公章是伪造的，其不应承担责任。法院经审理查明：《应收账款确认函》《保证书》上边的公章是丙公司法定代表人当着乙银行业务经理的面加盖的，丙公司在与丁公司签订合同时曾多次用过该枚公章。

——麻锦亮、贺小荣：《盖章行为的法律意义》，载贺小荣主编：《最高人民法院民事审判第二庭法官会议纪要：追寻裁判背后的法理》，人民法院出版社2018年版，第310页。

最高人民法院裁判文书

青海宏信混凝土有限公司与海天建设集团有限公司青海分公司等民间借贷纠纷案［最高人民法院（2019）最高法民终1535号民事判决书］

裁判要旨：1. 因同一公司刻制多枚印章的情形在日常交易中大量存在，故不能仅以合同中加盖的印章印文与公司备案印章或常用业务印章印文不一致来否定公司行为的成立及其效力，而应当根据合同签订人盖章时是否有权代表或代理公司，或者交易相对人是否有合理理由相信其有权代表或代理公司进行相关民事行为来判断。

2. 并非公司法定代表人公司股东，亦无公司对外进行相关民事行为的授权情况下，不足以成为相对人相信该股东有权代理公司签字盖章的合理理由，股东的行为不构成表见代理。人民法院在审理案件时，应当主要审查签约人于盖章之时有无代表权或者代理权，从而根据代表或者代理的相关规则来确定合同的效力。代理人以被代理人名义签订合同，要取得合法授权。代理人取得合法授权后，以被代理人名义签订的合同，应当由被代理人承担责任。被代理人以代理人事后已无代理权、加盖的是假章、所盖之章与备案公章不一致等为由否定合同效力的，人民法院不予支持。

最高人民法院认为：

（一）关于青海宏信公司与海天青海分公司之间担保合同是否成立的问题

《合同法》第三十二条[①]规定："当事人采用合同书形式订立合同的，自双方当事人签字或者盖章时合同成立。"本案中，案涉《协议书》中有海天青海分公司负责人崔文辉签字并加盖海天青海分公司印章。

虽然经鉴定案涉《协议书》中海天青海分公司的印章印文与备案印章印文不一致，但因同一公司刻制多枚印章的情形在日常交易中大量存在，故不能仅以合同中加盖的印章印文与公司备案印章或常用业务印章印文不一致来否定公司行为的成立及其效力，而应当根据合同签订人盖章时是否有权代表或代理公司，或者交易相对人是否有合理理由相信其有权代表或代理公司进行相关民事行为来判断。

本案中，崔文辉作为海天青海分公司时任负责人，其持海天青海分公司印章以海天青海分公司名义签订案涉《协议书》，足以令作为交易相对人的青海宏信公司相信其行为代表海天青海分公司，并基于对其身份的信任相信其加盖的海天青海分公司印章的真实性。

而事实上，从海天集团公司单方委托鉴定时提供给鉴定机构的检材可以看出，海天青海分公司在其他业务活动中亦多次使用同一枚印章。

因此，海天集团公司、海天青海分公司以案涉《协议书》中海天青海分公司印章印文与其备案印章印文不一致为由认为海天青海分公司并未作出为案涉债务提供担保的意思表示的主张不能成立。青海宏信公司与海天青海分公司在案涉《协议书》上签章时，双方当事人之间的担保合同关系成立。

（二）关于海天青海分公司与青海宏信公司之间担保合同效力及相应的责任承担问题

一方面，《担保法》第十条规定："企业法人的分支机构、职能部门不得为保证人。企业法人的分支机构有法人书面授权的，可以在授权范围内提供保证。"《最高人民法院关于适用〈中华人民共和国担保法〉若干问题的解释》第十七条第一款规定："企业法人的分支机构未经法人书面授权提供保证的，保证合同无效。因此给债权人造成损失的，应当根据担保法第五条第二款的规定处理。"

本案中，虽然青海宏信公司与海天青海分公司就案涉债务的担保问题达成一致意见，但海天青海分公司作为海天集团公司的分支机构，未取得海天集团公司的书面授权，而海天集团公司事后亦未对该担保行为进行追认，因此，根据前述法律和司法解释的规定，青海宏信公司与海天青海分公司之间的担保合同无效。青海宏信公司请求海天集团公司、海天青海分公司承担连带保证责任的主张不能成立。

另一方面，《担保法》第五条第二款规定："担保合同被确认无效后，债

① 对应《民法典》第四百九十条。

务人、担保人、债权人有过错的，应当根据其过错各自承担相应的民事责任。”第二十九条规定：“企业法人的分支机构未经法人书面授权或者超出授权范围与债权人订立保证合同的，该合同无效或者超出授权范围的部分无效，债权人和企业法人有过错的，应当根据其过错各自承担相应的民事责任；债权人无过错的，由企业法人承担民事责任。”《最高人民法院关于适用〈中华人民共和国担保法〉若干问题的解释》第十七条第四款规定：“企业法人的分支机构提供的保证无效后应当承担赔偿责任的，由分支机构经营管理的财产承担。企业法人有过错的，按照担保法第二十九条的规定处理。”

本案中，首先，在法律和司法解释对于企业法人分支机构担保条件有明确规定的情况下，青海宏信公司未审查海天青海分公司是否得到海天集团公司书面授权便接受海天青海分公司提供担保，未尽合理注意义务，其自身对于担保合同无效具有一定过错。

其次，海天青海分公司在明知未获得海天集团公司书面授权的情况下，对外提供担保，对于担保合同的无效明显具有过错。

再次，海天集团公司作为法人，对其设立的分支机构海天青海分公司及选任的负责人崔文辉负有管理义务。但从查明的事实来看，海天集团公司因公司名称变更收回海天青海分公司备案印章后，未及时对外公示，在崔文辉持与海天青海分公司备案印章不一致的印章进行日常经营活动时未予制止。故海天集团公司对于海天青海分公司及其时任负责人崔文辉的行为未能尽到一般善良管理人的审慎注意义务，对于案涉担保合同的无效亦具有过错。

因此，根据上述法律及司法解释以及《民法总则》第七十四条第二款“分支机构以自己的名义从事民事活动，产生的民事责任由法人承担；也可以先以该分支机构管理的财产承担，不足以承担的，由法人承担”的规定，结合各方当事人的过错程度，本院酌定由海天青海分公司以其经营管理的财产对于青海宏信公司案涉债权不能清偿部分的50%承担赔偿责任，海天青海分公司经营管理的财产不足以承担前述赔偿责任的，由海天集团公司承担。

——中国裁判文书网。

430. 冒用法定代表人身份应承担过错责任而非合同责任

关键词

冒用　法定代表人　过错责任　表见代理

最高人民法院裁判文书

朝阳银行、张艳明金融借款合同纠纷案［最高人民法院（2021）最高法民再49号民事判决书］

裁判要旨：1. 公司的法定代表人由董事长、执行董事或者经理担任，并依法登记，他人以法定代表人的名义代表公司从事的行为，性质上属于代理行为而非代表行为。在该他人构成无权代理且不构成表见代理的情况下，应当区别相对人是否善意，分别依据《民法总则》第一百七十一条[①]第三款、第四款之规定来确定无权代理人的责任。

2. 他人以公司名义从事行为时，相对人应当依法审查该他人是否为公司的法定代表人以及是否具有代表或者代理权限。鉴于法定代表人须依法登记，相对人既未审查该他人是否为登记的法定代表人，亦未审查其是否具有代表或者代理权限，则无权请求该他人承担合同责任，只能依据《民法总则》第一百七十一条第四款之规定，由相对人与行为人按照各自过错承担责任。

最高人民法院再审认为：根据当事人的再审请求，本案再审审理的焦点为张艳明在本案中应否以及如何承担责任。

根据《担保法》第六条，保证是指保证人和债权人约定，当债务人不履行债务时，保证人按照约定履行债务或者承担责任的行为。案涉四份保证合同均约定金厦公司为宋锦升向朝阳银行燕都支行的借款提供连带责任保证，朝阳银行燕都支行向宋锦升发放贷款的四份借据保证人处亦均加盖金厦公司印章。张艳明在明知自己并非金厦公司法定代表人的情况下，仍以金厦公司法定代表人的身份在上述保证合同及借据上签字并加盖个人名章，明显具有主观过错，但其本人并无为案涉借款提供保证之意，即朝阳银行燕都支行与张艳明并未就张艳明个人为案涉借款提供连带责任保证达成一致意思表示，二者之间未成立保证合同关系，故朝阳银行燕都支行不能直接以该保证合同为依据要求张艳明承担连带保证责任。

《合同法》第四十八条第一款规定："行为人没有代理权、超越代理权或者代理权终止后以被代理人名义订立的合同，未经被代理人追认，对被代理人不发生效力，由行为人承担责任。"《民法总则》第一百七十一条规定："行为人没有代理权、超越代理权或者代理权终止后，仍然实施代理行为，未经

① 对应《民法典》第一百七十一条。

被代理人追认的，对被代理人不发生效力。相对人可以催告被代理人自收到通知之日起一个月内予以追认。被代理人未作表示的，视为拒绝追认。行为人实施的行为被追认前，善意相对人有撤销的权利。撤销应当以通知的方式作出。行为人实施的行为未被追认的，善意相对人有权请求行为人履行债务或者就其受到的损害请求行为人赔偿，但是赔偿的范围不得超过被代理人追认时相对人所能获得的利益。相对人知道或者应当知道行为人无权代理的，相对人和行为人按照各自的过错承担责任。”本案中，张艳明未经金厦公司授权即以金厦公司名义签订案涉四份保证合同，其行为属于无权代理。在未获金厦公司追认的情况下，应由行为人张艳明承担相应责任。因公司法定代表人姓名是《公司登记管理条例》所规定的公司必须登记的重要事项之一，可通过公开渠道查询。宋锦升向朝阳银行燕都支行借款时提供金厦公司营业执照上的法定代表人信息与金厦公司工商登记档案并不一致，朝阳银行燕都支行在签订案涉保证合同时，只要稍作核查便可发现张艳明并非金厦公司法定代表人，但其在先后四次签订保证合同的过程中均未按照《商业银行法》等法律的要求对保证人基本信息和保证意愿进行严格审查，对于案涉保证合同未能对金厦公司生效，也具有相应过错，故朝阳银行燕都支行不属于《民法总则》第一百七十一条第三款所指的“善意相对人”，无权请求行为人张艳明履行案涉保证合同，即无权要求张艳明承担该保证合同项下的连带保证责任。但如前所述，张艳明系明知自身无代理权而故意积极实施上述行为，明显具有主观恶意，具有较大过错。朝阳银行燕都支行未按照《商业银行法》等法律的要求严格审查，因自身疏于审核而未能发现张艳明没有代理权，亦具有过错。根据《民法总则》第一百七十一条第四款，张艳明与朝阳银行燕都支行应按照各自的过错承担责任。二审法院在已经查明张艳明故意实施恶意行为的情况下，仅判决其对主债务人宋锦升不能履行部分承担20% 的补充责任，对张艳明的过错和责任之间的比例认定明显失当，行使自由裁量权显著不当，应予纠正。最高人民法院依照《民法总则》第一百七十一条第四款规定，对张艳明因无权代理给朝阳银行燕都支行造成的损失，结合双方的过错程度，酌定由张艳明对宋锦升不能履行判决部分的 70% 承担赔偿责任。

——中国裁判文书网。

431. 无权代理人多次实施无权代理行为是否影响后续行为表见代理的认定

关键词

无权代理　表见代理　私刻印章　注意义务

最高人民法院裁判文书

国冶公司与临川建筑公司、周晓清买卖合同纠纷案［最高人民法院（2021）最高法民申4219号民事裁定书］

裁判要旨：构成表见代理需要无权代理行为在客观上形成具有代理权的表象特征且合同相对人尽到审查注意义务。在无权代理人私刻公章多次实施无权代理行为的情况下，合同相对人之前曾与该代理人签订过类似合同并不能证明存在具有代理权的表象特征，已不能据此减轻相对人的审查注意义务，仍需综合考虑合同付款主体、代理人与被代理人之间是否存在雇佣或授权关系及大宗交易下合同相对人是否尽到审慎注意义务等因素。

最高人民法院经审查认为，根据《合同法》第四十九条规定，行为人没有代理权、超越代理权或者代理权终止后以被代理人名义订立合同，相对人有理由相信行为人有代理权的，该代理行为有效。可见构成表见代理应当具备以下条件：一是行为人无代理权；二是无权代理行为在客观上形成具有代理权的表象特征；三是合同相对人应当对无权代理人的代理权具有必要的、审慎的审查、注意义务，主观上善意且无过错。具体到本案而言，首先，案涉《钢材供销合同》系周晓清私刻临川建筑公司公章擅自与国冶公司签订，事后亦未获得临川建筑公司的追认，可以认定案涉《钢材供销合同》的签订并非临川建筑公司的真实意思表示，周晓清以临川建筑公司的名义与国冶公司签订案涉《钢材供销合同》的行为属于无权代理。其次，周晓清与国冶公司签订合同时，不具有足以使国冶公司相信其有权代理临川建筑公司的事实和理由。周晓清并非临川建筑公司的法定代表人或工作人员，亦未得到临川建筑公司的授权，周晓清以临川建筑公司名义与武警水电签订的尚水花园项目承包《协议书》中加盖的公章，经司法鉴定与临川建筑公司的公章并非同一枚，周晓清也自认该公章是其私刻的，临川建筑公司对此并不知情。案涉合同签订地为尚水花园项目工地项目部，并非临川建筑公司所在地，国冶公司亦未能提供充分证据证明尚水花园项目系临川建筑公司承建项目。因此，并没有足够的客观表象使国冶公司有理由相信周晓清具有代理临川建筑公司对外签订合同的权限。再次，本案二审中，国冶公司认可临川建筑公司从未向其支付过任何款项，其也从未去过临川建筑公司核实钢材交易的相关情况，所有钢材货款都是周晓清个人支付，其也从未向临川建筑公司开具过任何发票。本案中，案涉《钢材供销合同》交易数额巨大，临川建筑公司也并非无法联系，国冶公司在进行如此大宗交易时，亦未尽到必要审慎的审查、注意义务。最后，根据法律规定，表见代理行为的法律后果应由被代理人承担，国冶公司诉请由周晓清和临川建筑公司承担共同连带还款责任，亦缺乏相应的法律依据。综上所述，周晓清的行为不符合《中华人民共和国合同法》第四十九条规定的表见代理构成要件，一、二审判决不予支持并无不当。

——中国裁判文书网。

432. 债务人对诉讼时效期间已经届满的债务确认或催收文件上签章的效力认定

关键词

诉讼时效期间　债务确认　签章　催收文件　自认

《中华人民共和国民法典》条文

第一百九十二条　诉讼时效期间届满的，义务人可以提出不履行义务的抗辩。

诉讼时效期间届满后，义务人同意履行的，不得以诉讼时效期间届满为由抗辩；义务人已经自愿履行的，不得请求返还。

最高人民法院司法解释

第十九条　诉讼时效期间届满，当事人一方向对方当事人作出同意履行义务的意思表示或者自愿履行义务后，又以诉讼时效期间届满为由进行抗辩的，人民法院不予支持。

当事人双方就原债务达成新的协议，债权人主张义务人放弃诉讼时效抗辩权的，人民法院应予支持。

超过诉讼时效期间，贷款人向借款人发出催收到期贷款通知单，债务人在通知单上签字或者盖章，能够认定借款人同意履行诉讼时效期间已经届满的义务的，对于贷款人关于借款人放弃诉讼时效抗辩权的主张，人民法院应予支持。

——《最高人民法院关于审理民事案件适用诉讼时效制度若干问题的规定》（2020 年 12 月 29 日修正）。

最高人民法院公报案例、最高人民法院裁判文书

中国农业银行哈尔滨市太平支行与哈尔滨松花江奶牛有限责任公司、哈尔滨工大集团股份有限公司、哈尔滨中隆会计师事务所有限公司借款合同纠纷案［最高人民法院（2007）民二终字第 178 号民事判决书］

裁判摘要：债务人在债权人发出的债务逾期催收通知书上签字或者盖章的行为，虽然并不必然表示债务人愿意履行债务，但可以表示其认可该债务的存在，属于当事人对民事债务关系的自认，人民法院可据此认定当事人之间存在债务关系。

最高人民法院认为：关于奶牛场与太平农行是否实际发生了 1900 万元债务问题。

首先，一审判决中关于奶牛场与太平农行之间 1998 年 3 月签订的《最高额抵押担保借款合同》中的借款部分合法有效，抵押担保部分未发生法律效力的认定，本院予以认可。上诉人奶牛公司认为奶牛场与太平农行之间签订的《最高额抵押担保借款合同》是无效合同的主张本院不予支持。关于上诉人提出的 1900 万元贷款并没有落实到奶牛场的账户上，奶牛场也并未按照约定使用该贷款，因此没有偿还贷款并支付利息义务的主张，本院二审期间，上诉人提交 1998 年 3 月的农行东风分理处的对账单和奶牛场单位的《银行存款日记账》表明太平农行在发放贷款后即扣回，该事实系源于太平农行与奶牛场的陈年欠款，由于太平农行与奶牛场长期存在借贷关系，多次发生放款即扣回的情形，不排除以新贷还旧贷的可能。双方之间的债权债务关系除了放款、扣回的事实证明外，当事人的自认也是证明这一关系的重要证据。奶牛公司曾于 2004 年 12 月 17 日在太平农行对 3515 万元的本金和 15127783.441 元利息的《债务逾期催收通知书》上盖公章、法定代表人签字、盖章；于 2006 年 6 月 13 日在太平农行对借款本金 3515 万元进行再次催收的《债务逾期催收通知书》上盖章。虽然债务人在催款通知单上签字或盖章的行为并不必然表示其愿意履行原债务，但可以表明其认可原债务的存在并确认收到催款通知。此外，中隆会计所提供的两份会计报表，其中资产负债表之短期借款项的数额均为人民币 3566 万元，这也和太平农行主张的奶牛场欠太平农行的借款总额相一致。并且这一证据的证明力比上诉人提交的《银行存款日记账》具有优势。因此，依据 1998 年 3 月 3 日奶牛场与太平农行签订的《最高额抵押担保借款合同》中的借款部分、1998 年 3 月 3 日奶牛

场在贷款 1900 万元的借款借据上签字盖章、奶牛公司在《债务逾期催收通知书》上签字盖的事实，本院认定太平农行和奶牛场之间 1900 万元的债权债务事实存在。

——《最高人民法院公报》2008 年第 9 期。

最高人民法院裁判文书

海南捷达漆业有限公司与海南富林企业管理合伙企业（有限合伙）及徐春梅金融不良债权追偿纠纷案［最高人民法院（2021）最高法民申 7298 号民事裁定书］

裁判要旨：债权诉讼时效虽已届满，但债权人对债务进行催收时明确要求债务人履行还款义务，债务人在《催收通知书》上签章，且并未明确写明其不认可或不同意履行该债务、签字或者盖章只代表收到通知书等内容，故该签字、盖章行为应当视为对原债务的重新确认，该债权债务关系仍受法律保护。因此，债务人的该签收行为可引起诉讼时效的重新起算。

最高人民法院认为：《最高人民法院关于超过诉讼时效期间借款人在催款通知单上签字或者盖章的法律效力问题的批复》（法释〔1999〕7 号）[①] 规定："根据《中华人民共和国民法通则》第四条、第九十条规定的精神，对于超过诉讼时效期间，信用社向借款人发出催收到期贷款通知单，债务人在该通知单上签字或者盖章的，应当视为对原债务的重新确认，该债权债务关系应受法律保护。"本案中，原债权人农行文昌支行多次书面向捷达公司催收欠款，且捷达公司也有履行还款义务的行为。虽然催收期间存在诉讼时效期间已届满的情况，但是农行文昌支行于 2007 年和 2011 年对全部债务本金和利息进行催收，明确要求捷达公司履行还款义务，捷达公司在《债务逾期催收通知书》上签字和盖章，并未明确写明其不认可或不同意履行该债务、签字或者盖章只代表收到通知书等内容，其签字、盖章行为应当视为对原债务的重新确认，该债权债务关系仍受法律保护。因此，原审判决认定捷达公司的签收行为引起诉讼时效的重新起算并无不当。

——中国裁判文书网。

---

① 对应《最高人民法院关于审理民事案件适用诉讼时效若干问题的规定》（2020 年 12 月 29 日修正）第十九条第三款。

附录：最高人民法院主流观点

实践中，从债务人的角度看，债务人签名或盖章的文件在性质上分为两类：一类为承认债权存在的文件，如询证函、对账单、确认书、欠款单等，如果这些文件上没有要求履行的意思，债务人签章仅代表承认诉讼时效期间已经届满的债权的存在，并不导致诉讼利益的放弃。另一类为同意履行债权的文件，如催款单、限期履行函等，如果这些文件上有要求履行的意思，且无证据表明债务人签名或盖章的行为仅表示收到上述文件，根据《最高人民法院关于超过诉讼时效期间借款人在催款通知单上签字或盖章的法律效力问题的批复》的规定，应认定债务人同意履行，放弃了时效利益。

——最高人民法院民法典贯彻实施工作领导小组主编：《中华人民共和国民法典总则编理解与适用》，人民法院出版社 2020 年版，第 973 页。

433. 协议约定经签字盖章付款后生效的，未付款，协议依然可以生效

关键词

合同效力　签章　附条件合同　建设工程施工合同

最高人民法院裁判文书

巴中市中润医疗投资管理有限公司、巴中市中润实业集团有限公司与华鸿建设集团有限公司等建设工程施工合同纠纷案［最高人民法院（2021）最高法民申 282 号民事裁定书］

裁判要旨：附条件合同中所附条件，是指合同的双方当事人在合同中约定某种事实状态，并以其将来发生或者不发生作为合同生效或者不生效的限制条件。案涉《解除及支付协议》约定的主要内容为工程的结算金额、支付义务主体及支付时间及未按时支付的违约责任。故协议约定经签字盖章付款后生效，未付款，协议依然可以生效。

最高人民法院认为：关于《解除及支付协议》《补充协议》《消防工程补充协议》是否有效。《合同法》第九十八条[①]规定："合同的权利义务终止，不影

---

① 对应《民法典》第五百六十七条。

响合同中结算和清理条款的效力"。合同的权利义务终止，合同中结算和清理条款并不随合同权利义务的终止而失效，这些条款在合同的权利义务终止后仍然有效。据此规定，本案中，《解除及支付协议》《补充协议》《消防工程补充协议》是双方对终止《建设工程施工合同（装饰装修）》协商一致后，就案涉工程的工程款结算、停工损失及现场剩余材料、临时设施费的金额及支付达成的结算协议。《建设工程施工合同（装饰装修）》的效力不影响上述结算协议的效力。中润医疗公司、中润实业公司主张《建设工程施工合同（装饰装修）》无效，故《解除及支付协议》《补充协议》《消防工程补充协议》也应认定无效的理由不能成立，不予支持。

中润医疗公司、中润实业公司称，《解除及支付协议》第八条载明："本协议经双方签字盖章付款后生效"，表明该协议为附生效条件的协议，因中润医疗公司、中润实业公司并未实际付款，故该协议虽成立，但是未生效。对此本院认为，附条件合同中所附条件，是指合同的双方当事人在合同中约定某种事实状态，并以其将来发生或者不发生作为合同生效或者不生效的限制条件。案涉《解除及支付协议》约定的主要内容为工程的结算金额、支付义务主体及支付时间及未按时支付的违约责任。中润医疗公司、中润实业公司支付工程款为该协议履行的主要合同内容。协议第八条附则中约定的"本协议经双方签字盖章付款后生效"，申请人将协议的主要合同义务支付工程款理解为合同所附生效条件不符合双方当事人协议签订时的常理，否则双方当事人并无订立支付协议之必要。双方签字盖章付款并不符合附生效条件合同所指生效条件为对将来发生或不发生某种事实的不确定性，而是双方当事人约定的权利义务内容，故中润医疗公司、中润实业公司主张《解除及支付协议》应在中润医疗公司、中润实业公司实际付款后生效的申请理由不成立，不予支持。

——中国裁判文书网。

434. 合同约定授权代表签字盖章生效而授权代表未签字盖章的，要根据双方当事人是否具有实际履约的真实意思表示对该生效条件进行解释，若双方没有实际履行的意思表示，则合同不生效

关键词

授权代表　意思表示　签章　合同效力

最高人民法院裁判文书

江西赛维 LDK 太阳能高科技有限公司与广西玉柴机器集团有限公司买卖

合同纠纷案［最高人民法院（2015）民二终字第 36 号民事判决书］

裁判要旨：合同中约定授权代表签字盖章生效而实际授权代表未签字盖章的，要根据双方当事人是否具有实际履约的真实意思表示对该生效条件进行解释。若双方意思表示不真实且有其他证据证明的，合同约定生效条件是双方授权代表签字盖章的，应当将该生效条件视为特别安排，即双方当事人所预期的合同发生拘束力和履行力的条件是双方授权代表的签字或盖章，仅有双方单位盖章或当事人本人签字的，合同成立但未生效。需要说明的是，根据《合同法》的基本原理，意思表示真实是合同的有效要件之一，当双方当事人没有实际履行的意思表示时，不能认为具备了双方授权代表签字盖章的合同有效，最高人民法院的观点是应当将该合同生效条款视为特别安排，进行更加严格的界定和解释。

最高人民法院认为：关于在双方之间是否形成了合法有效的买卖晶硅光伏发电组件的合同关系问题。当事人之间的合法、有效的合同关系，应当以双方当事人意思表示真实，不违反法律、行政法规的强制性规定，不损害社会公共利益为基本条件。本案所涉《供货协议书》不符合合同法律关系的有效要件。

1. 案涉《供货协议书》的内容与双方当事人签约的真实意思并不相符。第一，根据《合同法》的有关规定，合同一经双方当事人签字或者盖章即告成立，一般情况下，合同自其成立之时即产生拘束力。但是，本案双方当事人在案涉《供货协议书》生效条件的条款中明确约定，协议须经“双方授权代表”而非“双方当事人”签字盖章生效，并且特别强调该授权代表“须经法定代表人书面授权委托”。可见，合同约定的生效条件是作为自然人的授权代表签字或加盖其个人名章而非加盖合同当事人的公章。在此情形下，即使未经授权代表签字盖章而只是由双方当事人加盖公章依然足以引起合同依法成立的效果，但是，本案合同当事人关于合同生效条件的这一特殊约定，意味着当事人在合同生效要件的设计上有着特别的用意与安排，双方当事人所预期的合同发生拘束力和履行力的条件是双方授权代表的签字或盖章。而事实上，赛维太阳能公司与玉柴集团公司的授权代表确未共同在案涉《供货协议书》上签字或盖章，表明玉柴集团公司有关签署该协议书只是为了项目申报、双方当事人不具有实际履行的意思表示的解释具有一定的合理性和可能性。

第二，根据《补充约定》的内容，双方明确强调该《供货协议书》只用于项目申报、不得挪作他用，并约定《供货协议书》所指的标的物的采购须按公开招标程序进行。据此，应当认为玉柴集团公司关于《供货协议书》并非双方当事人的真实意思表示的主张具有真实性和可信性。

第三，赛维太阳能公司虽然在其《法务联系函》中提出该公司为履行《供货协议书》做了相关准备，并以玉柴集团公司 2011 年 11 月发布招标公告“未通知我司”为由要求玉柴集团公司纠正违约行为、停止招投标工作，但根据业已查明的事实，在《供货协议书》签订后，玉柴集团公司并未按照协议书约定的内容向赛维太阳能公司提交供货时间安排表、支付预付款，而赛维太阳能公司不但未要求玉柴集团公司按照《供货协议书》的内容履行义务，反而亦如《补充约定》的约定，在广西机电招标中心于 2012 年 2 月组织的正式招投标过程中，向该中心递交了针对相关标的而编制的投标文件，实际参加了案涉采购项目的招投标活动。此一系列事实不但再次印证了《补充约定》的真实性，而且进一步证明了双方当事人没有履行《供货协议书》的真实意图及行为、双方将根据招投标结果进行案涉晶硅光伏发电组件买卖交易的事实。

2. 案涉《供货协议书》不具有合法性。为保护国家利益和社会公共利益，维护市场秩序，提高经济效益，促进公平竞争，国家对于应当进行招投标的建设或采购项目，实行强制招投标制度。当事人违反有关规定未经招投标而自行订立建设或采购合同或者规避招标、串通投标的，人民法院不予认可和保护。本案中，玉柴集团公司虽然在其《关于中标协议书的说明》中称“项目资金全部由公司自行投资建设，不存在工程项目的招投标行为”，但这一表述确如原审判决所认定的，系玉柴集团公司的单方说法，确与该公司申报金太阳示范工程项目从而获得国家补助资金的目的以及其他有关申报文件的内容、业已发生的事实相悖；而《补充约定》的内容表明，玉柴集团公司与赛维太阳能公司对于国家强制招投标制度和案涉项目中的晶硅光伏发电组件的买卖应当通过招投标程序进行等情况亦是明知的。双方当事人为获批国家金太阳示范工程项目，未经招投标程序而签订《供货协议书》，明显违反《招标投标法》的有关规定，对于其法律效力，人民法院不应予以认可。故，虽然案涉《供货协议书》已经成立，即使其不存在双方当事人意思表示不真实的情况，但由于该协议书违反法律的强制性规定，有损国家和社会公共利益，根据《合同法》第五十二条第五项的规定，亦应认定其无效。

综上，应当认为，赛维太阳能公司与玉柴集团公司签署案涉《供货协议书》的真实目的是用以申报有关建设项目，其所约定的买卖晶硅光伏发电组件的内容不具有真实的约束双方履行合同的意图，该协议书的签订程序亦违反法律的强制性规定。故对于案涉《供货协议书》应当依法认定无效，本案双方当事人之间并不存在合法、有效的买卖晶硅光伏发电组件的合同关系。

——中国裁判文书网。

435. 合同约定“经三方签字、盖章后生效”，担保人未签章的不影响主合同条款的成立与生效

关键词

担保条款　合同效力　合同相对性　签章　主合同

最高人民法院裁判文书

江西海纳实业发展有限公司与徐加兴合伙协议纠纷案［最高人民法院（2017）最高法民申3622号民事裁定书］

裁判要旨：虽然协议约定“经三方签字、盖章后生效”，但根据合同相对性原则，该约定目的并非要求所有条款均需三方签字、盖章后生效，债权人与债务人之间的结算约定经双方签字盖章成立并生效，担保人未签字盖章只产生担保条款未成立的法律后果，不影响主合同条款的成立生效。债务人主张担保人未签章导致合同全部条款不生效的理由不予支持。

最高人民法院认为：关于案涉《协议书》是否有效的问题。案涉《协议书》是海纳公司与徐加兴就《合作协议》的解除及结算事宜达成的协议，并约定由海纳投资公司为海纳公司的清偿义务提供担保。据此，《协议书》涉及两层法律关系，一者为海纳公司与徐加兴之间解除《合作协议》及海纳公司偿还徐加兴垫付款的法律关系；二者为海纳投资公司对海纳公司的偿还义务承担保证责任的法律关系，前者为主合同关系，后者为从合同关系。主合同关系发生在海纳公司和徐加兴之间，与海纳投资公司无涉，从合同关系发生在徐加兴和海纳投资公司之间。由此可知，虽然《协议书》第七条约定“经三方签字、盖章后生效”，但根据合同相对性原则，该约定的目的并非要求《协议书》中的所有条款均需三方签字、盖章后才生效，而是海纳公司与徐加兴之间的结算协议经由双方签字盖章成立并生效，徐加兴和海纳投资公司之间的保证合同经由双方签字盖章成立并生效。本案中，由于海纳公司和徐加兴均已签字、盖章，而海纳投资公司并未盖章，所以《协议书》中的主合同条款已成立生效，只是保证合同条款未成立。故原审关于担保人海纳投资公司未签署《协议书》，只产生担保合同（条款）未成立的法律后果，不影响主合同效力的认定正确，本院予以维持。海纳公司认为海纳投资公司未在《协议书》上签章导致《协议书》全部条款不生效的申请理由，并无相应的法律

依据，本院不予支持。

——中国裁判文书网。

436. 合同中关于交付时间及违约责任的约定属双方通谋的虚假意思表示的，应依法认定相应条款无效

关键词

合同条款无效　虚假意思表示

最高人民法院裁判文书

苏家屯区政府、区自然资源局与华锦公司建设用地使用权出让合同纠纷案［最高人民法院（2021）最高法民再351号民事裁定书］

裁判要旨：根据合同法基本原理，合同中关于违约责任的条款，应是就将来可能发生的违约事实，约定由违约方向守约方承担相应责任的条款。而案涉合同签订时，合同约定的违约事实即已发生。因此，该合同中关于案涉土地交付时间及所对应的迟延交付违约责任条款并非合同各方当事人的真实意思表示。该合同中关于案涉土地交付时间及所对应的迟延交付违约责任的条款，属双方通谋的虚假意思表示，依法应认定为无效条款。

最高人民法院认为：一、关于苏家屯区政府、区自然资源局是否构成违约问题

经查，案涉《国有建设用地使用权出让合同》签订于2011年9月13日，该合同约定的案涉土地净地交付时间为2011年9月1日。根据现已查明的事实，案涉土地在合同签订时并未全部达到交付标准。因此，在案涉《国有建设用地使用权出让合同》签订时，合同约定的违约事实即已发生。华锦公司作为房地产开发公司，在案涉《国有建设用地使用权出让合同》签订前对土地现状进行了多轮尽调，对案涉土地名为净地出让实为毛地出让的事实显属明知。根据合同法基本原理，合同中关于违约责任的条款，应是就将来可能发生的违约事实，约定由违约方向守约方承担相应责任的条款。由此可见，案涉《国有建设用地使用权出让合同》中关于案涉土地交付时间及所对应的迟延交付违约责任条款并非苏家屯区政府、区自然资源局和华锦公司的真实意思表示。否则，苏家屯区政府、区自然资源局自缔约时即已构成违约，就需承担13天的迟延交付土地违约责任，这显然与双方缔约时的真实意思表

示不符。原审认定苏家屯区政府、区自然资源局应按照合同约定从未交付土地之日起承担迟延交付土地违约责任，该认定不符合本案各方关于案涉土地毛地出让的真实意思表示。因此，案涉《国有建设用地使用权出让合同》中关于案涉土地交付时间及所对应的迟延交付违约责任的条款，属双方通谋的虚假意思表示。

本案一审时已生效的《民法总则》第一百四十六条第一款规定："行为人与相对人以虚假的意思表示实施的民事法律行为无效。"据此，案涉《国有建设用地使用权出让合同》关于土地交付时间及其对应的迟延交付土地违约责任条款，属双方通谋的虚假意思表示，依法应认定为无效条款。上述条款无效后，应视为苏家屯区政府、区自然资源局和华锦公司对案涉土地交付时间及迟延交付土地的违约责任没有进行约定。尽管本案各方当事人在案涉《国有建设用地使用权出让合同》签订后未就案涉土地交付时间达成补充约定，但在华锦公司如约交付土地出让金的情况下，苏家屯区政府、区自然资源局在案涉《国有建设用地使用权出让合同》签订后历经七年时间才完成了案涉全部土地的交付义务，已明显超出合理期限，构成违约，依法应当承担相应的违约责任。区自然资源局虽再审主张其不应承担违约责任，但该局作为案涉合同主体和国有土地使用权出让方，依法亦应承担迟延交付土地的违约责任。

二、关于案涉违约责任如何确定问题

如前所述，苏家屯区政府、区自然资源局应承担迟延交付土地的违约责任。因案涉《国有建设用地使用权出让合同》关于土地交付时间及迟延交付违约责任的条款被认定为双方通谋的虚假意思表示而无效，苏家屯区政府、区自然资源局的违约责任在没有合同约定的情况下，应当根据《合同法》第一百一十二条[①]和第一百一十三条[②]关于违约损失赔偿的规定加以确定。原审判决错误认定案涉《国有建设用地使用权出让合同》违约条款有效，并进而将苏家屯区政府、区自然资源局的违约责任认定为案涉未交付土地部分对应的出让金3689万元，属适用法律错误，最高人民法院依法予以纠正。

根据《合同法》的上述规定，苏家屯区政府、区自然资源局迟延交付土地的违约责任，应以违约给华锦公司造成的实际损失为限。本案中，华锦公司一审起诉索赔金额为5000万元，华锦公司依法应就该损失金额承担举证责任。本案原审时，华锦公司不能提供充分证据证明其具体损失数额，而苏家屯区政府则举证证明华锦公司因土地迟延交付客观上获得了房价上涨带来的2.6亿余元销售溢价。本案再审期间，华锦公司举证证明其为开发建设案

---

① 对应《民法典》第五百八十三条。

② 对应《民法典》第五百八十四条。

涉房地产贷款利率为年化 7.38%，主张苏家屯区政府应以该贷款利率为标准、以案涉土地出让价款 148178726 元为基数，向其赔偿 2758 天迟延履行的利息损失 83778769.89 元。经查，苏家屯区政府、区自然资源局迟延交付土地对应的土地出让金为 3689 万余元，华锦公司要求以案涉土地全部出让金 148178726 元作为基数计算利息损失的主张不能成立；华锦公司支付的案涉土地出让金来源于其自有资金而非贷款，而前述贷款用于其对已交付土地的开发，故该贷款利率与案涉土地出让金的利息损失无关。因此，华锦公司的该项赔偿主张，依法不能成立。

——中国裁判文书网。

437. 双方以虚假意思表示签订的合同无效，相应的担保合同也无效

关键词

担保合同　虚假意思表示　合同效力　主合同

《中华人民共和国民法典》条文

第一百四十六条　行为人与相对人以虚假的意思表示实施的民事法律行为无效。

以虚假的意思表示隐藏的民事法律行为的效力，依照有关法律规定处理。

最高人民法院裁判文书

中铁二局瑞隆物流有限公司成都分公司与四川中恒信实业有限公司等买卖合同纠纷案［最高人民法院（2020）最高法民终 1210 号民事判决书］

裁判要旨：因双方虚假的意思表示签订的合同无效，主合同无效，相应的担保合同也无效，合同当事人不能依据无效合同要求债务加入人承担合同责任，也不能要求担保人承担责任。

最高人民法院认为：《民法总则》第一百四十六条[①]规定："行为人与相对人以虚假的意思表示实施的民事法律行为无效。以虚假的意思表示隐藏的民事法律行为的效力，依照有关法律规定处理。"2019 年 7 月《全国法院民商事审判工作会议纪要》强调，"民商事审判工作要树立正确的审判理念。注

① 对应《民法典》第一百四十六条。

意处理好民商事审判与行政监管的关系，通过穿透式审判思维，查明当事人的真实意思，探求真实法律关系。”同时，《最高人民法院关于民事诉讼证据的若干规定》第五十三条第一款规定：“诉讼过程中，当事人主张的法律关系性质或者民事行为效力与人民法院根据案件事实作出的认定不一致的，人民法院应当将法律关系性质或者民事行为效力作为焦点问题进行审理。但法律关系性质对裁判理由及结果没有影响，或者有关问题已经当事人充分辩论的除外。”

首先，关于瑞隆公司与中恒信公司从表面上建立的买卖合同关系效力的问题。如前所述，在案证据不足以证明案涉合同存在真实的货物流转以及瑞隆公司与中恒信公司之间形成真实的买卖合同关系，双方签订的《粮食产品购销协议》及补充协议、《贸易协议》以及10份系列《粮食产品购销合同》均应认定为瑞隆公司与中恒信公司以虚假的意思表示实施的民事法律行为，上述合同、协议依法应认定为无效。瑞隆公司就此主张主债务人中恒信公司与债务加入人刘野钊、田向东依照合同约定承担支付货款的责任，缺乏依据。同时，依照《物权法》第一百七十二条第一款[①]关于“主债权债务合同无效，担保合同无效，但法律另有规定的除外”之规定，案涉《房产抵押合同》及相关变更协议亦属无效。瑞隆公司依据买卖合同法律关系主张担保人鑫顺公司就案涉货款承担担保责任的理由不能成立，本院不予支持。

——中国裁判文书网。

438. 对于双方当事人签订特定类型合同是否存在虚假意思表示，可以按照“三步法”进行具体认定

关键词

特定类型合同　虚假意思表示　合同订立

最高人民法院裁判文书

江苏中关村科技产业园控股集团有限公司、斯太尔动力（江苏）投资有限公司与斯太尔动力（常州）发动机有限公司、原审第三人斯太尔动力股份有限公司技术秘密许可使用合同纠纷案［最高人民法院（2021）最高法知民终809号民事判决书］

裁判要旨：虚假意思表示的特征在于双方当事人都知道自己所

① 对应《民法典》第三百八十八条。

表示的意思不是真实意思，民事法律行为本身欠缺效果意思，双方均不希望此行为能够真正发生法律上的效力。对于双方当事人签订特定类型合同是否存在虚假意思表示，一般可以按照以下“三步法”进行具体认定：第一步，可以根据主给付义务的真实情况进行判定。如果双方当事人之间的主给付义务实际上根本不具备特定类型合同项下主给付义务的基本特征，则可以初步认定双方签订合同时存在虚假意思表示。第二步，在此情况下，可以根据双方当事人订立合同前后的情况（特别是双方缔约背景）和履约行为等相关事实，进一步认定双方订立合同所隐藏的真实意图。第三步，综合全案案情，如果上述两个方面的认定可以相互吻合并能够排除合理怀疑，即可最终认定双方当事人以虚假的意思表示订立合同。

最高人民法院认为：本案为技术秘密许可使用合同纠纷。根据各方当事人在二审中的诉辩主张，本案二审中的争议焦点为涉案技术许可协议的效力和原审审理程序的正当性问题，主要包括：（一）中关村公司与斯太尔江苏公司之间签订涉案技术许可协议是否存在虚假意思表示（即通谋虚伪）；（二）原审法院没有审理斯太尔常州公司是否应在46487266.59元范围内承担连带给付责任的问题是否适当，原审法院没有追加梧桐公司为本案共同被告是否违反法定程序。

（一）关于涉案技术许可协议的效力

涉案技术许可协议签订于2016年12月6日，协议履行延续至《民法总则》于2017年10月1日施行后，原审法院适用《民法总则》处理本案纠纷正确。该法第一百四十六条[①]规定：“行为人与相对人以虚假的意思表示实施的民事法律行为无效。以虚假的意思表示隐藏的民事法律行为的效力，依照有关法律规定处理。”根据该条法律规定，虚假意思表示的特征在于：双方当事人都知道自己所表示的意思不是真实意思，民事法律行为本身欠缺效果意思，双方均不希望此行为能够真正发生法律上的效力。对于双方当事人签订特定类型合同是否存在虚假意思表示，一般可以按照以下“三步法”进行具体认定：第一步，可以根据主给付义务的真实情况进行判定。如果双方当事人之间的主给付义务实际上根本不具备特定类型合同项下主给付义务的基本特征，则可以初步认定双方签订合同时存在虚假意思表示。第二步，在此情况下，可以根据双方当事人订立合同前后的情况（特别是双方缔约背景）和履约行为等相关事实，进一步认定双方订立合同所隐藏的真实意图。第三步，综合全案案情，如果上述两个方面的认定可以相互吻合并能够排除合理怀疑，

① 对应《民法典》第一百四十六条。

即可最终认定双方当事人以虚假的意思表示订立合同。

1. 根据涉案技术许可协议项下主给付义务的真实情况，初步认定合同双方当事人是否存在虚假意思表示

涉案技术许可协议在名义上属于我国法律规定的一类典型合同，即技术合同中的技术许可合同。在我国法律体系中，对典型合同分类定性的基本依据是合同项下的主给付义务（含给付标的）。对于双方当事人签订合同是否存在虚假意思表示，首先可以根据主给付义务的真实情况进行判定。就一般技术许可协议而言，有关主给付义务为两项：一是许可方向被许可方提供约定的技术，被许可方获得技术后可以在约定期限按照约定方式使用；二是被许可方向许可方支付约定的许可使用费，许可方收取许可使用费后一般可自由支配。本案中，涉案技术许可协议项下，两项主给付义务均不具备上述一般技术许可协议项下主给付义务的基本特征，主要表现为两方面：一是许可方斯太尔江苏公司不仅不能自由支配被许可方中关村公司支付的许可使用费2亿元，而且其全资母公司斯太尔股份公司还要如数返还中关村公司；二是中关村公司并不能在合同约定有效期10年内实际使用约定技术，而是在订约后11个月内（2017年10月31日以前）拟由斯太尔股份公司以2亿元“回购”涉案技术。本院具体分析如下：

第一，关于涉案许可使用费的支付、使用与返还，中关村公司分别于2016年12月14日、2016年12月23日与2017年4月12日向斯太尔江苏公司转账支付许可使用费2000万元、1.2亿元和6000万元（共计2亿元）；与此同时，中关村公司、中关村产业园管委会与斯太尔江苏公司达成三方协议，约定斯太尔江苏公司使用上述2亿元大额存款需中关村公司同意，华夏银行溧阳支行作为斯太尔江苏公司收取上述2亿元的开户行，也向中关村产业园管委会表示接受该管委会对上述2亿元收款账户的监控，其中并无各方当事人将涉案技术实施效果与资金监管相关联的安排；斯太尔江苏公司、斯太尔常州公司于2017年10月31日分别向中关村公司出具1.5亿元与5000万元转账支票。以上三点基本事实，可说明斯太尔江苏公司不能自由支配许可使用费2亿元，而且其关联公司斯太尔股份公司还拟按照技术回购方案如数返还中关村公司。

第二，关于涉案技术许可使用与“回购”，中关村公司与斯太尔江苏公司于2016年12月6日签订涉案技术许可协议，之后不满四个月，中关村公司与斯太尔股份公司又于2017年3月27日协商签署技术回购协议事宜，斯太尔股份公司董事会于2017年3月29日提出《关于专项技术回购方案的汇报》，拟于2017年9月15日至10月31日分四笔共支付2亿元回购款向中关村公司“回购”涉案技术（含技术文件和三台样机）；如上所述，斯太尔江苏公司、斯太尔常州公司于2017年10月31日共向中关村公司出具2亿元

的转账支票，这也印证三斯太尔公司方面拟“回购”涉案技术的事实。斯太尔股份公司董事会作为该公司的执行机构批准同意上述回购方案，中关村公司接受该回购方案，由此可以认定双方对回购方案达成一致意思表示。斯太尔股份公司董事会在回购方案上加盖公章能够对外产生法律效力，斯太尔股份公司以其公司内部管理规定否定其董事会盖章确认的效力没有事实和法律依据，原审法院不予认定并无不当。严格地讲，涉案“回购”事项与技术许可协议并不相符，因为技术许可协议并不涉及技术权属转让，仅涉及权利人许可他人在约定期限和范围内使用技术，技术许可协议项下仅可能产生被许可人停止使用技术的问题，而不涉及许可人向被许可人“回购”技术的问题。本案《关于专项技术回购方案的汇报》中“回购”基本上为相关技术资料和样机的返还，并不涉及约定技术权属的转让，并非技术转让意义上的回购。按照中关村公司与斯太尔股份公司之间的“回购”安排，自涉案技术许可协议签订之日（2016 年 12 月 6 日）至“回购”方案预定的中关村公司向“回购”方斯太尔股份公司返还相关技术文件和三台样机的时间（2017 年 9 月 29 日）不足 10 个月，中关村公司在该期间内不可能实际使用原约定使用 10 年的技术，且斯太尔江苏公司并没有提供证据证明其按照涉案技术许可协议第 4.3 条款的约定向中关村公司提供除技术资料和样机之外的技术支持。

基于涉案技术许可协议项下两项主给付义务均不具备一般技术许可协议项下被许可方可依约使用技术、许可方可自由支配许可使用费的基本特征，可以初步认定双方当事人并无签订法律意义上的技术许可协议的真实意思表示。

2. 根据合同订立前后的情况和履约行为等相关事实，进一步认定双方当事人订立合同的真实意图

在初步认定双方当事人以虚假意思表示订立合同情况下，根据合同订立前后的情况（特别是双方缔约背景）和履约行为等相关事实，进一步分析认定双方订立合同所隐藏的真实意图，对于检验和印证上述初步认定具有重要意义。本案中，原审法院认定中关村公司与斯太尔江苏公司签订涉案技术许可协议所隐藏的真实意图是配合斯太尔股份公司利用江苏省溧阳市人民政府的有关招商政策获得政府先行兑现的 2 亿元招商奖励金，并无不当。本院具体分析如下：

第一，中关村公司主张其与斯太尔江苏公司签订涉案技术许可协议具有上述隐藏的真实意图，有充分证据支持。涉案技术许可协议签订前，江苏省溧阳市人民政府制定了奖励发展制造业项目的投资奖励政策，中关村产业园招商局与斯太尔股份公司于 2016 年 8 月 3 日、8 月 9 日进行了投资项目会谈；中关村公司作为中关村产业园营运平台公司和中关村产业园招商局于 2016 年 10 月至 11 月共同与斯太尔股份公司、斯太尔江苏公司协商确定涉案

技术许可协议，最终由中关村公司与斯太尔江苏公司于 2016 年 12 月 6 日签订涉案技术许可协议。除非当事人有特殊考虑，一般商业合同不会约定合同价款支付后收款人不能自由支配该款项。因技术许可合同项下许可标的具有无形性，特别是技术秘密许可合同项下的许可标的还具有秘密性，被许可方难以事前准确判断技术实施效果，由此双方当事人可能会约定分期付款甚至约定对已支付款项的处分附加条件。但从涉案技术许可协议签订和履行的过程看，该协议双方当事人并没有意图约定被许可方可以根据其实际使用技术的进展及效果，分期分批允许许可方自由支配相应部分的许可使用费；涉案技术许可协议签订前后，中关村产业园管委会参与对斯太尔江苏公司获得的 2 亿元技术许可使用费的监管，这说明涉案技术许可协议的履行（特别是上述 2 亿元款项的使用）与江苏省溧阳市当地政府有相当密切的关联，可以印证该 2 亿元款项系当地政府通过中关村公司支付的投资奖励金。中关村产业园有关部门及中关村公司与斯太尔股份公司、斯太尔江苏公司均明知当地政府投资鼓励和奖励政策背景，原审法院认定斯太尔股份公司、斯太尔江苏公司有利用当地政府政策获得投资奖励的意图，符合常理。

第二，三斯太尔公司不能合理说明中关村公司与斯太尔江苏公司签订涉案技术许可协议另有其他真实意图。如果不认定斯太尔股份公司、斯太尔江苏公司拟获得投资奖励的意图，单纯根据涉案技术许可协议签订和履行以及技术“回购”方案所构成的整个交易链条看，中关村公司一直未实际使用技术，斯太尔江苏公司最终也不能获得任何技术许可使用费（2 亿元许可使用费最终需以“回购”形式返还），斯太尔江苏公司从中除获得 2 亿元暂存其账户中的几个月利息之外，并不能获得交易利益或者利润。在此情况下，否定斯太尔股份公司、斯太尔江苏公司具有获得投资奖励的意图显然不合常理。

3. 综合全案案情，最终认定合同双方当事人是否存在虚假意思表示

综合全案案情，本案上述根据中关村公司与斯太尔江苏公司双方主给付义务对其意思表示虚假性的认定，与根据双方当事人订立合同前后的情况和履约行为等相关事实对双方订立合同所隐藏的真实意图的认定，可以相互吻合，并能够排除合理怀疑。据此，本案有充分事实和法律依据最终认定该双方当事人以虚假的意思表示订立合同。

——中国裁判文书网。

附录：最高人民法院主流观点

（一）依法认定虚假意思表示

在最高人民法院审理的一起涉及 2 亿元标的额的技术秘密许可使用合同纠纷案中，总结提炼出“三步法”审理思路，依据该思路审理认定涉案合同签订主体存在虚假意思表示，应属无效。在该案中，最高人民法院二审认

定，对于双方当事人签订特定类型合同是否存在虚假意思表示，一般可以按照“三步法”进行具体认定：第一步，根据合同主给付义务的真实情况进行判定。如果双方当事人之间的主给付义务实际上根本不具备特定类型合同项下主给付义务的基本特征，则可以初步认定双方签订合同时存在虚假意思表示。涉案合同属技术许可协议，基于涉案技术许可协议项下两项主给付义务均不具备一般技术许可协议项下被许可方可依约使用技术、许可方可自由支配许可使用费的基本特征，可以初步认定双方当事人并无签订法律意义上的技术许可协议的真实意思表示。第二步，根据双方当事人订立合同前后的情况（特别是双方缔约背景）和履约行为等相关事实，进一步认定双方订立合同所隐藏的真实意图。第三步，综合全案案情，如果上述两个方面的认定可以相互吻合并能够排除合理怀疑，即可最终认定双方当事人以虚假意思表示订立合同。认定双方当事人签订合同是否存在虚假意思表示，属于合同类案件的常见疑点和审理难点，该案判决针对这一司法实践疑难问题总结、提炼出“三步法”审理思路，路径清晰、逻辑严密，为该类案件的审理提供了重要参考。

——贺荣主编：《党的十八大以来人民法院审判执行工作成果回顾（服务创新发展篇）》，人民法院出版社 2023 年版，第 92~93 页。

439. 假冒他人名义签订的合同如何确定民事责任

关键词

买卖合同　假冒他人名义　合同订立

最高人民法院裁判文书

中建三局第二建设工程有限责任公司与福建新华夏建工有限公司买卖合同纠纷案［最高人民法院（2018）最高法民再 23 号民事判决书］

裁判要旨：合同如系假冒他人名义签订，相关当事人依法可以请求人民法院判决予以撤销或宣告无效，当事人不请求撤销或宣告无效的，冒用人应当自行承担因相关合同签订与履行引发的法律责任。

最高人民法院认为：本案争议的主要问题为：一、武汉新华夏公司、胡家伟等人是否冒用福建新华夏公司名义签订涉案相关合同文件；二、中建三局二公司应否承担旨新公司钢材货款的清偿责任。

一、武汉新华夏公司、胡家伟等人是否冒用福建新华夏公司名义签订涉案相关合同文件

根据审理查明的事实，2011 年 4 月 9 日，旨新公司作为乙方签订的《钢材购销合同》中，载明合同甲方为武汉新华夏公司，合同上加盖的印章为“福建新华夏建工有限公司协信 · 天骄名城项目经理部”。甲方指定的验收货物人员为兰德快和胡斌。2011 年 6 月 29 日，中建三局二公司西部公司签订《建设工程劳务分包合同》，约定将涉案天骄名城项目工程劳务作业分包给福建新华夏公司。合同对方加盖的印章为福建新华夏公司印章及江年宗的私章，合同对方开户银行情况为武汉新华夏公司在中国银行湖北省分行所开账户。2013 年 5 月 20 日，旨新公司签订的《付款协议》载明合同对方为福建新华夏公司。该协议简述了双方签订涉案购销合同及履行情况，并对欠付货款、还款期限等问题作出核对确认。协议书加盖了福建新华夏公司印章，胡家伟分别作为福建新华夏公司代表和保证人在协议上签名。2013 年 7 月 12 日，林仁兴、林金海、胡家伟、郭明全签署《协议书》记载，武汉新华夏公司注册至今，公司经营、资金的使用支配实际均由胡家伟运作，所有债权债务均由胡家伟承担。胡家伟于 2014 年 12 月 9 日出具《承诺书》称，胡家伟、林金海、林仁兴三人合作承办涉案工程项目，私刻福建新华夏公司公章用于签订与中建三局二公司劳务合同。以上事实足以表明，武汉新华夏公司及胡家伟等人冒用福建新华夏公司名义签订并实际履行涉案合同文件。原审判决认定福建新华夏公司并未签订涉案相关合同文件，是正确的。

合同如系假冒他人名义签订，相关当事人依法可以请求人民法院判决予以撤销或宣告无效，当事人不请求撤销或宣告无效的，冒用人应当自行承担因相关合同签订与履行引发的法律责任。就本案而言，在对方当事人未依法请求人民法院撤销涉案合同或宣告合同无效的情况下，武汉新华夏公司及胡家伟等人作为冒用人应当自行承担合同相关责任。

二、中建三局二公司应否承担旨新公司钢材货款的清偿责任

涉案《建设工程劳务分包合同》与《钢材购销合同》属于相互独立的合同。合同当事人依法应当就其各自订立的合同行使相应权利并承担相应义务。旨新公司对于依约供应钢材后未获清偿的货款，依法应向实际购买方武汉新华夏公司及胡家伟等人提出主张。原审期间，旨新公司明确表示放弃对武汉新华夏公司的主张，本院不持异议。

在旨新公司所签涉案《钢材购销合同》中，对方指定兰德快为验收货物人员。中建三局二公司在其他合同中亦指定兰德快为材料员，兰德快因而具有双重身份。但旨新公司在其依约所供钢材已由合同指定验收人员兰德快签收的情况下，依法应向合同相对方提出货款清偿请求，而不能基于兰德快亦为中建三局二公司在其他合同中指定的材料员而向其提出清偿主张。原审判

决依据兰德快系中建三局二公司在其他合同中指定的材料员而认定其系代表中建三局二公司验收涉案钢材，依据显然不足。从在案支付款项证据情况看，协信房地产公司开出汇票票面记载的收款人为中建三局二公司。按照汇票流转规范，即使汇票最后转给了旨新公司，但如无证据证明汇票系由中建三局二公司直接背书让与旨新公司，亦不能证明其直接向旨新公司支付货款的事实。2012 年 8 月 28 日、9 月 11 日，中建三局二公司虽曾将 150 万元、100 万元分别支付至长沙市雨花区铭东建材经营部的账户，但没有进一步证据证明此款项确系属于受旨新公司指示而支付的涉案钢材货款。原审判决关于中建三局二公司曾向旨新公司直接支付钢材货款的认定，缺乏足够证据证明。在当事人之间缺乏合同关系的情况下，钢材是否实际用于涉案工程，不能成为旨新公司向中建三局二公司提出货款清偿主张的当然依据。另外，中建三局二公司对于他人冒用福建新华夏公司订立《建设工程劳务分包合同》虽然未尽足够审查义务，但与旨新公司基于其他合同所售钢材货款不能及时获偿之间，没有必然关联。原审判决以中建三局二公司订立分包合同转包工程存在过错为由，判令其对旨新公司涉案钢材货款承担清偿责任，缺乏事实和法律依据。

实际上，涉案工程结算过程中，中建三局二公司已经按照分包合同约定多次向武汉新华夏公司支付工程款项，武汉新华夏公司亦已向旨新公司实际支付多达 3000 余万元的钢材货款。原审法院在已查明涉案《钢材购销合同》系旨新公司与武汉新华夏公司及胡家伟等人实际订立并履行的情况下，却又认定旨新公司与中建三局二公司存在事实上的买卖合同关系，并进而判令中建三局二公司承担欠付货款的清偿责任，认定事实和适用法律均有错误。

——中国裁判文书网。

440. 合同由他人代签后本人补签的性质认定

关键词

代签　补签　无权处分的追认

最高人民法院裁判文书

李伟萍与上栗农商银行等金融借款合同纠纷案［最高人民法院（2021）最高法民申 6468 号民事裁定书］

裁判要旨：由他人代签字的合同，后真实权利人应债权人要求进行补签名的行为，符合《合同法》第五十一条关于权利人追认之

情形，权利人的补签字行为，属于对他人代签字行为的追认，应当视为权利人的真实意思表示，合同依法生效。

最高人民法院经审查认为，根据已查明的事实，上栗农商银行与李伟萍签订案涉《同意抵押意见书》《最高额抵押合同》等协议时，系由王敏代李伟萍签字，后李伟萍应鼎浩经贸公司请求，在王敏代签的案涉协议上进行补签名并完善有关资料，二审判决依据《合同法》第五十一条“无处分权的人处分他人财产，经权利人追认或者无处分权的人订立合同后取得处分权的，该合同有效”之规定，认定李伟萍补签字及完善有关资料的行为，系对其权利的处分及对抵押的追认，并无不当。李伟萍主张补签字系受到鼎浩经贸公司相关人员的欺骗，但其并未提供相关证据证明。关于房屋抵押登记机关未经李伟萍签字即办理抵押登记的问题，李伟萍已经提起相应的行政诉讼，江西省高级人民法院作出的（2020）赣行终362号行政判决，驳回了李伟萍的上诉，认定案涉房屋抵押登记具有法律效力。故李伟萍的补签字行为系对其权利的处分及抵押的追认，抵押登记行为经生效的行政判决确认具有法律效力，债权人上栗农商银行依法在案涉抵押房屋折价或拍卖、变卖款内对1900000元享有优先受偿权。李伟萍关于二审判决认定基本事实缺乏证据证明的主张，依法不能成立。

——中国裁判文书网。

441. 合同文本载明的合同主体与签章载明的主体不一致时，如何认定合同主体

关键词

合同主体　签章　合同文本

最高人民法院裁判文书

大庆市福铭达运输服务有限公司与山西华瑞煤业有限公司合同纠纷案

［最高人民法院（2015）民提字第160号民事判决书］

裁判要旨：合同文本载明的合同主体与签章载明的主体不一致时，应综合考察合同签订的背景、合同约定的权利义务内容以及对方当事人对权利外观的认知情况，确定合同的双方当事人。

最高人民法院认为：第一，从诉争合同文本来看，合同的甲方一栏载明

为“大庆市福铭达运输服务有限公司大同分公司”，合同的乙方一栏载明为“山西华瑞煤业集团第八工区项目部”，整个合同的文本当中未出现高华公司。不过，合同的签章乙方一栏所盖印章为“山西华瑞煤业有限公司八工区高华建设工程公司项目部”。如何认定该印章所代表的民事主体，结合诉争合同的签订背景，于洪伟、李冬梅在诉争合同之前，分别于 2012 年 10 月 9 日、22 日与名为“华瑞煤业集团第八工区项目部”的甲方签订了《山西华瑞煤业集团有限公司露天煤矿施工合同》。该 2 份合同就涉案车辆的施工营运与月还款作出约定，2 份合同所盖印章亦为“山西华瑞煤业有限公司第八工区高华建设工程公司项目部”。而于洪伟、李冬梅提供给八工区项目部进行运营施工的涉案车辆是由福铭达公司提供担保贷款购买所得。正是为了确保购车贷款债务的清偿，福铭达公司才与标注为“山西华瑞煤业集团第八工区项目部”的乙方签订了以代扣、垫付涉案车辆月还款为主要权利义务内容的诉争合同。因此，于洪伟、李冬梅与“华瑞煤业集团第八工区项目部”签订的 2 份《山西华瑞煤业集团有限公司露天煤矿施工合同》，福铭达公司与“山西华瑞煤业集团第八工区项目部”签订的诉争合同，该 3 份合同的一方当事人是同一民事主体，从合同文本来看，即为华瑞公司。第二，从涉案工程现场环境的外观看，根据福铭达公司在一审诉讼中提交的现场照片等证据，第八工区内张贴的《通告》落款为“山西华瑞煤业有限公司”，张贴的告示《现场管理人员安全》落款为“山西华瑞煤业有限公司”；在《华瑞八工区通讯录》上，陈齐辉为第八工区项目部总指挥，陈齐钦为第八工区生产部长，结合陈齐钦代表八工区项目部在诉争合同上签字这一事实，福铭达公司认知与其签订诉争合同的对方当事人为华瑞公司，符合情理。在一审诉讼程序中，陈齐辉、陈齐钦虽出具证言，证明陈齐钦是代表高华公司与福铭达公司签订诉争合同，但是，华瑞公司提交的证据只有 1 份高华公司出具给陈齐辉的授权委托书和介绍信，并且，在再审程序中，高华公司还明确指出上述授权委托书、介绍信的印章与公司印章不一致，介绍信与公司存根不一致等情况。因此，陈齐辉、陈齐钦关于陈齐钦代表高华公司与福铭达公司签订诉争合同的证言，不予采信。第三，关于华瑞公司主张其与高华公司就涉案工程存在承包法律关系一节，最高人民法院认为，首先，根据现有证据尚不足以认定华瑞公司与高华公司就涉案工程存在承包法律关系。华瑞公司主张，在山西省交口县人民法院审理的以高华公司为原告、于洪伟为被告的建设工程合同纠纷诉讼［（2014）交民初字第 306 号］中，法院已经作出生效判决，认定高华公司是涉案工程的实际施工人。对此，最高人民法院认为，根据《最高人民法院关于民事诉讼证据的若干规定》第九条第二款的规定，（2014）交民初字第 306 号民事判决确认的华瑞公司与高华公司就涉案工程存在承包法律关系这一事实，在本案诉讼中并非绝对的免证事实。高华公司法定代表人在再审程序中到庭参加询问，明确表示对该另案诉讼不知情，亦未授权任何人提起该诉讼，同时指出高华公司未参与涉案工程，亦未授权陈齐辉、陈齐钦以高华公司名义与华瑞公司签订承包合同，涉案的授权委托书、介绍信以及 2 份建设工程承包合同，其上印章均与高华公司的印章不一致。陈齐辉在再审程序中到庭参加询问，称挂靠高华公司与华瑞公司签订建设工程承包合同，但其关于介绍信等情况的陈述前后矛盾。此外，诉争合同签订于 2012 年 12 月 30 日，而华瑞公司在一审诉讼中提交的建设工程承包合同落款日期为 2013 年 1 月 14 日，在二审诉讼中华瑞公司才补充提交签约日期为 2012 年 3 月 9 日的《土石方工程施工承包合同》，并且，该合同的开工日期、完工日期、工程量等条款内容均为空白，故其真实性存疑。即使华瑞公司与高华公司就涉案工程存在承包法律关系，这一法律关系也仅仅是华瑞公司与高华公司之间的内部关系，诉争合同上的印章“山西华瑞煤业有限公司八工区高华建设工程公司项目部”，并不能将这一内部承包关系外化展现给诉争合同的相对方福铭达公司。根据诉争合同的文本以及八工区施工现场所表现出来的权利外观，应当认定诉争合同是福铭达公司与华瑞公司所签订。综上，最高人民法院认为，应当认定华瑞公司为诉争合同的合同主体。

——法信网。

临沧西地矿业发展有限公司与西安西电国际工程有限责任公司等保证合同纠纷案［最高人民法院（2021）最高法民申 4914 号民事裁定书］

裁判要旨：合同落款名称和加盖公章名称不一致时，在无法查证盖章过程情况下，如合同除加盖有公司公章，还有法定代表人的签名，且当事人未提供相反证据、亦未申请司法鉴定证明合同上签章的真伪时，可以认定其为合同的一方主体。

最高人民法院认为：临沧西地公司分别于 2013 年 9 月 1 日和 2016 年 1 月 1 日与西电公司签订了《最高额担保合同》。虽然临沧西地公司辩称无法查证盖章过程，且 2016 年签订的《最高额担保合同》落款名称不是该公司，但是该合同除加盖有临沧西地公司公章外，还有其时任法定代表人范军的签名，临沧西地公司既未提供相反证据，亦未申请司法鉴定证明合同上签章的真伪，其抗辩理由不能成立，可以认定临沧西地公司为合同的一方主体。临沧西地公司关于双江西地公司无权代表临沧西地公司等关联方确认主债权并承诺承担保证责任的问题，本院认为《公司法》第十六条关于公司为他人提供担保公司决议前置的规定，专门针对公司法定代表人提供担保的权限进行限制，其目的是要求相对人在接受担保时负有对法定代表人或公司代理人实施担保行为是否符合公司真实意思的注意义务，债权人如果合理信赖法定代表人或者公司代理人以公司名义签订担保合同符合公司真实意思，其即为善意相对人，该担保行为对其即应为有效。本案的交易结构具有特殊性，一是西电公司将从双江西地公司、长盛公司、文美公司、西安西地国际贸易有限公司等购得的金属硅等有色金属出口给阿灵顿公司，并由双江西地公司、临沧西地公司等关联公司为该系列交易提供担保；二是 2016 年 8 月 2 日的《关于金属硅项目双江西地代 ARLINGTON 先行垫付货款的协议》签订时，双江西地公司及上述关联企业的法定代表人均为范军；三是双江西地公司与阿灵顿公司关系密切，双江西地公司既主动承担阿灵顿公司的债务，且 2016 年 8 月 23 日的《关于金属硅项目的会议纪要》显示，阿灵顿公司应双江西地公司要求将应付西电公司的货款转付给西安西地国际贸易有限公司。阿灵顿公司与临沧西地公司还于 2016 年 9 月 30 日共同向西电公司出具《情况说明》，载明阿灵顿公司委托临沧西地公司向西电公司支付 275 万元人民币，按照汇率 6.6587 折算对应美元为 413000 美元，用于阿灵顿公司支付欠西电公司的货款，同日临沧西地公司通过其工行云南省临沧临翔支行向西电公司转账 275 万元，用途为还款。可见，双江西地公司与临沧西地公司等公司均由其法定代表人范军控制，双江西地公司不仅是该笔债权的保证人，也承诺承担清偿债务的责任，且与阿灵顿公司具有密切关联性。依据《全国法院民商事审判工作会议纪要》有关规定，为关联公司对外债务提供担保的，不受公司法第十六条有关公司决议程序限制。范军作为双江西地公司及临沧西地公司等关联企业的法定代表人在《最高额担保合同》《关于金属硅项目双江西地代 ARLINGTON 先行垫付货款的协议》等合同文件上签字，应认定为上述公司的真实意思，对上述公司具有法律效力。因此，临沧西地公司与西电公司签订的前述两份《最高额担保合同》是双方当事人的真实意思表示，不违反法律强制性效力性规定，应认定为合法有效的担保合同。临沧西地公司主张不存在有效的担保合同的再审事由，不能成立。

——中国裁判文书网。

附录：本案解析

本案审理主要涉及诉争合同主体的认定，即与福铭达公司签订诉争合同的究竟是华瑞公司，还是高华公司。这既是一个事实查明问题，又是一个法律适用问题。

诉争合同主体的认定，涉及合同签订主体的查明以及合同履行主体的查明。诉争合同文本载明的是“山西华瑞煤业集团第八工区项目部”，整个合同的文本当中未出现高华公司。不过，在合同最后签章处乙方一栏所盖印章为“山西华瑞煤业有限公司八工区高华建设工程公司项目部”。如何认定该印章所代表的民事主体，在再审申请的审查过程中，有一种意见认为，合同主体应为高华公司，理由是：（1）基于高华公司与华瑞公司之间存在工程承包的事实，高华公司再行分包的行为系高华公司独立的民事行为，根据合同的相对性原则，应当由高华公司对外独立享有民事权利和承担民事义务；（2）根据汉语言文字表述习惯，'山西华瑞煤业有限公司八工区高华建设工程公司项目部”中的“山西华瑞煤业有限公司八工区”和“高华建设工程公司”均属于修饰“项目部”的定语，“高华建设工程公司”紧挨着“项目部”，而且华瑞公司和高华公司为两个独立的主体，华瑞公司将工程发包给高华公司，故应当认定项目部系高华公司的项目部；（3）案外人高华公司在本案的一、二审诉讼中均向法院出具了关于自愿承担本案诉争合同法律责任的承诺声明；（4）在山西省交口县人民法院作出的（2014）交民初字第306号生效民事判决中，已认定高华公司授权陈齐钦以“山西华瑞煤业有限公司八工区高华建设工程公司项目部”名义签订施工合同，并判决高华公司享有该合同项下的权利义务；（5）华瑞公司申请再审时提交了新证据银行交易明细清单，用以证明诉争合同签订后，高华公司的出纳陈曾圻通过中信银行福州福清支行向福铭达公司支付了部分费用，福铭达公司对于收款事实无异议，故实际履行诉争合同的是高华公司。

华瑞公司申请再审提交的新证据是否可以采信，高华公司是否实际履行过诉争合同，案外人高华公司为何主动站出来将诉争合同的法律责任揽到自己身上，这些问题直接关系到本案的审理结果。为了进一步查明案件事实，解答上述问题，合议庭决定启动再审程序。经过再审审理，进一步查明了以下事实：（1）陈齐辉以高华公司的名义与华瑞公司签订施工承包合同；（2）高华公司在本案原审诉讼中并未提交关于自愿承担本案诉争合同法律责任的承诺声明；（3）向福铭达公司汇款履行诉争合同的陈曾圻是八工区项目部招聘的出纳，并非高华公司的员工；（4）高华公司对山西省交口县人民法院审理的以高华公司为原告、于洪伟为被告的建设工程合同纠纷诉讼［（2014）交民初字第306号］并不知情。基于以上新查明的事实以及一、二审法院查明的事实，综合考察诉争合同的签订背景、诉争合同约定的权利义务内容以及福铭达公司对涉案工程现场环境权利外观的认知等情况，合议庭认定诉争合同的双方当事人为福铭达公司与华瑞公司。

——《合同文本载明的合同主体与签章载明的主体不一致时，合同双方当事人的确定》，载郑学林主编、最高人民法院第二巡回法庭编著：《民商事再审典型案例及审判经验》，人民法院出版社2019年版，第75~77页。

442. 非本人签字但盖章真实的能否推定为公司真实意愿

关键词

签章　合同主体

最高人民法院裁判文书

青海豪都华庭房地产开发有限公司与中天建设集团有限公司建设工程施工合同纠纷二审案［最高人民法院（2020）最高法民终1147号民事判决书］

裁判要旨：虽然经鉴定公司签章处的签字非本人所签，但公司印章真实。在没有证据推翻公司印章的真实性，亦无证据证明加盖印章并非出于公司真实意愿情况下，公司加盖印章即表明其对内容予以认可。

最高人民法院认为：本案中，中天公司提交《豪都华庭工程二期竣工决算书》上下册，其中上册首页为《基本建设结算审核定案单》，定案单落款处加盖施工单位中天公司、发包人豪都华庭公司印章，签章日期为2015年10月13日。该决算书形成于案涉工程竣工验收移交使用且工程量结算书亦全部移交豪都华庭公司之后，定案单载明中天公司报审金额为269028603.90元，豪都华庭公司经审核核减31226538.61元，最终审定金额237477195.80元，符合工程款结算的一般流程及模式。虽然经鉴定豪都华庭公司签章处“王海宁”的签字非本人所签，但豪都华庭公司印章真实。豪都华庭公司在定案单中加盖公司印章，即表明其对定案单中的工程造价金额予以认可。豪都华庭公司否认双方进行了决算并形成决算书和定案单，但没有证据推翻定案单中豪都华庭公司印章的真实性，亦无证据证明在定案单中加盖印章并非出于豪都华庭公司真实意愿。因此，一审法院采信该定案单作为认定案涉工程造价的依据，未予支持豪都华庭公司关于应通过鉴定确定案涉工程造价的主张，并无不当。豪都华庭公司申请鉴定定案单中其公司印章与定案单文字形成时序等事项，均不能推翻印章的真实性，一审法院未予准许，并无不当。

——中国裁判文书网。

443. 若某条款并非合同生效的必要条款，则该条款无效，不影响合同其他部分效力

关键词

合同生效　必要条款　合同条款无效

最高人民法院裁判文书

祥云公司与南关二街经济合作社、南关一街经济合作社房地产开发经营合同纠纷案［最高人民法院（2019）最高法民申 3501 号民事判决书］

裁判要旨：合同条款并非合同成立生效的必要条款，案涉合同所涉条款内容无效，不影响合同其他部分的效力。

最高人民法院认为：《物权法》第一百三十七条[①]规定："设立建设用地使用权，可以采取出让或者划拨等方式。工业、商业、旅游、娱乐和商品住宅等经营性用地以及同一土地有两个以上意向用地者的，应当采取招标、拍卖等公开竞价的方式出让。严格限制以划拨方式设立建设用地使用权。采取划拨方式的，应当遵守法律、行政法规关于土地用途的规定。"本案中，祥云公司与南关二街经济合作社、南关一街经济合作社（以下简称合作社）分别签订《旧村拆迁安置与房地产开发建设工程合同》和《莒县昌盛家园开发建设工程补充协议》，就案涉土地的开发建设进行了约定。案涉协议均明确约定合作社"保证案涉土地挂牌拍卖价格每亩不超过 70 万元，并保证挂牌给祥云公司"。该约定违反了上述法律的相关规定，依法应为无效。《合同法》第五十六条规定："无效的合同或者被撤销的合同自始没有法律约束力。合同部分无效，不影响其他部分效力的，其他部分仍然有效。"合作社与祥云公司有关"保证案涉土地挂牌拍卖价格每亩不超过 70 万元，并保证挂牌给祥云公司"的条款并非合同成立生效的必要条款，案涉合同所涉"保证案涉土地挂牌拍卖价格每亩不超过 70 万元，并保证挂牌给祥云公司"条款内容的无效，并不影响《旧村拆迁安置与房地产开发建设工程合同》和《莒县昌盛家园开发建设工程补充协议》其他部分的效力。

——法信网。

① 对应《民法典》第三百四十七条。

444. 合同不成立、无效或者被撤销的法律后果

关键词

合同不成立　合同无效　合同撤销

《中华人民共和国民法典》条文

第一百五十五条　无效的或者被撤销的民事法律行为自始没有法律约束力。

最高人民法院司法政策精神

在合同不成立、无效或者被撤销时，总的原则是，要根据诚实信用原则的要求，在当事人之间合理分配责任，不能使不诚信的当事人因合同不成立、无效或者被撤销而获益。具体来说，要把握住以下几点：

第一，在确定财产返还时，如果财产相对于合同约定的价款增值或者贬值的，人民法院要综合考虑市场因素、受让人的经营或者添附等行为与财产增值或者贬值之间的关联性，在当事人间合理分配或者分担责任，避免出现一方因合同不成立、被撤销或者无效获益，而另一方受损的情形。在标的物已经灭失或者转售他人的情况下，当事人不能主张返还原物，但可主张折价补偿。折价时，应以当事人交易时约定的价款为基础，再考虑当事人在标的物灭失或转售时的获益情况综合确定补偿标准。标的物灭失时当事人获得的保险金或者其他赔偿金，转售时取得的对价，均属于当事人因标的物而获得的利益。对获益高于或者低于价款的部分，也应在当事人间合理分配或者分担。

第二，关于价款返还。在双务合同无效的情况下，标的物返还与价款返还互为对待给付，双方应当同时返还，在一方未返还标的物之前，另一方有权拒绝返还价款。只有在一方已经返还标的物的情况下，另一方才可以请求返还价款。另应注意应否支付利息。在双务合同中，只要一方对标的物有使用情形的，就应当支付使用费，该笔费用可与占有资金一方应当支付的资金占用费相互抵销，故在一方返还原物前，另一方仅须支付本金，而无须支付利息。在单务合同如借款合同无效的情况下，货币返还包括利息。因合同无效，利息计算标准不宜依据合同约定，罚息等违约责任亦不应支持。

第三，要正确处理财产返还和损害赔偿责任的关系。仅返还财产不足以弥补其损失，当事人同时又请求损害赔偿的，人民法院在确定赔偿范围时，既要根据当事人的过错程度合理确定责任，又要考虑在确定财产返还范围时

已经考虑过的财产增值或者贬值因素，避免当事人双重获利或者双重受损。在确定赔偿标准时，鉴于该责任性质属于缔约过失责任，故其赔偿的是信赖利益损失，原则上不能参照合同约定来确定。只有在极少数的特殊情况下，才可以参照有效合同来确定损失，如建设工程施工合同尽管被认定无效，但工程竣工验收合格，承包人请求参照合同约定支付价款的，人民法院应予支持，但要注意所支付的价款不应超出合同有效情况下的履行利益。

第四，要强化程序保障。在双务合同中，原告起诉请求确认合同有效并请求继续履行合同，被告则主张合同无效，或者原告诉请确认合同无效并返还财产，而被告则主张合同有效，都要防止机械适用“不告不理”的原则仅就当事人的诉讼请求进行审理，而应适度发挥司法的能动性，向原告释明变更或者追加诉讼请求，或者向被告释明提出抗辩或者反诉，尽可能一次性解决纠纷。例如原告请求确认合同无效，但并未提出返还原物或者折价补偿、赔偿损失等请求的，人民法院应当向其释明，告知其一并提出相应请求；原告请求确认合同无效并要求被告返还原物或者赔偿损失，被告基于合同也有给付行为，在案件审理中被告认可合同无效的，人民法院同样应向其释明，告知其可根据恢复原状原则提出反诉或抗辩。当然，根据“举重以明轻”的原则，如果被告在案件审理中提出合同有效的抗辩，自然应理解为如果合同被认定无效则会主张相应的法律后果，故人民法院应依职权认定合同无效的相关事实以及法律后果，并在判项中就合同无效的法律后果作出裁判。一审法院未予释明，二审法院认为应当对合同不成立、无效或者被撤销的法律后果作出判决的，可以直接释明并改判。但是，如果返还财产或者赔偿损失的范围确实难以确定或者双方争议较大的，也可以告知当事人通过另行起诉等方式解决，并在裁判文书中予以明确。

——刘贵祥：《在全国法院民商事审判工作会议上的讲话》（2019 年 7 月 3 日），载最高人民法院民事审判第二庭编：《商事审判指导》2019 年第 1 辑（总第 48 辑），人民法院出版社 2019 年版，第 21~24 页。

附录：最高人民法院主流观点

所谓无效民事法律行为，是指虽然已经成立，但因其在内容上违反了法律、行政法规的强制性规定或者公序良俗而应当被宣告无效的民事法律行为。其特点如下：

1. 无效民事法律行为具有违法性。所谓违法性，一是指违反了法律、行政法规的效力性强制性规定；二是指违反了公序良俗。

2. 对无效民事法律行为国家实行主动干预。由于无效民事法律行为具有违法性，因而国家对此进行主动干预，具体表现在：法院或者仲裁机构不待当事人请求确认民事法律行为无效，便可依职权主动审查民事法律行为是否具有无效的因素。如发现属于民事法律行为无效，便应主动确认该行为无效。正是从这个意义上说，无效民事法律行为是当然无效的。国家对无效民事法律行为的干预还表现在，国家有关行政机关等有权机关可以对无效民事法律行为进行查处，追究无效民事法律行为当事人的行政责任。

3. 无效民事法律行为具有不得履行性。这是指当事人在实施无效民事法律行为以后，不得依据该行为要求实际履行，也不承担不履行的法律责任。若允许履行该行为，则意味着允许当事人实施不法行为。

4. 无效民事法律行为自始无效。由于无效民事法律行为本质上具有违法性，因而国家不承认此类民事法律行为的效力，给予其否定评价。民事法律行为一旦被确认无效，就将产生溯及力，使该行为自实施之时起就不具有法律效力。

所谓可撤销民事法律行为，是指当事人在从事民事法律行为时，因意思表示不真实或者对方的民事行为能力受到限制或者无权代理场合，法律允许撤销权人通过行使撤销权而使该行为归于无效。其特征如下：

1. 可撤销的民事法律行为主要是意思表示不真实的法律行为。可撤销的对象之所以是意思表示不真实的行为，主要是因为民事法律行为作为实现意思自治的工具，其主要目的是实现当事人的自由意志，从而发生当事人预期的法律效果。如果意思表示有瑕疵，则民事法律行为的此种功能将不能实现，因为此时的意思表示并不是当事人的真实意思。

2. 可撤销的民事法律行为须有撤销权人主动行使撤销权。意思表示是否真实往往只有表意人或者意思表示受领人才能知道，而局外人无从了解，这就需要由当事人自己决定是否撤销不真实的意思表示。按照私法自治的原则，即使意思表示不真实，如果撤销权人不愿意撤销，法律也不应当对此进行主动干预。

3. 一旦被撤销，民事法律行为自始无效。撤销权在性质上是一种形成权，权利人可以通过单方的意思表示行使。一旦行使，可撤销的民事法律行为的效力溯及既往地自始无效。

——最高人民法院民法典贯彻实施工作领导小组主编：《中华人民共和国民法典总则编理解与适用》，人民法院出版社2020年版，第778-780页。

445. 合同双方约定“永不反悔”有无效力

关键词

永不反悔 合同解除 合同效力 诚信原则

最高人民法院指导性案例

汤长龙诉周士海股权转让纠纷案［最高人民法院指导案例 67 号］

裁判要点：鉴于双方在股权转让合同上明确约定“此协议一式两份，双方签字生效，永不反悔”，因此要求解除合同的一方当事人即使依据《合同法》第一百六十七条的规定，也应当首先选择要求对方当事人支付全部价款，而不是解除合同。

法院生效判决认为：从诚实信用的角度，《合同法》第六十条规定：“当事人应当按照约定全面履行自己的义务。当事人应当遵循诚实信用原则，根据合同的性质、目的和交易习惯履行通知、协助、保密等义务。”[①] 鉴于双方在股权转让合同上明确约定“此协议一式两份，双方签字生效，永不反悔”，因此周士海即使依据《合同法》第一百六十七条[②] 的规定，也应当首先选择要求汤长龙支付全部价款，而不是解除合同。

——《最高人民法院关于发布第十四批指导性案例的通知》（2016 年 9 月 19 日，法〔2016〕311 号）。

说明

本指导案例旨在明确有限责任公司的股权分期支付转让款中发生股权受让人延迟或者拒付等违约情形，股权转让人要求解除双方签订的股权转让合同的，不适用《合同法》第一百六十七条关于分期付款买卖中出卖人在买受人未支付到期价款的金额达到全部价款的五分之一时即可解除合同的规定。这有利于保护股东利益，维护公司诚信经营，保障市场交易的安全。

446. 国有企业利益不属于国家利益，合同法并未对国有企业利益进行有别于其他市场主体的特别保护

关键词

国有企业　国家利益

---

① 对应《民法典》第五百零九条。

② 对应《民法典》第六百三十四条。

最高人民法院裁判文书

《中学生学习报》社有限公司与中报报刊图书发行（郑州）有限公司合同纠纷案［最高人民法院（2017）最高法民申 4336 号民事裁定书］

裁判要旨：国有企业利益不属于国家利益。合同法是调整平等主体间财产流转关系的法律，各类市场主体间法律地位平等，其合法利益受法律保护。虽然国有企业是我国重要的市场主体之一，但根据平等原则，合同法并未对国有企业利益进行有别于其他市场主体的特别保护。

最高人民法院认为：关于《合作协议书》中有关违约责任的条款是否有效。申请人提出，根据《合同法》第五十二条第二项关于“恶意串通，损害国家、集体或者第三人利益”的合同无效的规定，《合作协议书》第六条第三项的约定因违反上述法律规定应属无效条款。案涉《合作协议书》是否侵犯国家利益，首先要明确国有企业利益是否属于《合同法》第五十二条规定的国家利益。《合同法》是调整平等主体间财产流转关系的法律，各类市场主体间法律地位平等，其合法利益受法律保护。虽然国有企业是我国重要的市场主体之一，但根据平等原则，《合同法》并未对国有企业利益进行有别于其他市场主体的特别保护。

其次，如果将国有企业利益视为国家利益从而主张适用《合同法》第五十二条，一旦发生国有企业利益受损均可基于该条法律规定主张合同无效，将会严重影响市场交易安全与稳定，破坏交易秩序，这与《合同法》第一条规定的维护社会经济秩序的立法宗旨相违背。

最后，《合同法》第五十二条中的“国家利益”应是指以我国全体公民利益为前提的，国家在整体上所具有的政治利益、经济利益和国防利益。这一利益应具有至上性、不可辩驳性，而国有企业的利益在合同法层面也仅是代表其自身的利益和作为独立市场主体的利益，不应与国家利益混同。

综上，无论从《合同法》的立法宗旨、立法原则、法律适用的后果还是国家利益内涵的阐释来看，认为国家利益包含国有企业利益都是不妥的。本案中，中学生学习报虽然系国有企业，但其利益不能被简单认定为国家利益，不能适用《合同法》第五十二条第二项的规定。

——中国裁判文书网。

447. 违规低于评估价转让国有资产是否因损害国家利益而无效

关键词

低价转让国有资产　国家利益　合同无效

最高人民法院裁判文书

深圳市新世纪投资发展有限公司与东北石油大学合同纠纷案［最高人民法院（2015）民二终字第129号民事判决书］

裁判要旨：低于评估价转让国有资产并不导致合同无效，不宜将事业单位管理的国有资产利益等同于国家利益或者社会公共利益。

最高人民法院认为：我国现行法律、行政法规并无有关学校国有资产处置的效力性强制性规范，不能将《国有资产评估管理办法施行细则》《行政事业单位国有资产处置管理实施办法》《黑龙江省行政事业单位国有资产管理暂行办法》等文件作为认定合同无效的依据。东北石油大学转让安达校区固定资产，系其与深圳新世纪公司作为平等的民事主体在平等协商的基础上自愿进行的有偿转让，并没有损害全体社会成员或者社会不特定多数人的利益，也没有证据证明案涉资产的处分损害了东北石油大学的正常教学管理秩序或者学生正常接受学校教育的权利，案涉资产的处分既未损害社会公共秩序，也未损害社会的善良风俗。安达校区固定资产作为市场经济商业交易活动中的交易标的物，其价格受到市场行情、开发利用价值以及当事人自身原因等多种因素的影响。《会议纪要》约定的附条件支付资金的条款是在当事人双方前期合同履行情况的基础上通过平等协商确定的，并无证据证明《会议纪要》的约定造成了国有资产流失。况且，2500万元支付条件为双方后续合作开发工程项目盈利，条件是否成就首先取决于东北石油大学而不是深圳新世纪公司。即便《会议纪要》约定的该条件未成就，2500万元无须支付，也未损害全体社会成员或者社会不特定多数人的利益。东北石油大学系具备独立法人资格的事业单位，具有相应的民事权利能力和民事行为能力，不宜将东北石油大学管理的国有资产利益等同于《合同法》第五十二条所称的国家利益或者社会公共利益。一审法院依据《合同法》第五十二条第四项的规定，认为《会议纪要》的约定损害了社会公共利益，并进而认定《会议纪要》的该部分约定无效，适用法律错误。据此改判深圳新世纪公司向东北石油大学支付剩余转让价款2000万元及相应利息。

——最高人民法院网。

448. 倒签日期的合同是否有效

关键词

倒签日期

最高人民法院裁判文书

柳州市柳港激光科技有限公司、广西富业世界资产投资开发有限公司与柳州市柳港激光科技有限公司、广西富业世界资产投资开发有限公司买卖合同纠纷案［最高人民法院（2014）民提字第227号民事判决书］

裁判要旨：倒签日期的合同只要是真实意思表示并且没有违反法律法规的效力性强制性规定，应当认定为有效。

最高人民法院认为：按照《合同法》的规定，合同是当事人关于权利义务的确定，要求必须是双方当事人的真实意思表示，但没有对倒签日期进行限制的条款。所以，倒签日期的合同只要是真实意思表示并且没有违反法律法规的效力性强制性规定，应当认定为有效。双方合作共同竞买广西信托大厦的事实并非虚构，是双方真实意思的表示，本案所涉文件是否倒签，并不因此影响共同竞买的客观事实。

——中国裁判文书网。

浙江金程实业有限公司与北部湾旅游股份有限公司、北海华美邮轮管理有限公司光船租赁合同纠纷案［最高人民法院（2017）最高法民申4932号民事裁定书］

裁判要旨：合同当事双方对合同签订日期形成合意，该合同签订日期有效。

最高人民法院认为：金程公司与北海华美公司签订《光船租赁合同》系双方真实意思表示，没有证据证明金程公司对协议存在倒签时间的情况提出异议。金程公司明知北海华美公司于2010年9月21日成立，仍然同意将合同的签订时间约定为2010年1月5日，应当视为合同当事双方对合同签订日期形成合意，双方合意约定合同期限为2010年1月1日至2012年11月14

日合法有效。二审判决认定金程公司与北海华美公司倒签合同时间不影响双方签订的《光船租赁合同》的成立及生效并无不当。

——中国裁判文书网。

449. 将留有空白内容的合同交予合同相对方，其行为应视为对合同内容的概括性授权

关键词

空白内容　概括性授权　格式合同　签章

最高人民法院裁判文书

雷鸿鸣等与福田雷沃国际重工股份有限公司等保证合同纠纷案［最高人民法院（2018）最高法民申 3112 号民事裁定书］

裁判要旨：将留有空白内容的合同交于合同相对方的，应视为对合同内容的无限授权。

最高人民法院认为：雷鸿鸣主张其与福田雷沃公司签订的《保证合同》是伪造的。其曾在一份空白合同上签字，福田雷沃公司在《保证合同》关键处的改动及单方擅自添加妻子吴燕琼签字，并未征得雷鸿鸣的书面同意，因此《保证合同》是伪造的。本院认为，雷鸿鸣将留有空白内容的合同交于合同相对方的，应视为对合同内容包括《保证合同》中保证事项的无限授权，合同相对方在空白部分可以填写相应内容。雷鸿鸣主张在一审时申请对《保证合同》的签名进行笔迹鉴定。但该鉴定申请是由其妻子吴燕琼提出的，雷鸿鸣本人并未提出。吴燕琼不是本案当事人，一审法院不予处理并无不当。

——中国裁判文书网。

郭建珍与宁夏担保集团有限公司等追偿权纠纷案［最高人民法院（2018）最高法民申 4176 号民事裁定书］

裁判要旨：当事人作为正常的独立民事行为能力人，应当预见自己在格式化的相关合同上签名所带来的法律后果，但其仍坚持在合同上签名，应视为其系对合同对方在合同空白处进行任意添加相关内容的授权。

最高人民法院认为：关于一、二审判决郭建珍承担本案反担保责任是否正确的问题。本案郭建珍应否承担反担保责任主要取决于2016年反担保合同真实性与否。宁夏担保集团为证明该事实，向一审法院提交了与郭建珍签订的2016年反担保合同。郭建珍在一审中未出庭应诉，对该问题亦未进行答辩，应视为其对宁夏担保集团的诉讼主张及相关证据予以认可，一审法院按照宁夏担保集团所提交的相关证据进行审查，最终认定郭建珍与宁夏担保集团建立了保证反担保关系，依照反担保合同约定判由其承担相应的担保责任，并无不当。二审中，郭建珍对2016年反担保合同及2016年承诺书中其签名的真实性予以认可，但认为合同中落款日期系由宁夏担保集团填写或补签。对于上述主张，郭建珍应当承担相应的举证责任但未能提交任何有效证据加以佐证，其应承担举证不能的法律后果。再者，即便确如郭建珍所称，其在2015年反担保合同上仅签了自己的名字，其余合同内容空白，宁夏担保集团系在其所签订的空白合同上补签了2016年的日期，导致其对2016年的贷款承担反担保责任，其申请再审理由亦不能成立。郭建珍作为正常的独立民事行为能力人，应当预见自己在格式化的保证反担保合同上签名所带来的法律后果，但其仍坚持在该合同上签名，且未注明时间等其他具体内容，应视为其系对合同对方在合同空白处进行任意添加的授权。何况，根据一、二审查明的事实来看，案涉反担保合同虽为格式化反担保合同，但合同所载明的内容较为具体，直接写明了宁夏担保集团与志海公司签订的《委托担保合同》、宁夏担保集团与农行灵武支行签订的《保证合同》以及志海公司与农行灵武支行签订的《借款合同》等文件名称和编号，仅落款签字和日期部分空白处为手写内容。亦即，郭建珍为宁夏担保集团进行担保的意思表示是明确、具体而且真实的，至于签订的时间究竟是2015年还是2016年，既然郭建珍在签订时并不认为重要，因此未对此予以注明，视为其愿意在任何时候为宁夏担保集团提供担保。故，二审判决最终未采纳郭建珍的诉讼主张，判决其承担反担保责任，并无不当。

——中国裁判文书网。

湖北襄阳宏远酒店有限公司与孙丽君民间借贷纠纷案［最高人民法院（2020）最高法民申1111号民事裁定书］

裁判要旨：作为完全民事行为能力人的债务人，在空白借款合同上签字的行为应视为其清楚、理解合同内容，同时也表明其放弃核实债权人的身份信息，并愿意承担由此带来的法律后果，主观上具有与不特定的债权人成立借款关系的意思表示，该行为应视为对合同内容的概括性授权。空白借款合同的相关内容被明确后，对该

债务人理应具有约束力。

最高人民法院认为：李红新系宏远酒店的前股东，且系宏远酒店法定代表人李牧远的父亲，涉案《借款协议》系李红新代表宏远酒店签订，宏远酒店对此没有异议。从宏远酒店二审期间提交的李红新的询问笔录来看，李红新对借款2400万元的事实并未否认，只是称其不认识孙丽君，其是向杨庆借款，并将签章后的合同交给杨庆，交给杨庆时，《借款协议》上的出借人及利率约定均是空白的。关于为什么合同上没写借款人，李红新回答“杨庆称：没事，把钱给到位就行了”。从上述情况可以看出，李红新作为完全民事行为能力人，其在空白借款合同上签字的行为应视为其清楚、理解合同内容，同时也表明其放弃核实债权人的身份信息，并愿意承担由此带来的法律后果，主观上具有与不特定的债权人成立借款关系的意思表示，空白借款合同的相关内容被明确后，对宏远酒店理应具有约束力。二审认定李红新曾将盖有宏远酒店印章的空白借款合同提供给案外人委托其代为借款，宏远酒店将留有空白内容的合同交予合同相对方，其行为应视为对合同内容的概括性授权并无不当。本案针对同一借款事实虽存在两份《借款协议》，但无论借款期限的约定为“十天”亦或是“一年”，在孙丽君已经履行出借2400万元合同义务的情况下，均不影响《借款协议》的效力。如前所述，在李红新将出借人及利率约定均为空白的《借款协议》交给杨庆后，《借款协议》上出借人孙丽君的签名、利率“月2.4%”虽系事后添加，亦不影响双方之间《借款协议》的真实性。二审认定宏远酒店与孙丽君之间存在民间借贷法律关系并无不当。

——中国裁判文书网。

四、合同的履行和变更

450. 正确处理案件审理期间的合同履行行为

关键词

审理期间　合同解除　合同履行　合同效力

《中华人民共和国民法典》条文

第五百六十五条　当事人一方依法主张解除合同的，应当通知对方。合同自通知到达对方时解除；通知载明债务人在一定期限内不履行债务则合同自动解除，债务人在该期限内未履行债务的，合同自通知载明的期限届满时解除。对方对解除合同有异议的，任何一方当事人均可以请求人民法院或者仲裁机构确认解除行为的效力。

当事人一方未通知对方，直接以提起诉讼或者申请仲裁的方式依法主张解除合同，人民法院或者仲裁机构确认该主张的，合同自起诉状副本或者仲裁申请书副本送达对方时解除。

最高人民法院司法解释

第十条　民法典施行前，当事人一方未通知对方而直接以提起诉讼方式依法主张解除合同的，适用民法典第五百六十五条第二款的规定。

——《最高人民法院关于适用〈中华人民共和国民法典〉时间效力的若干规定》(2020年12月29日，法释〔2020〕15号)。

最高人民法院司法政策精神

46.【通知解除的条件】审判实践中，部分人民法院对合同法司法解释(二)第二十四条的理解存在偏差，认为不论发出解除通知的一方有无解除权，只要另一方未在异议期限内以起诉方式提出异议，就判令解除合同，这不符合合同法关于合同解除权行使的有关规定。对该条的准确理解是，只有享有法定或者约定解除权的当事人才能以通知方式解除合同。不享有解除权的一方向另一方发出解除通知，另一方即便未在异议期限内提起诉讼，也不发生合同解除的效果。人民法院在审理案件时，应当审查发出解除通知的一方是否享有约定或者法定的解除权来决定合同应否解除，不能仅以受通知一方在约定或者法定的异议期限届满内未起诉这一事实就认定合同已经解除。

——《最高人民法院关于印发〈全国法院民商事审判工作会议纪要〉的通知》(2019年11月8日，法〔2019〕254号)。

附录：最高人民法院主流观点

由于对合同解除的时间点认定直接影响当事人是否继续履行合同的主动性，过去认为法院判决生效时合同解除的主要考虑，在于如果当事人认为起诉状副本到达时解除，而法院判决认定合同不解除，则双方根据合同已经解除状态所采取的行动就要恢复原状。如果起诉状副本送达后，一方当事人仍在继续履行合同，则合同解除后的履行行为也应当恢复原状，导致当事人在提起诉讼后，继续履行合同的成本增加，可能给当事人造成不必要的损失。为防止产生这些损失，应针对不同案件的特点，研究合同效力“待定期”的处置预案，合理解决起诉状副本送达后至判决生效前的合同履行争议，引导当事人将损失减少到最低限度。

——最高人民法院研究室编：《最高人民法院民法典时间效力司法解释理解与适用》，人民法院出版社 2021 年版，第 145~147 页。

451. 债务人在诉讼时效届满之后主动向债权人发出复核账目用询证函，可视为同意履行债务

关键词

买卖合同纠纷　诉讼时效　同意履行

最高人民法院裁判文书

山西灵石公司与许继电气公司买卖合同纠纷案［最高人民法院（2021）最高法民申 4756 号民事裁定书］

裁判要旨：诉讼时效期间届满后，义务人同意履行的，不得以诉讼时效期间届满为由抗辩。义务人同意履行，是指义务人向权利人作出承认权利的存在，承诺以一定方式履行义务。债务人主动向债权人发出的复核账目用询证函，属于对权利人所享权利的重新确认，结合债务客观存在、理应遵循诚信原则履行等情况，可视为同意履行债务。

最高人民法院认为：根据山西灵石公司申请再审的理由及一、二审判决情况，本案再审审查范围和焦点问题为：山西灵石公司在《往来询证函》上盖章是否构成同意履行债务。

本院注意到，对于一、二审认定的本案诉讼时效应从 2014 年 3 月 8 日起算、许继电气公司 2019 年 10 月 21 日起诉时已超过诉讼时效，以及 2019 年 6 月 30 日后形成的《往来询证函》中载明山西灵石公司对许继电气公司应付账款 35 万元、山西灵石公司在该函上盖章确认，当事人均无异议。《往来询证函》载明该函系向许继电气公司发出，内容包括“本公司聘请的北京兴华会计师事务所（特殊普通合伙）正在对公司财务报表进行审计……下列信息出自本公司账面记录，如与贵公司记录相符，请在本函下端‘信息证明无误’处签章证明；如有不符，请在‘信息不符’列明不符项目。如存在与本公司有关的未列入本函的其他项目，也请在‘信息不符’处列出这些项目的金额及详细资料……”，“截止日期 2019-6-30，欠贵公司 350000.00，应付账款”，“本函仅为复核账目之用，并非催款结算。若款项在上述日期之后已经付清，仍请及时复函为盼”等，落款为山西灵石公司。《最高人民法院关

于超过诉讼时效期间后债务人向债权人发出确认债务的询证函的行为是否构成新的债务的请示的答复》中明确，债务人在诉讼时效届满后主动向债权人发出查证核对债务行为的法律后果，可参照《最高人民法院关于超过诉讼时效期间借款人在催款通知单上签字或者盖章的法律效力问题的批复》的规定进行认定和处理。而该批复中规定，对超过诉讼时效期间，债权人向债务人发出催收到期通知，债务人在该通知单上签字或者盖章的，应当视为对原债务的重新确认，该债权债务关系应受法律保护。本案中，虽然《往来询证函》中有“仅为复核账目之用，并非催款结算”的表述，但山西灵石公司作为债务人主动向作为债权人的许继电气公司要求复核账目，本身即含有重新确认债权债务之意，结合35万元债务客观存在、理应遵循诚信原则履行等情况，一、二审判决认定山西灵石公司在《往来询证函》上盖章构成同意履行债务，亦属适当。

经查，本院〔2006〕民立他字第106号复函所解释的问题系关于债权人向债务人发送《贷款对账签证单》及债务人签署“通知收到”的法律效力如何认定，与本案债务人主动向债权人发送《往来询证函》的情形有明显区别，亦非对《最高人民法院关于超过诉讼时效期间后债务人向债权人发出确认债务的询证函的行为是否构成新的债务的请示的答复》作出限缩解释，山西灵石公司关于本案应参照适用该复函的主张不能成立。

——中国裁判文书网。

452. 次债务人未通知撤销权诉讼的债权人而擅自向债务人履行义务的不构成有效履行

关键词

次债务人　撤销权　有效履行

最高人民法院裁判文书

东北电气发展股份有限公司与国家开发银行股份有限公司借款合同纠纷执行案［最高人民法院（2017）最高法执复27号执行裁定书］

裁判要旨：法律设置债权人撤销权制度的目的，在于纠正债务人损害债权的不当处分财产行为，恢复债务人责任财产以向债权人清偿债务。本案次债务人返还股权、恢复债务人的偿债能力的目的，是为了向债权人偿还其债务。只有在通知胜诉债权人，以使其有机会申请法院采取冻结措施，从而能够以返还的财产实现债权的情况

下，完成财产返还行为，才是符合本案诉讼目的的履行行为。

最高人民法院认为：二、关于东北电气是否履行了判决确定的义务问题

（一）不能认可本案返还行为的正当性。法律设置债权人撤销权制度的目的，在于纠正债务人损害债权的不当处分财产行为，恢复债务人责任财产以向债权人清偿债务。东北电气返还股权、恢复沈阳高开的偿债能力的目的，是为了向国开行偿还其债务。只有在通知胜诉债权人，以使其有机会申请法院采取冻结措施，从而能够以返还的财产实现债权的情况下，完成财产返还行为，才是符合本案诉讼目的的履行行为。任何使国开行诉讼目的落空的所谓返还行为，都是严重背离该判决实质要求的行为。因此，认定东北电气所主张的履行是否构成符合判决要求的履行，都应以该判决的目的为基本指引。即使在本案诉讼期间及判决生效后，东北电气与沈阳高开之间确实有运作股权返还的行为，在其事前不向人民法院和债权人作出任何通知而私下进行，且事实上股权变更登记到沈阳高开名下的次日即被转移给其他公司的情况下，该种行为实质上应认定为规避判决义务的行为。

（二）不能确定东北电气协调各方履行无偿返还义务的真实性。东北电气主张因为案涉股权已实际分别转由新东北高开、恒宇机械、阜新母线等三家公司持有，无法由东北电气直接从自己名下返还给沈阳高开，故由东北电气协调新东北高开、恒宇机械、阜新母线等三家公司将案涉股权无偿返还给沈阳高开。如其所主张的该事实成立，则也可以视为其履行了判决确定的返还义务。但依据本案证据不能认定该事实。

1. 东北电气的证据前后矛盾，不能做合理解释。本案在执行过程中，东北电气向北京高院提交过两次说明，即 2009 年 4 月 16 日提交的说明一和 2013 年 9 月 2 日提交的说明二。其中，说明一显示，东北电气与沈阳高开于 2007 年 12 月 18 日签订协议，鉴于双方无法按判决要求相互返还股权和债权，约定东北电气向沈阳高开支付股权转让对价款，东北电气已于 2007 年 12 月 20 日（二审期间）向沈阳高开支付了 17046 万元，并以 2007 年 12 月 18 日东北电气与沈阳高开签订的《协议书》、2007 年 12 月 20 日中信银行沈阳分行铁西支行的三张银行进账单作为证据。说明二则称，2008 年 9 月 18 日，东北电气与沈阳高开、新东北高开、恒宇机械签订四方协议，约定由新东北高开、恒宇机械代东北电气向沈阳高开返还了北富机械 95% 股权、东利物流 95% 股权；同日，东北电气与沈阳高开、阜新母线、辽宁新泰亦签订四方协议，约定由阜新母线代东北电气向沈阳高开返还新东北隔离 74.4% 的股权；2008 年 9 月 22 日，各方按照上述协议交割了股权，并完成了股权变更工商登记。

对于其所称的履行究竟是返还上述股权还是以现金赔偿，东北电气的前

后两个说明自相矛盾。首先，说明一表明，东北电气在二审期间已履行了支付股权对价款义务，而对于该支付行为，经过北京高院调查，该款项经封闭循环，又返回到东北电气，属虚假给付。其次，在执行程序中，东北电气2009年4月16日提交说明一时，案涉股权的交割已经完成，但东北电气并未提及2008年9月18日东北电气与沈阳高开、新东北高开、恒宇机械签订的四方协议；第三，既然2007年12月20日东北电气与沈阳高开已就股权对价款进行了交付，那么2008年9月22日又通过四方协议，将案涉股权返还给沈阳高开，明显不符合常理。第四，东北电气的《重大诉讼公告》于2008年9月26日发布，其中提到接受本院判决结果，但并未提到其已经于9月22日履行了判决，且称其收到诉讼代理律师转交的本案判决书的日期是9月24日，现在又坚持其在9月22日履行了判决，难以自圆其说。由此只能判断其在执行过程中所谓履行最高人民法院判决的说法，可能是对过去不同时期已经发生了的某种与涉案股权相关的转让行为，自行解释为是对本案判决的履行行为。故对四方协议的真实性及东北电气的不同阶段的解释的可信度高度存疑。

2. 经东北电气协调无偿返还涉案股权的事实不能认定。工商管理机关有关登记备案的材料载明，2008年9月22日，恒宇机械持有的东利物流的股权、新东北高开持有的北富机械的股权、阜新母线持有的新东北隔离的股权已过户至沈阳高开名下。但登记资料显示，沈阳高开与新东北高开、沈阳高开与恒宇机械、沈阳高开与阜新母线签订的《股权转让协议书》中约定有沈阳高开应分别向三公司支付相应的股权转让对价款。东北电气称，《股权转让协议书》系按照工商管理部门的要求而制作，实际上没有也无须支付股权转让对价款。对此，东北电气不能提供充分的证据予以证明，北京高院到沈阳市有关工商管理部门调查，亦未发现足以证明提交《股权转让协议书》确系为了满足工商备案登记要求的证据。且北京高院经查询案涉股权变更登记的工商登记档案，其中除了有《股权转让协议书》，还有主管部门同意股权转让的批复、相关公司同意转让、受让或接收股权的股东会决议、董事会决议等材料，这些材料均未提及作为本案执行依据的生效判决以及两份四方协议。在四方协议本身存在重大疑问的情况下，人民法院判断相关事实应当以经工商备案的资料为准，认定本案相关股权转让和变更登记是以备案的相关协议为基础的，即案涉股权于2008年9月22日登记到沈阳高开名下，属于沈阳高开依据转让协议有偿取得，与四方协议无关。沈阳高开自取得案涉股权至今是否实际上未支付对价，以及东北电气在异议复议过程中所提出的恒宇机械已经注销的事实，新东北高开、阜新母线关于放弃向沈阳高开要求支付股权对价的承诺等，并不具有最终意义，因其不能排除新东北高开、恒宇机械、阜新母线的债权人依据经工商登记备案的有偿《股权转让协议》，向沈阳高开主张权利，故不能改变《股权转让协议》的有偿性质。因此，依据现有证据无法认定案涉股权曾经变更登记到沈阳高开名下系经东北电气协调履行四方协议的结果，无法认定系东北电气履行了生效判决确定的返还股权义务。

——中国裁判文书网。

453. 债权转让后直接以公告的方式通知债务人履行是否合法

关键词

债权转让　公告　合同履行

最高人民法院裁判文书

陕西九州生物科技股份有限公司、陕西神州生物技术有限公司等借款合同纠纷执行案［最高人民法院（2020）最高法执监244号执行裁定书］

裁判要旨：债权转让时通知债务人的目的是避免债务人重复履行、错误履行或加重履行债务负担，对通知的形式并无具体法律规定。从避免发生纠纷的角度看，债权人如能书面通知并由债务人签字认可是最佳形式，但如果债权人以登报的方式通知债务人，亦不违反法律强制性规定，应视为履行了通知义务。

最高人民法院认为：关于债权人履行通知义务问题。法律规定债权转让未通知债务人的，该转让对债务人不发生效力。债权转让通知债务人的目的是避免债务人重复履行、错误履行或加重履行债务负担，对通知的形式并无具体法律规定。从避免发生纠纷的角度看，债权人如能书面通知并由债务人签字认可是最佳形式，但如果债权人以登报的方式通知债务人，亦不违反法律强制性规定，应视为履行了通知义务。本案中，长城资产陕西分公司将债权转让给美环亿速公司，在陕西日报上发布了债权转让通知，且陕西日报是在陕西省内公开广泛发行的报纸，长城资产陕西分公司嗣后亦作出债权转让确认函。应认定债权人已将债权转让的事实告知债务人及担保人，债权转让对债务人发生法律效力。申诉人仅以长城资产陕西分公司在报纸上登载转让不当为由否认债权转让对其发生法律效力，据理不足。

——中国裁判文书网。

454. 合同一方当事人仅将其部分合同债权转让给第三人，还保留其他合同债权及合同债务的，不影响其合同当事人的身份

关键词

融资租赁 债权转让

最高人民法院裁判文书

成都沃沐置业有限公司与天津渤海租赁有限公司及海西商品交易所有限公司、福建中际通互联网产业科技集团有限公司融资租赁合同纠纷案［最高人民法院（2020）最高法民终173号民事判决书］

裁判要旨：合同一方当事人仅将其部分合同债权转让给第三人，还保留其他合同债权及合同债务的，不影响其合同当事人的身份。本案中，渤海租赁将案涉《融资租赁合同》项下第4–16期的应收租赁款债权转让给案外人招商局租赁。渤海租赁是案涉《融资租赁合同》一方当事人，在合同项下不仅享有第4–16期的应收租赁款债权，还享有其他合同权利，履行其他合同义务。而渤海租赁转让给招商局租赁的仅为第4–16期的应收租赁款债权，合同一方当事人仍为渤海租赁，并未变更为招商局租赁。

最高人民法院认为：关于渤海租赁是否具有原告主体资格的问题．本案中，2017年3月27日，渤海租赁将案涉《融资租赁合同》项下第4–16期的应收租赁款债权转让给案外人招商局租赁，招商局租赁委托渤海租赁履行对沃沐公司的应收租赁款的管理权利。2019年4月2日本案一审诉讼期间，招商局租赁已将上述应收租赁款债权转回至渤海租赁。上述债权在招商局租赁持有期间，债务人沃沐公司并未履行相应债务，其依据合同约定依然要承担违约责任。渤海租赁是案涉《融资租赁合同》一方当事人，在合同项下不仅享有第4–16期的应收租赁款债权，还享有其他合同权利，履行其他合同义务。而渤海租赁转让给招商局租赁的仅为第4–16期的应收租赁款债权，合同一方当事人仍为渤海租赁，并未变更为招商局租赁。原判决认定渤海租赁可以作为本案适格原告并无不当，沃沐公司等关于渤海租赁没有原告主体资格、没有合同解除权等主张没有事实和法律依据，本院不予支持。

——中国裁判文书网。

455. 债权人持续接受债务人部分履行未约定履行期限的债务，且对剩余债务未约定履行期限的，可随时要求债务人履行剩余债务

关键词

履行期限　部分履行

最高人民法院审判业务意见（民事审判第一庭意见）

最高人民法院民一庭意见：债权人与债务人之间未约定债权债务的履行期限，债务人持续性地部分履行债务，债权人接受，且双方未就剩余债务的履行期限另行约定的，应当认为债务人可随时向债权人履行剩余债务，债权人亦可随时要求债务人履行剩余债务，但应给予必要的履行宽限期。

附：案情简介

1994年3月，甲公司向万某借款886万元用于与乙公司共同开发新华小区房地产项目，甲公司与万某未约定还款期限。1996年7月15日，万某与甲公司签订《还本分利决定》，约定：甲公司应将新华小区项目结算所得款项首先归还万某的投资款，甲公司承诺给付万某借款利息210万元，并从甲公司在该项目利润中划出290万元分与万某。新华小区商品房于1995年12月竣工，因项目结算问题，1999年6月甲公司将乙公司诉至某省高级人民法院，双方以调解结案，调解书载明：乙公司应退甲公司投资款358万元，自调解书签收之日起至2000年3月31日前分期偿还。调解书签收后，甲公司出具委托书，委托万某与乙公司办理新华小区结算事宜。万某收取了乙公司给付甲公司的款项282万元及10套商品房，并由甲公司向乙公司出具了相应的收据。万某按照《还本分利决定》将所收款项抵偿了甲公司所欠部分投资款，并在2000年9月5日至2004年6月9日期间，将乙公司给付的10套商品房陆续售出，销售总款为168.7万元，该笔售房款亦用于抵偿了甲公司所欠的投资款。

2005年2月16日，万某向一审法院起诉，要求甲公司归还尚欠投资款435.3万元，支付利息210万元、利润290万元，并承担本案诉讼费。甲公司答辩称万某的主张已经超过诉讼时效，依法丧失胜诉权，请求法院驳回其诉讼请求。

——最高人民法院民一庭：《债权人持续接受债务人部分履行未约定履行期限的债务且对剩余债务未约定履行期限的，债权人可随时要求债务人履行剩余债务》，载最高人民法院民事审判第一庭编：《民事审判指导与参考》

2011 年第 2 辑（总第 46 辑），人民法院出版社 2011 年版，第 127 页。

456. 代为接受履行的第三人未获授权不能主张原合同权利

关键词

第三人代为接受履行

最高人民法院裁判文书

香江公司、赤龙令公司与新华社海南分社、民联公司建设用地使用权转让合同纠纷案［最高人民法院（2021）最高法民申 1774 号民事裁定书］

裁判要旨：第三人代为接受履行，在未获原合同权利人授权的情况下，向原合同义务人主张合同权利，缺乏相应的合同基础和法律依据。

最高人民法院认为：本案再审审查的重点为，二审判决未支持香江公司、赤龙令公司的诉讼请求是否有误。

（一）香江公司、赤龙令公司在本案中系代为接受履行的第三人，并非民联公司合同权利的受让人

基于本案已经查明的事实，新华社海南分社（甲方）与民联公司（乙方）就案涉土地合作开发事宜先后签订《合同书》《办理土地转让协议书》《办理土地过户手续协议》，其中 2001 年 7 月 18 日签订的《办理土地转让协议书》载明：根据乙方要求，将甲乙双方所签订合作合同书中的乙方名称改为香江公司、原香江酒楼；乙方改名后双方原合同书（1997 年 4 月 19 日签）合作方式不变，债权债务不变；乙方改名后的合作合同书只作转让土地过户使用，土地过户完成后新合同书作废；甲方协助办理土地转让手续，所有费用由乙方承担。由此，民联公司与新华社海南分社达成了由香江公司、赤龙令公司代替民联公司受让案涉土地使用权的合意，并无民联公司将其对新华社海南分社的合同权利转让给香江公司、赤龙令公司的意思表示。随后，新华社海南分社与香江公司、赤龙令公司签订《合同书》（与民联公司签订的《合同书》内容完全一致）和《土地使用权转让合同》。

香江公司、赤龙令公司申请再审主张其受让了民联公司对新华社海南分社的全部合同权利，但民联公司、新华社海南分社对此均不认可，该主张与民联公司、新华社海南分社签订的《办理土地转让协议书》的约定亦明显不符。实际上，新华社海南分社与香江公司、赤龙令公司签订《合同书》《土地

使用权转让合同》后，又于 2001 年 8 月 8 日与民联公司签订《办理土地过户手续协议》，双方就土地办证、划线定位、面积问题达成进一步协议，而香江公司、赤龙令公司并没有参与该协议的签订，与其主张的已于 2001 年 7 月 18 日受让民联公司的全部合同权利明显不符。结合香江公司、赤龙令公司承认其在案涉合作项目中并没有实际出资，签约时香江公司、赤龙令公司均为民联公司的关联公司等相关事实，香江公司、赤龙令公司与新华社海南分社签订《合同书》《土地使用权转让合同》，从新华社海南分社处受让案涉诉争土地使用权，更符合第三人代为接受履行的法律特征，香江公司、赤龙令公司与新华社海南分社签订《合同书》《土地使用权转让合同》的目的就是为了办理案涉土地使用权的过户手续，依然属于对新华社海南分社与民联公司所签《合同书》的履行。二审判决由此认定香江公司、赤龙令公司并非新华社海南分社合作的权利义务相对人，符合本案实际，并无不当。由于香江公司、赤龙令公司系代为接受履行的第三人，在合同双方（民联公司与新华社海南分社）均不同意其继续受让案涉诉争土地使用权的情况下，《土地使用权转让合同》已不可能再实际履行，该合同第二十四条约定的生效条件已无实际意义；至于新华社海南分社是否不正当阻止该生效条件的成就、该合同是否已经生效，亦无进一步审查的必要。

（二）香江公司、赤龙令公司并无向新华社海南分社主张权利的合同基础和法律依据

鉴于新华社海南分社已经明确不再履行与香江公司、赤龙令公司签订的《土地使用权转让合同》，若构成违约，依据原《中华人民共和国合同法》第六十四条[①]关于“当事人约定由债务人向第三人履行债务的，债务人未向第三人履行债务或者履行债务不符合约定，应当向债权人承担违约责任”的规定，应向民联公司、而非香江公司和赤龙令公司承担违约责任，香江公司、赤龙令公司在未获民联公司授权或者认可的情况下，在本案中直接向新华社海南分社主张权利，要求新华社海南分社向其返还补偿金 1575120 元、赔偿经济损失 4266415 元，缺乏相应的合同基础，与其作为代为接受履行的第三人的身份不符，也与上述法律规定相悖，一、二审判决驳回其诉讼请求，并无不当。

——中国裁判文书网。

① 对应《民法典》第六十四条。

457. 当事人约定由第三人履行的，原则上合同利益应归属于当事人而非第三人

关键词

第三人履行　履行辅助人　合同利益

最高人民法院裁判文书

诠生堂公司与乾亨公司等金融借款合同纠纷案［最高人民法院（2021）最高法民再 47 号民事裁定书］

裁判要旨：当事人合同约定由第三人履行的，原则上合同利益在于当事人之间而非第三人。如合同仅约定由第三人履行合同具体内容，即其仅为履行辅助人，而合同权利义务归属于双方当事人的，第三人无权以其具体履行行为主张合同利益或以当事人身份主张侵权权利。

最高人民法院认为：本案案由为合同纠纷，再审审理的焦点问题主要为：乾亨公司在本案对诠生堂公司是否享有请求权。

关于乾亨公司在本案对诠生堂公司是否享有请求权的问题。本案中，《协议书》及相应附件 1 属于核心文件，因本案二审判决以《中华人民共和国侵权责任法》判决诠生堂公司向乾亨公司承担责任，乾亨公司对此认可，因此，应从合同和侵权两个方面予以审查乾亨公司请求权依据。

（一）从乾亨公司在《协议书》中的法律地位上看。首先，乾亨公司并非该《协议书》的签订主体；其次，协议双方仅以乾亨公司作为合作平台，由企业家公司通过乾亨公司向诠生堂公司、恒生公司提供资金，企业家公司与诠生堂公司、恒生公司按照合同约定分配"净化"后的资产及拆迁补偿金或置换土地。在拆迁过程中，双方委托乾亨公司出面完成拆迁补偿工作。此后，再由乾亨公司出面摘牌土地进行房地产项目的开发。《协议书》并没有明确约定乾亨公司享有直接请求权。在再审审查阶段，各方当事人一致确认，乾亨公司在该交易中不出资，也不最终享受投资收益，乾亨公司主张其享有"中间性（过渡性）权利"，其取得的权益最终归属于企业家公司与诠生堂公司。因此，《协议书》具有涉他合同的法律属性。本案应适用《中华人民共和国合

同法》，该法第六十四条[①]规定："当事人约定由债务人向第三人履行债务的，债务人未向第三人履行债务或者履行债务不符合约定，应当向债权人承担违约责任。"据此，乾亨公司只能被动接受《协议书》双方当事人的履行，但不享有主动直接请求该协议当事人履行合同的请求权。乾亨公司本案对诠生堂公司行使合同请求权缺乏事实和法律依据，并不符合《中华人民共和国民事诉讼法》第一百一十九条第一项"原告是与本案有直接利害关系"的起诉条件，二审法院判决支持乾亨公司的诉讼请求，于法无据。

（二）从附件1赋予乾亨公司的权益内容上看。《协议书》除首部约定乾亨公司作为平台的功能外，相关约定主要是该《协议书》的附件1体现。附件1《抚顺诠生堂制药有限公司地上物及无形资产说明》载明："抚顺诠生堂制药有限公司为一家通过GMP认证的药品生产企业。在企业拆迁补偿项目中，GMP厂房拆迁损失、迁厂期间经营损失、停产停业期间工人的损失、及停产可能导致药品文号灭失等损失均计入补偿谈判的依据中，在未取得补偿金（置换建设用土地）前，以上权利归乾亨公司所有。在与开发区签署协议并取得补偿金（置换相应建设用土地）成功后，药厂的所有地上建筑物、设备及各项无形资产（包括药品文号）等皆归诠生堂公司所有，由诠生堂公司自行拆迁地上建筑物进行异地建厂搬迁，此资产与乙方及乾亨公司无关联"。

本案中，附件1中约定的"停产可能导致药品文号灭失等损失"属于或然性损失，即如果政府拆迁导致停产，但不导致药品文号灭失，则就无该类损失。附件1中"以上权利归乾亨公司所有"中的"以上权利"，按照文义解释及体系解释，应理解为与前文所称"药品文号灭失等损失"相同性质的补偿谈判权利，而非药品文号的所有权。按照目的解释的方法理解，"以上权利"也并非是指药品文号的所有权。从乾亨公司在案涉交易模式中的角色看，乾亨公司作为合作平台，并无任何实际投入，其应向诠生堂公司支付的2000万元来自企业家公司出资。由于乾亨公司出面完成拆迁补偿工作，合同当事人需要赋予乾亨公司某些与完成拆迁补偿工作相关的权利，乾亨公司对于案涉拆迁项目的所有资产均不应享有实体权益，拆迁项目的净资产及其最终转化所得的拆迁补偿权益均应在合同双方当事人之间进行分配。综上，乾亨公司依据附件1取得的是：以药品文号等因拆迁停产导致灭失的损失在谈判中的主体参与权利，而非药品文号所有权、药品文号出卖价值，或者拆迁征收未实现后的最终合同损失。因此，乾亨公司根据附件1的上述约定主张其享有对诠生堂公司药品文号等相关权利，或者具有损害赔偿请求权，缺乏事实依据，其据此对诠生堂公司主张权利，并无依据。

根据以上两点，本案中，作为《协议书》及附件1合同主体的企业家公

① 对应《民法典》第五百二十二条。

司可依据相应事实主张权利，乾亨公司并非《中华人民共和国民事诉讼法》第一百一十九条[①]“原告是与本案有直接利害关系的公民、法人和其他组织”规定的本案适格诉讼主体，在本案中并不具有诉请诠生堂公司向其返还财产转让款2880万元及相应利息400万元的事实及法律依据。本案中，各方主要围绕恒生公司、诠生堂公司位于抚顺高湾经济开发区高阳路厂址所属企业拆迁补偿项目约定各自的权利、义务及违约责任。从目前情况看，政府尚未对目标项目实施征收行为，合同相对方企业家公司如认为其利益受到侵害或基于《协议书》主张合同权利，其可以另行主张。

——中国裁判文书网。

458. 先履行抗辩权的成立，须合同当事人互负债务且债务有先后履行

关键词

合同义务　先履行抗辩权

最高人民法院公报案例、最高人民法院裁判文书

大庆凯明风电塔筒制造有限公司与华锐风电科技（集团）股份有限公司买卖合同纠纷案［最高人民法院〔2013〕民一终字第181号民事判决书］

裁判摘要：合同必须严格遵守。如果合同义务有先后履行顺序，先履行一方怠于履行给后履行一方履行合同造成困难的，后履行一方因此取得先履行抗辩权，并有权要求对方履行全部合同。

最高人民法院认为：（一）关于案涉货物上浮价格应否调整的问题。

凯明公司实际采购塔筒板材17350吨，共支付货款109304462.58元，每吨均价为6299.97元。根据《塔筒买卖合同》第4.1条的约定，当板材、法兰市场价格浮动大于等于附件1中板材、法兰价格的5%时，供货价格据此调整。该合同的附件1约定：“筒体板材吨均价6042.6元（含6%消耗）。”筒体板材实际采购价格比合同约定的上浮幅度超过5%部分由华锐公司承担，而合同履行中实际上浮幅度为4.26%，亦即合同约定每吨均价6042.6元与实际采购的每吨均价6299.97元之比例。据此，合同价格不应调整。凯明公司以扣除6%的价格5700.566元为基数与实际采购均价6299.969元之比

① 现为《民事诉讼法》（2021年修正）第一百二十二条。

例，计算出供货价格上浮10.52%，这样计算将本应由凯明公司承担的6%的消耗转嫁给华锐公司承担，不符合合同约定。华锐公司关于供货价格上浮不到5%的主张，具有事实依据，本院予以采信。一审判决认定供货价格上浮10.52%是错误的，应予纠正。一审判决据此确认的华锐公司应承担加付板材价格上涨费用13113064.7元，应从应付货款中剔除。具体为：合同总价款237555520元，扣除10%的质保金23755552元及华锐公司已支付的124388880元，华锐公司还应支付凯明公司89411088元。鉴于目前尚有合同价33406245元的9套塔筒未交付，依约从中扣除货物60%的预付款和进度款20043747元，剩余的13362498元，应从89411088元货款总额中扣除，扣除后华锐公司应向凯明公司支付拖欠货款76048590元及利息，其余13362498元在9套塔筒交付后15日内支付。

（二）关于凯明公司是否存在违约行为，应否承担违约责任的问题。

法院认为：1.关于凯明公司是否拒收银行汇票的问题。根据合同约定，华锐公司有权选择使用银行汇票付款。虽然凯明公司在有的收据中载明拒收银行汇票不符合合同约定，但实际接受了银行汇票，不构成违约。对于华锐公司主张的因凯明公司拒收银行汇票导致银行汇票被退回，因其举证不足，本院不予采信。2.关于凯明公司是否迟延交货的问题。鉴于双方在合同履行过程中以信函方式变更了合同约定的交货时间，应以变更后的交货时间确认是否迟延交货。据此，应认定凯明公司有迟延交货行为。3.关于所交付货物的质量瑕疵问题。虽然凯明公司交付的塔筒曾发现有质量问题，但发现后凯明公司及时进行维修处理，工程验收合格，在保质期内未发现工程质量问题，应当认定货物质量合格，凯明公司不应承担赔偿责任。

（三）关于华锐公司未接收的9套塔筒应否继续履行的问题。

凯明公司在交货期间内交付这9套塔筒，不构成违约。其在依约投入巨资生产出的塔筒若不能出售，将会蒙受巨大经济损失。华锐公司行使合同终止权的条件未成就，擅自终止合同不发生终止的效力。华锐公司的行为违反了契约严守和契约公正的原则，其关于尚未交付的9套塔筒不应再交付的主张，依据不足，本院不予支持。一审判决判令华锐公司继续履行合同并无不当，应予维持。

（四）关于凯明公司主张的逾期付款损失是否成立的问题。

利息是本金产生的孳息，华锐公司长期拖欠凯明公司巨额货款，构成违约，因此给凯明公司造成了利息损失。虽然华锐公司主张凯明公司无理拒收银行汇票，但并无充分证据证明，不能免除其支付货款利息的责任，故对其关于相关支付款项不应计息的主张，法院不予支持。本案中凯明公司并未请求华锐公司支付贷款基准利率上浮40%的利息，一审判决判令华锐公司支付贷款基准利率上浮40%的利息，已经超出凯明公司的一审诉讼请求。因此，法院不支持贷款基准利率上浮 40% 的利息部分，但对欠付货款的应付利息予以支持。故改判按照中国人民银行同期同类贷款基准利率计算欠付货款的利息。

（五）关于华锐公司的一审诉讼请求应否予以支持的问题。

华锐公司的一审诉讼请求涉及四个问题：1. 关于凯明公司应否支付延期交货的赔偿费 11877776 元的问题。法院认为，尽管凯明公司存在延期交货，但由于华锐公司从合同履行伊始就拖欠货物进度款，且在交货后长期拖欠货款，经凯明公司多次书面催讨，仍一直故意拖欠，造成凯明公司购买塔筒材料困难。该行为对迟延交货产生了直接影响，况且凯明公司在催款时已书面告知华锐公司，如不及时支付货款将迟延交货，符合《塔筒买卖合同》第 15.3 条的约定。据此，双方修改了交货时间，直至最后 9 套塔筒的交付，华锐公司在交货期未届的情况下，又购买使用了第三方提供的塔筒。故对于华锐公司关于凯明公司应向其支付 11877776 元误期赔偿费的主张，最高人民法院不予支持。2. 关于凯明公司应否支付业主索赔损失 650 万元的问题。法院认为，第一，《塔筒买卖合同》第 16 条约定的误期赔偿不包括向业主赔偿损失，华锐公司的该项主张没有合同依据；第二，华锐公司虽与业主约定赔偿业主误期损失 650 万元，但尚未向业主支付，不应认定其损失已经发生。故华锐公司的此项主张缺乏依据，法院不予支持。3. 关于应否将塔筒价格由每吨单价 12140 元调降至 9950 元的问题。法院认为，凯明公司与凯明新能源公司均为独立法人，根据合同相对性原则，凯明新能源公司单方解除《风力发电机组买卖合同》属于另一个法律关系，如有纠纷，应当按照合同约定和法律规定处理。本案中双方当事人履行《塔筒买卖合同》不存在利益严重失衡的情形，故不能适用情势变更原则。华锐公司的主张不符合合同法司法解释的相关规定，故对其下调塔筒价格的请求不予支持。4. 关于凯明公司应否向华锐公司出具质量承诺函的问题。法院认为，质量保证金具有担保性质。《塔筒买卖合同》第 5.4.1 条款规定："如果属于制造质量问题造成的买方损失，相关款项将从质量保证金中扣除。"双方当事人已按照合同约定在货款中扣留 10% 作为质量保证金，其目的就是一旦塔筒发生质量问题以此进行赔偿。故华锐公司要求凯明公司再出具质量承诺函没有合同依据。一审判决对华锐公司的此项请求不予支持是正确的。

——《最高人民法院公报》2015 年第 11 期。

最高人民法院裁判文书

华唐甲公司与城投公司等项目转让合同纠纷案［最高人民法院（2017）最高法民终 50 号民事判决书］

裁判要旨：先履行抗辩权的成立，须合同当事人互负债务，债务处于互为对待给付的地位，且互负的债务有先后履行的顺序。

最高人民法院认为：当事人互负债务，有先后履行顺序，先履行一方未履行的，后履行一方有权拒绝其履行要求。先履行一方履行债务不符合约定的，后履行一方有权拒绝其相应的履行要求，可见先履行抗辩权的成立，须合同当事人互负债务，债务处于互为对待给付的地位，且互负的债务有先后履行的顺序。华唐甲公司上诉主张，根据相关会议纪要及《补充协议》的约定，城投公司应先履行将风情街项目的国有土地使用权证办理至华唐乙公司名下的先合同义务，随后华唐甲公司才向其支付未缴的拍卖出让金。法院认为，首先，2013 年 6 月 24 日会议纪要载明，“五、关于项目拍卖出让金的问题。……在办理土地变性完成以后 1 个月内，办理国有土地使用证后 10 天内，项目单位必须无条件缴清项目拍卖出让金未缴部分。项目单位与县城投公司签订《分期付款补充协议》，在此之前因施工造成的利息和滞纳金不予计算”。2003 年 7 月 29 日城投公司与华唐甲公司依据会议纪要的要求，签订《补充协议（一）》明确约定：“在甲方（城投公司）办理国有土地使用证后 10 天内，乙方必须无条件缴清项目拍卖出让金未缴部分 1.02 亿元……。”2014 年 9 月 5 日《补充协议（二）》确认：“甲方于 2014 年 4 月 21 日已按《补充协议》完成了自身项目规划、土地用途调整的办证义务，满足了履行过户给乙方的所有条件。乙方应按《补充协议》约定履行其付款义务……。”分析前述文本载明的内容可知，案涉相关协议及会议纪要并未设定城投公司具有将国有土地使用证先行办理至华唐乙公司名下的合同义务。换言之，华唐甲公司主张本案存在先办证后付款的合同履行顺序缺乏合同依据。结合《补充协议（二）》的约定及合同实际履行情况，城投公司关于“办理国有土地使用证后 10 天内”是指将国有土地使用证办理至城投公司名下的解释更具有合理性。其次，二审法院查明，《拍卖公司竞买须知》第 6 条明确规定，“保亭县民族 A 项目及土地所有权办理……竞得人付清全部土地成交款后 30 日内申请办理资产和土地登记过户及移交手续”，故在华唐甲公司欠付转让金事实成立的情况下，其主张土地登记过户手续应由城投公司先行办至华唐乙公司名下且以享有先履行抗辩权为由拒付剩余转让金，与竞买须知约定内容明显不符，不能成立。最后，华唐甲公司在合同履行过程中从未向城投公司主张其享有先履行抗辩权，在一审诉讼过程中亦未以行使先履行抗辩权作为其不承担违约责任的抗辩理由。现二审阶段以此作为上诉理由主张拒付剩余转让款成立，有违诚实信用原则，法院不予支持。

——中国裁判文书网。

中南公司与陶荆文、方进明、焦明华及龙鑫公司、景德镇大成房地产开发有限公司、张黎祖、朱武军股权转让纠纷案［最高人民法院（2021）最高法民申6949号民事裁定书］

裁判要旨：先履行抗辩权中当事人的互负债务，通常理解为当事人对同一双务合同负有的具有对价性的合同主给付义务。在股权转让合同中，受让方已受让股权并实际接管控制目标公司，其不能以转让方未移交公司财务资料为由行使先履行抗辩权，从而拒绝支付股权转让款。

最高人民法院认为，关于中南公司是否有权以陶荆文、焦明华、方进明未交付龙鑫公司财务资料系违约在先为由拒绝履行支付义务的问题。《合同法》第六十七条[①]规定："当事人互负债务，有先后履行顺序，先履行一方未履行的，后履行一方有权拒绝其履行要求。先履行一方履行债务不符合约定的，后履行一方有权拒绝其相应的履行要求。"当事人互负债务通常理解为当事人对同一双务合同负有的具有对价性的合同主给付义务。本案中，根据《和解协议》第四条第1项约定："第一期正式开盘后30天之内支付500万元，60天内再付500万元。（最迟2020年3月30日付清）"第九条约定："乙丙方只要有一笔股权转让款未按时、足额支付，则甲方有权要求乙丙方支付全部应付未付股权转让款本息。"案涉《和解协议》未约定将移交财务资料作为支付股权转让款的前提性条件，且诉讼中双方当事人对于案涉项目已实际转让以及龙鑫公司已由中南公司实际接管、控制和负责经营管理不持异议，故中南公司以陶荆文、方进明、焦明华未履行交付龙鑫公司财务资料的合同从给付义务为由拒绝履行支付尚欠的股权转让款这一合同主给付义务，缺乏事实和法律依据，故本院对于中南公司的该项再审申请理由，亦不予采信。

——中国裁判文书网。

459. 开具发票是一种行政管理行为而非合同法上法定的先履行抗辩事项

关键词

先履行抗辩事项　发票

① 对应《民法典》第五百二十六条。

最高人民法院裁判文书

再审申请人三亚市天涯海角旅游发展有限公司（简称天涯海角公司）与被申请人海南万联通电子磁卡系统工程有限公司（简称万联通公司）合同纠纷案［最高人民法院（2019）最高法民申2588号民事裁定书］

裁判要旨：合同并未约定当事人付款必须以对方开具发票为前提，且税务发票体现的是国家与纳税人的纳税关系，是一种行政管理行为而非合同法上法定的先履行抗辩事项。因此，当事人开具发票既不是合同向对方支付价款的合同约定条件也不是法定条件，故以付款方以对方未开具发票主张其逾期付款的先履行抗辩权无合同依据也无法律依据，法院不予支持。

最高人民法院认为：天涯海角公司是否存在逾期付款的违约行为。根据天涯海角公司和万联通公司签订的《天涯海角风景区IC电子卡门禁系统合作项目补充合同之二》第5条约定，天涯海角公司应在每月15日前结算上个月的门禁系统费用给万联通公司。而根据一审查明事实，天涯海角公司于2016年10月向万联通公司支付2014年10月至2016年8月期间的分成款；2016年12月7日向万联通公司支付2016年10月分成款；2017年1月22日向万联通公司支付2016年11月分成款。因此，天涯海角公司未能按合同约定的时间向万联通公司支付分成款，其行为已经构成违约。原审法院对天涯海角公司逾期付款违约行为的认定，并无不当，本院予以维持。天涯海角公司认为，"结算"条款，意味着天涯海角公司付款前双方要进行结算，即对账——万联通公司提供发票——天涯海角公司付款。因此，在双方未对账且对方未提供发票的情况下，二审法院认定天涯海角公司逾期付款是错误的。本院认为，《天涯海角风景区IC电子卡门禁系统合作项目补充合同之二》第5条约定的结算支付条款并未约定天涯海角公司付款必须以万联通公司开具发票为前提，且税务发票体现的是国家与纳税人的纳税关系，是一种行政管理行为而非合同法上法定的先履行抗辩事项。因此，万联通公司开具发票既不是天涯海角公司支付分成款的合同约定条件也不是法定条件，因此，天涯海角公司以万联通公司未开具发票主张其逾期付款的先履行抗辩权无合同依据也无法律依据，本院不予支持。

——中国裁判文书网。

460. 为债务的清偿增加一种履行方式并不影响原债务给付义务的承担

关键词

委托代建合同　债务清偿方式

最高人民法院裁判文书

谭云与宝塔油气公司委托代建合同纠纷案［最高人民法院（2021）最高法民再 340 号民事裁定书］

裁判要旨：双方约定了项目收购价款总额，并约定其中部分收购价款由一方代建项目的方式予以补偿，以代建项目作为履行方式的约定并未消灭原债务的给付义务，应认定为双方对该上述部分债务增加了一种清偿债务的履行方式。在代建项目已经确定不能建设的情况下，债务人仍应当履行原债务约定的给付义务。

最高人民法院认为：本案再审的焦点问题是宝塔油气公司应向谭云支付的代建代办费的认定问题。

（一）宝塔油气公司应支付的代建代办费数额的认定

宝塔油气公司与谭云签订《补充协议》后，宝塔油气公司又向谭云出具了《情况说明》。《情况说明》上加盖有宝塔油气公司印章，并有其公司副总经理孙彦正以及工作人员皇旭明、张立宁的签字。该《情况说明》系《补充协议》后出具，是双方对于案涉项目收购价的最终真实意思表示，应以该说明认定支付价款的数额。

《情况说明》记载，宝塔油气公司收购谭云所有的西二环加油加气母站，双方协议收购总价为 2600 万元。其中 2000 万元由宝塔油气公司以现金方式支付，下剩 600 万元由谭云代建宝塔油气公司中宁县渠口加油加气站项目的方式予以补偿。《情况说明》明确了案涉项目最终收购价为 2600 万元，约定其中 600 万元由谭云代建中宁县渠口加油加气站项目的方式予以补偿，双方对履行方式的约定并未消灭原 600 万元的给付义务，应认定为双方对该 600 万元增加了一种债务清偿的履行方式，即以交由谭云代建渠口加油加气站项目代替 600 万元的给付。根据再审查明事实，因宝塔油气公司资金问题渠口加油加气站项目取消建设，现中宁县渠口加油加气站项目已经确定不能建设，宝塔油气公司已不能通过合同约定的履行方式履行 600 万元债务，其应继续履行600万元的给付义务。因此，谭云关于收购价应以《情况说明》约定的2600万元认定的再审理由成立，本院予以支持。宝塔油气公司关于中宁县渠口加油加气站未建成导致《情况说明》失去了履行基础的理由不成立，本院不予支持。原判决认定《情况说明》失去履行基础，仅以《情况说明》中约定的2000万元认定案涉项目收购总价，不符合《情况说明》的约定，认定事实及适用法律错误，本院予以纠正。

（二）关于宝塔油气公司所主张的付款条件未成就及扣减代办费用的主张是否成立问题

案涉加油站未投入使用，宝塔油气公司以《代办协议》第五条的约定主张付款条件未成就，并主张因加油站证照未办理齐全，代办费650万元应减半。案涉加气站已经投入使用，加油站至今未投入使用，加油站《成品油零售经营许可证》《危险化学品经营许可证》《房屋所有权证》未办理。因加油站所在土地因抵押被查封，故房屋所有权证未能办理的责任不在谭云。根据《代办协议》的约定，代办费用650万元不仅包括代办证件的劳务费还包括征地补偿等其他费用，宝塔油气公司关于谭云未办理上述三证应扣减325万元的再审理由，因其扣减数额没有相关事实依据，不能成立。再审中，宝塔油气公司副总经理孙彦正的证言，可以证实，因加油站证照未完全办理，后由宝塔油气公司自行办理剩余证照，在出具《情况说明》时已扣减了相关费用。宝塔油气公司再审庭审中，亦认可其公司安排他人去办理证照。谭云认可《情况说明》中的代建费包含了代办费用，是双方最终确定的代建代办费用总额。以上事实可以认定，双方就加油站证照未完全办理所扣减的费用已达成一致，现宝塔油气公司又以加油站手续未完全办理为由再次主张扣减费用并主张付款条件未成就，不能成立；其所主张的扣减代办费用的再审请求亦不能成立，本院不予支持。

如上所述，宝塔油气公司应向谭云支付的代建代办费数额为2600万元。双方对于宝塔油气公司已经支付的款项数额1157.44万元无异议，未支付的代建代办费数额为1442.56万元，故谭云关于宝塔油气公司向其支付剩余的代建代办费为1442.56万元的主张成立，最本院予以支持。

——中国裁判文书网。

461. 相对方履行尚未生效的合同后是否享有要求返还的权利

关键词

合同未生效　自动履行　即时返还

最高人民法院裁判文书

西安正大制药有限公司与安康正大制药有限公司等损害公司利益责任纠纷案［最高人民法院（2021）最高法民申 7655 号民事判决书］

裁判要旨：未生效的民事法律行为不同于自始无效的民事法律行为，其效力处于待定状态，因此法律虽不允许相对人强制履行，但亦不禁止行为人自动履行。而《民法典》关于合同无效或解除后均明确规定当事人享有主张相对方返还的权利，但并未规定合同未生效时相对方有当然且即时的返还义务。

最高人民法院认为：2007 年 11 月 28 日，安康市人民政府与西安正大签订《股权转让合同》以及 2007 年 11 月 30 日安康正大召开董事会议所形成决议中均有西安正大应当向安康正大新增注册资本 3000 万元的约定。如原判决与西安正大所形成共识，因安康正大的特定主体身份以及法律的特别规定，前述合同和董事会决议于彼时尚不生效，有待安康正大履行报批手续并经审批机构审批后方能发生法律效力。在此情形下，前述合同和董事会决议固然不能产生合同相对方以及安康正大及其股东要求西安正大履行交付 3000 万元的请求权依据，但也并不能说明西安正大交付 3000 万元不具有合理性乃至合法性，理由在于：

未生效的民事法律行为不同于自始无效的民事法律行为，其效力处于待定状态，因此法律虽不允许相对人强制履行，但亦不禁止行为人自动履行。而《中华人民共和国合同法》关于合同无效或解除后均明确规定当事人享有主张相对方返还的权利，但并未规定合同未生效时相对方有当然且即时的返还义务。

西安正大订立《股权转让合同》前即应当知晓所欲签订的合同效力会处于效力待定状态，仍积极地作出明确的给付 3000 万元的意思表示并实际履行了这一义务，表明其缔结合同并愿意受其约束的主观心理状态。以诚实信用的合同当事人而言，应当尽量促成合同的生效并保护相对方对合同的合理信赖。

从案涉合同履行发展的趋势看，并无最终不能发生法律效力的可能。2008 年 6 月 3 日，安康市人民政府国有资产监督管理委员会作出的《关于敦促履行股权转让合同的通知》中载明：安康市人民政府与西安正大签订的《股权转让合同》于 2007 年 11 月 29 日正式生效，安康市人民政府国有资产监督管理委员会代表安康市人民政府全面履行出资人职责。西安正大已经按照约定进行了人员、资产和债权债务全面接收，并确定了安康正大的代表人。

但是在合同履行中，西安正大注册资本及企业工商变更登记至今未完成，法定代表人未能更替等。鉴于此，敦促西安正大全面履行合同。鉴于西安正大已经增资 1500 万元，并积极准备工商变更文件资料，敦促西安正大在六月底前必须完成工商变更登记法定手续。由此可见，案涉依法履行国有资产出资人职责的有关审批部门业已作出明确表态，提示西安正大应当积极推动办理相关手续。基于类似交易的通识，包括西安正大在内的本案当事人对案涉合同及董事会决议可以获得审批并发生法律效力应具有足够的预期和确切的判断。

西安正大通过股权变更登记成为安康正大控股股东以及修订安康正大章程、委派足够数量董事控制安康正大董事会等方式实现对安康正大的控制后，具备了将自己的意志通过安康正大内部公司治理机制对外予以表达的可能，但未见充分且直接的证据证明其积极履行办理报批手续或实际存在不能办理报批手续的客观障碍，而是将本应充实安康正大资信能力的 3000 万元出资以账目调整的名义变更为安康正大的对外债务、增加公司负债，有违《股权转让合同》的合同目的以及安康正大被其控制前董事会的相关决议精神，也背离了合同法律制度中最为基本的诚实信用原则。

2015 年 7 月 15 日，安康正大参与签订《产（股）权交易合同》时，虽对案涉 3000 万元属于公司对外债务并由股权受让人负担的条款予以认可，但系其处于受西安正大控制的特定时期，并非以法人人格独立之能力实现自主意志的真实意思表示，既不能表明免除西安正大继续完成合同约定向其新增注册资本的义务，也不能表明其同意 3000 万元实收注册资本改为对外负债的合同履行变更。而后续股权受让人向安康正大公司支付 3000 万元后又转付西安正大，并未改变安康正大继续承受另一债权人主张 3000 万元应付债务的实际情况和法律后果，公司利益持续受到损害。

总的来说，本案不同时期的事实虽可致不同法律后果，但直至安康正大成为内资公司后，《股权转让合同》以及 2007 年 11 月 30 日安康正大召开董事会议所形成决议均已发生法律效力，从案涉交易的整体而言，西安正大已经实际履行的给付 3000 万元的民事法律行为应当产生履行安康正大注册资本得到新增的法律后果。由于西安正大违背诚信原则，未能保护相对方的合理期待，居于大股东控制地位而未保护安康正大的独立法人人格和应有权益，具有相当程度的可归责性，原判决的相关认定以及处理结果并无不妥之处。西安正大按照原判决实际履行返还 3000 万元责任，恢复当事人订立案涉合同时的实际预期、实质改变安康正大的资产负债情况，如果与案涉股权变动所依据的事实基础有差异并导致相关权利义务的失衡，可通过另案诉讼予以解决。

——中国裁判文书网。

462. 双方在合同中的实际履行行为可以认为当事人已经协商一致变更合同

关键词

连带责任　按份责任　合同变更　保证合同

最高人民法院裁判文书

招商银行股份有限公司东营分行与盛泰集团有限公司、东营市亚通石化有限公司、山东华帘集团有限公司、山东华帘集团钢帘有限公司、许国俊、闫志英、郝国强、朱振明、王晓光、孙华成、马俊峰、任凤宣、潘庆朋、张桂义及一审被告、二审被上诉人徐三新保证合同纠纷案［最高人民法院（2020）最高法民申7005号民事裁定书］

裁判要旨：《保证合同》虽约定保证人应当承担连带保证责任，但债权人在实际履行中仅按月发送电子邮件提示保证人按照按份责任代偿。后债权人向保证人出具说明表示其已还清代偿款，且之后未再发送电子邮件提示保证人继续代偿。该履行行为可以认为双方已以实际行为同意将担保责任由连带清偿责任变更为按份责任。

最高人民法院认为：虽然本案的借款合同系由中国银行股份有限公司山东省分行（以下简称中行山东分行）作为牵头行，中国银行股份有限公司东营黄河口支行（以下简称中行黄河口支行）作为代理行，中行黄河口支行与招行东营分行作为贷款人，为借款人华懋公司提供5.1亿元银团贷款，但其中的2.1亿元贷款系由招行东营分行单独完成发放。在实际履行中，虽由中行黄河口支行作为代理行分别与盛泰集团公司、亚通石化公司、华帘集团公司、华帘钢帘公司等签订《保证合同》约定为前述借款提供连带责任保证，但2015年3月19日至2017年3月8日期间，招行东营分行每月均向亚通石化公司发送电子邮件提示其作为担保人进行代偿。2017年2月15日的银团会议决议亦记载：全体银团成员一致同意招行东营分行就涉案银团项下其承贷份额的本息单独提起诉讼，但仅限于对各保证人提起诉讼主张权利，涉及抵押权的相关权利，仍按银团贷款合同的相关约定执行。故招行东营分行虽为5.1亿元银团贷款的贷款人之一，但事实上已就其中的2.1亿元单独形成借贷关系。招行东营分行主张案涉借款尚有本金48955951.15元未归还和亚通石化公司已分32笔代华懋公司偿还了35448796.78元的事实表明，作为牵头行的中行山东分行和作为代理行的中行黄河口支行，并未实际参与该 2.1 亿元贷款的发放和清收。故招行东营分行以其没有在《保证合同》上签章故无权变更银团贷款担保方式的再审申请理由不能成立，其作为被代理之本人的权限不能为代理人所限制。

另据业已查明的事实，向亚通石化公司发出代偿提示电邮的尚惠东、张学亮、陈超三人均系招行东营分行的工作人员。尚惠东在案涉借款合同的借据“信贷部门审核意见”栏签字，张学亮为借款合同约定的招行东营分行联系人，陈超仅发出两份电邮，且该两份电邮的内容、格式与前述尚惠东等人发出的电邮一致。招行东营分行既承认亚通石化公司已按照电邮的代偿提示向其偿还了 32 笔共计 3544 万余元，又否认其职员向亚通石化公司发出的电邮属于招行东营分行的意思表示，明显有悖诚信。原审认为，在合同的履行过程中，招行东营分行已将亚通石化公司的担保责任由连带清偿责任变更为按份责任，该认定并无不当。

招行东营分行向亚通石化公司发出的电邮中均记载：招行东营分行向华懋公司发放固定资产贷款 2.1 亿元，由山东天圆铜业有限公司（以下简称天圆公司）、盛泰集团公司、亚通石化公司提供分保，担保比例分别为：39.62%、39.62%、20.76%……根据合同约定，该款项由担保人进行代偿。根据分保比例，代偿金额分别为……。最高人民法院再审审查期间，责令招行东营分行对该比例的由来进行说明。招行东营分行陈述，系按照亚通石化公司合同担保金额 1.1 亿元在三家担保企业亚通石化公司 1.1 亿元、盛泰集团公司 2.1 亿元、天圆公司 2.1 亿元的合同担保金额之和中占比测算得出，即：1.1 亿元 /（1.1 亿元 +2.1 亿元 +2.1 亿元）×100%=20.76%。另在再审审查期间，双方均认可亚通石化公司已代华懋公司偿还款项 32 笔共计 3544.8 万余元。招行东营分行并陈述，担保人天圆公司于 2016 年 5 月 31 日承接华懋公司债务 4160 万元（本金），华懋公司向约定的贷款账户偿还本金共计 52414614.18 元，最后一次偿还本金时间为 2015 年 4 月 27 日。最高人民法院认为，2.1 亿元借款中，招行东营分行自认债务人华懋公司已经偿还 5241 万余元，案外人天圆公司作为担保人之一已承接债务 4160 万元，现招行东营分行仍主张按照 2.1 亿元的 20.76% 计算亚通石化公司应当履行的代偿款项，显与实际不符。且双方均认可，亚通石化公司已经实际还款 3544.8 万余元，结合 2016 年 12 月 7 日招行东营分行银行部向亚通石化公司出具的《说明》和 2017 年 3 月 8 日之后招行东营分行未再向亚通石化公司发送电邮提示代偿，招行东营分行事实上已认可亚通石化公司按照分保比例承担了还款责任。其在申请再审阶段又提出，按照 2.1 亿元的 20.76% 计算，则亚通石化公司尚未履行完毕代偿义务，与其自身前述的行为相矛盾，故不能得到支持。

——中国裁判文书网。

463. 双方就合同履行顺序达成新的合意，应按照调整后的情况履行合同

关键词

合同变更　合意　合同履行

最高人民法院裁判文书

美好公司与中和公司、美好中和公司项目转让合同纠纷案［最高人民法院（2017）最高法民终680号民事判决书］

裁判要旨：在合同签订后，双方并未严格按照合同约定条款实际履行，而是根据履行情况多次进行了变更。双方已就合同约定的履行顺序进行调整并达成新的合意，故双方应当按照调整后的约定情况履行合同。

最高人民法院认为：2012年9月12日《项目转让合同》签订后，双方并未严格按照合同条款约定进行实际履行。之后，应美好公司要求，中和公司将涉案土地抵押用作美好公司融资的担保，以解决项目运作资金问题。美好公司多次承诺融资成功后清偿所欠中和公司的转让款项。在2015年1月15日出具的《承诺函》中，美好公司承诺如在2016年1月31日前未向中和公司支付应付未付款项的50%，同意中和公司可无条件收回B4-4土地，并按原已签署的协议清算款项。由此可见，美好公司作出前述承诺以及中和公司配合办理涉案土地抵押的行为，表明双方已就《项目转让合同》约定的履行顺序进行调整并达成新的合意，故双方应当按照调整后的约定情况履行合同。在其未按承诺如期支付应付未付款项的情况下，美好公司显然不能请求中和公司先行办理土地过户手续。

在合同约定已在实际履行过程中发生变化的情况下，原审法院没有考虑中和公司未办理土地过户手续系因配合美好公司抵押融资所致的客观事实，忽略美好公司为办理融资抵押而多次作出的清偿承诺，仍然依据《项目转让合同》原有约定认定当事人履行合同义务的顺序和条件，并认为合同约定的办理土地过户手续条件已经成就，在认定事实和适用法律上均有错误，依法应予纠正。

——中国裁判文书网。

464. 不能确定履行顺序的双务合同，不适用顺序履行抗辩权和不安抗辩权

关键词

顺序履行抗辩权　不安抗辩权　双务合同

最高人民法院裁判文书

张昌生与曾焕亮、曾焕容、复兴三号旅馆合同纠纷案［最高人民法院（2021）最高法民申4134号民事裁定书］

裁判要旨：双务合同履行中的同时履行抗辩权、顺序履行抗辩权、不安抗辩权的适用条件，受限于双务合同中各方主体所约定的义务履行时间。同时履行抗辩权适用于没有约定履行顺序的双务合同，先履行抗辩权和不安抗辩权适用于约定有履行先后顺序的双务合同。

最高人民法院认为：关于张昌生主张己方不构成违约及过错。本院注意到，一、二审法院认定张昌生违约的具体理由及时间虽有不同，但均是依据张昌生未按双方合同约定及补充商定的方式支付承包金或者租金。张昌生主张己方不构成违约的理由主要有两点，一是《复兴旅馆书面材料》能够证明双方对原合同的变更和曾焕亮等人构成单方违约，一、二审法院不予采信该证据错误；二是曾焕亮等人未及时按约定办理相关证照违约在先，其可以行使顺序履行抗辩权和不安抗辩权。一方面，张昌生提供的《复兴旅馆书面材料》在一、二审时已经质证，一、二审法院以该证据形式上有瑕疵、内容上无法确认系曾焕亮等人真实意思表示为由不予采信，符合证据规则。张昌生坚持主张《复兴旅馆书面材料》真实有效，但未提供新证据及理由，故无法支持。另一方面，《合同法》第六十七条[①]规定，当事人互负债务，有先后履行顺序，先履行一方未履行的，后履行一方有权拒绝其履行要求。先履行一方履行债务不符合约定的，后履行一方有权拒绝其相应的履行要求。第六十八条[②]规定，应当先履行债务的当事人，有确切证据证明对方有下列情形之一的，可以中止履行：（一）经营状况严重恶化；（二）转移财产、抽逃资金，

① 对应《民法典》第五百二十六条。

② 对应《民法典》第五百二十七条。

以逃避债务；（三）丧失商业信誉；（四）有丧失或者可能丧失履行债务能力的其他情形。当事人没有确切证据中止履行的，应当承担违约责任。据此可知，行使顺序履行抗辩权的前提是有先后履行顺序，行使不安抗辩权的前提是有确切证据证明对方有丧失或者可能丧失履行债务能力。本案中，虽然案涉协议书、补充协议约定了张昌生的租金、承包金的支付义务和曾焕亮等人的办理相关证照的义务，但并未约定履行顺序。仅就办理相关证照本身而言，也需一定程序与时间。事实上，本案合同期限为 6 年，而张昌生至迟在履行合同半年时即出现明显违约，且当时并无确切证据证明曾焕亮等人无法或者可能无法办理相关证照。故张昌生关于行使顺序履行抗辩权和不安抗辩权的主张缺乏事实及合同依据，无法支持。此外，张昌生作为承包经营者应当及时了解在当地开办家庭旅馆的申报条件及注意事项，其在签订案涉协议书、补充协议时明知案涉房屋暨复兴旅馆尚未办理相关证照，应承担相应风险，一、二审法院认定张昌生就此存在过错并无不当。

——中国裁判文书网。

465. 买受人未在约定的质保期内提出质量异议，而后主张先履行抗辩权的，不予支持

关键词

先履行抗辩权　质量异议　主给付义务　从给付义务　违约责任

最高人民法院公报案例、最高人民法院裁判文书

东方电气集团东方汽轮机有限公司与大庆高新技术产业开发区大丰建筑安装有限公司、大庆大丰能源技术服务有限公司买卖合同纠纷案［最高人民法院（2019）最高法民终 185 号民事判决书］

裁判摘要：买卖的货物交付后，买受人已经使用标的物且未在约定的质量保证期内提出质量异议，当出卖人要求买受人支付欠付贷款、退还质保金时，买受人以货物存在质量问题为由主张行使先履行抗辩权拒绝付款的，不予支持。

交付技术材料是卖方负有的从给付义务，卖方违反该义务，买方可以主张相应的违约责任。卖方违反从给付义务但并未影响买方对所买货物正常使用，不影响合同目的实现的，买方不能基于卖方违反从给付义务而拒绝履行给付货款的主给付义务。

最高人民法院认为:《买卖合同》签订及供货后，大丰建安公司从未正式提出质量异议，直至东方汽轮机公司提起本案货款追索诉讼后，才另案提起质量异议之诉，主张供货存在质量问题并要求损害赔偿。因质量问题已经另案处理，大丰建安公司的权益可另案寻求救济，故对其提出的因质量问题而享有先履行抗辩权的主张不予支持。

案涉货物已完成验货及预验收，且早已交付业主方投入使用，至双方货款讼争产生时已逾4年，大丰建安公司未提供证据证明其或业主方曾对交付案涉货物的技术资料提出过异议，案涉货物亦未出现因缺少技术资料而无法运行或其他不能实现合同目的的情况。从性质上看，交付技术材料是卖方负有的从给付义务，卖方违反该从给付义务，买方可以主张相应的违约责任。除非卖方违反该从给付义务导致货物无法正常使用，影响合同目的实现，否则买方不能基于从给付义务的不履行而拒绝履行给付货款的主给付义务。

——《最高人民法院公报》2020年第11期。

466. 多方合同履行抗辩权应根据牵连性认定

关键词

多方合同　牵连性　履行抗辩权　给付义务

最高人民法院审判业务意见（民事审判第二庭法官会议纪要）

多方合同中，负有单方给付义务的一方当事人能否以其他方当事人未履行合同约定的给付义务为由，主张行使履行抗辩权，应当根据多方合同当事人是否一致同意该给付义务与其他方当事人未履行的给付义务具有牵连性进行具体判断。

附：案情简介

A公司负责B市部分地区供热，因故被B市政府收回供热权，并与C公司签订供热协议。A公司就此提起行政诉讼。一审法院认定B市政府行政行为违法。经二审法院协调，A、B、C三方达成《和解协议》，并约定:（1）A公司同意放弃供热权。（2）B市政府力争在本协议生效后6个月内负责协调将A公司热源厂现有土用途从公用事业用地土地变更为商住开发用地，并依法转让给C公司，土地转让款全部归A公司。（3）对A公司热源厂的资产、设备等有形资产进行评估，由C公司按评估价格向A公司支付资产补偿价款。之后，A公司撤回起诉。人民法院委托评估机构对A公司热源厂有形资产进行了评估。B市政府一直没有完成土地用途变更。C公司以B市政府未履行合同义务为由，主张行使后履行抗辩权，一直未支付资产补偿价款。B公司起诉请求C公司依约支付资产补偿款。

——关丽等：《多方合同履行抗辩权的认定》，载贺小荣主编：《最高人民法院民事审判第二庭法官会议纪要：追寻裁判背后的法理》，人民法院出版社2018年版，第318页。

467. 存在牵连关系的合同应当综合判定当事人之间的权利义务

关键词

牵连关系　意思表示　合同履行　整体意思表示

最高人民法院裁判文书

谢某宝、迪凯集团股份有限公司、杭州金兰置业有限公司与陈某甲、浙江科特汽配股份有限公司、浙江科特创业投资有限责任公司陈某乙合同纠纷案［最高人民法院（2017）最高法民终477号民事判决书］

裁判要旨：在当事人之间存在多个民事合同而非单一民事合同时，如果多个民事合同之间存在牵连关系，如总体框架协议与其项下每单业务合同之间的上下统摄的层级关系、多份相对独立而又在整体上能够构成一个大合同框架的左右照应的并列关系、多份合同在形式上相对独立但需要相互配合履行才能实现当事人整体意思表示的环环相扣的关联关系等，则除了需要考察每份合同的具体条款外，还应当根据该多份合同构成的整体框架关系、体现的当事人真实合同目的以及具体履行情况等综合确定当事人之间的权利义务。

最高人民法院认为：（一）关于案涉《债权转让及合作建房协议》的性质。《债权转让及合作建房协议》"鉴于"部分（2）强调，协议签订的背景之一是"陈某甲系持有东迪投资公司46.51%股权的股东，东迪投资公司在协议签订时持有浩然置业公司43%的股权，陈某甲及其他股东同意拟将东迪投资公司所持浩然置业公司股权转让给迪凯集团公司"。该协议第5.2.1条约定，"本协议各方充分理解并确认，本协议下的债权转让、房产转让、借款提供以及东迪投资公司拟将所持浩然置业公司的股权转让给迪凯集团公司等交易系经各方商定后的一揽子的交易，也是作为陈某乙及陈某甲、科特汽配公司、科特创投公司退出对浩然置业公司投资的一个综合性合理解决方案。"该协议第5.3.1条约定，"陈某甲同意将东迪投资公司所持浩然置业公司的股权转让给迪凯集团公司系基于本协议约定的事项得到有效履行。如果本协议约定事项最终未能有效履行，迪凯集团公司应将从东迪投资公司受让的浩然置业公司股权按原转让价格转回东迪投资公司；陈某甲可要求迪凯集团公司将其从东迪投资公司受让的浩然置业公司的股权按照陈某甲原通过东迪投资公司间接持有的浩然置业公司的权益按照迪凯集团公司受让的价格转回给陈某甲。”根据上述约定内容及双方当事人履行情况，案涉协议虽然名为《债权转让及合作建房协议》，但其实质系陈某甲一方通过向谢某宝一方转让股权及其他投资性权益的方式退出对浩然置业公司投资的综合性方案。无论陈某甲一方对浩然置业公司的 1.2 亿元投资的表现形式是否由“债权”转变为“资本公积”，无论谢某宝对该转变是否知晓，均不影响案涉协议的性质。一审法院认定双方签订案涉协议的真实意思表示系陈某甲、科特汽配公司、科特创投公司、陈某乙向谢某宝转让其对浩然置业公司的投资权益，该协议与东迪投资公司将其持有的浩然置业公司之股权转让给迪凯集团公司一并构成陈某甲、科特汽配公司、科特创投公司、陈某乙退出对浩然置业公司投资的综合方案，具有事实和法律依据。谢某宝、迪凯集团公司、金兰置业公司关于案涉协议系债权转让的上诉主张不能成立。

（二）关于案涉《债权转让及合作建房协议》及其相关合同附件的效力。2013 年 10 月 8 日，谢某宝、迪凯集团公司、金兰置业公司与陈某甲、科特汽配公司、科特创投公司、陈某乙签订《债权转让及合作建房协议》。《债权转让及合作建房协议》“鉴于”部分（3）确认“谢某宝系迪凯集团公司的实际控制人，迪凯集团公司系金兰置业公司的全资股东”，协议第 1.1.3 条确认“陈某甲、科特汽配公司及科特创投公司就上述债权转让系一致行动人”，协议第 5.1.1 条明确“为本协议之目的，陈某甲、科特汽配公司、科特创投公司及陈某乙系关联方关系，并为一致行动人及利益共同体；陈某乙可以代表前述其他各方行事，并可以代表前述其他各方享有、行使本协议下的权利和利益”。基于双方各当事人签署协议前后的系列行为及协议约定的内容，《债权转让及合作建房协议》及其相关合同附件系双方各当事人在平等协商基础上基于自愿原则签订的民事协议。协议的主要内容包括“债权转让”“合作建房”“借款”等，双方当事人对合同标的、价款、履行方式、违约处理等约定明确，合同要件完备。《债权转让及合作建房协议》业经双方各当事人签字盖章，具备法律规定的合同成立要件，符合双方当事人的真实意思表示，亦无证据证明存在《合同法》第五十二条规定的合同无效情形。至于协议所涉转让标的实际存在与否，并不影响协议的生效；案涉交易在履行中可能涉及的税费问题，属于税收行政机关主管的范围，应由税收行政机关依法予以处理，亦不影响案涉协议的效力。

根据本案查明的事实，《债权转让及合作建房协议》所涉及的浩然置业公司的股权已经通过双方之间的交易安排，转让过户至迪凯集团公司名下。陈某甲一方将协议所涉及的其对浩然置业公司的 1.2 亿元“债权”向谢某宝一方转让，属于与上述股权一并让渡给谢某宝一方，以彻底退出对浩然置业公司的投资。由于债权与资本公积都对应于案涉转让的股权，无论案涉 1.2 亿元债权是否转变为资本公积，其均系所转让投资权益的一部分，伴随股权转让一并构成陈某甲一方退出对浩然置业公司投资的综合方案。谢某宝一方主张“因该 1.2 亿元债权已经转变为资本公积，所转让的债权已不存在，案涉协议应为无效”，与事实和法律不符。一审法院认定《债权转让及合作建房协议》及其相关合同附件有效，对谢某宝一方关于确认案涉协议无效，以及要求陈某甲一方返还已支付款项并赔偿损失的诉讼请求不予支持，有充分的事实和法律依据。

——法信网。

468. 三方当事人权利义务紧密关联、相互依存，均服务于一个整体的交易目的，构成事实上的合同联立

关键词

三方当事人　合同联立

最高人民法院裁判文书

中国建设银行股份有限公司广东自贸试验区分行与永熙顺（上海）贸易有限公司、广州市华鸿油品有限公司合同纠纷案［最高人民法院（2022）最高法民再 187 号民事判决书］

裁判要旨：三方当事人之间在形式上形成三种不同的法律关系，从其签订的三类合同的签订时间、约定内容及实际履行情况来看，三方当事人权利义务紧密关联、相互依存，均服务于一个整体的交易目的。三类合同实际上形成一个整体，构成事实上的合同联立；在合同均合法有效的情况下，三方当事人均应依约全面履行自己的义务。

最高人民法院认为：基于本案已经查明的事实，建行广东自贸区分行、永熙顺公司、华鸿公司之间签订的一系列合同主要有三类：建行广东自贸区分行、永熙顺公司、华鸿公司三方签订的《合作协议书》及二份《三方补充协议》，永熙顺公司与华鸿公司签订的五份《油品购销合同》，建行广东自贸

区分行与华鸿公司签订的五份《银行承兑协议》及四份《人民币流动资金贷款合同》。由此，永熙顺公司与华鸿公司之间形成买卖合同关系，建行广东自贸区分行与华鸿公司之间形成借款合同关系，建行广东自贸区分行与永熙顺公司之间形成具有一定担保性质的债权债务关系。尽管建行广东自贸区分行、永熙顺公司、华鸿公司之间在形式上形成三种不同的法律关系，但从前述合同签订时间、约定内容及实际履行情况来看，三方当事人权利义务紧密关联、相互依存，均服务于一个整体的交易目的，即华鸿公司向建行广东自贸区分行借款用于购买永熙顺公司的油品。综上，前述三类合同实际上形成一个整体，构成事实上的合同联立；在合同均合法有效的情况下，三方当事人均应依约全面履行自己的义务。

——中国裁判文书网。

469. 连带债务人内部债务份额的确定

关键词

连带债务人　内部债务份额

《中华人民共和国民法典》条文

第五百一十九条　连带债务人之间的份额难以确定的，视为份额相同。

实际承担债务超过自己份额的连带债务人，有权就超出部分在其他连带债务人未履行的份额范围内向其追偿，并相应地享有债权人的权利，但是不得损害债权人的利益。其他连带债务人对债权人的抗辩，可以向该债务人主张。

被追偿的连带债务人不能履行其应分担份额的，其他连带债务人应当在相应范围内按比例分担。

最高人民法院司法解释

第十三条　同一债务有两个以上第三人提供担保，担保人之间约定相互追偿及分担份额，承担了担保责任的担保人请求其他担保人按照约定分担份额的，人民法院应予支持；担保人之间约定承担连带共同担保，或者约定相互追偿但是未约定分担份额的，各担保人按照比例分担向债务人不能追偿的部分。

同一债务有两个以上第三人提供担保，担保人之间未对相互追偿作出约定且未约定承担连带共同担保，但是各担保人在同一份合同书上签字、盖章或者按指印，承担了担保责任的担保人请求其他担保人按照比例分担向债务人不能追偿部分的，人民法院应予支持。

除前两款规定的情形外，承担了担保责任的担保人请求其他担保人分担向债务人不能追偿部分的，人民法院不予支持。

——《最高人民法院关于适用〈中华人民共和国民法典〉有关担保制度的解释》（2022 年 12 月 31 日，法释〔2020〕28 号）。

附录：最高人民法院主流观点

在司法实践中，如何确定连带债务人之间的内部份额仍需根据具体的法律规定和合同约定进行分析。在具体适用过程中，应当避免为简便而直接适用本条第一款的做法。在存在法律明确规定时，应当按照法律规定确定连带债务人的内部份额；在法律没有规定或者允许当事人以约定排除法律规定时，如果能够结合相关约定确定债务人内部各自的具体份额的，应当以当事人的约定确定债务份额。只有在没有法律特别规定或当事人没有约定，或者虽然存在法律规定或者相应约定但是确定具体份额存在障碍时，才能适用本条第一款的规定，对连带债务人之间的债务份额视为相同。

——最高人民法院民法典贯彻实施工作领导小组编著：《中国民法典适用大全（合同卷）》，人民法院出版社 2022 年版，第 520~521 页。

470. 区分不同债的消灭原因对连带债务的不同效力

关键词

债的消灭原因　连带债务　混同　剩余债权　追偿权

《中华人民共和国民法典》条文

第一百七十八条　二人以上依法承担连带责任的，权利人有权请求部分或者全部连带责任人承担责任。

连带责任人的责任份额根据各自责任大小确定；难以确定责任大小的，平均承担责任。实际承担责任超过自己责任份额的连带责任人，有权向其他连带责任人追偿。

连带责任，由法律规定或者当事人约定。

第三百零七条　因共有的不动产或者动产产生的债权债务，在对外关系上，共有人享有连带债权、承担连带债务，但是法律另有规定或者第三人知道共有人不具有连带债权债务关系的除外；在共有人内部关系上，除共有人另有约定外，按份共有人按照份额享有债权、承担债务，共同共有人共同享有债权、承担债务。偿还债务超过自己应当承担份额的按份共有人，有权向其他共有人追偿。

第五百一十九条 连带债务人之间的份额难以确定的，视为份额相同。

实际承担债务超过自己份额的连带债务人，有权就超出部分在其他连带债务人未履行的份额范围内向其追偿，并相应地享有债权人的权利，但是不得损害债权人的利益。其他连带债务人对债权人的抗辩，可以向该债务人主张。

被追偿的连带债务人不能履行其应分担份额的，其他连带债务人应当在相应范围内按比例分担。

附录：最高人民法院主流观点

在司法实践中，虽然履行、抵销、提存、免除、混同均为债之消灭原因，产生终止债权人和债务人之间权利义务关系的法律效果。但是在连带债务中，不同债的消灭原因在连带债务人之间发生的法律效果并不相同。在履行、抵销债务或者提存标的物情形中，在与债权人的法律关系上，债因实现而消灭，在连带债务人之间，部分连带债务人可向其他连带债务人追偿。在免除情形中，由于系债权人的主动行为，不涉及部分连带债务人的积极作为，故仅发生该部分连带债务人份额范围内债消灭的效力，但不产生追偿权的法律后果；而在混同之情形，部分连带债务人在扣除自身债务份额后，取得剩余债权，以债权人身份享有相应权利。

——最高人民法院民法典贯彻实施工作领导小组编著：《中国民法典适用大全（合同卷）》，人民法院出版社 2022 年版，第 531 页。

471. 连带债权的内外部关系

关键词

连带债权　总括效力　按份之债

《中华人民共和国民法典》条文

第五百二十一条 连带债权人之间的份额难以确定的，视为份额相同。

实际受领债权的连带债权人，应当按比例向其他连带债权人返还。

连带债权参照适用本章连带债务的有关规定。

附录：最高人民法院主流观点

在司法实践中，要正确区分连带债权中债权人与债务人的外部关系与连带债权人之间的内部关系。在外部关系上，连带债权作为连带之债，从债权人的角度，部分连带债权人在请求、受领迟延等方面发生总括效力，及于全体连带债权人；在免除事项上发生有限制的总括效力，仅在自身份额范围内对其他连带债权人发生效力。从债务人的角度，债务人向任一或者部分债权人履行、抵销债务或者提存标的物或者发生混同，债权人与债务人之间的债权债务关系即终止。在连带债权外部关系消灭后，可能在连带债权人之间产生按份之债，连带债权人内部仍应按照按份之债进行处理，连带债权人应将实际受领之债权按比例向其他连带债权人返还。

——最高人民法院民法典贯彻实施工作领导小组编著：《中国民法典适用大全（合同卷）》，人民法院出版社 2022 年版，第 536~537 页。

472. 当事人对多份补充协议的履行内容存在争议的，如何确定协议的最终履行内容

关键词

多份合同　公平原则　诚信原则　体系解释

《中华人民共和国民法典》条文

第五百一十条　合同生效后，当事人就质量、价款或者报酬、履行地点等内容没有约定或者约定不明确的，可以协议补充；不能达成补充协议的，按照合同相关条款或者交易习惯确定。

第五百一十一条　当事人就有关合同内容约定不明确，依据前条规定仍不能确定的，适用下列规定：

（一）质量要求不明确的，按照强制性国家标准履行；没有强制性国家标准的，按照推荐性国家标准履行；没有推荐性国家标准的，按照行业标准履行；没有国家标准、行业标准的，按照通常标准或者符合合同目的的特定标准履行。

（二）价款或者报酬不明确的，按照订立合同时履行地的市场价格履行；依法应当执行政府定价或者政府指导价的，依照规定履行。

（三）履行地点不明确，给付货币的，在接受货币一方所在地履行；交付不动产的，在不动产所在地履行；其他标的，在履行义务一方所在地履行。

（四）履行期限不明确的，债务人可以随时履行，债权人也可以随时请求履行，但是应当给对方必要的准备时间。

（五）履行方式不明确的，按照有利于实现合同目的的方式履行。

（六）履行费用的负担不明确的，由履行义务一方负担；因债权人原因增加的履行费用，由债权人负担。

最高人民法院公报案例、最高人民法院裁判文书

吉林省东润房地产开发有限公司与吉林佳垒房地集团有限公司、第三人大商股份有限公司合资、合作开发房地产合同纠纷案［最高人民法院（2010）民一终字第109号民事判决书］

裁判摘要：双方当事人在签订合同后、履行合同过程中，因情况变化，又签订多份补充协议修改原合同约定的，只要补充协议是当事人的真实意思表示，协议内容符合法律规定，均应认定为有效。当事人对多份补充协议的履行内容存在争议的，应根据协议之间的内在联系，以及协议中约定的权利义务分配的完整性，并结合补充协议签订和成立的时间顺序，根据民法的公平和诚实信用原则，确定协议的最终履行内容。

最高人民法院认为：本案二审的争议焦点为：（一）双方当事人签订的《合作意向书》《联合开发协议》、6·28协议及9·20协议是否合法有效。（二）6·28协议与9·20协议的关系问题、东润公司是否履行了9·20协议约定内容及佳垒公司是否应当向东润公司履行协议约定的给付义务。

关于争议焦点（一），双方当事人签订的《合作意向书》《联合开发协议》、6·28协议及9·20协议，均是当事人真实意思表示，上述协议的内容亦不违反法律、法规的强制性规定，一审法院认定上述协议合法有效，双方均应依约履行，于法有据。本案一审审理期间，佳垒公司并未主张讼争协议均属无效协议，双方当事人就此问题没有形成争议。二审期间，佳垒公司关于上述协议无效的主张，没有事实及法律依据，本院不予支持。

关于争议焦点（二），双方当事人签订的6·28协议及9·20协议，均是对《联合开发协议》的修改和补充。9·20协议明确约定，6·28协议是双方真实意思表示，为合法有效的协议。双方只是为更好地履行协议的义务，就协议履行中出现的问题，作出9·28协议的新约定。从该两份协议的内容及内在联系判断，9·20协议是在6·28协议的基础上，双方当事人作出进一步修改的意思表示并形成合意，变更修改的部分，以9·20协议为准；未变更修改的部分，6·28协议仍然对双方当事人具有约束力。从9·20协议的文字表述看，亦不能作出其是对6·28协议予以否定的结论。结合两份协议的内容，双方当事人权利义务的分配才具有完整性。由于佳垒公司没有依据6·28协议向东润公司支付投资款，东润公司亦未在该协议约定的期限内引进沃尔玛公司，在双方均未履行6·28协议的基础上，双方当事人才形成9·20协议的新的约定。9·20协议既顺延了佳垒公司的款项给付期限，也相应顺延了东润公司引进沃尔玛公司的时间。在引进沃尔玛公司事项上，东润公司在 9・20 协议约定的时间内，将沃尔玛公司引进，且东润公司、佳垒公司及沃尔玛公司签订了《房屋租赁合同》。从双方当事人权利义务对等的角度判断，东润公司按照 9・20 协议于 2007 年 9 月 30 日完成了与沃尔玛公司的签约工作，佳垒公司应当依据 6・28 协议的约定，履行交付房屋的义务。佳垒公司主张东润公司应当单方承担违约责任，从而免除佳垒公司向东润公司交付房屋的义务，理据不足。此后，在大商公司向沃尔玛公司依据合同约定支付 500 万元补偿金后，沃尔玛公司退出租赁房屋。东润公司在沃尔玛公司引进及退出的问题上，没有过错，亦未构成违约。佳垒公司就该争议问题，并未在二审期间提出相应的证据。根据 6・28 协议的约定，双方已认可售出的 9 套房屋价款 13144873 元为东润公司所有，且在 9・20 协议中约定了款项给付的时间，故佳垒公司应当向东润公司支付该房款及利息。在上述两份协议中，双方均约定，佳垒公司应当返还东润公司的投资款为 2100 万元，扣除已还款项，佳垒公司应返还东润公司 2000 万元及利息。佳垒公司主张，东润公司实际投资款为 1695 万元，且应扣除东润公司的借款 2846229 元，证据不足，不应支持。一审法院上述问题，认定事实清楚，适用法律正确。一审判决佳垒公司依约应向东润公司支付已售房屋的款项及交付其余房屋，并无不当，应予维持。

——《最高人民法院公报》2013 年第 4 期。

最高人民法院裁判文书

浙江海鑫船舶贸易有限公司与浙江振兴船舶修造有限公司海事海商纠纷再审案［最高人民法院（2013）民申字第 169 号民事裁定书］

最高人民法院认为：本案《和解协议书》系海鑫公司和振兴公司因履行《造船场地租赁协议》发生纠纷而签订的，因此应以《造船场地租赁协议》的内容作为分析《和解协议书》条款的基础。《造船场地租赁协议》约定，涉案场地租用期为 5 年，自 2007 年 3 月 16 日始至 2012 年 6 月 30 日止，年租费 368 万。以此为标准，截至 2010 年 8 月 19 日签订《和解协议书》时，海鑫公司应支付的场地租赁费为 1155.42 万元。根据一审法院查明的事实，海鑫公司已经实际支付的场地租赁费最多不超过 559 万元，据此可以确认海鑫公司拖欠振兴公司船台费的事实。如按海鑫公司的主张，将 650 万元认定为其应付的场地费总金额，则海鑫公司必须合理解释场地使用费由最初约定的 1155.42 万元调整至 650 万元的原因。对此海鑫公司不能提交证据予以证明。此外，《和解协议书》的拟稿人孙国强以及富煌公司法定代表人杨陵江均在一审庭审中出庭作证，一审法院认为该二人直接参与和解过程，其证言具有客观性而予以采纳。此二人的证言亦证明海鑫公司欠付振兴公司 650 万元的事实。综上，根据《造船场地租赁协议》的履行情况，《和解协议书》的签订过程以及证人证言，可以认定 650 万元系海鑫公司尚未支付的场地租赁费用，二审判决关于此事实的认定并无不当。海鑫公司未能提交证据推翻二审法院认定的事实，故对其再审申请主张，本院不予支持。

——中国裁判文书网。

473. 债权人放弃期限利益受领后反悔的，不予支持

关键词

期限利益　意思表示　提前履行　受领权

《中华人民共和国民法典》条文

第五百三十条　债权人可以拒绝债务人提前履行债务，但是提前履行不损害债权人利益的除外。

债务人提前履行债务给债权人增加的费用，由债务人负担。

附录：最高人民法院主流观点

在债务人提前履行、债权人享有拒绝受领权情形，如果债权人抛弃其期限利益同意受领债务的，则应认定双方对提前履行达成合意，故原则上，债权人受领后反悔拒绝受领的，人民法院不应支持，除非存在债权人放弃期限利益意思表示不真实等情形。与之相应的是，如果期限利益归属于债务人，债务人放弃该期限利益提前履行，债权人受领的，债务人也不得请求返还。

——最高人民法院民法典贯彻实施工作领导小组主编：《中华人民共和国民法典合同编理解与适用》，人民法院出版社 2020 年版，第 460 页。

474. 反复协商仍无法就价格达成一致的，应按订立合同时履行地的市场价格履行

关键词

合同价款　市场价格　合同履行地

最高人民法院裁判文书

哈西公司与黑龙江省交通厅合同纠纷案［最高人民法院（2021）最高法

民终 704 号民事裁定书]

裁判要旨：对于双方因合同价款没有约定或者约定不明确产生的争议，在双方无法继续协商达成补充协议的情况下，如既无法从合同上下文中其他内容作出推定，亦无法根据交易习惯确定，即应按照法律所确定的相对公平公正的原则对合同内容进行补充，以促进合同继续履行，最终实现当事人的合同目的。

最高人民法院认为：关于已撤站路段和未撤站路段的回购价格应如何确定问题。本案中，虽然根据前述协议安排，双方已就案涉公路的经营权移交及收费权转移于 2009 年 3 月 12 日达成了一致，但从双方当时的意思表示和之后的反复磋商过程来看，哈西公司与交通厅并未就已撤站路段和未撤站路段的回购价格达成一致。而两个路段的回购价格如何确定，直接决定双方在两案中各自诉讼请求能否成立，双方在两案诉讼中对此存在重大分歧。

对于双方因合同价款没有约定或者约定不明确产生的争议，《合同法》第六十一条[①]规定："合同生效后，当事人就质量、价款或者报酬、履行地点等内容没有约定或者约定不明确的，可以协议补充；不能达成补充协议的，按照合同有关条款或者交易习惯确定"；第六十二条[②]规定："当事人就有关合同内容约定不明确，依照本法第六十一条的规定仍不能确定的，适用下列规定：……（二）价款或者报酬不明确的，按照订立合同时履行地的市场价格履行；依法应当执行政府定价或者政府指导价的，按照规定履行……"如前所述，因双方就案涉公路回购事宜于 2009 年达成合意，但之后经反复协商始终无法就回购价格达成一致，人民法院应适用上述法律规定审理本案纠纷，即应当按照 2009 年 3 月 12 日案涉公路的市场价格，认定已撤站路段和未撤站路段的回购价格，进而判定双方的诉讼主张能否成立。

经查，705 号案一审判决对于已撤站路段回购价的认定，系根据依法不成立的《回购协议书》约定的价格作出，属认定事实错误；本案一审判决对未撤站路段回购价的认定，实际上是将该路段以 2009 年 3 月 12 日为评估基准日的预期收益价值 64752.42 万元作为回购价加以确定，而对于该预期收益评估价值能否等同于《合同法》规定的案涉公路回购时的市场价格，本案一审判决和鉴定机构均未作出说明，哈西公司对此上诉亦不予认同。另，经司法鉴定，已撤站路段以 2005 年 1 月 15 日为评估基准日，从 2005 年 1 月 15 日至 2035 年 12 月 31 日期间的预期收益评估价值为 14431.20 万元。705 号

---

① 对应《民法典》第五百一十条。

② 对应《民法典》第五百一十一条。

案一审在错误认定双方已通过《回购协议书》对已撤站路段回购价格达成一致的情况，未参考该14431.20万元预期收益评估价值认定已撤站路段的回购价格，客观上造成对同一条BOT公路两个路段即已撤站路段和未撤站路段回购价格认定标准不统一的结果，使得双方权利义务失衡，应予纠正。据此，本案一审判决与705号案一审判决对案涉公路的回购价格认定错误，属认定基本事实不清，应将两案一并发回重审。

本案发回重审后，人民法院应根据案涉公路项目的BOT性质、案涉公路回购发生原因以及双方对回购价格的意见，以案涉公路2009年3月12日的市场价格重新确定回购价格。另，本案与705号案原系因哈西公司一审提出反诉未在同一案件中审理而被拆分成两个案件，为方便诉讼、方便审理，应将两案合并审理。

——中国裁判文书网。

附录：最高人民法院主流观点

价款或者报酬是一方当事人从对方当事人处获得给付而应支付的对价。合同对于价款或报酬的约定，可以使用具体的数字，可以使用某种计算公式，也可以指向某种价格标杆（如石油买卖合同中约定执行北海布伦特原油价格）。

在约定价款或报酬时，除约定数字、计算公式或价格标杆外，宜明确约定计价货币和计价单位。未明确约定计价货币的，一般应解释为合同履行地的法定货币（参照《民法典》第五百一十四条）；未明确约定计价单位的，一般应解释为相应货币的基本单位（我国人民币的基本单位为元）。

价款或报酬仅适用于有偿合同。对于无偿合同而言，一方从对方处获得给付，但不需要支付价款或报酬。因而，在合同对价款或报酬未作约定时，应根据合同对此未作约定的事实并结合合同的目的和相关条款进行合同解释，以确定合同是有偿合同还是无偿合同。

若经合同解释确定合同为有偿合同，而合同对价款或报酬未作约定的，可按照《民法典》第五百一十条、第五百一十一条第二项的规定加以确定。第五百一十一条第二项规定："价款或者报酬不明确的，按照订立合同时履行地的市场价格履行；依法应当执行政府定价或者政府指导价的，依照规定履行。"可见，第五百一十一条第二项对合同的价款或报酬进行补充的依据在于市场价格（例外情况下为政府定价或者政府指导价）。因而，合同所约定的标的物或服务存在公开竞争市场，有可资参照的市场价格的，才有按照第五百一十一条第二项的规定进行补充的可能。反之，若合同所约定的标的物或服务不存在公开竞争市场，不存在市场价格，相关交易不是按照市场规律确定价格，只能由当事人协商确定价格的（如古董、字画、二手车、授课、广告代言、演出，又如非上市公司的股权、债权、营业)，则客观上无法按照第五百一十一条第二项进行补充。即使存在公开竞争市场、存在市场价格区间，如房屋，但是，依交易场景或交易习惯，当事人不会愿意在未明确约定价格或报酬的情况下成立合同的，也不应逆于当事人的可推知的意思去按照第五百一十一条第二项进行补充。在这两种场合，只能确认合同不成立。当然，双方事后实际履行了合同、一方支付了价款或报酬且对方接受，则合同仍可成立，因其意味着双方事后对于价款或报酬达成了补充协议。可见，价款或者报酬并非对于所有的合同来说都是合同的必要之点。

——最高人民法院民法典贯彻实施工作领导小组编著：《中国民法典适用大全（合同卷）》，人民法院出版社 2022 年版，第 93~94 页。

475. 构成情势变更的要件

关键词

情势变更原则　合同基础条件　合同成立　合同履行

《中华人民共和国民法典》条文

第五百三十三条　合同成立后，合同的基础条件发生了当事人在订立合同时无法预见的、不属于商业风险的重大变化，继续履行合同对于当事人一方明显不公平的，受不利影响的当事人可以与对方重新协商；在合理期限内协商不成的，当事人可以请求人民法院或者仲裁机构变更或者解除合同。

人民法院或者仲裁机构应当结合案件的实际情况，根据公平原则变更或者解除合同。

附录：最高人民法院主流观点

（一）合同的基础条件发生了重大变化

关于合同的基础条件的表述，在《民法典》历次审议稿中曾经有“订立合同的基础”“订立合同的基础条件”的用法，但最终采用了“合同的基础条件”一表述。所谓合同的基础条件，也就是学理上所谓的情势，是指构成合同赖以成立的客观基础或环境。作为合同赖以成立基础条件的客观情况，既可以是交易或经济环境，包括土地、原材料、劳动力等各类生产成本价格，利息等融资成本，作为结算标准的货币的币值，最终商品或服务的市场需求等，也可以是非经济事实，包括市场主体正常生产、经营所依赖的社会经济环境、法律政策环境等，例如国家法律变化，经济、环保政策进行重大调整，技术跃升、产业升级换代等。基础条件既然被称为“基础”，就意味着相关情势应当构成订立合同、确定合同价格的重要考量因素或者前提。虽然合同当事人在订立合同时并未对其有清晰的预见或者并未直接加以特别考量或者特别关注，但是正是基于该条件的存在，当事人才完成了合同的磋商并确定了合同中双方的权利义务关系。而这种条件的变化，会导致合同权利义务的显著失衡。

合同基础条件必须是客观的。如果只是当事人主观上认定存在但实际不存在、认定为真实但实际上不真实、认为将来应该发生但并没有发生的所谓主观情势，即便当事人以之作为订立合同的基础，也不能构成本条所言的情势，相关的纠纷应当按照意思表示瑕疵的相关规则来处理。而只有作为当事人确定合同权利义务或者直接影响到合同目的的客观情势，方可构成合同基础条件。

（二）情势变更发生在合同成立之后、履行完毕之前

所谓变更，是指合同成立后情势发生的重大变化。合同基础条件的重大变化应当发生在合同成立后。关于合同成立时点的判断，应当以《民法典》合同编第二章关于合同订立的规则来确定。在合同成立之前，合同尚不具有法律拘束力，如果发生基础条件的变化，当事人在订约时应当认识到这一事实的存在，当事人仍然可以通过发出反要约重新调整合同条款。如果当事人基于已变更的情势而订约，显然成立的合同是以变化后的事实为基础的，当事人已经充分考虑了该情势变化可能带来的风险并自愿承受相应的不利后果，自然不能再主张情势变更。如果当事人对于合同成立之前基础条件的重大变化没有知悉，则其仍然应当履行合同义务，即便存在不公平，也只能通过显失公平制度来解决，而没有情势变更的适用余地。合同成立时间原则上也是合同生效时间，但在有法律特别规定需经批准等合同生效要件或者当事人约定了生效时间或者生效条件的情况下，合同生效时间是迟于合同成立时间的。但此种情况下，即便合同成立后、生效之前发生了情势变更，但由于合同已经成立，当事人已经不能再随意调整合同，故而也有情势变更规则的适用。此外，虽然本条没有提及，但是通常认为，情势变更必须发生在合同履行完毕以前，如果在履行完毕以后发生情势变更，因债的关系已经因清偿而消灭，合同基础条件的变化对双方的利益不产生任何影响，显然没有必要再适用情势变更原则。即便该履行不符合约定，由于债务人已经完成了履行行为，不存在再因情势变更调整当事人权利义务关系的必要；此时违约责任已经发生，故而应当按照违约责任处理，债务人不能借口情势变更再来主张变更或者解除合同。如果情势变更发生在履行过程中，尤其是对于继续性合同而言，这种情况可能更为突出，则不应当影响情势变更的构成，但是在考虑相关后果时，对于情势变更之前的履行及对价，应当承认其效力，而只是对尚未履行部分考虑相应的变更或解除。值得讨论的是，如果一方当事人迟延

履行后发生情势变更，是否可以适用情势变更规则。笔者认为，虽然本条并未言明情势变更是否以当事人对情势变更的发生没有过错为前提，但从“无法预见”“不属于商业风险”的要求来看，显然是以当事人对情势变更的发生没有过错为前提的。尤其是情势变更系基于诚信原则而发生，在一方迟延履行的情况下，将本可以规避但可归责于己的风险以所谓情势变更为由转嫁给对方分担，显然有悖诚信原则。

（三）该重大变化是当事人在订立合同时无法预见的

这里所言的订立合同时，是指合同订立的过程中，也就是成立之前。故而本条要求该变化须发生在合同成立之后。如果在合同订立过程中发生，就不存在无法预见的问题。如果当事人在订约时已经预见而仍然订立合同，则表明当事人自愿承担情势变更所发生的风险或者说其认为合同对价已经能够涵盖此种风险，因而不能适用情势变更原则。当事人应当预见而没有预见，则可以考虑通过意思表示瑕疵规则处理，而非适用情势变更原则。所谓无法预见，不是当事人没有预见，而是订立合同时不能预见。申言之，如果订约时当事人预见将来要发生情势变更，而当事人仍以现在的客观情况为基础订约的，表明当事人愿意承担风险，应使当事人自负后果，不应适用情势变更原则。如果当事人应当预见将要发生情势变更而未预见，说明其主观上具有过错，也不能适用情势变更原则。关于能否预见的判断，本条同时从反面进行了强调，即“不属于商业风险”。换言之，商业风险与能否预见，是一个问题的两个方面。商业风险的判断，实际上划定了当事人预见能力的客观标准，当事人的预见能力原则上应当依据客观标准判断。申言之，对于某一合同，应当按照其合同内容，结合交易发生的领域、行业以及合同性质、标的额等因素，判断相关变化是否属于正常的商业风险，或者说该变化是否在该领域、行业通常从业者合理的预见范围之内。不同的行业，不同的产业发展阶段，其价格波动范围等基础条件变化幅度是不同的，必须充分考虑这些因素以判断相关情势变化是否属于商业风险的范围。如果变化属于正常的商业风险，也就意味着该变化在当事人的预见能力之内。

（四）继续履行合同对于当事人一方明显不公平

情势变更发生以后，经常造成当事人之间严重的利益失衡，如果继续按原合同规定履行义务，将会对当事人明显不公平，从而违背诚信原则。当事人之间的权利义务是建立在对于合同基础条件认识的基础上的，对于原材料等各类生产成本价格、融资成本、币值以及最终商品或服务市场价格等市场涨跌变化之类的合同基础条件，当事人应当有着合理的预期，并在此基础上结合自身履约能力等议定合同权利义务。所谓契约即公正，也就是这个意思。对于当事人基于真实意思而形成的合意，法律应当予以保护，契约必须严守。但是随着基础条件的重大变化，订立之初的当事人的此种预期被打破，则当事人之间的权利义务就会发生一定的失衡。这种失衡达到明显不公平的地步，基于诚实信用原则，就需要通过当事人的协商或者公权力的介入，重新调整当事人的权利义务关系或者解除合同，以实现实质上的公平。对于是否构成明显不公平的判断，应当依据该合同的具体内容和继续履行的结果，结合合同目的、具体行业、交易类型、合同类型等因素来判断，实践中表现为：履行过于艰难或必须付出高昂的代价以及不能履行等情形，如果情势变更对双方当事人之间的利益关系影响轻微，则不应适用情势变更原则。

——最高人民法院民法典贯彻实施工作领导小组编著：《中国民法典适用大全（合同卷）》，人民法院出版社 2022 年版，第 608~611 页。

476. 适用情势变更原则时对“无法预见”主张的审查

关键词

情势变更原则　无法预见　不可抗力

最高人民法院司法政策精神

人民法院在适用情势变更原则时，应当充分注意到全球性金融危机和国内宏观经济形势变化并非完全是一个令所有市场主体猝不及防的突变过程，而是一个逐步演变的过程。在演变过程中，市场主体应当对于市场风险存在一定程度的预见和判断。人民法院应当依法把握情势变更原则的适用条件，严格审查当事人提出的“无法预见”的主张，对于涉及石油、焦炭、有色金属等市场属性活泼、长期以来价格波动较大的大宗商品标的物以及股票、期货等风险投资型金融产品标的物的合同，更要慎重适用情势变更原则。

——《最高人民法院印发〈关于当前形势下审理民商事合同纠纷案件若干问题的指导意见〉的通知》（2009 年 7 月 7 日，法发〔2009〕40 号）。

附录：答记者问

关于对无法预见主张的审查。适用情势变更原则的关键要件之一是在合同成立之后出现了当事人缔约时无法预见的客观重大变化。需要注意的是，全球性金融危机和国内宏观经济形势变化并非完全是一个令所有市场主体猝不及防的突变过程，而主要是一个日益发展、逐步演变的过程。在该过程中，市场主体应当对于市场风险存在一定程度的预见和判断，在审判实务中对于当事人提出“无法预见”主张的，法院应慎重审查。在确定是否可预见时，应审查三个因素。其一，预见的时间。预见的时间应当是合同缔结之时。其二，预见的标准。该标准应为主观标准，即以遭受损失一方当事人的实际情况为准。其三，风险的承担。如果根据合同的性质可以确定当事人在缔约时能够预见情势变更或者自愿承担一定程度的风险，则自无运用情势变更之余地。例如，合同标的物是石油、焦炭、有色金属等市场属性活泼、长期以来价格波动较大的大宗商品或者是股票、期货等风险投资型金融产品，通常不宜适用情势变更原则。

——《妥善审理合同纠纷案件维护市场正常交易秩序——最高人民法院民二庭负责人就〈关于当前形势下审理民商事合同纠纷案件若干问题的指导意见〉答记者问》，载《人民法院报》2009年7月14日。

477. 合同成立以前已经发生客观情况变化，不构成情势变更

关键词

合同成立 情势变更原则

最高人民法院裁判文书

大连上方房地产开发有限公司与中国人民解放军某部队合同纠纷案［最高人民法院（2021）最高法民申3257号民事裁定书］

裁判要旨：情势变更原则成立前提是合同成立以后发生的客观情况变化，对于合同成立以前已经发生变化，当事人已经知晓的，事后以情势变更抗辩的主张不能成立。

最高人民法院认为：本案再审审查焦点问题为：案涉2200余平方米土地使用权未变更登记至上方公司名下是否系某部队原因导致及该情节是否符合情势变更原则。结合本案事实及相关法律规定，本院对上述争议焦点综合评判如下：

关于案涉2200余平方米土地使用权未变更登记至上方公司名下是否系某部队原因造成的问题。首先，根据《换建协议》约定，土地换建所需军队内部各类审批手续由某部队负责办理，而地方各类审批手续由上方公司负责办理。现某部队已经完成《换建协议》中所涉全部土地的军队内部相关各类审批手续，故某部队不存在违约情况。其次，上方公司一审时自认争议的2200余平方米土地无法进行权属变更登记的原因系该部分土地不符合地方政府当期规划。而案涉土地某部队取得《军用土地补办出让手续许可证》时间系2007年1月30日。根据2007年1月31日国土资源部、财政部、解放军总后勤部联合下发《关于加强军队空余土地转让管理有关问题的通知》（国土资

发〔2007〕29号）规定，《换建协议》中所涉土地无须在当地土地年度供应计划范围之内。故上方公司关于案涉2200余平方米土地使用权未完成变更登记系某部队原因造成的主张不成立，本院不予支持。

关于案涉2200余平方米土地使用权未变更登记至上方公司名下是否符合情势变更的问题。本案上方公司取得《换建协议》中其余12784.9平方米国有土地使用权证时间系2009年3月13日，此时上方公司即知晓案涉2200余平方米土地使用权尚不能办理变更登记。而其在2012年2月28日与某部队签订《关于变更回迁安置方式的协议》时，在已经知晓上述情节的情况下，仍同意补偿某部队2.489亿元，故上述情况不符合《最高人民法院关于适用〈中华人民共和国合同法〉若干问题的解释（二）》第二十六条关于“合同成立以后客观情况发生了当事人在订立合同时无法预见的、非不可抗力造成的不属于商业风险的重大变化”之规定，不属于情势变更。且二审时大连市自然资源局答复意见中亦没有表示案涉土地不能办理权属变更登记。故上方公司主张案涉2200余平方米土地权属没有变更登记至其名下符合情势变更的理由不成立，本院不予支持。

——中国裁判文书网。

478. 合理区分情势变更与商业风险

关键词

情势变更原则　商业风险　可预见性规则

《中华人民共和国民法典》条文

第五百三十三条　合同成立后，合同的基础条件发生了当事人在订立合同时无法预见的、不属于商业风险的重大变化，继续履行合同对于当事人一方明显不公平的，受不利影响的当事人可以与对方重新协商；在合理期限内协商不成的，当事人可以请求人民法院或者仲裁机构变更或者解除合同。

人民法院或者仲裁机构应当结合案件的实际情况，根据公平原则变更或者解除合同。

最高人民法院司法政策精神

人民法院要合理区分情势变更与商业风险。商业风险属于从事商业活动的固有风险，诸如尚未达到异常变动程度的供求关系变化、价格涨跌等。情势变更是当事人在缔约时无法预见的非市场系统固有的风险。人民法院在判断某种重大客观变化是否属于情势变更时，应当注意衡量风险类型是否属于社会一般观念上的事先无法预见、风险程度是否远远超出正常人的合理预期、风险是否可以防范和控制、交易性质是否属于通常的“高风险高收益”范围等因素，并结合市场的具体情况，在个案中识别情势变更和商业风险。

——《最高人民法院印发〈关于当前形势下审理民商事合同纠纷案件若干问题的指导意见〉的通知》(2009 年 7 月 7 日，法发〔2009〕40 号)。

2. 买卖合同能够继续履行，但疫情或者疫情防控措施导致人工、原材料、物流等履约成本显著增加，或者导致产品大幅降价，继续履行合同对一方当事人明显不公平，受不利影响的当事人请求调整价款的，人民法院应当结合案件的实际情况，根据公平原则调整价款。疫情或者疫情防控措施导致出卖人不能按照约定的期限交货，或者导致买受人不能按照约定的期限付款，当事人请求变更履行期限的，人民法院应当结合案件的实际情况，根据公平原则变更履行期限。

已经通过调整价款、变更履行期限等方式变更合同，当事人请求对方承担违约责任的，人民法院不予支持。

——《最高人民法院印发〈关于依法妥善审理涉新冠肺炎疫情民事案件若干问题的指导意见(二)〉的通知》(2020 年 5 月 15 日，法发〔2020〕17 号)。

最高人民法院裁判文书

中铁二局建设有限公司与厦门滕王阁房地产开发有限公司股东出资纠纷案［最高人民法院（2020）最高法民终 629 号民事判决书］

裁判要旨：情势变更制度的适用目的是在合同订立后因客观情势发生重大变化、导致当事人之间权利义务严重失衡的情形下，通过变更或者解除合同，以消弭合同因情势变更所产生的不公平后果。

最高人民法院认为：本案中，首先，关于当事人订立合同时是否无法预见中铁二局主张的涉铁优惠政策调整问题。中铁二局、滕王阁公司均认可约定的案涉拆迁安置成本 1400 万元 / 亩中包括 45 万元 / 亩的土地出让金。《合作协议》第 3 条第 3 项约定，因政策变动导致拆迁安置成本增加的，超过部分由中铁二局自行承担，且不得就此向滕王阁公司、龙邦公司及同基公司寻求补偿。《合作协议》第 4 条第 3 项、第 8 条第 1 项及《增资扩股协议》第 6.2 条约定，中铁二局负有将案涉土地使用权过户登记至同基公司名下、协调政府争取优惠政策等合同义务，并无条件保证办妥案涉土地变更登记手续，自行承担须补缴的土地出让金和其他税费。双方目前虽对《合作协议》

中约定的“政策变动”存在不同理解，但根据上述约定内容，中铁二局系协调政府办理补缴土地出让金、办理土地使用权变更登记的合同义务主体，在签订案涉合同时，应对于政策变动导致土地出让金增加的风险具有一定预见性，并已通过合同约定，自愿承担由此所产生的交易成本的增加。其次，适用情势变更的另一重要构成要件系对一方当事人明显不公平。根据查明的事实，成都市政府会议纪要成府阅〔2008〕235 号文及成都市国土资源局成国土资函〔2012〕66 号报告给予中铁二局下属子公司 45 万元 / 亩的涉铁优惠政策，成都北改办（2014）10 号文建议旧城改造项目实施主体为中铁二局或其全资子公司，成都市规划和自然资源局 2020 年 7 月 7 日出具的《关于中铁二局旧城改造相关事宜的回函》明确中铁二局以非全资子公司办理涉铁旧城改造项目，不再适用成国土资函〔2012〕66 号文相关政策规定。根据上述文件和回函内容，现行政策及主管部门意见对涉铁旧城改造实施主体进一步收紧，按照同基公司股权结构现状，目前不符合享受涉铁优惠政策的主体条件。中铁二局主张，因无法享受涉铁优惠政策，需补交最少 7 亿元的土地出让金，且按照合同约定全部由中铁二局承担，造成各方权利义务的失衡，对其一方明显不公平。二审法院认为，构成情势变更的“对于当事人一方明显不公平的”，应是指继续履行合同会造成一方当事人履约能力严重不足、履约特别困难、继续履约无利益并对其利益造成重大损害、明显违反公平、等价有偿原则等情形。根据中铁二局提交的一系列证据，《土地估价报告》系其单方委托出具，不足以证明继续履行合同实际须补缴的土地出让金是否确为 7 亿元以上。更为重要的是，案涉合同涉及的大部分合作开发房地产内容因双方产生纠纷，多年来未能实际履行，期间，案涉土地价值及周边房价价格均大幅上涨，在此情况下，即使确如中铁二局主张的须补缴 7 亿元以上的土地出让金，中铁二局提交的证据不足以证明继续履行合同会造成其一方产生亏损、无履行利益，不符合“对于当事人一方明显不公平”的法定情形。退一步而言，依照适用情势变更制度的相关法律规定，符合情势变更法定情形的，人民法院应结合案件的实际情况，根据公平原则变更或者解除合同。若中铁二局能够提交证据证明订立合同时确实无法预见政策调整、继续履行对其一方明显不公平，按照合同严守原则，人民法院应先予考虑变更合同，调整双方权利义务，非达到必要程度，应慎重对待解除合同。综上，在滕王阁公司不存在重大违约的实际情况下，解除案涉合同不符合公平原则和情势变更原则的适用规则，中铁二局以情势变更为由主张解除合同，二审法院不予支持。

——中国裁判文书网。

附录：最高人民法院主流观点

关于情势变更与商业风险如何区分的问题。正是由于两者过于相似难以区分，原《合同法》对情势变更原则选择了回避。针对这一问题，原《合同法解释（二）》以及《民法典》均对情势变更与商业风险作出了明确的区分。通过梳理学界的诸多观点，我们发现，学界对于两者的差别的认识主要集中在两个方面：

第一，性质不同。情势变更属于合同订立基础的异常变动，在性质上属于意外的风险。而商业风险属于从事商业活动所固有的风险，作为合同基础的客观情况的变化没有达到异常的程度。这一观点实际上也暗含了结果层面上的差别，也即情势变更的发生使得合同基础丧失或者变更，进而导致合同预期的目的发生了根本性的变化；而商业风险的发生不具根本性，没有达到异常的程度。

第二，可预见性不同。在经济活动中，有人遵循价值规律，看准商机，在经营中获利；也有人因此亏损，甚至破产，这都是正常现象，均为可以或应当预见的。在可预见性的判断上，应当以客观标准，即不以特定的订约人而是以一个抽象的一般理性交易人作为考察的对象。可预见性包含了可归责性，情势变更因其不可预见而不具可归责性；相反，因为商业风险可以被预见，当事人主观上是可被归责的。可预见性是人民法院区分情势变更与商业风险的主要依据。最高人民法院在《关于当前形势下审理民商事合同纠纷案件若干问题的指导意见》中指出："商业风险属于从事商业活动的固有风险，诸如尚未达到异常变动程度的供求关系变化、价格涨跌等。情势变更是当事人在缔约时无法预见的非市场系统固有的风险。人民法院在判断某种重大客观变化是否属于情势变更时，应当注意衡量风险类型是否属于社会一般观念上的事先无法预见、风险程度是否远远超出正常人的合理预期、风险是否可以防范和控制、交易性质是否属于通常的'高风险高收益'范围等因素，并结合市场的具体情况，在个案中识别情势变更和商业风险。"

——最高人民法院民法典贯彻实施工作领导小组编著：《中国民法典适用大全（合同卷）》，人民法院出版社 2022 年版，第 611~612 页。

479. 在发生情势变更履行再交涉义务期间，债务人享有中止履行抗辩权

关键词

情势变更原则　再交涉义务　中止履行抗辩权　公平原则

《中华人民共和国民法典》条文

第五百三十三条　合同成立后，合同的基础条件发生了当事人在订立合

同时无法预见的、不属于商业风险的重大变化，继续履行合同对于当事人一方明显不公平的，受不利影响的当事人可以与对方重新协商；在合理期限内协商不成的，当事人可以请求人民法院或者仲裁机构变更或者解除合同。

人民法院或者仲裁机构应当结合案件的实际情况，根据公平原则变更或者解除合同。

附录：最高人民法院主流观点

在构成情势变更时，正是因为继续履行会对受不利益方造成显失公平的后果，法律才规定了再协商义务，以期调整当事人之间失衡的权利义务关系，使债务人免于承担不公平的法律后果。基于该立法目的以及相关制度设计，应可得出，在履行再交涉义务期间，债务人享有中止履行抗辩权，否则，情势变更制度设立的立法目的无法实现。试想，如果债务人已经履行义务，再经协商予以返还，将因债务人不得不履行对其明显不公平的义务而给其造成沉重的负担、不可避免地对其造成损害。在裁决变更或者解除合同情形，裁决机构是依据公平原则调整当事人之间失衡的权益，因此，其实际肯定了债务人不履行具有合法原因，不属于违约。日本债权法改正基本方针已承认，在进行再交涉的相当期间，债务人可以拒绝履行自己的债务。《新冠肺炎指导意见（二）》关于“已经通过调整价款、变更履行期限等方式变更合同，当事人请求对方承担违约责任的，人民法院不予支持”的规定也体现了该观点。

——最高人民法院民法典贯彻实施工作领导小组主编：《中华人民共和国民法典合同编理解与适用》，人民法院出版社2020年版，第492页。

480. 政府行为或政策变化导致对一方当事人明显不公平的，如何适用情势变更原则

关键词

合同解除　不可抗力　情势变更原则　政府行为

最高人民法院审判业务意见（民事审判第二庭法官会议纪要）

从《合同法解释（二）》第26条有关情事变更的规定看，情事变更是指合同成立以后客观情况发生了重大变化，继续履行合同将对一方当事人明显不公平或者不能实现合同目的，当事人请求人民法院变更或解除合同的制度。本案中，合同成立后，国务院出台相关政策，导致当地房租暴涨，客观情况确实发生了重大变化。然而，出租人仍能收到租金，不存在合同目的落空问题。收取的租金尽管大大低于市场价格，但尚未达到抵不上房屋维持费用的

程度，不存在履约困难的问题，因此本案不构成情事变更。

附：案情简介

甲将其位于海南的商铺租给乙，租期20年。后因国务院出台《关于推进海南国际旅游岛建设发展的若干意见》，导致相同地段的房租涨至约定租金的4倍左右，甲认为继续履行合同对其明显不公，请求按起诉时的市场标准调整租金。

——麻锦亮、关丽：《情事变更的适用规则》，载贺小荣主编：《最高人民法院民事审判第二庭法官会议纪要：追寻裁判背后的法理》，人民法院出版社2018年版，第225页。

最高人民法院裁判文书

四川省攀化科技有限公司与攀钢集团有限公司合同纠纷案［最高人民法院（2017）最高法民申27号民事裁定书］

裁判要旨：判断政府行为是否构成不可抗力，应当看两个方面：一是政府行为是否属于不能预见、不能避免并不能克服的客观情况；二是政府行为是否确实对合同的履行产生了实质影响。只有符合上述两个条件，才能认定政府行为构成不可抗力。

情势变更本质是使当事人享有请求变更或解除合同的请求权。情势变更并非法定免责事由，人民法院享有公平裁量权。合同一方当事人认为构成情势变更，在不能与合同相对方协商解除合同的情况下，应当请求人民法院变更或解除合同，由人民法院裁量决定是否准许，而不能在单方擅自终止合同后，以构成情势变更为由要求免除其违约责任。

最高人民法院认为：首先，关于是否构成不可抗力而免责的问题。《合同法》第一百一十七条规定："因不可抗力不能履行合同的，根据不可抗力的影响，部分或者全部免除责任，但法律另有规定的除外。当事人迟延履行后发生不可抗力的，不能免除责任。本法所称不可抗力，是指不能预见、不能避免并不能克服的客观情况。"[①] 本案中，攀枝花市人民政府办公室发布《环境综合整治实施方案》，其中要求攀钢公司在2013年6月"制定完善攀钢钛白粉厂搬迁、攀钢尾矿库闭库实施方案"。攀钢公司与攀枝花市人民政府签订《2013年环境保护工作目标责任书》的附件6载明"攀钢钛白粉厂技改搬

① 对应《民法典》第五百九十条。

迁项目”，“2013 年 6 月制定方案并启动实施，2015 年 2 月关停现有老厂”。从上述文件来看，攀枝花市人民政府为实现城市环境综合整治总体目标，要求攀钢集团在全市环境综合整治总体目标的前提下，制定企业自身的技改搬迁方案。从目标责任书来看，攀钢公司的攀钢钛白粉厂技改搬迁的实施步骤应当为：一是制定方案；二是方案启动实施；三是关停老厂。其中方案的制定应当包括搬迁选址、搬迁补偿、人员安置、政府补偿等具体问题，上述方案制定的过程需要攀钢公司与政府以及合作企业包括攀化科技公司的协商等。攀钢公司没有举示证据证明其按目标责任书的要求于 2013 年 6 月制定完善了相应的搬迁实施方案，而是于 2013 年 7 月 1 日直接全面关停钛白粉厂，导致双方《合作总协议》事实上终止。这与政府文件、目标责任书的要求并不相符，也不属于不能预见、不能避免并不能克服的客观情况，应当认定为攀钢集团单方擅自终止合同。因此，攀钢公司关于解除《合作总协议》是因政府行为，属于不可抗力，应免除责任的主张没有事实与法律依据，不予支持。

其次，关于是否构成情势变更而免责的问题。《合同法解释二》第 26 条规定：“合同成立以后客观情况发生了当事人在订立合同时无法预见的、非不可抗力造成的不属于商业风险的重大变化，继续履行合同对于一方当事人明显不公平或者不能实现合同目的，当事人请求人民法院变更或者解除合同的，人民法院应当根据公平原则，并结合案件的实际情况确定是否变更或者解除。”本案中，攀钢公司没有举示证据证明继续履行合同会对其显失公平或存在不能实现合同目的情形。攀钢公司在知晓《环境综合整治实施方案》以及签订目标责任书后，并未援引该情势变更条款要求人民法院变更或解除合同，一审、二审过程中攀钢公司也未提出情势变更的请求。况且，即使攀钢公司认为构成情势变更，在不能与合同相对方协商解除合同的情况下，也应该请求人民法院变更或解除合同，由人民法院根据实际情况确定是否准许，而不是在攀钢公司单方解除合同之后免除其违约责任。因此攀钢公司关于政府行为属于合同履行中的情势变更，应当免除责任的主张没有事实与法律依据，不予支持。

——法信网。

龙煤公司与郑北平股权转让合同纠纷案［最高人民法院（2019）最高法民终 827 号民事判决书］

裁判要旨：当事人对当地的政策变化应当预见，政策的逐步收紧不属于不可抗力，当事人请求解除合同不符合《合同法》第九十

四条[①] 规定的合同法定解除的条件。

最高人民法院认为：龙煤公司签订协议的目的是欲通过股权转让的方式实际控股恒润泰公司，通过控股优势影响恒润泰公司的经营、决策，从而实现其股东权益。探矿权作为恒润泰公司的主要财产，之后探矿权转为采矿权是公司运营产生利益的主要来源，也正是基于此，龙煤公司将探矿权行使过程中发生的政策变化，作为股权转让合同目的不能实现的理由，并主张适用《最高人民法院关于适用〈中华人民共和国合同法〉若干问题的解释（二）》第二十六条情势变更的规定，要求解除合同。

对此本院认为，首先，该二十六条是当合同原有利益平衡因无法预见的客观情况发生后导致不公正的结果，造成不公平的状态存在，为调整这种状态施以的法律救济。该条情势变更属于合同成立的基础环境发生了异常的变动，所造成的风险属于意外的风险。本案中，案涉矿区位于乌鲁木齐南山风景名胜区内，自 2006 年 12 月 1 日起施行的《风景名胜区条例》第二十六条规定“在风景名胜区内禁止进行下列活动：（一）开山、采石、开矿、开荒、修坟立碑等破坏景观、植被和地形地貌的活动……”，龙煤公司在庭审中亦称“国家禁止在风景区采矿，当时新疆的政策把握的较为宽松，取得探矿权证始终是在禁区范围内”。龙煤公司作为矿产企业，在《股权转让协议》签订时对于案涉矿区位于风景名胜区内应当知晓，即使如龙煤公司所称当地环保政策宽松，龙煤公司在行政法规有明确的规定下，其对政策的走向应当有预见，之后当地政策逐步收紧导致探矿权不能延续对于龙煤公司而言不属于意外风险。龙煤公司明知行政法规禁止在风景名胜区采矿，而甘愿冒风险通过签订《股权转让协议》成为恒润泰公司股东享有矿业权所带来的利益，此种风险属于商业风险，不适用该二十六条。其次，政策变化对本案合同的影响。龙煤公司与郑北平签订《股权转让协议》的原因是郑北平持有恒润泰公司的股权，恒润泰公司的财产包括案涉探矿权。当地政策的变化可能导致案涉探矿权无法延续，但目前探矿权仍然存在，龙煤公司签订《股权转让协议》的基础没有丧失，龙煤公司仍持有恒润泰公司 51% 的股权，并享有股东权益。再次，2012 年 11 月 9 日，龙煤公司对郑北平来函意见的复函中记载，双方对该矿区煤炭资源开发存在的政策性不确定因素已取得共识，愿继续推进项目开发建设或争取政策补偿。龙煤公司在 2010 年 7 月 9 日已经明知政策调整，但在 2012 年 11 月 9 日的复函中明确表示继续推进，2013 年 5 月 8 日仍支付股权转让价款，以实际行为继续履行合同。因此，本案并不适用《最高人民法院关于适用〈中华人民共和国合同法〉若干问题的解释（二）》第二十六条情势

① 对应《民法典》第五百六十三条。

变更的规定，龙煤公司主张以情势变更为由解除合同的上诉理由不能成立。

如前所述，龙煤公司对当地的政策变化应当预见，政策的逐步收紧不属于不可抗力，龙煤公司请求解除合同不符合《中华人民共和国合同法》第九十四条规定的合同法定解除的条件。

案涉股权已于2010年4月12日变更登记至龙煤公司名下，股权转让的目的已经实现，探矿权并未灭失，对于政策导致的探矿权不能延续是恒润泰公司在经营过程中遇到的经营风险，并非《股权转让协议》合同目的不能实现，龙煤公司不能将《股权转让协议》的合同目的扩大至目标公司经营中探矿权采矿权的实现。龙煤公司以符合《股权转让协议》第十二条12.2中“由于不可抗力或不可归责于各方的原因致使本协议的目的无法实现”可以解除协议的约定为由，认为协议符合约定的解除条件，该上诉理由不能成立。其以合同解除为基础请求的返还已支付的股权转让款及相关费用的上诉请求亦不能成立。

——中国裁判文书网。

三亚凯利投资有限公司、张伟男与被海南碧桂园房地产开发有限公司等确认合同效力纠纷案［最高人民法院（2019）最高法民终960号民事判决书］

裁判要旨：经审理查明，当事人主张的政府政策调整内容，在合同签订前已存在。当事人为专业房地产投资公司，以签订合同时无法预见此类政策，构成不可抗力，不予支持。

最高人民法院认为：凯利公司是否构成违约，其关于因不可抗力免责的主张能否成立。

根据《合同法》第一百一十七条[①]的规定，不可抗力，是指不能预见、不能避免并不能克服的客观情况。案涉《资产转让合同》第四条约定：凯利公司应完成以下工作，作为合同项下资产转让的先决条件：目标地块完成规划调整及用地性质变更。凯利公司承诺协调有权政府部门审批通过《海南省三亚市红沙片区控制性详细规划网枝村及周边片区规划修改》，目标地块主要规划指标确定可调整为：地块编号为A-021、容积率≥3.5、计入容积率建筑面积≥6.2万m^2、限高≥80m、建筑密度≥30%、绿地率≤30%。目标地块土地性质可以从综合用地变更为二类住宅用地。第十四条约定：如凯利公司在2017年10月30日前，未完成第四条第1款约定规划调整事宜并缴纳完毕增容变性费用的，则碧桂园公司有权单方解除合同。但是，因出现不可

① 对应《民法典》第五百九十条。

抗力原因导致上述规划调整无法按合同约定完成的，不认定为凯利公司违约，碧桂园公司或项目公司支付合同约定借款或资产转让借款时间相应顺延。

本案中，凯利公司未能在2017年10月30日前完成《资产转让合同》第四条约定的案涉地块的容积率、土地性质等规划指标的调整。凯利公司辩称，其无法如期完成案涉地块规划指标的调整，系因2017年9月海南省人民政府出台的“两个暂停”政策导致，属于不可抗力，不应认定其构成违约。

但根据查明的事实，2016年2月23日，海南省人民政府就发布《海南省人民政府关于加强房地产市场调控的通知》（琼府〔2016〕22号），通知加强商品住宅用地计划管理和规划审批调控，对商品住宅库存消化期超过全省平均水平的市县，暂停办理新增商品住宅（含酒店式公寓，下同）及产权式酒店用地审批（包括农用地转用及土地征收审批、土地供应审批、已供应的非商品住宅用地改为商品住宅用地审批、商品住宅用地容积率提高审批），暂停新建商品住宅项目规划报建审批。2016年12月7日，海南省人民政府发布《海南省人民政府关于继续落实“两个暂停”政策进一步促进房地产市场健康发展的通知》（琼府〔2016〕113号）。2017年9月28日，海南省人民政府印发《海南省人民政府关于进一步深化“两个暂停”政策促进房地产业平稳健康发展的意见》（琼府〔2017〕76号）。

可见，早在2016年2月23日海南省人民政府便实施了“两个暂停”政策，2017年9月28日的《海南省人民政府关于进一步深化“两个暂停”政策促进房地产业平稳健康发展的意见》（琼府〔2017〕76号）是对2016年2月23日《海南省人民政府关于加强房地产市场调控的通知》（琼府〔2016〕22号）的继续深化落实。《资产转让合同》于2017年7月15日签订，凯利公司作为在海南省三亚市登记注册的专业房地产投资公司，海南省人民政府的“两个暂停”政策不属于凯利公司在签订该合同时无法预见的客观情况，现凯利公司主张相关政府政策调整构成不可抗力进而主张其应免责，依据不足，本院不予支持。

——中国裁判文书网。

中铁二局建设有限公司股东出资纠纷案［最高人民法院（2020）最高法民终629号民事判决书］

裁判要旨：关于政策调整是否构成情势变更，应当重点审查当事人订立合同时是否无法预见政策调整的风险，以及政策调整是否构成对一方当事人明显不公平。“明显不公平”应是指继续履行合同会造成一方当事人履约能力严重不足、履约特别困难、继续履约无利益并对其利益造成重大损害、明显违反公平、等价有偿原则等情

形。并且，依照适用情势变更制度的相关法律规定，符合情势变更法定情形的，人民法院应结合案件的实际情况，根据公平原则变更或者解除合同。按照合同严守原则，人民法院应先予考虑变更合同，调整双方权利义务，非达到必要程度，应慎重对待解除合同。

最高人民法院认为：关于本案是否构成情势变更并足以导致合同解除的问题。《民法典》第五百三十三条规定："合同成立后，合同的基础条件发生了当事人在订立合同时无法预见的、不属于商业风险的重大变化，继续履行合同对于当事人一方明显不公平的，受不利影响的当事人可以与对方重新协商；在合理期限内协商不成的，当事人可以请求人民法院或者仲裁机构变更或者解除合同。人民法院或者仲裁机构应当结合案件的实际情况，根据公平原则变更或者解除合同。"《最高人民法院关于适用〈中华人民共和国合同法〉若干问题的解释（二）》第二十六条规定："合同成立以后客观情况发生了当事人在订立合同时无法预见的、非不可抗力造成的不属于商业风险的重大变化，继续履行合同对于一方当事人明显不公平或者不能实现合同目的，当事人请求人民法院变更或者解除合同的，人民法院应当根据公平原则，并结合案件的实际情况确定是否变更或者解除。"此为情势变更制度的法律依据。该制度的适用目的是在合同订立后因客观情势发生重大变化、导致当事人之间权利义务严重失衡的情形下，通过变更或者解除合同，以消弥合同因情势变更所产生的不公平后果。本案中，首先，关于当事人订立合同时是否无法预见中铁二局主张的涉铁优惠政策调整问题。中铁二局、滕王阁公司均认可约定的案涉拆迁安置成本1400万元/亩中包括45万元/亩的土地出让金。《合作协议》第三条第3项约定，因政策变动导致拆迁安置成本增加的，超过部分由中铁二局自行承担，且不得就此向滕王阁公司、龙邦公司及同基公司寻求补偿。《合作协议》第四条第3项、第八条第1项及《增资扩股协议》第6.2条约定，中铁二局负有将案涉土地使用权过户登记至同基公司名下、协调政府争取优惠政策等合同义务，并无条件保证办妥案涉土地变更登记手续，自行承担须补缴的土地出让金和其他税费。双方目前虽对《合作协议》中约定的"政策变动"存在不同理解，但根据上述约定内容，中铁二局系协调政府办理补缴土地出让金、办理土地使用权变更登记的合同义务主体，在签订案涉合同时，应对于政策变动导致土地出让金增加的风险具有一定预见性，并已通过合同约定，自愿承担由此所产生的交易成本的增加。其次，适用情势变更的另一重要构成要件系对一方当事人明显不公平。根据查明的事实，成都市政府会议纪要成府阅〔2008〕235号文及成都市国土资源局成国土资函〔2012〕66号报告给予中铁二局下属子公司45万元/亩的涉铁优惠政策，成都北改办〔2014〕10号文建议旧城改造项目实施主体为中铁二局或其全资子公司，成都市规划和自然资源局 2020 年 7 月 7 日出具的《关于中铁二局旧城改造相关事宜的回函》明确中铁二局以非全资子公司办理涉铁旧城改造项目，不再适用成国土资函〔2012〕66 号文相关政策规定。根据上述文件和回函内容，现行政策及主管部门意见对涉铁旧城改造实施主体进一步收紧，按照同基公司股权结构现状，目前不符合享受涉铁优惠政策的主体条件。中铁二局主张，因无法享受涉铁优惠政策，需补交最少 7 亿元的土地出让金，且按照合同约定全部由中铁二局承担，造成各方权利义务的失衡，对其一方明显不公平。最高人民法院认为，构成情势变更的“对于当事人一方明显不公平的”，应是指继续履行合同会造成一方当事人履约能力严重不足、履约特别困难、继续履约无利益并对其利益造成重大损害、明显违反公平、等价有偿原则等情形。根据中铁二局提交的一系列证据，《土地估价报告》系其单方委托出具，不足以证明继续履行合同实际须补缴的土地出让金是否确为 7 亿元以上。更为重要的是，案涉合同涉及的大部分合作开发房地产内容因双方产生纠纷多年来未能实际履行，期间，案涉土地价值及周边房价价格均大幅上涨，在此情况下，即使确如中铁二局主张的须补缴 7 亿元以上的土地出让金，中铁二局提交的证据不足以证明继续履行合同会造成其一方产生亏损、无履行利益，不符合“对于当事人一方明显不公平”的法定情形。退一步而言，依照适用情势变更制度的相关法律规定，符合情势变更法定情形的，人民法院应结合案件的实际情况，根据公平原则变更或者解除合同。若中铁二局能够提交证据证明订立合同时确实无法预见政策调整、继续履行对其一方明显不公平，按照合同严守原则，人民法院应先予考虑变更合同，调整双方权利义务，非达到必要程度，应慎重对待解除合同。综上，在滕王阁公司不存在重大违约的实际情况下，解除案涉合同不符合公平原则和情势变更的适用原则，中铁二局以情势变更为由主张解除合同，本院不予支持。

——中国裁判文书网。

湖南丰泽家园教育投资有限公司与湖南农业大学合同纠纷案［最高人民法院（2021）最高法民申 5253 号民事裁定书］

裁判要旨：情势变更是变更或者解除合同的法定事由，国家部委发布的政策文件，若继续履行合同不会发生显失公平的情形，则不构成情势变更。当事人以国家部委发布政策文件为由，主张解除合同的，不予支持。

最高人民法院认为：本案不适用情势变更原则。首先，双方在案涉合同中明确约定：在合作期限内，湖南农大按已竣工该项目核定的入住学生人数和政府有关部门政策规定并核准执行收费标准收取学生住宿费。案涉学生公寓的住宿费之所以从 2003 年交付使用至今一直没有调整，就是因为政府有关部门在 2005 年、2009 年相继下发的文件中作出了住宿费价格的限制性规定，因此，双方遵照政府有关部门政策规定执行住宿费收费标准完全符合合同的约定。行政规范文件对于住宿费价格进行限定，虽然属于客观情况发生变化，但并没有超出双方约定的范围。其次，案涉项目为湖南农大学生公寓，具有一定的公益性，丰泽公司在与湖南农大签订案涉合同时应当预见到案涉学生公寓的住宿费价格必然不会完全按物价水平的提高而大幅上涨，对该项目的投资属于低风险、低回报。从丰泽公司提交的可行性报告来看，其在承接案涉项目就对该项目的总投资年收益率（3.2%）、投入资金年回报率（9.48%），中标方收入（0.7368 万人 ×1200 元 / 年 ×21 年 =18567.36 万元）做了预测，对住宿费 21 年一直保持 1200 元不变的收益有一定的预期。因此丰泽公司主张对于有关学生公寓住宿费政策的调整是其在订立合同时无法预见的理由不能成立。再次，根据二审查明的事实，丰泽公司投入成本 9165 万元，收回住宿费约 1.4 亿元，且双方未在合同中约定具体的回报率，因此二审判决认定丰泽公司并没有证据证明其收回投资成本并取得适当利润的合同目的落空或案涉合同目的不能实现，并无不当。在案涉合同不符合解除条件的情况下，二审法院对丰泽公司解除合同的诉请不予支持，适用法律并无不当。

——中国裁判文书网。

附录：本案解析

（一）政府行为是否构成不可抗力

攀钢公司再审提出，其解除《合作总协议》是因政府行为属于不可抗力，应当免除其违约责任。

合同解除分为法定解除和约定解除两种情形。合同当事人行使解除权的法定事由主要是发生不可抗力或一方违约致使合同履行成为不必要或不可能。本案中，攀钢公司主张解除《合作总协议》是因为不可抗力即合同法第九十四条规定的法定解除情形之一。我国现行法律对哪些情况构成影响合同履行的不可抗力，没有具体的规定。从司法实践来看，不可抗力，是指不能预见、不能避免并不能克服的客观情况，一般如自然灾害、战争、社会异常情况、政府行为等事由。由于不可抗力的发生对合同履行的影响力有大有小，有暂时性影响与不可恢复的影响之分，因此合同法第一百一十七条明确规定："因不可抗力不能履行合同的，根据不可抗力的影响，部分或者全部免除责任，但法律另有规定的除外。当事人迟延履行后发生不可抗力的，不能免除责任。"

攀钢公司主张其解除《合作总协议》是因政府行为，构成不可抗力，应当免责。关于政府行为是否构成不可抗力，要具体问题具体分析，不能一概而论。判断政府行为是否构成不可抗力，应当看两个方面：一是政府行为是否属于不能预见、不能避免并不能克服的客观情况；二是政府行为是否确实对合同的履行产生了实质影响。

本案中，攀枝花市人民政府为实现城市环境综合整治总体目标，要求攀钢集团在全市环境综合整治总体目标的前提下，制定企业自身的技改搬迁方案。从方案的制定到最终实施搬迁完毕，有一定的过程，攀钢公司应当是可以预见的。攀钢公司在制定搬迁方案时，可以与攀化公司协商如何继续履行合同，如果确实存在履行困难，则应当进一步协商补偿事宜，因此本案不属于不能避免并不能克服的客观情况。攀钢公司有充足的时间制定搬迁方案，妥善解决与合作方包括攀化公司之间的合同履行问题，保障合同的后续履行，案涉政府行为并未实质性地阻碍合同的继续履行。攀钢公司在合同尚有可能继续履行的情况下，未积极采取相应措施，而是直接全面关停钛白粉厂，导致双方《合作总协议》事实上终止，这显然不属于不可抗力，应当认定为攀钢公司单方擅自终止合同。因此攀钢公司关于解除《合作总协议》是因政府行为，属于不可抗力，应免除违约责任的主张没有事实与法律依据，不予支持。

（二）政府行为是否构成情势变更

《最高人民法院关于适用〈中华人民共和国合同法〉若干问题的解释（二）》第二十六条规定："合同成立以后客观情况发生了当事人在订立合同时无法预见的、非不可抗力造成的不属于商业风险的重大变化，继续履行合同对于一方当事人明显不公平或者不能实现合同目的，当事人请求人民法院变更或者解除合同的，人民法院应当根据公平原则，并结合案件的实际情况确定是否变更或者解除。"情势变更不同于不可抗力的履行不能，情势变更是可以继续履行，只是继续履行十分困难并导致明显不公平或者不能实现合同目的的后果。情势变更不是法定免责事由，其本质是使当事人享有请求变更或解除合同的请求权，同时授予法院公平裁量权。情势变更发生后，应先由双方当事人协商解决，如果协商不成，则必须由当事人向人民法院或仲裁机构申请予以裁定是否变更或解除合同。未经人民法院或仲裁机构裁定，一方或双方当事人不得自行变更或解除合同。

本案中，攀钢公司没有举示证据证明继续履行合同会对其显失公平或存在不能实现合同目的情形。况且，攀钢公司在知晓《环境综合整治实施方案》以及签订目标责任书后，并未援引该情势变更条款请求人民法院变更或解除合同。即使攀钢公司认为构成情势变更，在不能与合同相对方协商解除合同的情况下，也应该请求人民法院变更或解除合同，由人民法院根据实际情况确定是否准许，而不是在攀钢公司单方擅自解除合同之后免除其违约责任。

因此攀钢公司关于政府行为属于合同履行中的情势变更，应当免除责任的主张没有事实与法律依据，不能成立。

——潘勇锋、周媛媛：《政府行为如果不构成不能预见、不能避免并不能克服的客观情况，不能认定为不可抗力——四川省攀化科技有限公司诉攀钢集团有限公司合同纠纷案案例分析》，载最高人民法院民事审判第二庭编：《商事审判指导》2018年第2辑（总第47辑），人民法院出版社2019年版，第101~103页。

481. 全球性金融危机和国内宏观经济形势变化可否作为情势变更事由

关键词

金融危机　情势变更原则

最高人民法院司法政策精神

人民法院在适用情势变更原则时，应当充分注意到全球性金融危机和国内宏观经济形势变化并非完全是一个令所有市场主体猝不及防的突变过程，而是一个逐步演变的过程。在演变过程中，市场主体应当对于市场风险存在一定程度的预见和判断。人民法院应当依法把握情势变更原则的适用条件，严格审查当事人提出的“无法预见”的主张，对于涉及石油、焦炭、有色金属等市场属性活泼、长期以来价格波动较大的大宗商品标的物以及股票、期货等风险投资型金融产品标的物的合同，更要慎重适用情势变更原则。

——《最高人民法院印发〈关于当前形势下审理民商事合同纠纷案件若干问题的指导意见〉的通知》（2009年7月7日，法发〔2009〕40号）。

附录：最高人民法院法官著述

自2007年8月美国“次贷危机”所引发的全球性金融危机和国内宏观经济形势变化是否可以作为当然的情势变更事由呢？笔者认为，这场全球性金融危机并非完全是一个令所有市场主体猝不及防的突变过程，而主要是一个日益发展、逐步演变的过程。在演变过程中，市场主体应当对于市场风险存在一定程度的预见和判断，在审判实务中对于当事人提出“无法预见”主张的，人民法院应当慎重审查。

——王闯：《当前人民法院审理商事合同案件适用法律若干问题》，载最高人民法院民事审判第二庭编：《商事审判指导》2009年第3辑（总第19辑），人民法院出版社2010年版，第16页。

482.“一带一路”走出去遭遇当地政局动荡等不可预测的情势变更的，应准确划分责任界限和风险负担，依法保障企业海外投资利益

关键词

一带一路　情势变更原则　不可抗力

最高人民法院公布的典型案例

上海捷喜国际货物运输代理有限公司与重庆市公路工程（集团）股份有限公司海上货运代理合同纠纷案

裁判要旨：海上货运代理合同的委托人不能因其投资项目无法履行，而免除其在海上货运代理合同下对受托人应承担的合同义务，避免海外投资建设领域的意外风险向为之提供物流保障服务的航运产业链不当转嫁。

【基本案情】

2014 年 11 月 12 日，捷喜货代公司与重庆公路公司签订运输协议，约定由捷喜货代公司代重庆公路公司办理 161 台车辆设备的出运事宜，装货港为中国上海港，卸货港为也门荷台达港（HODEIDAH）。货物运抵目的港顺利交货后，重庆公路公司未能按约向捷喜货代公司支付运输协议下的应付费用。2015 年 2 月 4 日，重庆公路公司向捷喜货代公司出具付款承诺书，称由于也门局势不稳定和沙特国王突然离世，其无法在约定时间内从沙特项目基金收到工程预付款，故而拖欠捷喜货代公司费用，并承诺将于 2015 年 3 月 2 日前付清所有拖欠费用，但此后并未支付。庭审中，重庆公路公司以目的港所在国也门发生战乱为由，主张援引不可抗力免责。经查，涉案货物原本将用于重庆公路公司在也门承接的阿姆兰—亚丁高速公路项目建设，该项目团队人员在 2015 年 3 月的也门撤侨事件中已撤回国内，项目因此搁置。

【裁判结果】

上海海事法院审理认为，目的港所在国发生战乱，影响的是公路建设项目，重庆公路公司的偿付能力因此受到波及，但其不能因为无法收到公路建设项目下的合同款项而免除向捷喜货代公司承担的付款义务。故判决重庆公路公司支付所拖欠的费用。二审维持原判。

【典型意义】

"一带一路"沿线国家众多，政治、经济、民族、宗教、法律、文化、地理状况复杂各异。在"走出去"参与投资、合作、建设过程中，遭遇政局动荡、战乱、罢工、自然灾害等不可抗力事件或者其他不可预测的情势变更都在所难免，本案即是由此引发纠纷的一个典型事例。本案海上货物运输合同目的地也门是"一带一路"沿线国家之一，所运送的货物系用于国内企业通过海外竞标承接的重大基础设施建设项目。纠纷的产生与也门局势突变存在关联，因此准确划分合同当事人在类似事件下的责任界限和风险负担，对依法保障企业海外投资利益，鼓励和促进企业参与"一带一路"建设具有现实意义。本案判决明确了海上货运代理合同的委托人不能因其投资项目无法履行，而免除其在海上货运代理合同下对受托人应承担的合同义务，避免海外投资建设领域的意外风险向为之提供物流保障服务的航运产业链不当转嫁。该原则也同样适用于海上货物运输合同以及为海外投资项目提供诸如物资、融资等的其他相关合同的履行场合，可供今后处理类似涉"一带一路"案件以作借鉴。

——《最高人民法院发布第三批涉"一带一路"建设典型案例》(2022 年 2 月 28 日)。

483. 合同变更和解除的适用顺序

关键词

合同变更　合同解除　情势变更原则　公平原则

《中华人民共和国民法典》条文

第五百三十三条　合同成立后，合同的基础条件发生了当事人在订立合同时无法预见的、不属于商业风险的重大变化，继续履行合同对于当事人一方明显不公平的，受不利影响的当事人可以与对方重新协商；在合理期限内协商不成的，当事人可以请求人民法院或者仲裁机构变更或者解除合同。

人民法院或者仲裁机构应当结合案件的实际情况，根据公平原则变更或者解除合同。

附录：最高人民法院主流观点

基于鼓励交易和有约必守的基本价值考虑，目前的基本导向是能够通过变更合同妥善解决当事人纠纷的，则不宜"一刀切"式地解除，不能为了解决一种不公平又引发新的不公平。因此，可以通过变更合同解决的问题，当事人坚持主张解除合同的，人民法院一般不应支持。通过变更合同不足以解决问题，当事人主张解除合同的，人民法院应当依法予以支持。《最高人民法院关于依法妥善审理涉新冠肺炎疫情民事案件若干问题的指导意见（一）》《最高人民法院关于依法妥善审理涉新冠肺炎疫情民事案件若干问题的指导意见（二）》秉持这一思路。有关立法资料认为，符合情势变更制度适用条件的，人民法院应当根据公平原则，就变更合同还是解除合同，变更合同、解除合同后的法律后果等作出裁断。可见其对变更合同也持积极态度。王利明教授也主张应当先变更再解除。其认为，情势变更原则之适用目的，是排除已经成立的合同关系因情势变更所发生的显失公平的结果，故其第一次效力，在于维持原有的法律关系前提下，对所发生之不公平结果予以变更；在变更不足以排除不公平结果之时，才可进一步使其法律关系终止或消灭之办法，称之为第二次的效力。至于实践中如何变更合同，则要在遵循公平、诚信原则的前提下，依据案件具体情况确定，在合同履行期限、履行次数、履行价款等方面作出尽量符合公平且有利于经济发展和维护交易秩序的认定，当然要切忌滥用法官自由裁判权，造成新的不公平。有关具体适用规则，还有进一步研究探讨的必要。

——最高人民法院研究室编著：《〈全国法院贯彻实施民法典工作会议纪要〉条文及适用说明》，人民法院出版社2021年版，第50~51页。

484. 约定变更合同的条件成就，应依据变更后的合同条款确定权利义务关系

关键词

合同变更　附条件合同

最高人民法院裁判文书

盛京银行股份有限公司沈阳市民主支行与天津钢管公司东油销售处、沈阳中油天宝（集团）物资装备有限公司等金融借款合同纠纷案［最高人民法院（2016）最高法民终146号民事判决书］

裁判要旨：合同约定变更条件，其实质是附条件的民事法律行为。在变更条件成就时，该民事法律行为发生效力，合同条款得以变更，当事人据变更后的合同条款确定各自的权利义务关系。

最高人民法院认为：关于天津钢管公司支付逾期利息及罚息起算点的确

定问题，本院认为，依法成立的合同，自成立之日起，对合同各方具有拘束力。各方当事人权利义务的确定，亦要依据合同约定。盛京银行民主支行与天津钢管公司于2014年7月24日签订《授信合同》、于2014年7月25日签订《14号借款合同》《15号借款合同》，均约定天津钢管公司或担保人涉及重大诉讼，即视为贷款提前到期，盛京银行民主支行有权提前收回已经发放的部分或全部贷款；未能收回的，视为贷款逾期，盛京银行民主支行有权按逾期贷款计收逾期利息并加收罚息；两份借款合同另约定逾期贷款利率及罚息利率为合同执行利率的1.5倍。上述约定应视为双方在合同中约定了附条件的合同变更条款，即当约定的条件成就时，还款期限变更为盛京银行民主支行主张提前收回贷款之日。本案中，虽然天津钢管公司在盛京银行民主支行起诉前一直按约支付借款利息，未有违约行为，但担保人沈阳中油公司、上海中油公司及其法定代表人刘新发、担保人鞍山中油公司自本案借款合同签订不久后即卷入多起诉讼，资产被多次查封，查封总值巨大，依照合同约定，盛京银行民主支行有权要求提前收回已经发放的贷款，未能收回的，视为贷款逾期，盛京银行民主支行有权按合同执行利率的1.5倍计收逾期利息及罚息。一审判决基于此，以盛京银行民主支行向法院起诉的时间即2014年10月8日作为天津钢管公司支付逾期利息及罚息的起算点，有合同依据，并无不当。

——法信网。

附录：本案解析

合同条款变更的必然结果之一是当事人权利义务的变更。就本案而言，在盛京银行民主支行和天津钢管公司约定的变更合同条件未成就时，前者拥有债权人的相关权利，后者作为债务人，仅需承担偿还贷款本金和利息的义务；合同条款变更后，前者增加了要求提前收回已经发放的贷款的权利，后者除承担上述两项义务外，还需承担贷款提前到期所带来的逾期利息和罚息的责任。这种权利义务的改变，盛京银行民主支行和天津钢管公司在约定附加条件时是可预见的，在合同条款变更条件成就时，所带来的权利义务发生改变这一后果应当由合同双方承受。

——《约定的变更合同条件成就，应当依据变更后的合同条款确定各自的权利义务》，载最高人民法院第二巡回法庭编著：《民商事二审典型案例及审判经验》，人民法院出版社2019年版，第189~190页。

485. 相同当事人、相同事项上的不同约定，应以签订在后的协议变更在前协议为基本原则

关键词

合同变更　合同履行　合资合作开发合同

最高人民法院公报案例、最高人民法院裁判文书

重庆雨田房地产开发有限公司与中国农业银行股份有限公司重庆市分行房屋联建纠纷案［最高人民法院（2011）民抗字第48号民事判决书］

裁判摘要：双方当事人在平等自愿基础上达成的前后两份协议，符合法律规定，合法有效，两份协议所约定的内容均应对当事人产生约束力。当两份合同（协议）均属有效合同（协议），除当事人有特别约定外，如果前后两份合同（协议）对同一内容有不同约定产生冲突时，基于意思表示最新最近，且不违反合同（协议）目的，可根据合同（协议）成立的时间先后，确定以后一合同（协议）确定的内容为准。如果前后两份合同（协议）所约定的内容并不冲突，只是对合同（协议）的内容进行了不同的约定，因此，不能简单地认定后一协议是前一协议的变更，或后一协议是对前一协议的补充和完善。

最高人民法院认为：关于农行市分行支付2960万元利息的依据问题。《联合建房总协议书》及《联合建房协议》是双方当事人在平等自愿基础上达成的一致协议，符合法律规定，合法有效，上述两份协议所约定的内容均应对当事人产生约束力。当两份合同（协议）均属有效合同（协议），除当事人有特别约定外，如果前后两份合同（协议）对同一内容有不同约定产生冲突时，基于意思表示最新最近，且不违反合同（协议）目的，可根据合同（协议）成立的时间先后，确定以后一合同（协议）确定的内容为准。如果前后两份合同（协议）所约定的内容并不冲突，只是对合同（协议）的内容进行了不同的约定，因此，不能简单地认定后一协议是前一协议的变更，或后一协议是对前一协议的补充和完善。通过对《联合建房总协议书》与《联合建房协议》之比较，可以看出《联合建房协议》增加约定了农行市分行是按照平方米计价分得大厦负一层1996.53平方米（其中商场1598平方米，按每平方米21650元计算，大厦公摊398.53平方米，按每平方米4500元计算）；

增加约定雨田公司应于1997年7月30日前将房屋交给农行市分行使用；没有再次约定“如农行市分行投资不能按时到位，所产生的利息由农行市分行承担”以及“为了保证联合建房顺利完成，农行市分行应多渠道协调贷款及引进项目建设，此贷款按当时国家规定的标准计息。协调贷款及引进额，不得低于第二部分投资额”等有关投资的内容。因此，《联合建房协议》内容的增加或没有重复约定《联合建房总协议书》的相关内容，只是对协议内容的调整，两者之间并不冲突。鉴于上述两份协议均有效，其所约定的内容均应对当事人产生约束力。农行市分行认为原判决认定雨田公司与农行市分行签订的《联合建房协议》是对《联合建房总协议书》的补充和完善，违背了当事人的真实意思表示的理由不能成立。《联合建房总协议书》及《联合建房协议》关于“如农行市分行投资不能按时到位，所产生的利息由农行市分行承担”以及“如农行市分行投资不能按时到位，每日按其差额的万分之一付滞纳金，雨田公司不能按时交房，每推迟一日，按总投资额的万分之一付滞纳金”之约定，是双方为保障履行合同权利义务而设定的措施。因《联合建房总协议书》及《联合建房协议》均为有效，以及农行市分行对1998年10月19日雨田公司所发函件中明确的从1998年10月23日起不再承担3700万元购房款利息的内容没有提出异议，原判决判令农行市分行支付滞纳金之后再判令农行市分行支付2960万元（合同约定的首付款）的利息，并不缺乏事实及法律依据。

——《最高人民法院公报》2012年第5期。

最高人民法院裁判文书

沈阳市于洪区北陵街道包道村村民委员会与辽宁东川房地产开发有限公司、沈阳银亿房地产开发有限公司合资合作开发房地产纠纷案［最高人民法院（2013）民一终字第91号民事判决书］

裁判要旨：双方当事人之间及双方当事人与第三人之间的两份协议均为当事人真实意思表示，亦未违反法律、行政法规的强制性规定，均为合法有效的情况下，由于两份协议的具体内容和当事人不同，不能互相覆盖、相互取代。不同当事人之间、不同事项上的约定均具有法律约束力；相同当事人之间、相同事项上的不同约定，应以签订在后的协议变更签订在前的协议为基本原则，并结合具体履行情况理解和分析协议的关系和内容。

最高人民法院认为：本案三方协议及双方协议均为当事人真实意思的表示，亦未违反法律、行政法规的强制性规定，均为合法有效。两份协议的具体内容和当事人不同，并不能互相覆盖、相互取代，因此，不同当事人之间、不同事项上的约定均具有法律约束力，相同当事人之间、相同事项上的不同约定应以签订在后的协议变更签订在前的协议为基本原则，并结合具体履行情况来理解和分析协议的关系和内容。本院认为，本案双方当事人争议的焦点是回迁楼的建设问题。签订在前的三方协议中，未涉及回迁楼的建设问题。签订在后的双方协议中约定了东川公司和包道村委会在回迁楼建设上的权利义务。因此，无论从协议签订的时间上还是内容上看，案涉回迁楼建设的相关权利义务，应主要依据双方协议确定。

就回迁楼建设用地使用权的实际取得状况与双方协议约定不符的问题，本院认为，从合同履行情况看，对于沈阳银亿公司实际取得回迁楼建设用地使用权的事实，各方当事人均予以认可，而未提出异议，对于此后各方当事人是否以及怎样继续履行双方协议约定的回迁楼建设事项，没有书面证据予以证明，而仅能从合同实际履行变更的角度予以分析：首先，在沈阳银亿公司于 2006 年 11 月通过拍卖取得回迁楼建设用地使用权后，东川公司仍然通过从包道公司转款用于办理回迁楼相关手续、向沈阳银亿公司申请出具授权手续用于办理回迁楼建设手续，而且东川公司亦举证证明其为履行建设回迁楼义务进行了前期工作，故在上述合同实际变更后，东川公司对其继续负有办理回迁楼建设手续和建设回迁楼等合同义务予以认可；其次，根据双方协议第五条第 8 项的约定，东川公司因自身原因不能通过摘牌取得合同项下宗地使用权的情况下，包道村委会有权解除合同，并有权取得东川公司已经交付的款项和已经建设的地上物。但在沈阳银亿公司实际取得回迁楼建设用地使用权后，包道村委会并未因此向东川公司主张行使合同解除权，而且从本案诉讼起因和包道村委会的诉讼请求看，其对合同实际变更后，东川公司继续负有办理回迁楼建设手续和建设回迁楼等合同义务亦持肯定观点。再次，沈阳银亿公司虽认可回迁楼建设用地使用权被其一并取得的事实，但认为回迁楼建设与其无关，对此东川公司与包道村委会均未提出异议，但由于回迁楼建设手续的办理，客观上必然需要沈阳银亿公司予以配合，对此，沈阳银亿公司未提出异议，故应当认为，合同的实际变更增加了沈阳银亿公司配合办理回迁楼相关建设手续的义务。综上，本院认为，本案合同的实际履行变更，并未免除东川公司办理回迁楼建设手续以及建设回迁楼等合同义务，仅是就合同的具体履行方式进行了变更。

——最高人民法院民事审判第一庭编：《民事审判指导与参考》2014 年第 2 辑（总第 58 辑），人民法院出版社 2014 年版，第 219~220 页。

486. 当事人以未经其上级审批为由主张已实际履行的合同变更条款无效的，法院不予支持

关键词

合同纠纷　合同变更　诚实信用

最高人民法院裁判文书

建管公司与中铁四局建设工程施工合同纠纷案［最高人民法院（2021）最高法民申7162号民事裁定书］

裁判要旨：当事人协商一致可以依法变更合同。合同履行中，双方当事人对合同条款协商变更并实际履行，一方当事人在已实际获得利益的情况下，又提出该合同条款变更未依其内部程序报经上级单位审批，主张该合同条款变更不能成立的，有违诚实信用原则，人民法院对此主张不予支持。

最高人民法院经审查认为，本案再审审查的主要问题为：原审判决由建管公司承担案涉工程增加的取土成本是否适当。

《合同法》第七十七条规定[①]："当事人协商一致，可以变更合同。"案涉建设工程施工合同系发包人高建局与承包人中铁四局签订。中铁四局提交的有高建局、设计单位、项目指挥部、监理单位共同盖章的《工程设计变更报告审批单》载明，在投标之前的现场调查中确认新民市高台子料场储量丰富，满足剩余借土填筑需要，因地方政府对取土场开采政策调整和取土场储量不足导致借土填筑费用增加。建管公司关于异地取土系中铁四局过错所致而非设计变更的申请再审主张与《工程设计变更报告审批单》载明的内容相悖，亦缺乏证据支持，本院不予采信。《工程设计变更报告审批单》显示，总监办、设计单位、项目指挥部对中铁四局申请增加的取土费用进行了审查与调整，高建局盖章予以认可。根据案涉工程的施工情况，异地取土费用系案涉工程建设支出的必要成本，高建局知晓变更后的取土地点，对中铁四局异地取土及将取土应用于案涉工程建设未表示反对。原审法院据此认定案涉工程异地取土属于设计变更，并判令高建局的承继单位建管公司承担因异地取土增加的费用，有事实和法律依据，并无不当。建管公司在已实际获取取土利

① 对应《民法典》第五百四十三条。

益的情况下，又提出《工程设计变更报告审批单》未经其上级单位审批、不应由其承担取土费用的主张，依据不足，亦有违诚实信用原则，本院不予支持。本案异地取土系建设工程施工过程中的设计变更问题，并非当事人背离中标合同另行订立建设工程施工合同。因此，对建管公司关于原审判决适用法律错误的申请再审主张，本院亦不予支持。

——中国裁判文书网。

487. 合同依法终止或者解除前，一方当事人以合同在客观上履行不能为由，主张对方当事人按照其他合同约定履行义务的，人民法院不予支持

关键词

保管合同　合同效力　合同履行

最高人民法院裁判文书

鑫亚公司与青枫公司保管合同纠纷案［最高人民法院（2015）民二终字第 199 号民事判决书］

裁判要旨：依法成立的合同，对当事人具有法律约束力。当事人一方认为合同在客观上不能履行的，应当与对方当事人协商终止或者解除合同。对方当事人不同意终止或者解除合同的，可以按照约定申请仲裁或者根据法律规定向人民法院起诉，要求解除合同。在合同依法终止或者解除前，一方当事人以合同在客观上履行不能为由，主张对方当事人按照其他合同约定履行义务的，人民法院不予支持。

最高人民法院认为：当事人应当按照约定履行自己的义务，不得擅自变更或者解除合同。《移交协议书》是经双方协商签订的合法有效合同，对双方当事人具有法律约束力。在该《移交协议书》被合法解除之前，双方均应当按照约定履行各自义务。现双方未就货物进行清点，亦未以共同确认的货物价值进行结算，案涉《移交协议书》所约定的交付条件尚未成就。鑫亚公司虽主张该《移交协议书》已事实上不能履行，但其在一审法院依法释明其是否变更诉讼请求时，既未申请变更《移交协议书》内容，亦未依法行使合同解除权，而仍坚持依据《货权确认单》要求青枫公司交付货物，一审判决据此对其该项诉讼请求予以驳回，并无不当。现鑫亚公司就此问题提出的一审

判决事实及适用法律错误等上诉理由，既有违双方合同约定，亦缺乏法律依据，故不能成立，本院不予支持。

——法信网。

附录：本案解析

本案是鑫亚公司与青枫公司在履行保管合同过程中发生争议引发的纠纷。双方虽然没有签订书面保管合同，但是在双方的业务交往中，鑫亚公司将货物交付给青枫公司保管时，双方即共同签订《货权确认单》，对货物的规格、数量、价格进行确认，即《货权确认单》具有仓单或者存货凭证的作用。但是，《货权确认单》对于双方之间何时以及如何清点、交接货物并未作出具体约定。因此，双方在《货权确认单》之外又签订了《移交协议书》，对于交接货物的范围、交接方式等事项进行了较为详尽的约定。《货权确认单》和《移交协议书》共同构成双方之间的保管合同关系，《货权确认单》是鑫亚公司将货物交给青枫公司保管的权利凭证，但是取回委托青枫公司保管的货物则要受到《移交协议书》的约束。

根据《移交协议书》约定，双方应交付的货物包括但不限于《货权确认单》项下的货物，而是“存放于绍兴仓库的货物”；交接方式为双方与仓储方共同清点货物，清点后办理仓单变更手续；交付货物因品种和数量的差异按双方确认的价格计算，个别产品没有确认过价格的，双方协商确定价格。鑫亚公司向一审法院起诉时，尚未与青枫公司及仓储方共同清点货物并办理仓单变更手续，也未就有关货物的价格进行协商并达成一致，其要求交付货物不符合《移交协议书》约定的条件。

鑫亚公司主张《移交协议书》已事实上不能履行，因此，要求青枫公司按照《货权确认单》的记载交付保管的货物。但是，根据《中华人民共和国合同法》第八条的规定，依法成立的合同，对当事人具有法律约束力。当事人应当按照约定履行自己的义务，不得擅自变更或者解除合同。即便如鑫亚公司主张，由于双方不能就有关货物的价格协商达成一致，《移交协议书》在客观上不能履行，其也应当与青枫公司协商一致终止该《移交协议书》的履行或者解除该《移交协议书》。如果青枫公司不同意终止或者解除《移交协议书》，鑫亚公司可以根据《中华人民共和国合同法》的规定向人民法院起诉要求予以解除。但是，在双方协商终止或者解除以及人民法院生效判决判令解除前，《移交协议书》对双方仍然具有法律约束力。

一审法院已经向鑫亚公司释明，可以变更诉讼请求，先行解除《移交协议书》，然后再要求青枫公司按照《货权确认单》的记载交付保管的货物。但是，鑫亚公司拒不变更诉讼请求，在《移交协议书》未依法终止或者解除的情况下，一审法院驳回鑫亚公司提出的判令青枫公司按照《货权确认单》的记载交付保管货物的诉讼请求，符合有关规定。

——《如何认定客观上不能履行的合同的法律效力》，载最高人民法院第二巡回法庭编著：《民商事二审典型案例及审判经验》，人民法院出版社 2019 年版，第 138~139 页。

五、合同的保全

488. 债权人代位权纠纷案件的立案审查标准和实体裁判标准的法律尺度

关键词

代位权　合法到期债权　立案审查

最高人民法院公布的典型案例

辉南县汇丰煤炭生产有限公司与抚顺长顺热电有限公司、抚顺长顺能源有限公司、抚顺长顺电力有限公司债权人代位权纠纷案［最高人民法院（2015）民提字第 186 号民事判决书］

裁判要旨：本案主要涉及债权人代位权纠纷案件的立案审查标准和实体裁判标准的法律尺度问题。从最大限度地保护当事人的诉权，全面推行立案登记制改革的角度出发，对此类案件的立案审查不宜过于严格。债权人提供的证据能够证明其对债务人享有合法到期债权，能够初步证明债务人对次债务人亦享有合法到期债权，债务人怠于行使其债权的，就可以立案受理。经过审理，债权人的代位权请求不能成立的，判决驳回其诉讼请求。既保障了债权人的正当诉讼权利，又不会损害其他当事人的利益。

（一）基本案情

辉南县汇丰煤炭生产有限公司（以下简称辉南公司）向辽宁省抚顺市中级人民法院提起诉讼称：辽宁省高级人民法院生效判决确认抚顺市热能燃料有限责任公司（以下简称热能公司）应给付辉南公司欠款本息 800 余万元，热能公司迟迟不予履行生效判决确定的义务。热能公司对抚顺长顺热电有限公司、抚顺长顺能源有限公司、抚顺长顺电力有限公司（以下合并简称三公司）享有到期债权，但是怠于行使，给辉南公司造成损害。请求依法判决辉南公司享有代热能公司向三公司主张权利的代位权，三公司向辉南公司支付欠热能公司的欠款 800 余万元。

（二）裁判结果

辽宁省抚顺市中级人民法院以辉南公司提供的证据不能证明热能公司对三公司享有的债权是否到期为由，裁定对辉南公司的起诉不予受理。辽宁省高级人民法院以相同理由裁定驳回上诉，维持原裁定。辉南公司仍不服，向最高人民法院申请再审。

最高人民法院第二巡回法庭经审理认为，一、二审法院在对该案未予立案，未予开展诉辩交锋以及审理的情况下，即判定辉南公司主张债权到期缺乏证据证明，并据此不予立案，系对《最高人民法院关于适用〈中华人民共和国合同法〉若干问题的解释（一）》第十一条规定的理解过于严格，不利于依法保护当事人的诉讼权利。遂作出（2015）民提字第 186 号裁定，撤销一、二审裁定，指令一审法院对辉南公司的起诉立案受理。

（三）典型意义

本案当事人跨越吉林与辽宁两省，主要涉及债权人代位权纠纷案件的立案审查标准和实体裁判标准的法律尺度问题。《最高人民法院关于适用〈中华人民共和国合同法〉若干问题的解释（一）》第十一条规定虽然使用了"提起代位权诉讼，应当符合下列条件"的表述，但是该条文主要是对合同法的理解与适用作出的解释，偏重于实体裁判标准。从最大限度地保护当事人的诉权，全面推行立案登记制改革的角度出发，对此类案件的立案审查不宜过于严格。债权人提供的证据能够证明其对债务人享有合法到期债权，能够初步证明债务人对次债务人亦享有合法到期债权，债务人怠于行使其债权的，就可以立案受理。经过审理，债权人的代位权请求不能成立的，判决驳回其诉讼请求。这样，既保障了债权人的正当诉讼权利，又不会损害其他当事人的利益。

——《最高人民法院第二巡回法庭审理跨省重大民商事和行政案件典型案例》，载《人民法院报》2016 年 11 月 1 日。

489. 代位权判决的判项表达

关键词

代位权　裁判文书

《中华人民共和国民法典》条文

第五百三十七条 人民法院认定代位权成立的，由债务人的相对人向债权人履行义务，债权人接受履行后，债权人与债务人、债务人与相对人之间相应的权利义务终止。债务人对相对人的债权或者与该债权有关的从权利被采取保全、执行措施，或者债务人破产的，依照相关法律的规定处理。

附录：最高人民法院主流观点

代位权成立的，判项表达除判令相对人向债权人履行相应义务外，还应加上“债权人接受履行后，债权人与债务人、债务人与相对人之间相应的权利义务终止”这句话。因为一方面代位权判决后，在相对人未向债权人履行之前，债权人与债务人、债务人与相对人的权利义务关系仍然存在，债务人仍然有义务向债权人履行；另一方面也可协调解决代位权判决与债权人与债务人债权关系判决的冲突，防止债权人双份受偿。

——最高人民法院民法典贯彻实施工作领导小组主编：《中华人民共和国民法典合同编理解与适用》，人民法院出版社 2020 年版，第 521 页。

490. 代位权行使中债务人权利的丧失与恢复

关键词

代位权 债务人 宣告破产 优先清偿

《中华人民共和国民法典》条文

第五百三十七条 人民法院认定代位权成立的，由债务人的相对人向债权人履行义务，债权人接受履行后，债权人与债务人、债务人与相对人之间相应的权利义务终止。债务人对相对人的债权或者与该债权有关的从权利被采取保全、执行措施，或者债务人破产的，依照相关法律的规定处理。

附录：最高人民法院主流观点

因债权人接受相对人的履行之后，债权人与债务人、债务人与相对人之间的相应权利义务才终止，故在相对人履行之前，债权人对债务人的债权、债务人对相对人的权利仍然存在。此时，两个权利义务关系的不同之处在于债务人对相对人的权利因代位权判决而禁止行使，而债权人对债务人的债权并无限制，仍可接受债务人的清偿。一旦债权人接受债务人的清偿，代位权判决在债权人与相对人之间即丧失约束力，债务人对相对人的权利亦恢复如初；如果债务人对相对人的权利被其他债权人采取的保全、执行措施优先清偿，则债务人对相对人的权利消灭，亦会导致债权人与相对人之间相应权利义务的消灭。如果债务人宣告破产，代位权判决完全丧失约束力，债权人对债务人、债务人对相对人的权利均恢复如初。

——最高人民法院民法典贯彻实施工作领导小组主编：《中华人民共和国民法典合同编理解与适用》，人民法院出版社 2020 年版，第 521-522 页。

491. 债务人是否仍有其他足以清偿债务的财产，不影响债权人行使代位权

关键词

债权人代位权纠纷　行使条件　债权数额

最高人民法院裁判文书

孙盛和与徐文革、华胜石油公司、程显文、孙桂华债权人代位权纠纷案

［最高人民法院（2021）最高法民申 4730 号民事裁定书］

裁判要旨：1. 对次债务人享有的到期债权属于债权人的责任财产，债权人可依法向次债务人行使代位权，债务人是否有足以清偿债务的其他财产并不影响债权人代位权的行使。

2. 次债务人在执行程序中对债务数额的认可可以作为债权人代位权诉讼中认定债权数额的依据，人民法院应当综合案件事实，依法认定债务人与次债务人之间的债务数额。

最高人民法院认为：本案系债权人代位权纠纷，债权人行使代位权应当符合法律规定的条件。原《最高人民法院关于适用〈中华人民共和国合同法〉若干问题的解释（一）》第十一条规定："债权人依照合同法第七十三条的规定提起代位权诉讼，应当符合下列条件：（一）债权人对债务人的债权合法；（二）债务人怠于行使其到期债权，对债权人造成损害；（三）债务人的债权已到期；（四）债务人的债权不是专属于债务人自身的债权。"本案中，当事人对上述规定的第一、三、四项要件下的事实并无争议，主要争议焦点为是否满足第二项即"债务人怠于行使其到期债权，对债权人造成损害"这一要件，具体包括以下两点：一是债务人是否对第三人享有到期债权；二是债务人怠于行使其到期债权是否对债权人造成了损害。现分述如下：

一、关于债务人程显文是否对第三人徐文革享有到期债权。

2013年至2014年期间，程显文与徐文革签订三份《借款合同》，约定程显文向徐文革出借款项共计5800万元，借款期限均为五个月，华胜公司为保证人，程显文依约向徐文革交付了上述款项。根据《借款合同》的约定，该债权现已到期。徐文革曾在法院的询问笔录中自述其尚欠程显文4700万元，基于诚实信用原则，徐文革在法院执行程序中作出的自述，应对自身具有拘束力。徐文革虽主张其多次通过案外人向程显文及程显文指定的案外人偿还借款，但其并未提供证据证明上述案外人系受徐文革或程显文的委托进行转款、收款，因此仅凭案外人之间的资金流动，无法认定往来款项系徐文革向程显文偿还的借款。且徐文革提供的还款证据均形成于询问笔录作出之前，如果徐文革确已清偿完毕欠程显文的借款，对此应当明知，但其仍在询问笔录中自述尚欠程显文4700万元，与常理不合。因此，在徐文革未提供新的充分证据证明已经还清款项的情况下，原审判决据此确定程显文对其享有4700万元到期债权并无不当。此外，徐文革虽主张程显文系职业放贷人，故应当认定案涉《借款合同》无效。但根据徐文革提交的证据，程显文虽曾涉及多起民间借贷纠纷案件，然而在绝大多数案件中，程显文均作为借款人而非出借人参与诉讼，现有证据难以证明程显文为职业放贷人。申请人徐文革还主张程显文多次对其实施暴力催债行为，如该行为属实，构成犯罪的，将由法院根据具体情形定罪处罚，但不影响本案事实的认定。综上，原审判决认定程显文对徐文革享有4700万元债权并无不当，徐文革主张其与程显文之间的《借款合同》无效且已清偿完毕缺乏事实和法律依据，本院不予支持。

二、关于债务人程显文怠于行使其到期债权是否对债权人孙盛和造成损害问题。

孙盛和与程显文、孙桂华民间借贷一案生效判决作出后，孙盛和向法院申请强制执行。孙盛和提出因程显文、孙桂华无足额可供执行的财产，目前对二人仅执行到位不足300万元，程显文亦对此表示认可，故孙盛和要求徐文革在欠程显文4700万元的范围内向其履行并无不妥。根据原《最高人民法院关于适用〈中华人民共和国合同法〉若干问题的解释（一）》第十三条之规定，债务人怠于行使其到期债权，对债权人造成损害的，是指债务人不履行其对债权人的到期债务，又不以诉讼方式或者仲裁方式向其债务人主张其享有的具有金钱给付内容的到期债权，致使债权人的到期债权未能实现。程显文与徐文革的《借款合同》履行期届满后，徐文革未清偿全部欠款，程显文亦未以诉讼或仲裁的方式向徐文革主张债权，致使孙盛和对程显文享有的8100余万元债权未能实现，该事实符合上述法律规定的条件。程显文对徐文革享有的到期债权亦属于程显文的责任财产，该债权现已到期，徐文革不享有依法可以延迟履行的抗辩权，程显文是否仍有足以清偿欠款的其他财产不影响债权人行使代位权，故申请人徐文革、华胜公司主张应先查明程显文是否仍有其他资产继续清偿债务于法无据，本院不予支持。

——中国裁判文书网。

492. 债权人无权请求确认与其无直接利害关系的债务人和次债务人之间的合同无效

关键词

合同　债权人代位权　合同效力

最高人民法院裁判文书

汇邦公司与恒森公司、王华、唐伟债权人代位权纠纷案［最高人民法院（2021）最高法民申7235号民事裁定书］

裁判要旨：《中华人民共和国民法典》第五百三十五条规定，债权人行使代位权的客体为债权或者该债权有关的从权利。债权人请求确认债务人和次债务人之间的合同效力的权利不在此限。债权人与债务人和次债务人之间的合同无直接利害关系的，无权提起债权人代位权之诉。

最高人民法院认为：汇邦公司的申请再审事由不能成立。首先，本案系债权人代位权纠纷，汇邦公司主张确认质权是否存在并非本案审理范围。其次，根据《民事诉讼法》第一百一十九条[①]规定，原告是与本案有直接利害关系的公民、法人和其他组织。汇邦公司并非案涉《承包协议》的当事人，案涉《承包协议》的签订和履行亦不损害汇邦公司利益，该合同效力的确认与汇邦公司并无法律上的直接利害关系，汇邦公司无权诉请确认《承包协议》无效。再次，《民法典》第五百三十五条规定，债权人行使代位权的客体为债权或者该债权有关的从权利。唐伟请求确认《承包协议》无效的权利并不属于以金钱给付为内容的债权，汇邦公司无权作为原告提起债权人代位权之诉，其提起本案诉讼不符合法律关于债权人提起代位权诉讼的规定。最后，债权人汇邦公司为行使代位权请求确认债务人唐伟与其合同相对人恒森公司之间《承包协议》无效，将导致债务人与其合同相对人之间的合同长期处于不稳定的状态，有过多干涉债务人经济活动的嫌疑。

——中国裁判文书网。

---

① 现为《民事诉讼法》（2021年修正）第一百二十二条。

493. 债权人行使代位权的客体为债权或者该债权有关的从权利，债权人请求确认债务人和次债务人之间的合同效力的权利不在此限

关键词

合同效力　次债务人　利害关系　债权人代位权之诉

最高人民法院裁判文书

重庆市和胜汇邦资产管理有限公司与贵阳恒森房地产开发有限公司（以下简称恒森公、王华、唐伟债权人代位权纠纷案［最高人民法院（2021）最高法民申 7235 号民事裁定书］

裁判要旨：《民法典》第五百三十五条规定，债权人行使代位权的客体为债权或者该债权有关的从权利。债权人请求确认债务人和次债务人之间的合同效力的权利不在此限。债权人与债务人和次债务人之间的合同无直接利害关系的，无权提起债权人代位权之诉。

最高人民法院认为：汇邦公司的申请再审事由不能成立。首先，本案系债权人代位权纠纷，汇邦公司主张确认质权是否存在并非本案审理范围。其次，根据《民事诉讼法》第一百一十九条[①]规定，原告是与本案有直接利害关系的公民、法人和其他组织。汇邦公司并非案涉《承包协议》的当事人，案涉《承包协议》的签订和履行亦不损害汇邦公司利益，该合同效力的确认与汇邦公司并无法律上的直接利害关系，汇邦公司无权诉请确认《承包协议》无效。再次，《民法典》第五百三十五条规定，债权人行使代位权的客体为债权或者该债权有关的从权利。唐伟请求确认《承包协议》无效的权利并不属于以金钱给付为内容的债权，汇邦公司无权作为原告提起债权人代位权之诉，其提起本案诉讼不符合法律关于债权人提起代位权诉讼的规定。最后，债权人汇邦公司为行使代位权请求确认债务人唐伟与其合同相对人恒森公司之间《承包协议》无效，将导致债务人与其合同相对人之间的合同长期处于不稳定的状态，有过多干涉债务人经济活动的嫌疑。

——中国裁判文书网。

① 现为《民事诉讼法》（2021 年修正）第一百二十二条。

494. 代位权的行使范围以债权人的债权为限

关键词

代位权　行使范围　债权

最高人民法院答复

广东省高级人民法院：

你院〔2005〕粤高法民四他字第16号“关于上诉人深圳发展银行与被上诉人赛格（香港）有限公司、深圳赛格集团财务公司代位权纠纷一案的请示”收悉。经研究，答复如下：

根据本院《关于审判工作请示问题的通知》的规定，下级法院只能就审判案件如何具体应用法律的问题向本院请示。对于你院请示的“本案应如何认定赛格财务与香港赛格之间的权利义务关系的性质”的问题，你院应在查明相关协议签订、履行等事实的基础上，自行作出认定。

对于你院请示报告中阐述少数意见时提出的问题即代位权的范畴可否从仅限于债权扩张到所有权？本院认为，根据目前的法律规定和司法解释，债权人仅可以向人民法院请求以自己名义代位行使债务人具有金钱给付内容的到期债权，且该债权不能是专属于债务人自身的，代位权的范畴不能从债权扩张到所有权。

综上，你院应自行在查明赛格财务与香港赛格之间权利义务关系性质的基础上，结合现行的法律规定和司法解释，对深圳发展银行能否向香港赛格行使代位权作出判决。

——《最高人民法院关于深圳发展银行与赛格（香港）有限公司、深圳赛格集团财务公司代位权纠纷一案的请示的复函》（2005年9月16日，〔2005〕民四他字第31号）。

最高人民法院裁判文书

嵊州市佳杰投资管理有限公司与七台河市市政建设工程管理处等债权人代位权纠纷案［最高人民法院（2017）最高法民终112号民事判决书］

裁判要旨：债权人对债务人享有一般金钱债权，不能排斥债务人的经营自主权。债权人对债务人的债权系受让他人对债务人的债权而来。代位权系债的保全制度，债权具有平等性，代位权基于债权产生。代位权的行使范围以债权人的债权为限。

最高人民法院认为：2013 年 12 月 20 日，佳杰公司以万机公司、孟松章等未向其返还投资款为由向浙江省绍兴市中级人民法院提起诉讼。同日，绍兴市中级人民法院作出（2013）浙绍民初字第 10 号民事裁定进行诉讼保全，2013 年 12 月 26 日，该院向七台河市人民政府、市政管理处、七台河市国土资源局作出协助执行通知书，于 2013 年 12 月 30 日送达市政管理处等。根据《最高人民法院关于人民法院民事执行中查封、扣押、冻结财产的规定》第一条的规定，查封、扣押、冻结裁定书和协助执行通知书送达时发生法律效力。故，相关财产权被冻结之前，万机公司基于其经营自主权，与万博公司、市政管理处、张小权于 2013 年 12 月 25 日签订《转让协议》，约定将万机公司对市政管理处在倭肯河坝下环境治理工程项目中的工程款人民币 3805 万元及该工程（合同）项下的全部权利与义务转让给万博公司，谁投资谁受益，不违反法律、行政法规的强制性规定，可以发生相应的法律效力及法律后果。佳杰公司的债权被浙江省高级人民法院（2014）浙民终字第 21 号民事调解书所确认。其后，佳杰公司依据浙江省高级人民法院民事调解书确认的债权提起本案债权人代位权诉讼。代位权的行使范围以债权人的债权为限。代位权系债的保全制度，债权具有平等性，代位权基于债权产生。张小权、万博公司和佳杰公司均对万机公司享有合法有效的债权，且都积极进行了主张，故佳杰公司的债权并不具备优先性。佳杰公司行使代位权，不影响万机公司此前向万博公司协议转让债权的效力。

——中国裁判文书网。

附录：最高人民法院主流观点

有观点认为，所有权应为代位权客体。我们认为，第三人占有债务人财产而无所有权取得依据，完全可以通过强制执行程序解决；若第三人取得债务人财产有合同依据，债权人亦可通过撤销权之诉等法律路径否定第三人取得所有权的原因行为。为此，最高人民法院 2005 年 9 月 16 日〔2005〕民四他字第 31 号《关于深圳发展银行与赛格（香港）有限公司、深圳赛格集团财务公司代位权纠纷一案的请示的复函》明确所有权不能成为代位权的客体。

——最高人民法院民法典贯彻实施工作领导小组主编：《中华人民共和国民法典合同编理解与适用》，人民法院出版社 2020 年版，第 508 页。

495. 债务人作为胜诉方不积极要求次债务人履行生效判决的，债权人无权以债务人“怠于行使到期债权”为由请求行使代位权

关键词

代位权　到期债权

《中华人民共和国民法典》条文

第五百三十五条　因债务人怠于行使其债权或者与该债权有关的从权利，影响债权人的到期债权实现的，债权人可以向人民法院请求以自己的名义代位行使债务人对相对人的权利，但是该权利专属于债务人自身的除外。

代位权的行使范围以债权人的到期债权为限。债权人行使代位权的必要费用，由债务人负担。

相对人对债务人的抗辩，可以向债权人主张。

最高人民法院审判业务意见（民事审判第一庭意见）

最高人民法院民一庭意见：债务人就其对第三人享有的权利提起诉讼并获得胜诉后，当生效判决进入执行阶段时，债务人并不积极主动地要求对方履行生效裁判文书内容，致使其债权人的权利也迟迟无法得以实现。此种情形下，债权人的权利如何保障，审判实务中存在不同看法。不过，这种债务人不要求对方履行已经生效判决内容的行为，不属于《合同法》第73条[①]以及最高人民法院《合同法解释（一）》第13条规定的“怠于行使到期债权”的情形。债权人如果基于前述关于代位权的规定向法院起诉，直接向次债务人再次主张权利的，人民法院不予支持。

——最高人民法院民一庭：《胜诉方不积极要求对方履行生效判决的，不应认定为“怠于行使到期债权”》，载最高人民法院民事审判第一庭编：《民事审判指导与参考》2010年第4集（总第44集），法律出版社2011年版，第195页。

---

① 对应《民法典》第五百三十五条。

496. 债权人行使撤销权时如何认定是否降低债务人的偿债能力

关键词

债权人撤销权纠纷　降低偿债能力

最高人民法院裁判文书

李莉与湖南省财信信托有限责任公司、陈端华、邓诗蒙、张洪飞、刘飞，江苏大红鹰恒顺药业有限公司债权人撤销权纠纷案［最高人民法院（2021）最高法民申 1754 号民事裁定书］

裁判要旨：债权人撤销权之制度目的，在于维持债务人的责任财产以备债权人债权的清偿，体现了我国民法强化诚信原则以保护债权人利益的价值取向。在合法的债权债务关系中，债务人无偿转让财产的行为如果降低了债务人的清偿能力，对债权人造成了损害，债权人有权在法定期间内行使撤销权。在判断债务人是否无偿转让以及是否降低清偿能力时需要结合案件的具体情况，剥离开表面的转让行为，结合当事人之间是否真实支付转让款、当事人之间的关系、转让的时间节点等事实进行综合认定。

最高人民法院认为：关于李莉是否无偿受让案涉股权的问题。根据陈端华与李莉等人于 2018 年 1 月 18 日签订的股权转让协议约定，李莉应当于 2018 年 1 月 18 日前将股权转让款 800 万元以现金方式一次性直接交付给陈端华，但是李莉并未提供证据证明其向陈端华支付了 800 万元股权转让款。李莉主张其与陈瑞华之间是转代持股权的关系，但未提供充分的证据证明该主张。一、二审判决认定案涉股权转让为无偿转让并无不当。

关于陈端华转让股权的行为是否降低了其偿债能力的问题。根据原审查明的事实，（2018）湘 01 民初 376 号生效民事判决已经确定了湖南信托公司与陈端华之间的债权债务关系。经人民法院的强制执行，湖南信托公司仍未从主债务人千山药机公司及担保人刘祥华、陈端华、湖南乐福地医药包材科技有限公司（以下简称乐福地公司）处获取任何清偿。千山药机公司于 2018 年 1 月 25 日发布《关于债务到期未能清偿的公告》显示，该公司已陷入严重的债务危机。千山药机公司、刘祥华、陈端华、乐福地公司均已被列为失信被执行人。一、二审判决基于上述事实，结合陈端华与千山药机公司法定代表人刘祥华的夫妻关系、千山药机公司发布公告与陈端华无偿转让案涉股权的时间关系等情节，认定陈端华无偿转让股权的行为客观上降低了其偿债能力，影响到湖南信托公司债权的实现，并无不当。

——中国裁判文书网。

497. 行使代位权要求次债权到期，并不要求次债权确定

关键词

代位权　债权到期　次债权

最高人民法院裁判文书

贵州新建业工程有限责任公司与陈建光债权人代位权纠纷案［最高人民法院（2020）最高法民再231号民事判决书］

裁判要旨：实践中关于行使代位权是否要求次债权确定，存在一定争议，但代位权制度的主要目的，在于解决债务人怠于行使次债权时如何保护债权人权利的问题。如果行使代位权需要以次债权确定为前提，则在债务人怠于确定次债权的情况下，债权人就无法行使代位权，代位权制度的目的将完全落空。因此，行使代位权要求次债权到期，并不要求次债权确定。

最高人民法院认为：代位权制度的主要目的，在于解决债务人怠于行使次债权时如何保护债权人权利的问题。如果行使代位权需要以次债权确定为前提，则在债务人怠于确定次债权的情况下，债权人就无法行使代位权，代位权制度的目的将完全落空。因此，《合同法解释一》第十一条第三项规定，行使代位权要求次债权到期，而未要求次债权确定。实践中关于行使代位权是否要求次债权确定，存在一定争议。主张次债权应当确定的一个原因是，有的债权人通过代位权诉讼用小额债权试图撬动大额债权。比如在建设工程价款到期未结算时，一个小额民间借贷债权人通过代位权诉讼介入到他人合同关系，要求审理一个繁杂的建设工程价款纠纷，无论在理论还是实践层面都难谓合理。本院认为，在司法解释仅要求“次债权到期”的情况下，次债权是否确定原则上不应成为行使代位权的前提条件，而应是在代位权诉讼中予以解决的问题。本案中，陈建光向宋文平主张的12487420元债权与中岭公司、新建业公司自认欠付宋文平的工程款数额相比，也不属于用小额债权撬动大额债权的情形，如宋文平对新建业公司、中岭公司的债权已到期，则不应以宋文平对中岭公司、新建业公司的债权未确定为由直接否定陈建光提

起代位权诉讼的权利。

——中国裁判文书网。

安徽河海公司与西宁特钢公司中冶东方公司合同纠纷案［最高人民法院（2021）最高法民申5382号民事裁定书］

裁判要旨：通常而言，根据相关司法解释规定，"次债权到期"并不要求"次债权确定"。本案中，现有证据不足以证明债务人对次债务人的全部债权均已届支付期限，也无法确定次债务人具体应付的金额。据此，债权人关于其已具备行使代位权条件的主张不能成立。

最高人民法院认为，本案再审审查的重点是，安徽河海公司是否具备行使代位权的条件。《最高人民法院关于适用〈中华人民共和国合同法〉若干问题的解释（一）》第十一条规定："债权人依照合同法第七十三条的规定提起代位权诉讼，应当符合下列条件：（一）债权人对债务人的债权合法；（二）债务人怠于行使其到期债权，对债权人造成损害；（三）债务人的债权已到期；（四）债务人的债权不是专属于债务人自身的债权。"本案中，判断安徽河海公司是否具备行使代位权的条件，关键是看中冶东方公司的债权是否到期。通常而言，"次债权到期"并不要求"次债权确定"，关于次债权数额的争议可以在代位权诉讼中解决。但是本案特殊性在于，安徽河海公司、浩中公司、中冶东方公司、西宁特钢公司四方之间的债权债务关系较为复杂。其一，安徽河海公司受让浩中公司对中冶东方公司的债权，安徽河海公司对中冶东方公司享有的权利范围不大于浩中公司原债权范围。安徽河海公司、浩中公司、中冶东方公司在一审诉讼中均认可"浩中公司应当供400万元的备件，中冶东方公司应当给浩中公司650万元的本金"，在浩中公司未供备件的情况下，中冶东方公司欠付浩中公司的债务金额及履行期限并不明确。相应的，安徽河海公司对中冶东方公司享有的债权范围尚未确定。其二，虽然一审诉讼过程中，西宁特钢公司向中冶东方公司陆续支付了合计800万元，但是因中冶东方公司与西宁特钢公司未进行结算，现有证据不足以证明中冶东方公司对西宁特钢公司的全部债权均已届支付期限，也无法确定西宁特钢公司具体应付的金额。综合上述事实，安徽河海公司关于已具备行使代位权条件的主张不能成立。

招商银行股份有限公司深圳泰然支行与中国人民财产保险股份有限公司南通市分公司等保险纠纷案［最高人民法院（2022）最高法民申16号民事裁

定书]

裁判要旨：债权人对债务人的债权合法，是行使债权人代位权的首要条件，同时债权人对债务人的债权应当确定，但却并不以债务人与次债务人之间的债权债务关系明确无争议为条件，人民法院应当对债务人与次债务人之间的债权债务关系在代位权诉讼中进行审理。

最高人民法院认为：《合同法》第七十三条[①]第一款规定："因债务人怠于行使其到期债权，对债权人造成损害的，债权人可以向人民法院请求以自己的名义代位行使债务人的债权，但该债权专属于债务人自身的除外。"《合同法解释（一）》第十一条规定："债权人依照合同法第七十三条的规定提起代位权诉讼，应当符合下列条件：（一）债权人对债务人的债权合法；（二）债务人怠于行使其到期债权，对债权人造成损害；（三）债务人的债权已到期；（四）债务人的债权不是专属于债务人自身的债权。"上述法律和司法解释规定了提起代位权诉讼的条件。招行泰然支行能否向人保南通分公司行使代位权，应重点审查招行泰然支行对钦舜公司的主债权以及钦舜公司对人保南通分公司的次债权是否符合上述法律和司法解释的规定。

1. 关于招行泰然支行对钦舜公司的主债权。债权人对债务人的债权合法，是行使债权人代位权的首要条件。此外，根据《合同法解释（一）》第十八条第二款关于"债务人在代位权诉讼中对债权人的债权提出异议，经审查异议成立的，人民法院应当裁定驳回债权人的起诉"的规定，债权人对债务人的债权应当确定。据此，根据谁主张谁举证的举证责任规则，招行泰然支行应当提供证据证明其对钦舜公司享有合法且确定的债权。招行泰然支行向一审法院提交了广州海事法院（2015）广海法初字第 902 号民事判决以及钦舜公司光船租赁"钦舜 3"轮期间，因发生碰撞、触碰等事故，钦舜公司未履行生效判决确定的赔偿责任而导致"钦舜 3"轮被司法拍卖等证据，以证明因钦舜公司的原因导致招行泰然支行无法获得"钦舜 3"轮全部拍卖款。招行泰然支行已经初步举证证明了其对钦舜公司享有抵押权侵权之债及数额。原审期间，信利公司、钦舜公司无正当理由未到庭参加诉讼，亦未提交答辩意见。人保南通分公司辩称招行泰然支行对钦舜公司享有的抵押权侵权之债不确定，应提供证据支持其主张。原审法院以招行泰然支行未提供证据证明钦舜公司是否向信利公司承担赔偿责任为由，认定招行泰然支行未提供充分证据证明其对钦舜公司享有的债权数额，进而认定其主张的代位权不能成立，举证责任

① 对应《民法典》第五百三十五条。

分配不当，适用法律错误。

2. 关于钦舜公司对人保南通分公司的次债权。根据上述合同法及其司法解释关于债权人代位权行使条件的规定，次债权应当满足债务人怠于行使其到期债权、对债权人造成损害、次债权非专属于债务人自身的债权三方面条件。此外，根据《合同法解释（一）》第十八条第一款关于“在代位权诉讼中，次债务人对债务人的抗辩，可以向债权人主张”的规定，债权人提起代位权之诉，并不以债务人与次债务人之间的债权债务关系明确无争议为条件，人民法院应当对债务人与次债务人之间的债权债务关系进行审理。代位权制度的主要目的在于解决债务人怠于行使次债权时如何保护债权人权利的问题。债权人代位权的客体是债务人的到期债权，如果行使代位权需要以次债权确定为前提，在债务人怠于确定次债权的情况下，债权人就无法行使代位权，则代位权制度的目的将完全落空。因此，对于债权人而言，应当提供证据证明债务人对次债务人享有非专属于其自身的到期债权且怠于行使的初步证据，至于次债务人提出的抗辩是否成立，应是在代位权诉讼中予以解决的问题。

——中国裁判文书网。

498. 债权人已就涉案债务提起仲裁，在仲裁裁决确认其债权人身份之前，法院暂不受理其对次债务人提起的代位权诉讼

关键词

代位权诉讼　次债务人　到期债权　仲裁

最高人民法院裁判文书

张卫忠、李超与江西慧联置业有限责任公司建设工程施工合同纠纷案

［最高人民法院（2022）最高法民申 4500 号民事裁定书］

裁判要旨：代位权行使的前提是债权人对债务人享有合法债权，债务人对次债务人享有到期债权。申请人对神州长城公司是否享有合法债权，其已依据仲裁条款约定提起仲裁，尚在仲裁审理，即是否具有债权人资格需以仲裁裁决结果为依据。在申请人的债权人身份处于未决情形下，二审认为目前不能认定申请人是否具有代位权，裁定驳回本案起诉，并无不当。申请人待仲裁结果确定后，可视情决定是否向慧联公司另行主张权利。

最高人民法院认为：二、代位权行使的前提是债权人对债务人享有合法

债权，债务人对次债务人享有到期债权。申请人对神州长城公司是否享有合法债权，其已依据仲裁条款约定提起仲裁，尚在仲裁审理，即是否具有债权人资格需以仲裁裁决结果为依据。在申请人的债权人身份处于未决情形下，二审认为目前不能认定申请人是否具有代位权，裁定驳回本案起诉，并无不当。申请人待仲裁结果确定后，可视情决定是否向慧联公司另行主张权利。

——中国裁判文书网。

499. 对债务人无偿处分行为的穿透式审查

关键词

撤销权　无偿处分　债务人　穿透式思维

《中华人民共和国民法典》条文

第五百三十八条　债务人以放弃其债权、放弃债权担保、无偿转让财产等方式无偿处分财产权益，或者恶意延长其到期债权的履行期限，影响债权人的债权实现的，债权人可以请求人民法院撤销债务人的行为。

附录：最高人民法院主流观点

放弃债权、放弃债权担保、无偿转让财产等方式，属于债务人纯粹无偿处分财产权益行为，法律已有明确规定予以禁止，债务人多不会直接以这种形式来实施其诈害债权人的行为，诈害行为往往各种名目五花八门，非常隐蔽，审判实践中不能只看形式，而要看清交易实质。比如债务人向他人无偿转让财产，形式上约定了一个合理的价款，但其支付价款的方式为用无实际价值的股权来抵偿，或者支付价款的期限为一个遥远的将来，这种交易实质上就是无偿转让；又如放弃债权担保，本来约定的是物的担保，为对抗债权人却将之换成人的担保，或者本来是有履行能力的主体的担保，将之换为无履行能力主体的担保，这些行为其实质均是无偿处分财产权益，需我们用穿透式思维予以审查判断。对于债务人的债权，《合同法》第七十四条规定的是放弃到期债权，《合同法解释（二）》补充规定了放弃未到期的债权，《民法典》第五百三十八条吸收合并为放弃债权，不再要求是否到期。放弃债权亦有各种隐蔽形式，如将债权赠与他人或转让给一个无支付能力的主体等，亦需我们作实质性分析。

——最高人民法院民法典贯彻实施工作领导小组主编：《中华人民共和国民法典合同编理解与适用》，人民法院出版社 2020 年版，第 533 页。

500. 债权人代位权不是形成权，次债务人履行前不能免除债务人的清偿责任

关键词

代位权　形成权　次债务人　清偿责任

最高人民法院裁判文书

中国华融资产管理股份有限公司与山西省代县白峪里矿山冶炼有限公司、代县张仙堡冶金矿山有限公司、山西龙典建筑工程有限公司、韩树平、刘美凤借款合同纠纷案［最高人民法院（2022）最高法民申1591号民事裁定书］

裁判要旨：从债权人代位权纠纷的请求权基础规范看，债权人可以同时向债务人提起普通的债权债务诉讼和向次债务人提起代位权诉讼。同时，债权人代位权不是形成权，即债权人单纯行使代位权，提起代位权诉讼并得到人民法院支持后，次债务人实际履行债务前，不能直接引起债权人与债务人、债务人与次债务人之间的民事法律关系发生变动的法律效果，故也就不能当然免除债务人对债权人的清偿责任及保证人的保证责任。

最高人民法院认为：二、关于债权人提起代位权诉讼并得到法院支持后，次债务人实际履行债务前，能否免除债务人的清偿责任及保证人的保证责任问题。本院认为，从债权人代位权纠纷的请求权基础规范看，债权人可以同时向债务人提起普通的债权债务诉讼和向次债务人提起代位权诉讼。同时，债权人代位权不是形成权，即债权人单纯行使代位权，提起代位权诉讼并得到人民法院支持后，次债务人实际履行债务前，不能直接引起债权人与债务人、债务人与次债务人之间的民事法律关系发生变动的法律效果，故也就不能当然免除债务人对债权人的清偿责任及保证人的保证责任。具体评述如下：其一，设立债权人代位权诉讼制度是为保障债权人实现其债权，也是为保持债务人的财产。如果按照债权平等原则，债权人只能代为受领次债务人的给付或者只能由债务人受领后加入债务人的责任财产。那么，债权人提起代位权诉讼并得到法院支持后，次债务人实际履行债务前，如免除债务人的清偿责任及保证人的保证责任，既不利于债权人实现债权，也不利于债务人的次债权的保护，这与债权人代位权诉讼制度设计的初衷不符；其二，在次债务人未实际履行债务前，债权人无法实现债权受偿的目的。债权人代位权纠纷

的请求权基础规范主要有：《合同法》第七十三条[①]第一款规定："因债务人怠于行使其到期债权，对债权人造成损害的，债权人可以向人民法院请求以自己的名义代位行使债务人的债权，但该债权专属于债务人自身的除外。"债权人的代位权是指债务人怠于行使自己的到期债权，因此对债权人造成损害时，债权人为保全自己的债权，可以诉请法院以自己的名义行使债务人对第三人享有的债权。《最高人民法院关于适用〈中华人民共和国合同法〉若干问题的解释（一）》（以下简称《合同法解释一》）第十五条规定："债权人向人民法院起诉债务人以后，又向同一人民法院对次债务人提起代位权诉讼，符合本解释第十四条的规定和《民事诉讼法》第一百零八条规定的起诉条件的，应当立案受理；不符合本解释第十四条规定的，告知债权人向次债务人住所地人民法院另行起诉。受理代位权诉讼的人民法院在债权人起诉债务人的诉讼裁决发生法律效力以前，应当依照《民事诉讼法》第一百三十六条第（五）项的规定中止代位权诉讼。"根据该规定，债权人可以同时向债务人提起普通的债权债务诉讼和向次债务人提起代位权诉讼，即债权人代位权诉讼和普通的债权债务诉讼可以并存。浦发银行忻州支行提起的代位权诉讼不必然导致华融资产公司失去向债务人另行起诉的诉权。《合同法解释一》第二十条规定："债权人向次债务人提起的代位权诉讼经人民法院审理后认定代位权成立的，由次债务人向债权人履行清偿义务。债权人与债务人、债务人与次债务人之间相应的债权债务关系即予消灭。"本案中，浦发银行忻州支行提起的代位权诉讼已经得到法院支持，在次债务人实际履行清偿义务前，即债权人与债务人间的债务未实际清偿前，债权人有权向债务人提起普通的债权债务诉讼。原审法院在没有审查案涉债权是否已经实际履行的情况下，仅以"债权人与债务人、债务人与次债务人之间相应的债权债务关系消灭的条件是人民法院审理后认定代位权成立"为由作出裁判，适用法律不当。

——中国裁判文书网。

501. 第三人在次债务人处的债权被轮候查封冻结时，次债务人根据协助执行通知书等法律文书支付价款的行为不构成擅自支付

关键词

代位权　强制执行

---

① 对应《民法典》第五百三十五条。

最高人民法院裁判文书

戚谊与江西省电力公司、贵州星天公司代位权纠纷案［最高人民法院（2021）最高法民申5300号民事裁定书］

裁判要旨：1. 代位权纠纷中，第三人在次债务人处的债权已被多家法院轮候查封冻结时，由于协助执行通知书均是具有强制执行效力的法律文书，负有协助执行义务的次债务人依据该法律文书支付价款的行为不构成擅自支付。

2. 当债权人向法院申请调取的证据属于次债务人作为抗辩一方应当主动向法院提交的证据时，次债务人未予提交或提交的证据不能证明其主张，自当承担举证不能的不利后果，不属于法院应收集调查证据而未收集的情形。

最高人民法院认为：一、关于本案是否存在法院未调查收集证据及二审判决认定事实错误的问题。本案一审程序中，戚谊申请法院责令江西省电力公司提供如下证据：1. 江西省电力公司与第三人贵州星天公司签订的全部供货合同及附件；2. 江西省电力公司与第三人贵州星天公司货物买卖的收货种类、收货数量、对应的货物合同单价以及收到货物货值总金额；3. 江西省电力公司已经向第三人贵州星天公司支付的付款账目及银行流水凭证，目的在于证明贵州星天公司对江西省电力公司享有到期债权。首先，江西省电力公司仅是对全省采购业务进行统一招标，并非供货合同当事人，与贵州星天公司签订供货合同的主体系江西省电力公司下属各地市、县级分公司，戚谊要求调取的证据过于宽泛且具体指向不明。其次，代位权诉讼中，次债务人对于其与债务人之间不存在债权债务关系或债务已经清偿等情况的抗辩负有举证证明责任。一审庭审中，江西省电力公司向法院提交了买卖合同、转账凭证、银行流水等10组证据、协助执行通知书10份，目的在于证明贵州星天公司对江西省电力公司已无到期债权，江西省电力公司各地市、县级分公司对贵州星天公司负有的债务已经得到全部清偿。故戚谊向法院申请调取的证据属于次债务人江西省电力公司作为抗辩一方应当主动向法院提交的证据，如江西省电力公司未予提交或提交的证据不能证明其主张，自当承担举证不能的不利后果。因此，戚谊的再审申请不符合《中华人民共和国民事诉讼法》第二百条①第二项、第五项规定的情形，最高人民法院依法不予支持。

二、关于二审判决适用法律是否错误的问题。戚谊依据贵阳仲裁委员会

① 现为《民事诉讼法》（2021年修正）第二百零七条。

（2017）贵仲裁字第436号、（2018）贵仲裁字第0251号仲裁裁决，向贵阳市中级人民法院申请对贵州星天公司强制执行，执行案号为（2018）黔01执637号和（2018）黔01执1290号。经查，（2017）贵仲裁字第436号案件已经全案执行完毕，从时间顺序看，2017年12月20日贵阳市花溪区人民法院作出（2017）黔0111协执476号协助执行通知书时，（2018）贵仲裁字第0251号仲裁案件尚未立案，故该份协助执行通知书并非针对（2018）贵仲裁字第0251号仲裁案件作出。且（2017）黔0111协执476号协助执行通知书仅要求江西省电力公司协助提取货款，并未作出冻结债权的裁定，故就（2018）贵仲裁字第0251号案件而言，戚谊认为贵阳市花溪区人民法院对江西省电力公司采取执行措施的时间早于贵州省都匀市人民法院的主张不能成立。其次，贵州省都匀市人民法院于2017年12月25日作出（2017）黔2701财保341号协助执行通知书，依法冻结贵州星天公司在江西省电力公司到期应收账款600万元，其后该院作出（2018）黔2701执578号协助执行通知书，提取上述款项。（2017）黔2701财保341号和（2018）黔2701执578号协助执行通知书均是具有强制执行效力的法律文书，江西省电力公司作为负有协助执行义务的次债务人，其依据上述法律文书向贵州省都匀市人民法院支付600万元货款的行为不构成擅自支付。故戚谊的上述主张无事实与法律依据，最高人民法院依法不予支持。

502. 债权人可自由选择行使撤销权或请求确认行为无效

关键词

撤销权　债权人　诈害行为　恶意串通　折价补偿

《中华人民共和国民法典》条文

第五百三十八条　债务人以放弃其债权、放弃债权担保、无偿转让财产等方式无偿处分财产权益，或者恶意延长其到期债权的履行期限，影响债权人的债权实现的，债权人可以请求人民法院撤销债务人的行为。

附录：最高人民法院主流观点

对于债务人减损财产权益损害债权人利益的诈害行为，既可能违反本条债权人撤销权的法律规定，亦可能违反《民法典》第一百五十四条关于行为人与相对人恶意串通，损害他人合法权益的民事法律行为无效的规定。按照《民法典》第一百五十五条、第一百五十七条的规定，恶意串通行为无效与诈害处分财产行为被撤销两项制度的法律后果基本相同：无效的或者被撤销的民事法律行为自始没有法律约束力；民事法律行为无效、被撤销或者确定不发生效力后，行为人因该行为取得的财产，应当予以返还；不能返还或者没有必要返还的，应当折价补偿。虽然两项制度在权利主体范围、主客观因素、权利客体范围等权利构成要件上都有较大区别，但某些时候债务人的诈害行为会在两项制度上发生竞合，此时应允许债权人可以自由选择权利救济路径，无论当事人选择何种权利，人民法院都应当依法予以保护。无效诈害行为要件上的要求是债权人要证明行为人与相对人之间具有恶意串通的故意和行为，债权人对诈害行为的撤销只需债权人证明债务人处分财产权益的诈害行为影响其债权实现即可获得支持。

——最高人民法院民法典贯彻实施工作领导小组主编：《中华人民共和国民法典合同编理解与适用》，人民法院出版社 2020 年版，第 533-534 页。

503. 撤销权的效力范围

关键词

撤销权　撤销行为标的　可分物　不可分物

《中华人民共和国民法典》条文

第五百四十二条　债务人影响债权人的债权实现的行为被撤销的，自始没有法律约束力。

附录：最高人民法院主流观点

在确定撤销权的效力范围时，应当注意以被撤销行为的标的是否可分作为标准，具体来说：（1）在被撤销行为的标的物是可分物的场合，仅应在债权人不能清偿的债权数额范围内撤销债务人的部分行为，而其他部分则仍然有效，以保障债务人的经济自由和对第三人的交易安全。（2）在被撤销行为的标的物是不可分物的场合，为保护债权人的债权，实现撤销权制度的立法目的，应当认定被撤销行为全部无效。（3）在债务人分别从事了几项处分其财产的民事法律行为时，仅仅是债权人所主张撤销的债务人行为无效，债务人其他处分财产的行为，尤其是交易行为仍然是有效的。

——最高人民法院民法典贯彻实施工作领导小组主编：《中华人民共和国民法典合同编理解与适用》，人民法院出版社 2020 年版，第 553 页。

504. 债权人撤销权与代位权能否同时行使

关键词

债权人　撤销权　代位权

《中华人民共和国民法典》条文

第五百四十二条　债务人影响债权人的债权实现的行为被撤销的，自始没有法律约束力。

附录：最高人民法院主流观点

在确定债权人撤销权的效力范围时，应当注意以被撤销行为的标的是否可分作为标准，具体来说：（1）在被撤销行为的标的物是可分物的场合，仅应在债权人不能清偿的债权数额范围内撤销债务人的部分行为，而其他部分则仍然有效，以保障债务人的经济自由和对第三人的交易安全。（2）在被撤销行为的标的物是不可分物的场合，为保护债权人的债权，实现撤销权制度的立法目的，应当认定被撤销行为全部无效。（3）在债务人分别从事了几项处分其财产的民事法律行为时，仅仅是债权人所主张撤销的债务人行为无效，债务人其他处分财产的行为，尤其是交易行为仍然是有效的。

对债权人撤销权与代位权能否同时行使的问题，《民法典合同编（草案）》第二次征求意见稿第三百三十一条曾拟规定，债权人请求人民法院撤销债务人行为的，可同时依法以自己的名义代位行使债务人在其行为被撤销后对相对人所享有的权利，后因该意见分歧较大而被取消。笔者认为，对于债务人无偿转让财产、以明显不合理低价转让财产，以及债务人放弃的债权未到期，显然不符合代位权的标的需为到期债权的条件，不能行使代位权；对于债务人放弃的到期债权，因债权人撤销权成立则该放弃行为自始没有法律约束力，不管债权人是否行使撤销权，均可行使代位权；对于债务人以明显不合理高价受让他人财产，因债权人撤销权成立则产生债务人就已付价款对相对人的返还请求权，这个返还请求权的时点从逻辑上应回溯到支付时，且亦为债权，故债权人应可在行使撤销权的同时行使代位权。

——最高人民法院民法典贯彻实施工作领导小组主编：《中华人民共和国民法典合同编理解与适用》，人民法院出版社2020年版，第553~554页。

505. 债务人以明显不合理的低价转让财产，对债权人造成损害的，债权人可以请求人民法院撤销债务人转让财产的行为

关键词

股权置换　撤销权　不合理低价

《中华人民共和国民法典》条文

第五百三十八条　债务人以放弃其债权、放弃债权担保、无偿转让财产等方式无偿处分财产权益，或者恶意延长其到期债权的履行期限，影响债权人的债权实现的，债权人可以请求人民法院撤销债务人的行为。

第五百三十九条　债务人以明显不合理的低价转让财产、以明显不合理的高价受让他人财产或者为他人的债务提供担保，影响债权人的债权实现，债务人的相对人知道或者应当知道该情形的，债权人可以请求人民法院撤销债务人的行为。

最高人民法院司法政策精神

9. 对于民法典第五百三十九条规定的明显不合理的低价或者高价，人民法院应当以交易当地一般经营者的判断，并参考交易当时交易地的物价部门指导价或者市场交易价，结合其他相关因素综合考虑予以认定。

转让价格达不到交易时交易地的指导价或者市场交易价百分之七十的，一般可以视为明显不合理的低价；对转让价格高于当地指导价或者市场交易价百分之三十的，一般可以视为明显不合理的高价。当事人对于其所主张的交易时交易地的指导价或者市场交易价承担举证责任。

——《最高人民法院关于印发〈全国法院贯彻实施民法典工作会议纪要〉的通知》(2021 年 4 月 6 日，法〔2021〕94 号)。

最高人民法院公报案例、最高人民法院裁判文书

国家开发银行与沈阳高压开关有限责任公司、新东北电气（沈阳）高压开关有限公司、新东北电气（沈阳）高压隔离开关有限公司、沈阳北富机械制造有限公司等借款合同、撤销权纠纷案［最高人民法院（2008）民二终字第 23 号民事判决书］

裁判摘要：根据《合同法》第七十四条[①]的规定，债务人以明显不合理的低价转让财产，对债权人造成损害，并且受让人知道该情形的，债权人可以请求人民法院撤销债务人转让财产的行为。

最高人民法院认为：本案的争议焦点为沈阳高开以其在新泰高压 74.4% 的股权置换东北电气持有的沈阳添升 98.5% 的股权是否存在价值严重不对等的情况，该股权置换行为是否对国开行的债权造成损害，国开行是否有权依《合同法》第 74 条之规定对该资产置换行为行使撤销权。

原审法院认定，东北电气已举证证明 2006 年 8 月 13 日沈阳高开将沈阳添升 98.5% 的股权以人民币 13000 万元的价格转让给沈阳德佳，故沈阳高开以其在新泰高压 74.4% 的股权置换东北电气持有的沈阳添升 98.5% 股权的行为不存在价值严重不对等的问题。对此认定，上诉人国开行申请本院调取了新的证据，经过质证，本院对该证据以及其他相关证据分析、认证如下：

一、关于沈阳高开将沈阳添升 98.5% 的股权以人民币 13000 万元的价格转让给沈阳德佳的事实认定。根据本院调取的沈阳德佳的账目记载表明，在“股权交易”期间，沈阳德佳收购沈阳添升股权的 13000 万元资金出自辽宁新泰。沈阳高开收到沈阳德佳支付的 13000 万元之后，当日即将其中的 10592.630243 万元分两笔背书给了辽宁新泰以及诚安电力，诚安电力又背书给辽宁新泰。对此，因 13000 万元出自辽宁新泰，其中 80% 的款项在划出当天又转回到辽宁新泰，故国开行主张该笔股权交易价值严重不对等。东北电气及沈阳高开均抗辩称，沈阳高开转出 10592.630243 万元的行为系企业间的正常经济往来，不能证明沈阳德佳没有向沈阳高开支付 13000 万元款项。鉴于沈阳高开、东北电气的理由已不足以否定本院二审查明的事实及国开行的该项上诉理由，依据《民事证据规定》第 2 条之规定，本院要求沈阳高开举证证明其反驳国开行诉讼主张所依据的证据材料。但是，在本院规定的举证期限内，沈阳高开以与本案无关为由未能提交双方之间存在相关交易行为的证据。故根据该笔股权交易的资金流向，因 13000 万元的股权交易款的 80% 在交易当日又转回至资金划出方辽宁新泰，故国开行关于沈阳德佳与沈阳高开之间 13000 万元股权转让存在价值严重不对等的上诉理由成立。东北电气及沈阳高开关于沈阳高开已收到沈阳德佳支付的 13000 万元股权交易款的抗辩理由因证据不足，不能成立。

二、关于沈阳高开以其在新泰高压 74.4% 的股权置换东北电气持有的沈阳添升 98.5% 的股权是否存在价值不对等的问题。根据一审、二审查明的事实，各方当事人对于新泰高压 74.4% 股权价值为 13000 万元均无异议，但

---

① 对应《民法典》第五百三十八条、第五百三十九条、第五百四十条。

对于沈阳添升 98.5% 的股权价值争议很大。沈阳高开及东北电气主张股权置换价值对等的证据之一为 2004 年 3 月 25 日沈阳辽诚会计师事务所对东北电气出资的验资报告。该报告记载，验资过程没有对东北电气对沈阳添升的出资设备即十台发动机组价值进行评估，该设备作价是依据辽宁盛华资产评估有限公司辽盛华评报字〔2004〕第 017 号资产评估报告。而辽盛华评报字〔2004〕第 017 号资产评估报告载明：1. 一定数量的设备，因无法逐件开箱重验，故以资产占有方提供的设备清单、装箱单为依据，确定资产的种类和数量。2. 未对设备进行相关的试验和技术鉴定，评估人员是在假定委托评估的设备能够顺利安装并能正常使用的前提下作出评估。3. 本报告不得用于任何有关动产、证券、抵押、招商、出售等目的。针对此评估报告的证明力，本院认为，该次评估行为为东北电气单方委托形成，非为司法机关委托评估机构出具的法定评估。该评估报告的特别事项说明该评估过程并未实际核实设备清单，并未测试设备是否能够正常安装及使用，即该评估是在不知道实有多少设备以及现存设备到底能不能使用的情况下作出。以上做法违反了国有资产管理局《资产评估操作规范意见》中关于技术检测和成新率计算方法的规定，由此得出的评估结论未能直接、充分证明十台发电机组的真实价值，不能作为十台发电机组交易时的定价依据。同理，沈阳高开、东北电气提交的北京六合正旭资产评估有限责任公司出具的六合正旭评报字〔2002〕第 105 号《评估报告书》因与辽盛华评报字〔2004〕第 017 号资产评估报告在形成过程、主要内容方面基本一致，故同样不能作为定价依据。

本院二审过程中，东北电气及沈阳高开还提交了辽宁省沈阳市中级人民法院〔2002〕沈法执字第 378 号《民事（执行）裁定书》《ST 东北电（000585）重大仲裁公告》以及《东北电气发展股份有限公司第三届董事会第十七次会议决议》，以证明十台汽轮发电机组的实际价值。对此，本院认为，沈阳市中级人民法院参照北京六合正旭资产评估有限责任公司出具的六合正旭评报字〔2002〕第 105 号《评估报告书》裁定案外人将十台汽轮发电机组折价 13000 万元抵偿东北电气债务，因该《评估报告书》不能作为十台汽轮发电机组真实价值的认定依据，故该份民事裁定书仅能证明东北电气依法取得该发电机组的事实，但不能作为确定该资产真实价值的依据，不能增加两份评估报告的证明力。以接受该份民事裁定书为主要内容的《ST 东北电（000585）重大仲裁公告》《东北电气发展股份有限公司第三届董事会第十七次会议决议》同样不能作为确定十台汽轮发电机组真实价值的依据。根据东北电气在深圳证券交易所公开发布的由德勤华永会计师事务所于 2005 年 4 月 8 日出具的《东北电气发展股份有限公司 2004 年年度会计报表及审计报告》记载，十台发电机组的账面价值仅为 2787.88 万元。本院经对上述证据综合分析判断，鉴于东北电气对十台发电机组认可的账面价值为 2787.88 万元，故本院认为该价值更接近于东北电气取得该资产时的成本。

综上，沈阳高开将其13000万元的资产与东北电气价值约2787.88万元的资产相置换，且据东北电气公开的《东北电气发展股份有限公司2004年年度会计报表及审计报告》，东北电气明知自己与沈阳高开交易支付的十台汽轮发电机组价值仅为2787.88万元，还仍然与沈阳高开进行股权置换，该交易行为严重损害了沈阳高开债权人国开行的利益，根据《合同法》第74条关于“债务人以明显不合理的低价转让财产，对债权人造成损害，并且受让人知道该情形的，债权人也可以请求人民法院撤销债务人的行为”之规定，国开行关于沈阳高开与东北电气有关新泰高压的股权交易合同应当依法撤销的上诉请求本院予以支持。原审判决以沈阳高开将所取得的沈阳添升98.5%的股权以13000万元的价格转让给沈阳德佳为由认定东北电气在与沈阳高开就股权置换向沈阳高开支付了对价不当，本院予以纠正。鉴于国开行请求将东北电气取得的沈阳高开的股权返还，并对不能返还的部分承担赔偿责任，故在相互返还的原则下，东北电气应当将取得的新泰高压74.4%的股权返还给沈阳高开，沈阳高开将取得的沈阳添升98.5%的股权返还给东北电气。如果双方不能相互返还，东北电气应在13000万元扣除2787.88万元的范围内赔偿沈阳高开损失。

三、原审法院将其受理的借款纠纷与辽宁省高级人民法院移送的撤销权纠纷合并审理后，国开行并未明确提出撤回撤销权之诉，故原审法院根据查明的案件事实，判令撤销东北电气以其持有的对东北输变电人民币7666万元的债权及利息与沈阳高开持有的在诚泰能源95%的股权和在新泰仓储95%的股权进行股权置换的合同并无不当，应予维持。

四、关于国开行提出的新东北电、新泰高压、诚泰能源、新泰仓储、东北电气应对沈阳高开的债务承担连带责任的上诉请求，因新东北电、新泰高压、诚泰能源、新泰仓储、东北电气均为独立的法人单位，与国开行和沈阳高开之间的借款关系无涉。况且，沈阳高开与东北电气的涉案股权置换交易均被撤销，沈阳高开在新泰高压、诚泰能源、新泰仓储的出资权益并未受损，同时，沈阳高开对新东北电的出资行为也没有证据证明影响其责任能力，故国开行要求该四家公司应在各自接收财产的范围内承担连带责任的上诉请求缺乏事实与法律依据，不能成立。对于国开行提出的东北电气应在未到位的注册资金范围内对沈阳高开的债务承担连带责任的上诉请求，因其未能提供相应证据，本院亦不予支持。

——《最高人民法院公报》2008年第12期。

最高人民法院裁判文书

长安信托与李风晓、安秉公司债权人撤销权纠纷案［最高人民法院

（2020）最高法民终 1244 号民事判决书］

裁判要旨：除无偿转让财产外，债务人对外转让财产的行为被撤销，应同时满足以明显不合理的低价转让财产，影响债权人的债权实现，债务人的相对人知道或者应当知道该情形等三个条件。影响债权人的债权实现还包括债务人对外转让财产时，与债务人的相对人以虚假的意思表示实施该民事行为。

最高人民法院认为：一、李风晓向安秉公司转让案涉房产的行为应否被撤销

《合同法》第七十四条[①]第一款规定："因债务人放弃其到期债权或者无偿转让财产，对债权人造成损害的，债权人可以请求人民法院撤销债务人的行为。债务人以明显不合理的低价转让财产，对债权人造成损害，并且受让人知道该情形的，债权人也可以请求人民法院撤销债务人的行为。"根据前述法律规定，除无偿转让财产外，债务人对外转让财产的行为被撤销，应同时满足以明显不合理的低价转让财产，对债权人造成损害，受让人知道该情形三个条件。根据一审法院认定的事实，北京信托分别于 2013 年 6 月 3 日、9 月 29 日与山西联盛公司、柳林浩博公司签订《贷款合同》，借款金额分别为 2.5 亿元和 1.05122 亿元，借款期限分别为半年和三个月。李风晓分别与北京信托签订《保证合同》，为上述两笔借款向北京信托提供连带保证。北京信托依约履行出借义务后，于 2013 年 11 月 22 日将其对山西联盛公司、柳林浩博公司享有的贷款债权余额 290069782.82 元，对李风晓享有的保证担保债权，以 26618 万元的价格转让给广微公司，并将上述债权转让事宜通知了李风晓。广微公司支付前述债权转让对价款后，李风晓于 2014 年 12 月 19 日与广微公司指定的安秉公司签订《上海市房地产买卖合同》，以李风晓名下的案涉房产抵顶广微公司债权 1.2 亿元。

长安信托上诉主张，案涉房产转让价格属于明显不合理的低价。长安信托在一审中提交了网上下载的中介公司安居客网页，价格行情图示案涉房屋小区"九间堂"在 2014 年 12 月的均价为 136615 元 / 平方米，主张 136615 元每平米单价乘以建筑面积 1166.24 平方米，总价值至少为 1.6 亿元左右。安秉公司、李风晓为证明案涉房产转让价格不属于明显不合理的低价，在一审中提交了上海八达国瑞房地产土地评估有限公司于 2014 年 12 月 30 日作出的沪八达估字（2014）FF2778 号房地产估价报告。该房地产估价报告系为房地产课税需要，由上海市浦东新区税务局委托。该房地产估价报告载明：

① 对应《民法典》第五百三十八条、第五百三十九条、第五百四十条。

考虑估价对象现为花园住宅，目前该类房地产市场交易活跃，有比较充分的可比案例，故本次估价采用比较法进行评估，即根据替代原理，选择与估价对象房地产处于同一供需圈内、用途相同，结构相同且较近时期正常交易的多个实例作为比较实例，经过交易情况修正、市场状况调整和房地产状况调整，求取估价对象房地产比较价值。根据比较法计算结果，进行结果分析后综合确定估价对象房地产的市场价值。该报告对该房产估价为9950万元。该房地产估价报告系税务机关委托专业鉴定机构所作，其鉴定结论系采用将估价对象与在价值时点近期有过交易的类似房地产进行比较的方法进行房屋价格评估，其结论更接近市场交易价格。而中介公司安居客网页显示的价格行情并非针对案涉房产的对外出售价格，也无其他证据佐证长安信托的上述主张。故一审法院采信该房地产估价报告，进而认定案涉房产转让价格不属于明显不合理的低价并无明显不当。长安信托请求最高人民法院向上海市不动产事务登记中心调取案涉房产所在小区及周边物业历史成交记录，最高人民法院不予准许。此外，长安信托未能提供证据证明安秉公司受让案涉房产时明知受让行为会损害长安信托的利益。故李风晓向安秉公司转让案涉房产的行为，不符合《合同法》第七十四条第一款规定的条件，不应当被撤销。

二、是否存在李风晓与安秉公司恶意串通损害长安信托债权人利益的情形

《最高人民法院关于适用〈中华人民共和国民事诉讼法〉的解释》第九十条规定："当事人对自己提出的诉讼请求所依据的事实或者反驳对方诉讼请求所依据的事实，应当提供证据加以证明，但法律另有规定的除外。在作出判决前，当事人未能提供证据或者证据不足以证明其事实主张的，由负有举证证明责任的当事人承担不利的后果。"本案中，长安信托对北京信托与山西联盛公司、柳林浩博公司之间的借款合同及李风晓与长安信托之间保证合同真实性，对北京信托与广微公司债权转让行为真实性，对李风晓与广微公司以房抵债行为真实性均提出质疑。长安信托认为，安秉公司、李风晓提供的证据不能形成完整的证据链，不能证明前述事实，广微公司与李风晓串通损害其作为债权人的利益。经查，北京信托与山西联盛公司、柳林浩博公司之间的借款合同及李风晓与长安信托之间保证合同有相应的借款合同、保证合同、转账记录等证据证明，北京信托与广微公司债权转让行为有《债权转让合同》《收款收据》《债权转让通知》《回执》及兴业银行银行汇票、北京信托开户银行进账单等证据证明，李风晓与广微公司以房抵债行为有《上海市房地产买卖合同》《告知函》、销售不动产统一发票等证据证明。长安信托应当对主张所依据的事实提供证据加以证明，否则应当承担不利的后果。长安信托虽然对前述事实的真实性提出质疑，但安秉公司、李风晓为证明前述事实提交了相应证据，已经初步证明其主张，而长安信托未能提供相反证据足以证明其

事实主张，应当承担不利的后果。故长安信托关于“安秉公司、李风晓提供的证据不能形成完整的证据链，广微公司与李风晓串通损害其作为债权人的利益”的上诉理由不能成立。此外，长安信托上诉主张，李风晓、安秉公司存在事后刻意制造证据。经查，长安信托前述主张涉及的证据均系为证明广微公司是安秉公司的实际控制人的证据。最高人民法院认为，李风晓以案涉房产抵顶广微公司债权，广微公司有权将案涉房产登记在其指定的公司名下，至于被指定的公司与广微公司是否具有关联性或者是否受广微公司实际控制，不影响以房抵债行为的效力。因此，长安信托关于“李风晓、安秉公司存在事后刻意制造证据”的上诉理由不能成立。

附录：最高人民法院主流观点

《最高人民法院关于印发〈全国法院贯彻实施民法典工作会议纪要〉的通知》第九条的理解与适用要注意以下几个问题：一是判断不合理低价或者高价的主体标准。认定民法典第五百三十九条规定的明显不合理的低价或者高价时应当采取客观标准而非主观标准，即以“交易当地一般经营者的判断”为标准。二是判断不合理低价或者高价的时空标准。包括时间标准和空间标准。时间标准为“交易当时”，即实施交易行为时。在低价出让或者高价受让的场合，法律允许债权人行使撤销权的根本依据在于债务人的相对人主观上有恶意（知道或者应当知道）。而恶意来自行为人对其行为的认知，只有以实施交易行为时作为判断基准才能显示其恶意。需要注意的是，这里的时间标准限于“交易当时”只是针对债务人的相对人是否具有恶意而言。在具体判断民法典第五百三十九条规定的撤销权的行使条件时，不仅要求“交易当时”以明显不合理的低价或者高价转受让，还要求在“撤销权行使时”明显不合理的低价或者高价状态仍然存在。如果随着市场价值的涨跌，财产现值已经与转让价一致，甚至是低于当时的转让价或者高于当时的受让价，债权人即不得行使撤销权。因为此时撤销权行使的目的——恢复债务人责任财产以保全债权在事实上已经不能达到，行使撤销权已无实益。空间标准为“交易当地”，即交易行为地，在具体认定时只能根据案件的具体情况来确定。三是判断不合理低价或者高价的一般标准。本条延续合同法解释二第十九条规定的基本精神，就明显不合理的低价或者高价提出了一个一般的参考示范标准，规定：“转让价格达不到交易时交易地的指导价或者市场交易价百分之七十的，一般可以视为明显不合理的低价；对转让价格高于当地指导价或者市场交易价百分之三十的，一般可以视为明显不合理的高价。”在理解与适用时要注意，这里的30%只能是一般参考标准，而绝不能理解为强制性标准。这里表述的“一般”强调可以排除特殊情形，如换季或者保质期前回笼资金的甩卖，即使低于70%，也不宜认定为明显不合理的低价。“可以”这一表述强调应当根据具体情形认定，不作刚性约束。

——最高人民法院研究室编著：《〈全国法院贯彻实施民法典工作会议纪要〉条文及适用说明》，人民法院出版社 2021 年版，第 28~29 页。

506. 债务人与案外人的交易有合理对价，债权人请求撤销的，人民法院不予支持

关键词

债权人　撤销权　合理对价　案外人

最高人民法院裁判文书

李静与河北万众矿山机械有限公司等债权人撤销权纠纷案［最高人民法院（2021）最高法民申 6437 号民事裁定书］

裁判要旨：债务人与案外人之间的交易有合理的对价，债权人以该交易损害其债权为由请求撤销的，人民法院不予支持。

最高人民法院认为：（一）关于原判决认定基本事实是否缺乏证据证明的问题。原审认定河北万众公司将其持有的锦达华夏公司 100% 股权转让予其全资子公司深圳万众公司，后又将深圳万众公司相应股权转让予李冬立、张世英、陈硕，上述股权转让行为是按照河北万众公司与罗海平、张世英签订的股权转让合同、河北万众公司与罗海阳签订的借款合同及罗海平与李冬立、罗海阳与陈硕之间的有关代持股权的约定履行，锦达华夏公司向金城银行的出资亦大部分实际来源于罗海平、张世英、罗海阳，三人受让深圳万众公司股权已支付合理对价，以上事实有河北万众公司与罗海平、张世英分别签订的股权转让合同，河北万众公司与罗海阳签订的借款合同、相关转账凭证、代付款说明、收款确认书、有关股权代持的情况说明等证据予以证明。李静二审期间提交的中国银保监会天津监管局津银保监信复〔2020〕9 号、〔2021〕3 号信访事项处理意见书亦认定河北万众公司以锦达华夏公司股权为对价向罗海平、张世英、罗海阳筹资，作为入股金城银行的投资款。结合上述证据，可以认定原审查明的事实。李静关于原判决认定基本事实缺乏证据证明的主张，不能成立。

（二）关于原判决适用法律是否确有错误的问题。根据原审查明的事实，李静于 2017 年 4 月已与郭向东等债务人对债务人主体、债权金额等事项进行确认。且原审结合李静提交的深圳万众公司等主体的档案资料的打印时间、

深圳万众公司股权变动公示情况及李静与河北万众公司之间密切的经济往来，综合认定李静于 2016 年 8 月至 9 月间已经知晓与深圳万众公司相关的股权转让行为，亦无不当。故，李静至 2017 年 4 月已对其债权进行确认并知悉与深圳万众公司相关的股权转让行为，如其认为相关股权转让行为损害其债权，应在一年内提起债权人撤销权诉讼。原审认定李静于 2018 年 8 月 28 日提起本案债权人撤销权诉讼，已超过法律规定的一年除斥期间，并无不当。李静关于原判决适用法律确有错误的主张，不能成立。

——中国裁判文书网。

507. 债权人行使撤销权是否需要以其债权金额确定为前提

关键词

债权人行使撤销权　债权金额确定

最高人民法院裁判文书

四川东泰新材料科技有限公司与四川瀚华融资担保有限公司及原审第三人东泰造纸股份有限公司债权人撤销权纠纷案［最高人民法院（2022）最高法民申 78 号民事裁定书］

裁判要旨：债权人行使撤销权无须确定债权的具体金额，只要明确双方存在债权债务关系即可，法律规定债权人享有撤销权的目的是防止债务人责任财产的减少，以免影响债权人的债权实现，债权人行使撤销权之后，相应财产仍然恢复至债务人名下。

最高人民法院认为：关于瀚华融资公司是否有权行使撤销权。首先，本案无论是法律事实发生的时间还是原一审、二审的诉讼时间，均在民法典施行前，四川东泰公司引用《民法典》第五百三十九条认为瀚华融资公司不是债权人的再审事由不成立。其次，债权人行使撤销权无须确定债权的具体金额，只要明确双方存在债权债务关系即可，法律规定债权人享有撤销权的目的是防止债务人责任财产的减少，以免影响债权人的债权实现，债权人行使撤销权之后，相应财产仍然恢复至债务人名下。再次，据原审查明，2014 年 12 月 10 日，瀚华融资公司为借款人东泰房产公司向瀚华小贷公司的 2000 万元借款提供连带保证责任，并出具《不可撤销担保书》，同日，四川东泰公司为瀚华融资公司上述担保提供连带责任保证反担保，并签订了《保证反担保合同》。因此，瀚华融资公司与四川东泰公司之间反担保责任的债权债务关系产生的基础事实在 2014 年 12 月 10 日已经发生，仅是涉及债权债务的具体金额尚未完全确定，即担保债权自《保证反担保合同》签订时已依法成立。而四川东泰公司与东泰造纸公司签署《成都东泰商城有限公司股权转让协议》的时间为 2014 年 12 月 17 日，该时间在前述债权债务关系成立时间之后，因此，瀚华融资公司作为债权人，依法享有行使撤销权的权利。四川东泰公司的该申请再审事由不成立。

——中国裁判文书网。

508. 采用扩张解释适用债权人撤销权的条件

关键词

建设用地使用权　撤销权　扩张解释

最高人民法院裁判文书

海南鑫桥实业集团有限公司与海南香江德福大酒楼、海南香江实业有限公司等债权人撤销权利纠纷案［最高人民法院（2015）民二终字第 322 号民事判决书］

裁判要旨：债权人撤销权行使条件有三：一是债务人有减少责任财产的行为；二是该行为有损其债务清偿能力，有害于债权人实现债权；三是若处分财产权益是以有偿方式进行，则需要债务人与受让人具有恶意。因此，债务人的行为虽然并非典型的放弃到期债权、无偿转让财产或者以明显不合理低价转让财产等行为，但若债务人的行为明显减少其财产权益对债权人的造成损害，且债务人与第三人明知该行为将有损于债权人实现债权，债务人与第三人的行为明显有违诚实信用原则，就应采用目的性扩张解释的方法，适用《中华人民共和国合同法》第七十四条[①]的规定予以撤销。

最高人民法院认为：关于民联公司、香江酒楼、香江公司与新华社海南分社于 2012 年 12 月 8 日签订的《和解协议》是否应当被撤销。《合同法》第七十四条第一款该条确立了我国合同法上的债权人撤销权制度。债权人撤销权的成立要件因债权人的行为是无偿行为还是有偿行为而有所不同。如为无偿行为，只须具备客观要件；如为有偿行为，则须同时具备客观要件和主

① 对应《民法典》第五百三十八条、第五百三十九条、第五百四十条。

观要件。之所以作如此区分，是因为债权人撤销权制度突破了传统的合同相对性规则，将债权人的债权效力延展到债权人之外的第三人，是对债权人与第三人之间法律关系的一种突破，在一定程度上限制了债务人的经营决策自由，适用不当，可能对交易安全构成威胁，并影响到私法自治的基本原则。因此，如何合理地衡平债权人权利、债务人自治以及第三人交易安全这三者之间的关系，成为债权人撤销权制度设计上考虑的关键问题。无偿行为的撤销，仅使第三人失去无偿所得的利益，对其固有利益并无影响，所以首先应当保护受到损害的债权人的利益；而有偿行为的撤销，涉及交易安全的保护及债务人经营决策自由问题，因此债权人撤销权的成立除应具备诈害行为的客观要件外，债务人等还须兼具诈害意思的主观要件。

本案鑫桥公司请求撤销《和解协议》的主要理由是：民联公司、香江酒楼、香江公司与新华社海南分社通过签订《和解协议》以明显不合理的低价转让财产。因此鑫桥公司主张撤销的行为系有偿行为，判断鑫桥公司撤销权是否成立的要件既包括客观要件，也包括主观要件：一是民联公司、香江公司、香江酒楼实施了减少自身责任财产的行为；二是该行为有损鑫桥公司实现债权；三是民联公司、香江公司、香江酒楼与新华社海南分社具有主观上的恶意。

（一）关于民联公司、香江公司、香江酒楼是否存在通过《和解协议》减少责任财产的问题。新华社海南分社 2004 年 2 月 5 日向海南高院执行局出具的《关于省高法（2003）琼执字第 25 － 1 号调查函的复函》的内容表明，至该函发出之日，新华社海南分社确认民联公司、香江公司、香江酒楼已基本履行完毕《合同书》约定的义务，仅欠付部分设备款和工程预算费及土地补偿金；新华社海南分社已使用新闻中心大厦并承诺遵守合同完成有关土地转让事宜，相应的，民联公司、香江公司、香江酒楼享有请求新华社海南分社办理案涉 9608.29 亩土地使用权转让手续的权利。

（二）关于民联公司、香江公司、香江酒楼的行为是否损害鑫桥公司债权的问题。所谓有害于债权，是指因债务人的行为导致其清偿能力减少，以至于无法满足债权的需要，给债权的实现造成了损害。理论上这种财产状态为“无资力”，必须是债务人减少财产的行为，足以有害债权之受偿，具有诈害性。形式标准乃计算上的标准，一说以“债务超过”为要件，另一说认为计算上的“债务超过”，尚不足以认定行为具有诈害性，而以“支付不能”为标准，更具有妥当性。实质标准要求不能简单地仅据算术上的结论进行判断，而应综合主客观相关情形，考虑债务人主观过错、行为手段方法的妥当性等因素具体地判断，以确保法律效果和社会效果的统一。本案是鑫桥公司经强制执行未获清偿，无论按照形式标准还是实质标准，民联公司、香江公司、香江酒楼的行为都具有诈害性。

（三）关于民联公司、香江公司、香江酒楼与新华社海南分社是否具有主观恶意的问题。《合同法》第七十四条明确规定“并且受让人知道该情形的”，虽然在字面上看似未要求债务人具有恶意，但既然该条要求受让人对转让行为的诈害性要求其“知道该情形”，则应当认为积极从事该行为的债务人也知道其行为对债权人具有诈害性，即债务人也应当具有恶意。通常情况下，主观的意愿均需以客观的行为来体现。民联公司、香江公司、香江酒楼与新华社海南分签订《和解协议》，有从源头消除民联公司、香江公司、香江酒楼对案涉土地的权利主张，从而达到避债目的的主观故意，不具有行为目的动机的正当性，明显具有恶意。

——中国裁判文书网。

509. 股权转让中，股权受让人未支付转让款但以有偿转让合同二次转让股权且未收取二次转让款，就二次转让合同，债权人对于提起撤销权诉讼或代位权诉讼有选择权

关键词

股权转让合同　撤销权　代位权

最高人民法院审判业务意见（民事审判第二庭意见）

股权转让中，股权受让人未支付转让款但以有偿转让合同二次转让股权且未收取二次转让款，债权人对于提起撤销权诉讼或代位权诉讼有选择权。二次股权转让并非有偿转让的事实，尚不足以认定债权人的债权因此受到损害。应追加二次转让受让人为第三人以查清事实判断是否构成对债权人债权实现构成损害。

债权人A公司在一审中主张由于债务人B公司无偿转让股权对其造成损害，要求对债务人B公司向第三人无偿转让股权的行为行使撤销权。债务人B公司与第三人的股权转让合同明确约定了转让价款、付款期限等内容，但第三人未依股权转让合同支付对价。在此情形下，A公司作为债权人是基于《合同法》第七十三条提起代位权诉讼，还是基于《合同法》第七十四条行使撤销权，法律并无禁止性规定。作为债的保全制度的两种方式，只要符合法定事由，债权人可选择行使。A公司的债权是否因B公司的股权转让行为受到损害，其撤销权的行使范围是否超过其债权范围，均是A公司主张撤销权并应否得到支持的前提条件。基于此，仅以B公司与第三人之间的股权转让并非有偿转让的事实，尚不足以认定A公司的债权是否因此受到损害。追加二次转让受让人为第三人，有利于案件事实的查清及是否构成对本案债权人

债权实现构成损害的认定。

——最高人民法院民事审判第二庭：《最高人民法院民二庭近两年发回重审、指令再审案件审理情况（2013 年 1 月）》，载最高人民法院民事审判第二庭编：《商事审判指导》2012 年第 4 辑（总第 32 辑），人民法院出版社 2013 年版，第 26 页。

510. 破产债务人为他人提供担保，债权人可行使撤销权

关键词

破产债务人　提供担保　债权人　撤销权

最高人民法院裁判文书

周逸诚与投资 2234 海外第七号基金公司等债权人撤销权纠纷案［最高人民法院（2020）最高法民申 2757 号民事裁定书］

裁判要旨：债权人撤销权的立法目的在于通过特别允许债权人干涉债务人对其财产的自由处分，使债务人的责任财产维持在适当状态，以保障债权人的债权得以实现。基于这一立法目的，应当认为债务人的行为导致其责任财产不当减少，妨碍债权人实现的，即可成为撤销权行使的对象。债务人为他人的债务提供担保，增加了自己的债务负担，具有减少责任财产的法律效果，可能影响债权人的债权实现。因此债权人可以请求人民法院撤销债务人的担保行为。

最高人民法院认为：一、债务人为他人提供保证担保的行为是否属于债权人行使撤销权的对象

周逸诚认为，债权人撤销权的范围仅限于《合同法》第七十四条[①]、《最高人民法院关于适用〈中华人民共和国合同法〉若干问题的解释（二）》第十八条规定的行为，债务人提供担保不在此列，不应撤销。但法律不可能完全列举债务人损害债权人债权的所有形式。列举不全导致实务中出现问题后，在总结审判实践成功经验的基础上，最高人民法院形成填补法律漏洞的对策，制定了《最高人民法院关于适用〈中华人民共和国合同法〉若干问题的解释（二）》，新增“债务人放弃其未到期的债权”、“放弃债权担保”、“恶意延长到期债权的履行期”三种情形。从司法解释的补充规定可以看出，既有规定对

① 对应《民法典》第五百三十八条、第五百三十九条、第五百四十条。

债权人行使撤销权的情形系不完全列举，而非完全列举。

《民法典》第五百三十九条规定："债务人以明显不合理的低价转让财产、以明显不合理的高价受让他人财产或者为他人的债务提供担保，影响债权人的债权实现，债务人的相对人知道或者应当知道该情形的，债权人可以请求人民法院撤销债务人的行为。"尽管《民法典》尚未开始施行，但其在《合同法》第七十四条的基础上增加"为他人的债务提供担保"这一债权人行使撤销权的情形，说明债务人为他人的债务提供担保的行为，是债权人撤销权的题中之意。债权人撤销权的立法目的在于通过特别允许债权人干涉债务人对其财产的自由处分，使债务人的责任财产维持在适当状态，以保障债权人的债权得以实现。基于这一立法目的，应当认为债务人的行为导致其责任财产不当减少，妨碍债权人实现的，即可成为撤销权行使的对象。债务人为他人的债务提供担保，增加了自己的债务负担，具有减少责任财产的法律效果，可能影响债权人的债权实现。因此债权人可以依据《合同法》第七十四条的规定，请求人民法院撤销债务人的担保行为。原判决适用《合同法》第七十四条审理本案，并无不当。

——中国裁判文书网。

511. 合同自然终止后能否再被依法撤销

关键词

合同终止　合同撤销　特许经营合同

最高人民法院裁判文书

呼和浩特市捭阖道餐饮管理有限责任公司与丁莲征特许经营合同纠纷案

［最高人民法院（2015）最高法民申 2427 号民事裁定书］

裁判要旨：被撤销的合同自始没有法律约束力，因此本案合同的自然终止与合同被依法撤销具有不同的法律后果，并不能成为本案合同不应被撤销的理由和依据。

最高人民法院认为：捭阖道公司主张本案在二审庭审之日合同已经自然终止，不可能再被撤销。根据合同法的规定，被撤销的合同自始没有法律约束力。因此本案合同的自然终止与合同被依法撤销具有不同的法律后果，并不能成为本案合同不应被撤销的理由和依据。捭阖道公司还主张二审程序违法，原二审合议庭成员应当对发回重审提起上诉的案件主动回避。对此，本院认为，捭阖道公司在案件开庭审理时明确表示不申请合议庭成员回避，且法律并未规定发回重审的案件再次上诉后，必须另行组建新的合议庭予以审理，故捭阖道公司的相关理由，本院不予支持。

——中国裁判文书网。

六、合同的变更和转让

512. 如何区分合同变更与合同更新

关键词

合同变更　合同更新　沉默　意思表示

《中华人民共和国民法典》条文

第五百四十三条　当事人协商一致，可以变更合同。

附录：最高人民法院主流观点

合同变更是原合同未变更的权利义务继续存在，原合同债权债务相关的从权利、抗辩、诉讼时效等利益和瑕疵继续存在。合同更新与合同变更不同，合同更新消灭原合同权利义务，设立新的合同权利义务，原合同债权债务相关的从权利、抗辩、诉讼时效等利益和瑕疵都归于消灭。

我国没有关于合同更新的法律规定。学界普遍认为，合同变更与合同更新的区分标准为：在合同内容修改后，合同关系保持同一性的为合同变更，失去同一性的为合同更新。判断是否失去合同同一性，既要考虑当事人的主观方面、合同目的等内容是否具有以新合同替代旧合同的意思表示；也要考虑客观上合同变化是债的要素变更，还是非要素变更。有研究认为，合同同一性的识别，应首先考量当事人明确的意思表示；在当事人意思表示不明确之时，应综合考量合同文义、合同变更幅度和变更法律效果等因素，在个案中探求当事人真意；在不明确、存在疑问之时，优先认定为合同变更。此判断规则值得参考。尤其是在变更内容不明确而导致认定为合同更新还是合同变更存疑时，根据《民法典》第一百四十条对沉默作为意思表示方式的限制、第五百四十四条规定的约定变更内容不明确推定为未变更等规则的法律精神，适宜认定明确变更的内容之外的合同内容没有变更，即优先认定为合同变更。

——最高人民法院民法典贯彻实施工作领导小组编著：《中国民法典适用

大全（合同卷）》，人民法院出版社 2022 年版，第 709~710 页。

513. 债的更新应以双方达成消灭旧债合意为成立要件

关键词

债的更新　新债　旧债　工程价款

最高人民法院裁判文书

山河建设集团有限公司与湖北宏信房地产开发有限公司建设工程施工合同纠纷案［最高人民法院（2019）最高法民终 1341 号民事裁定书］

裁判要旨：债的更新应当以当事人之间达成以新债消灭旧债的合意为构成要件，一方当事人主张双方已达成更新意思合意的，应当举证证明，不能举证证明或者所举证证据不足以证明已达成合意的，人民法院不应认定双方之间构成债的更新。

最高人民法院认为：最高人民法院认为，宏信房地产开发公司向山河建设集团支付 13 张商业承兑汇票的目的在于支付工程款，属于清偿债务方式中的一种。涉案 13 张商业承兑汇票因余额不足而被银行拒绝承兑，山河建设集团对此不存在过错，该 13 张商业承兑汇票并未实际产生偿付 9500 万元工程款的法律效果，山河建设集团有权要求宏信房地产开发公司继续履行支付该 9500 万元工程款的义务。《票据法》第 61 条规定的票据追索权是“可以对背书人、出票人以及汇票的其他债务人行使追索权”，并未限定持票人只能通过票据追索权主张权利，该条规定并不排斥持票人依据基础法律关系或原因行为主张权利。本案中，山河建设集团已经提交证据证明涉案 13 张商业承兑汇票无法承兑，且明确要求在本案中一并处理，此种情形下，一审判决认定山河建设集团司应通过行使票据追索权主张权利，将诉的不利益分配给山河建设集团，属认定不当。山河建设集团二审新提交的情况说明显示，宏信房地产开发公司知晓涉案 13 张商业承兑汇票无法承兑的事实，并认可该 13 张商业承兑汇票共计 9500 万元不予抵减欠付工程款。此种情形下，宏信房地产开发公司主张已经通过商业承兑汇票方式向山河建设集团支付 9500 万元工程款，其应通过票据追索权另行主张该 9500 万元工程款，不能成立，不予支持。最高人民法院二审遂改判支持山河建设集团要求宏信房地产开发公司支付 9500 万元工程款及利息的诉讼请求。

——中国裁判文书网。

514. 黑白合同是否适用合同变更规则

关键词

黑白合同　合同变更规则

《中华人民共和国民法典》条文

第五百四十三条　当事人协商一致，可以变更合同。

最高人民法院司法解释

第二条　招标人和中标人另行签订的建设工程施工合同约定的工程范围、建设工期、工程质量、工程价款等实质性内容，与中标合同不一致，一方当事人请求按照中标合同确定权利义务的，人民法院应予支持。

招标人和中标人在中标合同之外就明显高于市场价格购买承建房产、无偿建设住房配套设施、让利、向建设单位捐赠财物等另行签订合同，变相降低工程价款，一方当事人以该合同背离中标合同实质性内容为由请求确认无效的，人民法院应予支持。

——《最高人民法院关于审理建设工程施工合同纠纷案件适用法律问题的解释（一）》（2020 年 12 月 29 日，法释〔2020〕25 号）。

附录：最高人民法院主流观点

黑白合同经常出现在建设工程施工、房屋买卖等类合同纠纷中。白合同一般是指在相关行政机关备案的合同，而黑合同则是当事人订立的不同于备案合同内容的合同。对于黑白合同而言，如何确定两个合同的效力，签订在后的合同是否能够认定为是对在先合同的变更？需要根据案件的具体情况分别进行处理。

对于通过招标发包的建筑工程而言，中标合同为白合同，当事人在中标合同内容之外签订的合同为黑合同。实践中，建筑工程大多都是复杂的系统工程，在中标合同签订之后，由于合同的履行期限长、变化大，随着建筑施工进度的深入，合同发包方与承包方可能因客观情况发生了在招投时难以预见的变化而对之前签订的中标合同进行必要的补充、变更，这些都是普遍存在的。但如果允许随意补充、变更中标合同，则可能损害正常招投标秩序和相关方的利益，有必要进行一定的限制。《建设工程施工合同解释（一）》第二条规定："招标人和中标人另行签订的建设工程施工合同约定的工程范围、建设工期、工程质量、工程价款等实质性内容，与中标合同不一致，一方当事人请求按照中标合同确定权利义务的，人民法院应予支持。”“招标人和中标人在中标合同之外就明显高于市场价格购买承建房产、无偿建设住房配套设施、让利、向建设单位捐赠财物等另行签订合同，变相降低工程价款，一方当事人以该合同背离中标合同实质性内容为由请求确认无效的，人民法院应予支持。”根据上述司法解释，是否将黑合同认定为对白合同的变更，要看黑合同与白合同的合同内容是否存在实质性的差异。一般认为，如果建设工程施工中发生了招投时难以预见的客观变化，发包方与承包方对中标合同进行必要的补充或变更，且这种补充或变更不属于工程范围、建设工期、工程质量、工程价款等实质性内容的变更，可以认定为对合同的变更，否则不宜认定为合同变更。同时，对于以另签合同的方式变相变更中标合同内容的，亦可以参照上述审查标准作出认定。

对于房屋买卖合同，当事人备案的白合同往往是为了避税、贷款等目的而签订，可能与另外签订的黑合同内容不一致。一般认为，如果存在多份内容不一致的房屋买卖合同，应认定在后的合同为对在先合同的变更，但对于当事人有证据证明双方为规避纳税、骗取贷款等故意在合同中订立虚假价格的，因该项变更非双方变更房价的真实意思，且具有非法目的，不应认定为合同变更。比如《北京市高级人民法院关于审理房屋买卖合同纠纷案件适用法律若干问题的指导意见（试行）》（2010 年 12 月 22 日，京高法发〔2010〕458 号）第十二条规定：“当事人之间就转让同一房屋先后分别签订数份买卖合同，合同中关于房屋价款、履行方式等约定存在不一致，当事人就此产生争议的，应当依据当事人真实意思表示的合同约定继续履行。对于当事人在房屋买卖中确实存在规避税收征管、骗取贷款等行为的，必要时可一并建议相关行政主管部门予以处理。”《上海市高级人民法院关于审理“二手房”买卖案件若干问题的解答》（2005 年 12 月 16 日）第八条明确：“对于前后合同约定的房价不一致这一情况，根据后合同优先于前合同的原则，原则上应以后订立的合同为准。如一方当事人确有证据证明双方为规避纳税、骗取贷款等，而故意在此后的《上海市房地产买卖合同》等合同中订立虚假价格的，因该项变更非双方变更房价的真实意思，且具有非法目的，不应予以认定，仍应以前合同约定的成交价履行。判断时，除由提出异议方承担举证责任外，还应结合前后合同签订后的履行情况、前后合同约定的成交价与市场价格的差距大小、合同登记备案情况等综合判断。此外，对于当事人确存在规避纳税、骗取贷款等行为的，可一并建议相关部门予以处理。”

——最高人民法院民法典贯彻实施工作领导小组编著：《中国民法典适用大全（合同卷）》，人民法院出版社 2022 年版，第 710~711 页。

515. 以物抵债合同如何适用合同变更规则

关键词

以物抵债合同　合同变更规则

《中华人民共和国民法典》条文

第五百四十三条　当事人协商一致，可以变更合同。

最高人民法院司法政策精神

44.【履行期届满后达成的以物抵债协议】当事人在债务履行期限届满后达成以物抵债协议，抵债物尚未交付债权人，债权人请求债务人交付的，人民法院要着重审查以物抵债协议是否存在恶意损害第三人合法权益等情形，避免虚假诉讼的发生。经审查，不存在以上情况，且无其他无效事由的，人民法院依法予以支持。

当事人在一审程序中因达成以物抵债协议申请撤回起诉的，人民法院可予准许。当事人在二审程序中申请撤回上诉的，人民法院应当告知其申请撤回起诉。当事人申请撤回起诉，经审查不损害国家利益、社会公共利益、他人合法权益的，人民法院可予准许。当事人不申请撤回起诉，请求人民法院出具调解书对以物抵债协议予以确认的，因债务人完全可以立即履行该协议，没有必要由人民法院出具调解书，故人民法院不应准许，同时应当继续对原债权债务关系进行审理。

45.【履行期届满前达成的以物抵债协议】当事人在债务履行期届满前达成以物抵债协议，抵债物尚未交付债权人，债权人请求债务人交付的，因此种情况不同于本纪要第71条规定的让与担保，人民法院应当向其释明，其应当根据原债权债务关系提起诉讼。经释明后当事人仍拒绝变更诉讼请求的，应当驳回其诉讼请求，但不影响其根据原债权债务关系另行提起诉讼。

——《最高人民法院关于印发〈全国法院民商事审判工作会议纪要〉的通知》(2019年11月8日，法〔2019〕254号)。

附录：最高人民法院主流观点

以物抵债的合同在实践中普遍存在，这种协议属于对旧债的变更抑或更新？需要根据具体情况进行分析，对于履行届满后达成的以物抵债协议和履行期届满前达成的以物抵债协议，两者有不同处理规则。

对于履行届满后达成的以物抵债协议，《民商审判会议纪要》第四十四条第一款规定："当事人在债务履行期限届满后达成以物抵债协议，抵债物尚未交付债权人，债权人请求债务人交付的，人民法院要着重审查以物抵债协议是否存在恶意损害第三人合法权益等情形，避免虚假诉讼的发生。经审查，不存在以上情况，且无其他无效事由的，人民法院依法予以支持。"《民商审判会议纪要》肯定了履行期届满后达成的以物抵债协议的效力，但该协议与旧债的关系尚未明确。即旧债是否因以物抵债协议的成立而消灭？对此，一种观点认为此情形下的抵债协议为债务更新，旧债及相关的担保一并消灭；另一种观点认为此情形下的抵债协议为新债清偿，认为新债与旧债同时并存，债权人原则上应先请求履行新债（即以物抵债协议），在债务人不履行新债的情况下，债权人可以选择请求继续履行新债，也可以选择请求恢复履行旧债。最高人民法院民事审判第二庭在纪要的理解与适用中倾向于新债清偿说。该观点是妥当的：一是如果采债务更新说，旧债之担保随之消灭，不利于对债权人的保护；二是在抵债协议中并未有明确消灭旧债意思表示的情形下，如果按照《民法典》第一百四十二条意思表示的解释规则仍无法得出当事人有消灭旧债的意思表示，则需要审查是否属于《民法典》第一百四十条规定的可以沉默方式作出意思表示的法定、约定或交易习惯的情形，若均不属于，则就不能将抵债协议的意思表示扩大解释为债务更新。当然，如果依《民法典》第一百四十二条或第一百四十条能够得出抵债协议当事人有消灭旧债意思表示的，则应采债务更新说。

履行期届满前达成的以物抵债协议，由于旧债的履行期并未届满，此时的以物抵债协议应认定为一种担保，根据抵债物是否完成公示，抵债协议的效力和规则有所不同。《民商审判会议纪要》第四十五条规定："当事人在债务履行期届满前达成以物抵债协议，抵债物尚未交付债权人，债权人请求债务人交付的，因此种情况不同于本纪要第71条规定的让与担保，人民法院应当向其释明，其应当根据原债权债务关系提起诉讼。经释明后当事人仍拒绝变更诉讼请求的，应当驳回其诉讼请求，但不影响其根据原债权债务关系另行提起诉讼。"可见，对于债务人或者第三人与债权人约定将财产形式上转移至债权人名下的抵债协议，当事人已经完成财产权利变动的公示，应认定构成让与担保，按照《民法典担保制度解释》第六十八条、《民商审判会议纪要》第七十一条的规则进行处理。当事人未完成财产权利变动公示的，法院应按照旧债的法律关系进行审理，债权人请求履行抵债协议的，不予支持，但可以依照抵债协议请求变价；且因抵债协议未完成财产权利变动公示，债权人对价款不具有优先受偿权。

综上，对于抵债协议，无论是履行期届满后，还是届满前达成的，均应认定为合同变更，而非合同更新。而且这种合同变更，是补充增加旧债合同内容的变更，并非改变原合同内容的变更，即旧债合同内容不受抵债协议的影响，只是根据不同情形，需要分别适用新债清偿、让与担保、不具有优先性的变价担保等规则。

——最高人民法院民法典贯彻实施工作领导小组编著：《中国民法典适用大全（合同卷）》，人民法院出版社 2022 年版，第 711~712 页。

516. 认定债务清偿期届满后的以物抵债协议的性质时，约定不明的，一般应认定以物抵债协议为诺成性的新债清偿协议

关键词

债务清偿期限　以物抵债　以房抵债　债务履行

最高人民法院公报案例、最高人民法院裁判文书

内蒙古兴华房地产有限责任公司与通州建总集团有限公司建设工程施工合同纠纷案［最高人民法院（2016）最高法民终 484 号民事判决书］

裁判摘要：认定债务清偿期届满后的以物抵债协议的性质时，应以尊重当事人的意思自治为基本原则，约定不明的，一般应认定以物抵债协议为诺成性的新债清偿协议。在协议的履行问题上，债权人的选择应受到必要限制，一般应先行使新债务履行请求权，但在新债务届期不履行，致使以物抵债协议目的不能实现时，债权人有权请求债务人履行旧债务。

最高人民法院认为：（一）关于供水财富大厦 A 座 9 层抵顶工程款是否应计入已付工程款中的问题。

首先，以物抵债，系债务清偿的方式之一，是当事人之间对于如何清偿债务作出的安排，故对以物抵债协议的效力、履行等问题的认定，应以尊重当事人的意思自治为基本原则。一般而言，除当事人明确约定外，当事人于债务清偿期届满后签订的以物抵债协议，并不以债权人现实地受领抵债物，或取得抵债物所有权、使用权等财产权利，为成立或生效要件。只要双方当事人的意思表示真实，合同内容不违反法律、行政法规的强制性规定，合同即为有效。本案中，兴华公司与通州建总呼和浩特分公司第二工程处 2012 年 1 月 13 日签订的《房屋抵顶工程款协议书》，是双方当事人的真实意思表示，不存在违反法律、行政法规规定的情形，故该协议书有效。

其次，当事人于债务清偿期届满后达成的以物抵债协议，可能构成债的更改，即成立新债务，同时消灭旧债务；亦可能属于新债清偿，即成立新债

务，与旧债务并存。基于保护债权的理念，债的更改一般需有当事人明确消灭旧债的合意，否则，当事人于债务清偿期届满后达成的以物抵债协议，性质一般应为新债清偿。换言之，债务清偿期届满后，债权人与债务人所签订的以物抵债协议，如未约定消灭原有的金钱给付债务，应认定系双方当事人另行增加一种清偿债务的履行方式，而非原金钱给付债务的消灭。本案中，双方当事人签订了《房屋抵顶工程款协议书》，但并未约定因此而消灭相应金额的工程款债务，故该协议在性质上应属于新债清偿协议。

再次，所谓清偿，是指依照债之本旨实现债务内容的给付行为，其本意在于按约履行。若债务人未实际履行以物抵债协议，则债权人与债务人之间的旧债务并未消灭。也就是说，在新债清偿，旧债务于新债务履行之前不消灭，旧债务和新债务处于衔接并存的状态；在新债务合法有效并得以履行完毕后，因完成了债务清偿义务，旧债务才归于消灭。据此，本案中，仅凭当事人签订《房屋抵顶工程款协议书》的事实，尚不足以认定该协议书约定的供水财富大厦 A 座 9 层房屋抵顶工程款应计入已付工程款，从而消灭相应金额的工程款债务，是否应计为已付工程款并在欠付工程款金额中予以相应扣除，还应根据该协议书的实际履行情况加以判定。对此，一方面，《物权法》第九条规定："不动产物权的设立、变更、转让和消灭，经依法登记，发生效力；未经登记，不发生效力，但法律另有规定的除外。"[①] 据此，除法律另有规定的以外，房屋所有权的转移，于依法办理房屋所有权转移登记之日发生效力。而本案中，《房屋抵顶工程款协议书》签订后，供水财富大厦 A 座 9 层房屋所有权并未登记在通州建总名下，故通州建总未取得供水财富大厦 A 座 9 层房屋所有权。另一方面，兴华公司已经于 2010 年底将涉案房屋投入使用，故通州建总在事实上已交付了包括供水财富大厦 A 座 9 层在内的房屋。兴华公司并无充分证据推翻这一事实，也没有证据证明供水财富大厦 A 座 9 层目前在通州建总的实际控制或使用中，故亦不能认定供水财富大厦 A 座 9 层房屋实际交付给了通州建总。可见，供水财富大厦 A 座 9 层房屋既未交付通州建总实际占有使用，亦未办理所有权转移登记于通州建总名下，兴华公司并未履行《房屋抵顶工程款协议书》约定的义务，故通州建总对于该协议书约定的拟以房抵顶的相应工程款债权并未消灭。

最后，当事人应当遵循诚实信用原则，按照约定全面履行自己的义务，这是合同履行所应遵循的基本原则，也是人民法院处理合同履行纠纷时所应秉承的基本理念。据此，债务人于债务已届清偿期时，应依约按时足额清偿债务。在债权人与债务人达成以物抵债协议、新债务与旧债务并存时，确定债权人应通过主张新债务抑或旧债务履行以实现债权，亦应以此作为出发点

---

① 对应《民法典》第二百零九条。

和立足点。若新债务届期不履行，致使以物抵债协议目的不能实现的，债权人有权请求债务人履行旧债务；而且，该请求权的行使，并不以以物抵债协议无效、被撤销或者被解除为前提。本案中，涉案工程于2010年底已交付，兴华公司即应依约及时结算并支付工程款，但兴华公司却未能依约履行该义务。相反，就其所欠的部分工程款，兴华公司试图通过以部分房屋抵顶的方式加以履行，遂经与通州建总协商后签订了《房屋抵顶工程款协议书》。对此，兴华公司亦应按照该协议书的约定积极履行相应义务。但在《房屋抵顶工程款协议书》签订后，兴华公司就曾欲变更协议约定的抵债房屋的位置，在未得到通州建总同意的情况下，兴华公司既未及时主动向通州建总交付约定的抵债房屋，也未恢复对旧债务的履行即向通州建总支付相应的工程欠款。通州建总提起本案诉讼向兴华公司主张工程款债权后，双方仍就如何履行《房屋抵顶工程款协议书》以抵顶相应工程款进行过协商，但亦未达成一致。而从涉案《房屋抵顶工程款协议书》的约定看，通州建总签订该协议，意为接受兴华公司交付的供水财富大厦A座9层房屋，取得房屋所有权，或者占有使用该房屋，从而实现其相应的工程款债权。虽然该协议书未明确约定履行期限，但自协议签订之日至今已四年多，兴华公司的工程款债务早已届清偿期，兴华公司却仍未向通州建总交付该协议书所约定的房屋，亦无法为其办理房屋所有权登记。综上所述，兴华公司并未履行《房屋抵顶工程款协议书》约定的义务，其行为有违诚实信用原则，通州建总签订《房屋抵顶工程款协议书》的目的无法实现。在这种情况下，通州建总提起本案诉讼，请求兴华公司直接给付工程欠款，符合法律规定的精神以及本案实际，应予支持。

此外，虽然兴华公司在一审中提交了《房屋抵顶工程款协议书》，但其陈述的证明目的是兴华公司有履行给付工程款的意愿，而并未主张以此抵顶工程款，或者作为已付工程款，故一审判决基于此对《房屋抵顶工程款协议书》没有表述，并不构成违反法定程序。

综上，涉案《房屋抵顶工程款协议书》约定的供水财富大厦A座9层房屋抵顶工程款金额不应计入已付工程款金额，一审法院认定并判令兴华公司应向通州建总支付相应的工程欠款，并无不当，兴华公司的该项上诉理由不能成立。

——《最高人民法院公报》2017年第9期。

附录：最高人民法院主流观点

关于债务履行期限届满后的代物清偿协议效力，早期采要物合同说，即代物清偿协议为实践性合同，清偿人必须现实地提出代替给付并经清偿受领人现实受领，才发生代物清偿的效力，否则代物清偿协议不发生效力，当事人仍应履行原合同。例如在《最高人民法院公报》2012年第6期刊登的最高人民法院（2011）民提字第210号成都市国土资源局武侯分局与招商（蛇口）成都房地产开发有限责任公司、成都港招实业开发有限责任公司、海南民丰科技实业开发总公司债权人代位权纠纷一案中，最高人民法院认为，债务人与次债务人约定以代物清偿方式清偿债务的，因代物清偿协议系实践性合同，故若次债务人未实际履行代物清偿协议，则次债务人与债务人之间的原金钱债务并未消灭，债权人仍有权代位行使债务人的债权。但是，在《最高人民法院公报》2017年第9期刊登的最高人民法院（2016）最高法民终484号通州建总集团有限公司与内蒙古兴华房地产有限责任公司建设工程施工合同纠纷一案中，最高人民法院的解释立场则转为特殊变更契约说。该案中，最高人民法院认为，对以物抵债协议的效力、履行等问题的认定，应以尊重当事人的意思自治为基本原则。当事人于债务清偿期届满后达成的以物抵债协议，可能构成债的更改，即成立新债务，同时消灭旧债务；亦可能属于新债清偿，即成立新债务，与旧债务并存。如当事人没有明确消灭旧债的合意，以物抵债协议的性质一般应为新债清偿，此时旧债和新债并存，仅在新债合法有效并得以履行完毕后，才完成债务清偿义务，旧债方才归于消灭。

——最高人民法院民法典贯彻实施工作领导小组主编：《中华人民共和国民法典合同编理解与适用》，人民法院出版社2020年版，第601~602页。

517. 合同变更约定不明确的特别确定规则

关键词

合同变更　约定不明　特别确定规则

《中华人民共和国民法典》条文

第五百四十四条　当事人对合同变更的内容约定不明确的，推定为未变更。

附录：最高人民法院主流观点

有的合同变更由于其特殊的法律性质或具有特别的法益保护，在合同变更约定不明确甚至是没有约定变更内容的情况下，法律、行政法规规定了特别的确定规则，比如民间借贷合同借款人提前还款的利息变更、机动车在交强险合同有效期内发生导致危险程度增加情形的保费变更等，在当事人没有约定或约定不明确的情况下，相关司法解释确立了特别的确定规则。

《民法典》第六百七十七条规定：“借款人提前返还借款的，除当事人另有约定外，应当按照实际借款的期间计算利息。”《民间借贷规定》第三十条规定："借款人可以提前偿还借款，但是当事人另有约定的除外。""借款人提前偿还借款并主张按照实际借款期限计算利息的，人民法院应予支持。"这两个条文明确了民间借贷合同未约定不得提前还款的，借款人提前还款的行为为合同变更，且明确了合同变更后的利息确定规则。借款人提前偿还借款的性质是一种提前履行合同债务。《民法典》第五百三十条第一款规定："债权人可以拒绝债务人提前履行债务，但是提前履行不损害债权人利益的除外。"出借人是否可以拒绝提前履行，需要考虑提前履行所放弃的履行期限是否有损出借人的利益。而履行期限作为一种利益，有为债务人利益的，有为债权人利益，也有兼为债务人和债权人利益的。对于有息民间借款，考虑出借人并不以放贷为主要经营活动，允许提前还款能够尽早保障出借资金的安全，出借人可以通过调整资金使用计划等方式避免长期资金闲置风险，应允许借款人提前偿还借款。提前偿还借款变更了原借款合同的借款期间，如果当事人没有特别约定，法律和司法解释直接规定了此种情况下的利息确定规则，即"按照实际借款期限计算利息"。

《道路交通损害赔偿解释》第二十条第二款、第三款规定："机动车在交强险合同有效期内发生改装、使用性质改变等导致危险程度增加的情形，发生交通事故后，当事人请求保险公司在责任限额范围内予以赔偿的，人民法院应予支持。""前款情形下，保险公司另行起诉请求投保义务人按照重新核定后的保险费标准补足当期保险费的，人民法院应予支持。"对于机动车在交强险合同有效期内发生改装、使用性质改变等导致危险程度增加的情形，如果投保人未履行如实告知义务，依据《机动车交通事故责任强制保险条例》第十四条的规定，保险公司可以通知投保人，投保人在接到通知 5 日内如实告知的，保险公司不能解除合同。保险公司解除保险合同的前置补充告知程序使得解除保险合同变得不现实，但保险公司可以请求变更保险合同，增加保险费，而有关保险费的标准可以按照重新核定后的保费标准进行确定。

——最高人民法院民法典贯彻实施工作领导小组编著：《中国民法典适用大全（合同卷）》，人民法院出版社 2022 年版，第 719~720 页。

518. 债权转让后原债权人无权再向债务人主张权利

关键词

债权转让

《中华人民共和国民法典》条文

第五百四十五条　债权人可以将债权的全部或者部分转让给第三人，但是有下列情形之一的除外：

（一）根据债权性质不得转让；

（二）按照当事人约定不得转让；

（三）依照法律规定不得转让。

当事人约定非金钱债权不得转让的，不得对抗善意第三人。当事人约定金钱债权不得转让的，不得对抗第三人。

第五百四十六条 债权人转让债权，未通知债务人的，该转让对债务人不发生效力。

债权转让的通知不得撤销，但是经受让人同意的除外。

最高人民法院公报案例、最高人民法院裁判文书

大连远东房屋开发有限公司与辽宁金利房屋实业公司、辽宁澳金利房地产开发有限公司国有土地使用权转让合同纠纷案［最高人民法院（2005）民一终字第95号民事裁定书］

裁判摘要：根据《合同法》第七十九条[①]、第八十条[②]的规定，债权人可以将合同权利全部或者部分转让给第三人，转让只需通知到债务人即可而无须征得债务人的同意。因此，转让行为一经完成，原债权人即不再是合同权利主体，亦即丧失以自己名义作为债权人向债务人主张合同权利的资格。

最高人民法院认为：解决本案纠纷，首先应正确认定金利公司和澳金利公司何者依法享有向远东公司主张返还1350万元本金及利息的权利。

（一）关于金利公司提起本案诉讼应否支持的问题。

《联合开发协议》虽系金利公司与远东公司所签，但后来围绕联合开发所发生的往来函件、付款等一系列民事行为，主要是澳金利公司以其名义与远东公司之间展开。

从各方履行《联合开发协议》的实际情况看，该协议中约定的地块位置因政府规划变更而有所调整，远东公司将此事告知对方后，对方并未提出异议，表明对远东公司提供地块有所变动之事，金利公司和澳金利公司是知道并认可的。金利公司和澳金利公司不断地催要本金及利息并为此事专门进行公证，远东公司多次就对方催款事宜作出愿意归还的书面承诺，证明各方均已无意继续履行《联合开发协议》，并且对远东公司向澳金利公司偿还1350

---

① 对应《民法典》第五百四十五条。

② 对应《民法典》第五百四十六条。

万元本金及利息形成一致的意思表示。因此，远东公司的合同义务已由向对方交付土地转变为向对方归还本息。

依据已查明的案件事实，2002 年，金利公司和澳金利公司向远东公司送达《催收欠款通知书》，明确表示债权主体只有澳金利公司且此通知可作为权利转让之用，说明金利公司已经将其基于《联合开发协议》享有的要求远东公司还本付息的权利转移给了澳金利公司。按照《合同法》第七十九条、第八十条之规定，债权人可以将合同权利全部或者部分转让给第三人，转让只需通知到债务人即可而无须征得债务人的同意。根据前面所述双方履行《联合开发协议》的实际情况，金利公司依法享有向远东公司要求还本付息的权利且无须再履行其他义务，故其有权将该权利在不损害远东公司合法权益的前提下予以转让。本案中金利公司和澳金利公司就《催收欠款通知书》的内容及送达过程专门进行了公证，足以证明该转让行为系出于其真实意思表示，该转让内容不违反法律规定，应予认可。远东公司收到《催收欠款通知书》后未持异议，应视为当事人对《联合开发协议》中的权利主体变更已经达成共识。公证机关为此出具了正式的具有较强公示效力的《公证书》，此权利转让已经完成，权利主体已由金利公司变更为澳金利公司。金利公司此后已经丧失了以自己名义作为债权人向远东公司主张还本付息的主体资格。2004 年 4 月 6 日，金利公司以自己名义向远东公司主张其已经转让了的权利，远东公司对此提出抗辩的理由成立，应予支持。

有鉴于此，金利公司主体不适格，不享有提起本纠纷之诉权，对其起诉应予驳回。

——《最高人民法院公报》2006 年第 12 期。

519. 债权人实施了有效的通知行为，债权转让就应对债务人发生法律效力

关键词

转让合同债权　口头方式　通知

《中华人民共和国民法典》条文

第五百四十六条　债权人转让债权，未通知债务人的，该转让对债务人不发生效力。

债权转让的通知不得撤销，但是经受让人同意的除外。

最高人民法院公报案例、最高人民法院裁判文书

何荣兰诉海科公司等清偿债务纠纷案［最高人民法院（2003）民一终字第46号民事判决书］

裁判摘要：只要债权人实施了有效的通知行为，债权转让就应对债务人发生法律效力。

最高人民法院认为：2002年9月30日，何荣兰与中国长城资产管理公司济南办事处签订的债权转让合同，是双方当事人真实意思表示，合同内容不违反法律法规的强制性规定，一审判决认定该债权转让合同有效是正确的。海科公司在上诉主张中就本案级别管辖问题提出异议，因级别管辖是上下级法院之间就一审案件审理方面的分工，当事人就级别管辖提出管辖异议的，受诉法院应认真审查，确无管辖权的，应将案件移送有管辖权的法院，并告知当事人，但不作裁定。上述规定表明，当事人虽然就级别管辖问题有权提出异议，但就异议不具有诉权。当事人不得以级别管辖异议为由提起诉讼主张，对异议被驳回后亦不具有上诉的权利。海科公司向一审法院提出的级别管辖异议，已经一审法院予以答复，且在一审卷宗中有所记载。海科公司就级别管辖问题提出的上诉请求，超出了当事人提起上诉的请求范围，故不应支持。海科公司上诉主张，水泥制品厂与建材公司实际上是同一主体，故建材公司不具备诉讼的主体资格，且应认定中国农业银行东营市河口区支行与水泥制品厂、建材公司签订的担保借款合同无效。在一审诉讼期间，水泥制品厂、建材公司及何荣兰均未对建材公司的诉讼主体资格问题提出异议。一审判决后，何荣兰、水泥制品厂及建材公司亦未对建材公司的诉讼主体资格提起上诉。海科公司不是上述担保借款合同的当事人，且其没有证据证明该担保借款合同损害海科公司的权益，建材公司是否具备诉讼主体资格及该担保借款合同的效力与海科公司没有法律上的利害关系。海科公司的该诉讼请求本院亦不予支持。海科公司主张本案所涉的两个债务纠纷不应合并审理。由于诉的合并既可以基于当事人的申请，也可以由人民法院决定。本案中涉及的两个债务纠纷，债权人均为何荣兰，债务人均为水泥制品厂，债权债务的性质相同，且均属于一审法院管辖范围，一审法院将两个债务纠纷合并审理并无不当。海科公司仅以债务的担保人不同，提出一审法院合并审理错误，理据不足，其主张应予驳回。本案中何荣兰作为债权人向债务人及担保人提出诉讼主张，是基于其与中国长城资产管理公司济南办事处的债权转让合同，取得债权人地位后，以债权人的身份提起的民事诉讼。一审判决后，债权人何荣兰、债务人水泥制品厂及担保人建材公司均未提出上诉。就债权转让的效力，何荣兰、水泥制品厂及担保人建材公司、海科公司在一审判决后亦未提出异议。海科公司主张债权的转让，没有通知债务人及担保人，故债权转让的效力不及于海科公司。《合同法》第 80 条第 1 款规定，债权人转让权利的，应当通知债务人。未经通知，该转让对债务人不发生法律效力。但法律法规对通知的具体方式没有规定。本案的实际情况是，中国长城资产管理公司济南办事处将其债权转让何荣兰后，双方共同就债权转让的事实在山东法制报上登报通知债务人及担保人。山东法制报是在山东省内公开广泛发行的报纸，一审法院认为债权人在该报纸上登报通知债务人及担保人债权转让的事实，不违反法律法规的强制性规定，应认定债权人已将债权转让的事实告知债务人及担保人，并无不妥。且本案中债权转让人、债权受让人、债务人及担保人均未对债权转让的事实及效力提出异议，债务人及担保人只是对债务款项利息的数额有异议，一审法院已作审查处理。海科公司在上诉请求中，没有涉及债权转让内容及效力问题的异议，即海科公司对双方债权债务存在的事实是认可的。海科公司通过参加本案的诉讼活动，已明知债权转让的事实，且知道履行债务的对象。本案中的债权转让并没有致使债务人错误履行债务、双重履行债务或加重债务人履行债务的负担，也没有损害海科公司的利益。双方债权债务关系明确，债务人及担保人应承担相应的法律责任。海科公司仅以债权人在报纸上登载债权转让通知不当为由，否认债权转让对其发生法律效力，理由不充分，本院不予支持。

——《最高人民法院公报》2004 年第 4 期。

520. 债务人明知债权转让事实，是否等同于债权转让通知

关键词

债权转让通知

《中华人民共和国民法典》条文

第五百四十六条 债权人转让债权，未通知债务人的，该转让对债务人不发生效力。

债权转让的通知不得撤销，但是经受让人同意的除外。

最高人民法院裁判文书

中国农业发展银行南昌县支行与江西省万事发粮油有限公司、万万、舒正英、万凌金融借款合同纠纷案［最高人民法院（2020）最高法民再 13 号民事判决书］

裁判要旨：通知是有相对人的意思表示，而意思表示由效果意思、表示意思与表示行为构成。本案中，农发行称其与城投公司尚未将债权转让通知万事发公司，而万事发公司虽称城投公司曾口头通知其债权转让，但对此并未提交证据证明。万事发公司对其主张的积极事实应承担举证不能的责任，故本案应认定农发行与城投公司尚未具备通知的表示意思与表示行为。债务人对债权的知晓不能替代债权转让的通知。在农发行与城投公司欠缺通知的表示意思与表示行为的情况下，万事发公司虽从其他渠道获悉债权转让的事实，仍不能认定案涉债权转让已通知万事发公司。故案涉债权转让对万事发公司尚未发生法律效力。

最高人民法院认为：（一）关于万事发公司是否清偿案涉贷款本息等债务

万事发公司二审提交的2019年2月1日《中国农业发展银行贷款余额对账单》显示截止2019年1月31日万事发公司贷款余额为零。但该对账单并不是还款凭证，不足以认定万事发公司已清偿案涉债务。2019年6月13日，农发行提交一份《江西省万事发粮油有限公司相关情况说明》，对收回万事发公司贷款进行了说明，即农发行于2019年1月将其持有的万事发公司债权转让给城投公司，城投公司向农发行支付了债权转让款16711106.30元。该情况说明有农发行提交的《债权转让协议》及付款回单等证明，且万事发公司再审中亦主张案涉贷款债权已转让给城投公司，该情况说明陈述的事实应予确认。故农发行收取的是城投公司支付的债权转让款，而债权转让并不是债务消灭的原因，不影响万事发公司的债务负担。万事发公司亦未主张其自身或委托他人向农发行或城投公司清偿了债务，因此万事发公司并未清偿本案一审判决确认的债务。二审判决认定万事发公司已经清偿一审判决第一项及第二项确认的债务缺乏证据证明，属于认定事实错误，应予纠正。万事发公司、万万、舒正英、万凌应当履行一审判决确定的各项义务。

（二）关于农发行能否在本案中继续以自己的名义主张债权

万事发公司、万万、舒正英、万凌称债权转让后农发行不再是债权人，就无权在本案中继续主张债权。农发行称其虽然将案涉贷款债权转让给城投公司，但其仍然可依法在本案中主张债权。对此分析认定如下：

首先，《合同法》第八十条第一款[①]规定："债权人转让权利的，应当通知债务人。未经通知，该转让对债务人不发生效力"。据此，债权转让自通知到达债务人时，该转让对债务人始发生效力。通知是有相对人的意思表示，而意思表示由效果意思、表示意思与表示行为构成。本案中，农发行称其与城

① 对应《民法典》第五百四十六条第一款。

投公司尚未将债权转让通知万事发公司，而万事发公司虽称城投公司曾口头通知其债权转让，但对此并未提交证据证明。万事发公司对其主张的积极事实应承担举证不能的责任，故本案应认定农发行与城投公司尚未具备通知的表示意思与表示行为。债务人对债权的知晓不能替代债权转让的通知。在农发行与城投公司欠缺通知的表示意思与表示行为的情况下，万事发公司虽从其他渠道获悉债权转让的事实，仍不能认定案涉债权转让已通知万事发公司。故案涉债权转让对万事发公司尚未发生法律效力。

其次，案涉债权转让发生在一审判决作出之后，属于在诉讼中的权利转移行为。《最高人民法院关于适用〈中华人民共和国民事诉讼法〉的解释》第二百四十九条第一款规定："在诉讼中，争议的民事权利义务转移的，不影响当事人的诉讼主体资格和诉讼地位。人民法院作出的发生法律效力的判决、裁定对受让人具有拘束力"。据此，案涉债权转让并不影响农发行在本案中的诉讼主体资格和诉讼地位。同时，该条第二款规定："受让人申请以无独立请求权的第三人身份参加诉讼的，人民法院可予准许。受让人申请替代当事人承担诉讼的，人民法院可以根据案件的具体情况决定是否准许；不予准许的，可以追加其为无独立请求权的第三人"。也即受让人替代转让人承担诉讼的应以受让人申请为条件。而在本案再审阶段，债权受让人城投公司未申请参加诉讼，反而致函本院明确表示其同意继续由农发行负责本案诉讼。故即便案涉债权转让已通知债务人，因受让人未申请替代转让人参加诉讼，本案亦无须变更诉讼当事人，农发行可继续作为本案原告及再审申请人参加诉讼，主张权利。

再次，城投公司系以购买不良资产方式受让案涉贷款债权。农发行作为转让人对转让标的负有法定的瑕疵担保义务，即农发行必须确保其转让的贷款债权系真实有效。二审判决以万事发公司已履行贷款清偿义务为由驳回农发行的诉讼请求，实质上否定了案涉贷款债权的客观存在。从农发行履行瑕疵担保义务的角度，其亦有权以自己名义申请再审，向万事发公司主张债权，确保其对外转让债权的真实有效。

最后，万事发公司提出本案判决可能导致其重复清偿、农发行重复获益的问题。债权转让本身并不影响债务人的债务负担，其合同义务仍然存在。本案判决万事发公司、万万、舒正英、万凌承担责任并不加重其应承担的债务数额，其履行本案判决确定的义务后，就案涉《流动资金借款合同》无须承担其他责任或义务，并不导致其重复清偿。此外，在债权转让的情况下，转让人农发行负有配合城投公司变更申请执行人或将受领清偿的款项交付受让人城投公司等义务，故本案判决亦不导致农发行重复获益的可能。

鉴于案涉债权转让对万事发公司尚未发生法律效力，诉讼中债权转让行为并不当然改变转让人的诉讼主体资格和诉讼地位，且案涉债权转让并不加重债务人的负担，亦不导致转让人重复获益，因此，农发行仍然可以在本案中以自己的名义主张债权。

——中国裁判文书网。

附录：最高人民法院主流观点

债权转让何种情形下对债务人发生效力，不少国家采主客观混合模式，即未经通知，债权转让对债务人不发生效力，但是债务人明知该债权转让给受让人的除外。我国《民法典合同编（草案）》的一次审议稿和二次审议稿第三百三十五条第一款曾采取主客观混合模式，但最终采纳了纯粹客观模式，即未通知债务人的，债权转让对债务人不发生效力。显然，是排除了债务人明知债权转让即对债务人发生效力。最高人民法院生效裁判亦采此观点，认为："债务人对债权的知晓不能替代债权转让的通知。在农发行与城投公司欠缺通知的表示意思与表示行为的情况下，万事发公司虽从其他渠道获悉债权转让的事实，仍不能认定案涉债权转让已通知万事发公司。故案涉债权转让对万事发公司尚未发生法律效力。"

——最高人民法院民法典贯彻实施工作领导小组编著：《中国民法典适用大全（合同卷）》，人民法院出版社2022年版，第744页。

521. 金融资产管理公司受让国有银行债权后，原债权银行在全国或者省级有影响的报纸上发布债权转让公告或通知的，可以认定债权人履行了法定的通知义务

关键词

债权转让　债务人　通知义务

最高人民法院裁判文书

遵义渝禾商贸有限责任公司与中信银行股份有限公司贵阳分行公司、简传刚、杨小平保理业务合同纠纷案［最高人民法（2016）最高法民申7号民事裁定书］

裁判要旨：债权转让通知义务是债权人在债权转让协议项下对受让人负有的一项合同义务，以使受让人获得向债务人主张债权的权利。金融资产管理公司受让国有银行债权后，原债权银行在全国或者省级有影响的报纸上发布债权转让公告或通知的，人民法院可

以认定债权人履行了《合同法》第八十条第一款[①]规定的通知义务。

最高人民法院认为：本案系保理业务合同纠纷。

关于二审法院是否应责令中信银行发出债权转让通知的问题。债权转让通知义务是债权人在债权转让协议项下对受让人负有的一项合同义务，以使受让人获得向债务人主张债权的权利。《最高人民法院关于审理涉及金融资产管理公司收购、管理、处置国有银行不良贷款形成的资产的案件适用法律若干问题的规定》第六条即“金融资产管理公司受让国有银行债权后，原债权银行在全国或者省级有影响的报纸上发布债权转让公告或通知的，人民法院可以认定债权人履行了《合同法》第八十条第一款规定的通知义务。在案件审理中，债务人以原债权银行转让债权未履行通知义务为由进行抗辩的，人民法院可以将原债权银行传唤到庭调查债权转让事实，并责令原债权银行告知债务人债权转让的事实”的规定，亦是从金融资产管理公司作为受让人享有权利的角度，明确其起诉后，有权要求原债权银行配合查明通知事实或补充履行通知义务。债务人作为债权转让协议以外的第三人，并不享有该项请求权，且合同法规定债务人依据债权转让通知确定债权的归属，已经妥善保护了债务人的善意信赖和交易安定，因此债权人是否进行债权转让通知，无涉债务人的利益。本案中，《债权转让合同》第5.4条约定，为提高对所购债权的处置变现的效率，是否向相关债务人及担保人发出债权转让的书面通知，由转受让双方协商决定。此约定不违反我国法律和行政法规的规定，其合法有效。中信银行有权选择不向债务人渝禾公司履行通知手续，渝禾公司主张法院应当责令中信银行履行通知义务，于法无据，其关于原判决适用法律错误的申请再审理由，本院不予支持。

——中国裁判文书网。

522. 存在多份债权转让通知时，债务人只要善意地向其中一个债权受让人足额清偿被转让的债务，债务人与原债权人之间的债权债务关系即告终结

关键词

债权转让　通知　债务清偿

① 对应《民法典》第五百四十六条第一款。

最高人民法院裁判文书

天津港丰船舶燃料销售有限公司与长江航道局、天津宏德盛禹港口工程有限公司债权转让合同纠纷案［最高人民法院（2016）最高法民再55号民事判决书］

裁判要旨：当存在多份债权转让通知时，债务人只要善意地向其中一个债权受让人足额清偿被转让的债务，债务人与原债权人之间的债权债务关系即告终结，债务人不应再向其他债权受让人重复清偿债务。

最高人民法院认为：关于三份债权转让通知书履行的问题。当存在多个到期债务时，债务人履行偿付义务并无先到期先偿付的法律规定，其履行行为是自主的。同样，当存在多份债权转让通知时，债务人只要善意地向其中一个债权受让人足额清偿被转让的债务，债务人与原债权人之间的债权债务关系即告终结，债务人不应再向其他债权受让人重复清偿债务。以本案情况而言，长江航道局一共签收了宏德盛禹公司发出的三份债权转让通知书，其选择落款时间在先的债权转让通知书进行清偿并无不当。原判决认为长江航道局应当与宏德盛禹公司就其欠付工程款的数额及相关债权转让通知如何履行问题进行沟通，对债权受让人的利益进行综合考虑后方能作出付款行为，其径行履行债务，损害了港丰公司的利益，由此产生的后果应由长江航道局承担。然而，我国合同法对存在多份债权转让通知时如何履行并没有作出明确规定，原判决的上述认定缺乏事实和法律依据，应予纠正。

——中国裁判文书网。

523. 超出债权转让目的之债务处置的效力认定

关键词

债权转让　效力认定

最高人民法院裁判文书

坤茂公司与张华茂等确认合同无效纠纷案［最高人民法院（2020）最高法民终409号民事判决书］

裁判要旨：债权让与人为实现向他人清偿债务之特定目的，通

过签订债权转让合同让渡超出该目的之权利，受让人虽可取得债权，但并不能终局的保有债务人就该债权所为之给付，故其受让债权后当秉持诚实信用原则，不得超出该转让之目的行使权利。债权转让之特定目的系债权转让当事人双方之间的内部约定，基于保护交易安全的考虑，受让人与善意之债务人就债务履行问题达成的交易安排，即使超出债权转让之目的，并非当然不具有法律效力。但债务人在明知债权转让之特定目的以及受让人并不能终局保有所受领之给付的情况下，与受让人达成的交易安排，实质上损害出让人利益的，该交易安排应认定为无效。

最高人民法院认为：本案被上诉人何品光是加拿大永久居民，其经常居所地在中华人民共和国境外，浙江高院将本案认定为涉外合同纠纷案件并适用中华人民共和国法律审理本案正确。

根据双方当事人的上诉与答辩意见，本案二审争议的焦点问题为，案涉《执行和解及担保协议》的效力如何认定。对此，最高人民法院从三个方面分析如下：

一、关于张华茂、黄恒根据《债权转让协议》及《债权转让补充协议》是否以及在什么范围内取得案涉债权的问题

首先，坤茂公司与张华茂、黄恒均认可，双方签订的《债权转让协议》及《债权转让补充协议》系其真实意思表示。最高人民法院另案作出的904号生效判决，亦已认定张华茂、黄恒作为债权受让人是否支付对价并不影响债权转让的效力，进而支持了其二人向债务人林为铨、何齐明、何品光、鑫和公司提出的主张。可见张华茂、黄恒根据《债权转让协议》《债权转让补充协议》已经取得案涉债权。

其次，张华茂、黄恒在何范围内取得案涉债权，亦即其行使受让的债权是否应受到相应的限制。《债权转让协议》第二条约定，张华茂、黄恒实现受让的债权后，应首先清偿坤茂公司欠付案外人张智官的借款本息、滞纳金；清偿后如有剩余，则在扣除10%的律师费后，最后余款的50%作为张华茂、黄恒收益，另50%作为债权转让款支付给坤茂公司。此后，坤茂公司、张华茂、黄恒与案外人签订的《债权转让补充协议》则载明，如果法院认定林为铨、何齐明、何品光、鑫和公司应付款项低于2.6333730959亿元，则坤茂公司转让给张华茂、黄恒的债权本金数额以法院确定的数额为准，由该债权本金产生的“利息、逾期利息、违约金”等所有权益转归张华茂、黄恒。如果法院认定的款项高于或等于2.6333730959亿元，则张华茂、黄恒受让的债权本金为2.6333730959亿元，该债权本金产生的“利息、逾期利息、违约金”等所有权益转归张华茂、黄恒；在法院认定的款项高于2.6333730959

亿元的情况下，“超出部分的债权及由该债权本金产生的利息、逾期利息、违约金”等所有权益则转让给案外人李家龙所有。

根据上述约定，特别是《债权转让补充协议》中坤茂公司向张华茂、黄恒和李家龙分别转让债权的差异化表述，张华茂、黄恒虽然取得案涉债权，但实现债权的所得款项应当首先清偿坤茂公司对案外人张智官所负债务。可见，张华茂、黄恒基于受让的债权，虽得受领林为铨、何齐明、何品光、鑫和公司的给付，但其并不能终局地保有该给付，仍需为出让人坤茂公司的利益清偿后者的债务；张华茂、黄恒虽可对相关“利息、逾期利息、违约金”提出权利主张，并要求对清偿张智官后的款项余额按协议约定进行分配，但林为铨、何齐明、何品光、鑫和公司无支付能力以及无法清偿债务的风险本质上仍由坤茂公司承担。当事人的上述约定实际上亦解释了案涉债权转让未约定交易对价的问题。张华茂、黄恒关于其根据《债权转让补充协议》已经在2.6333730959亿元范围内取得案涉债权，且无须清偿坤茂公司欠付张智官债务的主张，不仅有违合同约定且不符常理，最高人民法院不予支持。综上所述，坤茂公司为实现债务清偿的特定目的向张华茂、黄恒让渡了超出该目的之权利；张华茂、黄恒通过《债权转让协议》《债权转让补充协议》虽受让取得案涉债权，但根据当事人的约定，其受让债权之目的仅在于实现债权后代坤茂公司清偿债务，故其受让债权后行使权利亦不应超出该债权转让目的之范围。

二、关于张华茂、黄恒作为申请执行人与被执行人林为铨、何齐明、何品光、鑫和公司签订《执行和解及担保协议》，是否超出案涉债权转让目的之范围的问题

为实现案涉债权，张华茂、黄恒对林为铨、何齐明、何品光、鑫和公司提起诉讼。最高人民法院就该案作出904号判决，判令林为铨、何齐明、何品光连带给付张华茂、黄恒198158473.38元，鑫和公司对其中的20986000元承担连带给付责任。2019年5月5日，张华茂、黄恒与林为铨、何齐明、何品光、鑫和公司达成的《执行和解及担保协议》则约定，张华茂、黄恒同意将904号判决所确认的款项及由此产生的利息，共计2.0019370438亿元减按1.45亿元执行，鑫和公司自愿承担偿还该1.45亿元的连带责任。

如上所述，张华茂、黄恒并不能终局地保有所受领的给付，其受让债权的目的在于清偿坤茂公司欠付案外人的债务。因此，在与债务人林为铨、何齐明、何品光、鑫和公司的外部关系上，张华茂、黄恒可以债权受让人之身份起诉，但对该债权的处分则应秉持诚实信用原则，不应超出债权转让目的之范围。张华茂、黄恒在《执行和解及担保协议》中将当时的债权本息2.0019370438亿元减按1.45亿元执行，属于对债权的重大处分。《执行和解及担保协议》虽有助于尽早实现债权，但执行数额减少5000多万元终将对

实际受益人坤茂公司产生重大不利益。该协议虽增加了鑫和公司的责任范围，但在林为铨、何齐明、何品光实系该公司控制人的情况下，此举对于债权的实现并无实质影响。在《执行和解及担保协议》未得到坤茂公司事先同意或事后追认的情况下，张华茂、黄恒以其自身终局保有该给付之目的签订该协议，自难谓未超出债权转让目的之范围。

三、关于超出债权转让目的之《执行和解及担保协议》是否应当认定无效的问题

债权转让之目的属于债权转让当事人之间的内部约定，基于保护交易安全的考虑，受让人与善意债务人就债务清偿事宜达成的交易安排，即使超出债权转让之目的，并不当然不具有法律效力。此处所谓“善意债务人”系指不知或不应知道债权转让当事人双方就债权转让之目的作出特别约定的债务人。本案中，林为铨、何齐明、何品光、鑫和公司收到的转让通知并未载明债权转让的目的，但在最高人民法院就张华茂、黄恒诉林为铨、何齐明、何品光、鑫和公司的案件所作出的904号判决已经载明，《债权转让协议》及《债权转让补充协议》中有关张华茂、黄恒在实现受让的债权后代坤茂公司清偿债务的内容。据此，林为铨、何齐明、何品光、鑫和公司至迟在该案审理中已经知道，张华茂、黄恒实现债权后应代坤茂公司清偿债务。在明知债权转让目的以及张华茂、黄恒并不能终局地保有所受领之给付的情况下，林为铨、何齐明、何品光、鑫和公司理应知晓其与张华茂、黄恒在执行阶段签订《执行和解及担保协议》，降低债务的执行数额，已经超出了其二者正常商业交易安排的范畴，并将有损坤茂公司的利益。据此，在签订《执行和解及担保协议》时，林为铨、何齐明、何品光、鑫和公司不无恶意。张华茂、黄恒自始知晓案涉债权转让之目的，亦当明知其二人并不当然有权任意处置案涉债权，其虽可与他人就债务清偿事宜达成交易安排，但不得有损坤茂公司利益。张华茂、黄恒在债权转让目的范围外，与林为铨、何齐明、何品光、鑫和公司签订和解协议降低债务的执行数额，亦难谓不具有恶意。故在张华茂、黄恒与林为铨、何齐明、何品光、鑫和公司均明知债权实现的款项应首先用以清偿坤茂公司对他人债务的情况下，双方签订《执行和解及担保协议》降低债务执行数额，足以证明其存在主观恶意，属恶意串通。因案涉法律事实发生于《民法典》施行前，本案应适用《合同法》。根据该法第五十二条第二项之规定，案涉《执行和解及担保协议》无效。

——中国裁判文书网。

524. 债务人向债权人出具承诺书表示将所负债务转移给第三人，而债权人对此未接受亦未在债务人与第三人签订的债务转移协议书上加盖公章的，应当认定债权人不同意债务转让

关键词

第三人　债务转让　承诺书

《中华人民共和国民法典》条文

第五百五十一条　债务人将债务的全部或者部分转移给第三人的，应当经债权人同意。

债务人或者第三人可以催告债权人在合理期限内予以同意，债权人未作表示的，视为不同意。

最高人民法院公报案例、最高人民法院裁判文书

中国工商银行股份有限公司三门峡车站支行与三门峡天元铝业股份有限公司、三门峡天元铝业集团有限公司借款担保合同纠纷案［最高人民法院（2008）民二终字第81号民事判决书］

裁判摘要：根据《合同法》第八十四条[①]的规定，债务人将合同的义务全部或者部分转移给第三人的，应当经债权人同意。因此，债务人向债权人出具承诺书，表示将所负债务全部或者部分转移给第三人，而债权人对此未予接受，亦未在债务人与第三人签订的债务转移协议书上加盖公章的，应当认定债权人不同意债务转让，债务人与第三人之间的债务转让协议对债权人不发生法律效力。

最高人民法院认为：天元集团公司未依约偿还三门峡车站工行贷款3770万元本金及利息，构成违约。本案各方当事人对该项事实均无异议，故原审判决关于天元集团公司的民事责任部分本院予以维持。本案二审的焦点问题是：天元股份公司是否应对天元集团公司的本案欠款承担共同偿还责任。

（一）《合同法》第八十四条规定："债务人将合同的义务全部或者部分转移给第三人的，应当经债权人同意。"天元集团公司以其优良资产与他人组建天元股份公司，将净值9232.6万元的资产投入到天元股份公司，导致其偿还

① 对应《民法典》第五百五十一条。

银行债务的责任财产减少，清偿债务的能力削弱。在股份制改造过程中，天元集团公司向三门峡车站工行出具《承诺书》，提出其投入天元股份公司的设备资产只对该行共计13420万元债务中的2550万元债务承担责任，其余的债务仍由天元集团公司承担。对此承诺，三门峡车站工行未予接受，也未在天元集团公司和天元股份公司签署的5份涉及三门峡车站工行2550万元贷款的《债务转移协议》上加盖公章，故该债务转移协议对三门峡车站工行未发生法律效力。

——《最高人民法院公报》2008年第11期。

525. 合同权利义务一并转让与债权转让、债务转移的区别

关键词

权利义务一并转让　债权转让　债务转移　第三人

《中华人民共和国民法典》条文

第五百五十五条　当事人一方经对方同意，可以将自己在合同中的权利和义务一并转让给第三人。

附录：最高人民法院主流观点

合同权利义务一并转让不是单纯地转让债权或者债务，而是概括转让合同的权利义务。

（一）转移内容不同

转移内容是区别合同权利义务一并转让与债权转让、债务转移的明显外观。首先，合同权利义务一并转让是对合同的全部权利和全部义务一同转让，转让后当事人地位发生变化，涉及与当事人地位相联系的撤销权、解除权随之转让，而债权转让、债务转移并不当然引起当事人地位的变化。其次，在概念上，合同权利与债权、合同义务与债务并不相同，债权债务除了合同权利义务之外，其实还包括其他法定的债权债务，例如无因管理合同中管理人和受益人相互之间可能就存在债权和债务；法定的债权债务虽然也可能通过约定而被一并转让，但一般不会涉及撤销权、解除权等权利的随之转让，因此可以被认为是债权转让和债务转移的结合，并不像合同权利义务一并转让那样强的特殊性。

（二）合同类型不同

合同权利义务一并转让是将合同中的权利和义务一同转让给第三人，由第三人概括承受合同中的权利和义务。因此，适用于合同权利义务一并转让

的合同应当既有权利内容，也有对应义务内容，即合同权利义务一并转让的合同属于双务合同。在单务合同中，由于一方当事人可能仅享有权利或者仅承担义务，因此不具备发生权利义务一并转让的条件，例如赠予合同的被赠与人只享有权利而不承担义务，这些合同的当事人一般不可能出现将合同权利义务一并转让的情况。而债权转让与债务转移，则可能发生在双务合同中，也可能发生在单务合同中。

（三）生效条件不同

债权转让须通知债务人，债务转移须经债权人同意。虽然合同权利义务一并转让与债权转让、债务转移性质不同，但债权转让、债务转移的效力规则对合同权利义务一并转让的效力规则具有基础性作用，由于合同权利义务一并转让的内容既包括权利又包括义务，采取将经相对方同意作为生效条件，因为经相对方同意同时具备通知功能，且经相对方同意更有利于保障相对方的信赖利益。

——最高人民法院民法典贯彻实施工作领导小组编著：《中国民法典适用大全（合同卷）》，人民法院出版社 2022 年版，第 818~819 页。

526. 合同权利一并转让的二重转让效力

关键词

权利义务一并转让　二重转让　多重转让

《中华人民共和国民法典》条文

第五百五十五条　当事人一方经对方同意，可以将自己在合同中的权利和义务一并转让给第三人。

附录：最高人民法院主流观点

虽然《民法典》未明文规定，但根据意思自治原则，合同权利义务一并转让可以进行二重转让与多重转让，实践中也存在这种情形。合同权利义务一并转让的，对于先受让人和后受让人的效力问题，应分两种情况。

（一）合同权利义务一并转让的二重转让

受让方以先受让人身份将合同权利义务一并转让给后受让人，按照合同权利义务一并转让的基本规则，经合同相对方同意，则后受让人成为新的合同当事人，先受让人退出合同关系，多重转让以此类推。此种情况下，后受让人与合同相对方因合同本身权利义务争议发生纠纷时，可将先受让人列为无独立请求权的第三人，对于合同权利义务一并转让的先前出让方，也可以列为无独立请求权的第三人，但列当前或者先前的出让方为无独立请求权的第三人，要以“对方当事人就合同权利义务提出抗辩为条件”，此处的“对方当事人”应当是以某一方当事人为基准，对应的另一方当事人，并非限定为“债权人”或者“债务人”。

（二）合同权利义务一并转让后债权的二重让与

合同权利义务一并转让后，经过合同履行，合同一方的约定义务已履行完。毕，但合同相对方的合同义务尚未履行完毕，即合同义务履行完毕一方在合同权利义务关系中成为单纯的债权人，其对合同相对方所享有的合同权利，可以让与第三人，且第三人可以进行二重让与，按照债权转让的规则，通知债务人后发生效力。值得注意的是，如果合同相对方认为债权出让方并未完全履行合同义务或者合同义务履行有瑕疵，并以此对受让方进行给付抗辩的，可以列出让方为无独立请求权的第三人。

——最高人民法院民法典贯彻实施工作领导小组编著：《中国民法典适用大全（合同卷）》，人民法院出版社2022年版，第829~830页。

527. 合同以外的第三人向合同债权人承诺承担债务人义务，债权人未明确反对的，一般可以认定为债务加入

关键词

债务加入 承诺书 第三人

最高人民法院公报案例、最高人民法院裁判文书

广东达宝物业管理有限公司与广东中岱企业集团有限公司、广东中岱电讯产业有限公司、广州市中珊实业有限公司股权转让合作纠纷案［最高人民法院（2010）民提字第153号民事判决书］

裁判摘要：合同外的第三人向合同中的债权人承诺承担债务人义务的，如果没有充分的证据证明债权人同意债务转移给该第三人或者债务人退出合同关系，不宜轻易认定构成债务转移，一般应认定为债务加入。第三人向债权人表明债务加入的意思后，即使债权人未明确表示同意，但只要其未明确表示反对或未以行为表示反对，仍应当认定为债务加入成立，债权人可以依照债务加入关系向该第三人主张权利。

最高人民法院认为：达宝公司2006年2月23日向中岱集团公司发函要

求退出合作后，中岱集团公司于 2006 年 6 月 9 日向达宝公司出具《承诺函》同意偿还达宝公司已交付的 3000 万元款项，该《承诺函》的效力与是否存在《合作合同书》无关。达宝公司接受该《承诺函》后未表示异议，中岱集团公司即应受该《承诺函》约束。中岱集团公司提出其不应向达宝公司承担清偿责任的主张与《承诺函》不符，对其主张本院不予支持，中岱集团公司应当为中岱电讯公司向达宝公司承担连带清偿责任。中珊公司在《合作协议书》中承诺为中岱电讯公司的义务和责任提供担保并承担连带责任，达宝公司退出合作后，中珊公司仍应为中岱电讯公司的返还义务承担连带责任。中岱集团公司对广东高院裁定书驳回其再审申请提出异议，因本案已由本院提审，本院对中岱集团公司提出的异议不再考虑。

——《最高人民法院公报》2012 年第 5 期。

528. 债权人仍对债权享有权益，未脱离该债权债务关系的，不应认定为债权转让

关键词

债权转让

最高人民法院裁判文书

珠海深业商贸有限公司与中国华融资产管理股份有限公司广东省分公司等合同纠纷案［最高人民法院（2021）最高法民申 3572 号民事裁定书］

裁判要旨：甲乙双方约定，合作对甲方的不良债权进行追收，乙方承诺向甲方支付“保底清收款”，甲方有权收取不良债权的回收款，并有义务向乙方分配不良债权回收款及合作清收收益。根据该约定，甲方并未脱离原债权债务关系，该约定不应认定为债权转让。

最高人民法院认为：原审查明，2014 年 12 月，深业公司与华融广东公司、华融深圳公司签订《合作清收协议》，其“鉴于”条款载明：华融广东公司、华融深圳公司是债权资产的合法权利人，有权处置本协议项下的债权资产，深业公司在广东地区不良债权管理领域具有资金、管理、技术优势及相当广泛的社会资源，为实现国有金融债权，华融广东公司、华融深圳公司拟就标的资产与深业公司合作进行处置清收。该协议第二条约定，合作处置是指本协议签订后，华融广东公司、华融深圳公司与深业公司共同合作，对标的资产进行管理，按照本协议约定向债务人追偿。第三条约定深业公司应

配合华融广东公司、华融深圳公司对标的资产进行信息资料搜集等债权管理工作；配合处置清收方案的实施；推荐第三方与华融广东公司、华融深圳公司开展处置清收谈判；实现第 5.1 条约定的保底承诺。第五条约定深业公司承诺在协议约定的合作期限届满前，实现的债权回收不低于协议第 2.1 条约定的标的资产金额；为担保上述“保底承诺”的实现，深业公司应在协议签订之日起三个工作日内向华融广东公司、华融深圳公司支付保底清收款，该款不因任何原因退还。第七条约定标的资产金额内的回收额由华融广东公司、华融深圳公司按比例向深业公司分配。第九条约定华融广东公司、华融深圳公司有权收取回收的处置款项，有义务向深业公司支付合作清收收益；深业公司应依照法律、法规规定和本协议约定与华融广东公司、华融深圳公司开展合作清收工作并有权收取合作收益。根据以上约定，华融广东公司、华融深圳公司与深业公司合作对案涉不良债权进行清收，深业公司应支付“保底清收款”并按照约定享有对案涉资产清收款、合作清收收益的请求权，案涉《合作清收协议》并未约定将案涉债权转让给深业公司，原判决对深业公司关于《合作清收协议》因违反《金融资产管理公司资产处置管理办法（修订）》等规范性文件中有关不良资产转让的强制性规定而无效的主张不予支持的结论并无不当，案涉《合作清收协议》也不存在《中华人民共和国合同法》第五十二条规定的其他应当认定为无效的情形，原判决对华融广东公司、华融深圳公司、华融公司关于《合作清收协议》有效的抗辩理由予以支持，亦无不当。

至于深业公司主张的《合作清收协议》因未通知债务人而无效及华融广东公司另案起诉深业公司违背公序良俗，华融广东公司、华融深圳公司应向深业公司返还保底清收款及其利息并赔偿可得利益损失且华融公司应对华融广东公司、华融深圳公司的支付义务承担连带清偿责任的问题。因《合作清收协议》并未约定将案涉债权转让给深业公司，深业公司有关《合作清收协议》无效的主张不能成立，原审未支持深业公司关于华融广东公司、华融深圳公司返还保底清收款及利息并赔偿可得利益损失和华融公司对其分公司的义务承担连带清偿责任的主张并无不当。

——中国裁判文书网。

七、合同的权利义务终止

529. 判断某一违约行为是否属于合同目的不能实现（根本违约）的标准

关键词

合同目的　根本违约　合同解除

《中华人民共和国民法典》条文

第五百六十三条　有下列情形之一的，当事人可以解除合同：

（一）因不可抗力致使不能实现合同目的；

（二）在履行期限届满前，当事人一方明确表示或者以自己的行为表明不履行主要债务；

（三）当事人一方迟延履行主要债务，经催告后在合理期限内仍未履行；

（四）当事人一方迟延履行债务或者有其他违约行为致使不能实现合同目的；

（五）法律规定的其他情形。

以持续履行的债务为内容的不定期合同，当事人可以随时解除合同，但是应当在合理期限之前通知对方。

最高人民法院司法解释

第十九条　出卖人没有履行或者不当履行从给付义务，致使买受人不能实现合同目的，买受人主张解除合同的，人民法院应当根据民法典第五百六十三条第一款第四项的规定，予以支持。

——《最高人民法院关于审理买卖合同纠纷案件适用法律问题的解释》（2020 年 12 月 29 日修正）。

最高人民法院裁判文书

山西数源华石化工能源有限公司、山西三维集团股份有限公司租赁合同纠纷案［最高人民法院（2012）民一终字第 67 号民事判决书］

裁判要旨：租赁合同及补充协议未对合同解除权进行约定，租

赁双方虽均存在违约行为，但都未达到使合同目的不能实现的程度，不应认定构成根本违约。

最高人民法院认为：（一）关于租赁合同不能继续履行，三维公司与数源公司是否均应承担违约责任的相关问题。

数源公司认为，三维公司的违约行为是：2007 年 9 月 26 日三维公司在未与数源公司沟通的情况下，其控股股东三维华邦集团下发《关于给员工增资晋级的通知》，引发了职工人心涣散、事故频发；数源公司经协调无果，不得不在 2007 年 10 月 8 日停产，并告知三维公司要求解决劳资关系问题，而三维公司则单方要求数源公司无条件退出租赁经营，属于单方撕毁合同。三维公司认为，数源公司的违约行为是：擅自单方停产、招工给职工造成恐慌，构成根本违约；三维公司复函要求接收电石厂并收回冷破工段，是为了避免扩大损失。

就三维公司是否存在违约行为的问题，本院认为，首先，本案中的调资通知是由租赁合同及补充协议当事人之外的第三人三维华邦集团作出的。根据《合同法》第一百二十一条[①]的规定，当事人一方因第三人的原因造成违约的，应当向对方承担违约责任。即三维公司不能仅以调资通知不是其作出，作为其不承担违约责任的抗辩。三维公司在本案中是否应当承担违约责任，还需具体分析三维华邦集团的上述调资行为是否造成了三维公司的违约，以及三维公司在调资行为之外是否存在其他违约行为。其次，租赁合同及补充协议虽未对调整职工工资问题进行约定，但是根据租赁合同及补充协议的约定，数源公司留用三维公司原工作人员，上述员工的劳动关系不因租赁合同的签订而改变，这是本案租赁合同的特殊性之一。三维公司基于租赁合同及补充协议的约定，负有向数源公司提供适宜履行租赁合同生产经营需要的员工的合同义务。因此，在发生工资调整、职工维权等情况，可能影响租赁合同及补充协议履行时，三维公司应当积极协调，力争妥善解决问题，保证合同的继续履行。而本案中，三维公司在数源公司停产后，未通知催告其恢复生产，亦未就数源公司提出的问题积极进行协商解决，而是直接提出终止合同履行、接管租赁车间，违反了《租赁合同》第 2 条 20 年租赁经营年限、第 8 条以及《租赁合同（电石）补充协议》第 13 条协商处理争议的约定，应当承担相应的违约责任。

就数源公司是否存在违约行为的问题，本院认为，首先，数源公司虽然主张在正式停产前发生了四起重大事故，但并无证据证明该事故与调资事件存在因果关系。其次，即使数源公司能够证明职工人心涣散和发生生产事故

① 对应《民法典》第五百九十三条。

与调资事件有关联，但根据租赁合同及补充协议的约定，以及数源公司作为实际员工使用人和管理人的事实，数源公司应当承担科学管理职工、定期上调工资待遇、积极疏导员工怀疑不满情绪、妥善处理矛盾纠纷等职责，以全面履行租赁合同约定的生产义务。再次，本案租赁合同的另一特殊性，是数源公司以生产的电石作为租金交付三维公司，而该电石产品作为三维公司下游生产原料，对其维持正常生产经营，具有重要意义。数源公司在矛盾发生后，未合理解决，而是单方决定停止电石生产，给原电石分厂员工放假，违反了《租赁合同》第 4 条人员留用、第 6 条（1）数源公司应当保证生产供应、第 8 条合同争议协商解决以及协商过程中应确保生产正常进行、第 10 条除正常检修和重大事故外的违约责任的约定，以及《租赁合同（电石）补充协议》第 1 条人员留用、第 10.1 条数源公司须保证电石足够储量以确保三维公司正常生产运行的约定，数源公司应当承担相应的违约责任。

本院认为，本案租赁合同及补充协议未对合同解除权进行约定，数源公司与三维公司虽均存在违约行为，但都未达到使合同目的不能实现的程度，不应认定构成根本违约，故数源公司与三维公司以对方构成根本违约主张行使法定解除权，均理据不足。本案纠纷发生后，三维公司与数源公司在洪洞县政府主持下于 2007 年 10 月 16 日召开协调会并形成会议纪要，该纪要有双方当事人签字确认，表达了双方当事人均同意终止履行租赁合同及补充协议的意思表示。双方当事人在会议纪要达成后虽也曾试图协商恢复履行租赁合同，但未达成新的一致意见。故本院认定，数源公司与三维公司之间的租赁合同及补充协议自 2007 年 10 月 16 日解除。关于三维公司与数源公司对于因违约造成的损失，各自应当承担的责任比例，本院综合全案事实和双方违约行为与合同不能继续履行的关联性，酌定为数源公司承担 50% 的责任，三维公司承担 50% 的责任。

——中国裁判文书网。

蒋立文、蒋红阳与蔡迴清股权转让纠纷申请再审案［最高人民法院（2013）民申字第 198 号民事裁定书］

裁判要旨：矿山企业股权转让合同的受让人以转让人未在约定期限内交付安全生产许可证，导致合同目的不能实现为由主张解除合同的，应予支持。

最高人民法院认为：4. 关于《转让协议》的目的是否已经实现。蔡迴清受让盛丰公司的股权及资产，其最终目的是获取盛丰公司所属的矿山，进行生产经营。由于蒋立文、蒋红阳未能按照《转让协议》的约定按期交付安全生产许可证，根据国务院颁布的《安全生产许可证条例》第二条关于“国家对矿山企业、建筑施工企业和危险化学品、烟花爆竹、民用爆破器材生产企业（以下统称企业）实行安全生产许可制度。企业未取得安全生产许可证的，不得从事生产活动”的规定，蔡迥清无法进行正常的生产经营活动。故二审判决认定蒋立文、蒋红阳未在2011年12月30日前交付安全生产许可证，并隐瞒盛丰公司存在的重大债务、诉讼，从而导致双方签订《转让协议》的目的不能实现，并无不当。

（二）关于二审判决适用法律是否错误的问题

1. 关于二审判决适用《合同法》第九十四条第四项①的规定是否错误。蒋立文、蒋红阳未能在《转让协议》约定的期限内向蔡迥清交付扩建三万吨批文及安全生产许可证，属于迟延履行债务并导致合同目的不能实现的行为，二审判决适用《合同法》第九十四条第四项的规定，判令解除《转让协议》，并无不当。

——中国裁判文书网。

附录：最高人民法院主流观点

因合同目的不能实现而解除合同适用于迟延履行、不能履行、不适当履行、拒绝履行等各种违约形态，而且无须进行催告。在司法实务中，判断某一违约行为是否属于合同目的不能实现（根本违约），尚需根据违约的具体形态，结合案件情况，通过一定的因素和标准进行斟酌判断。根据一些国家，特别是英美国家法院的判例以及学者的观点，判定违约后果是否重大、是否导致合同目的不能实现一般可以综合考查以下因素：

1. 违约部分的价值或金额与整个合同金额之间的比例。例如，在不适当履行中，如果卖方交付的不符合约定的标的物的价值占全部合同金额的大部分，一般可以认为构成根本违约。

2. 违约部分对合同目标实现的影响程度。在某些案件中，尽管违约部分的价值并不高，但对合同的实现有着重大影响。例如，在成套设备中，某一部件或配件的瑕疵可能导致整套设备无法正常运转。此时，这一违约也可以认定为根本违约。

3. 在迟延履行中，时间因素对合同目的的实现的影响程度。一般来说，时间因素不是合同中的决定性要素，一方迟延履行往往也不会导致另一方的合同目的落空，原则上不允许债权人立即解除合同。此时，应先由债权人向债务人进行催告，只有经催告后债务人在合理期限内仍未履行的，债权人才可以解除合同。但在定期债务中，依照合同性质或当事人的特殊合同目的，不

① 对应《民法典》第五百六十三条。

在特定时日或期间履行，即不能达到合同目的的，当事人一方迟延履行时，可以认定为相对人的合同目的无法实现，相对人可以不经催告而直接解除合同。例如，在中秋节前订购的一批月饼，出卖方迟延交货，致使买受人在中秋节销售的商业目的无法实现，应认定为根本违约，买受人可以直接解除合同。

4. 违约的后果及损害能否得到修补。在适用《联合国国际货物销售合同公约》的条件下，即使违约行为十分严重，可能导致剥夺受害方所期待的东西，但如果这种违约是可以修补的，一般也不认定其构成根本违约。

5. 在分批交货合同中，某一批交货义务的违反对整个合同的影响程度。如果该合同是可分合同，即某一批交货义务的违反并不影响其他交货义务的履行，则对某一批交货义务的违反一般不构成根本违约。如果该合同是不可分的，如某一成套设备的组成部分分批交付，则某一批交货义务的违反将导致整个合同目的无法实现。

6. 在合同不能继续履行的情形下，当事人期待通过合同而达到的交易目的往往无法实现。如果合同不能继续履行是由于一方当事人的违约行为所引起的，则这种违约行为应属于根本违约，合同可以解除。

——最高人民法院民事审判第二庭编：《最高人民法院关于买卖合同司法解释理解与适用》，人民法院出版社 2012 年版，第 409~410 页。

530. 解除权人应在法定或约定期限内行使合同解除权

关键词

商品房预售合同纠纷　解除权　行使期限

最高人民法院裁判文书

春发公司与兴鼎安公司商品房预售合同纠纷案［最高人民法院（2021）最高法民申 1273 号民事裁定书］

裁判要旨：合同解除权作为一种形成权，对当事人权利义务关系之影响甚巨，解除权人长期不行使解除权，会使合同关系处于不确定的状态。解除权人未在法定或约定期限内行使权利，且催告对方履行合同义务的事实，证明其并无意解除合同的意愿。其此后主张合同解除的，人民法院不予支持。

最高人民法院认为，关于春发公司是否超出期限行使合同解除权的问题。

合同解除权作为一种形成权，其行使会引起当事人合同关系的重大变化，如解除权人长期不行使解除的权利，就会使合同关系处于不确定的状态，故合同解除权应在一定期限内行使，以促使法律关系尽早确定。在法律没有规定或者当事人没有约定解除权行使期限的情况下，就当事人合同解除权的行使期限问题，《合同法》第九十五条第二款[①]规定，权利需在经对方催告后的合理期限内行使；《最高人民法院关于审理商品房买卖合同纠纷案件适用法律若干问题的解释》第十五条第二款则进一步明确规定，对方当事人催告的，权利行使的合理期限为三个月，对方当事人没有催告的，解除权应当在发生之日起一年内行使。同时根据上述法律和司法解释的规定，逾期不行使的，解除权消灭。根据案涉合同约定，兴鼎安公司交房时间为 2017 年 12 月 30 日，逾期超过 30 日后买受人春发公司有权解除合同。兴鼎安公司因未在《商品房预售合同》约定的期限内交付符合合同约定条件的房屋，构成逾期交房。据此，春发公司享有合同解除权，该权利自 2018 年 1 月 30 日起算。因双方并无证据证明自 2018 年 1 月 30 日起兴鼎安公司曾催告春发公司行使解除权，故根据上述司法解释的规定该权利的行使期限应自发生之日起一年内，即 2019 年 1 月 30 日之前行使。故原判决认定春发公司于 2019 年 4 月 15 日向兴鼎安公司发出解除合同通知书不发生解除合同的效力，并无不当。春发公司提交的落款时间为 2019 年 4 月 2 日的“催交房屋通知书”本身并不能证明其于当日通过 EMS 向兴鼎安公司邮寄了该通知书。即使能够实现该证明目的，春发公司该积极履行合同的行为恰印证了其当时无意解除案涉合同的事实。鉴于案涉房屋至迟于 2019 年 11 月 27 日已经具备交付条件，本案亦不存在合同目的无法实现的情形，原判决认定春发公司不符合法定解除的情形亦无不当。综上，春发公司有关原判决就春发公司合同解除权问题的认定适用错误的主张，本院不予支持。

531. 解除权之行使，只需向他方当事人以意思表示为之，不必请求法院为宣告解除之形成判决

关键词

解除权　合同解除

《中华人民共和国民法典》条文

第五百六十五条　当事人一方依法主张解除合同的，应当通知对方。合

① 对应《民法典》第五百六十四条。

同自通知到达对方时解除；通知载明债务人在一定期限内不履行债务则合同自动解除，债务人在该期限内未履行债务的，合同自通知载明的期限届满时解除。对方对解除合同有异议的，任何一方当事人均可以请求人民法院或者仲裁机构确认解除行为的效力。

当事人一方未通知对方，直接以提起诉讼或者申请仲裁的方式依法主张解除合同，人民法院或者仲裁机构确认该主张的，合同自起诉状副本或者仲裁申请书副本送达对方时解除。

第七百五十四条 有下列情形之一的，出租人或者承租人可以解除融资租赁合同：

（一）出租人与出卖人订立的买卖合同解除、被确认无效或者被撤销，且未能重新订立买卖合同；

（二）租赁物因不可归责于当事人的原因毁损、灭失，且不能修复或者确定替代物；

（三）因出卖人的原因致使融资租赁合同的目的不能实现。

附录：最高人民法院主流观点

解除权属于形成权，根据《民法典》第五百六十五条第一款之规定，解除合同应当以通知的方式进行，合同自通知到达对方时解除。即一方当事人依法单方通知解除合同的，不需要对方当事人同意即可产生解除合同的效果。出租人或承租人依照《民法典》第七百五十四条和《民法典》第五百六十五条第一款之规定解除融资租赁合同亦可以采取通知的方式。对于通知的具体形式，《民法典》未作明确要求，故为不要式，“当事人可以采用书面形式，也可以通过口头形式，甚至是默示方式，均可产生通知解除合同的效果。”在学说解释上，可以构成解除合同意思表示的情形还包括：提起解除合同并请求恢复原状或损害赔偿的诉讼、对对方的履行请求之诉提出抗辩等。实践中，当事人虽未明确提出“解除合同”这样的术语，但通过其实际告知相对人的内容可推定其有明确的解除合同的意思的，也可视情况认定其进行了通知。最高人民法院在佛山市顺德区胜电厂有限公司与广东南华石油有限公司、广东省石油企业集团燃料油有限公司买卖合同纠纷一案的判决书中指出：“只要解除权人通过一定的形式向对方当事人表达了解除合同的意思且该意思表示为对方所知悉，即可发生解除合同的效力，并不一定非要采取书面文字通知的方式，更不需要被通知人的同意。”

解除权之行使，只需向他方当事人以意思表示为之，不必请求法院为宣告解除之形成判决。根据《民法典》第五百六十五条第一款之规定，在单方通知解除，合同解除的时间是“通知到达对方时”。“法院的判决在合同解除纠纷中的作用，仅仅是确认当事人有无解除合同的权利，以及当事人是否已经合法解除了合同，而不是代替当事人作出解除合同的决定，或者决定当事人之间的合同应当自何时起解除。”如果解除权人根据《民法典》第五百六十五条之规定通知解除合同后，仍起诉请求解除合同的，法院宜在判决说理部分确认合同已于解除通知送达当事人之日解除，进而对合同解除后的法律后果作出裁判。

另需注意，根据《民法典》第五百六十五条第二款“当事人一方未通知对方，直接以提起诉讼或者申请仲裁的方式依法主张解除合同，人民法院或者仲裁机构确认该主张的，合同自起诉状副本或者仲裁申请书副本送达对方时解除”的规定，当事人直接向人民法院起诉或向仲裁机构申请解除合同的，不以先行通知合同相对人解除合同为必要前提。

——最高人民法院民法典贯彻实施工作领导小组编著：《中国民法典适用大全（合同卷）》，人民法院出版社 2022 年版，第 2361 页。

532. 合同僵局下违约方能否通过诉讼解除合同

关键词

合同僵局　合同解除　长期性合同　非金钱债务　违约责任

《中华人民共和国民法典》条文

第五百八十条　当事人一方不履行非金钱债务或者履行非金钱债务不符合约定的，对方可以请求履行，但是有下列情形之一的除外：

（一）法律上或者事实上不能履行；

（二）债务的标的不适于强制履行或者履行费用过高；

（三）债权人在合理期限内未请求履行。

有前款规定的除外情形之一，致使不能实现合同目的的，人民法院或者仲裁机构可以根据当事人的请求终止合同权利义务关系，但是不影响违约责任的承担。

最高人民法院审判业务意见（第二巡回法庭法官会议纪要）

解除权作为一种形成权，除非法律、司法解释另有规定外，通常只赋予合同关系中的守约方，违约方并不享有解除权。违约方请求人民法院判决解除合同，属于行使诉权而非实体法上的合同解除权。

人民法院应根据合同是否能够继续履行、当事人是否陷入合同僵局以及是否存在情势变更等情形，对合同是否解除作出裁判。人民法院判决解除合同的，该判决为变更判决，守约方可以主张违约方赔偿其因此而遭受的损失，包括合同履行后可以获得的可得利益损失。

附：案情简介

A 房地产开发公司开发了大片商业用房项目，并将大部分项目整体出租给一家百货公司，用于商业广场经营，剩下部分划分为单个小店面卖给个人，由个人在广场内个体经营。其中，自然人 B 以 36 万元价格购买其中一间小店面，但 A 公司尚未为 B 办理产权过户。不久，百货公司倒闭，项目闲置，A 公司需要对整体项目进行调整，重新规划布局，因诸多小店面存在无法整体规划，为此，A 公司陆续与小业主解除商铺买卖合同，并支付相应对价。B 不同意解除合同，提出如 A 公司解除合同，须支付 600 万元。A 公司诉至法院，请求解除合同。

——《违约方请求法院判决解除合同并非行使合同解除权（最高人民法院第二巡回法庭 2019 年第 13 次法官会议纪要）》，载贺小荣主编：《最高人民法院第二巡回法庭法官会议纪要（第一辑）》，人民法院出版社 2019 年版，第 33~34 页。

附录：最高人民法院法官著述

关于合同僵局情况下，违约方能否通过诉讼解除合同问题，一直是司法实践中的争议问题，对此，《全国法院民商事审判工作会议纪要》第四十八条规定，违约方不享有单方解除合同的权利。但是，在一些长期性合同如房屋租赁合同履行过程中，双方形成合同僵局，一概不允许违约方通过起诉的方式解除合同，有时对双方都不利。在此前提下，符合下列条件，违约方起诉请求解除合同的，人民法院依法予以支持：（1）违约方不存在恶意违约的情形；（2）违约方继续履行合同，对其显失公平；（3）守约方拒绝解除合同，违反诚信原则。人民法院判决解除合同的，违约方本应当承担的违约责任不能因解除合同而减少或者免除。

《民法典》第五百八十条对这个问题，虽然没有完全采纳《全国法院民商事审判工作会议纪要》的写法，但从解决合同僵局的角度规定，当事人一方不履行非金钱债务或者履行非金钱债务不符合约定的，对方可以请求履行，但是有下列情形之一的除外：（1）法律上或者事实上不能履行；（2）债务的标的不适于强制履行或者履行费用过高；（3）债权人在合理期限内未请求履行。有前款规定的除外情形之一，致使不能实现合同目的的，人民法院或者仲裁机构可以根据当事人的请求终止合同权利义务关系，但是不影响违约责任的承担。《民法典》的这个规定，对于一定程度上解决合同僵局有重要意义。

——刘敏：《民法典总则编、合同编重点问题解读》，载最高人民法院民事审判第一庭编:《民事审判指导与参考》2021 年第 1 辑（总第 85 辑），人民法院出版社 2021 年版，第 106~107 页。

533. 违约方不享有使用以通知方式解除合同的权利

关键词

合同解除　单方解除权　恶意违约

最高人民法院裁判文书

北京居然之家投资控股集团有限公司与马鞍山市煜房地产开发有限公司房屋租赁合同纠纷案［最高人民法院（2020）最高法民申 6019 号民事裁定书］

裁判要旨：使用通知方式解除合同的权利属于享有法定或者约定解除权的当事人才能行使的权利，作为违约方，并不享有该单方通知解除权。如违约方认为合同的继续履行将给其自身造成重大损害而对其显失公平，则应当通过起诉的方式向法院提出解除合同的诉讼请求，违约方向守约方发送解除合同的通知，不能产生解除双方之间合同的法律后果，否则将鼓励恶意违约行为，有违交易的初衷，不利于经济秩序的稳定。

最高人民法院认为：本案中，居然之家公司以经营不善为由向煜公司发函，要求解除租赁合同，但使用通知方式解除合同的权利属于享有法定或者约定解除权的当事人才能行使的权利，而居然之家公司作为违约方，并不享有上述单方通知解除权。如居然之家公司认为租赁合同继续履行下去将给其自身造成重大损害因而对其显失公平，应当通过起诉的方式向法院提出解除案涉租赁合同的诉讼请求，故居然之家公司向煜公司发送解除合同的通知，不能产生解除双方之间租赁合同的法律后果。案涉租赁合同亦不存在其他法律规定或者当事人约定终止的其他情形。居然之家公司主张其根据案涉租赁合同第 15.2 条第（3）项约定（即发生不可抗力或一方违约导致合同无法履行的，租赁合同终止）通过撤场腾退物业、于行政机关处办理关店备案、向社会进行公告等多种形式，达到了合同终止的目的和事实状态，对此本院认为，对上述条款的解读，应根据该条款的语境，结合诚实信用原则及鼓励交易等合同法基本原则，进行有利于守约方的体系解读，即：守约方在对方违约导致合同无法履行的情况下可以终止合同，而不应解读为违约方可以通过严重违约的方式来任意解除或终止合同，否则将鼓励恶意违约行为，有违交易的初衷（案涉租赁合同约定的合同租期为 20 年），不利于经济秩序的稳定。

——中国裁判文书网。

534. 不享有合同解除权的一方向对方发出解除通知，另一方即便未在异议期限内提起诉讼，也不发生合同解除的效果

关键词

合同解除权　解除通知　异议期限

最高人民法院裁判文书

南通市华晋置业有限公司与山西军威科技有限公司合同纠纷案［最高人民法院（2020）最高法民终 199 号民事判决书］

裁判要旨：只有享有法定或者约定解除权的当事人才能以通知方式解除合同。不享有解除权的一方向另一方发出解除通知，另一方即便未在异议期限内提起诉讼，也不发生合同解除的效果。人民法院在审理案件时，应当审查发出合同解除通知的一方是否享有约定或者法定的解除权，不能仅以受通知一方在约定或者法定的异议期限内未向人民法院起诉这一事实就认定合同已经解除。

最高人民法院认为：人民法院在审理案件时，应当审查发出解除通知的一方是否享有约定或者法定的解除权，不能仅以受通知一方在约定或者法定的异议期限内未向人民法院起诉这一事实就认定合同已经解除。

具体到本案中，军威公司虽于 2017 年 9 月 22 日向南通华晋公司发出了《解除合同通知书》，但该份通知书并不能产生解除涉案合同的效果。本院具体分析如下：

1. 关于南通华晋公司未支付合作费用 1000 万元是否构成违约。南通华晋公司对其未按协议约定支付第三笔合作费用 1000 万元的事实并无异议，其上诉称不支付该笔费用系依法行使同时履行抗辩权、不安抗辩权，不构成违约。

但根据《合同法》第六十六条[①]“当事人互负债务，没有先后履行顺序的，应当同时履行。一方在对方履行之前有权拒绝其履行要求。一方在对方履行债务不符合约定时，有权拒绝其相应的履行要求”以及第六十八条“应当先

① 对应《民法典》第五百二十五条。

履行债务的当事人，有确切证据证明对方有下列情形之一的，可以中止履行：（一）经营状况严重恶化；（二）转移财产、抽逃出资，以逃避债务；（三）丧失商业信誉；（四）有丧失或者可能丧失履行债务能力的其他情形。当事人没有确切证据中止履行的，应当承担违约责任”的规定，同时履行抗辩权适用于当事人互负债务，但没有约定先后履行顺序的情形，不安抗辩权的主体则系特定情形下的负有先履行义务的当事人。

而根据涉案《合作开发合同书》的约定，南通华晋公司应在2014年6月份支付涉案1000万元合作费用，军威公司应确保2013年10月20日开始桩基工程，2013年办理《国有土地使用证》。

从上述时间点的约定看，南通华晋公司并非负有先履行义务的当事人，本案也不属于没有约定先后履行顺序的情形。且涉案《合作开发合同书》虽约定军威公司给南通华晋公司开设独立的银行专用账户，但并未载明办理期限。至于南通华晋公司所主张的置地港泰公司、恒地公司拖欠南通六建公司工程款事宜，因军威公司并非南通华晋公司所称的欠款主体，南通华晋公司主张其据此对军威公司有权行使不安抗辩权依据不足。

同时，根据《合同法》第六十六条、第六十八条[①]的规定，同时履行抗辩权、不安抗辩权均发生在双务合同中，且两项债务存在对价关系。

而本案中，南通华晋公司所主张的军威公司未按期办理《国有土地使用证》等违约情形，与南通华晋公司所负有的合作费用支付义务不存在对价关系，南通华晋公司主张其未按约支付合作费用1000万元不构成违约的上诉理由不能成立，本院不予采信。

2. 关于军威公司行使解除权是否超出合理期限。因南通华晋公司未按约支付第三笔合作费用1000万元，军威公司依据涉案《合作开发合同书》第七条第二款的约定，在2014年7月时已享有约定解除权。《合同法》第九十五条规定：“法律规定或者当事人约定解除权行使期限，期限届满当事人不行使的，该权利消灭。法律没有规定或者当事人没有约定解除权行使期限，经对方催告后在合理期限内不行使的，该权利消灭。”[②]

从该规定可以看出，解除权的行使是法律赋予当事人保护自己合法权益的手段，但该权利的行使并非毫无限制。解除权应在法律规定或者当事人约定的解除权行使期限内行使。如果法律没有规定或者当事人没有约定解除权行使期限的，解除权人应当基于诚实信用原则在合理期限内行使，未在合理期限内行使的，解除权消灭。

本案中，从涉案《合作开发合同书》的约定内容看，南通华晋公司不仅

① 对应《民法典》第五百二十七条。

② 对应《民法典》第五百六十四条。

负有向军威公司支付合作开发费用的义务，还负有指定施工单位、投资参与涉案项目开发建设等义务。从维护市场经济秩序考量，军威公司应在合同约定的解除权形成后的一定期限内及时行使合同解除权，避免其与南通华晋公司之间的合同关系处于长期不确定状态，影响经济秩序稳定和交易安全。

但军威公司自2014年7月起至2017年9月22日发出《解除合同通知书》止，长达3年多的时间内，并未行使合同解除权，反而于2014年8月1日为南通华晋公司办理了A座《建设工程规划许可证》，于2015年9月11日为南通华晋公司办理了A座《建筑工程施工许可证》，于2015年9月28日办理了《商品房预售许可证》。军威公司上述履行行为已使南通华晋公司产生了信赖利益，南通华晋公司也正是基于对涉案《合作开发合同书》的约定以及军威公司上述行为的信任，才对涉案A座办公楼实施建设行为。在涉案A座办公楼已经封顶的情况下，军威公司才提出解除涉案合同，显然已经超出了合理期限。

同时，根据《合同法》第九十四条[①]“有下列情形之一的，当事人可以解除合同:（一）因不可抗力致使不能实现合同目的;（二）在履行期限届满之前，当事人一方明确表示或者以自己的行为表明不履行主要债务;（三）当事人一方迟延履行主要债务，经催告后在合理期限内仍未履行;（四）当事人一方迟延履行债务或者有其他违约行为致使不能实现合同目的;（五）法律规定的其他情形”的规定，解除合同的情形除了因不可抗力致使合同目的无法实现和法律规定的其他情形，主要在于违约方不履行合同主要义务，或者导致合同目的不能实现时，守约方方可行使解除权。对于约定解除权的行使亦应遵循相同原则。

本案中，军威公司在涉案合同履行中本身也存在将涉案国有土地使用权对外办理抵押等违约行为。且南通华晋公司已支付了9000万元合作费用中的8000万元，履行了大部分义务，对于剩余的1000万元合作费用，军威公司虽称其曾向南通华晋公司进行过催收，但对此也未提供充分证据予以佐证。此外，鉴于南通华晋公司在收到涉案《解除合同通知书》后，在该份通知书约定的异议期内即回函表示不同意解除合同，加之以上所述，本案也不存在合同解除权异议超期的问题。

因涉案《合作开发合同书》并未因军威公司发出《解除合同通知书》而解除，南通华晋公司要求继续履行合同，具有事实依据。但因南通华晋公司在起诉状中并未明确继续履行的具体内容，且在一审庭审中表示该请求是指继续履行《合作开发合同书》。二审中又称继续履行仅指“A座办公楼所有权归南通华晋公司所有，协助将A座办公楼的产权登记在其名下”。前后陈述

① 对应《民法典》第五百六十三条。

亦不一致。根据《最高人民法院关于适用〈中华人民共和国民事诉讼法〉的解释》第四百六十三条第二款“法律文书确定继续履行合同的，应当明确继续履行的具体内容”的规定，对其该部分上诉请求，本院在判项中不再予以表述。双方当事人应根据涉案《合作开发合同书》的约定，继续履行该合同，对于履行中所发生的争议，可以协商或依法予以解决。

——中国应用法学研究所主编：《中华人民共和国最高人民法院案例选》（第五辑），法律出版社 2021 年版。

535. 双务合同当事人均违约的，判断当事人是否享有解除权的要点

关键词

合同解除　双务合同　违约

最高人民法院公报案例、最高人民法院裁判文书

兰州滩尖子永昶商贸有限责任公司等与爱之泰房地产开发有限公司合作开发房地产合同纠纷案［最高人民法院（2012）民一终字第 126 号民事判决书］

裁判摘要：在双务合同中，双方均存在违约的情况下，应根据合同义务分配情况、合同履行程度以及各方违约程度大小等综合因素，判断合同当事人是否享有解除权。

最高人民法院认为：本案的争议焦点为，永昶商贸公司和农垦机电公司对联建协议及补充协议是否享有法定解除权。爱之泰公司提出，农垦机电公司不具备联建协议的当事人资格。永昶商贸公司和农垦机电公司主张爱之泰公司主要存在两项违约行为：一是未办理案涉联建项目的报建、规划、施工、预售等手续，致使案涉项目形成违章建筑并得到处罚；二是未按期交付联建房产。

关于农垦机电公司是否具备联建协议当事人资格的问题。根据一审查明的事实，2001 年 7 月 18 日、2001 年 8 月 5 日、2001 年 11 月 21 日、2003 年 10 月 10 日、2006 年 1 月 12 日、2006 年 12 月 11 日、2006 年 12 月 22 日，农垦机电公司与爱之泰公司签订了多份联建合作协议及补充协议爱之泰公司认可其与农垦机电公司签订的各个联建协议的真实性和有效性。根据

《合同法》第八条第二款[①]的规定，依法成立的合同，受法律保护，故农垦机电公司是案涉多份联建协议及补充协议的合同主体，其合同权利应受法律保护。2006 年 12 月 22 日永昶商贸公司、农垦机电公司和爱之泰公司三方签订的补充协议第 2 条约定，“现联建开发建设项目占地 5.019 市亩，虽然以前是以永昶商贸公司名义的土地使用权的宗地，但其中约 2.33 市亩土地，实际为农垦机电公司所用地，并以此为参与该联建分成的依据”，由上可以看出，虽然案涉土地使用权登记在永昶商贸公司名下，但各方对案涉土地真实权属状况是明知的，合同约定也是明确的，该合同约定亦不违背法律的规定，故上述约定对各方具有约束力。退一步讲，即使农垦机电公司对标的物无任何处分权，亦不影响各联建协议及补充协议的效力，农垦机电公司仍享有相关的合同权利。综上，爱之泰公司以农垦机电公司对案涉土地无任何权益为由主张农垦机电公司不具备联建主体资格的理由不能成立。

关于未办理案涉项目报建、规划等手续问题。根据已经查明的事实，2001 年 5 月农垦机电公司与爱之泰公司签订的《联建补充协议》第三条约定，案涉项目的报建立项均以爱之泰公司名义进行，各项交费由爱之泰公司承担支付，除土地证在工程前期仍以农垦机电公司名义办理外，其他四证在报建立项过程中均以爱之泰公司名义申领。2001 年 11 月 21 日滩尖子农工商企业总公司与爱之泰公司签订的《联建合作协议书》第一条第 4 项约定，爱之泰公司负责全部建设报批工作和建设施工设计以及技术评审的全部工作，直至开工一切手续办理完毕（规划用地许可证、规划建设许可证、施工建设许可证），所需费用全部由爱之泰公司承担，具备建设开工的条件；第二条第 3 项约定，滩尖子农工商企业总公司有义务配合爱之泰公司在项目报批中所需的一切与本项目有关的土地文件与相关手续。兰州市工商行政管理局市场管理二分局行政处罚决定书中载明，爱之泰公司的陈述意见为：“规划手续没有办下来的原因是原兰州滩尖子农工商总公司以雁滩家具市场为代表的，所有该公司所属全部约一百多个开发建设项目，从来没依法办理过规划建设手续。为此，兰州市规划局对该公司 2005 年以后的新开工项目的规建手续，一律以让其补齐以前的项目规划手续为由，将银垠大厦的规建手续拖至今日也没有办理。”从上述事实可以看出，对案涉联建项目的报批手续等，各方均须履行一定义务，现各方均未能提供充分证据证明已履行相应义务，故导致案涉项目规划手续未能有效办理，各方均应承担相应的责任。根据一审查明的事实，2004 年 12 月 21 日签约三方就爱之泰公司要求先行开工问题签署了一份会议纪要，纪要内容：同意先行开工。这也说明各方对边开工边办理相关手续是达成一致的。2006 年 6 月 28 日兰州市规划局《违法建设案件行政处罚决定

① 对应《民法典》第四百六十五条。

书》(兰规监〔2006〕070号)第2项载明："责令补办建设工程规划手续。"从兰州市规划局的处罚决定看，案涉项目并非根本性违法建筑，而是属于可以补办工程规划手续的项目。综上，办理案涉项目各项规划手续是联建三方的共同义务，爱之泰公司负责办理工作，永昶商贸公司和农垦机电公司负责协助，导致案涉项目规划手续未能办理，各方均有一定责任。而且，各方对案涉项目先开工后补办手续也是明知并认可的。同时，根据相关行政部门的决定，案涉项目并非根本性违章建筑，可以通过补办相关规划手续使之合法化。因此，爱之泰公司虽然未成功办理规划手续，但并不属于根本性违约导致合同目的不能实现，原判决以爱之泰公司未办理规划等手续导致案涉项目为违章建筑为由，认定永昶商贸公司和农垦机电公司有权解除合同，无事实和法律依据。

关于爱之泰公司未按时交付联建房产问题。2003年10月10日，农垦机电公司与爱之泰公司签订的《联建补充协议》第1条约定，因拆除家属楼关系拆迁户的补偿和安置问题，爱之泰公司应在本协议签订之日起30个月内完成全部工程，将约定面积交付农垦机电公司使用，如果没有按期交付使用，爱之泰公司应承担农垦机电公司拆迁户的安置费，爱之泰公司如在36个月内不能完成大楼建设工程，农垦机电公司视爱之泰公司违约。爱之泰公司应承担农垦机电公司各种损失(如拆除楼房所造成的各种损失)。2006年1月12日爱之泰公司与农垦机电公司签订的《协议书》第十四条约定，爱之泰公司施工工期从2006年2月20日起，施工期限不能超过30个月，如超过施工期限后，违约赔偿金每月3万元。2006年10月11日，城建公司与永昶商贸公司、农垦机电公司、爱之泰公司签订的四方协议约定，银垠大厦工程在2007年10月20日不能交付使用，农垦机电公司所用城建公司垫付的拆迁补偿款由爱之泰公司无条件全额返还。从上述合同约定情况看，各方对何时交付联建房产并没有特别严格的时间要求，交房时间一直处于变动中，亦未有逾期交房解除合同的约定。而2008年案涉项目主体工程已经完工。故虽然爱之泰公司存在迟延履行债务的行为，但尚未达到不能实现合同目的之严重程度。在2009至2011年期间，爱之泰公司与施工方宏成公司一直处于诉讼中，本案一审亦因上述诉讼而中止审理。故关于案涉项目停工3年有余是因爱之泰公司无后续履行资金的主张，并无充分事实依据。爱之泰公司欠付工程款及其他材料款的事实与本案属于不同的法律关系，不能因此认定爱之泰公司以自己的行为表明不履行合同义务。原判决在认定爱之泰公司违约的同时，亦认定永昶商贸公司未按照约定将案涉土地过户到爱之泰公司名下，构成违约。本院认为，在双务合同中，双方均存在违约的情况下，应根据合同义务分配情况、合同履行程度以及各方违约大小等综合考虑合同当事人是否享有解除权。综合全案情况看，爱之泰公司承担了联建项目中的主要工作，并已经履行了大部分合同义务，案涉项目主体工程已经完工，在各方均存在违约的情况下，认定永昶商贸公司和农垦机电公司享有法定解除权，无事实和法律依据，并导致合同双方利益的显著失衡。原判决解除合同不妥，本院予以纠正。同时，根据《合同法》第一百一十二条[①]规定，当事人一方不履行合同义务或者履行合同义务不符合约定的，在履行义务或采取补救措施后，对方还有其他损失的，应当赔偿损失。因此，合同继续履行并不影响各方要求对方承担违约责任的权利。

——《最高人民法院公报》2015 年第 5 期。

536. 一方当事人在合同履行过程中存在瑕疵履行，但并不必然导致另一方当事人享有法定解除权

关键词

合同履行　瑕疵履行　法定解除权

最高人民法院裁判文书

武汉东原毅安房地产开发有限公司与武汉国华礼品发展有限公司、朱军伟合同纠纷案［最高人民法院（2020）最高法民终 1111 号民事判决书］

裁判要旨：在土地开发合同中，办理顺位抵押的义务属于合同的从义务，不是合同的主义务。一方当事人未办理土地顺位抵押，构成对合同从义务的瑕疵履行，不构成根本违约，另一方当事人不能据此取得法定解除权，合同应当继续履行。

最高人民法院认为：《国华礼品城二期项目合作协议》系东原毅安公司、国华礼品公司、朱军伟的真实意思表示，内容不违反法律、法规的禁止性规定，亦不损害国家、集体和第三人的利益，应属合法有效。

一、关于国华礼品公司未办理国华礼品城一期项目抵押是否构成根本违约的问题。对该问题的主要争议是对《国华礼品城二期项目合作协议》第 2.4 条如何理解。《国华礼品城二期项目合作协议》第 2.4 条约定：“甲乙各方共同确认，乙方通过项目公司或乙方（含乙方关联方，下同）自本协议签订之日起 5 个工作日内向本协议共管账户支付 6 亿元……在上述 6 亿元转账至共管账户之日起 5 个工作日内，甲方配合办理：（1）甲方一提供书面保证担保；

① 对应《民法典》第五百八十三条。

（2）甲方二办理 100% 股权质押登记手续；（3）甲方二出具国华礼品城项目地块一期房屋建筑物自本协议签订之日起 3 个月内办理顺位抵押的书面承诺。自甲方配合完成上述所有担保和书面担保承诺之日起，共管账户解除共管。在合作标的《国有土地使用权证》办理完毕且抵押给乙方之日起 5 个工作日内，甲乙各方共同配合办理：（1）解除甲方二 100% 股权质押；（2）解除甲方一不可撤销连带保证担保；（3）撤销国华礼品城项目地块一期房屋建筑物自本协议签订之日起 3 个月内办理顺位抵押的书面承诺"。

本院认为，第一，从《国华礼品城二期项目合作协议》内容来看，"甲方二出具国华礼品城项目地块一期房屋建筑物自本协议签订之日起 3 个月内办理顺位抵押的书面承诺"，此句的宾语是"书面承诺"，而"国华礼品城项目地块一期房屋建筑物"和"自本协议签订之日起 3 个月内办理顺位抵押"是"书面承诺"的定语，是用于说明、限定"书面承诺"的。因此，原审根据文意理解，认定该项合同义务是要求国华礼品公司出具书面承诺，而非办理国华礼品城一期项目房产抵押并无不当。东原毅安公司主张国华礼品公司在《国华礼品城二期项目合作协议》项下的义务是办理房产抵押而非单纯出具《承诺函》的理由不能成立。

第二，本案已查明，2017 年 4 月 15 日国华礼品公司向东原毅安公司出具《承诺函》，承诺以汉正广场项目一期所有未售资产为东原毅安公司办理顺位抵押手续。东原毅安公司亦于 2017 年 11 月 9 日向国华礼品公司出具了《关于要求立即履行国华汉正项目二期未尽事宜的催告函》，该函载明，"我司在收到上述函件后，立即解除对贵司共管户的 6 亿元资金共管"。所以，从东原毅安公司在国华礼品公司出具《承诺函》之后解除共管账户的行为来看，表明其亦认可 2.4 条中国华礼品公司的义务是出具书面承诺，而非办理顺位抵押。故原审认定《承诺函》系《国华礼品城二期项目合作协议》的从合同、办理顺位抵押为国华礼品公司的从义务而非主要合同义务亦无不当。东原毅安公司关于《承诺函》与《国华礼品城二期项目合作协议》具有同等法律效力的主张不能成立。

第三，根据本案已查明的事实，2017 年 4 月 15 日国华礼品公司向东原毅安公司出具《承诺函》，承诺以汉正广场项目一期所有未售资产为东原毅安公司办理顺位抵押手续，但该《承诺函》中并未明确办理顺位抵押手续的期限，即国华礼品公司出具的书面承诺不符合《国华礼品城二期项目合作协议》2.4 条的约定，没有将办理顺位抵押手续的期限限定在《国华礼品城二期项目合作协议》签订之日起 3 个月内，故国华礼品公司履行合同义务有瑕疵。但因《国华礼品城二期项目合作协议》2.4 条约定国华礼品公司的合同义务是出具书面承诺，故该瑕疵不构成根本违约。

第四，东原毅安公司虽然在二审期间作为新证据提交了《会议纪要》《谈话录音》《董事会会议录音》《民事起诉状》《案件受理通知书》、电子邮件、项目现场照片、相关网站发布的信息等证据，但因上述证据中部分无原件，且国华礼品公司、朱军伟也不认可，东原毅安公司亦不能提供其他证据与之相互印证，故东原毅安公司提交的上述证据尚不能充分证明其主张，故本院对东原毅安公司提交的上述证据均不予采信。

综上，国华礼品公司履行合同义务虽有瑕疵，但不构成根本违约。原审对东原毅安公司要求解除案涉《国华礼品城二期项目合作协议》的主张不予支持并无不当。

二、关于东原毅安公司是否因国华礼品公司未在案涉《国华礼品城二期项目合作协议》签订之日起60日内取得合作项目的土地使用权证而享有合同解除权的问题。本院认为，案涉《国华礼品城二期项目合作协议》第2.5条约定："甲乙各方共同推进合作标的《国有土地使用权证》或者《不动产登记证》办理等工作，包括但不限于对合作标的规划设计条件变更（含增容）及补缴土地出让金，签订国有建设用地土地出让合同和办理《国有土地使用权证》等，甲乙各方共同配合办理合作标的《国有土地使用权证》并争取自本协议签订之日起60日内办理完毕。"根据上述约定，东原毅安公司与国华礼品公司并未就案涉《国有土地使用权证》的办理期限作出明确约定，而且办理案涉《国有土地使用权证》并非是国华礼品公司的单方义务，东原毅安公司亦未提交证据证明国华礼品公司对案涉《国有土地使用权证》未在各方期望的时限内办理完成存在过错，因此不能认定国华礼品公司、朱军伟应对未在案涉《国华礼品城二期项目合作协议》签订之日起60日内取得合作项目的土地使用权证负有责任，亦不能认定东原毅安公司据此享有合同解除权。所以，原审认定国华礼品公司并不构成根本违约，东原毅安公司亦不享有法定合同解除权正确，本院予以维持。

三、关于案涉《国华礼品城二期项目合作协议》能否继续履行的问题。本院认为，东原毅安公司主张存在日照问题导致案涉项目无法取得工程规划许可证，为此其在二审期间提交了部分新证据。但经本院审查认为，该证据只能证明案涉项目存在影响周边住户日照的问题，并不能充分证明案涉项目未取得工程规划许可证是因日照问题所致。而且，取得案涉项目的工程规划许可证也并非国华礼品公司、朱军伟的单方义务，未取得工程规划许可证亦非国华礼品公司、朱军伟的责任所致，因此，未取得工程规划许可证并不符合合同法定解除的情形。关于东原毅安公司先行支付的6亿元预付款。根据合同约定，该款项为在建工程转让款，而非在建工程的建设资金，且东原毅安公司亦同意解除对该6亿元的冻结，故国华礼品公司使用该6亿元预付款并未违反合同约定。而东原毅安公司主张国华礼品公司资信情况恶化，但其提交的新证据均无法充分证明其证明目的，且资信情况恶化亦不属于案涉

《国华礼品城二期项目合作协议》的法定解除理由。此外，国华礼品公司已于2018年9月3日结清了交通银行股份有限公司武汉武胜支行的贷款，银行也已经解除了对国华礼品城一期项目未售资产的抵押，国华礼品公司愿意随时为东原毅安公司办理国华礼品城一期项目未售资产的抵押登记手续。因此，原审根据合同约定以及本案的客观实际，从维护交易的稳定性等方面综合考虑，认定本案合同应继续履行正确，本院亦予以维持。

——中国裁判文书网。

537. 在双务合同中，法院经审理认定合同解除的，还应对同时返还作出认定

关键词

双务合同　合同解除　同时返还

最高人民法院裁判文书

中国建筑一局（集团）有限公司与鞍山京辉置业有限公司、常熟京辉置业有限公司建设工程施工合同纠纷案［最高人民法院（2022）最高法民终364号民事判决书］

裁判要旨：在双务合同中，原告起诉请求解除合同，被告主张合同应继续履行的，法院应当向被告释明，告知其可提出返还请求，法院经审理认定合同解除的，还应对同时返还作出认定，避免因判令单方返还而出现不公平的结果。

最高人民法院认为：关于案涉合同应否解除问题。双方签订的《建设工程招投标书（建设工程合同书）》，意思表示真实，内容不违反法律、行政法规的强制性规定，应属合法有效，对双方均具有约束力。案涉合同协议条款第21.3.2条载明："因重大政策调整、人力不可抗力及甲方原因导致工期停建、缓建，使合同不能继续履行，双方可以签订工程停工、缓建协议，或终止本合同。"根据该约定，如案涉工程因客观原因或鞍山京辉公司原因缓建、停建，双方应签订正式协议，并就复工事宜作出安排。本案中，案涉工程进入冬季停工期而暂停施工，期间，鞍山京辉公司向中建一局发函通知暂缓施工，此后，双方会同监理单位共同对施工现场进行盘点，审核已完工程造价，签署会议纪要，就项目停工后结算及付款事宜进行商议。冬季停工期满后，双方均没有复工的意思表示，亦未就复工做相关准备工作。虽然鞍山京辉公

司与中建一局并未签订正式的书面协议，但双方就案涉工程的缓建、停建一事达成了共识，并以实际行动表明不愿继续履行案涉合同。中建一局向辽宁高院提起诉讼，请求解除案涉合同，系行使合同约定的解除权，辽宁高院判决案涉合同解除，鞍山京辉公司与中建一局均未就此提起上诉，说明双方对合同解除并无异议。

在双务合同中，原告起诉请求解除合同，被告主张合同应继续履行的，人民法院应当向被告释明，告知其可以提出返还请求，法院经审理认定合同解除的，还应对同时返还作出认定，避免因判令单方返还而出现不公平的结果。本案中，辽宁高院未向鞍山京辉公司释明，二审法院可以直接释明并改判。但因本案双方争议较大，施工现场的物料及施工资料较多，返还财产的范围在本案审理过程中难以确定，后续的清点、移交等工作亦相对复杂，故本院对鞍山京辉公司关于中建一局承担返还义务的主张不予审理，鞍山京辉公司可通过另行起诉等方式解决。

——中国裁判文书网。

538. 相对人未进行催告，解除权人行使解除权是否有期限限制

关键词

合同解除权　催告

最高人民法院司法解释

第十一条　根据民法典第五百六十三条的规定，出卖人迟延交付房屋或者买受人迟延支付购房款，经催告后在三个月的合理期限内仍未履行，解除权人请求解除合同的，应予支持，但当事人另有约定的除外。

法律没有规定或者当事人没有约定，经对方当事人催告后，解除权行使的合理期限为三个月。对方当事人没有催告的，解除权人自知道或者应当知道解除事由之日起一年内行使。逾期不行使的，解除权消灭。

——《最高人民法院关于审理商品房买卖合同纠纷案件适用法律若干问题的解释》（2020 年 12 月 29 日修正）。

最高人民法院审判业务意见（民事审判第一庭意见）

最高人民法院民一庭意见：参照《最高人民法院关于审理商品房买卖合同纠纷案件适用法律若干问题的解释》第十五条第二款的规定，对于房屋买卖合同纠纷，对方当事人没有催告的，解除权应当在解除权发生之日起 1 年内行使。逾期未行使的，解除权消灭，但法律另有规定或者当事人另有约定

的除外。

附：案情简介

1999 年 8 月 18 日，蒋某与吕某签订了一份购房协议。双方约定：蒋某将其所有的一处两间门面房卖给吕某，总价款为人民币 110000 元；付款方式为，吕某于签订协议的当天支付人民币 40000 元，2000 年春节前支付人民币 40000 元，余款于 2000 年 7 月底前结清，否则蒋某有权收回房屋。协议签订当日，吕某向蒋某付款人民币 40000 元，同时，蒋某将房屋交付给吕某。2000 年 10 月 31 日，吕某付款人民币 30000 元。此后，吕某再未付款。2003 年 1 月，蒋某取得了该门面房的所有权证。2004 年 1 月，蒋某为此向人民法院提起诉讼，请求判令吕某交还该房屋，承担违约金，并承担本案诉讼费。审理中，围绕该合同是否应当解除的问题，蒋某认为，吕某应当于 2000 年 7 月底前付清房款，否则其有权收回房屋，但从签约后到起诉，吕某仅支付了 70000 元，余款吕某拒绝支付，故蒋某有权解除购房合同；吕某则认为，双方签订的合同合法有效，不应当解除。

——王淳、沈明磊：《相对人未进行催告，解除权人行使解除权是否有期限限制》，载最高人民法院民事审判第一庭编：《中国民事审判前沿》2005 年第 2 集，法律出版社 2005 年版，第 184 页。

539. 解除合同方未向对方提出而是在其他合同中与他人约定解除前述合同的，不发生合同解除的效果

关键词

合同解除　合同当事人

最高人民法院公报案例、最高人民法院裁判文书

广东中岱企业集团有限公司、广东中岱电讯产业有限公司、广州市中珊实业有限公司与广东达宝物业管理有限公司股权转让合作纠纷案［最高人民法院（2010）民提字第 153 号民事判决书］

裁判要旨：当事人订立合同后，一方要解除合同应当向对方当事人提出。解除合同方未向对方提出而是在其他合同中与他人约定解除前述合同的，不发生合同解除的效果。

最高人民法院认为：中岱集团公司、中岱电讯公司、中珊公司提供的

《合作合同书》载明该《合作合同书》系《合作协议书》签订后达宝公司又与中珊公司股东夏乘风、苏雄所签订，且《合作合同书》中载明该合同签订之日《合作协议书》自动失效。因《合作合同书》中载明的当事人达宝公司否认该合同书的真实性，且主张该合同书系申诉人利用《合作协议书》的相关签约文件变造而成，故该《合作合同书》系真伪不明。达宝公司要使其签订的《合作协议书》失效或者解除《合作协议书》，应当向《合作协议书》的当事人作出表示，但夏乘风、苏雄并不是《合作协议书》的当事人，所以即使《合作合同书》真实有效，该合同中有关《合作协议书》自动失效的约定也不能发生《合作协议书》解除的效果。申诉人主张《合作合同书》解除了《合作协议书》，不能成立，本院对其主张不予支持。达宝公司没有依据《合作合同书》向申诉人主张权利，该合同书是否真实及其是否实际履行也属另外的问题，与本案无关，本院对《合作合同书》不予审理。

——《最高人民法院公报》2012 年第 5 期。

540. 不得仅以单纯的沉默推定解除权人放弃解除权

关键词

合同解除　默示　放弃解除权

最高人民法院裁判文书

顾某、汪某恒、江苏瑞豪置业有限公司与盐城市大丰区人民政府、盐城市大丰区国土资源局建设用地使用权出让合同纠纷案［最高人民法院（2016）最高法民终 822 号民事调解书］

裁判要旨：合同解除权的放弃应设定严格的认定标准，除法律有明确规定或者当事人有明确约定外，不得仅以单纯的沉默推定解除权人放弃解除权。以解除权人默示的行为推定其放弃解除权的，亦应严格加以把握。只有解除权人对债务人依据合同约定全面履行给付义务的行为予以受领的，才构成对解除权的放弃，以实现契约严守的诚实信用。

最高人民法院认为：（三）关于一审判决确认案涉出让合同已解除是否正确的问题。由于大丰区政府超过合同约定期限并经催告后未能履行交付案涉土地的义务，瑞豪公司根据出让合同第三十二条约定以及合同法第九十四条规定，既享有约定合同解除权，也享有法定解除权。瑞豪公司在本案起诉和一审审理过程中，同时主张约定解除权和法定解除权，故一审法院适用法定解除权的规定确认出让合同已经解除并无不当。合同解除权是在符合法定或者约定条件时，赋予合同一方当事人的形成权，其行使将导致既存合同关系废止，对当事人之间的权利义务会产生巨大影响，故其放弃须经解除权人明示，除法律有明确规定或者当事人有明确约定外，不得仅以单纯的沉默推定解除权人放弃解除权。同样，以解除权人默示的行为推定其放弃解除权的，也应严格加以把握。解除条件成就后，解除权人未行使解除权，而是催告债务人继续履行，并对债务人依据合同约定全面履行给付义务的行为予以受领的，才构成对解除权的放弃。本案中，瑞豪公司虽实施将土地使用权证分割登记在其名下并进行了相关施工设计及建造售楼处等行为，但并不因此而变更出让合同中关于大丰区政府负有交付“三通一平”净地义务的约定，亦不能认定为大丰区政府对其交付义务的全面履行，故一审判决认定瑞豪公司并未以行为方式默示地放弃解除权并确认案涉出让合同解除正确。此外，瑞豪公司虽于2014年7月21日委托江苏腾飞苑律师事务所致函大丰区政府表明其欲解除合同的意愿，但大丰区政府接到函件后表示做好协调工作，此后双方就合同履行事宜继续磋商，故瑞豪公司2014年7月21日的致函行为，系就出让合同与大丰区政府进行协商解除，而非系依据合同法第九十三条第二款、第九十四条的规定行使解除权。对于一审判决关于出让合同于2014年11月8日解除的认定，二审中双方当事人均表示认可，本院予以确认。

——法信网。

541. 如何认定约定解除权的放弃

关键词

约定解除权　放弃解除权

最高人民法院审判业务意见（民事审判第一庭倾向性意见）

最高人民法院民一庭倾向性意见：约定解除权人在相对人逾期付款后、约定解除权成立前未足额付款，而于行使约定解除权条件具备后出具收据的行为，可以认定是约定解除权人放弃了合同约定的解除权，愿意继续履行合同。

附：案情简介

盛泰公司与李某某于2009年2月26日签订商品房买卖合同一份。合同约定，李某某购买盛泰公司开发建设的住房一套，该房屋建筑面积为

245.41m^2，单价为2799.03元/m^2，总价款为686910元；李某某应当于签订合同当日交付盛泰公司房款146910元，余款54万元应自合同签订之日起20天内付清。合同第七条约定，逾期付款在90日之内，自本合同规定的应付款期限之次日起至实际全额交付应付款之日止，买受人按日向出卖人支付逾期应付款万分之一的违约金，合同继续履行；逾期付款超过90日后，出卖人有权解除合同。出卖人解除合同的，买受人按累计应付款的百分之三向出卖人支付违约金。买受人愿意继续履行合同的，经出卖人同意，合同继续履行，自本合同规定的应付款期限之次日起至实际全额交付应付款之日止，买受人按日向出卖人支付逾期应付款万分之一点五的违约金。合同第八条约定，出卖人应当在2009年10月31日前，依照国家和地方人民政府的有关规定，将符合交付条件的房屋交付买受人。该合同附件即补充协议（二）约定，出卖人代收暖气初装费88元/m^2，买受人在签订合同时一次性交清；出卖人代收煤气初装费2200元/户，买受人在签订合同时一次性交清；办理银行按揭付款的买受人若不能按期办理按揭付款，则应在合同约定的付款期限内以现金方式交付房款；买受人在合同约定的交房时间前未付清房款的，出卖人有权拒绝交付房屋，且出卖人不承担因此而产生的延期交房的违约责任。

商品房买卖合同签订当日，李某某按约定向盛泰公司交付了房款146910元，并交付了暖气初装费21596元、煤气初装费2200元、车库使用费6万元。李某某于2009年4月1日交纳契税20607元，于2009年4月20日通过银行贷款方式向盛泰公司交付房款48万元。至此，李某某尚欠盛泰公司房款6万元。盛泰公司于2009年11月5日给李某某开具了上述48万元房款的收据，后于2009年11月12日向法院起诉，以李某某的行为已构成违约，根据合同约定，李某某逾期90日后未付清房款，盛泰公司有权解除合同，故要求解除商品房买卖合同。李某某辩称：按照合同约定，对于余下的54万元房款，李某某应当于2009年3月18日前付清，可在2009年4月20日李某某向盛泰公司交付48万元房款时，盛泰公司也予以接收，并于2009年11月5日向李某某开具了收据。这充分表明双方对房款的交付时间作了变更，且盛泰公司在2009年11月5日向李某某开具收据的行为，也应当视为盛泰公司对合同解除权的放弃。至于李某某欠盛泰公司6万元房款的原因是，在李某某首付20%房款之后，双方均认为在20天内可以办理总房款80%的银行贷款，而实际上直到2009年4月20日仅办理了总房款70%的银行贷款，因此李某某尚欠盛泰公司6万元。正是由于目前房价上涨较快，盛泰公司欲以李某某拖欠房款为由与李某某解除合同，将房屋另行出售以获取更多利益。综上，盛泰公司要求解除商品房买卖合同没有法律依据，请求法院依法驳回盛泰公司的诉讼请求。在本案审理中，本案涉案房屋转卖他人。2010年1月25日，李某某在未征得盛泰公司同意的情况下将所欠盛泰公司的6万元房款存入了盛泰公司的银行账户。

——最高人民法院民一庭：《如何认定约定解除权的放弃》，载最高人民法院民事审判第一庭编：《民事审判指导与参考》2012 年第 3 辑（总第 51 辑），人民法院出版社 2012 年版，第 148~154 页。

542. 在诉讼过程中行使合同解除权的行为不能产生解除合同的法律效果

关键词

股权转让合同　合同解除权

最高人民法院裁判文书

四川京龙建设集团有限公司与简阳三岔湖旅游快速通道投资有限公司等及成都星展置业顾问有限公司等股权转让纠纷案［最高人民法院（2013）民二终字第 54 号民事判决书］

裁判要旨：合同当事人因合同履行情况发生争议，起诉到人民法院后，对于该合同的效力及履行情况，应当由人民法院依法作出认定。主张合同已解除的一方在诉讼期间发出解除合同通知的行为，并不能改变诉讼前已经确定的合同效力及履行状态。当事人在诉讼过程中行使合同解除权，以对抗合同相对方要求其继续履行合同的诉讼请求，有违诚信原则，且与人民法院行使的审判权相冲突，故其在诉讼程序中实施的该行为不能产生解除合同的法律效力。

最高人民法院认为：三岔湖公司、刘贵良以其于 2011 年 2 月 22 日、7 月 26 日、28 日发出的三份《解除函》为据，主张其再次向京龙公司发出了解除合同的通知，并主张其在京龙公司违约的情况下，有权根据合同约定随时行使合同解除权，该权利并不因京龙公司向法院提起诉讼而消灭。此三份《解除函》虽明确包含了三岔湖公司、刘贵良解除合同的意思表示，但在合同当事人因对合同履行情况发生争议，起诉到人民法院后，对于该合同的效力及履行情况，应当由人民法院依法作出认定。三岔湖公司、刘贵良在本案一审诉讼期间发出解除合同通知的行为，并不能改变本案诉讼前已经确定的合同效力及履行状态。诉前事实表明，三岔湖公司、刘贵良在享有合同解除权的情况下，未行使合同解除权，并接受了京龙公司逾期支付的价款而未提出异议，表明其已接受京龙公司继续履行合同的事实，故《股权转让协议》及其《补充协议》并未解除，仍在履行之中。根据合同约定，5460 万元款项支付完毕后，京龙公司已将星展公司的股权转让款支付完毕，合同的履行义务转移到三岔湖公司、刘贵良一方，即应当由三岔湖公司、刘贵良负责办理星展公司的股权变更手续。此时三岔湖公司、刘贵良既未对逾期支付的款项提出异议，也未办理星展公司的股权变更手续，而是将已经约定转让给京龙公司的案涉股权再次转让给了鼎泰公司、合众公司并办理了工商登记变更手续，阻碍生效合同的继续履行，已构成违约。三岔湖公司、刘贵良在京龙公司提起本案及〔2011〕川民初字第 3 号案件的诉讼过程中行使合同解除权，以对抗京龙公司要求其继续履行合同的诉讼请求，有违诚信原则，一审判决根据《合同法》第六条“当事人行使权利、履行义务应当遵守诚实信用原则”的规定，认定三岔湖公司、刘贵良在本案及〔2011〕川民初字第 2 号案件的诉讼过程中行使合同解除权的行为不能产生解除合同的法律效果，并无不妥，本院予以维持。

——最高人民法院民事审判第二庭编：《商事审判指导》2013 年第 4 辑（总第 36 辑），人民法院出版社 2014 年版，第 210~232 页。

543. 合同的解除有无溯及力

关键词

合同解除　溯及力　继续性合同

附录：民事审判信箱

问：合同的解除有无溯及力？

答：合同解除原则上有溯及力，继续性合同的解除无溯及力。虽然对于合同的解除有无溯及力这一问题存在争议，但我们认为，合同的解除原则上有溯及力。（1）承认合同解除有溯及力对非违约方来讲一般都有利。例如，①在非违约方已为给付而违约方未为给付的情况下，合同解除有溯及力意味着合同自始不存在，此时非违约方则可基于所有权返还请求权而要求违约方返还其已给付之物；如合同解除无溯及力，则非违约方仅能以不当得利返还请求权要求违约方返还其已给付之物。显然所有权返还请求权属于物权，其效力优于属于债权的不当得利返还请求权。故在此情况下，承认合同解除有溯及力更有利于保护非违约方的利益。②在非违约方未为给付而违约方已为给付的情况下（此情况通常为瑕疵给付），承认合同解除具有溯及力，则发生相互返还的效果，非违约方可将瑕疵给付返还给违约方，更好地维护自己的利益。③在双方互为给付的情况下，合同有溯及力符合双方利益，对非违约方同样有利。(2)合同解除与合同终止的主要区别就在于合同终止无溯及力，而合同解除有溯及力。因此，承认合同解除有溯及力将有利于把合同解除与合同终止相区别。

——本书研究组:《合同的解除有无溯及力》，载最高人民法院民事审判第一庭编:《民事审判指导与参考》2012年第2辑(总第50辑)，人民法院出版社2012年版，第237~238页。

544. 合同能否部分解除

关键词

合同解除 部分解除 分割履行

最高人民法院裁判文书

安居区政府与洪辉煌、鸿润公司等合同纠纷案[最高人民法院(2021)最高法民申4015号民事裁定书]

裁判要旨：合同能否部分解除，取决于其能否分割履行，以及分割履行是否会损及标的物的整体价值与合同目的。

最高人民法院认为：原审判决部分解除案涉合同是否不当。首先，原审判决对《招商引资协议书》《补充协议书》已履行的部分及未履行的部分均进行了审理及认定，安居区政府该项主张没有事实依据。其次，原审判决认为《招商引资协议书》《补充协议书》已经履行的部分不能解除，并无不当。虽然案涉土地的总体规划已经变更，但是9宗土地的招拍挂程序是在2007年9月至2010年11月陆续完成，规划变更是发生在2018年，故在规划变更前，已经履行的《招商引资协议书》《补充协议书》符合当时的规划条件。且规划的变更不构成"不可抗力"，不能成为解除合同的法定条件。案涉9宗土地用途虽由商住综合用地规划调整为公园绿地为主、居住、道路用地为辅，但洪辉煌等在规划调整前已经取得案涉8宗土地的国有建设用地使用权证，对案涉土地依法享有占有、使用、收益的权能，这其中就包括案涉土地因城市规划调整而产生的权利义务关系，故继续履行协议不存在法律上的障碍。至于洪辉煌等在实际占有土地之后能否进行房地产开发建设，以及如果不能进行房地产开发建设是否启动征地补偿程序等问题，系另一法律关系，和本案无关。再次，《合同法》第一百六十五条[①]规定："标的物为数物，其中一物不符合约定的，买受人可以就该物解除，但该物与他物分离使标的物的价值显受损害的，当事人可以就数物解除合同。"第一百六十六条规定："出卖人分批交付标的物的，出卖人对其中一批标的物不交付或者交付不符合约定，致使该批标的物不能实现合同目的的，买受人可以就该批标的物解除。出卖人不交付其中一批标的物或者交付不符合约定，致使今后其他各批标的物的交付不能实现合同目的的，买受人可以就该批以及今后其他各批标的物解除。"第一百七十四条[②]规定："法律对其他有偿合同有规定的，依照其规定；没有规定的，参照买卖合同的有关规定。"根据上述规定，合同能否部分解除，取决于其能否分割履行，以及分割履行是否会损及标的物的整体价值与合同目的。本案中，洪辉煌等出资修建"两路三桥"，安居区政府分批次供地，依据供地情况分批次开发建设，这些履行行为都是可分割的，并不会明显损害土地的整体价值与合同目的，故《招商引资协议书》《补充协议书》是可分割履行的合同，原审判决仅解除《招商引资协议书》《补充协议书》尚未履行部分，对已经履行的部分不予解除，并无不当。

——中国裁判文书网。

545. 人民法院可以依职权主动认定合同解除，不应拘泥于当事人的诉讼请求

关键词

合同解除　可得利益损失　合同履行

最高人民法院审判业务意见（第一巡回法庭法官会议纪要）

人民法院可以依职权主动认定合同是否解除。判断合同是否解除，不能拘泥于当事人是否明确提出该项诉讼请求，而应结合案件具体情形予以判断。当合同已事实上履行不能，当事人虽未提出解除合同的诉讼请求，但如果其提出的诉讼请求系建立在合同解除的基础上，则表明隐含了解除合同的意思表示，人民法院可以依职权主动认定合同解除。

附：案情简介

A公司由麦某及其妻蔡某设立，其中麦某占90%的股份，蔡某占10%的

---

① 对应《民法典》第六百三十二条。

② 对应《民法典》第六百四十六条。

股份。2006 年 8 月 6 日，麦某与李某签订《协议书》，约定 A 公司将其全部股份及名下某山庄项目转让给李某，转让价款 1.3 亿元。同日，麦某与李某签署《交接书》，确认移交公司公章、财务章及法人私章。2007 年 3 月 29 日，麦某登报声明遗失 A 公司营业执照副本及公章、财务专用章一枚，声明作废上述材料和公章并申请补发证照，并于当日重新备案了公司公章和财务章。2007 年 4 月 24 日，蔡某向广东省东莞市中级人民法院起诉请求确认《协议书》无效，该院判决：确认麦某转让蔡某股权部分的协议内容无效，蔡某应对麦某的 90% 股权行使优先购买权。该判决于 2008 年 1 月 18 日送达麦某和蔡某，麦某和蔡某于 1 月 25 日签订《股权转让协议书》，约定麦某转让 90% 股权给蔡某。李某不服该判决提起上诉，广东省高级人民法院于 2008 年 6 月 4 日判决：撤销一审判决，驳回蔡某的诉讼请求，麦某与蔡某应将其名下 A 公司的股权过户给李某。蔡某不服，向最高人民法院申请再审，最高人民法院于 2009 年 2 月 26 日裁定：驳回蔡某的再审申请。

2008 年 3 月 26 日，麦某代表 A 公司与 B 公司、C 公司签订《项目转让合同》约定：A 公司将某山庄项目作价 1.5 亿元转让给 B 公司、C 公司。2008 年 4 月 21 日和 2008 年 5 月 26 日，B 公司分别向 A 公司支付 1000 万元和 2000 万元项目转让款。2008 年 6 月 6 日，B 公司、C 公司以 A 公司为被告诉至广东省河源市源城区人民法院，请求确认《项目转让合同》有效，判令 A 公司将某山庄项目过户至 B 公司、C 公司名下。麦某代表 A 公司应诉，双方于 2008 年 6 月 12 日达成《调解协议》，约定继续履行《项目转让合同》。广东省河源市源城区人民法院作出民事调解书对《调解协议》进行了确认。2008 年 6 月 18 日，B 公司支付 3000 万元给 A 公司。广东省河源市源城区人民法院经再审认为，该民事调解书违反了不动产专属管辖的规定，裁定撤销该民事调解书，并移送广东省东莞市中级人民法院审理。B 公司、C 公司于 2008 年 12 月向广东省东莞市中级人民法院提起诉讼，请求确认《项目转让合同》《调解协议》有效，维持该民事调解书的法律效力，判令 A 公司将某山庄项目过户至 B 公司、C 公司名下。最高人民法院就该案判决：确认《项目转让合同》有效，驳回 B 公司、C 公司的其他诉讼请求，并认定《项目转让合同》实际已无法履行。B 公司、C 公司提起本案诉讼，请求判令：A 公司偿还项目转让款 6000 万元及其利息，并赔偿可得利益损失约 10 亿元。A 公司辩称，B 公司、C 公司在未诉请解除《项目转让合同》而径行请求 A 公司偿还 6000 万元及其利息，依据不足；《项目转让合同》作为自始履行不能的合同，B 公司、C 公司无权主张可得利益。

——《认定合同是否解除不应拘泥于当事人明确提出该诉讼请求，预见合同履行不能则无权主张可得利益损失》，载最高人民法院第一巡回法庭编著：《最高人民法院第一巡回法庭民商事主审法官会议纪要》，中国法制出版社 2020 年版，第 8~12 页。

最高人民法院裁判文书

利成公司、宝源公司与晶隆公司、晶和公司、李某项目转让合同纠纷案

［最高人民法院（2016）最高法民终 711 号民事判决书］

裁判要旨：判断合同是否解除不能拘泥于当事人是否明确提出该项诉讼请求，而应结合案件具体情形予以判断。合同解除权是指合同当事人依照合同约定或法律规定享有的解除合同的权利，它是依据合同当事人单方意思表示就可以行使的形成权。在通常情况下，如果合同当事人在诉讼中未提出解除合同的诉讼请求，依据“不诉不理”的民事诉讼原则，人民法院不应依职权解除合同。但是，当合同已经事实上履行不能，尽管当事人未明确提出解除合同的诉讼请求，但其提出的诉讼请求系建立在合同解除的基础上，隐含了解除合同的意思表示，人民法院为了一次性化解纠纷，可以依职权认定合同是否符合法定解除的条件。

最高人民法院认为：判断《项目转让合同》是否解除，不能仅仅拘泥于利成公司、宝源公司是否明确提出该项诉讼请求，而应结合本案具体情形予以判断。第一，根据查明的事实，2008 年 3 月 26 日，利成公司、宝源公司在与晶隆公司签订《项目转让合同》后，支付了部分项目转让费 6000 万元，但由于李某依据其与晶隆公司在先签订《协议书》的约定，已先行合法占有案涉土地，先行支付部分价款并进行开发建设，利成公司、宝源公司实际并未占有案涉土地。其间，麦某新的妻子蔡某红认为该《协议书》无效提起了诉讼，广东省高级人民法院于 2008 年 6 月 4 日作出（2008）第 86 号民事判决，认定麦某新代表晶隆公司与李某签订的《协议书》有效，判令麦某新与蔡某红将其名下晶隆公司的股权全部过户给李某。此时，在后签订的《项目转让合同》实际已无法继续履行。第二，2008 年 12 月 17 日，利成公司、宝源公司向广东省东莞市中级人民法院提起诉讼，请求确认《项目转让合同》有效并继续履行，该案经广东省高级人民法院二审，最高人民法院再审于 2013 年 10 月 31 日作出最高人民法院 122 号判决。根据最高人民法院 122 号判决，尽管利成公司、宝源公司与晶隆公司签订的《项目转让合同》有效，但实际已无法履行。因此，一审法院以合同目的不能实现为由，认定合同解除并无不当。

——中国裁判文书网。

546. 人民法院判令合同解除时，应对解除时间作出认定

关键词

合同解除　解除时间　通知解除

最高人民法院司法政策精神

46.【通知解除的条件】审判实践中，部分人民法院对合同法司法解释（二）第24条的理解存在偏差，认为不论发出解除通知的一方有无解除权，只要另一方未在异议期限内以起诉方式提出异议，就判令解除合同，这不符合合同法关于合同解除权行使的有关规定。对该条的准确理解是，只有享有法定或者约定解除权的当事人才能以通知方式解除合同。不享有解除权的一方向另一方发出解除通知，另一方即便未在异议期限内提起诉讼，也不发生合同解除的效果。人民法院在审理案件时，应当审查发出解除通知的一方是否享有约定或者法定的解除权来决定合同应否解除，不能仅以受通知一方在约定或者法定的异议期限届满内未起诉这一事实就认定合同已经解除。

——《最高人民法院〈关于印发全国法院民商事审判工作会议纪要〉的通知》（2019年11月8日，法〔2019〕254号）。

最高人民法院裁判文书

中国铝业股份有限公司重庆分公司、中国铝业股份有限公司与重庆涪立矿业有限公司招标投标买卖合同纠纷案［最高人民法院（2017）最高法民终字第722号民事判决书］

裁判要旨：当事人行使法定解除权，请求法院判令解除合同，如法院最终认定合同应予解除，系人民法院行使公权力对于当事人私领域的商事交易行为的判定，解除时间应认定为判决生效之日，而非一审认定的起诉状送达之日，判决主文亦应表述为判令合同解除而非确认合同解除。

最高人民法院认为：本案中，涪立矿业公司行使法定解除权的请求并未向中铝重庆分公司和中铝公司直接提出，而是向人民法院提起诉讼，请求判令解除合同。案涉合同能否解除，应由人民法院最终判定；何时解除，应以人民法院的判决生效时间为准。中铝重庆分公司与涪立矿业公司在案涉两协议中并未明确约定解除合同的条件，亦未对解除合同协商一致，在此情形下，

涪立矿业公司请求人民法院依法判令解除合同，其提起诉讼可以视为解除合同意思表示的一种方式，但其行使的法定解除权是否成立，需由人民法院根据合同履行情况和法律规定进行判定。一审法院立案后，向中铝重庆分公司、中铝公司送达涪立矿业公司含有解除合同诉讼请求的起诉状，系执行法定的民事诉讼程序的公权力行为，并不代表涪立矿业公司将请求解除合同的具有私法性质的意思表示到达中铝重庆分公司、中铝公司。据前所述，涪立矿业公司起诉请求解除合同符合法定解除条件，据此本院以判决的方式判令案涉两协议予以解除，系人民法院行使公权力对于当事人私领域的商事交易行为的判定，其解除的时间应为本判决生效之日。本案中。虽然合同解除时间的确定对当事人的实体权利并无影响，但一审法院确认案涉两协议解除的时间为向中铝重庆分公司送达起诉状的日期，属适用法律不当，予以纠正。

——法信网。

附录：最高人民法院主流观点

人民法院在判令合同解除时，应当对合同解除的时间作出认定。一般来说，当事人因行使解除权而解除合同的，从解除通知到达对方之日起解除。当事人直接以起诉方式解除合同，经人民法院确认原告确有解除权的，一般可以认定合同从起诉状副本送达之日起解除。违约方诉请解除合同以及因出现《合同法》第一百一十条[①]规定的除外情形而解除合同的，人民法院应当综合相关事实在裁判文书中确定合同解除时间。

——最高人民法院民事审判第二庭编著：《〈全国法院民商事审判工作会议纪要〉理解与适用》，人民法院出版社 2019 年版，第 312 页。

547. 合同相对人不能以收到起诉状为由主张合同已解除

关键词

合同解除　合同履行　合同相对人　诉讼请求变更

最高人民法院裁判文书

陕西松日置业有限公司与陕西碧桂园置业有限公司等合同纠纷案［最高人民法院（2021）最高法民终 751 号民事判决书］

裁判要旨：当事人直接向法院起诉请求解除案涉《合作合同》，

① 对应《民法典》第五百八十条。

合同解除的效力应由法院予以判定，在法院判决未生效前，其并未丧失请求继续履行合同的基础，故合同相对人不能以收到起诉状为由主张合同已解除，否则就变相剥夺了当事人变更诉讼请求的权利。

最高人民法院认为：案涉《合作合同》系碧桂园公司与松日置业公司、黄西盈、金瑞置业公司各方真实意思表示，松日置业公司、黄西盈并未直接以集体土地出资，故合同内容不违反法律及行政法规强制性规定，合法有效，对各方当事人均有约束力。其次，碧桂园公司直接向一审法院起诉请求解除案涉《合作合同》，合同解除的效力应由法院予以判定，在法院判决未生效前，碧桂园公司并未丧失请求继续履行合同的基础，故松日置业公司不能以收到起诉状为由主张合同已解除，否则就变相剥夺了当事人变更诉讼请求的权利。最后，案涉《合作合同》约定的合作范围虽因地铁重复规划被占用已经无法交付，但是陕西省西安市城中村改造领导小组会议（第1次）会议纪要明确载明，同意西安市未央区人民政府选定相应的置换地块纳入案涉帽珥塚项目开发用地范围，故《合作合同》在置换用地范围内仍具有继续履行的基础。综上，一审法院根据合同约定及本案客观实际，从维护交易的稳定性等方面综合考虑，认定《合作合同》应继续履行是正确的。松日置业公司关于《合作合同》已告解除的上诉理由不能成立。

——中国裁判文书网。

548. 法规、政策的出台导致合同不能继续履行的，应予解除

关键词

政策　合同履行　合同解除　可得利益损失

《中华人民共和国民法典》条文

第五百六十五条　当事人一方依法主张解除合同的，应当通知对方。合同自通知到达对方时解除；通知载明债务人在一定期限内不履行债务则合同自动解除，债务人在该期限内未履行债务的，合同自通知载明的期限届满时解除。对方对解除合同有异议的，任何一方当事人均可以请求人民法院或者仲裁机构确认解除行为的效力。

当事人一方未通知对方，直接以提起诉讼或者申请仲裁的方式依法主张解除合同，人民法院或者仲裁机构确认该主张的，合同自起诉状副本或者仲裁申请书副本送达对方时解除。

第五百六十六条　合同解除后，尚未履行的，终止履行；已经履行的，

根据履行情况和合同性质，当事人可以请求恢复原状或者采取其他补救措施，并有权请求赔偿损失。

合同因违约解除的，解除权人可以请求违约方承担违约责任，但是当事人另有约定的除外。

主合同解除后，担保人对债务人应当承担的民事责任仍应当承担担保责任，但是担保合同另有约定的除外。

最高人民法院审判业务意见（第二巡回法庭法官会议纪要）

本案《国有土地使用权出让合同》签订之时，我国法律法规尚允许市县政府之外的市场主体对土地实施拆迁和整理工作。在案涉《国有土地使用权出让合同》约定的合同履行期间，由于法律法规出台导致合同无法履行，并非合同当事人的合同不履行行为造成，也非原《合同法》第一百二十一条[①]所规定的第三方的原因造成，而属于不可抗力。在此情况下，应对当事人解除合同的诉请予以支持，使得合同双方当事人从合同僵局中走出来，以提高经济效率、促进经济发展。鉴于双方当事人对于合同不能履行均无过错，故对当事人一方关于赔偿损失的请求，不予支持。

附：案情简介

2010年10月，甲公司与乙自然资源局签订《国有土地使用权出让合同》。合同约定，乙以现状毛地方式出让国有土地使用权，由甲负责该土地的拆迁整理工作。合同签订后，甲向乙支付土地使用权出让金2600万元，乙依约向甲交付了土地。国务院于2011年1月21日出台《国有土地上房屋征收与补偿条例》，明确规定市、县级人民政府负责本行政区域的房屋征收与补偿工作。据此，因上述行政法规的出台，使得甲公司无法取得拆迁主体资格，无法按照《国有土地使用权出让合同》的约定完成案涉土地的拆迁整理工作，进而甲公司无法取得合同约定的国有土地使用权。甲公司在多次与乙自然资源局沟通、寻求解决路径均无果的情况下，诉至法院，请求法院判决解除合同，由乙自然资源局返还所支付的土地使用权出让金，并赔偿损失。

——《法律、法规出台导致合同不能履行可以解除合同》，载贺小荣主编：《最高人民法院第二巡回法庭法官会议纪要（第二辑）》，人民法院出版社2021年版，第89~92页。

最高人民法院公报案例、最高人民法院裁判文书

长春泰恒房屋开发有限公司与长春市规划和自然资源局国有土地使用权

① 对应《民法典》第五百九十三条。

合同纠纷案［最高人民法院（2019）最高法民再 246 号民事判决书］

裁判要旨：1. 因国家法律、法规及政策出台导致当事人签订的合同不能履行，以致一方当事人缔约目的不能实现，该方当事人请求法院判决解除合同的，人民法院应予支持。

2. 鉴于双方当事人对于合同不能履行及一方当事人缔约目的不能实现均无过错，故可依据《合同法》第九十七条[①]**的规定，仅判决返还已支付的价款及相应孳息，对一方当事人请求对方当事人赔偿损失的诉讼请求不予支持。**

3. 对于一方当事人为履行合同而支付的契税损失，在双方当事人对于案涉合同的解除均无过错的情况下，可由双方当事人基于公平原则平均分担。

最高人民法院认为：案涉《国有建设用地使用权出让合同》约定，案涉地块以“毛地”方式出让，泰恒公司负责土地及地上建筑物的拆迁、补偿及整理工作。该出让合同签订后的两个月，国务院出台《国有土地上房屋征收与补偿条例》，明确规定市、县级人民政府负责本行政区域的房屋征收与补偿工作。因上述法规的出台，使得泰恒公司无法取得拆迁主体资格，无法按照《国有建设用地使用权出让合同》的约定完成案涉土地的拆迁整理工作。泰恒公司受让案涉国有土地使用权的目的系对该土地进行房地产开发，而土地完成拆迁工作是泰恒公司开发案涉土地的必经环节。由于上述法规出台导致泰恒公司无法完成案涉土地的拆迁整理工作，进而无法实现对案涉土地进行开发的合同目的，故泰恒公司请求解除《国有建设用地使用权出让合同》，符合其合同目的无法实现的客观实际，原审判决认定本案不存在不利于合同目的的实现的障碍，与事实不符，应予纠正。案涉《国有建设用地使用权出让合同》解除后，长春市自然资源局应向泰恒公司返还土地出让金及占用资金期间的法定孳息。因《国有土地上房屋征收与补偿条例》的出台导致泰恒公司无法自行完成案涉地块的拆迁整理工作，长春市自然资源局与泰恒公司对于案涉合同不能履行及泰恒公司合同目的无法实现均无过错，故泰恒公司请求长春市自然资源局赔偿损失的诉讼请求，理据不足。泰恒公司交纳的 1315000 元契税，由双方当事人基于公平原则平均分担，长春市自然资源局应补偿泰恒公司 657500 元。据此，最高人民法院再审判决：解除案涉《国有建设用地使用权出让合同》，长春市自然资源局向泰恒公司返还投资款 2630 万元及利息（按中国人民银行同期活期存款利率计算）；长春市自然资源局补偿泰恒公司

① 对应《民法典》第五百六十六条。

657500 元。

——《最高人民法院公报》2020 年第 6 期。

最高人民法院裁判文书

青岛新城创置房地产有限公司与济南银丰鸿福置业有限公司等合同纠纷案［最高人民法院（2019）最高法民终 283 号民事判决书］

裁判要旨：因政府政策调整，合作协议约定内容失去适用基础，可适用情势变更，支持鸿福置业公司解除合同。新城公司主张继续履行合同中“双方继续协商”条款，但该条款没有具体的履行内容，并且是否另行协商、具体如何协商均为民事主体意思自治范围，无法强制。鸿福置业公司未在发生情势变更事由后及时告知新城公司，违反诚实信用原则及合同附随义务，新城公司可主张因此遭受的损失。

最高人民法院认为：合作开发协议及相关补充协议是否应当解除。根据焦点问题一的认定，合作开发协议及相关补充协议约定的有关合作模式和合作内容的条款非常具体，协议签订后，由于政府土地挂牌出让条件的变化，条款无法继续履行，故根据《最高人民法院关于适用 < 中华人民共和国合同法 > 若干问题的解释》（二）第二十六条规定“合同成立以后客观情况发生了当事人在订立合同时无法预见的、非不可抗力造成的不属于商业风险的重大变化，继续履行合同对于一方当事人明显不公平或者不能实现合同目的，当事人请求人民法院变更或者解除合同的，人民法院应当根据公平原则，并结合案件的实际情况确定是否变更或者解除”，合作开发协议及相关补充协议应当解除。

——中国裁判文书网。

附录：最高人民法院主流观点

因国家法规政策致使合同不能履行将导致合同解除的法律后果。在合同履行过程中，由于国家相关法规、政策文件的出台，使得履行合同受到相关行政规章、政策的制约，且双方当事人未能就合同约定的权利义务进行修正达成合意，导致合同不能继续履行，合同应予解除。在解除后果的处理上，如果合同没有对解除后当事人的权利义务进行约定，应根据双方当事人在合同关系中的地位和作用、合同实际履行情况及合同协商处理过程的情况，分析除政策因素外，合同不能继续履行的原因。合同不能履行，无论是出于不可抗力还是情势变更，对最终合同不能履行以及损失的形成，还是要看是否属于政策变化的必然结果。如果合同不能继续履行及损失的形成另有当事人的过错因素，则应当按照过错责任对损失的承担进行分配。由对除政策因素外合同不能履行所产生的法律后果负主要责任的一方对合同不能继续履行造成的损失承担主要责任。合同解除后的可得利益损失不在赔偿之列。

——最高人民法院民法典贯彻实施工作领导小组主编:《中华人民共和国民法典合同编理解与适用》，人民法院出版社 2020 年版，第 666 页。

549. 合同是否事实解除，应根据其中解除合同的条件以及条件是否成就判断

关键词

股权转让合同　合同解除　公平原则　事实解除

《中华人民共和国民法典》条文

第五百六十三条　有下列情形之一的，当事人可以解除合同：

（一）因不可抗力致使不能实现合同目的；

（二）在履行期限届满前，当事人一方明确表示或者以自己的行为表明不履行主要债务；

（三）当事人一方迟延履行主要债务，经催告后在合理期限内仍未履行；

（四）当事人一方迟延履行债务或者有其他违约行为致使不能实现合同目的；

（五）法律规定的其他情形。

以持续履行的债务为内容的不定期合同，当事人可以随时解除合同，但是应当在合理期限之前通知对方。

最高人民法院裁判文书

大唐公司、王某孝与擎田公司、勤田公司、波涛公司、凌锋公司、王某锋股权转让合同纠纷案［最高人民法院（2016）最高法民终 796 号民事判决书］

裁判要旨：判断合同是否已经事实上解除，应根据合同中是否约定了解除合同的条件以及条件是否成就，有解除权的一方是否已经通知对方解除合同，双方的履行行为等情况综合判断。

合同成立以后客观情况发生变化，当事人起诉请求解除合同，人民法院查明当事人已经根据变更后的情况实际履行合同主要义务，

合同目的已经基本实现，继续履行亦不违反公平原则的，人民法院不应支持。

最高人民法院认为：根据《合同法》第九十四条[①]第四项的规定，当事人一方迟延履行债务或者有其他违约行为致使不能实现合同目的，当事人可以解除合同。大唐公司、王某孝与擎田公司于2010年6月24日签订的《合作协议》以及之后签订的两份补充协议在性质上属于股权转让协议，其中关于土地及其单价的内容实为股权让与对价计付基础和计付方式的约定。2011年1月14日，鸿洲公司的股东已由大唐公司、王某孝变更登记为擎田公司、王某元。2013年12月26日，市国土资源局向勤田公司发函称，将位于椰海大道北侧16799.93平方米国有土地使用权置换给勤田公司。2014年3月25日，勤田公司取得椰海大道北侧16799.93平方米城镇住宅用地的国有土地使用权证。大唐公司认可，截至2012年8月其已收到擎田公司支付股权转让款53937330元。作为股权转让对价计付基础实际交付的土地虽与《合作协议》约定存在差异，但合同双方当事人在土地交付和接受时均未持异议。即使不考虑土地面积差异及补充协议约定的降低单价问题，大唐公司和王某孝认可实际收到的股权转让款，也已超过《合作协议》约定数额的80%（53937330元/65474660元）。可见，案涉《合作协议》及《补充协议》约定的股权转让和对价支付等主要内容已经履行，合同目的已经基本实现。擎田公司基于实际交付的土地面积与《合作协议》约定存在差异而对受让股权应当支付的价金数额持有异议，未再按照协议约定的数额、时限继续支付，并另案提起诉讼请求人民法院予以裁决，均非影响合同目的实现的根本违约情形。大唐公司、王某孝以此为由主张擎田公司严重违约以致合同目的不能实现，并进而请求判决解除案涉合同，缺乏充分的事实和法律依据。

《最高人民法院关于适用〈中华人民共和国合同法〉若干问题的解释（二）》第二十六条规定："合同成立以后客观情况发生了当事人在订立合同时无法预见的、非不可抗力造成的不属于商业风险的重大变化，继续履行合同对于一方当事人明显不公平或者不能实现合同目的，当事人请求人民法院变更或者解除合同的，人民法院应当根据公平原则，并结合案件的实际情况确定是否变更或者解除。"如前所述，在案涉协议实际履行过程中，虽有置换土地面积减少等情况发生，但双方当事人其时已经选择继续履行合同。目前，合同约定的股权让与变更登记早已完成，实际交付的土地亦已登记至目标公司名下，股权转让对价亦有相应支付，合同目的已经基本实现。因实际交付土地与约定不同所导致价金数额方面的争议，擎田公司也已另行提起诉讼请

① 对应《民法典》第五百六十三条。

求人民法院予以裁决，相关争议亦可根据当事人诉辩主张予以审理裁判。在此情况下，大唐公司、王某孝以因实际交付土地与约定不符、擎田公司对股权转让价金数额提出异议为由，主张案涉合同在履行过程中发生重大情势变化，并请求人民法院判决予以解除，不符合法律规定。

——中国裁判文书网。

550. 分期付款合同纠纷中，权利人不能以款项部分到期而义务人未按期支付为由解除合同，并要求对方一次性支付全部款项

关键词

合同解除　分期付款

最高人民法院裁判文书

海安县地产开发有限公司与黑龙江省建大房地产开发有限公司、刘崇刚等合资、合作开发房地产合同纠纷案［最高人民法院（2015）民一终字第156号民事判决书］

裁判要旨：在当事人约定分期支付款项的合同纠纷中，付款义务人享有期限利益，在合同没有特别约定的情况下，权利人不能以款项部分到期而付款义务人未按期支付款项为由，要求解除合同并要求对方一次性支付全部款项。权利人要求付款义务人一次性支付全部款项的，人民法院仅支持审理中到期的款项，二审法院可支持在二审审理中到期的款项。

最高人民法院认为：三方协议中并无关于如建大公司、发发公司、刘崇刚等违约则海安公司有权解除合同并要求一次性返还投资款的约定，因此，海安公司提出的一次性返还投资款4800万元的上诉主张，缺乏事实和法律依据，不予支持。

海安公司意在解除三方协议中关于分期付款的约定，要求建大公司、发发公司一次性返还4800万元投资款，实质仍是要求建大公司、发发公司继续履行返还投资款的义务，而非恢复至原合作关系。由于三方协议仍然有效，对各方合同主体均具有约束力。根据三方协议关于海安公司股份及投资款退出及利息给付方式的约定，原审法院对已经到期的第一期500万元投资款、截至2013年12月31日尚未返还投资款的利息及截至2014年4月30日的违约金，判决由建大公司、发发公司返还和支付，没有超出海安公司的诉讼

请求。

在二审中，海安公司仍坚持建大公司和发发公司一次退还其投资款 4800 万元的诉讼主张。在原审判决作出后至海安公司提起上诉之前，本案三方协议约定的第二期投资款 1500 万元已于 2014 年 12 月 31 日到期，鉴于该笔款项为海安公司上诉要求建大公司、发发公司返还的 4800 万元投资款中的一部分，在性质上与第一期及第三期、第四期款项并无不同，均是建大公司、发发公司应返还给海安公司的投资款，为减少当事人诉累，根据本案的实际情况，应加判建大公司、发发公司向海安公司返还第二期投资款 1500 万元，刘崇刚、张兴涛对此承担连带责任。至于海安公司上诉主张的利息及违约金，其计算期限超出了一审的诉讼请求范围，不予支持。

当然，三方协议为建大公司和发发公司设定的义务系分期限履行义务，对于后续到期的义务，海安公司可另行主张权利。同时，根据三方协议的约定，海安公司在收取建大公司、发发公司返还的投资款后，应配合建大公司退出其所持有的建大公司相应的股份。建大公司未对此提出反诉，原审判决对海安公司持有的建大公司股权未作处理，并无不当。

——法信网。

附录：本案解析

如前所述，三方协议合法有效，亦并未因本次诉讼而解除，对各方当事人仍具有约束力。三方协议中，并无关于如建大公司、发发公司违约则海安公司有权解除合同并要求一次性返还投资款的约定，海安公司要求一次性返还投资款 4800 万元，缺乏事实和法律依据，不应予以支持。

海安公司要求建大公司、发发公司一次性返还 4800 万元投资款，实质仍是要求建大公司、发发公司继续履行返还投资款的义务。原审法院根据三方协议的约定，判决由建大公司、发发公司返还和支付已经到期投资款 500 万元及利息、违约金，并未超出海安公司的诉讼请求。

在二审中，三方协议约定的第二期投资款 1500 万元已到期，鉴于该笔款项为海安公司上诉要求建大公司、发发公司返还的 4800 万元投资款中的一部分，在性质上与已经到期的第一期 500 万元并无不同，且一审判决处于未生效状态，当事人权利义务并未最终确定，二审法院根据本案的实际情况，加判建大公司、发发公司向海安公司返还第二期投资款 1500 万元，刘崇刚、张兴涛承担连带责任，有利于减少当事人诉累，在处理上并无不当。

——《当事人以协议形式解除合同应对解除的对价达成一致》，载最高人民法院第二巡回法庭编著:《民商事二审典型案例及审判经验》，人民法院出版社 2019 年版，第 154 页。

551. 违反《民法典》第五百五十八条规定的后合同义务，应当赔偿实际损失

关键词

后合同义务　实际损失　可得利益损失

《中华人民共和国民法典》条文

第五百五十八条　债权债务终止后，当事人应当遵循诚信等原则，根据交易习惯履行通知、协助、保密、旧物回收等义务。

最高人民法院司法政策精神

10. 当事人一方违反民法典第五百五十八条规定的通知、协助、保密、旧物回收等义务，给对方当事人造成损失，对方当事人请求赔偿实际损失的，人民法院应当支持。

——《最高人民法院关于印发〈全国法院贯彻实施民法典工作会议纪要〉的通知》(2021年4月6日，法〔2021〕94号)。

附录：最高人民法院主流观点

准确理解《最高人民法院关于印发〈全国法院贯彻实施民法典工作会议纪要〉的通知》第十条应当重点把握两个问题：一是后合同义务的性质。后合同义务是合同终止后当事人应当履行的义务，因此合同成立并有效是后合同义务存在的前提，合同不成立、无效或者被撤销都不会产生后合同义务。后合同义务是一种法定义务，其产生不是根据合同双方当事人的约定，而是基于诚信等原则和交易习惯产生的义务，目的是维护给付效果或者妥善处理合同终止事务。二是违反后合同义务的法律责任。违反后合同义务要承担相应的责任，这种责任是根据法律直接规定而产生的债，与不当得利、无因管理、侵权行为、合同、缔约过失共同构成债的体系，因而是一种独立的民事责任，与其他民事责任是并列、平行的，不是补充性的民事责任。违反后合同义务的赔偿范围限于实际损失，而不包括可得利益损失。这是因为可得利益损失是当事人订立合同时根据客观情况能够预见或者应当预见到的损失，而违反后合同义务的损失当事人是无法预见的，只能根据实际损失赔偿。

——最高人民法院研究室编著：《〈全国法院贯彻实施民法典工作会议纪要〉条文及适用说明》，人民法院出版社2021年版，第30页。

552. 合同主要目的已经实现的，不享有法定解除权

关键词

框架协议书　合同目的　法定解除权　主要条款

最高人民法院裁判文书

信达投资有限公司、北京信达置业有限公司等与北京庄胜房地产开发有限公司合同纠纷案［最高人民法院（2020）最高法民再15号民事判决书］

裁判要旨：框架协议书的主要条款已经履行完毕，合同主要目的已经实现，当事人认为合同主要目的不能实现的主张，明显与协议约定及协议履行的事实不符，法院不予采纳。由于合同主要目的已经实现、其余合同目的也可以实现，故当事人对框架协议书不享有法定解除权。

最高人民法院认为：关于案涉协议的合同目的。第一，从约定看，案涉《框架协议书》首部明确：三方就庄胜公司向信达投资转让目标项目的交易框架及信达北分对庄胜公司所欠债务的重组事宜签署本协议。这是框架协议对合同目的最清晰的表达，充分说明案涉协议的合同主要目的就是项目转让和债务重组。第二，从条文看，案涉《框架协议书》共14条，其中共有9个条款是对项目转让与债务重组的约定，有1个条款即第九条是关于双方合作开发项目的约定，其余条款为保障合同履行及违约责任等内容，可见三方签署协议的主要条款就是项目转让和债务重组，而合作开发项目仅是整个框架协议的一小部分。第三，从合同履行的情况看，《框架协议书》的绝大部分条款即项目转让和债务重组部分已经履行完毕，信达投资已经按约定向庄胜公司支付各种款项22亿余元，信达北分豁免了庄胜公司8亿元债务，庄胜公司的债务危机已经解除，避免了庄胜二期A-G地块项目被司法处置的后果，而庄胜公司名下案涉土地的国有土地使用权出让合同的受让人资格也通过司法裁决转移到信达置业的名下，项目转让与债务重组的主要合同条款已经履行。第四，从双方合作开发项目的履行情况看，信达投资已经按照协议指定信达置业为项目公司，并且同意庄胜公司增资1亿元参股项目公司，占项目公司股权的20%，庄胜公司已完成1亿元出资并且通过验资，双方已经召开第一次股东会，庄胜公司已经成为项目公司事实上的股东，除了工商变更登记手续尚未办理外，其余协议约定义务都已经履行。信达置业完成项目立项、获

得新四证后多次通知庄胜公司办理商务审批手续和工商变更登记手续。以上事实表明，案涉《框架协议书》及《框架协议书补充协议（三）》的主要条款已经履行完毕，合同主要目的已经实现，庄胜公司认为合同主要目的不能实现的主张，明显与协议约定及协议履行的事实不符，本院不予采纳。由于合同主要目的已经实现、其余合同目的也可以实现，故本案不符合合同法第九十四条关于合同法定解除的规定，庄胜公司对《框架协议书》及《框架协议书补充协议（三）》不享有法定解除权。

——中国裁判文书网。

553. 合同解除后，协助办理生产许可证变更手续属于恢复原状合同义务

关键词

解除　恢复原状　协助义务

最高人民法院裁判文书

重庆胜天线缆有限公司与重庆宝丰线缆有限公司合同纠纷案［最高人民法院（2021）最高法民申5823号民事裁定书］

裁判要旨：一方基于合同履行，从另一方处取得生产许可证。合同解除后，取得生产许可证的一方有义务协助另一方办理生产许可证的变更登记手续。该义务属于履行恢复原状的合同义务，与行政机关是否作出行政许可无关。

最高人民法院认为：《合同法》第九十七条[①]规定："合同解除后，尚未履行的，终止履行；已经履行的，根据履行情况和合同性质，当事人可以要求恢复原状、采取其他补救措施，并有权要求赔偿损失。"本案中，胜天公司与宝丰公司之间签订了《吸收合并协议》《资产转让合同》。双方当事人在履行前述协议的过程中，经重庆市经济和信息化委员会审查同意，胜天公司取得了案涉《全国工业产品生产许可证》。在宝丰公司与胜天公司已经解除了《吸收合并协议》《资产转让合同》的情况下，根据上述法律规定，宝丰公司可以要求胜天公司履行恢复原状的合同义务，原审法院判决胜天公司协助宝丰公司办理《全国工业产品生产许可证》变更登记手续，并无不当。但是，案涉

① 对应《民法典》第五百六十六条。

《全国工业产品生产许可证》的变更登记同时涉及行政机关的管理行为，宝丰公司能否重新取得《全国工业产品生产许可证》有待行政机关具体审查，该行政管理行为并不属于人民法院民事裁判范围。故原审法院认定胜天公司仅有协助宝丰公司向有关行政机关申请办理《全国工业产品生产许可证》变更登记手续的义务，该协助义务明确，也未超出宝丰公司关于恢复原状的诉讼请求范围。无论案涉《全国工业产品生产许可证》是否能变更至宝丰公司名下，均不能免除胜天公司应该履行的协助义务。胜天公司关于本案只能由宝丰公司通过行政复议或行政诉讼的方式变更《全国工业产品生产许可证》的申请再审事由不能成立。

——中国裁判文书网。

554. 当事人仅主张解除合同，法院原则上应一并处理合同解除的法律后果

关键词

合同解除　法律后果

最高人民法院司法政策精神

48.【违约方起诉解除】违约方不享有单方解除合同的权利。但是，在一些长期性合同如房屋租赁合同履行过程中，双方形成合同僵局，一概不允许违约方通过起诉的方式解除合同，有时对双方都不利。在此前提下，符合下列条件，违约方起诉请求解除合同的，人民法院依法予以支持：

（1）违约方不存在恶意违约的情形；

（2）违约方继续履行合同，对其显失公平；

（3）守约方拒绝解除合同，违反诚实信用原则。

人民法院判决解除合同的，违约方本应当承担的违约责任不能因解除合同而减少或者免除。

——《最高人民法院〈关于印发全国法院民商事审判工作会议纪要〉的通知》（2019年11月8日，法〔2019〕254号）。

附录：最高人民法院主流观点

审判实践中，当事人仅主张解除合同，法院应否一并处理合同解除的法律后果，一直有不同的观点和做法。一种观点认为，根据不告不理的民事诉讼原则，法院应当围绕当事人的诉讼请求进行审理，不应判超所请。若当事人仅主张解除合同，法院不应一并处理合同解除的法律后果。我们认为，定

分止争是当事人进行民事诉讼活动的重要目的，也是社会主义法治追求的重要价值目标。为了有效化解社会矛盾，减少当事人诉累，对不告不理原则的理解不应过分机械。当事人请求解除合同的，原则上应当一并处理解除后的责任承担等相关后果。如对于房屋租赁合同而言，一旦认定合同应当解除，就应当对返还财产、腾让房屋等事宜一并作出处理。必要时，应当及时组织当事人办理房屋交接手续，这样既可以减少当事人的经济损失，也便于法院对案件的审理，同时有利于化解纠纷，减少诉累。至于合同解除后的损失赔偿、违约责任承担问题，法院应向当事人释明，如果当事人坚持不提出请求，可以在裁判文书中指出通过另行诉讼的方式予以解决，以便尊重当事人的民事诉讼权利。

——最高人民法院民事审判第二庭编著：《〈全国法院民商事审判工作会议纪要〉理解与适用》，人民法院出版社 2019 年版，第 318~319 页。

555. 诉讼中用以主张抵销债务的债权须属已经确定的债权

关键词

债务抵销　确定债权

最高人民法院裁判文书

湖北众晶公司与浙江亚厦公司装饰装修合同纠纷案［最高人民法院（2021）最高法民申 982 号民事裁定书］

裁判要旨：双方当事人互负债务于同一诉讼案件中能否主张抵销，人民法院可以基于诉讼便利和经济原则斟酌确定。但是，用以主张抵销债务的债权须属已经确定的债权。原告因请求支付工程欠款而提起诉讼，被告主张以延误工期违约金主张抵销工程款。因与工期延误有关的债权债务关系尚未依法认定，对其径行主张抵销工程欠款债务的抗辩主张，依法可不支持。

最高人民法院认为，双方当事人互负债务于同一诉讼案件中能否主张抵销，人民法院可以基于诉讼便利和经济的考虑具体斟酌确定。但是，用以主张抵销债务的债权须属已经确定的债权。本案系浙江亚厦公司请求支付工程欠款及违约金而提起诉讼，湖北众晶公司作为被告主张浙江亚厦公司延误工期并进而请求将工期延误违约金用以抵销工程款，但与工期延误有关的争议其时未经审理认定，相关债权债务关系不能确定。原审法院对于湖北众晶公司抵销债务的抗辩主张虽未支持，但已指出其可就工期延误问题另案提出主张，不违反法律规定。湖北众晶公司以未支持其相关抗辩主张为由主张原审判决错误，没有法律依据。

——中国裁判文书网。

556. 债务相互抵销是否可以合并审理

关键词

抵销　合并审理

《中华人民共和国民法典》条文

第五百六十八条　当事人互负债务，该债务的标的物种类、品质相同的，任何一方可以将自己的债务与对方的到期债务抵销；但是，根据债务性质、按照当事人约定或者依照法律规定不得抵销的除外。

当事人主张抵销的，应当通知对方。通知自到达对方时生效。抵销不得附条件或者附期限。

附录：司法信箱

问题：甲公司诉乙公司欠购销货款 100 万元，乙公司则称甲公司欠其建筑工程款 120 万元，依据《合同法》第九十九条[①]规定要求予以抵销并要求甲公司返还剩余欠款 20 万元。对此，在如何列当事人的问题上，合议庭有两种不同意见：一种意见认为，可以将乙公司列为被告和反诉原告，甲公司作为原告和反诉被告一并解决双方互欠款问题；另一种意见则认为，虽然实体法规定两个债务可互相抵销，但程序法规定反诉必须是基于原告诉请的同一事实和同一法律关系而提出，否则不构成反诉。本案甲、乙双方虽互欠款，但两债务非基于同一法律事实，不能将乙公司列为反诉原告。此案根据《合同法》可合并审理，但双方的诉讼地位如何列明？

《人民司法》研究组认为：《合同法》第九十九条第一款规定："当事人互负到期债务，该债务的标的物种类、品质相同的，任何一方可以将自己的债务与对方的债务抵销，但依照法律规定或者按照合同性质不得抵销的除外。"因此，抵销权的行使必须符合以下条件：1. 当事人互负债务，互享债权；2. 抵销的债务的标的物种类、品质相同；3. 双方债权均届清偿期；4. 双方债务均非依照法律规定或者按照合同性质不得抵销的债务。只有同时满足上述

---

① 对应《民法典》第五百六十八条。

条件，一方当事人才能行使抵销权。本案中，如果乙公司能够举出确凿的证据证明其与甲公司之间的债务符合上述抵销权行使的前提条件，则人民法院可以支持；如果不能举出确凿的证据，或者双方互负的债权债务须待购销合同纠纷、建筑工程承包合同纠纷分别审理后才能确定的，则不能行使抵销权。这种情况下，两案因案由不同，不能合并审理，应分别审理。即乙公司不能被列为购销合同纠纷案中的反诉原告，其只能就建筑工程承包合同纠纷另案起诉甲公司。

——《人民司法》2002 年第 2 期（总第 457 期）。

557. 已过诉讼时效的债权不得作为主动债权主张抵销

关键词

主动债权　抵销　诉讼时效

《中华人民共和国民法典》条文

第五百六十八条　当事人互负债务，该债务的标的物种类、品质相同的，任何一方可以将自己的债务与对方的到期债务抵销；但是，根据债务性质、按照当事人约定或者依照法律规定不得抵销的除外。

当事人主张抵销的，应当通知对方。通知自到达对方时生效。抵销不得附条件或者附期限。

附录：最高人民法院主流观点

由于抵销是单方法律行为，主张抵销一方只要为抵销的意思表示，就发生抵销的法律效力，故对被抵销的一方而言，抵销具有强制性。若法律允许一方用自然债权抵销对方的债权，则将产生强制履行自然债务的结果，从而导致法律体系内部发生冲突。因此，已过诉讼时效的债权不得作为主动债权主张抵销。但已过诉讼时效的债权可以作为被动债权抵销，此时可认为自然债权的债务人放弃了时效利益。应当指出的是，是否已过诉讼时效的判断时点，应以两项债权适于抵销之时为准，一方因行使抵销权而获得的既得利益应予尊重，不因事后债权罹于时效而受影响。

——最高人民法院民法典贯彻实施工作领导小组主编：《中华人民共和国民法典合同编理解与适用》，人民法院出版社 2020 年版，第 674~675 页。

558. 主张抵销的债权未确定不能适用抵销

关键词

债权未确定　债务抵销

最高人民法院裁判文书

大众公司与佳诚公司租赁合同纠纷案［最高人民法院（2021）最高法民申 3492 号民事裁定书］

裁判要旨：抵销具有清偿功能，主张抵销必须符合三个要件：一是双方当事人互负明确的债务、互享明确的债权；二是双方互享的明确的债权均届清偿期；三是双方互负的债务种类相同。双方互负的债务数额为截至抵销条件成就之时各自负有的包括主债务、利息、违约金、赔偿金等在内的全部债务数额。主张抵销的债权处于未明确状态的，不符合抵销的成立要件。

最高人民法院经审查认为，关于佳诚公司主张以逾期交房损失赔偿金抵销租金能否予以支持问题。原审查明，2013 年 10 月 11 日，大众公司与佳诚公司签订了《房屋租赁合同》，该合同对支付租金的时间及方式作了明确约定，按照约定，佳诚公司应于 2016 年 4 月 23 日前支付第一期租金。故佳诚公司欠大众公司租金为确定的债权。而大众公司对佳诚公司主张的违约损失赔偿提出了抗辩，对逾期交房是否违约及相应的赔偿金额均有异议，因此佳诚公司对因大众公司违约所应支付的损失赔偿金并不确定，不符合《中华人民共和国合同法》第九十九条第一款“当事人互负到期债务，该债务的标的物种类、品质相同的，任何一方可以将自己的债务与对方的债务抵销，但依照法律规定或者按照合同性质不得抵销的除外”的规定。佳诚公司该项申请再审事由不能成立，不予支持。

——中国裁判文书网。

559. 债务种类不同，双方当事人也未共同提出债务抵销请求，法院不得将另案工程款在本案中抵销

关键词

债务种类　债务抵销

最高人民法院裁判文书

江西婺源宾馆有限责任公司与毛春林、徐莉莉、江西金球市政建设工程有限公司等民间借贷纠纷案［最高人民法院（2019）最高法民再114号民事判决书］

裁判要旨：对于互负到期债务，如标的物种类、品质相同的，一方可以直接行使抵销权；如标的物种类、品质不相同的，经双方协商一致也可以抵销。本案中，原审判决抵销的案涉借款债务与另案的工程款债务，一是债务种类不同，二是双方当事人也未共同向原审法院提出债务抵销请求，故原审判决将另案工程款在本案中抵销，违反法律规定。

最高人民法院认为，关于另案工程款应否抵扣案涉借款的问题。根据《合同法》第九十九条[①]"当事人互负到期债务，该债务的标的物种类、品质相同的，任何一方可以将自己的债务与对方的债务抵销，但依照法律规定或者按照合同性质不得抵销的除外。当事人主张抵销的，应当通知对方。通知自到达对方时生效。抵销不得附条件或者附期限"及第一百条[②]"当事人互负债务，标的物种类、品质不相同的，经双方协商一致，也可以抵销"的规定，对于互负到期债务，如标的物种类、品质相同的，一方可以直接行使抵销权；如标的物种类、品质不相同的，经双方协商一致也可以抵销。本案中，原审判决抵销的案涉借款债务与另案的工程款债务，一是债务种类不同，二是双方当事人也未共同向原审法院提出债务抵销请求，故原审判决将另案工程款在本案中抵销，违反法律规定，本院予以纠正。

——中国裁判文书网。

① 对应《民法典》第五百六十八条。

② 对应《民法典》第五百六十九条。

560. 提存错误、提存原因消灭时，债务人可取回提存物

关键词

提存错误　提存原因　提存物

《中华人民共和国民法典》条文

第四百三十三条　因不可归责于质权人的事由可能使质押财产毁损或者价值明显减少，足以危害质权人权利的，质权人有权请求出质人提供相应的担保；出质人不提供的，质权人可以拍卖、变卖质押财产，并与出质人协议将拍卖、变卖所得的价款提前清偿债务或者提存。

第五百二十九条　债权人分立、合并或者变更住所没有通知债务人，致使履行债务发生困难的，债务人可以中止履行或者将标的物提存。

第五百七十四条　债权人可以随时领取提存物。但是，债权人对债务人负有到期债务的，在债权人未履行债务或者提供担保之前，提存部门根据债务人的要求应当拒绝其领取提存物。

债权人领取提存物的权利，自提存之日起五年内不行使而消灭，提存物扣除提存费用后归国家所有。但是，债权人未履行对债务人的到期债务，或者债权人向提存部门书面表示放弃领取提存物权利的，债务人负担提存费用后有权取回提存物。

附录：最高人民法院主流观点

提存错误包括债务人错误认识其与债权人之间存在合同关系、将无效合同误认为有效合同等情形；提存原因消灭包括提存后因合同解除、撤销等原因导致债权债务关系消灭。我国民法通说认为，提存须有合法原因，否则不发生提存效力，故应认为债的关系自提存时消灭，但在提存出于错误或有提存原因消灭的事实时，应认为提存原因事实不成立或已消灭，提存的效力不发生，提存人对于提存物得主张返还，因而债务亦不消灭。由此，提存发生后，当债务人发现提存错误或者提存原因已经消灭的，应视为提存自始不发生法律效力。由于提存的原因不存在，债务人对于提存物当然可以主张返还，这种返还请求权不同于取回权，而应理解为是因提存不生效，债务人基于对提存物所有权而主张的物权请求权。

——最高人民法院民法典贯彻实施工作领导小组编著：《中国民法典适用大全（合同卷）》，人民法院出版社 2022 年版，第 977~978 页。

八、违约责任

561. 因债权人单方过错使债务人未能履行合同的，债务人应否承担违约责任

关键词

合同履行　单方过错　违约责任

《中华人民共和国民法典》条文

第一百七十六条　民事主体依照法律规定或者按照当事人约定，履行民事义务，承担民事责任。

第一百八十六条　因当事人一方的违约行为，损害对方人身权益、财产权益的，受损害方有权选择请求其承担违约责任或者侵权责任。

第五百七十七条　当事人一方不履行合同义务或者履行合同义务不符合约定的，应当承担继续履行、采取补救措施或者赔偿损失等违约责任。

附录：最高人民法院主流观点

关于因债权人单方过错致使债务人未能按约履行合同，债务人应否承担违约责任，学理上认为，根据合同分配风险规则，履行障碍的风险由造成障碍者承担，即债权人造成了履行障碍，其过错行为致使债务人履行不了合同，当然应由债权人承担合同未能履行的法律后果。例如，《民法典》第八百三十二条规定，由于托运人、收货人的过错造成运输过程中货物的毁损、灭失的，承运人不承担赔偿责任。又如，《民法典》第八百九十三条规定，寄存人交付的保管物有瑕疵或者根据保管物的性质需要采取特殊保管措施的，寄存人应当将有关情况告知保管人；寄存人未告知，致使保管物受损失的，保管人不承担赔偿责任。寄存人未将有关情况告诉保管人属于有过错的情形，是保管人不负责任的前提。在某旅客诉中国铁路客户服务中心案中，旅客因遇交通拥堵未能赶上火车，退票未果后诉至法院，称其未按时乘车构成违约，愿意承担票面金额5%的违约责任并要求退票。法院认为，“乘车”对旅客而言是权利，误车不构成违约，也没有违约责任的适用余地。从误车行为的法律性质来看，误车属旅客对自身权利的放弃，尽管在因交通堵塞等原因而造成的误车中，这种放弃是被动的、无奈的。但无论如何，旅客误车实际上发生了

承运人运输义务被免除的法律后果。

——最高人民法院民法典贯彻实施工作领导小组编著：《中国民法典适用大全（合同卷）》，人民法院出版社 2022 年版，第 1001 页。

562. 债务人履行主要义务的，能否排除预期违约条款的适用

关键词

主要义务　预期违约合同履行

《中华人民共和国民法典》条文

第五百七十八条　当事人一方明确表示或者以自己的行为表明不履行合同义务的，对方可以在履行期限届满前请求其承担违约责任。

附录：最高人民法院主流观点

预期违约责任适用的前提条件是当事人一方明确表示或者以自己的行为表明不履行合同义务。如果一方当事人已经履行合同主要义务，另一方当事人一般不能依据《民法典》第五百七十八条的规定，在合同履行期限届满前请求对方承担违约责任。在某投资公司诉某金属工具公司中外合资合同纠纷案中，争议焦点在于当事人能否以对方未全部履行合同为由，主张对方预期违约。法院认为，合资合同一方已将作为出资的设备和房产交合资公司实际使用，只有少部分房产未办理过户手续，其履行了主要义务而不是未履行主要义务，不符合预期违约规定的条件，另一方请求其承担预期违约责任的理由不能成立。[①]

——最高人民法院民法典贯彻实施工作领导小组编著：《中国民法典适用大全（合同卷）》，人民法院出版社 2022 年版，第 1014 页。

563. 仅约定违约金计算标准而未约定违约金的计算基数的属于合同约定不明

关键词

违约赔偿　举证责任　合同约定不明

① 参见最高人民法院（2002）民四终字第 3 号民事判决书。

最高人民法院裁判文书

成功公司与抚松县政府合同纠纷案［最高人民法院（2020）最高法民终1260号民事裁定书］

裁判要旨：双方虽对违约金计算标准作出约定，但并未约定违约金的计算基数，属于合同约定不明。主张违约赔偿责任一方，依法应当对违约事实对其造成的实际损失承担举证责任。

最高人民法院认为，关于抚松县政府的案涉违约赔偿责任应当如何确定问题．一审判决认定，抚松县政府迟延履行《协议书》项下的案涉规划路的拆迁义务，构成违约。对此，抚松县政府并未提出上诉。对于抚松县政府违约赔偿责任，成功公司上诉主张按照《协议书》约定的2‰/日违约金标准，以其已垫付款数额59212900元为计算基数，自2009年5月11日（即合同约定的拆迁完成日的第二日）起计算至实际付清之日止。案涉《协议书》虽对违约金计算标准作出了2‰/日的约定，但并未约定违约金的计算基数，属于合同约定不明。据此，成功公司以垫付款总额作为违约赔偿金的计算基数，缺乏合同依据。

根据《合同法》第一百零七条[①]、第一百一十二条[②]和第一百一十三条[③]规定，违约方承担的违约赔偿数额，应当以守约方实际损失为主，惩罚性赔偿为辅。本案中，成功公司主张抚松县政府承担违约赔偿责任，依法应当对政府迟延履行规划路拆迁义务给其造成的实际损失承担举证责任。一审判决根据成功公司的诉讼请求，在成功公司垫付款的数额认定上，在案涉《协议书》没有约定的情况下，已判令抚松县政府承担因迟延拆迁给成功公司造成的窝工损失、项目管理支出等实际损失；对于政府所欠成功公司5460194.31元（垫付款32090773.31元－已付款26630579元），一审亦判决政府支付相应资金占用利息。因案涉《协议书》对惩罚性违约金约定不明且成功公司不能证明其还存在其他损失，一审在成功公司前述实际损失的诉讼请求已得到支持的基础上，判决抚松县政府以欠付垫资款5460194.31元的30%再向成功公司支付1638058.29元的违约赔偿金，符合法律规定和本案实际，本院对此予以维持。

——中国裁判文书网。

① 对应《民法典》第五百七十九条。
② 对应《民法典》第五百八十三条。
③ 对应《民法典》第五百八十四条。

564. 受疫情影响的中小微企业违约行为判断认定

关键词

中小微企业　合同解除　调解　违约行为

最高人民法院司法政策精神

12. 优化营商环境司法保障机制。法治是最好的营商环境。对照加快建设全国统一大市场要求，探索建立符合我国国情、国际标准的司法服务保障营商环境指标体系，加大服务保障营商环境建设情况在考评工作中的比重。出台服务保障营商环境建设的司法解释和司法政策。配合有关职能部门，开展营商环境创新试点工作，制定出台建设法治化营商环境实施规划，建立营商环境定期会商机制。依托司法大数据，建立法治化营商环境分析研判机制。加大营商环境司法保障工作宣传力度，提振经营者投资信心。探索设立人民法院优化营商环境专家咨询委员会。

13. 助力营造公平诚信的交易环境。切实实施民法典，出台民法典合同编司法解释，贯彻合同自由、诚实信用原则，保护合法交易行为，畅通商品服务流通，降低市场交易成本。完善推动社会主义核心价值观深度融入审判执行工作配套机制，发挥司法裁判明辨是非、惩恶扬善、平衡利益、定分止争功能，引导市场主体增强法治意识、公共意识、规则意识。构建虚假诉讼预防、识别、惩治机制，依法严惩虚假诉讼违法犯罪行为。强化失信被执行人信用惩戒力度，完善失信惩戒系统，细化信用惩戒分级机制，修订完善失信被执行人名单管理规定，探索建立守信激励和失信被执行人信用修复制度。探索社会信用体系建设与人民法院审判执行工作深度融合路径，推动建立健全与市场主体信用信息相关的司法大数据归集共享和使用机制。

24. 助力统筹推进疫情防控和经济社会发展。依法严惩利用疫情诈骗、哄抬物价、囤积居奇、造谣滋事，以及制售假劣药品、医疗器械、医用卫生材料等犯罪，维护疫情防控期间生产生活秩序。妥善处理疫情引发的合同违约、企业债务等纠纷案件，准确适用不可抗力规则，合理平衡当事人利益。精准服务做好"六稳"、"六保"，妥善处理因疫情引发的劳资用工、购销合同、商铺租赁等民商事纠纷，持续完善司法惠民惠企政策，帮助受疫情严重冲击的行业、中小微企业和个体工商户纾困解难。

——《最高人民法院关于为加快建设全国统一大市场提供司法服务和保障的意见》（2022 年 7 月 14 日，法发〔2022〕22 号）。

565. 判定违约责任应考虑合同约定、违约程度、可得利益损失等因素

关键词

违约责任　违约金　可得利益损失

最高人民法院裁判文书

上海飞蕾科技有限公司与富士医疗器材（上海）有限公司、富士胶片（中国）投资有限公司合同纠纷案［最高人民法院（2018）最高法民再 82 号民事判决书］

裁判要旨：判定商事交易之违约责任应当综合考虑以下方面：充分尊重当事人的意思自治，按照合同约定确定违约赔偿；根据违约程度，视违约情形认定违约责任；结合守约方之可得利益损失，衡量违约方之赔偿责任；根据当事人诉请，认定损失赔偿数额范围；根据证据规则认定损失赔偿的最终数额。

最高人民法院认为：违约责任是指当事人不履行合同义务或者履行合同义务不符合合同约定而依法应当承担的民事责任。违约责任系合同责任中的一种重要形式，对于规范合同行为、维护交易秩序以及保障社会经济稳定发展均有重要意义。对于违约金的正确认定，不仅可以保障合同守约方的合法利益，还能对违约行为进行有效的制约，以维护交易安全，促进社会诚实信用体系建设。针对本案独家代理销售合同的商业代理特性，本院认为，判定商事交易之违约责任应当综合考虑以下方面：

（一）充分尊重当事人的意思自治，按照合同约定确定违约赔偿。本案是因独家商事代理而引发之纠纷，意思自治和诚实信用乃商事活动之基本原则。充分尊重当事人意思自治，是促进商事交易繁荣与发展之基本前提，而维护诚实信用，则是保障商事活动的基本要求。在商事活动中，各方均应当按照各自真实意思表示签订合同并严格履行，一方恶意违约导致合同不能履行时，即应当受到相应惩戒以维护正常交易秩序。合同中对于违约条款之约定，是交易各方事先一致约定维护特定商事交易得以正常进行的基础保障所在，且各方在签订合同时即对此了解并接受。因此，当一方违约时，按照合同约定承担违约责任或进行相关赔偿，系商事交易普遍而根本之社会意愿。《中华人民共和国合同法》第一百一十四条第一款规定：“当事人可以约定一方违约时

应当根据违约情况向对方支付一定数额的违约金，也可以约定因违约产生的损失赔偿额的计算方法。”飞蕾公司与富士医疗公司之间关于违约责任的约定主要有：1.《大区总代理合同》第五条第 1 款第 10 项约定：“对于乙方（飞蕾公司）的销售区域，甲方（富士医疗公司）有义务保护其相应耗材（如 IP 套件、胶片等）供应的唯一性和长期性（拾年）。……若出现未经乙方许可的公司或个人或其他团体向乙方的销售区域内的用户供应相应耗材，则乙方有权追究甲方责任，甲方须作出无条件赔偿，赔偿金额为最终用户购入相关设备、耗材价格的 120%。”2.《大区总代理合同》第十六条损害赔偿约定：“双方基于第十四条而解除本合同或个别合同，或者另一方违反本合同或个别合同的情况下，由此遭受的损害赔偿可以向另一方要求支付。”3.《3.28 补充合同》第四条第 2、3 款约定：“乙方（富士医疗公司）违约：未按合同内容中的承诺履行，即无论是乙方的供货生产厂方 – 日本 FUJIFILMCorporation，乙方直接上级母公司 – 富士胶片（中国）投资有限公司，还是乙方的本身及各级下属体系中的任何一方，存在了在中国大陆地区的低价销售行为。甲乙双方任何一方违约，均须向对方以本合同所涉及的所有有效销售合同金额的 200% 进行赔偿。”

本案之中，双方签订的合同合法有效，系双方真实意思表示，合同之中对于特定违约行为的相关条款均为有效，双方均应严格遵守，如有违反即应按照相关约定执行。根据上述约定，《大区总代理合同》第五条第 1 款第 10 项是针对富士医疗公司串货时的违约责任，为最终用户购入相关设备、耗材价格的 120%；《大区总代理合同》第十六条约定了按照具体损失赔偿的原则；《3.28 补充合同》第四条第 3 款约定系针对一方具有低价销售违约行为直接承担所有有效销售合同金额的 200% 的赔偿责任。据此，严格按照合同约定，飞蕾公司具有两种赔偿方案可供选择：第一种方案，比照双方关于富士医疗公司串货之约定判定违约赔偿数额。根据《大区总代理合同》第五条第 1 款第 10 项约定：“对于乙方（飞蕾公司）的销售区域，甲方（富士医疗公司）有义务保护其相应耗材（如 IP 套件、胶片等）供应的唯一性和长期性（10 年）。……若出现未经乙方许可的公司或个人或其他团体向乙方的销售区域内的用户供应相应耗材，则乙方有权追究甲方责任，甲方须作出无条件赔偿，赔偿金额为最终用户购入相关设备、耗材价格的 120%。”根据本案已经查明之事实，富士医疗公司与恒博公司之间存在串货之行为，且因富士医疗公司并未主张恒博公司有向其退货之任何事实，故富士医疗公司向恒博公司串货供应的全部金额产品均应视为销售至最终用户。至于富士医疗公司关于应按最终销售区域认定串货之主张，不仅其对此举证不能，而且其该项主张与本案独家代理销售合同关系的法律性质根本不符，与独家销售的商业惯例亦不相符，不能支持，故依照上述条款约定比照串货金额追究富士医疗公司违约责任，并非不公平。由此，根据飞蕾公司所提交的证据，富士医疗公司出售给恒博公司的产品总价格为 146423904 元，按该价格的 120% 计算，富士医疗公司应赔偿飞蕾公司 175708684.80 元。事实上，如果按照富士医疗公司所称最终用户是指产品最终用户的话，实际恒博公司作为代理销售方必然以更高的价格销售给最终用户，则最终产品总价格应当还会超过上述数额。第二种方案，依据双方关于富士医疗公司低价销售的约定来认定。根据《3.28 补充合同》第四条约定，如果富士医疗公司存在低价销售行为时，即须向对方以本合同所涉及的所有有效销售合同金额的 200% 进行赔偿。根据飞蕾公司提交的增值税发票显示，在《大区总代理合同》存续期间，飞蕾公司与富士医疗公司双方履行的销售合同的金额为 686585955 元，按富士医疗公司低价销售违约行为追究，富士医疗公司应当支付的违约金则为 1373171910 元。上述两条针对特定事项的违约责任，均系双方真实意思表示，如此巨额、严苛的违约责任约定正是基于本案商业代理之特性而考量，依法应予维护。

（二）根据违约程度，视违约情形认定违约责任。在认定违约责任时，应当根据违约程度的大小予以考虑。如果一方履约存在单项违约或特定违约，则应当根据特定违约相应考虑违约责任；如果一方根本违约，则应当按照合同约定承担全部根本违约责任；如果双方都违约，则应综合过错及各自违约程度衡平考量。本案之中，如前认定，富士医疗公司在与飞蕾公司合同履行过程中，首先存在串货行为，即应按串货违约承担责任；同时，富士医疗公司又低价向恒博公司销售相关产品，违反双方关于不得低价销售的约定，由此即应承担低价销售的违约责任；并且，富士医疗公司擅自停止供应耗材，同样违约，原本亦应承担相应违约责任，但鉴于飞蕾公司放弃，故最终判定富士医疗公司违约责任时可不予考虑；最为主要的是，富士医疗公司在明明自身存在多个先行违约行为之情形下，却擅自单方解约，致使双方合同根本不能继续履行，致使飞蕾公司合同权益受到根本损害，因此富士医疗公司构成根本违约。故最终认定富士医疗公司承担违约责任时，必须结合其以上多项违约以及根本违约之事实，全面予以考量。

（三）结合守约方之可得利益损失，衡量违约方之赔偿责任。根据我国合同法司法解释之规定，对于违约金约定金额过分高于实际损失的，当事人可以请求消减。因此，对于违约责任的最终认定亦应当结合守约方之损失、包括可得利益损失等进行考量。本案之中，飞蕾公司所受到的损失是显而易见的，富士医疗公司不仅挖走了其线下二级代理商恒博公司，由此使得飞蕾公司失去了发展起来的由该二级代理商可以形成的潜在客户。在此还需指出的是，飞蕾公司除按双方协议享有 17 省市独家代理权限外，依据协议还可享有独家代理区域以外其他省市的销售权利，故富士医疗公司越过飞蕾公司直接向原本属于飞蕾公司的二级代理经销商恒博公司销售产品，不仅如前认定损害到飞蕾公司独家代理销售之合同权益，还损害到飞蕾公司向独家代理区域以外拓展业务之利益空间。更何况，富士医疗公司还对飞蕾公司与恒博公司实施差别待遇，以更低价格销售给恒博公司以强化恒博公司之竞争力，致使飞蕾公司销售能力受到压缩。更为主要的是，富士医疗公司单方擅自解除合约，致使飞蕾公司数年来凭独家代理打拼出来的全国高达 17 省市的已经颇具规模的稳定市场完全丧失，后续稳定可观收益亦随之完全丧失，故判定富士医疗公司违约责任之时，对此亦必须予以充分考量。

（四）根据当事人诉请，认定损失赔偿数额范围。民事诉讼应充分保障与尊重当事人之诉讼权利，尤其应尊重当事人之处分权，并结合当事人之诉请并在不超越当事人诉请范围内判定赔偿数额。飞蕾公司在本案一审中曾起诉要求富士医疗公司支付违约金 840955146 元，二审审理过程中变更诉讼请求为支付违约金 383388609.70 元，此系其对本人诉讼权利之自由处分，应予尊重。据此，凡超越以上最后诉求判定违约赔偿之数额均不可能。

（五）根据证据规则认定损失赔偿的最终数额。就本案而言，虽然双方约定了具体违约责任条款，且富士医疗公司亦的确存在多项违约尤其根本违约行为，并飞蕾公司因富士医疗公司违约而可能产生的利益损失亦属巨大，但最终判定富士医疗公司之违约赔偿数额，还必须结合飞蕾公司之诉请，更应依据可以采信之证据最终判定。就飞蕾公司诉请的赔偿数额而言，其所谓的可得利益损失系根据其单方得出的 54.5% 的利润率计算而来，但富士医疗公司对此并不认可，且该利润率亦未考虑代理销售之各项成本与支出，更未经合法审计，故飞蕾公司依据利润率为 54.5% 诉请违约赔偿数额，难以支持。但是，如本判之前认定，上海浦东新区相关税务部门证实的富士医疗公司与恒博公司之间的交易金额为 146423904 元，有关该串货金额认定证据充分，而富士医疗公司的相关抗辩不能支持，结合本案各方陈述一致认可代理产品主要为耗材，且绝大部分价值亦为耗材价值之基本特点，故可以依据该项金额比照耗材违约条款衡量富士医疗公司应当承担之违约赔偿数额。

综合分析，富士医疗公司根本违约，原本应当对飞蕾公司的全部损失依法进行赔偿，因飞蕾公司计算依据所主张的利润率 54.5% 缺乏证据而难以支持。但是，富士医疗公司违约情形明显，飞蕾公司受到之利益损失亦明显，富士医疗公司应当承担相应违约责任，应当给予飞蕾公司相应赔偿。因此，依据前述相关因素考量，并结合前述两种违约赔偿方案，进一步根据当事人的诉请，飞蕾公司所主张的违约金数额为 383388609.70 元，实际已经显然低于富士医疗公司因低价销售所应支付的违约金 1373171910 元，鉴于飞蕾公司并未就富士医疗公司低价销售违约责任进行主张，故对于第二种方案可不予考虑。因此，本院综合飞蕾公司诉请、富士医疗公司违约情形与程度、以及飞蕾公司实际受到的利益损失等多方因素综合考量，比照富士医疗公司向恒博公司之串货总金额结合相关违约责任条款，最终酌定富士医疗公司应赔偿飞蕾公司的违约金额为175708684.80元。

——中国裁判文书网。

566. 合同约定不明的情况下，可以运用目的解释的原理判断当事人是否构成违约

关键词

合同履行 合同约定不明 目的解释 违约责任

最高人民法院审判业务意见（民事审判第一庭意见）

最高人民法院民一庭意见：《担保借款合同》第四条第一款约定的目的，是为了保证款项的出借方对款项使用情况的知情权、监督权，以便在发现借款人擅自改变款项用途或发生其他可能影响出借人权利的情况时，及时采取措施、收回款项及利息。用目的解释的原理可以得知，提供不真实的材料和报表固然会影响出借方对借款方使用款项的监督，而不提供相关材料和报表却会使得出借方无从了解案涉款项的使用情况，不利于其及时行使自己的权利。因此，借款方在借款的两年多的时间里，从未向出借方提供相关材料和报表，构成违约。

附：案情简介

2009年12月，李欣、朱黎敏、贝柠及东昊公司签订《担保借款合同》约定：李欣、朱黎敏借给贝柠7000万元，借款用途为经营东昊公司开发的房地产项目，借款期限从2009年12月15日至2010年9月30日。东昊公司以全部自有财产及在建项目为贝柠提供连带责任担保。该合同第三条第二款约定，“出借方有权检查、监督款项的使用情况，借款方应当向出借方提供有关报表和资料等。”该合同第四条第一款约定，“发生下列情况之一时，出借方有权停止发放借款并立即收回已经发放的借款本息，直至解除本合同。（1）借款方、担保方提供情况包括但不限于报表和各项材料等不真实。（2）借款方、担保方与第三者发生诉讼，有可能无力向出借方偿付本息……。”该条第二款约定，“出借方有权检查、监督款项的使用情况，借款方应当向出借方提供有关报表和资料等。”合同签订当日，李欣向贝柠汇款2000万元，朱黎敏通过案外人向东昊公司汇款2000万元。贝柠给李欣、朱黎敏出具了一份收条及一份借条。收条记载：“收到李欣、朱黎敏各1500万元。”贝柠在落款处签名。借条记载：“借李欣、朱黎敏7000万元（见借款协议），借款人贝柠。”

同日，东昊公司就其为贝柠从李欣、朱黎敏借款事宜召开股东会，并作出决议：同意东昊公司为贝柠向李欣、朱黎敏借款7000万元提供连带责任担保；同意《担保借款合同》的全部内容。贝柠依照《中华人民共和国公司法》的有关规定，回避了本次股东会。

在合同履行过程中，贝柠未按《担保借款合同》的约定向李欣、朱黎敏提供有关报表及相关资料。李欣、朱黎敏几次交涉未果，遂提起诉讼，请求请判令：（1）贝柠立即偿还借款7000万元；（2）贝柠立即支付借款利息；（3）东昊公司对前述债务承担连带清偿责任；（4）贝柠及东昊公司承担本案诉讼费用。

——最高人民法院民一庭：《合同约定不明的情况下，可以运用目的解释的原理判断当事人是否构成违约》，载最高人民法院民事审判第一庭编：《民事审判指导与参考》2014年第4辑（总第60辑），人民法院出版社2015年版，第150~151、153页。

567. 合同因违约解除后，违约金条款继续适用，但过分高于损失的部分可予以调整

关键词

合同解除　违约金条款　违约责任

《中华人民共和国民法典》条文

第五百六十六条　合同解除后，尚未履行的，终止履行；已经履行的，根据履行情况和合同性质，当事人可以请求恢复原状或者采取其他补救措施，并有权请求赔偿损失。

合同因违约解除的，解除权人可以请求违约方承担违约责任，但是当事人另有约定的除外。

主合同解除后，担保人对债务人应当承担的民事责任仍应当承担担保责任，但是担保合同另有约定的除外。

第五百六十七条　合同的权利义务关系终止，不影响合同中结算和清理条款的效力。

最高人民法院司法解释

第二十条　买卖合同因违约而解除后，守约方主张继续适用违约金条款的，人民法院应予支持；但约定的违约金过分高于造成的损失的，人民法院可以参照民法典第五百八十五条第二款的规定处理。

——《最高人民法院关于审理买卖合同纠纷案件适用法律问题的解释》（2020年12月29日修正）。

最高人民法院司法政策精神

8. 为减轻当事人诉累，妥当解决违约金纠纷，违约方以合同不成立、合同未生效、合同无效或者不构成违约进行免责抗辩而未提出违约金调整请求的，人民法院可以就当事人是否需要主张违约金过高问题进行释明。人民法院要正确确定举证责任，违约方对于违约金约定过高的主张承担举证责任，非违约方主张违约金约定合理的，亦应提供相应的证据。合同解除后，当事人主张违约金条款继续有效的，人民法院可以根据合同法第九十八条的规定进行处理。

——《最高人民法院关于当前形势下审理民商事合同纠纷案件若干问题的指导意见》（2009年7月7日，法发〔2009〕40号）。

附录：最高人民法院法官著述

问：合同因违约解除后，违约金条款可否继续适用？

答：目前理论与司法实践中，对于合同解除后违约金条款能否继续适用主要包括两种观点：一是否定说，认为合同因解除溯及既往消灭，违约金条款失去效力，且债务人根本违约责任已吸收瑕疵履行违约责任，故当事人仅能主张损害赔偿，无权请求支付违约金；二是肯定说，认为支付违约金的行为，是当事人通过预先设定并独立于履约行为之外的给付行为，且《民法典》第五百六十七条规定，"合同的权利义务关系终止，不影响合同中结算和清理条款的效力"。我们认为，《民法典》第五百六十六条第二款规定，合同因违约解除的，解除权人可以请求违约方承担违约责任，但当事人另有约定的除外。这里的违约责任当然包括合同内定的违约金。司法实践中对此问题也有明确的司法政策与司法解释。《最高人民法院关于当前形势下审理民商事合同纠纷案件若干问题的指导意见》第八条规定，"……合同解除后，当事人主张违约金条款继续有效的，人民法院可以根据合同法第九十八条的规定进行处理"，其实质是认为违约金条款系当事人事先达成的、可独立于合同剩余条款之外的合意，该条款的效力不因合同权利义务终止而受到影响。另外，《最高人民法院关于审理买卖合同纠纷案件适用法律问题的解释》第二十条规定："买卖合同因违约而解除后，守约方主张继续适用违约金条款的，人民法院应予支持；但约定的违约金过分高于造成的损失的，人民法院可以参照《民法典》第五百八十五条第二款的规定处理。"虽然本条是关于买卖合同的规定，但其所体现出的违约金条款在效力上不因合同解除而受影响的法理，完全可以类推适用于其他类型的合同。因此，总体而言，若合同因违约而解除，违约金条款可继续适用，但违约金过分高于因解约造成的损失的，对于超过部分，人民法院可以根据当事人的请求予以调整。

——最高人民法院民事审判第一庭编：《民事审判实务问答》，法律出版社 2021 年版，第 33~34 页。

568. 当事人已支付约定过高的违约金的，不能主张返还

关键词

违约金过高　主张返还

最高人民法院裁判文书

西昌树高房地产开发有限公司与西昌市自然资源局建设用地使用权出让合同纠纷案［最高人民法院（2021）最高法民申 3678 号民事裁定书］

裁判要旨：当事人如认为约定的违约金过高，应向法院或仲裁机构提出请求予以适当减少。在违约方主动支付了违约金，且在支付前未向法院或仲裁机构请求下调，应视为其对已履行的违约金放弃了请求调整过高的权利。如其再请求对方返还已支付的违约金，没有事实和法律依据，法院不予支持。

最高人民法院认为：本案为建设用地使用权出让合同纠纷，再审审查重点为：原审判决树高公司应给付的违约金金额是否正确。

《合同法》第一百一十四条[①]第一款规定："当事人可以约定一方违约时应当根据违约情况向对方支付一定数额的违约金，也可以约定因违约产生的损失赔偿额的计算方法"。第三款规定："当事人就迟延履行约定违约金的，违约方支付违约金后，还应当履行债务"。本案中，2017 年 7 月 5 日，西昌资源局与树高公司签订的《国有建设用地使用权出让合同》约定，树高公司应分两期向西昌资源局支付土地使用权出让款共计 4.54 亿元，付款时间分别为 2017 年 7 月 22 日和 12 月 22 日。双方还约定，受让人应当按照本合同约定，按时支付国有建设用地使用权出让价款。受让人不能按时支付国有建设用地使用权出让价款的，自滞纳之日起，每日按迟延支付款项的 1‰向出让人缴纳违约金。原审认定，树高公司未按约定支付土地出让金已构成违约，按合同约定的违约金计算标准计算，树高公司应向西昌资源局共计缴纳 76311000

① 对应《民法典》第五百八十五条。

元的违约金，树高公司已于2018年7月20日缴纳违约金33489000元、于2018年8月3日缴纳违约金4666500元，共计已缴纳违约金38155500元，剩余38155500元违约金未交。双方当事人对此事实均无异议。树高公司主张其在起诉前已给付的违约金也应按原审判决确定的标准下调。对此本院认为，树高公司在合同履行过程中，根据合同约定主动向西昌资源局支付了38155500元违约金，未向人民法院或仲裁机构请求调整违约金，是其真实意思表示，符合民法意思自治原则，不损害国家、集体和第三人的合法权益，也不违反法律行政法规的强制性规定，该部分违约金已履行完毕，合法有效。西昌资源局接受树高公司违约金的履行，有合同和法律依据，并无不当。此外，《合同法》第一百一十四条第二款规定："约定的违约金低于造成的损失的，当事人可以请求人民法院或者仲裁机构予以增加；约定的违约金过分高于造成的损失的，当事人可以请求人民法院或者仲裁机构予以适当减少"。据此规定，当事人如认为约定的违约金过高，应向人民法院或者仲裁机构提出请求予以适当减少。本案中，树高公司主动支付了合同约定的部分违约金，且在支付前未向人民法院或仲裁机构请求下调，应视为对该已履行的部分放弃了向人民法院或仲裁机构调整过高违约金的权利。现树高公司请求西昌资源局返还已支付的违约金，没有事实和法律依据，原审判决不予支持并无不当。

——中国裁判文书网。

569. 合同订立时违约事实已经发生的，违约条款无效

关键词

合同订立　违约条款　虚假意思表示　违约事实

最高人民法院裁判文书

沈阳市苏家屯区政府等建设用地使用权出让合同纠纷案［最高人民法院（2021）最高法民再351号民事判决书］

裁判要旨：在案涉合同签订时，合同约定的违约事实即已发生。案涉关于土地交付时间及其对应的迟延交付土地违约责任条款，属双方通谋的虚假意思表示，依法应认定为无效条款。

最高人民法院认为：案涉《国有建设用地使用权出让合同》签订于2011年9月13日，该合同约定的案涉土地净地交付时间为2011年9月1日。根

据现已查明的事实，案涉土地在合同签订时并未全部达到交付标准。因此，在案涉《国有建设用地使用权出让合同》签订时，合同约定的违约事实即已发生。华锦公司作为房地产开发公司，在案涉《国有建设用地使用权出让合同》签订前对土地现状进行了多轮尽调，对案涉土地名为净地出让实为毛地出让的事实显属明知。根据合同法基本原理，合同中关于违约责任的条款，应是就将来可能发生的违约事实，约定由违约方向守约方承担相应责任的条款。苏家屯区政府、区自然资源局自缔约时即已构成违约，案涉《国有建设用地使用权出让合同》关于土地交付时间及其对应的迟延交付土地违约责任条款，属双方通谋的虚假意思表示，依法应认定为无效条款。

——中国裁判文书网。

570. 合同无效后，关于违约金条款的约定是否具有约束力

关键词

合同无效　迟延付款　违约金条款

最高人民法院裁判文书

朱华云与长春建工新吉润建设有限公司、公主岭市金业职业培训学校、长春建工新吉润建设有限公司润鹏分公司及一审第三人、二审被上诉人王文全建设工程施工合同纠纷案［最高人民法院（2020）最高法民申331号民事裁定书］

裁判要旨：《合同法》第九十八条[①]关于“合同的权利义务终止，不影响合同中结算和清理条款的效力”的规定，并不涵盖合同无效情形。所以，当事人一方关于双方签订的合同虽无效但其中清算条款有效的主张，没有法律依据。基于此，双方合同中关于迟延付款需要承担违约金责任的约定，也因该合同无效而无约束力。

最高人民法院认为：一审法院查明，2014年4月4日，王文全以新吉润公司润鹏分公司的名义与朱华云签订《工程施工补充协议》，将案涉工程转包给朱华云。因朱华云未取得建筑施工企业资质，根据《最高人民法院关于审理建设工程施工合同纠纷案件适用法律问题的解释》第一条的规定，案涉《工程施工补充协议》无效。《合同法》第九十八条关于“合同的权利义务终

① 对应《民法典》第五百六十七条。

止，不影响合同中结算和清理条款的效力”的规定，并不涵盖合同无效情形。朱华云关于该《工程施工补充协议》虽无效但其中清算条款有效的主张，没有法律依据。《工程施工补充协议》关于迟延支付工程款需要承担的违约金责任的计算方式的约定，也因合同无效而无约束力。在案涉《工程施工补充协议》无效的情况下，一、二审法院酌定新吉润公司按照中国人民银行同期同类贷款利率计算工程款利息，并无不当。朱华云的此项申请再审理由，不能成立。

——中国裁判文书网。

571. 特定义务不存在或其条件不成就，针对该义务约定的违约金条款不能适用

关键词

违约金　特定义务

最高人民法院公报案例、最高人民法院裁判文书

广东达宝物业管理有限公司与广东中岱企业集团有限公司、广东中岱电讯产业有限公司、广州市中珊实业有限公司股权转让合作纠纷案［最高人民法院（2010）民提字第153号民事判决书］

裁判摘要：违约金是合同双方对合同义务不履行时违约方应付损害赔偿额的约定，所以违约金是针对特定的义务而存在。这种特定的义务有时是合同中的某一项义务，有时是合同约定的双方的任何一项义务，法院首先必须准确地认定违约金所针对的义务内容。在认定后，还要审查该义务是否实际发生，商事合同中双方常常对合同义务附加前提条件，在条件未成就时合同义务实际上并不存在，故也谈不上履行问题，此时，针对该义务约定的违约金条款就不能适用。

最高人民法院认为：达宝公司与中岱电讯公司在《合作协议书》中约定如果双方未能在该协议签订后三个月内就涉诉土地的合作事宜正式签订协议，达宝公司有权退出合作。2005年12月广州国土局解除了与夏乘风、苏雄签订的土地使用权出让合同，之后中珊公司也未实际取得涉诉土地的使用权，达宝公司与中岱电讯公司也未就涉诉土地的合作事宜签订协议，故达宝公司退出合作符合双方约定。2006年2月23日达宝公司向中岱电讯公司、中珊

公司发函要求终止与该两公司的合作，并无不当。《合作协议书》虽约定达宝公司退出合作后中岱电讯公司应以 5285 万元买回达宝公司持有的中珊公司 10% 的股权，但是该约定的前提是达宝公司之前应将其受让股权的 4931 万元款项向中岱电讯公司付清。本案中达宝公司并未将 4931 万元股权转让款向中岱电讯公司付清，而是仅支付了 3000 万元，所以达宝公司主张中岱电讯公司应以 5285 万元买回中岱电讯公司出让给达宝公司的股权，缺乏事实基础，本院不予采纳。二审判决以达宝公司已付 3000 万元所占应付款 4931 万元的比例认定中岱电讯公司在达宝公司退出合作后应返还其 3215.3721 万元，理由并不充分，本院予以纠正。《合作协议书》约定的每天按 0.2% 计算违约金的标准，是对中岱电讯公司应以 5285 万元向达宝公司买回涉诉股权这一义务而设定，因中岱电讯公司以 5285 万元买回该股权这一条件并未成就，故不能适用该每天 0.2% 的违约金标准来计算中岱电讯公司的违约责任。达宝公司将以该标准计算出的违约金数额作为其主张的参照标准，缺乏法律依据，本院亦不予采纳。二审判决以 3215.3721 万元为本金按照每天 0.2% 计算出的违约金作为达宝公司损失的参照，有失妥当，本院予以纠正。达宝公司主张其退出合作时损失为 2285 万元，缺乏事实依据，本院不予支持。2006 年 2 月 23 日达宝公司退出合作后，《合作协议书》无法继续履行，达宝公司也主张该协议解除，故本院对该协议已经解除予以确认。《合作协议书》解除后，中岱电讯公司应当返还达宝公司支付的 3000 万元股权转让款，中岱电讯公司至今未返还达宝公司支付的该笔款项，应当赔偿达宝公司因此受到的损失，该损失应自 2006 年 2 月 24 日起按照中国人民银行同期贷款利率计算。

——《最高人民法院公报》2012 年第 5 期。

572. 当事人的损害赔偿请求在另案已获得支持，又起诉主张补偿性违约金的，不应予以支持

关键词

违约金　违约损失

最高人民法院裁判文书

海鸿公司与博家公司合资、合作开发房地产合同纠纷案［最高人民法院（2021）最高法民申 2318 号民事裁定书］

裁判要旨：当约定的违约金低于实际损失数额时，双方既未明确约定为惩罚性违约金，守约方也未主张违约方严重恶意违约，该

违约金应为补偿性。当事人的损害赔偿请求在另案已获得支持，又起诉主张违约金的，违反损失补偿原则，不应予以支持。

最高人民法院经审查认为，本案系再审审查案件，应当依据再审申请人的申请再审事由以及《民事诉讼法》第二百条[①]的规定进行审查。海鸿公司的再审事由均不成立，理由如下：

一、关于前诉中海鸿公司的主张及获得的支持均为合同解除后的财产清算，是否并未包括博家公司违约应承担的违约赔偿金问题。鉴于最高人民法院（2018）最高法民终1272号生效民事判决中有“根据《联合开发建设协议书》《补充合同书》之约定，博家公司违反了土地使用权投资的义务以及与海鸿公司共同管理使用项目资金的义务，构成违约”的认定，海鸿公司据此主张根据双方签订《补充合同书》第九条关于“本合同生效后，双方须严格履行，任何一方违反本合同约定，违约方须向守约方支付项目总投资10%的违约金”的约定而提起本案诉讼。在前诉（2018）最高法民终1272号案件中，海鸿公司诉讼请求所依据的事实包括博家公司存在违约行为，并在诉讼请求第四项明确要求博家公司赔偿因违约给海鸿公司造成的损失，包括投资款返还、利润分配的延期利息（以审计结果确定）、未完工程预期利益（以鉴定结果确定）等。在陕西省西安天正房地产价格评估咨询有限公司出具房地产估价报告后，海鸿公司变更了诉讼请求，明确博家公司应返还投资款3891.7584万元、支付相关销售利润14782.68051万元、向海鸿公司交付商业房产并办理权属登记、支付合同解除前房屋租赁利润及合同解除后商业房占用费等。最高人民法院（2018）最高法民终1272号判决认为博家公司存在违约行为，判决博家公司返还海鸿公司投资款3810.5252万元、支付海鸿公司利润款6385.55万元、向海鸿公司交付商业房产并办理权属登记、支付合同解除前房屋租赁利润及合同解除后商业房占用费等，原审判决认定前案判决已经支持了海鸿公司赔偿损失的诉讼请求并无不当。海鸿公司关于在前案中未涉及违约责任的承担及未获得可得利益损失和债务赔偿的主张明显与其在前诉中所主张的事实和诉讼请求不符，故海鸿公司的该项再审请求，本院不予支持。

二、博家公司是否应当按《补充合同书》第九条的约定支付违约金3810万元的问题。1.案涉《联合开发建设协议书》《补充合同书》约定项目总投资约38100万元，海鸿公司在（2018）最高法民终1272号案件中明确博家公司应返还投资款为3891.7584万元。以海鸿公司实际投资的3891.7584万元为基数，海鸿公司请求博家公司按《补充合同书》第九条的约定支付违约金

① 现为《民事诉讼法》（2021年修正）第七条。

3810 万元不符合上述合同约定。2. 海鸿公司在本案中主张违约金的依据为前诉案件确认的博家公司违约事实，鉴于海鸿公司在前诉案件中已获得的补偿利益数额超过双方约定的违约金数额，根据《合同法》第一百一十四条[①]关于“当事人可以约定一方违约时应当根据违约情况向对方支付一定数额的违约金，也可以约定因违约产生的损失赔偿额的计算方法。约定的违约金低于造成的损失的，当事人可以请求人民法院或者仲裁机构予以增加；约定的违约金过分高于造成的损失的，当事人可以请求人民法院或者仲裁机构予以适当减少。当事人就迟延履行约定违约金的，违约方支付违约金后，还应当履行债务”的规定以及《最高人民法院关于适用〈中华人民共和国合同法〉若干问题的解释（二）》第二十八条“关于当事人依照合同法第一百一十四条第二款的规定，请求人民法院增加违约金的，增加后的违约金数额以不超过实际损失额为限。增加违约金以后，当事人又请求对方赔偿损失的，人民法院不予支持”的规定，海鸿公司请求博家公司再支付违约金 3810 万元无法律依据，原审判决未予支持其请求，并无不当。故海鸿公司关于博家公司应当按《补充合同书》第九条的约定支付违约金 3810 万元的再审请求，本院不予支持。

三、原审判决适用公平原则和损益相抵规则是否有误的问题。违约金请求权和前诉中的赔偿损失请求权所指向的是同一事实，因海鸿公司与博家公司在前诉案件中已合意解除合同，前诉判决认为仅通过相互返还和赔偿损失不能解决案涉合同解除后的问题，故综合考量后对不动产如何分割、相互投资如何返还、利润如何分配等诸多问题作出处理。此外，从原审法院查明的事实而言，在合同约定项目总投资约 38100 万元及海鸿公司在投资 3810.5252 万元的情况下，因博家公司违约海鸿公司已经根据生效判决获得返还投资款 3810.5252 万元、利润款 6385.55 万元、“祥和雅居”项目 6# 号楼 9635.015 平方米的商业房产以及自 2014 年 9 月 3 日至实际交付房产之日止按照每年 267.575 万元的标准支付其商业房产占用费。原审法院兼顾合同的履行情况、根据公平原则及损益相抵规则处理本案并无不当。故对海鸿公司关于在前案中未涉及违约责任的承担、未获得可得利益损失和债务赔偿的请求以及原审判决适用公平原则和损益相抵规则有误的再审请求，本院不予支持。

——中国裁判文书网。

① 对应《民法典》第五百八十五条。

573. 违约金过高的认定标准及举证责任

关键词

买卖合同　违约金过高

《中华人民共和国民法典》条文

第五百八十四条　当事人一方不履行合同义务或者履行合同义务不符合约定，造成对方损失的，损失赔偿额应当相当于因违约所造成的损失，包括合同履行后可以获得的利益；但是，不得超过违约一方订立合同时预见到或者应当预见到的因违约可能造成的损失。

最高人民法院司法政策精神

50.【违约金过高标准及举证责任】认定约定违约金是否过高，一般应当以《合同法》第113条规定的损失为基础进行判断，这里的损失包括合同履行后可以获得的利益。除借款合同外的双务合同，作为对价的价款或者报酬给付之债，并非借款合同项下的还款义务，不能以受法律保护的民间借贷利率上限作为判断违约金是否过高的标准，而应当兼顾合同履行情况、当事人过错程度以及预期利益等因素综合确定。主张违约金过高的违约方应当对违约金是否过高承担举证责任。

——《最高人民法院〈关于印发全国法院民商事审判工作会议纪要〉的通知》(2019年11月8日，法〔2019〕254号)。

最高人民法院审判业务意见（第二巡回法庭法官会议纪要）

第一，违约金司法调整的启动前提

违约金责任属于违约责任制度范畴，其应符合一般违约责任成立的要件。违约金司法调整的启动前提，首先是含有违约金条款的合同有效，并且已发生违约行为，存在违约情事。违约金条款约定以后，其效力就处于一种待触发的状态，只有当一方违约之后，违约金条款才发生作用，反之则无启动司法调整的问题。而且，此处的违约，应是违约金条款约定的事项，若违约金条款中约定只对特定的违约行为发生作用，那么其他的违约行为也不能使违约金条款发生效力。此外，当合同被认定无效之后，违约金条款也随之不发生效力。其次是违约金数额与受害方损失之间存在差异。约定的违约金数额与实际受害人遭受的损失之间存在差异是调整违约金的必要条件，若约定的违约金与违约所遭受的损失之间基本持平，则无调整的必要。根据《民法典》

第 585 条规定，当需要增加违约金时，约定的违约金数额应当低于违约所受的损失；当需要调低违约金时，约定的违约金应当是过分高于违约所受的损失。低于造成损失的标准比较明确，查明守约方所受损失数额后直接参照该数额进行判断即可；对于这里的“过分高于造成的损失”的标准，应视案件具体情况综合多方面因素进行考虑。

第二，违约金司法调整的考量因素

1. 应以实际损失确定基本标准。《全国法院贯彻实施民法典工作会议纪要》第 11 条载明，“约定的违约金超过根据民法典第五百八十四条规定确定的损失的百分之三十的，一般可以认定为民法典第五百八十五条第二款规定的‘过分高于造成的损失’”。因此，在审判实践中应将该标准作为违约金约定是否过高的基本判断标准。对于损失的确定而言，根据《民法典》第 584 条的规定，应当包括合同履行后的可得利益，但应当限制在违约一方当事人在订立合同时能够合理预见到的违约损失赔偿范围之内。对于违约一方当事人在订立合同时所不能预见的损失，则不应作为判断违约金是否过高的计算基础。判断违约一方所能预见的损失范围，应采用主客观相结合的标准，即以同类型民事活动中的社会一般人的预见能力为标准；就商事类型交易而言，则应以同类的普通商事主体的预见能力作为判断标准。当然，就举证责任而言，守约一方当事人应当对可得利益损失产生的法律事实及所受损失和违约行为之间存在因果关系承担举证责任，违约方要对应予限制或者减少可得利益损失赔偿数额的抗辩承担举证责任。

2. 应考虑合同的履行情况。在确定衡量违约金是否约定过高的计算基础上，应充分考量合同的具体履行程度。已经履行一定程度但未履行完毕的合同和尚未履行的合同违约所造成的结果存在较大区别，从履行比例角度来看，通常情况下履行越少违约程度越严重，守约一方当事人所受损失越大，履行越多违约程度越轻微，守约一方当事人所受损失越小。就本案而言，案涉合同标的额为 1 亿元，乙方在履行合同的 60% 之后出现违约，其拖延履行的为剩余 40% 的义务，此时若仍以合同总价款 1 亿元作为调整违约金的计算基数，则明显违反公平原则。因此，在合同部分履行的情形下，应当先确定债权人依部分履行所得的利益，以将该部分利益扣除后的损失作为计算基准来衡量违约金。

3. 应考虑当事人的过错程度。从违约金的惩罚性角度来看，在违约事由未发生之时，违约金约定的存在目的在于给当事人在心理上制造压力，促使其积极履行债务；在合同义务不履行的违约事由出现时，违约金在一定程度上表现为对违约行为的惩罚。故当事人的过错程度自应成为衡量约定违约金是否过高的一个因素。过错程度最强的形态为故意违约，债务人故意违约可能出于成本与收益的考虑，如违约收益高于约定违约金，或违约造成的自身其他损失低于违约金的支付。因此，在当事人故意违约的情形下，法院应结合债务人主观态度与潜在的另有其他收益的客观情况，在衡量违约金是否过高时可适当提高衡量标准，对于主观恶意较大的违约行为，可视情况不予减少违约金。此外，约定高额的违约金可能意图为期待债务人违约，因为违约后支付的违约金比履约所获利益更高。如果守约方在合同履行中过失阻碍违约方的履约，且尚未达到阻却违约事由成立的程度时，亦应当考虑守约方过失对违约事由产生的原因力，在衡量违约金是否过高时可适当降低衡量标准，进而防范道德风险。

4. 应考虑当事人主体类型。在调整违约金额时，也应考虑当事人是否为商事主体，该交易是否为商事交易，商事主体与民事主体在违约金酌增酌减问题上应有所区别。如果属于商事主体从事的商事交易，则在认定违约金过高或过低时，应更为谨慎。违约的商事主体在订立合同时明确自愿承诺高额违约金诱导合同相对人与其订立合同后并未依约履行合同约定的义务，属于主观上恶意进行商事交易或不正当商业竞争。此时违约的商事主体以损失赔偿金数额过高为由请求予以调整的，人民法院在裁判时应适当加强违约金的惩罚性，提高衡量其约定违约金数额是否过高的标准，进而维护商事交易的有序性。

5. 对于特殊类型的违约金应依法严格把控。对于在部分特殊类型的民事活动中约定违约金是否过高的衡量标准，法律及司法解释已作出明确规定。如《民间借贷规定》第 29 条规定："出借人与借款人既约定了逾期利率，又约定了违约金或者其他费用，出借人可以选择主张逾期利息、违约金或者其他费用，也可以一并主张，但是总计超过合同成立时一年期贷款市场报价利率四倍的部分，人民法院不予支持。"对于此种司法解释已经作出明确规定的情况，法院在衡量违约金是否过高时应严格参照法定标准，并按法定标准对数额进行调整。

——《预先放弃调整违约金条款的效力（最高人民法院第二巡回法庭 2021 年第 18 次法官会议纪要）》，载贺小荣主编:《最高人民法院第二巡回法庭法官会议纪要（第三辑）》，人民法院出版社 2022 年版，第 205~208 页。

附录：最高人民法院主流观点

实务中，违约方往往以合同不成立、合同未生效、合同无效或者不构成违约进行免责抗辩而未提出违约金调整请求的，人民法院能否就当事人是否需要主张违约金过高问题进行释明。根据《最高人民法院关于当前形势下审理民商事合同纠纷案件若干问题的指导意见》第八条规定，为减轻当事人诉累，妥当解决违约金纠纷，违约方以合同不成立、合同未生效、合同无效或者不构成违约进行免责抗辩而未提出违约金调整请求的，人民法院可以就当事人是否需要主张违约金过高问题进行释明。审判实践表明，对于在守约方提起的违约之诉中，违约方通常以合同不成立、合同不生效、合同无效或者不构成违约进行免责抗辩而未提出违约金调整请求的情形，为了避免给违约方带来法官先入为主、判决前已经认定其构成违约的误解，以及防止将来产生不必要的调整过高的违约金之诉，人民法院可以就违约金是否过高的问题进行释明，即假设违约成立，是否认为违约金过高。对于已经向违约方进行释明但违约方坚持不提出调整违约金请求的，人民法院应当遵循合同法意思自治原则，一般不予主动调整。但是如果按照约定违约金标准判决将严重违反公序良俗原则、诚信原则和公平原则并导致利益严重失衡的，人民法院可以根据《合同法》第五条、第六条的规定进行调整。

——最高人民法院民事审判第二庭编著：《〈全国法院民商事审判工作会议纪要〉理解与适用》，人民法院出版社 2019 年版，第 328 页。

574. 投资合作纠纷中违约金是否过高，不能以民间借贷利率最高限额作为判断标准

关键词

违约金　民间借贷利率最高限额

最高人民法院裁判文书

成都天邑房地产开发有限责任公司与四川巴中普瑞制药有限公司合资、合作开发房地产合同纠纷案［最高人民法院（2021）最高法民申 2323 号民事裁定书］

裁判要旨：违约金是当事人所约定的违约责任，与民间借贷利率的性质和约定目的并不相同。违约金是否过高，一般应以违约行为给守约方造成的实际损失为基础进行判断。故民间借贷利率最高限额不能作为判断违约金是否过高的标准。

最高人民法院认为：违约金是否过高，一般应以违约行为给守约方造成的实际损失为基础进行判断。天邑公司主张，双方关于违约金和利息条款的约定真实、合法、有效，只要普瑞公司赔偿款项总和不超过年利率 24%，都应该得到支持，二审法院调减双方约定的违约金和利息不当。根据本案相关事实，双方当事人在合作过程中先后签订了《合作开发协议书》《协议》《垫支垫付合同》分别约定违约金为 4000 万元、3500 万元、186 万元，虽然指向

的具体违约事项有所不同，但均为同一合作开发项目的违约金，且在 2019 年 1 月 4 日最后签订《合作开发补充协议》中将上述三份协议的相关内容均作了再次约定，并再次约定违约金为 4000 万元。鉴于以上情形及四份协议约定的具体内容，不能简单地以 7686 万元（4000 万元 +3500 万元 +186 万元）作为当事人约定的违约金。案涉项目毛利润为 29%，投资周期约为十年，天邑公司已投入资金为 84379038.99 元，而从双方签订《合作开发协议书》至本案提起诉讼约为六年。因此，原审将违约金调减至 2000 万元已经综合考虑了本案合同的性质、履行情况、预期利益以及普瑞公司根本违约等因素，且不违反法律规定。另外，民间借贷利率最高限额不能作为判断本案违约金是否过高的标准。违约金是本案当事人所约定的违约责任，与民间借贷利率的性质和约定目的并不相同。故二审法院将约定的违约 7686 万元调减为 2000 万元并无不当。

——中国裁判文书网。

575. 当事人以合同不成立、未生效、无效等做免责抗辩，而未主张调整过高违约金的如何处理？

关键词

合同效力　违约金　释明　买卖合同　免责抗辩

最高人民法院司法解释

第二十一条　买卖合同当事人一方以对方违约为由主张支付违约金，对方以合同不成立、合同未生效、合同无效或者不构成违约等为由进行免责抗辩而未主张调整过高的违约金的，人民法院应当就法院若不支持免责抗辩，当事人是否需要主张调整违约金进行释明。

一审法院认为免责抗辩成立且未予释明，二审法院认为应当判决支付违约金的，可以直接释明并改判。

——《最高人民法院关于审理买卖合同纠纷案件适用法律问题的解释》（2020 年 12 月 29 日修正）。

最高人民法院司法政策精神

8. 为减轻当事人诉累，妥当解决违约金纠纷，违约方以合同不成立、合同未生效、合同无效或者不构成违约进行免责抗辩而未提出违约金调整请求的，人民法院可以就当事人是否需要主张违约金过高问题进行释明。人民法院要正确确定举证责任，违约方对于违约金约定过高的主张承担举证责任，非违约方主张违约金约定合理的，亦应提供相应的证据。合同解除后，当事人主张违约金条款继续有效的，人民法院可以根据合同法第九十八条的规定进行处理。

——《最高人民法院关于当前形势下审理民商事合同纠纷案件若干问题的指导意见》（2009 年 7 月 7 日，法发〔2009〕40 号）。

11. 民法典第五百八十五条第二款规定的损失范围应当按照民法典第五百八十四条规定确定，包括合同履行后可以获得的利益，但不得超过违约一方订立合同时预见到或者应当预见到的因违约可能造成的损失。

当事人请求人民法院增加违约金的，增加后的违约金数额以不超过民法典第五百八十四条规定的损失为限。增加违约金以后，当事人又请求对方赔偿损失的，人民法院不予支持。

当事人请求人民法院减少违约金的，人民法院应当以民法典第五百八十四条规定的损失为基础，兼顾合同的履行情况、当事人的过错程度等综合因素，根据公平原则和诚信原则予以衡量，并作出裁判。约定的违约金超过根据民法典第五百八十四条规定确定的损失的百分之三十的，一般可以认定为民法典第五百八十五条第二款规定的“过分高于造成的损失”。当事人主张约定的违约金过高请求予以适当减少的，应当承担举证责任；相对人主张违约金约定合理的，也应提供相应的证据。

——《最高人民法院关于印发〈全国法院贯彻实施民法典工作会议纪要〉的通知》（2021 年 4 月 6 日，法〔2021〕94 号）。

附录：最高人民法院主流观点

当事人以合同不成立、合同未生效、合同无效或者不构成违约等为由进行免责抗辩而未主张调整过高的违约金的情形。对此，《最高人民法院关于审理买卖合同纠纷案件适用法律问题的解释》第二十条作出了规定。由于该解释只适用于买卖合同领域，对于其他合同也同样存在类似情形。一般认为，此时也可参照适用买卖合同的规定。在裁判说理时也可以根据《最高人民法院关于当前形势下审理民商事合同纠纷案件若干问题的指导意见》（法发〔2009〕40 号）第八条规定进行。

——最高人民法院研究室编著：《〈全国法院贯彻实施民法典工作会议纪要〉条文及适用说明》，人民法院出版社 2021 年版，第 34~35 页。

576. 当事人主张其不存在违约行为、不应支付违约金的，是否视为包含违约金过高的主张

关键词

违约行为 公平原则 诚信原则 违约金过高

最高人民法院司法解释

第二十一条 买卖合同当事人一方以对方违约为由主张支付违约金，对方以合同不成立、合同未生效、合同无效或者不构成违约等为由进行免责抗辩而未主张调整过高的违约金的，人民法院应当就法院若不支持免责抗辩，当事人是否需要主张调整违约金进行释明。

一审法院认为免责抗辩成立且未予释明，二审法院认为应当判决支付违约金的，可以直接释明并改判。

——《最高人民法院关于审理买卖合同纠纷案件适用法律问题的解释》（2020 年 12 月 29 日修正）。

最高人民法院裁判文书

库车中润房地产开发有限责任公司与焉耆县苏海建筑有限责任公司建设工程施工合同纠纷案［最高人民法院（2021）最高法民申 7856 号民事裁定书］

裁判要旨：当事人在诉讼中主张其不存在违约行为，不应支付违约金的，应视为包含违约金过高的主张。

最高人民法院认为：行为时有效的《合同法》第一百一十四条[①]规定："当事人可以约定一方违约时应当根据违约情况向对方支付一定数额的违约金，也可以约定因违约产生的损失赔偿额的计算方法。约定的违约金低于造成的损失的，当事人可以请求人民法院或者仲裁机构予以增加；约定的违约金过分高于造成的损失的，当事人可以请求人民法院或者仲裁机构予以适当减少。当事人就迟延履行约定违约金的，违约方支付违约金后，还应当履行债务。"《最高人民法院关于适用〈中华人民共和国合同法〉若干问题的解释（二）》第二十九条规定："当事人主张约定的违约金过高请求予以适当减少

① 对应《民法典》第五百八十五条。

的，人民法院应当以实际损失为基础，兼顾合同的履行情况、当事人的过错程度以及预期利益等综合因素，根据公平原则和诚实信用原则予以衡量，并作出裁决。当事人约定的违约金超过造成损失的百分之三十的，一般可以认定为合同法第一百一十四条第二款规定的'过分高于造成的损失'。"苏海建筑公司在一审期间主张其不存在违约行为，不应支付违约金，应视为包含违约金过高的主张。在中润房产公司未能举证证明其实际损失的情况下，原判决考虑苏海建筑公司逾期竣工验收37天的事实，根据公平原则，兼顾合同约定及双方违约情况、过错程度，认定中润房产公司与苏海建筑公司关于"每延误30日，工程款总造价下浮3%作为向发包人承担违约金和损失赔偿"的约定过高，将违约金予以调整，按每日20000元计算，并无不当。

——中国裁判文书网。

附录：最高人民法院主流观点

审判实践中有一种情形需要特别注意：违约方通常直接抗辩其没有违约、不构成违约等而不应支付违约金。而当这种抗辩不成立时，违约方又会提出其原来的抗辩中包含了"约定的违约金过高，请求予以减少"的意思表示，请求人民法院予以减少（这种情况往往发生在二审中）。人民法院能否根据违约方的这种抗辩，将其广义地理解为甚至视为包含了"约定的违约金过高，请求予以减少"的意思表示，从而主动地减少违约金的数额？

有观点认为，对于违约金过高，当事人坚持自己未违约，其目的在于抵销、动摇或者并吞对方的违约金支付请求权，此种情况下，如果当事人固守其未违约之主张，从逻辑上看，其认为自己不应支付违约金。无论法院判定其应支付多少违约金，其均会认为违约金过高，法院如果机械地认为当事人未主张违约金过高，就不能调整违约金的做法，则可能造成事实上的不公平。我们认为，当事人的"其并没有违约，不应当承担违约责任"抗辩主张与其"约定的违约金过高，请求予以减少"的意思表示，在性质、意义上并不相同：前者是一种抗辩，旨在推卸责任；后者实为一项诉讼请求，意在减轻责任。而且，二者的逻辑前提也不相同：前者以其不存在归责事由（无违约行为）为前提；后者以其承认存在归责事由（有违约行为），因而应当承担责任为前提，只是在此前提下，请求减轻其责任。因此，不存在前者包容后者的可能，更不存在后者包容前者的可能。此种情形下，当事人抗辩的内容是直接否认其存在违约行为，并未明确表达出违约金金额与对方实际损失之间存在差异之问题，没有调整违约金的明确意思表示，因此不能直接适用违约金调整制度的规定。

然而，基于诉讼经济之考虑，在当事人仅提出"其并没有违约，不应当承担违约责任"的抗辩主张时，人民法院应当依据本条司法解释第一款之规定，及时行使释明权，予以询问说明。具体而言：（1）如果法官行使释明权之后，当事人又作出了“约定的违约金过高，请求予以减少”的意思表示，则法官应当根据对事实的审查结果，以当事人是否违约为据，而决定是采信其减责的诉讼请求还是免责的抗辩主张；如果当事人仍未作出“约定的违约金过高，请求予以减少”的意思表示，则应当认为当事人放弃了其减少违约金请求权而只有免责抗辩主张，法官应当根据其是否违约的事实而决定是否采纳其抗辩主张；若不采纳该抗辩主张而应追究其违约责任的话，则法官原则上不得依职权主动地调整违约金的数额。（2）如果法官没有行使释明权，当事人也没有作出“约定的违约金过高，请求予以减少”的意思表示，则只能认为当事人仅有“其并没有违约，不应当承担违约责任”的抗辩主张，而不能认定其中包含了“约定的违约金过高，请求予以减少”的意思表示。虽然当事人在一审中没有提出请求减少违约金的意思表示，但在上诉请求和理由中提出这种意思表示的，人民法院在二审中仍然可以作出适当调整。

——最高人民法院民事审判第二庭编：《最高人民法院关于买卖合同司法解释理解与适用》，人民法院出版社 2012 年版，第 437~438 页。

577. 被告未直接请求调整违约金但提出不应支持违约金的，法院能否调整违约金

关键词

违约金调整

最高人民法院裁判文书

芜湖格力公司上海颢德公司、杭州友佳公司买卖合同纠纷案［最高人民法院（2020）最高法民终 1072 号民事判决书］

裁判要旨：当事人（被告）虽未直接请求人民法院调整违约金，但其在案件审理中提出了“对方当事人（原告）诉求的违约金不应得到支持”的抗辩意见，该抗辩意见应视为包含了对过高违约金进行调整的意思，在此情况下，人民法院对原告诉求的违约金进行调整并无不当。原告基于此而主张的“法院主动调整违约金不当”依据不足。

最高人民法院认为：对于合同总价款 20% 的违约金应否支持的问题。

《合同法》第一百一十四条第二款[①]规定："约定的违约金低于造成的损失的，当事人可以请求人民法院或者仲裁机构予以增加；约定的违约金过分高于造成的损失的，当事人可以请求人民法院或者仲裁机构予以适当减少"。本案中，上海颢德公司虽未直接请求调整违约金，但其在原审中提出了违约金不应支持的抗辩主张，该主张应视为包含了对违约金进行调整的意见，一审法院对违约金予以调整并无不当。芜湖格力公司主张一审法院主动调整违约金不当依据不足，对其该部分上诉理由，本院不予支持。

——中国裁判文书网。

578. 当事人关于预先放弃调整违约金的约定是否有效

关键词

预先放弃　违约金调整

最高人民法院裁判文书

乐平华润置业有限公司与洪客隆百货投资（景德镇）有限公司租赁合同纠纷再审案［最高人民法院（2019）最高法民申3344号民事裁定书］

裁判要旨：合同双方当事人放弃违约金调整的约定属于当事人意思自治，不违反法律的规定。从主观上看，双方当事人均是为了自身商业利益而从事本次交易活动，是在自愿平等的情形下签订《预租赁协议》和《租赁合同》。从客观上看，双方当事人签订的合同在内容上没有违反法律法规的强制性规定。人民法院应尊重双方当事人在本案中预先放弃调整违约金的约定。

最高人民法院认为：原审判决认定双方当事人放弃调整违约金的约定并不违反法律规定。具体分析如下：

首先，合同双方当事人放弃违约金调整的约定不违反法律的规定。从主观上看，双方当事人均是为了自身商业利益而从事本次交易活动，是在自愿平等的情形下签订《预租赁协议》和《租赁合同》。从客观上看，双方当事人签订的合同在内容上没有违反法律法规的强制性规定。

其次，合同双方当事人放弃调整违约金的约定属于当事人意思自治。双方当事人签订的《房屋预租协议》第三条第三款、第三条第四款以及《租赁

① 对应《民法典》第五百八十五条。

合同》第十条第五款的约定已经明确放弃调整违约金。即无论损失是多少，违约金均按人民币 500 万元金额计算。根据《中华人民共和国合同法》第八条第一款之规定："依法成立的合同，对当事人具有法律约束力。当事人应当按照约定履行自己的义务，不得擅自变更或者解除合同。"人民法院应尊重双方当事人在本案中预先放弃调整违约金的约定。

最后，原审未以租金价差确定违约金未违反《合同法》第一百一十四条第二款[①]的规定。本案双方当事人签订合同时的真实意思表示为，500 万元违约金数额的确定是在保障双方当事人利益的前提下，违约方承担的最大范围且具有惩罚意义的赔偿数额，这是双方当事人基于商业利益角度的决定，应自行承担相应风险。同时，关于违约金的确定是否以"违约造成实际损害"为条件，可以由当事人约定。本案中，在双方对违约金已经有了明确约定的情况下，法院不变动违约金数额，并无不当。

——中国裁判文书网。

579. 当事人事先约定放弃违约金司法调整请求权，违约方再向法院请求调整违约金数额的，原则上应予以准许

关键词

违约金调整　违约金条款　意思自治

《中华人民共和国民法典》条文

第五百八十四条　当事人一方不履行合同义务或者履行合同义务不符合约定，造成对方损失的，损失赔偿额应当相当于因违约所造成的损失，包括合同履行后可以获得的利益；但是，不得超过违约一方订立合同时预见到或者应当预见到的因违约可能造成的损失。

第五百八十五条　当事人可以约定一方违约时应当根据违约情况向对方支付一定数额的违约金，也可以约定因违约产生的损失赔偿额的计算方法。

约定的违约金低于造成的损失的，人民法院或者仲裁机构可以根据当事人的请求予以增加；约定的违约金过分高于造成的损失的，人民法院或者仲裁机构可以根据当事人的请求予以适当减少。

当事人就迟延履行约定违约金的，违约方支付违约金后，还应当履行债务。

---

① 对应《民法典》第五百八十五条。

最高人民法院司法解释

第二十条 买卖合同因违约而解除后，守约方主张继续适用违约金条款的，人民法院应予支持；但约定的违约金过分高于造成的损失的，人民法院可以参照民法典第五百八十五条第二款的规定处理。

第二十一条 买卖合同当事人一方以对方违约为由主张支付违约金，对方以合同不成立、合同未生效、合同无效或者不构成违约等为由进行免责抗辩而未主张调整过高的违约金的，人民法院应当就法院若不支持免责抗辩，当事人是否需要主张调整违约金进行释明。

一审法院认为免责抗辩成立且未予释明，二审法院认为应当判决支付违约金的，可以直接释明并改判。

——《最高人民法院关于审理买卖合同纠纷案件适用法律问题的解释》（2020 年 12 月 29 日修正）。

第十二条 当事人以约定的违约金过高为由请求减少的，应当以违约金超过造成的损失 30% 为标准适当减少；当事人以约定的违约金低于造成的损失为由请求增加的，应当以违约造成的损失确定违约金数额。

——《最高人民法院关于审理商品房买卖合同纠纷案件适用法律若干问题的解释》（2020 年 12 月 29 日修正）。

第二十九条 出借人与借款人既约定了逾期利率，又约定了违约金或者其他费用，出借人可以选择主张逾期利息、违约金或者其他费用，也可以一并主张，但是总计超过合同成立时一年期贷款市场报价利率四倍的部分，人民法院不予支持。

——《最高人民法院关于审理民间借贷案件适用法律若干问题的规定》（2020 年 12 月 29 日修正）。

最高人民法院司法政策精神

11. 民法典第五百八十五条第二款规定的损失范围应当按照民法典第五百八十四条规定确定，包括合同履行后可以获得的利益，但不得超过违约一方订立合同时预见到或者应当预见到的因违约可能造成的损失。

当事人请求人民法院增加违约金的，增加后的违约金数额以不超过民法典第五百八十四条规定的损失为限。增加违约金以后，当事人又请求对方赔偿损失的，人民法院不予支持。

当事人请求人民法院减少违约金的，人民法院应当以民法典第五百八十四条规定的损失为基础，兼顾合同的履行情况、当事人的过错程度等综合因素，根据公平原则和诚信原则予以衡量，并作出裁判。约定的违约金超过根据民法典第五百八十四条规定确定的损失的百分之三十的，一般可以认定为民法典第五百八十五条第二款规定的“过分高于造成的损失”。当事人主张约定的违约金过高请求予以适当减少的，应当承担举证责任；相对人主张违约金约定合理的，也应提供相应的证据。

——《最高人民法院关于印发〈全国法院贯彻实施民法典工作会议纪要〉的通知》（2021 年 4 月 6 日，法〔2021〕94 号）。

6. 在当前企业经营状况普遍较为困难的情况下，对于违约金数额过分高于违约造成损失的，应当根据合同法规定的诚实信用原则、公平原则，坚持以补偿性为主、以惩罚性为辅的违约金性质，合理调整裁量幅度，切实防止以意思自治为由而完全放任当事人约定过高的违约金。

——《最高人民法院关于当前形势下审理民商事合同纠纷案件若干问题的指导意见》（2009 年 7 月 7 日，法发〔2009〕40 号）。

最高人民法院审判业务意见（第二巡回法庭法官会议纪要）

民事主体的意思自治应以公法提供的公共秩序为基础，民事法律行为的自由须限定在不损害国家利益、社会公共利益、他人合法权益的范围之内。当事人请求法院对违约金数额进行调整，本质上属于公法性质的诉讼权利。《民法典》第 585 条第 2 款规定的违约金司法调整制度，是为平衡当事人利益而对契约自由适当限制的结果。如果允许当事人通过预先约定放弃向法院请求调整违约金的权利，容易造成意思自治对公共秩序的冲击，法定的违约金调整规则将大概率被规避，进而影响市场交易安全并提升虚假诉讼的风险，《民法典》第 585 条第 2 款的立法目的有可能被架空。因此，当事人事先约定放弃违约金司法调整请求权，违约方再向法院请求调整违约金数额的，法院原则上应予以准许并依法进行审查处理。

附：案情简介

甲与乙合作开发房地产项目，后甲将该项目权益的 50% 以 1 亿元的价格转让给乙开发。双方在转让协议中约定：“转让款分 5 期支付，任何一期逾期超过 3 个月甲可以解除协议，甲有权要求乙支付 6000 万元的违约金，乙放弃要求调整违约金的权利。”协议签订后，乙支付了 3 期共计 6000 万元的转让款。因乙未如期支付第 4 期转让款并已经超过 3 个月，甲向法院提起诉讼，请求判令乙支付第 4 期项目转让款及约定的违约金 6000 万元。乙抗辩称违约金约定过高，并诉请法院对违约金数额进行酌减。

——《预先放弃调整违约金条款的效力（最高人民法院第二巡回法庭

2021 年第 18 次法官会议纪要）》，载贺小荣主编：《最高人民法院第二巡回法庭法官会议纪要（第三辑）》，人民法院出版社 2022 年版，第 197~199 页。

附录：最高人民法院主流观点

违约金司法调整的启动方式

第一，以当事人请求为原则。违约金的调整存在两种情形：一种是受害方认为约定的违约金过低，请求增加违约金数额；另一种是违约方认为约定的违约金过高，请求调低违约金。无论是哪种情形，根据《民法典》第五百八十五条第二款的规定，原则上都需要由当事人提出。法院应当根据当事人提出的增加或降低违约金的请求，对约定的违约金进行司法酌增或者酌减。据此，违约金调整程序的启动应当以当事人提出请求为前提，根据民事诉讼“不告不理”的原则，法院一般不能依职权主动进行调整。约定的违约金数额是否过分高于或者低于实际造成的损失，法院并不一定会是最佳的判断者。只有合同当事人最清楚合同条款的利弊，违约金数额的确定与当事人的谈判实力、履约能力、交易风险等因素息息相关，法院不应过度地提醒债务人调整违约金。因此，无论是需要增加违约金还是调低违约金，原则上都需要在合同当事人主动提出后，司法机关才能进行调整。

第二，以法官行使释明权为例外。法官虽然不能直接对违约金数额进行调整，但在一些特殊情况下，法官可以根据案件的具体情况，就违约金是否过高或过低进行释明，提示当事人提出调整违约金的请求，以实现案件的公平正义。法官行使释明权本身即带有一定的倾向性，一旦进行释明，通常会得到当事人的响应，这对另一方当事人来说可能造成不公。因此，法官行使释明权，应当十分谨慎。通常情况下，只有在以下几种情形中法院才可以严格谨慎地行使释明权：

1. 违约方当事人法律知识极度匮乏，无力聘请律师，且属于经济风险承受能力极低的社会弱势群体。此类当事人参与社会经济活动的交易地位往往较低，承担风险能力较差。出于追求实质公平的考量，若约定的违约金过高，极可能影响正常生活，在其违约无重大恶意的前提下法院可主动对违约金调整规则予以释明。当然，对于商事主体而言，此类情形原则上不应予以考虑。

2. 违约方以合同不成立、合同无效或者不构成违约为由进行免责抗辩而未提出违约金调整要求的，法院可以就当事人是否主张违约金过高问题进行释明。《买卖合同解释》第二十一条规定：“买卖合同当事人一方以对方违约为由主张支付违约金，对方以合同不成立、合同未生效、合同无效或者不构成违约等为由进行免责抗辩而未主张调整过高的违约金的，人民法院应当就法院若不支持免责抗辩，当事人是否需要主张调整违约金进行释明。一审法院认为免责抗辩成立且未予释明，二审法院认为应当判决支付违约金的，可以直接释明并改判。”根据“举重以明轻”的原则，在债务人提出免责抗辩而未主张违约金调整的情形下，法官应当行使释明权。司法实践中，当事人出于诉讼策略等因素考虑，一般会将诉讼焦点集中在是否违约方面，并以合同效力存在瑕疵或没有违约行为等理由主张不承担违约责任。如果法院仅对违约行为是否成立以及违约金约定的条件是否成就问题进行审理，而未让当事人就违约金数额的合理性进行辩论，一旦因债务人的违约行为而判决债务人承担约定违约金，就会损害债务人的诉讼权益，亦有损实质公平。

3. 当事人虽未明确提出调整违约金的诉求，但在诉讼中已表达了类似意思。例如，在约定的违约金高于造成的损失时，违约方对守约方列出的证明实际损失的证据予以否认，或自认造成的损失低于守约方的主张；在违约金低于违约造成的损失时，当事人在主张违约金的同时请求损失赔偿。此时，法官可对违约金调整规则进行释明，引导整合当事人诉求，防止径直裁判损害当事人的合法权益。

第三，特殊情况下经释明后可由法官依职权调整。诉讼中，法官已向违约方进行释明但违约方坚持不提出调整违约金请求的，原则上应当遵循当事人自愿原则，对违约金不予调整。但是，按照约定违约金判决将严重违背公序良俗和公平原则并导致利益严重失衡的，法院亦可依职权对违约金进行调整。但这种调整应限于两种极个别情形，谨慎适用。

一是存在虚假诉讼或恶意串通风险情形的案件。此种情形下，违约金数额的约定严重不符合交易习惯以及一般社会观念，若支付不合理数额的违约金可能影响债务人对其他债权人债务进行清偿，存在利用违约金恶意转移财产的较大可能。法院应该查明基本情况后予以裁判。例如，最高人民法院（2021）最高法民再351号民事判决认为，案涉合同签订时，合同约定的违约事实即已发生，该合同关于案涉土地交付时间及所对应的迟延交付违约责任条款并非合同当事方的真实意思表示，属双方通谋的虚假意思表示，依法应被认定为无效条款，应视为相关违约责任没有约定。

二是约定违约金数额畸高或畸低可能影响国家或社会公共利益的案件。此种情形下，违约方的经济收入与支出直接涉及国家利益、社会公共利益，若违约方怠于或故意不请求调整不合理数额的违约金，可能造成损害国家利益、社会公共利益的不良后果的，法院应依职权防止该类结果的发生。

——《预先放弃调整违约金条款的效力（最高人民法院第二巡回法庭2021年第18次法官会议纪要）》，载贺小荣主编：《最高人民法院第二巡回法庭法官会议纪要（第三辑）》，人民法院出版社2022年版，第203~205页。

580. 法院应否主动调整当事人未到庭等缺席判决情况下的约定违约金过高问题

关键词

违约金过高　缺席判决　损失赔偿

最高人民法院审判业务意见（第六巡回法庭疑难问题解答）

守约方提起诉讼要求支付约定违约金，违约方未出庭应诉缺席判决的，人民法院应当兼顾合同自由与合同正义，根据能够查明的案件事实，经审查认为合同约定的违约金标准过高的，可以予以适当调整。

当事人之间约定了因违约产生的损失赔偿额的计算方法，即使人民法院就当事人之间的纠纷作出生效裁判，如果违约事实仍然存在，那么按照约定方法计算的损失赔偿额就可以继续计算，因此违约金应当计付至实际清偿之日。另外，如果当事人在合同中约定了违约金条款，但在合同履行过程中以新的协议明确约定变更或者取消先前关于违约金的约定，那么应当依据新的协议约定进行裁判。

——杨临萍主编、最高人民法院第六巡回法庭编：《最高人民法院第六巡回法庭裁判规则》，人民法院出版社 2022 年版，第 17 页。

581. 合同不成立，无效或被撤销时，要根据诉辩情况综合适用返还财产、折价补偿以及损害赔偿制度

关键词

返还财产　折价补偿责任　损害赔偿

最高人民法院司法政策精神

35.【损害赔偿】合同不成立、无效或者被撤销时，仅返还财产或者折价补偿不足以弥补损失，一方还可以向有过错的另一方请求损害赔偿。在确定损害赔偿范围时，既要根据当事人的过错程度合理确定责任，又要考虑在确定财产返还范围时已经考虑过的财产增值或者贬值因素，避免双重获利或者双重受损的现象发生。

——《最高人民法院关于印发〈全国法院民商事审判工作会议纪要〉的通知》（2019 年 11 月 8 日，法〔2019〕254 号）。

最高人民法院司法政策精神

4. 支持引导市场主体依法诚信经营。在审理合同纠纷案件中，对当事人违反预约合同约定的义务，或者假借订立合同恶意进行磋商等违背诚信原则的行为，强化预约合同违约责任、缔约过失责任等制度运用，提升市场主体的诚信意识、规则意识和责任意识。在依法认定合同不成立、无效或者予以撤销后，应当根据具体情况合理确定双方当事人的法律责任，防止不诚信当事人因合同不成立、无效或者被撤销而获益。推动诉讼诚信建设，严厉惩处通过虚假诉讼、恶意诉讼阻碍中小微企业正常经营发展的违法行为。加大执行力度，严厉打击失信企业通过多头开户、关联交易、变更法定代表人等方式规避执行的逃废债行为。

——《最高人民法院印发〈关于充分发挥司法职能作用助力中小微企业发展的指导意见〉的通知》(2022年1月13日，法发〔2022〕2号)。

附录：最高人民法院主流观点

合同不成立、无效或者被撤销的后果包括返还财产、折价补偿以及损害赔偿。其中返还财产性质上属于物权请求权，在财产不能返还或者当事人认为没必要返还时，则转化为不当得利请求权性质的折价补偿。可见，折价补偿是返还财产的代替，二者只能择一行使，不能同时行使。在确定返还财产或者折价补偿的范围时，本纪要的一个突出特点是固定地以当事人间合同约定的转让款为折价补偿的基础，然后与标的物灭失时所得的价值补偿或者转售时可得的价款进行比较，对高于或者低于转让款的部分，根据一定的规则在当事人之间进行分配或者分担，以实现当事人间的利益平衡，此点使其有别于传统民法上的不当得利制度。当返还财产或者折价补偿不足以弥补损失时，理论上当事人仍然可以请求损害赔偿，但只要返还财产或者折价补偿已经充分顾及当事人间的利益平衡的话，实践中就不会有太多的损害赔偿的空间。

从实务操作的情况看，要根据当事人的诉辩情况具体确定如何适用返还财产、折价补偿或者损害赔偿制度。一方请求确认合同无效并返还财产，另一方请求继续履行合同，并未提出损害赔偿请求的，一旦认定合同无效，则应根据前述的返还财产或者折价补偿确定返还的范围。如另一方提起反诉请求损害赔偿的，考虑到此时的损害赔偿责任是缔约过失责任而非违约责任，在财产增值的情况下，因不存在损失，人民法院应当根据返还财产或者折价补偿的规定在当事人间合理分配收益，同时驳回当事人有关损害赔偿的诉讼请求；如果财产贬值的，既可以根据返还财产或者折价补偿规则在当事人间分摊损失，也可以根据损害情况支持当事人的损害赔偿请求。为避免给当事人以判非所请的错觉，以支持其损害赔偿请求为佳。

——最高人民法院民事审判第二庭编著：《〈全国法院民商事审判工作会议纪要〉理解与适用》，人民法院出版社 2019 年版，第 269 页。

582. 一方根本违约造成合同解除的，违约损害赔偿包括可得利益损失

关键词

合同解除　根本违约　合理预见　损害赔偿责任　可得利益

最高人民法院裁判文书

黑龙江省康亚投资有限公司与黑龙江宝宇房地产开发有限责任公司等合资、合作开发房地产合同纠纷案［最高人民法院（2019）最高法民终 167 号民事判决书］

裁判要旨：一方构成根本违约，守约方行使法定解除权解除合同，返还实际投入并请求赔偿损失的，损失赔偿的范围包含可得利益损失。

最高人民法院认为：康亚公司与宝宇公司合作开发案涉项目，因宝宇公司将案涉项目的土地使用权变更至宝宇天邑公司名下，由宝宇天邑公司实际完成三期项目的开发建设。宝宇公司的行为导致《宝宇天邑三、四期项目投资协议书》的合同目的无法实现，构成根本违约，宝宇公司应向康亚公司返还投资款并赔偿损失。损失赔偿范围除包括康亚公司的实际损失之外，还应考虑康亚公司可能获得的投资利益。关于康亚公司可得利益损失的认定，综合考虑双方合资合作开发房地产关系肇始于双方之间的民间借贷关系、双方合作开发二期项目的实际投资收益等情况，结合损益相抵原则及诚信原则，以年利率 24% 的标准认定康亚公司的损失。一审法院酌定按照中国人民银行同期同类贷款利率的二倍认定康亚公司的损失赔偿数额，虽能一定程度上弥补康亚公司的损失，但此认定同康亚公司可能获得的投资回报有较大差距，裁量权行使失当，予以纠正。

——中国裁判文书网。

583. 合同无效的赔偿范围仅限于信赖利益损失，不包括可得利益损失

关键词

合同无效 可得利益 信赖利益

最高人民法院裁判文书

山东振鲁置业有限公司与山东长城房地产综合开发总公司合资、合作开发房地产合同纠纷案［最高人民法院（2021）最高法民申7389号民事裁定书］

裁判要旨：当事人主张对方应当向其赔偿可得利益损失，但在案涉协议无效的情况下，有过错方承担的是缔约过失责任，不符合《民法典》第五百八十四条规定的存在违约责任的前提条件，赔偿范围限于信赖利益损失，不包括可得利益损失。

最高人民法院认为：2003年3月16日《协议书》和2004年6月18日《补充协议》，已经生效的（2016）鲁民终1789号民事判决确认为无效合同，在该判决未经依法撤销的情况下，振鲁公司关于上述协议有效的主张不能成立。振鲁公司再审主张长城公司应当向其赔偿可得利益损失。对此，最高人民法院认为，《中华人民共和国民法典》第五百八十四条的适用以违约责任存在为前提，而在案涉《协议书》《补充协议》无效的情况下，有过错方承担的是缔约过失责任，赔偿范围限于信赖利益损失，不包括可得利益损失。因此，振鲁公司关于长城公司应当向其赔偿案涉土地价值和拆迁补偿款等可得利益损失的主张，缺乏事实和法律依据。本案二审判决在（2016）鲁民终1789号民事判决确认合同无效的基础上，综合各方过错程度、合同履行情况等因素，确定长城公司返还款项的数额及责任承担，并无明显不当。

——中国裁判文书网。

584. 直接经济损失与可得利润损失均为违约损失赔偿内容

关键词

可得利益损失 违约损失

最高人民法院裁判文书

中新能源公司与乐府大酒店、三利空调公司合同纠纷案［最高人民法院（2021）最高法民再341号民事裁定书］

裁判要旨：根据《全国法院民商事审判会议纪要》第五十条规定，判断违约金是否过高，一般应当以《合同法》第一百一十三条[①]**规定的损失为基础进行判断，直接经济损失与可得利润损失均为违约损失赔偿的内容，人民法院应尊重合同双方对违约后果的预先安排。认定投资和运营成本与可得利益损失属重复计算的实际效果是并未让违约方依法承担违约责任。**

最高人民法院再审认为，本案再审当事人争议的焦点问题为：乐府大酒店应否承担相应的可得利益损失方面的违约责任。

《合同法》第一百一十四条[②]第一款规定："当事人可以约定一方违约时应当根据违约情况向对方支付一定数额的违约金，也可以约定因违约产生的损失赔偿额的计算方法。"本案中，案涉能源服务合同第七条第1款第1.8项约定："乐府大酒店不得擅自解除或者终止合同，否则，除应赔偿直接经济损失外，还应根据合同约定的收费年限每年按合同约定的能源费用年包干总费用的20%计算赔偿中新能源公司可得利润损失"。该条款明确直接经济损失与可得利润损失均为乐府大酒店违约损失赔偿的内容，系双方对自己可能承担的违约后果的预先安排。从尊重当事人意思自治和维护诚实信用的合同原则考虑，当乐府大酒店违约时，其应按上述合同约定向中新能源公司支付违约金。原二审判决认定投资和运营成本与可得利润损失属重复计算，系认定事实错误。

《全国法院民商事审判工作会议纪要》第五十条规定："认定约定违约金是否过高，一般应当以合同法第一百一十三条规定的损失为基础进行判断，这里的损失包括合同履行后可以获得的利益。"原审查明，2017年12月25日双方签订案涉能源服务合同并约定服务收费期限为15年，2018年10月乐府大酒店出现迟延付款、将中新能源公司驱离能源站等违约行为导致案涉能源服务合同解除。原一审兼顾本案合同解除双方过错程度、合同约定服务期限与实际履行时间，参照双方关于可得利润损失的明确约定，酌情支持由乐府大酒店承担可得利润损失2028000元（1690000元×20%×6年），符合

① 对应《民法典》第五百八十四条。
② 对应《民法典》第五百八十五条。

公平原则。原二审法院认为违约金的认定仅应以实际损失为基础，而作出否定守约方中新能源公司应获可得利润损失赔偿的违约金调整，属适用法律错误，应予纠正。本院对中新能源公司再审请求乐府大酒店赔偿其可得利益损失的合理部分，依法予以支持。

——中国裁判文书网。

585. 违约损害赔偿中可得利益损失如何计算

关键词

损害赔偿　可得利益

《中华人民共和国民法典》条文

第五百八十四条　当事人一方不履行合同义务或者履行合同义务不符合约定，造成对方损失的，损失赔偿额应当相当于因违约所造成的损失，包括合同履行后可以获得的利益；但是，不得超过违约一方订立合同时预见到或者应当预见到的因违约可能造成的损失。

最高人民法院司法解释

第二十二条　买卖合同当事人一方违约造成对方损失，对方主张赔偿可得利益损失的，人民法院在确定违约责任范围时，应当根据当事人的主张，依据民法典第五百八十四条、第五百九十一条、第五百九十二条、本解释第二十三条等规定进行认定。

第二十三条　买卖合同当事人一方因对方违约而获有利益，违约方主张从损失赔偿额中扣除该部分利益的，人民法院应予支持。

——《最高人民法院关于审理买卖合同纠纷案件适用法律问题的解释》（2020 年 12 月 29 日修正）。

最高人民法院司法政策精神

三、区分可得利益损失类型，妥善认定可得利益损失

9. 在当前市场主体违约情形比较突出的情况下，违约行为通常导致可得利益损失。根据交易的性质、合同的目的等因素，可得利益损失主要分为生产利润损失、经营利润损失和转售利润损失等类型。生产设备和原材料等买卖合同违约中，因出卖人违约而造成买受人的可得利益损失通常属于生产利润损失。承包经营、租赁经营合同以及提供服务或劳务的合同中，因一方违约造成的可得利益损失通常属于经营利润损失。先后系列买卖合同中，因原

合同出卖方违约而造成其后的转售合同出售方的可得利益损失通常属于转售利润损失。

10. 人民法院在计算和认定可得利益损失时，应当综合运用可预见规则、减损规则、损益相抵规则以及过失相抵规则等，从非违约方主张的可得利益赔偿总额中扣除违约方不可预见的损失、非违约方不当扩大的损失、非违约方因违约获得的利益、非违约方亦有过失所造成的损失以及必要的交易成本。存在《合同法》第 113 条第 2 款规定的欺诈经营、《合同法》第 114 条第 1 款规定的当事人约定损害赔偿的计算方法以及因违约导致人身伤亡、精神损害等情形的，不宜适用可得利益损失赔偿规则。

11. 人民法院认定可得利益损失时应当合理分配举证责任。违约方一般应当承担非违约方没有采取合理减损措施而导致损失扩大、非违约方因违约而获得利益以及非违约方亦有过失的举证责任；非违约方应当承担其遭受的可得利益损失总额、必要的交易成本的举证责任。对于可以预见的损失，既可以由非违约方举证，也可以由人民法院根据具体情况予以裁量。

——《最高人民法院印发〈关于当前形势下审理民商事合同纠纷案件若干问题的指导意见〉的通知》（2009 年 7 月 7 日，法发〔2009〕40 号）。

11. 民法典第五百八十五条第二款规定的损失范围应当按照民法典第五百八十四条规定确定，包括合同履行后可以获得的利益，但不得超过违约一方订立合同时预见到或者应当预见到的因违约可能造成的损失。

当事人请求人民法院增加违约金的，增加后的违约金数额以不超过民法典第五百八十四条规定的损失为限。增加违约金以后，当事人又请求对方赔偿损失的，人民法院不予支持。

当事人请求人民法院减少违约金的，人民法院应当以民法典第五百八十四条规定的损失为基础，兼顾合同的履行情况、当事人的过错程度等综合因素，根据公平原则和诚信原则予以衡量，并作出裁判。约定的违约金超过根据民法典第五百八十四条规定确定的损失的百分之三十的，一般可以认定为民法典第五百八十五条第二款规定的“过分高于造成的损失”。当事人主张约定的违约金过高请求予以适当减少的，应当承担举证责任；相对人主张违约金约定合理的，也应提供相应的证据。

——《最高人民法院关于印发〈全国法院贯彻实施民法典工作会议纪要〉的通知》（2021 年 4 月 6 日，法〔2021〕94 号）。

最高人民法院审判业务意见（第二巡回法庭法官会议纪要）

一方构成根本违约，守约方行使法定解除权解除合同，返还实际投入并请求赔偿损失的，损失赔偿的范围包含可得利益损失。在合同因违约解除而未实际履行的情况下，精确计算合同履行后可以获得的利益，往往非常困难。对此，人民法院在确定守约方可以获得的赔偿损失额时，可以根据案件的具体情况采取差额法、类比法、估算法以及综合裁量法等方法来确定守约方的可得利益。在确定损失赔偿数额时，还应适用合理预见规则、过失相抵规则、损益相抵规则等依法限制赔偿数额。

就本案而言，采取差额法通过审计或者鉴定的方法来确定守约方的损失，效率低下，既影响到当事人利益及时实现，也导致审判效率较低，其本身也是大致估算，并不可取。采取估算法由法院估算的数额往往与当事人的预期差距较大，难以平息当事人的争议。综合裁量法则是在其他方法无法使用的情况下才采纳的方法，在本案可以通过类比法来确定守约方的可得利益损失情况下，则不宜采纳综合裁量法。就本案事实而言，结合前期合作的实际收益以及前期合作系来自于当事人民间借贷的特殊情形，确定损失赔偿额为投入资金按照年利率 24% 计算的利息，既符合当事人合作开发房地产的法律关系由民间借贷法律关系演化而来的实际，也符合当事人前期合作开发的收益实际；既符合当事人特别是守约方的合理预期，也符合合理预见规则，还符合可得利益赔偿中扣除守约方因解除合同而节约支出等应减除的赔偿额部分，故本案可以采取类比法。

附：案情简介

甲、乙公司于 2014 年 12 月签订借贷合同，甲向乙出借 4 亿元，借款利率为月 2.5%。甲公司依约支付出借款项。2015 年 1 月甲乙两公司签订合作开发房地产合同，将此前所出借款项转为甲合作开发投资，双方共同经营管理，合同开发收益乙公司占 49%，甲公司占 51%。2017 年 12 月甲公司与乙公司签订投资收益结算协议，明确甲公司除收回本金 4 亿元外，已收取项目利润约 4 亿元，双方未分配利润 2 亿元用于受让案外人丙公司国有土地使用权及地上建筑物，用于继续开发二期房地产项目。双方同时签订《合作开发二期项目协议》。2018 年 4 月，乙公司毁约，导致甲公司无法参与二期项目的开发和经营管理。甲公司起诉至法院，请求解除《合作开发二期项目协议》，返还合作开发二期项目投入及赔偿可得利益损失 2 亿元。鉴于二期合作开发项目未实际完成，故在法院审理本案过程中，双方对可得利益赔偿的计算产生争议。

——《违约损害赔偿中可得利益损失如何计算（最高人民法院第二巡回法庭 2019 年第 13 次法官会议纪要）》，载贺小荣主编：《最高人民法院第二巡回法庭法官会议纪要（第一辑）》，人民法院出版社 2019 年版，第 15~16 页。

最高人民法院裁判文书

珠海市建筑工程总公司西区工程处与珠海经济特区科利化工股份有限公司、珠海经济特区东信房产开发公司、珠海市金湾区三灶镇市政管理服务中心合作开发房地产合同纠纷案［最高人民法院（2016）最高法民再152号民事判决书］

裁判要旨：可得利益损失是指在生产、销售或提供服务的合同中，生产者、销售者或服务提供者因对方的违约行为而受到的预期纯利润的损失，具有一定的确定性，即只要合同如期履行，该利益就可能被当事人获得。在确定是否可以获得某种可得利益时，应当考虑一般的交易惯例、经验、市场情况等各种因素。

最高人民法院认为：西区工程处在本案中诉请选择的是赔偿可得利益损失，故涉案合作合同所描述的可得利益是否已经发生，诉讼中双方当事人各执一词，细观涉案各合同协议，没有明确具体标准，原审判决和检察机关更是给出了不同的结论。究竟哪一种结论更符合当事人缔约的本意，是本案再审必须要解决的最重要的问题。

首先，本案系合作开发房地产合同纠纷，三灶市政中心将土地提供西区工程处虽然并不规范，但西区工程处确已实际投入128万元资金，该笔资金的投入及西区工程处前期行为与东信公司取得涉案土地使用权有直接的关联。西区工程处与科利公司约定按2：8比例共同申请办理土地权属手续，系在工程竣工后能够分得20%权益的合理预期前提下作出。1993年10月，龙珠大厦的桩基础工程完成后，科利公司、东信公司没有按照协议约定投入建设资金构成违约，理应承担违约责任。

其次，三方《会议纪要》虽然明确超过800元/平方米的差价，由西区工程处补给东信公司，但在理解合同条款时应当结合相关条款、行为的性质和目的、习惯以及诚信原则，确定意思表示的含义，不能完全拘泥于所使用的词句。试想，只约定龙珠大厦项目建成后按2：8比例分享产权，却要承担整个项目增加的建筑成本，显然不符合当事人特别是商主体签订协议的合理预期。换言之，解释上述建筑成本补差价的合同条款，应以通常的商业人士的合理预期作为标准。原审判决按照西区工程处承担整个项目增加的建筑成本计算可得利益事实依据不足，计算为负数的结论不符合常理。

再次，虽然2001年7月2日，东信公司将龙珠大厦工地租给西区工程处做临建商铺，但2004年西区工程处向法院提起诉讼请求赔偿损失时，涉案合作项目仍然停留在桩基础工程完成后的状态，此时，双方的主要支出就是西区工程处三次共交纳的地皮报建费 128 万元；科利公司支付的桩基础工程费 732.702384 万元以及东信公司补交的用地价款 83.50176 万元。本案原审判决生效并执行后，东信公司于 2014 年 2 月取得《施工许可证》，2015 年 9 月取得《商品房预售许可证》并开盘销售，2016 年 9 月竣工验收，涉案房地产由东信公司独立开发完成。目前，住宅和商铺大部分销售完毕。本案中，西区工程处诉请赔偿损失的范围为预期可得利益，而预期可得利益理应在 2004 年西区工程处向法院第一次提起诉讼时便应固定。但西区工程处主张赔偿损失的数额随着近年来房地产市场的变化不断递增，从最初的估算约为人民币 400 万元到 1956 万余元，直至本次再审中的 13440 万元。从龙珠大厦停工到销售殆尽历经 20 余年，不能简单将 1993 年 10 月就已经停工解除合同条件成就时主张的可得利益等同于 20 多年后的今天涉案项目竣工销售后可能获得的收益。在本案合作合同已经解除的情况下，本次再审中西区工程处主张按照涉案项目竣工销售后 20%的收益暨 13440 万元作为赔偿经济损失的数额没有事实和法律依据，本院不予支持。

最后，本案诉讼跨越 16 载，历经两次发回重审、申请再审和检察机关抗诉。历史背景更是经历了 90 年代房地产市场的泡沫现状和近些年房地产市场行情的不断看涨，直接导致涉案项目的重新启动和竣工销售，东信公司成为实际的受益者。皮之不存，毛将附焉。上述因素本院在本次再审中均将予以考量。应当说，2004 年西区工程处向法院提起诉讼解除合同时，涉案项目只完成了桩基础工程，在双方约定的龙珠大厦并未建成的情况下，原审法院委托进行工程造价鉴定并简单根据造价鉴定的结论计算损失，将全部项目增加的建筑成本让西区工程处分担，既不现实也不尽公平、合理。而且，本院庭审中明确要求东信公司庭后提供确凿的项目竣工销售后详细的建筑成本支出、销售收入以及项目利润等证据，东信公司也一直未提供。相反，原审法院委托对龙珠大厦项目以合法报建手续确定房屋建成之后可分得的 20%房产面积的价值进行鉴定，参照了 1994 年 6 月 10 日西区工程处与东信公司签订的《售楼委托协议》上约定的房屋销售价格，东信公司、西区工程处、科利公司三方于 1994 年 5 月 21 日签订的《会议纪要》以及《建筑安装施工合同》等，计算出西区工程处应分得的 20%房产的总价值 1732.5362 万元，在龙珠大厦并未建设的情况下，此鉴定结论更具有客观性，更符合当事人的预期，反映了双方在合作开发房地产时所预见到的合作完成后西区工程处可获得的利益，且西区工程处庭审中亦认可该鉴定结论并在二审上诉中再次明确以该数额主张可得利益，故以此作为西区工程处主张赔偿预期利益损失的标准，有事实依据。

——中国裁判文书网。

海口万诺投资开发有限公司与三亚亿泰投资有限公司及海南乔海房地产开发有限公司、三亚铭润旅游投资开发有限公司合资、合作开发房地产合同纠纷案［最高人民法院（2018）最高法民申 5153 号民事裁定书］

裁判要旨：可得利益的求偿应当坚持客观确定性，即该利益的取得，不仅在主观上是可能的，在客观上也是确定的，只是因为违约行为的发生，才使得该利益丧失；若无违约行为，该利益通常是必得的。

最高人民法院认为：关于万诺公司是否应赔偿亿泰公司可得利益损失 3500 万元的问题。《合同法》第一百一十三条第一款[①]规定："当事人一方不履行合同义务或者履行合同义务不符合约定，给对方造成损失的，损失赔偿额应当相当于因违约所造成的损失，包括合同履行后可以获得的利益，但不得超过违反合同一方订立合同时预见到或者应当预见到的因违反合同可能造成的损失。"

根据上述法律规定，违约损害赔偿是以赔偿非违约方实际遭受的全部损害为原则，其中包括可得利益损失。只有赔偿全部损失，才能使守约方在经济上得到相当于合同得到正常履行时的同等收益。可得利益的求偿应当坚持客观确定性，即该利益的取得，不仅在主观上是可能的，在客观上也是确定的，只是因为违约行为的发生，才使得该利益丧失；若无违约行为，该利益通常是必得的。实际遭受的损失无法确定的，可参照违约方因违约所获得的利润确定。

本案中，如前所述，万诺公司"一地二卖"的违约行为，导致亿泰公司合同目的无法实现，从而使亿泰公司丧失了开发案涉土地所能获取的预期利益，根据前述法律规定，亿泰公司理应获得可得利益损失赔偿。万诺公司在与后手铭润公司的转售中，差价利润高达 3500 万元，可作为可得利益损失赔偿的计算基础。

——法信网。

附录：最高人民法院主流观点

依据《民法典》第五百八十四条规定，当事人一方不履行合同义务或者履行合同义务不符合约定，造成对方损失的，损失赔偿额应当相当于因违约所造成的损失，包括合同履行后可以获得的利益。这里"合同履行后可以获得的利益"，排除履行利益，就是可得利益。通说认为，可得利益仅限于未来

① 对应《民法典》第五百八十四条。

可以得到的利益，不包括履行本身获得的利益，而主要是指获取利润所对应的利益。由于一方违约，受害人不能取得合同规定应交付的财产，造成其生产经营活动中断或从事该活动的基础和条件丧失，从而导致利润损失，这就是一种可得利益损失。可得利益具有如下特点：第一，可得利益是一种未来利益。它在违约行为发生时并没有为合同当事人所实际享有，而必须通过合同的实际履行才能得以实现。第二，可得利益必须具有一定的确定性。在合同法中，任何需要补救的损害都必须具有一定程度的确定性，否则是不能要求赔偿的。

可得利益必须是将来按照通常情形能够得到的利益，这要求在一些情形中，对可得利益的赔偿应当考量发生的概率、程度。实践中，确定可得利益损失数额主要包括以下五种方法。

（一）差额法

差额法又称对比法，即依照通常方法比照受害人相同条件下所获取的利益来确定应赔偿的可得利益损失。差额原则是以合同履行后的状况作为参考，为一种假设的财产状况，在买卖合同计算起来比较方便。例如，在房屋买卖合同纠纷中，一方根本违约导致守约方解除合同，则签订房屋买卖合同之时的购买价格和诉讼时的升值部分价差即为可得利益，可以作为赔偿计算的依据。但在其他可得利益损失类型中，此种计算方法还会受到时间、地点等因素影响。因此，在适用差额原则时，往往需要利用其他方法来对差额原则进行综合衡量。

（二）约定法

顾名思义，约定法是指当事人直接在合同中约定损失赔偿额的计算方法。《民法典》第五百八十五条第一款规定，当事人可以约定一方违约时应当根据违约情况向对方支付一定数额的违约金，也可以约定因违约产生的损失赔偿额的计算方法。约定法是当事人之间事先对可得利益赔偿额计算进行了约定，为可得利益损失赔偿额的确定提供了依据，也是当事人意思自治的体现。实践中应注意，在约定法与差额法计算的损失存在较大差距的情况下，也有基于实际损失进行调整的适用余地。例如，《买卖合同解释》第二十条规定："买卖合同因违约而解除后，守约方主张继续适用违约金条款的，人民法院应予支持；但约定的违约金过分高于造成的损失的，人民法院可以参照民法典第五百八十五条第二款的规定处理。"此规定体现了以实际损失为原则的赔偿计算方法。

（三）类比法

类比法是指比照守约方相同或类似的其他单位在类似条件下所能获取的利益来确定可得利益的赔偿数额。使用类比法，既可以守约方在过去同时期所取得的利润为参考对象，又可以同类合同在同时期内履行所获得的利益为依据，还可以其他人同样的设备投入生产运营所获取的生产利润等作为参照对象。使用此种方法的前提是守约方通常能够获得比较稳定的财产收益。类比法是司法实践中较为常用的一种计算方法。例如，武汉某建筑公司与武汉某置业公司建设工程施工合同纠纷案中，法院就采取了该种方法计算可得利益损失。

（四）估算法

估算法是指人民法院难以确定损失数额时，根据案件的实际情况，酌定一个赔偿数额的方法。在某些情况下，也可以受害人请求赔偿的数额为基础，结合违约方提出抗辩所依据的证据，根据公平责任原则确定具体数额。由于可得利益属于合同履行后方可获得的未来利益，在很多情况下难以算出具体数额，而法院又不能拒绝裁判，因此，往往会综合案件的具体情形，根据合同实际履行情况、当事人过错大小、行业利润等，对可得利益损失酌定一个数额进行赔偿。例如，在青海某水电公司与广东某发电公司买卖合同纠纷案中，争议的焦点是可得利益损失数额的确认问题。法院认为，确定可得利益损失数额依据估算法，可以受损害方请求的数额为基础，结合违约方提出抗辩所依据的证据，依据公平原则确定具体数额。

（五）综合衡量法

综合衡量法是实践中采用较多的方法，即根据获利情况、当事人的过错情况及合同履行时的经济形势等因素综合判断。对于综合裁量方法的运用，需要结合上述几种方法，以差额原则为基础，在考虑守约方因违约方违约遭受的实际损失或可能遭受的实际损失为基础进行裁量。还需要注意的是，综合裁量法应是一种补充的计算方法，系无法根据差额法、类比法、约定法、估算法等方法予以计算可得利益损失的情况下所采纳的方法。该方法往往是守约方已经能够证明违约方构成根本违约，但却无法根据上述几种方法证明其遭受的可得利益损失数额的情况下，法官基于内心确信所适用的计算方法。

——最高人民法院民法典贯彻实施工作领导小组编著：《中国民法典适用大全（合同卷）》，人民法院出版社 2022 年版，第 1063~1065 页。

586. 可得利益损失计算中的可预见规则

关键词

可得利益　可预见性规则

《中华人民共和国民法典》条文

第五百八十四条　当事人一方不履行合同义务或者履行合同义务不符合

约定，造成对方损失的，损失赔偿额应当相当于因违约所造成的损失，包括合同履行后可以获得的利益；但是，不得超过违约一方订立合同时预见到或者应当预见到的因违约可能造成的损失。

最高人民法院司法解释

第二十二条　买卖合同当事人一方违约造成对方损失，对方主张赔偿可得利益损失的，人民法院在确定违约责任范围时，应当根据当事人的主张，依据民法典第五百八十四条、第五百九十一条、第五百九十二条、本解释第二十三条等规定进行认定。

第二十三条　买卖合同当事人一方因对方违约而获有利益，违约方主张从损失赔偿额中扣除该部分利益的，人民法院应予支持。

——《最高人民法院关于审理买卖合同纠纷案件适用法律问题的解释》（2020 年 12 月 29 日修正）。

最高人民法院公报案例、最高人民法院裁判文书

新疆亚坤商贸有限公司与新疆精河县康瑞棉花加工有限公司买卖合同纠纷上诉案［最高人民法院（2006）民二终字第 111 号民事判决书］

裁判摘要：在审理合同纠纷案件中，确认违约方的赔偿责任应当遵循“可预见性原则”，即违约方仅就其违约行为给对方造成的损失承担赔偿责任，对由于市场风险等因素造成的、双方当事人均不能预见的损失，因非违约方过错所致，与违约行为之间亦没有因果关系，违约方对此不承担赔偿责任。

最高人民法院认为：关于棉花亏吨损失的赔偿问题。康瑞公司与亚坤公司在合同中约定，“质量要求按国家质量标准 GB1103 － 1999 执行”，“质量、重量出现重大问题，以公证检验为准”。如前所述，康瑞公司向亚坤公司少交付皮棉 62.745 吨，按照合同价 1.69 万元 / 吨计，康瑞公司应向亚坤公司退还货款本金 1060390 元，并赔偿自 2004 年 1 月 12 日起至实际给付之日止按照中国人民银行同期活期存款利率计算的利息损失。原审判决未对亏吨损失予以认定不当，本院予以纠正。上诉人亚坤公司关于康瑞公司应向其补偿棉花亏吨损失本金及利息的上诉理由成立，本院予以支持。

关于质量减等损失的赔偿问题。本案《棉花购销合同》约定，康瑞公司向亚坤公司提供单价为 1.69 万元 / 吨的 229 级（二级）皮棉。根据《公证检验证书》认定的棉花普遍下降一至二个等级以及康瑞公司向亚坤公司实际交付 1111.202 吨棉花的客观事实，参照原审法院向新疆棉麻公司的咨询情

况以及二审承办人向双方委托代理人的询问情况，应认定本案合同签订时的棉花等级差价为200元左右。在平衡双方利益的基础上，本院认定棉花减等的差价损失为400元×1111.202吨＝444480.8元，应由康瑞公司向亚坤公司作出赔偿。原审判决认定亚坤公司存在资金损失是正确的，但确认赔偿范围的标准不当。本案合同签订的2004年1月份，恰逢国内棉花市场价格飞涨，但到了2004年5、6月份以后，棉花市场价格回落，此期间每吨相差5000~6000元。亚坤公司在2004年6月份以后转售的棉花，即使质量等级不变，也必然会出现因市场行情所致的收益损失。原审判决认定的亚坤公司本金损失6659358.11元不仅包括了棉花减等的差价损失，亦包括在此期间因市场行情下跌所造成的收益损失。该部分收益损失显属市场风险造成的，非为双方当事人所能预见，亦非康瑞公司过错所致。因康瑞公司与该部分损失之间不存在因果关系，故康瑞公司不应承担市场行情变化导致的亚坤公司的收益损失。原审判决将亚坤公司在市场行情低迷时基于转售关系所形成的销售价格与本案行情高涨时形成的购买价格之差作为亚坤公司的损失由双方分担显属不当，不仅合同关系各不相同，亦有违公平原则及过错责任原则，本院予以纠正。上诉人亚坤公司关于康瑞公司应补偿其棉花收益损失6152857.22元的上诉理由不能成立。本院对亚坤公司在购买棉花时所发生的实际损失，即棉花重量亏吨损失及质量减等的差价损失予以确认，对于其他损失部分，即市场风险所致的收益损失、转售期间发生的运输费用、与案外人发生的借贷利息损失均因缺乏合同依据及法律依据而不予支持。

——《最高人民法院公报》2006年第11期。

最高人民法院裁判文书

程力栋与永乐公司、北方公司合同纠纷案［最高人民法院（2021）最高法民申2522号民事裁定书］

裁判要旨：可预见性规则系限制违约损害赔偿的法定规则，损害赔偿责任的范围不得超过违约方在订立合同时已经预见或应当预见到的因违约而造成的损失。合同一方在签订合同时，并不能预见合同相对方为履行合同放弃与第三方合作利益，也不能预见到因合同无法订立而使合同相对方向第三方承担高昂成本。上述情形对应的损失，均不符合预见性原则，不属于合同相对方违约需承担赔偿责任的范围。

最高人民法院认为：《框架协议》约定了排他期及延续排他期至案涉重大资产重组终止。在东方公司与永乐公司的重组程序未完成时，东方公司即收购与永乐公司业务范围重叠的首汇焦点科技有限公司，故北方公司构成违约，其应当按照合同约定承担支付违约金的责任。本案的争议焦点在于：原审将违约金由约定的1亿元调减至1000万元是否恰当。

关于认定违约金是否过高的举证责任承担问题，根据《民事诉讼法》第六十四条第一款[①]的规定，原则上谁主张谁举证，即由提出调整违约金的一方承担证明责任。但是，考虑到现实中违约方证明守约方损失的困难性，当违约方提出违约金过高要求调整的主张时，只要违约方举出让法官对违约金的合理性产生怀疑的证据即可。并且，守约方主张违约金合理的，也应当提供相应的证据。因此，原审并未违反"谁主张谁举证"的证据规则，本院对申请人该项理由不予认可。

《合同法》第一百一十四条[②]使用了"适当"这个授权性用语，意在授权法官根据案件的具体情形综合权衡以对违约金进行调整。根据《最高人民法院关于适用〈中华人民共和国合同法〉若干问题的解释（二）》第二十九条第一款的规定，当事人主张约定的违约金过高请求予以适当减少的，人民法院应当以实际损失为基础，兼顾合同的履行情况、当事人的过错程度以及预期利益等综合因素，根据公平原则和诚实信用原则予以衡量，并作出裁决。由此，衡量违约金是否过高的基础是实际损失。实际损失是指当事人信赖合同能够履行而得到履行利益所支出的费用或财产因违约而遭受的损失。就本案而言，第一，关于申请人主张的以2017年年底东方公司股票收盘价计算的重组顺利进行后的预期收益，本案北方公司的违约行为发生在2018年，2017年度重组事项并未达成。故申请人以2017年12月31日股票收盘价为依据计算预期利益损失的主张最高人民法院不予采纳。第二，关于申请人主张的为履行《框架协议》错失与案外人合作的利益损失，该损失为信赖利益中的机会损失。根据《合同法》第一百一十三条[③]第一款的规定，可预见性规则系限制违约损害赔偿的法定规则，损害赔偿责任的范围不得超过违约方在订立合同时已经预见或应当预见到的因违约而造成的损失。北方公司在与申请人签订案涉合同时，并不能预见到申请人为履行《框架协议》而放弃与案外人的合作利益，故对申请人主张的该项损失，本院不予认可。第三，关于申请人主张的对案外人进行股权回购的成本，该损失为申请人履行利益的损失。但是根据可预见性规则，北方公司在与申请人订立案涉《框架协议》时不能也不应预见到其违约会使得申请人须对案外人履行回购义务，承担高昂的成本，故对申请人主张的该项损失本院不予认可。

---

① 现为《民事诉讼法》（2021年修正）第六十七条第一款。

② 对应《民法典》第五百八十五条。

③ 对应《民法典》第五百八十四条。

除了实际损失作为调整违约金的基础外，当事人的过错程度也是重要的考量因素。第一，关于申请人主张的北方公司故意操纵东方公司的控制权变更以为重组制造障碍，最高人民法院认为，公司的控制权变更系企业运营过程中的商业行为，不能据此认为北方公司存在阻碍重组的主观恶意。第二，关于北方公司与和永乐公司业务范围有所重叠的案外人达成重大资产重组协议，北方公司的该行为违反了《框架协议》约定的排他期条款，构成违约，该行为主观恶意明显。第三，关于申请人主张的北方公司恶意起诉并冻结程力栋在永乐公司的股权，本院认为，北方公司提起（2018）浙0105民初13744号案件的诉讼并冻结程力栋在永乐公司的股权系正常行使诉讼权利，并不具有主观上的恶意。故原审在综合本案诸多因素下，根据公平原则、诚实信用原则予以衡量，将违约金调减至1000万元的做法并无不当。

——中国裁判文书网。

附录：最高人民法院主流观点

（一）预见的主体问题

《欧洲合同法原则》第9：503条、《国际商事合同通则》第7.4.4条以及《联合国国际货物销售合同公约》第七十四条，均确定预见的主体为违约方。依据我国《合同法》第一百一十三条[①]第一款后段，预见的主体应为违约方。之所以将预见主体确定违约方，是因为可预见性规则限制的是违约方的赔偿责任，而违约方应承担的责任构成其交易条件的一部分，违约方在磋商确定交易条件时，其承受的不利益必然受到其合理预见范围的限制，因而可预见规则的预见主体应为违约方。

（二）预见的时间问题

依据《合同法》第一百一十三条第一款后段，预见的时间为"订立合同时"。如此规定的理由在于：因为订立合同时，当事人正在磋商确定交易条件，这直接受当事人所掌握的信息的影响，而违约方掌握的信息是确定其预见范围的基础。订立合同后违约方获取的信息会扩展其预见的范围，但新获取的信息与交易条件的确定无关，让违约方的责任随订立合同后获取的信息量的增加而扩张，会破坏当事人间的利益平衡。

（三）预见的内容问题

《合同法》第一百一十三条第一款后段并未明言预见的内容，但学界通说以及审判实践中的一般做法认为，只需要预见到或应当预见到损害的类型，不需要预见到或应当预见到损害的程度，即不需要预见到或应当预见到损害的具体数额。

① 对应《民法典》第五百八十四条。

（四）预见的判断标准

违约方是否预见到或者是否应当预见到，须由受害方承担举证责任。裁判者通常应当依据相对客观的标准进行判断，仅在例外情形下须依据主观标准进行判断。所谓依据相对客观标准进行判断，就是指以社会一般人的预见能力为标准进行判断，也就是说以一个抽象的“理性人”“常人”“善良家父”之类的标准进行判断。所谓在特定情形下需要依据主观标准进行判断，是在特定情形下也需要基于当事人的身份、职业及相互之间的了解情况等，考虑违约方的特殊预见能力。如果违约方的预见能力高于一般人的预见能力，就应当按照其实际的预见能力来确定损害赔偿的范围。不过对于违约方的特殊预见能力仍应由受害方承担举证责任。如果受害方不能举证证明违约方具备高于一般人的预见能力时，则应以社会一般人的预见能力为准。

——最高人民法院民事审判第二庭编：《最高人民法院关于买卖合同司法解释理解与适用》，人民法院出版社 2012 年版，第 464~465 页。

587. 可得利益损失计算中的损益相抵规则

关键词

可得利益　损益相抵规则

《中华人民共和国民法典》条文

第五百八十五条　当事人可以约定一方违约时应当根据违约情况向对方支付一定数额的违约金，也可以约定因违约产生的损失赔偿额的计算方法。

约定的违约金低于造成的损失的，人民法院或者仲裁机构可以根据当事人的请求予以增加；约定的违约金过分高于造成的损失的，人民法院或者仲裁机构可以根据当事人的请求予以适当减少。

当事人就迟延履行约定违约金的，违约方支付违约金后，还应当履行债务。

第五百八十八条　当事人既约定违约金，又约定定金的，一方违约时，对方可以选择适用违约金或者定金条款。

定金不足以弥补一方违约造成的损失的，对方可以请求赔偿超过定金数额的损失。

最高人民法院司法解释

第二十三条　买卖合同当事人一方因对方违约而获有利益，违约方主张从损失赔偿额中扣除该部分利益的，人民法院应予支持。

——《最高人民法院关于审理买卖合同纠纷案件适用法律问题的解释》（2020 年 12 月 29 日修正）。

附录：最高人民法院主流观点

如前所述，在因被告违约而给非违约方带来损害也带来了利益时，若符合适用损益相抵规则的条件，从而确定实际的损害赔偿数额时，利益的计算是至为关键的问题。虽然个案的情况各异，但类型化思考以及民事司法审判实践的发展有助于更准确地适用这一规则：

（一）应予扣除的利益

总结民法理论与审判实践经验，比较常见的应予扣除的利益有以下几种：

1. 中间利息。如判决违约人分期支付，也就是说受害人本应陆续获得的情况下，违约人却一次性地支付了所有损害赔偿款。这时，按照霍夫曼计算法应扣除未到期的中间利息。

2. 因违约实际减少的受害人的某些税负。此处的税收负担主要是指商业性的税收。如加害人若为其占有的房屋缴纳房屋及土地税款，可就此部分在被害人请求损害赔偿时，予以扣除。

3. 商业保险金。我国台湾地区学者认为，损害赔偿权利人若买了商业保险，则该保险请求权与所发生的损害事故并非出于同一原因，故赔偿义务不得请求扣减。但受害人请求保险公司理赔后，此时将产生保险人的代位请求权，赔偿义务人可得主张扣除。

4. 社会保险金。王泽鉴先生认为，劳灾补偿具有代替雇主承担侵权责任的功能，以免劳工获得双重利益之嫌，所以应予以相抵。

5. 以新替旧。依规范目的说，损害赔偿所应填补的为实际损失，新旧间的差额为超过实际损害的部分，自应予以扣除。

6. 毁损物件的残余价值。如房屋毁损后所剩的木板、汽车全毁后所剩的可用零件等等，皆为毁损事故所致新生异种利益，自应从损害额中扣除。

7. 原应支付却因损害事故而免于支付的费用。如因无须继续履行合同而免于支付的进一步的费用。

8. 原本无法获得却因损害事故的发生而获得的利益。如赛马时骑手策马致死却因而获得奖金。

（二）不得扣减的利益

1. 所得税。计算损害赔偿额应否扣除所得税，学说上有“扣除说”和“不扣除说”之争论。

“扣除说”的理论根据建立在损益相抵说或实质收益推定说之上。损益相抵说认为，对纳税义务人所得在一定金额以上的，均按一定税率征收所得税，被害人因受损而免除税捐，乃是因受损害而得有利益，依照损益相抵理论，自然应该扣除税额。实质收益推定说认为，损害赔偿的目的在于填补受害人实际损害，而受害人的实质收益并不包括税捐，故计算所失利益应扣除税捐。如英国法院的 B.T.C.V.Gourley 一案中，原告受到被告的服务人员过失伤害，经估计，如果事故不发生，原告将挣得 37000 英镑，但被课税后将只能实际得到 6000 英镑。根据所得税法，这种人身损害赔偿不在征税范围之内，如判给 37000 英镑，受害人将全部得到 37000 英镑。上议院认为，恰当的损害赔偿数额应为 6000 英镑，因为这才是原告实际损失的数额。

"不扣除说"的根据包括:（1）通常情况下，税法出于保护受害人之目的，而对伤害或死亡的损害赔偿金免税。若计算损害赔偿数额时扣除所得税，不仅违反了立法本意，也使得加害人享有不当利益。（2）因税率或税额时常修正，不易确定，使得很难准确从损害赔偿额中扣除税金。（3）损益相抵的对象为必要经费，而税捐不属此列。（4）所得税是社会主体依照法律规定负担缴纳的义务，伤害或死亡的损害赔偿免纳所得税，与加害人的加害行为间并无因果关系。（5）劳动能力丧失或减少的损害赔偿目的在于填补因其减丧而导致的劳动资本的减丧，而不是填补所得，故不应扣除税金。至于所失利益的赔偿，税法上并未规定免税，当然不存在扣除的问题。且所失利益或对劳动能力减丧的赔偿额并非所得税法上的所得。

2. 第三人的给付或某些特殊的和人身相关的利益。比如违约行为发生后，第三人基于对受害人的同情、帮助渡过难关、或基于其他原因和动机，而赠送给受害人的财物、金钱等，不得扣减。因为该赠与的目的在于使受害人获得利益，若准许相抵，受惠者将不是受害人而是违约人，从而有悖于赠与人的意愿，故不应成立损益相抵的适用。

若基于法律之强制性规定，受害人受有利益，那么该利益不得被扣减。因法律之所以给予受害人利益，往往是以受害人具有一定的身份为必要之条件，而法律之所以给予利益，目的即在于使该具有一定身份的受害人获得相当限度的保障，而实质上并无免除加害人赔偿责任的意思，因此不适用损益相抵规则。如法律规定的基于同一违约损害事实而发生的抚恤金、退休金、新的扶养义务人等的利益也不得扣减。

因违约行为而使受害人获得的保险公司给付的保险金也不得扣除。保险是现代社会极为常见的一种损失分配机制，它能使受害人较快地得到一定的损失填补。受害人在受到损害时，可以获得保险公司给付的保险赔偿金或其他的给付请求权，这些利益不得从合同违约方给付的损害赔偿里免除。

因违约损害事件的结果而为受害人造成某种环境的利益不得扣减。如因伤害而被免除兵役义务的利益，也不得扣减。

3. 依实际情况无法判断受害人之所得是否为一种利益的，法律不应将之认定为利益而适用损益相抵规则。

（三）讨论：定金应否被认定为扣减之利益

《合同法》第一百一十六条[①]明确规定，定金与违约金不可同时适用，但对于定金与损害赔偿是否可以并用没有明确规定。有观点认为，当定金责任与损害赔偿责任同时并存时，不适用损益相抵原则，而应采用定金责任与损害赔偿责任同时适用。这既符合《合同法》的立法本意，也有利于保护当事人的合同利益。理由如下：

1. 两者的产生原因不同。定金责任乃是基于合同一方当事人不履行、不完全履行、迟延履行而导致的根本违约产生，与是否发生损害结果无关；损害赔偿责任则因实际损害结果的发生而产生，没有实际损害结果则不承担损害赔偿责任。可见，定金责任与损害赔偿责任并非基于同一原因产生。而损益相抵原则要求赔偿权利人所获利益与遭受的损失基于同一原因产生。同一原因是指受害人所获利益与遭受的损失之间具有相当因果关系。

2. 适用损益相抵原则计算实际赔偿额与意思自治原则和公平原则相悖。定金责任是当事人在订立合同时为确保债务履行而预先设定的。尽管在约定定金数额时，当事人会考虑违约可能导致的损害后果，但从定金制度的设置目的上看，其出发点和最终目标是维护非违约方的合同利益。如果适用损益相抵原则计算最终赔偿数额，就会发生以实际损害额为限的后果，其实际效果就是对当事人意思自治的否定。

3. 采用损益相抵原则计算实际赔偿数额，会发生无论当事人在法律允许的范围内对定金数额如何约定，非违约方获得的实际赔偿总是相同的法律后果；当事人对定金数额的约定失去意义。

司法解释起草小组经研究认为，违约定金也是服务于在一方当事人违约的情况下对对方当事人损害的救济，从功能上讲其与违约损害赔偿金彼此一致，而且受害方也没有理由因为对方的违约行为获取额外的利益，因此，应在解释论上将定金认定为“利益”，从而适用损益相抵规则，从违约损害赔偿总额中予以扣除。

（四）讨论：违约金可否适用损益相抵规则

《合同法》第一百一十四条[②]第一款规定：“当事人可以约定一方违约时应当根据违约情况向对方支付一定数额的违约金，也可以约定因违约产生的损失赔偿额的计算方法。”第二款规定：“约定的违约金低于造成的损失的，当事人可以请求人民法院或者仲裁机构予以增加；约定的违约金过分高于造成的损失的，当事人可以请求人民法院或者仲裁机构予以适当减少。”第三款规定：“当事人就迟延履行约定违约金的，违约方支付违约金后，还应当履行债

① 对应《民法典》第五百八十八条。

② 对应《民法典》第五百八十五条。

务。”从该条规定可以看出，在合同当事人约定有违约金的支付方式或计算方法时，尤其是当约定的违约金过分高于违约造成的损失时，并不排除损益相抵规则的适用。这是民法上损害赔偿责任通常具有的补偿性之要求，是避免任何一方当事人取得不当得利的体现，也是民法中的公平原则之反映。

——最高人民法院民事审判第二庭编:《最高人民法院关于买卖合同司法解释理解与适用》，人民法院出版社 2012 年版，第 479~483 页。

588. 可得利益赔偿的损失的计算公式

关键词

可得利益　损失赔偿

《中华人民共和国民法典》条文

第五百八十四条　当事人一方不履行合同义务或者履行合同义务不符合约定，造成对方损失的，损失赔偿额应当相当于因违约所造成的损失，包括合同履行后可以获得的利益；但是，不得超过违约一方订立合同时预见到或者应当预见到的因违约可能造成的损失。

第五百九十一条　当事人一方违约后，对方应当采取适当措施防止损失的扩大；没有采取适当措施致使损失扩大的，不得就扩大的损失请求赔偿。

当事人因防止损失扩大而支出的合理费用，由违约方负担。

第五百九十二条　当事人都违反合同的，应当各自承担相应的责任。

当事人一方违约造成对方损失，对方对损失的发生有过错的，可以减少相应的损失赔偿额。

最高人民法院司法解释

第二十二条　买卖合同当事人一方违约造成对方损失，对方主张赔偿可得利益损失的，人民法院在确定违约责任范围时，应当根据当事人的主张，依据民法典第五百八十四条、第五百九十一条、第五百九十二条、本解释第二十三条等规定进行认定。

第二十三条　买卖合同当事人一方因对方违约而获有利益，违约方主张从损失赔偿额中扣除该部分利益的，人民法院应予支持。

——《最高人民法院关于审理买卖合同纠纷案件适用法律问题的解释》（2020 年 12 月 29 日修正）。

附录：最高人民法院主流观点

在实践中，确定可得利益损失数额的方法，大致包括如下几种：第一种为对比法，又称差别法。即依照通常方法比照受害人相同条件下所获取的利益来确定应赔偿的可得利益损失。如以受害人在上一年或上一月的利润，以同类企业在某个时期获得的平均利润，以某项设备投入正常运营时所获得的利益等作为参照标准来确定可得利益的损失。这种方法适用于那些能获得比较稳定的财产收益的情况。运用此种方法的关键在于确定参照对象，确定参照对象应注意与受害人的相似性，参照对象与受害人情况越相似，则可得利益损失的计算越精确。第二种方法为估算法，是指人民法院在难以确定损失数额或者难以准确地确定可得利益的损失数额时，可根据案件的具体情况，责令违约方支付一个大致相当的赔偿数额。在某些情况下，也可以受害人请求赔偿的数额为基础，根据违约方提出抗辩所依据的证据，根据公平责任原则确定具体数额。第三种方法为约定法，人民法院可根据当事人事先约定的可得利益数额来确定。

下面运用差别法，就买卖合同中可得利益损失数额的确定予以稍微具体一些的说明。在买卖合同中，如果买受人作为中间商出现，其可得利益损失常以转售利润的形式出现。对此类可得利益损失的计算可区分为两种情形：一种是依据特别情形具体计算，另一种就是依据事务的通常进程，运用类型的抽象损害计算办法。比如买受人证明了与次买受人之间的转卖价格，那么买受人的转售利润损失就是转卖价格与合同价格之间的差额，这属于具体计算。但是具体计算的举证常需要公开买受人的商业信息，所以即使买受人实际缔结了次买卖合同，也不排除买受人会依据抽象标准，采类型的抽象损害计算。在买受人尚未缔结次买卖合同时，更需要运用类型的抽象损害计算。类型的抽象损害计算中转卖价格一般表现为特定时点与地点中的市场价格。如果买受人作为制造商出现，购置货物是为了加工后出卖，转售价格中就包含了买受人在加工中投入的成本，而加工成本是买受人获得可得利益必须支出的，因此在转卖价格与合同价格差额的计算中就需要将这部分成本扣除。

——最高人民法院民事审判第二庭编：《最高人民法院关于买卖合同司法解释理解与适用》，人民法院出版社 2012 年版，第 463~464 页。

589. 未履行报批义务导致合同解除的，应赔偿对方可得利益损失

关键词

报批义务　合同解除　违约责任　采矿权转让合同

最高人民法院裁判文书

柳振金、马永兰采矿权转让合同纠纷案［最高人民法院（2020）最高法民终185号民事判决书］

裁判要旨：当事人因怠于履行采矿权转让报批义务而导致合同目的无法实现解除，当事人对此具有明显过错，应向对方赔偿损失。赔偿的范围应以对方可获得的利益作为损失赔偿范围确定的依据。

最高人民法院认为：根据《补充协议》约定，案涉煤矿变更工商登记、采矿权转让手续等事宜委托由肥矿光大公司办理。因案涉煤矿采矿权证原件已交至原贵州省国土资源厅办理更换新证事宜，柳振金未能向肥矿光大公司交付采矿权证原件，但经本院依职权向贵州省自然资源厅调查，在新采矿权证颁发之前并不影响申请采矿权转让。肥矿光大公司以未取得采矿权证原件而无法申请转让审批的主张无事实依据，不予支持。

《补充协议》于2011年3月10日签订，2011年7月6日原贵州省国土资源厅公告暂停受理全省范围内全部煤矿采矿权转让审核申请。在此期间，肥矿光大公司应积极履行办理案涉煤矿采矿权转让报批手续义务且无法律及政策障碍，但其怠于履行。后因贵州省煤矿兼并重组政策调整，肥矿光大公司不具备兼并重组主体资格，案涉煤矿采矿权无法转让至其名下，《转让协议》合同目的无法实现而解除，肥矿光大公司对此具有明显过错，应向柳振金等赔偿损失。

关于肥矿光大公司赔偿责任的具体数额。本院认为，《转让协议》因肥矿光大公司怠于履行采矿权转让报批义务而解除。原审判决根据案涉煤矿客观情况，认定柳振金、马永兰的损失主要为案涉煤矿贬损价值，即煤矿出让原值（《转让协议》约定的出让价格10670万元）与煤矿现值（根据现行政策可获得的奖补资金720万元）之间的差额。该处理以《转让协议》正常履行时柳振金、马永兰可获得的利益作为损失赔偿范围确定的依据，并无不当。肥矿光大公司应赔偿柳振金、马永兰损失9950万元。由于该赔偿责任与柳振金

等根据（2015）民一终字第 159 号生效判决应向肥矿光大公司退还 4500 万元的责任系同一合同解除后的对待给付义务，故两笔款项可自（2015）民一终字第 159 号生效判决确定的 4500 万元支付之日相应抵销。

——中国裁判文书网。

590. 订立合同时已经预见合同履行不能，无权向对方主张可得利益损失

关键词

合同履行　合同解除　可得利益损失

最高人民法院裁判文书

东莞市利成电子实业有限公司、河源市源城区宝源房地产发展有限公司与东莞市晶隆实业发展有限公司、晶和实业集团有限公司等项目转让合同纠纷案［最高人民法院（2016）最高法民终 711 号民事判决书］

裁判要旨：1. 当合同已事实上履行不能，当事人虽未提出解除合同的诉讼请求，但其提出的诉讼请求系建立在合同解除的基础上，隐含了解除合同的意思表示，人民法院可以依据《合同法》第九十四条[①] **认定合同是否符合法定解除的条件。**

2. 一方当事人在订立合同时，已经预见到合同存在很大的履行障碍，无权向对方当事人主张可得利益损失。

最高人民法院认为：一、判断合同是否解除不能拘泥于当事人是否明确提出该项诉讼请求，而应结合案件具体情形予以判断

签订《项目转让合同》后，东莞利成电子公司、河源市宝源房地产公司支付了项目转让费 6000 万元，但由于李某依据其与东莞市晶隆实业公司在先签订的《协议书》，已先行合法占有案涉土地，先行支付部分价款并进行开发建设，东莞利成电子公司、河源市宝源房地产公司并未实际占有案涉土地。广东省高级人民法院于 2008 年 6 月 4 日作出（2008）粤高法民二终字第 86 号民事判决，认定《协议书》有效，判令麦某某与蔡某某将其名下东莞市晶隆实业公司的股权全部过户给李某。此时，《项目转让合同》实际已无法继续履行。2008 年 12 月 17 日，东莞利成电子公司、河源市宝源房地产公司起诉

① 对应《民法典》第五百六十三条。

请求确认《项目转让合同》有效并继续履行。最高人民法院作出（2012）民提字第 122 号民事判决，认定《项目转让合同》有效，但实际已无法履行。因此，一审法院以合同目的不能实现为由，认定合同解除并无不当，应予维持。

二、《项目转让合同》已经解除，依据《合同法》第 97 条规定，东莞市晶隆实业公司应返还东莞利成电子公司、河源市宝源房地产公司已支付的项目转让款 6000 万元及其利息

考虑到东莞市晶隆实业公司长期占用该资金的事实，利息应自项目转让款支付之日起至本判决确定的支付之日按照中国人民银行 5 年以上同期贷款基准利率计算。东莞利成电子公司、河源市宝源房地产公司与东莞市晶隆实业公司于 2008 年 3 月 26 日签订《项目转让合同》时，知晓麦某某代表东莞市晶隆实业公司与李某已签订《协议书》将东莞市晶隆实业公司全部股份及"莲湖山庄"项目转让给李某，也知晓蔡某某起诉要求确认《协议书》无效。虽然上述合同签订之时，广东省东莞市中级人民法院已作出（2007）东中法民二初字第 156 号民事判决，确认《协议书》中麦某某转让蔡某某股权部分的协议内容无效，但该判决因李某提起上诉尚未生效。因此，东莞利成电子公司、河源市宝源房地产公司在签订《项目转让合同》时承担着可能不能实现合同目的的巨大商业风险，对《项目转让合同》不能履行的后果应有预见。广东省高级人民法院于 2008 年 6 月 4 日作出（2008）粤高法民二终字第 86 号民事判决，认定《协议书》有效，判决麦某某与蔡某某将其名下东莞市晶隆实业公司的股权全部过户给李某。此时，东莞利成电子公司、河源市宝源房地产公司即知道或者应当知道《项目转让合同》实际已经无法履行。在此情况下，东莞利成电子公司、河源市宝源房地产公司应采取措施防止损失的扩大或者与东莞市晶隆实业公司商谈解除合同、要求返回已付的项目转让款及赔偿损失，但其并未采取相应措施，而是向法院起诉请求确认《项目转让合同》有效，要求继续履行合同，并与麦某某代表的东莞市晶隆实业公司在不到 10 日内达成继续履行《项目转让合同》的《调解协议》，加剧各方纷争，有违诚信原则。综上，东莞利成电子公司、河源市宝源房地产公司对《项目转让合同》不能履行负有过错，其签订合同时知晓东莞市晶隆实业公司与李某在先签订有《协议书》的事实，对合同不能履行的后果应有预见，故对其主张可得利益损失的诉讼请求不予支持。

——法信网。

591. 当事人可以将特定的主观目的作为合同的条件或成交的基础并明确约定

关键词

合同目的　合同条件　合同解除

《中华人民共和国民法典》条文

第五百六十三条　有下列情形之一的，当事人可以解除合同：

（一）因不可抗力致使不能实现合同目的；

（二）在履行期限届满前，当事人一方明确表示或者以自己的行为表明不履行主要债务；

（三）当事人一方迟延履行主要债务，经催告后在合理期限内仍未履行；

（四）当事人一方迟延履行债务或者有其他违约行为致使不能实现合同目的；

（五）法律规定的其他情形。

以持续履行的债务为内容的不定期合同，当事人可以随时解除合同，但是应当在合理期限之前通知对方。

最高人民法院公报案例

张俭华、徐海英诉启东市取生置业有限公司房屋买卖合同纠纷案

裁判摘要：当事人将特定主观目的作为合同条件或成交基础并明确约定，则该特定目的之客观化，属于《合同法》第九十四条[①]第四项的规制范围。如开发商交付的房屋与购房合同约定的方位布局相反，且无法调换，购房者可以合同目的不能实现解除合同。

法院认为，根据《合同法》第九十四条第一款第四项规定，当事人一方迟延履行债务或者有其他违约行为致使不能实现合同目的，当事人可以解除合同。该条赋予合同目的不能实现时非违约方的法定解除权，案涉房屋内部布局左右相反导致张某某、徐某某合同目的不能实现，其有权解除购房合同。

其一，合同目的包括客观目的和主观目的。客观目的即典型交易目的，当事人购房的客观目的在于取得房屋所有权并用于居住、孩子入学、投资等，

① 对应《民法典》第五百六十三条。

影响合同客观目的实现的因素有房屋位置、面积、楼层、采光、质量、小区配套设施等，客观目的可通过社会大众的普通认知标准予以判断。主观目的为某些特定情况下当事人的动机和本意。一般而言，《合同法》第九十四条第一款第四项中的合同目的不包括主观目的，但当事人将特定的主观目的作为合同的条件或成交的基础，则该特定的主观目的客观化，属于《合同法》第九十四条的规制范围。

其二，本案中，双方当事人对于房屋的内部左右布局约定明确。从现有证据来看，无论是取生置业的宣传图片还是购房合同附件中的房屋平面图，均明确了房屋进门后的左右布局。取生置业在购房合同附件中的房屋平面图加盖合同专用章，该附件并未提醒购房者，实际交付房屋的内部左右布局可能与平面图相反。取生置业辩称其工作人员在销售房屋时曾明确告知，但并未提供证据予以证明，应承担举证不能的不利后果。且张某某、徐某某所购房屋为期房，在购房时参观的样板房也与实际交付的房屋不一致，无法据此推断张某某、徐某某明知所购房屋的内部左右布局与合同约定相反。

其三，张某某、徐某某对于房屋内部左右布局明确约定并作为特定的合同目的，并不违反法律、行政法规的禁止性规定，亦未侵害第三人权益，属于当事人意思自治的范畴，法律尊重和保护个体通过自身价值判断自由选择合适房屋的合法权利。房屋并非普通商品，购房者对所购房屋的谨慎选择符合生活常理。由于取生置业并未交付符合合同约定布局的房屋且无法调换，致使张某某、徐某某购买符合购房合同附件中约定布局房屋的合同目的落空，张某某、徐某某要求解除合同于法有据，法院予以确认。

——《最高人民法院公报》2017 年第 9 期。

592. 合同解除后守约方未举证证明损失的情况下其主张适用违约金条款的，不予支持

关键词

合同解除　守约方　违约金条款

最高人民法院裁判文书

周双政、李志慧股权转让纠纷案［最高人民法院（2018）最高法民终 295 号民事判决书］

裁判要旨：合同解除导致合同权利义务关系归于消灭，由此导致的法律责任主要表现为恢复原状、赔偿损失等。因此，在案涉

《协议》已确认解除时，守约方未举证证明违约方的违约行为给其造成损失的情况下，一审判决未支持其要求违约方按协议约定的违约金条款承担违约责任的诉讼请求，并无不当。

最高人民法院认为：从案涉《协议》的内容来看，《协议》为股权转让之性质，转让标的为万和公司的股权。股权是一种综合性的财产权利，不仅包括财产收益权，还包括公司经营决策权等多种权利。股权转让合同的签订与履行不仅直接影响合同当事人的权利义务，而且还会影响目标公司、公司债权人及其他相关第三人的利益。因此，解除股权转让合同除应根据《中华人民共和国合同法》的明确规定外，还应考虑股权转让合同的特点。尤其是在股权已登记变更，受让方已经支付部分款项，且已实际控制目标公司的情况下，解除股权转让合同更应结合合同的履行情况、违约方的过错程度以及合同目的能否实现等因素予以综合判断。具体到本案，因股权受让方高磊、吴学锋在履行案涉《协议》过程中存在逾期付款行为，并拒绝继续履行支付剩余股权转让对价的合同义务，导致股权转让方周双政、李志慧通过转让股权获取转让对价的合同目的无法实现，案涉《协议》存在《合同法》第九十四条①第四项规定的法定解除之情形，应当予以解除。《协议》解除后，双方当事人的权利义务应当依照《合同法》第九十七条②之规定予以解决。

第一，高磊、吴学锋在履行案涉《协议》过程中存在逾期付款的违约行为。一审已查明，《协议》签订之后的 2013 年 8 月 13 日，周双政、李志慧向高磊、吴学锋移交了万和公司公章、财务章、法人印鉴章、税务登记证副本、组织机构代码证副本、营业执照副本、中国建设银行印鉴卡片、房地产开发企业暂定资质证书、开户许可证、机构信用代码证。2013 年 8 月 15 日，周双政、李志慧向高磊、吴学锋移交了 ×××× 号土地使用权证书、土地出让合同、2008 年 9 月 17 日周双政、李志慧与原巢湖市居巢区人民政府签订的《投资合作协议》、2009 年 12 月 11 日万和公司与原巢湖市居巢区人民政府签订的《关于〈投资合作协议〉的补充协议》及 2009 年 12 月 11 日原巢湖市居巢区人民政府出具的《承诺书》。2014 年 1 月 21 日，万和公司办理了股权变更登记，股东及股权比例变更为高磊 86.67%，吴学锋 13.33%。至此，周双政、李志慧已全面履行了《协议》项下的合同义务，而高磊、吴学锋至今仅支付股权转让对价 9500 万元中的 3000 万元，剩余 6500 万元尚未支付，构成违约。

对于拒付剩余转让款的原因，高磊、吴学锋上诉主张，周双政、李志慧

① 对应《民法典》第五百六十三条。

② 对应《民法典》第五百六十六条。

向其隐瞒了案涉土地未通过建设用地规划许可、无法开发的重大事实，违背诚信原则。经查，高磊、吴学锋通过与周双政、李志慧签订《协议》受让万和公司股权的目的在于取得万和公司的控制权和经营权，而万和公司的主要经营项目即为其名下土地的开发建设，作为《协议》受让方的高磊、吴学锋应当对该土地能否取得建设规划许可，是否存在政策变化等经营风险，尽到充分、合理的注意义务。而在案涉《协议》签订当日，周双政、李志慧（授权施卫东）与高磊、吴学锋形成的《会议纪要》记载，《协议》涉及的位于巢湖××××疃村巢湖岸边土地使用权证书编号为××××的土地规划方案是否通过相关部门审批，周双政、李志慧不承担责任。从该免责条款可推定，高磊、吴学锋明知《协议》签订时案涉土地尚未取得建设规划许可。另外，根据一审查明的事实，《协议》签订之前的 2011 年 12 月 15 日，巢湖市行政服务中心规划局就案涉土地水榭花都项目规划情况答复万和公司："该项目位于巢湖××黄麓镇，紧邻巢湖湖边，因涉及环线湖大规划目前未定，根据合肥市相关会议文件要求，在环湖大规划确定之前，项目暂不受理。"高磊、吴学锋主张周双政、李志慧未将该答复移交，故意隐瞒了案涉土地规划暂不受理的事实，但该主张不仅与前述《会议纪要》的内容相矛盾，亦与高磊、吴学锋受让股权应尽的基本注意义务相违背，本院不予采信。而就目前案涉土地已无法取得建设规划许可的现状，从一审查明的事实来看，原因在于巢湖环湖大规划及相关政策的调整，而对《协议》双方当事人来讲，在高磊、吴学锋无证据证明周双政、李志慧对此事实故意隐瞒的情况下，该交易风险应由其承担。

第二，周双政、李志慧在合同目的不能实现的情况下，有权主张解除《协议》。如前所述，股权转让合同具有特殊性，应慎重解除。高磊、吴学锋虽然存在逾期付款的违约行为，但如其同意继续履行，则《协议》可不予解除。基于此，一审法院在审理期间为促成《协议》继续履行，与高磊、吴学锋进行多次沟通，但其明确表示剩余款项不应再支付。高磊、吴学锋在二审中表示，一审判决的前述表述并不准确，其并非拒绝支付剩余款项，而是需在满足一定条件的情况下才可支付。基于此观点，高磊、吴学锋还在二审期间申请本案中止审理，理由为，其已就案涉土地使用权纠纷起诉安徽省巢湖市国土资源局。同时，高磊、吴学锋表示，若该案结果仍是案涉土地得不到规划许可或置换其他土地，其仍不支付《协议》项下的剩余款项。对于该申请，因另案与本案纠纷并无直接关联，本案亦不存在必须等待该案结果才可处理的情形，故本院不予准许。鉴于《协议》签订至今已逾五年，高磊、吴学锋未明确表示将支付剩余款项，导致周双政、李志慧转让股权获得股权转让对价的合同目的确已无法实现。根据《合同法》第九十四条第四项，即"当事人一方迟延履行债务或者有其他违约行为致使不能实现合同目的"，当事人可以解除合同之规定，周双政、李志慧要求解除案涉《协议》的请求应当得到支持。一审判决对此认定正确，本院予以维持。高磊、吴学锋上诉主张《协议》不应解除，理据不足，本院不予支持。

第三，关于合同解除后的法律后果，《合同法》第九十七条规定："合同解除后，尚未履行的，终止履行，已经履行的，根据履行情况和合同性质，当事人可以请求恢复原状、采取其他补救措施，并有权要求赔偿损失。"本案中，周双政、李志慧主张依据《协议》第三条"若乙方逾期未能支付，按月2%向甲方支付逾期利息"的约定，由高磊、吴学锋支付逾期付款违约金3021.853万元。但根据前述法律规定，合同解除导致合同权利义务关系归于消灭，法律责任主要表现为恢复原状、赔偿损失等。因此，在案涉《协议》已确认解除，周双政、李志慧未举证证明高磊、吴学锋的违约行为给其造成损失的情况下，一审判决未支持其要求高磊、吴学锋承担违约责任的诉讼请求，并无不当，本院予以维持。周双政、李志慧的上诉请求，理据不足，本院不予支持。至于高磊、吴学锋上诉提及的一审判决片面支持周双政、李志慧的诉请，未解决其损失，导致结果不公的问题，因高磊、吴学锋在本案中一直主张《协议》不应解除，未就损失问题提出请求，一审判决在此种情况下已释明其可就《协议》解除导致的损失问题另行主张，该处理并无不当。

——中国裁判文书网。

593. 违约方承担违约金后，守约方另诉可得利益损失一般不予支持

关键词

合同解除　可得利益损失　违约金

最高人民法院裁判文书

大连盛港置业有限公司与大连风顺商贸有限公司房屋租赁合同纠纷案

［最高人民法院（2016）最高法民再221号民事判决书］

裁判要旨：人民法院判决解除合作合同的同时，判决违约方支付守约方违约金，应当认为违约金已经弥补了守约方的损失。守约方再次提起诉讼要求支付可得利益损失的，除非有证据证明前案判决的违约金不足以弥补其损失的，否则不能支持。

最高人民法院认为：本案核心的争议问题是盛港公司是否应当再次赔偿

风顺公司主张的租金损失问题。首先，风顺公司在本案中依据2007年9月14日双方签订的《房屋租赁合同》主张其2014年的租金损失。而经过审查，该份《房屋租赁合同》的签订是在《项目合作协议书》约定的涉案建筑物原竣工日期为2006年6月的基础上而形成的，并约定了相应的租金。然而，本案实际直至《项目合作协议书》及其补充协议解除时，涉案建筑物因盛港公司的原因仍未能竣工，故客观上导致《房屋租赁合同》的履行不能。应当认定，在此期间，风顺公司客观上发生了租金不能取得的可得利益损失。对于盛港公司逾期竣工的违约行为，大连开发区法院于2012年判决其支付逾期竣工违约金，其后，辽宁省大连市中级人民法院又于2013年在判决解除合同的同时判令盛港公司再次支付逾期竣工违约金。至此，双方之间就盛港公司逾期竣工所应当承担的违约金责任问题已经处理完毕。需进一步明确的是，就违约金的性质而言，其具有以补偿性为主、以惩罚性为辅的双重性质，并且以赔偿非违约方之损失为主要功能。因此，大连开发区法院及辽宁省大连市中级人民法院所判决的两次逾期竣工违约金中，应当已经包含了风顺公司对租金的可得利益损失。然而，在《项目合作协议书》被解除、涉案建筑物仍未竣工的情况下，无论是盛港公司抑或风顺公司，均应当明确知晓《房屋租赁合同》项下的租金已经不可能支付或取得，即风顺公司不会继续产生可得利益。但本案风顺公司却再次主张合同解除后即2014年之后的租金损失，对此，因《项目合作协议书》已解除，依附此合同的《房屋租赁合同》亦应随之解除，况且租赁物尚不存在，故其主张的该损失产生的事实基础不再具备，并且该损失不符合《中华人民共和国合同法》第一百一十三条[①]第一款规定的"订立合同时预见到或者应当预见到的因违反合同可能造成的损失"的情形，即该损失的法律基础亦不具备。因此，原判决确定由盛港公司赔偿风顺公司2014年以后的租金损失缺乏事实和法律依据，最高人民法院对此予以纠正。

其次，在再审审理中，风顺公司反复辩称，其主张的损失系基于盛港公司在《项目合作协议书》解除后，长期无权占有涉案建筑物而给其造成的损失。对此，经审查，其该项主张与其在本案起诉时的诉讼主张明显不符。而且，涉案建筑物系基于双方履行《项目合作协议书》而产生，虽然涉案土地使用权属于风顺公司，但涉案建筑物的建设施工却是由盛港公司投入的，故涉案建筑物在被分割之前应属于双方共有。并且，基于双方的《项目合作协议书》的约定，涉案建筑物由盛港公司负责出资施工。因此，盛港公司在涉案建筑物被确认归属风顺公司之前，不构成无权占有，亦不产生风顺公司所主张的所谓损失。据此，风顺公司的此项主张亦不能成立。

——法信网。

---

① 对应《民法典》第五百八十四条。

附录：本案解析

二、在法定条件下，违约金与可得利益赔偿金亦是可以并用的

按照《合同法》第一百一十二条“当事人一方不履行合同义务或者履行合同义务不符合约定的，在履行义务或者采取补救措施后，对方还有其他损失的，应当赔偿损失”的规定，[①] 赔偿损失与其他违约责任方式是可以并用的。合同双方虽然约定了违约金，即对于合同违约所造成的损失双方形成了一致的预判，但在一定条件下，确实存在约定的违约金远远低于实际的损失（直接损失及间接损失）的情况。此时，即使对违约金进行调整也不足以达到填补损失的目的，则应当支持在违约金之外，另行支持损失赔偿的主张。但必须明确的是，另行支持的损失数额必须在《合同法》第一百一十三条所规定的“可预见或者应当预见”的合理范围当中，这样的理解更符合《合同法》有关违约赔偿的立法精神。本案中，风顺公司在获得违约金后，双方的合作合同已经解除，而基于合作合同所产生的《房屋租赁合同》出于“皮之不存，毛将焉附”的原因，必然丧失了履行的基础，即在前次法院判决解除合作合同后，双方均应当清楚地知晓在此后租赁之行为不可能实现，更不可能谈及租金的取得可能性和现实性。因此，风顺公司此次另行提起的可得利益损失的主张缺乏事实和法律依据，不应予以支持。

三、合作合同解除后的可得利益并不存在，风顺公司在再审阶段变更其起诉的理由，属于对基础法律关系的变更，一般不应予以支持

风顺公司在本案起诉时，以可得租金损失为由主张赔偿，在最高人民法院提审本案后，其变更了赔偿请求的法律基础，认为盛港公司在上次判决解除合同后，继续无权占有涉案建筑物，因此，应当承担无权占有期间给风顺公司造成的损失。风顺公司的此行为，虽然没有变更诉讼请求，但实际上变更了所提起诉讼的法律基础，即从违约赔偿变更为侵权赔偿。此种情形的变更既是对自身原诉讼行为的一种自我否定，又是对起诉依据的基本事实的一种反言行为。尽管目前法律及司法解释对此没有明确禁止，但该行为除非有合理的理由，一般不应予以采纳。本案中，涉案建筑物是双方基于合作合同而建成的，双方共同的行为原始取得了涉案建筑物的物权，形成对物的共有状态，特别是作为负有投资建设义务的盛港公司，其占有房屋的行为是一种履行合同义务的必然。因此，在对建筑物进行分割之前，各方均不存在无权占有的前提，风顺公司以此更改的理由主张赔偿亦无事实和法律依据，不应予以支持。

——《违约方承担违约金后，守约方另诉可得利益损失一般不予支持》，

① 对应《民法典》第五百八十三条。

载郑学林主编、最高人民法院第二巡回法庭编著:《民商事再审典型案例及审判经验》,人民法院出版社 2019 年版,第 101~102 页。

594. 守约方通过关联诉讼得到支持的部分损失为合同违约金所涵盖的,应从判付的违约金中扣除

关键词

违约金　关联诉讼　守约方

最高人民法院裁判文书

天马河公司与冠华公司、冠城公司、潘某华合同纠纷案[最高人民法院(2016)最高法民再 406 号民事判决书]

裁判要旨:守约方已通过关联诉讼得到弥补的部分损失应当视为其因违约方违约所遭受损失的组成部分,并为合同约定的违约金所涵盖,人民法院在判付的违约金中应当依法扣除。

最高人民法院认为:关于本案违约金是否应当相应扣减的问题。违约金作为当事人事先约定的一方违约时应当向另一方支付的金钱或其他财产,其金额的确定与违约行为造成的损失密切相关,既包括当事人遭受的资金占用等实际损失,亦包含符合可预见性要求的可得利益损失。本案双方当事人在《框架协议》中约定的违约金亦当作上述理解。据原判决查明的事实,2014 年 11 月 10 日,广州市中级人民法院作出(2013)穗中法民二初字第 25 号民事判决(以下简称 25 号判决),判令冠华公司在判决生效之日起 10 日内一次性向天马河公司偿还代偿债务款 9500 万元及利息。该 25 号判决已于 2014 年 12 月 3 日发生法律效力。双方当事人二审庭审确认,冠华公司尚未履行 25 号判决的还款义务,天马河公司亦未向法院申请强制执行。就涉案整体交易过程而言,天马河公司支付涉案 9500 万元代偿款系《框架协议》债务重组环节的组成部分,天马河公司支付该笔款项的目的并非获取利息收益,25 号判决判令冠华公司向天马河公司偿还该笔款项的利息部分,亦非天马河公司支付 9500 万元代偿款的合同目的,而是合同无法履行或非正常履行后,冠华公司就其占用天马河公司的资金所造成的损失而应当向后者承担的赔偿责任,基于资金占用损失的特点,该部分赔偿数额以利息的方式计算。故该部分利息当作为天马河公司因冠华公司违约所遭受的全部损失的组成部分,并为双方当事人在《框架协议》中约定的违约金所涵盖。鉴于天马河公司在 25 号案

中主张返还 9500 万元及利息的请求已经得到支持，该利息损失部分不得重复计算，故应在本案中将该部分利息进行扣除，即本案违约金的计算应以 1.33 亿元为基数，扣减 25 号判决中所支持的利息部分，亦即以 9500 万元为基数，按中国人民银行同期同类贷款利率自 2010 年 6 月 19 日起计至 25 号判决确定的代偿债务全部清偿之日止。

——中国裁判文书网。

595. 违约金利息是否予以支持

关键词

违约金利息　过错

最高人民法院审判业务意见（第一巡回法庭法官会议纪要）

对违约金利息原则上不予支持。对违约金的利息是否应予保护，应结合违约金是否足以弥补守约方的损失以及违约方的过错程度等因素综合考量，如违约金足以弥补守约方的损失，则原则上对违约金利息不予支持。

附：案情简介

2012 年 8 月，甲公司与 A 信托公司签订《信托贷款合同》，约定甲公司向 A 信托公司贷款 15 亿元。同日，乙公司与 A 信托公司签订《房屋抵押合同》，约定乙公司以其所有的总面积 44689.83 平方米的房屋为甲公司的贷款提供抵押担保。2012 年 12 月，乙公司将上述房产办理了抵押登记。

2012 年 12 月，甲公司与乙公司、丙公司、覃某权、覃某军、覃某超签订《抵押担保合同》，约定：鉴于甲方与 A 信托公司签订了《信托贷款合同》，甲公司只能将贷款用于风情港项目的收购。甲公司应支付乙公司风情港项目相关费用 1.6 亿元，甲公司未依约支付，则应向乙公司支付违约金 3200 万元。

1. 甲公司、丙公司及风情港项目所属公司向乙公司反抵押，作为乙公司向甲公司提供担保的反担保：（1）丙公司将其拥有的国有土地使用权和车位、商铺等非住宅房地产向乙公司提供抵押；（2）甲公司将 220 亩国有土地使用权向乙公司提供抵押；（3）甲公司在风情港项目取得项目预售许可证后 10 个工作日内将该项目 B 地块中占地面积 37710 平方米的酒店及其占用范围内的土地使用权、25615 平方米的商业裙楼及其占用范围内的土地使用权、15724 平方米的商务楼及其占用范围内的土地使用权向乙公司提供反抵押。如未办理前述反抵押，甲公司须向乙公司支付违约金 3200 万元，丙公司、风情港项目所属公司负连带责任。

2. 覃某权、覃某军、覃某超提供相关的股权质押给乙公司，未办理质押的，甲公司须向乙公司支付违约金3200万元，丙公司、风情港项目所属公司负连带责任。覃某权、覃某军、覃某超对甲公司、丙公司及风情港项目所属公司应向乙公司承担的义务和责任承担连带保证责任。

3. 违约方应于违约行为或情形发生后10日内支付违约金，如不按时支付，则自违约金支付期限届满之日起每日按未付违约金金额的千分之三另行加收违约金。之后，甲公司仅办理了风情港项目B地块36510平方米酒店预售备案登记手续。

协议签订后，甲公司自2012年起至2014年止共向乙公司支付费用1.15亿元。2014年6月，甲公司向乙公司出具《承诺函》，承诺在2014年6月30日之前支付完毕剩余的4500万元，否则承担违约责任，具体向乙公司以6000万元为基数按月利率2%支付自2013年1月24日起至付清之日止的违约金。2015年2月，甲公司、乙公司签订《抵押担保合同补充协议》，约定甲公司自2015年3月6日起须继续向乙公司支付担保服务费每月533万元，直至乙公司的抵押房产全部注销抵押登记之日止。担保服务费每6个月支付一次，到期未支付，甲公司须按应付未付金额的2%/月向乙公司支付违约金。

因甲公司未支付剩余的4500万元及未办理反抵押登记等原因，乙公司遂提起本案诉讼。甲公司辩称，剩余4500万元费用的支付条件未成就，《抵押担保合同》对抵押物约定不明确，抵押约定不成立。

——《合同约定的违约金利息不应得到支持、不宜轻易以抵押合同约定的抵押财产不明为由认定抵押合同不成立》，载最高人民法院第一巡回法庭编著:《最高人民法院第一巡回法庭民商事主审法官会议纪要》，中国法制出版社2020年版，第1~5页。

596. 替代履行方式应根据合理原则，视具体案件情况而定

关键词

拆迁补偿安置协议　替代履行　合理原则

《中华人民共和国民法典》条文

第五百八十一条　当事人一方不履行债务或者履行债务不符合约定，根据债务的性质不得强制履行的，对方可以请求其负担由第三人替代履行的费用。

附录：最高人民法院主流观点

实践中，对替代履行方式的选择应遵循公平、合理、经济等原则，而不能任意选择替代履行方式。在董某某诉某国投公司房屋拆迁安置补偿合同纠纷案中，在违约方某国投公司无法履行协议约定的义务情况下，其向守约方提出了替代履行的方式，即向董某某提供与其原约定选择的商铺位置等大体相近的商铺。对该替代履行方式是否合法、合理，当事人存在较大的争议。法院认为，对于违约方提供的替代履行方式是否合法、合理的认定，应在符合法律规定的前提下，尊重守约方的意愿，充分保障合同守约方的权益，且不能加大守约方的实际经济负担。故拆迁方某国投公司应重新与被拆迁方董某某协商安置方案，并支付过渡费至实际交房时止，充分保障合同守约方拆迁人的合法权益。

——最高人民法院民法典贯彻实施工作领导小组主编：《中华人民共和国民法典合同编理解与适用》，人民法院出版社 2020 年版，第 749 页。

597. 瑕疵履行补救方式的履行顺序

关键词

瑕疵履行　履行顺序　合理原则

《中华人民共和国民法典》条文

第五百八十二条　履行不符合约定的，应当按照当事人的约定承担违约责任。对违约责任没有约定或者约定不明确，依据本法第五百一十条的规定仍不能确定的，受损害方根据标的的性质以及损失的大小，可以合理选择请求对方承担修理、重作、更换、退货、减少价款或者报酬等违约责任。

附录：最高人民法院主流观点

从文义解释上看，我国《民法典》第五百八十二条规定的修理、重作、更换、退货、减少价款或报酬等违约责任方式，语句表达上采并列方式，在对违约责任没有约定或者约定不明确，依据第五百一十条的规定仍不确定的情形下，受损害方可以“合理选择”请求对方承担何种违约责任。对于“合理选择”的理解上，还应考虑以下因素：一是在瑕疵履行的情形下，《民法典》第五百八十二条所列举的各种责任形式的适用是隐含着梯队等级的。修理、更换、重作是第一阶层的权利，在瑕疵轻微、能够限期补救的情形下应当首先适用，这样不仅节约交易成本，提高交易效率，而且能够更好地平衡双方当事人的利益。而其他权利则为第二阶层，在第一阶层权利不能弥补履行瑕疵时则可被适用。二是从内容看，各种违约责任形式之间彼此并不排斥冲突，在满足相应条件时，可以先后、同时适用。例如，合同解除请求就可以在行使修理、重作、更换的请求权之后行使，减价请求权与损害赔偿请求也不必然存在冲突。但同时也应注意到，个别救济手段因其性质是不相容的，比如退货导致合同解除的情形下，减价请求权就无从适用。三是虽然在瑕疵履行的情形下，受损害方可以合理选择违约补救措施，但是该选择权的行使也应受到一定限制。例如，买卖标的物属于种类物，在给付的标的物有瑕疵的情况下，如果修理的费用超过了标的物本身的价值，则应当允许出卖人主张更换，买受人执意修理便属于不合理的请求。此外，如履行不符合约定是由于设计错误所致，该产品均同样，更换即丧失其意义，如不能修理或不宜修理，则可退货或减价。再如，买卖的标的物已停产，并且发现其不符合约定时市场上也找不到了，则不宜更换；出售特定物，如二手车、独一无二的艺术品的情形下，也不应要求出卖人更换。

——最高人民法院民法典贯彻实施工作领导小组主编：《中华人民共和国民法典合同编理解与适用》，人民法院出版社 2020 年版，第 757~758 页。

598. 合同履行过程中，对已经履行部分的变更不能当然免除未履行部分的违约责任

关键词

合同履行　合同变更　违约责任

最高人民法院裁判文书

重庆钢铁股份有限公司与重庆通汇煤炭选洗有限责任公司买卖合同纠纷案［最高人民法院（2017）最高法民申 1675 号民事裁定书］

裁判要旨：当事人主张双方在合同实际履行中改变了原合同约定的付款方式。但是，合同履行过程中，对已经履行部分的变更不能当然地免除未履行部分的违约责任，该主张并不能抗辩对方依据合同主张逾期付款违约金的权利。

最高人民法院认为：关于未开具增值税发票的 38037097.55 元货款应否

支付违约金。《合同法》第一百二十五条[①]规定："当事人对合同条款的理解有争议的，应当按照合同所使用的词句、合同的有关条款、合同的目的、交易习惯以及诚实信用原则，确定该条款的真实意思。"本案双方当事人在2012年《购销合同》和2013年《购销合同》中均约定，任何一方违约，"按每天总货款的3‰"向守约方支付违约金。此处的"任何一方违约"既包括了卖方违约，也包括了买方违约的情形，自然适用于逾期付款违约金的计算；而"按每天总货款的3‰"按照通常理解，就是每日按照总货款的3‰支付违约金，并不存在约定不明的情况。重钢公司主张违约条款约定不明，应视为没有约定，该理由不成立。重钢公司申请再审认为此处的"任何一方违约"按字面意思可理解为根本违约，该理由缺乏事实依据，不成立。重钢公司申请再审认为通汇公司行使不安抗辩权不符合法律规定。但在合同履行过程中，重钢公司确实存在延迟付款的情况，通汇公司已开具发票的货款中有39945513.75元重钢公司未按约付款，通汇公司基于不安抗辩而主张剩余债权，于法有据，故重钢公司的此项申请再审理由不成立。

关于已经开具增值税发票的39945513.75元货款的逾期付款违约金计算。首先，2012年《购销合同》和2013年《购销合同》中约定的违约责任是明确具体的，不存在约定不明的情形，通汇公司主张逾期付款违约金具有合同依据。其次，一、二审判决对违约金的计算均系在查明各合同项下各船货款金额、商检报告交付时间、发货完毕时间等事实的基础上，针对各笔货款金额和起止时间作出的认定，具有客观性。重钢公司主张双方在合同实际履行中改变了原合同约定的付款方式，但是，合同履行过程中，对已经履行部分的变更不能当然的免除未履行部分的违约责任，该主张并不能抗辩通汇公司依据合同主张逾期付款违约金的权利。最后，关于逾期付款违约金的计算标准，本案作为买卖合同纠纷案件，重钢公司主张逾期付款违约金按照银行逾期贷款罚息的计算标准，即按照中国人民银行同期同类贷款基准利率标准的1.3倍计算损失，没有合同和法律依据。

——中国裁判文书网。

599. 正确区分定金与订金、预付款

关键词

定金　订金　预付款　金钱担保　非典型担保

① 对应《民法典》第四百六十六条。

《中华人民共和国民法典》条文

第五百八十六条　当事人可以约定一方向对方给付定金作为债权的担保。定金合同自实际交付定金时成立。

定金的数额由当事人约定；但是，不得超过主合同标的额的百分之二十，超过部分不产生定金的效力。实际交付的定金数额多于或者少于约定数额的，视为变更约定的定金数额。

最高人民法院司法政策精神

1. 疫情或者疫情防控措施导致当事人不能按照约定的期限履行买卖合同或者履行成本增加，继续履行不影响合同目的实现，当事人请求解除合同的，人民法院不予支持。

疫情或者疫情防控措施导致出卖人不能按照约定的期限完成订单或者交付货物，继续履行不能实现买受人的合同目的，买受人请求解除合同，返还已经支付的预付款或者定金的，人民法院应予支持；买受人请求出卖人承担违约责任的，人民法院不予支持。

——《最高人民法院印发〈关于依法妥善审理涉新冠肺炎疫情民事案件若干问题的指导意见（二）〉的通知》（2020年5月15日，法发〔2020〕17号）。

附录：最高人民法院主流观点

定金和订金一词之差，但含义并不相同，关键看是否约定了定金的性质。如果当事人仅约定了“订金”，而未约定具有定金性质的，不能认定为定金；如果当事人约定“定金”的同时约定具有定金性质的，应认定为定金。

定金和押金均属于金钱担保的范畴，都是当事人一方按约定给付相对人的金钱或其他代替物。但二者系不同的担保方式：第一，定金的交付，通常是在合同订立时或履行前，具有预先给付的特点；押金的交付，或与履行主合同同时，或与履行主合同相继进行，不是预付。第二，定金担保的对象是主合同的主给付；押金担保的对象往往是主合同中的从给付。第三，定金的数额低于主合同的标的额，且不得超过法定的比例；押金的数额往往高于或等于被担保的债权额。第四，定金具有在一方违约时丧失或双倍返还的效力；押金没有双倍返还的法律效果。

在建设工程、国有土地使用权出让、租赁、期货交易等合同或法律关系中，经常出现保证金的担保方式，其种类和性质复杂，对合同的担保作用具有不同的功能。学理认为，保证金合同属于非典型合同，或曰无名合同。保证金等非典型担保方式不得类推适用定金罚则，除非当事人明确约定了定金罚则的适用效力。实务中，出现的保证金各种各样，对于被排除在定金范围之外的保证金，必须予以类型化，具体确定每种类型的保证金效力。

定金和预付款虽然都是一方向另一方交付一定的金钱，但二者的法律性质和效力却存在很大差别。预付款属于价金支付债务的一部分，并且是提前履行部分债务，其作用在于使接受预付款的一方获得期限利益，支付预付款只是客观上起到了保障相应债权实现的作用。

——最高人民法院民法典贯彻实施工作领导小组编著：《中国民法典适用大全（合同卷）》，人民法院出版社 2022 年版，第 1091 页。

600. 当事人不能同时主张定金罚则与合同继续履行

关键词

定金罚则　合同履行　根本违约

《中华人民共和国民法典》条文

第五百八十七条　债务人履行债务的，定金应当抵作价款或者收回。给付定金的一方不履行债务或者履行债务不符合约定，致使不能实现合同目的的，无权请求返还定金；收受定金的一方不履行债务或者履行债务不符合约定，致使不能实现合同目的的，应当双倍返还定金。

附录：最高人民法院主流观点

我们认为，除非合同有明确约定，否则在判决合同继续履行的同时适用定金罚责是不妥当的。主要理由：根据《民法典》第五百八十七条之规定，定金罚则适用的前提是“一方不履行债务或者履行债务不符合约定，致使不能实现合同目的”，即以当事人根本违约为前提条件。在买卖合同中，如果一方当事人未按合同约定支付价款或者交付标的物，相对方主张继续履行，说明合同暂时处于迟延履行状态而合同目的仍然可能实现，尚未达到履行不能的程度。此时，守约方可就其所受损失要求违约方予以赔偿，但不宜适用定金罚则。如果当事人对继续履行和定金罚则同时提出主张，人民法院应告知其选择其一，并在当事人拒绝选择时根据案件具体情况作出判断。例如，如果仅仅交付了定金，合同并未开始实际履行，违约方拒绝履行合同的，可以适用定金罚则，解除合同；如果合同已经开始履行，标的物已经运输在途，则可以判决继续履行合同，排除定金条款的适用。需要注意的是，不适用定金罚则并不意味着违约方对其迟延履行的行为不再承担责任，其违约造成对方损失的，仍应予以赔偿。

——最高人民法院民法典贯彻实施工作领导小组主编:《中华人民共和国民法典合同编理解与适用》，人民法院出版社 2020 年版，第 800~801 页。

601. 不可抗力条款的类型与审查规则

关键词

不可抗力条款　格式条款　附条件条款　约定解除权

《中华人民共和国民法典》条文

第五百九十条　当事人一方因不可抗力不能履行合同的，根据不可抗力的影响，部分或者全部免除责任，但是法律另有规定的除外。因不可抗力不能履行合同的，应当及时通知对方，以减轻可能给对方造成的损失，并应当在合理期限内提供证明。

当事人迟延履行后发生不可抗力的，不免除其违约责任。

最高人民法院司法政策精神

二、依法准确适用不可抗力规则。人民法院审理涉疫情民事案件，要准确适用不可抗力的具体规定，严格把握适用条件。对于受疫情或者疫情防控措施直接影响而产生的民事纠纷，符合不可抗力法定要件的，适用《中华人民共和国民法总则》第一百八十条、《中华人民共和国合同法》第一百一十七条和第一百一十八条等规定妥善处理；其他法律、行政法规另有规定的，依照其规定。当事人主张适用不可抗力部分或者全部免责的，应当就不可抗力直接导致民事义务部分或者全部不能履行的事实承担举证责任。

三、依法妥善审理合同纠纷案件。受疫情或者疫情防控措施直接影响而产生的合同纠纷案件，除当事人另有约定外，在适用法律时，应当综合考量疫情对不同地区、不同行业、不同案件的影响，准确把握疫情或者疫情防控措施与合同不能履行之间的因果关系和原因力大小，按照以下规则处理：

（一）疫情或者疫情防控措施直接导致合同不能履行的，依法适用不可抗力的规定，根据疫情或者疫情防控措施的影响程度部分或者全部免除责任。当事人对于合同不能履行或者损失扩大有可归责事由的，应当依法承担相应责任。因疫情或者疫情防控措施不能履行合同义务，当事人主张其尽到及时通知义务的，应当承担相应举证责任。

（二）疫情或者疫情防控措施仅导致合同履行困难的，当事人可以重新协商；能够继续履行的，人民法院应当切实加强调解工作，积极引导当事人继续履行。当事人以合同履行困难为由请求解除合同的，人民法院不予支持。

继续履行合同对于一方当事人明显不公平，其请求变更合同履行期限、履行方式、价款数额等的，人民法院应当结合案件实际情况决定是否予以支持。合同依法变更后，当事人仍然主张部分或者全部免除责任的，人民法院不予支持。因疫情或者疫情防控措施导致合同目的不能实现，当事人请求解除合同的，人民法院应予支持。

（三）当事人存在因疫情或者疫情防控措施得到政府部门补贴资助、税费减免或者他人资助、债务减免等情形的，人民法院可以作为认定合同能否继续履行等案件事实的参考因素。

——《最高人民法院印发〈关于依法妥善审理涉新冠肺炎疫情民事案件若干问题的指导意见（一）〉的通知》（2020年4月16日，法发〔2020〕12号）。

附录：最高人民法院主流观点

根据学者的归纳，不可抗力条款在实践中主要有四种类型：一是不真正不可抗力条款，指合同约定的免责事由与法律规定的不可抗力事件范围一致，学理上称为不真正不可抗力条款。二是扩张型不可抗力条款，指合同中约定的免责事由超出法律界定的不可抗力事件范围。三是排除型不可抗力条款，指合同中约定任何情形下不能履行合同的一方均不能免除责任。四是限缩型不可抗力条款，指合同中约定的免除事由限减了法律规定的不可抗力事件范围。

不可抗力条款与法律界定的不可抗力在内涵和外延方面完全一致的，不以合同条款论，而应产生法定效果；不可抗力条款超出法律界定的不可抗力部分的，才作为合同条款，其法律效果遵循法律关于合同条款的控制。不可抗力条款内容涉及合同责任的承担，对当事人的权利义务分配影响甚巨，因此对于条款的效力应严格依照法律规定进行审查。一是审查不可抗力条款是否属于格式条款，是否属于《民法典》第四百九十七条规定的无效情形。司法实践中，应考虑缔约当事人的地位是否平等、法律风险防范能力是否存在差异等因素，判断是否属于格式条款无效的情形。二是对于限缩型不可抗力条款，应审查是否存在《民法典》第五百零六条规定“免责条款无效”的情形，即“（一）造成对方人身损害的；（二）因故意或者重大过失造成对方财产损失的”。三是应审查是否存在《民法典》及相关法律规定的无效情形。不可抗力条款内容如果存在《民法典》第一百五十四条规定“行为人与相对人恶意串通，损害他人合法权益的民事法律行为无效”的情形，也应认定该条款无效。四是审查不可抗力条款约定的条件是否成就。如果是附条件的免责条款，当合同约定的条件成就时，债务人对其不履行合同的行为免责。但是，在实务中也应注意，如果不可抗力条款超出法定不可抗力的事由作为解除合同的条件，当事人无过错，此时双方当事人并未对该情况下是否免责进行约定，当然不发生免除当事人责任的效力。但依照双方当事人在形成类似条款时的合意，即双方约定在发生约定不可抗力事由时，当事人有解除权，此类约定应构成合同的约定解除权条款。

——最高人民法院民法典贯彻实施工作领导小组编著：《中国民法典适用大全（合同卷）》，人民法院出版社 2022 年版，第 1117~1118 页。

602. 中止支付的价款数额超过法定数额的，应认定买受人未支付超出法定数额之外价款的行为构成违约

关键词

中止支付　权利瑕疵　违约行为

《中华人民共和国民法典》条文

第六百一十四条　买受人有确切证据证明第三人对标的物享有权利的，可以中止支付相应的价款，但是出卖人提供适当担保的除外。

附录：最高人民法院主流观点

在司法实务中，存在虽有证据证明第三人对标的物享有权利，但买受人中止支付价款数额超出了权利瑕疵对应价款数额的问题。在该情形下，应认定买受人违反了《民法典》第六百一十四条规定的中止支付“相应”价款的规定，未依约支付超出法定中止支付数额价款的行为构成违约。例如，甲（出卖人）乙（买受人）双方在股权转让合同中约定，股权转让的总对价为 7000 万元。其中第一期买受人提供 300 万元资金，待甲完成股权解封后 3 个工作日内，由甲负责完成将股权转让给乙并办理完毕股权和公司法定代表人的所有工商变更登记手续等工作。出卖人办理股权过户完毕后 30 日内，买受人向出卖人支付 2000 万元转让款。转款同时，出卖人承诺将甲和乙公司各 100% 股权转让至买受人名下。买受人有充分证据证明乙公司以其 100% 股权作价 400 万元出质，其认为因存在股权质押，无法实现股权过户，故中止支付第二期转让款 2000 万元中的 1800 万元转让款。出卖人认为买受人构成违约，符合双方关于解除合同条件的约定，诉请解除股权转让合同。该案中，标的物股权中的一部分被设定质押，存在权利瑕疵可能危害到买受人权利，故买受人可以在该权利瑕疵范围内中止支付相应价款。但该部分具有权利瑕疵的股权数额只为 400 万元，而买受人中止支付 1800 万元，超出了该瑕疵范围，故对于其中止给付 1400 万元价款的行为应认定构成违约。

——最高人民法院民法典贯彻实施工作领导小组主编:《中华人民共和国民法典合同编理解与适用》，人民法院出版社 2020 年版，第 950 页。

603. 双务合同中相互返还的适用

关键词

双务合同　对待给付　同时履行抗辩权　相互返还

最高人民法院司法解释

第二十三条　民事法律行为不成立，当事人请求返还财产、折价补偿或者赔偿损失的，参照适用民法典第一百五十七条的规定。

——《最高人民法院关于适用〈中华人民共和国民法典〉总则编若干问题的解释》(2022 年 2 月 24 日，法释〔2022〕6 号)。

附录：最高人民法院主流观点

双务合同中，双方各自的给付构成对待给付。即便在合同不成立的情况下，双方负有的返还义务仍然构成对待给付。在当事人未就返还事宜作出特别约定的情况下，在合同不成立场合，也可以参照合同无效情形下的同时履行抗辩权，在一方未提出给付前，另一方可以拒绝对方要求返还的请求。

——贺荣主编:《最高人民法院民法典总则编司法解释理解与适用》，人民法院出版社 2022 年版，第 347~348 页。

604. 双务合同履行双方均存在违约行为，一方请求判令对方承担单方违约责任的，不予支持

关键词

双务合同　违约责任　单方违约

最高人民法院裁判文书

九江雅格泰大酒店有限公司与九江世惠科技服务有限公司、江西金誉酒店管理有限公司房屋租赁合同纠纷案［最高人民法院（2017）最高法民再 227 号民事判决书］

裁判要旨：当事人在双务合同履行过程中均存在一定的违约行

为导致合同无法继续履行，一方当事人请求人民法院适用合同关于单方违约情形下违约责任承担的约定判令对方承担违约责任的，人民法院不应支持。

最高人民法院认为：雅格泰公司与世惠公司在租赁合同中约定，如出租方违约造成承租方无法履行合同，则出租方双倍赔偿承租方押金和折旧后的装修款；如承租方违约则押金不退，所有装修无偿归出租方，另承租方按折旧后的装修款赔付现金给出租方。从责任的承担方式、后果程度等分析，该约定的违约责任属于单方违约情形下，合同相对方应承担的责任。在合同双方均有违约行为的情形下，适用该约定确定违约责任，不仅不符合合同当事方的真实意思表示，而且会导致显失公平的后果。本案因雅格泰公司与世惠公司在履约过程中对合同约定不够明确的事项未能进行友好协商处理，产生矛盾，导致合同最终解除，双方均有违约行为，故不应适用上述约定来确定违约责任承担。因此，对雅格泰公司关于依据上述约定判决世惠公司对酒店的装修无偿归雅格泰公司所有，世惠公司按折旧后的装修款数额赔付现金给雅格泰公司，200 万元保证金不予退还的诉讼请求，以及世惠公司、金誉公司关于按上述约定判决雅格泰公司双倍赔偿世惠公司、金誉公司保证金和折旧后的装修款的诉讼请求，本院均不予支持。《合同法》第一百二十条规定："当事人双方都违反合同的，应当各自承担相应的责任。"[①] 本案应根据雅格泰公司与世惠公司都存在违约行为的实际情况，依据该条法律规定，确定案涉租赁合同解除后，双方各自应承担的法律责任。

1. 关于租赁物及保证金、装修价值的返还问题。《合同法》第九十七条规定："合同解除后，尚未履行的，终止履行；已经履行的，根据履行情况和合同性质，当事人可以要求恢复原状、采取其他补救措施，并有权要求赔偿损失。"[②] 雅格泰公司关于世惠公司将租赁物九江雅格泰大酒店按现状返还的请求，符合上述法律规定，本院予以支持。因金誉公司也是实际控制酒店的主体，故其也应承担返还酒店的责任。同时，雅格泰公司也应就世惠公司为履行合同所交的 200 万元保证金以及酒店装修价值进行返还。因装修无法返还实物，故雅格泰公司应以折价现金的方式返还世惠公司折旧后的装修价值。该部分装修价值指合同履行期间世惠公司对合同约定的租赁区域范围内的酒店客房等进行装修的价值，不包括世惠公司超出租赁区域范围装修的价值，以及其在合同解除后安装空调的价值。酒店大堂虽有部分区域不属于租赁范围，但根据前述分析，世惠公司就该部分区域进行装修使用并不违反

① 对应《民法典》第五百九十二条。

② 对应《民法典》第五百六十六条第一款。

合同约定，故对该部分装修价值，雅格泰公司也应予以返还。就案涉装修的价值，一审法院委托九江市价格认证中心进行了评估，该中心出具了评估报告。雅格泰公司虽对评估报告不认可，但其未能提供补充鉴定所需的证据材料，也未能提供证据证实评估报告不应采信。故本案可依据该评估报告确定相应装修的价值。依据九江市价格认证中心出具的评估报告，2012 年 3 月世惠公司投入酒店装修的各项资产重置总价为 9208369 元；合同履行期间世惠公司对合同约定的租赁区域范围内的酒店客房、大堂等进行装修的重置价为 7592843 元，即在重置总价基础上，扣除四楼餐厅装修工程重置价 1043809 元、厨房设备重置价 160950 元、餐饮用具重置价 40687 元、租赁合同解除后安装的 153 台空调重置价 370080 元；按平均 8 年折旧年期，年折旧费率为 12.5%，平均每日折旧 2600.29 元［7592843（元）÷8（年）÷365（日）］。雅格泰公司应以折价现金的方式，将酒店交还当日酒店装修价值返还世惠公司，即以 7592843 元为基数，从 2012 年 3 月 1 日起，按每日折旧减少 2600.29 元，计算至酒店返还雅格泰公司之日。

2. 关于合同解除后酒店返还前的租金损失、装修折旧损失承担问题。因雅格泰公司与世惠公司均有违约行为，对案涉租赁合同解除均有过错，故双方对合同解除后酒店返还前的租金损失、装修折旧损失，应予以分担。综合考虑合同解除后世惠公司仍继续经营酒店至 2016 年 10 月 7 日、合同解除必然导致世惠公司预期可得利润损失等因素，可按各承担 50% 比例来确定雅格泰公司与世惠公司对该两部分损失的分担责任。租金损失部分的具体数额可参照合同关于租金的约定来确定，即 2014 年 1 月 1 日至同年 7 月 31 日租金标准为每年 300 万元，2014 年 8 月 1 日至 2017 年 7 月 31 日租金标准为每年 315 万元，2017 年 8 月 1 日至 2020 年 7 月 31 日租金标准为每年 330 万元。因自合同解除之日至 2013 年 12 月 31 日的租金损失问题，双方当事人已通过另案予以解决，故本院在本案中对此不再处理，本案租金损失自 2014 年 1 月 1 日起计算至酒店实际返还之日止。装修折旧损失指合同履行期间世惠公司对合同约定的租赁区域范围内的酒店客房、大堂等进行的装修自租赁合同解除日至酒店交还雅格泰公司日期间的折旧损失。依据九江市价格认证中心出具的评估报告，该部分装修每日折旧减少 2600.29 元，装修折旧损失自 2013 年 10 月 16 日计算至实际返还酒店之日止。

3. 关于健身房改造成餐厅及九江雅格泰大酒店招牌被拆所造成损失承担问题。世惠公司在未经雅格泰公司同意的情况下，将不属于其租赁经营区域的健身房改造成餐厅，并将九江雅格泰大酒店的招牌拆除，侵害了雅格泰公司合法权益。世惠公司应当自行承担健身房改造装修成餐厅的相关费用，并应赔偿雅格泰公司健身房改造及九江雅格泰大酒店招牌被拆造成的相应损失。世惠公司为餐厅添置的厨房设备、餐饮用具等，由其自行处置。依据九江市价格认证中心出具的评估报告，健身房被拆部分损失为 165368.35 元，九江雅格泰大酒店招牌被拆损失 95200 元，共计 260568.35 元。

4. 关于空调损失承担问题。世惠公司在案涉租赁合同履行期间，先后于 2011 年 9 月安装了 6 台分体空调、2012 年 1 月安装了 25 台分体空调；在租赁合同解除后，又于 2013 年 12 月安装了 153 台分体空调。对于合同解除前安装 31 台空调，因系世惠公司在合同履行期间进行装修改造而配置，雅格泰公司应对该部分空调折旧价值及折旧损失承担相应责任。该部分价值及损失已计入装修价值和装修折旧损失。对于 2013 年 10 月租赁合同解除后，世惠公司安装的 153 台分体空调，应由其自行承担相关费用。关于雅格泰公司主张的世惠公司未经其同意，擅自拆除酒店中央空调问题，因雅格泰公司未能提供证据证实酒店中央空调已被拆除或损坏，故对其请求世惠公司赔偿该部分损失，本院不予支持。雅格泰公司如有新的证据证明该部分损失，可依法另行主张。

5. 关于世惠公司、金誉公司主张的其他损失问题。租赁合同约定，世惠公司在合同履行期内可根据经营需要，寻求合作或出租除客房、会议室外部分场地，经营与酒店配套项目，故世惠公司将酒店大堂部分区域出租给案外人经营超市符合合同约定。关于世惠公司主张的因租赁合同解除导致其与案外人订立的出租超市场地的合同解除问题，因其未能提供证据证实其赔付了案外人损失，故对其要求雅格泰公司赔偿该部分损失，本院不予支持。世惠公司如有新的证据证明该部分损失，可依法另行主张。关于世惠公司、金誉公司主张的员工服装损失问题，因员工服装属于低值易耗品，且无法交由他人再次使用，故不宜作为资产移交雅格泰公司，应由世惠公司、金誉公司自行处理。对世惠公司、金誉公司主张的经营损失，综合考虑其未能提供充分证据证实及前述各项损失分担情况，本院不予支持，应由世惠公司、金誉公司自行承担。对世惠公司、金誉公司主张的员工工龄补偿金损失，因其未能提供证据证实该部分损失实际发生，故本院亦不予支持。

——江必新主编、最高人民法院第三巡回法庭编著：《最高人民法院第三巡回法庭新型民商事案件理解与适用》，中国法制出版社 2019 年版，第 289~309 页。

605. 在当事人对违约金和利息有明确约定的情况下，不宜将违约金等同或混同于利息；当事人给付不足的，逾期付款违约金不能优先抵充

关键词

违约金　利息

最高人民法院裁判文书

上海乔普贸易有限公司、殷剑波与广州汇垠博森投资合伙企业（有限合伙）及第三人广州汇垠澳丰股权投资基金管理有限公司合伙企业财产份额转让纠纷案［最高人民法院（2022）最高法民申706号民事裁定书］

裁判要旨：违约金与利息的内涵、性质并不相同，在当事人对违约金和利息有明确约定的情况下，不宜将违约金等同或混同于利息。违约金、利息合计在一定范围内可以同时支持，但不意味着可以同时先行抵充。

最高人民法院认为：根据双方当事人申请再审事由、抗辩意见及在案证据材料，本案再审审查的重点为：一、二审判决认定已归还博森企业的91617021.62元先抵充违约金，适用法律是否有误。

原《最高人民法院关于适用〈中华人民共和国合同法〉若干问题的解释（二）》第二十一条规定：“债务人除主债务之外还应当支付利息和费用，当其给付不足以清偿全部债务时，并且当事人没有约定的，人民法院应当按照下列顺序抵充：（一）实现债权的有关费用；（二）利息；（三）主债务。”就本案而言，各方当事人确认博森企业已收取91617021.62元，且对该部分款项的清偿顺序没有特别约定，依法应遵循实现债权的费用、利息、本金的清偿顺序进行抵充，而违约金并不在优先抵充的顺序之列。一、二审判决将乔普公司已支付的91617021.62元款项先抵充违约金，与上述司法解释规定明显相悖，适用法律有误。具体分析如下：

首先，违约金不等同于利息。违约金与利息的内涵、性质并不相同，在当事人对违约金和利息有明确约定的情况下，不宜将违约金等同或混同于利息。二者的区别主要体现在：违约金是依照约定或者法律规定，一方当事人违约时应向另一方支付的金钱或相应财产；违约金具有担保债务履行的功效，又具有补偿守约方损失及惩罚违约方的效果，往往作为违反合同义务的一种责任承担方式；而利息作为本金的孳息，是指资金所有者因出借资金而取得的报酬，在经济学上系指生产者使用该笔资金发挥营运职能而形成的利润的一部分，是货币资金向实体经济注入并回流时所带来的增值额。由此，违约金与利息的内涵、性质并不相同，具有不同的制度功能、目标定位。鉴于民商事交易的意思自治原则，法律允许当事人在法律规定的范围内自主约定违约金、利息的有无以及相应的具体标准。就本案而言，《收购协议》中约定的目标权益收购溢价款实则为年利率12%的借款利息，逾期还款，则按照日万分之五的标准支付违约金。就上述约定而言，双方就利息和违约金的约定均是明确的，不存在因约定不明而将违约金视为利息的情形。

其次，违约金、利息合计在一定范围内可以同时支持，但不意味着可以同时先行抵充。《最高人民法院关于审理民间借贷案件适用法律若干问题的规定》(2015 年施行)第三十条规定："出借人与借款人既约定了逾期利率，又约定了违约金或者其他费用，出借人可以选择主张逾期利息、违约金或者其他费用，也可以一并主张，但总计超过年利率 24% 的部分，人民法院不予支持。"该规定是对逾期利息、违约金及其他费用合计最高限额的规定，当事人在总计不超过年利率 24% 的范围内一并主张，人民法院应予以支持。实际上，在不存在先付款项以及抵充顺序的情形下，违约金、利息并不一定需要进一步区分，但若存在先付款项以及抵充顺序的情形，就有必要进行区分。就本案而言，博森企业已收到 91617021.62 元，应先行抵充借款本金 157000000 元依约产生的利息(按年利率 12% 计算)，若有余款再抵充本金；因余款已不足抵充本金，故不存在再抵充违约金的问题。当然，案涉逾期付款违约金可依约正常核算，并作为乔普公司应付款项的一部分依法给予认定，但不能优先抵充。

最后，二审判决认为借款期限内按年利率 12% 计算的利息加上逾期日万分之五违约金，合计并未超过总借款金额按年利率 24% 计算的利息总和，系理解错误，二者合计实为 30%，显然已经超过当时生效司法解释所保护的 24% 最高年利率上限。

——中国裁判文书网。

606. 投资合作纠纷中投资人不能参照《民间借贷规定》一并主张违约金和投资款占用利息

关键词

投资合作纠纷　违约金　投资款占用利息

最高人民法院裁判文书

成都天邑房地产开发有限责任公司与四川巴中普瑞制药有限公司合资、合作开发房地产合同纠纷案［最高人民法院（2021）最高法民申 2323 号民事裁定书］

裁判要旨：本案系投资合作纠纷，双方应当本着共担风险、共享利益的原则，共同进行案涉项目的合作开发，对于投资风险或资金占用的损失亦属合作双方能够预见的损失。投资合作与借款有所

区别，投入资金系把投资人的资金置于市场配置中，以其投资的项目实现的投资利益作为收益。而借款的目的不仅要收回借款本金，还要以合法的利息作为收益，二者有本质不同，投资合作人不能参照《最高人民法院关于审理民间借贷案件适用法律若干问题的规定》第三十条的规定一并主张违约金和投资款资金占用利息。

最高人民法院认为：关于天邑公司是否可以同时主张违约金和投资款占用利息的问题。天邑公司主张，天邑公司与普瑞公司双方协议明确约定了资金占用利息计算标准，二审法院认定的违约金金额实际不能覆盖双方约定的资金占用利息损失。本院认为，本案系投资合作纠纷，双方应当本着共担风险、共享利益的原则，共同进行案涉项目的合作开发，对于投资风险或资金占用的损失亦属合作双方能够预见的损失。投资合作与借款有所区别，投入资金系把投资人的资金置于市场配置中，以其投资的项目实现的投资利益作为收益。而借款的目的不仅要收回借款本金，还要以合法的利息作为收益，二者有本质不同，投资合作人不能参照《最高人民法院关于审理民间借贷案件适用法律若干问题的规定》第三十条的规定一并主张违约金和投资款资金占用利息。本案二审法院通过违约金的方式，在合理的范围内保护天邑公司作为守约方的投资利益，已经弥补了其投资的实际损失。二审法院关于普瑞公司对天邑公司承担的2000万元违约金已足够覆盖投资款部分的资金占用利息，对资金占用利息的主张不再予以支持的判令并无不当。

——中国裁判文书网。

607. 当事人对已付款项的冲抵顺序没有约定，债务人所付款项不足以清偿全部欠款及违约金，应认定先冲抵其所欠本金，再冲抵违约金

关键词

已付款项　冲抵顺序　本金　违约金

最高人民法院裁判文书

中建伟业房地产开发有限公司与李宁等股权转让纠纷案［最高人民法院（2018）最高法民终199号民事判决书］

裁判要旨：鉴于双方当事人对已付款项的冲抵顺序没有约定，根据本案欠款的性质（股权转让款），在债务人所付款项不足以清偿

全部欠款及违约金的情况下，应认定先冲抵其所欠本金，再冲抵违约金。

最高人民法院认为，关于中建伟业公司应支付剩余股权转让款的数额问题。根据《股权转让协议书》及《承诺书》，中建伟业公司应支付股权转让款的总额为3.31亿元，原审判决根据李宁于2011年10月27日出具的收条认定中建伟业公司已付2.31亿元，还欠1亿元。二审过程中，中建伟业公司又举证证明王建忠于2012年6月12日向李宁支付17941495元，李宁方认可其收到了上述款项，但主张该款项的性质是违约金而非股权转让款，对此本院认为鉴于双方当事人对已付款项的冲抵顺序没有约定，根据本案欠款的性质（股权转让款），在中建伟业公司所付款项不足以清偿全部欠款及违约金的情况下，应认定先冲抵其所欠本金，再冲抵违约金，故截止2012年6月12日，中建伟业公司还应支付的股权转让欠款金额为82058505元，并应向李宁、张磊支付合同约定的违约金。原审判决鉴于双方约定的股权转让款30%的违约金数额过高，根据本案实际情况予以调低，将违约金调整为以欠款金额为基数，按银行同期同类贷款利息二倍计算，已足以弥补李宁、张磊损失，无须再判令中建伟业公司支付逾期付款的利息。

——中国裁判文书网。

608. 当事人在合同中对不同标的物分别约定了违约金和定金，守约方可分别主张对应的违约金及双倍返还定金

关键词

违约金　定金

最高人民法院裁判文书

陕西福源置业有限公司与马平等房屋买卖合同纠纷案［最高人民法院（2018）最高法民终576号民事判决书］

裁判要旨：当事人在合同中对不同标的物分别约定了违约金和定金，守约方就违约方的违约事由针对不同标的物分别主张对应的违约金及双倍返还定金的，人民法院应当予以支持。

最高人民法院认为：关于福源置业公司上诉提出本案中违约金与定金不能一并主张，一审判决适用法律错误的问题。因双方签订的《房产购买协议

书》中，违约金条款与定金条款是分别对“可售房产”部分和“回购房产”部分作出的约定，马平等三人也是针对“可售房产”部分及“回购房产”部分向福源置业公司分别主张的违约金及双倍返还定金。根据已经查明的案件事实，福源置业公司既未履行“可售房产”产权证的办理义务，也未履行“回购房产”的回购义务，均构成违约。马平等三人同时主张“可售房产”逾期办证的违约金及双倍返还“回购房产”的定金，具有相应的事实和法律依据，并无不当。福源置业公司提出两者不能同时主张的抗辩理由不能成立，不予采纳。

——中国裁判文书网。

609. 判决主文确定的违约金不属于迟延履行期间的“一般债务利息”

关键词

违约金　迟延履行期间　一般债务利息

最高人民法院司法解释

第一条　根据民事诉讼法第二百五十三条[①]规定加倍计算之后的迟延履行期间的债务利息，包括迟延履行期间的一般债务利息和加倍部分债务利息。

迟延履行期间的一般债务利息，根据生效法律文书确定的方法计算；生效法律文书未确定给付该利息的，不予计算。

加倍部分债务利息的计算方法为：加倍部分债务利息 = 债务人尚未清偿的生效法律文书确定的除一般债务利息之外的金钱债务 × 日万分之一点七五 × 迟延履行期间。

——《最高人民法院关于执行程序中计算迟延履行期间的债务利息适用法律若干问题的解释》（2014 年 7 月 7 日，法释〔2014〕8 号）。

最高人民法院裁判文书

王永胜、陈音海等与公司有关的纠纷执行案［最高人民法院（2021）最高法执监 503 号民事裁定书］

裁判要旨：一般债务利息应当是由生效判决所确认的债务持续计算的利息，而违约金系因合同当事人不履行合同而承担的赔偿责

① 现为《民事诉讼法》（2021 年修正）第二百六十条。

任，违约金与债务利息的性质并不相同，若将违约金作为一般债务利息持续计算，与法律规定不符。

最高人民法院认为：本案中，王永胜对迟延履行期间的债务利息包括迟延履行期间的一般债务利息和加倍部分债务利息，以及两部分债务利息的计算方式并无异议。王永胜异议的主要问题是，判决主文“由陈音海、成晚红于判决生效后十日内共同向王永胜支付违约金，违约金数额为：以4500000元为本金，从2015年7月1日起按月利率26‰计算利息算至判决确定的履行期限届满之日止”，是否属于前述司法解释规定的“一般债务利息”范畴。一方面，一般债务利息应当是由生效判决所确认的债务持续计算的利息，而违约金系因合同当事人不履行合同而承担的赔偿责任，违约金与债务利息的性质并不相同。王永胜主张违约金作为一般债务利息持续计算，与法律规定不符。另一方面，生效民事判决明确了违约金计算的起止时间，“从2015年7月1日起至判决确定的履行期限届满之日止”，故生效民事判决确定的违约金是固定数额的违约金。对于履行期限届满日之后的违约金未被生效判决确认，故不属于本案强制执行内容。王永胜主张履行期限届满日之后，继续按照月息26‰计算迟延履行期间的一般债务利息，没有事实和法律依据，也与生效民事判决不符。

——中国裁判文书网。

第五章　典型合同与准合同

一、买卖合同

610. 买卖合同纠纷的法律适用顺序

关键词

买卖合同　法律适用　特别法

《中华人民共和国民法典》条文

第五百九十五条　买卖合同是出卖人转移标的物的所有权于买受人，买受人支付价款的合同。

附录：最高人民法院主流观点

买卖合同主体和标的物属于特定类型的买卖合同，应先适用关于此类买卖的特别法，然后适用《民法典》关于买卖合同的规定。关于买卖合同主体的特定类型，主要指买卖合同一方当事人为消费者、另一方当事人为经营者的情形。不同于一般情形下买卖合同双方均为经营者，因消费者相对于经营者对交易信息、交易规则等掌握处于弱者地位，对消费者需要特殊保护，故在该类买卖合同纠纷中，要优先适用《消费者权益保护法》的规定，然后适用《民法典》的相关规定。根据买卖的标的物不同，买卖合同可分为普通动产买卖、特殊动产买卖和不动产买卖，普通动产一般为货物，特殊动产一般为机动车、船舶、航空器等，不动产一般为房地产。普通货物买卖直接适用本章规定，机动车、船舶、航空器等特殊动产买卖和不动产买卖要适用《民法典》物权编关于物权变动的专门规定，房屋买卖合同应当优先适用《城市房地产管理法》等特别法的规定，然后再适用本章规定。

——最高人民法院民法典贯彻实施工作领导小组编著：《中国民法典适用

大全（合同卷）》，人民法院出版社 2022 年版，第 1157 页。

611. 合理认定消费者与跨境电商企业之间的合同性质

关键词

消费者　跨境电商

最高人民法院司法政策精神

支持自贸试验区发展跨境电子商务服务。合理认定消费者与跨境电商企业之间的合同性质。合同约定消费者个人承担关税和邮寄风险的，可认定消费者和跨境电商企业之间成立委托合同关系。电商企业批量进口、分批销售，消费者主张其与电商企业之间成立买卖合同关系的，人民法院应予支持。电商企业以其提供的合同文本与消费者订立仲裁条款，应专门提示，消费者同意的，应认定双方达成了仲裁合意。

——《最高人民法院关于为自由贸易试验区建设提供司法保障的意见》（2016 年 12 月 30 日，法发〔2016〕34 号）。

15. 依法妥善审理互联网交易纠纷案件。注意把握互联网交易合同订立的特殊规则，依法认定互联网交易中电子合同、预约合同、格式合同的成立生效要件。准确界定电子商务平台运营者、平台内经营者、消费者及知识产权权利人的权利义务关系，依法保障各方当事人合法权益。促进电子商务平台经营活动规范有序、健康发展，有效发挥互联网在生产要素配置中的优化集成作用。

——《最高人民法院、国家发展和改革委员会关于为新时代加快完善社会主义市场经济体制提供司法服务和保障的意见》（2020 年 7 月 20 日，法发〔2020〕25 号）。

附录：最高人民法院主流观点

由于自贸试验区内施行的“一线放开、二线管住”的进出口管理措施，自贸试验区内已经形成了“境内关外”的特殊监管区域，跨境交易成本大降，跨境电子商务行为将日益增多。合理认定消费者与电商企业之间存在的买卖合同关系或委托合同关系，对处理类似合同纠纷、分配关税等费用的缴纳责任具有重要的现实性、基础性意义。电商企业以其提供的格式合同与消费者订立合同时，应注意保护处于弱势地位的消费者的利益。我国法律对仲裁协议的订立和有效性有严格要求，如采取书面形式、必须选定仲裁委员会等。

对于消费合同中仲裁条款的效力认定，本条规定采取了务实的做法，即有条件地承认其效力。条件为电商企业应进行专门提示。

——人民法院出版社法规编辑中心编：《解读最高人民法院司法指导性文件》(综合·行政卷)，人民法院出版社2017年版，第295~298页。

612. 注意区分多重买卖合同与出卖他人之物的合同

关键词

多重买卖

附录：最高人民法院主流观点

如果出卖人将标的物所有权转移给先买受人后，又就该标的物与后买受人签订买卖合同，该情形是多重买卖还是出卖他人之物？对此，学界有不同观点。

一种观点认为，在我国债权形式主义的立法模式之下，所有权转移之后仍会发生多重买卖，所有权转移之后发生的再度买卖合同是有效的。另有观点认为，多重买卖的构成是以出卖人在先后二次买卖合同之缔结时均握有标的物之所有权为前提。在第二次缔约时，出卖人已不再拥有标的物之所有权，则其第二次买卖，将不是二重买卖，而为他人之物之买卖。

我们认为，在买受人已经取得完整意义上的所有权之后，出卖人不可能再以所有权人的地位将标的物出卖与他人；只是在占有改定情形下有所不同。在占有改定场合，出卖人在转移所有权之后仍然占有标的物，其持续占有标的物的状态对世人所显示的权利外观，使世人有理由相信其拥有所有权，后买受人基于对此权利外观的信赖再度发生买卖关系可谓在情理之中。但是，在占有改定情况下，先买受人已经取得所有权后，先买受人与后买受人之间的关系与其说是两个买受人之间的关系，不如说是所有权人与无权处分行为中的善意第三人之间的关系。利用善意取得的理论解决二者之间的利益冲突较之二重买卖的理论更具有合理性和科学性。当然，从无权处分行为的效力角度而言，出卖他人之物的合同应当为有效合同。买卖合同解释第三条已经肯定无权处分情形下出卖他人之物合同为有效合同，因此，多重买卖合同与出卖他人之物合同在效力上都是有效的合同。

——最高人民法院民事审判第二庭编：《最高人民法院关于买卖合同司法解释理解与适用》，人民法院出版社2012年版，第171~172页。

613. 易货交易与以物抵债的区别及各自适用的规则

关键词

易货交易　以物抵债

《中华人民共和国民法典》条文

第六百四十七条　当事人约定易货交易，转移标的物的所有权的，参照适用买卖合同的有关规定。

附录：最高人民法院主流观点

易货交易与以物抵债表面上可能是类似的，均表现为一方交付标的物以实现债务的消灭。两者区别的关键在于：首先，交易目的不同。易货交易与普通货物买卖类似，目的在于转移标的物所有权，互易人得到相对人交付的标的物即为实现合同目的；而以物抵债的目的是在债务人不能履行到期金钱债务时，通过交付债权人认可的实物的方式来消灭债务。其次，合同性质不同。双向的易货交易仅涉及一份互易合同，而以物抵债合同往往是通过一份新的合同来补充或变更原来的债务合同。最后，交易时间不同。易货交易中标的物的双向付往往是同时进行的，而以物抵债行为的进行往往滞后于原债务产生的时间。

虽然易货交易和以物抵债均在消灭"三角债务"和化解债务危机中发挥作用，但二者的法律性质和适用规则截然不同。易货交易原则上参照适用买卖合同的有关规定，以物抵债则适用代物清偿的相关规则，实务中应加以审慎区分。

——最高人民法院民法典贯彻实施工作领导小组编著：《中国民法典适用大全（合同卷）》，人民法院出版社 2022 年版，第 1550~1551 页。

614. 互易合同与其他合同的混合及各自适用的规则

关键词

互易合同

《中华人民共和国民法典》条文

第六百四十七条　当事人约定易货交易，转移标的物的所有权的，参照适用买卖合同的有关规定。

附录：最高人民法院主流观点

传统理论认为，可以作为易货交易标的的只能是有形物，无形物及权利等一般不作为易货合同的标的，这与买卖合同一脉相承。当事人双方须向对方给付货币以外的有形财物，即各以一定的实物为代价从对方取得实物。如果一方所给付并非属于得为买卖的标的物，如劳务的提供，则并非互易合同。例如，双方约定一方为他方负洗车的劳务，而他方则负给予机动车的义务，此并非互易合同，只能归类为混合合同，分别适用有关劳务和赠与的规定；双方约定互相以劳务交换的情形，既非互易，亦非雇佣，仅得个别就所付出劳务适用雇佣规定。从准用买卖合同的角度看，对互易合同作狭义认定是正确的。互易合同旨在转移标的物所有权，这是互易合同与买卖合同的共同点，也是互易合同得以准用《民法典》合同编买卖合同章相关规定的基础。

近年来，实践中还出现了以知识产权、土地使用权、合同债权、劳务消费、房改房等为标的的互易合同。此类合同与普通买卖合同之间差异悬殊，应当按照特别法关于知识产权、土地使用权等特殊转让规则和国家政策来进行认定和规范，不能简单参照适用买卖合同的规定。

——最高人民法院民法典贯彻实施工作领导小组编著：《中国民法典适用大全（合同卷）》，人民法院出版社 2022 年版，第 1550 页。

615. 关于“一物二卖”的问题

关键词

一物二卖

最高人民法院大法官著述

这个问题是民事审判中的一个难点，有些民事审判法官感觉这个问题非常棘手。“一物二卖”问题，也被形象地称为“一女二嫁”问题，在司法实践中通常体现为物品所有权人就同一个标的物签订了两份买卖合同。例如，同一栋楼，甲出卖给乙后，感觉价格太低，又出卖给丙，甲先后与乙、丙各签订一份买卖合同，现在乙和丙均向法院起诉要求履行合同。对于“一物二卖”问题的处理，法官们一直处于不断摸索之中。上世纪，人民法院通常确认其中一份买卖合同有效，其他的买卖合同无效。最早对“一物二卖”问题的处理办法是，哪份合同签订在先，就判决履行哪份合同。这种处理方法有失妥当导致很多当事人不服判决，尤其是在如今社会主义市场经济条件下，这样的处理方法对于出卖人来说亦未必有利。例如，甲先后与乙、丙各签订了一份房屋买卖合同，乙支付首付款之后无力支付余款，但是丙能全额支付购房款。如果认定先签订的合同有效、后签订的合同无效，甲只能在收取乙的购房首付款的情况下向乙转移房屋所有权，而不能在收取丙的全部购房款的情况下向丙转移房屋所有权。因此，甲作为出卖人必须交出房屋，但却收不到全部购房款，其主张解除与乙签订的合同又不可能得到乙的同意。可见，在该案中，如果甲将该房卖给乙，所产生的效益可能相对较少，而将该房屋卖给丙，所产生的效益则可能相对较大。显然，这种做法不太合理，因为其对于资源的有效分配和物品所有权人的权利保护都非常不利。按照上述处理办法，签订第二份买卖合同的前提是解除第一份买卖合同，但是在实践中，当事人一般不会等到解除第一份买卖合同后才签订第二份买卖合同，即出卖人通常可能就同一标的物签订了两个买卖合同。“一物二卖”不能绝对地归责于物品所有权人的不诚信行为，在处理“一物二卖”问题时，要考虑物品所有权人利益保护的问题和如何最大化地发挥物的价值的问题。基于上述考虑，经过一段时间的摸索，“一物二卖”问题的处理有了新的突破，找到了新的解决思路。

（一）两份合同均为有效合同

如果“一物二卖”以后，两份买卖合同均未履行，两位买受人均诉请出卖人转移标的物所有权，法院应当如何处理呢？首先应当解决的问题就是两份合同的效力问题。按照过去的思路，应当认定先签订的合同有效，后签订的合同无效。但是，我们现在对该问题的审判思路已经改变了，我们认为，应当认定这两份合同都有效。因为，只要不存在合同无效或者可撤销的法定情形，双方当事人经过平等协商而自愿签订的合同都是有效合同。合同只有在违反国家的强制性规定时，或者损害了国家利益或社会公共利益时，或者是在一方当事人被欺诈或被胁迫的情况下签订时，才能被认定为无效合同或者可撤销合同。因此，在“一物二卖”的情况下，只要两份买卖合同都是在平等、自愿的基础上协商签订的，均应当被认定为有效合同。

（二）两份合同均未履行的情况下，应坚持签订在先的原则

如果两份买卖合同均为有效合同，那么应该保护哪一份合同呢？我们认为，如果两份合同均未履行，两位买受人均只享有期待权，就应当判决履行先成立的合同，即先签订买卖合同的买受人有权取得标的物的所有权，后签订买卖合同的买受人由于不能取得合同标的物的所有权，有权要求出卖人承担违约责任。我认为，这种处理方法较之过去的处理方法显然更加妥当，对于制裁不诚信当事人也更为有利。因为，如果直接认定后签订的合同无效，不诚信一方当事人就无约可违，也就不用承担违约责任。第二买受人不能取得标的物的所有权，只能要求出卖人承担缔约过失责任。然而根据缔约过失

责任规则，买受人只能在遭受损失的情况下才能要求出卖人承担赔偿责任，如果买受人没有损失，就不能制裁出卖人。相反，如果我们认定前后签订的合同都有效，没有取得合同标的物所有权的买受人就可以依据合同约定，追究存在不诚信行为的出卖人的违约责任。在这种情况下，只要双方约定了违约金，并且双方所约定的违约金不是过度高于实际损失，法院就可以予以支持。因为，违约责任的功能有两个：一是填补损失功能，二是惩罚性功能。这种处理方法，显然对制约不诚信的行为更为有效。因此，在“一物二卖”问题中，当前后两份合同均未履行时发生纠纷的，按照这种方法来处理更为合理。否则，在我国目前国有土地使用权转让市场上，会存在许多让不诚信签订合同之人有利可图的可乘之机。例如，很多国有土地使用权的转让人先签订合同转让国有土地使用权，之后发现国有土地使用权价格快速上涨，又擅自与第三人签订转让合同，将同一地块的国有土地使用权转让给第三人，然后转让人就以第一份国有土地使用权转让合同违反国家关于国有土地使用权转让的相关规定为由，诉请法院确认转让合同无效。由此可见，单纯地使用判定后签订合同无效的办法来处理“一物二卖”问题是有问题的。

（三）一方买受人已经取得标的物所有权的，应坚持物权优先的原则

关于“一物二卖”问题的第二种情况是，其中一名买受人已经取得了标的物所有权，但是尚未取得对物的占有。此时，应当如何处理两份买卖合同的当事人之间的纠纷呢？例如，甲将房屋出让给乙，在合同未履行的情况下，甲又将该房屋出让给丙，并依据合同约定将该房屋过户登记到丙的名下。按照我国《物权法》所规定的物权变动原则，动产的物权变动以交付为准，不动产的物权变动以登记为准。对于这种情况下的“一物二卖”问题，我们在处理时应当坚持以下三个原则：一是前后签订的两份买卖合同均有效。二是已经取得物权的当事人应当优先受到法律保护，也就是要贯彻“物权优于债权”的原则。这种情况下，债权人对于房屋的取得拥有的是一种期待权，而物权人对于房屋的取得拥有的是一种既得权，应当优先于债权得到保护。这是目前我国《物权法》所确定的处理原则，这种做法有利于维护物权关系的稳定。这里还可能发生另外一种情况，即前一位买受人先取得了对房屋的占有，后一位买受人取得了对房屋的所有权，双方就房屋的所有权归属发生争议。我们在实践中曾遇到过这样的案例。例如，开发商甲将五套房屋出售给业主乙，然后业主乙搬进房屋居住，但是由于甲未缴齐土地使用权出让金，无法办理大产权证，导致业主乙不能办理小产权证，因此，业主乙也没有取得该房屋完整的所有权。实践中在买房后再取得房产证是比较困难的，业主乙在房屋中居住了四年后仍未办理小产权证。此时开发商甲因为欠债，将这五套房屋抵偿给债权人，并为其债权人办理了房屋产权登记手续。债权人随即申请法院强制执行，要求居住在该房屋中的乙搬走。这是我国现行《物权

法》制定之前发生的一个案例，我当时反对让业主乙搬走，因为业主乙对房屋的占有是合法占有，已经在该房屋中居住了四年，并且乙已经支付了全部购房款，没有办理房产证的过错在开发商甲，而非业主乙怠于履行办理房产证的义务。我认为，虽然不动产物权采取登记主义原则，但是还要考虑占有权的保护问题，因为占有权也是物权的权能之一，应当受到法律保护。因此，在制定《物权法》时，我提出了这一观点。相应地，现行《物权法》规定了预登记制度，按照预登记制度的规定，购房人一旦经预登记成为预登记权人，除非其长期怠于行使优先登记权，其享有能够对抗其他登记人的优先登记权。三是未取得合同标的物所有权的当事人有权要求出卖人承担违约责任，因为其合同目的已经落空，不可能再要求出卖人履行合同，只能要求其承担违约责任。

（四）买受人均未取得标的物所有权的，应坚持占有在先的原则

在“一物二卖”的情况下，其中一个买受人已经取得对标的物的占有，但未取得所有权；另一个买受人虽然支付了订金或购房款，但未占有标的物，亦未取得标的物所有权。这种情况下发生纠纷，应当如何处理呢？例如，甲与乙签订房屋买卖合同，甲将其所有的一处房屋出让给乙，但是尚未办理过户手续，亦未交付房屋。后因房价上涨，甲将同一房屋出让给丙，虽未办理过户手续，但是已经将房屋钥匙交付给丙。乙丙两人同时向法院起诉，要求甲履行房屋买卖合同，这种情况下我们应当如何处理呢？丙是应当将其已经占有的房屋退还，还是有权请求甲将房屋变更登记在自己名下呢？我们认为，第一，应当认定前后两份买卖合同均有效。第二，已经占有买卖标的物的当事人，有权要求取得完整的物权。物权的权能包括占有权、使用权、收益权及处分权，占有属于物权的权能之一，占有权是物权的核心。因为，只有占有物，才能使用物，从物上取得收益，以及对物作出处分。我们认为，当某一民事主体占有物时，即已经享有了对该物的部分物权权能。我国现行《物权法》的欠缺之一就是未对占有权作出足够细致的规定。占有是日常生活中民事主体对物的一种常见状态，如果当事人已经取得房屋钥匙、搬进房屋居住，就已经享有了对房屋的占有权，该占有权应当受到法律保护。另一买受人虽然支付了订金或购房款，但是只享有对物的债权。占有权较之还属于期待权的买卖合同项下的债权而言，应当优先受到法律保护。因此，在上述案例中，尽管甲与丙之间的买卖合同签订在甲与乙的买卖合同之后，但是由于丙已经占有房屋，所以丙有权要求取得完整的物权。在处理“一物二卖”的案件时，不能仅仅从《合同法》的角度来思考，还应当从《物权法》的角度来思考，一定要综合地理解和适用《合同法》与《物权法》的规定。第三，不能取得标的物所有权的买受人有权追究出卖人的违约责任。需要强调的是，此处所说的占有必须是合法占有，不包括非法占有的情况；而且这种占有还

必须是纠纷发生之前的占有。也就是说，此处所说的买受人的占有应当是有法律或者合同依据的占有，如果是抢占、强占合同标的物等非法占有的情况下，就不能请求出卖人转移标的物所有权。

（五）一方当事人已经履行合同的，应坚持履行在先原则

出卖人就同一标的物分别与不同的买受人签订两份买卖合同之后，前后买受人均未取得标的物所有权或占有标的物时，如果其中一份买卖合同的当事人已经履行合同，而另一份买卖合同的当事人还没有履行合同的，则已经履行合同的当事人有权要求出卖人转移标的物的所有权，这是履行在先原则。

——杜万华：《杜万华大法官民事商事审判实务演讲录》，人民法院出版社 2016 年版，第 8~13 页。

616. 出卖人未履行买卖合同的从给付义务，买受人能否拒绝履行付款义务

关键词

从给付义务　付款义务　同时履行抗辩权

《中华人民共和国民法典》条文

第五百九十九条　出卖人应当按照约定或者交易习惯向买受人交付提取标的物单证以外的有关单证和资料。

最高人民法院司法解释

第四条　民法典第五百九十九条规定的“提取标的物单证以外的有关单证和资料”，主要应当包括保险单、保修单、普通发票、增值税专用发票、产品合格证、质量保证书、质量鉴定书、品质检验证书、产品进出口检疫书、原产地证明书、使用说明书、装箱单等。

第十九条　出卖人没有履行或者不当履行从给付义务，致使买受人不能实现合同目的，买受人主张解除合同的，人民法院应当根据民法典第五百六十三条第一款第四项的规定，予以支持。

——《最高人民法院关于审理买卖合同纠纷案件适用法律问题的解释》（2020 年 12 月 29 日修正）。

附录：最高人民法院主流观点

该问题涉及出卖人违反从给付义务，买受人是否可以主张同时履行抗辩权，审判实践一般认为，从给付义务的违反能否发生同时履行抗辩权，要根

据其对合同目的能否实现、是否产生影响来确定，这与主给付义务不同。出卖人违反主给付义务，买受人当然有权行使同时履行抗辩权。虽然从给付义务同主给付义务一样，均属于出卖人应履行的合同义务，但在同时履行抗辩权适用方面，出卖人违反从给付义务，买受人不当然享有同时履行抗辩权，需要分析该从给付义务的履行与合同目的实现是否密切关联，只有密切关联时，才产生同时履行抗辩权，如出卖人向买受人出售的产品属于空调、冰箱等一般使用性能和方式为大众熟知的家用产品，其向买受人交付了产品，而未交付产品使用说明书，交付产品使用说明书即为本条规定的从给付义务，该义务未履行并不影响买受人合同目的的实现，在此种情况下买受人不能行使同时履行抗辩权拒绝履行付款义务。如果出卖人向买受人出售产品属于特殊类产品，未交付产品使用说明书导致买受人不能正常使用该产品，则买受人可以行使同时履行抗辩权拒绝履行付款义务。

——最高人民法院民法典贯彻实施工作领导小组编著：《中国民法典适用大全（合同卷）》，人民法院出版社 2022 年版，第 1181 页。

617. 出卖人已交付货物，买受人理应按约支付货款，除非合同明确约定先开具增值税发票

关键词

出卖人　交付货物　买受人　支付货款　开具增值税发票

最高人民法院裁判文书

重庆钢铁股份有限公司与重庆通汇煤炭选洗有限责任公司买卖合同纠纷案［最高人民法院（2017）最高法民申 1675 号民事裁定书］

裁判要旨：买卖合同中出卖人的主要合同义务是交付货物，买受人的主要合同义务是支付货款。在出卖人已交付货物的情况下，买受人理应按照合同约定支付货款。开具增值税发票并非出卖人的主要合同义务，仅是附随义务，除非合同明确约定了先后履行顺序，否则买受人不得仅以未开具发票为由拒绝支付货款。

最高人民法院认为：本案系买卖合同纠纷案件，作为出卖人的通汇公司主要合同义务是交付货物，作为买受人的重钢公司主要合同义务是支付货款。现在通汇公司已经向重钢公司交付了货物的情况下，重钢公司理应按照合同约定支付货款。开具增值税发票并非出卖人通汇公司的主要合同义务，仅是

附随义务，除非合同明确约定了先后履行顺序。本案中，双方当事人在 2012 年《购销合同》中并未约定通汇公司出具增值税发票的义务，重钢公司以双方在合同实际履行中交易习惯是通汇公司先开具增值税发票，重钢公司后支付货款，并据此主张付款条件未成就的理由不成立。双方在 2013 年《购销合同》中虽然约定重钢公司收到增值税发票、商检报告原件后办理结算，但同时也约定江船装船之日起 2 个月内结清余款，即对最后付款期限作出了明确的约定。即便双方存在先开票后付款的交易习惯，但是在通汇公司已开具发票的货款中有 39945513.75 元重钢公司也未按约定付款，通汇公司基于不安抗辩也享有付款请求权。故重钢公司关于通汇公司未开具增值税发票的 38037097.55 元货款的付款条件不成就的理由，缺乏事实和法律依据，理由不成立。

——中国裁判文书网。

618. 双方对于开票应当先于付款、未足额开票部分可在转让价款中相应扣减有明确约定的，司法应当予以尊重

关键词

出卖人　交付货物　买受人　支付货款　开具增值税发票

最高人民法院裁判文书

薛成飞、青岛鸿盛鼎泰建筑工程有限公司、青岛统业集团有限公司与青岛万科房地产有限公司、青岛锦秀基业房地产开发有限公司股权转让纠纷案
[最高人民法院（2020）最高法民终 171 号民事判决书]

裁判要旨：关于开票义务与付款义务的关系问题，一般认为，在合同对开票义务未作出明确约定的情况下，开票义务属于附随义务，付款义务属于主合同义务，即便当事人不履行开票的附随义务，对方当事人亦不能主张同时履行抗辩权，拒绝付款。但对于合同有明确约定的情况下，如本案，双方对于开票应当先于付款、未足额开票部分可在转让价款中相应扣减有明确的约定，该约定是当事人的真实意思表示，也不违反法律、行政法规的强制性规定，司法应当予以尊重。

最高人民法院认为：关于第一项开票条件是否满足的问题。一审查明，薛成飞一方已开具 5.3 亿余元增值税专用发票，距合同约定的 7.5 亿元，有约

2.2 亿元差额。关于开票义务与付款义务的关系问题，一般认为，在合同对开票义务未作出明确约定的情况下，开票义务属于附随义务，付款义务属于主合同义务，即便当事人不履行开票的附随义务，对方当事人亦不能主张同时履行抗辩权，拒绝付款。但对于合同有明确约定的情况下，如本案，双方对于开票应当先于付款、未足额开票部分可在转让价款中相应扣减有明确的约定，该约定是当事人的真实意思表示，也不违反法律、行政法规的强制性规定，司法应当予以尊重。因此，万科公司所主张的该项付款条件尚未成就的理由，有合同依据。但是，考虑到以下因素，本院对万科公司的该项主张不予支持。2018 年 11 月案涉项目容积率调整之后，锦绣公司又补缴了土地出让金、契税、利息等共计 2.3 亿余元，上述部分费用也可计入锦绣公司的经营成本进行税负抵扣。按照《股权转让合同》的约定以及另案生效判决即山东省高级人民法院（2020）鲁民终 1021 号民事判决的认定，上述费用应由薛成飞一方承担，也就相当于薛成飞一方又提供了部分可进入锦秀公司经营成本的发票。该数额加上之前已开票数额，基本已达到 7.5 亿元。考虑到《股权转让合同》第 3.3 条第一款有“若所提供税务发票少于上述约定金额，乙方可先从应支付的股权转让款及优先利润中相应扣减，待评估确定由此给乙方带来的税费损失款后，乙方再与上述扣减的股权转让款进行平衡”的约定，万科公司如认为薛成飞一方未足额提供发票给其造成损失，可依据该约定另行主张权利。另外，本案项目已由万科公司一方实际开发建设，部分商品房已进行预售，而薛成飞一方也已经按照合同约定提供了大部分发票，此时万科公司还以该付款条件为由拒付合同价款，有违实质公平。综上，该未付 1 亿元股权转让款的支付条件已经满足。关于支付时点，本院酌情为另案生效判决即山东省高级人民法院（2020）鲁民终 1021 号民事判决查明的锦秀公司补缴土地价款等费用的时间即 2018 年 11 月 22 日后 3 日内，也就是 2018 年 11 月 25 日前，万科公司应当支付该 1 亿元股权转让款，未付应从该日起至实际付清之日止，按照《股权转让合同》约定的日万分之三标准支付违约金。

——中国裁判文书网。

619. 合同就交付期限没有约定或者约定不明的，如何确定交付期限

关键词

交付期限　买卖合同　补充协议　交易习惯　催告

《中华人民共和国民法典》条文

第五百一十条　合同生效后，当事人就质量、价款或者报酬、履行地点等内容没有约定或者约定不明确的，可以协议补充；不能达成补充协议的，按照合同相关条款或者交易习惯确定。

第五百一十一条第四项　当事人就有关合同内容约定不明确，依据前条规定仍不能确定的，适用下列规定：

……

（四）履行期限不明确的，债务人可以随时履行，债权人也可以随时请求履行，但是应当给对方必要的准备时间。

第六百零二条　当事人没有约定标的物的交付期限或者约定不明确的，适用本法第五百一十条、第五百一十一条第四项的规定。

附录：最高人民法院主流观点

在合同就交付期限没有约定或者约定不明的情况下，确定交付期限的方法首先应当由当事人协议补充，不能协议补充的，按照合同有关条款或者交易习惯确定，仍不能确定的，应当允许当事人随时（要求）履行。这个顺序有其正当意义，不可僭越或者无视。

第一，买卖合同中标的物的交付期限没有约定或约定不明确的，首先按照《民法典》第五百一十条规定确定交付期限。（1）交付期限没有约定或约定不明确的，可以先由双方当事人就交付时间或者交付期限达成补充协议。如果双方已有补充协议的，应按照补充协议中约定的交付期限办理交付。（2）如果双方不能达成补充协议的，应当按照合同相关条款或者交易习惯来确定。在这里，需要用到合同的解释和交易习惯两个概念。合同的解释是指为了探究当事人的真实意思表示，对合同所使用的语言、文字的含义进一步阐明，从而确定、补充或修正合同内容的做法。合同的解释不仅包括确定合同的文义解释，也包括合同有漏洞时的补充的解释，以及合同内容不适当时的修正的解释。关于交付期限没有约定或者约定不明确的合同解释，一般属于补充的解释或修正的解释，解释过程中可以具体运用到《民法典》第一百四十二条、第四百六十六条。《民法典》第一百四十二条第一款规定："有相对人的意思表示的解释，应当按照所使用的词句，结合相关条款、行为的性质和目的、习惯以及诚信原则，确定意思表示的含义。"《民法典》第四百六十六条规定："当事人对合同条款的理解有争议的，应当依据本法第一百四十二条第一款的规定，确定争议条款的含义。合同文本采用两种以上文字订立并约定具有同等效力的。对各文本使用的词句推定具有相同含义，各文本使用的词句不一致的，应当根据合同的相关条款、性质、目的以及诚信原则等予以解释。”例如，双方当事人订立了购买月饼的买卖合同，虽然合同中没有明确约定交付期限，但依据交易习惯，出卖人应当在中秋节之前交付标的物。

第二，买卖合同中标的物的交付期限没有约定或者约定不明确的，双方不能达成补充协议，按照合同相关条款或者交易习惯也无法确定的，应当按照《民法典》第五百一十一条第四项确定交货期限。根据《民法典》第五百一十一条第四项规定，出卖人可以随时交付，买受人也可以随时请求出卖人交付，但均应给对方必要的准备时间，包括买受人受领的准备时间和出卖人交付的准备时间。在此种情况下，通常可以依据下列方法判断交付时间：（1）如果合同约定由买受人自提货物，则以出卖人通知买受人提货的时间为交付时间，但出卖人的通知一般应当采用书面形式，而且应当给买受人留有必要的准备时间。（2）如果合同约定由出卖人送货的，出卖人在交货地点将标的物交付给买受人并点收完毕的时间视为交付时间。需要指出的是，出卖人送货的，不仅应当将货物送到约定交付地点，还应将标的物的占有转移给买受人。如果买受人对标的物的质量、数量等提出异议，拒绝受领的，不能视为交付。（3）如果出卖人因买受人无正当理由拒绝受领而将标的物提存的，提存的时间视为交付时间。（4）如果合同约定由出卖人代办托运或邮寄标的物的，出卖人办理完托运或邮寄手续并将标的物交给第一承运人或邮局的时间为交付时间。

第三，买卖合同中标的物的交付期限没有约定或者约定不明确情形下，催告的行使和效力认定。《民法典》第五百一十一条第四项规定：“履行期限不明确的，债务人可以随时履行，债权人也可以随时请求履行，但是应当给对方必要的准备时间。”这里虽未使用催告一词，但债权人随时请求债务人履行的行为系实际意义上的催告，与此相似的还有《民法典》第六百七十五条中关于借款期限没有约定或者约定不明确情形下贷款人的催告行为，这里就明确使用了“催告”一词。在这种不确定期限的债务中，催告到达债务人后，除留有必要的准备时间外，应即时履行，否则构成迟延履行，承担相应违约责任。《民法典》合同编中另一处提及“催告”的是第五百六十三条第三项的规定：“有下列情形之一的，当事人可以解除合同：……（三）当事人一方迟延履行主要债务，经催告后在合理期限内仍未履行。”该处催告的前提是已经构成迟延履行（可能是未经催告的或者经过催告构成的迟延履行），经本次催告后产生债权人的法定解除权。

——最高人民法院民法典贯彻实施工作领导小组编著：《中国民法典适用大全（合同卷）》，人民法院出版社 2022 年版，第 1192~1194 页。

620. 交付转移风险规则适用的具体要件

关键词

交付转移风险　通知　现实交付　指示交付

《中华人民共和国民法典》条文

第六百零四条　标的物毁损、灭失的风险，在标的物交付之前由出卖人承担，交付之后由买受人承担，但是法律另有规定或者当事人另有约定的除外。

附录：最高人民法院主流观点

第一，标的物已经完成了交付。完成交付就是标的物的占有发生移转，也就是说要由交付的一方将标的物的占有转移给另一方，由另一方接受占有。比如，交付一方将标的物放置于受让人控制的范围内，但未作通知，则不能构成交付。完成交付不仅包括交付物，还包括交付有关所有权单证，在大宗货物买卖的情况下，如果当事人交付了所有权凭证或者提货单证，也应当认为与交付标的物具有同等效力。另外，《民法典》第六百零七条第一款规定："出卖人按照约定将标的物运送至买受人指定地点并交付给承运人后，标的物毁损、灭失的风险由买受人负担。"依据该条规定，在出卖人按照合同约定将标的物运送至买受人指定的地点并交付给承运人之后，除当事人另有约定外，标的物毁损、灭失的风险由买受人负担。第二，必须采取现实交付、简易交付、指示交付的方式。交付可以分为现实交付和拟制交付，交付原则上应当采取现实交付的方式。所谓现实交付是指动产物权的出让人将动产的占有实际地转移给受让人，由受让人直接占有该动产。简单说，现实交付就是将物从一个人的控制转移到另一个人的控制之下，从而发生动产占有的实际移转。这是交付的一般情况。拟制交付主要包括简易交付、占有改定、指示交付三种情形。在简易交付和指示交付的情况下，标的物通常也是处于买受人的占有或者控制之下，所以也应当发生风险的转移。不过，在占有改定的情况下，标的物仍由出卖人占有并没有实际交付。就风险负担而言，交付主义之下的交付不应包含占有改定，因为在此情况下，买受人并没有实际控制标的物，也无法直接享有利用标的物所产生的利益，由其承担风险不公平。第三，交付转移风险规则主要适用于买卖合同。如前所述，买卖合同主要以移转所有权为内容，而所有权的移转大多以交付的方式实现，所以《民法典》在买卖合同部分延续了依交付转移风险的标准。

——最高人民法院民法典贯彻实施工作领导小组编著：《中国民法典适用大全（合同卷）》，人民法院出版社 2022 年版，第 1219~1220 页。

621. 在未约定交付地点或约定不明的情况下，如何确定交付地点

关键词

交付地点　约定不明

《中华人民共和国民法典》条文

第六百零三条　出卖人应当按照约定的地点交付标的物。

当事人没有约定交付地点或者约定不明确，依据本法第五百一十条的规定仍不能确定的，适用下列规定：

（一）标的物需要运输的，出卖人应当将标的物交付给第一承运人以运交给买受人；

（二）标的物不需要运输，出卖人和买受人订立合同时知道标的物在某一地点的，出卖人应当在该地点交付标的物；不知道标的物在某一地点的，应当在出卖人订立合同时的营业地交付标的物。

第六百零七条　出卖人按照约定将标的物运送至买受人指定地点并交付给承运人后，标的物毁损、灭失的风险由买受人承担。

当事人没有约定交付地点或者约定不明确，依据本法第六百零三条第二款第一项的规定标的物需要运输的，出卖人将标的物交付给第一承运人后，标的物毁损、灭失的风险由买受人承担。

最高人民法院司法解释

第八条　民法典第六百零三条第二款第一项规定的“标的物需要运输的”，是指标的物由出卖人负责办理托运，承运人系独立于买卖合同当事人之外的运输业者的情形。标的物毁损、灭失的风险负担，按照民法典第六百零七条第二款的规定处理。

——《最高人民法院关于审理买卖合同纠纷案件适用法律问题的解释》（2020 年 12 月 29 日修正）。

附录：最高人民法院主流观点

出卖人在约定的交付地点向买受人交付标的物是其基本合同义务，在绝大多数情况下，当事人在合同中都会对交付地点作出明确的约定。在未约定

交付地点或约定不明的情况下，在案件审理中如何确定交付地点，是长期困扰审判实践的一个疑难、复杂问题。

就国内立法的情况来看，我国《合同法》第六十一条①、第六十二条②、第一百四十一条③的规定是关于交付地点没有约定或约定不明情况下如何确定的法律规定。这三条法律规定相互之间的关系如何，在案件审理中应当如何适用，是审判实践中首先应当注意的问题。

1. 确定交付地点之法条依据

《合同法》第六十一条规定："合同生效后，当事人就质量、价款或者报酬、履行地点等内容没有约定或者约定不明确的，可以协议补充；不能达成补充协议的，按照合同有关条款或者交易习惯确定。"据此，在当事人对合同的交付地点没有约定或约定不明且不能达成补充协议的情况下，首先应当根据合同条款来探寻当事人的真意，根据合同有关条款或者当事人之间的交易习惯确定。在通过前述方法仍然不能确定的情况下，接下来才应该根据法律规定来确定交付地点，这也是审判工作中对合同进行解释应当遵循的基本原则。

应当注意的是，《合同法》第六十二条第三项的关于确定合同履行地点的规则并不适用于买卖合同。《合同法》第一百四十一条的规定对买卖合同的交付地点作出了特殊规定，应当优先适用。在通过探寻当事人的真意仍不能确定合同交付地点的情况下，《合同法》第六十二条第三项规定：给付货币的，在接受货币一方所在地履行。交付不动产的，在不动产所在地履行。其他标的，在履行义务一方所在地履行。在审判实践中，出现过一些根据《合同法》第六十二条确定交付地点的做法。但从体系解释的角度，这种做法并不符合《合同法》的规定。从《合同法》第一百四十一条的规定来看，其使用的是"出卖人应当按照约定的地点交付标的物。当事人没有约定交付地点或者约定不明确，依照本法第六十一条的规定仍不能确定的，适用下列规定"的表述方法，该条规定并未援引《合同法》第六十二条。故应当认为，在买卖合同领域，确定交付地点的法条依据限于《合同法》第六十一条和第一百四十一条。

从法律传承的角度来看，《合同法》第六十二条的规定沿袭《民法通则》第八十八条第二款的规定。但由于其关于"履行义务一方所在地"的表述是一个不明确的概念，实践中一直存在其究竟是指买方所在地还是卖方所在地、是签订合同时履行义务一方所在地还是指履行合同时履行义务一方所在地之

---

① 对应《民法典》第五百一十条。

② 对应《民法典》第五百一十一条。

③ 对应《民法典》第六百零三条。

争，在学理上和实践中均存在不同的认识。为解决这一问题，《合同法》第一百四十一条的规定借鉴了《公约》的做法，将履行地点没有约定或约定不明情况下的交付地点确定根据标的物是否需要运输而区分为两种情形：（1）标的物不需要运输的，出卖人和买受人订立合同时知道标的物在某一地点的，出卖人应当在该地点交付标的物；不知道标的物在某一地点的，应当在出卖人订立合同时的营业地交付标的物。（2）如果标的物需要运输的，则出卖人有代办运输的义务，将货物运送于买受人。这一规定是针对买卖合同的交付地点确定的特殊规定，在审判实践中应当优先适用。

2. 根据合同有关条款确定交付地点

在根据合同条款确定交付地点方面，主要是根据当事人关于交付方式的约定来推断当事人关于交付地点的真实意思。在这一方面，审判实践中的认识存在非常大的分歧。由于交付地点的确定直接关系到案件管辖的确定，且司法实践中客观存在着"法院争管辖"和"当事人打管辖"这两种不正常的诉讼现象，使得关于这一问题的看法迟迟未能取得一致认识。

参考大陆法系的通行法理和《公约》的规定，对于合同约定卖方送货和买方自提这两种固定地点买卖而言，可以做如下界定：

当事人在合同中没有约定交货地点的，采用送货方式，即出卖人自备运输工具或自行委托承运人将货物运至买受人所在地或合同约定地点的，不论运费由谁承担，货物送达地为标的物交付地；采用自提方式，即买受人自备运输工具或自行委托承运人到出卖人所在地或合同约定地点提取货物的，不管运费由谁承担，提货地为合同履行地；在合同履行中，买受人请求出卖人将标的物运送至合同约定的交付地点以外的地点的，交付地点为变更后的地点。

——最高人民法院民事审判第二庭编：《最高人民法院关于买卖合同司法解释理解与适用》，人民法院出版社 2012 年版，第 209~215 页。

622. 以占有改定方式交付货物，买受人主张货物未实际交付，出卖人仅持有货权确认单无其他证据证明货物已实际交付的，由出卖人承担举证不能的不利后果

关键词

买卖合同纠纷　占有改定　实际交付

最高人民法院裁判文书

高氏公司与方正公司、禾嘉公司、丰源汇公司、阮卿、高杰买卖合同纠

纷案［最高人民法院（2021）最高法民再 54 号民事裁定书］

裁判要旨：当事人在合同中约定以占有改定的方式交付货物，同时约定出卖人负有向他人转移货物义务的，在双方就货物是否实际交付产生纠纷，买受人主张货物未实际交付，出卖人以买受人向其出具的货权确认单抗辩货物已实际交付的，因货权确认单只是在占有改定交付的情况下买受人对货物所有权转移的确认，而非法定的交付凭证，出卖人仍应就其已实际交付货物承担进一步的举证责任，举证不能的，应认定货物未实际交付并由出卖人承担不利后果。

最高人民法院认为：一、关于高氏公司是否为案涉玉米采购合同的实际相对方问题

经查，阮卿在其于 2015 年向北京大学提交的举报材料中所陈述的 2013 年 11 月起高氏公司通过禾嘉公司与方正公司合作签订 7 号合同与 14 号合同并于当月收取 1000 万元款项的事实，与本案在卷证据、已查明的事实及方正公司、禾嘉公司关于高氏公司系合同实际相对方的陈述均能互相印证。阮卿在提交该举报材料时，亦系高氏公司的法定代表人。其在本案诉讼过程中，虽对举报材料中相关内容不予认可，并否认 7 号合同与 14 号合同系高氏公司通过禾嘉公司与方正公司签订这一事实，但未能提供证据证明。高氏公司亦未能提供证据证明其与禾嘉公司就案涉交易存在其他约定。相反，从案涉玉米采购一系列交易行为看，方正公司作为买方，虽将 3000 万货款汇入禾嘉公司，但禾嘉公司收到该货款后，第一时间悉数汇给了高氏公司；3000 万货款对应的是 15000 吨玉米，高氏公司承认直接向方正公司打回了 1000 万元货款以冲抵 5000 吨玉米的供货义务，而没有通过禾嘉公司退回该款项；高氏公司的上述直接退款行为，和其再审主张的只与禾嘉公司存在买卖合同关系的理由自相矛盾。由此可见，依据现有证据，足以认定高氏公司系 7 号合同与 14 号合同的实际相对方，应承担合同责任，禾嘉公司仅为方正公司与高氏公司间的“通道”公司，原一、二审法院依据《中华人民共和国合同法》第四百零二条规定认定高氏公司为案涉合同的实际相对方，事实和法律依据充分。本院对高氏公司该项再审申请理由，依法不予支持。

二、关于高氏公司是否已完成案涉 10000 吨玉米的合同交付义务问题

7 号合同与 14 号合同均为玉米采购合同，签订时间仅间隔 1 个月，主体均为方正公司与高氏公司，目的均系方正公司欲通过高氏公司购买玉米并转交国储粮库进而赚取差价。上述两份合同在内容上虽存在部分不同，但最终目的均是方正公司购买高氏公司于 2013 年收购的玉米并由高氏公司暂时保管，直至国储粮库开仓收粮时再通过高氏公司将所购玉米转卖当地国储粮库，

从而通过差价赚取利润，且上述合同中均对由高氏公司承担保管、出库及将案涉玉米交付国储粮库等义务有明确约定。《中华人民共和国合同法》第一百三十五条规定：“出卖人应当履行向买受人交付标的物或者交付提取标的物的单证，并转移标的物所有权的义务。”在方正公司已举证证明 2000 万元玉米货款如约给付的情况下，高氏公司作为 7 号合同与 14 号合同的实际相对方，应对其已完成案涉 10000 吨玉米的合同交付义务承担举证责任。

高氏公司在原审中主张案涉 10000 吨玉米已交付的依据为方正公司出具的三份《货权确认单》。经查，《货权确认单》并非法定的物权凭证，不能单独作为认定高氏公司已完成合同全部交付义务的证据；从 7 号合同与 14 号合同中关于玉米买卖、保管及出库交付的约定看，案涉《货权确认单》实际上是双方对案涉玉米结算和所有权占有改定的凭证，即在不转移占有的情况下，自方正公司出具《货权确认单》时，案涉玉米归方正公司所有。但在玉米所有权转移至方正公司后，7 号合同与 14 号合同并未履行完成，高氏公司仍负有继续保管、出库及将案涉玉米交付国储粮库的义务。本案在卷证据显示，除《货权确认单》外，高氏公司未能提供其他证据证明其履行了出库及将案涉玉米转交国储粮库的义务，故其应当承担举证不能的不利后果。据此，原二审判决认定案涉 10000 吨玉米并未交付，在方正公司主张解除合同的情况下，高氏公司应承担返还 2000 万元货款及利息的责任，理据充分。高氏公司该项再审申请理由，依法不能成立。

——中国裁判文书网。

623. 在买受人代为保管多交付的标的物期间，如果买受人因为保管行为而承受额外的损失，该部分损失由出卖人承担

关键词

保管行为　代为保管

附录：最高人民法院主流观点

在买受人代为保管多交付的标的物期间，如果买受人因为保管行为而承受额外的损失，该部分损失由出卖人承担还是买受人承担？有观点认为，应当由买受人自担，而不应由出卖人承担。理由在于：买受人为保管该部分标的物所支出合理费用，固然是出卖人应承担的当然的、必需的费用；而保管期间买受人因保管行为所承受的额外损失却非出卖人所能预料且该损失并不必然发生；因此，出卖人无须对此部分损失承担责任。

最高人民法院买卖合同司法解释起草小组经研究认为，由此造成的损失

仍应由出卖人承担。理由在于：（1）损失因保管行为而起，而代为保管的行为系因出卖人的瑕疵履行所引发。（2）买受人代为保管系为出卖人的利益所为，出卖人是保管行为的受益者。（3）买受人代为保管，系基于诚实信用和协助履行原则而承担的善意协助义务，只要其对损失的发生已尽善良管理人之一般注意义务即可。（4）如损失系因买受人故意或者重大过失所致，则说明买受人未尽保管之责，由此造成的损失则无权要求出卖人承担。如果买受人对损失的产生并无故意或者重大过失，基于买受人此种保管行为的特殊性质及"轻微过失免责"之法理，出卖人仍应当对损失承担赔偿责任。

——最高人民法院民事审判第二庭编：《最高人民法院关于买卖合同司法解释理解与适用》，人民法院出版社 2012 年版，第 124 页。

624. 允许合同双方以特别约定的方式排除出卖人的权利瑕疵担保义务

关键词

权利瑕疵　特别约定　意思自治　强制性规定

《中华人民共和国民法典》条文

第六百一十二条　出卖人就交付的标的物，负有保证第三人对该标的物不享有任何权利的义务，但是法律另有规定的除外。

附录：最高人民法院主流观点

私法领域意思自治是基本原则，因此，买受人知道标的物存在权利瑕疵而愿意签订合同，或者虽在订立合同之时不知道或者不应当知道标的物存在权利瑕疵，但仍自愿与出卖人约定即使存在权利瑕疵其也愿意购买的，原则上应尊重其自主意思。买受人基于其自主意思作出的自由约定，可以认定为其在权衡标的物可能存在的瑕疵对其合同目的的影响程度、交易对价的公平合理性等因素后对交易风险的公平安排，法律不应过多干预。当然，如果该约定违反了法律行政法规的强行性规定、有损公序良俗的，则应认定无效。例如，在权利人恶意不告知权利瑕疵情形，因其构成欺诈，故债务人据此签订免责特约的，不应认定其效力。一些国家和地区对此进行了规定。《法国民法典》第一千六百二十七条规定，当事人得以特别协议约定，增加或减少此项当然义务之效力；当事人甚至可以约定，出卖人不负任何担保义务。第一千六百二十八条规定，尽管有出卖人不负任何担保义务的约定，但仍应对属于其个人行为引起的担保承担义务，任何相反约定均无效。《德国民法典》第四百四十四条规定，出卖人恶意不告知瑕疵或者已经承担对物的性质的担保的，即不得援用排除或者限制买受人因瑕疵而享有的权利的协议。

——最高人民法院民法典贯彻实施工作领导小组主编：《中华人民共和国民法典合同编理解与适用》，人民法院出版社 2020 年版，第 937~938 页。

625. 订立买卖合同时，买受人负有对标的物权利瑕疵审查的注意义务

关键词

买卖合同　权利瑕疵　注意义务

《中华人民共和国民法典》条文

第六百一十三条　买受人订立合同时知道或者应当知道第三人对买卖的标的物享有权利的，出卖人不承担前条规定的义务。

附录：最高人民法院主流观点

在审判实践中存在的问题是，买受人在订立买卖合同时，是否负有审查标的物是否具有权利瑕疵的注意义务？对于物的瑕疵，《民法典》规定了买受人负有的瑕疵检验义务，但对于权利瑕疵则并无明文规定。这使买卖双方在权利义务方面就出现了一定程度的失衡。但如前所述，对买受人“应当知道”的界定是指买受人应尽到交易方的一般注意义务而未尽到导致其应知而未知的情形。故我们认为，《民法典》第六百一十三条关于买受人“应当知道”的规定，实质是明确了买受人在订立买卖合同时，负有对标的物是否具有权利瑕疵进行审查的注意义务。例如，在转让不动产权利时，因不动产权属以登记作为设立、变更、消灭的法定要件，故买受人负有审查不动产登记簿上相关权属情况的义务。在其应审查而不审查的情形下，应认定其应知而未知。再如，买受人作为专业从事某项交易的从业方，明知有查阅登记簿，甚至进一步调查之交易习惯而不进行审查调查，也应认定为其应知而未知。但在司法实务中，应注意处理好买受人注意义务与出卖人权利瑕疵担保义务的关系。权利瑕疵担保义务是出卖人的主要义务，是法定义务，一般不宜轻易排除，首先应明确出卖人基于瑕疵担保义务，应负有在订立合同时全面准确及时披露标的物权利瑕疵的义务，不能认为买受人存在审查义务就可以当然据此免除出卖人的权利瑕疵担保义务。

关于买受人所尽审查义务的标准问题，有形式审查说和实质审查说两种观点。我们认为，鉴于出卖人占有标的物，买受人实际上并无过多能力判断

第三人是否对标的物享有权利，故对其应尽注意义务的判断标准，倾向认为只要其依法依约和交易习惯尽到了形式审查义务即可，并不要求其进行实质审查。

——最高人民法院民法典贯彻实施工作领导小组主编：《中华人民共和国民法典合同编理解与适用》，人民法院出版社 2020 年版，第 945~946 页。

626. 异地买卖引发的货物运输风险是由买受人还是出卖人承担

关键词

异地买卖　货物运输风险

最高人民法院司法解释

第八条　民法典第六百零三条第二款第一项规定的“标的物需要运输的”，是指标的物由出卖人负责办理托运，承运人系独立于买卖合同当事人之外的运输业者的情形。标的物毁损、灭失的风险负担，按照民法典第六百零七条第二款的规定处理。

——《最高人民法院关于审理买卖合同纠纷案件适用法律问题的解释》（2020 年 12 月 29 日修正）。

附录：最高人民法院主流观点

随着社会经济的发展，异地买卖已经成为买卖合同纠纷的主要类型，异地买卖往往涉及货物的运输，而且在运输过程中货物往往会因各种风险而出现毁损或者灭失的情况。由此而引发的货物运输风险究竟是由买受人或者是出卖人承担，审判实践中围绕应当如何理解和适用《合同法》第一百四十一条[①]第二款第一项和第一百四十五条[②]的问题经常引发争议。我们认为，对这一问题可以区分为两个层面加以分析：

1. 出卖人对“需要运输的”标的物负有代办运输义务

如果合同的标的物需要运输，在绝大多数情况下，双方当事人在合同中都会明确约定由谁办理运输及运输费用由谁负担。在国际贸易中，这种约定往往是以贸易术语或交货条件的方式体现出来。例如在 CIF、CFR 交货条件下，出卖人必须订立有关的运输合同。从实践中的情况来看，对需要运输的标的物而双方当事人没有约定如何运输的情况极为少见。一般来说，在合同

① 对应《民法典》第六百零三条。

② 对应《民法典》第六百零七条。

没有特别约定由出卖人负责代办运输的情况下，办理货物运输应该是买受人自己的事务。申言之，在《合同法》第一百四十一条第二款第一项所规定的情形下，出卖人本可不负担代办运输义务，但基于诚实信用和互助协作的履行规则，《合同法》第一百四十一条规定了出卖人负有代办运输的附随义务或协助义务。

2. 出卖人将货物移交给承运人即构成交付

我们认为，在理解《合同法》第一百四十一条第二款第一项和第一百四十五条所规定的“将标的物交付给第一承运人”时，应当采用比较法解释方法，借鉴《公约》的立法思路来解释这里的“交付”的含义。也就是说，这里所称的交付，是指出卖人向承运人转移标的物的实际占有的行为。只要出卖人向承运人移交了标的物，风险就相应地发生了转移，不论出卖人所交付的标的物是否符合合同的要求。这种解释也符合国际贸易中的惯例和通常做法。

3. “承运人”是独立于买卖双方之外的运输业者

对需要运输的标的物，如果买卖合同中对交付地点没有约定或约定不明，在具体履行过程中，既可以由买受人自备运输工具或雇佣承运人上门提货，也可以由出卖人用自己的车辆送货上门，或者雇佣独立承运人代为运输。这三种情况下，风险转移的规则是否均可适用《合同法》第一百四十五条的规定，实践中的认识并不一致。

从文本来源的角度，《合同法》第一百四十一条和第一百四十五条的规定显然系借鉴了《公约》第六十七条第一款关于“当买卖合同涉及货物运输，而出卖人没有义务在某一特定地点交付货物时，风险自货物按照买卖合同交付给第一承运人而运交买受人时转移到买受人承担”的规定，因此，我们在解释《合同法》第一百四十一条和第一百四十五条中“需要运输”的含义时，首先应当探究公约是在何种意义上使用“合同涉及货物的运输”这一表述方式。

对于公约第六十七条第一款关于“涉及货物的运输”的规定应当排除出卖人以自己的运输工具送货上门这一点，学界的认识并不存在分歧。那么，基于“举重以明轻”的解释规则，既然出卖人将标的物交付给第一承运人以运送于买受人时即视其交付义务已完成，那么当买受人自备运输工具自出卖人处提货时，当然应解释为出卖人的交付义务自买受人提货时已经视为完成，风险负担亦自此时起移转于买受人。

因此，在买卖合同对交付地点没有约定或约定不明的情况下，不是所有标的物涉及运输的合同都适用《合同法》第一百四十五条规定的风险负担转移规则，在解释适用时需要将买受人自行负责运输和出卖人负责送货上门这两种情况排除在外，第一承运人必须是独立于合同当事人之外的主体，风险只有在将货物交付给独立的承运人时起才发生转移。

——最高人民法院民事审判第二庭编：《最高人民法院关于买卖合同司法解释理解与适用》，人民法院出版社 2012 年版，第 215~218 页。

627. 把握减价与瑕疵程度、过错等的关系

关键词

减价　瑕疵程度　过错

最高人民法院司法解释

第十七条　标的物质量不符合约定，买受人依照民法典第五百八十二条的规定要求减少价款的，人民法院应予支持。当事人主张以符合约定的标的物和实际交付的标的物按交付时的市场价值计算差价的，人民法院应予支持。

价款已经支付，买受人主张返还减价后多出部分价款的，人民法院应予支持。

——《最高人民法院关于审理买卖合同纠纷案件适用法律问题的解释》（2020 年 12 月 29 日修正）。

附录：最高人民法院主流观点

人民法院在审判实践中适用《买卖合同解释》第二十三条规定时，应当注意把握减价与瑕疵程度、过错等的关系。

因减价实际上是根据“按质论价”的原则对原合同价格条款所做的变更，只要质量不符合约定致使标的物的价值或效用降低，即有适用减价责任的余地，不以质量瑕疵的程度为适用依据。但在具体计算减价的额度时，标的物质量不符合约定的瑕疵程度则是一个重要的参考因素。从当事人的主观要件上看，因大陆法系传统上一直将减价作为物的瑕疵担保义务的效力内容，而违反瑕疵担保义务的民事责任为无过错责任，故减价不以过错为要件。在我国，减价是违约责任的一种方式，而我国《合同法》中的违约责任采取无过错原则，所以在当事人没有特别约定的情况下，减价的成立也不以出卖人对质量瑕疵存在过错为条件。故人民法院在衡量当事人一方的减价主张是否应得到支持时，无须考量标的物瑕疵是否显著及出卖人是否具有过错等因素，也不应要求主张减价的买受人就标的物的瑕疵具有显著性以及出卖人具有过错等承担举证责任。在这方面，减价与合同解除存在明显不同。减价只引起合同等价关系的调整，而不引起合同给付最终性的清算了结，故不要求具备显著性瑕疵的条件。在轻微瑕疵的情形下，买受人虽然不能够主张解除合同，

但因为买受人并没有得到自己按照合同有权得到的给付利益，故可以主张减价。合同解除却要求瑕疵具有显著性的条件，也就是要求瑕疵应达到一定的程度，如果瑕疵并不显著，则买受人不得解除合同。

——最高人民法院民事审判第二庭编：《最高人民法院关于买卖合同司法解释理解与适用》，人民法院出版社 2012 年版，第 384 页。

628. 物的瑕疵担保责任与产品责任的关系

关键词

瑕疵担保责任　产品责任

《中华人民共和国民法典》条文

第六百二十三条　当事人对检验期限未作约定，买受人签收的送货单、确认单等载明标的物数量、型号、规格的，推定买受人已经对数量和外观瑕疵进行检验，但是有相关证据足以推翻的除外。

附录：最高人民法院主流观点

我国《产品质量法》既规定了产品瑕疵担保责任又规定了产品责任。产品瑕疵担保责任是物的瑕疵担保责任的一种，是指出卖人违反担保义务，出售的产品存在瑕疵而应当承担的违约责任。产品责任是指产品存在缺陷给受害人造成人身伤害或产品以外的财产损失由生产者或销售者承担的责任，它是一种特殊的侵权责任。

二者的区别主要有以下几个方面：（1）性质不同。前者是一种特殊的违约责任，后者是特殊的侵权责任。这是二者最主要的区别，也是产生其他区别的基础原因。（2）责任的承担主体不同。物的瑕疵担保责任的承担主体是产品的销售者，产品责任的承担主体是产品生产者或销售者。（3）免责事由的不同。产品责任的质量问题比瑕疵产品的质量问题严重，达到了对人身、他人财产构成不合理危险的程度，所以瑕疵产品民事责任可以通过事先约定免除，而缺陷产品责任不能通过事先约定加以排除或变更。（4）责任的承担方式不同。对瑕疵产品，销售者应当负责修理、更换、退货以及赔偿损失，对缺陷产品造成的损失应当以全面赔偿为原则进行赔偿。

——最高人民法院民事审判第二庭编：《最高人民法院关于买卖合同司法解释理解与适用》，人民法院出版社 2012 年版，第 294 页。

629. 一次性包总价买卖合同中，因买受方原因增加成本费用而双方未能协商一致的，应认定由买受方承担该费用

关键词

一次性包总价　买卖合同　给付责任

最高人民法院裁判文书

软控公司与蓝英公司买卖合同纠纷案［最高人民法院（2021）最高法民申 5373 号民事裁定书］

裁判要旨：一次性包总价买卖合同中，双方仅约定因出卖方原因增加的成本费用由出卖方承担，而对因买受方原因增加的成本费用由谁承担没有约定的，在双方未能就此达成补充协议或形成一致意见，对合同相应条款理解又存在争议的情况下，应依据《中华人民共和国合同法》第六十条、第六十一条[①]规定认定因买受方原因增加的成本费用由买受方承担。

最高人民法院经审查认为，关于原审认定增加的成本费用 992.18 万元及利息由软控公司承担是否正确问题。经查，软控公司与蓝英公司均认可双方在《自动化物流技术文件》中明确约定"……施工设计……与技术文件不同时，乙方需取得甲方同意，才能进行变更，变更产生的费用由乙方负责"，但并未约定在非因乙方（蓝英公司）原因造成费用增加的情形下由谁承担给付义务。在成本费用实际增加后，软控公司与蓝英公司就该费用已通过《合肥万力自动化物流系统有关设备变更的情况说明》予以确认。原审在软控公司与蓝英公司对该笔费用由谁承担给付义务没有约定又无法协商一致的情况下，适用《合同法》第六十一条规定和第六十二条[②]规定认定由软控公司承担该费用的给付义务，符合日常交易习惯，认定事实与适用法律均无不当，软控公司该项再审申请理由，依法不能成立。

① 对应《民法典》第五百零九条、第五百一十条。

② 对应《民法典》第五百一十一条。

630. 分期付款的意思表示应在订立买卖合同时作出

关键词

分期付款　意思表示　合同订立　买卖合同

《中华人民共和国民法典》条文

第六百三十四条　分期付款的买受人未支付到期价款的数额达到全部价款的五分之一，经催告后在合理期限内仍未支付到期价款的，出卖人可以请求买受人支付全部价款或者解除合同。

出卖人解除合同的，可以向买受人请求支付该标的物的使用费。

最高人民法院司法解释

第二十七条　民法典第六百三十四条第一款规定的“分期付款”，系指买受人将应付的总价款在一定期限内至少分三次向出卖人支付。

分期付款买卖合同的约定违反民法典第六百三十四条第一款的规定，损害买受人利益，买受人主张该约定无效的，人民法院应予支持。

第二十八条　分期付款买卖合同约定出卖人在解除合同时可以扣留已受领价金，出卖人扣留的金额超过标的物使用费以及标的物受损赔偿额，买受人请求返还超过部分的，人民法院应予支持。

当事人对标的物的使用费没有约定的，人民法院可以参照当地同类标的物的租金标准确定。

——《最高人民法院关于审理买卖合同纠纷案件适用法律问题的解释》（2020 年 12 月 29 日修正）。

附录：最高人民法院主流观点

对于分期付款买卖的认定，存在不同观点。有观点认为，“分期付款应基于最初的约定，出卖人于契约订立后始表同意分期付款者，非分期付款买卖。”类似观点还有“分期付款必须是基于合同的约定，如果出卖人于合同订立后始表示同意买受人分期付款的，则不是分期付款买卖，而是对普通买卖合同履行期限的变更。”另有观点认为，“只要当事人就分期付款买卖达成了合意（包括对于原普通买卖变更为分期付款买卖的合意），则应当尊重当事人的意愿，认同其为分期付款买卖。至于合意成就的时间对于合意性质的认定并无特别意义。”我们认为，与普通买卖相比，特种买卖的构成需满足特定条件。分期付款是由出卖人向买受人授信，出卖人需要承担更多信用风险，故在实际生活中，与普通买卖中的一次性付款相比，相同标的物在价款分期支付形式下，买受人需要支付的价款高于一次性支付（《德国民法典》第五百零六条第一款规定的“有偿的支付推迟”），或者在价格相同的情况下需要买受人支付占用相应资金而产生的额外利息，买受人多支付的部分与出卖人额外承担的风险相对应，也是买受人获得期限利益的对价。因此，分期付款买卖在订立合同时就应达成分期付款的意思表示，否则不能构成分期付款买卖。

——最高人民法院民法典贯彻实施工作领导小组主编：《中华人民共和国民法典合同编理解与适用》，人民法院出版社 2020 年版，第 1050~1051 页。

631. 买受人非试用行为的认定

关键词

非试用行为　同意购买　试用标的物　负担行为

《中华人民共和国民法典》条文

第六百三十八条　试用买卖的买受人在试用期内可以购买标的物，也可以拒绝购买。试用期限届满，买受人对是否购买标的物未作表示的，视为购买。

试用买卖的买受人在试用期内已经支付部分价款或者对标的物实施出卖、出租、设立担保物权等行为的，视为同意购买。

附录：最高人民法院主流观点

对买受人的非试用行为是否视为同意购买，核心在于该行为是否超出了试用标的物的必要限度和范围。买卖双方对于试用标的物的方式、过程及范围有约定的，依其约定进行判断；没有约定的，应根据买受人的行为是否超出试用所需程度和范围进行判断。（1）买受人的非试用行为应理解为负担行为，不要求是处分行为，只需使标的物发生债的关系即可，无须产生物权变动的实际后果。（2）除了法律规定明确列举的出卖、出租、设立担保物权，其他诸如出借、赠与等具有类似性质的行为，均非试用所必须，也应作相同解释。（3）出卖人让渡标的物的使用权甚至占有权，承担了一定风险，应当考虑对出卖人信赖利益的保护，如果买受人的行为使得标的物的性状、效用发生了变化、毁损，应当认定为非试用行为。（4）非试用行为仅针对标的物的一部分时，能否视为对全部标的物同意购买，应当结合该部分与标的物整体的关系确定。如果非试用行为所涉部分标的物与标的物整体不可分割，否则会影响标的物其他部分的或整体的性能、效用，则应将部分与整体视为一体，将该非试用行为认定为同意购买所有标的物的意思表示；如果该部分标的物相对独立，与标的物的其他部分均能独立发挥效用，则应将该非试用行为视为仅对所涉部分标的物同意购买。

——最高人民法院民法典贯彻实施工作领导小组编著:《中国民法典适用大全（合同卷）》，人民法院出版社 2022 年版，第 1451~1452 页。

632. 融资法律关系中的机动车转让认定

关键词

分期付款　汽车消费金融　机动车所有权　让与担保　售后回租

《中华人民共和国民法典》条文

第一千二百一十条　当事人之间已经以买卖或者其他方式转让并交付机动车但是未办理登记，发生交通事故造成损害，属于该机动车一方责任的，由受让人承担赔偿责任。

最高人民法院司法解释

第二十四条　借贷双方没有约定利息，出借人主张支付利息的，人民法院不予支持。自然人之间借贷对利息约定不明，出借人主张支付利息的，人民法院不予支持。除自然人之间借贷的外，借贷双方对借贷利息约定不明，出借人主张利息的，人民法院应当结合民间借贷合同的内容，并根据当地或者当事人的交易方式、交易习惯、市场报价利率等因素确定利息。

——《最高人民法院关于审理民间借贷案件适用法律若干问题的规定》（2020 年 12 月 29 日修正）。

附录：最高人民法院主流观点

实践中，由于汽车消费金融的存在，分期付款情形也较为常见。这种分期付款中，多数约定，在分期付款全额付清前，机动车所有权仍由出卖人保留。这种情况，符合真实转让的意思，具备交付的形式。特别是，机动车的实际支配和风险控制由实际受让人所享有，与《民法典》第一千二百一十条的规范意图并无冲突。《最高人民法院关于购买人使用分期付款购买的车辆从事运输因交通事故造成他人财产损失保留车辆所有权的出卖方不应承担民事责任的批复》（法释〔2000〕38 号）规定，采取分期付款方式购车，出卖方在购买方付清全部车款前保留车辆所有权的，购买方以自己名义与他人订立货物运输合同并使用该车运输时，因交通事故造成他人财产损失的，出卖方不承担民事责任。

需要注意的是，有两种情况在实践中与分期付款买卖较为相似，但法律效果未必相同。一是所有权的让与担保。由于机动车本身相对于其他动产具有较高价值，债务人为进行融资，有时将机动车名义上出让给债权人为自己的债务进行担保。让与担保的问题，《最高人民法院关于审理民间借贷案件适用法律若干问题的规定》第二十四条以及《民商审判会议纪要》已经作出规范。根据《民商审判会议纪要》第七十一条，约定将财产形式上转让至债权人名下，债务人到期清偿债务，债权人将该财产返还给债务人或第三人，债务人到期没有清偿债务，债权人可以对财产拍卖、变卖、折价偿还债权。合同如果约定债务人到期没有清偿债务，财产归债权人所有的，该部分约定无效，但不影响合同其他部分的效力。当事人根据上述合同约定，已经完成财产权利变动的公示方式转让至债权人名下，债务人到期没有清偿债务，债权人请求确认财产归其所有的，人民法院不予支持，但债权人请求参照法律关于担保物权的规定对财产拍卖、变卖、折价优先偿还其债权的，人民法院依法予以支持。与机动车交通事故损害赔偿相关的是，有时机动车的让与担保并不转移占有或不进行交付，根据实际控制原则，发生交通事故造成损害的，仍应由实际占有的原所有权人承担赔偿责任。二是售后回租，此种情况与让与担保并不相同，当事人之间虽有所有权转让的合意，但同时约定有最终的结算和财产评估，并未像流质那样直接约定所有权归出借人。对这种实践中常见、国际通行的融资性合同，应依法确认其效力。但若机动车并不转移占有，不符合《民法典》第一千二百一十条规定的要件，实际占有使用的所有权人仍应承担赔偿责任。

——最高人民法院民法典贯彻实施工作领导小组编：《中华人民共和国民法典侵权责任编理解与适用》，人民法院出版社 2020 年版，第 373~374 页。

633. 销售已过保质期的食品，构成经营者“明知”

关键词

食品安全　食品保质期　明知

最高人民法院公布的典型案例

李某与某购物广场买卖合同纠纷案

裁判要旨：食品已过标明的保质期，但经营者仍然销售，消费者主张食品经营者构成《食品安全法》第一百四十八条第二款规定

的经营者“明知”的，人民法院应予支持。

（一）简要案情

2018 年 10 月 22 日，李某在某购物广场购买“戗面馒头”一袋，该商品外包装载明该食品保质期至 2018 年 10 月 20 日。购买后发现该食品为过期食品。李某认为该购物广场的销售行为违反《食品安全法》第三十四条关于“禁止生产经营下列食品、食品添加剂、食品相关产品：（十）标注虚假生产日期、保质期或者超过保质期的食品、食品添加剂”的规定，遂提起诉讼，请求判令被告退还货款并给予原告赔偿金 1000 元。

（二）判决理由

人民法院认为，原告李某为主张其与被告存在买卖合同关系，向法院提交了购物发票、照片、商品实物，原告证据已经形成锁链，作为消费者其已完成了相应的举证责任。根据相关法律规定，食品销售者负有保证食品安全的法定义务，应当对不符合安全标准的食品及时清理下架。现案涉商品出售的日期已经超过保质期，应当认定某购物广场销售了明知是不符合食品安全标准的食品。根据《食品安全法》第一百四十八条第二款规定，生产不符合食品安全标准的食品或者经营明知是不符合食品安全标准的食品，消费者除要求赔偿损失外，还可以向生产者或者经营者要求支付价款十倍或者损失三倍的赔偿金；增加赔偿的金额不足一千元的，为一千元。但是，食品的标签、说明书存在不影响食品安全且不会对消费者造成误导的瑕疵的除外。原告主张赔偿款 1000 元的诉讼请求，符合法律规定，依法应予支持。判决某购物广场退还李某货款并支付李某赔偿金 1000 元。

——《最高人民法院发布 5 起食品安全民事纠纷典型案例》（2020 年 12 月 9 日）。

634. 食品经营者未依法履行进货查验义务构成经营者“明知”

关键词

进货查验义务　食品安全　明知

最高人民法院公布的典型案例

吴某与某电子商务有限公司买卖合同纠纷案

裁判要旨：经营者怠于履行进货查验义务即对食品进行销售，致不符合安全标准的食品售出，属于经营明知是不符合食品安全标

准的食品的行为。

（一）简要案情

某电子商务有限公司在第三方交易平台开设网络店铺。2018 年 4 月，吴某在该公司开设的网络店铺购买一盒天然虫草素含片。该商品的外包装标注生产日期为 2018 年 2 月 9 日，保质期 24 个月，产品参数显示了涉案产品的生产许可证标号以及执行许可证标号。

吴某收到商品后认为与平台页面显示信息不符，后向当地食药监局投诉。经食药监局调查发现，吴某在某电子商务有限公司购买的天然虫草素含片上标注的生产日期 2018 年 2 月 9 日晚于案涉产品《全国工业产品生产许可证》的有效期 2015 年 12 月 16 日。某电子商务有限公司接受调查时承认销售事实，并表示案涉商品于产品生产许可证失效前所生产，其在接到吴某订单后直接联系生产商发货，生产商将案涉商品生产日期改为 2018 年 2 月 9 日并直接发出，某电子商务有限公司未经查验产品的相关生产资质材料即委托生产商发货。食药监局认为，某电子商务有限公司销售标注虚假生产日期食品的行为违反了《食品安全法》的规定并对其作出行政处罚，对其销售标注虚假生产日期的食品的行为，没收违法所得，并处货值金额一倍的罚款；对其进货时未查验许可证和相关证明文件及未按规定建立并遵守进货查验记录、出厂检验记录和销售记录制度的行为，责令改正，给予警告。

（二）判决理由

人民法院认为，根据《食品安全法》第五十三条的规定，食品经营者采购食品，应当查验供货者的许可证和食品出厂检验合格证或者其他合格证明；食品经营企业应当建立食品进货查验记录制度，如实记录食品的名称、规格、数量、生产日期或者生产批号、保质期、进货日期以及供货者名称、地址、联系方式等内容，并保存相关凭证。就本案查明事实，食药监局向某电子商务有限公司出具的行政处罚决定书载明该公司在案涉产品进货时未履行查验义务，某电子商务有限公司在本案审理过程中亦认可其未对案涉产品进行检查。该公司怠于履行进货查验义务即对案涉产品进行销售，致超过食品生产许可证有效期、标注虚假生产日期的涉案产品售出，上述行为属于《食品安全法》第一百四十八条第二款规定的经营明知是不符合食品安全标准的食品的行为，因此判令某电子商务有限公司向吴某退货退款并支付十倍惩罚性赔偿金。同时，案涉商品已过保质期，吴某将商品退还某电子商务有限公司后，该公司应将案涉商品予以销毁，不得再次上架销售。

——《最高人民法院发布 5 起食品安全民事纠纷典型案例》（2020 年 12 月 9 日）。

635. 食品安全惩罚性赔偿不以造成人身损害为前提

关键词

食品安全　惩罚性赔偿　人身损害　网络购物合同

最高人民法院公布的典型案例

郑某与某儿童食品公司网络购物合同纠纷案

裁判要旨：食品不符合食品安全标准，消费者主张生产者或者经营者依据《食品安全法》第一百四十八条第二款规定承担惩罚性赔偿责任，生产者或者经营者以未造成消费者人身损害为由抗辩的，人民法院不予支持。

（一）简要案情

2015 年 10 月 20 日，郑某在某儿童食品公司的网上店铺购买果冻一盒。后郑某在食用过程中，发现其中一个果冻存在异物（注：该果冻未拆封），经辨认后发现异物为蜘蛛。该果冻亦为某儿童食品公司生产。双方协商未果，郑某提起诉讼请求某儿童食品公司向其退还货款并支付赔偿金 1000 元。

（二）法院裁判

人民法院认为，消费者的合法权益受法律保护。郑某在被告网上店铺购买的由被告生产的果冻，在食用过程中发现其中一个果冻存在类似蜘蛛状的异物，根据《GB19299 – 2015 食品安全国家标准果冻》“3.2 感官要求状态无正常视力可见的外来异物”之规定，案涉果冻为不符合食品安全标准的食品。根据《食品安全法》第一百四十八条第二款规定，生产不符合食品安全标准的食品或者经营明知是不符合食品安全标准的食品，消费者除要求赔偿损失外，还可以向生产者或者经营者要求支付价款十倍或者损失三倍的赔偿金；增加赔偿的金额不足一千元的，为一千元。但是，食品的标签、说明书存在不影响食品安全且不会对消费者造成误导的瑕疵的除外。本案中，虽然郑某并未食用该有异物的果冻，未提交证据证明该食品给其造成了人身损害后果，但食品安全法规定的惩罚性赔偿不以消费者人身权益遭受损害为前提。故郑某要求被告退还物款并支付 1000 元赔偿金的诉讼请求，于法有据，应予以支持。遂判决某儿童食品公司向郑某退还货款并支付赔偿金 1000 元。

——《最高人民法院发布 5 起食品安全民事纠纷典型案例》（2020 年 12 月 9 日）。

636. 进口食品不符合我国食品安全国家标准的，经营者不能以食品已过出入境检验检疫为由主张免责

关键词

网络购物合同　食品安全　进口食品　出入境检验检疫

最高人民法院公布的典型案例

江某诉某信息技术有限公司网络购物合同纠纷案

裁判要旨：进口食品必须符合我国食品安全国家标准。如果进口食品不符合我国食品安全国家标准，进口食品经营者仅以进口食品已经过出入境检验检疫为由提出免责抗辩的，对其抗辩人民法院不应当支持。

（一）简要案情

某信息技术有限公司在某电子商务平台开设网店，出售进口维生素胶囊食品。江某在该网店购买30瓶维生素胶囊食品，共支付货款8000元。根据原食品药品监管总局《关于含非普通食品原料的食品定性等相关问题的复函》和《食品安全国家标准　食品添加剂使用标准》（GB2760 – 2011）的规定，该维生素胶囊食品违法添加了食品添加剂。江某遂以某信息技术有限公司在网店上出售的维生素胶囊食品违反我国食品安全国家标准为由，起诉该公司承担惩罚性赔偿责任。

（二）法院裁判

人民法院认为，虽然该进口食品已经过我国出入境检验检疫机构检验检疫，但这并不代表进口食品必然符合我国食品安全国家标准。原国家食品药品监督管理总局《关于含非普通食品原料的食品定性等相关问题的复函》和《食品安全国家标准　食品添加剂使用标准》（GB2760 – 2011）规定的相关食品添加剂的使用范围，并不包括该维生素胶囊食品。某信息技术有限公司亦不能举证证明行政主管部门已许可其在该进口食品上使用案涉添加剂。某信息技术有限公司销售的进口维生素胶囊食品在配料中使用案涉食品添加剂，该进口食品属于不符合我国食品安全国家标准的食品。某信息技术有限公司以其销售的进口食品经过我国出入境检验检疫机构检验检疫为由提出免责抗辩，对该抗辩法院不予支持。故，对江某的诉讼请求，人民法院予以支持。

——《最高人民法院发布5起食品安全民事纠纷典型案例》（2020年12

月 9 日）。

637. 买受人未在约定的检验期间对商品质量提出异议的，不能对出卖人主张产品质量责任

关键词

买卖合同　产品质量　检验期间

最高人民法院裁判文书

荣成华泰公司与比克公司买卖合同纠纷案［最高人民法院（2021）最高法民申 2163 号民事裁定书］

裁判要旨：当事人约定检验期间的，买受人应当在约定的检验期间内将标的物的质量不符合约定的情形通知出卖人，怠于通知的，视为标的物的质量符合约定。买受人在约定的检验期间届满后，主张产品质量瑕疵的，除非具备法定情形，不应排除该检验期间的约定。

最高人民法院认为：原审已查明，荣成华泰与比克公司在《质量协议》中约定，货到 15 个工作日内完成验收入库，如 15 个工作日未反馈，则视为验收合格；量产情况下，荣成华泰在接到产品时，按所确定的进货检验抽样方案进行接收检验，从交付产品中抽取不同样本进行检验。据此，双方对于买卖标的物电池明确约定了 15 个工作日的质量检验期间以及明确的检验方式。荣成华泰主张《质量协议》约定的质量检验期间是荣成华泰对电池外观瑕疵提出异议的期间缺乏事实和法律依据。《合同法》第一百五十八条[①]第一款规定：“当事人约定检验期间的，买受人应当在约定的检验期间内将标的物的质量不符合约定的情形通知出卖人，怠于通知的，视为标的物的质量符合约定。”荣成华泰未在约定的质量检验期间内向比克公司提出异议，应视为验收合格，故原审认定荣成华泰对已验收合格的电池主张退货不予支持并不缺乏证据证明，适用法律亦无不当。

《合同法》第一百五十八条第二款规定：“当事人没有约定检验期间的，买受人应当在发现或者应当发现标的物的数量或者质量不符合约定的合理期间内通知出卖人。买受人在合理期间内未通知或者自标的物收到之日起两年

① 对应《民法典》第六百二十一条。

内未通知出卖人的，视为标的物的数量或者质量符合约定，但对标的物有质量保证期的，适用质量保证期，不适用该两年的规定。”本案中，当事人已明确约定了15个工作日的质量检验期间，不符合上述法律规定的情形。合同当事人有权自由约定合同条款，除非具备法定情形，不应排除适用。排除当事人约定的检验期间应限于根据标的物的性质和交易习惯，买受人在检验期间内难以完成检验的情形。原审亦已查明，根据荣成华泰原审提交的证据，华泰汽车集团有限公司新能源研究院在数日内即可完成多次充放电试验，荣成华泰亦据此主张电池实测电量低于合同值，因此，荣成华泰主张无法在15个工作日内检测完毕缺乏事实依据。而《质量协议》中约定的质保期主要解决标的物可以按照正常质量要求使用多长时间的问题，质量检验期间主要解决标的物在交付时是否存在质量瑕疵的问题，二者系不同概念，在约定了质量检验期间的情况下，对标的物收货时的检验不应适用质量保证期间。因此，原审未适用《合同法》第一百五十八条第二款的规定并无不当。

——中国裁判文书网。

638. 合同标的物已使用情形下，购买人提出产品质量异议的认定

关键词

合同标的物　产品质量　合同解除　违约责任

最高人民法院审判业务意见（第一巡回法庭法官会议纪要）

买卖合同标的物质量问题不影响买方合同目的的实现，买方请求解除买卖合同之请求应不予支持。

案涉货物虽存在质量问题，但买方已经投入使用且产出产品亦无证据证明存在不合格情况，投入使用之时长亦超安装调试验收所需的合理期限，故应认定货物质量问题不构成足以影响买方合同目的的实现。买方以货物存在质量问题为由请求解除买卖合同缺乏事实依据，应不予支持。

附：案情简介

甲公司（买方）与乙公司（卖方）签订《固定资产采购合同》，约定由甲公司向乙公司采购七台压力机，并约定相应的交货期限、安装验收流程以及付款安排。随后，乙公司逾期交货，甲公司亦逾期付款。甲公司以乙公司交付的货物存在质量问题为由请求解除合同及支付违约金。一审法院经审理后认定乙公司交付的货物存在质量问题，支持甲公司请求解除合同及乙公司向

其支付违约金的诉讼请求。二审法院认为，虽诉争设备存在质量问题，但甲公司收货后已投入使用一段时间且出产的产品并无质量问题，故改判不予支持甲公司解除合同及支付违约金之诉讼请求。现甲公司（买方）申请再审。

——《合同标的物已使用情形下，购买人提出产品质量异议的认定》，载最高人民法院第一巡回法庭编著：《最高人民法院第一巡回法庭民商事主审法官会议纪要》，中国法制出版社2020年版，第82~83页。

639. 无权处分合同不能轻易认定为无效

关键词

无权处分　合同效力　物权变动　原因行为

《中华人民共和国民法典》条文

第五百九十七条　因出卖人未取得处分权致使标的物所有权不能转移的，买受人可以解除合同并请求出卖人承担违约责任。

法律、行政法规禁止或者限制转让的标的物，依照其规定。

最高人民法院裁判文书

大连富业船舶工程有限公司与王忠昌、付维鑫、吉粮集团大连运销总公司股权转让合同纠纷案［最高人民法院（2016）最高法民再75号民事判决书］

裁判要旨：《最高人民法院关于审理买卖合同纠纷案件适用法律问题的解释》本着"鼓励交易、增加财富"的原则，并不轻易否定合同之效力。其第三条已经将物权变动原因与结果作出区分，即在买卖合同法律关系中，买卖合同是物权变动的原因行为，所有权转移是物权变动之结果。出卖人不能取得所有权所导致的后果是物权变动不能发生效力，即物权的无权处分无效，而并不影响作为物权变动原因行为的买卖合同的效力。

最高人民法院认为：根据一、二审法院及最高人民法院再审查明的事实，富业公司与王忠昌、付维鑫于2008年7月15日签订《产权转让协议书》，该协议书系双方真实意思表示，一、二审判决根据其内容中涉及的转让产权不属于富业公司所有而认定该协议属于无权处分，并认定该协议无效。最高人民法院认为，《合同法》第五十一条规定："无处分权的人处分他人财产，经权利人追认或者无处分权的人订立合同后取得处分权的，该合同有效。"《最高人民法院关于审理买卖合同纠纷案件适用法律问题的解释》（以下简称《买卖合同解释》）第三条[①]规定："当事人一方以出卖人在缔约时对标的物没有所有权或者处分权为由主张合同无效的，人民法院不予支持。出卖人因未取得所有权或者处分权致使标的物所有权不能转移，买受人要求出卖人承担违约责任或者要求解除合同并主张损害赔偿的，人民法院应予支持。"根据前述规定，无权处分的合同并不当然无效，此类合同只要系双方真实意思表示，其买卖合同的债权行为即为有效，但卖方向买方转移标的物所有权的物权行为处于效力待定状态，在经权利人追认或事后取得处分权时，物权行为生效。本案中，富业公司虽未取得协议涉及的国有资产所有权，但王忠昌、付维鑫在签订合同时即已经知晓富业公司仅以"协议（预期）"的方式受让粮食储备库的股权和资产，且在转让方式的约定中也明确了王忠昌、付维鑫需通过直接参加拍卖合法取得。故，该协议是双方真实意思表示，并不存在《合同法》第五十二条规定的合同无效的情形。根据《合同法》第四十四条[②]"依法成立的合同，自成立时生效"的规定，本案涉案《产权转让协议书》在签订时已经生效，一、二审法院因无权处分而认定该协议无效，属于适用法律错误，应予纠正。

——法信网。

附录：本案解析

本案的争议焦点在于《产权转让协议书》的效力问题。显而易见的是，富业公司在签订该协议之前是没有取得案涉产权之所有权的，其在无权处分的情况下签订了协议，但协议的内容均系双方真实意思表示，并没有欺诈或显失公平等可撤销情形。当然，富业公司在协议签订之后也没能取得所有权或获得所有权人的追认，相反，所有权人通过自己的行动，即自行与买受人订立买卖合同的方式出售并实际交付了标的物，可以推定所有权人以行为拒绝了对富业公司无权处分行为的追认。而关于无权处分行为，《合同法》第五十一条规定："无处分权的人处分他人财产，经权利人追认或者无处分权的人订立合同后取得处分权的，该合同有效。"根据该条款，很多法院在判决中运用反推的逻辑认定在出卖人没有所有权且不能获得追认的情况下，买卖合同无效，但是，应当注意的是，该条款并没有直接否定买卖合同的效力，如果说在仅有《合同法》第五十一条及一百三十二条规定的情况下，判决合同无效也无可厚非，那么，在最高人民法院出台《买卖合同解释》后，无权处分

① 对应《民法典》第五百九十七条。

② 对应《民法典》第五百零二条。

的买卖合同即不应直接被认定为无效。根据该解释第三条规定，当事人一方以出卖人在缔约时对标的物没有所有权或者处分权为由主张合同无效的，人民法院不予支持。这一解释的出台，进一步明确了债权行为与物权行为的区分。法律上的处分包括负担行为和处分行为。其中，负担行为是指发生在债法上给付义务效果的法律行为，也称债权行为，一般体现为合同或单独行为。处分行为是指直接使权利发生得丧变更的法律行为，可分为物权行为和准物权行为。而《合同法》第五十一条的"处分"的法律定位应当是处分行为，即对物权的处分，而合同本身属于负担行为，并不受处分行为的效力影响。物权是否有权处分，是合同履行中解决的问题，在合同是否生效阶段，是债权的处分，只需要讨论是否是双方真实意思表示，是否违反法律法规的强制性规定。换言之，在出卖他人之物的情形下，处分合同的效力并非未定，而是确定有效的；真正效力未定的应当是处分人履行合同的行为以及履行合同的结果，即无权处分行为效力未定。笔者发现，在《买卖合同解释》实施后，仍有相当数量的法院判决径行认定无权处分的买卖合同无效，这不仅与现行法律法规鼓励交易、注重效率价值兼顾交易安全价值的立法目的相违背，更影响了买受人依据合同追究出卖方违约责任的权利。就本案来说，双方协议约定的内容并非仅有交付标的物一项，同时亦约定了其他合同义务，一、二审法院在认定合同无效的情况下，亦认识到出卖方实际上履行了合同部分义务，但因合同已经被认定为无效，不能再判决买受人支付合同价款，因此酌定出一个"补偿款"，导致双方当事人均不认可。本案虽然在实体处理结果上是相对公平的，但是对于合同效力的认定以及对超出当事人诉讼请求径行判决适用法律错误，实有纠正之必要，故予以提审改判。

——《无权处分合同不能轻易认定为无效》，载郑学林主编、最高人民法院第二巡回法庭编著:《民商事再审典型案例及审判经验》，人民法院出版社2019年版，第109~111页。

640. 国际货物买卖合同中"根本违约"的认定

关键词

国际货物买卖合同　联合国国际货物销售合同公约　根本违约

最高人民法院指导性案例、最高人民法院公报案例、最高人民法院裁判文书

中化国际（新加坡）有限公司诉蒂森克虏伯冶金产品有限责任公司国际货物买卖合同纠纷案［最高人民法院指导案例107号，最高人民法院（2013）民四终字第35号民事判决书］

裁判要点：1. 国际货物买卖合同的当事各方所在国为《联合国国际货物销售合同公约》的缔约国，应优先适用公约的规定，公约没有规定的内容，适用合同中约定适用的法律。国际货物买卖合同中当事人明确排除适用《联合国国际货物销售合同公约》的，则不应适用该公约。

2. 在国际货物买卖合同中，卖方交付的货物虽然存在缺陷，但只要买方经过合理努力就能使用货物或转售货物，不应视为构成《联合国国际货物销售合同公约》规定的根本违约的情形。

最高人民法院认为：本案为国际货物买卖合同纠纷，双方当事人均为外国公司，案件具有涉外因素。《最高人民法院关于适用〈中华人民共和国涉外民事关系法律适用法〉若干问题的解释（一）》第二条规定："涉外民事关系法律适用法实施以前发生的涉外民事关系，人民法院应当根据该涉外民事关系发生时的有关法律规定确定应当适用的法律；当时法律没有规定的，可以参照涉外民事关系法律适用法的规定确定。"案涉《采购合同》签订于2008年4月11日，在《涉外民事关系法律适用法》实施之前，当事人签订《采购合同》时的《民法通则》第一百四十五条规定："涉外合同的当事人可以选择处理合同争议所适用的法律，法律另有规定的除外。涉外合同的当事人没有选择的，适用与合同有最密切联系的国家的法律。"本案双方当事人在合同中约定应当根据美国纽约州当时有效的法律订立、管辖和解释，该约定不违反法律规定，应认定有效。由于本案当事人营业地所在国新加坡和德国均为《联合国国际货物销售合同公约》缔约国，美国亦为《联合国国际货物销售合同公约》缔约国，且在一审审理期间双方当事人一致选择适用《联合国国际货物销售合同公约》作为确定其权利义务的依据，并未排除《联合国国际货物销售合同公约》的适用，江苏省高级人民法院适用《联合国国际货物销售合同公约》审理本案是正确的。而对于审理案件中涉及的问题《联合国国际货物销售合同公约》没有规定的，应当适用当事人选择的美国纽约州法律。《〈联合国国际货物销售合同公约〉判例法摘要汇编》并非《联合国国际货物销售合同公约》的组成部分，其不能作为审理本案的法律依据。但在如何准确理解《联合国国际货物销售合同公约》相关条款的含义方面，其可以作为适当的参考资料。

双方当事人在《采购合同》中约定的石油焦HGI指数典型值在36－46之间，而德国克虏伯公司实际交付的石油焦HGI指数为32，低于双方约定的HGI指数典型值的最低值，不符合合同约定。江苏省高级人民法院认定德国克虏伯公司构成违约是正确的。

关于德国克虏伯公司的上述违约行为是否构成根本违约的问题。首先，从双方当事人在合同中对石油焦需符合的化学和物理特性规格约定的内容看，合同对石油焦的受潮率、硫含量、灰含量、挥发物含量、尺寸、热值、硬度（HGI 值）等七个方面作出了约定。而从目前事实看，对于德国克虏伯公司交付的石油焦，中化新加坡公司仅认为 HGI 指数一项不符合合同约定，而对于其他六项指标，中化新加坡公司并未提出异议。结合当事人提交的证人证言以及证人出庭的陈述，HGI 指数表示石油焦的研磨指数，指数越低，石油焦的硬度越大，研磨难度越大。但中化新加坡公司一方提交的上海大学材料科学与工程学院出具的说明亦不否认 HGI 指数为 32 的石油焦可以使用，只是认为其用途有限。故可以认定虽然案涉石油焦 HGI 指数与合同约定不符，但该批石油焦仍然具有使用价值。其次，本案一审审理期间，中化新加坡公司为减少损失，经过积极的努力将案涉石油焦予以转售，且其在就将相关问题致德国克虏伯公司的函件中明确表示该批石油焦转售的价格“未低于市场合理价格”。这一事实说明案涉石油焦是可以以合理价格予以销售的。第三，综合考量其他国家裁判对《联合国国际货物销售合同公约》中关于根本违约条款的理解，只要买方经过合理努力就能使用货物或转售货物，甚至打些折扣，质量不符依然不是根本违约。故应当认为德国克虏伯公司交付 HGI 指数为 32 的石油焦的行为，并不构成根本违约。江苏省高级人民法院认定德国克虏伯公司构成根本违约并判决宣告《采购合同》无效，适用法律错误，应予以纠正。

——《最高人民法院关于发布第 21 批指导案例的通知》（2019 年 2 月 25 日，法〔2019〕3 号）；《最高人民法院公报》2015 年第 8 期。

说明

本指导案例旨在对国际货物买卖合同中的准据法适用问题，以及适用《联合国国际货物销售合同公约》对根本违约的认定问题明确裁判规则，对类似国际货物买卖合同纠纷案件的裁判具有较强指导意义。

二、房屋买卖合同

641. 审理房地产纠纷案件的司法政策

关键词

房地产　合同效力　宏观调控

最高人民法院司法政策精神

一、妥善审理房地产纠纷，促进国家房地产调控政策贯彻落实。要站在维护法律严肃性、落实国家调控政策，以及维护经济社会平稳较快发展的高度，结合案件具体情况，准确界定合同效力，依法确定当事人的权利义务。要严格适用情事变更原则，正确认定变更的情事与正常的市场风险、交易风险之间的界限，提高市场行为的可预见性和合同利益的确定性与可信赖性，促进房地产市场健康发展。要注意通过民事审判引导当事人树立正确的市场风险意识，维护诚信的市场交易秩序。要在平衡当事人利益、着力化解矛盾上下功夫，确保案件处理取得良好的法律效果和社会效果。

——《最高人民法院关于当前形势下加强民事审判切实保障民生若干问题的通知》(2012 年 2 月 15 日，法〔2012〕40 号)。

18. 依法保障房地产市场平稳健康发展，防范房地产市场的金融风险传导。高度重视房地产市场波动对金融债权的影响，依法妥善审理相关案件，有效防范房地产市场潜在风险对金融稳定和金融安全的传导与冲击。统一借名买房等规避国家房产限购政策的合同效力的裁判标准，引导房产交易回归居住属性。

——《最高人民法院关于进一步加强金融审判工作的若干意见》(2017 年 8 月 4 日，法发〔2017〕22 号)。

12. 尊重合同自愿和契约精神。以要素市场化配置改革为重点，坚持诚实信用、意思自治、公平竞争，充分发挥各类合同在市场配置资源中的基础性作用。准确把握自然垄断行业、服务业等市场准入的放宽对合同效力的影响，落实“非禁即入”政策，妥善审理建设工程、房地产、矿产资源以及水、电、气、热力等关系要素配置和市场准入的合同纠纷案件，正确处理合同自愿与行政审批、自然资源开发利用与生态环境保护的关系。适应土地供给的政策调整，统一国有土地使用权出让、转让合同纠纷案件的裁判尺度。合理判断股权融资、双向对赌等交易模式和交易结构创新的合同效力，鼓励市场主体创新创业。及时出台不良资产处置司法解释，优化资本与生产要素配置。

24. 依法促进房地产市场平稳健康发展。坚持“房子是用来住的，不是用来炒的”定位，依法妥善审理涉房地产相关纠纷案件，引导房产交易回归居住属性。落实中央加快建立多主体供给、多渠道保障、租购并举的住房制度要求，坚持租购同权，依法保护房屋承租人的优先承租权。准确把握民法典关于居住权的立法目的与成立条件，依法妥善审理涉居住权案件，充分发挥居住权扶弱、施惠的社会保障功能，保护弱势群体的居住权益。积极运用司法手段支持政府严控房价，防范炒地炒房投机行为，保障房地产市场平稳健康发展。

——《最高人民法院、国家发展和改革委员会关于为新时代加快完善社会主义市场经济体制提供司法服务和保障的意见》（2020 年 7 月 20 日，法发〔2020〕25 号）。

14. 依法保障建设工程领域中小微企业和农民工合法权益。对商品房预售资金监管账户、农民工工资专用账户和工资保证金账户内资金依法审慎采取保全、执行措施，支持保障相关部门防范应对房地产项目逾期交付风险，维护购房者合法权益，确保农民工工资支付到位。冻结商品房预售资金监管账户的，应当及时通知当地住房和城乡建设主管部门；除当事人申请执行因建设该商品房项目而产生的工程建设进度款、材料款、设备款等债权案件外，在商品房项目完成房屋所有权首次登记前，对于监管账户中监管额度内的款项，不得采取扣划措施，不得影响账户内资金依法依规使用。除法律另有专门规定外，不得以支付为本项目提供劳动的农民工工资之外的原因冻结或者划拨农民工工资专用账户和工资保证金账户资金；为办理案件需要，人民法院可以对前述两类账户采取预冻结措施。

——《最高人民法院关于充分发挥司法职能作用 助力中小微企业发展的指导意见》（2022 年 1 月 13 日，法发〔2022〕2 号）。

3. 助力实行统一的市场准入。依法审理建设工程、房地产、矿产资源以及水、电、气、热力等要素配置和市场准入合同纠纷案件，准确把握自然垄断行业、服务业等市场准入放宽对合同效力的影响，严格落实“非禁即入”政策。依法审理涉市场准入行政案件，支持分级分类推进行政审批制度改革，遏制不当干预经济活动特别是滥用行政权力排除、限制竞争行为。加强市场准入负面清单、涉企优惠政策目录清单等行政规范性文件的附带审查，推动行政机关及时清理废除含有地方保护、市场分割、指定交易等妨碍统一市场和公平竞争的规范性文件，破除地方保护和区域壁垒。

20. 支持提升消费服务质量。完善扩大内需司法政策支撑体系，积极营造有利于全面促进消费的法治环境。严惩预付消费诈骗犯罪，妥善处理住房、教育培训、医疗卫生、养老托育等重点民生领域消费者权益保护纠纷案件，提高群众消费安全感和满意度。完善网络消费、服务消费等消费案件审理规则，服务保障消费升级和消费新模式新业态发展。优化消费纠纷案件审理机制，探索建立消费者权益保护集体诉讼制度，完善消费公益诉讼制度，推动建立消费者权益保护工作部门间衔接联动机制，促进消费纠纷源头治理。

——《最高人民法院关于为加快建设全国统一大市场提供司法服务和保障的意见》(2022 年 7 月 14 日，法发〔2022〕22 号)。

642. 商品房销售宣传内容未在商品房买卖合同中明确约定是否可认定为合同内容

关键词

房屋买卖合同　销售宣传

最高人民法院裁判文书

张迎春与宇新公司房屋买卖合同纠纷案［最高人民法院（2021）最高法民申 3405 号民事裁定书］

裁判要旨：商品房的销售广告和宣传资料为要约邀请，但是出卖人就商品房开发规划范围内的房屋及相关设施所作的说明和允诺具体确定，并对商品房买卖合同的订立以及房屋价格的确定有重大影响的，构成要约。该说明和允诺即使未载入商品房买卖合同，亦应当为合同内容，当事人违反的，应当承担违约责任。

最高人民法院认为：欺诈行为是指一方当事人在合同磋商阶段或者签订合同时故意告知对方虚假情况，或故意隐瞒真实情况，诱使对方当事人作出错误意思表示。《最高人民法院关于审理商品房买卖合同纠纷案件适用法律若干问题的解释》第三条规定："商品房的销售广告和宣传资料为要约邀请，但是出卖人就商品房开发规划范围内的房屋及相关设施所作的说明和允诺具体确定，并对商品房买卖合同的订立以及房屋价格的确定有重大影响的，构成要约。该说明和允诺即使未载入商品房买卖合同，亦应当为合同内容，当事人违反的，应当承担违约责任。”本案中，地王大厦项目销售时，宇新公司对外宣传“买一层得两层”，该宣传内容虽未在《商品房买卖合同》《补充协议》中明确约定，但载明在地王大厦的宣传资料中，并且对商品房买卖合同的订立以及房屋的定价有重大影响，故“买一层得两层”应当为合同内容。从本案双方当事人签订合同的经过和具体内容看，张迎春出于经营宾馆酒店的目的，在签订案涉《商品房买卖合同》及《补充协议》前，实地考察了地王大厦项目，且双方正式签订的 20 份《商品房买卖合同》也约定案涉商品房的层高为 6.4 米，其后张迎春收到案涉房产的不动产权证 20 本，张迎春为办理不动产权证缴纳了契税、印花税以及专项维修基金等。通过对以上事实的分析，虽然宇新公司对外宣传“买一层得两层”，但应当认定张迎春作为宾馆酒店业的经营者，对于该地王大厦第 22 层在建设工程规划上应为层高 6.4 米的事实是明知的。双方当事人也是基于此认识，在地王大厦其他单层层高 3.2 米的商品房价格为 7000 元 / 平方米的情况下，签订了诉争房产的价格为 12000 元 / 平方米的《商品房买卖合同》。宇新公司对外宣传“买一层得两层”，该“买一层得两层”应当为合同内容，对合同双方具有约束力。从客观实际看，所谓“买一层得两层”，即为将本案诉争的层高为 6.4 米的商品房做中间加层作业。该通过中间加层作业以实现“买一层得两层”的合同目的的做法，是否符合建设工程规划许可，是否能为当地县级以上地方人民政府城乡规划主管部门所允许，应属行政管理范围内认定和处理的事项，人民法院在相关民事案件审理中不能对此作出判断。鉴于双方对于案涉买卖标的物为层高为 6.4 米的商品房是明知的，对于通过中间加层作业方式实现“买一层得两层”也是协商一致的客观情况，本院认为张迎春所主张的宇新公司构成合同欺诈，缺乏事实和法律依据，本院不予支持。

——中国裁判文书网。

643. 法定情况下，买受人可以解除受限购政策影响的房屋买卖合同

关键词

房屋买卖合同　限购政策　合同解除

最高人民法院司法解释

第十九条　商品房买卖合同约定，买受人以担保贷款方式付款、因当事人一方原因未能订立商品房担保贷款合同并导致商品房买卖合同不能继续履行的，对方当事人可以请求解除合同和赔偿损失。因不可归责于当事人双方

的事由未能订立商品房担保贷款合同并导致商品房买卖合同不能继续履行的，当事人可以请求解除合同，出卖人应当将收受的购房款本金及其利息或者定金返还买受人。

——《最高人民法院关于审理商品房买卖合同纠纷案件适用法律若干问题的解释》（2020 年 12 月 29 日修正）。

最高人民法院审判业务意见（民事审判第一庭意见）

最高人民法院民一庭意见：房屋买卖合同约定以按揭贷款方式付款，买受人以因房贷政策变化不能办理按揭贷款导致无履约能力，请求解除合同，并要求出卖人返还所收受的购房款或定金的，对其请求可予支持。房屋买卖合同签订后，由于相应住房限购政策的实施，当事人无法办理房屋所有权变更登记，买受人请求解除合同，并要求出卖人返还所收受的购房款或定金的，对其请求可予支持。

要注意发挥司法审判在规范和引导房地产居间市场中的作用。房屋买卖双方当事人确因居间人的居间行为订立合同，如果房屋买卖合同明确约定以按揭贷款方式付款、且买受人因不能办理约定的按揭贷款，或买受人由于相应住房限购政策的实施而无法办理房屋所有权变更登记，居间人以已经促成合同订立为由请求支付居间报酬的，一般不予支持，但居间人要求委托人支付从事居间活动支出的合理费用的，应予以支持。居间人故意隐瞒真实情况、违规操作，恶意促成买卖双方订立合同，如果房屋买卖合同不能履行，严重损害委托人利益的，对居间人请求委托人支付报酬的，不应予以支持；委托人请求居间人赔偿所造成损失的，应根据当事人的过错程度处理。

附：审判指导

一、人民法院审理相关纠纷时，应当首先对当事人的合同约定进行审查，只有就相关问题没有约定或者约定不明的，才涉及适用本文所述的处理方法

应当充分尊重双方当事人的合意，当事人对相关问题有明确约定时，要严格按照约定内容审查双方合同义务的履行情况。由于国家对房地产市场进行调控已经持续了一段时期，双方当事人在进行房屋买卖时，有的对于政策早有预期，事先已经考虑到政策变动等因素，在签订合同时对于未来一些诸如贷款不能如期获批、购房资格未获通过等，合同后续如何处理，都进行明确约定。比如，当事人在合同中明确约定，因政府或银行政策等发生变化，购房人届时不能取得贷款或贷款额度不够，应自行筹措资金缴纳房款，否则按已交房款（房屋总价）的一定比例承担违约责任的，那么房产新政的实施就无法成为当事人解除合同、免除约定义务的事由。还有的双方当事人约定，如果双方未能在新政实施前办理完过户手续，合同自动解除，互不追究违约

责任，等等。对于当事人有诸如此类的明确约定且内容不违反法律规定的，我们认为，本着民有所约、视同法律的理念，应当优先按照合同约定处理双方的纠纷。

二、在审理涉及限贷产生的纠纷时，应注意平衡买卖双方当事人的利益，加大调解的工作力度，尽可能地维护原合同的效力和原法律关系的持续，调解不成的，再作出判决

为维护市场交易秩序的平稳，应尽量促成当事人之间继续履行合同。在合同解除与合同变更二者均有可能的情形下，可倾向于首先考虑变更合同。第一，因首付比例、贷款利率以及税负提高而要求解除买卖合同所产生的纠纷时，如当事人因无力支付首付或无法办理贷款而不履行合同，系其对于自身履约能力的预见不足。如果有可能继续履行的话，法院可以积极促成双方当事人就购房款的支付进行协商，对合同的部分内容加以变更，减轻买房人因首付和利率上调而造成的履约压力。第二，对于合同未明确规定以按揭贷款方式付款或者约定购房人如未能取得按揭贷款则应在约定期限内一次性付清全部房款等情形，合同双方均对各自履约之能力相互信任，双方亦应承担合同义务。故对于无法支付房款的购房人，应判令其承担继续履行、采取补救措施或者赔偿损失等违约责任。第三，对于合同约定以按揭贷款方式付款的情形，应适用《商品房买卖解释》第二十三条的规定，即“商品房买卖合同约定，买受人以担保贷款方式付款，因当事人一方原因未能订立商品房担保贷款合同并导致商品房买卖合同不能继续履行的，对方当事人可以请求解除合同和赔偿损失。因不可归责于当事人双方的事由未能订立商品房担保贷款合同并导致商品房买卖合同不能继续履行的，当事人可以请求解除合同，出卖人应当将收受的购房款本金及其利息或者定金返还买受人”。同时，此类纠纷中，买房人应举证证明其确因不能办理按揭贷款而无法继续履行，如果出卖人有相反证据证明购房人有足够的支付能力，则法院应该依法判令继续履行合同或允许双方当事人变更合同。

三、对因限购、禁购引发的房屋买卖合同纠纷，人民法院应当判令合同解除

经审查发现由于交易主体受到国家宏观调控政策限制而无法从事房屋买卖交易的，人民法院只能判令解除合同。这是因为，限购、禁购的规定属于国家房产调控下的禁止性规范，具有强制性，新政实施前签订的房屋买卖合同赖以存在的基础已发生根本动摇，买房人因不具合法购房主体资格而无法继续履行房屋买卖合同，合同目的已经无法实现。人民法院在此类纠纷中能够做到的，是对于合同无法继续履行产生的原因、责任进行准确认定，如认定宏观调控政策构成“不可归责于当事人双方的事由”，对购房人解除合同的请求予以支持，出卖人应当将收受的购房款或者定金返还给购房人。同时，

当事人请求对方承担其为订立合同而实际发生的费用等合理损失的，法院亦可酌情予以支持。如果由于当事人履行过程中有违约行为造成遭遇限购的，应当支持守约方关于违约金、赔偿损失等的合理主张。

四、从目前情况看，全国并非所有地区和城市都在实行房地产调控措施

有些三线、四线城市房价稳定，需求不多，政府并不限购。即使实行限购、限贷的地方，对于购买首套自住房且面积小于90平方米的房屋，也不属于政策调控的范围。对上述地区从事房屋买卖交易行为的当事人以限购、限贷等为由主张合同解除等的，需要区别对待，不能适用本文中探讨的观点和处理原则。

——最高人民法院民一庭:《因受限贷、限购政策影响产生的房屋买卖合同纠纷处理》，载最高人民法院民事审判第一庭编:《民事审判前沿》(第一辑)，人民法院出版社2014年版，第113~116页。

附录：民事审判信箱

问：2010年，张某通过房屋中介，与产权人李某签订二手房买卖合同并依约支付了全部购房款。由于当地二手房市场价格不断上涨，李某意欲反悔，便多次找借口拖延时间，未协助张某办理产权过户手续。后当地房地产调控政策实施细则出台，按限购政策张某丧失了购房资格。现在张某起诉至人民法院，请求判令李某继续履行合同或者赔偿其损失，该案应当如何处理?

答：为遏制当前部分一、二线城市房地产市场价格上涨过快，国家出台了一系列调控政策。由于相关政策不断升级且陆续出台，实务中因合同订立、履行等遇到阻碍而产生的纠纷不在少数，有的还诉至法院。人民法院需要根据不同情况，作出妥善处理。本案中，由于张某被认定为限购对象，不具备购房的主体资格，人民法院不宜判令合同继续履行，应判决解除房屋买卖合同。不过，结合双方履约情况分析，张某作为守约一方，已经履行合同义务，如果李某也依约履行，双方完全可以在政策出台前完成房屋过户手续，合同目的就能够实现。因此，对张某请求合同继续履行的主张虽不能支持，但是张某主张追究李某的违约责任并赔偿其所受损失的合理诉求，人民法院还是应当在查明事实基础上予以保护。

——本书研究组:《购房人因卖房人违约而遭遇限购政策，还能否请求合同继续履行》，载最高人民法院民事审判第一庭编:《民事审判指导与参考》2014年第1辑(总第57辑)，人民法院出版社2014年版，第244~245页。

644. "一房多卖"合同履行中权利保护顺位的确定

关键词

一房多卖　权利保护顺位

最高人民法院司法解释

第七条　买受人以出卖人与第三人恶意串通，另行订立商品房买卖合同并将房屋交付使用，导致其无法取得房屋为由，请求确认出卖人与第三人订立的商品房买卖合同无效的，应予支持。

——《最高人民法院关于审理商品房买卖合同纠纷案件适用法律若干问题的解释》（2020 年 12 月 29 日修正）。

最高人民法院司法政策精神

15. 审理一房数卖纠纷案件时，如果数份合同均有效且买受人均要求履行合同的，一般应按照已经办理房屋所有权变更登记、合法占有房屋以及合同履行情况、买卖合同成立先后等顺序确定权利保护顺位。但恶意办理登记的买受人，其权利不能优先于已经合法占有该房屋的买受人。对买卖合同的成立时间，应综合主管机关备案时间、合同载明的签订时间以及其他证据确定。

——《最高人民法院关于印发〈第八次全国法院民事商事审判工作会议（民事部分）纪要〉的通知》（2016 年 11 月 21 日，法〔2016〕399 号）。

最高人民法院审判业务意见（民事审判第一庭意见）

最高人民法院民一庭意见：后买受人只要不具有侵害先买受人合法权益的恶意，不具有与出卖人恶意串通的行为，其买卖合同就应认定为有效。当以同一标的物为标的的数个买卖合同均为有效的情况下，根据债权平等的原则，各受让人均可要求继续履行合同。但鉴于标的物的特定性，谁能够依据合同最终取得标的物所有权，应区分不同情形加以判定。根据《合同法》等法律、司法解释的规定，合同得不到履行、不能取得标的物的买受人，可以向出卖人请求解除合同、赔偿损失。

——最高人民法院民一庭：《一房（一地）数卖纠纷的处理》，载最高人民法院民事审判第一庭编：《民事审判前沿》（第一辑），人民法院出版社 2014 年版，第 82 页。

最高人民法院公报案例

遵义市红花岗区长征镇沙坝村纪念街村民组诉遵义明顺房地产开发有限责任公司等商品房买卖合同纠纷案［贵州省遵义市中级人民法院民事判决书］

裁判摘要：处理一房二卖情况下的合同履行问题，可从商品房买卖合同的缔约真实性、签约时间顺序、付款程度、合同备案情况、讼争不动产的占有事实、预登记情况等方面加以评判。

法院认为：2. 关于合同义务履行问题。本案纠纷的产生系因被告遵义明顺公司一房二卖所致。虽然遵义明顺公司辩称讼争 16 至 18 号门面是在原告纪念街村民组退还之后再次出售，但其并未提交退房移交手续加以佐证，亦与纪念街村民组常年对外出租讼争门面的事实不符，故法院对该辩解意见不予采信。处理一房二卖情况下的合同履行问题，可从商品房买卖合同的缔约真实性、签约时间顺序、付款程度、合同备案情况、讼争不动产的占有事实、预登记情况以及权利主张等方面加以评判。

第一，缔约真实性。在一房二卖争产诉讼中，合同真实、有效是判断各自合同能否继续履行，后订立的合同能否对抗在先订立合同的前提。原告纪念街村民组、第三人褚文镇与被告遵义明顺公司签订的《商品房买卖合同》，遵义明顺公司均认可系买卖合同性质，且与纪念街村民组、褚文镇向遵义明顺公司支付购房款的事实相吻合，故法院对纪念街村民组、褚文镇与遵义明顺公司签订的《商品房买卖合同》真实性予以确认；第三人范越与遵义明顺公司签订的《商品房买卖合同》，因第三人冉建红与遵义明顺公司均认可该合同本质为以物抵债协议，而冉建红并未举证证明其系讼争门面的承包人或实际施工人以及遵义明顺公司所拖欠的工程款数额等基础事实，故法院对该《商品房买卖合同》的真实性不予认定。

第二，签约时间顺序。被告遵义明顺公司与原告纪念街村民组之间的《商品房买卖合同》成约时间是 2009 年 2 月 12 日，而第三人褚文镇、第三人范越则分别在 2010 年 8 月 25 日和 2010 年 10 月 25 日与遵义明顺公司签订《商品房买卖合同》。由此可见，纪念街村民组购房在前，褚文镇、范越签约在后。虽然债权具有平等性，但债权形成时间的先后顺序是考量物权分配的重要因素。

第三，付款情况。买受人支付购房款的程度，能够反映其履行合同义务的状况，对于积极履行合同义务的买受人，理应得到更优保护。根据原告纪念街村民组与被告遵义明顺公司签订的《商品房买卖合同》约定，纪念街村民组应付 16 至 18 号门面购房款以及超面积补差款共计 2125056 元，其已通过转账方式汇付购房款 1330456 元是不争事实，遵义明顺公司在庭审时亦予认可，故法院予以确认。虽然该公司主张其向纪念街村民组所借 20 万元以及补偿款 594600 元不能抵扣购房款，但该公司加盖公章的《纪念街村民组结账清单》中载明已付 140 万元，减去通过转账汇付无争议的 120 万元，余下 20 万元在遵义明顺公司未举证证明其已归还纪念街村民组的情况下，只能视为双方在最终结算时已经达成借款抵房款的合意。同样，594600 元虽系补偿款性质，但双方亦已协商予以抵扣。据此，法院认定纪念街村民组已经支付完毕全部购房款；根据第三人褚文镇与遵义明顺公司签订的两份《商品房买卖合同》约定，褚文镇应向遵义明顺公司支付购房款共计 2149888 元，其通过转账方式支付了 192 万元，其余尾款褚文镇主张为现金支付，遵义明顺公司向其出具了 215 万元《收据》，纪念街村民组、第三人冉建红、范越对付款真实性均未提出异议，故法院对褚文镇已付清 16、17 号门面购房款的事实亦予确认；范越与遵义明顺公司签订的《商品房买卖合同》所约定的购房款因未实际发生，故法院不予认定。

第四，合同备案及预告登记情况。本案中，原告纪念街村民组、第三人褚文镇、范越均未在行政机关申请对讼争门面进行预告登记，但褚文镇、范越已在遵义市房产市场管理处对其与被告遵义明顺公司签订的《商品房买卖合同》进行了预售登记备案，而纪念街村民组未申请备案。根据《中华人民共和国物权法》第二十条第一款关于“当事人签订买卖房屋或者其他不动产物权的协议，为保障将来实现物权，按照约定可以向登记机构申请预告登记。预告登记后，未经预告登记的权利人同意，处分该不动产的，不发生物权效力”之规定，对不动产进行预告登记方有准物权对抗效力，而合同备案只能表明买受人正在为最终取得物权做准备，故褚文镇、范越进行合同备案只能作为物权分配的参考因素。

第五，占有情况。如前所述，针对 16 号、17 号门面，原告纪念街村民组、第三人褚文镇均已付清购房款，现纪念街村民组的证据优势在于签约在先、占有在先、使用在先，而褚文镇的证据优势则是其已对《商品房买卖合同》进行了备案登记。对此，虽然被告遵义明顺公司与纪念街村民组签订《临时交房协议》时，讼争门面尚不具备法定交房条件，但该门面已在 2007 年 9 月通过了竣工验收，根据《中华人民共和国合同法》第一百四十条关于“标的物在订立合同之前已为买受人占有的，合同生效的时间为交付时间”之规定，纪念街村民组至迟也在 2009 年 2 月 12 日通过与遵义明顺公司签订《商品房买卖合同》而合法取得并占有 16 至 18 号门面。纪念街村民组将 16、17 号门面租给苏春城、18 号门面租给苏瑶琪，双方形成租赁合同关系。对于 18 号门面，苏瑶琪自始至终与纪念街村民组签约并交付租金，表明纪念街村民组持续对 18 号门面进行占有、收益、处分；对于 16、17 号门面，虽然遵义明顺公司于 2013 年 5 月 16 日向褚文镇发出《房屋移交通知书》，但因 16、17 号门面已先期交付纪念街村民组并由其占有和对外租赁，故该《房屋移交通知书》不能实现交付效果。2014 年 5 月起，虽然苏春城与纪念街村民组签订的书面《租赁合同》到期，但双方之间的事实租赁合同关系并未解除，纪念街村民组仍然合法对 16、17 号门面进行占有、收益、处分。苏春城虽因褚文镇向其出示《商品房买卖合同》而与之签订《房屋租赁合同》，但根据合同相对性原则，该合同只能约束苏春城与褚文镇而对纪念街村民组无约束力。因苏春城向纪念街村民组租赁在先，即便双方解除租赁关系，苏春城作为合同相对人亦应先行向纪念街村民组返还门面，现苏春城直接与褚文镇签订《房屋租赁合同》，既不能终止其与纪念街村民组之间的租赁合同关系，亦不能阻却纪念街村民组对 16、17 号门面的占有事实。据此，褚文镇辩称其在 2014 年 5 月与苏春城签订租赁合同之后便合法占有、实际控制 16、17 号门面的主张不能成立，法院不予采纳。

第六，权利主张情况。在其他途径难以解决一房二卖不动产的归属及合同履行问题时，买受人应当积极通过司法途径寻求法律救济。2014 年底，原告纪念街村民组在向苏春城催收租金未果并知晓苏春城与第三人褚文镇签订租赁合同之后，便于 2015 年 1 月向遵义市红花岗区人民法院提起诉讼，撤诉后又在 2015 年 7 月向法院起诉主张权利，而褚文镇、第三人范越并未以原告身份起诉请求遵义明顺公司履行协助办理房产证的合同义务，而仅在本案作为第三人提出其为 16、17 号门面合法占有人的抗辩意见。对此，“占有”仅是法律保护的对物进行实际控制的事实状态，其虽具有类物权性质但终究不是物权本身。在一房二卖情形下，基于买卖合同关系对物进行占有的买受人不能对抗最终取得所有权的买受人。换言之，即便褚文镇的前述辩解意见成立，因纪念街村民组、褚文镇与遵义明顺公司签订的《商品房买卖合同》均为有效合同，现纪念街村民组主动寻求司法救济，诉请遵义明顺公司履行协助办理讼争门面房产证义务，故当产权证办理完成，纪念街村民组成为所有权人之时，即便 16、17 号门面为褚文镇占有，其仍应返还给纪念街村民组。

——《最高人民法院公报》2018 年第 12 期。

最高人民法院裁判文书

陈田英与高国桂、金世奇、高晓萍第三人撤销之诉案［最高人民法院（2021）最高法民申 6951 号民事裁定书］

裁判要旨：“一房二卖”纠纷案件，两份房屋买卖合同均有效且买受人均要求履行合同时，一般应按照已经办理房屋所有权变更登记、合法占有房屋以及合同履行情况、买卖合同成立先后等顺序确

定权利保护顺位。

最高人民法院认为：一、二审已查明，高国桂与金世奇、高晓萍于 2012 年 11 月 8 日签订《拆迁安置房买卖合同》，约定金世奇、高晓萍将其坐落在新洲安置点、面积约 120 平方米的安置房屋（尚未选房和安置），按 5000 元 / 平方米计价、共计 60 万元，转让给高国桂；房屋产权证、土地证及其手续尚未办理。此后，高国桂付清购房款。2016 年 1 月 23 日，金世奇、高晓萍选中案涉房屋并办理交房手续，但未按照《拆迁安置房买卖合同》约定向高国桂交付案涉房屋，双方亦未将该房屋过户至高国桂名下。金世奇与陈田英于 2016 年 8 月 24 日签订《房屋买卖合同》，约定将案涉房屋（面积为 123 平方米）按每平方米 7300 元、总价 897900 元转让给陈田英。此后，陈田英按约定支付了 848100 元购房款，并占有、使用该房屋至 2019 年 7 月 5 日。其间，高国桂于 2018 年 7 月 4 日向法院起诉要求金世奇、高晓萍腾空并交付案涉房屋，该案一审 2972 号民事判决、二审 4247 号民事判决均支持了高国桂的诉讼请求。高国桂于 2019 年 7 月 6 日占有、使用案涉房屋至今。首先，二审判决认定陈田英先占有案涉房屋，有经庭审质证的福建顺欣物业有限公司出具的证明、水电公摊收款收据等为依据，并无不当。高国桂主张陈田英未实际占有、使用案涉房屋，但未提供相应反证。其次，高国桂以陈田英及其配偶前后提供的《房屋买卖合同》是否有落款日期不一致、陈田英购买案涉房屋明显低于市场价等为由，主张陈田英所签《房屋买卖合同》无效。但最高人民法院注意到，陈田英及其配偶前后提交两份《房屋买卖合同》除有无落款日期的差别外，在内容、排版方面均一致；《房屋买卖合同》约定的案涉房屋价格亦非明显违背常理，且高国桂未提供证据证明当时案涉房屋的实际价值，故高国桂该项主张依据不足。最后，高国桂、陈田英均未取得案涉房屋物权。根据债权平等原则，高国桂、陈田英作为债权人均可要求金世奇、高晓萍继续履行合同，但客观上，仅其中一份合同能够得到继续履行。此种情形下，一般应按照已经办理房屋所有权变更登记、合法占有房屋以及合同履行情况、买卖合同成立先后等顺序确定权利保护顺位。金世奇、高晓萍向陈田英交付案涉房屋在先，二审判决据此并结合本案具体情况，认定陈田英占有合法有效应予优先保护，2972 号民事判决、4247 号民事判决内容错误且损害了陈田英的民事权益，不属于法律适用错误。

——中国裁判文书网。

姜昌元、延兴公司与迟秀军、刘焕发等商品房预售合同纠纷案［最高人民法院（2021）最高法民申 6382 号民事裁定书］

裁判要旨:《第八次全国法院民事商事审判工作会议(民事部分)纪要》第15条确定了一房数卖情况下的保护顺位。本案应根据其精神，进一步审查各当事人占有及合同履行等情况依法处理。

最高人民法院认为:《第八次全国法院民事商事审判工作会议(民事部分)纪要》第15条关于“审理一房数卖纠纷案件时，如果数份合同均有效且买受人均要求履行合同的，一般应按照已经办理房屋所有权变更登记、合法占有房屋以及合同履行情况、买卖合同成立先后等顺序确定权利保护顺位。但恶意办理登记的买受人，其权利不能优先于已经合法占有该房屋的买受人。对买卖合同的成立时间，应综合主管机关备案时间、合同载明的签订时间以及其他证据确定”这一规定，确定了一房数卖情况下的保护顺位，本案应据此审理各方当事人对101、102号房屋的优先保护顺序。

原审关于姜昌元和延兴公司达成执行和解协议处分案涉房产，系恶意串通损害第三人利益行为的认定，证据不足。案涉房产于2009年8月26日在执行程序中被执行法院查封，姜昌元和延兴公司达成执行和解的时间是2011年7月14日，在此之前，即2010年4月3日，执行法院驳回了案外人迟秀军、刘焕发提出的异议。由于客观上已有执行异议裁定否定了案外人主张，姜昌元和延兴公司主张其主观上没有恶意，具有一定的事实基础。本案应根据《第八次全国法院民事商事审判工作会议(民事部分)纪要》第15条精神，进一步审查各当事人占有及合同履行等情况，依法妥善处理。

——中国裁判文书网。

附录：最高人民法院主流观点

出卖人就同一房屋订立两个以上买卖合同，形成两个以上具有重叠内容的债权债务关系，俗称“一房数卖”。在房地产价格快速上涨时期，出卖人受利益驱动，与数人签订房屋买卖合同，导致部分受让方无法取得房屋的情况常有发生，此种情况下，起码有如下两个问题需要讨论：第一，几个买卖合同的效力是否受到影响；第二，数个买受人的利益如何保护。

对于第一个问题，通说认为，我国物权变动系采债权形式主义物权变动模式，即债权行为加交付或登记的事实行为发生物权变动。根据《物权法》第十五条确定的区分原则，当事人之间订立的房屋买卖合同，除法律另有规定或者合同另有约定外，自合同成立时生效；未办理物权登记，不影响合同效力。因此，出卖人就同一房屋订立数个买卖合同的，在没有其他合同无效情形的情况下，数个买卖合同均应为有效合同。

对于第二个问题，首先要明确的是，根据债权平等原则，在数个买卖合同均为有效合同的情况下，数个买受人作为债权人的合法利益均应受到法律保护，各受让方均可要求继续履行合同。但房屋只有一个，哪一份合同能够得到继续履行，尤其是在出卖人无能力承担损害赔偿责任的情况下，利益冲突尤甚。实际上，对于“一物数卖”问题，现有的《关于审理涉及国有土地使用权合同纠纷案件适用法律问题的解释》《关于审理涉及农村土地承包纠纷案件适用法律问题的解释》以及《关于审理买卖合同纠纷案件适用法律问题的解释》均有涉及。《关于审理涉及国有土地使用权合同纠纷案件适用法律问题的解释》第十条规定，土地使用权人作为转让方就同一出让土地使用权订立数个转让合同，在转让合同有效的情况下，受让方均要求履行合同的，按照以下情形分别处理：（1）已经办理土地使用权变更登记手续的受让方，请求转让方履行交付土地等合同义务的，应予支持；（2）均未办理土地使用权变更登记手续，已先行合法占有投资开发土地的受让方请求转让方履行土地使用权变更登记等合同义务的，应予支持；（3）均未办理土地使用权变更登记手续，又未合法占有投资开发土地，先行支付土地转让款的受让方请求转让方履行交付土地和办理土地使用权变更登记等合同义务的，应予支持；（4）合同均未履行，依法成立在先的合同受让方请求履行合同的，应予支持。《关于审理涉及农村土地承包纠纷案件适用法律问题的解释》第二十条规定，发包方就同一土地签订两个以上承包合同，承包方均主张取得土地承包经营权的，按照下列情形，分别处理：（1）已经依法登记的承包方，取得土地承包经营权；（2）均未依法登记的，生效在先合同的承包方取得土地承包经营权；（3）依前两项规定无法确定的，已经根据承包合同合法占有使用承包地的人取得土地承包经营权，但争议发生后一方强行先占承包地的行为和事实，不得作为确定土地承包经营权的依据。《关于审理买卖合同纠纷案件适用法律问题的解释》第九条规定，出卖人就同一普通动产订立多重买卖合同，在买卖合同均有效的情况下，买受人均要求实际履行合同的，人民法院应当按照以下情形分别处理：（1）先行受领交付的买受人请求确认所有权已经转移的，人民法院应予支持；（2）均未受领交付，先行支付价款的买受人请求出卖人履行交付标的物等合同义务的，人民法院应予支持；（3）均未受领交付，也未支付价款，依法成立在先合同的买受人请求出卖人履行交付标的物等合同义务的，人民法院应予支持。第十条规定，出卖人就同一船舶、航空器、机动车等特殊动产订立多重买卖合同，在买卖合同均有效的情况下，买受人均要求实际履行合同的，应当按照以下情形分别处理：（1）先行受领交付的买受人请求出卖人履行办理所有权转移登记手续等合同义务的，人民法院应予支持；（2）均未受领交付，先行办理所有权转移登记手续的买受人请求出卖人履行交付标的物等合同义务的，人民法院应予支持；（3）均未受领交付，也未办理所有权转移登记手续，依法成立在先合同的买受人请求出卖人履行交付标的物和办理所有权转移登记手续等合同义务的，人民法院应予支持；

（4）出卖人将标的物交付给买受人之一，又为其他买受人办理所有权转移登记，已受领交付的买受人请求将标的物所有权登记在自己名下的，人民法院应予支持。从上述司法解释的规定可以看出，目前司法实践对“一物数卖”合同的履行问题，所持的观点是基本一致的，即着重考察各个合同的履行程度确定对不同当事人的保护顺序。这里，首先要强调的是，确定先后保护顺序并非是对债权优劣所作出的判定，根据《合同法》第一百零七条[①]规定，当事人一方不履行合同义务或者履行合同义务不符合约定的，应当承担继续履行、采取补救措施或者赔偿损失等违约责任。上述司法解释只是规定在各受让人均主张继续履行的违约责任形式时，对各买受人采取的先后保护顺序，这并不妨碍其他买受人要求出卖人承担赔偿损失的违约责任，也不妨碍其他买受人依法享有的合同解除权，因此，并未违反债权平等原则。而根据物权优先于债权的原则，对不动产来说如果已经办理了过户登记，则受让人已经成为物权人，其依法享有的物权应当优先受到法律保护，自属当然。对于买受人尚未取得物权的，虽然与其他买受人同处于债权人地位，但如果已经先行占有，则该占有的事实状态，也应受到法律保护。尤其是基于房屋买卖关系的转移占有行为，在当事人之间本身就包含了一种转移所有权的意思在内。因此，对于“一房数卖”的纠纷案件，如果数份合同均有效且买受人均要求履行合同的，一般应优先保护已经办理房屋所有权变更登记的买受人，因为此时该买受人已经成为合法的物权人；对于各买受人均没有办理登记的，应当优先保护已经合法占有房屋的买受人；如果各个买受人均未办理所有权变更登记，也未合法占有，则要进一步考察合同履行情况，比如购房款的缴纳情况、买卖合同的登记备案情况、办理贷款情况等，总体的原则应是公平原则和经济原则，避免因恢复原状或者重复履行造成社会经济和司法成本的巨大浪费。如果数个买卖合同均未履行的情况，可以参考买卖合同成立先后等顺序确定权利保护顺位。由于合同关系仅在当事人内部发生，如果各方对买卖合同的成立时间存在争议的，应综合主管机关备案时间、合同载明的签订时间以及其他证据等综合确定，当然，要注意防止当事人之间通过倒签合同或者篡改合同签订时间等方式获取不法利益。要特别说明的是，虽然根据物权优先于债权的基本原则，应当优先保护已经办理所有权登记的买受人利益，但如果根据已经查明的案件事实，在办理所有权转移登记之前，其他买受人已经合法占有该房屋的，办理登记的买受人不能作出合理说明，一般情况下出卖人与该买受人可能存在关联公司或者近亲属等密切关系的，要注意审查当事人之间是否存在恶意串通损害第三人利益的情形，如果存在，则相应的买卖合同应当认定为无效，该恶意办理登记的买受人，其权利不能优先于已

① 对应《民法典》第五百七十七条。

经合法占有该房屋的买受人。

当然，上述只是对“一房多卖”情况下不同买受人保护顺序的原则规定，实践中的情况会复杂得多。比如，如果保护顺位在后的买受人与出卖人已经通过诉讼或仲裁的方式获得生效裁决确认，则保护顺位在先的买受人通过何种途径进行救济尤其需要考虑。实践中，一般只有出卖人明知存在“一房多卖”的情况，各个买受人之间很可能并不清楚其他买受人的存在，甚至在公司为出卖人的情况下，因为各个股东之间的矛盾纠纷，股东以公司名义出卖房屋的，作为出卖人的公司也可能不清楚是否还存在其他买受人，在某一个买受人起诉出卖人要求承担继续履行违约责任的诉讼中，如果出卖人未披露其他买受人的存在，法院很有可能依据现有的事实，作出支持买受人的判决。待到其他买受人知悉此情况时，该判决已经生效或已经进入执行程序，此时作为保护顺位在先的买受人可通过案外人申请再审或第三人执行异议之诉程序获得相应的救济。

——杜万华主编：《〈第八次全国法院民事商事审判工作会议（民事部分）纪要〉理解与适用》，人民法院出版社 2017 年版，第 289~292 页。

645. 违法建筑的认定和处理

关键词

违法建筑

最高人民法院司法政策精神

（一）关于违法建筑机关纠纷的处理问题

对于未取得建设工程规划许可证或者未按照建设工程规划许可证规定内容建设的违法建筑的认定和处理，按照《城乡规划法》等法律、行政法规的规定，属于国家有关行政机关的职权范围，应避免通过民事审判变相为违法建筑确权。当事人请求确认违法建筑权利归属及内容的，人民法院不应予以受理；已经受理的，应驳回起诉。

违法建筑倒塌或其搁置物、悬挂物脱落、坠落造成他人损害的，属于民事案件受案范围，应按照《侵权责任法》有关物件损害责任的相关规定处理。

——《最高人民法院办公厅关于印发〈全国民事审判工作会议纪要〉的通知》（2011 年 10 月 9 日，法办〔2011〕442 号）。

（二）关于违法建筑相关纠纷的处理问题

21. 对于未取得建设工程规划许可证或者未按照建设工程规划许可证规定

内容建设的违法建筑的认定和处理，属于国家有关行政机关的职权范围，应避免通过民事审判变相为违法建筑确权。当事人请求确认违法建筑权利归属及内容的，人民法院不予受理；已经受理的，裁定驳回起诉。

22. 因违法建筑倒塌或其搁置物、悬挂物脱落、坠落造成的损害赔偿纠纷，属于民事案件受案范围，应按照侵权责任法有关物件损害责任的相关规定处理。

——《最高人民法院关于印发〈第八次全国法院民事商事审判工作会议（民事部分）纪要〉的通知》（2016 年 11 月 21 日，法〔2016〕399 号）。

附录：最高人民法院主流观点

违法建筑除了包括违反城乡规划规定的建筑物、构筑物外，还应当包括违反临时建筑管理规定的临时建筑。从狭义角度讲，违法建筑主要是指城镇内的违法建筑；从广义上讲，违法建筑还应当包括乡村建筑。从立法本意讲，只要违反城乡规划法律规定，未取得城乡规划许可证，不论房屋在乡村或城镇都属于违法建筑，因为乡村建筑与城镇建筑一样都受到《城乡规划法》调整。总之，按照《城乡规划法》规定，未取得规划许可证的城乡建筑和违反临时建筑管理规定的临时建筑，都属于违法建筑。

——最高人民法院民事审判第一庭编著：《最高人民法院关于审理城镇房屋租赁合同纠纷案件司法解释的理解与适用》，人民法院出版社 2009 年版，第 34~35 页。

646. 开发商逾期交房应承担的违约责任，能否依据业主支付的银行按揭贷款利息来判决

关键词

商品房买卖合同 逾期交房 违约责任 银行按揭贷款利息

最高人民法院司法解释

第十三条 商品房买卖合同没有约定违约金数额或者损失赔偿额计算方法，违约金数额或者损失赔偿额可以参照以下标准确定：

逾期付款的，按照未付购房款总额，参照中国人民银行规定的金融机构计收逾期贷款利息的标准计算。

逾期交付使用房屋的，按照逾期交付使用房屋期间有关主管部门公布或者有资格的房地产评估机构评定的同地段同类房屋租金标准确定。

——《最高人民法院关于审理商品房买卖合同纠纷案件适用法律若干问

题的解释》（2020 年 12 月 29 日修正）。

附录：民事审判信箱

问：最高人民法院《商品房买卖解释》第十七条规定，商品房买卖合同没有约定违约金数额或者损失赔偿额计算方法时，逾期交付使用房屋的，按照逾期交付使用房屋期间有关主管部门公布或者有资格的房地产评估机构评定的同地段同类房屋租金标准确定。而在实践中，对于开发商逾期交房的情况，业主往往支付的银行按揭贷款利息高于同地段同类房屋租金。因此，在开发商逾期交房的情况下，能否判决开发商承担银行按揭贷款利息的违约责任？

答：商品房买卖合同作为典型的双务合同，交付房屋及支付房屋价款是开发商和业主的对待给付义务。业主迟延付款违反了其应依约按期支付价款的义务，开发商迟延交房则违反了其应按期交付房屋的义务，均应承担相应的违约责任。对于违约责任，《民法通则》第一百一十二条第一款规定："当事人一方违反合同的赔偿责任，应当相当于另一方因此所遭受的损失。"《合同法》第一百一十三条第一款规定："当事人一方不履行合同义务或者履行合同义务不符合约定，给对方造成损失的，损失赔偿额应当相当于因违约所造成的损失，包括合同履行后可以获得的利益，但不得超过违反合同一方订立合同时所预见到或者应当预见到的因违反合同可能造成的损失。"因此，我国法律确定的违约损害赔偿责任以填补损失为基本原则。而在商品房买卖合同履行合同过程中，对于业主迟延付款给开发商所带来的损失是开发商失去支配利用所迟延付款部分的使用利益；对于该部分利益，《商品房买卖解释》第十七条规定，在商品房买卖合同当事人对于违约责任没有约定的情况下，为金融机构收取该笔贷款的预期贷款利息，相当于开发商从银行取得相应贷款的代价，这符合业主迟延支付价款造成开发商利用资金成本的损失实际。而对于开发商延期交房，其导致业主不能按期居住该房屋的使用利益损失；《商品房买卖解释》将业主居住房屋的利益损失规定为业主需要租赁房屋居住的替代利益损害，这也符合业主实际损失的实际。

至于业主所需要负担的同期银行贷款利息高于租金的问题，同《商品房买卖解释》所规定的处理原则并无逻辑关系。假定开发商依约按期交房，业主将该房出租，则其所得的租金也会比其应支付的银行按揭贷款利息高，对此利息同租金的差额，业主也需自行承担。

综上，《商品房买卖解释》所确定的开发商与业主需依据不同标准承担不同违约责任的区分是建立在违约责任以填补损失基础上的，二者并不存在矛盾。故在开发商逾期交房时，业主请求依据其应支付的银行按揭贷款利息来承担违约责任，在当事人并无约定时，该种请求并无依据，人民法院不应予以支持。

——本书研究组:《开发商逾期交房应承担的违约责任,能否依据业主支付的银行按揭贷款利息来判决》,载最高人民法院民事审判第一庭编:《民事审判指导与参考》2012年第4辑(总第52辑),人民法院出版社2013年版,第249~250页。

647. 商品房买卖预约合同与本约合同的区分标准

关键词

商品房买卖合同　预约合同　本约合同

最高人民法院公报案例

张励与徐州市同力创展房地产有限公司商品房预售合同纠纷案［徐州市泉山区人民法院民事判决书］

裁判摘要:预约合同是一种约定将来订立一定合同的合同。当事人一方违反预约合同约定,不与对方签订本约合同或无法按照预约的内容与对方签订本约合同的,应当向对方承担违约责任。

判断商品房买卖中的认购、订购、预订等协议究竟是预约合同还是本约合同,最主要的是看见此类协议是否具备《商品房销售管理办法》第16条规定的商品房买卖合同的主要内容,即只要具备了双方当事人的姓名或名称,商品房的基本情况(包括房号、建筑面积)、总价或单价、付款时间、方式、交付条件及日期,同时出卖人已经按照约定收受购房款的,就可以认定此类协议已经具备了商品房买卖合同本约的条件;反之,则应认定为预约合同。如果双方当事人在协议中明确约定在具备商品房预售条件时还需重新签订商品房买卖合同的,该协议应认定为预约合同。

徐州市泉山区人民法院一审认为:一、关于原、被告双方签订的《橙黄时代小区彩园组团商品房预订单》的性质问题

依传统民法理论,当事人之间签订的合同可以分为预约合同和本约合同,预约合同的目的在于当事人对将来签订特定合同的相关事项进行规划,其主要意义就在于为当事人设定了按照公平、诚信原则进行磋商以达成本约合同的义务;本约合同则是对双方特定权利义务的明确约定。预约合同既可以是明确本约合同的订约行为,也可以是对本约合同的内容进行预先设定,其中

对经协商一致设定的本约内容，将来签订的本约合同应予直接确认，其他事项则留待订立本约合同时继续磋商。判断商品房买卖中的认购书究竟为预约合同还是本约合同，最主要的是看此类认购书是否具备了《商品房销售管理办法》第 16 条规定的商品房买卖合同的主要内容即是否具备当事人名称或者姓名和住所，商品房基本状况，商品房的销售方式，商品房价款的确定方式及总价款、付款方式、付款时间，交付使用条件及日期，装饰、设备标准承诺，水电气讯配套等承诺和有关权益、责任，公共配套建筑的产权归属等条款。但一般来说，商品房认购书中不可能完全明确上述内容，否则就与商品房买卖合同本身无异，因此在实践操作过程中，这类认购书只要具备了双方当事人的姓名或名称，商品房的基本情况（包括房号、建筑面积）、总价或单价、付款时间、方式、交付条件及日期，就可以认定认购书已经基本具备了商品房买卖合同本约的条件。反之，则应认定为预约合同。

本案中，原、被告双方签订的《橙黄时代小区彩园组团商品房预订单》对于双方当事人的姓名或名称，商品房的基本情况（包括房号、建筑面积）、单价、付款时间进行了明确的约定，但因双方在签订该预订单时作为买卖标的物的商品房尚处在规划之中而没有进行施工，被告同力创展公司也没有取得商品房预售许可，所以双方对商品房的交付时间、办证时间、违约责任等等诸多直接影响双方权利义务的重要条款在预订单中没有明确约定，属于未决条款，需在签订买卖合同时协商一致达成；事实上，双方在该预订单中通篇所用的词语表达为“预订”“预计”“预缴（购房款）”，其第五条更是明确约定“在甲方（被告）通知签定（订）《商品房销售合同》之前，乙方（原告）可随时提出退房……在乙方按照本条约定签定（订）《商品房销售合同》前，甲方不得将该房另售他人”，说明双方在签订该认购单时对于该行为的性质为预约合同的认识是明确而不存在疑义的。因此，法院确认双方于 2004 年 2 月 16 日签订的《橙黄时代小区彩园组团商品房预订单》是以将来签订商品房销售（买卖）合同为目的的预约合同，原告张励要求被告以该商品房预订单为依据履行商品房交付义务的主张不能成立。

——《最高人民法院公报》2012 年第 11 期。

648. 房地产开发企业在未取得商品房预售许可证明之前与买受人签订的《商品房认购书》有效

关键词

商品房买卖合同　预约合同

最高人民法院司法解释

第二条　出卖人未取得商品房预售许可证明，与买受人订立的商品房预售合同，应当认定无效，但是在起诉前取得商品房预售许可证明的，可以认定有效。

——《最高人民法院关于审理商品房买卖合同纠纷案件适用法律若干问题的解释》（2020 年 12 月 29 日修正）。

附录：民事审判信箱

问：作为出卖人的房地产开发企业在其未取得商品房预售许可证明之前与买受人签订的《商品房认购书》是否有效？

答：鉴于商品房预售的特殊性，我国法律、行政法规对商品房预售实行行政许可的监管制度。城市房地产管理法第四十五条、《城市房地产开发经营管理条例》第二十三条均明确规定，商品房预售应当取得商品房预售许可证明。这就表明我国的商品房预售具有较强的国家干预性。《最高人民法院关于审理商品房买卖合同纠纷案件适用法律若干问题的解释》第二条也规定，出卖人未取得商品房预售许可证明，与买受人订立的商品房预售合同，应当认定无效，但是在起诉前取得商品房预售许可证明的，可以认定有效。由上可见，无论是立法、行政法规，还是司法解释，预售许可证明均是针对商品房预售行为所作出的强制性规定。

而《商品房认购书》作为一个独立的合同形式，从其订立的目的、约定的内容来看，通常是为将来双方当事人订立确定性的正式的商品房买卖合同达成的书面允诺，其目的就是通过订立合同来约束双方当事人承担在将来订立正式商品房买卖合同的义务，与作为本约合同的商品房买卖合同相对应，《商品房认购书》即为预约合同。预约合同只是双方当事人承诺在约定的期限内订立确定性合同即本约的预备性协议，不得因此认定本约已正式订立。预约合同一方当事人仅可以请求对方当事人履行订立本约的义务，不能请求履行本约的内容。预约合同一般表现为认购书、订购书、预订书、意向书、允诺书、备忘录、谈判纪要、定金收据等多种形式。

既然作为预约合同的《商品房认购书》是出卖人和买受人双方为将来订立作为本约合同的《商品房买卖合同》所做的承诺，而非正式的商品房预售行为，作为法定的商品房预售行为强制性前提条件的商品房预售许可证明就不应认定为出卖人订立预约合同的前提条件。未取得商品房预售许可证前签订的《商品房认购书》等预约合同均为有效。

——本书研究组：《作为出卖人的房地产开发企业在其未取得商品房预售许可证明之前与买受人签订的〈商品房认购书〉是否有效》，载最高人民法院民事审判第一庭编：《民事审判指导与参考》2014年第3辑（总第59辑），人民法院出版社2015年版，第231~232页。

649. 如何认定当事人放弃合同约定的解除权，愿意继续履行合同

关键词

商品房买卖合同　约定解除权

最高人民法院审判业务意见（民事审判第一庭意见）

最高人民法院民一庭意见：约定解除权人在相对人逾期付款后、约定解除权成立前未足额付款，而于行使约定解除权条件具备后出具收据的行为，可以认定是约定解除权人放弃了合同约定的解除权，愿意继续履行合同。

附：基本案情

盛泰公司与李某某于2009年2月26日签订商品房买卖合同一份。合同约定，李某某购买盛泰公司开发建设的住房一套，该房屋建筑面积为245.41m^2，单价为2799.03元/m^2，总价款为686910元；李某某应当于签订合同当日交付盛泰公司房款146910元，余款54万元应自合同签订之日起20天内付清。合同第七条约定，逾期付款在90日之内，自本合同规定的应付款期限之次日起至实际全额交付应付款之日止，买受人按日向出卖人支付逾期应付款万分之一的违约金，合同继续履行；逾期付款超过90日后，出卖人有权解除合同。出卖人解除合同的，买受人按累计应付款的百分之三向出卖人支付违约金。买受人愿意继续履行合同的，经出卖人同意，合同继续履行，自本合同规定的应付款期限之次日起至实际全额交付应付款之日止，买受人按日向出卖人支付逾期应付款万分之一点五的违约金。合同第八条约定，出卖人应当在2009年10月31日前，依照国家和地方人民政府的有关规定，将符合交付条件的房屋交付买受人。该合同附件即补充协议（二）约定，出卖人代收暖气初装费88元/m^2，买受人在签订合同时一次性交清；出卖人代收煤气初装费2200元/户，买受人在签订合同时一次性交清；办理银行按揭付款的买受人若不能按期办理按揭付款，则应在合同约定的付款期限内以现金方式交付房款；买受人在合同约定的交房时间前未付清房款的，出卖人有权拒绝交付房屋，且出卖人不承担因此而产生的延期交房的违约责任。

商品房买卖合同签订当日，李某某按约定向盛泰公司交付了房款146910元，并交付了暖气初装费21596元、煤气初装费2200元、车库使用费6万

元。李某某于2009年4月1日交纳契税20607元，于2009年4月20日通过银行贷款方式向盛泰公司交付房款48万元。至此，李某某尚欠盛泰公司房款6万元。盛泰公司于2009年11月5日给李某某开具了上述48万元房款的收据，后于2009年11月12日向法院起诉，以李某某的行为已构成违约，根据合同约定，李某某逾期90日后未付清房款，盛泰公司有权解除合同，故要求解除商品房买卖合同。李某某辩称：按照合同约定，对于余下的54万元房款，李某某应当于2009年3月18日前付清，可在2009年4月20日李某某向盛泰公司交付48万元房款时，盛泰公司也予以接收，并于2009年11月5日向李某某开具了收据。这充分表明双方对房款的交付时间作了变更，且盛泰公司在2009年11月5日向李某某开具收据的行为，也应当视为盛泰公司对合同解除权的放弃。至于李某某欠盛泰公司6万元房款的原因是，在李某某首付20%房款之后，双方均认为在20天内可以办理总房款80%的银行贷款，而实际上直到2009年4月20日仅办理了总房款70%的银行贷款，因此李某某尚欠盛泰公司6万元。正是由于目前房价上涨较快，盛泰公司欲以李某某拖欠房款为由与李某某解除合同，将房屋另行出售以获取更多利益。综上，盛泰公司要求解除商品房买卖合同没有法律依据，请求法院依法驳回盛泰公司的诉讼请求。在本案审理中，本案涉案房屋转卖他人。2010年1月25日，李某某在未征得盛泰公司同意的情况下将所欠盛泰公司的6万元房款存入了盛泰公司的银行账户。

——最高人民法院民一庭:《如何认定约定解除权的放弃》，载最高人民法院民事审判第一庭编:《民事审判指导与参考》2012年第3辑（总第51辑），人民法院出版社2012年版，第148~154页。

650. 因出卖人所售房屋存在质量问题，致购房人无法对房屋正常使用、收益，可以房屋同期租金作为标准计算购房人的实际损失

关键词

商品房预售合同　房屋质量　房屋租金

最高人民法院公报案例

李明柏诉南京金陵置业发展有限公司商品房预售合同纠纷案［南京市中级人民法院民事判决书］

裁判摘要：因出卖人所售房屋存在质量问题，致购房人无法对房屋正常使用、收益，双方当事人对由此造成的实际损失如何计算

未作明确约定的，人民法院可以房屋同期租金作为标准计算购房人的实际损失。

南京市中级人民法院经审理认为：因金陵置业公司交付的房屋存在质量问题，致李明柏无法正常居住，李明柏要求赔偿损失，符合法律规定。关于损失计算标准问题，李明柏提交的房屋租赁协议虽证明涉案小区有业主出租房屋租金可达到每月 21000 元以上，但该租金价格并不具有普遍性，而江苏省高级人民法院向南京市住建局调取的同区域别墅租金清册载明的价格，系综合多方因素得出的平均租金价格，更具有普遍性，再审一审法院在双方均不申请对案涉房屋装修前后出租价格进行评估的基础上，结合案涉房屋的具体情况，参考该租金清册所确定的租金价格并无不当。李明柏要求至少按每月 21000 元标准进行补偿，不予支持。综上，再审一审判决认定事实清楚，所作判决并无不当。李明柏、金陵置业公司的上诉请求均不能成立，不予支持。

——《最高人民法院公报》2017 年第 12 期。

651. 严格区分合法“以房抵债”行为与非法行为

关键词

以房抵债　虚假诉讼

《中华人民共和国民法典》条文

第三百一十一条　无处分权人将不动产或者动产转让给受让人的，所有权人有权追回；除法律另有规定外，符合下列情形的，受让人取得该不动产或者动产的所有权：

（一）受让人受让该不动产或者动产时是善意；

（二）以合理的价格转让；

（三）转让的不动产或者动产依照法律规定应当登记的已经登记，不需要登记的已经交付给受让人。

受让人依据前款规定取得不动产或者动产的所有权的，原所有权人有权向无处分权人请求损害赔偿。

当事人善意取得其他物权的，参照适用前两款规定。

第五百三十八条　债务人以放弃其债权、放弃债权担保、无偿转让财产等方式无偿处分财产权益，或者恶意延长其到期债权的履行期限，影响债权人的债权实现的，债权人可以请求人民法院撤销债务人的行为。

第五百三十九条　债务人以明显不合理的低价转让财产、以明显不合理的高价受让他人财产或者为他人的债务提供担保，影响债权人的债权实现，债务人的相对人知道或者应当知道该情形的，债权人可以请求人民法院撤销债务人的行为。

第五百四十条　撤销权的行使范围以债权人的债权为限。债权人行使撤销权的必要费用，由债务人负担。

第五百四十一条　撤销权自债权人知道或者应当知道撤销事由之日起一年内行使。自债务人的行为发生之日起五年内没有行使撤销权的，该撤销权消灭。

最高人民法院司法政策精神

二、在审理相关纠纷案件时，要认真审查当事人的诉讼请求及相关的证据，遇到以下情况，要慎重对待，妥善处理：

1. 当事人在以房抵债协议中约定管辖法院，但抵债的房产与协议管辖法院属异地的，要严格按照民事诉讼法关于专属管辖的规定认定协议管辖的效力；

2. 借贷等债权债务关系仅有借据和双方的认可，但未提供款项来等证据的，对债权债务关系的真实有效性要严格审查，不能简单认定；

3. 双方以债权债务纠纷为由诉讼至法院，但是立案后对案件事实及实体处理等均无争议并迅速达成“以房抵债”协议的，务必在严格依法查明案件事实的基础上决定是否出具调解书；

4. 当事人在人民法院调解组织等主持下达成包含以房抵债内容的调解协议，并共同申请司法确认的，应当加大审查确认力度，慎重出具确认调解协议有效的裁定；

5. 当事人对以房抵债生效法律文书或者调解协议申请执行的，原则上不得出具以房抵债裁定书或者要求登记机构办理过户的协助执行通知书，当事人要求以房产清偿债务的，应当采取拍卖等执行变价措施；

6. 对其他可能存在虚假诉讼的纠纷案件，亦应依法审查。

——《最高人民法院关于房地产调控政策下人民法院严格审查各类虚假诉讼的紧急通知》（2013 年 6 月 28 日，法明传〔2013〕359 号）。

7. 要加强对调解协议的审查力度。对双方主动达成调解协议并申请人民法院出具调解书的，应当结合案件基础事实，注重审查调解协议是否损害国家利益、社会公共利益或者案外人的合法权益；对人民调解协议司法确认案件，要按照民事诉讼法司法解释要求，注重审查基础法律关系的真实性。

——《最高人民法院关于防范和制裁虚假诉讼的指导意见》（2016 年 6 月

20 日，法发〔2016〕13 号）。

16. 当事人达成以房抵债协议，并要求制作调解书的，人民法院应当严格审查协议是否在平等自愿基础上达成；对存在重大误解或显失公平的，应当予以释明；对利用协议损害其他债权人利益或者规避公共管理政策的，不能制作调解书；对当事人行为构成虚假诉讼的，严格按照民事诉讼法第一百一十二条和《最高人民法院关于适用〈中华人民共和国民事诉讼法〉的解释》第一百九十条、第一百九十一条的规定处理；涉嫌犯罪的，移送刑事侦查机关处理。

——《最高人民法院关于印发〈第八次全国法院民事商事审判工作会议（民事部分）纪要〉的通知》（2016 年 11 月 21 日，法〔2016〕399 号）。

附录：最高人民法院主流观点

"以房抵债"的虚假诉讼一般有以下几种情况：

1. 以规避国家法定税收为目的，主要表现为将房产价值作低用以抵偿虚构债务，按照抵债房产价值计税，达到逃税目的。根据上述意见要求，此类案件房屋买卖关系真实存在且无其他违法情节，为维护交易关系稳定性，保护善意第三人合法权益，不宜通过启动再审程序处理。可以司法建议等形式建议税务机关收缴漏缴税款，对偷逃税收行为，依法予以处理。

2. 以规避国家商品房限购政策为目的，主要表现为当事人通过诉讼和申请强制执行，将涉案目标房产过户，以达到规避政府限购政策的目的。根据上述意见要求，对此类案件，应当与房产主管部门充分沟通，在房管部门认定虚假诉讼涉案人员当前是否符合限购政策规定的购房条件的基础上，区分不同情况处理：一是房管部门认定虚假诉讼涉案人员已经符合限购政策规定的购房条件，原则上不启动再审程序；二是房管部门虽未认定虚假诉讼涉案人员符合购房条件，但涉案房产过户后再次或多次流转，后手受让人不存在主观过错并支付合理对价，依照《物权法》第一百零六条[①]规定，并从维护稳定、保护善意第三人权益出发，原则上也不启动再审；三是房管部门明确认定购房人不符合购房条件，且没有再次转让的，应启动再审程序撤销调解书等法律文书，裁定驳回原告起诉。

3. 以恶意逃废债务、规避执行为目的，主要表现为在债务人资不抵债或者存在多个债权人的情况下，与某个债权人恶意串通，以其仅有的房产抵偿该债权人的债权，损害其他债权人的利益，或者债务人与他人虚构债务关系恶意转移财产，利用法院判决或调解书的形式或者仲裁裁决等形式使该非法

① 对应《民法典》第三百一十条。

行为合法化，损害案外人的合法利益。根据上述意见要求，人民法院在审理确权、给付等诉讼案件时，应注意审查判断当事人是否存在转移资产、逃废债务以及规避执行的主观恶意。对于以恶意逃废债务、规避执行为目的的虚假诉讼，案外权利人可以依据《合同法》第七十四条[①]、七十五条[②]规定，提起撤销之诉；对于已经就该恶意逃废债务行为制作了调解书等生效法律文书的，应另行通过再审程序撤销原调解书等法律文书。对于存在恶意串通、利用仲裁裁决恶意阻止执行、规避执行以及其他侵害债权人利益的，可以对该仲裁裁决予以撤销或不予执行。在执行程序中，仲裁裁决的当事人以存在上述情形的仲裁裁决阻却执行的，执行法院可认定该仲裁裁决不产生阻却执行程序的效力。《八民会纪要（民事部分）》也对此问题再次重申，并进一步要求要严格审查“以房抵债”中是否存在此种情形，对利用协议损害其他债权人利益或者规避公共管理政策的，不能制作调解书。对当事人行为构成虚假诉讼的，严格按照《民事诉讼法》第一百一十二条和《最高人民法院关于适用〈中华人民共和国民事诉讼法〉的解释》第一百九十条、第一百九十一条的规定处理；涉嫌犯罪的，移送刑事侦查机关处理。

——杜万华主编：《〈第八次全国法院民事商事审判工作会议（民事部分）纪要〉理解与适用》，人民法院出版社 2017 年版，第 311~312 页。

652. 以房抵债的原始债权是否具有优先受偿性

关键词

执行异议之诉　以物抵债　以房抵债　优先受偿

最高人民法院裁判文书

贾留好与苏尔德、正宏公司申请执行人执行异议之诉案［最高人民法院（2021）最高法民申 2401 号民事判决书］

裁判要旨：通过以房屋抵顶前期借款的方式取得不动产的“买受人”，对于该实现债权方式可能存在的风险是明知的，其原始债权是借款性质的普通债权，并不具有优先受偿性。

最高人民法院认为：本案争议焦点是案外人贾留好对案涉房屋是否享有

① 对应《民法典》第五百三十八条、第五百三十九条。
② 对应《民法典》第五百四十条、第五百四十一条。

足以排除执行的民事权益。原审已查明，案涉房屋为商铺，故本案应适用《执行异议和复议规定》第二十八条："金钱债权执行中，买受人对登记在被执行人名下的不动产提出异议，符合下列情形且其权利能够排除执行的，人民法院应予支持：（一）在人民法院查封之前已签订合法有效的书面买卖合同；（二）在人民法院查封之前已合法占有该不动产；（三）已支付全部价款，或者已按照合同约定支付部分价款且将剩余价款按照人民法院的要求交付执行；（四）非因买受人自身原因未办理过户登记"的规定进行审查。原审中，贾留好提交以下证据：多份借款协议，其中借款人为正宏公司，出借人为贾岗静（贾留好女儿），起止时间为 2013 年 8 月 24 日至 2014 年 8 月 5 日；多笔打款凭证，其中打款人包括贾留好、贾岗静、陈香云（贾留好妻子）等人。2016 年 6 月 30 日正宏公司与贾留好签订案涉《商铺认购协议》，约定房屋价款的支付方式为"借款本金抵顶"，同时正宏公司向贾留好出具购房款收据。2018 年大同市正泰物业管理有限责任公司出具的维修基金、物业费、水电费、装修保修金、采暖费、垃圾费收据等。据此，贾留好主张案涉房屋在 2019 年 11 月 7 日被法院查封之前，其已通过"借款本金抵顶购房款"的方式合法购买并实际占有案涉房屋。在申请再审阶段，贾留好提交了正宏公司于 2021 年 1 月 12 日出具的《情况说明》，曹小芳于 2021 年 1 月 17 日出具的《证明》等，以证明贾留好自 2018 年接收案涉房屋后多次要求办理网签合同和产权过户登记，但因正宏公司下欠政府相关费用原因导致无法办理，故其符合非因买受人自身原因未办理过户登记的情形。对此最高人民法院认为，正宏公司虽于 2016 年 8 月 30 日取得案涉房产项目的预售许可证，但至今无法办理网签合同及产权过户。贾留好亦称其多次要求正宏公司办理网签及过户，但未果。因此可确定贾留好对案涉房屋无法办理网签和产权过户登记是明知的，即对于以案涉房屋抵顶前期借款或者说以前期借款抵顶案涉房款，作为实现其债权的一种方式，可能存在的风险亦是明知的。故贾留好不符合非因买受人自身原因未办理过户的情形。此外，贾留好与苏尔德对正宏公司所享有的原始债权均是借款性质的普通债权，贾留好的债权并不优先于苏尔德的债权。所以，贾留好对案涉房屋不享有足以排除执行的民事权益。

——中国裁判文书网。

653. 银行同意出售抵押物，抵押权能否对抗以物抵债的房屋买受人的权利

关键词

执行异议之诉　抵押权　以物抵债　消费者购房人

最高人民法院裁判文书

国家开发银行与周本芳、盛恒基中加公司、盛恒基公司申请执行人执行异议之诉案［最高人民法院（2021）最高法民终1064号民事判决书］

裁判要旨：1. 抵押权人同意债务人出售抵押物，并非对抵押权的放弃，而是基于其对抵押物转让价款享有控制权和求偿权，以通过将其可支配权的客体从物转移到价金来保证抵押权的实现。也就是说，债权人物上价金代位权的行使，应当以抵押物转让产生价金为前提。抵押人以抵押物抵顶债务，并未产生价金，无法保证抵押权的实现，因此不应适用物上价金代位权行使规则。

2. 若以物抵债的房屋买受人为消费者购房人，因其取得的是物权期待权，基于生存利益至上的考虑，其权利优先于抵押权。一般房屋买受人的权利并不优先于抵押权。

最高人民法院认为：本案的焦点问题是，周本芳是否对案涉房屋享有足以排除人民法院强制执行的民事权益。最高人民法院对此分析认定如下：

（一）关于本案法律适用的问题

《最高人民法院关于适用〈中华人民共和国民法典〉时间效力的若干规定》第一条第二款规定："民法典施行前的法律事实引起的民事纠纷案件，适用当时的法律、司法解释的规定，但是法律、司法解释另有规定的除外"。案涉房屋抵押权设立、抵顶及转售行为均发生在民法典实施前，故对案涉房屋买受人权益与国家开发银行抵押权关系的认定，应当适用民法典实施之前的相关法律。根据原《物权法》第一百九十一条第一款关于"抵押期间，抵押人经抵押权人同意转让抵押财产的，应当将转让所得的价款向抵押权人提前清偿债务或者提存。转让的价款超过债权数额的部分归抵押人所有，不足部分由债务人清偿"的规定，为实现物尽其用的价值目标，允许抵押物流转，从而实现抵押财产的保值增值，保证抵押权人利益最大化。抵押权人同意债务人出售抵押物，并非对抵押权的放弃，而是基于其对抵押物转让价款享有控制权和求偿权，以通过将其可支配权的客体从物转移到价金来保证抵押权的实现。因此，债权人物上价金代位权的行使，应当以抵押物转让产生价金为前提。本案中，国家开发银行因盛恒基公司为盛恒基中加公司借款提供担保而对案涉房屋享有抵押权，并经生效判决予以确认。后国家开发银行出具《同意办理预售手续的函》，同意盛恒基公司办理案涉房屋的预售手续，并通过签订《资金监管协议》及开立监管账户的形式对房屋价款进行监管，始终未明确表示放弃抵押权。现盛恒基公司将案涉房屋通过抵顶工程款的方式进行转让，虽然产生盛恒基公司债务消灭的法律效果，但未有资金进入监管账户，规避了国家开发银行资金监管，客观上导致国家开发银行对案涉房屋价金控制权的落空，无法保证其抵押权的实现。因此，在盛恒基公司以案涉房屋抵顶工程款的情况下，不应适用物上价金代位权行使规则，国家开发银行对案涉房屋享有抵押权，根据《执行异议和复议规定》第二十七条关于“申请执行人对执行标的依法享有对抗案外人的担保物权等优先受偿权，人民法院对案外人提出的排除执行异议不予支持，但法律、司法解释另有规定的除外”的规定，在国家开发银行作为抵押权人申请执行登记在盛恒基公司名下的案涉房产时，消费者购房人提出执行异议请求排除执行时，仅能适用《执行异议和复议规定》第二十九条予以认定。就此而言，一审判决适用《执行异议和复议规定》第二十八条规定有所不当，本院予以纠正。

（二）关于周本芳对案涉房屋是否享有排除强制执行的民事权益问题

《执行异议和复议规定》第二十九条规定：“金钱债权执行中，买受人对登记在被执行的房地产开发企业名下的商品房提出异议，符合下列情形且其权利能够排除执行的，人民法院应予支持：（一）在人民法院查封之前已签订合法有效的书面买卖合同；（二）所购商品房系用于居住且买受人名下无其他用于居住的房屋；（三）已支付的价款超过合同约定总价款的百分之五十”。本案中，周本芳与盛恒基公司在人民法院查封前签订了《商品房买卖合同》，现有证据无法证明该合同非系双方真实意思表示，故案涉《商品房买卖合同》合法有效，合同是否在房产部门联机备案不影响其效力。周本芳一审提供的恒润金属装饰部与盛恒基公司及其关联公司之间的资金支付会签单、资金结算票据、选房审批单等材料载明了工程内容、工程价款、审批结算信息及双方以房抵顶工程款的合意，可以认定其间以房抵债的事实以及恒润金属装饰部实际支付了案涉房屋的购房款。现恒润金属装饰部同意将权利让渡给周本芳，盛恒基公司亦为周本芳开具《哈尔滨市商品房销售预收款专用票据》予以确认，应视为周本芳已交付了全部购房款。周本芳名下虽另有香坊区民吉街33号6栋1层10号房屋一处，但不属于名下有其他用于居住房屋的情形。故周本芳符合《执行异议和复议规定》第二十九条的规定，其对案涉房屋享有足以排除强制执行的民事权益。

——中国裁判文书网。

654. 当事人协商一致终止借款合同关系并建立商品房买卖合同关系的，应按照当事人意思表示确定转化为商品房买卖合同关系

关键词

商品房买卖合同　意思表示

最高人民法院审判业务意见（民事审判第一庭意见）

最高人民法院民一庭意见：借款合同到期借款人未能按约归还借款，双方当事人经对账协商，决定终止借款合同关系并建立商品房买卖合同关系，除存在法定无效情形的，应当按照当事人意思表示，确定双方法律关系转化为商品房买卖合同关系。对于双方约定转化为购房款的借款本金及利息的数额，应当根据双方之间原借款合同及借款、还款等证据予以审查认定，不宜仅按照双方合同约定直接确认转为购房款的欠款数额。

附：案情简介

A公司先后向甲、乙、丙、丁四人借款多次，签订了《商品房预售合同》，并在房屋产权交易管理中心备案登记。双方在借款合同补充协议中约定，为担保借款还款，A公司自愿将房地产预告登记至甲、乙、丙、丁四人名下，借款合同到期前，A公司需以2.6亿元的价格回购上述房屋，若不能在规定日期内回购，应依合同约定的时间办理完毕相关过户手续，若A公司在规定期限内回购上述房产，双方之间房屋买卖合同终止。借款到期后，A公司未能偿还借款，双方经协商对账，重新签订了《商品房买卖合同》，约定A公司将上述预告登记范围内的房屋和部分未经预告登记的房屋以4亿元的价格出售给甲、乙、丙、丁四人，并将对账确定的借款本息合计3.6亿元转为购房款，余款于实际交付房屋并办理产权登记后交付。后A公司未按双方约定的时间交付房屋，甲、乙、丙、丁遂起诉至法院，要求A公司承担逾期交房的违约责任。

——最高人民法院民一庭：《当事人协商一致终止借款合同关系并建立商品房买卖合同关系的，如何确定双方法律关系的性质及借款本息数额》，载最高人民法院民事审判第一庭编：《民事审判指导与参考》2016年第1辑（总第65辑），人民法院出版社2016年版，第165~168页。

655. 已支付全部购房款的消费者在房地产开发企业进入破产程序后仍可请求该企业履行房屋过户义务

关键词

房地产开发企业　破产程序　房屋过户登记

最高人民法院裁判文书

北京英嘉房地产开发有限公司、杨飞与北京英嘉房地产开发有限公司、杨飞物权确认纠纷申请再审案［最高人民法院（2015）民申字第1158号民事裁定书］

裁判要旨：房地产开发企业进入破产程序后，已支付全部款项的消费者可请求该企业履行交付房屋并办理所有权变更登记的义务，该等行为并非《企业破产法》第十六条所称无效的个别清偿行为。而且因消费者已支付购买商品房全部款项，故房地产开发企业破产管理人对商品房买卖合同并无解除权。

最高人民法院认为：首先，本案所涉房屋为住宅商品房，杨飞通过个人首付、向银行按揭贷款方式支付了全部价款。根据《中华人民共和国合同法》（以下简称《合同法》）、《最高人民法院关于建设工程价款优先受偿权问题的批复》（以下简称《优先受偿权批复》）等相关法律、司法解释规定之精神，交付了购买商品房的全部或者大部分款项后，消费者就所购商品房对出卖人享有的债权，有别于普通无担保债权，是一种针对特定不动产所享有的具有非金钱债务属性的特殊债权，在受偿顺序上优先于有担保债权的建设工程价款优先受偿权亦不得对抗该债权。其次，根据《企业破产法》《适用企业破产法规定（二）》规定之精神，并非所有的破产程序中的个别清偿行为均属于《企业破产法》第十六条规定的无效行为。认定个别清偿行为无效的关键要件之一是该清偿行为损害了其他破产债权人的合法权益。而如上所述，交付了购买商品房全部或者大部分款项的消费者对于其所购房屋的权利，因其具有特定性和优先性，故该债权的实现并不会构成对其他破产债权人合法权益的损害，因此，出卖人履行商品房买卖合同约定的交付房屋并办理所有权变更登记的义务，并非《企业破产法》第十六条所称的无效的个别清偿行为。再次，根据《企业破产法》第十八条第一款之规定，管理人仅对破产申请受理前成立而债务人和对方当事人均未履行完毕的合同有权决定解除或者继续履行。而本案中，杨飞已经通过银行按揭贷款支付了案涉房屋的全部款项，故对于案涉商品房买卖合同，英嘉公司破产管理人并无解除权。在杨飞主张继续履行双方签订的《商品房买卖合同》的情况下，英嘉公司亦没有举证证明存在《合同法》第九十四条以及第一百一十条所称的不能履行或不适于继续履行的情形，故英嘉公司应当继续履行案涉《商品房买卖合同》，协助杨飞办理案涉房屋所有权变更登记，并将案涉房屋交付给杨飞。最后，根据《物权法》第九条的规定，除法律另有规定的以外，不动产物权的转让以产权登记为要件。对于本案所涉房屋，杨飞虽然已经支付了全部购房款，但英嘉公司尚未交付房屋，亦未办理房屋所有权变更登记，相关法律、行政法规、司法解释亦未例外规定此种情形下买受人可直接取得房屋所有权。同时，本案并非因物权归属争议引发的物权确认纠纷，故二审法院将本案案由确定为物权确认纠纷并确认案涉房屋归杨飞所有确有不当。但由上所述，二审判决判令英嘉公司为杨飞协助办理案涉房屋所有权过户手续是正确的，通过该判项的履行或执行，杨飞仍将能够取得案涉房屋所有权。此外，二审判决虽对房屋交付等合同履行事实的认定存在矛盾，但根据《优先受偿权批复》之相关规定，该事实并不影响本案的最终处理。综上，虽然二审判决存在上述适用法律和认定事实上的问题，但最终处理结果正确。

——中国裁判文书网。

656. 借名买房合同规避一般商品房限购政策不应构成合同无效的事由

关键词

借名买房　合同效力　商品房限购政策

最高人民法院司法政策精神

18. 依法保障房地产市场平稳健康发展，防范房地产市场的金融风险传导。高度重视房地产市场波动对金融债权的影响，依法妥善审理相关案件，有效防范房地产市场潜在风险对金融稳定和金融安全的传导与冲击。统一借名买房等规避国家房产限购政策的合同效力的裁

——《最高人民法院关于进一步加强金融审判工作的若干意见》（2017 年 8 月 4 日，法发〔2017〕22 号）。

最高人民法院裁判文书

辽宁中集哈深冷气体液化设备有限公司与徐沛欣案外人执行异议之诉案

［最高人民法院（2020）最高法民再 328 号民事判决书］

裁判要旨：司法对于借名买房行为如不加限制而任其泛滥，则无异于纵容不合理住房需求和投机性购房快速增长，鼓励不诚信的当事人通过规避国家政策红线获取不当利益，不但与司法维护社会诚信和公平正义的职责不符，而且势必导致国家房地产宏观调控政策落空，阻碍国家宏观经济政策落实，影响经济社会协调发展，损害社会公共利益和社会秩序。

最高人民法院认为：关于徐沛欣与曾塞外之间是否存在规避国家限购政策的借名买房合同关系。徐沛欣依照与曾塞外签订的《房产代持协议》，以曾塞外名义与星泰房地产公司签订购房合同并代为签名，其后徐沛欣本人支付了 250 万元购房款、公共维修基金及契税。对于剩余大部分购房款的支付，徐沛欣提供证据证明系案外人安凯公司将天津红孩子商贸有限公司支付给徐沛欣妻子蒋某某的股权收购款（投资返还款），作为徐沛欣的购房款支付给星泰房地产公司，曾塞外亦对代持协议及其未实际付款等事实予以认可，在中集哈深公司未提供相反证据足以推翻上述证据的情况下，原审法院认定剩余购房款亦由徐沛欣实际支付，符合常理，并无不当。况且通过徐沛欣提供的物业费等相关交费单据，可以证明徐沛欣实际占有使用了案涉房屋。据此，可以认定徐沛欣在不具备再次购房资格的情形下，为规避国家及北京市房地产限购政策，通过借用曾塞外之名进行买房并支付了购房款，徐沛欣与曾塞外之间存在规避国家限购政策的借名买房合同关系。

关于案涉房屋过户前徐沛欣能否依据规避国家限购政策的借名买房合同关系成为房屋所有权人并排除执行。2010 年 4 月 17 日发布的《国务院关于坚决遏制部分城市房价过快上涨的通知》（国发〔2010〕10 号），是基于部分城市房价、地价出现过快上涨势头，投机性购房再度活跃，增加了金融风险，不利于经济社会协调发展的现状，为切实稳定房价、抑制不合理住房需求、严格限制各种名目的炒房和投机性购房，切实解决城镇居民住房问题而制定的维护社会公共利益和社会经济发展的国家宏观经济政策。该通知授权“地方人民政府可根据实际情况，采取临时性措施，在一定时期内限定购房套数。”北京市人民政府为贯彻落实该通知要求而提出有关具体限购措施的京政办发〔2011〕8 号文件，系依据上述国务院授权所作，符合国家宏观政策精神和要求。徐沛欣在当时已有两套住房的情况下仍借曾塞外之名另行买房，目的在于规避国务院和北京市的限购政策，通过投机性购房获取额外不当利益。司法对于借名买房行为如不加限制而任其泛滥，则无异于纵容不合理住房需求和投机性购房快速增长，鼓励不诚信的当事人通过规避国家政策红线获取不当利益，不但与司法维护社会诚信和公平正义的职责不符，而且势必导致国家房地产宏观调控政策落空，阻碍国家宏观经济政策落实，影响经济社会协调发展，损害社会公共利益和社会秩序。故徐沛欣与曾塞外为规避国家限购政策签订的《房产代持协议》因违背公序良俗而应认定无效，徐沛欣依据规避国家限购政策的借名买房合同关系，不能排除对案涉房屋的执行。

——中国裁判文书网。

657.“借名买房”不存在规避限购政策或违背公序良俗情形的，应认定借名人系实际房屋权利人

关键词

借名买房　借名人　房屋实际权利人　公序良俗　国家政策

最高人民法院裁判文书

陈武平与罗士奇、陶慧君、罗利钢案外人执行异议之诉案［最高人民法院（2021）最高法民申3543号民事裁定书］

裁判要旨：借名人通过借名买房，将真实物权登记于出名人名下，并非为规避法律、行政法规的强制性规定或限购政策，亦不违背公序良俗，符合《物权法解释（一）》第二条之规定，当物权登记与实际权利状况不符时，以实际权利状况为依据认定事实的情形，故应认定借名人为房屋实际权利人

最高人民法院认为：一、关于二审判决认定事实是否缺乏证据证明的问题。根据本案查明的事实，2005年，罗士奇已超过60岁，招商银行股份有限公司南昌分行以其年龄不符合贷款条件为由，拒绝与罗士奇签订按揭贷款合同。为解决住房问题，罗士奇遂以其儿媳陶慧君名义签订购房合同，符合日常生活习惯。按一般的生活常理，借名购房中购房人一般会承担全部费用，与家庭成员之间赠与有所区别。从本案的各种出资情况来看，结合汉邦公司章程、股东花名册、汉邦公司及其法定代表人出具的证明、代缴35万元首付款的凭证、支付每月房屋按揭贷款的存取款凭证等证据，可以认定汉邦公司支付的首付款是受罗士奇委托代其付款，每月房屋按揭贷款亦由罗士奇支付，首付款和月付贷款的支付均与陶慧君无关。另外，结合房屋使用期间产生的各类费用凭证、费用缴纳凭证、证人证言等亦可以证实上述费用的真实付款人及案涉房屋实际占有、使用人均为罗士奇。故，二审判决认定案涉房屋系

罗士奇借陶慧君名义购买，且首付款及按揭款均由罗士奇支付，从签订合同、交付房屋到至今一直被罗士奇合法占有、使用，具有相应的事实依据，并无不当。

二、关于二审判决适用法律是否错误的问题。不动产物权登记产生的公示公信效力，亦仅是一种推定效力，登记行为本身不产生物权，当事人有证据证明其为真正权利人时可以推翻不动产登记的推定，维护事实上的真实。具体到本案，罗士奇与陶慧君之间存在借名购房关系，罗士奇也提供证据证明其系案涉房屋实际出资人及占有人，案涉房屋因尚未还清银行贷款未及时变更产权登记。且罗士奇通过借名买房，将真实物权登记于陶慧君名下，并非为了规避法律、行政法规的强制性规定或国家、地方政府限购政策，亦不违背公序良俗，符合《最高人民法院关于适用〈中华人民共和国物权法〉若干问题的解释（一）》第二条之规定，当物权登记与实际权利状况不符时，以实际权利状况为依据认定事实的情形。故二审判决据此认定罗士奇为案涉房屋实际权利人，享有足以排除强制执行的民事权益，适用法律并无不当。

——中国裁判文书网。

658. 拍卖中承租人享有优先购买权

关键词

房屋拍卖　优先购买权　损害赔偿

最高人民法院审判业务意见（民事审判第一庭倾向性意见）

最高人民法院民一庭倾向性意见认为：拍卖中承租人享有优先购买权，但如果承租人以竞买人身份拍得买受物后主张损害赔偿，人民法院不应支持。

附：案情简介

2000 年 4 月，刘某与甲银行支行签订《租赁协议》，租赁某写字楼“十号楼”附一、二楼，租赁建筑面积约 1700 平方米，租期三年。2000 年 6 月 30 日，该楼被整体转让乙资产管理公司。2003 年 10 月 22 日，乙资产管理公司（出租方）与刘某（承租方）签订《房屋租赁合同》，约定：刘某承租“十号楼”附一楼，建筑面积 1058.10 平方米；租赁期一年，从 2003 年 12 月 1 日起将出租房屋交付承租方使用，至 2004 年 11 月 30 日收回；出租方出卖房屋，须在 1 个月前通知承租方，在同等条件下，承租方有优先购房权。2004 年 6 月 2 日，乙资产公司登报公告拟处置“十号楼”附一、二楼，并告知了刘某。刘某于 2004 年 6 月 15 日书面回复，表示愿意购买此房，请优先考虑。2004

年10月29日，乙资产管理公司继续在报上公告，拟通过要约竞价方式出让该处房产，有意者领取《资产出让要约书》。该要约书载明：拟出让资产为要约人依法拥有处置权的房地产一处，位于江油市金轮干道333号，为“十号楼”附一、二楼，建筑面积2271.61平方米，土地使用权面积393.8平方米，以房地产现状整体全部出让，不得分割分项，起价为500万元人民币，要约人在此基础上高于起价设定保留价，密封后交由监督部门掌握，并在竞价现场当场开启，受要约人亦以“密封递价”方式报价，“资产”与其周边地块之间既存的以及可能发生的任何性质的纠纷及争议，概由买受人承担自行解决之责任；任何涉及“资产”面积及相关权益的因素发生变化，概不影响及减少要约人所获出让“资产”之净价。所有报价一经开启，不得撤回，若无报价数额一致且其余报价皆低于该报价的情况下，不得变更报价数额。《资产出让协议》经买受人与要约人签署后即生效。若拒签《资产出让协议》，则该买受人所交保证金不予退还。该宗房地产的信息先后登载于2004年6月22日、10月29日的当地报纸上。2004年11月4日，刘某领取了该要约书，2004年11月10日，在当地公证处的主持下，有六人参与竞价，刘某以11111668元的最高价竞得该标的。同日，刘某（乙方）与乙资产管理公司（甲方）签订了《资产出让协议》，进一步确认了出让金额和房地产面积（与房产证及土地证记载的面积一致），并约定：因“资产”一楼租赁期限自2004年11月30日届满，乙方自2004年12月1日起行使权利，同时承担相应的风险责任；乙方在本协议项下承担支付的总价为甲方出让资产所获净价，不得有任何扣除；“资产”与其周边地块之间既存的以及可能发生的任何性质的纠纷和争议，概由乙方承担自行解决之责任；任何涉及“资产”面积及相关权益的因素发生变化，概不影响及减少甲方在本协议项下所获出让“资产”之净价；乙方已充分知悉其买受“资产”之权属及现状，并且已对可以预见的风险及可能出现的风险及由此导致的损害进行了全面、审慎及独立的评估，乙方作出买受“资产”的决定是建立在上述基础上的；本协议签署后，无论乙方以何种理由放弃受让“资产”或拒绝按照本协议规定履行付款义务，则甲方将规定违约情节的严重程度，有权单方面终止本协议，其已收取的100万元定金不再退还，并有权向乙方追索由此给甲方造成的其他实际损失。2004年11月15日，刘某向乙资产公司出具书面函，请求降低购房款，保障其优先购买权，未得到认可。2004年11月18日，刘某向乙资产管理公司出具书面函，以该房产是李某等7人与自己共同购买为由，请求签订补充协议，将原协议载明的“刘某”调整为“刘某等8人”。2005年1月11日，双方签订《资产出让补充协议》，协议载明：“双方签订的《资产出让协议》已生效，刘某已按协议履行了付款义务。鉴于刘某提出该资产是其与其余7人共同出资购买，为明确其他买售人的权利，特签署补充协议”。并将买方更为刘某等8人。次日，资产管理公司将刘某缴纳的购房款收据统一换成抬头为“刘某等 8 人”的票据。李某等 7 人分别向乙资产管理公司出具了申明与承诺，表明其与刘某共同商定购买该房，委托刘某参与竞价并愿意严格遵守买受条件。随后，又分别签订了房屋买卖合同。刘某取得涉案房屋后，以乙资产管理公司侵犯了其优先购买权为由，请求一审法院判令乙资产管理公司赔偿其损失，损失的数额为其买受价与第二高价格的差额。

——《优先购买权人通过竞拍买受房屋后，不能主张损害赔偿》，载杜万华主编、最高人民法院民事审判第一庭编：《民事审判指导与参考》2017 年第 2 辑（总第 70 辑），人民法院出版社 2017 年版，第 77~79 页。

659. 出租人出卖租赁房屋未在合理期限内通知承租人的，承租人不能主张房屋买卖合同无效

关键词

优先购买权　房屋买卖合同　合同效力　合同相对性

《中华人民共和国民法典》条文

第二百一十五条　当事人之间订立有关设立、变更、转让和消灭不动产物权的合同，除法律另有规定或者当事人另有约定外，自合同成立时生效；未办理物权登记的，不影响合同效力。

第七百二十六条　出租人出卖租赁房屋的，应当在出卖之前的合理期限内通知承租人，承租人享有以同等条件优先购买的权利；但是，房屋按份共有人行使优先购买权或者出租人将房屋出卖给近亲属的除外。

出租人履行通知义务后，承租人在十五日内未明确表示购买的，视为承租人放弃优先购买权。

第七百二十八条　出租人未通知承租人或者有其他妨害承租人行使优先购买权情形的，承租人可以请求出租人承担赔偿责任。但是，出租人与第三人订立的房屋买卖合同的效力不受影响。

附录：最高人民法院法官著述

问：出租人出卖租赁房屋未在合理期限内通知承租人，承租人能否以侵害其优先购买权为由主张出租人与第三人签订房屋买卖合同无效？

答：《民法典》第七百二十六条规定：“出租人出卖租赁房屋的，应当在出卖之前的合理期限内通知承租人，承租人享有以同等条件优先购买的权利；但是，房屋按份共有人行使优先购买权或者出租人将房屋出卖给近亲属的除

外。出租人履行通知义务后，承租人在十五日内未明确表示购买的，视为承租人放弃优先购买权。"《最高人民法院关于贯彻执行〈中华人民共和国民法通则〉若干问题的意见（试行）》（已废止）第一百一十八条曾规定，"出租人出卖出租房屋，应提前三个月通知承租人，承租人在同等条件下，享有优先购买权；出租人未按此规定出卖房屋的，承租人可以请求人民法院宣告该房屋买卖无效"，但此条规定已被《最高人民法院关于废止2007年底以前发布的有关司法解释（第七批）的决定》所废止。

我们认为，基于合同相对性原则，出租人与第三人签订的房屋买卖合同效力应当依照《民法典》等相关法律有关合同效力的规定判断。对此，《民法典》第二百一十五条规定，"当事人之间订立有关设立、变更、转让和消灭不动产物权的合同，除法律另有规定或者当事人另有约定外，自合同成立时生效；未办理物权登记的，不影响合同效力"。《民法典》第七百二十八条规定，出租人未通知承租人或者有其他妨害承租人行使优先购买权情形的，承租人可以请求出租人承担赔偿责任。但是，出租人与第三人订立的房屋买卖合同的效力不受影响。

——最高人民法院民事审判第一庭编著：《民事审判实务问答》，法律出版社2021年版，第16~17页。

660. 涉"套路贷"房屋买卖合同效力的判断，不宜仅凭公证授权文书一律认定有效

关键词

房屋买卖合同　"套路贷"　公证文书

最高人民法院公报案例

葛亮诉李辉等房屋买卖合同纠纷案［上海市第二中级人民法院民事判决书］

裁判摘要：涉"套路贷"房屋买卖合同效力的判断，不宜仅凭公证授权文书一律认定有效，要查明当事人的真实意思，对隐藏的民事法律行为的效力，综合考量依法作出判定。

法院认为：当事人对自己提出的诉讼请求所依据的事实或者反驳对方诉讼请求所依据的事实有责任提供证据加以证明。没有证据或者证据不足以证明当事人的事实主张的，由负有举证责任的当事人承担不利后果。上诉人李

辉称侯雪静是以被上诉人葛亮的名义借款，是真实的借款人，因缺乏足够的证据印证，法院难以采信。虽然各方当事人就有关债权、委托等，办理公证文书，且李帅按照公证委托书代理被上诉人葛亮将系争房屋出售，但是一审法院查明系争房屋的《上海市房地产买卖合同》中，有关房屋交易关键及常规问题的条款空缺，未作约定，被上诉人与肖忠香签署抵押借款合同中，同时签署了相应的买卖合同、办理了强制执行效力的债权文书和委托公证文书，上述抵押合同并未明确届期不能清偿借款时，抵押系争房屋归肖忠香所有。因此，被上诉人与肖忠香之间系借款法律关系，被上诉人抵押系争房屋只是为了归还借款所作的担保，原审判决关于被上诉人并无出售该房屋的真实意思表示的认定正确，法院予以认同。鉴于上述相关文件的签署时间和查明的相关事实，一审法院认为若当事人在抵押合同中约定，债务履行期届满抵押权人未受清偿时，抵押物的所有权转移为抵押权人所有的内容无效，符合法律规定。一审法院关于被上诉人出具委托书，授予李帅包括签订房地产买卖合同、收取房款、办理产权过户手续等权利，此民事行为因欠缺意思表示真实一般有效要件，应为无效民事行为的主张，并无不当。上诉人的上诉主张，因缺乏足够的事实和法律依据。法院难以支持。

——《最高人民法院公报》2021 年第 2 期。

661. 当事人滥用委托代理权，与买受人恶意串通签订的损害他人权益的房屋买卖合同无效

关键词

"套路贷" 合同效力 房屋买卖合同 恶意串通 委托代理权

最高人民法院公布的典型案例

高某诉刘某、龙某确认合同无效纠纷案

裁判要旨：当事人以规避实现抵押权法定程序的方式取得出卖案涉房屋的委托代理权，且滥用代理权与买受人恶意串通签订房屋买卖合同，损害了他人合法利益，应当认定当事人代理他人与买受人就案涉房屋订立的房屋买卖合同无效。

（一）基本案情

2016 年，高某经人介绍参加"以房养老"理财项目，与王某签订《借款合同》，约定王某出借 220 万元给高某。高某将案涉房屋委托龙某全权办理出

售、抵押登记等，如高某不能依约归还，则龙某有权出卖案涉房屋偿还借款本息，双方对相关事项进行了公证。后龙某作为高某的委托代理人为案涉房屋办理抵押登记，并出卖给刘某。房屋转移登记至刘某名下后，龙某自称系刘某亲属，委托房屋中介机构再次寻找买家，同时，刘某为房屋办理抵押登记，登记的抵押权人为李某。王某、龙某、李某等人在本案交易期间存在大额、密集的资金往来。后高某起诉请求判决龙某代理其签订的房屋买卖合同无效，并判令刘某将案涉房屋过户回高某名下。

（二）裁判结果

北京市朝阳区人民法院认为，王某、龙某、李某等人存在十分密切的经济利益联系，相关五人系一个利益共同体，就案涉房屋买卖存在恶意串通。龙某以规避实现抵押权法定程序的方式取得出卖案涉房屋的委托代理权，且滥用代理权与买受人刘某恶意串通签订房屋买卖合同，损害了高某的合法利益，应当认定龙某代理高某与刘某就案涉房屋订立的房屋买卖合同无效。故判决确认案涉房屋买卖合同无效，刘某协助将案涉房屋变更登记至高某名下。

（三）典型意义

近年来，“以房养老”理财骗局事件频发。许多老年人为投资“以房养老”理财项目，将自有房产进行抵押，背负巨额债务，又在行为人的恶意串通之下失去自有房产，导致房财两失。此类“套路贷”难以根除的原因之一，是行为人常常在法律空白或者规定不明确的领域，利用老年人性格特点以及寻求投、融资渠道的迫切心理，披上“迷惑外套”变装成“以房养老”理财项目，进而非法占有老年人房产。人民法院在对“套路贷”采取刑事手段打击的同时，亦应注重通过民事审判依法维护老年人的合法财产权益，保障人民群众老有所养、住有所居，切实享受到国家“以房养老”政策的红利。同时，也提醒老年人，还需时刻保持理性和冷静，审慎选择投、融资渠道，以免落入“请君入瓮”的“套路”之中。

——《最高人民法院发布人民法院老年人权益保护十大典型案例》案例三，2021 年 2 月 24 日。

662. 买受人从开发商处购买的房屋未办理产权登记又转卖第三人的，第三人不能直接请求开发商协助办理权属证书

关键词

房屋买卖合同　不动产登记　第三人　合同相对性

《中华人民共和国民法典》条文

第一百一十九条 依法成立的合同，对当事人具有法律约束力。

第五百三十五条 因债务人怠于行使其债权或者与该债权有关的从权利，影响债权人的到期债权实现的，债权人可以向人民法院请求以自己的名义代位行使债务人对相对人的权利，但是该权利专属于债务人自身的除外。

代位权的行使范围以债权人的到期债权为限。债权人行使代位权的必要费用，由债务人负担。

相对人对债务人的抗辩，可以向债权人主张。

附录：最高人民法院法官著述

问：买受人与开发商订立房屋买卖合同后，在尚未依据《城市房地产管理法》等相关规定办理房屋产权登记时，又将该房屋转卖给第三人，该第三人能否直接请求开发商协助办理权属证书？

答：对此实践中存在两种观点：第一种观点认为，基于合同相对性原则，第三人只能要求买受人协助办理房屋产权变更登记，不能直接向开发商主张。第二种观点认为，前后合同处于连续状态，第三人代替了买受人的位置，为交易便捷，可以在判决中省略登记，最终买受人可直接要求开发商协助办理产权变更登记。我们同意第一种观点，理由是：（1）符合合同相对性的法理。《民法典》第一百一十九条规定："依法成立的合同，对当事人具有法律约束力。"合同在相对人之间发生效力，除法律明确规定外，一般不能约束合同以外的第三人。对于连环买卖，虽然针对同一标的物，且交易彼此连续，但仍属于不同的主体和不同的法律关系，故第三人不能突破合同相对性直接向出卖人主张权利，除非符合《民法典》第五百三十五条关于代位权的规定。（2）防止国家税收流失。根据我国房地产税收有关法律规定，二手房交易需要缴纳营业税、个人所得税、契税等税种，如果允许第三人直接向出卖人即开发商主张过户，将使中间环节的税收被规避，导致国有资产流失，同时有民事审判阻碍国家征税行政权之嫌。（3）合理平衡债权人利益。如果允许第三人直接向出卖人即开发商请求过户，买受人的债权人利益可能会受损。特别在买受人恶意逃债时，其与第三人虚构房屋买卖合同，由第三人通过法院裁判获得房屋所有权，使买受人的债权人的利益落空。

——最高人民法院民事审判第一庭编：《民事审判实务问答》，法律出版社 2021 年版，第 97~98 页。

663. 房地产开发商协助买房人办理房屋产权登记的义务不因条件不具备而予以免除

关键词

不动产登记　房地产开发企业　法定义务

最高人民法院裁判文书

谷冬昭与大连华成天宇房地产开发有限公司房屋买卖合同纠纷案［最高人民法院（2016）最高法民再12号民事判决书］

裁判要旨：协助购房人办理房屋权属登记是房地产开发商应尽的合同义务以及法定义务，不能因房屋尚未竣工而径行免除其该项义务。

最高人民法院认为：按照谷冬昭与华成天宇公司签订的《关于“南山1910”住宅房屋认购的补充协议》的约定，如华成天宇公司不能按合同约定办理产权证时，视为华成天宇公司违约，华成天宇公司应按房屋总额的日0.3‰承担违约金，直至办理完毕止。又按照双方签订的《补充协议》第四条的约定，华成天宇公司应确保2013年5月31日正式交房，且应当在正式交房1年内具备办理产权证的条件。由此可见，华成天宇公司应当在房屋交付使用后的一定期间内协助谷冬昭办理权属登记备案，否则承担违约责任。此项义务是华成天宇公司应履行的合同义务。

同时，依据《城市房地产开发经营管理条例》第三十三条有关“房地产开发企业应当协助商品房购买人办理土地使用权变更和房屋所有权登记手续，并提供必要的证明文件”的规定，房地产开发企业负有协助买房人办理房屋权属登记的法定义务。但涉案房屋并没有办理竣工验收，谷冬昭即实际占有使用，涉案房屋并非经验收质量合格的商品房。因此，根据《中华人民共和国合同法》第二百七十九条“……建设工程竣工经验收合格后，方可交付使用；未经验收或者验收不合格的，不得交付使用”、《中华人民共和国建筑法》第六十一条第二款“建筑工程竣工经验收合格后，方可交付使用；未经验收或者验收不合格的，不得交付使用”、《中华人民共和国城市房地产管理法》第二十七条“房地产开发项目的设计、施工，必须符合国家的有关标准和规范。房地产开发项目竣工，经验收合格后，方可交付使用”以及《城市房地产开发经营管理条例》第十七条第一款“房地产开发项目竣工，经验收合格后，方可交付使用；未经验收或者验收不合格的，不得交付使用”等法律法规的规定，竣工验收是房屋交付使用的必经环节，建设工程经竣工验收合格后，始具备交付使用的条件。虽然谷冬昭实际占有使用涉案房屋，但本案至今尚不具备办理房产登记的法定条件，待具备办理房产登记的法定条件后，华成天宇公司负有协助谷冬昭办理房产登记的义务。因此，谷冬昭要求华成天宇公司继续履行合同、协助办理房产登记的部分请求应予支持。

原审法院因尚不具备办理房产登记的条件而判令谷冬昭可另行主张属于适用法律错误，最高人民法院依法予以纠正，判决撤销二审判决，华成天宇公司应于判决生效且具备房屋所有权登记备案手续办理条件后30日内，协助谷冬昭办理位于辽宁省大连市中山区南山路南山1910D区14号楼房屋的过户手续，将该房屋的房地产权利登记至冬昭名下。

——法信网。

附录：本案解析

房屋权属登记是物权公示公信的方式，更是物权变动的标志。作为房屋的买受人，取得不动产权属证书进而取得物权是其签购房合同的主要目的。在履行合同所规定的付款义务后，买受人即产生了对房屋权属登记的请求权，此权利亦被称为物权期待权。而作为房地产开发商，其协助买受人办理房屋的权属登记不仅仅是房屋买卖合同的一项约定义务，依据《城市房地产开发经营管理条例》第三十三条有关“房地产开发企业应当协助商品房购买人办理土地使用权变更和房屋所有权登记手续，并提供必要的证明文件”的规定，更是一项不可免除的法定义务。

本案中，华成天宇公司取得购房者全部房款后，因其自身的原因未能实际办理竣工备案手续，进而直接导致购房者不能依法取得房屋的权属登记证书。不言自明的是，涉案房屋未竣工是华成天宇公司作为开发商与工程承包人之间的问题，无论如何不应由善意购房人承担不利之后果。而本案原生效判决认为，因房屋并未进行竣工验收，不具备办理房产登记的法定条件，进而对购房人主张协助办理权属登记手续的主张未予支持，这样的判决实质上是免除了开发商的合同义务及法定义务，让善意购房人承担了本不应由其承担的不利后果。最高人民法院在再审审查过程中发现，除本案以外，还有其他类似购房人的主张未予得到支持，判决的理由基本相同。

对此问题，最高人民法院经研究认为，房地产开发商未能提供相关手续或材料以配合买房人办理房屋所有权证，已经构成违约，购房人有权主张其继续履行合同义务，即使目前尚不具备办理房产登记的法定条件，也不能因此免除房地产开发商该项重要的合同义务和法定义务，否则，必然使房屋买卖合同之目的落空。况且，该项义务并非事实或法律上不能履行，只要开发商依法办理竣工验收手续，达到房屋登记部门的要求即可。原判决虽然释明购房人可另行主张权利，表面上对于购房人的权利留有行使的余地，但实际上是一种法院“拒绝裁判”的不当行为，原审法院将本应一次性作出的裁判留待未知的今后，不但没有依法保护善意合法购房人的权利，而且放任了开发商的违约行为，更没有履行化解纷争的基本职责。经最高人民法院提审后，依法对本案进行了改判，最终支持了购房人要求开发商协助办理产权证的请求，特别是考虑到生效裁判的既判力以及今后的执行问题，最高人民法院判决华成天宇公司于本案判决生效且具备房屋所有权登记备案手续办理条件后30日内，协助谷冬昭办理房屋过户手续，将该房屋的房地产权利登记至谷冬昭名下。应当说，如此判决既不与行政部门的职权相冲突，又切实保障了购房人的合法权利，督促开发商及时履行自身的义务。

——《房地产开发商协助买房人办理弊端屋产权登记的义务不因条件不具备而予以免除》，载郑学林主编、最高人民法院第二巡回法庭编著：《民商事再审典型案例及审判经验》，人民法院出版社2019年版，第188~189页。

664. 合同一方履行不能，导致合同目的无法实现，相对方请求解除合同的，应予支持

关键词

合同解除　房屋买卖合同　不完全履行

最高人民法院裁判文书

吉林老参堂科技发展股份有限公司与通化长城置业股份有限公司房屋买卖合同纠纷案［最高人民法院（2015）民提字第130号民事判决书］

裁判要旨：房屋买卖合同关系中，出卖人无法履行或拒绝履行交付房屋、办理所有权变更手续的义务，致使买受人无法实现通过取得合同标的物所有权而能获得的经济利益，其订立合同的目的无法实现。其主张解除合同的诉讼请求，应予支持。

最高人民法院认为：本案争议焦点为：老参堂公司诉请解除涉案房屋买卖合同及返还购房款及利息的请求是否成立。

一、关于涉案1177号房屋买卖合同是否应解除的问题

本案老参堂公司系以长城公司在签订合同时隐瞒涉案房屋被查封的事实，在合同履行过程中未解除相关查封且该房屋又被多次查封，导致其合同目的

无法实现为由，诉请解除合同。最高人民法院认为，根据本案查明的事实，老参堂公司主张从 2011 年 7 月 1 日涉案《房屋买卖协议书》签订时至本案原一、二审诉讼期间，涉案 1177 号房屋始终处于因长城公司与案外人的纠纷而产生的查封状态属实。《中华人民共和国合同法》第一百三十条规定："买卖合同是出卖人转移标的物所有权于买受人，买受人支付价款的合同。"长城公司与老参堂公司签订涉案《房屋买卖协议书》，约定长城公司将涉案 1177 号房屋出售给老参堂公司。老参堂公司作为买受人，依法负有支付购房款的义务。长城公司作为出卖人，依法负有交付房屋并转移房屋所有权给老参堂公司的义务。《中华人民共和国城市房地产管理法》第三十八条的规定虽然不影响房屋买卖合同的效力，但是对被司法机关裁定查封的房屋所有权转移进行了限制。长城公司作为涉案房屋出卖人，在转让的房屋因其与案外人纠纷被查封时，依法负有消除标的物上存在的限制权利转让情形以履行转移房屋所有权的义务。双方签订的《房屋买卖协议书》中对房屋交付及办理产权转移手续的具体时间没有约定。根据《中华人民共和国合同法》第六十二条规定，履行期限不明确的，债务人可以随时履行，债权人也可以随时要求履行，但应当给对方必要的准备时间。根据本案查明的事实，在老参堂公司诉请解除合同前已明确要求长城公司解决涉案房屋被查封事宜，并协助办理房屋产权转移手续。长城公司不仅对老参堂公司要求其解决房屋被查封事宜以继续履行房屋买卖合同予以拒绝，相关查封裁定显示，在涉案房屋买卖合同履行期间，其还以该房屋进行抵押并因此导致该房屋再次被查封。从有证据证明老参堂公司要求长城公司解决查封事宜到老参堂公司起诉解除合同的近 1 年时间中，双方始终处于僵持状态，长城公司不仅没有解除在签订房屋买卖合同时涉案房屋上已经存在的查封，还因其他纠纷导致涉案房屋在合同履行期间及诉讼过程中又多次被查封，导致涉案房屋所有权始终处于法律限制转让状态，房屋买卖合同实际上始终处于履行不能状态。

对长城公司抗辩主张签订房屋买卖合同时其已经将涉案房屋被查封的事实告知老参堂公司，之后未解除查封及房屋再次被查封是老参堂公司违约造成，责任应由老参堂公司承担。最高人民法院认为：首先，根据本案查明的事实，涉案《房屋买卖协议书》中并没有关于转让的房屋已经被查封的内容。协议第三条中约定老参堂公司代长城公司偿还吉林银行 1200 万元贷款本息，可以体现老参堂公司以购房款直接代长城公司向吉林银行偿还贷款本息的目的是解决所购房屋被抵押及查封事宜，因而可以证明老参堂公司对涉及吉林银行抵押及查封的事实应属于明知。但约定向长城公司直接支付的购房款 600 万元，并非采取与上述向吉林银行偿还 1200 万元贷款本息相同的方式，即通过直接向查封该房屋的债权人履行的方式支付购房款。因此，合同约定的 600 万元购房款的支付方式并没有体现系专门用于解决集安市人民法院查封事宜。长城公司原审中提交的该公司职员于亚楠的证言，因其在原审中未出庭作证，且其与长城公司之间存在利害关系，原审对其证言未采信并无不当。因此，长城公司主张其在签订合同时已经将涉案房屋被集安市人民法院查封的事实告知老参堂公司，证据不足。其次，长城公司主张老参堂公司未支付 600 万元购房款构成违约，导致其未能以该款解决集安市人民法院的查封事宜，也使得涉案房屋所有权未能及时转移给老参堂公司，导致该房屋被再次查封，责任应由老参堂公司承担。最高人民法院认为，根据本案查明的事实，老参堂公司在合同履行中没有按照合同约定的时间在 2011 年 7 月 15 日前代偿吉林银行贷款本息，按合同约定应支付长城公司的 600 万元迄今未付。老参堂公司在最高人民法院再审中主张，在其与吉林银行协调偿还贷款过程中发现该房屋上存在其他查封事项，因而行使了不安履行抗辩权，但老参堂公司要求长城公司解决查封问题以使房屋买卖合同得以继续履行的行为发生在 2012 年，也即其依买卖合同约定已构成迟延支付购房款之后。因此，老参堂公司主张其未按合同约定支付购房款不构成违约的理由不成立。但是，如前所述，双方签订的涉案《房屋买卖协议书》中并未约定以支付 600 万元购房款解决涉案房屋被集安市人民法院查封的事宜。在无合同约定的情况下，老参堂公司不负有以支付 600 万元购房款解决涉案房屋查封事宜的法定义务。且因老参堂公司基于房屋买卖合同应履行的支付购房款的义务和长城公司作为出卖人依法负有的保障转让的房地产权利不受限制的义务，二者独立存在，在法律上并不属于互为必然因果关系，长城公司该主张缺乏合同和法律依据。

综上，虽然老参堂公司在合同履行过程中存在未按合同约定支付部分购房款的违约行为，但在双方发生纠纷时，老参堂公司已经支付了近一半的购房款。未支付的购房款中，老参堂公司应支付的 600 万元购房款与长城公司负有的协助以该房屋办理抵押贷款手续在同一合同条款中约定，可以认定在老参堂公司支付 600 万元时，长城公司即负有协助以该房屋办理抵押贷款的义务，剩余 830 万元购房款明确约定待贷款到账后转付。因此，对老参堂公司未支付的剩余购房款，双方互负支付剩余购房款和协助以该房屋办理抵押贷款手续的履行义务。虽然老参堂公司作为买受人，在签订合同时对涉案房屋应尽合理注意义务，但在其已经支付了部分购房款后，签订合同时涉案房屋上存在的两项查封依然未解除，之后涉案房屋又多次被查封的事实，应超出了老参堂公司签订合同时的预期。而长城公司在合同履行过程中没有及时解决涉案房屋被查封事宜，且因其与案外人的纠纷，该房屋又多次被人民法院查封，不仅长城公司负有的转移房屋所有权的义务履行不能，其按合同约定协助以该房屋办理抵押贷款手续的义务能否履行亦存在不确定性，且还存在长城公司在司法程序中以该房屋清偿其他债权的可能性。因此，应认定长城公司在合同履行过程中未及时解决涉案房屋被查封事宜及涉案房屋又多次被查封是导致双方签订的房屋买卖合同无法继续履行的根本原因，长城公司构成根本违约，致使老参堂公司合同目的无法实现，老参堂公司诉请解除房屋买卖合同符合《中华人民共和国合同法》第九十四条第（四）项关于“当事人一方迟延履行债务或者有其他违约行为致使不能实现合同目的”的规定。

综上，原审对长城公司在合同履行过程中是否存在根本违约，并因此导致老参堂公司合同目的无法实现未予审理认定，判决认为老参堂公司诉请解除合同不符合《中华人民共和国合同法》第九十四条的规定，认定事实及适用法律均属不当，最高人民法院予以纠正。经最高人民法院审理认定，老参堂公司诉请解除涉案 1177 号房屋买卖合同的主张成立，对长城公司在本案再审期间发出的解除合同通知的效力，不予确认。

二、关于涉案 507.68 平方米房屋买卖合同是否应解除的问题

双方当事人 2010 年 12 月 13 日签订的《协议书》中约定，长城公司将 507.68 平方米房屋出售给老参堂公司，价款 127 万元。合同履行过程中，老参堂公司已支付全部购房款 127 万元。长城公司未交付房屋，双方也未办理房屋产权过户手续。长城公司在原审中称，因老参堂公司没有按照《协议书》约定借给长城公司 50 万元，也没有在约定时间内将借用房屋还给长城公司，因而没有及时帮助老参堂公司办理产权过户手续。双方已经达成待借用房屋返还后再交付涉案 507.68 平方米房屋的口头协议。最高人民法院认为，由于交付房屋并转移房屋所有权给老参堂公司是长城公司的合同义务，因此，应由长城公司举证证明其未交付涉案 507.68 平方米房屋也未及时协助办理产权转移手续不构成违约。虽然《协议书》中约定长城公司向老参堂公司借款 50 万元，但并未约定以该 50 万元的实际支付作为长城公司协助办理房屋产权转移过户手续的前提条件。涉案 507.68 平方米房屋买卖合同与双方签订的借用房屋合同各自独立存在，在没有证据证明二者存在关联关系的情况下，基于合同相对性原则，应按照各自合同约定履行并承担各自合同责任。长城公司并无证据证明双方达成待借用的房屋偿还后再交付涉案 507.68 平方米房屋的口头协议。因此，长城公司抗辩其未交付房屋及未及时协助办理产权转移手续不构成违约的理由，缺乏事实依据。根据本案查明的事实，至 2011 年 8 月 21 日，老参堂公司已经支付了涉案 507.68 平方米房屋的全部购房款，而长城公司在原一、二审判决前始终没有交付房屋也没有办理产权转移手续。在长城公司没有证据证明其存在正当理由的情况下，应认定长城公司构成根本违约，老参堂公司诉请解除涉案 507.68 平方米房屋买卖合同，符合《中华人民共和国合同法》第九十四条第（四）项的规定。原审以老参堂公司对长城公司主张的没有按约定将长城公司借其用于贷款抵押的 509.8 平方米商业用房如期交回所致的观点未提供反驳证据，对老参堂公司解除合同的诉请不予支持，举证责任分配错误，最高人民法院予以纠正。由于双方 2010 年 12 月

13日签订的《协议书》中包括借款合同关系，虽然老参堂公司诉请返还的款项中包括已支付的购房款和借款，但其诉请解除的是房屋买卖合同关系，原审未将借款合同关系纳入审理范围，对相关事实也未进行审理认定。故，最高人民法院对《协议书》中关于涉案507.68平方米房屋买卖合同关系予以解除，对《协议书》涉及的借款合同关系当事人可另行解决。

——法信网。

附录：本案解析

本案中，涉案1177号房屋《房屋买卖协议书》签订于2011年7月1日，但至本案一、二审及再审诉讼期间，该房屋始终处于因长城公司与案外人的纠纷产生的查封状态中，在合同签订后4年多的时间里，涉案房屋实际无法交付老参堂公司，而双方又都主张对方违约，要求对方先履行义务，合同履行亦陷入僵局。从本案查明的事实看，从有证据证明老参堂公司要求长城公司解决查封事宜到老参堂公司起诉解除合同，长城公司不仅没有解除在签订房屋买卖合同时涉案房屋上已经存在的查封，还因其他纠纷导致涉案房屋在合同履行期间及诉讼过程中又多次被查封，导致涉案房屋所有权始终处于法律限制转让状态，房屋买卖合同实际上始终处于履行不能状态。

涉案507.68平方米房屋买卖合同签订后，老参堂公司交付了全部价款，而长城公司未履行其交付房屋、办理所有权变更登记的义务。

最高人民法院再审认定，长城公司构成根本违约。根本违约应指涉及合同根基的性质严重的违约，债务人违约使债权人得不到合同正常履行所带来的主要利益，使债权人遭受较为严重的损失，与《中华人民共和国合同法》第九十四条所用不能实现合同目的接近。根本违约，是从行为的角度看的，它是性质较为严重的违约行为；而合同目的不能实现，则是从后果的角度看的，它在描述违约行为导致的结果。《中华人民共和国合同法》第一百三十条规定："买卖合同是出卖人转移标的物所有权于买受人，买受人支付价款的合同。"涉案1177号房屋买卖合同关系中，老参堂公司给付了部分房款；涉案507.68平方米房屋买卖合同关系中，老参堂公司交付了全部价款，但长城公司无法履行或拒绝履行交付房屋、办理所有权变更手续的义务，致使作为买受人的老参堂公司无法实现通过取得合同标的物所有权而能获得的经济利益，其订立合同的目的无法实现。其主张解除合同的诉讼请求，应予支持。

值得指出的是，本案中，虽然老参堂公司主张其未按合同约定支付1177号房屋购房款不构成违约的理由不成立，但是，在无合同约定的情况下，老参堂公司不负有以支付购房款解决涉案房屋查封事宜的法定义务。且因老参堂公司基于房屋买卖合同应履行的支付购房款的义务和长城公司作为出卖人依法负有的保障转让的房地产权利不受限制的义务，二者独立存在，在法律上并不互为必然因果关系。因此，老参堂公司未按合同约定支付 1177 号房屋剩余购房款并不影响其依法行使解除合同的权利。

——《合同一方履行不能，导致合同目的无法实现，相对方请求解除合同的，应予支持》，载郑学林主编、最高人民法院第二巡回法庭编著：《民商事再审典型案例及审判经验》，人民法院出版社 2019 年版，第 87~89 页。

665. 房屋买卖合同中，双方均有违约行为，合同已无继续履行基础的，法院可判决解除合同

关键词

房屋买卖合同　双方违约　合同解除

最高人民法院裁判文书

马小栾与周金子、贵州贵人置业投资有限公司房屋买卖合同纠纷申请再审案［最高人民法院（2021）最高法民申 1652 号民事裁定书］

裁判要旨：双方当事人之间良好的信任关系和密切的合作配合，是合同得以顺利履行的重要前提。在房屋买卖合同履行过程中，双方均存在违约行为，导致双方之间的信任基础薄弱。虽然双方的违约行为均不属于根本性违约，但是在双方难以就房屋买卖合同约定的主要权利义务进一步履行达成一致意见的情况下，法院可判决解除合同。

最高人民法院认为：一、关于原审法院认定马小栾、周金子在履行房屋买卖合同中均存在违约情形是否属于认定事实错误问题

合同法第八条第一款规定："依法成立的合同，对当事人具有法律约束力。当事人应当按照约定履行自己的义务，不得擅自变更或者解除合同。"本案中，周金子、马小栾签订的《房地产买卖及居间合约》及《补充协议》系双方真实意思表示，不违反法律、行政法规的强制性规定，系合法有效的合同，双方均应恪守履行。马小栾主张周金子违约，周金子应承担相应的违约责任。根据查明事实可知，双方没有继续履行合同的主要原因为对《补充协议》第 2 条"现甲、乙双方友好约定 2019 年 4 月 28 日之前签监管协议与签银行按揭合同"的理解有争议。在马小栾、周金子对合同约定的内容产生理解上的分歧，且无法达成一致意见的情况下，二审法院根据案涉合同签订背景、履约过程、合同目的及相关合同条款，结合实践认定该约定的内容为

2019 年 4 月 28 日前双方应相互配合签订资金监管协议和银行按揭贷款合同，符合客观实际及法律规定。周金子作为买受人未在约定日期前将办理资金监管及贷款手续所需材料准备完整，马小栾作为房屋出卖人，未于当日到达办理贷款的银行或资金监管中心配合房屋买卖流程的推进，均存在违约行为。且根据双方聊天记录内容可知，马小栾、周金子于 4 月 28 日前后就签约时间进行过多次沟通协商，双方对办理手续的时间始终未能达成一致。因此，原审认定在该时间节点，双方均存在违约行为，有事实及法律依据。

二、关于原审判决解除《房地产买卖及居间合约》及《补充协议》是否系适用法律错误问题

本案中，双方的违约行为虽然均不能导致合同的根本目的无法实现，但根据原审查明的事实，4 月 28 日之后双方多次协商，但难以就房屋买卖协议约定的主要权利义务的进一步履行达成一致意见，合同已无继续履行的基础。二审法院依据合同法第九十四条的规定判决解除双方签订的《房地产买卖及居间合约》及《补充协议》，并无不当。

——中国裁判文书网。

666. 商品房买卖合同解除后是否可请求按照逾期付款利息标准计算损失

关键词

房屋买卖合同　损失赔偿　逾期付款利息　合同解除

最高人民法院裁判文书

名城开发公司与王崇焕、钱建华房屋买卖合同纠纷案［最高人民法院（2021）最高法民申 3169 号民事裁定书］

裁判要旨：商品房买卖合同司法解释中关于违约金参照中国人民银行规定的金融机构计收逾期贷款利息标准的规定，其适用前提为商品房，且因逾期支付购房款产生的违约金。本案所涉房屋非商品房，且系有关合同解除导致已付购房款返还以及所产生损失的赔偿问题，与司法解释规定的违约金问题性质不同，该规定在此情形下不具有适用性。

最高人民法院认为：按照商品房买卖合同解释第十七条之规定，在商品房买卖合同没有约定违约金数额或者损失赔偿额计算方法的情况下，逾期付

款的，违约金数额或者损失赔偿额可以按照未付购房款总额，参照中国人民银行规定的金融机构计收逾期贷款利息的标准计算。本案中，第一，案涉房产并不属于商品房；第二，上述规定系针对商品房买卖中逾期付款所产生的违约金或损失赔偿，本案系有关合同解除导致已付购房款返还以及所产生损失的赔偿问题，两者性质不同，故而上述规定在本案中不具备可适用性。虽然被申请人一审诉请请求按照商业银行同期贷款利率复息计算成本，但一审法院结合合同解除原因、当事人过错、租金归属、融资成本等因素，酌情将利息损失调整为 10% 的年利率标准并无不当，也并未超过案涉诉讼请求。

——中国裁判文书网。

667. 因开发商未按期交房，致使《商品房预售合同》解除，买受人是否负房贷返还义务

关键词

金融借款合同　逾期交房　合同解除　抵押合同

最高人民法院裁判文书

王忠诚、王琪博、王琪宝与中国建设银行股份有限公司青海省分行、青海越州房地产开发有限公司金融借款合同纠纷案［最高人民法院（2019）最高法民再 245 号民事判决书］

裁判要旨：因出卖人（开发商）未按照约定期限交付房屋，致使案涉《商品房预售合同》解除，《借款合同》《抵押合同》因合同目的无法实现亦被解除，应由出卖人将收取的购房贷款本金及利息返还担保权人（贷款银行）和买受人（购房者），而买受人不负有返还义务。

最高人民法院认为：关于商品房按揭贷款商业模式下各方当事人权利义务关系问题。本案涉及商品房买卖合同和商品房担保贷款合同双重法律关系。从合同内容来看，在商品房买卖合同中，王忠诚等三人支付房款，越州公司交付房屋；在商品房担保贷款合同中，建行青海分行将王忠诚等三人所贷款项直接支付给越州公司，越州公司实际用款。王忠诚等三人并不支配购房贷款，但需偿付贷款本息。如果案涉合同正常履行，王忠诚等三人取得房屋，各方权利义务亦可保持平衡。但本案中，因越州公司不能交付房屋而致使合同解除，导致合同约定的各方权利义务严重失衡。具体表现为：越州公司违

约不能交房导致各方合同解除，但却实际占有使用王忠诚等三人支付的首付款及建行青海分行按揭贷款；建行青海分行依据合同约定既享有抵押权，又同时享有对越州公司、王忠诚等三人的债权；王忠诚等三人未取得房屋，却既支付了首付款，又需偿还按揭贷款。若按合同约定的权利义务关系处理，则在王忠诚等三人对合同解除无过错的情况下，仍要求其对剩余贷款承担还款责任，明显不合理地加重了其负担，各方权利义务失衡，有违公平原则。因此，审理案件时，必须充分考虑商品房按揭贷款商业模式下各合同之间的密切联系和各方权利义务关系的平衡问题，避免因强调单个合同的相对性而造成三方权利义务的失衡。

——中国裁判文书网。

668. 开发商交付、买受人接收未竣工验收合格房屋的不构成有效交付，开发商仍应承担逾期违约责任

关键词

未验收合格房屋　逾期违约责任　开发商　商品房买卖合同

最高人民法院审判业务意见（民事审判第一庭意见）

最高人民法院民一庭意见认为：涉及买受人接收未竣工验收合格房屋情形下的开发商逾期交房责任案件的裁判思路如下：违约责任。其次，在开发商不构成有效交付情形下，须对买受人是否明知房屋未验收合格之事实予以查明。若买受人明知且同意接收房屋的，视为买受人放弃对开发商逾期交房责任的承担，故其再以房屋不具备交付条件为由主张逾期交房违约责任的，法院应不予支持；反之，若买受人并非明知，则开发商仍应承担逾期违约责任。最后，对买受人是否明知其举证责任，应由开发商承担。

附：案情简介

谭某与房地产公司签订商品房买卖合同一份，约定谭某购买房地产公司开发的某楼盘商品房一套。合同约定房地产公司应当在2017年6月28日前，向谭某交付已取得建设工程竣工验收备案证明文件和房屋测绘报告的房屋。并约定房地产公司未依约交付房屋超过60日，谭某同意继续履行合同的，房地产公司应当按照日计算向谭某支付全部购房款万分之一的违约金。

合同签订后，谭某向房地产公司支付了全部购房款，谭某于2017年8月30日接收涉案房屋，但房屋并未竣工验收合格。后谭某以交付的房屋未竣工验收合格，房地产公司迟延交房为由提起诉讼，要求房地产公司承担迟延交

房违约责任。

——最高人民法院民一庭：《购房人接收未竣工验收合格房屋时开发商逾期交房责任的认定规则》，载最高人民法院民事审判第一庭编：《民事审判指导与参考》2019年第4辑（总第80辑），人民法院出版社2021年版，第172页。

669. 商品房买卖合同的购房人不适用一般商品买卖合同在标的物交付后买受人应当及时检验产品质量的规则

关键词

房屋买卖合同　消防安全　产品质量

最高人民法院公报案例、最高人民法院裁判文书

赵淑华与沈阳皇朝万鑫酒店管理有限公司、沈阳中一万鑫物业管理有限公司财产损害赔偿纠纷案［最高人民法院（2018）最高法民再206号民事判决书］

裁判摘要：消防安全事关人身、财产安全，属于社会公共利益，确保建筑物消防安全是建设单位的法定义务。商品房买卖合同的购房人一般不具有检测所购房屋是否符合消防安全规定的能力，难以适用一般商品买卖合同在标的物交付后买受人应当及时检验产品质量的规则。

最高人民法院认为：原审查明，沈阳市消防局针对万鑫大厦火灾作出沈公消火认字〔2011〕第0001号火灾事故认定书，对万鑫大厦火灾事故原因认定为："万鑫大厦起火原因为李欣（A座的住店客人）燃放的组合烟花落至B座11层1109房间南侧室外平台上，引燃铺设在平台上的塑料草坪，造成墙体外表面装饰保温材料燃烧。火灾成因为：由于万鑫大厦外墙保温采用了挤塑板等可燃材料，起火后火势迅速蔓延，形成立体燃烧。"火灾发生后，沈阳市消防局委托辽宁省建筑材料监督检验院对案外人李欣燃放烟花爆竹引燃的塑料草坪、万鑫大厦B座外墙保温材料样本的燃烧性能进行检测，结论为："按照GB8624－2006标准检验，塑料草坪样品燃烧性能不符合DF1级要求，检验结论不合格；绝热用挤塑聚苯乙烯泡沫塑料按GB8624－2006标准（E级），该样品符合标准要求。"上述证据可以作为认定本案事实的依据。万鑫公司为塑料草坪的铺设者和外墙保温材料的建造安装者，上述两种非阻燃材料的使用系起火点在万鑫大厦引燃、蔓延并最终酿成重大火灾事故的主要原因，万鑫公司存在过错，应认定为火灾事故的相关责任人。

1. 万鑫公司对导致火灾发生具有过错。根据案涉火灾事故认定书及辽宁省建筑材料监督检验院检测报告结论，足以认定万鑫大厦 B 座 11 层南侧平台上铺设的燃烧性能不合格的塑料草坪因李欣燃放的组合烟花溅落后点燃，此为万鑫大厦火灾事故起火原因之一。对此，塑料草坪铺设者万鑫公司存在过错，负有相应的管理责任。万鑫公司在接受本院询问时陈述，案涉火灾发生时正值除夕夜，万鑫大厦周边还有其他居民燃放烟花爆竹。故，万鑫公司铺设的易燃塑料草坪明显存在消防安全隐患，按一般人认知的生活常识，应当预见遵从民俗的居民在除夕夜集中燃放烟花爆竹可能会引燃易燃塑料草坪，但万鑫公司未对上述易燃物采取相应的消除隐患措施，直接导致火灾发生，显然主观上具有过错。

2. 万鑫公司对火势蔓延扩大最终酿成重大火灾事故具有过错。《中华人民共和国消防法》第九条规定："建设工程的消防设计、施工必须符合国家工程建设消防技术标准。建设、设计、施工、工程监理等单位依法对建设工程的消防设计、施工质量负责。"消防安全事关公民人身、财产安全，属于社会公共利益。确保建筑物消防安全是建设单位的法定义务，建设单位依法申报消防分包工程审批，并不意味着当然免除因消防安全事故致损所产生的民事侵权责任。

本案中，根据原审查明的事实，案涉房屋所在的万鑫大厦 B 座使用的外墙保温材料燃烧性能为 E 级，不符合《暂行规定》关于此类高层建筑外墙保温材料的燃烧性能应为 A 级的强制性标准。万鑫公司对此辩称，万鑫大厦设计和施工时，《暂行规定》尚未出台，且万鑫大厦已通过消防设计审核、竣工验收和消防验收，其不具有过错。上述抗辩理由不能成立。第一，从《关于沈阳皇朝万鑫大厦建筑工程消防设计的审核意见》以及《建设工程消防验收意见书》载明的内容来看，沈阳市消防局对万鑫大厦设计审核和消防验收并未涉及外墙保温建筑材料的防火性能问题，故万鑫大厦通过消防设计审核和消防验收，不能证明万鑫大厦使用的外墙保温材料符合消防安全要求。万鑫大厦设计建造时，《暂行规定》尚未出台，虽然国家对建筑物外墙保温建筑材料并无强制性标准，但万鑫公司作为专门从事房地产开发的企业，应当掌握建筑材料的基本防火性能。万鑫大厦竣工验收前，《暂行规定》出台，国家对民用建筑外保温建筑材料的强制性标准作出规定。此时，万鑫公司对案涉建筑材料不符合国家强制性标准，与国家标准比对而言，万鑫大厦外保温层存在安全隐患的情况，应属明知，但万鑫公司未采取合理、适当的补救措施消减火灾隐患，如在烟花可能波及的平台或者低层进行局部更换阻燃材料，或者在中高层做防火隔离带处理等。总之，万鑫公司采用不具备防火性能的建筑材料，客观上增加了建筑物消防安全隐患，直接危及建筑物及附近地区的局部区域的公共安全，万鑫公司作为建设单位，未尽到应有的注意义务，明显具有过错。原审有关万鑫公司就火灾事故发生不存在过错的认定有误，应予纠正。第二，万鑫公司与赵淑华就购买案涉房屋成立商品房买卖合同关系，万鑫公司作为案涉房屋开发商、销售方，有义务交付质量合格的商品房。考虑到商品房买卖合同的标的物即房屋的特殊性，买房人一般不具有检测所购房屋是否符合消防安全规定，建造房屋所使用的建材哪些是易燃的、哪些是阻燃的，是否存在消防安全隐患等，难以适用一般商品买卖合同在标的物交付后买受人应当及时检验产品质量的规则。赵淑华与万鑫公司签订的《商品房买卖合同》第十七条约定案涉商品房所在楼宇的外墙使用权为万鑫公司所有。万鑫公司作为万鑫大厦外墙使用者，对万鑫大厦外墙负有管理、维护义务。赵淑华作为购房人正常使用所购房产，并无过错。卖房人万鑫公司因万鑫大厦建筑材料防火缺陷和不当铺设引燃物等过错，直接导致火势蔓延成灾，造成赵淑华财产损失。万鑫公司过错与赵淑华损失间存在因果关系，理应按过错承担赔偿责任，并不以万鑫大厦经工程竣工验收合格、消防分包工程已经审批、外保温层国家标准出台在后等原因而免责。

综上，万鑫公司作为万鑫大厦建设方、开发商、外墙使用者，是万鑫大厦消防安全责任主体。万鑫公司未尽到消防安全注意义务，未采取补救措施消减消防隐患，即向购房人赵淑华交付房屋，过错明显，一、二审认定万鑫公司不存在过错，事实及法律依据不足。万鑫公司因过错侵害赵淑华的民事权益，依法应承担侵权责任。

——《最高人民法院公报》2019 年第 5 期。

670. “定制地产”订购协议的性质

关键词

定制地产　商品房买卖合同　订购协议　本约合同

最高人民法院司法解释

第五条　商品房的认购、订购、预订等协议具备《商品房销售管理办法》第十六条规定的商品房买卖合同的主要内容，并且出卖人已经按照约定收受购房款的，该协议应当认定为商品房买卖合同。

——《最高人民法院关于审理商品房买卖合同纠纷案件适用法律若干问题的解释》（2020 年 12 月 29 日修正）。

附录：民事审判信箱

问：实践中，商业地产通常以“定制”方式销售，即买受人与房地产开发企业在房屋尚未建成时签订订购协议，约定买受人购买整栋房屋并预先支付部分购房款，房地产开发企业根据买受人的个性化需求调整房屋内部结构，待条件具备后再签订《商品房销售合同》。买受人与房地产开发企业签订的此种订购协议的性质应如何认定？

答：商业地产项目开发中，房地产开发企业往往在项目定位与产品设计阶段就与买受人进行实质性沟通并签订协议，根据买受人的需求确定房屋的层高、进深、荷载、出入口通道等结构形式。实务中，此种销售方式也被称为“定制地产”模式。对于房地产开发企业而言，“定制地产”模式可以减少开发经营过程中的不确定性，尽早确定整个项目的经营模式和经营策略，并且有利于加快资金回笼。对于买受人而言，此种模式也可以减少品牌入场后的二次装修成本。因此，近年来“定制地产”模式已成为商业地产开发的重要方式。

对于“定制地产”模式下订购协议的性质，存在不同的观点。有观点认为，因此种模式中房地产开发企业需满足买受人的个性化需求，故订购协议属于承揽协议。也有观点认为，买受人的主要合同目的还是取得房屋所有权，故订购协议属于买卖合同。对此，我们同意后一种观点。根据《民法典》第七百七十条（合同法第二百五十一条）第一款规定，承揽合同中，承揽人的主要义务是按照定作人的要求进行制作加工、完成并交付特定工作成果，转移标的物所有权并非此类合同的主要义务。在“定制地产”模式中，一方面，买受人虽然在一定程度上参与房屋的设计，但此种参与相对于整个开发建设过程所占比例极低，尚不足以认定房屋的开发建设系按照买受人的要求完成的；另一方面，从当事人的交易目的来看，买受人的主要目的仍然是取得房屋所有权，房地产开发企业的主要目的是取得房屋价款，当事人的真实意思表示更符合《民法典》第五百九十五条关于买卖合同的规定。

需要注意的是，“定制地产”模式中的订购协议多数情况下属于预约合同。我国商品房预售实行许可证制度，来信所述情形中，订购协议签订于房地产开发企业取得预售许可之前，并约定待条件具备后再签订《商品房销售合同》，故应认定为预约合同。当然，订购协议具备《商品房销售管理办法》第十六条规定的商品房买卖合同的主要内容，并且出卖人已经按照约定收受购房款的，根据《最高人民法院关于审理商品房买卖合同纠纷案件适用法律若干问题的解释》第五条的规定，认购协议则应被认定为本约合同，即商品房买卖合同。

——《“定制地产”订购协议的性质》，载最高人民法院民事审判第一庭编:《民事审判指导与参考》2020 年第 4 辑（总第 84 辑），人民法院出版社 2021 年版，第 242~243 页。

671. 政府停工限产措施能否认定为不可抗力

关键词

停工限产　不可抗力　违约责任　房地产开发

附录：民事审判信箱

问：近年来，为降低大气污染，政府会出台停工限产措施。在商品房预售合同纠纷中，有的房地产开发企业主张政府停工限产措施为不可抗力，以此为由主张免除相应逾期交房违约责任。有的案件认定政府发布的停工命令系不可抗力，免除房地产开发企业相应违约责任；有的案件认定不构成不可抗力，判令房地产开发企业承担相应责任，裁判结果存在差异。政府停工限产措施能否认定为不可抗力，对房地产开发企业逾期交房违约责任有什么影响？

答：商品房预售合同履行过程中，政府可能为应对大气污染发布停工命令，对于工程施工进度确有一定影响，故实践中有些案件在认定房地产开发企业逾期交房期限时，对因政府发布停工停产命令导致的停工时间予以扣除。政府发布的停工命令作为不可抗力事件应符合合同约定或者法律规定。如果商品房预售合同中约定政府为应对大气污染发布停工命令导致的停工系不可抗力，免除相应违约责任，应按照合同约定处理。在无约定情况下，应根据法律规定进行认定。

民法典第一百八十条规定："因不可抗力不能履行民事义务的，不承担民事责任。法律另有规定的，依照其规定。""不可抗力是不能预见、不能避免且不能克服的客观情况。"第五百九十条规定："当事人一方因不可抗力不能履行合同的，根据不可抗力的影响，部分或者全部免除责任，但是法律另有规定的除外。因不可抗力不能履行合同的，应当及时通知对方，以减轻可能给对方造成的损失，并应当在合理期限内提供证明。""当事人迟延履行后发生不可抗力的，不免除其违约责任。"

根据民法典第一百八十条第二款关于"不可抗力是不能预见、不能避免且不能克服的客观情况"的规定，政府发布停工限产令的时间应在商品房预售合同签订之后至合同约定的交房期限之前，如果在预售合同签订之前政府已经发布对施工方式和时间进行限制的通知，该事件非不可预见，房地产开发企业可以在签订合同时调整交房日期来避免延期交房。如果房地产开发企业在约定交付日未交房，此后政府发布大气污染停工命令，根据民法典第五百九十条第二款关于“当事人迟延履行后发生不可抗力的，不免除其违约责任”的规定，不能免除房地产开发企业的违约责任。

房地产开发企业在签订合同时对影响工期的各种因素（包括气候等）应有预判。如果政府已经发布大气污染常态化治理方案，房地产开发企业在确定交房期限时，应考虑到政府因大气污染发布停工命令的可能性，从而确定合理的交房期限。当然也可能存在大气污染的天数超出房地产开发企业可预见范围的情况，人民法院需要审查政府因大气污染发布停工命令影响的停工天数是否超出房地产开发企业在签订合同时的预见范围。如果未超出房地产开发企业的预见范围，则房地产开发企业主张免责的，不应予以支持。

根据民法典第五百九十条关于“因不可抗力不能履行合同的，应当及时通知对方，以减轻可能给对方造成的损失，并应当在合理期限内提供证明”的规定，主张发生不可抗力的合同当事人应及时通知对方，并对不可抗力事件的发生提交证据。房地产开发企业应在合理期限内将停工命令导致工程停工的事实通知购房者并提供政府印发的停工文件、天气情况记录、工地监理日志等予以证明。如果房地产开发企业未及时通知购房者或者未能提供充分证据证明，就购房者未获知而遭受的额外损失，房地产开发企业不能因不可抗力而免责。

根据民法典第五百九十条关于“当事人一方因不可抗力不能履行合同的，根据不可抗力的影响，部分或者全部免除责任，但是法律另有规定的除外”的规定，房地产开发企业免责的范围和程度，需根据不可抗力对合同履行的具体影响确定，如果政府发布停工命令可以认定为不可抗力，对因此导致的迟延交房，房地产开发企业免于承担相应的违约责任。

因此，房地产开发企业能否免除逾期交房违约责任需根据房地产开发企业对政府发布停工命令是否可预见、停工命令对工期是否有影响、房地产开发企业是否通知购房者等事实确定。

——最高人民法院民事审判第一庭编：《民事审判指导与参考》总第91辑，人民法院出版社2022年版，第248~250页。

672. 房屋价格较大上涨属于正确的商业风险

关键词

商业风险　显失公平　房屋买卖合同

最高人民法院裁判文书

申诉人安妍与被申诉人邵庆珍房屋买卖合同纠纷案［最高人民法院（2017）最高法民再26号民事裁定书］

裁判要旨：房屋价格较大幅度的上涨虽然可能超出当事人的预见，但仍属于正常的商业风险，故以房屋价格出现较大上涨、继续履行显失公平为由主张调整交易价格缺乏充分的法律依据，不应予以支持。

最高人民法院认为：本案在本院再审期间的争议焦点为：原终审判决安妍在约定房价之外另行补偿70万元是否合法有据。

就此，本院认为，当事人应当按照合同约定全面履行自己义务，变更合同约定须经当事人协商一致，或是具备法定事由时由一方当事人请求人民法院变更。本案租售合同包含有租赁和买卖两重法律关系，其中买卖关系约定于合同签订四年后履行，其间房屋市场价格出现较大幅度上涨，约定到期，市场价格高出约定价格近三倍，属于合同订立后出现的重大变化。对此，双方当事人并未能通过协商予以变更，而依据《最高人民法院关于适用〈中华人民共和国合同法〉若干问题的解释（二）》第二十六条，主张客观情况发生重大变化请求变更合同的条件为，合同成立以后客观情况发生了当事人在订立合同时无法预见的、非不可抗力造成的不属于商业风险的重大变化，继续履行合同对于一方当事人明显不公平或者不能实现合同目的。

而本案中房屋价格较大幅度的上涨虽然可能超出当事人的预见，但仍属于正常的商业风险，故以房屋价格出现较大上涨、继续履行显失公平为由主张调整交易价格缺乏充分的法律依据，不应予以支持。合同对违约责任的约定并非赋予邵庆珍任意解约权，而依据安妍对履行合同所持态度、所做准备及履行合同后其所能获得利益等情况，应确认安妍未违约，一审对邵庆珍解约通知不产生解除合同效力的认定亦无不当，合同应继续履行。

——法信网。

673. 房地产市场出现价格大幅上涨时，房地产公司主张合同无效的做法有违诚信原则

关键词

诚信原则　商品房预售　强制性规定

最高人民法院公布的典型案例

某房地产公司诉李某某确认合同无效案

裁判要旨：开发商提起诉讼是为获取超出合同利益的恶意违约行为，人民法院不予支持。

（一）法院裁判

法院认为：李某某在签订认购合同当日即支付了全额购房款，某房地产公司作为销售方的合同目的已经实现，但其不积极履行己方合同义务，在房地产市场出现价格大幅上涨的情况下提起本案诉讼主张合同无效，违背诚实信用原则。某房地产公司签约时未取得商品房预售许可证，虽然违反了商品房预售许可制度，但案涉楼盘在一审诉讼前已经取得了除预售许可证之外的"四证"，工程主体已经建成，在李某某上诉过程中，案涉楼盘也取得了商品房预售许可证，预售制度所欲避免的风险在本案中已经不存在。因此，该公司签约时未取得商品房预售许可证的事实，并不必然导致其签订认购合同的民事法律行为无效。该公司为获取超出合同预期的更大利益，违背合同约定，提起本案诉讼主张合同无效，显然与社会价值导向和公众认知相悖，人民法院不予支持。

（二）典型意义

本案不因开发商签约时未取得商品房预售许可证而机械认定房屋认购合同无效，而是结合合同目的、合同履行、商品房预售制度的立法目的等因素，认定商品房预售制度所欲避免的风险在本案中已经不存在，开发商提起本案诉讼是为获取超出合同利益的恶意违约行为，故而对开发商违背诚信的行为给予否定性评价，依法保护了消费者合法权益，维护了房地产交易的稳定性，引导市场交易主体诚信经营、严守契约，是一份有温度、有力量的公正判决。

——《人民法院大力弘扬社会主义核心价值观十大典型民事案例》，载《人民法院报》2020年5月14日。

附录：最高人民法院法官著述

因为这个案件引发舆情，社会高度关注，也涉及对此类案件的裁判标准和审判理念的探讨：

第一，某房地产有限公司在自身合同目的已经实现的情形下，非但不积极履行应尽的合同义务，面对房地产市场出现价格大幅上涨的情况，反而主张合同无效的做法，有违诚信原则。

第二，某房地产公司作为房地产开发企业，对房屋预售所需符合的条件应当是清楚的，对自身行为的违法性应当是明知的。现该公司以自身原因造成的违法事实为由提起本案诉讼，真正目的在于获取超出合同预期的更大利益，对于此种行为不能予以支持。

第三，某房地产公司签约时未取得商品房预售许可证，违反了有关“商品房预售应当取得商品房预售许可证明”的规定，但是并不必然导致其签订购房合同的民事法律行为无效。

首先，第一点直指这个案件的核心问题，点明某房地产公司的行为违背诚信原则。诚信原则是民法典规定的基本原则之一，是民事主体进行民事活动必须遵守的原则。其次，某房地产公司作为房地产开发企业，对房屋预售所要求的条件应当是清楚的，其自身不办理商品房预售许可而销售房屋的行为实际是违背法律规定的，其对自身行为的违法性应当是明知的。某房地产公司以自身原因造成的违法事实为由，提起本案诉讼，其真正的目的在于获取超出合同预期的更大利益，其行为显然与社会价值导向和公众认知相悖。为弘扬社会主义核心价值观，彰显司法公正，人民法院对此种行为不予支持是正确的。这个行为的违法性表现在什么地方呢？按照有关法律和司法解释的规定，预售商品房应当办理商品房预售许可证，没有办理商品房预售许可证即预售房屋的行为是一种违法行为，“任何人都不应从自己的违法行为中获取利益”是一句古老的法谚，是全体法律人的共识，也是其他社会成员应当懂得的规范。最后，某房地产公司签约时未取得商品房预售许可证，违反有关商品房预售应当取得商品房预售许可证的规定，但是并不必然导致其签订购房合同的民事法律行为无效。这就涉及一个现在还有争议的问题，即合同法第五十二条关于合同效力的“法律强制性规定”是不是应当区分为“效力性强制性规定”和“管理性强制性规定”。《合同法解释二》作了区分，民法总则第一百五十三条虽然没有明确区分效力性强制性规定和管理性强制性规定，但规定“违反法律、行政法规的强制性规定的民事法律行为无效，但是该强制性规定不导致该民事法律行为无效的除外”。根据民法总则规定，强制性规定可分为导致民事法律行为无效的和不导致民事法律行为无效的两种类型，哪些是不导致民事法律行为无效的规定，立法者没有明确，就需要在审判实践中具体掌握。二审法院对这个案件进行了改判，取得非常好的法律效果和社会效果。一审法院判决存在对法律理解问题，有机械司法之嫌，法官在审判实践中应不断提高审判水平。

——郑学林：《民法典中的社会主义核心价值观及典型案例解析》，载最高人民法院民事审判第一庭编：《民事审判指导与参考》2021 年第 1 辑（总第 85 辑），人民法院出版社 2021 年版，第 51~55 页。

674. 在非试点地区，农民将其宅基地上的房屋出售给非本集体经济组织成员的，应认定合同无效

关键词

宅基地使用权　农村房屋买卖合同　集体经济组织成员　村民

《中华人民共和国民法典》条文

第三百六十二条　宅基地使用权人依法对集体所有的土地享有占有和使用的权利，有权依法利用该土地建造住宅及其附属设施。

附录：最高人民法院主流观点

根据法律规定，宅基地使用权的主体为农村村民。实践中，对宅基地使用权主体的认定存在较大争议。此问题也关涉农村房屋买卖合同的效力认定问题。这是社会主义新农村建设中存在的重大问题，也较为复杂。对此问题，我们要密切关注国家相关政策规定，在非试点地区，对于农民将其宅基地上的房屋出售给非本集体经济组织成员的，应依法认定合同无效。而对集体经济组织成员资格的认定，可结合承包地征收补偿费用分配纠纷中的主体资格认定标准，即综合考虑当事人生产生活状况、户口登记状况以及农村土地对农民的基本生活保障功能等因素认定相关权利主体。

——最高人民法院民法典贯彻实施工作领导小组编著：《中华人民共和国民法典物权编理解与适用》，人民法院出版社 2020 年版，第 840~841 页。

675. 土地腾迁合同之效力及其土地征收补偿款的归属

关键词

土地腾迁合同　合同效力　土地权属

最高人民法院裁判文书

沈阳鹏润房地产开发有限公司与沈阳市皇姑区陵东街道东窑村民委员会合同纠纷案［最高人民法院（2016）最高法民再 4 号民事判决书］

裁判要旨：现实之中有以土地整理为名进行小产权房开发的现象。表面看来，所谓有关土地整理的合作并无不当，但其实质乃规

避现行土地出让与房地产开发等相关法律之规定，应当不予支持此类合同之效力。至于所整理土地被国家依法征收后的补偿价款归属，亦应按照土地权属予以确定。

最高人民法院认为：经过对本案双方签订土地腾迁协议的真实意图的进一步查明，在案件审查与审理过程中，鹏润公司与东窑村委会均当庭明确表示，双方签署本案《土地腾迁合同》的真实目的，是在腾迁土地上建设商品房，其实就是通常所谓的建设“小产权房”，且至今本案双方并未就案涉土地申请办理任何土地出让手续。除此之外，本院对本案 2760 万元腾迁补偿费具体支付情况、3000 万元拆迁补偿款事实情况以及鹏润公司负责进行的土地整理等情况均作了进一步的查明，且其他查明事实与原审一致。

最高人民法院认为，东窑村委会申请再审的核心问题，依然是双方签订的《土地腾迁合同书》是否有效、东窑村委会是否违约及应当返还鹏润公司的具体数额、原审判决是否超出当事人的诉请范围等。对此，最高人民法院认为，原审判决适用法律错误，且基本事实认定缺乏证据证明，应予纠正。具体如下：

一、关于《土地腾迁合同书》是否有效的问题

对此，关键是看对本案《土地腾迁合同书》的性质如何判断。东窑村委会坚持认为，该份合同名为土地腾迁、实为土地出让，因交易土地至今仍为农村集体所有性质，属于农村不得自行出让交易的土地，故双方所签合同应为无效。而鹏润公司坚持认为，双方该份合同仅为村屯改造项目，属于土地整理性质，并无任何违法之处。一审法院认为，鹏润公司的合同目的为支付合同对价，获得该宗土地的整理、利用等权利，待平整入库后在挂牌出让过程中优先取得摘牌权利；鹏润公司事实上无法从该合同中直接获得集体土地使用权，故该合同不宜认定为集体土地使用权转让合同。二审法院也认为，通过土地腾迁整理期待土地被征收进行商品房开发，互利互惠；合同内容为鹏润公司对约定地块进行腾迁补偿，待土地被征收时，东窑村委会协助鹏润公司办理各种手续，并不具备集体土地使用权转让的实质内容。故原审两级法院均认为，本案双方所签《土地腾迁合同书》应为有效。

很显然，仅对本案双方合同内容进行形式审查，的确并不涉及土地出让的表述，也不能引起土地出让的法律后果，甚至合同中还有关于“该宗土地腾迁完毕并办理完有关征地手续后，必须一次性付土地腾迁款 3760 万元”的明确约定。据此，仅从本案合同内容形式上审查，原审法院关于双方合同约定意在实现鹏润公司优先获得腾迁土地摘牌、东窑村委会具有相应协助义务并获得相应补偿等判断，似无不当。

但在最高人民法院审查与审理过程中，鹏润公司均当庭明确陈述，其之

所以与东窑村委会签订本案《土地腾迁合同书》，目的在于房地产开发，实际就是要建设“小产权房”，并非是为了日后获得腾迁土地优先摘牌的权利，其也没有这方面的经济实力参与摘牌，其公司以类似所谓土地整理腾迁的模式已开发过房产。鹏润公司此等陈述，与东窑村委会关于腾迁合同目的在于出让土地的辩称，实质上相互吻合。本案双方所谓的“出让”或商品房建设，实质就是规避国家关于土地出让的相关法律规定，目的就是不办理法定的土地出让手续而实施商品房开发。对此，《中华人民共和国城市房地产管理法》第九条规定："城市规划区内的集体所有的土地，经依法征用转为国有土地后，该幅国有土地的使用权方可有偿出让。"该法第十五条进一步规定："土地使用权出让，应当签订书面出让合同。土地使用权出让合同由市、县人民政府土地管理部门与土地使用者签订。"《中华人民共和国土地管理法》第六十三条也规定："农民集体所有的土地的使用权不得出让、转让或者出租用于非农业建设；但是，符合土地利用总体规划并依法取得建设用地的企业，因破产、兼并等情形致使土地使用权依法发生转移的除外。"很显然，本案双方所签《土地腾迁合同书》的实质目的违反了以上法律的强制性规定，根据《中华人民共和国合同法》第五十二条第三项之规定，以合法形式掩盖非法目的之合同应为无效，原审关于本案合同有效的认定，属于适用法律确有错误。

二、关于东窑村委会是否存在违约行为的问题

本案鹏润公司主张东窑村委会的违约行为，就是指东窑村委会与政府签订土地征收补偿协议的行为。如原审法院认定，本案双方土地腾迁合同意在实现或保障鹏润公司优先获得腾迁土地摘牌的权利，则东窑村委会关于其与沈阳市皇姑区土地征收管理办公室签订《征地补偿协议》不构成本案违约的理由，应当成立。很显然，将腾迁土地交由政府征收，这是保障腾迁土地下一步进入出让市场必不可少的法定环节，只有腾迁土地被政府征收之后，才有进一步出让的可能，而鹏润公司也才有所谓优先摘牌的可能。以此判断，东窑村委会与沈阳市皇姑区相关部门签订《征地补偿协议》的行为，不仅不是违反其与鹏润公司合同的行为，反倒是积极履行、协助鹏润公司实现腾迁合同目的的行为。原审法院一方面以腾迁合同之目的在于鹏润公司帮助东窑村委会土地整理后优先获得摘牌权利故不属于出让性质为由而认定合同有效；另一方面，又将东窑村委会与政府签订土地征收补偿协议的行为认定为违约，这明显是自相矛盾的。而如鹏润公司所主张，其与东窑村委会所签土地腾迁合同之目的在于“小产权房”开发，以此试图证明，既然东窑村委会实质已将腾迁土地交由其开发，则东窑村委会与任何他人再行交易同一土地的行为，均属违约，甚至东窑村委会与政府签约所获得的全部利益亦应归属于它。如前所述，该目的追求之下的合同因实质规避国家有关土地出让法律的强制性规定而应认定为无效，而在无效合同认定情形之下，显然不存在追究哪方违

约责任的问题。所以，鹏润公司关于东窑村委会与政府签订土地征收协议而构成违约的主张，不能成立。一审法院支持鹏润公司该项主张，二审法院对此予以维持，均明显不当。

附录：本案解析

本案纠纷的起因在于双方2010年签订的《土地腾迁合同书》。鹏润公司依据该合同认为，鹏润公司已向其负责的东窑村委会腾迁项目土地支付了2760万元用于动迁安置，依据合同约定，东窑村委会不得与第三方签订该宗土地的腾迁或转让协议，如东窑村委会违约，除两倍返还给鹏润公司定金外，还应将东窑村委会从第三方获取的高于鹏润公司支付腾迁补偿费所得一半支付给鹏润公司。现沈阳市皇姑区土地房屋征收管理办公室与东窑村委会签订《征收补偿协议》并实际支付7115万元补偿款，违反了《土地腾迁合同书》约定，应按约定将7115万元补偿款及后续欠款支付给鹏润公司。一、二审法院基本支持了鹏润公司的诉讼请求，经最高人民法院进一步审查发现，其诉求非但不应支持，其与东窑村委会签订的合同还涉嫌以合法形式掩盖非法目的，应归于无效。

本案形式上虽然属于集体土地征收补偿款归属纠纷，但司法处理的关键涉及合同效力的认定问题。所以，对本案依法作出裁决的前提是对合同效力进行审查。对此，《中华人民共和国民法通则》第五十八条规定："下列民事行为无效：（一）无民事行为能力人实施的；（二）限制民事行为能力人依法不能独立实施的；（三）一方以欺诈、胁迫的手段或者乘人之危，使对方在违背真实意思的情况下所为的；（四）恶意串通，损害国家、集体或者第三人利益的；（五）违反法律或者社会公共利益的；（六）以合法形式掩盖非法目的的。无效民事行为，从行为开始起就没有法律约束力。"《中华人民共和国合同法》依据《中华人民共和国民法通则》规定的无效民事行为对合同无效作出专门规定，第五十二条规定："有下列情形之一的，合同无效：（一）一方以欺诈、胁迫的手段订立合同，损害国家利益；（二）恶意串通，损害国家、集体或者第三人利益；（三）以合法形式掩盖非法目的；（四）损害社会公共利益；（五）违反法律、行政法规的强制性规定。"以合法形式掩盖非法目的的民事行为，是指行为人为规避法律达到违法目的而实施的以合法形式出现的民事行为。这类行为包括：（1）为达违法目的而实施伪装的民事行为；（2）为达违法目的以一个伪装的民事行为掩盖男一真实的民事行为。掩盖行为属于双方虚假行为，应当归于无效；被掩盖的行为属于隐藏行为，如果不违反法律强制性规定可以有效，若违反则无效。结合本案，一、二审判决之所以与再审判决结果存在较大差异，根本原因在于对合同效力的审查存在出入。原审两级法院均认为，本案双方所签《土地腾迁合同书》并非集体土地使用权转让合同，据此认定合同有效。

首先，从一般常识来判断，若本案《土地腾迁合同书》确如鹏润公司及原审法院所述并非集体土地使用权转让合同，而仅仅是帮助东窑村委会进行土地腾迁整理，则按照正常商业逻辑，应是东窑村委会支付鹏润公司土地腾迁整理费用，而不是反过来由提供劳务的帮助方向受帮助方支付费用。这显然违反了一般常识和商业规律，鹏润公司作为一家从事房地产开发的公司，不会不明白这其中的道理，这种解释不能令人信服。事实上，鹏润公司在案件审查与审理过程中，均当庭表述，其签订本案《土地腾迁合同书》的目的在于房地产开发，实际就是要建设"小产权房"，并非为了日后获得腾迁土地优先摘牌的权利，其也没有这方面的经济实力参与摘牌。经过调查发现，该公司以类似所谓土地整理腾迁的模式曾经进行过房地产开发，考虑到鹏润公司此种模式的过往经历，法院有充分有理由相信鹏润公司签订该合同的动机就是进行所谓"小产权房"建设。实际上这也与东窑村委会关于腾迁合同目的的辩称相互吻合，更加印证了这一点。鹏润公司的这种行为正是当前国家清理小产权房问题需要规制的重点，若原审法院认定合同有效，实际上是默许了鹏润公司以土地整理为名而行"小产权房"建设之实。这必然会带来诸多商业模仿，进而房地产公司堂而皇之规避国家对集体土地的保护，规避对土地开发市场的强制性规定，这与国家的大政方针相违背，不应当让此种行为有存在的空间。

其次，仅对合同内容进行形式审查，的确并不涉及土地出让的表述，也不能引起土地出让的法律后果，甚至合同中还有关于"该宗土地腾迁完毕并办理完有关征地手续后，必须一次性付土地腾迁款3760万元"的明确约定，这一切都显得没有不妥之处。但鹏润公司上述进行小产权房建设的行为才是其签订合同的真实意思表示，是为达违法目的以一个伪装的民事行为掩盖另一真实的民事行为。其掩盖行为便'是进行所谓的土地腾迁整理；被掩盖的行为即隐藏行为是进行"小产权房"建设。集体土地只有经依法征用转为国有土地后，才可以进行使用权转让进而进行城市建设和商业开发。《中华人民共和国土地管理法》第六十三条明确规定："农民集体所有的土地的使用权不得出让、转让或者出租用于非农业建设……"《中华人民共和国城市房地产管理法》第九条规定："城市规划区内的集体所有的土地，经依法征用转为国有土地后，该幅国有土地的使用权方可有偿出让。"该法第十五条进一步规定："土地使用权出让，应当签订书面出让合同。土地使用权出让合同由市、县人民政府土地管理部门与土地使用者签订。"很显然，《土地腾迁合同书》是以合法形式掩盖非法目的的合同，违反了我国法律的强制性规定，应属无效合同。在合同无效的情形下，显然不存在追究哪方违约责任的问题。

——《土地腾迁合同之效力及其土地征收补偿款的归属》，载郑学林主编、最高人民法院第二巡回法庭编著：《民商事再审典型案例及审判经验》，人民法院出版社 2019 年版，第 19~23 页。

676. 房屋备案登记与预告登记的区别

关键词

预告登记　不动产登记

《中华人民共和国民法典》条文

第二百二十一条　当事人签订买卖房屋的协议或者签订其他不动产物权的协议，为保障将来实现物权，按照约定可以向登记机构申请预告登记。预告登记后，未经预告登记的权利人同意，处分该不动产的，不发生物权效力。

预告登记后，债权消灭或者自能够进行不动产登记之日起九十日内未申请登记的，预告登记失效。

附录：民事审判信箱

问：实践中，不动产登记的形式有房屋备案登记与预告登记两种，二者有何区别？

答：房屋备案登记与预告登记在法律上是有所不同的，两者的区别有以下五点：

一是法律效力不同。商品房预售合同备案登记制度是一种行政管理制度。经过登记备案的商品房预售合同仅表明该买卖行为已纳入行政监管，在没有其他法定事由的情况下，该合同的效力优于出卖人一房多卖时时间顺序在后的同一标的物预售合同，在产权过户登记前商品房预售合同仍然没有物权效力。没有物权效力就是意味着无论合同履行状况如何，出卖人仍然是标的物法律意义上的产权人。而预告登记则是不动产登记制度。《中华人民共和国物权法》第二十条[①]规定："当事人签订买卖房屋或者其他不动产物权的协议，为保障将来实现物权，按照约定可以向登记机构申请预告登记。预告登记后，未经预告登记的权利人同意，处分该不动产的，不发生物权效力。"依此规定，经预告登记的不动产买卖合同买受人的债权已经添附了预期物权，债权人可以享有产权已过户后的部分权利，包括可以对抗前手抵押权人行使抵押权，司法机关也不能将已预告登记的不动产当作出卖方的财产施以强制执行。

二是登记程序不同。《城市房地产管理法》第四十四条第二款规定："商

① 对应《民法典》第二百二十一条。

品房预售人应当按照国家有关规定将预售合同报县级以上人民政府房产管理部门和土地管理部门登记备案。”可见商品房预售合同的登记备案是政府主管部门行使监管职权，房地产经营企业满足预售条件、履行报备义务、接受资格审查的一项行政管理行为。而预告登记则是双方达成合意方能申请，也可以不申请预告登记。根据《房屋登记办法》的规定，办理预购商品房预告登记必须有已经登记备案的商品房预售合同原件才能办理，即备案登记是预告登记的前置程序。

三是适用范围不同。备案登记其登记的标的仅限于商品房预售合同，商品房的现房买卖、二手房买卖、旧房买卖合同都被排除在备案登记的范围之外。预告登记则适用于所有不动产交易，不仅包括商品房买卖和私房交易，还包括国有土地使用权的有偿转让、房地产开发项目的整体受让等。

四是启动主体不同。备案登记的启动主体是房地产开发商，而预告登记的启动主体则是签订了物权协议的当事人。

五是登记机关不同。备案登记的登记机关为建设主管部门或房地产管理部门（土地管理部门），而预告登记的登记关机则是房屋的登记机构。

——本书研究组:《房屋备案登记与预告登记有何区别》，载最高人民法院民事审判第一庭编:《民事审判指导与参考》2018 年第 3 辑（总第 75 辑），人民法院出版社 2018 年版，第 244~245 页。

677. 网签与备案有何区别

关键词

房屋买卖合同　网签　备案

附录：民事审判信箱

问：网签与备案有何区别？

答：区分网签与备案主要应从以下四个方面进行把握：

1. 含义不同。网签是房地产管理部门为规范房地产企业销售行为，防止开发企业“捂盘”以及一房多卖而建立的一个网络化管理系统。即交易双方签订合同后，到房地产相关部门进行备案，并在互联网上公示，而且网签后还会得到一个网签号，可以在互联网上查询网签信息。需要注意的是，已经网签过的商品房，无法进行第二次网签。而备案包括开发商备案和购房合同备案。开发商备案是指开发企业在取得预售证前向房产管理部门备案商品房出售价格，面向社会出售。购房合同备案是指购房者和开发商签订合同之后，在房地产管理部门登记备案，以此实现法律效力的一种方式。

2. 办理时间不同。网签时，开发商已经取得了预售证，且购房者也满足购房资格，完成选房，签订合同之后，在售楼部或者在房屋管理部门完成，未取得预售证或其他证明的开发商与购房者签订的合同，无法进行网签。备案时间则是签约之日起30日内，交易双方持商品房预售合同向县级以上人民政府房地产管理部门和土地管理部门办理登记备案手续。由此可见，备案是以网签为前提的。

3. 法律效力不同。网签是可以协商撤销的，而备案后房屋买卖合同正式生效。

4. 流程不同。完成网签需要先选定网签时间后准备网签资料再确认网签条款。而备案流程则是先合同备案再审核，在取得备案号后打印合同文本，随后双方签字盖章即可完成备案。

——本书研究组:《网签与备案有何区别》，载最高人民法院民事审判第一庭编:《民事审判指导与参考》2018年第3辑（总第75辑），人民法院出版社2018年版，第245~246页。

678. 房屋网签登记不具有物权变动性质

关键词

网签登记　物权变动性质

最高人民法院裁判文书

刘希波、邓杰与德州天翔置业有限责任公司等案外人执行异议案［最高人民法院（2018）最高法民申350号民事裁定书］

裁判要旨：商品房网签登记是政府部门依托其建立的商品房网上签约备案平台，规范房地产开发企业、房屋中介公司等相关主体进行商品房预售管理的网上备案登记行为，商品房网签登记并不具有物权变动性质，而是行政机关对于商品房买卖合同进行管理的一项措施，商品房网签登记并不直接产生不动产物权设立或变动的效力。

最高人民法院认为，本案中，刘希波、邓杰为支持其诉讼请求而提供的主要证据为（2013）德中商初字第43号民事判决所确认涉案的房产由刘希波、邓杰自然人购买，并办理网签登记的事实。从《中华人民共和国物权法》的规定看，物权公示原则为法律规定的基本原则。对不动产而言，其设立、变更、转让和消灭，应当依照法律规定登记。结合本案相关事实，案涉房屋并未登记在刘希波、邓杰名下，刘希波、邓杰仅进行了商品房网签登记，但商品房网签登记是政府部门依托其建立的商品房网上签约备案平台，规范房地产开发企业、房屋中介公司等相关主体进行商品房预售管理的网上备案登记行为，商品房网签登记并不具有物权变动性质，而是行政机关对于商品房买卖合同进行管理的一项措施，商品房网签登记并不直接产生不动产物权设立或变动的效力。故本案中刘希波、邓杰对涉案房产只是享有债权请求权，而非物权请求权。刘希波、邓杰向法院提起的执行异议之诉，并未提供相应的证据证明其享有足以排除强制执行的民事权益，依法应承担举证不能的法律后果。综上，刘希波、邓杰以涉案房产已网签登记在其名下为由，主张对涉案房产享有所有权的再审事由，缺乏事实和法律依据。

——中国裁判文书网。

郑州海为电子科技有限公司与海南星禾装饰工程有限公司等案外人执行异议之诉案［最高人民法院（2018）最高法民申429号民事裁定书］

裁判要旨：当事人与第三人虽就涉案房产签订《商品房买卖合同》并办理了网签备案手续，但房产所有权仍登记在第三人名下。前述网签备案行为不属物权法规定的变动物权行为，不改变当事人作为合同当事人仅享有请求交付之债权的客观事实，其债权亦不因合同办理网签备案而优于一般债权。

最高人民法院认为，海为公司与骏高公司虽就涉案房产签订《商品房买卖合同》并办理了网签备案手续，但房产所有权仍登记在骏高公司名下。前述网签备案行为不属物权法规定的变动物权行为，不改变海为公司作为合同当事人仅享有请求交付之债权的客观事实，其债权亦不因合同办理网签备案而优于一般债权。原审期间，骏高公司认可已将涉案房产交付星禾公司指定受让人占有使用，二审法院现场勘查也确认房产实际由前述受让人控制利用。海为公司对于未曾实际合法占有使用涉案房产的事实，亦不否认。因此，海为公司关于针对涉案房产已经享有物权期待权并足以排除法院强制执行的主张，不符合法律规定。

——中国裁判文书网。

董延庚与廊坊市盛都房地产开发有限公司取回权纠纷案［最高人民法院（2021）最高法民申9号民事裁定书］

裁判要旨：网签与我国物权法规定的预告登记不同，不具有准物权效力。

最高人民法院认为，关于网签是否具有准物权效力的问题。董延庚主张，网签具有准物权效力，案涉房屋所有人只能是董延庚，故其有权取回。本院认为，网签与我国物权法规定的预告登记不同，不具有准物权效力，董延庚据此主张取回权，理由不能成立。

由此，董延庚与盛都公司签订《抵顶协议书》后，虽然办理了网签备案，但没有办理预告登记，且案涉房屋至今仍未办理产权转移登记，也未向董延庚交付，应认定为盛都公司的破产财产。原审未支持董延庚取回案涉房屋，适用法律并无不当。

——中国裁判文书网。

附录：最高人民法院主流观点

应当注意，未办理物权过户登记不影响不动产买卖合同自成立时生效，已办理物权变更登记的买卖合同也不必然有效，如《民法典》第一百五十四条规定，行为人与相对人恶意串通，损害他人合法权益的民事法律行为无效。对于交易不真实，恶意串通损害他人合法权益的，即使办理了物权登记，亦应认定无效。实践中，住房建设部门为对新建商品房的销售进行管理，完成宏观调控的任务，要求当事人对预售商品房买卖合同进行网签备案。需要注意的是，网签备案并非物权登记，也不是商品房买卖合同的生效要件，但明知不动产已网签备案给他人，虚构交易关系签订买卖合同，不能认定该商品房买卖合同有效。

——最高人民法院民法典贯彻实施工作领导小组编著：《中华人民共和国民法典物权编理解与适用》，人民法院出版社 2020 年版，第 87 页。

679. 房屋买卖合同项下标的物未确定时，性质为借款合同，标的物确定时成立买卖合同关系

关键词

房屋买卖合同　资金借用　借款合同　买卖合同

最高人民法院裁判文书

沈阳农村商业银行股份有限公司大东支行、辽宁宏缘商业地产开发有限公司等案外人执行异议之诉案［最高人民法院（2021）最高法民终 553 号民

事判决书]

裁判要旨：当事人签订的房屋买卖合同项下的标的物不确定时，因当事人之间仅存在资金的借用关系，该合同的性质应为借款合同。在买卖标的物确定后，当事人签订协议约定用此前借款合同项下款项购买房屋时，应视为对于原借款合同关系的清理，该协议本质上属于有关房屋买卖事项的约定，应认定双方成立买卖合同关系。

最高人民法院认为：从当事人签订的系列协议及其实际履行的情况可以看出，陈学义与宏缘公司于 2011 年签订团购房协议时，房屋买卖合同项下的标的物尚未确定，尤其是宏缘公司收取陈学义交付的所谓房款后还需要向陈学义支付利息，更不符合房屋买卖合同的基本要件，原审认定此前的团购房协议性质上属于借款协议并无不当。但陈学义与宏缘公司于 2014 年 9 月 9 日签订案涉选房协议时，明确了所要购买的房屋的房号、面积、单价等事项，同时对借款合同关系项下的权利义务关系进行清理从而确定欠付款项本息后，又根据确定的房屋价格约定需要补交的房款。可见，案涉选房协议既是对原借款合同的清算，同时又对房屋买卖合同项下的权利义务关系进行了约定，本质上属于有关房屋买卖事项的约定。但对于该选房协议的性质究竟是房屋买卖合同的预约还是本约，当事人之间存在争议。本院认为，判断当事人之间订立的合同系本约还是预约的根本标准应当是当事人的意思表示，也就是说，当事人是否有意在将来订立一个新的合同，以最终明确在双方之间形成某种法律关系的具体内容。本案中，上述选房协议明确约定在陈学义补交购房款后双方签订商品房买卖合同，且宏缘公司提供一次免费更名的机会，据此可以认定陈学义依据选房协议只能要求与宏缘公司订立商品房买卖合同，并不能直接要求宏缘公司依据该协议履行交房义务，且双方必须通过订立商品房买卖合同才能最终确定房屋买卖合同项下的各项权利义务关系。因此，陈学义主张 2014 年 9 月 9 日签订的选房协议应认定为商品房买卖合同，缺乏事实和法律依据，辽宁高院认定双方签订商品房买卖合同的时间为 2015 年 8 月 18 日，且该时间晚于涉案房屋被查封的时间，从而驳回陈学义的诉讼请求，并无不当。

——中国裁判文书网。

680. 小区业主反对出售房屋及用于特殊经营是否可以认定出卖人所售房屋具有重大瑕疵、出卖人具有丧失或可能丧失履行其合同义务的能力

关键词

房屋买卖合同　不安抗辩权　业主　房屋重大瑕疵

最高人民法院裁判文书

势投奇策公司、金石公司与保利公司房屋买卖合同纠纷案［最高人民法院（2021）最高法民申3011号民事裁定书］

裁判要旨：房屋买卖合同交易中，出卖人对房屋负有瑕疵担保责任。出卖人对于买受人就案涉房屋开展具体经营计划无合同约定的保障义务，案涉房屋所在小区业主反对将房屋出售并用于相关经营活动，不属于影响出卖人履行交房及办理过户义务的情形，不能据此认定出卖人具有丧失或可能丧失履行其合同义务的能力，买受人以此主张不安抗辩权，理据不足。

最高人民法院认为：关于案涉房屋所有权是否存在重大瑕疵的问题。买卖合同中出卖人对标的物权利瑕疵担保责任，是指出卖人应当保证对标的物享有合法的权利，没有侵犯第三人的权利，并且第三人不会就该标的物向买受人主张权利。在第三人基于所有权、用益物权或者担保物权等向买受人追索标的物时，出卖人应当承担瑕疵担保责任。本案中，首先，根据原审判决查明的事实，案涉房屋为现房，保利公司系该房屋的《房地产权证》上登记的所有权人，且该房屋未设定用益物权、担保物权，亦未有其他产权纠纷或受到限制交易的情形，符合双方当事人签订的《重庆市商品房买卖合同》中约定的出售房屋状况。其次，案涉《补充协议二》中关于势投奇策公司对案涉房屋经营计划的约定，属于授权性约定，即根据该条约定，势投奇策公司可以将该物业经改造后用于商务办公、公寓式豪华套房出租、咖啡吧、高档月子会所、保健护理中心，也可根据经营状况调整经营业态。原审判决认定该约定不表明保利公司对势投奇策公司上述具体经营计划负有保障义务正确。因此，势投奇策公司主张案涉房屋存在权利瑕疵，缺乏事实依据。关于势投奇策公司逾期付款行为是否构成不安抗辩权的问题。根据《中华人民共和国合同法》第六十八条第一款第四项规定，应当先履行债务的当事人，有确切

证据证明对方有丧失或者可能丧失履行债务能力情形的，可以中止履行其义务。案涉房屋所有权不存在瑕疵，房屋用途为商服用房，保利公司对于势投奇策公司就案涉房屋开展具体经营计划无合同约定保障义务，业主反对案涉房屋出售以及势投奇策公司对案涉房屋进行月子中心及幼儿园等的经营活动，不属于影响保利公司履行交房及就该房屋办理过户义务的情形，原审判决认定现有证据尚不足以证明保利公司有丧失或可能丧失履行其合同义务的能力、不能认定保利公司存在《中华人民共和国合同法》第六十八条第一款第四项规定的情形，不违反法律规定。关于业主是否侵占案涉商业中心用地的问题，势投奇策公司提供的照片以及存在于原审庭审结束前的施工图并非原审中当事人因客观原因无法取得的证据，亦不足以推翻原审判决，不属于法律规定的“新的证据”。关于势投奇策公司所述显失公平问题。原审判决虽然根据现有证据认定势投奇策公司逾期付款的行为不成立不安抗辩权，但亦对其逾期付款并非基于违约的故意而是基于房屋交易过程中小区业主强烈抵制案涉房屋交易的现实情况予以认可。综合案涉合同订立及履行状况，原审判决认定案涉合同解除后，双方当事人应根据本案实际情况妥善处理后续事宜正确。

——中国裁判文书网。

681. 当事人约定买方交纳购房款后签订商品房买卖合同的，应认定为预约合同而非本约合同

关键词

房屋买卖合同　预约合同　本约合同

最高人民法院裁判文书

沈阳农村商业银行股份有限公司大东支行、辽宁宏缘商业地产开发有限公司等案外人执行异议之诉案［最高人民法院（2021）最高法民终553号民事判决书］

裁判要旨：区分预约和本约的根本标准是当事人是否有意在将来订立一个新的合同，以最终明确在双方之间形成某种法律关系的具体内容。就房屋买卖合同而言，当事人订立协议约定买方交纳购房款后双方签订商品房买卖合同，此时买方只能依据协议要求订立商品房买卖合同，并不能直接要求履行交房义务，且双方必须通过订立商品房买卖合同才能最终确定房屋买卖合同项下的各项权利义务关系，此协议应当认定为预约合同而非本约合同。

最高人民法院认为：判断当事人之间订立的合同系本约还是预约的根本标准应当是当事人的意思表示，也就是说，当事人是否有意在将来订立一个新的合同，以最终明确在双方之间形成某种法律关系的具体内容。本案中，上述选房协议明确约定在陈学义补交购房款后双方签订商品房买卖合同，且宏缘公司提供一次免费更名的机会，据此可以认定陈学义依据选房协议只能要求与宏缘公司订立商品房买卖合同，并不能直接要求宏缘公司依据该协议履行交房义务，且双方必须通过订立商品房买卖合同才能最终确定房屋买卖合同项下的各项权利义务关系。因此，陈学义主张 2014 年 9 月 9 日签订的选房协议应认定为商品房买卖合同，缺乏事实和法律依据，辽宁高院认定双方签订商品房买卖合同的时间为 2015 年 8 月 18 日，且该时间晚于涉案房屋被查封的时间，从而驳回陈学义的诉讼请求，并无不当。

——中国裁判文书网。

682. 业主转让房屋时，基于共同管理约定的共有部分专有使用权也应当一并转让

关键词

房屋买卖合同　共同管理约定　专有使用权　业主共有

最高人民法院公报案例

高志清、戴雨晴与张凤清、袁丽萍房屋买卖合同纠纷案［南京市江宁区人民法院民事判决书］

裁判摘要：业主的建筑物区分所有权包括对专有部分的所有权、对共有部分的共有权和共同管理权，且这三种权利具有不可分离性。业主转让房屋时，其基于共同管理约定所享有的共有部分专有使用权也应当一并转让，既有的共同管理约定对继受取得业主权利的房屋受让人继续有效，房屋转让人应当协助将其独占使用的共有部分交付于受让人。

法院认为：原告高志清、戴雨晴与被告张凤清、袁丽萍签订的《存量房交易合同》不违反法律、行政法规的强制性规定，合法有效。当事人应当按照约定全面履行自己的义务。当事人应当遵循诚实信用原则，根据合同的性质、目的和交易习惯履行通知、协助、保密等义务。

一、关于涉案地下室是否属于业主共有部分的问题。法律规定，建筑区

划内的其他公共场所、公用设施和物业服务用房，属于业主共有。本案中，A室的单元地下室并不属于建筑物区分所有权中业主专有部分，而是建筑区划内的公用设施，属于业主共有部分。并且A室所在单元在构造上、功能上具有相对独立性，该单元的地下室能够单独使用，与该单元的业主具有使用上的利害关系，因此该单元的地下室属于该单元全体业主共有。7号小地下室系从A室的单元地下室分隔出来分配给A室业主单独使用的共有部分，其性质仍属于业主共有。张凤清、袁丽萍辩称7号小地下室不属于业主共有部分及其二人可自行处置的意见，缺乏事实和法律依据，法院不予采纳。

二、关于被告张凤清、袁丽萍是否应将7号小地下室交付原告高志清、戴雨晴的问题。法律规定，业主对共有部分享有共有和共同管理的权利。业主转让建筑物内的住宅、经营性用房，其对共有部分享有的共有和共同管理的权利一并转让。法院认为，从维护小区公共秩序和业主利益的角度来说，业主转让专有部分时，不仅其对共有部分享有的共有和共同管理的权利一并转让，而且其基于业主共同管理约定所享有的共有部分专有使用权也应当一并转让，既有的共同管理约定对继受取得业主权利的房屋受让人继续有效，房屋转让人应当协助将其独占使用的共有部分交付于受让人。本案中，张凤清、袁丽萍基于共同管理合意独占使用7号小地下室，张凤清、袁丽萍向高志清、戴雨晴转让A室房屋，7号小地下室的独占使用权应当一并转让，张凤清、袁丽萍应当协助将7号小地下室交付于高志清、戴雨晴。因此，对于高志清、戴雨晴要求确认7号小地下室归其二人使用以及要求张凤清、袁丽萍腾空并交付7号小地下室的诉讼请求，法院予以支持。张凤清、袁丽萍辩称房屋买卖合同没有约定转让7号小地下室，其二人不应当向高志清、戴雨晴交付7号小地下室的意见，缺乏事实和法律依据，不予采纳。

——《最高人民法院公报》2020年第11期。

683. 提示地下车库（人防工程）所有权不得转让不构成刻意隐瞒和欺诈

关键词

欺诈　车位车库　合同效力

最高人民法院裁判文书

栾德刚与铁信公司商品房买卖合同纠纷案［最高人民法院（2020）最高法民申4493号民事裁定书］

裁判要旨：因地下车库兼具有人防工程性质，其所有权属于国家，依法不得转让，但地下车库的使用权可以转让流通。购房人应当知晓法律法规中关于地下车库（人防工程）所有权不得转让的规定。开发商未在《商品房买卖合同》中专门对此作出提示及表述，并不构成刻意隐瞒和欺诈。《人民防空法》第五条规定国家鼓励企业事业单位投资建设人防工程，人防工程平时由投资者使用管理，收益归投资者所有。法律并未禁止人防工程使用权的转让。人防工程平时由使用权人管理使用，战时人防工程的使用权人有义务确保人防工程用于人民防空的需要。开发商将地下车库使用权对外转让，并未损害国家利益。法院认定《商品房买卖合同》合法有效，并无不当。

最高人民法院认为：本案为商品房销售合同纠纷，根据栾德刚的申请再审理由，本案审查的重点为《商品房买卖合同》中约定的转让地下车库及社区用房的权利性质及该合同的效力。

关于《商品房买卖合同》中约定的转让地下车库及社区用房的权利性质问题。对合同转让标的物的认定，应结合合同文本及双方当事人的真实意思综合考虑。《商品房买卖合同》并未明确约定转让的标的物为地下车库和社区用房的所有权，不能仅以合同名称为《商品房买卖合同》，认定合同中约定转让的对象为地下车库和社区用房的所有权。由于地下车库和社区用房均无法办理产权，不属于商品房，双方当事人对此均应明知，双方当事人的真实意思应为转让地下车库和社区用房的使用权。原审法院认定双方在《商品房买卖合同》中约定转让的对象为地下车库和社区用房的使用权，并无不当。栾德刚关于双方在《商品房买卖合同》中约定转让的权利性质为地下车库和社区用房的所有权的申请再审理由，没有事实和法律依据，本院不予采信。

关于《商品房买卖合同》的效力问题，因地下车库兼具有人防工程性质，其所有权属于国家，依法不得转让，但地下车库的使用权可以转让流通。吉林市人民防空办公室已对案涉地下车库（人防工程）出具《结建人防工程防护质量竣工验收确认书》，载明防护质量合格，并已按规定办理竣工档案移交，准许使用。铁信公司对案涉地下车库（人防工程）依法享有使用权，其与栾德刚签订《商品房买卖合同》，将地下车库和社区用房使用权转让给栾德刚，并不违反法律强制性规定。

栾德刚应当知晓法律法规中关于地下车库（人防工程）所有权不得转让的规定。铁信公司未在《商品房买卖合同》中专门对此作出提示及表述，并不构成刻意隐瞒和欺诈。《中华人民共和国人民防空法》第五条规定国家鼓励企业事业单位投资建设人防工程，人防工程平时由投资者使用管理，收益归投资者所有。法律并未禁止人防工程使用权的转让。人防工程平时由使用权人管理使用，战时人防工程的使用权人有义务确保人防工程用于人民防空的需要。铁信公司将地下车库使用权对外转让，并未损害国家利益。原审法院认定《商品房买卖合同》合法有效，并无不当。栾德刚提出的铁信公司构成欺诈，其行为损害国家利益的申请再审理由，没有事实和法律依据，本院不予采信。

——中国裁判文书网。

684. 未取得物权的房屋买受人享有的债权请求权不能对抗被拆迁人依法享有的合法权益

关键词

房屋买卖合同　变更登记　债权请求权　被拆迁人

《中华人民共和国民法典》条文

第三百一十一条　无处分权人将不动产或者动产转让给受让人的，所有权人有权追回；除法律另有规定外，符合下列情形的，受让人取得该不动产或者动产的所有权：

（一）受让人受让该不动产或者动产时是善意；

（二）以合理的价格转让；

（三）转让的不动产或者动产依照法律规定应当登记的已经登记，不需要登记的已经交付给受让人。

受让人依据前款规定取得不动产或者动产的所有权的，原所有权人有权向无处分权人请求损害赔偿。

当事人善意取得其他物权的，参照适用前两款规定。

最高人民法院裁判文书

孙晓艳与盘锦中澳航空科技有限公司、姜维商品房买卖合同纠纷案［最高人民法院（2016）最高法民终33号民事判决书］

裁判要旨：房屋买受人购买房屋后并未办理产权变更登记手续，但实际占有房屋，能够就案涉房屋的拆迁安置纠纷案件提起第三人撤销之诉。但由于该房屋买受人仅享有请求其出卖人办理产权变更登记的债权请求权，对于案涉房屋并不享有物权，因此，无法对抗被拆迁人获得优先安置的权利。

最高人民法院认为：根据当事人诉辩主张，本案争议焦点为辽宁高院101号判决第二项是否存在错误并损害孙晓艳的民事权益。

根据《中华人民共和国物权法》第九条规定，不动产物权的设立、变更、转让和消灭，经依法登记，发生效力。因所购房屋未经权属登记，孙晓艳没有取得案涉房屋的所有权。孙晓艳主张其付清了房款并实际占有房屋，对案涉房屋属于善意取得。依据《中华人民共和国物权法》第一百零六条①第一款第三项的规定，不动产善意取得需具备该不动产权属已经登记在受让人名下的情形，孙晓艳与石桂荣订立《房屋买卖协议书》后，并未办理房屋产权变更登记，故本案不适用善意取得的相关法律规定。作为与石桂荣签订《房屋买卖协议书》的购房人，在经依法登记取得房屋所有权之前，孙晓艳仅享有请求石桂荣继续履行办理房屋产权变更登记手续、转移房屋所有权的债权请求权。因孙晓艳从石桂荣处所购房屋与辽宁高院101号判决第二项判令中澳公司交付姜维一的房屋同一，该判决第二项的存在影响的是孙晓艳对石桂荣享有的转移房屋所有权的债权请求权能否实现。据此，孙晓艳主张辽宁高院101号判决第二项损害了其基于善意取得享有的案涉房屋所有权，没有法律依据。

根据本案查明的事实，姜维一与渤海公司签订《协议书》及《城市房屋拆迁补偿安置协议》后，姜维一将其原房屋交付渤海公司，而协议其他条款没有实际履行。最高人民法院二审期间，各方当事人均认可姜维一与渤海公司签订的《城市房屋拆迁补偿安置协议》具有拆迁补偿安置性质。渤海公司注销后其权利义务由中澳公司承继，对此各方当事人亦无异议。因此，无论是否存在丛学富、杨娜挂靠渤海公司实际进行金丽源小区房屋开发建设的情形，均不影响中澳公司对姜维一依法及依据合同约定产生的补偿安置义务。虽然渤海公司与姜维一签订的上述协议，除姜维一的房屋已经被拆除外，其他条款没有实际履行，但姜维一的合法财产权利应予保护。《协议书》约定在姜维一原房场地建设房屋，一层商网归姜维一所有，不需要渤海公司销售。中澳公司在辽宁省高级人民法院二审审理其与姜维一房地产开发经营合同纠纷案件期间，自认案涉石桂荣所购商业网点房屋所在位置与姜维一原房屋位置同一，并表示愿意以该房屋安置姜维一。辽宁省高级人民法院在查明该房屋没有办理产权登记的情况下，也即没有案外人取得该房屋所有权的情况下，作出了辽宁高院101号判决第二项，在相关事实认定及适用法律方面并无不当。虽然孙晓艳及中澳公司、丛学富、杨娜、石桂荣在本案诉讼中均主张案涉孙晓艳所购房屋与姜维一原房屋不在同一位置，但是，因孙晓艳系从石桂荣处购买案涉房屋，石桂荣及孙晓艳均未办理房屋权属登记，孙晓艳基于房

① 对应《民法典》第三百一十一条。

屋买卖合同关系对石桂荣享有转移房屋所有权的债权请求权，而该债权请求权能否获得支持尚取决于石桂荣对渤海公司相应的权利能否成立。因此，孙晓艳对石桂荣享有的转移房屋所有权的债权请求权，不足以对抗或否定姜维一在其原房屋被拆除的情况下，基于法律规定及合同约定，以及中澳公司在诉讼中的自认及同意以案涉房屋对姜维一进行安置的行为所产生的法律效力。据此，孙晓艳主张辽宁高院 101 号判决第二项存在《中华人民共和国民事诉讼法》第五十六条第三款[①]规定的错误并损害其民事权益应予撤销的情形，缺乏法律依据。

对于孙晓艳上诉主张其与石桂荣签订的《房屋买卖协议书》合法有效，依法应予以保护的问题，一审判决并未否定孙晓艳与石桂荣之间的《房屋买卖协议书》的效力，并明确了孙晓艳对石桂荣享有债权，孙晓艳在该协议履行不能的情况下，有权要求石桂荣承担相应的责任，对此孙晓艳可另寻其他法律途径予以解决，不存在其合法民事权益无法获得救济的情形。

——法信网。

附录：本案解析

姜维一作为被拆迁人，其原房屋被拆迁，依法有权获得拆迁安置补偿。其与原渤海公司达成的拆迁补偿协议尽管没有实际履行，但协议中明确约定在原址建设房屋给姜维一安置。在原诉案件诉讼过程中，中澳公司作为开发商，认可案涉争议房屋所在位置即是姜维一原房位置。经原诉法院审查，案涉争议房屋并未进行产权登记，房屋备案在石桂荣名下，石桂荣作为购房人，在法律上享有的是债权。其所购房屋又在被拆迁人姜维一合同约定的安置房屋位置，因而无权对抗姜维一的优先安置权利。尽管中澳公司是被挂靠单位，但无论其是否有权处分该安置房屋，对姜维一而言，其有权要求中澳公司履行安置补偿义务。并且原诉中，中澳公司也出具了同意安置的情况说明，原判决是在其同意以该房屋安置姜维一的情况下作出，属双方自愿行为，应无不当。

孙晓艳与中澳公司之间不存在直接的合同关系，其系从石桂荣处购买了案涉房屋，并且购买后也未办理房屋权属登记。孙晓艳依据房屋买卖合同关系仅享有要求石桂荣转移房屋所有权的债权请求权。因此，孙晓艳并非从房屋的所有权人处购买案涉房屋，其债权请求权能否获得支持尚取决于石桂荣对中澳公司相应的权利能否成立。因此，其对于案涉房屋享有的民事权益不足以对抗或否定姜维一在其原房屋被拆除的情况下，基于法律规定及合同约定，以及中澳公司在诉讼中的自认及同意以案涉房屋对姜维一进行安置的行

---

① 现为《民事诉讼法》（2021 年修正）第五十九条第三款。

为所产生的法律效力。因此，孙晓艳主张原诉判决存在错误并损害其民事权益缺乏证据证明，其主张撤销原诉判决的诉讼请求不能得到支持。

——《未取得物权的房屋买受人享有的债权请求权不能对抗被拆迁人依法享有的合法权益》，载最高人民法院第二巡回法庭编著：《民商事二审典型案例及审判经验》，人民法院出版社 2019 年版，第 250~251 页。

685. 以所有权调换形式订立拆迁补偿安置协议，拆迁人优先取得特定房屋

关键词

拆迁补偿安置协议　所有权　特定房屋

最高人民法院裁判文书

白鹏飞与郭新民等第三人撤销之诉案［最高人民法院（2021）最高法民申 2057 号民事裁定书］

裁判要旨：当事人按照产权调换形式订立拆迁补偿安置性质的协议，约定以特定房屋对被拆迁房屋进行补偿安置被拆迁人，如果拆迁人又将该特定房屋另行出卖给第三人，被拆迁人依法优先取得该特定房屋。

最高人民法院认为：根据原审查明，郭新民与董继珍于 2009 年 11 月 26 日签订建房协议书，后郭新民与吴珂珂、赵鹏飞在原建房协议基础上签订建房补充协议，赵鹏飞后与邓铁良签订房地产开发项目转让合同，邓铁良签订书面保证按原协议执行。因政府规划原因，前述协议约定为郭新民所建房屋范围超红线无法获批。郭新民等五人与上蔡恒大公司签订协议书约定，由上蔡恒大公司将其所有的房屋及土地进行开发建设，郭新民等五人通过补偿方式取得固定面积的房屋。从前述案涉房屋拆迁建设的过程来看，郭新民等人通过约定拆迁补偿方式订立合同的时间早于白鹏飞购房时间。

上蔡恒大公司与郭新民等五人所签协议约定，如果上蔡恒大公司未能按协议约定的前四项内容履行，则将案涉商品房屋一期工程北侧 1 至 6 层补偿给郭新民等五人。前述内容关于拆迁补偿房屋的位置、楼层、面积等方面明确而具体。原审判决由此认为郭新民等五人与上蔡恒大公司所签协议约定的拆迁补偿房屋已经特定，并进而适用《最高人民法院关于审理商品房买卖合同纠纷案件适用法律若干问题的解释》（法释〔2003〕7 号）第七条规定予以

裁判，具有相应的事实和法律依据。白鹏飞因无法取得案涉房屋产权遭受的损失，可以依法另行主张寻求救济。

上蔡恒大公司与郭新民等五人所签定的产权置换补偿协议，属于平等主体之间的民事合同。因该协议履行引发的纠纷属于民事诉讼。白鹏飞所称上蔡恒大公司与郭新民之间纠纷属于行政诉讼范围，与事实不符。

——中国裁判文书网。

686. 债务人到期未能清偿债务与债权人达成合意以房抵债的应认定有效

关键词

房屋买卖合同　以房抵债

最高人民法院公报案例、最高人民法院裁判文书

吉林鑫城房地产综合开发有限责任公司与汤东鹏房屋买卖合同纠纷案

［最高人民法院（2018）最高法民申1774号民事裁定书］

裁判摘要：人民法院依职权审查合同效力并且予以释明，是引导当事人正确诉讼的基础。债务人到期未能清偿债务，重新与债权人达成合意以房抵债，双方签订的《房屋买卖合同》应当合法有效。

最高人民法院认为：本案的争议焦点是：鑫城公司主张撤销案涉七份《商品房买卖合同》，人民法院应否支持。

关于案涉七份《商品房买卖合同》的效力问题。对合同效力的认定，属于人民法院依职权应当审查的范畴，并不局限于当事人的诉讼请求。本案系鑫城公司与汤东鹏基于此前的借款未受清偿，进而签订《商品房买卖合同》达成以房抵债的合意，案涉《商品房买卖合同》是双方当事人真实意思表示，内容不违反法律、行政法规的强制性规定，应当认定合法有效。鑫城公司主张一审法院认定《商品房买卖合同》有效超出其诉讼请求范围，没有法律依据。《中华人民共和国合同法》第五十四条规定："下列合同，当事人一方有权请求人民法院或者仲裁机构变更或者撤销：（一）因重大误解订立的；（二）在订立合同时显失公平的。一方以欺诈、胁迫的手段或者乘人之危，使对方在违背真实意思的情况下订立的合同，受损害方有权请求人民法院或者仲裁机构变更或者撤销。当事人请求变更的，人民法院或者仲裁机构不得撤销。"本案一审中，鑫城公司主张其因受汤东鹏胁迫签订案涉七份《商品房买卖合同》并办理备案登记，案涉七套房屋的市场价格明显高于《商品房买卖合同》中约定的价格，双方当事人订立的房屋买卖合同显失公平，请求解除案涉七份《商品房买卖合同》。鑫城公司以显失公平、受胁迫为由主张权利，而合同显失公平的法律救济渠道是仅能请求人民法院予以变更或撤销，而非解除合同。因此，一审法院向鑫城公司释明应变更其解除合同的诉讼请求为撤销合同，程序并不违法。显失公平系指一方利用对方处于危困状态，缺乏判断能力等情形，致使双方在从事民事法律行为时权利义务明显有违公平的情形。认定合同是否构成显失公平时，应采用主观要件和客观要件相结合。鑫城公司作为独立的商事主体，与自然人汤东鹏相比，并不明显处于劣势地位，且鑫城公司并无相关证据证明其与汤东鹏签订《商品房买卖合同》，系因受汤东鹏欺诈、胁迫，而在违背其真实意思的情况下作出，虽然案涉七套房屋的评估价值高于抵债价格，但也不宜认定《商品房买卖合同》显失公平。一审、二审判决认定《商品房买卖合同》不存在可撤销的法定情形，未支持鑫城公司的诉讼请求，并无不当，本院予以维持。

关于鑫城公司主张借贷关系不真实的问题。禁止反言原则蕴含于我国民法的基本原则诚信原则之中。即，若一方当事人因另一方当事人的陈述产生依赖，则另一方当事人不得否定其先前的陈述。鑫城公司一审起诉称，其通过案外人宋某某向汤东鹏借款，鑫城公司使用 200 万元并向汤东鹏偿还本金 30 万元及按照双方约定支付了利息。鑫城公司向本院申请再审中，又主张汤东鹏并未支付借款，双方借贷关系不真实，与其在一审中陈述的事实相矛盾，明显违背诚信诉讼原则，本院不予采信。鑫城公司在未清偿案涉借款的情况下，与汤东鹏签订《商品房买卖合同》，属于债务到期后双方达成以房抵债合意，而非鑫城公司主张的双方系再次签订了担保合同。此时，案涉 7 套房屋并非抵押物，故本案并不适用《最高人民法院关于适用〈中华人民共和国担保法〉若干问题的解释》第五十七条规定的禁止流质条款。案涉《商品房买卖合同》依法成立并生效，对双方当事人均具有约束力，当事人应当按照约定履行自己的义务，不得擅自变更或者解除。

关于鑫城公司主张案涉《商品房买卖合同》损害拆迁户和第三人利益应当认定无效的问题。本院在组织双方询问中了解到：经吉林省榆树市人民法院（2016）吉 0182 民初 1253 号民事判决和吉林省长春市中级人民法院（2018）吉 01 民终 244 号民事判决确认，案外人对案涉七套房屋享有优先权；汤东鹏已另案起诉鑫城公司，要求解除案涉《商品房买卖合同》、双倍返还购房款并赔偿损失共计 1000 余万元。本案一审、二审判决确认案涉《商品房买卖合同》合法有效，并未损害案外人的权益，且案外人的利益已经上述生效民事判决优先予以保护。鑫城公司作为房地产开发商，对自己手中的房屋信息应当是清楚的，其就案涉 7 套房屋通过“一房二卖”获取不当利益的故意显而易见，也是产生包括本案诉讼在内一系列诉讼的根源。鑫城公司主张汤东鹏明知案涉房屋已经出卖给第三人，仍愿意承担风险放弃此前 14 套房屋的抵押担保与其签订《商品房买卖合同》，明显不符合常理，其主张汤东鹏存有恶意不合逻辑。鉴于汤东鹏以合同目的已经不能实现而提起了新的诉讼，鑫城公司与汤东鹏之间的民间借贷、房屋买卖合同纠纷可以通过另案处理。鑫城公司继续对本案申请再审，无益于化解双方之间的矛盾纠纷，也不利于节约司法资源。鑫城公司主张《商品房买卖合同》因损害第三人利益应当认定无效，没有事实和法律依据，本院不予支持。

——《最高人民法院公报》2020 年第 3 期。

三、赠与合同

687. 赠与合同的任意撤销权和法定撤销权有何区别

关键词

赠与合同　任意撤销权　法定撤销权

《中华人民共和国民法典》条文

第六百五十八条　赠与人在赠与财产的权利转移之前可以撤销赠与。

经过公证的赠与合同或者依法不得撤销的具有救灾、扶贫、助残等公益、道德义务性质的赠与合同，不适用前款规定。

第六百六十三条　受赠人有下列情形之一的，赠与人可以撤销赠与：

（一）严重侵害赠与人或者赠与人近亲属的合法权益；

（二）对赠与人有扶养义务而不履行；

（三）不履行赠与合同约定的义务。

赠与人的撤销权，自知道或者应当知道撤销事由之日起一年内行使。

附录：民事审判信箱

问：审判实践中，赠与人以行使赠与合同撤销权为由撤销赠与，受赠人依据赠与合同向人民法院起诉，请求赠与人继续履行合同，及时办理赠与手续，交付赠与物。赠与人并未说明他（她）是行使任意撤销权还是法定撤销权，依据《合同法》的相关规定，这两种撤销权是有区别的，请问在办案中应如何把握？

答：任意撤销权和法定撤销权的行使应以赠与合同有效为前提，两者既有共性又有区别。在审判实践中，无论赠与人是否提出行使哪一种撤销权，人民法院均应搞清赠与人应当行使何种撤销权。两者的区别有以下三点：

一是两者的法律依据不同。行使任意撤销权的依据是《合同法》第一百八十六条，[①]而行使法定撤销权的依据则是《合同法》第一百九十二条[②]第一款。如果赠与人就赠与房产行使任意撤销权，还应当适用《物权法》第九条的规定。

二是两者适用的条件不同。行使任意撤销权的条件包括：（1）赠与合同尚未履行，赠与物的物权尚未发生转移。动产的物权转移以交付为要件，不动产和特殊动产（如机动车、船舶、飞机）的物权转移以登记为要件。因为赠与合同具有实践合同的特点，物权转移后，赠与人即丧失任意撤销权；（2）赠与合同不具有社会公益和道德义务的性质；（3）赠与合同尚未结果公证。具备上述条件的，赠与人方可行使任意撤销权。法定撤销权是基于法定事由，由赠与人行使的撤销赠与的权利。行使该项权利的要件是，无论赠与合同是否已经履行，受赠人只要符合下列一种情形即可行使撤销权：（1）严重侵害赠与人或者赠与人的近亲属；（2）对赠与人有抚养义务而不履行；（3）不履行赠与合同约定的义务。只要具备前述三项事由，不论赠与合同是否经过公证证明，赠与的财产是否已交付，也不论赠与是否属于社会公益和道德义务性质，享有撤销权的人均可以撤销赠与。从这两种撤销权的条件可以看出，依法成立的法定撤销权，可以包含任意撤销权，而任意撤销权则不包含法定撤销权。

三是撤销权人撤销赠与的法律后果不同。行使任意撤销权的后果是，生效的赠与合同从此失去效力（但已经履行部分有效），合同双方的权利义务解除，赠与物的所有权不变，受赠人的履行请求权也随之消灭。行使法定撤销权的后果是，不仅尚未履行的赠与合同不再履行，而且已经履行的赠与合同也失效，在赠与物的物权发生转移的情况下，赠与人可以受赠人不当得利为由要求返还赠与的财产。

——本书研究组：《赠与合同的任意撤销权和法定撤销权有何区别》，载最高人民法院民事审判第一庭编：《民事审判指导与参考》2011 年第 3 辑（总第 47 辑），人民法院出版社 2011 年版，第 244~245 页。

问：赠与人的任意撤销权和法定撤销权有何区别？

答：赠与人的任意撤销权与法定撤销权有如下区别：第一，立法宗旨不

---

① 对应《民法典》第六百五十八条。

② 对应《民法典》第六百六十三条。

同。任意撤销权实际上是赋予了赠与人在赠与合同生效后、实际履行前享有反悔的权利；而法定撤销权则是基于社会伦理道德的考虑，否定忘恩负义的受赠人享有请求交付和继续保有赠与物的权利。第二，撤销的内容不同。任意撤销权撤销的是已经生效尚未履行的赠与合同，权利行使消灭的是债权行为的效力；而法定撤销权的撤销对象区分两种情况：合同尚未履行时撤销的是赠与合同，已履行时撤销的是转移赠与物所有权的物权行为。第三，行使阶段不同。任意撤销权需在赠与财产权利实际转移前行使；法定撤销权则在赠与财产权利实际转移前、后均可行使。第四，行使条件不同。任意撤销权只有行使时间上的限制，没有法定事由的要求；法定撤销权则必须在具备法定事由时才能行使。第五，行使后果不同。行使任意撤销权的结果是使赠与人免除履行义务，效果上相当于合同的解除；而行使法定撤销权后，没有履行的不再履行，已经履行的，发生赠与物的返还。第六，适用范围不同。赠与人法定撤销权的适用范围及于全部的赠与合同；而赠与人任意撤销权的适用要受到合同形式或性质的限制。我国合同法第一百八十六条规定，具有救灾、扶贫等社会公益、道德义务性质的赠与合同或者经过公证的赠与合同不能任意撤销。因此，赠与人法定撤销权的适用范围要比任意撤销权更为广泛。

——本书研究组：《赠与人的任意撤销权和法定撤销权有何区别》，载最高人民法院民事审判第一庭编：《民事审判指导与参考》2013 年第 4 辑（总第 56 辑），人民法院出版社 2014 年版，第 226 页。

688. 任意撤销权的主体仅限于赠与人，不包括赠与人的继承人和法定代理人

关键词

赠与合同　任意撤销权　法定代理人　继承人　赠与人

《中华人民共和国民法典》条文

第六百六十四条　因受赠人的违法行为致使赠与人死亡或者丧失民事行为能力的，赠与人的继承人或者法定代理人可以撤销赠与。

赠与人的继承人或者法定代理人的撤销权，自知道或者应当知道撤销事由之日起六个月内行使。

附录：最高人民法院主流观点

《民法典》第六百五十八条第一款规定："赠与人在赠与财产的权利转移之前可以撤销赠与。"根据该条的规定，任意撤销权人的权利人为赠与人本

人，赠与人的继承人或法定代理人并非任意撤销权的主体。之所以将任意解除权的权利人限定为赠与人本人，也是为了使得赠与合同的履行与否交由本人决定，让赠与更加符合赠与人的意愿。因为赠与合同极有可能与赠与人的继承人或法定代理人存在利害关系，如赋予赠与人的继承人或法定代理人任意撤销权，赠与人生前作出的意思表示将难以得到遵行。例如，在孙某诉李某山、陈阿婆、孙某红赠与合同纠纷案中，法院认为，死者生前多次表示将拆迁安置房赠与受赠人，应尊重死者生前的意愿履行赠与合同，虽然赠与财产权利尚未转移，但任意撤销权的主体仅限于赠与人本人，不包括赠与人的继承人和法定代理人，死者的继承人无权行使任意撤销权，应当履行赠与合同，协助受赠人办理财产转移手续。

当然，在财产的权利转移之前，如果受赠人存在《民法典》第六百六十四条规定的情形的，赠与人的继承人或法定代理人可以通过行使法定撤销权的方式就行救济。

——最高人民法院民法典贯彻实施工作领导小组主编：《中华人民共和国民法典合同编理解与适用》，人民法院出版社 2020 年版，第 1208~1209 页。

689. 社会公益捐款的保管和使用

关键词

赠与合同　社会公益捐款　附义务

最高人民法院公报案例

蒋鲜丽诉陈马烈、《家庭教育导报》社返还公益捐赠纠纷案（杭州市中级人民法院二审民事判决书）

裁判摘要：赠与合同可以附义务，赠与合同附义务的，受赠人应当按照约定履行义务。

杭州市中级人民法院二审认为：在《家庭教育导报》社及社会各界的帮助下，至本案纠纷发生为止，为使蒋某丽（12 岁，学生）完成学业，各捐款人向蒋某丽捐款人民币共计 17430.84 元，其中浙江省女记者协会、杭州新世纪外国语学校、杭州天地实验小学三捐款人共计捐款人民币 13041.84 元，另 4389 元系其他捐款人通过邮寄或其他方式的捐赠款，上述款项均以蒋某丽所在学校校长陈马烈的名义存于银行的事实清楚。浙江省女记者协会、杭州新世纪外国语学校、杭州天地实验小学三捐款人不同意将其捐款交蒋某丽的家长保管的意思表示明确，且陈马烈对这部分捐款所实施的保管行为并不违反该三捐款人与《家庭教育导报》社所订立的合同；蒋某丽的监护人认为三份合同系事后补签的，因而合同是无效的，缺乏法律根据。蒋某丽作为社会公益捐款的受益人，依法对捐款享有受益的权利，但如果该捐款是附条件或附义务的捐款，则蒋某丽在享有捐款受益权的同时，不得违反捐款人为捐款所设定的合理条件或义务。本案中，浙江省女记者协会、杭州新世纪外国语学校、杭州天地实验小学在捐款时，均在赠款协议中附加了使用捐款的条件，蒋某丽在享受上述受捐款权利时，有义务遵守捐款人设定的条件。现蒋某丽的监护人要求《家庭教育导报》社及陈马烈将浙江省女记者协会、杭州新世纪外国语学校、杭州天地实验小学三捐款人的捐款13041.84元交其本人保管，明显不符合赠与人捐款时的意思表示，故不予支持。

——《最高人民法院公报》2003年第4期。

690. 夫妻一方将个人房产约定为共同共有或按份共有，赠与人在产权变更登记之前可以行使任意撤销权

关键词

房产赠与　变更登记　任意撤销权　夫妻共有

《中华人民共和国民法典》条文

第六百五十八条　赠与人在赠与财产的权利转移之前可以撤销赠与。

经过公证的赠与合同或者依法不得撤销的具有救灾、扶贫、助残等公益、道德义务性质的赠与合同，不适用前款规定。

第一千零六十五条　男女双方可以约定婚姻关系存续期间所得的财产以及婚前财产归各自所有、共同所有或者部分各自所有、部分共同所有。约定应当采用书面形式。没有约定或者约定不明确的，适用本法第一千零六十二条、第一千零六十三条的规定。

夫妻对婚姻关系存续期间所得的财产以及婚前财产的约定，对双方具有法律约束力。

夫妻对婚姻关系存续期间所得的财产约定归各自所有，夫或者妻一方对外所负的债务，相对人知道该约定的，以夫或者妻一方的个人财产清偿。

最高人民法院司法解释

第三十二条　婚前或者婚姻关系存续期间，当事人约定将一方所有的房产赠与另一方或者共有，赠与方在赠与房产变更登记之前撤销赠与，另一方

请求判令继续履行的，人民法院可以按照《民法典》第六百五十八条的规定处理。

——《最高人民法院关于适用〈中华人民共和国民法典〉婚姻家庭编的解释（一）》（2020 年 12 月 29 日，法释〔2020〕22 号）。

最高人民法院审判业务意见（民事审判第一庭意见）

最高人民法院民一庭意见认为：夫妻一方将个人房产约定为共同共有或按份共有，该约定属于婚内其他财产约定，赠与人在产权变更登记之前可以行使任意撤销权。

附：案情简介

甲男与乙女夫妻双方约定，甲男婚前所有的一套房屋归双方共同所有，但未办理房产加名登记手续。双方离婚时，甲男主张案涉房屋仍然属于自己的个人财产，称当初将自己婚前房屋约定为共同所有，系为了增进夫妻感情，维持稳定的婚姻生活。但乙女婚后出轨他人，整天吵闹要求离婚，故甲男请求撤销对乙女房产的赠与。乙女主张案涉房屋属于夫妻共同财产，离婚时应当依法进行分割。双方一致认可案涉房屋价值 600 万元。

——最高人民法院民一庭：《夫妻财产约定与夫妻之间的赠与》，载最高人民法院民事审判第一庭编：《民事审判指导与参考》2020 年第 2 辑（总第 82 辑），人民法院出版社 2021 年版，第 145 页。

附录：最高人民法院法官著述

问：夫妻在婚前或婚姻关系存续期间约定将一方个人所有的房产与另一方共有，但没有办理房产加名登记，赠与一方请求法院撤销应如何处理？

答：目前审判实践中有两种意见，一种认为应当按照《最高人民法院关于适用〈中华人民共和国民法典〉婚姻家庭编的解释（一）》（本文以下简称《婚姻家庭编司法解释一》）第三十二条的规定处理；另一种认为应当按照《民法典》第一千零六十五条的规定处理，夫妻之间的约定对双方有拘束力，不必非要去办理房产加名登记，否则会架空《民法典》第一千零六十五条的规定。

对于夫妻一方将个人房产全部赠与另一方的问题，《婚姻家庭编司法解释一》第三十二条已经给出答案："婚前或者婚姻关系存续期间，当事人约定将一方所有的房产赠与另一方或者共有，赠与方在赠与房产变更登记之前撤销赠与，另一方请求判令继续履行的，人民法院可以按照《民法典》第六百五十八条的规定处理。"但将个人房产约定为共同共有或按份共有的情形，赠与人在产权变更登记之前能否撤销的问题，目前仍然存在争议。《民法典》第一千零六十五条第二款规定："夫妻对婚姻关系存续期间所得的财产以及婚前财产的约定，对双方具有法律约束力。"有的观点认为，既然夫妻之间的约定对双方有法律上的约束力，夫妻之间关于赠与房产的约定不涉及第三人，只要意思表示真实，没有欺诈、胁迫的情形，就应该认定为有效，履行房屋变更登记手续不是必要条件，赠与一方请求撤销赠与的，人民法院不应予以支持。在审判实践中，夫妻将一方所有的房产约定为共同共有或按份共有时，按照《民法典》第一千零六十五条的规定，有的法院就认为这种约定对夫妻双方有约束力，判令继续履行有关的赠与协议；如果夫妻约定将一方所有的房产全部赠与另一方，因未办理房屋变更登记手续，依照《民法典》物权编的规定，房屋所有权尚未转移，而依照《民法典》关于赠与一章的规定，赠与房产的一方可以撤销赠与。

其实这个问题的关键点在于：对夫妻之间的房产赠与行为，究竟是按《民法典》合同编的赠与处理，还是按照《民法典》第一千零六十五条的约定处理？无论夫妻双方约定将一方所有的房产赠与对方的比例是多少，都属于夫妻之间的有效约定，实质上都是一种赠与行为。问题是这种有效的赠与约定是否可以撤销？夫妻之间赠与的标的包括动产和不动产，《民法典》赠与合同一章对赠与问题进行了比较详尽的规定，如"赠与人在赠与财产的权利转移之前可以撤销赠与""赠与的财产依法需要办理登记或者其他手续的，应当办理有关手续""经过公证的赠与合同或者依法不得撤销的具有救灾、扶贫、助残等公益、道德义务性质的赠与合同，不适用前款规定"。婚姻家庭领域的协议常常涉及财产权属的条款，此类协议的订立、生效、撤销、变更等并不排斥《民法典》合同编的适用。在实际生活中，赠与往往发生在具有亲密关系或者血缘关系的人之间，《民法典》合同编对赠与问题的规定也没有指明夫妻关系除外。一方赠与另一方不动产或约定夫妻共有，在没有办理变更登记之前，依照《民法典》第六百五十八条的规定，是完全可以撤销的，这与《民法典》第一千零六十五条的规定并不矛盾。

因此，夫妻一方将个人房产约定为共同共有或按份共有，赠与人在产权变更登记之前可以行使任意撤销权。

——最高人民法院民事审判第一庭编：《民事审判实务问答》，法律出版社 2021 年版，第 117~119 页。

691. 不完全符合无偿赠与的合同是否能在权利转移之前撤销赠与

关键词

赠与合同　撤销赠与

最高人民法院裁判文书

袁俊山与张贵股权转让纠纷案［最高人民法院（2021）最高法民申 6258 号民事裁定书］

裁判要旨：赠与合同属于单务无偿合同，是受赠人纯获利益的合同。从案涉《代持协议》的表述可知，张贵为山水公司融资借款 2000 万元，且山水公司和袁俊山未支付利息等费用，即袁俊山奖励给张贵 500 万份股权的行为，不完全符合无偿赠与的特征。

最高人民法院认为：根据已查明事实，2016 年 11 月 29 日，袁俊山与张贵签订《代持协议》，内容如下："为激励张贵同志积极拓展生态市场，整合人脉资源为山水环境 IPO 上市作出的贡献，由甲方袁俊山奖励乙方张贵伍佰万股的股权激励，代持时间为 2016 年 12 月 1 日至 2019 年 12 月 1 日，到期全部无条件转让给乙方张贵。"2016 年 12 月 22 日，袁俊山与张贵签订《代持协议》，载明："奖励主要原因：因张贵在 2016 年 9 月份企业急需用贰仟万元整（2000 万元），张贵帮助借的，企业和袁俊山没有付任何费用，所以袁俊山无任何条件奖励给张贵山水环境科技股份有限公司的股票伍佰万股（500 万股），作为奖励。2019 年 12 月 1 日前全部奖励到张贵个人名下。"此外，袁俊山一审提交《代持协议》一份，内容与上述 2016 年 12 月 22 日《代持协议》基本一致，上有袁俊山签名，落款时间为 2016 年 11 月。

第一，关于案涉《代持协议》的效力问题。2016 年 11 月 29 日、2016 年 12 月 22 日的《代持协议》由袁俊山、张贵共同签字，是当事人真实意思表示，不存在违反法律法规禁止性规定的情形，应为合法有效。袁俊山申请再审称案涉《代持协议》违反《证券法》及证监会对非上市公众公司的规定，应认定无效，该主张依据不足。袁俊山亦未在合同签订之日起一年内行使撤销权，故案涉《代持协议》对双方当事人具有法律约束力。

第二，关于案涉《代持协议》的性质问题。袁俊山申请再审称，案涉《代持协议》实为赠与合同，袁俊山个人向张贵无偿赠与 500 万份股权，但并未实际交付，故袁俊山可撤销赠与。本院认为，赠与合同属于单务无偿合同，是受赠人纯获利益的合同。从案涉《代持协议》的表述可知，张贵为山水公司融资借款2000万元，且山水公司和袁俊山未支付利息等费用，即袁俊山奖励给张贵500万份股权的行为，不完全符合无偿赠与的特征。故二审判决未予支持袁俊山关于撤销对张贵500万份山水公司股权的赠与的主张，并无不当。

——中国裁判文书网。

692. 分批交付的赠与合同中任意撤销权的特殊性

关键词

分批交付　赠与合同　任意撤销权

《中华人民共和国民法典》条文

第六百五十八条　赠与人在赠与财产的权利转移之前可以撤销赠与。

经过公证的赠与合同或者依法不得撤销的具有救灾、扶贫、助残等公益、道德义务性质的赠与合同，不适用前款规定。

附录：最高人民法院主流观点

在赠与合同中，可能存在分批交付赠与物的情况，也即在赠与物是可分的情况下，当事人约定分批交付赠与物。例如，赠与人赠与受赠人100吨大米，合同约定分10次交付，每次交付10吨。此类赠与合同任意撤销权的行使具有特殊性，实践中需要加以注意。

根据《民法典》第六百五十八条之规定，在赠与财产权利转移之前，赠与人可以撤销赠与，例如在前例中，赠与人在100吨大米转移交付之前，可以撤销赠与合同。但是，如果赠与财产根据双方的约定已经分批部分交付，尚有部分没有交付，又如在前例中，赠与人已经交付了3批30吨大米，还剩余7批没有交付，此时赠与人能否行使任意撤销权？我们认为，此种情况下，赠与人可以行使任意撤销权，但是该撤销权仅是对未交付部分的撤销，不具有溯及力，已交付部分无须返还。

《民法典》第六百三十三条规定："出卖人分批交付标的物的，出卖人对其中一批标的物不交付或者交付不符合约定，致使该批标的物不能实现合同目的的，买受人可以就该批标的物解除。出卖人不交付其中一批标的物或者交付不符合约定，致使之后其他各批标的物的交付不能实现合同目的的，买受人可以就该批以及之后其他各批标的物解除。买受人如果就其中一批标的物解除，该批标的物与其他各批标的物相互依存的，可以就已经交付和未交付的各批标的物解除。”这一条是关于买卖合同的规定，这条规定的精神可以为我们解答上述问题提供参考：

第一，赠与合同约定分批交付，当事人分批交付不违反合同约定。第二，赠与人仅交付部分批次赠与物不影响合同目的实现。赠与合同是施惠行为，受赠人是纯获益的，交付多少批次赠与物不致合同目的不能实现。第三，在分批交付的情况下，全部赠与物是可分的，已交付部分的财产权利已经转移，不能再行使任意撤销权。对于未交付部分，财产权利尚未转移，可以行使任意撤销权。赠与人对未交付批次的赠与物的撤销仅对未交付部分有效，已经交付的不受影响。

——最高人民法院民法典贯彻实施工作领导小组编著：《中国民法典适用大全（合同卷）》，人民法院出版社 2022 年版，第 1643~1644 页。

693. 赠与人非因受赠人的不法侵害行为死亡或者丧失民事行为能力是否应当允许赠与人的继承人或者法定代理人行使撤销权

关键词

赠与人　受赠人　不法侵害　法定撤销权

《中华人民共和国民法典》条文

第六百六十四条　因受赠人的违法行为致使赠与人死亡或者丧失民事行为能力的，赠与人的继承人或者法定代理人可以撤销赠与。

赠与人的继承人或者法定代理人的撤销权，自知道或者应当知道撤销事由之日起六个月内行使。

附录：最高人民法院主流观点

赠与人非因受赠人的不法侵害行为死亡或者丧失民事行为能力，但受赠人存在本法第六百六十三条规定的情形时，是否应当允许赠与人的继承人或者法定代理人行使撤销权，理论与实务中争议较大。通常认为，赠与人继承人或者法定代理人的法定撤销权原则上应当限于本条规定的事由，除此之外，赠与人的继承人或者法定代理人一般不得行使赠与人的法定撤销权。理由是：第一，从文义和体系解释的角度看，本条紧随第六百六十三条关于赠与人法定撤销权之规定，但没有一般性地规定赠与人死亡或丧失民事行为能力时，由其继承人或者法定代理人行使撤销权，而是不惜笔墨专辟一条，将受赠人的继承人或者法定代理人行使撤销权的事由限缩为因受赠人的违法行为致使赠与人死亡或者丧失民事行为能力的情形，其限制其他情形下赠与人的继承人或者法定代理人行使法定撤销权的意图甚为明显。第二，从立法目的上看，赠与人法定撤销权制度旨在规制受赠人忘恩背义行为，此种行为是赠与人与受赠人之间的特别关系，虽与社会公德不无关系，但毕竟主要是赠与人与受赠人之间的"恩怨"，故一般认为法定撤销权专属于赠与人，除法律明确规定的、突破社会道德伦理底线的严重侵害行为外，赠与人的继承人或者法定代理人不能行使法定撤销权。第三，法定撤销权的行使是赠与人意志自由的体现，应充分尊重赠与人的意思表示。在出现受赠人严重侵害赠与人及其近亲属权益、不履行法定的扶养义务、不履行赠与合同约定的义务等可以行使法定撤销权情形，赠与人生前或者丧失民事行为能力前没有行使撤销权的，应当认为其不欲行使法定撤销权，在其死亡或者丧失民事行为能力之后，其继承人或者法定代理人亦应当遵从赠与人意思，不得行使撤销权。

《民法典》第六百六十三条虽然将受赠人不履行约定义务同受赠人严重侵害赠与人及其近亲属合法权益、不履行扶养义务一道规定为法定撤销事由，但应当看到，其与后两者在立法目的方面显有不同。后两者属于典型的忘恩负义行为，法定撤销权应当专属于赠与人本人。但附义务的赠与在附义务的限度内类似于双务、有偿合同，受赠人不履行所附义务属于违约行为，而非违反法定义务的行为，此时赠与人的法定撤销权类似于合同法定解除权，其专属性色彩较淡。此外，受赠人不履行约定义务，赠与人既可以请求受赠人继续履行，亦可以主张法定撤销权，故其没有立即行使法定撤销权的，并不表明其有放弃撤销权的意思表示。更何况，一些所附义务的履行可能持续到赠与人死后，有的甚至约定赠与人死亡后受赠人始得履行所附义务。这些情况下，赠与人事实上均无法行使撤销权，而必须有赖于赠与人的继承人行使。故此，受赠人不履行约定义务而赠与人死亡或者丧失民事行为能力的，赠与人的继承人或者法定代理人可以请求受赠人继续履行所附义务，亦可以主张法定撤销权。

——最高人民法院民法典贯彻实施工作领导小组编著：《中国民法典适用大全（合同卷）》，人民法院出版社 2022 年版，第 1681~1682 页。

694. 赠与人的穷困抗辩权与任意撤销权的区别

关键词

穷困抗辩权　任意撤销权　法定撤销权

《中华人民共和国民法典》条文

第六百五十八条 赠与人在赠与财产的权利转移之前可以撤销赠与。

经过公证的赠与合同或者依法不得撤销的具有救灾、扶贫、助残等公益、道德义务性质的赠与合同，不适用前款规定。

第六百六十六条 赠与人的经济状况显著恶化，严重影响其生产经营或者家庭生活的，可以不再履行赠与义务。

附录：最高人民法院主流观点

一、穷困抗辩权与任意撤销权的区别

穷困抗辩权与任意撤销权都是合同成立后、赠与财产权利转移之前行使，都能达到不再履行赠与义务的效果，但二者有不同的制度观照，其区别是：

第一，制度目的不同。任意撤销权制度是给予赠与人在赠与财产权利转移之前反悔的机会，从而使得不慎重的赠与人有重新抉择的权利，与赠与人经济状况不发生勾连。穷困抗辩权制度是情势变更原则在赠与合同领域的展开，是为保护陷于窘境的赠与人生存利益的制度设计，是“穷则独善其身，达则兼济天下”思想在民法上的具体实现。

第二，权利性质不同。任意撤销权为形成权，可以由赠与人主动行使，并可依赠与人单方意思表示使得赠与合同归于消灭。穷困抗辩权为抗辩权，不得由赠与人主动行使，只有在受赠人请求履行赠与义务时方得行使。

第三，行使条件不同。任意撤销权的行使不需要法定事由，在赠与财产的权利转移前可任意为之。穷困抗辩权必须在赠与合同订立后赠与人经济状况显著恶化、严重影响其生产经营或者家庭生活时方得行使。

第四，适用范围不同。任意撤销权的适用范围有法定限制，经过公证的赠与合同或者依法不得撤销的具有救灾、扶贫、助残等公益、道德义务性质的赠与合同，赠与人不享有任意撤销权。正因如此，穷困抗辩权对于此类合同的赠与人颇为重要，亦即穷困抗辩权主要适用于经过公证的赠与合同或者依法不得撤销的具有救灾、扶贫、助残等公益、道德义务性质的赠与合同。至于其他类型的赠与合同，因赠与人具有任意撤销权，且任意撤销权的行使较为方便，故穷困抗辩权对赠与人不具有太大实益。但若赠与人经济状况陷于窘境但不欲废除赠与合同，待经济状况好转后再履行赠与义务的，不行使任意撤销权而主张穷困抗辩，亦无不可。

第五，法律效果不同。任意撤销权的行使使得赠与合同溯及既往地归于消灭，赠与人永久不再履行赠与义务。穷困抗辩权的行使只是使得赠与人暂时不再履行赠与义务，赠与合同的效力不受影响，赠与人经济状况好转后仍得依受赠人请求履行赠与义务。

二、穷困抗辩权与法定撤销权的区别

一是制度目的不同。穷困抗辩权制度是为了保护经济状况显著恶化的赠与人利益，使得赠与人不致因赠致贫、因赠更贫，具有浓厚的个人关照色彩。法定撤销权制度主要是为了规制忘恩负义的受赠人，具有很强的道德伦理色彩。

二是权利性质不同。法定撤销权为形成权，可以由赠与人主动行使，并可依赠与人单方意思表示使得赠与合同溯及既往地归于消灭。穷困抗辩权为抗辩权，不得由赠与人主动行使，只有在受赠人请求履行赠与义务时方得行使。

三是行使条件不同。行使法定撤销权的法定事由包括受赠人严重侵害赠与人及其近亲属的合法权益、对赠与人有扶养义务而不履行、不履行赠与合同约定的义务，都是可归责于受赠人的事由。行使穷困抗辩权的法定事由是赠与人经济状况显著恶化，严重影响其生产经营和家庭生活，与受赠人无关。

四是主张时机不同。法定撤销权一般是赠与财产的权利转移之后行使，穷困抗辩权是在赠与财产的权利转移之前行使。法定撤销权有法定的除斥期间，逾期权利归于消灭；穷困抗辩权没有法定期限，赠与人经济状况明显好转之前均可行使。

五是法律效果不同。法定撤销权的行使使得赠与合同溯及既往地归于消灭，赠与人可以请求受赠人返还赠与的财产。穷困抗辩权的行使只是使得赠与人暂时不再履行赠与义务，赠与合同效力不受影响，在经济状况恢复后仍得依受赠人请求履行赠与义务，已经赠与的财产也不得请求返还。

——最高人民法院民法典贯彻实施工作领导小组编著：《中国民法典适用大全（合同卷）》，人民法院出版社 2022 年版，第 1691~1692 页。

695. 赠与财产有瑕疵时赠与人的责任范围

关键词

赠与财产　财产瑕疵　赔偿损失　赠与合同

《中华人民共和国民法典》条文

第六百六十二条　赠与的财产有瑕疵的，赠与人不承担责任。附义务的赠与，赠与的财产有瑕疵的，赠与人在附义务的限度内承担与出卖人相同的责任。

赠与人故意不告知瑕疵或者保证无瑕疵，造成受赠人损失的，应当承担赔偿责任。

附录：最高人民法院主流观点

关于赠与财产有瑕疵时赠与人的责任范围问题，历来是争议较大的问题，特别是在本条两款之间的关系上，存在着不同的理解。一种相当有代表性的观点认为，依据第一款，赠与的财产有瑕疵的，赠与人不承担责任，此处指的是赠与人不负瑕疵担保义务，如果赠与财产存在缺陷造成受赠人损害的，受赠人仍有权请求赠与人承担侵权责任。依据第二款，赠与人故意不告知瑕疵或者保证无瑕疵的，赔偿损失的范围不仅包括赠与财产本身的损失，还应当包括使用赠与财产而遭受的其他人身和财产损失。这种理解有值得推敲之处。

首先，从文义解释的角度，第一款称"赠与的财产有瑕疵的，赠与人不承担责任"，此处没有明确赠与人不承担何种责任，解释上应当包括各种民事责任，包括瑕疵担保责任或违约责任、加害给付的赔偿责任。

其次，从体系解释和历史解释的角度看，相较原《合同法》而言，《民法典》对赠与人故意或重大过失造成赠与财产本身毁损、灭失持更加宽容的态度，将赠与人承担赔偿责任的情形作出限缩，亦即只有在经过公证的赠与合同或者依法不得撤销的具有救灾、扶贫、助残等公益、道德义务性质的赠与合同中，因赠与人故意或者重大过失致使赠与财产毁损、灭失的，赠与人才承担赔偿责任。在《民法典》作出此种重大修改的背景下理解本条第二款，可能会得出与上述观点不同的结论。也就是说，赠与人故意造成赠与财产毁损、灭失，即便受赠人分文不获，赠与人尚不承担赔偿责任；在赠与人故意不告知赠与财产瑕疵的情况下，赠与人虽然获得的是有瑕疵的赠与财产，但毕竟有所增益，此时反而让赠与人承担赔偿责任，在利益衡量上有轻重失据之嫌。

最后，从利益衡量和价值判断的角度讲，赠与合同是赠与人单方施惠行为，不宜对赠与人课以过重责任，以鼓励赠与人大胆施惠，营造乐善好施、扶危济困之社会风尚。赠与的财产有瑕疵的，只要没有造成受赠人人身损害和其他财产损失，就很难说受赠人受到了损失，在有瑕疵的赠与财产仍然残存使用价值的情况下，受赠人的整体财产还有增益，此时如果允许受赠人因为赠与人故意不告知瑕疵或者保证无瑕疵而诉请赔偿，在利益衡量上显著失衡，也与社会主义核心价值观相违背。

基于以上理由，可以得出结论，《民法典》第六百六十二条第二款规定的赠与人的赔偿责任为加害给付赔偿责任，赠与人故意不告知瑕疵或者保证无瑕疵的，对赠与财产瑕疵本身不负赔偿责任，仅就因赠与财产的瑕疵给受赠人造成的其他财产损失或者人身损害负赔偿责任。以此结论为基础反观本条第一款第一句，其所谓"赠与的财产有瑕疵的，赠与人不承担责任"，乃指赠与人在非故意的情形下不承担各种民事责任，包括瑕疵担保责任或违约责任、加害给付损害赔偿责任，甚为显然。应予说明的是，赠与人非恶意的情况下造成受赠人人身、财产损害的，属于“好心办坏事”的行为，法律上对此种“无心之祸”予以宽宥，符合主流社会价值观，亦符合赠与合同之鼓励互济互助的立法目的。

——最高人民法院民法典贯彻实施工作领导小组编著：《中国民法典适用大全（合同卷）》，人民法院出版社 2022 年版，第 1668~1669 页。

696. 赠与人对迟延交付的利息等不承担赔偿责任

关键词

赠与合同 迟延履行 赠与财产 利息

《中华人民共和国民法典》条文

第五百六十三条 有下列情形之一的，当事人可以解除合同：

（一）因不可抗力致使不能实现合同目的；

（二）在履行期限届满前，当事人一方明确表示或者以自己的行为表明不履行主要债务；

（三）当事人一方迟延履行主要债务，经催告后在合理期限内仍未履行；

（四）当事人一方迟延履行债务或者有其他违约行为致使不能实现合同目的；

（五）法律规定的其他情形。

以持续履行的债务为内容的不定期合同，当事人可以随时解除合同，但是应当在合理期限之前通知对方。

第五百八十五条 当事人可以约定一方违约时应当根据违约情况向对方支付一定数额的违约金，也可以约定因违约产生的损失赔偿额的计算方法。

约定的违约金低于造成的损失的，人民法院或者仲裁机构可以根据当事人的请求予以增加；约定的违约金过分高于造成的损失的，人民法院或者仲裁机构可以根据当事人的请求予以适当减少。

当事人就迟延履行约定违约金的，违约方支付违约金后，还应当履行债务。

第六百六十条 经过公证的赠与合同或者依法不得撤销的具有救灾、扶贫、助残等公益、道德义务性质的赠与合同，赠与人不交付赠与财产的，受赠人可以请求交付。

依据前款规定应当交付的赠与财产因赠与人故意或者重大过失致使毁损、

灭失的，赠与人应当承担赔偿责任。

附录：最高人民法院主流观点

根据《民法典》第五百六十三条、第五百八十五条等的相关规定，在一般合同中，迟延履行义务为违约行为，守约方可以要求违约方支付迟延履行的违约金甚至解除合同。

在经过公证的赠与合同或者依法不得撤销的具有救灾、扶贫、助残等公益、道德义务性质的赠与合同中，赠与人未按照合同约定的期限不交付赠与财产，受赠人能否要求赠与人承担迟延交付的责任《民法典》第六百六十条未作规定。我们认为，考虑到赠与合同的单方施惠性，赠与人迟延交付实际上不会给受赠人造成损失，且《民法典》第六百六十条只规定了赠与财产因赠与人故意或者重大过失致使毁损、灭失的赔偿责任，不易扩大赠与人的责任，赠与人对迟延交付的利息等不承担赔偿责任。

——最高人民法院民法典贯彻实施工作领导小组主编：《中华人民共和国民法典合同编理解与适用》，人民法院出版社 2020 年版，第 1191 页。

四、借款合同

（一）案件受理

697. 高度重视民间借贷纠纷案件的审判执行工作

关键词

民间借贷　审判执行

最高人民法院司法政策精神

一、高度重视民间借贷纠纷案件的审判执行工作。民间借贷客观上拓宽了中小企业的融资渠道，一定程度上解决了部分社会融资需求，增强了经济运行的自我调整和适应能力，促进了多层次信贷市场的形成和发展，但实践中民间借贷也存在着交易隐蔽、风险不易监控等特点，容易引发高利贷、中小企业资金链断裂甚至破产以及非法集资、暴力催收导致人身伤害等违法犯罪问题，对金融秩序乃至经济发展、社会稳定造成不利影响，也使得人民法院妥善化解民间借贷纠纷的难度增加。因此，人民法院应当高度重视民间借贷纠纷案件的审判执行工作，将其作为“为大局服务，为人民司法”的重要工作内容，作为深入推进三项重点工作的重要切入点，通过依法妥善审理民间借贷纠纷，规范和引导民间借贷健康有序发展，切实维护社会和谐稳定。

八、妥善适用有关司法措施。对于暂时资金周转困难但仍在正常经营的借款人，在不损害出借人合法权益的前提下，灵活适用诉讼保全措施，尽量使该借款人度过暂时的债务危机。对于出借人举报的有转移财产、逃避债务可能的借款人，要依法视情加大诉讼保全力度，切实维护债权人的合法权益。在审理因民间借贷债务而引发的企业破产案件时，对于符合国家产业政策且具有挽救价值和希望的负债中小企业，要积极适用重整、和解程序，尽快实现企业再生；对没有挽救希望，必须通过破产清算退出市场的中小企业，要制定综合预案，统筹协调，稳步推进，切实将企业退市引发的不良影响降到最低。

——《最高人民法院关于依法妥善审理民间借贷纠纷案件促进经济发展维护社会稳定的通知》(2011 年 12 月 2 日，法〔2011〕336 号)。

14. 加强民间金融案件审理，有效化解金融风险。要妥善审理兼并重组引发的民间融资纠纷，依法保护合法的借贷利息，坚决遏制以兼并重组为名的民间高利贷和投机化倾向，有效降低企业融资成本。依法支持和规范金融机构在企业兼并重组领域的金融创新行为，依法审慎认定金融创新产品的法律效力。在审判执行工作中要注意发现和防范因诉讼纠纷引发的区域性、系统性风险，切实避免金融风险在金融领域和实体经济领域的相互传导。严厉打击和制裁非法吸收或变相吸收公众存款、集资诈骗等金融违法犯罪行为，为企业兼并重组创造良好的融资环境。

——《最高人民法院印发〈关于人民法院为企业兼并重组提供司法保障的指导意见〉的通知》(2014 年 6 月 3 日，法发〔2014〕7 号)。

一、加大对借贷事实和证据的审查力度。“套路贷”诈骗等犯罪设局者具备知识型犯罪特征，善于通过虚增债权债务、制造银行流水痕迹、故意失联制造违约等方式，形成证据链条闭环，并借助民事诉讼程序实现非法目的。因此，人民法院在审理民间借贷纠纷案件中，除根据《最高人民法院关于审理民间借贷案件适用法律若干问题的规定》第十五条、第十六条规定，对借据、收据、欠条等债权凭证及银行流水等款项交付凭证进行审查外，还应结合款项来源、交易习惯、经济能力、财产变化情况、当事人关系以及当事人陈述等因素综合判断借贷的真实情况。有违法犯罪等合理怀疑，代理人对案件事实无法说明的，应当传唤当事人本人到庭，就有关案件事实接受询问。

要适当加大调查取证力度，查明事实真相。

二、严格区分民间借贷行为与诈骗等犯罪行为。人民法院在审理民间借贷纠纷案件中，要切实提高对“套路贷”诈骗等犯罪行为的警觉，加强对民间借贷行为与诈骗等犯罪行为的甄别，发现涉嫌违法犯罪线索、材料的，要及时按照《最高人民法院关于在审理经济纠纷案件中涉及经济犯罪嫌疑若干问题的规定》和《最高人民法院关于审理民间借贷案件适用法律若干问题的规定》依法处理。民间借贷行为本身涉及违法犯罪的，应当裁定驳回起诉，并将涉嫌犯罪的线索、材料移送公安机关或检察机关，切实防范犯罪分子将非法行为合法化，利用民事判决堂而皇之侵占被害人财产。刑事判决认定出借人构成“套路贷”诈骗等犯罪的，人民法院对已按普通民间借贷纠纷作出的生效判决，应当及时通过审判监督程序予以纠正。

三、依法严守法定利率红线。《最高人民法院关于审理民间借贷案件适用法律若干问题的规定》依法确立了法定利率的司法红线，应当从严把握。人民法院在民间借贷纠纷案件审理过程中，对于各种以“利息”“违约金”“服务费”“中介费”“保证金”“延期费”等突破或变相突破法定利率红线的，应当依法不予支持。对于“出借人主张系以现金方式支付大额贷款本金”“借款人抗辩所谓现金支付本金系出借人预先扣除的高额利息”的，要加强对出借人主张的现金支付款项来源、交付情况等证据的审查，依法认定借贷本金数额和高额利息扣收事实。发现交易平台、交易对手、交易模式等以“创新”为名行高利贷之实的，应当及时采取发送司法建议函等有效方式，坚决予以遏制。

四、建立民间借贷纠纷防范和解决机制。人民法院在防范和化解民间借贷各类风险中，要紧密结合党和国家工作大局，紧紧依靠党委领导和政府支持，探索审判机制创新，加强联动效应，探索建立跨部门综合治理机制。要加大法制宣传力度，引导社会良好风气，认真总结审判经验，加强调查研究。

——《最高人民法院关于依法妥善审理民间借贷案件的通知》（2018 年 8 月 1 日，法〔2018〕215 号）。

在民商事审判实践中，民间借贷利率泛化适用现象较为突出，有必要坚持金融服务实体经济原则，根据切实降低实际融资成本的要求，区别对待金融借贷与民间借贷，适用不同的规则和利率标准。要高度关注出借人套取金融机构信贷资金又高利转贷的行为，从宽认定高利转贷行为的“牟利”标准以及借款人知情标准。

此外，要考虑出借行为是否具有经常性、出借资金是否为自有资金等因素综合认定某一出借人是否为职业放贷人，依法认定以高息放贷为业的职业放贷人签订的借贷合同无效。目前，民间借贷利率保护的上限引起质疑，多认为利率保护上限过高。对此，最高人民法院将加强调研，广泛听取各方意见，适时提出解决方案。

在确定违约金是否过高时，一般应当以造成的包括预期利益在内的损失为基础来判断，并注意违约金制度在证明责任分配上的功能：主张违约金过高的当事人，须承担违约金远高于守约方损失的举证责任；主张违约金低于损失的，亦应承担相应的举证责任。除借款合同外的双务合同，作为对价的价款或报酬给付之债，并非借款合同项下的还款义务，不能以民间借贷利率上限作为判断违约金是否过高的标准，而应当以中国人民银行公布的相关利率标准为基础，兼顾合同履行情况、当事人过错程度以及预期利益等因素综合确定。

要切实提高对“套路贷”的警觉性，加强对虚假诉讼的防范和制裁力度。这就要求民商事法官在审理涉嫌“套路贷”或者虚假诉讼的民间借贷纠纷案件时，要加大对借贷事实和证据的审查力度，除了要对借据、收据、欠条等债权凭证及银行流水等交付凭证进行审查外，还应结合款项来源、交易习惯、经济能力、财产变化、当事人关系以及当事人陈述等因素综合判断借贷的真实情况，避免司法裁判沦为犯罪分子谋取不当利益的工具。

——刘贵祥：《在全国法院民商事审判工作会议上的讲话》（2019年7月3日），载最高人民法院民事审判第二庭编：《商事审判指导》2019年第1辑（总第48辑），人民法院出版社2019年版，第27页。

13. 促进金融和民间资本为实体经济服务。依法支持能够降低交易成本、实现普惠金融、合法合规的交易模式，为解决中小微企业融资难、融资贵问题提供司法保障。统筹兼顾利率市场化改革与维护正常金融秩序的关系，对于借贷合同中一方主张的利息、复利、罚息、违约金和其他费用总和超出司法保护上限的，不予支持。对于当事人以预扣利息、租金、保证金或加收中介费、服务费等方式变相提高实体经济融资成本、规避民间借贷利率司法保护上限的行为，按照实际形成的借款关系确定各方权利义务。规范、遏制国有企业贷款通道业务，引导其回归实体经济。抓紧修改完善关于审理民间借贷案件适用法律问题的司法解释，大幅度降低民间借贷利率的司法保护上限，坚决否定高利转贷行为、违法放贷行为的效力，维护金融市场秩序，服务实体经济发展。

——《最高人民法院、国家发展和改革委员会关于为新时代加快完善社会主义市场经济体制提供司法服务和保障的意见》（2020年7月20日，法发〔2020〕25号）。

698. 银行业金融机构依法从事贷款业务引发的纠纷，不属于民间借贷纠纷

关键词

非法金融业务活动　民间借贷　金融借款合同　银行业金融机构

最高人民法院司法解释

第一条　本规定所称的民间借贷，是指自然人、法人和非法人组织之间进行资金融通的行为。

经金融监管部门批准设立的从事贷款业务的金融机构及其分支机构，因发放贷款等相关金融业务引发的纠纷，不适用本规定。

——《最高人民法院关于审理民间借贷案件适用法律若干问题的规定》（2020 年 12 月 29 日修正）。

附录：最高人民法院主流观点

一般而言，营业范围意义上的贷款业务是高度管制的行业，是金融监管部门的行政许可事项，即只有那些获得金融许可证牌照的特定机构方可开展。如果没有放贷资质而从事贷款业务，就会被认定为涉嫌从事“非法金融业务活动”，导致合同无效，甚至可能承担非法经营等刑事责任。相应地，由此引发的纠纷在《民事案件案由规定》中被定义为与民间借贷纠纷并列的金融借款合同纠纷。也即《最高人民法院关于审理民间借贷案件适用法律若干问题的规定》第一条第二款规定的民间借贷纠纷的例外情形。其与民间借贷纠纷最大区别在于，出借人的营业范围包括金融监管部门特许其从事的贷款业务，故出借人可以经常从事贷款业务，甚至以之为主营业务。前已述及，银行业金融机构中依法有权发放贷款的主要有商业银行、农村合作银行、农村信用合作社以及政策性银行和国家开发银行等。虽然上述主体发放贷款的范围、对象有区别，但都是由金融监管部门批准设立，并取得了从事贷款业务的法定许可。故其都属于本条所定义的民间借贷的例外情形。

——最高人民法院民事审判第一庭编著：《最高人民法院新民间借贷司法解释理解与适用》，人民法院出版社 2021 年版，第 58 页。

699. 七类地方金融组织不适用民间借贷司法解释

关键词

非银行业金融机构　银行业金融机构　吸收公众存款　贷款业务

最高人民法院司法解释

第一条　本规定所称的民间借贷，是指自然人、法人和非法人组织之间进行资金融通的行为。

经金融监管部门批准设立的从事贷款业务的金融机构及其分支机构，因发放贷款等相关金融业务引发的纠纷，不适用本规定。

——《最高人民法院关于审理民间借贷案件适用法律若干问题的规定》（2020 年 12 月 29 日修正）。

经征求金融监管部门意见，由地方金融监管部门监管的小额贷款公司、融资担保公司、区域性股权市场、典当行、融资租赁公司、商业保理公司、地方资产管理公司等七类地方金融组织，属于经金融监管部门批准设立的金融机构，其因从事相关金融业务引发的纠纷，不适用新民间借贷司法解释。

——《最高人民法院关于新民间借贷司法解释适用范围问题的批复》（2020 年 12 月 29 日，法释〔2020〕27 号）。

附录：最高人民法院主流观点

非银行业金融机构，顾名思义，就是银行业之外的金融机构。过去有一个简单判断标准，即不是由原银监会监管的金融机构。但是这种分类方式并不精准，因为除了从事保险业、证券业的金融机构分别由保监会、证监会监管之外，原银监会事实上也监管部分非银行金融机构。例如，金融资产管理公司、信托公司、企业集团财务公司、金融租赁公司、汽车金融公司、货币经纪公司、消费金融公司等。自 2018 年银监会、保监会合并成立银保监会后，则不能再以其监管机构不同简单划分，而应从其是否从事吸收公众存款业务并辅以所从事业务领域来区分银行业金融机构与非银行金融机构。

1. 从事证券或保险及其衍生业务的金融机构，如证券公司、保险公司、期货公司、公募基金、私募基金等，由于金融行业实行分业经营、区别监管，故这些机构因不从事银行业务，一般都没有得到从事贷款业务的许可，比如证券公司、基金公司、期货公司等都没有发放贷款的资质。因此，虽然这些机构满足《最高人民法院关于审理民间借贷案件适用法律若干问题的规定》

第一条第二款中“经金融监管部门批准设立”的要求，但依法没有从事贷款业务的资格，故不能满足本条第二款例外情形的规定。但是也有一些特殊情形，比如证券公司的融资融券，保险公司的保单质押贷款等本质上也具备贷款业务的特征，但是目前并没有法律予以明确。由上，从本条第一款和第二款体系解释角度，除了特殊情形之外，上述金融机构如参与借贷活动，目前也应归入本规定定义的民间借贷范畴，由本规定进行调整。

2. 由银保监会监管的其他非银行金融机构。例如，信托公司、企业集团财务公司、金融租赁公司、汽车金融公司、货币经纪公司、消费金融公司，这些非银行金融机构虽然属于银保监机构设立并监管，但也因不从事吸收公众存款业务，故被纳入非银行金融机构范围。其是否适用本规定，则取决于是否满足《最高人民法院关于审理民间借贷案件适用法律若干问题的规定》第一条第二款中“从事贷款业务”。也即其经批准的经营范围是否包括发放贷款。如果是，则发放贷款属于其经审批的金融业务范围，不适用本规定。

3. 地方金融监管部门监管的金融机构。如小额贷款公司、融资担保公司、区域性股权市场、典当行、融资租赁公司、商业保理公司、地方资产管理公司等七类地方金融组织，这些金融组织都属于广义上金融监管部门批准设立的地方金融机构。从现实情况看，在这些机构中，小额贷款公司和典当行主要从事的就是贷款业务，而融资担保公司、商业保理公司、融资租赁公司、地方资产管理公司、区域性股权市场在经营过程中也可能涉及提供融资服务。关于这些地方金融机构从事放贷业务是否属于本规定调整对象的问题，在 2015 年本规定起草过程中，就有争议。当时的主流观点认为，当时这些机构都是地方政府或行业主管部门审批设立，并非中央金融监管部门监管对象，并不执行统一的利率、准备金率、放贷规模等方面的监管政策，日常业务监管并不规范，甚至有监管滞后、缺位现象。故其具备民间借贷特征，发生纠纷时，应适用本规定处理。但 2015 年《民间借贷规定》制定施行后，相关争议并未尘埃落定。

近年来，最高人民法院不断收到关于应明确上述七类地方金融机构不适用本规定，以免对消费金融业务带来冲击，减少普惠金融供给的建议和意见，而且各地法院也普遍反映本条第二款中金融机构的范围及认定标准应当明确。为此，我们在本次修正过程中，专程前往广东省、浙江省等地方法院就此问题进行专题调研，并征求了相关金融监管部门的意见。金融监管部门反馈意见认为，《中共中央、国务院关于服务实体经济防控金融风险深化金融改革的若干意见》（中发〔2017〕23 号）已经明确，上述七类地方金融组织，由中央金融监管部门制定规则，地方金融监管部门实施监管。而《国务院办公厅关于全面推进金融业综合统计工作的意见》（国办发〔2018〕18 号）也已将上述七类地方金融组织纳入金融业综合统计范围。据了解，目前中国人民银行正在起草的《地方金融监督管理条例》拟明确上述七类地方金融组织需经地方金融监管部门批准设立，接受地方金融部门监管。与此同时，司法部正在起草的《非存款类放贷组织条例》重点对小额贷款公司和典当行等非存款类放贷组织的业务作出规范。在此背景下，建议明确规定上述七类地方金融组织，不适用本规定。

几经斟酌，2020年11月9日，最高人民法院审判委员会第1815次会议通过了《最高人民法院关于新民间借贷司法解释适用范围问题的批复》，也即自2021年1月1日起，上述七类由地方金融机关部门监管的金融机构从事放贷业务引发的纠纷，不适用民间借贷司法解释调整。

——最高人民法院民事审判第一庭编著：《最高人民法院新民间借贷司法解释理解与适用》，人民法院出版社2021年版，第58~61页。

700.《民事案件案由规定》修正将企业借贷纠纷纳入民间借贷范畴内

关键词

企业借贷　民间借贷　中小微企业　借款人

附录：最高人民法院主流观点

本次《民事案件案由规定》修正，将民间借贷作为第四级案由加以规定，并取消了四级案由企业借贷纠纷，将企业借贷纠纷纳入民间借贷范畴内。《最高人民法院关于审理民间借贷案件适用法律若干问题的规定》（2020年第二次修正）第一条第一款规定，本规定所称的民间借贷，是指自然人、法人和非法人组织之间进行资金融通的行为。也就是说，企业借贷即法人和非法人组织之间的借贷属于民间借贷的范畴，企业借贷属于民间借贷的一类，不能与民间借贷并列为四级案由。随着我国社会经济不断发展，企业和个人财富逐步积累，民间游资逐步增多，但由于投资与理财的渠道有限，限制了闲散资金的投向，产业资本逐步向金融资本进行转化的趋势明显。而正规金融机构和资本市场贷款程序繁多，难以满足中小微企业迫切的资金需求。与此同时，充裕的民间资金及其逐利的投资欲望则受限于狭隘的投资渠道。在此背景下，作为正规金融服务合理补充的民间借贷，因其所具有的手续简便、期限方式灵活、成本低廉、担保机制隐蔽、放款迅速，以及能够及时满足资金短期需求等特点而日趋活跃。民间借贷规模不断扩大，已成为广大民众获得生产生活资金来源、投资谋取利益的重要渠道。与此相适应，借贷主体也呈现出多元化和广泛性，由最初的大多发生在基于血缘、地缘关系的同乡、同行、亲朋好友等自然人之间的民间借贷，发展到了大量担保公司、合会、典当行、投资公司、小贷公司、财务咨询公司等法人、非法人组织等参与的借贷，借款人也从生活困难或资金周转需要的个人扩展到融资经营的个体工商户、法人或非法人组织等。

——杨万明主编、郭锋副主编、最高人民法院研究室编著:《最高人民法院新民事案件案由规定理解与适用》，人民法院出版社 2021 年版，第 306~307 页。

701. 因存单发生的纠纷应属于民间借贷

关键词

存单　民间借贷

最高人民法院司法解释

第一条　本规定所称的民间借贷，是指自然人、法人和非法人组织之间进行资金融通的行为。

经金融监管部门批准设立的从事贷款业务的金融机构及其分支机构，因发放贷款等相关金融业务引发的纠纷，不适用本规定。

——《最高人民法院关于审理民间借贷案件适用法律若干问题的规定》（2020 年 12 月 29 日修正）。

附录：最高人民法院主流观点

我们认为，《最高人民法院关于审理存单纠纷案件的若干规定》虽然规定了以存单为表现形式的借贷纠纷案件一律以存单纠纷为案由，但同时又明确了按照存单纠纷案件中的真实法律关系为基础依法处理，而上述情况其真实的法律关系基础恰恰是民间借贷法律关系。而且《最高人民法院关于审理存单纠纷案件的若干规定》的出台主要是为了打击 20 世纪 90 年代违法拆借和金融机构账外吸存。经过多年的发展，商业银行基本实现了依法合规经营，违法拆借、账外吸存等违法现象大幅减少，而参与违法借贷的主体由银行变为银行个别员工，参与方式也不再体现为出具存单等金融凭证，而是银行员工擅自在民间借贷协议上签字或盖章，违法通过网上银行划转出借人资金等，这与《最高人民法院关于审理存单纠纷案件的若干规定》出台时的背景已有较大不同。1998 年，国务院颁布的《非法金融机构和非法金融业务活动取缔办法》规定了非法金融业务活动所形成的风险，不得转嫁给未参与非法金融业务活动的国有银行和其他金融机构以及其他任何单位。鉴于上述情况，我们倾向于应当将因存单发生的纠纷作为民间借贷案件来适用最高人民法院《关于审理民间借贷案件适用法律若干问题的规定》的规定进行审理。

——杜万华主编、最高人民法院民事审判第一庭编著：《最高人民法院民间借贷司法解释理解与适用》，人民法院出版社 2015 年版，第 39~56 页。

（二）法律关系成立与生效

702. 民间借贷合同是否已成立、生效并全面实际履行，应从签约到履约两方面来判断

关键词

民间借贷　合同效力

最高人民法院公报案例、最高人民法院裁判文书

黑龙江闽成投资集团有限公司与西林钢铁集团有限公司、第三人刘志平民间借贷纠纷案［最高人民法院（2019）最高法民终 13 号民事判决书］

裁判摘要：民间借贷合同是否已成立、生效并全面实际履行，应从签约到履约两方面来判断，出借人应举示借款合同、银行交易记录、对账记录等证据证明，且相关证据应能相互印证。

最高人民法院认为：一、闽成公司出借给西钢公司借款本金数额以及计息标准。对于案涉借款，闽成公司举示《借款合同》《对账单》《抹账协议》《协议书》《借据》《补充协议书》及银行客户专用回单、银行借记通知、银行交易明细、《工程招标公告》《收据》《逊克县翠宏山矿业有限公司借款明细表》《借款利息计算表》《集团借款明细表》《西林钢铁集团有限公司借款利息计算表》《西钢集团灯塔矿业有限公司借款明细表》等借款合同、债权凭证、对账记录等合同类文件，以证明合同约定的借款支付到位，西钢公司或其指定公司账户收到上述相应款项。西钢公司对上述相应资金流入西钢公司账户或其他相关公司的相关账户并不持异议，但只认可前述共计 339244471.52 元借款本金及利息承担还款义务。本院认为，除上述无争议借款外，其他借款本金，虽未直接汇入西钢公司账户，但已按照相关《借款合同》约定汇入西钢公司指定的相关公司账户。本案借款合同中，签约履约具有多种形态，包括：先支付借款后，再签约确认；以关联公司名义付款或收款后，通过债权或债务转让协议形式确认真实债权人或真实债务人；对一定时期发生的多笔借款

本息进行对账，列明数笔借款本息数额明细，对续借或还款作出安排等，符合民间借贷签约履约特征，属司法实践中常见的交易模式，也是民间借贷有别于金融借款的行业特征。经借贷双方对账，借款数额、利率、借期、担保等民间借贷合同的主要合同条款内容基本清晰。债权人、债务人通过与案外人签订债权债务转让合同等形式，将本案债权、债务分别移转至刘志平、西钢公司名下。一、二审诉讼中，刘志平始终确认闽成公司为真实债权人，由闽成公司行使债权。据此，从签约到履约两方面看，本案民间借贷合同成立、生效并已全面实际履行。闽成公司已向西钢公司实际支付借款合同项下款项，西钢公司至今未能依约偿还大部分借款本息，属严重违约。西钢公司以前述无争议借款以外的借款资金未直接汇入西钢公司账户为由，拒绝承担还款义务，既无法律依据，亦与事实不符，本院不予支持。西钢公司应循诚信原则履行系列借款合同约定内容，对上述全部借款本息承担偿还义务。一审判决认定，本案借款本金数额为1059244471.52元，西钢公司对于上述借款本金及利息应承担偿还责任，并无不当，本院予以认可。

西钢公司上诉主张，上述借款发生时，民间借贷各方尚未签约，案涉八份《借款合同》实际签订日期并非所署日期，亦非转账汇款前签订，而是同一时间集中补签；西钢公司与闽成公司、刘志平签订《抹账协议》《协议书》等的真实意图是为西钢公司逃避债务，符合通谋虚伪意思表示的构成要件，并非合同当事人真实意思表示，依据《民法总则》第一百四十六条规定，借款合同应属无效。本院认为，如上，民间借贷合同项下借款已汇入借款人或其指定账户，合同已全面实际履行。本案纠纷涉诉后，借款人以自认违法的形式，将本案正常民间借贷解读为借款人与出借人以通谋虚伪意思表示方式实施的违法行为，旨在规避法院对西钢公司仅存优质资产强制执行以逃废债务；借款人提起另案诉讼请求确认翠宏山公司股权归其享有，案外人以同一诉由两次提起请求确认借款合同无效的另案诉讼，借款人以此为据主张中止本案诉讼，借款人还以其他诉由提出延后审理本案；对收到借款款项的数额，借款人作出的数次表述均不一致。涉诉后，西钢公司的上述诉讼行为与诚信诉讼的基本原则相悖。对西钢公司提出的上述有关合同无效的诉请，本院不予支持。

——《最高人民法院公报》2020年第1期。

703. 判断当事人之间法律关系的性质，不能仅看合同的名称、形式和内容，更重要的是分析当事人之间法律关系的实质

关键词

法律关系 借款合同 书面合同 商品房买卖合同

最高人民法院审判业务意见（民事审判第一庭意见）

最高人民法院民一庭意见：不签订书面的借款合同，只用签订《商品房买卖合同》并登记备案的方式作为担保，同时签订回购协议，然后再用出借人向借款人实际交付款项的方式建立债权债务关系，是目前一些民间借贷当事人选择的借贷方式。判断当事人之间法律关系的性质，不能仅看合同的名称、形式和内容，更重要的是分析当事人之间法律关系的实质。如果《商品房买卖合同》中售房方并未准备实际交付房屋，而购房一方亦不关心取得所购房屋产权。且双方当事人的关注点集中在《回购协议》及其相应的违约金上，则足以证明双方之间真实的法律关系是民间借贷。

附：案情简介

原告：吴某妮，女，1980年1月出生。

被告：安华房地产开发有限公司。

2011年7月25日，郑某与安华房地产开发有限公司（以下简称安华公司）签订一份《商品房买卖合同》，主要内容为：郑某购买安华公司开发的如画小区一幢101、201、301、401号房（预售商品房），面积6200平方米，单价8000元/平方米，总价款4960万元，郑某于合同签订后10日内一次性付清房款。安华公司于2012年5月30日前将验收合格的商品房交付郑某使用。《商品房买卖合同》上均加盖了当地房地产交易中心的房地产交易监证专用章和当地房地产产权产籍监理处的产权申报专用合同章。同日，双方签订一份《回购协议》，约定：现安华公司欲将回购郑某购买的商品房，如在一个月内回购，应支付郑某房屋价款5060万元，在两个月内回购房屋价款为5160万元，在三个月内回购房屋价款为5260万元，以后以此类推；郑某在收到安华公司支付的回购房款后，双方终止商品房买卖合同，同时郑某应立即协助安华公司办理房屋备案解除手续。2011年7月28日，郑某向安华公司汇款5000万元，三份汇款凭证上用途一栏载明“购房款”。2011年8月2日，安华公司出具了“今借到郑某4960万元”的借条。

2013年1月8日，郑某为甲方，吴某妮为乙方，双方签订一份《债权转

让协议》，主要内容为：（1）郑某于2012年3月1日起至2012年10月18日共向吴某妮借款6000万元，2012年12月7日郑某偿还吴某妮本金1000万元。

（2）安华公司于2011年7月25日向郑某借款4960万元，为履行还款义务，安华公司将其开发的如画小区一幢101、201、301、401号房以4960万元的价格备案至甲方名下，并签订了回购协议。截至2012年12月31日安华公司向郑某支付回购款300万元。因安华公司不履行回购协议以及按时还款，经多次交涉无果，准备启动诉讼程序。（3）郑某将对债务人安华公司享有包括欠款本金及利息、违约金等的全部债权转让给吴某妮。（4）郑某于本协议生效后壹日内，将其与安华公司之间的债权债务凭证，以及与房产买卖、备案相关的所有资料移交给吴某妮。

同日，郑某作出《债权转让通知书》，主要内容为，安华公司：本人在2011年7月向贵公司出借款项4960万元。为保证该笔借款的安全，贵公司将开发的部分房屋作为担保，双方签订了《商品房买卖合同》和《回购协议》，并办理了相关的商品房备案登记手续。借款中的本金4960万元，依照约定贵公司应在借款后一个月内归还，利息为100万元，若延期还款，每月支付利息及违约金100万元。现要求贵公司依约立即偿还上述所有借款本金及利息。

经本人多次催告，贵公司已支付利息300万元。因本人另欠吴某妮款项，故决定将上述4960万元全部借款及相关的所有权利全部转让给吴某妮持有，并于2013年1月8日签订《债权转让协议书》。根据合同法第八十条的规定，书面通知贵公司，请贵公司将所欠款项及利息向吴某妮直接支付。同日，郑某将该《债权转让通知书》以及《债权转让协议》邮寄送达至安华公司。

2011年8月5日，安华公司与当地国土资源局签订《成交确认书》载明，安华宇公司以5000万元的成交价，取得一块面积为39493平方米的国有建设用地使用权。

2013年1月31日，吴某妮向一审法院起诉，请求判令安华公司向其偿还原向郑某借款本金4960万元及利息（计至付清全部款项之日止）并承担案件诉讼费、财产保全费。

安华公司答辩称，郑某基于2011年7月双方签订的《商品房买卖合同》，于2011年7月26日向安华公司支付的5000万元是购房款，三份付款凭证上注明付款用途为购房款验证了这一事实。安华公司根据合同约定，将如画小区一号楼101、201、301、401室卖给郑某，总价款4960万元。双方之间没有4960万元的借款合同，也没有担保合同。《债权转让协议》既不能否定《商品房买卖合同》的效力，也不能推翻商品房买卖的事实。《商品房买卖合同》签订后，双方到房地产登记机关办理了备案登记，表明郑某已获得如画小区一号楼101、201、301、401室房屋的产权。2012年9月19日，安华公司又给郑某开了发票。以上事实说明《商品房买卖合同》是真实有效的，安华公司的义务只是向郑某交房，不存在归还其4960万元借款并承担利息的义务。郑某与吴某妮之间以民间借贷为由进行债权转让不能成立，《债权转让协议》中该部分条款不具有法律效力。请求法院驳回吴某妮的诉讼请求，并由其承担本案诉讼费、保全费。

——最高人民法院民一庭：《是民间借贷还是商品房买卖》，载最高人民法院民事审判第一庭编：《民事审判指导与参考》2014年第2辑（总第58辑），人民法院出版社2014年版，第96~98页。

704. 双方存有其他法律关系，仅凭付款凭证不能认定为民间借贷

关键词

民间借贷　性质认定　付款凭证

最高人民法院审判业务意见（民事审判第一庭意见）

最高人民法院民一庭意见：最高人民法院债权人仅凭付款凭证起诉而未提供借据等证据证明，在债务人抗辩并举证证明双方不存在借款合意而存在其他法律关系的，债权人主张的民间借贷关系不能认定成立。

附：案情简介

张某与王某母亲李某原系甲公司股东，王某是该公司员工，并负责公司财务报销等工作；而张某与王某则原系乙公司股东。王某在上述公司对外往来款转账过程中，用以其名义办理的银行卡进行付款转账交易等操作。

2007年12月14日，张某通过银行转账方式汇入王某账户80万元。2009年11月3日，张某向公证处就其收到王某的手机发送的相关短信息内容（房子还给你，前提是把泽昕公司股份变更完毕）、接收时间（2009年3月4日17：50：47）等信息详情申请保全证据公证。张某于2010年8月3日向一审法院诉称：王某因购房需要向张某借款80万元，张某通过银行转账汇款到王某建设银行卡上，借款期限为一年，但王某未履行还款义务。请求法院判令：王某偿还借款80万元及利息73177元（自2008年12月15日起按中国人民银行同期贷款最低利率的标准年利率5.58%暂计至起诉之日）。王某辩称：其与张某存在合作关系，双方之间的转账属于经济往来，不存在借贷关系。王某未向张某借过款，张某主张借款关系成立的主要证据仅为一条短信，该短信内容并无提及借款，只提及房屋归还问题。请求驳回张某的诉讼请求。

——杜万华主编、最高人民法院审判第一庭编:《民事审判指导与参考》2016年第2辑（总第66辑），人民法院出版社2014年版，第154~157页。

705. 借条与民间借贷法律关系是否存在的认定

关键词

民间借贷　事实认定　借条

《中华人民共和国民法典》条文

第六百七十九条　自然人之间的借款合同，自贷款人提供借款时成立。

最高人民法院审判业务意见（民事审判第一庭意见）

1. 借贷关系是否存在是民间借贷纠纷的首要基本事实

民间借贷是借款合同的一种，是根据主体类型作的一种分类，借款合同，是指出借人将资金出借给借款人并约定一定期限，借款人到期还本付息的合同，所以出借行为和还款行为是当事人的主要合同义务。若是自然人之间的借贷，出借人有没有实际提供借款，还直接关系到借款合同有没有生效。[①] 所以，在民间借贷纠纷案件中，首先要审查的基本事实就是借贷关系是否存在，出借人对实际发生了出借行为应承担举证责任。

……

2. 借款合同和欠条对应不同的法律关系，需要查明两者之间的联系

审判实践中，特别是在民间借贷纠纷案件中，原告主张债权的证据除了借款合同，常见的还有欠条。借款合同和欠条，形式不同，内容不同，对应的法律关系不同，对当事人的实体利益也会有不同的影响。借款合同是以合同的形式，有双方的签字或盖章。合同当事人就是在合同上签字盖章的人，借款合同对出借人提供借款的具体时间一般都有约定，通常是借款合同成立在先，出借人提供借款在后。借款合同对应借贷关系。而欠条通常是由债务人单方出具，内容上有的载明债权人，有的不记载，不记载债权人的情形下，持有欠条的人即被认定为债权人。欠条通常是对已经发生的债权债务的记载，即产生债权债务的事实在先，欠条形成在后。欠条对应的基础关性法律关系包括多种类型，可能是基于借款，也可能是基于买卖（如欠付货款），还可能基于股权转让等原因，欠条是对这些基础性法律关系的处理和确认。鉴于以

---

① 《合同法》第二百一十条规定：自然人之间的借款合同，自出借人提供借款时生效。对应《民法典》第六百七十九条。

上区别，若在同一案件中，原告同时举证借款合同和欠条来主张同一债权，则需要对它们之间的关系进行审查判断。

……

3. 大额民间借贷中同，对于借贷内容应进行必要的审查

对于民间借贷纠纷案件的证据认定，不仅要审查判断各证据之间的联系，还要审查判断各证据与案件事实的关联程度。目前，民间借贷案件数量较多，标的额较大，为防止当事人以民间借贷的形式掩盖非法目的，在大额民间借贷纠纷案件中，即使所提供的借款合同、欠条等证据均为真实，人民法院对证据与案件事实的关联程度，即借贷内容也要进行必要的审查。何为大额，要结合各地经济发展水平、个案中当事人的支付能力、交易习惯等具体予以判断。至于审查至什么程度，既要寻求证据与案件事实的关联性，也要尊重当事人对自己民事权利的处分，所以是必要审查而非面面俱到。

——最高人民法院民一庭：《民间借贷纠纷案件的证据认定，应从各证据之间的联系等方面进行综合审查判断》，载最高人民法院民事审判第一庭编：《民事审判指导与参考》2013 年第 1 辑（总第 54 辑），人民法院出版社 2013 年版，第 131~132 页。

706. 借款合同和买卖合同的区分

关键词

执行异议之诉　预约合同　本约合同　借款合同　买卖合同

最高人民法院裁判文书

陈学义与沈阳农商行案外人执行异议之诉上诉案［最高人民法院（2021）最高法民终 553 号民事判决书］

裁判要旨：1. 当事人签订的房屋买卖合同项下的标的物不确定时，因当事人之间仅存在资金的借用关系，该合同的性质应为借款合同。在买卖标的物确定后，当事人签订协议约定用此前借款合同项下款项购买房屋时，应视为对于原借款合同关系的清理，该协议本质上属于有关房屋买卖事项的约定，应认定双方成立买卖合同关系。

2. 区分预约和本约的根本标准是当事人是否有意在将来订立一个新的合同，以最终明确在双方之间形成某种法律关系的具体内容。就房屋买卖合同而言，当事人订立协议约定买方交纳购房款后双方

签订商品房买卖合同，此时买方只能依据协议要求订立商品房买卖合同，并不能直接要求履行交房义务，且双方必须通过订立商品房买卖合同才能最终确定房屋买卖合同项下的各项权利义务关系，此协议应当认定为预约合同而非本约合同。

最高人民法院认为：结合《执行异议和复议规定》第二十九条的规定，消费者购房人对于商品房享有的民事权益能够排除强制执行，应当同时符合在人民法院查封之前已签订合法有效的书面买卖合同；所购商品房系用于居住且买受人名下无其他用于居住的房屋；已支付的价款超过合同约定总价款的百分之五十的条件，因后两个条件并非本案当事人争议的焦点问题，故本案应重点审查的事项为陈学义否为《执行异议和复议规定》第二十九条规定的消费者购房人，关键是要确定其与宏缘公司签订的商品房买卖合同是否系在人民法院查封之前所订立。

从当事人签订的系列协议及其实际履行的情况可以看出，陈学义与宏缘公司于 2011 年签订团购房协议时，房屋买卖合同项下的标的物尚未确定，尤其是宏缘公司收取陈学义交付的所谓房款后还需要向陈学义支付利息，更不符合房屋买卖合同的基本要件，原审认定此前的团购房协议性质上属于借款协议并无不当。但陈学义与宏缘公司于 2014 年 9 月 9 日签订案涉选房协议时，明确了所要购买的房屋的房号、面积、单价等事项，同时对借款合同关系项下的权利义务关系进行清理从而确定欠付款项本息后，又根据确定的房屋价格约定需要补交的房款。可见，案涉选房协议既是对原借款合同的清算，同时又对房屋买卖合同项下的权利义务关系进行了约定，本质上属于有关房屋买卖事项的约定。但对于该选房协议的性质究竟是房屋买卖合同的预约还是本约，当事人之间存在争议。最高人民法院认为，判断当事人之间订立的合同系本约还是预约的根本标准应当是当事人的意思表示，也就是说，当事人是否有意在将来订立一个新的合同，以最终明确在双方之间形成某种法律关系的具体内容。本案中，上述选房协议明确约定在陈学义补交购房款后双方签订商品房买卖合同，且宏缘公司提供一次免费更名的机会，据此可以认定陈学义依据选房协议只能要求与宏缘公司订立商品房买卖合同，并不能直接要求宏缘公司依据该协议履行交房义务，且双方必须通过订立商品房买卖合同才能最终确定房屋买卖合同项下的各项权利义务关系。因此，陈学义主张 2014 年 9 月 9 日签订的选房协议应认定为商品房买卖合同，缺乏事实和法律依据，辽宁高院认定双方签订商品房买卖合同的时间为 2015 年 8 月 18 日，且该时间晚于涉案房屋被查封的时间，从而驳回陈学义的诉讼请求，并无不当。

——中国裁判文书网。

707. 出借人与借款人签订两份无关联的借款合同，出借人以没有履行出借款项义务的合同主张权利的，不应获得支持

关键词

民间借贷 出借义务 银行借贷

最高人民法院审判业务意见（民事审判第一庭意见）

最高人民法院民一庭意见：民间借贷虽然不同于银行借贷，但它们都是由借款人向出借人借款，到期返还借款并支付利息的合同（有些民间借贷没有约定利息）。当事人提供不出已经履行出借款项义务的，无权要求借款人偿还借款。

附：案情简介

2010 年 1 月，黄某原与鋐洋公司签订一份《借款合同》，约定鋐洋公司向黄某原借款 2 亿元，并根据鋐洋公司的要求将款项分批次转入黄一辉个人账户，借款期限为 6 个月，月利率为 1.86%，以每次实际转入账户的金额和时间分别计算。2010 年 1~6 月，黄某原通过网银转账 8500 万元给黄一辉，又通过他人转账 10246.75 万元给黄一辉。2011 年 3 月，鋐洋公司又与黄某原、双兆公司签订《借款合同》，约定鋐洋公司向黄某原借款 1.76 亿元，并指定将借款分批次汇入双方指定账号（户名：鋐洋公司，开户行：厦门国际银行厦门直属支行，账号：9830111020919）。借款期限 180 天，借款利率为月利率 %。同日，黄某原与双兆公司签订《质押合同》，约定由双兆公司将其持有的广发银行股份有限公司（以下简称广发银行）3200 万股法人股权为鋐洋公司向黄某原借款 1.76 亿元提供质押担保，厦门市鹭江公证处对该《借款合同》《质押合同》作了公证，并办理了股权质押登记。2011 年 4 月 12 日，黄某原通过循环方式，先后汇了 38 笔款项到鋐洋公司账号，累计金额为 1.76 亿元。鋐洋公司将黄某原汇入的款项，通过他人汇还给黄某原。2011 年 4 月 13 日，鋐洋公司出具《收款确认函》，载明："于 2011 年 4 月 12 日收到黄某原汇款共计 1.76 亿元，该款项已汇至本公司指定的账户。" 2011 年 7 月 13 日，黄某原与鋐洋公司、双兆公司签订《协议书》，内容为：三方确认鋐洋公司尚欠黄某原本金 1.76 亿元，利息 9820800 元、违约金 13024000 元、诉讼费 921800 元、律师费 130 万元，合计共 201066600 元；鋐洋公司同意于本合同签订之日起 5 日内将上述确认的欠款一次性偿还黄某原；如鋐洋公司逾期未归还上述欠款，则双兆公司同意就其拥有的广发银行 3200 万法人股股权委托资产评估机构进

行评估或挂牌拍卖，以评估价值或拍卖价值优先偿还给黄某原。

黄某原依据 2011 年 3 月签订的《借款合同》，向一审法院提起诉讼，要求鋐洋公司返还借款，双兆公司承担担保责任。

——最高人民法院民一庭：《出借人与借款人签订两份无关联的借款合同，出借人以没有履行出借款项义务的合同主张权利的，不应获得支持》，载最高人民法院民事审判第一庭编：《民事审判指导与参考》2013 年第 1 辑（总第 53 辑），人民法院出版社 2013 年版，第 152~154 页。

708. 当事人以民间借贷关系提起诉讼，但并非民间借贷关系的，人民法院应当向原告释明变更诉讼请求

关键词

非民间借贷关系　释明　诉讼请求变更

最高人民法院司法解释

第十四条　原告以借据、收据、欠条等债权凭证为依据提起民间借贷诉讼，被告依据基础法律关系提出抗辩或者反诉，并提供证据证明债权纠纷非民间借贷行为引起的，人民法院应当依据查明的案件事实，按照基础法律关系审理。

当事人通过调解、和解或者清算达成的债权债务协议，不适用前款规定。

——《最高人民法院关于审理民间借贷案件适用法律若干问题的规定》（2020 年 12 月 29 日修正）。

最高人民法院裁判文书

张林与浙江花园建设集团有限公司辽宁分公司与浙江花园建设集团有限公司民间借贷纠纷申请再审案［最高人民法院（2016）最高法民申 768 号民事裁定书］

裁判要旨：原告以借据、收据、欠条等债权凭证为依据提起民间借贷诉讼，被告抗辩双方债权纠纷并非民间借贷行为引起的，被告应当承担举证证明责任。

最高人民法院认为：关于案涉款项应认定为借款还是投资款，双方之间是否存在民间借贷法律关系的问题。根据原审查明的事实，辽宁分公司于 2011 年 8 月 15 日向张林出具借条一张，明确记载辽宁分公司向张林借款

300万元，借款日期为2011年8月15日至2011年10月16日。该借条上还载明款项汇入的开户行和账号。2011年8月17日张林即向该账户汇入人民币288万元。与此相同，辽宁分公司于2011年10月26日再次向张林出具借条一张，该借条上亦载明借款的金额、期限及款项汇入的开户行和账号，张林于同日亦向该借条约定的账户汇入48.5万元。虽然张林汇入款项的数额与借条中记载的数额不完全一致，但辽宁分公司向张林出具借条，借条中明确记载辽宁分公司向张林借款若干数额，张林亦按约定汇入辽宁分公司指定账户相关款项的事实，证明双方之间确实存在336.5万元借款的民事法律关系。虽然花园建设集团主张该款项实际是"投资款"，并提供原辽宁分公司负责人卢一干与吕永富间的《项目工程合作协议》及花园建设集团与卢一干签订的《经营责任承包合同》以证明其主张，但《项目工程合作协议》系卢一干与吕永富之间签订的，花园建设集团不能提供证据证明张林知晓卢一干与吕永富之间存在合作关系，更无证据证明张林借给辽宁分公司的款项系投资款，花园建设集团与卢一干之间签订的内部承包合同亦不能对抗该合同以外的善意第三人。因此，花园建设集团关于案涉款项系投资款而非借款，双方之间不存在民间借贷法律关系的申请再审事由，不能成立，本院不予支持。

——中国裁判文书网。

附录：最高人民法院主流观点

当事人以民间借贷关系提起诉讼，但人民法院认定当事人之间并非民间借贷关系的，人民法院应当向原告释明变更诉讼请求。

实践中，在对原告进行释明时，应当注意以下原则和方法：

第一，释明应当遵循司法公开原则。法官行使释明权是审判活动的组成部分，因此，当然应当符合司法公开的要求，释明应当以可以接受监督的方式进行，最为重要的是，应当在双方当事人都在场的情况下进行，或者将对一方进行释明的内容通知对方当事人，不能采取背靠背的形式进行释明。

第二，一般认为，释明应贯彻于整个民事诉讼的全过程，但由于法律释明涉及对法律关系的判断，须以充分的证据资料和明确的事实为基础。为了慎重起见，法院应当在法庭调查结束之后法庭辩论开始之前，综合查清的事实情况，根据对案情的判断，及时向当事人加以释明。

第三，在进行法律关系释明时，应当明确告知当事人法院根据当事人提供的证据所认定的法律关系的性质，而不应当采用模棱两可的语言，影响当事人的判断，导致释明的目的无法实现。

第四，释明权行使应遵循有限原则，法院对诉讼请求的释明应当基于当事人所主张的事实关系。也即受当事人事实主张的限制，法院不能在当事人的事实主张之外提示变更、修正或补充诉讼请求。如果法院告知当事人变更诉讼请求并未改变当事人所主张的事实关系，则此时法院的释明是义务；而法院促使当事人变更诉讼请求时启发提出不同于已提出的事实关系的新理由，则应当认定为违反辩论主义。

第五，在就诉讼请求进行释明时，法院应赋予当事人相应的程序保障，使当事人有机会对法院的释明发表意见。首先，当事人的自由处分权是法院释明应予遵守的边界。在民事诉讼中，“法官应当帮助当事人作出正确的决定，但不应当代替当事人作出决定。不能让法官的理智取代当事人的意志。”释明之后，当事人是否变更请求，由当事人自行决定。一般而言，法院释明之后，当事人没有提出的主张、事实与证据，不得再行提出。其次，对方当事人的辩论权也应受到尊重。变更诉讼请求的释明在很大程度上会改变依据原诉讼请求可能获得的判决结果，必须赋予对方当事人就此发表意见的机会，否则就意味着剥夺了其辩论权而构成诉讼程序的重大瑕疵。

如果当事人拒不变更的，法院不能替代当事人依职权变更当事人的诉讼请求，否则就违背法院居中裁判的角色，因此，仍应按照当事人提出的诉讼请求进行审理。

对于审理后应作出何种裁判，实践中存在不同观点。一种观点认为，虽然法院认定的法律关系与当事人主张的法律关系不一致，但原告的起诉并不违反法律规定的起诉条件，并且提出的诉讼请求具体明确，并有相应的事实和理由，故若其拒绝变更，将导致其事实和理由不能成立，原告因此不具有所主张法律关系下的权利，从而导致其诉讼请求在实体上无法得到支持的后果，故法院应当针对其诉讼请求作出实体处理，即驳回其诉讼请求。

另一种观点认为，在法院认定的法律关系与当事人主张的法律关系不一致时，属于诉讼程序问题，在原告坚持其诉讼请求，而不依据法院的告知变更诉讼请求的情况下，法院应当作出程序性处理，即裁定驳回原告起诉，而不是驳回其诉讼请求，否则既侵害当事人的诉讼权利，又损害当事人的实体权利。在“上诉人北京新中实经济发展有限责任公司和上诉人海南中实（集团）有限公司与被上诉人华润置地（北京）股份有限公司房地产项目权益纠纷”一案中，最高人民法院认为，一审期间华润公司在起诉状、庭审陈述及所附证据材料中，均明确表示其主张项目转让款的依据为双方之间存在房地产项目转让的法律关系。一审法院基于审理查明的事实认为，华润公司诉请主张的“项目转让关系”不能成立，遂于庭审结束后至一审判决前，多次向华润公司行使释明权，告知其变更诉讼请求，否则自行承担诉讼风险，但华润公司拒绝对诉讼请求予以变更。由于华润公司主张的法律关系与一审法院根据案件事实认定的不一致，一审法院不应作出实体判决，而应驳回华润公司的起诉。我们倾向于后一种观点。

——杜万华主编、最高人民法院民事审判第一庭编著：《最高人民法院民间借贷司法解释理解与适用》，人民法院出版社 2015 年版，第 283~285、286~287 页。

709. 当事人主张的法律关系性质与人民法院认定不一致人民法院应当将法律关系性质作为焦点问题审理

关键词

合同纠纷　借款合同　法律关系

最高人民法院裁判文书

泰源公司、孙兆宏、邹红霞与成工公司、天光公司等合同纠纷案［最高人民法院（2021）最高法民申 7810 号民事裁定书］

裁判要旨：诉讼过程中，当事人主张的法律关系性质或者民事行为效力与人民法院根据案件事实作出的认定不一致的，人民法院应当将法律关系性质或者民事行为效力作为焦点问题进行审理。但法律关系性质对裁判理由及结果没有影响，或者有关问题已经当事人充分辩论的除外。

最高人民法院认为：根据案件事实及法律规定，泰源公司、孙兆宏、邹红霞的再审申请事由不能成立，理由如下：

（一）关于本案当事人之间的法律关系性质问题

《最高人民法院关于民事诉讼证据的若干规定》第五十三条第一款规定，"诉讼过程中，当事人主张的法律关系性质或者民事行为效力与人民法院根据案件事实作出的认定不一致的，人民法院应当将法律关系性质或者民事行为效力作为焦点问题进行审理。但法律关系性质对裁判理由及结果没有影响，或者有关问题已经当事人充分辩论的除外。"

首先，案涉《三方协议书》《产品代销合作协议》《补充协议》《担保协议》约定，天光公司代销神钢建机公司生产的挖掘机，该融资租赁模式中，包含了买卖、租赁、担保等多种法律关系。天光公司向神钢建机公司借款用于履行其对神钢租赁公司的担保责任是该商业模式中的一环，一审、二审认为本案不应将借款关系单独予以剥离，而从总体上认定当事人之间的法律关系为合同纠纷，具有事实和法律依据。

其次，本案中，神钢建机公司主张天光公司向其借款，用于向神钢租赁公司代付租赁客户逾期未支付的租金，其诉请天光公司返还款项的请求权基础是借款法律关系。对此，一审法院在本院认为部分，对神钢建机公司与天光公司之间法律关系的性质作了分析判断。二审亦将本案当事人之间的法律关系应当如何认定作为焦点问题进行了审理。且本案无论定性为民间借贷纠纷还是合同纠纷，天光公司及其担保方均应依据案涉合同的约定，向成工公司履行相应款项的偿还责任。故原审判决不存在遗漏或超出当事人诉讼请求的情形。泰源公司、孙兆宏、邹红霞主张本案为担保追偿权纠纷，其不应承担还款责任，理由不能成立。

（二）关于泰源公司、孙兆宏、邹红霞应否对案涉债务承担责任及承担数额的问题

首先，天光公司、神钢建机公司的担保顺位并不相同。虽根据神钢建机公司（甲方）、神钢租赁公司（乙方）、天光公司（丙方）所签订的《三方协议书》第七条、第八条约定，天光公司、神钢建机公司对神钢租赁公司与承租人（终端客户）之间所形成的债务均承担担保责任，但该两方的担保顺位不同。根据《三方协议书》第九条关于“丙方的权利义务：1. 当满足融资租赁合同约定的担保条件时，丙方有义务优先履行担保责任；2. 丙方有义务负责向承租人提供售后服务、租金催收的义务”的约定，当终端客户逾期支付融资租赁的租金时，天光公司有义务优先履行担保责任并负责租金催收。天光公司在 2012 年至 2015 年期间向神钢建机公司出具《借款申请单》《借款申请及还款承诺函》及三十份《代销商借款借据暨还款承诺书》并在 2014 年 11 月 30 日《对账确认函》上盖章确认的行为，均证实天光公司为履行合同约定的优先担保责任，向神钢建机公司借款并委托神钢建机公司将相关借款支付给神钢租赁公司用于垫付承租人的逾期租金。故泰源公司、孙兆宏、邹红霞主张的天光公司、神钢建机公司为同一顺位担保人，理由不成立。

其次，泰源公司、孙兆宏、邹红霞承担责任具有合同依据。2011 年 12 月 19 日，孙兆宏、邹红霞根据其与神钢建机公司签订的《担保协议》，在 2.5 亿元的最高额度内对天光公司向神钢建机公司的负债提供最高额连带责任保证。2012 年 7 月 22 日天光公司《决议事项》第四条载明：“工厂（神钢建机公司）要求。老天光对工厂的债务，按照工厂要求还款，最终还款截止日期为 2015 年 12 月 30 日。不足部分，由各股东按照天光股权比例垫款承担”，各方签字认可。2018 年 5 月 4 日，神钢建机公司与孙兆宏、邹红霞、泰源公司签订《还款协议》，约定神钢建机公司对天光公司债务总额减免 91672729.32 元，减免后的债务总额为 138125498.95 元；孙兆宏、邹红霞对天光公司债务承担连带担保责任的范围为在债务总额减免基础上按出资比例 15% 偿还，即 20718824.84 元；泰源公司承诺对该协议项下孙兆宏、邹红霞的债务承担连带保证责任。该《还款协议》系有效合同，对合同当事人具有法律拘束力。

再次，关于天光公司已返还神钢建机公司的 26 台设备涉及 5000 余万元及圣凯公司 14 台挂账设备所涉价款 20410349.68 元的核减问题。孙兆宏、邹红霞、泰源公司主张应予扣减的依据为天光公司与神钢建机公司就案涉债务问题沟通形成的 2017 年 10 月 12 日《备忘录》。该《备忘录》系神钢建机公司一审提交的证据，因本案其他当事人对《备忘录》的真实性有异议，故原审对《备忘录》不予采信，具有事实依据。同时，从《备忘录》内容看，双方就返厂设备折价款及圣凯公司挂账等历史账务处置问题拟通过对总体债务打折、减免的方式处理。而根据 2018 年 5 月 4 日神钢建机公司与孙兆宏签订的《还款协议》约定，神钢建机公司对天光公司债务总额减免 91672729.32 元。《还款协议》签订于《备忘录》之后，应以签订在后的《还款协议》为准。故原审判决孙兆宏、邹红霞、泰源公司的责任范围为天光公司欠款本金 138125498.95 元的 15%，即 20718824.84 元及相应利息，并无不当。

——中国裁判文书网。

710. 仅以转账凭证提起民间借贷诉讼，被告抗辩转账系因其他债务关系，应承担举证责任

关键词

转账凭证　民间借贷诉讼　举证责任

最高人民法院裁判文书

姜功平与白世权、刘明芳民间借贷纠纷案［最高人民法院（2016）最高法民申 3335 号民事裁定书］

裁判要旨：原告仅依据金融机构的转账凭证提起民间借贷纠纷诉讼，被告以该转账系偿还双方之前借款或其他债务为由进行抗辩的，应当对其主张提供证据证明。被告举证不足的，法院应认定借贷关系成立。

最高人民法院认为：关于白世权与姜功平之间是否存在借贷关系，白世权是否应向姜功平支付借款利息问题。姜功平于 2011 年 8 月 1 日通过银行向白世权转款 450 万元，对此，白世权并无异议，但认为该 450 万元不是借款而是投资款。为此，白世权提交了其与姜功平及案外人田耀凯于 2012 年 5 月 27 日签订的《关于开发特克斯县 78 团畜牧营的协议》、其与姜功平于 2015

年 2 月 12 日签订的《协议》，以证明其上述主张。关于证据一，即 2012 年 5 月 27 日三方所签《关于开发特克斯县 78 团畜牧营的协议》，从该协议的内容看，是关于三方合作在特克斯县开发沙金矿的协议。根据该协议，姜功平已按约完成出资 300 万元的义务，且双方均认可该 300 万元出资款与 2015 年 2 月 12 日双方所签《协议》中的 450 万元款项没有关系。因该协议与本案无关，故该证据不能证明白世权的上述主张。关于证据二，即 2015 年 2 月 12 日双方所签《协议》，从该协议的内容看，虽然个别条款中将 450 万元款项表述为"投资"款，但该表述与其他条款中"返还 450 万元"及"按月息 2 分计息"的表述相矛盾，且该 450 万元转款在前，而双方合作开发沙金矿在后，在姜功平不认可该 450 万元为合作投资款的情况下，白世权应当继续举证，但其未再举证，应当承担举证不足的法律后果。故仅凭该证据不能证明白世权的上述主张。

——中国裁判文书网。

711. 不能仅凭转账备注认定与对方存在借贷合意

关键词

转账凭证　借款合同　借贷合意

最高人民法院裁判文书

沈东红、扬州市中泰运输有限责任公司等船舶营运借款合同纠纷［最高人民法院（2022）最高法民申 117 号民事裁定书］

裁判要旨：转账凭证的附言中虽然标明了款项用途，但仅是当事人单方备注，不能证明其与对方存在借贷合意。在对方提供证据证明其与当事人存在其他债权债务关系时，当事人仍应当就借贷关系的成立负有证明义务。当事人未能进一步举证证明系借贷关系，原判决对其上诉请求不予支持并无不当。

最高人民法院认为：根据中泰公司与沈东红于 2019 年 8 月 22 日签订的《合作协议书》第一条"合作基础"载明的内容，中泰公司委托沈东红收回徐荣法的营运权，并将"中泰 101"轮从岳阳城陵矶港带回。舒旭翔与沈东红的通话录音表明沈东红于 2019 年 6 月已实际控制船舶，并与舒旭翔合作经营。现有证据可以证明 2019 年 5 月至 7 月间沈东红实际控制船舶，在 8 月 22 日签订《合作协议书》前中泰公司已经与沈东红合作经营。案涉三笔款项中，沈东红对于47000元是向中泰公司支付的借款还是为徐荣法向中泰公司支付的垫付款，主张前后不一。50000元和60000元款项的转账凭证中的附言中虽然标明了款项用途，但仅是沈东红的单方备注，不能证明其与中泰公司存在借贷合意。在中泰公司提供证据证明其与沈东红存在其他债权债务关系时，沈东红仍应当就借贷关系的成立负有证明义务。沈东红未能进一步举证，原判决对其上诉请求不予支持并无不当。

——中国裁判文书网。

712. 借贷金额是否为"大额"的判断标准

关键词

借贷金额　借款合同　债权凭证　大额借贷

《中华人民共和国民法典》条文

第六百七十九条　自然人之间的借款合同，自贷款人提供借款时成立。

最高人民法院司法解释

第十五条　原告仅依据借据、收据、欠条等债权凭证提起民间借贷诉讼，被告抗辩已经偿还借款的，被告应当对其主张提供证据证明。被告提供相应证据证明其主张后，原告仍应就借贷关系的存续承担举证责任。

被告抗辩借贷行为尚未实际发生并能作出合理说明的，人民法院应当结合借贷金额、款项交付、当事人的经济能力、当地或者当事人之间的交易方式、交易习惯、当事人财产变动情况以及证人证言等事实和因素，综合判断查证借贷事实是否发生。

——《最高人民法院关于审理民间借贷案件适用法律若干问题的规定》（2020年12月29日修正）。

附录：最高人民法院主流观点

我们认为，受到地区、行业经济发展实际状况的影响，借贷金额是否为"大额"，难以在全国范围内作出统一规定。对于经济发达、民间金融市场交易活跃的地区，特别是长期专门从事借贷业务的当事人来说，"大额"借贷的金额，显然会明显高于经济欠发达地区交易主体间的"大额"借贷的金额，甚至还会明显高于同属经济发达地区内普通民众间偶发的"大额"借贷的金额。考虑这一实际情况，原则上只能由受诉法院根据本地区以及涉案当事人的实际情况，在具体案件中对涉诉借贷是否属于"大额"借贷作出判断。为了更好地在同一地区范围内统一裁判尺度，可以考虑由高级人民法院或中级人民法院通过适当方式，给出参照标准，但这一标准亦不应过于机械的适用，而应在具体案件中结合其他证据和案件情况综合予以认定。

——杜万华主编、最高人民法院民事审判第一庭编著：《最高人民法院民间借贷司法解释理解与适用》，人民法院出版社 2015 年版，第 299 页。

713. 民间借贷案件中大额现金交付的认定涉及本金与利息预先扣除两方面

关键词

民间借贷　事实认定　本金　利息

最高人民法院裁判文书

沈鸿与海南创新书店有限公司民间借贷纠纷案［最高人民法院（2015）民一终字第 116 号民事判决书］

裁判要旨：民间借贷中大额现金交付涉及两方面事实认定，一是借贷本金事实的认定，二是涉及是否存在利息预先在本金中扣除的事实认定问题。在法律事实与客观事实可能存在不一致情形下，法官首先应当穷尽方式追求客观事实，以期还原事实真相。如果法律事实与客观事实无法完全匹配或者无法证明完全匹配甚至相悖，应当采纳证据所证明的法律事实。法律事实的真伪取决于举证责任的分配、证据盖然性证明标准的判断、证据的真伪。利用诉讼程序制度通过逻辑性地演绎推理探求法律事实，并将此作为裁判依据，是民间借贷案件大额现金交付主要事实认定的关键。

最高人民法院认为：关于借款本金数额是 7123.27 万元还是 6107.3974 万元问题。沈鸿依据借款合同、支付款项的银行汇款证明、创新书店出具的收条、创新书店支付利息的银行凭证等一系列证据材料诉请创新书店偿还借款本金 7123.27 万元，并请求支付逾期利息及违约金，创新书店抗辩称借款本金为 6107.3974 万元，1015.8726 万元现金并未实际交付。由此，双方对己方诉求或反驳对方诉求所依据的事实有责任提供证据加以证明，没有证据或证据不足以证明己方主张的，由负有举证责任的一方承担不利后果。本案双方于 2010 年 5 月 19 日、2010 年 9 月 6 日、2010 年 9 月 14 日签订的三份借款合同中分别约定，创新书店向沈鸿的借款本金为 746 万元、1049.27

万元、5328万元，借款期限分别为一年、六个月、一年，借款利率均为月利率1.6%，每月支付一次利息，违约金分别为日违约金为本金的万分之八、日违约金为本金的万分之八、月违约金为本金的万分之三。上述三份借款合同分别经海南省海口市琼州公证处（2010）琼州证字第3940号《具有强制执行效力的债权文书公证书》、（2010）琼州证字第6800号《具有强制执行效力的债权文书公证书》、海南省三亚市公证处（2010）三证内字第3340号《公证书》公证。创新书店于2010年3月26日、同年6月24日、同年9月9日、同年9月21日、同年9月23日、同年9月28日、2011年1月28日共出具十份收条，对三次借款合同中收到的银行转账及现金进行了确认，其中对应三次借款合同分别收到的现金为46万元、49.27万元、920.6026万元。后创新书店对上述前两份借款合同以借款本金746万元、1049.27万元分别支付了9个月、4个月的利息，对第三份借款合同共分七次支付利息3837346元。由此，双方签订的借款合同均明确了借款本金数额，创新书店也以借款合同载明的本金数额实际履行了部分利息，且双方之间的借款合同均经公证处出具的有效公证文书证明，结合各证据之间的关联程度，并结合沈鸿的支付能力等因素，应认为沈鸿提交的证据已经形成完整的证据链条，能够达到高度盖然性的证明标准，可以证明其已向创新书店全额支付了双方争议的涉案1015.8726万元现金。创新公司虽主张1015.8726万元现金未实际交付，但并未提交充分证据予以证明，也未能对沈鸿提交的上述证据提出足以反驳的证据，故双方借贷的本金应为7123.27万元。

——中国裁判文书网。

714. 人民法院应根据本地区实际情况，判断涉诉借贷是否属于“大额”借贷

关键词

大额借贷　借贷金额　临时性借贷

最高人民法院司法解释

第十五条　原告仅依据借据、收据、欠条等债权凭证提起民间借贷诉讼，被告抗辩已经偿还借款的，被告应当对其主张提供证据证明。被告提供相应证据证明其主张后，原告仍应就借贷关系的存续承担举证责任。

被告抗辩借贷行为尚未实际发生并能作出合理说明的，人民法院应当结合借贷金额、款项交付、当事人的经济能力、当地或者当事人之间的交易方式、交易习惯、当事人财产变动情况以及证人证言等事实和因素，综合判断

查证借贷事实是否发生。

——《最高人民法院关于审理民间借贷案件适用法律若干问题的规定》（2020 年 12 月 29 日修正）。

附录：最高人民法院主流观点

从某种程度上讲，对于当事人之间因“大额”民间借贷引发的纠纷，人民法院必须对有关款项的支付方式、出借人的出借能力、还款人的还款能力、借贷双方的关系以及借款的用途等事实作出查明认定，查明的程度与标准和一般生活性、临时性借贷引发的纠纷存在区别。但是，因受地区、行业经济发展实际状况的影响，借贷金额是否为“大额”，难以在全国范围内作出统一规定。在经济发达、民间金融市场交易活跃的地区，特别是对于这些地区长期专门从事借贷业务的当事人来说，所谓大额借贷的金额显然要明显高于经济欠发达地区交易主体间的大额借贷的金额，甚至还会明显高于同属经济发达地区内普通民众间偶发的大额借贷的金额。因此，司法实践中，人民法院经常遭遇的问题是，对于审理的具体案件涉及的借贷是否属于法律、司法解释以及司法政策所规定的“大额”借款难以作出准确判断。

我们认为，这一情况现实存在，目前来讲，原则上只能由受诉法院根据本地区以及涉案当事人的实际情况，在具体案件中对涉诉借贷是否属于“大额”借贷作出判断。为了更好地在同一地区范围内统一裁判尺度，也可以考虑由高级人民法院或中级人民法院通过适当方式提出参照标准，但这一标准亦不应过于机械适用，而应在具体案件中结合其他证据和案件情况予以综合认定。

——最高人民法院民事审判第一庭编著：《最高人民法院新民间借贷司法解释理解与适用》，人民法院出版社 2021 年版，第 258~259 页。

715. 大额现金借款的认定应达到民事诉讼“高度盖然性”的标准

关键词

民间借贷　大额借贷　转账凭证　高度盖然性

最高人民法院裁判文书

屈东森与湖南福瑞德投资有限公司、湖南银日实业有限公司民间借贷纠纷案［最高人民法院（2020）最高法民申 1279 号民事裁定书］

裁判要旨：对于原告（出借人）主张的大额现金借款，被告抗辩借贷行为尚未实际发生并能作出合理说明，人民法院应当结合借贷金额、款项交付、当事人的经济能力、当地或者当事人之间的交易方式、交易习惯、当事人财产变动情况以及证人证言等事实和因素，综合判断借贷事实是否发生。如原告（出借人）提供的证据不能达到民事诉讼"高度盖然性"标准的，法院依法不予支持。

最高人民法院认为：结合屈东森的再审申请事由和原审查明的事实，本案再审审查的争议焦点为屈东森所主张的2210万元现金借款事实是否实际发生。

《最高人民法院关于审理民间借贷案件适用法律若干问题的规定》第十六条第二款规定："被告抗辩借贷行为尚未实际发生并能作出合理说明，人民法院应当结合借贷金额、款项交付、当事人的经济能力、当地或者当事人之间的交易方式、交易习惯、当事人财产变动情况以及证人证言等事实和因素，综合判断查证借贷事实是否发生。"本案中，屈东森提交《借条》以及《债务情况说明》主张福瑞德公司借款本息为4987万元，但其仅有983万元转账凭证，其主张另外2210万元为现金借款，福瑞德公司并不认可。对此，应当结合借贷金额、款项交付、当事人的经济能力、当地或者当事人之间的交易方式、交易习惯、当事人财产变动情况以及证人证言等事实和因素，综合判断借贷事实是否发生。根据原审查明的事实，第一，屈东森称案涉2210万元共计37笔现金借款均在取款当天或者延迟一至两天的时间内亲自交付给王纪海，并且提供了取现记录，但银日公司提供了证据证明在屈东森陈述的多个时间段里王纪海并未在现金交付地点。第二，屈东森提交的2016年6月14日的《借条》载明，截至2016年6月14日，福瑞德公司现金借款金额共计2210万元。但是，根据屈东森提交的取现记录，却存在2016年6月14日之后多次的现金借款记录。第三，2016年11月5日王纪海以抢夺银日公司公章的形式在案涉《借条》《债务情况说明》中盖章，也侧面印证了《借条》的总额存疑。第四，从本案983万元的银行转账借款来看，尚不能评判双方形成了现金借款的交易习惯。第五，王纪海在公安机关的多次询问以及二审法院询问中均否认2210万元的现金借款，并多次陈述借款金额为1000万元。因此，屈东森提交的现金借款证据与其陈述、银日公司提交证据所证明的事实相互矛盾，不能达到民事诉讼"高度盖然性"标准。原审判决未认定屈东森主张的2210万元现金借款，并无不当。

——中国裁判文书网。

716. 关于民间借贷举证责任的分担问题

关键词

民间借贷　举证责任

最高人民法院审判业务意见（民事审判第一庭意见）

四、关于举证责任的分担问题

1. 借贷合同的订立和款项交付是两项不同的事实，债权人对于自己主张的这两项事实均应承担相应的举证责任。原则上，债权人应当对借贷合意、借贷金额、期限、利率以及款项交付等承担证明责任，债务人主张借款本金、利息等债务已经归还或部分归还的，应当承担证明责任。民间借贷案情复杂，法官应根据具体案情灵活分担举证责任。

2. 对债权人能证明给付事实但不能提供借款协议，双方对借贷关系存在争议的，债权人应当就双方存在借贷关系进一步提供证据。对能够查明双方存在借贷关系的，按照民间借贷纠纷审理；查明债务属于其他法律关系引起的，法院应向当事人释明，由债权人变更诉讼请求和理由后，按其他法律关系审理，债权人坚持不予变更的，判决驳回诉讼请求。

对债权人能提供借款协议但无法证明给付事实的，将举证责任分配给主张协议已实际履行的债权人；对债权人能证明给付事实，也能提供借款协议，但债务人对借款协议或签名的真伪提出异议的，将申请鉴定的举证责任分配给主张协议虚假的债务人；对借款属于债务人个人债务还是夫妻共同债务不明的，将借款用于夫妻日常共同生活或经营的举证责任分配给债权人。

债权人以借据主张债权，债务人抗辩称借据载明的借款金额包含利息或仅为利息，且提供的证据足以使法官对借据载明的本金数额产生合理怀疑的，可以确定由债权人就借据本金数额的真实性承担举证责任。

3. 对需要通过司法鉴定确认借据是否真实的，双方均可申请鉴定，双方均不申请的，法院可根据具体案情作出处理：如果债权人仅凭借据起诉，没有其他证据佐证或者借据的真实性存在合理怀疑的，由债权人申请鉴定，债务人应提供笔迹比对样本。如果债权人提供的借据以及其他证据材料具备一定的可信性，债务人对借据的真实性提出异议，但未提供反驳依据的，由债务人申请鉴定。经依法释明，债权人或债务人不申请鉴定或不提供笔迹比对样本导致案件事实无法查清的，法院依法裁判。

——最高人民法院民事审判第一庭第五合议庭：《建立和完善我国民间借贷法律规制的报告》，载最高人民法院民事审判第二庭编：《商事审判指导》

2012 年第 4 辑（总第 32 辑），人民法院出版社 2013 年版，第 137~138 页。

最高人民法院民一庭意见：对于民间借贷纠纷案件的证据认定，应从各证据与案件事实的关联程度、各证据之间的联系等方面进行综合审查判断。对于存在借贷关系及借贷内容等事实，出借人应承担举证责任。

——最高人民法院民一庭：《民间借贷纠纷案件的证据认定，应从各证据之间的联系等方面进行综合审查判断》，载最高人民法院民事审判第一庭编：《民事审判指导与参考》2013 年第 1 辑（总第 54 辑），人民法院出版社 2013 年版，第 133 页。

717. 偷录、偷拍等非法证据超过必要限度时不可作为证明借贷关系存在的证据

关键词

非法证据　证明力

最高人民法院司法解释

第二条　出借人向人民法院提起民间借贷诉讼时，应当提供借据、收据、欠条等债权凭证以及其他能够证明借贷法律关系存在的证据。

当事人持有的借据、收据、欠条等债权凭证没有载明债权人，持有债权凭证的当事人提起民间借贷诉讼的，人民法院应予受理。被告对原告的债权人资格提出有事实依据的抗辩，人民法院经审查认为原告不具有债权人资格的，裁定驳回起诉。

——《最高人民法院关于审理民间借贷案件适用法律若干问题的规定》（2020 年 12 月 29 日修正）。

附录：最高人民法院主流观点

具体到偷录偷拍的证据是否能定位为非法证据予以排除，需要根据具体情况具体分析，有以下几点需要考虑：（1）案件性质、偷拍偷录的损害后果及其社会危害程度。如在公共场合的偷拍偷录行为的社会危害性一般来说就小于在个人领域诸如住宅中进行偷拍偷录的社会危害性。（2）偷拍偷录的目的、动机以及主观过错程度。比如说当事人故意将偷拍偷录的照片视频发到网上，然后将网上的评论也作为支持其事实主张的证据，那么该照片或视频及其评论都不能被作为定案依据。（3）偷拍偷录手段和方式。比如用窃听器、望远镜全天候监控某人的住宅等。

——杜万华主编、最高人民法院民事审判第一庭编著：《最高人民法院民间借贷司法解释理解与适用》，人民法院出版社 2015 年版，第 57~73 页。

718. 合作开发房地产资金提供一方不承担经营风险，只收取固定数额货币的，应认定为借款关系

关键词

合作开发房地产　借款关系　企业借贷

最高人民法院裁判文书

上海龙域投资有限公司与海南建丰旅业开发有限公司、北京达义兴业房地产开发有限公司企业借贷纠纷案［最高人民法院（2016）最高法民终 541 号民事判决书］

裁判要旨：合作开发房地产合同约定提供资金的当事人不承担经营风险，只收取固定数额货币的，应当认定为借款合同。

最高人民法院认为：《最高人民法院关于审理涉及国有土地使用权合同纠纷案件适用法律问题的解释》第二十六条规定："合作开发房地产合同约定提供资金的当事人不承担经营风险，只收取固定数额货币的，应当认定为借款合同。"案涉《投资合作协议书》第二条就企业的经营管理及风险承担约定："鉴于乙方龙域公司不直接参与公司经营管理，因此甲方建丰公司在经营管理过程中产生的风险责任由甲方建丰公司承担，即乙方龙域公司承担投资责任，不承担经营风险责任。"第三条就投资回报约定："甲方建丰公司给予乙方龙域公司固定投资回报，本合同项下的年回报率按年利率 10% 计算，在本合同有效期内回报率保持不变。"第六条就龙域公司的权利义务约定："乙方龙域公司享有合作项目的监督权、查阅权，投资回报收益权。"由此可见，案涉《投资合作协议书》在形式上虽有"投资合作"字样，但从其约定的内容看，龙域公司不直接参与公司经营管理，不承担经营风险，只收取固定数额收益，即该协议书排除了双方共担合作风险的情形，其实质在于龙域公司所得的回报与合作结果无关。故建丰公司签订《投资合作协议书》的本意是融资，龙域公司的真实意思表示则为借款，双方并无合作开发案涉房地产的合意。根据合同法第二百零二条有关"贷款人按照约定可以检查、监督借款的使用情况"的规定，龙域公司作为贷款人为确保借款安全对资金的使用情况具有检查、监督的权利。故建丰公司以案涉合同约定龙域公司对合作项目具有监督、

查阅等权利为由主张双方并非借款关系，没有事实和法律依据。原审判决将本案认定为借款合同纠纷于法有据，本院予以维持。

——中国裁判文书网。

719. 以融通资金为目的的股权转让加回购交易，应认定为民间借贷

关键词

融通资金　股权转让　回购交易　民间借贷

最高人民法院裁判文书

李金喜与刘忠山等民间借贷纠纷案［最高人民法院（2017）最高法民申4274号民事裁定书］

裁判要旨：通过对合同的约定条款和合同的履行方式等内容的综合分析，可认定双方签订《股权转让合同》并后续以固定金额回购的交易安排目的是为一方获得借贷资金，另一方出借资金获得利息，股权转让仅作为借款的担保形式的，应认定双方为民间借贷关系。

最高人民法院认为：原审已查明，本案双方当事人签订的《股权转让合同》中对于李金喜向刘忠山转让股权事宜进行了约定，但原审法院通过对该合同中关于利息的约定、拟转让股权的份额确定、拟转让股权的交付方式、股权转让的价金、回购权的约定和合同的履行方式等内容进行综合分析后，认定李金喜和刘忠山签订《股权转让合同》并非要进行股权转让，而是一方以获得借贷资金，另一方以出借资金获得利息为目的，股权仅作为借款的一种担保形式，在李金喜不能按照约定支付本金及利息时，刘忠山可获得该股权，本案《股权转让合同》名为股权转让，实为民间借贷。该认定符合双方交易目的以及约定回购权的行使方式、行使条件等客观实际，具有事实和法律依据。李金喜关于原审判决认定合同性质和适用法律错误的再审主张，事实和法律依据不足，不能成立。

——中国裁判文书网。

720. 投资协议中约定无论投资是否亏损，投资人均获得固定投资收益的，认定为借贷合同

关键词

投资协议　固定收益　借款合同

最高人民法院裁判文书

黑龙江事益科技发展有限公司、付丽华借款合同纠纷案［最高人民法院（2020）最高法民申7050号民事裁定］

裁判要旨：当事人之间签订的《投资合作协议》并不具有共同经营、共享收益、共担风险的投资合作特征，而是约定一方出资后，无论公司经营情况如何，是否亏损，均按标准计算并享有固定投资收益。应认定双方之间法律关系的性质“名为投资、实为借贷”。

最高人民法院认为：事益公司与付某签订的《投资合作协议》约定内容表明，付某所获收益是以固定回报方式计算，且约定无论公司经营情况如何，是否亏损，付某均按标准获得投资收益。因此，《投资合作协议》的约定不具有共同经营、共享收益、共担风险的投资合作特征。事益公司工商登记虽变更付某为公司股东，但事益公司并未提交证据证明付某参与了公司的实质性经营活动。付某不参与事益公司的经营管理，其投入的资金不承担任何经营风险，只收取固定数额的收益，该1300万元名为投资，实为借款。仅就事益公司与付某双方之间的法律关系而言，原审认定为民间借贷性质，并无不当。事益公司收到付某支付的1300万元后，没有按照双方协议约定按期给付利息，事益公司应当将借款偿还给付某，并按照约定支付相应的利息。原审依照《最高人民法院关于审理民间借贷案件适用法律若干问题的规定》的有关规定，结合合同的内容及履行情况，并根据交易习惯、市场利率等因素确定事益公司应支付的利息标准，亦无不当。

——中国裁判文书网。

721. 借款人与银行约定受让银行债权并支付债权转让费用，但不获取任何利益的，应认定该债权转让及资产委托管理协议系以变相收取借款利息为目的

关键词

债权转让合同　借款合同　虚假意思表示　利息　资产委托管理协议

最高人民法院公报案例、最高人民法院裁判文书

江西腾荣实业有限公司与江西银行股份有限公司南昌高新支行债权转让合同纠纷案［最高人民法院（2020）最高法民申 7094 号民事裁定书］

裁判摘要：借款人与贷款银行在双方签订的借款合同之外，另行签订债权转让及资产委托管理协议，约定借款人受让贷款银行的债权并支付一定金额的债权转让费用，但不获取任何利益的，应认定该债权转让及资产委托管理协议系以变相收取借款利息等为目的。双方签订该债权转让及资产委托管理协议的行为系以虚假的意思表示实施，依法应认定为无效；该行为所隐藏的收取利息的行为的效力，依照有关法律规定处理。

最高人民法院认为：本案腾荣公司与江西银行南昌高新支行所签订的《债权转让协议》和《资产委托管理协议》名为债权转让和资产委托管理协议，实为双方订立的本金为 5400 万元的借款合同的组成部分。理由如下：首先，从《债权转让协议》和《资产委托管理协议》的约定看，该两份协议约定的内容不符合常理。一般而言，腾荣公司作为案涉债权受让方及资产委托管理方，其受让案涉债权并委托江西银行南昌高新支行清收，应以获取收益为目的，但本案双方签订的《债权转让协议》《资产委托管理协议》约定，腾荣公司以 10620439.51 元的对价受让江西银行南昌高新支行的债权，再委托江西银行南昌高新支行予以清收，清收所得款项在扣除支出费用后，剩余款项全部作为委托管理费归江西银行南昌高新支行所有，即腾荣公司在向江西银行南昌高新支行支付了 10620439.51 元的债权转让款后，并不能从受让的上述债权中获取任何收益。其次，从双方签订《债权转让协议》《资产委托管理协议》的目的看，腾荣公司是为了与江西银行南昌高新支行签订借款合同，以获得江西银行南昌高新支行 5400 万元的借款；江西银行南昌高新支行与腾荣公司签订《债权转让协议》《资产委托管理协议》是为了在借款合同之外另

行收取10620439.51元的款项，并达到剥离不良资产即案涉债权的目的。腾荣公司2015年5月13日向江西银行南昌高新支行出具的《关于要求提供债务人信息资料的报告》中载明："我公司为了在贵行贷款伍仟肆佰万元人民币，接受了贵行债务人江西维财实业有限公司的不良贷款债权转让条件……"江西银行南昌高新支行在本案一审中也有关于"该借款腾荣公司享受了优惠的利率政策，年利率仅为6.15%，当时江西银行南昌高新支行的贷款利率执行的标准为年利率13%左右，这也是腾荣公司同意接受本案债权的原因所在"的陈述。第三，从《债权转让协议》和《资产委托管理协议》的实际履行情况看，江西银行南昌高新支行并未实际履行该两份协议。《债权转让协议》第二条约定，江西银行南昌高新支行应在交割日即2013年10月28日将案涉债权及从权利转让给腾荣公司，但根据江西银行南昌高新支行在本案一审中自认的事实，其在收到腾荣公司支付的10620439.51元债权转让款后并未将案涉债权移交给腾荣公司，而是继续以自己的名义通过提起诉讼、申请法院强制执行的方式对案涉债权进行追讨，且江西银行南昌高新支行并未提供证据证明其已将相关债权追讨情况告知了腾荣公司。综合以上分析可以看出，腾荣公司与江西银行南昌高新支行关于债权转让及资产委托管理的意思表示是虚假的，江西银行南昌高新支行收取的10620439.51元的债权转让款应认定为其就案涉5400万元借款在双方于2013年10月21日签订的《借款合同》之外另行收取的利息。《中华人民共和国民法总则》第一百四十六条规定："行为人与相对人以虚假的意思表示实施的民事法律行为无效。以虚假的意思表示隐藏的民事法律行为的效力，依照有关法律规定处理。"根据该条法律规定，本案中腾荣公司与江西银行南昌高新支行以虚假的意思表示所实施的债权转让及资产委托管理行为应为无效；双方以该虚假的意思表示所隐藏的支付10620439.51元借款利息的行为，实际系双方订立本金为5400万元的借款合同这一民事法律行为的组成部分，对该行为的效力应依照有关法律规定处理。鉴于本案中腾荣公司并未就双方订立的本金为5400万元的借款合同提出相应的诉讼请求，故本院对该借款合同的效力不作审查和认定。二审判决认定《债权转让协议》和《资产委托管理协议》合法有效虽有不当，但判决驳回腾荣公司关于解除《债权转让协议》及江西银行南昌高新支行返还债权转让款和相应利息的诉讼请求，并无不妥。

——《最高人民法院公报》2023年第1期。

722. 名为典当、实为借贷的合同是否有效

关键词

民间借贷　典当　合同无效

最高人民法院裁判文书

融鑫典当公司与广源建筑公司、广源建筑喀什分公司、苏志敏、幸福房地产公司、刘国元民间借贷纠纷案［最高人民法院（2021）最高法民申 5376 号民事裁定书］

裁判要旨：案涉《借款合同》及《动产典当合同》签订于 2013 年 9 月 27 日，根据当时施行的有关规定，融鑫典当公司尚不属于金融机构，其经营行为主要受《典当管理办法》规制，包括不得经营发放信用贷款的业务。虽然融鑫典当公司从事的名为典当、实为借贷的民事行为不因违反《典当管理办法》这一部门规章而一概无效，但是融鑫典当公司确曾存在其他类似行为，即使不属于从事经常性借贷，也在一定程度上扰乱了国家金融管理秩序，影响到社会公共利益。从本案借贷行为发生时的政策背景考虑，原判决认定案涉《借款合同》及《动产典当合同》无效，具有合理性。

最高人民法院认为：（一）关于案涉《借款合同》及《动产典当合同》的效力问题。上述两份合同签订于 2013 年 9 月 27 日，根据当时施行的有关规定，融鑫典当公司尚不属于金融机构，其经营行为主要受《典当管理办法》规制，包括不得经营发放信用贷款的业务。虽然融鑫典当公司从事的名为典当、实为借贷的民事行为不因违反《典当管理办法》这一部门规章而一概无效，但是融鑫典当公司确曾存在其他类似行为，即使不属于从事经常性借贷，也在一定程度上扰乱了国家金融管理秩序，影响到社会公共利益。从本案借贷行为发生时的政策背景考虑，原判决认定案涉《借款合同》及《动产典当合同》无效，具有合理性。融鑫典当公司主张的其他理由，均不能推翻上述认定合同无效的结论，本院不再逐一回应。（二）关于广源建筑公司应否承担还款责任的问题。融鑫典当公司一审诉请广源建筑喀什分公司承担还款责任、广源建筑公司承担担保责任，二审上诉要求广源建筑公司承担还款责任已超出一审诉讼请求范围。因此，已无审查广源建筑公司作为总公司承担责任的前提是否成就，即广源建筑喀什分公司能否清偿债务的必要。故融鑫典当公

司关于原判决对广源建筑喀什分公司偿债能力认定错误的主张，与判决结果无涉，本院不予审查。（三）关于刘国元应否承担担保责任的问题。融鑫典当公司作为债权人主张刘国元承担担保责任，应当举示证据证明刘国元作出了为案涉债务提供担保的明确意思表示。根据原审查明的事实，刘国元出具的《说明》，并未明确出具对象；《说明》所载借款发生日期与案涉借款日期不符，落款日期与案涉《借款合同》签订日期及款项发放日期均无关联性；《说明》由苏志敏而非融鑫典当公司持有。综合上述情形，原审法院判令融鑫典当公司承担举证不利的后果符合《最高人民法院关于适用〈中华人民共和国担保法〉若干问题的解释》第二十二条第一项关于"第三人单方以书面形式向债权人出具担保书，债权人接受且未提出异议的，保证合同成立"的规定，并无不当之处。

——中国裁判文书网。

723. 借款合同签订后，出借人未履行交付款项义务，双方无法要求解除合同

关键词

实践性合同　合同解除　诚信原则　缔约过失责任

最高人民法院司法解释

第九条　自然人之间的借款合同具有下列情形之一的，可以视为合同成立：

（一）以现金支付的，自借款人收到借款时；

（二）以银行转账、网上电子汇款等形式支付的，自资金到达借款人账户时；

（三）以票据交付的，自借款人依法取得票据权利时；

（四）出借人将特定资金账户支配权授权给借款人的，自借款人取得对该账户实际支配权时；

（五）出借人以与借款人约定的其他方式提供借款并实际履行完成时。

——《最高人民法院关于审理民间借贷案件适用法律若干问题的规定》（2020 年 12 月 29 日修正）。

附录：最高人民法院主流观点

借款合同签订后，出借人没有履行将所借款项交付借款人的义务，双方当事人能否要求解除合同。我们认为，因为涉案争议合同系自然人间的借款

合同，属法定实践性合同，以款项交付为成立条件，既然款项并未实际交付，那么合同即未成立生效。根据通说，合同解除系指于合同成立生效后，因当事人一方之意思表示或双方之协议，使因合同产生之权利义务归于消灭之行为。理论上于合同成立生效前或合同已经双方当事人履行其给付义务后，不可能发生解除合同之情形。合同解除需以合同成立并生效为条件，故一方要求解除该合同，缺乏合同有效成立的基础条件，其无法请求解除合同，但可根据诚信原则要求对方承担缔约过失责任。

——最高人民法院民事审判第一庭编著：《最高人民法院新民间借贷司法解释理解与适用》，人民法院出版社 2021 年版，第 177 页。

724. 出借人事先知道或应当知道借款人借款用于赌博仍然提供借款，后起诉请求借款人返还本息的，认定民间借贷合同无效

关键词

民间借贷　赌博　效力认定

附录：民事审判信箱

问：出借人事先知道或应当知道借款人借款用于赌博仍然提供借款，后起诉请求借款人返还本息的，人民法院如何处理？

答：《治安管理处罚法》第七十条规定，赌博属于妨害社会管理的违法行为。故明知或应知借款人借款用于赌博而仍然提供借款属于《最高人民法院关于审理民间借贷案件适用法律若干问题的规定》第十四条第三项规定的“出借人事先知道或者应当知道借款人借款用于违法犯罪活动仍然提供借款的”情形，应当认定民间借贷合同无效。

民间借贷合同认定无效后，关于支付利息的约定无效，出借人要求按约支付利息的诉请自然应不予支持，但对于出借的本金可否请求返还？我们认为，依据《合同法》第五十八条关于“合同无效或者被撤销后，因该合同取得的财产，应当予以返还；不能返还或者没有必要返还的，应当折价补偿。有过错的一方应当赔偿对方因此所受到的损失，双方都有过错的，应当各自承担相应的责任”的规定，出借人已经支付的本金，属于借款人因无效合同取得的财产，借款人应当予以返还，否则会造成借款人不当得利的后果，亦与《合同法》第五十八条的规定相悖。同时，对出借人因出借款项所受到的损失（一般是指本金在此期间应产生的利息），应根据双方各自的过错程度判定各自承担。

——本书研究组：《出借人事先知道或应当知道借款人借款用于赌博仍然

提供借款，后起诉请求借款人返还本息的，人民法院如何处理》，载杜万华主编、最高人民法院民事审判第一庭：《民事审判指导与参考》2016 年第 4 辑（总第 68 辑），人民法院出版社 2017 年版，第 247~248 页。

725. 企业内部集资合法与非法的界限

关键词

非法集资　非法吸收公众存款　企业内部集资

最高人民法院司法解释

第十一条　法人或者非法人组织在本单位内部通过借款形式向职工筹集资金，用于本单位生产、经营，且不存在民法典第一百四十四条、第一百四十六条、第一百五十三条、第一百五十四条以及本规定第十三条规定的情形，当事人主张民间借贷合同有效的，人民法院应予支持。

——《最高人民法院关于审理民间借贷案件适用法律若干问题的规定》（2020 年 12 月 29 日修正）。

附录：最高人民法院主流观点

企业内部集资属于员工与所在企业（非银行金融机构）在双方当事人意思表示真实的情况下的行为。与非法吸收公众存款不同，民间借贷主要为“一对一”的借款模式，行为指向特定对象。即使在一个借款人向多数人借款的情况下，每一笔借款也都是独立存在的。企业内部集资往往与民间借贷中的个人与企业借贷相类似。这种类似民间借贷的企业内部集资，一般不具有很大的融资规模。具体来讲：

1. 既向单位内部职工集资又向社会公众集资的，不应认定为合法集资。因为集资对象既包括本单位的人员，也包括外单位的人员，说明此类吸收资金的行为针对的是不特定对象。如果将两种情形予以区分，将本单位人员的集资区别认定为单位内部的合法集资，显然不符合主客观统一的原则。比如，在某纺织实业有限公司非法吸收公众存款案件中，该公司吸收存款的对象有三类：第一类是非本公司职工；第二类是存款人非本公司职工，但通过公司职工存款，其中包括有夫妻关系者；第三类是公司职工。我们认为，尽管该纺织公司吸收存款的对象可以分为三类，但是其吸收资金针对的是不特定对象，无论是否本单位职工存款都符合其主观意愿。而且，因为整个吸收存款行为是在同一个犯意支配下统一进行的，应当按照主客观相一致原则进行，将所有资金统一认定为非法吸收公众存款的数额，而没有必要按照存款人是否属于单位职工进行人为的区分。

2.“单位内部”应限定指单位内部的职工，如果出现“名义出资人”与“实际出资人”不符的情形，即表面上“出资人”都是单位内部职工，但由于某种原因（如单位给职工施加压力、职工的亲友见有利可图主动要求参与等）导致大量资金来源于非单位职工，此种情形需要结合主客观情况进行综合判断。实践中此类特殊集资的例子很多。（1）以内部人名义转借。如，某县属医院因购买大型医疗设备需要资金，受银行信贷规模影响未能获得足够资金，便通过其内部职工募集缺口资金，但由于该企业长期通过内部集资方式扩大设备投入，致使企业内部职工无力或者不愿意再投入，而最终以内部职工名义在社会集资，而给出资人的债权凭证却是以其内部职工为债权人的收据凭证。（2）通过掮客募集后借入。这部分掮客主要是私营企业主或高层管理人员的亲属或者朋友，通过这些人在各自工作圈及生活圈内进行宣传，然后直接以其个人的名义借款后，转借给企业使用。如某民营建材企业，即通过公司经理的亲属、同学等在各自工作的单位以高于银行两倍的利息，募集资金上百万元，常年周转使用。（3）以准备上市为名义集资。如在新加坡上市的某制药公司，为达到在内地A股市场上市的要求，向本公司职工每人集资10万元，并承诺在预期的三年内上市后转为股份，结果在一个月内募集了2000万元资金。但据调查，该企业内部职工中除高管人员参股外，绝大多数是社会公众以其职工名义参与的。这些特殊的“内部集资”就是在利用法律对“特定少数人”的非禁止性，来规避审查与监管，从而达到内部集资的目的。在判断此类名义出资人与实际出资人不符的内部集资是否合法的时候，如果单位主观上对此是明知的，那么该种集资就具有社会性，就有一定的违法性，不应认定为单位内部的合法集资。

将社会人员吸收为公司工作人员，继而向他们吸收资金，不属于单位内部集资。实践中，一是通过公开招聘，在聘用同时即表明了向应聘人员筹集资金的意思表示，集资参与者参与集资的同时即成为公司的员工，比如“万里大造林案”等多存在此种情形，此种以传销方式实施的非法吸收公众存款，不能认定为内部合法集资。二是先将社会人员聘为单位员工，之后再向其吸收资金，此种情形具有一定的隐蔽性。以某果蔬加工有限公司非法吸收公众存款案为例，该公司通过设立连锁超市，聘用超市经理和代理人员，采取推广公司高科技产品，发展“促销员”、招聘“业务员”等手段，先以公司的名义与群众签订协议书，使其成为公司的“促销员”“业务员”后，再以公司名义向“促销员”“业务员”借款，开具借款借据再返款。除返还本金外，每月还以发工资和付借款利息的形式返利。

非出于单位自用目的的集资不属于单位内部集资。用于单位生产经营活动是认定单位内部集资合法的重要前提。取之于单位职工，用之于单位，是此类集资行为得以正当化、合理化的重要依据。一是单位和职工利益攸关；二是较社会集资其风险更具可控性。以刘某非法吸收公众存款案为例，某区科协副主席张某（另案处理）以搞人体科学研究和开发美容产品申请专利需要经费为名，以某科贸公司名义口头和书面委托某学院总务处代为集资，双方约定期限为一年，年息为20%。时任总务处处长的被告人刘某即安排工作人员夷某、赵某以总务处名义向本单位职工集资65万元。张某以“某科贸公司”名义从总务处“借”走460500元。刘某改任学院培训服务中心主任，又安排工作人员杨某以培训服务中心名义向本单位职工集资，张某又以“某科贸公司”名义先后从该院培训服务中心“借”走493064.50元。审理法院认为，某科贸公司委托在前，吸收、提走、使用资金在后，总务处、培训服务中心集资目的明确，故判决被告人刘某犯非法吸收公众存款罪。我们认为该判决意见是正确的，本案也可以视为是科贸公司与刘某共同非法吸收公众存款。

当然，在处理此类纠纷中，也不能因为单位内部集资的情节恶劣就认定为非法吸收公众存款行为。只要符合以单位内部职工为限、集资资金用于单位生产经营活动的集资行为就不属于非法吸收公众存款。比如，某市场建设管理服务中心为开发某市场，通过调出城关至乡下网点上班的威胁方式，以%的月利率，对300余名员工进行高息集资。本案虽以调动职工工作岗位相威胁，情节固然恶劣，但仍然属于有效的单位内部集资，而不是非法吸收公众存款行为。

——最高人民法院民事审判第一庭编著:《最高人民法院新民间借贷司法解释理解与适用》，人民法院出版社2021年版，第208~211页。

726. 应当区分借贷目的和资金来源，对企业借贷分类规制

关键词

企业借贷　盈利目的　借款用途　资金来源

最高人民法院司法解释

第十条　法人之间、非法人组织之间以及它们相互之间为生产、经营需要订立的民间借贷合同，除存在民法典第一百四十六条、第一百五十三条、第一百五十四条以及本规定第十三条规定的情形外，当事人主张民间借贷合同有效的，人民法院应予支持。

——《最高人民法院关于审理民间借贷案件适用法律若干问题的规定》（2020年12月29日修正）。

附录：最高人民法院主流观点

参与企业借贷的主体，有的是出于自身资金需求，有的是出于借由资金放贷赚取利润为目的。对于这两类不同的借贷，应当采取不同的规制方式。前者是为生产经营的需要的普通企业借贷行为，因此，并不需要作过多的规制，只要对借贷程度和借贷规模予以适度管控即可。而后者出于盈利的目的从事企业间借贷，存有较大的风险和投机性，出现问题后对国家整体经济秩序的影响也要大于普通企业借贷，在规制时需要特别注意以下两点：

1. 企业的资金是自有资金还是非自有资金。企业间借贷可以分为自有资金借贷和非自有资金借贷。自有资金企业间借贷，企业对合同标的有完全所有权，对其处分只要满足自愿、平等、真实的原则，就应当予以认可。非自由资金企业间借贷，由于出借资金并不属于企业，对其有效性的认定应当从合同性质入手。如果企业从银行等金融机构取得的信贷资金，又转贷给其他企业牟取利益，借款人事先知道或者应当知道，或者企业将向其他企业所借或者向本单位职工集资取得的资金进行转贷牟取利益，借款人事先知道或者应当知道的，此类企业间借贷应当认定无效。对此，将在其他条文中详述。

2. 如果企业知道或应当知道作为借款人的企业借款的用途是为了用于犯罪或者从事其他违法活动，企业仍然提供贷款的，则该企业间借贷也应当认定无效。这点也将在其他条文中评述。

——最高人民法院民事审判第一庭编著：《最高人民法院新民间借贷司法解释理解与适用》，人民法院出版社2021年版，第197页。

727. 虚假民间借贷诉讼的认定

关键词

民间借贷　虚假诉讼　证据审查

最高人民法院司法解释

第十八条　人民法院审理民间借贷纠纷案件时发现有下列情形之一的，应当严格审查借贷发生的原因、时间、地点、款项来源、交付方式、款项流向以及借贷双方的关系、经济状况等事实，综合判断是否属于虚假民事诉讼：

（一）出借人明显不具备出借能力；

（二）出借人起诉所依据的事实和理由明显不符合常理；

（三）出借人不能提交债权凭证或者提交的债权凭证存在伪造的可能；

（四）当事人双方在一定期限内多次参加民间借贷诉讼；

（五）当事人无正当理由拒不到庭参加诉讼，委托代理人对借贷事实陈述不清或者陈述前后矛盾；

（六）当事人双方对借贷事实的发生没有任何争议或者诉辩明显不符合常理；

（七）借款人的配偶或者合伙人、案外人的其他债权人提出有事实依据的异议；

（八）当事人在其他纠纷中存在低价转让财产的情形；

（九）当事人不正当放弃权利；

（十）其他可能存在虚假民间借贷诉讼的情形。

——《最高人民法院关于审理民间借贷案件适用法律若干问题的规定》（2020 年 12 月 29 日修正）。

附录：最高人民法院主流观点

虚假民间借贷诉讼的认定需要系统地考虑单一证据的真实性以及证据之间的连贯性等因素，并结合日常生活经验来加以处理。

而根据《最高人民法院关于审理民间借贷案件适用法律若干问题的规定》的规定，在民间借贷案件涉及本条中规定的 10 种虚假诉讼的可能情形时，审判人员应当严格审查借贷发生的原因、时间、地点、款项来源、交付方式、款项流向以及借贷双方的关系、经济状况等事实，综合判断是否属于虚假民事诉讼。因此，就虚假民间借贷诉讼的审查而言，最终的落脚点在于审判人员基于案件的证据系统地对案件事实进行判断。

——杜万华主编、最高人民法院民事审判第一庭编著：《最高人民法院民间借贷司法解释理解与适用》，人民法院出版社 2015 年版，第 336 页。

728. 职业放贷人的对外放贷行为的效力认定

关键词

职业放贷　合同效力　民间借贷

最高人民法院司法解释

第十三条　具有下列情形之一的，人民法院应当认定民间借贷合同无效：

（一）套取金融机构贷款转贷的；

（二）以向其他营利法人借贷、向本单位职工集资，或者以向公众非法吸收存款等方式取得的资金转贷的；

（三）未依法取得放贷资格的出借人，以营利为目的向社会不特定对象提供借款的；

（四）出借人事先知道或者应当知道借款人借款用于违法犯罪活动仍然提供借款的；

（五）违反法律、行政法规强制性规定的；

（六）违背公序良俗的。

——《最高人民法院关于审理民间借贷案件适用法律若干问题的规定》（2020 年 12 月 29 日修正）。

附录：最高人民法院主流观点

三、关于禁止职业放贷问题

关于职业放贷，2015 年《民间借贷规定》制定时，未将其纳入规制，一是考虑职业放贷行为在审判实践中比较难以界定；二是考虑当时《放贷人条例》草案已形成，其中对自然人、法人等放贷人应持牌照分类经营，并根据利率、贷款对象、用途等设置了不同监管要求。但《放贷人条例》至今仍未出台，职业放贷现象近年来却愈演愈烈。为此，2019 年 7 月，最高人民法院与最高人民检察院、公安部、司法部联合制定了《非法放贷意见》，其中第一条规定："违反国家规定，未经监管部门批准，或者超越经营范围，以营利为目的，经常性地向社会不特定对象发放贷款，扰乱金融市场秩序，情节严重的，依照刑法第二百二十五条第（四）项的规定，以非法经营罪定罪处罚。前款规定中的'经常性地向社会不特定对象发放贷款'，是指 2 年内向不特定多人（包括单位和个人）以借款或其他名义出借资金 10 次以上。贷款到期后延长还款期限的，发放贷款次数按照 1 次计算。"2019 年 11 月出台的《民商审判会议纪要》第五十三条规定："未依法取得放贷资格的以民间借贷为业的法人，以及以民间借贷为业的非法人组织或者自然人从事的民间借贷行为，应当依法认定无效。同一出借人在一定期间内多次反复从事有偿民间借贷行为的，一般可以认定为是职业放贷人。民间借贷比较活跃的地方的高级人民法院或者经其授权的中级人民法院，可以根据本地区的实际情况制定具体的认定标准。"本规定此次修正，充分参考借鉴了以上司法解释和司法政策性文件关于"职业放贷人"的规定，在《民间借贷规定》第十三条中增加第三项，对职业放贷行为予以界定，明确规定职业放贷合同无效。

六、关于职业放贷行为的理解

《民间借贷规定》第十三条第三项关于职业放贷合同无效的规定，是本次修正新增的内容。对于职业放贷行为，法律并无明确规定，本规定修正前的司法解释虽有涉及，但规定不一。最高人民法院与最高人民检察院、公安部、司法部联合出台的《非法放贷意见》中规定，违反国家规定，未经监管部门批准，或者超越经营范围，以营利为目的，经常性地向社会不特定对象发放贷款，扰乱金融市场秩序的行为属于职业放贷，并规定“经常性地向社会不特定对象发放贷款”，是指2年内向不特定多人（包括单位和个人）以借款或其他名义出借资金10次以上。《民商审判会议纪要》第五十三条规定：“未依法取得放贷资格的以民间借贷为业的法人，以及以民间借贷为业的非法人组织或者自然人从事的民间借贷行为，应当依法认定无效。同一出借人在一定期间内多次反复从事有偿民间借贷行为的，一般可以认定为是职业放贷人。民间借贷比较活跃的地方的高级人民法院或者经其授权的中级人民法院，可以根据本地区的实际情况制定具体的认定标准。”本规定此次修正借鉴上述规定精神，对职业放贷行为作了明确界定，即“未依法取得放贷资格的出借人，以营利为目的向社会不特定对象提供借款的”。理解把握这一规定，需要注意以下几点：

1. 职业放贷人既可以是法人、非法人组织，也可以是自然人，但都不具备放贷资格。

2. 借贷行为以营利为目的。通常出借人只要收取利息或资金占用费等即可认定为营利，并不以收取高利息作为营利认定的条件。

3. 向社会不特定对象提供借款。此点需要结合案件事实予以认定。一般来说，在一段时期内多次向不特定的多人出借款项并收取利息或资金占用费等费用的行为，即可认定为职业放贷行为。

——最高人民法院民事审判第一庭编著：《最高人民法院新民间借贷司法解释理解与适用》，人民法院出版社2021年版，第231~232页、第234~235页。

729. 向不特定多数对象借贷扰乱金融市场秩序的借款合同效力认定

关键词

民间借贷纠纷　扰乱金融市场秩序

最高人民法院裁判文书

李勇明与王福亮，广州福达企业集团有限公司，广州凯亿投资咨询有限公司、李润祥民间借贷纠纷案［最高人民法院（2021）最高法民申4681号民事裁定书］

裁判要旨：在一定期间内多次反复从事有偿民间借贷行为，可认定出借行为具有反复性、经常性，借款目的具有营业性。未经批准擅自从事经常性的贷款业务的行为，系违反《中华人民共和国银

行业监督管理法》《非法金融机构和非法金融业活动取缔办法》中的营业禁止性规定，扰乱了金融市场秩序，属于从事非法金融业务活动，相关借款合同无效。

最高人民法院认为：（一）关于二审判决认定案涉《借款合同》无效是否有误。原《最高人民法院关于适用〈中华人民共和国合同法〉若干问题的解释（一）》第十条[①]规定："当事人超越经营范围订立合同，人民法院不因此认定合同无效。但违反国家限制经营、特许经营以及法律、行政法规禁止经营规定的除外。"根据一审查明的事实，李勇明名下账号为6216910306120004的账户流水显示，该账户涉及借款的交易往来多达数百笔，金额超过10亿元。2016年至2018年间，包括本案在内，李勇明出借的款项中仅因借款人逾期还款而进入诉讼或仲裁程序的就多达10笔，所涉金额高达数亿元，且借款对象主体众多。本院认为，李勇明在一定期间内多次反复从事有偿民间借贷行为，其出借行为具有反复性、经常性，借款目的具有营业性。该未经批准擅自从事经常性的贷款业务的行为，违反了《中华人民共和国银行业监督管理法》《非法金融机构和非法金融业活动取缔办法》中的营业禁止性规定，扰乱了金融市场秩序。尽管李勇明主张其只是受万惠公司委托将其运营的"PPmoney"理财平台上的相关资金出借，但其在相关资金汇集后以自己的名义向社会不特定对象放贷，仍属于从事非法金融业务活动。二审判决认定案涉《借款合同》无效，适用法律并无不当。

（二）关于二审判决对王福亮的责任认定是否有误。根据原《中华人民共和国担保法》第五条第一款的规定，因《借款合同》无效，案涉《保证担保合同》亦无效。又因福达公司、王福亮未对《借款合同》尽到审查注意义务，存在过错，二审判决依据原《最高人民法院关于适用〈中华人民共和国担保法〉若干问题的解释》第八条的规定，认定福达公司、王福亮应在凯亿公司不能清偿案涉债务部分的三分之一的范围内承担清偿责任，并无不当。

李勇明在再审申请中主张王福亮是案涉借款的实际使用人，所以王福亮不仅应承担担保责任，还应当承担全额还款责任。凯亿公司、福达公司、王福亮对此均予以否认。李勇明向本院提交了一份《调查取证申请书》，称广东省广州市经侦支队对陈星亮与李润祥进行了询问，二人在询问中均承认凯亿公司与该二人受王福亮控制，王福亮是案涉借款的实际使用人，故请求本院向广东省广州市公安局调取该份询问笔录。最高人民法院认为，根据原审查明的事实，李勇明与凯亿公司均确认，案涉借款是由李勇明直接汇入凯亿公

① 对应《民法典》第一百五十三条："当事人超越经营范围订立合同，人民法院不因此认定合同无效。但违反国家限制经营、特许经营以及法律、行政法规禁止经营规定的除外。"

司法定代表人陈星亮名下的账户，然后再划入李勇明与凯亿公司共同监管的李润祥的股票账户，而且李勇明还对该股票账户进行了风险控制。因此，本案的借款人为凯亿公司，应由凯亿公司承担还款责任，故本院对李勇明的调查取证申请不予准许，李勇明的此点再审申请理由亦不能成立。

——中国裁判文书网。

（三）利　息

730. 民间借贷双方对于利息有口头约定的，也应认可其合法性

关键词

利息　约定不明　口头约定　民间借贷

《中华人民共和国民法典》条文

第四百九十条　当事人采用合同书形式订立合同的，自当事人均签名、盖章或者按指印时合同成立。在签名、盖章或者按指印之前，当事人一方已经履行主要义务，对方接受时，该合同成立。

法律、行政法规规定或者当事人约定合同应当采用书面形式订立，当事人未采用书面形式但是一方已经履行主要义务，对方接受时，该合同成立。

第六百六十九条　订立借款合同，借款人应当按照贷款人的要求提供与借款有关的业务活动和财务状况的真实情况。

最高人民法院司法解释

第二十四条　借贷双方没有约定利息，出借人主张支付利息的，人民法院不予支持。

自然人之间借贷对利息约定不明，出借人主张支付利息的，人民法院不予支持。除自然人之间借贷的外，借贷双方对借贷利息约定不明，出借人主张利息的，人民法院应当结合民间借贷合同的内容，并根据当地或者当事人的交易方式、交易习惯、市场报价利率等因素确定利息。

——《最高人民法院关于审理民间借贷案件适用法律若干问题的规定》（2020年12月29日修正）。

附录：最高人民法院主流观点

对于一方或双方为非金融机构法人或其他组织的民间借贷而言，“没有约定利息”和“对利息约定不明”的不同情形下，是否计算利息的规则是不同

的。因此，在实践中，区分两种情形有着重要的意义。

实践中，借贷双方在书面证据中可能并没有利息、利率的明确约定，但当事人发生争议诉至法院后，往往出借人会有口头约定利率、利息的主张。根据《民法典》第六百六十九条规定，借款合同采用书面形式，但自然人之间借款另有约定的除外。即对一方或双方为非金融机构法人或非法人组织的民间借贷，原则上要求以书面形式订立。对于口头利息的约定，其效力如何认定？一方面，《民法典》第六百六十九条规定并非效力性强制性规定，应视作带有指引性质的管理性规定。另一方面，根据《民法典》第四百九十条规定，法律、行政法规规定或者当事人约定采用书面形式订立合同，当事人未采用书面形式但一方已经履行主要义务，对方接受的，该合同成立。故在民间借贷合同中，如借贷双方对于利息有口头约定的，法律也应认可其合法性。

——最高人民法院民事审判第一庭编著：《最高人民法院新民间借贷司法解释理解与适用》，人民法院出版社 2021 年版，第 360 页。

731. 主张借期内利息的当事人陈述借贷双方对利息有约定而当事人各自持有的借据无相关记载的，应视为未约定利息

关键词

民间借贷　借据　未约定利息

最高人民法院裁判文书

董峰与万信公司民间借贷纠纷再审审查案［最高人民法院（2021）最高法民申 4753 号民事裁定书］

裁判要旨：当事人各自持有的借据对利息无相关记载的，主张借期内利息的当事人应就借贷双方曾就借期内利息达成合意的事实承担举证证明责任，其仅陈述借贷双方对利息有约定而不能提供其他证据，对方当事人对此又不予认可的，应视为借贷双方就借款未约定利息，对当事人请求对方给付借期内利息的主张，依法应不予支持。

最高人民法院认为：本案再审审查的主要问题是原审认定案涉借款未约定利息是否正确。

经查，董峰提交的借据背面字迹被勾划掉，万信公司提交的借据背面则没有关于案涉借款利息约定的记载，董峰虽在原审中主张双方对案涉借款利

息有过口头约定，但万信公司对此不予认可，且董峰未能提交其他证据证明双方对案涉借款利息达成过一致约定，依法应当承担举证不利的后果。原审据此认定案涉借款没有约定利息，于法有据。关于董峰主张的案涉借款逾期利息，2015 年民间借贷司法解释第二十九条第二款第一项规定，借贷双方既未约定借期内的利率，也未约定逾期利率，出借人主张借款人自逾期还款之日起按照年利率 6% 支付资金占用期间利息的，人民法院应予支持。根据以上规定，原审法院将案涉借款的逾期利率认定为年利率 6%，并对董峰关于按年利率 24% 的标准计息的诉请不予支持，法律依据充分，并无不当。

——中国裁判文书网。

732. 本金数额及预扣利息的事实，应根据举证规则准确认定

关键词

预先扣除利息　合理怀疑　本金　举证责任

最高人民法院司法解释

第二十六条　借据、收据、欠条等债权凭证载明的借款金额，一般认定为本金。预先在本金中扣除利息的，人民法院应当将实际出借的金额认定为本金。

——《最高人民法院关于审理民间借贷案件适用法律若干问题的规定》（2020 年 12 月 29 日修正）。

附录：最高人民法院主流观点

司法实践中，出借人预先扣除利息的做法一般比较隐蔽，如出借人与借款人之间进行定期结算，签订结算协议、还款协议等书面文件，或者更换借条、欠条、收据等债权凭证。出借人以借条等债权凭证为依据要求还款，借款人往往以包含隐形高息、提前扣除利息、实际本金数额与载明本金数额不一致等理由进行抗辩。在此情形下，应初步判断出借人主张的借款事实是否具有合理怀疑，在存在合理怀疑时，应要求出借人进一步举证。比如出借人要求借款人按照借条、收据、欠条等债权凭证载明本金数额归还借款的，应当举证证明其已经按照债权凭证载明数额实际交付，如汇款凭证、银行转账记录。出借人主张为现金交付的，应结合交付金额、交付时间、交付地点、有无见证人等判断出借人主张的合理性。借款人主张利息已经提前扣除的，应对该事实承担举证责任。但是如果出借人未举证证明其已按照债权凭证载明数额实际支付款项，借款人抗辩利息已经提前扣除，出借人主张存在合理

怀疑的，比如出借人主张债权凭证载明的大部分款项通过银行转账而其余部分款项以现金交付且无其他证据印证的，人民法院应该要求出借人补强证据，以排除合理怀疑。如果出借人不能证明与债权凭证载明数额的差额以现金交付事实的，应对该部分诉讼请求不予支持。

——最高人民法院民事审判第一庭编著：《最高人民法院新民间借贷司法解释理解与适用》，人民法院出版社 2021 年版，第 386~387 页。

733. 民间借贷利率司法保护上限的重新划定

关键词

民间借贷　期贷款市场报价利率　意思自治　利息

《中华人民共和国民法典》条文

第六百八十条　禁止高利放贷，借款的利率不得违反国家有关规定。借款合同对支付利息没有约定的，视为没有利息。

借款合同对支付利息约定不明确，当事人不能达成补充协议的，按照当地或者当事人的交易方式、交易习惯、市场利率等因素确定利息；自然人之间借款的，视为没有利息。

最高人民法院司法解释

第二十五条　出借人请求借款人按照合同约定利率支付利息的，人民法院应予支持，但是双方约定的利率超过合同成立时一年期贷款市场报价利率四倍的除外。

前款所称"一年期贷款市场报价利率"，是指中国人民银行授权全国银行间同业拆借中心自 2019 年 8 月 20 日起每月发布的一年期贷款市场报价利率。

——《最高人民法院关于审理民间借贷案件适用法律若干问题的规定》（2020 年 12 月 29 日修正）。

附录：最高人民法院主流观点

利率问题是民间借贷的核心问题，也是民间借贷司法解释的主要内容。经济学理论认为，金融是实体经济的血脉，以促进资金在各产业和企业间流动，来实现资源的优化配置、促进实体经济发展。理想的利率标准应当由市场自发形成，但利率市场化不是利率无序化，无序的市场会降低金融配置资源的效率，导致金融与实体经济失衡，既不利于实体经济发展，也不利于融资活动规范开展，必须加以规制。从我国目前情况看，行政管理层面上，民间借贷缺乏明确的主管部门；立法层面上，《民法典》第六百八十条虽然规定“禁止高利放贷，借款的利率不得违反国家有关规定”，但至今没有法律法规对民间借贷的利率标准作出明确规范。与此同时，市场主体的民间借贷活动却日益活跃，人民法院受理民间借贷纠纷案件数量激增，近年来，每年均有200余万件的民间借贷纠纷案件涌入法院，人民法院划定民间借贷利率的司法保护上限是公平公正处理民间借贷案件的前提条件，可以为民间借贷纠纷的解决提供具体明确的裁判标准和救济渠道。因此，无论是1991年《最高人民法院关于人民法院审理借贷案件的若干意见》，还是本司法解释，均对民间借贷利率的司法保护上限作出规定。当然，作为借款合同的一种形式，尊重当事人的意思自治仍是处理民间借贷纠纷应当坚持的一项根本准则，只有恪守意思自治原则，才能充分发挥民间借贷在融通资金、激活市场方面的积极作用。需要注意的是，本司法解释划定民间借贷利率的保护上限，并不妨碍当事人在实施借贷行为过程中的意思自治。只要不违反法律、行政法规的强制性规定，不违背公序良俗，借贷双方有权按照自己的意思，就借款合同中的借款期限、利息计算、逾期利息、合同解除等内容作出自愿协商，并承受相应的法律后果。

关于民间借贷利率的司法保护上限的标准问题，最高人民法院在调研过程中收集到社会各界形成的三种主要意见：第一种意见以全国人大代表、政协委员为代表，认为应当大幅度降低民间借贷利率的司法保护上限至与实体经济的利润率基本持平的程度，着力缓解中小企业融资压力，保障促进实体经济发展；第二种意见以立法机关为代表，认为应对民间借贷采取与金融机构借贷相同利率标准的保护上限，进一步压缩民间借贷的生存空间，体现从严、治乱的精神要求；第三种意见以金融监管部门为代表，认为本司法解释已经确定的“以24%和36%为基准的两线三区”的标准符合民间借贷的特性，有利于提高民间借贷资金的可获得性，可以继续沿用。我们认为，为避免合同在履行过程中的风险，民间借贷利率的司法保护上限经常会成为借贷双方约定利率的重要参考，并辐射性地影响金融市场的资金定价，过高或者过低地划定保护上限的标准，均不利于民间借贷平稳健康发展，也不利于金融市场秩序稳定。鉴于2019年8月17日，中国人民银行已经发布“2019第15号公告”，决定改革完善贷款市场报价利率（LPR）形成机制，参考近期LPR数据的运行情况，将民间借贷利率的保护标准与国家货币政策调控机制进行衔接，在实际上大幅调低了民间借贷利率的司法保护上限，既能适应我国利率市场化改革的客观需要，又能有效降低民间融资的成本，为民间借贷市场发展预留空间。同时，考虑到我国司法实践中长期以来对民间借贷利率不超过“银行同类贷款利率的四倍”上限规定的接受程度，司法解释修改过程中，以中国人民银行授权全国银行间同业拆借中心每月20日发布的一年期贷款市场报价利率（LPR）四倍的标准，重新划定了民间借贷利率的司法保护上限，取代“以24%和36%为基准的两线三区”的规定标准，该标准是在充分吸收社会各界意见后形成的最大公约数，可以将民间借贷利率的司法保护上限控制在一个相对合理的范围内。

据此，依据新司法解释的相关规定，我们将继续执行更加严格的本息保护政策，无论当事人采取何种方式约定利息，对于按照约定要求借款人支付的利息，超过双方合同成立时一年期贷款市场报价利率四倍计算整个借款期间利息之和的，人民法院均不予支持。除此以外，当事人主张的逾期利息、违约金或者其他费用总计超过合同成立时一年期贷款市场报价利率四倍的部分，人民法院亦不予支持。

还应注意的是，为防止出借人以费用名义额外计收利息，进而规避民间借贷利率的司法保护上限，应当从新司法解释控制借款成本的立法本意出发，将第三十条（修改后的第二十九条）中的“其他费用”理解为借款人为获得借款而支付的其他成本，应与利率的性质基本相同，包括但不限于服务费、咨询费、管理费、会员费等各种除借款本金之外实际支付的费用。关于实践中争议较大的担保费问题，由于“其他费用”已经明确为出借人向借款人实际收取的费用，应视担保费是否最终由出借人实际收取作出认定。

——最高人民法院民法典贯彻实施工作领导小组办公室编著：《最高人民法院实施民法典清理司法解释修改条文（111件）理解与适用》，人民法院出版社2022年版，第397~398页。

734.《民间借贷规定》就利率司法保护上限下调后有关条文溯及力的理解

关键词

民间借贷　法不溯及既往　司法解释溯及力

最高人民法院司法解释

第三十一条　本规定施行后，人民法院新受理的一审民间借贷纠纷案件，适用本规定。

2020年8月20日之后新受理的一审民间借贷案件，借贷合同成立于2020年8月20日之前，当事人请求适用当时的司法解释计算自合同成立到2020年8月19日的利息部分的，人民法院应予支持；对于自2020年8月20日到借款返还之日的利息部分，适用起诉时本规定的利率保护标准计算。

本规定施行后，最高人民法院以前作出的相关司法解释与本规定不一致的，以本规定为准。

——《最高人民法院关于审理民间借贷案件适用法律若干问题的规定》（2020年12月29日修正）。

附录：最高人民法院主流观点

司法解释的溯及力直接决定该司法解释是否适用于某一案件，对当事人的权利义务影响巨大。在本司法解释修改过程中，因民间借贷利率司法保护上限的下调，有关溯及力的规定成为利率问题之外的又一重点。因新旧司法解释的衔接适用，将涉及社会综合治理下存量债务的清理工作，以及对当事人权益的平衡保护，本司法解释的溯及力将会对人民法院依法审理民间借贷纠纷案件产生较大影响。

由于我国《立法法》第九十三条规定，"法律、行政法规、地方性法规、自治条例和单行条例、规章不溯及既往，但为了更好地保护公民、法人和其他组织的权利和利益而作的特别规定除外"，关于司法解释是否具有溯及力的问题，一直存有不同认识。有观点认为，根据1981年第五届全国人大第十九次常委会通过的《关于加强法律解释工作的决议》的相关规定，司法解释是最高人民法院为统一法律适用标准而对现行立法作出的解释，解释的内容一般不得超越法律本身，也就不会超越社会成员的正当预期，溯及既往并不会损害其信赖利益，故最高人民法院司法解释大多规定，自司法解释施行之日起，人民法院尚未审结的一、二审案件均应适用，这种观点在实际上是认为司法解释具有天然的溯及力。但也有相反观点认为，司法解释虽是对既有法律的解释，而我国的司法解释在一定程度上还起到填补立法空白的作用，按照"法不溯及既往"的普遍原则，民事法律行为的当事人不应被将来的、不确定的法律规范，影响其在设定民事权利义务时的合法信赖利益。民间借贷司法解释有关利率司法保护上限的规定即是如此，故司法解释不应具有溯及力。

我们认为，法的生命在于实施，以无溯及力为原则，有溯及力为例外。具体而言，《民间借贷规定》第三十一条第一款规定"本规定施行后，人民法院新受理的一审民间借贷纠纷案件，适用本规定"，是指2020年第一次修改后的《民间借贷规定》自2020年8月20日公布之日起开始施行，新司法解释施行后，各级人民法院新受理的一审民间借贷纠纷案件均应适用本司法解释，但对于已经受理的一审、二审、再审案件的审理不适用本规定。该款规定是关于新司法解释适用案件的原则性规定，一是慎重考量了《立法法》关于"有利溯及"的相关规定，基于司法解释的功能定位，新民间借贷司法解释关于利率保护和合同效力等主要内容，符合《立法法》第九十三条"为了更好地保护公民、法人和其他组织的权利和利益而作出的特别规定”的例外情形；二是充分参考了2014年以来，最高人民法院发布的民商事类司法解释，多采“实体从旧、程序从新”的溯及力准则，作为民间借贷行为的全面规范，新民间借贷司法解释以实体内容为主，适用于新受理的一审案件，也符合民事审判规律。关于“新受理”案件的标准问题，实践中存有一定争议。我们认为，按照我国立案登记制度的相关规定，在2020年8月20日前人民法院收到当事人起诉材料且已转入诉前调解程序的，在2020年8月20日（含）后登记立案的案件，应视为2020年8月20日前受理的案件，依据《民间借贷规定》第三十一条第一款之规定，不适用新民间借贷司法解释。

《民间借贷规定》第三十一条第二款之规定以不减损当事人既存权利为前提，同时体现新司法解释颁布后的规范和引导作用，明确了“跨法”行为分段适用新旧司法解释的具体规则，注重保护民间借贷合同当事人的合理预期。依据该款规定，人民法院在审理2020年8月20日后新受理的一审民间借贷案件时，对于借贷合同成立于2020年8月20日之前，延续到新司法解释之后的借贷合同，当事人请求按照原民间借贷司法解释确定的标准计算部分利息的，以不越过2020年8月19日为界，人民法院应予支持。

此外，根据“新法优于旧法”的法的适用原则，《民间借贷规定》第三十一条第三款规定，最高人民法院以前发布的司法解释与新民间借贷司法解释对同一法律问题或者规则的规定存在适用冲突的，以新民间借贷司法解释的规定为准。

——最高人民法院民法典贯彻实施工作领导小组办公室编著：《最高人民法院实施民法典清理司法解释修改条文（111件）理解与适用》，人民法院出版社2022年版，第399~400页。

735. 民间借贷案件审理过程中，如何确定某一个时间点贷款市场报价利率的司法保护上限

关键词

民间借贷　合同成立　签章　贷款市场报价利率

附录：最高人民法院法官著述

审理案件过程中，在适用这一条时要注意如何确定某一个点的司法保护上限？根据《民间借贷规定》规定的“合同成立时一年期贷款市场报价利率”，所以先要确定合同成立的时间点。对于自然人之间的民间借贷合同，其成立是特殊的，是以给付款项为成立的时间点。而其他的自然人和企业、其

他组织，以及企业和企业、其他组织等之间的民间借贷合同，是以合同成立时签字盖章作为成立时间点。两者是有区别的。然后再去找合同成立时间点下正在执行的贷款市场报价利率这个点。目前每月 20 日（遇节假日顺延）向社会公布 1 年期和 5 年期以上贷款市场报价利率。

——刘敏:《民法典合同编重点问题解读》，载马世忠主编、最高人民法院政治部编:《人民法院大讲堂：民法典重点问题解读》，人民法院出版社 2021 年版，第 569 页。

736. 一年期贷款市场报价利率四倍”的上限标准限于“合同成立时”

关键词

合同成立时间　利息　贷款市场报价利率

最高人民法院司法解释

第二十七条　借贷双方对前期借款本息结算后将利息计入后期借款本金并重新出具债权凭证，如果前期利率没有超过合同成立时一年期贷款市场报价利率四倍，重新出具的债权凭证载明的金额可认定为后期借款本金。超过部分的利息，不应认定为后期借款本金。

按前款计算，借款人在借款期间届满后应当支付的本息之和，超过以最初借款本金与以最初借款本金为基数、以合同成立时一年期贷款市场报价利率四倍计算的整个借款期间的利息之和的，人民法院不予支持。

——《最高人民法院关于审理民间借贷案件适用法律若干问题的规定》（2020 年 12 月 29 日修正）。

附录：最高人民法院主流观点

自 2019 年 8 月 20 日起，中国人民银行已经授权全国银行间同业拆借中心于每月 20 日（遇节假日顺延）9 时 30 分发布贷款市场报价利率（LPR），分为一年期和五年期两种。中国人民银行贷款基准利率这一标准已经取消。根据本条规定，界定利率保护上限的标准为“合同成立时一年期贷款市场报价利率四倍”，故在具体案件中，要先认定合同成立时间，再根据合同成立时间确定当时适用的一年期 LPR，从而计算相应利息上限。比如借款合同成立于 6 月 1 日，那么适用的应为当年 5 月 20 日公布的 LPR。

——最高人民法院民事审判第一庭编著:《最高人民法院新民间借贷司法解释理解与适用》，人民法院出版社 2021 年版，第 398 页。

737. 当事人约定的利率高于一年期贷款市场报价利率四倍的，是否为认定合同无效的事由

关键词

合同无效　利率　高利贷　贷款市场报价利率

最高人民法院司法解释

第十三条　具有下列情形之一的，人民法院应当认定民间借贷合同无效：

（一）套取金融机构贷款转贷的；

（二）以向其他营利法人借贷、向本单位职工集资，或者以向公众非法吸收存款等方式取得的资金转贷的；

（三）未依法取得放贷资格的出借人，以营利为目的向社会不特定对象提供借款的；

（四）出借人事先知道或者应当知道借款人借款用于违法犯罪活动仍然提供借款的；

（五）违反法律、行政法规强制性规定的；

（六）违背公序良俗的。

第二十五条　出借人请求借款人按照合同约定利率支付利息的，人民法院应予支持，但是双方约定的利率超过合同成立时一年期贷款市场报价利率四倍的除外。前款所称“一年期贷款市场报价利率”，是指中国人民银行授权全国银行间同业拆借中心自 2019 年 8 月 20 日起每月发布的一年期贷款市场报价利率。

——《最高人民法院关于审理民间借贷案件适用法律若干问题的规定》（2020 年 12 月 29 日修正）。

附录：最高人民法院主流观点

《最高人民法院关于审理民间借贷案件适用法律若干问题的规定》第二十五条规定只是明确了对于超出一年期贷款市场报价利率四倍的部分利息，人民法院不予保护和支持，并非认定合同无效的依据。审判实践中，我们不能因为当事人约定的利率高于一年期贷款市场报价利率四倍，而认定整个合同无效。

——最高人民法院民事审判第一庭编著：《最高人民法院新民间借贷司法解释理解与适用》，人民法院出版社 2021 年版，第 238~239 页。

附录：最高人民法院法官著述

2022年12月29日修正的《关于审理民间借贷案件适用法律若干问题的规定》（以下简称《民间借贷规定》）第二十五条规定："出借人请求借款人按照合同约定利率支付利息的，人民法院应予支持，但双方约定的利率超过合同成立时一年期贷款市场报价利率四倍的除外。前款所称'一年期贷款市场报价利率'，是指中国人民银行授权全国银行间同业拆借中心自2019年8月20日起每月发布的一年期贷款市场报价利率。"该条规定只是明确了对于超出一年期贷款市场报价利率四倍的部分利息，人民法院不予保护和支持，并非认定合同无效的依据。审判实践中，我们不能因为当事人约定的利率高于一年期贷款市场报价利率四倍，即认定整个合同无效。

修改前《民间借贷规定》第二十六条规定："借贷双方约定的利率未超过年利率24%，出借人请求借款人按照约定的利率支付利息的，人民法院应予支持。借贷双方约定的利率超过年利率36%，超过部分利息约定无效。借款人请求出借人返还已支付的超过年利率36%部分的利息的，人民法院应予支持。"该规定虽然对于当事人约定的年利率超过24%但未超过36%部分利息如何处理未作明确规定，但实际是按自然之债来对待，即对该部分利息，当事人约定并非无效，但当债权人请求给付时，债务人得拒绝给付，债权人不得通过诉讼强制债务人履行；如果债务人已经给付该部分利息，且债权人已受领，法院也不得认定为不当得利，依债务人请求予以返还。此次《民间借贷规定》修正，在将第一款规定保护的最高利率修改为"一年期贷款市场报价利率四倍"的同时，删除了第二款规定。对于当事人约定利率超出一年期贷款市场报价利率四倍的利息，就超出部分的约定是按照无效处理，还是按照自然之债处理，《民间借贷规定》此次修正过程中，争议很大，最终未能作出明确规定。笔者认为，对于超出一年期贷款市场报价利率四倍的部分，按照约定无效处理更为妥当，已经支付的该部分利息，债务人可以要求返还或充抵。理由主要有两点：一是此次《民间借贷规定》修正删除了关于自然之债的规定，同时也未明确超出一年期贷款市场报价利率四倍部分利息约定是否无效，如果我们对超出部分约定按有效对待，超出部分利息即属于自然之债，而当事人约定超出部分可能远远超出一年期贷款市场报价利率四倍，一律按自然之债处理，显然不符合《民间借贷规定》此次大幅降低民间借贷保护利率的修正意图。二是如果不按无效处理，则有可能从反面激励高利贷的出现。同时，可能出现出借人为了规避人民法院对请求支付利率超过合同成立时一年期贷款市场报价利率4倍部分不予支持的规定，要求借款人在合同成立时即支付高于一年期贷款市场报价利率4倍部分利息。

——汪军：《关于民间借贷合同无效的认定》，载最高人民法院民事审判

第一庭编:《民事审判指导与参考》2020年第3辑(总第83辑),人民法院出版社2021年版,第40~41页。

738. 债务人偿还部分款项后重新出具债权凭证的,本息和上限如何计算

关键词

偿还部分款项　债权凭证　贷款市场报价利率

最高人民法院司法解释

第二十七条　借贷双方对前期借款本息结算后将利息计入后期借款本金并重新出具债权凭证,如果前期利率没有超过合同成立时一年期贷款市场报价利率四倍,重新出具的债权凭证载明的金额可认定为后期借款本金。超过部分的利息,不应认定为后期借款本金。

按前款计算,借款人在借款期间届满后应当支付的本息之和,超过以最初借款本金与以最初借款本金为基数、以合同成立时一年期贷款市场报价利率四倍计算的整个借款期间的利息之和的,人民法院不予支持。

——《最高人民法院关于审理民间借贷案件适用法律若干问题的规定》(2020年12月29日修正)。

附录:最高人民法院主流观点

实践中,借款关系并非一成不变,其内容一直处于变动中,如在借款期间借款金额有可能会增加或减少。常见的情形如债务人在偿还部分款项后,双方对部分事项重新约定,又重新出具债权凭证,此种情形下该如何认定本息和上限?

第一种观点认为,因《最高人民法院关于审理民间借贷案件适用法律若干问题的规定》第二十七条第二款规定的上限的计算是"以最初借款本金为基数",如果债务人已经偿还部分款项,致使后期借款本金小于最初借款本金,则不再适用本条第二款规定,只要双方当事人约定的年利率不高于"合同成立时一年期贷款市场报价利率四倍",则其请求的利息数额就可以支持。

第二种观点认为,如果债务人已经偿还部分款项,致使后期借款本金小于最初借款本金,仍应以最初借款本金为基数,计算出一个本息和上限,债权人请求的数额与债务人已经偿还的数额之和不应超过此上限,也就是说,此本息和上限减去债务人已经偿还的部分,即为债权人诉讼请求可以得到支持的部分。

第三种观点认为，如果债务人已经偿还部分款项，致使后期借款本金小于最初借款本金，则《最高人民法院关于审理民间借贷案件适用法律若干问题的规定》第二十七条第二款规定的本息和上限的计算方式就应该发生相应变化，应以开始小于最初借款本金的那一期借款本金作为计算基数，以之后的期间作为借款期间来计算本息和上限。

我们认为，从该条规定的背景与依据来看，第三种观点比较接近本条起草的本意。理由如下：第一种观点的理解不够全面，只体现了对计算复利的认可，但反映不出对复利计算的特别规制，体现不出该条第二款规定的意义。第二种观点比较容易计算，便于实际操作，但忽视了债务人的还款行为对其利益的直接影响，尤其是在债务人已经偿还了大部分款项的情形下，这种计算方式实际上就失去了其“上限”的规制作用。故相比较而言，我们更倾向于第三种观点，虽然这种计算方式相对烦琐，但更为接近本条规定的本意，也能体现债务人的还款行为对其利益的直接影响，从而对促使债务人及时还款起到积极作用。

——最高人民法院民事审判第一庭编著：《最高人民法院新民间借贷司法解释理解与适用》，人民法院出版社 2021 年版，第 399~400 页。

739. 逾期还款利息计算的截止时间

关键词

逾期还款利息　借款偿付　违约金　损失赔偿

最高人民法院司法解释

第二十八条　借贷双方对逾期利率有约定的，从其约定，但是以不超过合同成立时一年期贷款市场报价利率四倍为限。

未约定逾期利率或者约定不明的，人民法院可以区分不同情况处理：

（一）既未约定借期内利率，也未约定逾期利率，出借人主张借款人自逾期还款之日起参照当时一年期贷款市场报价利率标准计算的利息承担逾期还款违约责任的，人民法院应予支持；

（二）约定了借期内利率但是未约定逾期利率，出借人主张借款人自逾期还款之日起按照借期内利率支付资金占用期间利息的，人民法院应予支持。

——《最高人民法院关于审理民间借贷案件适用法律若干问题的规定》（2020 年 12 月 29 日修正）。

附录：最高人民法院主流观点

关于逾期还款利息计算的截止时间因法律无明确规定，司法裁判中存有很大争议，具体有以下四种观点：第一种观点认为，逾期还款利息应计算至贷款人起诉之日止；第二种观点认为，逾期还款利息应计算至判决发生法律效力之日止；第三种观点认为，逾期还款利息应计算至判决确定的履行期届满日止；第四种观点认为，逾期还款利息应计算至借款偿付完毕之日止。

我们认为逾期还款利息的性质为逾期还款的违约金或者损失赔偿，借款人在清偿借款之前其违约的状态一直持续之中，应当由借款人承担直到全部清偿之间的违约金或者赔偿损失。至于《民事诉讼法》第二百五十三条规定被执行人未按判决指定的期间履行给付金钱义务的，应当加倍支付迟延履行期间的债务利息的义务，自2014年8月1日起施行的《最高人民法院关于执行程序中计算迟延履行期间的债务利息适用法律若干问题的解释》已经明确了计算方法与标准，与逾期利息的计算并不冲突也不重复，两者可以分别适用。

——最高人民法院民事审判第一庭编著:《最高人民法院新民间借贷司法解释理解与适用》，人民法院出版社2021年版，第413页。

740. “高利转贷”“职业放贷”等违法借贷行为无效

关键词

高利转贷　职业放贷　民间借贷　违法借贷　企业借贷

《中华人民共和国民法典》条文

第一百四十四条　无民事行为能力人实施的民事法律行为无效。

第一百四十六条　行为人与相对人以虚假的意思表示实施的民事法律行为无效。

以虚假的意思表示隐藏的民事法律行为的效力，依照有关法律规定处理。

最高人民法院司法解释

第十三条　具有下列情形之一的，人民法院应当认定民间借贷合同无效：

（一）套取金融机构贷款转贷的；

（二）以向其他营利法人借贷、向本单位职工集资，或者以向公众非法吸收存款等方式取得的资金转贷的；

（三）未依法取得放贷资格的出借人，以营利为目的向社会不特定对象提供借款的；

（四）出借人事先知道或者应当知道借款人借款用于违法犯罪活动仍然提供借款的；

（五）违反法律、行政法规强制性规定的；

（六）违背公序良俗的。

——《最高人民法院关于审理民间借贷案件适用法律若干问题的规定》（2020 年 12 月 29 日修正）。

最高人民法院司法政策精神

11. 依法规制民间借贷市场秩序。对“高利转贷”“职业放贷”等违法借贷行为，依法认定其无效。推动各地人民法院根据本地区实际情况建立“职业放贷人”名录制度。依法否定规避利率司法保护上限合同条款，对变相高息等超出法律、司法解释规定的利息部分不予支持。在审判执行过程中发现有非法集资、“套路贷”、催收非法债务等犯罪嫌疑的，应当及时将有关材料移送相关部门。

——《最高人民法院印发〈关于充分发挥司法职能作用助力中小微企业发展的指导意见〉的通知》（2022 年 1 月 13 日，法发〔2022〕2 号）。

附录：最高人民法院主流观点

法律规定合同无效制度，以集中体现对行为的否定态度。《民间借贷规定》第十三条对民间借贷合同的无效事由作出规定，体现对借贷行为的管控和规制，为借贷主体参与民间借贷活动划定界限。

首先，2015 年司法解释已经确立的“转贷无效”规则，有条件地承认了企业间借贷合同的效力，在施行过程中取得了良好的效果。但为顺应我国市场经济发展趋势，在司法解释修改过程中，最高人民法院又先后征求了有关主管部门、专家学者以及行业协会的意见，决定突出民间借贷以自有资金和禁止吸收他人资金转手放款的原则要求，对转贷无效规则作出严格限定。实践中，对于《民间借贷规定》第十三条第一项规定存有一定争议，有观点认为，只要有证据证明出借人在出借款项的同期尚有金融机构贷款尚未偿还，出借人又不能举证证明款项的具体来源的，即可推定其实施了套取金融机构贷款转贷行为。我们认为，该项规定旨在加重出借人对资金来源的举证责任，但在认定是否构成套取金融机构贷款转贷的具体情形时，还应当综合出借人的贷款用途，出借人的金融贷款与用于出借的款项是否可以区分等方面加以综合考虑。另外，《民间借贷规定》第十三条第二项之规定中虽有“向其他营利法人借贷”“向本单位职工集资”的表述，但并不影响主体的广泛性，并未将自然人主体排除在外，出借人为自然人的，只要符合行为要件，也可适用

《民间借贷规定》第十三条第二项之规定认定合同无效。

其次，我国虽一直秉持民商合一的立法体系，但仍重视民商区分的法律思维，职业放贷人以放贷为业，对金融市场规则十分熟悉，有较高能力控制风险和节约成本，已经超出了民事主体的范畴。依据《银行业监督管理法》《关于规范民间借贷行为维护经济金融秩序有关事项的通知》的相关规定，职业放贷行为严重危害金融秩序，应当严格禁止。在制定 2015 年司法解释的过程中，考虑到职业放贷人难以认定，我国《放贷人条例》在当时已形成草案，故未将职业放贷行为纳入司法解释的规制范围，但《放贷人条例》至今仍未出台，职业放贷现象却愈演愈烈，故在修改司法解释时，在《民间借贷规定》第十三条规定的第三项增加规定了职业放贷行为的合同无效事由。而关于职业放贷行为的认定标准，法律并无明确规定，相关司法解释和司法政策文件虽有涉及，也规定不一。我们认为，除应结合条款中关于出借人是否获得有权机关的依法批准，出借行为是否具有营利目的以及是否属于向不特定对象提供借款的规定对职业放贷行为作出认定以外，还可以由各高级人民法院探索在本辖区范围内，综合考虑出借人放贷的次数、金额、主要收入来源、在法院集中诉讼的情况等对职业放贷人标准予以具体规范。

最后，《民间借贷规定》第十三条规定根据民间借贷合同的特点，涵盖了民间借贷合同无效的主要事由。实践中，对于符合《民法典》规定民事法律行为无效制度的民间借贷行为，应当直接依据《民法典》的相关规定认定无效。例如，借贷合同的一方主体为无民事行为能力人的，应当依据《民法典》第一百四十四条之规定认定为无效；出借人与借款人以虚假的意思表示订立民间借贷合同的，亦应依据《民法典》第一百四十六条之规定认定无效。

——最高人民法院民法典贯彻实施工作领导小组办公室编著:《最高人民法院实施民法典清理司法解释修改条文（111 件）理解与适用》，人民法院出版社 2022 年版，第 395~396 页。

741. 变相预扣利息行为的处理

关键词

预先扣除利息　本金　强制性规定

《中华人民共和国民法典》条文

第五百一十条　合同生效后，当事人就质量、价款或者报酬、履行地点等内容没有约定或者约定不明确的，可以协议补充；不能达成补充协议的，按照合同相关条款或者交易习惯确定。

第六百六十七条 借款合同是借款人向贷款人借款，到期返还借款并支付利息的合同。

第六百七十四条 借款人应当按照约定的期限支付利息。对支付利息的期限没有约定或者约定不明确，依据本法第五百一十条的规定仍不能确定，借款期间不满一年的，应当在返还借款时一并支付；借款期间一年以上的，应当在每届满一年时支付，剩余期间不满一年的，应当在返还借款时一并支付。

最高人民法院司法解释

第二十六条 借据、收据、欠条等债权凭证载明的借款金额，一般认定为本金。预先在本金中扣除利息的，人民法院应当将实际出借的金额认定为本金。

——《最高人民法院关于审理民间借贷案件适用法律若干问题的规定》（2020年12月29日修正）。

附录：最高人民法院主流观点

一般而言，预扣利息是发生在交付本金时，但是实践中，存在当事人为规避法律规定变相预扣利息的行为。以案为例：杨某作为甲方（出借人）与乙方（借款人）M公司签订《借款协议书》，约定杨某出借1500万元给M公司作为流动资金，借款期限为六个月，月利率为2%，利息总额为180万元，如乙方不按期归还借款，逾期还款利率按4%计算违约金。协议书签订后一个月，杨某向M公司转账支付1500万元。第二天，M公司支付给杨某现金180万元。借款到期后，M公司没有及时付款，杨某起诉至法院，要求M公司归还借款1500万元，并按照月利率2%支付利息。M公司抗辩称本金应按照1320万元计算。

本案中，借款人在次日将180万元利息归还出借人，是否存在利息预先扣除情形、是按照1500万元还是按照1320万元计算本金存在一定争议。有观点认为：双方在《借款协议书》中约定利息为180万元，但并未约定利息支付的时间，因此，债务人可以随时支付利息，债权人也可以随时要求债务人支付利息，这是当事人自由意志体现。M公司支付了180万元，与《借款协议书》中约定的利息基本一致。法律规定"借款利息不得预先在本金中扣除"是指交付本金时预先扣除利息。因此，应当按照出借人主张的1500万元计算本息。我们认为，此种行为尽管并非通常出借款项时直接扣除利息后交付本金的行为，但结合《民法典》的立法目的、利息性质等分析，仍应认定为预扣利息的行为。

就利息性质而言，利息是按约定利率计算的孳息，是借款人完全支配和使用借款本金所承担的成本，如果事先从借款本金中扣除利息，借款人利用本金创造经济效益的资金条件将受到限制，这对于借款人来说实质上是不公平的。

2.《民法典》第六百六十七条规定，借款合同是借款人向贷款人借款，到期返还借款并支付利息的合同。民间借贷中，出借人的主要义务是提供借款，借款人的主要义务是偿还所借款项并支付利息。就本案而言，虽然当事人对于返还利息的期限没有约定，但根据《民法典》第六百七十四条规定，对支付利息的期限没有约定或者约定不明确，依照《民法典》第五百一十条的规定仍不能确定，借款期间不满一年的，应当在返还借款时一并支付；借款期间一年以上的，应当在每届满一年时支付，剩余期间不满一年的，应当在返还借款时一并支付。所以，本案中，当事人完全可以就返还利息时间进行协商，如果协商不成，应该根据法律规定，按交易方式、交易习惯进行确定。次日即偿还借款，剥夺了借款人对于部分借款本金的期限利益。本案情形虽然不是出借人预先扣除利息后交付本金，并非典型的"本金中扣除利息"的行为，但对于此种行为的认可，无疑会助长当事人借此规避法律强制性规定的行为。所以，对于此种行为，应该予以否定性评价。

——最高人民法院民事审判第一庭编著：《最高人民法院新民间借贷司法解释理解与适用》，人民法院出版社2021年版，第387~388页。

742. 在合同没有约定情况下，不应对逾期利息计收复利

关键词

逾期利息　复利

最高人民法院裁判文书

中国农业银行股份有限公司沈阳和平支行与沈阳假日大厦有限公司金融借款合同纠纷案［最高人民法院（2016）最高法民终340号民事判决书］

裁判要旨：中国人民银行发布的有关利率的规定，只是规定了逾期利息和复利的计算标准，不能得出对于逾期利息应当计算复利的结论。案涉《借款合同》约定的逾期利息是对逾期贷款根据逾期天数按照日万分之二点一计收，已经高于《借款合同》约定的正常利率标准，由于逾期利息本质上是一种违约责任的承担方式，已经体现了对借款人逾期还款行为的惩罚性，其若再对逾期利息计收复利，有违公平和补偿原则。

最高人民法院认为：本案的争议焦点是农行和平支行是否有权对案涉《借款合同》中约定的逾期利息计收复利。农行和平支行主张应当计收复利的合同依据是《借款合同》第五条第五项约定，“对应付未付利息，按中国人民银行规定计收复利”，农行和平支行认为该项约定中的利息，包括逾期利息。而假日公司则认为，上述约定中的利息，只是正常贷款期限内产生的利息，不包括逾期利息。双方当事人均是依据《借款合同》第五条第五项的约定，提出了截然相反的认识和主张，在此情况下，本院将依照《合同法》第一百二十五条[①]的规定，对当事人存有争议的合同条款进行解释。

首先，从双方合同争议条款及相关条款的文义角度分析。一般而言，逾期利息也应该视为利息的一种，但是在本案《借款合同》中约定的利息与逾期利息还是不同的，合同第三条第二项“贷款人权利义务”中，明确约定“贷款人有权按照合同的约定直接从借款人任何账户中划收贷款本金、利息、罚息、逾期利息、复利和其他借款人应付费用”，这里的利息与罚息、逾期利息、复利等是并列表述的。与罚息、逾期利息、复利等不同，此处约定的利息应当是指贷款人按照约定利率或者法定利率，在借款合同期限内应得的利息，而逾期利息和复利的计收均是在合同第五条“违约责任”中约定的，其中第3项明确约定，“借款人不按本合同约定的期限归还贷款本金的，贷款人有权对逾期贷款根据逾期天数按日利率万分之贰点一计收逾期利息”；第5项约定，“对应付未付利息，按中国人民银行规定计收复利”。根据上述约定，应当计收复利的“应付未付利息”显然不应包括逾期利息。

其次，结合相关规定分析。诉讼中，农行和平支行提出按照中国人民银行发布的《人民币利率管理规定》和《关于人民币贷款利率有关问题的通知》的规定，应当对逾期利息计算复利。其中，《人民币利率管理规定》第二十一条规定，“对贷款期内不能按期支付的利息按合同利率按季计收复利，贷款逾期后改按罚息利率计收复利”。本院认为，其中应当计算复利的利息指的是贷款期内不能按期支付的利息，而并非是对贷款逾期后的逾期利息计算复利。而《关于人民币贷款利率有关问题的通知》第三条规定“对逾期或未按合同约定用途使用借款的贷款，从逾期或未按合同约定用途使用贷款之日起，按罚息利率计收利息，直至清偿本息为止。对不能按时支付的利息，按罚息利率计收复利”，只是规定了逾期利息和复利的计算标准，同样不能得出对于逾期利息应当计算复利的结论。

第三，《合同法》第四十一条[②]规定，对于格式合同中“格式条款的理解发生争议的，应当按照通常理解予以解释。对格式条款有两种以上解释的，

① 对应《民法典》第四百六十六条。

② 对应《民法典》第四百九十八条。

应当作出不利于提供格式条款一方的解释"。本案中的《借款合同》是银行一方提供的格式合同，在法律法规和相关金融管理规章并没有就逾期利息应否计算复利作出明确规定的情况下，双方当事人亦没有约定逾期利息应当计算复利，按照对于格式合同或者格式条款的理解发生争议的解释原则，本案应当作出对上诉人农行和平支行一方不利的解释，即《借款合同》第五条第5项约定的应当计收复利的"应付未付利息"不包括逾期利息。

第四，从《借款合同》约定的逾期利息的计算方法来看，逾期利息是对逾期贷款根据逾期天数按照日万分之二点一计收，已经高于《借款合同》约定的正常利率标准，由于逾期利息本质上是一种违约责任的承担方式，已经体现了对假日公司逾期还款行为的惩罚性，其若再对逾期利息计收复利，有违公平和补偿原则。

综上，农行和平支行的上诉理由不成立，对其对逾期利息计收复利的上诉请求，本院不予支持。

——中国裁判文书网。

743. 当事人约定逾期复利，该复利的计算基数是否包括逾期罚息

关键词

复利　逾期利息

最高人民法院裁判文书

中国工商银行（亚洲）有限公司、康正（天津）融资租赁有限责任公司金融借款合同纠纷二审案［最高人民法院（2020）最高法民终947号民事判决书］

裁判要旨：由于对借款本金计收的逾期罚息高于借款合同约定的期内利率，这一点已经体现了对借款人逾期还款行为的惩罚，若对逾期利息再计收复利，则有违公平和补偿原则，故在当事人约定逾期复利的情况下，该复利的计算基数应仅为合同期内的应付利息，而不包括逾期罚息。

最高人民法院认为：本案双方当事人对根据案涉相关利率掉期文件计算的2015年8月10日至2017年2月10日的掉期利息284774.34美元本身并无异议。就该部分掉期利息可否计收逾期利息，本院分析如下：

1. 关于掉期利息的性质。利率掉期又称利率互换，是指交易双方约定在未来一定期限内，根据约定的同种货币本金和利率计算利息并进行利息交换的金融合约。掉期交易系金融衍生品交易的一种具体形式，其与作为基础交易的金融借款合同的关系，亦应根据具体的案件情况尤其是当事人的约定而确定。案涉《贷款协议》第 5.1 条约定："借款人应按本条及掉期协议的相应规定支付贷款余额的相关部分的利息。"第 5.3 条则进一步明确《贷款协议》项下的利率为 Libor+3.5% 之和。由于 Libor 系浮动利率，为了对冲该利率浮动给双方带来的风险，根据《贷款协议》的上述约定，双方就案涉同一贷款融资交易又签署了一系列有关利率掉期的文件，约定"互换利率"，即在掉期交易期限内（2014 年 2 月 20 日至 2017 年 2 月 20 日），康正公司支付工银亚洲以案涉借款本金（或余额）为基数、以年 0.85% 为固定利率计算的利息；同时，康正公司从工银亚洲收取以案涉借款本金（或余额）为基数、以 Libor 为利率计算的利息，该两项利息的差值即为一审判决主文第二项中的掉期利息亦即点差。《贷款协议》和掉期文件项下的利息相加（抵销）之后，就案涉贷款融资交易而言，康正公司需支付的贷款利率实质上已经锁定为 0.85%+3.5% 这一固定利率。由此可见，在当事人于《贷款协议》第 5.1 条已就案涉贷款的利息收取作出明确约定的情况下，掉期文件与《贷款协议》的相关内容实质上系双方围绕同一案涉贷款的利息问题作出的交易安排，掉期利息针对《贷款协议》所约定之 Libor 的上下浮动实际上起到了"削峰填谷"的作用，即当 Libor 高于 0.85% 时，工银亚洲需向康正公司退还差额部分，即掉期利息；在 Libor 低于 0.85% 时，康正公司需向工银亚洲支付掉期利息以补足相应差额。据此可认定，《贷款协议》项下的利率即 Libor+3.5%，与掉期文件项下的掉期利率即 Libor 与 0.85% 的差值，共同构成了案涉贷款的利率。

工银亚洲以利率掉期与贷款业务分别记账核算，且其参与主体、计算基数可能不同为由，认为其二者系两种不同的业务，并进而主张关于掉期利息并非案涉借款利息的组成部分。本案中，借款人与掉期交易的服务提供方均为工银亚洲，并不存在交易主体不同的问题；根据《利率掉期确认书》的约定案涉掉期交易第三年的名义本金为 60000000 美元，该名义本金虽与《贷款协议》的剩余本金数额不一致，但并不妨碍该 60000000 美元名义本金所产生的掉期利息，构成该相应部分贷款本金之逾期利息的组成部分；此外，利率掉期与贷款业务分别记账核算系银行自身的内部管理问题，并不能说明其二者的关系。综上，工银亚洲的上述理由不能成立。在《贷款协议》第 5.1 条已就案涉贷款利息与掉期利息的关系作出明确约定的情况下，本案中应认定掉期利息系案涉借款利息的组成部分。

2. 关于掉期利息可否计收逾期利息亦即复利的问题。就人民币贷款而言，由于对借款本金计收的逾期罚息高于借款合同约定的期内利率，这一点已经体现了对借款人逾期还款行为的惩罚，若对逾期利息再计收复利，则有违公平和补偿原则，故在当事人约定逾期复利的情况下，该复利的计算基数应仅为合同期内的应付利息，而不包括逾期罚息。我国法律对美元等外币贷款的复利计收问题没有明确规定，但对此问题亦应作同一处理。如上所述，一审判决认定的2015年8月10日至2017年2月10日的掉期利息284774.34美元，系案涉贷款利息的组成部分。一方面，由于案涉贷款系于2015年8月10日提前到期，故8月10日当天的掉期利息与一审判决依据Libor+3.5%的利率计算的《贷款协议》项下该日利息8469.78美元，共同构成了期内应付利息。该期内应付利息，可根据合同约定计收复利，一审判决亦已判令对8469.78美元利息计收逾期利息。鉴于案涉《利率掉期协议》明确约定对掉期利息可计收复利，故对8月10日当天的掉期利息亦可计收复利。另一方面，一审判决明确自8月11日开始计算本金的逾期还款利息，而根据《贷款协议》的约定及双方在一、二审庭审中的共同主张，该部分逾期利息的利率为Libor+3.5%+2%，其中2%的利率已经体现了惩罚性。该《贷款协议》项下的逾期利息与8月11日之后的掉期利息共同构成了康正公司的逾期还款利息，故8月11日之后的掉期利息本身不应再计收逾期利息即复利。综上，一审判决以双方未明确约定为由，未作区分即否认工银亚洲对掉期利息计收复利的请求，确有不当，本院予以部分纠正。

根据二审查明的事实，8月10日至11月10日期间的掉期利息为110113.78美元［80000000美元×（0.85%-0.31140%）×92天÷360天］，由此可计算8月10日当日的掉期利息为1196.89美元。工银亚洲主张依据《贷款协议》第15.1（a）(iii）条“如果第7.1条所述的任何情况适用，该利率则为贷款行不时核实的反映其以其认为适当的任何方式筹集上述未付款项的筹资成本的利率”的约定计收复利，但其并未举证证明本案存在第7.1条所述的情况，故该主张本院不予支持。根据《贷款协议》第15.1（a）条的约定，本院认定以双方共同认可的逾期利率计收8月10日掉期利息的复利。鉴于工银亚洲向康正公司发出的掉期利息收取函载明，2015年8月10日至11月10日的掉期利息应于11月10日支付，故8月10日当日掉期利息的复利应从11月10日起算。

——中国裁判文书网。

744. 如何理解《民间借贷规定》第二十九条规定中的“其他费用”

关键词

其他费用　借款合同　诉讼费　律师费

《中华人民共和国民法典》条文

第六百八十条　禁止高利放贷，借款的利率不得违反国家有关规定。

借款合同对支付利息没有约定的，视为没有利息。

借款合同对支付利息约定不明确，当事人不能达成补充协议的，按照当地或者当事人的交易方式、交易习惯、市场利率等因素确定利息；自然人之间借款的，视为没有利息。

最高人民法院司法解释

第二十九条　出借人与借款人既约定了逾期利率，又约定了违约金或者其他费用，出借人可以选择主张逾期利息、违约金或者其他费用，也可以一并主张，但是总计超过合同成立时一年期贷款市场报价利率四倍的部分，人民法院不予支持。

——《最高人民法院关于审理民间借贷案件适用法律若干问题的规定》（2020 年 12 月 29 日修正）。

最高人民法院审判业务意见（第二巡回法庭法官会议纪要）

律师费和诉讼保全责任保险费为出借人维护自身合法权益的必要支出，与借款人借款成本性质不同。首先，从《民间借贷规定》第二十九条规定的立法本意看，该条主要目的在于当借贷双方对逾期利率、违约金以及其他费用一并约定时平衡保护当事人之间的权益；其次，从实践情况看，只有与融资成本紧密相关的费用才属于司法解释规定的范围，一般主要指约定的服务费、咨询费、管理费等，其性质上仍属于借款人为获得借款而支付的必要成本，并非在借款合同中出现的所有费用都属于上述范围；再次，本条设定利率上限的目的是防止当事人以其他费用变相提高借款利率；最后，律师费和诉讼保全责任保险费与借贷中的控制融资成本并无直接关联关系。当事人约定的律师费和诉讼保全责任保险费系当事人为实现债权而可能支出的成本，若借款人依约还款则不会产生；若引发纠纷产生相关费用，当由败诉方承担，原则上不同于借款利息、违约金等费用。

附：案情简介

A公司与B公司签订借款合同，约定A公司向B公司出借资金，若B公司出现违约，则双方为解决争议而实际支付的费用（包括但不限于诉讼费和合理的律师费）由败诉方承担。因B公司未依约偿还借款，A公司向法院提起诉讼请求B公司偿还借款本息，并支付律师费及诉讼保全责任保险费。

——《如何理解〈民间借贷规定〉第29条规定中的“其他费用”（最高人民法院第二巡回法庭2021年第19次法官会议纪要）》，载贺小荣主编：《最高人民法院第二巡回法庭法官会议纪要（第三辑）》，人民法院出版社2022年版，第257~259页。

最高人民法院裁判文书

中铁建川集团有限公司与河北凝力投资有限公司借款合同纠纷案［最高人民法院（2020）最高法民申454号民事裁定书］

裁判要旨：律师费、财产保全责任险保费等实现债权的费用系因借款人未按照约定偿还借款，导致债权人产生的费用支出和损失，且通常以实际发生的数额为限，不属于《民间借贷规定》第二十九条“其他费用”的范围。

最高人民法院认为：关于二审判决案涉律师费及财产保全责任险保费由中铁建川公司承担是否正确问题，《民间借贷规定》第三十条规定的“其他费用”在性质上属于借款人为获得借款支付的成本或支出，目的在于确保出借人出借资金的收益。而律师费、财产保全责任险保费等实现债权的费用系因借款人未按照约定偿还借款，导致债权人产生的费用支出和损失，且通常以实际发生的数额为限，不属于上述“其他费用”的范围。该案中，双方已对案涉费用在协议中有明确单独约定，且河北凝力公司提供了律师代理费发票、财产保全责任险保费发票证明系其实际支出。中铁建川公司应当依照合同约定，承担河北凝力公司为提起本案诉讼支付的相关费用。故中铁建川公司关于案涉律师费、财产保全责任险保费应当受到年利率24%上限限制的主张，缺乏事实和法律依据，不予支持。

——中国裁判文书网。

附录：最高人民法院主流观点

民间借贷中的律师费、诉讼保全责任保险费是当事人在借款合同中明确约定的合同内容，是当事人意思自治的体现，也是当事人预防风险的合理分担损失方式的预先安排。对此，对这一当事人之间的民事法律行为应当充分予以尊重，“法律行为有效，非因法律行为‘合法性’所致，而是直接源于行为人自由意志。‘合法性’判断则只在观察法律行为是否因违反强制规范而产生效力瑕疵时，才有意义”。上述费用只有在双方当事人产生争议，且向人民法院提起诉讼的情况下才可能产生，即具有或然性，与使用资金必然产生融资成本不同，后者具有必然性。其中有关律师费的额度，也并非完全由当事人意思自治约定，其也需符合律师费用相关的收取标准，要在通常意义上的“合理”范畴。何为“合理”，2021 年 12 月 28 日，司法部、国家发展和改革委员会、国家市场监督管理总局印发的《关于进一步规范律师服务收费的意见》“严格规范律师风险代理行为”部分的第六项指出，律师事务所与当事人约定风险代理收费的，可以按照固定的金额收费，也可以按照当事人最终实现的债权或者减免的债务金额（以下简称标的额）的一定比例收费。律师事务所在风险代理各个环节收取的服务费合计最高金额应当符合下列规定：标的额不足人民币 100 万元的部分，不得超过标的额的 18%；标的额在人民币 100 万元以上不足 500 万元的部分，不得超过标的额的 15%；标的额在人民币 500 万元以上不足 1000 万元的部分，不得超过标的额的 12%；标的额在人民币 1000 万元以上不足 5000 万元的部分，不得超过标的额的 9%；标的额在人民币 5000 万元以上的部分，不得超过标的额的 6%。因此，相关的律师费不能超越上述范畴。

对于诉讼保全责任保险费，其产生的原因和机理是基于保险期间内被保险人向法院提起的诉讼财产保全申请，如被保险人诉讼财产保全错误导致被申请人遭受损失的，经法院判决生效后由被保险人承担经济赔偿责任，保险人按照保险合同约定赔偿。对于诉讼保全责任保险费由谁承担的问题，实践中也存在争议，但由败诉方承担的观点也越来越多地被接受，案涉当事人也约定由败诉方承担的上述费用，参照《诉讼费用交纳办法》关于保全费的规定，即保全费应由申请人向法院预交，之后根据判决结果由败诉方承担，如果部分败诉、部分胜诉的，则按比例分别承担。即由败诉方承担也符合法律的公平原则。至于其具体标准，应受到保险法律法规的相关规制，不应由《民间借贷规定》来规定。综合上述分析，认定律师费及诉讼保全责任险费不包含在“相关费用”中更具有合理性。

此外，审判实践中已经有很多例子。如在最高人民法院审理的王某某与汤某某借贷纠纷再审案中，最高人民法院认为《民间借贷规定》第三十条关于出借人与借款人既约定了逾期利率，又约定了违约金或者其他费用，出借人可以选择主张逾期利息、违约金或者其他费用，也可以一并主张，但总计超过年利率 24% 的部分，人民法院不予支持的规定，其他费用在性质上属于借款人为获得借款支付的成本或支出。而律师费等实现债权的费用系因借款人未按照约定偿还借款，导致债权人产生的费用支出和损失，非债权人基于借款合同所直接获得金钱利益，不属于其他费用的范围。因此，律师费、保全费不属于《民间借贷规定》第二十九条规定的“其他费用”，也与以往的司法案例保持一致。

——《如何理解〈民间借贷规定〉第29条规定中的“其他费用”（最高人民法院第二巡回法庭2021年第19次法官会议纪要）》，载贺小荣主编：《最高人民法院第二巡回法庭法官会议纪要（第三辑）》，人民法院出版社2022年版，第262~264页。

745. 罚息能否计收复利

关键词

罚息　复利　金融借款　禁止性规定　意思自治原则

最高人民法院司法解释

第二十七条　借贷双方对前期借款本息结算后将利息计入后期借款本金并重新出具债权凭证，如果前期利率没有超过合同成立时一年期贷款市场报价利率四倍，重新出具的债权凭证载明的金额可认定为后期借款本金。超过部分的利息，不应认定为后期借款本金。

按前款计算，借款人在借款期间届满后应当支付的本息之和，超过以最初借款本金与以最初借款本金为基数、以合同成立时一年期贷款市场报价利率四倍计算的整个借款期间的利息之和的，人民法院不予支持。

——《最高人民法院关于审理民间借贷案件适用法律若干问题的规定》（2020年12月29日修正）。

一、关于适用范围问题。经征求金融监管部门意见，由地方金融监管部门监管的小额贷款公司、融资担保公司、区域性股权市场、典当行、融资租赁公司、商业保理公司、地方资产管理公司等七类地方金融组织，属于经金融监管部门批准设立的金融机构，其因从事相关金融业务引发的纠纷，不适用新民间借贷司法解释。

——《最高人民法院关于新民间借贷司法解释适用范围问题的批复》（2020年12月29日，法释〔2020〕27号）。

最高人民法院审判业务意见（第二巡回法庭法官会议纪要）

罚息、复利通常仅适用于金融借贷。在金融借贷中，贷款期内的利息可以计算复利当无疑问，此时复利的计算依据为结息日时欠付的利息乘以相应的利率，故复利的计算标准与结息日密切相关。贷款逾期后计收的罚息，因不存在结息日问题，因而一般情况下不存在罚息计收复利问题。当然，如果借款合同对逾期结息日及逾期罚息的收取有明确约定的，也可能存在罚息计收复利的问题。鉴于现行法对罚息计收复利并未作禁止性规定，根据意思自治原则，应当允许当事人作出此种交易安排，但不得超过法定的利率上限。考虑到金融借贷合同通常是由金融机构一方事先拟定的格式合同，对是否存在罚息应否以及如何计算复利的条款，应当由金融机构举证证明已经尽到提示和说明义务。

附：案情简介

A 银行与 B 公司签订借款合同，约定 A 银行向 B 公司提供资金 4 亿元，借款期限 36 个月，合同约定利率为 10%，逾期贷款的罚息利率按合同约定利率上浮 50%，同时约定借款人对应付未付利息计收复利。此后，A 银行以 B 公司违约为由主张贷款提前到期，起诉 B 公司要求偿还借款本息，其所主张利息包括利息、罚息和复利。

——《利息的裁判尺度（最高人民法院第二巡回法庭 2021 年第 20 次法官会议纪要）》，载贺小荣主编：《最高人民法院第二巡回法庭法官会议纪要（第三辑）》，人民法院出版社 2022 年版，第 277~278 页。

最高人民法院裁判文书

中国对外经济贸易信托公司与成都市恒丰绸缎织造有限公司借款合同纠纷案［最高人民法院（2020）最高法民终 145 号民事判决书］

裁判要旨：《人民币利率管理规定》第二十条、第二十一条及《贷款利率通知》第三条第二款只规定了计收逾期利息（即罚息）和复利的利率标准为罚息利率，未明确规定对罚息可以计算复利。利息与罚息是金融行业中两个不同含义的专业术语，不能互相混淆指代，更不能相互包含。因此，“应付未付利息”中的利息应当仅指贷款期内的利息，不能理解为包括罚息的利息。在合同没有约定的情况下，罚息计算复利缺乏依据。

最高人民法院认为：第一，关于外经贸信托公司所主张的利息、罚息、复利计算的年利率是否已经超过年利率 24% 的问题。法院认为，根据外经贸信托公司的诉讼请求，其在 2016 年 7 月 21 日至 2017 年 7 月 2 日期间主张的利息是以 9000 万元为本金，以年利率 7.55% 计算，其在该期间主张的复利是以欠付利息为本金，以年利率 11.325% 计算，并未超过年利率 24%。

从 2017 年 7 月 3 日起至款项付清之日止，外经贸信托公司主张的罚息是以 9000 万元为本金，以年利率 11.325% 计算，其主张的复利是以欠付利息或罚息为本金，以年利率 11.325% 计算，也未超过年利率 24%。综上，外经贸信托公司所主张的利息、罚息和复利相加计算的年利率并未超过年利率 24%。

第二，关于案涉罚息和复利是否应当予以调减的问题。法院认为，《信托借款合同》明确约定了罚息和复利的计算方法，年利率并未超过 24%，并不明显过高，对恒丰绸缎公司调减罚息和复利的主张不予支持。对于外经贸信托公司所主张的以欠付利息或罚息计收复利的诉讼请求，关于银行贷款产生的逾期罚息是否应当计收复利的问题，现行法律、行政法规并无明确规定。中国人民银行《人民币利率管理规定》第二十条第二款规定："短期贷款按季结息的，每季度末月的二十日为结息日；按月结息的，每月的二十日为结息日。具体结息方式由借贷双方协商确定。对贷款期内不能按期支付的利息按贷款合同利率按季或按月计收复利，贷款逾期后改按罚息利率计收复利。最后一笔贷款清偿时，利随本清。"该规定仅对贷款期内不能按期支付的利息计收复利以及贷款逾期后计收复利的利率标准作出规定，并未对逾期罚息是否计收复利作出规定。依照《中国人民银行关于进一步推进利率市场化改革的通知》，目前我国已经全面放开金融机构贷款利率管制。在现行法律、行政法规无禁止性规定的情况下，金融机构可以与借款人对逾期罚息是否计收复利作出约定。故本案所涉借款逾期罚息是否计收复利，应当根据《信托借款合同》的内容确定。因《信托借款合同》仅约定"对没有按时支付的利息，按前述罚息利率计收复利"，即仅约定了利息部分要计收复利，并没有明确约定罚息也要计收复利。因此，一审法院对外经贸信托公司关于计收罚息复利的该部分诉讼请求不予支持。四川省高级人民法院判决：（1）恒丰绸缎公司于判决生效之日起十日内向外经贸信托公司支付借款本金 9000 万元、利息（以 9000 万元为基数，按年利率 7.55% 计算，从 2016 年 7 月 21 日起至 2017 年 7 月 2 日止）、罚息（以 9000 万元为基数，按年利率 11.325% 计算，从 2017 年 7 月 3 日起至付清之日止）、复利（以欠付利息为基数，按年利率 11.325% 计算，从 2016 年 7 月 21 日起至付清之日止）；（2）外经贸信托公司对三宗国有建设用地享有抵押权，并对抵押物折价或者拍卖、变卖所得价款享有优先受偿权；（3）外经贸信托公司对遂宁天友酒店的股权享有质权，并对质押物折价或者拍卖、变卖所得价款享有优先受偿权；（4）平武天友酒店、天友发展公司、遂宁天友酒店、死海旅游公司、白某某、刘某某对恒丰绸缎公司的债务承担连带清偿责任；（5）驳回外经贸信托公司的其他诉讼请求。

外经贸信托公司不服上述民事判决，向最高人民法院提起上诉，请求改判复利以欠付的利息、罚息为基数，按年利率 11.325% 计算，从 2016 年 7 月 21 日起至付清之日止。最高人民法院判决：驳回上诉，维持原判。

——中国裁判文书网。

附录：最高人民法院主流观点

我们认为，在合同没有相关约定或约定不明的情况下，罚息不宜计收复利。首先，从《人民币利率管理规定》及《贷款利率通知》的规定看，确实并无明文规定罚息可以计收复利。其次，罚息已经具有惩罚性质，体现了对借款人逾期还款行为的惩戒，如允许罚息计收复利，则可能造成违约借款人的双重处罚，有违公平原则和违约责任的非惩罚性精神。最后，复利需要在结息日基础上进行计算，对于借款逾期后收取的罚息，已不存在合同约定的结息日，故罚息计算复利缺乏依据。相反，如果当事人对罚息计收复利进行了明确约定，该约定亦不存在违反禁止性规定的情形，则银行对罚息计收复利具有合同依据。原《最高人民法院关于审理涉及金融资产管理公司收购、管理、处置国有银行不良贷款形成的资产的案件适用法律若干问题的规定》（已废止）第 7 条规定当事人关于利息的计算方法不违反法律法规时，约定有效。该司法解释虽然于 2021 年 1 月 1 日被废止，但该指向性条款已被司法实践广泛采纳和适用。同时，应注意考察利息、复利、罚息等费用是否总计超过年利率 24% 这一上限，不能过分加重借款人的责任。因金融借贷合同通常是由金融机构一方事先拟定的格式合同，金融机构应举证证明罚息计算复利的合同条款经贷款人与借款人协商确定，或者提请借款人注意，否则该条款不能成为合同内容。

——《利息的裁判尺度（最高人民法院第二巡回法庭 2021 年第 20 次法官会议纪要）》，载贺小荣主编：《最高人民法院第二巡回法庭法官会议纪要（第三辑）》，人民法院出版社 2022 年版，第 286 页。

746. 合同约定“对不能按时支付的利息计收复利”是否包含贷款逾期利息

关键词

金融借款　复利　贷款逾期利息

最高人民法院裁判文书

李桂英与恒丰银行、鑫志源公司、汇通公司金融借款合同纠纷案［最高人民法院（2020）最高法民终 1035 号民事裁定书］

裁判要旨：复利为对于利息更生之利息的理解，对合同条款约定的“不能按时支付的利息”，应当理解为包括该合同约定的贷款期内应当按期支付的正常利息，以及因贷款逾期产生的逾期利息之总和。

最高人民法院认为：本案《流动资金借款合同》《保证合同》是合同各方的真实意思表示，内容合法有效，合同当事人均应按照约定履行义务或者承担相应的民事责任。恒丰银行福州分行依约履行了款项出借义务，鑫志源公司未按约还款，构成违约，应承担相应的违约责任。恒丰银行福州分行诉请鑫志源公司偿还《流动资金借款合同》项下欠付的本金并按约支付利息、罚息和复利，请求担保人承担相应的担保责任，于法有据，一审法院予以支持并无不当。现李桂英上诉认为，一审法院判决恒丰银行福州分行有权按照合同约定利率标准计收利息、罚息和复利属于认定事实不清，适用法律错误。恒丰银行福州分行不能把贷款逾期利息视为“不能按时支付的利息”而计算复利，复利的计算基数仅为正常利息即合同期内的应付利息，不包括逾期罚息。最高人民法院认为，复利即为对于利息更生之利息。本案当事人之间《流动资金借款合同》第 2.3.1 款约定，对不能按时支付的利息，贷款人有权按本合同约定的罚息利率计收复利。该条款仅对计收复利的标准作出约定，但并未对计收复利的基数作出约定。基于对复利的法律概念即复利为对于利息更生之利息的理解，对于该款“不能按时支付的利息”，应当理解为包括该《流动资金借款合同》约定的贷款期内应当按期支付的正常利息，以及因贷款逾期产生的逾期利息之总和。中国人民银行《人民币利率管理规定》第二十条规定，期限在一年以下（含一年）的短期贷款，对贷款期内不能按期支付的利息按贷款合同利率按季或按月计收复利，贷款逾期后改按罚息利率计收复利。该《人民币利率管理规定》同样规定了复利的计收基数包括贷款期内应当按期支付的正常利息，以及因贷款逾期产生的逾期利息。另外，二审庭审中，李桂英对于本案罚息的计算也提出异议，但并未明确异议的具体理由。经本院审查，一审审理过程中已就该罚息的计算组织当事人进行了质证和辩论，李桂英提出的异议不能成立。故本院对李桂英的该项请求亦不支持。

——中国裁判文书网。

747. 公司受让金融不良债权时能否计收复利

关键词

复利　金融不良资产　金融借款　债权转让

最高人民法院司法解释

第二十七条 借贷双方对前期借款本息结算后将利息计入后期借款本金并重新出具债权凭证，如果前期利率没有超过合同成立时一年期贷款市场报价利率四倍，重新出具的债权凭证载明的金额可认定为后期借款本金。超过部分的利息，不应认定为后期借款本金。

按前款计算，借款人在借款期间届满后应当支付的本息之和，超过以最初借款本金与以最初借款本金为基数、以合同成立时一年期贷款市场报价利率四倍计算的整个借款期间的利息之和的，人民法院不予支持。

——《最高人民法院关于审理民间借贷案件适用法律若干问题的规定》（2020 年 12 月 29 日修正）。

最高人民法院审判业务意见（第二巡回法庭法官会议纪要）

司法实践中，往往存在金融机构将债权转让给其他企业法人的情况，受让人在诉讼或执行中，能否依据原金融借款合同的约定，向债务人主张相关权利，如就利息计收复利、罚息计收复利等。有观点认为，《人民币利率管理规定》的适用对象限于金融机构，故非金融机构企业法人作为受让人，不能获得计收复利的资格；在多数情况下，债权转让多为金融不良资产的转让，《最高人民法院关于审理涉及金融不良债权转让案件工作座谈会纪要》第九条明确受让人向国有企业债务人主张利息的计算基数应以原借款合同本金为准。因受让人即便支付对价，也与金融不良债权资产数额严重不等，如果受让人能够就此获得计收复利的资格，就相当于不具有此类资格的主体可以通过债权受让的方式获得更多的利益，不利于实体产业的发展和经济秩序的稳定。

前述观点值得商榷。如果金融借贷合同约定了利息、罚息计收复利，其他企业法人受让不良债权后，可以依据原金融借贷合同约定向债务人主张相关权利。主要理由是：首先，金融机构将债权转让给其他企业法人，该行为的性质是债权转让，性质上类似于买卖，而有别于借贷。既然不是借贷，就不能因债权人主体变化导致借贷性质由金融债权转为民间借贷。不论受让人是谁，均取得原债权人的法律地位，享有原债权人的一切权利，包括就利息、罚息计收复利的权利。其次，罚息属于逾期违约金，与其他违约金在法律性质上并无本质区别，中国人民银行对金融机构收取罚息及复利等作出专门规定，目的在于维护金融市场秩序，并非赋予金融机构以特权。《民法典》第六百七十六条明确保护当事人约定或者国家规定的逾期利息，并未区分贷款人的身份。与利息、罚息及复利的相关权利不属于《民法典》第五百四十七条债权转让规定中专属于债权人自身的权利。最后，明确金融债权转让给其他企业法人后，借款人依然须支付合同约定的罚息及复利，则其赖账成本将会比过去有较大提升，有利于促使其尽早还款，降低金融不良债权的发生率。

——《利息的裁判尺度（最高人民法院第二巡回法庭 2021 年第 20 次法官会议纪要）》，载贺小荣主编:《最高人民法院第二巡回法庭法官会议纪要（第三辑）》，人民法院出版社 2022 年版，第 287~288 页。

748. 外币的利息换算时点

关键词

外币　利息换算　汇率　起诉日

最高人民法院司法解释

第二十七条　借贷双方对前期借款本息结算后将利息计入后期借款本金并重新出具债权凭证，如果前期利率没有超过合同成立时一年期贷款市场报价利率四倍，重新出具的债权凭证载明的金额可认定为后期借款本金。超过部分的利息，不应认定为后期借款本金。

按前款计算，借款人在借款期间届满后应当支付的本息之和，超过以最初借款本金与以最初借款本金为基数、以合同成立时一年期贷款市场报价利率四倍计算的整个借款期间的利息之和的，人民法院不予支持。

——《最高人民法院关于审理民间借贷案件适用法律若干问题的规定》（2020 年 12 月 29 日修正）。

最高人民法院审判业务意见（第二巡回法庭法官会议纪要）

在利息裁判尺度的问题上，以何种货币裁决、如何计息以及以什么汇率来确定损失也属于司法实践中常见的争议焦点。尤其是当违约日或者侵权日与裁决作出之日或者至债务被实际履行之日之间的间隔时间较长的情况下，不同的选择得出的结果差距较大。此外，国际案件通常争议标的额较大，币种、利息或者汇率对结果的影响将会进一步扩大。

实践中现存的裁判方法有给付时折算、到期时折算、起诉受理日折算、法庭辩论终结之日起算和履行判决之日起算五种。这几种观点均有利弊，第一，给付时起算与履行判决时起算类似，《德国民法典》第二百四十四条规定，外国货币之折算，应依履行地支付当时之市价，可予借鉴。但是这将选择权赋予了债务人，债务人可以根据汇率波动情况挑选履行时间，从而向债权人转嫁汇率下降的风险，当汇率下跌时履行，这种折算方法对债权人明显不公。第二，债务到期时折算是以债务原本的履行期限届满之日的汇率进行折算，认为以合同依约履行时债权人的可得汇率进行折算足以填补其所受损害，但这在外币贬值过程中，将造成让违约方得益的效果。故这些观点都忽视了守约方的利益。

我们认为，原则上应以起诉日起算。根据国务院《诉讼费用交纳办法》第五十五条的规定，诉讼标的以外币为计算单位时，法院应按决定受理案件之日的汇率换算成人民币后计算诉讼费。与此相适应，法院判决时也应按该日的汇率折算，否则，可能产生判决标的金额超出立案标的金额的现象，造成判决结果超出当事人的诉讼请求的后果。这也是尊重当事人意思自治的要求，因为此时债权人已经对外币的换算问题予以一定考虑，同时也能体现对债权人守约方的保护。但如果起诉之日当事人并未选择采用何种外币，则应以裁判之日确定。

——《利息的裁判尺度（最高人民法院第二巡回法庭 2021 年第 20 次法官会议纪要）》，载贺小荣主编：《最高人民法院第二巡回法庭法官会议纪要（第三辑）》，人民法院出版社 2022 年版，第 291~292 页。

749. 借贷双方对偿还的款项为本金还是利息无约定时，在计算借款人偿还出借人的本金和利息时，应当按照先息后本的原则，逐笔计算每次偿还的利息和本金

关键词

民间借贷　先息后本　借款本息

最高人民法院裁判文书

李金刚、王文莉与王永强、南阳市金苑房地产开发有限公司民间借贷纠纷案［最高人民法院（2019）最高法民申 6862 号民事裁定书］

裁判要旨：借贷双方对偿还的款项为本金还是利息无约定时，在计算借款人偿还出借人的本金和利息时，应当按照先息后本的原则，逐笔计算每次偿还的利息和本金。如果借款人清偿出借人的款项在冲抵当期利息之后还有剩余，应当冲抵本金。下一期利息应当以上期清偿之后的本金为基数进行计算。

最高人民法院认为：在计算借款人偿还出借人的本金和利息时，应当按照先息后本的原则，逐笔计算每次偿还的利息和本金。如果借款人清偿出借人的款项在冲抵当期利息之后还有剩余，应当冲抵本金。下一期利息应当以上期清偿之后的本金为基数进行计算。原审法院未查明李金刚、王文莉每笔

清偿资金在冲抵当期利息后，是否有剩余、是否还应当冲抵本金、每次冲抵本金的数额等基本事实，而是对每一期的利息均以 2960 万元本金为基数进行计算。原审法院这一计算方式缺乏事实和法律依据。

——法信精选。

750. 借款利息所涉个人所得税、增值税应由谁承担

关键词

民间借贷　利息　个人所得税　增值税　借款人

最高人民法院裁判文书

孟希凤与文安新钢公司等民间借贷纠纷案［最高人民法院（2021）最高法民申 5528 号民事裁定书］

裁判要旨：借款合同并未明确约定借款利息所涉的个人所得税、增值税由借款人承担。出借双方在约定利息的计付标准时应考虑到个人所得税、增值税的承担，其与出借款成本核算紧密相关，出借人主张借款人承担借款利息的个人所得税、增值税缺乏合同依据，不予支持。

最高人民法院认为：首先，案涉《借款合同》并未明确约定借款利息所涉的个人所得税、增值税由文安新钢公司承担。正常交易中，出借双方在约定利息的计付标准时应考虑到个人所得税、增值税的承担问题，孟希凤与文安新钢公司约定了借款利息，二审法院认为个人所得税、增值税与孟希凤出借款成本核算紧密相关，已为双方约定的借款利息所囊括，对孟希凤的主张不予支持，并无不当。其次，孟希凤先后与 10 家律师事务所及个人签订委托代理合同，所涉代理费达 8000 余万元，不符合通常的委托方式和习惯，亦超过文安新钢公司在订立案涉《借款合同》时预见或者应当预见到的损失范围，故仅应对孟希凤合理范围内的律师代理费主张予以支持。二审法院参照案涉《借款合同》订立时河北省律师服务收费相关标准，酌定以 1.74 亿元借款本金的 1.5% 支持孟希凤律师代理费主张 261 万元，亦无明显不当。再次，孟希凤向二审法院提交桥西区人民法院（2020）冀 0104 民初 7844 号判决书时，本案二审判决已作出，不存在剥夺当事人辩论权利的情形。

——中国裁判文书网。

（四）网络平台借贷

751. 网络借贷平台上借款合同的成立与生效

关键词

网络借贷平台　借款合同　合同效力

最高人民法院司法解释

第二十一条　借贷双方通过网络贷款平台形成借贷关系，网络贷款平台的提供者仅提供媒介服务，当事人请求其承担担保责任的，人民法院不予支持。

网络贷款平台的提供者通过网页、广告或者其他媒介明示或者有其他证据证明其为借贷提供担保，出借人请求网络贷款平台的提供者承担担保责任的，人民法院应予支持。

——《最高人民法院关于审理民间借贷案件适用法律若干问题的规定》（2020 年 12 月 29 日修正）。

附录：最高人民法院主流观点

P2P 借贷平台上，同时存在多个出借人和借款人。合同何时成立，需要根据平台的交易规则作出判断。有的平台的交易规则是按照竞标定价模式设计，即由借款人发布借款金额、价款期限、最高年利率等相关信息，潜在的出借人根据这些信息在最高利率范围内进行投标，投标期满后，如果投标资金总额超过借款人的融资总额，则利率最低的投资人中标；如果投标资金总额小于借款人的融资总额，则流标。在此交易模式下，借款人发布的借款需求等信息为要约邀请，投资者的投标为要约，最后由利率最低的投资人中标，则为承诺，至此，合同以投资者投标约定的条件成立。如果流标，则合同不成立，由于该合同不成立并非由于出借人、借款人或者平台的过错，因此不发生缔约过失责任。

——杜万华主编、最高人民法院民事审判第一庭编著：《最高人民法院民间借贷司法解释理解与适用》，人民法院出版社 2015 年版，第 388 页。

752. 网络借贷平台上居间合同的成立与生效

关键词

网络借贷平台　居间合同　合同效力

最高人民法院司法解释

第二十一条　借贷双方通过网络贷款平台形成借贷关系，网络贷款平台的提供者仅提供媒介服务，当事人请求其承担担保责任的，人民法院不予支持。

网络贷款平台的提供者通过网页、广告或者其他媒介明示或者有其他证据证明其为借贷提供担保，出借人请求网络贷款平台的提供者承担担保责任的，人民法院应予支持。

——《最高人民法院关于审理民间借贷案件适用法律若干问题的规定》（2020 年 12 月 29 日修正）。

附录：最高人民法院主流观点

P2P 平台与借款人或者出借人的之间的居间合同应于当事人签订居间合同时成立，具体的表现形式多为“某某平台服务协议”，此协议往往于借款人或出借人在平台上注册时显示，订立方式为用户注册时需点击“已阅读并同意某某平台服务协议”对话框，应该说，注册完成即视为双方居间合同成立。

有观点认为，应以借款人成功筹集到借款时起认定居间合同成立并生效，“流标”情况视为居间合同不成立。P2P 平台与出借人之间的居间合同中，成立生效时间应与借款人的居间合同一致。我们认为，这种观点值得商榷。首先，合同法居间合同一章并未对居间合同的成立时间作出特别规定，原则上应自承诺达到对方之日起成立并生效。其次，从 P2P 平台所提供的服务来看，是发布借款需求、提供投资信息、资金充值等中介服务，并且只有在注册为会员时才能申请借款或投资。这说明，只要注册后，即能享受到实际中介服务。同时，从 P2P 平台的义务来看，对已经注册为其会员的主体，它已经在履行报告订立合同的机会或者提供订立合同的媒介服务。这说明，合同已经成立。最后，借款人成功借款与否不是居间合同的成立要件，只是自然人间借款合同的成立要件。借款合同成立，是 P2P 平台促成合同成立的表现，也是 P2P 平台收取借款人或出借人报酬的条件，但非居间合同的成立条件。

——杜万华主编、最高人民法院民事审判第一庭编著：《最高人民法院民间借贷司法解释理解与适用》，人民法院出版社 2015 年版，第 389 页。

753. 网络借贷平台贷款金额的给付判断标准

关键词

网络借贷平台　贷款金额

最高人民法院司法解释

第二十一条　借贷双方通过网络贷款平台形成借贷关系，网络贷款平台的提供者仅提供媒介服务，当事人请求其承担担保责任的，人民法院不予支持。

网络贷款平台的提供者通过网页、广告或者其他媒介明示或者有其他证据证明其为借贷提供担保，出借人请求网络贷款平台的提供者承担担保责任的，人民法院应予支持。

——《最高人民法院关于审理民间借贷案件适用法律若干问题的规定》（2020 年 12 月 29 日修正）。

附录：最高人民法院主流观点

由于 P2P 网络贷款的支付有两种方式，一是通过 P2P 平台自有账户，二是通过第三方支付账户。人民法院在判断借款金额是否支付时，应根据 P2P 网络借贷平台的操作规程和服务协议的约定，分别判断。按照有的 P2P 网络借贷平台的操作程序，出借人并非直接把借款支付给借款人账户，而是通过转账至 P2P 平台的自有账户或第三方支付账户，在选中投资项目后，再通过该账户向投资项目中转款的方式给付。此时，借款合同自出借人的款项达到被投资项目即借款人的账户之时即为交付。

国内多数 P2P 平台提供网站充值服务，即由出借人提前把资金转账至平台上的个人账户，在投资时直接从账户里向借款人转账。不能认为出借人转账至平台上的个人账户时即视为借款合同的交付，原因在于该充值的资金随时可以提现、转账至出借人的银行账户，尚在出借人控制范围之内。

——杜万华主编、最高人民法院民事审判第一庭编著：《最高人民法院民间借贷司法解释理解与适用》，人民法院出版社 2015 年版，第 387~388 页。

754. 人民法院判断网络借贷借款是否交付的，应结合平台操作规程等综合认定

关键词

网络借贷平台　实际交付　实践性合同

最高人民法院司法解释

第二十一条　借贷双方通过网络贷款平台形成借贷关系，网络贷款平台的提供者仅提供媒介服务，当事人请求其承担担保责任的，人民法院不予支持。

网络贷款平台的提供者通过网页、广告或者其他媒介明示或有其他证据证明其为借贷提供担保，出借人请求网络贷款平台的提供者承担担保责任的，人民法院应予支持。

——《最高人民法院关于审理民间借贷案件适用法律若干问题的规定》（2020 年 12 月 29 日修正）。

附录：最高人民法院主流观点

自然人之间的借款合同为实践性合同，交付借款是合同的成立要件，通过网络贷款平台促成的自然人之间的借款合同，应当自出借人提供的资金到达借款人账户时才为交付，双方之间的借款合同成立，可以开始按照约定计算利息，这一点自无疑问。但是，由于网络借贷的支付既可以通过网络借贷平台自有账户，也可以通过第三方支付账户交付借款。此时，应当以何时认定借款合同已经成立，实践中尚有争议。

我们认为，人民法院在判断网络借贷中的借款金额是否实际交付时，应结合网络借贷平台的操作规程和服务协议作出综合认定。对于网络借贷平台的操作规程要求出借人先将投资款项转至网络借贷平台的自有账户或第三方支付账户，在选中投资项目后，再通过该账户向投资项目中完成转款的，借款合同应自出借人的款项达到被投资项目即借款人的账户后才为实际交付。具体规则是，出借人将资金转账至网络借贷平台后，出借人是否仍对该资金享有处分权，如果出借人支付至网络借贷平台或者第三方账户后，仍然可以对资金实现随时提现、转账等，应当认为该资金尚在出借人控制范围之内，不能认为该款项已经实际交付，不能认定借贷双方的借款合同已经成立。

——最高人民法院民事审判第一庭编著：《最高人民法院新民间借贷司法解释理解与适用》，人民法院出版社 2021 年版，第 326 页。

755. 互联网借贷系列合同中将非双方住所地及履行地记载为签约地，并约定该签约地法院管辖的条款无效

关键词

系列合同　没有实际联系的地点　签约地　约定管辖　条款无效

最高人民法院裁判文书

郭婉铭与重庆度小满小额贷款有限公司以及第三人广州市天河区韦博语言培训中心小额借款合同纠纷案［最高人民法院（2022）最高法民辖27号民事裁定书］

裁判要旨：1. 案涉《借款协议》载明了签署地/履行地，并约定发生争议，由该地法院管辖。但出借人、借款人住所地均不在上述地点，现有证据材料无法证明当事人系在此地签订并履行借款协议，该地与双方争议没有实际联系。

2. 此类互联网借贷纠纷，出借方一方主体特定、借款方一方主体不特定，存在着面广量大的情形，虽然协议选择管辖法院，系双方当事人的明确约定，但在无证据材料可证明该选择地与争议有实际联系的情况下，如就此认定选择地人民法院是管辖法院，势必造成大量案件通过协议管辖进入约定法院，破坏正常的民事诉讼管辖秩序，故该协议管辖条款无效。

最高人民法院认为：本案系互联网借贷引发的合同纠纷。《民事诉讼法》第三十五条规定，合同或者其他财产权益纠纷的当事人可以书面协议选择被告住所地、合同履行地、合同签订地、原告住所地、标的物所在地等与争议有实际联系的地点的人民法院管辖，但不得违反本法对级别管辖和专属管辖的规定。案涉《重庆度小满小额贷款有限公司借款协议》系通过互联网方式签订，其中，借款协议载明签署地、实际履行地为北京市海淀区，发生争议，由协议签署地或实际履行地人民法院管辖，出借人度小满公司、借款人郭婉铭住所地均不在北京市海淀区，现有证据材料无法证明当事人系在北京市海淀区签订并履行案涉借款协议，北京市海淀区与本案争议没有实际联系。此类互联网借贷纠纷，出借方一方主体特定、借款方一方主体不特定，存在着面广量大的情形，虽然协议选择北京市海淀区人民法院管辖，系双方当事人在案涉合同中进行的明确约定，但是，在无证据材料可以证明北京市海淀区

与本案争议有实际联系的情况下，如就此认定北京市海淀区人民法院是本案的管辖法院，势必造成大量案件通过协议管辖进入约定法院，破坏正常的民事诉讼管辖秩序，故案涉协议管辖条款无效。《中华人民共和国民事诉讼法》第二十四条规定，因合同纠纷提起的诉讼，由被告住所地或者合同履行地人民法院管辖。度小满公司住所地位于重庆市北碚区，重庆市北碚区人民法院是本案的管辖法院。重庆市北碚区人民法院将有管辖权的案件移送北京市海淀区人民法院处理不当，本院予以纠正。

——中国裁判文书网。

（五）责任主体

756. 第三人仅在债权凭证或借款合同中签字或者盖章的行为认定

关键词

第三人　签章　债权凭证　借款合同

最高人民法院司法解释

第二十条　他人在借据、收据、欠条等债权凭证或者借款合同上签名或者盖章，但是未表明其保证人身份或者承担保证责任，或者通过其他事实不能推定其为保证人，出借人请求其承担保证责任的，人民法院不予支持。

——《最高人民法院关于审理民间借贷案件适用法律若干问题的规定》（2020 年 12 月 29 日修正）。

附录：最高人民法院主流观点

正确的做法应当是，首先对债权人提出的证据作出评价，在该证据能够证明第三人的签字或者盖章具有建立保证合同关系的规范意义时，就应当认定第三人的保证人地位并判令其承担保证责任；如果第三人提出的反驳证据降低了债权人证据的证明力，使债权人的证据证明力不能达到“高度可能性”的标准，则不应认定第三人的保证人身份；如果第三人提出的证据降低了债权人证据的证明力，使第三人保证人地位这一待证事实处于真伪不明的状态，则人民法院应当认定保证合同关系不成立。

——杜万华主编、最高人民法院民事审判第一庭编著：《最高人民法院民间借贷司法解释理解与适用》，人民法院出版社 2015 年版，第 368~369 页。

757. 借款人出具书面凭证对其借用账户借款的事实及数额予以确认且经出借人认可的，被借账户的人不应承担连带清偿责任

关键词

民间借贷　连带责任　出借账户　当事人约定

最高人民法院裁判文书

陈斌、陈浩钰等与陈斌、沈阳金盾防暴器材有限公司等民间借贷纠纷案

［最高人民法院（2016）最高法民再24号民事判决书］

裁判要旨：判令当事人承担连带责任，需有法律明确规定或者当事人明确约定。借贷双方均认可借款人借用账户用以接收出借款项，并且借款人出具书面凭证对借款事实及数额予以确认，出借人接受并予以认可的，不应判令被借用账户的人承担连带清偿责任。

最高人民法院认为：判令当事人承担连带清偿责任应当有明确的法律规定或者当事人约定。根据已查明的案件事实，虽然杨玉凤指示案外人王友奉、肖颖向陈浩钰账户转款1150万元，但该款项已包含在陈斌所签《欠据》的800万元借款本金范围内，各方当事人对此均不持异议。杨玉凤不能证明陈浩钰具有与陈斌共同借款的意思表示，亦不能证明该款项系被陈浩钰实际使用，故该笔借款的债务人仍是陈斌。据此，原判决判令陈浩钰在150万元范围内与陈斌承担连带清偿责任，缺乏事实及法律依据，应予纠正。

——法信网。

附录：本案解析

连带责任是中国民事立法中的一项重要民事责任制度，其目的在于补偿救济，加重民事法律关系当事人的法律责任，有效地保障债权人的合法权益。判令当事人承担连带责任，实际上加重了当事人的负担，所以，必须有法律的明确规定或者当事人约定。在没有法律规定或者当事人约定的情况下，判令当事人承担连带责任，违反民事诉讼以法律为准绳、以事实为根据的原则。

本案中，陈斌向杨玉凤借款，杨玉凤按照陈斌的指示将150万元出借款项转账至陈浩钰账户。后在陈斌与杨玉凤结算借款时，陈斌亦将该150万元计入其借款数额向杨玉凤出具了《欠据》，杨玉凤接收并予以认可。由此可见，杨玉凤认可该150万元是借给陈斌使用的。虽然杨玉凤将150万元出借

款项转账至陈浩钰账户，但是，由于杨玉凤与陈浩钰没有达成借贷的合意，且没有证据证明陈浩钰与陈斌系共同借款人，也没有证据证明陈浩钰使用了该款项，因此，不能认定存在陈浩钰对该150万元借款承担连带清偿责任的约定。现行法律及司法解释没有规定借用账户收取借款的，出借账户的人应当与借款人承担连带清偿责任。因此，判令陈浩钰在150万元范围内与陈斌承担连带清偿责任既没有事实根据，也没有法律依据，最高人民法院再审予以纠正。

——《判令承担连带责任需有法律规定或者当事人约定》，载郑学林主编、最高人民法院第二巡回法庭编著：《民商事再审典型案例及审判经验》，人民法院出版社2019年版，第132~134页。

758. 他人基于亲属等社会关系在借据上签名的，出借人应提供充分证据证明借款人身份

关键词

借据　借款合同　共同借款人　举证责任

最高人民法院裁判文书

段媛媛与颜奕、林建国民间借贷纠纷案［最高人民法院（2021）最高法民申6853号民事裁定书］

裁判要旨：民间借贷实务中，借贷双方主体在签订借款合同时，在形式上和内容上，经常呈现出不规范的特征。当事人在订立民间借贷合同时，基于亲属、朋友、同事或者其他社会关系，他人作为出借人的保证人、见证人、中间人或者出于其他原因而在借据上签名的情形亦存在。出借人（原告）主张被告之一为《借款合同》的共同借款人，应提供充分证据证明该被告的借款人身份。如存在该被告于“借款人”处签字的合理事由，但出借人仅提供上述《借款合同》，而没有其他充分证据予以佐证的，则系未尽到必要的举证义务。

最高人民法院认为：一、关于原判决认定的基本事实是否缺乏证据证明的问题。民间借贷实务中，借贷双方主体在签订借款合同时，在形式上和内容上，经常呈现出不规范的特征。当事人在订立民间借贷合同时，基于亲属、朋友、同事或者其他社会关系，他人作为出借人的保证人、见证人、中间人

或者出于其他原因而在借据上签名的情形亦存在。本案中，段媛媛主张林建国为案涉《借款合同》的共同借款人，应当提供充分的证据证明林建国的借款人身份。根据原审查明的事实，段媛媛认定林建国为借款人的依据为林建国在《借款合同》上借款人处后面签字，此外并没有其他充分证据予以佐证，其没有尽到必要的举证义务。相反，林建国作为颜奕公司的财务负责人，在签订《借款合同》时颜奕不在现场的情况下，由林建国先行签字作为见证人符合常理。从《借款合同》的内容及履行情况来看，合同注明的借款人、款项汇入账户以及转账备注都显示借款人为颜奕一人，与林建国无关。同时，证人陈某 1、陈某 2 以及作为段媛媛借款介绍人的谢某相关证言及录音亦能证实林建国并不是案涉《借款合同》的借款人，且段媛媛并未提供证据证明其本人或谢某在合同履行期间曾向林建国主张过还款付息。因此，根据现有证据，原判决认定林建国不是《借款合同》的共同借款人，并无不当。

二、关于本案主要证据是否未经质证的问题。根据前述分析，原判决认定林建国不是《借款合同》的共同借款人，主要基于段媛媛并未提交充分证据证明林建国的借款人身份。原判决并非仅以陈某 1、陈某 2 的证人证言及谢某的录音材料作为认定本案基本事实的主要证据。同时，陈某 1、陈某 2 的证人证言经过公证处公证，林建国与谢某的电话录音属于证明案件事实的电子证据。原审法院对上述证据经过质证程序，且表明将结合现有其他证据对上述证据证明力作出认定，而不是直接以该证据认定本案基本事实。综上，原判决并不存在认定事实的主要证据未经质证的情形。

三、关于本案是否适用法律错误的问题。《最高人民法院关于适用〈中华人民共和国民事诉讼法〉的解释》第九十一条规定："人民法院应当依照下列原则确定举证证明责任的承担，但法律另有规定的除外：（一）主张法律关系存在的当事人，应当对产生该法律关系的基本事实承担举证证明责任；（二）主张法律关系变更、消灭或者权利受到妨害的当事人，应当对该法律关系变更、消灭或者权利受到妨害的基本事实承担举证证明责任。"本案中，段媛媛主张林建国为借款合同关系的当事人，其应当对林建国为借款人的基本事实承担举证证明责任，原判决适用法律并无错误。

——中国裁判文书网。

759. 当事人可约定采用债务加入或确认共同债务的方式来承担既有债务

关键词

债务加入　共同债务　法定代表人　既有债务

《中华人民共和国民法典》条文

第五百五十二条 第三人与债务人约定加入债务并通知债权人，或者第三人向债权人表示愿意加入债务，债权人未在合理期限内明确拒绝的，债权人可以请求第三人在其愿意承担的债务范围内和债务人承担连带债务。

第五百五十三条 债务人转移债务的，新债务人可以主张原债务人对债权人的抗辩；原债务人对债权人享有债权的，新债务人不得向债权人主张抵销。

第五百五十四条 债务人转移债务的，新债务人应当承担与主债务有关的从债务，但是该从债务专属于原债务人自身的除外。

最高人民法院裁判文书

陈翔、浙江未名物流发展有限公司与陈乃俊、原审被告福州市众行投资合伙企业（有限合伙）民间借贷纠纷案（最高人民法院民事判决书）

裁判要旨：当事人对既有债务，可以在明确为他人债务的情形下，通过债务加入等方式承担债务，也可以通过确认该债务为己方与他人共同债务的方式承担债务。当法定代表人以公司名义加入债务时，其行为的效力与后果，应当参照公司为他人提供担保的相关规定来处理。而当有充分证据证明法定代表人以公司名义确认该债务为己方与他人共同债务与事实相符时，则不宜再认定为债务加入，进而参照公司为他人提供担保的相关规定认定该确认行为的效力。

最高人民法院认为：未名公司上诉关于其不应与陈翔共同承担案涉款项还款责任的主张，不予支持。第一，未名公司对案涉款项承担清偿责任是基于共同借款而非债务加入关系。首先，未名公司在案涉借条复印件上“借款人：”处加盖了未名公司公章。虽然各方当事人对案涉借条上陈翔签名和未名公司盖章先后关系说法不一，但即便未名公司盖章在陈翔签名之后，未名公司明知陈翔已在借条上“借款人：”处签名捺印，仍在几张借条复印件上的“借款人：”处加盖公章行为本身就可以作为其是以共同借款人身份加盖的证据；其次，2018 年 7 月 13 日签订的《借款确认及还款协议》的相关文义表述可以证明未名公司是以共同借款人而非债务加入人身份签订该协议。根据该协议标题可知，协议主要内容为：确认案涉借款金额及其利息和还款方式和期限等。而协议中“二、借款用途：乙方将借款用于支付借款方 2 未名公司的工程款及补充公司日常经营所需的流动资金”的表述，则说明未名公司与陈翔共同作为乙方确认，之前发生的案涉借款用途为用于未名公司自身需要。协议抬头中协议主体部分和结尾签字或盖章部分均为“乙方（借款方1）：陈翔；（借款方2）：未名公司”都共同证明未名公司对案涉借款承担清偿责任的身份有明确的意思表示，即与陈翔一起作为共同借款方。协议中“一、借款金额”部分明确记载“乙方两借款人作为共同借款人，对甲方承担还款义务”。对此，未名公司作为常年从事商业活动的主体应清楚该句话所表述的意思并非债务加入。可见，虽然案涉借款行为发生在该协议签订之前，但未名公司已在该协议中确认其法定代表人陈翔之前与陈乃俊之间发生的案涉借款实际用于未名公司生产经营。也正是在此前提下，未名公司才愿以“借款方2：未名公司”名义清偿案涉债务。虽然未名公司上诉主张，案涉借款发生在先，未名公司盖章确认在后，故应认定未名公司是债务加入。但从当事人意思自治出发，当事人对既有债务的承担自行选择采用债务加入抑或共同债务的方式，均应予尊重。而本案中“借款方2：未名公司”“乙方两借款人作为共同借款人，对甲方承担还款义务。”的文义表述、案涉款项用途以及陈翔的未名公司法定代表人身份等案件事实足以证明未名公司是以共同借款人身份而非债务加入人身份签订案涉协议。故原判决认定未名公司是共同借款人，并无不当。进而，未名公司主张应参照适用公司为他人提供担保的规定认定案涉协议无效，则因缺乏依据，不予支持。

第二，陈乃俊签订案涉《借款确认及还款协议》并不违反《公司法》第一百四十八条规定。《公司法》第一百四十八条规定的“董事、高级管理人员不得有下列行为：（四）违反公司章程的规定或者未经股东会、股东大会同意，与本公司订立合同或者进行交易”并不是绝对禁止公司董事、高级管理人员与本公司订立合同或者进行交易，而主要是为防止公司董事、高级管理人员在上述订立合同或进行交易过程中，不当利用其担任公司职务所知悉的信息等，损害公司利益。因此，在公司章程没有特别规定的情形下，即便董事、高级管理人员与本公司订立合同或者进行交易时未经股东会、股东大会同意，只要事后经股东会、股东大会追认同意，仍可有效。具体到本案中，根据二审庭审查明事实，陈乃俊签订案涉《借款确认及还款协议》时，刚刚取得未名公司董事身份，尚未实质参与未名公司生产经营管理，且该协议内容主要是针对原来已发生借款数额的确认和结算事宜，并不涉及新的借款事项约定，不属于订立新的借款合同。

第三，案涉款项是否全部用于未名公司的生产经营，不影响未名公司承担案涉款项的返还责任。未名公司上诉主张，陈翔收取的借款中有部分未交付给未名公司用于生产经营，故对该部分不承担还款责任。由于未名公司所主张的未交付部分实际已被另一共同借款人陈翔收取，故未名公司作为共同借款人，仍应在陈翔收取的借款范围内承担还款责任。

——最高人民法院民事审判第一庭编：《民事审判指导与参考》2021年第

2辑（总第86辑），人民法院出版社2021年版，第224~225页。

760. 债务人明知借贷中间人身份而向其履行对债权人的还款，不构成表见代理

关键词

民间借贷 表见代理 借贷中间人 还款行为

最高人民法院裁判文书

陈义谨等与代宏艳等民间借贷纠纷案［最高人民法院（2018）最高法民申1140号民事裁定书］

裁判要旨：构成表见代理的前提是，代理人以被代理人的名义行事。如果债务人明知借贷中间人身份而向其履行对债权人的还款，不存在委托汇款情形，不能认定构成表见代理。

最高人民法院认为：本案的主要争议焦点系代宏艳在本案借贷关系中的行为是否构成表见代理。根据《合同法》第四十九条规定，表见代理是行为人没有代理权、超越代理权或者代理权终止后作出行为，如果相对人有理由相信其有代理权，则相对人即可要求本人承担行为后果并受其约束。构成表见代理的前提是，代理人以被代理人的名义行事。从涉案三份借条来看，陈义谨系以本人名义出借，借贷关系发生于陈义谨与方连明、济南龙庄公司、济南农博士公司之间；根据现有证据，陈义谨并未直接授权代宏艳从事借款相关事宜，借款系从陈天亮账户直接汇给济南龙庄公司账号，不存在委托汇款情形。济南龙庄公司与济南农博士公司出具的《情况说明》也清楚载明"我单位方连明董事长通过代宏艳向陈义晋（谨）借款750万元人民币"，由此表明济南龙庄公司、济南农博士公司和方连明明知代宏艳中间人的身份。二审判决认定代宏艳在借贷过程中以陈义谨的名义代其行事依据不足，认定代宏艳构成表见代理缺乏充分的事实和法律依据。

——中国裁判文书网。

761. 在无债权人授权情形下向中间人还款，具有重大过失，不构成表见代理

关键词

民间借贷　表见代理　借贷中间人　重大过失　还款行为

最高人民法院裁判文书

杨顺海与林哲楷等民间借贷纠纷案［最高人民法院（2018）最高法民申1692号民事裁定书］

裁判要旨：在民间借贷法律关系中，在无债权人授权情形下向中间人还款，具有重大过失，不构成表见代理，应当承担相应的法律责任。

最高人民法院认为：关于林守赋收取杨顺海的还款是否构成表见代理的问题。《合同法》第四十九条规定："行为没有代理权、超越代理权或者代理权终止后以被代理人名义订立合同，相对人有理由相信行为人有代理权的，该代理行为有效。"杨顺海主张其有理由相信林守赋有权代理林哲楷收取还款，因此林守赋的行为构成表见代理，应由林哲楷承担相应法律责任。本院认为，表见代理制度是为了有效保障善意第三人的合法权益，维护交易安全，其中重要构成要件是相对人有理由相信行为人有代理权且善意无过失。本案民间借贷法律关系中，杨顺海并无充分理由相信林守赋具有代理权，且在选择还款对象时存在重大过失，故林守赋的行为并不构成表见代理。首先，杨顺海多次通过民间借贷融资，其应当知晓在民间借贷中应当向出借人还款系行业惯例，但其在没有林哲楷的授权下向中间人林守赋还款，具有重大过失，应当承担相应的法律责任。虽然杨顺海辩称其没有林哲楷联系方式，但对于数额如此巨大的借款，其应当通过林守赋取得林哲楷联系方式或相应账户，但其未能尽到谨慎义务，以致没有直接向出借人还款。其次，林哲楷与林守赋并没有直接紧密的关系足以让杨顺海相信林守赋有权代理林哲楷收取借款。根据查明的事实可知，林守赋长期从事对外借贷的相关业务，而林哲楷只是其联系的资金方之一，并无充分证据表明林守赋与林哲楷具有共同经营或其他紧密关系，也无证据表明林守赋能代表林哲楷从事相关行为。因此，杨顺海称有足够理由相信林守赋能代理林哲楷的主张不能成立。第三，按照通常惯例，在杨顺海偿还借款后，应当告知林哲楷或者至少应当将借条原件要回，

但杨顺海既未寻求一定方式告知林哲楷以取得林哲楷之追认，亦未要求林守赋向林哲楷要回借条原件，可见杨顺海向林守赋还款之行为不合常理，明显存在过失。第四，杨顺海本身与林守赋存在多笔借款关系，杨顺海所称偿还林哲楷的汇款中还包含部分款项系偿还林守赋借款，但其在还款过程中并未明确，本案中亦无林守赋之确认，因此，从还款的外观来看，无法认定杨顺海确已偿还林哲楷之债务，更不能认定林守赋之收款行为构成表见代理。

——中国裁判文书网。

762. 法定代表人以个人名义借款用于企业生产经营的，企业应承担共同还款责任

关键词

法定代表人　共同借款人　民间借贷　实际借款人

最高人民法院裁判文书

叶鑫与黄锡斌民间借贷纠纷案［最高人民法院（2016）最高法民终645号民事判决书］

裁判要旨：企业法定代表人以个人名义与出借人建立民间借贷合同关系，且所借款项用于企业生产经营的情形，即企业系实际用款人及共同借款人，其依法应对企业法定代表人的借款本息承担共同还款责任。

最高人民法院认为：首先，关于案涉《借款合同》《不可撤销担保函》的效力问题。黄锡斌于2010年在《借款合同》《不可撤销担保函》上签字以及西华公司在《不可撤销担保函》上签章时，出借人、借款金额、借款期限、利率等主要条款均为空白，叶鑫未能提供充分证据证明其事后补填的内容系与黄锡斌、西华公司协商一致后所形成，由此不能认定本案双方当事人已经达成具体明确的借贷及担保合意。一审判决认定《借款合同》《不可撤销担保函》未成立，对黄锡斌、西华公司不具有法律约束力，是正确的。叶鑫关于《借款合同》《不可撤销担保函》已成立并生效的上诉理由不能成立，应予驳回。

其次，关于西华公司支付的17436609元是否用于偿还叶鑫款项的问题。叶鑫在接受一审法院调查询问时，确认流水账往来明细清单记载的西华公司支付给邱永峰、周雅丽的四笔款项均是西华公司财务人员蔡志芬根据叶鑫指

示转账的，且其中付给周雅丽的三笔款项由叶鑫亲自操作，一审判决认定邱永峰、周雅丽系受托收款人，17436609元应认定为黄锡斌对叶鑫的还款，并无不当。叶鑫主张该四笔款项系黄锡斌、西华公司用于偿还其在境外的借款，而不是偿还其对叶鑫的欠款，但叶鑫并未提供充分证据证明黄锡斌及其企业具有境外借款境内还款的事实，也未提供证据证明黄锡斌及其企业与邱永峰、周雅丽之间存在债权债务关系，叶鑫应当承担举证不足的不利法律后果。叶鑫该项上诉理由不能成立，本院不予支持。

其三，关于西华公司的责任问题。本案中，尽管黄锡斌没有和叶鑫签订民间借贷合同，但双方之间通过借贷及还款的资金往来事实形成了民间借贷合同关系。同时，黄锡斌亦认可所借款项用于个人独资设立并实际控制的西华公司的生产经营，故本案构成企业法定代表人以个人名义与出借人建立民间借贷合同关系，且所借款项用于企业生产经营的情形，即西华公司系实际用款人及共同借款人，其依法应对黄锡斌的借款本息承担共同还款责任。一审判决未认定西华公司的共同还款责任，适用法律欠当，本院予以纠正。叶鑫该项上诉理由成立，本院予以支持。

——中国裁判文书网。

附录：本案解析

在叶某诉黄某某、厦门西华公司民间借贷纠纷案中，最高人民法院认为：首先，关于案涉《借款合同》《不可撤销担保函》的效力问题。黄某某于2010年在《借款合同》《不可撤销担保函》上签字以及西华公司在《不可撤销担保函》上签章时，出借人、借款金额、借款期限、利率等主要条款均为空白，叶某未能提供充分证据证明其事后补填的内容系与黄某某、西华公司协商一致后所形成，由此不能认定双方当事人已经达成具体明确的借贷及担保合意。一审判决认定《借款合同》《不可撤销担保函》未成立，对黄某某、西华公司不具有法律约束力，是正确的。叶某关于《借款合同》《不可撤销担保函》已成立并生效的上诉理由不能成立，应予驳回。其次，关于西华公司支付的17436609元是否用于偿还叶某款项的问题。叶某在接受一审法院调查询问时，确认流水账往来明细清单记载的西华公司支付给邱某某、周某某的4笔款项均是西华公司财务人员蔡某某根据叶某指示转账的，且其中付给周某某的3笔款项由叶某亲自操作，一审判决认定邱某某、周某某系受托收款人，17436609元应认定为黄某某对叶某的还款，并无不当。最后，关于西华公司的责任问题。尽管黄某某没有与叶某签订民间借贷合同，但双方之间通过借贷及还款的资金往来事实形成了民间借贷合同关系。同时，黄某某亦认可所借款项用于个人独资设立并实际控制的西华公司的生产经营，故本案构成企业法定代表人以个人名义与出借人建立民间借贷合同关系，且所借款项用于企业生产经营的情形，即西华公司系实际用款人及共同借款人，其依法应对黄某某的借款本息承担共同还款责任。

——最高人民法院民法典贯彻实施工作领导小组主编：《中华人民共和国民法典合同编理解与适用》，人民法院出版社 2020 年版，第 1227~1228 页。

（六）借款合同中的担保

763. “名为买卖实为借贷担保”的认定与处理

关键词

民间借贷　借贷担保

最高人民法院裁判文书

陈俊峰、张立平与营口丽湖地产有限公司、营口河海新城房地产开发有限公司民间借贷纠纷案［最高人民法院（2018）最高法民终 234 号民事裁定书］

裁判要旨：判断法律关系的性质应基于在案证据能够证明的双方签订的相关合同情况、约定的权利义务内容及履行等双方交易的事实并结合各自主张的法律关系特征进行综合审查判断。

最高人民法院认为：由于本案双方对签订的商品房买卖合同外观形式表现的法律关系是否与双方真实意思表示一致存在争议，故本案需基于在案证据能够证明的双方签订的相关合同情况、约定的权利义务内容及履行等双方交易的事实并结合各自主张的法律关系特征进行综合审查判断，认定双方签订商品房买卖合同的真实意思及双方之间的法律关系性质。

首先，陈俊峰、张立平作为自然人，一次性购买 226 套商品房的行为本身并不属于通常情形下自然人为使用或投资进行商品房买卖的情形。即使如陈俊峰、张立平主张其系以炒房为目的进行的大批量团购，但在案涉房屋尚没有开发完成的情形下一次性购买 226 套商品房并一次性全额支付购房款，且丽湖公司在收到购房款后也没有为陈俊峰、张立平开具付清购房款的发票，从该交易本身的商业风险考虑亦具有一定不符合常理之处。

其次，陈俊峰、张立平与丽湖公司双方签订的案涉 226 套《商品房买卖合同》约定的房屋单价为 3000 元 / 平方米，总面积约为 27775 平方米，总价款 83229930 元。陈俊峰、张立平自认实际购房单价为 1800 元 / 平方米，实际支付购房款为 5000 万元。陈俊峰、张立平与中金天盛公司签订《委托付款协议》约定的代付购房款亦为 5000 万元，中京华所对丽湖公司的审核意见载明，2011 年 5 月 17 日丽湖公司收到中金天盛公司转款 83229930 元，同日通过翊华公司转回中金天盛公司 33229930 元，中金天盛公司实际转给丽湖公司 5000 万元。上述本案查明的事实足以证明中金天盛公司代陈俊峰、张立平支付的款项金额为 5000 万元，陈俊峰、张立平上诉主张翊华公司转回中金天盛公司的 33229930 元与本案无关，与事实不符。

陈俊峰、张立平称对外宣称和合同上签订单价 3000 元 / 平方米是为了不影响丽湖公司地产项目的市场销售价格，（2016）辽民终 529 号民事判决查明的事实显示，丽湖公司以 1500 元 / 平方米的价格将丽湖名居小区 55 套房屋出售给耿某，股东会决议载明为维护市场价格稳定，以 2800 元 / 平方米的价格对出售给耿某的房屋进行备案登记。

上述陈俊峰、张立平的陈述及另案生效判决查明事实表明，本案陈俊峰、张立平与丽湖公司签订的商品房买卖合同约定的购房价 3000 元 / 平方米应与当时案涉项目房屋对外市场交易价格相吻合，陈俊峰、张立平并无证据证明该市场销售价在当时属于虚高价。据此，陈俊峰、张立平以 1800 元 / 平方米购买案涉房屋，接近当时市场出售价格的一半，并不符合商品房买卖交易中开发商通常能够让利的幅度，反而与民间借贷用于担保的房屋作价通常低于实际市场出售价格的特点吻合。而上述生效民事判决亦认定耿某与丽湖公司签订的商品房买卖合同不具有真实性。

第三，丽湖公司与李某某签订的案涉《居间合同》约定丽湖公司须向其支付 525 万元居间服务费。丽湖公司应在购房款到账当日向李某某支付三分之一的服务费，即 175 万元，以后每满一个月支付三分之一，直到全部支付完毕。本院查明的事实表明，丽湖公司也于 2011 年 5 月 17 日、6 月 17 日、7 月 15 日分别向李某某支付了 175 万元，共计 525 万元。其中两笔转款的付款用途载明为暂支利息款。丽湖公司主张支付李某某的 525 万元系利息与其财务记载相吻合。由于陈俊峰、张立平系一次性全额支付购房款，丽湖公司收到了购房人支付的全部购房款的情形下却按月给付促成该笔交易的李某某居间费用，显然也不符合常理，而按月给付利息是民间借贷中常见的情形。

第四，陈俊峰、张立平与丽湖公司签订商品房买卖合同后又分别签订了《商品房回购合同书》，约定丽湖公司在 2011 年 8 月 16 日以 1800 元 / 平方米的价格支付回购款后双方签订的商品房买卖合同自行解除。最晚可以迟延至 2011 年 9 月 16 日，但应给付迟延期间溢价款。如丽湖公司未能按约定时间给付回购款，则除非陈俊峰、张立平同意，丽湖公司无权再回购。

上述回购合同显示的丽湖公司作为房屋出卖方，在购房人已经全额支付了购房款的情形下仍保有通过回购的方式将房屋取回的权利，与房屋买卖合同关系中买受人付清购房款后，出卖方即负有交付房屋并办理产权过户义务的通常权利义务内容不一致，而与目前实践中以尚未建成的预售商品房为借款担保时采取的由出卖方在借款到期前保有房屋回购权的常见方式相吻合。且案涉回购合同约定按原购房价回购，仅约定支付延期回购溢价款，对自该款项发生至约定的回购日前丽湖公司占用陈俊峰、张立平购房款三个月是否给付利息等并未约定，结合丽湖公司主张的其分三个月向李某某支付的525万元系给付的利息，则可以对此作出合理解释。

陈俊峰、张立平主张由于丽湖公司与河海公司就案涉房屋所有权问题产生了纠纷，为减少损失而与丽湖公司签订回购合同。但本院审理中，双方明确系于2011年7月19日签订案涉《商品房回购合同书》，而河海公司系于2011年8月29日才就案涉房屋所涉纠纷向营口仲裁委员会提交仲裁申请，陈俊峰、张立平陈述的签订回购合同的原因与事实不符，也不具有合理性。

综上所述，尽管丽湖公司并未提供证明其与陈俊峰、张立平之间以案涉226套《商品房买卖合同》为借贷提供担保的直接证据，但陈俊峰、张立平与丽湖公司签订的商品房买卖合同从所购房屋数量、实际购房单价与市场交易价的差异、支付的购房款数额以及所谓的居间费用的支付方式、丽湖公司在一定期限内保有回购权等事实，均与以支付购房款取得房屋所有权为目的的房屋买卖合同关系的法律特征不符，而与民间借贷中以签订商品房买卖合同并进行备案的方式为借贷提供担保的通常做法相吻合。

——法信网。

764. 以签订买卖合同作为民间借贷合同的担保，借款人不能按期还款的，出借人不能请求履行买卖合同

关键词

民间借贷　担保　房屋买卖合同

最高人民法院裁判文书

余拼与郑松、北海拓海投资咨询服务有限责任公司房屋买卖合同纠纷申请再审案［最高人民法院（2016）最高法民申1234号民事裁定书］

裁判要旨：以签订买卖合同作为民间借贷合同的担保，双方真实的法律关系是民间借贷关系。出借人向借款人支付的款项实为借款，并非买卖合同价款，出借人并未履行买卖合同的价款支付义务。故借款到期后借款人不能还款的，出借人无权请求履行买卖合同。

最高人民法院认为：本案原判决综合2006年郑松与拓海公司签订的《商品房买卖合同》《借款合同》、2013年郑松向拓海公司发出的《告知函》及拓海公司的《复函》等证据认定，郑松与拓海公司签订的《商品房买卖合同》为合法有效合同，但郑松与拓海公司签订的《商品房买卖合同》因郑松未支付购房款而没有实际履行。郑松主张其与拓海公司之间存在房屋买卖法律关系，并据此诉请拓海公司履行《商品房买卖合同》，由其取得讼争商铺的所有权。对此，应当甄别郑松与拓海公司之间真实的意思表示是为借款行为提供担保，还是通过支付对价获得房屋所有权。从双方签订的《借款合同》的约定看，郑松向拓海公司支付的300万元实为履行借款合同的出借义务，双方签订的《商品房买卖合同》所约定的105号商铺，只是用作借款合同的担保物。上述合同约定的内容可以证明，双方的《商品房买卖合同》并非为了实现房屋买卖，真实的意思是作为《借款合同》的担保。简言之，郑松与拓海公司之间真实法律关系是民间借贷，《商品房买卖合同》只是作为借贷担保的一种方式。《最高人民法院关于审理民间借贷案件适用法律若干问题的规定》第二十四条第一款规定：当事人以签订买卖合同作为民间借贷合同的担保，借款到期后借款人不能还款，出借人请求履行买卖合同的，人民法院应当按照民间借贷法律关系审理，并向当事人释明变更诉讼请求。当事人拒绝变更的，人民法院裁定驳回起诉。虽然郑松与拓海公司签订《商品房买卖合同》在《借款合同》之前，拓海公司也在《借款合同》签订前向郑松出具过收到郑松支付拓海大厦商铺105号购房款300万元的《收据》，但郑松向拓海公司支付的300万元实为借款，并非购房款，双方在签订《商品房买卖合同》后郑松并未依照该合同约定向拓海公司支付购房款。故郑松关于原判决认定其未支付购房款等事实缺乏证据的主张，本院不予支持。

——中国裁判文书网。

765. 借款合同双方当事人终止借款合同关系，建立商品房买卖合同关系，将借款本金及利息转化为已付购房款并经对账清算的，不属于禁止的情形，亦不属于民间借贷合同的担保

关键词

借款合同　债务清偿　商品房买卖合同　本金　利息

最高人民法院指导性案例

汤龙、刘新龙、马忠太、王洪刚诉新疆鄂尔多斯彦海房地产开发有限公司商品房买卖合同纠纷案［最高人民法院指导案例72号］

裁判要点：借款合同双方当事人经协商一致，终止借款合同关系，建立商品房买卖合同关系，将借款本金及利息转化为已付购房款并经对账清算的，不属于《物权法》第一百八十六条[①]规定禁止的情形，该商品房买卖合同的订立目的，亦不属于《最高人民法院关于审理民间借贷案件适用法律若干问题的规定》第二十四条规定的“作为民间借贷合同的担保”。在不存在《合同法》第五十二条规定情形的情况下，该商品房买卖合同具有法律效力。但对转化为已付购房款的借款本金及利息数额，人民法院应当结合借款合同等证据予以审查，以防止当事人将超出法律规定保护限额的高额利息转化为已付购房款。

法院生效裁判认为：本案争议的商品房买卖合同签订前，彦海公司与汤龙等四人之间确实存在借款合同关系，且为履行借款合同，双方签订了相应的商品房预售合同，并办理了预购商品房预告登记。但双方系争商品房买卖合同是在彦海公司未偿还借款本息的情况下，经重新协商并对账，将借款合同关系转变为商品房买卖合同关系，将借款本息转为已付购房款，并对房屋交付、尾款支付、违约责任等权利义务作出了约定。民事法律关系的产生、变更、消灭，除基于法律特别规定，需要通过法律关系参与主体的意思表示一致形成。民事交易活动中，当事人意思表示发生变化并不鲜见，该意思表示的变化，除为法律特别规定所禁止外，均应予以准许。本案双方经协商一致终止借款合同关系，建立商品房买卖合同关系，并非为双方之间的借款合同履行提供担保，而是借款合同到期彦海公司难以清偿债务时，通过将彦海公司所有的商品房出售给汤龙等四位债权人的方式，实现双方权利义务平衡的一种交易安排。该交易安排并未违反法律、行政法规的强制性规定，不属于《物权法》第一百八十六条规定禁止的情形，亦不适用《最高人民法院关于审理民间借贷案件适用法律若干问题的规定》第二十四条规定。尊重当事人嗣后形成的变更法律关系性质的一致意思表示，是贯彻合同自由原则的题中应有之意。彦海公司所持本案商品房买卖合同无效的主张，不予采信。

但在确认商品房买卖合同合法有效的情况下，由于双方当事人均认可该合同项下已付购房款系由原借款本息转来，且彦海公司提出该欠款数额包含高额利息。在当事人请求司法确认和保护购房者合同权利时，人民法院对基于借款合同的实际履行而形成的借款本金及利息数额应当予以审查，以避免当事人通过签订商品房买卖合同等方式，将违法高息合法化。经审查，双方之间借款利息的计算方法，已经超出法律规定的民间借贷利率保护上限。对

① 对应《民法典》第四百零一条。

双方当事人包含高额利息的欠款数额，依法不能予以确认。由于法律保护的借款利率明显低于当事人对账确认的借款利率，故应当认为汤龙等四人作为购房人，尚未足额支付合同约定的购房款，彦海公司未按照约定时间交付房屋，不应视为违约。汤龙等四人以彦海公司逾期交付房屋构成违约为事实依据，要求彦海公司支付违约金及律师费，缺乏事实和法律依据。一审判决判令彦海公司承担支付违约金及律师费的违约责任错误，本院对此予以纠正。

——《最高人民法院关于发布第十五批指导性案例的通知》（2016 年 12 月 28 日，法〔2016〕499 号）。

说明

本指导案例旨在明确借款合同双方当事人经协商一致，终止借款合同关系，建立商品房买卖合同关系，将借款本金及利息转化为已付购房款并经对账清算的，若无相关法律禁止情形，该商品房买卖合同具有法律效力，但对转化为已付购房款的借款本金及利息数额，人民法院应当依法进行审查，以防止违法高息合法化。该指导案例有利于正确区分民间借贷中不同的复杂情形，正确适用关于民间借贷司法解释的有关规定，对于平衡借款合同各方当事人的利益，依法公正审理类似案件具有明显的指导价值。

766. 出借人对拍卖买卖合同标的物价款是否享有优先受偿权应分情形认定

关键词

民间借贷　拍卖标的物　拍卖价款　优先受偿权

最高人民法院司法解释

第二十三条　当事人以订立买卖合同作为民间借贷合同的担保，借款到期后借款人不能还款，出借人请求履行买卖合同的，人民法院应当按照民间借贷法律关系审理。当事人根据法庭审理情况变更诉讼请求的，人民法院应当准许。

按照民间借贷法律关系审理作出的判决生效后，借款人不履行生效判决确定的金钱债务，出借人可以申请拍卖买卖合同标的物，以偿还债务。就拍卖所得的价款与应偿还借款本息之间的差额，借款人或者出借人有权主张返还或者补偿。

——《最高人民法院关于审理民间借贷案件适用法律若干问题的规定》（2020 年 12 月 29 日修正）。

第六十八条第二款　债务人或者第三人与债权人约定将财产形式上转移至债权人名下，债务人不履行到期债务，财产归债权人所有的，人民法院应当认定该约定无效，但是不影响当事人有关提供担保的意思表示的效力。当事人已经完成财产权利变动的公示，债务人不履行到期债务，债权人请求对该财产享有所有权的，人民法院不予支持；债权人请求参照民法典关于担保物权的规定对财产折价或者以拍卖、变卖该财产所得的价款优先受偿的，人民法院应予支持；债务人履行债务后请求返还财产，或者请求对财产折价或者以拍卖、变卖所得的价款清偿债务的，人民法院应予支持。

——《最高人民法院关于适用〈中华人民共和国民法典〉有关担保制度的解释》（2020 年 12 月 31 日，法释〔2020〕28 号）。

附录：最高人民法院主流观点

在人民法院按照民间借贷关系审理的判决生效后，借款人不履行生效判决确定的金钱债务，出借人可以申请拍卖买卖合同标的物，以偿还债务。就拍卖所得的价款，出借人是否享有优先受偿权？我们认为，这个问题需要区分情形进行认定。如果双方当事人仅签订了买卖合同，但是对买卖合同标的物本身并未进行抵押、质押，亦未进行所有权转移的，对第三人而言，不具有公示效果，第三人无法以此为依据判断是否和借款人进行交易，这种情形下，如果认定出借人对价款享有优先受偿权，对借款人的其他债权人有失公平，也会影响交易安全。如果双方不仅签订了买卖合同，而且已经进行了权利转移的，比如动产已经交付、不动产已经办理所有权转移登记的，对第三人而言，已经具有了公示的效果，认定出借人对价款享有优先受偿权就具有合理性。《民法典》关于担保物权的规定、《民法典担保制度解释》第六十八条第二款规定亦体现了这种精神。

——最高人民法院民事审判第一庭编著：《最高人民法院新民间借贷司法解释理解与适用》，人民法院出版社 2021 年版，第 350~351 页。

（七）金融及其他借款合同纠纷

767. 金融借款合同，借款人以利息、罚息等合计超过民间借贷利率上限为由要求调减的，应予支持

关键词

金融借款合同　借款人　借款利率

最高人民法院司法政策精神

第二条 严格依法规制高利贷，有效降低实体经济的融资成本。金融借款合同的借款人以贷款人同时主张的利息、复利、罚息、违约金和其他费用过高，显著背离实际损失为由，请求对总计超过年利率 24% 的部分予以调减的，应予支持，以有效降低实体经济的融资成本。规范和引导民间融资秩序，依法否定民间借贷纠纷案件中预扣本金或者利息、变相高息等规避民间借贷利率司法保护上限的合同条款效力。

——《最高人民法院关于进一步加强金融审判工作的若干意见》（2017 年 8 月 4 日，法发〔2017〕22 号）。

最高人民法院裁判文书

松原市联华石油开发有限责任公司、天津科亨置业投资有限公司与中国华融资产管理股份有限公司吉林省分公司、一审被告张栋梁、杨旭生合同纠纷案［最高人民法院（2020）最高法民终 1323 号民事判决书］

裁判要旨：金融借款合同的借款人以贷款人同时主张的利息、复利、罚息、违约金和其他费用过高，显著背离实际为由，请求对总计超过年利率 24% 的部分予以调减的，应予支持。即对于金融机构的金融借款，利率的司法保护上限为年利率 24%。

最高人民法院认为：关于松原联华石油公司、天津科亨公司应否支付相关重组宽限补偿金问题。案涉《债权转让协议》《还款协议》以及补充协议明确约定，债务人未能按约定支付任何一期重组宽限补偿金的，则自到期日的次日起，华融吉林省分公司有权对全部未还重组债务将重组宽限补偿金率提高至年化 24%。本案二审中，华融吉林省分公司、松原联华石油公司、天津科亨公司均认可上述合同约定的重组宽限补偿金实质就是案涉借款利息。《最高人民法院关于进一步加强金融审判工作的若干意见》规定："金融借款合同的借款人以贷款人同时主张的利息、复利、罚息、违约金和其他费用过高，显著背离实际为由，请求对总计超过年利率 24% 的部分予以调减的，应予支持"。即对于金融机构的金融借款，利率的司法保护上限为年利率 24%。据此，华融吉林省分公司以最高年利率 24% 的标准向债务人松原联华石油公司和天津科亨公司主张案涉借款利息，不仅具有合同依据，也不违反法律强制性规定，一审对此予以支持，并无不当。本院对松原联华石油公司、天津科亨公司所提不应支付案涉重组宽限补偿金的上诉主张，依法不予支持。

——中国裁判文书网。

768. 无实质性内容且捆绑借款协议收取的财务顾问费，可抵扣借款本金

关键词

借贷融资　财务顾问费　本金　借款合同

最高人民法院裁判文书

中国长城资产管理股份有限公司江西省分公司、江西永生现代连锁宾馆有限责任公司借款合同纠纷案［最高人民法院（2021）最高法民申1090号民事裁定书］

裁判要旨：本案中双方为借贷融资关系，双方签订的《财务顾问协议》没有实质性内容且捆绑借款协议强制收取，具有提供顾问义务的一方未提供证据证明其履行了相应的顾问服务，应认定该财务顾问费系变相收取的费用或利息，应抵扣借款本金。

最高人民法院认为：关于长城资产江西分公司收取的200万元财务顾问费应否抵扣借款本金问题。本案长城资产江西分公司与永生小贷公司之间是借贷融资关系，双方签订的《财务顾问协议》没有实质性内容且捆绑借款协议强制收取，长城资产江西分公司亦未提供证据证明其履行了相应的顾问服务，二审法院综合考虑上述情况，认定该200万元财务顾问费系变相收取的费用或利息，应抵扣借款本金，并无不妥。长城资产江西分公司提出的其已向永生小贷公司提供了《财务顾问协议》约定的财务顾问服务，该收取顾问费的行为合法、有效的主张，缺乏事实和法律依据。

——中国裁判文书网。

769. 借款合同收取财务顾问费而未提供顾问服务的，款项性质认定为借款利息

关键词

借款合同　财务顾问费　借款利息

最高人民法院裁判文书

嘉禾铸都发展集团有限公司与山东晨鸣融资租赁有限公司、山东晨鸣融资租赁有限公司寿光分公司及原审第三人齐鲁银行股份有限公司济南南郊支行借款合同纠纷案［最高人民法院（2021）最高法民申 6456 号民事裁定书］

裁判要旨：案涉《财务顾问协议》虽约定晨鸣寿光分公司为嘉禾铸都公司融资事宜提供财务顾问服务，但并无充分证据证明晨鸣寿光分公司提供了相关服务内容。故原判决综合考虑协议履行等情况，认定该 4500 万元财务顾问费实为预先支付的借款利息，并根据《合同法》第二百条[①]关于利息预先在本金中扣除的，应当按照实际借款数额返还借款并计算利息之规定，确认实际出借本金数额为 2.55 亿元。

最高人民法院认为：关于原判决认定借款年利率实为 16.78% 是否不当的问题。案涉《财务顾问协议》虽约定晨鸣寿光分公司为嘉禾铸都公司融资事宜提供财务顾问服务，但并无充分证据证明晨鸣寿光分公司提供了相关服务内容。故原判决综合考虑协议履行等情况，认定该 4500 万元财务顾问费实为预先支付的借款利息，并根据《合同法》第二百条[②]关于利息预先在本金中扣除的，应当按照实际借款数额返还借款并计算利息之规定，确认实际出借本金数额为 2.55 亿元。而晨鸣公司与嘉禾铸都公司作为商事主体，对于企业间民间融资成本应当知晓，结合案涉合同实际履行情况以及 2018 年 4 月 13 日嘉禾铸都公司向晨鸣公司所发函件内容，嘉禾铸都公司对于该 4500 万元的性质亦是认定为预先支付的借款利息。因此，原判决对于案涉借款实际年利率的认定并无不当，嘉禾铸都公司该项申请再审事由没有事实及法律依据，本院不予支持。

——中国裁判文书网。

770. 对规避“砍头息”规定的行为，应给予否定性评价

关键词

“砍头息”　提前偿付利息　期限利益　本金　金融借款

① 对应《民法典》第六百七十条。

② 对应《民法典》第六百七十条。

最高人民法院裁判文书

神州长城股份有限公司与渤海国际信托股份有限公司金融借款合同纠纷案［最高人民法院（2020）最高法民终 140 号民事判决书］

裁判要旨：就利息的性质而言，利息是按约定利率计算的孳息，是借款人完全支配和使用借款本金所应承担的成本，是借款人使用该借款本金创造经济效益转移给出借人的一部分利润。如果事先从借款本金中扣除利息，无疑使借款人利用本金创造经济效益的资金条件受到限制。因此，法律及相关司法解释对于预先在本金中扣除利息的情形进行了规制。

最高人民法院认为：根据神州公司上诉及渤海信托的答辩意见，本案二审的争议焦点为，神州公司于案涉贷款发放次日向渤海信托支付的 2374666.67 元，应否在本金 3 亿元中扣除。

神州公司与渤海信托签订的《贷款合同》第 4.4 条“结息”约定：“本合同项下贷款分两部分结息：（1）第一部分结息：该部分利息的结息日为信托贷款发放日，借款人应于结息日支付贷款利息，支付利息的计算公式为：贷款本金金额 ×0.26%/ 年 ×1096/360……”按照该约定，神州公司于收到信托贷款的次日即 2017 年 5 月 11 日向渤海信托支付了该部分利息 2374666.67 元，渤海信托出具的《渤海国际信托股份有限公司人民币贷款业务利息通知单》《渤海国际信托股份有限公司收据》亦均注明该笔款项用途为“利息”。因此，该笔款项的性质应为利息。就利息的性质而言，利息是按约定利率计算的孳息，是借款人完全支配和使用借款本金所应承担的成本，是借款人使用该借款本金创造经济效益转移给出借人的一部分利润。如果事先从借款本金中扣除利息，无疑使借款人利用本金创造经济效益的资金条件受到限制。因此，法律及相关司法解释对于预先在本金中扣除利息的情形进行了规制。《合同法》第二百条规定：“借款的利息不得预先在本金中扣除。利息预先在本金中扣除的，应当按照实际借款数额返还借款并计算利息。”[①]《最高人民法院关于审理民间借贷案件适用法律若干问题的规定》第二十七条规定：“预先在本金中扣除利息的，人民法院应当将实际出借的金额认定为本金。”而本案中，渤海信托于 2017 年 5 月 10 日向神州公司发放贷款 3 亿元，次日即收取了三年期利息 2374666.67 元，神州公司实际使用的本金为 3 亿元扣减该 2374666.67 元，即 297625333 元（准确数额为 297625333.33 元，

① 对应《民法典》第六百七十条。

本案以神州公司主张的整数为准）。本案情形虽然与上述法律及司法解释规定的“预先在本金中扣除利息”有所不同，但无本质区别，神州公司并未实际享有按约定期限使用该2374666.67元款项的利益。因此，本案属于非典型的“预先在本金中扣除利息”的情形。此种情况下，渤海信托主张神州公司应返还本金3亿元，并以3亿元为基数计付利息、罚息，对神州公司有所不公。故本院认为，该2374666.67元应当从本金3亿元中扣除，即神州公司应返还的本金为297625333元，并应以该数额为基数计付利息、罚息。渤海信托答辩称，该笔款项属于神州公司的融资成本，其已以信托保管费的名义支付给浦发银行深圳分行，但该事实并不能否认神州公司实际使用本金为297625333元的事实，故本院对该意见不予采纳。一审判决以神州公司支付该笔款项后，渤海信托即刻以“信托保管费”的名义付给了浦发银行深圳分行为由，未支持神州公司提出的该笔款项应从本金中扣除的主张，该认定有误，本院予以纠正。

——中国裁判文书网。

771. 预先在本金中扣除利息的，人民法院应当将实际出借的金额认定为本金

关键词

预先扣除　利息　本金　金融借款

最高人民法院裁判文书

上海华宸未来资产管理有限公司与滁州中普置业有限公司金融借款合同纠纷案［最高人民法院（2020）最高法民终281号民事判决书］

裁判要旨：预先在本金中扣除利息的，人民法院应当将实际出借的金额认定为本金。所谓“预先扣除”是指出借人向借款人出借款项的所有权时，转让数额低于合同约定的情形。涉案借款合同约定部分利息于实际放款后3日内一次性支付，其系借款人在收到借款后，按照合同约定的利息支付方式支付利息的行为，系其支配、控制所借款项的表现，不违反法律规定，故本案并不存在借款的利息预先在本金中扣除的情形。

最高人民法院认为：案涉《信托贷款合同》第四条第（三）项结息方式约定：“甲方（中普置业公司）每年应向乙方（财信信托公司）支付借款资金

的 15% 作为融资利息，分两部分支付：①其中的 11% 的借款利息按年结息，每自然年度末月的第 20 日为结息日和付息日；②其余每年 4% 的借款利息按各笔借款的约定期限一次性结息，即根据每笔借款的约定贷款期限，按每年 4% 的费率标准，于实际放款后 3 日内一次性支付……如甲方（中普置业公司）提前还款，则乙方（财信信托公司）根据本款约定已提前收取的利息不予退还。”该约定系双方对融资利息支付方式的明确，内容不违反法律、行政法规的强制性规定。中普置业公司主张该约定以合法形式掩盖非法目的，依据不足。中普置业公司在收到借款后，按照合同约定的利息支付方式支付利息的行为，系其支配、控制所借款项的表现，不违反法律规定。本案并不存在借款的利息预先在本金中扣除的情形，一审判决认定案涉贷款不构成预扣利息行为，并无不当。中普置业公司关于案涉借款本金认定错误的上诉主张，不能成立。

——中国裁判文书网。

附录：本案解析

法律并未禁止提前偿付利息，法律规定“借款利息不得预先在本金中扣除”一般是指交付本金时预先扣除利息。但实务中出现出借款项的次日即付息的情形。我们认为，当事人借款目的是取得利益，包括借款的期限利益，如果次日即支付利息，无疑剥夺了借款人对于部分借款本金的期限利益。此种行为尽管并非在出借款项时直接扣除利息后交付本金，但结合立法目的、利息性质等分析，应该予以否定性评价。

在神州公司与渤海信托金融借款合同纠纷案[①]中，法院查明：2017 年 4 月 28 日，渤海信托作为贷款人与神州公司作为借款人签订了《贷款合同》。5 月，渤海信托根据《贷款合同》约定，通过银行转账的方式向神州公司发放了 3 亿元贷款。渤海信托与浦发银行深圳分行签订了《信托保管服务标准协议》，2017 年 5 月 11 日神州公司向渤海信托支付利息 2374666.67 元，同日，渤海信托将收到的该款项向浦发银行深圳分行支付了信托保管费。一审法院认为，对于神州公司一次性支付给渤海信托的 2374666.67 元，渤海信托提交证据证明该笔款项系向浦发银行深圳分行支付的信托保管费，且收到该款项的当日即转给了浦发银行，故对神州公司关于将该笔款项从 3 亿元本金中扣除的主张不予支持。最高人民法院认为，虽然《贷款合同》明确约定“借款人已支付的贷款利息不受借款人执行还本计划、借款人提前还款及信托提前终止情形的影响，已收取的上述贷款利息不予退还且不予抵扣”，但根据本案查明的事实，神州公司收到 3 亿元贷款本金后的第二天，即向渤海信托支付

① 参见最高人民法院（2020）最高法民终 140 号民事判决书。

了该笔利息，神州公司实际使用的贷款本金是297625333元，其对已支付的2374666.67元并未享有使用并创造经济效益的期限利益。因此，案涉贷款本金数额的认定，应从3亿元中扣除该部分款项。本案债务人于次日支付利息的情况虽然不同于《合同法》第二百条[①]规定的“利息预先扣除”的情形，但实质上无区别，可视为“非典型”的“利息预先扣除”，也即“非典型”的“砍头息”，应当按照实际借款数额返还借款并计算利息。故神州公司上诉提出的应将该款项从3亿元本金中扣除的主张，应予以支持。

——最高人民法院民法典贯彻实施工作领导小组主编：《中华人民共和国民法典合同编理解与适用》，人民法院出版社2020年版，第1236~1237页。

772. 根据到期不还款时债权人有权处置股权的约定，债权人有权处置案涉股权用于偿还其债权

关键词

借款合同　让与担保　偿还债权　处置权

最高人民法院裁判文书

刘桄兵、刘利文等小额借款合同纠纷案［最高人民法院（2021）最高法民申6563号民事裁定书］

裁判要旨：案涉《协议书》约定债权人对案涉股权享有处置权，并非约定股权所有权直接归债权人所有，符合让与担保的法律特征。债务人到期未清偿债务，在双方约定债权人对案涉股权享有完全、直接的处置权的情况下，债权人有权处置案涉股权用于偿还其债权。

最高人民法院认为：（一）关于刘桄兵主张刘利文、富民小贷公司返还相应款项的诉请是否超过诉讼时效的问题。首先，刘利文、富民小贷公司在原一审中已提出本案超过诉讼时效的抗辩意见。经查，在原一审郴州市中级人民法院（2019）湘10民初166号案件中，刘利文、富民小贷公司的共同委托诉讼代理人朱庆东律师分别于2019年5月23日、2019年7月10日提交《代理词》和《补充代理意见》，均提出本案已超过诉讼时效。该《代理词》《补充代理意见》装订在（2019）湘10民初166号案卷正卷中，并非刘桄兵所称的没有任何原各审案卷记载。其次，有履行期限的合同债权请求权，诉

① 对应《民法典》第六百七十条。

讼时效从履行期限届满时起算。案涉《协议书》约定，刘桄兵将桂阳宏升混凝土有限公司 90% 股权转到刘利文名下，刘桄兵应于 2012 年 1 月 22 日前偿还借款本息，否则，刘利文有权处置该公司 90% 的股权。本案应从 2012 年 1 月 22 日开始计算诉讼时效，刘桄兵未举出证据证明其在诉讼时效期间偿还借款，或主张就股权价值进行结算，刘桄兵直至 2017 年 11 月 23 日才向刘利文主张权利，已超过二年的诉讼时效。因此，原判决认定刘桄兵主张刘利文、富民小贷公司返还相应款项的请求，已超过诉讼时效，并无不当。

（二）关于刘利文转让案涉股权的行为是否有效的问题。如前所述，案涉《协议书》约定债权人对案涉股权享有处置权，并非约定股权所有权直接归债权人所有，符合让与担保的法律特征。根据《全国法院民商事审判工作会议纪要》第七十一条的规定，刘桄兵到期未清偿债务，在双方约定刘利文对案涉股权享有完全、直接的处置权的情况下，刘利文有权处置案涉股权用于偿还其债权。因此，原判决认定刘利文转让案涉股权的行为有效，并无不当。

——中国裁判文书网。

773. 公司以签订借款合同的方式将增资款项转出，且有证据证明借款合同的双方存在密切联系的，该借款合同无效

关键词

借款合同　增资款项　合同无效

最高人民法院裁判文书

郑州家音顺达通讯有限公司与刘某等第三人撤销之诉案［最高人民法院（2021）最高法民申 7197 号民事裁定书］

裁判要旨：公司以签订借款合同的方式将增资款项转出，且有证据证明借款合同的双方存在密切联系的，该借款合同无效。

最高人民法院认为：本案的焦点问题在于家音公司和美侨公司之间的借款合同是否有效。根据家音公司二审提交的有关《情况说明》，家音公司认可雏鹰集团董事长侯某芳要求拆借资金的事实，亦认可案涉 9000 万元是嘉兴中赋投资合伙企业（有限合伙）转入家音公司的增资款。因此，二审判决认定案涉 9000 万元投资款投入到家音公司后即转给雏鹰集团使用，家音公司和美侨公司签订的借款合同只是家音公司将投资款转出去的路径和方式，家音公司和美侨公司之间不存在真实的借款意思并无不当。另外，此借款发生时，

家音公司和美侨公司的法定代表人都是郑某、办公地点在同一写字楼、财务人员混同，二公司的法定代表人、股东存在关联或交叉任职等情形，故二审判决认定二公司具有紧密关联关系、美侨公司向家音公司借款并非其真实意思，并无不当。因此，家音公司关于借款路径和方式不能否定借款合意的真实性、其和美侨公司借款合同真实等相关再审申请事由不能成立，本院不予支持。

——中国裁判文书网。

774. 未经村民会议授权，村民委员会擅自将村集体企业的部分财产转让的无效

关键词

农村集体所有制企业　村民会议　借款合同　合同无效

最高人民法院公报案例

上海友民房地产开发有限公司诉宝山区杨行镇北宗村村民委员会借款合同纠纷案

裁判摘要：农村集体所有制企业的资产属于村民集体所有，该企业被征收后的补偿款亦属于村民集体所有。未经村民会议授权，村民委员会擅自对外签章承诺将该村集体企业的部分财产份额或企业被征收后的部分补偿款份额转让给他人的，违反了村民委员会组织法的规定，该承诺或约定应属无效。

法院认为：本案二审争议焦点为被上诉人北宗村村委会在《承诺书》中对上诉人友民房产所作承诺是否有效。村民委员会是村民自我管理、自我教育、自我服务的基层群众性自治组织，可依法在一定权限内处理村集体事务。但是，根据《村委会组织法》第二十四条第一款第七、八项规定，涉及村民利益的征地补偿费的使用、分配方案，以及以借贷、租赁或者其他方式处分村集体财产，经村民会议讨论决定，或者由村民会议授权村民代表会议讨论决定，方可办理。本案中杨泰钢厂资产在北宗实业公司购买后，已成为北宗村集体资产。后北宗村村委会在涉案《承诺书》中承诺友民房产在杨泰钢厂全部资产中享有 40% 的权益，以及杨泰钢厂资产被征收所得补偿款的 40% 由友民房产享有，该些承诺系处分村集体财产以及分配涉及村民利益的征地补偿费，因涉及村民重大利益，不是村委会或其负责人所能单独决定的事项，

依法应当由村民会议或者由村民会议授权村民代表会议讨论决定，未经法定程序擅自决定处分的，构成越权代表。现无证据证明上述承诺经由村民会议或者村民代表会议讨论决定，故北宗村村委会及其负责人向友民房产所作承诺系越权代表。

《合同法》第五十条[①]规定："法人或者其他组织的法定代表人、负责人超越权限订立的合同，除相对人知道或者应当知道其超越权限的以外，该代表行为有效。"故越权代表行为仅对不知道或者不应当知道超越权限的善意相对人有效。村委会组织法作为由全国人大常委会颁布施行的全国性法律，一经公布，即推定所有人都应知晓并遵守。本案中，上诉人友民房产与被上诉人北宗村村委会进行交易活动，但并未提供证据证明其对于村民会议或者村民代表会议的决定提出审查要求或尽到了审查义务，故友民房产并非善意相对人，其合同权益不应得到支持。因此，一审法院认定北宗村村委会在《承诺书》中确认友民房产在杨泰钢厂全部资产中享有40%权益并可取得该厂被征收补偿款的40%的承诺无效，具有事实与法律依据，应予维持。

此外，一审法院根据查明的事实确认本案当事人之间的借款合同关系成立有效，并在询问双方当事人意见之后，将本案所涉借款纠纷一并予以处理，所作论述并无不妥，一审法院据此判决被上诉人北宗村村委会支付借款本金与逾期利息，亦予维持。据此，上诉人友民房产的上诉请求不能成立，应予驳回；一审判决认定事实清楚，适用法律正确，应予维持。

——《最高人民法院公报》2022年第5期。

775. 以通道方式对债务重组合同进行展期并不影响合同效力

关键词

债务重组合同　还款期限　合同效力　借新还旧

最高人民法院裁判文书

松原市联华石油开发有限责任公司、天津科亨置业投资有限公司合同纠纷案［最高人民法院（2020）最高法民终1323号民事判决书］

裁判要旨：在债权债务主体并未发生变化的情况下，金融资产管理公司以通道方式签订合同对原债务重组合同进行"借新还旧"，实质是对原债务重组合同的还款期限进行展期，并不影响合同效力。

---

① 对应《民法典》第五百零四条。

债务人以金融资产管理公司从事非法贷款活动、违反法律强制性规定等为由主张有关通道合同无效，不能成立。

最高人民法院认为：本案的核心争议焦点为案涉《债权转让协议》《还款协议》、补充协议的效力认定。联华公司、科亨公司上诉主张，建融公司出借该笔款项实际是在提供通道业务，案涉1.8亿元不良债权收购重组与另一笔9000万元不良债权收购重组均属虚假意思表示，本案隐藏的真实法律关系为华融吉林省分公司与联华公司、科亨公司之间的金融借款合同关系，目的是借新还旧。华融吉林省分公司未经批准从事放贷业务，属于非法金融活动，违反法律、行政法规的效力性强制性规定，故案涉《债权转让协议》《还款协议》及补充协议依法应被确认无效。经查，早在2013年12月18日，华融吉林省分公司与科亨公司、联华公司即签订有《债务重组协议》，主要内容为华融吉林省分公司受让国际信托公司对联华公司的2.5亿元债权及相关权益，并约定科亨公司代替联华公司履行合同义务。后华融吉林省分公司与科亨公司签订《债务重组协议之补充协议》将重组期限调整为2013年12月30日至2016年12月20日。2015年11月、12月，根据建融公司与联华公司的案涉《借款协议》和华融吉林省分公司、建融公司、联华公司、科亨公司各方签订的案涉《债权转让协议》等一系列合同安排，联华公司收到建融公司1.8亿元借款后，即通过科亨公司将该1.8亿元汇入华融吉林省分公司，用以归还前述所欠华融吉林省分公司的2.5亿元债务；华融吉林省分公司收到该1.8亿元后，以支付债权转让款形式向建融公司汇入1.8亿元，华融吉林省分公司又取得了对联华公司及科亨公司的1.8亿元的债权。在此期间，华融吉林省分公司与联华公司通过签订《还款协议》，将该1.8亿元的还款期限从之前的2016年12月20日宽限至2017年11月16日止。本案各方确认，科亨公司所欠华融吉林省分公司的前述2.5亿元债务中的9000万元本金已于2017年9月30日还清，并支付利息21501500元。通过对上述案件事实的梳理可知，案涉2015年的《债权转让协议》《还款协议》等系列协议均是2013年《债务重组协议》系列协议的延伸，债权债务主体并未发生变化，仅是将还款期限由2016年12月20日展期至2017年11月16日。联华公司、科亨公司亦均认可签订本案案涉2015年系列协议目的就是借新还旧，华融吉林省分公司也认可案涉约定的重组宽限补偿金性质就是借款利息。因此，判断案涉《债权转让协议》等2015年签订的系列协议效力，取决于案涉2013年签订的《债务重组协议》等系列协议是否有效。本案中，华融吉林省分公司作为依法设立的金融机构，其主营业务包括收购、受托经营金融机构与非金融机构不良资产，对不良资产进行管理、投资、处置等业务。华融吉林省分公司2013年通过债务重组方式收购国际信托公司对联华公司的2.5亿元不良债权，不存在超出特许经营范围或者违反法律强制性规定的情形，案涉2013年签订的《债务重组协议》等系列协议，合法有效。《合同法》第二百零九条[①]规定："借款人可以在还款期限届满前向贷款人申请展期；贷款人同意的，可以展期"。本案各方通过签订2015年案涉《债权转让协议》等系列协议，对案涉借款期限进行展期，不违反法律规定，合法有效，联华公司、科亨公司亦均积极配合案涉借款展期的工作。

——中国裁判文书网。

776. 循环贸易中"通道方"不承担还款责任

关键词

循环贸易 通道方 还款责任 买卖合同 借款合同

最高人民法院审判业务意见（第二巡回法庭法官会议纪要）

三方以上当事人在以签订买卖合同之名行借贷之实的封闭循环贸易结构下，如各方当事人对交易的真实目的并非买卖而为借贷系明知，则买卖合同属于各方通谋的虚伪意思表示，应认定无效，而应按借款关系进行审理。通道方如仅为掩饰借贷双方之间的借款关系而提供形式上的三方买卖媒介服务，以帮助资金流通并收取固定服务费，但与出借方未形成借款关系并转贷牟利，则其实为借款关系中的履行辅助人而非借款人，无须承担应由借款方承担的还款责任。在通道方未明确作出债务加入或提供保证担保意思表示的情况下，也不宜认定其构成债务加入或提供保证担保。但通道方明知当事人之间系以形式上的买卖掩盖真实的借贷关系，仍提供媒介服务和资金流通帮助，主观上具有帮助当事人规避司法政策和企业风控措施以谋取不正当利益的过错，应按照其过错大小对借款人不能偿还的借款损失承担相应的赔偿责任。

附：案情简介

A公司与B公司签订《煤炭购销合作协议》，约定A公司向B公司购买由C公司供应的煤炭。同时，B公司与C公司签订《煤炭购销合作协议》，约定B公司向C公司购买煤炭；A公司与C公司签订《煤炭购销合作协议》，约定C公司向A公司购买与前述协议完全相同的煤炭，6个月后付款。上述协议煤炭价格相互挂钩，C公司每吨净亏10元，A公司每吨净赚8元，B公司每吨净赚2元。B公司提供了资金流通的银行账户，在A公司支付的预付

① 对应《民法典》第六百七十八条。

款到账后，其按照比例扣费后将款项支付给C公司。后C公司因资金链断裂，无力履行与A公司的协议。A公司以未收到货物为由，起诉B公司，要求其返还预付款及占用期利息。经审理查明，各方之间无实际货物流转与交付，各方参与交易的真实目的并非货物买卖，而是以买卖形式进行企业间融资借贷，其中A公司为出借方，C公司为实际用款方。

——《循环贸易中“通道方”不承担还款责任》，载贺小荣主编：《最高人民法院第二巡回法庭法官会议纪要（第二辑）》，人民法院出版社2021年版，第75~77页。

777. 循环借款状态下债权到期日超出约定的循环额度使用期限的认定

关键词

金融借款　循环借款　债权到期日

最高人民法院裁判文书

江苏昊天公司与枣阳农商行、泰谷香公司等金融借款合同纠纷案［最高人民法院（2021）最高法民申4671号民事判决书］

裁判要旨：循环借款状态下，借款人和出借人签订合同的时间系合同生效的时间，借款合同约定的借款期限实际为循环借款额度使用期限，该期限自合同生效之日起计算。当出借人根据借款人的申请将款项发放至借款人账户，此时才发生债权债务关系，故实际借款时间应当以实际放款日为准，借款人每次提款的还款日不得超过循环借款额度使用期限，但在该期限届满前双方达成延期还款协议的，应当支持。

最高人民法院认为：昊天公司申请再审的事由不能成立。

一、关于昊天公司应否承担担保责任及承担责任的数额问题。

1.《流动资金借款合同》第四条约定“本合同项下的借款期限为36个月，自实际放款日起算（分次放款的，自首次放款日起算）。实际放款日以借据（指借款凭证，下同）记载为准”；第九条约定“本合同项下借款可循环使用，前述第三条和第四条所述之借款金额和借款期限即为循环借款额度和循环借款额度使用期限，其中循环借款额度使用期限自本合同生效之日起计算，即本合同项下循环借款额度使用期限为自本合同生效之日起至2018年6月

28日止。”该合同约定了借款期限、借款额度使用期限、担保责任期限和担保最高额，及借款期限自首次放款日起算36个月，以借据记载为准，任何一笔提款的还款日不得超过循环借款额度使用期限的2018年6月28日，不论债权是否已经到期。因此，在上述借款期限和借款额度使用期限内发放的借款，均应属于对借款合同的履行。案涉1100万元借款，交易日期为2017年8月31日，符合上述合同约定，亦在借款额度使用期及保证责任期限内。在昊天公司主张的借款期限届满日即2018年6月28日之前，枣阳农商行与昊天公司等保证人于2018年6月14日签订《借款展期协议》，将借款展期至2019年6月23日，双方就借款期限达成新的一致，后再次展期到2022年6月23日。因此，昊天公司申请再审认为借款凭证记载所对应的借款不在案涉《流动资金借款合同》项下以及1100万元借款的借款期限不符合借款合同约定故不应承担保证责任的理由不能成立。

2. 昊天公司在《最高额抵押合同》中加盖公司印章，且昊天公司主要控股股东刘峰在合同法定代表人或授权代理人处签字并加盖印章，系公司和其控股股东真实意思表示，原审判决认定合同有效有法律依据。昊天公司申请再审称《最高额抵押合同》签署不真实，非法定代表人签字，该合同未有效签署的理由不成立。

3. 两份《借款展期协议》均加盖昊天公司印章，并未约定法定代表人签字为生效条件，协议应为昊天公司真实意思表示。且第二次展期协议客观上确认了第一次展期的真实性，昊天公司以实际发放借款数额与第一次展期数额不一致否定展期协议真实性依据不足，借款展期行为合法有效。

4. 昊天公司向枣阳农商行出具的《保证担保保证书》、昊天公司股东会作出的《江苏昊天投资有限公司股东会关于同意为湖北泰谷香粮油有限公司向湖北枣阳农村商业银行申请抵押担保综合授信5000万元提供房地产抵押担保的意见书》以及《江苏昊天投资有限公司股东会关于湖北泰谷香粮油有限公司流动资金循环借款4600万元展期的股东意见书》中，均明确表示同意为涉案借款提供抵押担保及保证担保，并在借款展期期限内继续履行抵押担保及保证担保责任，上述行为系昊天公司的真实意思表示。《保证担保保证书》符合保证合同的形式要件。枣阳农商行据此请求昊天公司承担保证责任，原审判决认定昊天公司出具的《保证担保保证书》合法有效，具有担保的意思表示并无不当。

5.《流动资金借款合同》约定，借款人承诺承担本合同项下有关费用的支出，包括但不限于用于公证、鉴定、评估、登记、拍卖、律师服务等事项的费用。枣阳农商行提供的委托代理合同及发票，证明枣阳农商行为实现合同目的通过诉讼程序解决纠纷发生的合理费用，符合借款合同约定。昊天公司申请再审认为原审判决关于律师费的事实认定错误的理由不能成立。

二、关于枣阳农商行是否可以宣布贷款时间提前到期的问题。《流动资金借款合同》第八条约定“借款人按月结息、到期还本”；第十六条第三项约定“借款人违约，贷款人有权宣布案涉借款立即到期，立即收回未偿还款项。”泰谷香公司在借款第二次展期后未按约定偿还借款利息，构成违约，枣阳农商行有权依据合同主张其与泰谷香公司之间借款提前到期，并要求昊天公司承担保证责任。枣阳农商行通过诉讼方式向出借人、保证人等告知相关借款提前到期，系枣阳农商行对权利的行使。

——中国裁判文书网。

778. 未办理当物抵押登记的典当合同性质的认定

关键词

典当　借款合同　抵押登记

最高人民法院裁判文书

刘某与张掖市金鑫典当有限公司典当合同纠纷执行监督案［最高人民法院（2018）最高法执监375号执行裁定书］

裁判要旨：当事人之间虽然签订了典当合同，但未依法到有关部门对作为当物的房地产办理抵押登记，不符合《典当管理办法》的相关规定，典当合同法律关系不成立。当事人之间签订的典当合同实质为借款合同关系，应当按照借款合同相关的法律、司法解释执行。

最高人民法院认为：刘某主张公证债权文书确有错误，请求解除张掖市中级人民法院（2017）甘07执66号执行裁定中涉及的相关执行措施，其实质是要排除公证债权文书的执行效力，即申请不予执行公证债权文书。《民事诉讼法》第238条第2款规定，公证债权文书确有错误的，人民法院不予执行。（2016）张市公内字第814号、第1087号、第1088号、第1089号、第1596号公证书赋予强制执行效力的债权文书均为《典当合同》，并以典当法律关系对当事人双方的权利义务关系进行公证。《典当管理办法》第四十二条第1款规定：“典当行经营房地产抵押典当业务，应当和当户依法到有关部门先行办理抵押登记，再办理抵押典当手续。”本案中，抵押房产未办理抵押登记，不符合上述规定。张掖市金鑫典当公司与刘某签订的典当合同，其实质为借款合同关系。对于借款本金、最高利率标准、违约金等的计算，均应适用民间借贷的相关法律、司法解释予以确定。公证债权文书对于超出司法解释限制部分的本金、利息、违约金的公证，属于《民事诉讼法解释》第四百八十条“公证债权文书的内容与事实不符或者违反法律强制性规定”的情形，应当不予执行。本案中，借款本金应当按以扣除综合服务费后的实际付款金额为准，对超出的部分，应当不予执行，并不得以此部分为基数计算息费；执行中，对于刘某自动履行的部分，利息或逾期利息未年息费合计超过年利率 36% 的部分应予认可；已支付超过年利率 36% 的部分，应当折抵本金，在本金中予以扣除；对于刘某未支付的部分，利息或逾期利息超过年利率年息费合计超过 24% 的部分，应不予执行；关于违约金的计算，因息费合计已超过司法解释规定的最高利率标准，对违约金部分亦应不予执行。

——法信网。

（八）借款合同中的民刑交叉

779. 民事案件与刑事案件虽有牵连但并非同一事实的，民事案件应继续审理，无须中止审理

关键词

民间借贷　涉嫌犯罪　民刑交叉

最高人民法院司法解释

第六条　人民法院立案后，发现与民间借贷纠纷案件虽有关联但不是同一事实的涉嫌非法集资等犯罪的线索、材料的，人民法院应当继续审理民间借贷纠纷案件，并将涉嫌非法集资等犯罪的线索、材料移送公安或者检察机关。

——《最高人民法院关于审理民间借贷案件适用法律若干问题的规定》（2020 年 12 月 29 日修正）。

附录：最高人民法院主流观点

如果借款人或者出借人的行为涉嫌犯罪，但该行为与民间借贷有牵连，却又不是借贷行为本身的，如何处理？例如，借款人为筹集到借款而私刻了某单位公章，并以私刻的公章在担保人一栏中盖章。借款人私刻公章的行为显然涉嫌犯罪，且这一行为的目的是能够让出借人相信有担保人从而能够顺利地出借款项。这种私刻公章的行为与民间借贷即属于有关联，但本身不是借贷行为，其私刻公章的行为并不是借贷行为的一个不可或缺的组成部分，

因此，对于民间借贷纠纷，人民法院应当继续审理，而就私刻公章涉嫌犯罪的问题，人民法院可以将有关犯罪线索材料移送给侦查机关，或者告知当事人向侦查机关控告或者报案。

还需要注意的问题是，移交犯罪线索材料不仅适用于人民法院在审理民间借贷案件时主动发现，如果当事人主动提交了涉嫌犯罪的线索、材料的，同样适用《最高人民法院关于审理民间借贷案件适用法律若干问题的规定》第六条规定。

——杜万华主编、最高人民法院民事审判第一庭编著：《最高人民法院民间借贷司法解释理解与适用》，人民法院出版社 2015 年版，第 138 页。

最高人民法院裁判文书

卢础其与方锦程民间借贷纠纷案［最高人民法院（2021）最高法民终 880 号民事裁定书］

裁判要旨：若民事案件与相关刑事案件当事人不同，法律关系不同，且并非以该刑事案件的审理结果为依据，即便二案相关事实存在一定牵连，亦不影响民事案件的继续审理。

最高人民法院认为，关于本案是否中止审理的问题。卢础其依据《全国法院民商事审判工作会议纪要》（法〔2019〕254 号）第一百三十条关于“人民法院在审理民商事案件时，如果民商事案件必须以相关刑事案件的审理结果为依据，而刑事案件尚未审结的，应当根据《民事诉讼法》第一百五十条第五项的规定裁定中止诉讼。待刑事案件审结后，再恢复民商事案件的审理。如果民商事案件不是必须以相关的刑事案件的审理结果为依据，则民商事案件应当继续审理”的规定，认为本案须以刘晓东、黄朗煌涉嫌操纵证券市场罪的审理结果为依据，申请中止审理。经查，卢础其主张刘晓东操纵证券市场一案已移送深圳市公安局侦办，刘晓东、黄朗煌均已被依法逮捕，但仅提供了一份 2021 年 5 月 27 日深圳市公安局作出的对黄朗煌的《拘留通知书》，并无该刑事案件立案侦查以及刘晓东、黄朗煌被逮捕的相关证据材料；即便卢础其陈述的刘晓东、黄朗煌涉嫌操纵证券市场罪被立案侦查的事实存在，鉴于刘晓东、黄朗煌均非本案当事人，该刑事案件所要审理的是刘晓东、黄朗煌的行为是否构成操纵证券市场罪的问题，而本案作为民事案件，审理的是卢础其与方锦程之间是否存在真实借款关系的问题，且并非必须以该刑事案件的审理结果为依据。故二案尽管相关事实存在一定的牵连，但并非同一法律关系，卢础其申请本案中止审理的事由不能成立。

——中国裁判文书网。

780. 民事案件中的行为与犯罪行为具有同一性时应如何处理

关键词

合同纠纷　民事案件中的行为与犯罪行为具有同一性

最高人民法院裁判文书

大业信托与西藏华烁、北京华业、重庆恒韵合同纠纷案［最高人民法院（2021）最高法民终802号民事裁定书］

裁判要旨：法院在审理民事案件中的经济纠纷时，如发现当事人有经济犯罪嫌疑，特别是已经被提起公诉的，应当先根据民事案件中的事实判断当事人是否可能构成犯罪。例如当事人通过转让虚假应收账款的方式骗取合同相对人资金，合同相对人起诉其还款的，明显属于民事案件中的行为与犯罪行为具有同一性。此种情况下，为了及时、有力地打击经济犯罪，受理民事案件的法院应当裁定驳回起诉，将有关材料移送公安机关或检察机关。

最高人民法院认为，本案的争议焦点是人民法院是否应驳回对重庆恒韵起诉的问题。本案中，大业信托起诉重庆恒韵主张的资金源自盈富8号集合资金信托计划，系“盈富”集合资金信托产品的一部分。重庆恒韵通过转让虚构应收账款的方式不仅骗取大业信托通过设立“盈富”集合资金信托计划的方式募集的资金，还包括10家银行的贷款、承兑汇票、信用证及多家资产管理公司的资金，所涉单位众多、当事人分布地域广、标的额特别巨大、影响范围广，严重影响社会稳定。本案与重庆恒韵涉嫌犯罪的刑事案件系因同一法律事实分别产生的民事法律关系和刑事法律关系。重庆恒韵现已因涉嫌骗取贷款、金融票据、合同诈骗以及对非国家工作人员行贿等行为被提起公诉，目前案件正在人民法院审理当中。根据《最高人民法院关于在审理经济纠纷案件中涉及经济犯罪嫌疑若干问题的规定》第十一条“人民法院作为经济纠纷受理的案件，经审理认为不属经济纠纷案件而有经济犯罪嫌疑的，应当裁定驳回起诉，将有关材料移送公安机关或检察机关”的规定，应当裁定驳回大业信托对重庆恒韵的起诉。因一审裁定驳回大业信托对重庆恒韵的起诉，西藏华烁、北京华业不具有上诉利益，故对西藏华烁、北京华业的上诉不予理涉。

——中国裁判文书网。

781. 区分非法集资与民间借贷

关键词

民间借贷　非法吸收公众存款　不特定人　非法集资

最高人民法院司法解释

第五条　人民法院立案后，发现民间借贷行为本身涉嫌非法集资等犯罪的，应当裁定驳回起诉，并将涉嫌非法集资等犯罪的线索、材料移送公安或者检察机关。

公安或者检察机关不予立案，或者立案侦查后撤销案件，或者检察机关作出不起诉决定，或者经人民法院生效判决认定不构成非法集资等犯罪，当事人又以同一事实向人民法院提起诉讼的，人民法院应予受理。

——《最高人民法院关于审理民间借贷案件适用法律若干问题的规定》（2020 年 12 月 29 日修正）。

附录：最高人民法院主流观点

有观点认为，区分两者应当从吸收资金的对象以及是否具有扰乱金融秩序的后果来看，非法吸收公众存款罪其借贷范围具有不特定的公众性并扰乱金融秩序，具有民间借贷不会造成的严重社会危害性。有观点认为，应当从借款目的或用途进行区分，如借款主要用于生产经营的，为合法借贷融资行为，如借款后用于货币经营或金融信贷业务的，才是法律所禁止的非法吸收公众存款行为。还有观点认为，应当借鉴英国的做法，将长期或多次以非固定期限的还本付息方式的吸收资金的行为界定为非法吸收公众存款行为，对于偶然发生的借贷行为，应当视为合法民间借贷。

我们认为，民间借贷行为和非法吸收公众存款行为的最根本区别在于是否向不特定的人借贷。民间借贷行为是机构或个人向特定的公民借款的行为，比如，行为人向单位内部的职工或亲友之间的借贷。《民法典》合同编第十二章规定，建立在真实意思基础上的民间借款合同受法律保护。非法吸收公众存款行为是指未经中国人民银行批准，向社会不特定对象吸收资金。

——最高人民法院民事审判第一庭编著：《最高人民法院新民间借贷司法解释理解与适用》，人民法院出版社 2021 年版，第 129 页。

782. 严格区分民间借贷行为与诈骗等犯罪行为

关键词

民间借贷 诈骗 “套路贷” 证据审查 终止审理

附录：最高人民法院法官著述

要注意严格区分民间借贷行为与诈骗等犯罪行为。《最高人民法院关于依法妥善审理民间借贷案件的通知》第二条规定：“严格区分民间借贷行为与诈骗等犯罪行为。人民法院在审理民间借贷纠纷案件中，要切实提高对‘套路贷’诈骗等犯罪行为的警觉，加强对民间借贷行为与诈骗等犯罪行为的甄别，发现涉嫌违法犯罪线索、材料的，要及时按照《最高人民法院关于在审理经济纠纷案件中涉及经济犯罪嫌疑若干问题的规定》和《最高人民法院关于审理民间借贷案件适用法律若干问题的规定》依法处理。民间借贷行为本身涉及违法犯罪的，应当裁定驳回起诉，并将涉嫌犯罪的线索、材料移送公安机关或检察机关，切实防范犯罪分子将非法行为合法化，利用民事判决堂而皇之侵占被害人财产。刑事判决认定出借人构成‘套路贷’诈骗等犯罪的，人民法院对已按普通民间借贷纠纷作出的生效判决，应当及时通过审判监督程序予以纠正。”披着民间借贷外衣的犯罪行为其真正目的不在于获得高额的利息，而是诈骗和非法侵占被害人的财产，例如房产，实际上最终体现的是通过“套路贷”诈骗等实现房产抵押从而获得占有。因此，一定要特别注意对相关证据的审查，不能按照一般的民事案件的审查标准去审查。比如，我们一般情况下看到有收据，签字盖章也都是真实的，就表明是双方的真实意思表示，但是恰恰在涉及犯罪的时候，这个收据并不一定是真实的。比如，债权人以现金方式支付债务人借款1000万元，债务人抗辩说债权人没有借给自己这么多钱，而是逼其写下借款1000万元。这时就要询问债权人是以何种方式支付借款；1000万元的现金是怎么来的，是在家里保存的，还是从银行取的，还是别人给的，有没有其他证据能证明。至少要多问几个为什么，然后去查明事实真相是什么。如果债权人把1000万元先打到借款人名下，让借款人留下100万，剩下900万再转给债权人。其在举证的时候，往往只举出前一段证据如流水转账凭证。如果我们在审理民事案件时只看这一证据也比较充分了，不仅有收据，还有流水。但这恰恰是犯罪分子的犯罪手段之一。因此，要去调查下一段证据，也就是涉及证据审查的问题。所以在审理案件时，尤其当债务人有所抗辩的时候，一定要多一根弦，对有关证据要深入地审查，有没有其他辅助的证据。如果有相关犯罪线索的，及时移送公安机关或检察机关。如果债务人已经向公安机关报案，应当终止审理的要终止审理。总之，这里要注意与刑事犯罪的衔接问题。此外，还应注意通知第二条提到的“刑事判决认定出借人构成‘套路贷’诈骗等犯罪的，人民法院对已按普通民间借贷纠纷作出的生效判决，应当及时通过审判监督程序予以纠正”。

——刘敏：《民法典合同编重点问题解读》，载马世忠主编、最高人民法院政治部编：《人民法院大讲堂：民法典重点问题解读》，人民法院出版社2021年版，第583~585页。

783. 借款合同被认定涉嫌犯罪，担保人承担责任的认定

关键词

民间借贷　涉嫌犯罪　担保责任

最高人民法院裁判文书

郑奎生与马振中、吕春英保证合同纠纷案［最高人民法院（2021）最高法民申1529号民事裁定书］

裁判要旨：民商事纠纷和涉嫌刑事犯罪是否应当分别审理，应当根据主体和法律事实是否具有同一性进行判断。虽然借款人已经被刑事判决认定构成犯罪，但是借款人请求担保人承担担保责任，民事纠纷与刑事案件当事人并不相同，应当作为民事纠纷审理。尽管借款人的行为涉嫌刑事犯罪，但借款合同系当事人真实意思表示，不存在违反法律、行政法规强制性规定的情形，合法有效。因为借款合同有效，担保合同作为借款合同的从合同亦应当认定为有效，担保人在担保协议中签字，表明了其担保人身份，具有为主债务提供担保的意思表示，应当按照协议的约定对于主债务承担担保责任。

最高人民法院认为：本案为保证合同纠纷，应当重点审查的内容为：（1）本案是否属于民事纠纷，宋晓霞被认定刑事犯罪对于本案的影响；（2）涉案借款合同的效力；（3）担保合同的效力及郑奎生应承担的责任。

首先，根据《最高人民法院关于在审理经济纠纷案件中涉及经济犯罪嫌疑若干问题的规定》第一条规定：“同一公民、法人或者其他经济组织因不同的法律事实，分别涉及经济纠纷和经济犯罪嫌疑的，经济纠纷案件和经济犯罪嫌疑案件应当分开审理。”民商事纠纷和涉嫌刑事犯罪是否应当分别审理，应当根据主体和法律事实是否具有同一性进行判断。虽然借款人宋晓霞已经

被刑事判决认定构成犯罪，但是本案系马振中请求担保人郑奎生承担担保责任，民事纠纷与刑事案件当事人并不相同，故本案应当作为民事纠纷审理。

其次，《最高人民法院关于审理民间借贷案件适用法律若干问题的规定》第十二条规定："借款人或者出借人的借贷行为涉嫌犯罪，或者已经生效的裁判认定构成犯罪，当事人提起民事诉讼的，民间借贷合同并不当然无效。人民法院应当依据民法典第一百四十四条、第一百四十六条、第一百五十三条、第一百五十四条以及本规定第十三条之规定，认定民间借贷合同的效力。担保人以借款人或者出借人的借贷行为涉嫌犯罪或者已经生效的裁判认定构成犯罪为由，主张不承担民事责任的，人民法院应当依据民间借贷合同与担保合同的效力、当事人的过错程度，依法确定担保人的民事责任。"本案借款人宋晓霞构成非法吸收公众存款罪，但涉案借款合同系当事人真实意思表示，不存在违反法律、行政法规强制性规定的情形，合法有效，郑奎生仅以借条中借贷的目的是银行过桥即主张合同无效，缺乏事实和法律依据。

最后，关于担保合同的效力及郑奎生应承担的责任。本案借款合同有效，《借款协议（补充）》作为借款合同的从合同亦应当认定为有效。郑奎生在该协议中签字，表明了其担保人身份，具有为主债务提供担保的意思表示，应当按照协议的约定对于宋晓霞的债务承担连带保证责任。

——中国裁判文书网。

784. 行为人以法人名义订立合同的行为已被刑事裁判认定为构成犯罪，合同相对人请求该法人组织承担民事责任的，人民法院是否受理

关键词

民间借贷纠纷　民刑交叉案件

最高人民法院裁判文书

李剑与花园春公司民间借贷纠纷案［最高人民法院（2021）最高法民申2759号民事裁定书］

裁判要旨：行为人以法人名义订立合同的行为已被刑事裁判认定为构成犯罪。该刑事裁判处理的是行为人的行为是否构成犯罪等刑事问题，不涉及行为人与合同相对人订立的合同是否有效、法人组织是否应承担还款责任等民事问题。相关民事问题应由民事程序另行审理，合同相对人向人民法院主张法人组织承担民事责任的，

人民法院应当受理。

最高人民法院认为：李剑申请再审的理由成立。李剑系依据其与花园春公司、王舒红签订的《借款合同》，起诉要求花园春公司承担民事责任。河南省郑州市中级人民法院（2019）豫01刑初76号刑事判决认定王舒红就案涉款项犯合同诈骗罪，该刑事程序处理的是王舒红是否构成犯罪以及如果构成犯罪如何处罚问题，但不涉及案涉《借款合同》是否有效、花园春公司是否应承担还款责任等民事问题。《借款合同》是否有效、花园春公司是否应承担还款责任等民事问题应由民事程序另行审理。本案符合《九民会议纪要》第一百二十八条规定的情形，民事案件和刑事案件应当分别审理。一二审法院裁定驳回李剑起诉适用法律不当，应予纠正。

——中国裁判文书网。

785. 构成诈骗犯罪的借款合同并不当然无效，保证人需证明债权人与债务人串通欺骗方可免除保证责任

关键词

合同效力　骗取保证　诈骗　借款合同

最高人民法院裁判文书

大庆首创公司与中信银行哈尔滨分行、大庆绿垣公司、鑫鑫龙鑫公司等借款合同纠纷案［最高人民法院（2021）最高法民申3266号民事裁定书］

裁判要旨：保证人如根据上述法律规定主张免除保证责任，需要证明债权人与债务人串通欺骗保证人提供保证担保，或者债权人知道或应当知道债务人欺诈保证人但仍与保证人签订保证合同的事实。保证人不能证明债权人与债务人之间借款合同虚假，也不能证明二者存在串通骗取其保证的事实的情况下，不能免除其保证责任。债权人作为构成诈骗犯罪的借款合同的受欺诈方，如其未依法主张撤销案涉借款合同，则仍应认定借款合同有效。

最高人民法院认为：本案再审审查的主要问题是大庆首创公司应否对案涉借款向中信银行哈尔滨分行承担担保责任。

对于大庆首创公司为证明其再审主张向最高人民法院提交的前述证据，最高人民法院认为：《关于大庆绿垣公司人民币2800万元贷款重组的调查报

告》载明，案涉贷款是为重组大庆绿垣公司2013年10月在中信银行大庆营业部的流动资金贷款，原贷款担保方式为大庆首创公司、鑫鑫龙鑫公司、大庆绿垣公司各出1000万元保证金，形成保证基金共同为三户企业总授信1.2亿元提供担保。在重组理由（三）"原担保合法有效"一项明确记载，原担保方式为三户联保企业大庆首创公司、鑫鑫龙鑫公司提供保证担保。且重组方案第（二）项增加担保中载明在原贷款保证担保基础上，该行拟于贷款发放后30个工作日内追加借款人的房产及土地抵押担保。大庆首创公司所主张的其连带责任保证应自动解除的情形，在贷款内部审查过程中亦须有"抵押落实"这一实现前提。且因案涉贷款用途为借新还旧，而大庆首创公司作为前一贷款的保证人，基于三户联保贷款目的再次与中信银行哈尔滨分行签订的《保证合同》为大庆绿垣公司的案涉借款提供连带责任保证，系出于其真实意思表示。该《保证合同》中并无将相关房产、土地抵押后即解除担保等附加内容的约定。大庆首创公司虽主张有此约定内容的《合同》，但中信银行哈尔滨分行并非该合同相对方，亦未参与签订过程。

根据《中华人民共和国担保法》第三十条及《最高人民法院关于适用〈中华人民共和国担保法〉若干问题的解释》第四十条之规定，如保证人主张免除保证责任，需要证明债权人与债务人串通欺骗保证人提供保证担保，或者债权人知道或应当知道债务人欺诈保证人但仍与保证人签订保证合同的事实。本案中，大庆首创公司虽提供了贷款的审查报告及审批意见、相关证人询问笔录、于文波供述等证据，但只能表明案涉贷款审查过程中需要追加大庆绿垣公司提供的不动产抵押以及于文波明知大庆绿垣公司无偿还能力仍向中信银行哈尔滨分行申请贷款的事实。以上证据既不能证明中信银行哈尔滨分行与大庆绿垣公司之间的《贷款合同》虚假，也不能证明二者存在串通骗取其保证的事实。据此，大庆首创公司主张中信银行哈尔滨分行与大庆绿垣公司串通骗取保证的再审申请理由，依法不能成立。

关于案涉保证合同是否无效问题。本案中，大庆绿垣公司的法定代表人于文波隐瞒公司房产、土地所有权已经转移的事实骗取银行贷款的行为，已被生效刑事判决认定为合同诈骗罪。在于文波实施的上述犯罪中，中信银行哈尔滨分行作为贷款银行，受于文波的欺诈与大庆绿垣公司签订案涉《贷款合同》，最终导致贷款无法收回。因此，中信银行哈尔滨分行既是刑事犯罪的受害人，也是民事合同的受欺诈方。为保护合同受欺诈方的合法权利，《合同法》第五十四条第二款规定："一方以欺诈、胁迫的手段或者乘人之危，使对方在违背真实意思的情况下订立的合同，受损害方有权请求人民法院或者仲裁机构变更或者撤销"。本案中，中信银行哈尔滨分行并未主张撤销合同，故案涉合同仍然有效。大庆首创公司主张案涉《贷款合同》存在"以合法形式掩盖非法目的"及"违反法律、行政法规的强制性规定"等合同无效情形，经查，虽然大庆绿垣公司的法定代表人于文波有通过订立合同骗取贷款的主观恶意并实施了诈骗犯罪，但没有证据证明中信银行哈尔滨分行与其存在犯意联络并实施了共同犯罪；贷款属商业银行的正常业务，在中信银行哈尔滨分行订立合同时对案涉诈骗犯罪不知情的情况下，案涉《贷款合同》的签订亦不存在违反法律、行政法规的强制性规定。据此，大庆首创公司主张案涉《贷款合同》《保证合同》无效的再审申请理由，依法不能成立。原审认定上述合同有效并支持中信银行哈尔滨分行依法向担保人大庆首创公司主张权利的诉请，并无不当。

——中国裁判文书网。

786. 关于《全国法院民商事审判工作会议纪要》第一百二十八条的适用

关键词

生效刑事判决　民刑交叉　民间借贷

最高人民法院司法政策精神

十二、关于民刑交叉案件的程序处理

会议认为，近年来，在民间借贷、P2P 等融资活动中，与涉嫌诈骗、合同诈骗、票据诈骗、集资诈骗、非法吸收公众存款等犯罪有关的民商事案件的数量有所增加，出现了一些新情况和新问题。在审理案件时，应当依照《最高人民法院关于在审理经济纠纷案件中涉及经济犯罪嫌疑若干问题的规定》《最高人民法院关于审理非法集资刑事案件具体应用法律若干问题的解释》《最高人民法院最高人民检察院公安部关于办理非法集资刑事案件适用法律若干问题的意见》以及民间借贷司法解释等规定，处理好民刑交叉案件之间的程序关系。

128.【分别审理】同一当事人因不同事实分别发生民商事纠纷和涉嫌刑事犯罪，民商事案件与刑事案件应当分别审理，主要有下列情形：

（1）主合同的债务人涉嫌刑事犯罪或者刑事裁判认定其构成犯罪，债权人请求担保人承担民事责任的；

（2）行为人以法人、非法人组织或者他人名义订立合同的行为涉嫌刑事犯罪或者刑事裁判认定其构成犯罪，合同相对人请求该法人、非法人组织或者他人承担民事责任的；

（3）法人或者非法人组织的法定代表人、负责人或者其他工作人员的职务行为涉嫌刑事犯罪或者刑事裁判认定其构成犯罪，受害人请求该法人或者非法人组织承担民事责任的；

（4）侵权行为人涉嫌刑事犯罪或者刑事裁判认定其构成犯罪，被保险人、受益人或者其他赔偿权利人请求保险人支付保险金的；

（5）受害人请求涉嫌刑事犯罪的行为人之外的其他主体承担民事责任的。

审判实践中出现的问题是，在上述情形下，有的人民法院仍然以民商事案件涉嫌刑事犯罪为由不予受理，已经受理的，裁定驳回起诉。对此，应予纠正。

129.【涉众型经济犯罪与民商事案件的程序处理】2014 年颁布实施的《最高人民法院最高人民检察院公安部关于办理非法集资刑事案件适用法律若干问题的意见》和 2019 年 1 月颁布实施的《最高人民法院最高人民检察院公安部关于办理非法集资刑事案件若干问题的意见》规定的涉嫌集资诈骗、非法吸收公众存款等涉众型经济犯罪，所涉人数众多、当事人分布地域广、标的额特别巨大、影响范围广，严重影响社会稳定，对于受害人就同一事实提起的以犯罪嫌疑人或者刑事被告人为被告的民事诉讼，人民法院应当裁定不予受理，并将有关材料移送侦查机关、检察机关或者正在审理该刑事案件的人民法院。受害人的民事权利保护应当通过刑事追赃、退赔的方式解决。正在审理民商事案件的人民法院发现有上述涉众型经济犯罪线索的，应当及时将犯罪线索和有关材料移送侦查机关。侦查机关作出立案决定前，人民法院应当中止审理；作出立案决定后，应当裁定驳回起诉；侦查机关未及时立案的，人民法院必要时可以将案件报请党委政法委协调处理。除上述情形人民法院不予受理外，要防止通过刑事手段干预民商事审判，搞地方保护，影响营商环境。

当事人因租赁、买卖、金融借款等与上述涉众型经济犯罪无关的民事纠纷，请求上述主体承担民事责任的，人民法院应予受理。

130.【民刑交叉案件中民商事案件中止审理的条件】人民法院在审理民商事案件时，如果民商事案件必须以相关刑事案件的审理结果为依据，而刑事案件尚未审结的，应当根据《民事诉讼法》第 150 条第 5 项的规定裁定中止诉讼。待刑事案件审结后，再恢复民商事案件的审理。如果民商事案件不是必须以相关的刑事案件的审理结果为依据，则民商事案件应当继续审理。

——《最高人民法院关于印发〈全国法院民商事审判工作会议纪要〉的通知》（2019 年 11 月 8 日，法〔2019〕254 号）。

最高人民法院裁判文书

查清峰与卢氏中原村镇银行股份有限公司民间借贷纠纷再审案［最高人民法院（2021）最高法民再 353 号民事裁定书］

裁判要旨：同一当事人因不同事实分别发生民商事纠纷和涉嫌刑事犯罪，民商事案件与刑事案件应当分别审理。

最高人民法院认为：查清峰系依据其与卢氏中原银行签订的《借款协议》和《账户确认书》，起诉要求卢氏中原银行承担偿还借款及利息的民事责任。虽然，已生效刑事判决认定卢氏中原银行原法定代表人杨振富构成合同诈骗罪。本案中杨振富向查清峰借款的方式、使用的印章、资金的流向等与该生效刑事判决认定的犯罪情节相同。但是，该刑事程序处理的是杨振富构成犯罪及刑罚问题，不涉及本案《借款协议》是否有效、卢氏中原银行是否应承担还款责任等民事问题。对于《借款协议》的效力、卢氏中原银行应否承担还款付息责任等民事问题，应由民事程序另行审理，本案属于民事案件和刑事案件应当分别审理的情形。二审裁定驳回查清峰的起诉适用法律不当，应予纠正。

——中国裁判文书网。

787. 案涉犯罪与民事纠纷虽然有关联但不属于同一法律关系的，不影响民事案件的审理

关键词

金融借款　涉嫌犯罪　法律关系　民刑交叉

最高人民法院裁判文书

申银万国创新证券投资有限公司与中科建设开发总公司、中科龙轩工程项目管理海安有限公司、海安经济技术开发区管理委员会金融借款合同纠纷案［最高人民法院（2021）最高法民终 654 号民事裁定书］

裁判要旨：本案争议的金融借款合同纠纷与海安管委会所称伪造公章涉嫌犯罪所涉的法律关系并非同一法律关系。本案民事纠纷要解决的是案涉《信托贷款合同》及《质押合同》的效力和责任承担问题，刑事案件涉及的是作为《质押合同》附件的《应收账款确认函》《应收账款追加确认函》《应收账款质押通知函》上是否存在涉嫌伪造海安管委会印章的犯罪事实。因此，海安管委会印章的真实与否，并不影响本案金融借款合同关系的成立，亦不影响本案民事案件的审理，对本案的金融借款合同纠纷应当继续审理，而仅就涉嫌伪造海安管委会印章的犯罪线索移送侦查机关。

最高人民法院认为：根据双方当事人的上诉和答辩意见，本案争议焦点为：一审裁定以本案有经济犯罪嫌疑，应将案件移送刑事犯罪侦查机关为由，驳回申银万国证券公司起诉是否有误。

《最高人民法院关于在审理经济纠纷案件中涉及经济犯罪嫌疑若干问题的规定》第一条规定："同一自然人、法人或非法人组织因不同的法律事实，分别涉及经济纠纷和经济犯罪嫌疑的，经济纠纷案件和经济犯罪嫌疑案件应当分开审理。"第十一条规定："人民法院作为经济纠纷受理的案件，经审理认为不属经济纠纷案件而有经济犯罪嫌疑的，应当裁定驳回起诉，将有关材料移送公安机关或检察机关。"依据上述规定，涉及经济纠纷和涉嫌经济犯罪属同一事实是法院驳回起诉将有关材料移送刑事犯罪侦查机关的必备条件。

本案中，首先，申银万国证券公司与中科总公司是金融借款合同关系，与中科龙轩海安公司是质押合同关系。上述法律关系的设立系签订合同的双方当事人真实意思表示，不存在合同无效的情形。本案争议的金融借款合同纠纷与海安管委会所称伪造公章涉嫌犯罪所涉的法律关系并非同一法律关系。本案民事纠纷要解决的是案涉《信托贷款合同》及《应收账款质押合同》的效力和责任承担问题，刑事案件涉及的是作为《应收账款质押合同》附件的《应收账款确认函》《应收账款追加确认函》《应收账款质押通知函》上是否存在涉嫌伪造海安管委会印章的犯罪事实。而海安管委会印章的真实与否，并不影响本案金融借款合同关系的成立，亦不影响本案民事案件的审理。且申银万国证券公司作为债权人，并未主张追究相关当事人的刑事责任，而是请求债务人中科总公司及担保人中科龙轩海安公司承担民事责任。

其次，在民事法律关系的形成过程中，当事人或其他自然人的行为虽涉及犯罪，但对民事法律行为的性质、效力、责任等不产生实质影响的相关事实为关联事实。本案中，涉嫌伪造海安管委会印章的行为仅对《应收账款质押合同》的附件《应收账款确认函》《应收账款追加确认函》《应收账款质押通知函》的真实性产生影响，虽与案涉金融借款合同纠纷有关联，但其本身不是借贷行为，涉嫌伪造公章的行为并不是借贷行为不可或缺的组成部分。因此，应当对本案的金融借款合同纠纷继续审理，而仅就涉嫌伪造海安管委会印章的犯罪线索移送侦查机关。

第三，根据案涉《应收账款质押合同》第八条保证条款的约定，"因下列原因致使质权未设立或无效的，出质人应对债务人在主合同项下的债务承担连带保证责任：（1）出质人未按第 1.4 条、第 6.5 条第（1）款的约定提供和/或追加提供足额的质押物，以及未按照第 4.1 条约定协助办理质押登记和/或追加提供足额的质押物，以及未按照第 4.1 条约定协助办理质押登记和/或追加质押登记手续；（2）出质人在第五条项下所做陈述与保证不真实；（3）因出质人方面的其他原因。"中科龙轩海安公司存在对案涉贷款承担连带保证责任的可能性，《应收账款确认函》《应收账款追加确认函》《应收账款质押通知函》上涉嫌伪造印章的问题并不对申银万国证券公司民事权益的实现产生必然影响。

——中国裁判文书网。

788. 网贷平台公司涉嫌非法集资犯罪，其对外委托贷款引发的借款合同纠纷是否应中止审理

关键词

借款合同　民刑交叉　非法集资　委托贷款

最高人民法院裁判文书

中宏公司、吴坚新、吴土珍与红岭创投公司及万家置业公司、江苏银行高淳支行借款合同纠纷案［最高人民法院（2021）最高法民终 1133 号民事裁定书］

裁判要旨：网贷平台涉嫌非法集资犯罪活动，其因对外委托贷款引发的借款合同纠纷与其涉嫌的经济犯罪无关，当事人不同，亦非同一法律事实，且案件基本事实认定无须以相关刑事案件审理结果为依据，无须移送公安机关处理，人民法院应当继续审理。

最高人民法院认为：关于本案是否应移送公安机关处理问题。本案中，虽然红岭创投公司运营的“红岭创投”网贷平台涉嫌非法集资犯罪活动，已被公安机关立案侦查，但本案系红岭创投公司对外委托贷款引发的借款合同纠纷，与其涉嫌的经济犯罪无关，当事人不同，亦非同一法律事实，且本案基本事实认定无须以该刑事案件的审理结果为依据，故本案无须移送公安机关处理，亦无中止审理的必要。故中宏公司、吴坚新、吴土珍关于本案应裁定中止审理并移送公安机关处理的上诉主张，亦缺乏事实和法律依据，不能成立，本院不予支持。

——中国裁判文书网。